सामाजिक क्रांति के दस्तावेज
(भाग-1)

सामाजिक क्रांति के दस्तावेज

भारतीय नवजागरण के अग्रदूतों के लेखन और भाषण से एक चयन

(भाग-1)

संपादक

शंभुनाथ

वाणी प्रकाशन

वाणी प्रकाशन

4695, 21-ए, दरियागंज, नयी दिल्ली 110 002

शाखा

अशोक राजपथ, पटना 800 004

फ़ोन : +91 11 23273167 फ़ैक्स : +91 11 23275710

www.vaniprakashan.in
vaniprakashan@gmail.com
sales@vaniprakashan.in

SAMAJIK KRANTI KE DASTAVEJ-1
edited by Shambhunath

ISBN : 978-93-5229-715-3
History/Social Science

संस्करण 2004
आवृत्ति 2017
मूल्य : ₹795

रजौरिया प्रिंटर्स, दिल्ली-110 093 में मुद्रित

वाणी प्रकाशन का लोगो मक़बूल फ़िदा हुसेन की कूची से

बचपन के मित्र राजकिशोर को

अनुक्रम

भूमिका

नवजागरण का जमाना सभ्यताओं की टकराहट का न होकर सभ्यताओं के आत्मनिरीक्षण का था। उन्नीसवीं सदी के भारतीय समाजों में एक ऐसी वैचारिक उथल-पुथल शुरू हो गई, जिसने सैकड़ों साल की कूपमंडूकता, भेदभाव और धार्मिक असहिष्णुता की जड़ें खोदनी शुरू कर दीं। वह सांस्कृतिक आधुनिकता का जमाना था। अंग्रेजी राज के औपनिवेशिक अवरोधों के बावजूद वह समय ऐसा था, जब आधुनिकता के राष्ट्रीय शक्ति से भरे अनोखे महाख्यान जन्म ले रहे थे। आज वह सब कुछ एक टूटे स्वप्न की तरह लगता है। सहसा विश्वास नहीं होता कि कभी भारत में सामाजिक क्रांति की ऐसी लहरें उठी थीं, देश एक नई दिशा में बढ़ रहा था। आज अभूतपूर्व तकनीकी विकास और उदारीकरण के बावजूद समाज में पुनः बढ़ती अनुदारता को देखते हुए भारतीय नवजागरण के अग्रदूतों के काम हमें एक प्रेरणा देने के अलावा कुछ संदेह और आश्चर्य का भी अहसास कराते हैं।

भारत में सामाजिक क्रांति की लहरें एक औपनिवेशिक माहौल में आई थीं। प्रायः समूची पृथ्वी पर यूरोपीय शक्तियाँ और उनकी सभ्यता छा रही थी। निश्चय ही जिन गैर-यूरोपीय समाजों में पहले से उच्च परंपराएँ मौजूद थीं और भारत एक ऐसा ही देश था, वहाँ आक्रामक यूरोपीय शक्तियों और उनकी सभ्यता से दरअसल बहुस्तरीय रिश्ता बना। यह रिश्ता सम्पर्क और टकराहट दोनों का था।

समुद्री रास्ते से भारत आने वाला पहला यूरोपीय था, पुर्तगाल का वास्को-ड-गामा, जो 1498 में मालाबार तट पर उतरा। इसके लगभग 75 साल बाद अकबर के दरबार में कुछ पुर्तगीज अपने मुल्क के दुर्लभ उपहारों के साथ पहुँचे; उन सभी के बीच जानकारियों का आदान-प्रदान हुआ। यह अकबर के दिमाग का खुलापन था कि वह पश्चिम की जानकारियाँ चाहता था। वह सर्वत्र शांति 'सुलहेकुल' का प्रवक्ता और विज्ञान का प्रशंसक था। इन सबके बारे में अबुल फजल ने 'अकबरनामा' में लिखा है। याद कर लेना अनुचित नहीं होगा कि नवजागरण से पहले ही प्राक्-औद्योगिक पृष्ठभूमि में रामानंद, कबीर, बासवण्णा, ज्ञानेश्वर, गुरुनानक जैसे लोग हो चुके थे, भक्ति आंदोलन नई संस्कृति के बीज बो चुका था। उसकी एक लम्बे समय तक अनुगूँज बनी हुई थी।

अब तक हर जमाने में बर्बरता और सभ्यता जुड़वा बहनों की तरह रही हैं। बर्बरता के जितने रूप पूर्व की सभ्यता में थे, उससे थोड़े भी कम पश्चिमी सभ्यता में नहीं थे। इसी तरह पूर्व की उच्च परंपराओं की तरह पश्चिम में भी बहुत कुछ ऐसा था, जो श्रेष्ठ और ग्राह्य था। भारत में यूरोपीय ताकतों पुर्तगीज, डच, फ्रांसीसी और अंग्रेजों की आपसी टकराहटों की कहानी एक बर्बरता की ही कहानी है। इसी तरह सत्रहवीं सदी में भारत के पूर्वी और पश्चिमी किनारों पर व्यापारिक काम-काज शुरू करने के बाद ईस्ट इंडिया कंपनी ने उन्नीसवीं सदी के लगभग मध्य तक जिस चालाकी से अपना साम्राज्यवादी विस्तार किया और भारत को गुलाम बना लिया, वह भी एक ऐसी ही कहानी है। फिर भी कहा गया कि यह अंग्रेजों का सभ्यता के मिशन पर आना था। अंग्रेज जितनी चीजें पश्चिम से ले आए, न वे सभी की सभी प्रगतिशील थीं और न भारत के लोगों की उनसे हर टकराहट प्रतिगामी थी।

भारत में अंग्रेजी राज के बारे में लम्बे समय तक एक दुविधा का भाव था, जिस तरह आज वैश्वीकरण के प्रति है। एक अद्भुत आकर्षण और भय से भरी नई दुनिया जिस तरह आज हमारे जीवन-संसार में घुसती चली आ रही है, 19वीं सदी में भी एक नई दुनिया ने चढ़ाई की थी। इसलिए नवजागरण का अनुभव काफी मिश्रित था—वह 'औपनिवेशिक' और 'राष्ट्रीय' के तनाव से भरा था। उस जमाने में कला-साहित्य, शिक्षा और संस्कृति में जो भी उन्नति हो रही थी, निःसंदेह उसमें औपनिवेशिक उपकरणों की प्रधानता थी। यही वजह है कि आज के चिंतन में भी उपनिवेशवाद बार-बार प्रतिध्वनित होता है, जिस तरह अतीत का कचरा, उसका सामंती अँधेरा, उसकी जातीय-धार्मिक अंधता भी बार-बार अपना भीषण चेहरा दिखाती है। इसका अर्थ है कि भारत को अभी नवजागरण के कई नए राष्ट्रीय अनुभवों से गुजरना है।

नवजागरण की सामान्य धुरी है बुद्धिवाद। भारत के प्राचीन दर्शन, लोकायत परंपरा और संत साहित्य में तर्क करने की परंपरा थी। पुराने विश्वासों पर बार-बार संदेह किए गए थे। कुरीतियों और पाखंडों की आलोचना बौद्धों और भक्त कवियों द्वारा हुई थी। नवजागरण ने तर्क, संदेह और आलोचना को व्यापक जमीन दी और पुरानी सामाजिक व्यवस्था को चरमरा कर रख दिया। उस दौर की केंद्रीय आवाज थी—सोचो, हर चीज पर संदेह करो और कुछ भी तर्क, बुद्धि और विज्ञान की कसौटी पर कसे बिना स्वीकार न करो। मनुष्य के मन में एक के बाद एक प्रश्न जन्म लेने लगे। सिर्फ एक बंद, कठोर और अजनतांत्रिक समाज में ही प्रश्न करने और तर्क पर प्रतिबंध होता है।

वह न एकांत चिंतन का दौर था और न विदेशी वस्तुओं के बाजार में आत्मविसर्जन का। नवजागरण के लोगों को हम कदम-कदम पर स्वतंत्र मत व्यक्त करते, एक-दूसरे से तर्क करते और वैचारिक मुठभेड़ करते पाते हैं। इसके अलावा

जो चीज ज्यादा आकर्षित करती है, वह है सभी चिंतकों और लेखकों का संगठित होकर अपने-अपने तरीके से सामाजिक सुधार में उतरना, वस्तुतः उनकी बहुआयामी सक्रियता। वे सामूहिक हस्ताक्षर अभियान चलाते थे, सरकार को माँग पत्र देते थे, सभाएँ करते थे। वे शिक्षण-संस्थान खोलते थे और पत्र-पत्रिकाएँ निकालते थे। वे सदा बेचैन रहते थे। वे सामाजिक बुराइयों की खुलकर निर्मम आलोचना करते थे—मन में कोई भय या लोभ नहीं था। वे सभी पारदर्शी व्यक्तित्व थे।

औपनिवेशिक माहौल में भारत का नवजागरण बुद्धिवादी जागरूकता के अलावा राष्ट्रीय आत्मपहचान का संघर्ष भी था। यही वजह है कि वह पश्चिमी सभ्यता से सम्पर्क के साथ-साथ जातीय अतीत से संवाद भी था। अतीत के गौरव की तरफ दृष्टि यूरोपीय गुलामी के विरुद्ध एक स्वाभाविक प्रतिक्रिया थी। अतीत से संवाद के दो मकसद थे। उसके जड़ और बर्बर सामंती तत्त्वों की आलोचना तथा उसके गतिशील और उदार तत्त्वों की पुनर्रचना। इसलिए प्राचीन युगों के क्लासिकल साहित्य की तरफ दुनिया के दूसरे देशों के नवजागरण-चिंतकों की तरह भारत के सुधारकों की दृष्टि भी गई। राममोहन राय से गाँधी तक सभी ने राष्ट्रीय आत्मपहचान के महत्त्व को समझा। उन्होंने अतीत की आलोचनात्मक पुनर्रचना की, न अन्ध-आलोचना और न अन्ध-पुनर्रचना।

पश्चिम और अतीत से क्या ग्रहण किया जाए और क्या छोड़ा जाए, इसे लेकर एक व्यापक भारतीय विवेक बन रहा था, हालाँकि किसी भी दौर के विवेक को अंतिम नहीं कहा जा सकता। आधुनिकीकरण की तरह परंपरा को लेकर नवजागरण के हर दौर की समझ को विकासशील अवस्था में ही मानना चाहिए। फिर भी सैकड़ों साल की सामाजिक कु-प्रथाओं के टूटने का पक्का वक्त मानो आ गया था। यह बुद्धिमत्ता के, विवेक के धमाके का युग था। भूलना नहीं चाहिए कि निरंकुश राजाओं-बादशाहों के लम्बे दमन-मूलक शासन से गुजरने के बाद औपनिवेशिक छाया में, बिना किसी व्यापक औद्योगीकरण के भी कला, साहित्य-संस्कृति, शिक्षा, देशभक्ति, राष्ट्रीयता और सामाजिक चेतना में जितनी गतिशीलता आई, वह भारत जैसे विशाल देश में पर्याप्त न होते हुए भी अर्थवान थी। एक तरह से पूरे देश की सोच, उसकी अंतरात्मा एक नई करवट ले रही थी।

नवजागरण के पश्चिमी मॉडल को ही सार्वभौम मान लेने की वजह से भारत जैसे गैर-यूरोपीय देश में आए सांस्कृतिक नवजागरण को सही परिप्रेक्ष्य में नहीं देखा जाता। कई बार इसे हीन कहते हुए उतना ही सारवान बताया जाता है, जितना उसका मेल पश्चिमी शिक्षा, जीवन शैली और विचारधाराओं से है। भारत में फ्लोरेंस का शान-शौकत से भरा बुद्धि दीप्त नवजागरण और ठीक वैसी ही सामाजिक चहल-पहल खोजी जाती है। ब्रिटेन में भारत के मामलों की देख-रेख करने वाले एक उदारवादी अँग्रेज जॉन स्टुअर्ट मिल ने 'स्वतंत्रता' और 'प्रातिनिधिक सरकार' शीर्षक से दो

महत्वपूर्ण लेख लिखे थे। लेकिन यह भी साफ कर दिया था कि ये विचार भारत पर लागू नहीं होते, क्योंकि नस्ल की दृष्टि से उच्च होते हुए भी भारत के लोग सभ्यता की दृष्टि से निम्न हैं। रूडयार्ड किपलिंग को भारत 'सभ्य बनाने के एक औपनिवेशिक बोझ' की तरह दिखता था। यूरोपीय नवजागरण के असर में कुछ भारतीय बुद्धिजीवियों को भी भारत हमेशा पिछड़ा, अंधकार-भरा और बर्बर दिखाई देता था अथवा उन्होंने बांग्ला नवजागरण के एक खास हिस्से को ही भारतीय नवजागरण का मॉडल मान लिया था।

इसमें संदेह नहीं कि एक समय कोलकाता अँग्रेजों की राजधानी होने की वजह से न केवल औपनिवेशक हलचलों का केंद्र था, बल्कि यहीं से नवजागरण की चिनगारियाँ फूटीं। नया बंगाल यूरोप की ओर आकर्षित था। यूरोपीय नवजागरण की लगभग पाँच सौ सालों की उपलब्धियों मसलन बुद्धिवाद, धार्मिक सुधार, नई शिक्षा, व्यक्ति-स्वातंत्र्य, अतीत का मिथकीय पुनर्निर्माण जैसी चीजें बांग्ला नवजागरण में शामिल थीं। एक खास दौर तक औपनिवेशिक हितों का पोषण करते हुए भी इस प्रदेश का नवजागरण सामाजिक-सांस्कृतिक गतिशीलता ला रहा था। दरअसल सबसे पहले राजा राममोहन राय ने ही आधुनिक युग की भारतीय आकांक्षाओं को समझा था, अंधकार में खो गए भारतीय सभ्यता के गौरव को पहचाना था और दुनिया के राष्ट्रों के संदर्भ में स्वतंत्रता, भाईचारे और एक आदर्श अंतर्राष्ट्रीय संस्कृति का स्वप्न देखा था।

फिर भी न दुनिया में नवजागरण का एक ही मार्ग है और न भारत में। खासकर एक बहुभाषिक, बहुसांस्कृतिक और बहुत-सी जातियों वाले भारतवर्ष में नवजागरण का एक ही रूप कभी संभव न था। यही वजह है कि बांग्ला नवजागरण भारतीय नवजागरण का एक प्रमुख रूप होते हुए भी एकमात्र रूप नहीं है। इस देश का नवजागरण बहुवचनात्मक है। इस देश में एक नहीं, कई नवजागरण हैं जिनको एक ही तराजू पर तौलकर किसी को श्रेष्ठ और किसी को हीन घोषित नहीं किया जा सकता। निश्चय ही नवजागरण के दौर में विकसित हो रहा भारतीय विवेक एकरेखीय या एक दिशा वाला नहीं था। बंगाल में एक आदर्श लोकप्रिय था, हिंदी क्षेत्र में दूसरा, महाराष्ट्र में कोई और आदर्श था। केरल और तमिलनाडु में कोई आदर्श, पंजाब में कोई। इसका यह अर्थ नहीं है कि इन आदर्शों के बीच कोई कठोर दीवार थी। 'सामाजिक क्रांति के दस्तावेज' ग्रन्थ में भारतीय नवजागरण के कई दृश्य इस तरह आस-पास हैं कि हम उनके सम्मिलित सार में पूर्व की गहराई और अखंडता पाएँगे। उसमें इन्द्रधनुष की तरह कई रंगों का समावेश है और आवाज की अखंडता भी। भारतीय स्थितियों में विविधता के कारण नवजागरण में भी बहुरूपता है। इससे यह भी साफ हो जाता है कि राष्ट्रीय आत्मपहचान के संघर्ष में अखण्डता के एक सूत्र के बावजूद उसमें कोई केंद्रवाद या सर्वसत्तावाद नहीं है।

भारतीय नवजागरण 19वीं सदी के दूसरे दशक में सबसे पहले बंगाल में आया। भारत में नवजागरण की मूल अवधि लगभग सौ-सवा सौ वर्षों की थी, जबकि यूरोपीय नवजागरण की अवधि लगभग पाँच सौ वर्षों की। भारत के कई क्षेत्रों में उसे पचास सालों से भी कम अवधि मिली। दूसरी बात यह है कि भारतीय नवजागरण एक औपनिवेशिक माहौल में घटित हुआ। इसलिए स्वाभाविक है कि इसमें वैसी सघनता और तीव्रता दिखाई नहीं भी दे सकती है। बंगाल में यह 19वीं सदी के दूसरे दशक में आ गया तो देश के कई हिस्सों में यह मुख्यतः 20वीं सदी के आरम्भिक दशकों में पहुँचा। कहीं-कहीं अब तक नहीं पहुँचा।

भारतीय नवजागरण के सामने बहुभाषिकता, बहुधार्मिकता, बहुजातीयता या अलग-अलग क्षेत्र की भिन्न सामाजिक पृष्ठभूमि कम बड़ी समस्या न थी। खुद हिंदी समाज ब्रिटिश उपनिवेशवाद से सबसे ज्यादा आहत एक ऐसा बहुपर्त्तदार समाज है, जिसके कई हिस्सों में अभी तक जागरण की लहर तो दूर पीने का पानी तक नहीं पहुँचा है। देश के कुछ हिस्सों में जातीयता के विकास के मार्ग में भीषण रुकावटें हैं। वे अशांत हैं तो कहीं अंध-जातीयता है। जाहिर है, 19वीं सदी का संघर्ष काफी कठिन था। फिर भी सामाजिक कुरीतियों को दूर करने तथा स्त्रियों और शूद्रों की स्थितियों को बदलने के लिए तीव्र आंदोलन हुए। धार्मिक पाखंडों और अंधविश्वासों को दूर करने के प्रयत्न भी हुए। कहीं उग्र स्वर में और कहीं धीमे। सामाजिक क्रांति के प्रयासों का मुख्य मकसद था सामाजिक पुनर्गठन।

भारतीय नवजागरण में कई अंतर्धाराएँ। थीं। एक ही समय जब बंगाल बुद्धिवाद से उद्दीप्त था और वहाँ धार्मिक सुधार का जोश था, हिन्दी क्षेत्र में साम्प्रदायिक भाईचारे को मजबूत बनाते हुए अंग्रेजी राज के खिलाफ 1857 का पहला स्वाधीनता संग्राम चला। ठीक इसी समय महाराष्ट्र में एक दूसरा ही नजारा था। यहाँ नवजागरण का मुख्य तत्त्व ब्राह्मणवाद से विद्रोह था, दलितों का जागरण ही नवजागरण था। केरल और तमिलनाडु में जहाँ कुछ देर से नवजागरण आया, ब्राह्मणवाद ही निशाने पर था। आन्ध्र प्रदेश और गुजरात में शिक्षा और धार्मिक सुधार पर बल था। इन सभी में समानता यह थी कि उनमें किसी न किसी दमन के खिलाफ मानवीय प्रतिवाद की आवाज थी।

भारतीय नवजागरण के जनक राममोहन राय में उच्चतर नैतिकता से प्रेरित एक अनोखी उदारता, सहिष्णुता और सामाजिक भावना मिलेगी। भूलना नहीं चाहिए कि अपनी युवावस्था में उन्होंने पटना में अरबी-फारसी और वाराणसी में संस्कृत सीखी थी। उनमें इस किस्म की उदारता शुरू से थी। उन्होंने सोलह वर्ष की अवस्था में ही हिन्दुओं की मूर्तिपूजा पर कई सवाल उठाए, जिसकी वजह से उनकी माता-पिता और दूसरे सगे-संबंधियों से दूरी बढ़ गई। उन्होंने विज्ञान को महत्त्व दिया और फ्रांसीसी क्रांति के आदर्शों के प्रति गहरा रुझान व्यक्त किया। वैचारिक स्वतंत्रता के रास्ते

में पारिवारिक रिश्ते-नाते, जाति और धर्म को न आने देना और अपने देश की उच्च परंपराओं से नाता न तोड़ते हुए पश्चिमी विकासों के प्रति खुला दृष्टिकोण उस महान दौर के व्यक्तित्वों की आम खूबी है। निस्संदेह राममोहन राय ने सामाजिक क्रांति के एक लम्बे सिलसिले की शुरुआत की। उन्होंने सती प्रथा बन्द करा के धार्मिक कट्टरवाद को पहली जबर्दस्त शिकस्त दी, आधुनिक शिक्षा के प्रसार के लिए कार्य किया और 'ब्रह्म समाज' की स्थापना की। इसकी प्रतिक्रिया में सनातनपंथी हिन्दू भी सक्रिय हो उठे थे। उन्होंने 1830 में एक कट्टरवादी संस्था 'धर्म सभा' बनाई। कहा जाता है कि इसकी बैठकों में सम्मिलित होने वाले सम्पन्न रूढ़िवादी व्यक्तियों के निजी वाहनों से सड़कें जाम हो जाती थीं। उनके नेता थे राधाकान्त देव, जिन्होंने सती प्रथा के समर्थन में अभियान चलाया था। दूसरी तरफ, इन्हीं राधाकान्त देव का पश्चिमी शिक्षा के विकास, खासकर स्त्री शिक्षा में एक बड़ा योगदान था।

कोलकता में बुद्धिवाद की दुंदुभि बज उठी थी। राममोहन राय के जीवन काल में ही 'यंग बंगाल' के पश्चिमी शिक्षा पाए नौजवान उग्र बुद्धिवाद का दृष्टिकोण लेकर सामने आ चुके थे। उनके आंदोलन का केंद्र हिंदू कॉलेज था। मुख्य प्रेरणास्रोत थे इसी कॉलेज के अध्यापक डिरोजियो। इन्होंने तर्क और स्वतंत्र चिंतन के लिए विद्यार्थियों को उत्साहित किया। इन्होंने अपनी गतिविधियों से वर्षों तक लोगों को अपनी तरफ आकर्षित करके रखा। ये नौजवान हिंदू धर्म के ही नहीं, ब्रह्म समाज के भी कटु आलोचक थे। इन्होंने धार्मिक व्यवस्था पर सवाल उठाया और व्यक्ति की स्वतन्त्रता की माँग की। ये अदालत में गंगाजल लेकर सौगंध खाने से इंकार करते थे। कई हिंदू धर्म छोड़कर ईसाई हो गए। ये पश्चिमी जीवन शैली की तरफ आकर्षित थे। ये सभी नव-शिक्षित व्यक्तिगत तौर पर ईमानदार थे। इन्होंने कला-साहित्य और न्यायिक अधिकार के क्षेत्र में महत्त्वपूर्ण कार्य किए, प्रेस की स्वतंत्रता के लिए आंदोलन किए। ये सभी व्यक्ति अँग्रेजी राज की चाकरी में थे। इन्होंने 1857 के राष्ट्रीय विद्रोह का विरोध किया था, धर्मस्थलों पर अँग्रेजों की जीत के लिए प्रार्थनाएँ की थीं और उनकी दमन नीति का समर्थन किया था। उन्हें लगता था कि अँग्रेजों की हार से भारत पश्चिमी सभ्यता से वंचित होकर पिछड़ जाता। जाहिर है, नवजागरण के ऐसे कई व्यक्तियों पर यूरोपीय जनतांत्रिक क्रान्ति का अधकचरा असर था।

भारत के नवजागरण का धर्म से रिश्ता बड़ा पेचीदा है। आमतौर पर हम भारत के ऐसे किसी बड़े नवजागरणकालीन व्यक्तित्व को नहीं जानते, जो बुद्धिवाद के आवेश में नास्तिकता के हद तक पहुँच गया हो और जनता पर अपना असर डाल सका हो। हिंदू धर्म की रूढ़िवादी जड़ता से तंग आकर कुछ डिरोजियोपंथी नौजवान, कुछ ब्रह्म समाजी और महाराष्ट्र की पंडिता रमाबाई जैसे कुछ व्यक्ति ईसाई हो गए। तमिलनाडु के रामास्वामी नायकर हिंदू धर्म की निंदा करने के बाद इस्लाम और बौद्ध

धर्म की प्रशंसा करने लगे। अंबेडकर बौद्ध हो गए। यह सब एक धर्म से दूसरे धर्म में जाना था, धर्म के जाल से मुक्त होना नहीं। यूरोपीय नवजागरण भी पश्चिम को ईसाइयत से मुक्त नहीं कर सका था। वहाँ बहुत-सी धार्मिक रूढ़ियाँ, नस्ली भेदभाव और बर्बरताएँ बची हुई थीं।

नवजागरण का धर्म के सन्दर्भ में मुख्य एजंडा उसकी रूढ़ियों, अंधविश्वासों और कट्टरता का विरोध था। उसका लक्ष्य आदमी को धार्मिक सत्ता के कठोर नियंत्रण और मोक्ष की धारणाओं से छुटकारा दिलाना था ताकि वह भौतिक दुनिया का महत्त्व जान सके, अपनी जिन्दगी स्वतंत्रता, भाईचारा और अन्य आधुनिकताओं के साथ जी सके। खासकर भारत जैसे धार्मिक दृष्टि से संवेदनशील देश में धर्म का विरोध नवजागरण का मुख्य मकसद नहीं हो सकता था। इसलिए नवजागरण काल में सामाजिक क्रांति के कई काम धार्मिक ढाँचे से बाहर नहीं निकल पाए। ब्रह्म समाज, आर्य समाज, प्रार्थना समाज, थियोसोफिकल सोसाइटी जैसे समाजों से लेकर राष्ट्रवादी हिंसा और गाँधीजी के अहिंसक राष्ट्रवादी आंदोलनों तक सभी में धर्म अस्तित्वमान था। निस्संदेह धर्म की नई-नई व्याख्याएँ होने लगी थीं और सामाजिक क्रांति की परियोजनाएँ जारी थीं।

नवजागरण काल के धर्मपुरुष ऐसे व्यक्तित्व थे, जो अंतर्विरोधों से भरे होकर भी सामाजिक सुधार में जी-जान से लगे थे। वे स्त्रियों और दलितों के आत्मसम्मान के लिए लड़ रहे थे। वे जातीय गौरवबोध से भरे थे, पर कठमुल्ले और कट्टरवादी न थे। कहना न होगा कि जब 19वीं सदी में नवजागरण का सूर्योदय हुआ, समाज सुधारकों को सबसे पहले धर्म और धार्मिक कठमुल्लों से ही निबटना पड़ा। भारतीय जनता धर्मप्राण थी। इसलिए समाज सुधारक बुद्धिवाद की ओर बढ़ते हुए भी धर्म को छोड़ नहीं सकते थे। हम देखते हैं कि सामाजिक बुराइयों से लड़ते हुए वे लोग बार-बार धर्म की आलोचना करते थे तो प्राचीन धर्मग्रन्थों की ओर भी जाते थे और नए मत के समर्थन में वहाँ से उद्धरण ले आते थे। वे भले अतीत में जाते हों, पर उनका बुनियादी लक्ष्य था समाज को अग्रगति देना। उनका लक्ष्य जनता को धर्मविहीन करना न था, क्योंकि यह उनकी ऐतिहासिक ताकत के बाहर था। वे सामाजिक विकासों के अनुरूप उसके धर्म को यथासंभव बुद्धिसम्मत ही बना सकते थे।

संस्कृत साहित्य की परंपरा से आए धार्मिक प्रवृत्ति के व्यक्ति ईश्वरचन्द्र विद्यासागर को आधुनिक और क्रांतिकारी ही कहा जा सकता है। खूब अँग्रेजी पढ़कर और कंप्यूटर का गहरा ज्ञान हासिल करके भी आदमी विद्याकूप हो सकता है और संस्कृत पढ़कर भी कोई विद्यासागर हो सकता है। ईश्वरचंद्र विद्यासागर के गहरे प्रयत्न का ही नतीजा था कि सरकार ने 1856 में विधवा विवाह को कानूनी रूप दे दिया। हालाँकि उनके द्वारा 987 लोगों की हस्ताक्षरित याचिका के जवाब में राधाकांत देव ने 36,763 लोगों का विरोध पत्र भेजा था। विद्यासागर ने बहुविवाह और बालविवाह

का भी विरोध किया। वे धर्म को मानवतावाद के उच्च आदर्शों से जोड़ना और सामाजिक बुराइयों को मिटाना चाहते थे। आन्ध्र प्रदेश सहित दक्षिण भारत के कई क्षेत्रों में इसका असर हुआ। वीरेश लिंगम स्त्री शिक्षा और विधवा विवाह के लिए आवाज उठा रहे थे। वहाँ देवदासी प्रथा बंद करने की माँग उठी और नाच-विरोधी आन्दोलन भी चला। सती प्रथा के खात्मे से लेकर विधवा विवाह की शुरुआत, बालविवाह और बहुविवाह पर रोक, पर्दा प्रथा की समाप्ति, नाच-विरोधी आंदोलन, स्त्री शिक्षा और स्त्री-आत्मसम्मान जैसे मामले धार्मिक कठमुल्लों को भड़काने वाले थे। लेकिन वह जमाना ऐसा था, जब कठमुल्ले कोने में पड़ते जा रहे थे। समूचे देश में एक अद्भुत आलोड़न था। इस पर आश्चर्य नहीं करना चाहिए कि उपर्युक्त सभी मामले स्त्री से संबंधित थे। स्त्री धार्मिक सुधार के केंद्र में थी। एक तरह से स्त्री की स्वाधीनता, उसका आत्मसम्मान देश के सभी हिस्सों के नवजागरण को जोड़ने वाला एक प्रमुख तत्त्व है।

स्त्री की धार्मिक बंधनों से आजादी खासकर भारत में एक कठिन मामला है। एक पितृसत्तात्मक समाज में आदर्शवादी स्तर पर स्त्री की पूजा की बात की जाती है, पर उसका वास्तविक दर्जा बंधुआ मजदूर से ज्यादा नहीं होता। 19वीं सदी में स्त्री के सन्दर्भ में सामाजिक सुधार का मामला उसके प्रति की जा रही कुछ बड़ी क्रूरताओं के विरोध तक सीमित है। ऐसी क्रूरताएँ संपन्न और सवर्ण घरानों में ज्यादा थीं। राममोहन राय के भाई की मृत्यु के बाद रूढ़िवादी रिश्तेदार और पंडित जब उनकी भाभी को भाई की चिता पर बाँस से ठेल-ठेलकर आग में जबर्दस्ती जला रहे थे और ढोलक-मंजीरे की आवाज में धीरे-धीरे उसकी चीख गुम हो रही थी, यह कल्पना करना मुश्किल नहीं है कि राममोहन पर तब क्या बीत रही होगी। विद्यासागर को कितना बौद्धिक आघात लगा होगा, जब उनके अधेड़ गुरु ने एक किशोरी से विवाह कर लिया और वह कुछ ही दिनों के बाद विधवा हो गई। आमतौर पर पूरे समाज में स्त्री दुर्दशाओं से घिरी थी। इसलिए सुधार आंदोलन भले ही सवर्ण और मध्यवर्गीय स्त्री को केंद्र में रखकर शुरू किए गए हों, उनका पूरे समाज पर व्यापक असर पड़ा था। निश्चय ही भारतीय नवजागरण को सवर्ण या मध्यवर्गीय आंदोलन कहना उतना ही गलत होगा, जितना उसे यूरोपीय छाया से बाँध देना।

धार्मिक ढाँचे में हुई सामाजिक क्रांति के मामलों पर जल्दबाजी में कोई निर्णय नहीं किया जा सकता। खासकर दयानंद सरस्वती, रामकृष्ण परमहंस, केशवचंद्र सेन और विवेकानंद धार्मिक वेश में मुख्यतः सुधार की आवाज ही उठा रहे थे। इनमें कोई वेद, कोई पुराण, कोई ईसाइयत और कोई वेदांत से प्रेरणा ले रहा था। दयानंद एक उग्र, एकाग्र और दुर्द्धर्ज व्यक्तित्व थे। उन्होंने उत्तर-वैदिक विश्वासों और रीतियों को हिंदू धर्म की सारी बुराइयों का जड़ माना। ब्राह्मण खानदान में जन्म लेकर भी ब्राह्मणों की आलोचना की। उनके सामने एक ओर अंधविश्वासों, कुसंस्कारों और

पाखंडों से भरा हिंदू धर्म था, तो दूसरी तरफ वे नव-शिक्षित समुदाय में ईसाइयत के प्रति बढ़ता आकर्षण लक्षित कर रहे थे। उन्होंने वैदिक पुनरुत्थानवाद प्रस्तावित किया, जिसका केंद्रीय तत्त्व था मूर्तिपूजा का विरोध। उन्होंने धार्मिक अंधविश्वास और जाति-भेदभाव का विरोध किया और स्त्री-अधिकार का सवाल उठाया। दयानंद ने भारतीय मानस का वि-पुराणीकरण करना चाहा। इसी का नतीजा है कि सम्प्रदायवादी अपने हित में कभी उनका इस्तेमाल न कर सके।

नवजागरणकाल के पुनरुत्थानवादी धार्मिक रूढ़ियों के जबर्दस्त विरोधी थे। हिंदी पट्टी में दयानंद ने ही सामाजिक सुधार का सिलसिला शुरू किया था और कूपमंडूकता को असरदार चुनौती दी थी। उनकी दार्शनिक विजय यात्रा धर्म के गढ़ काशी पहुँची। 17 नवंबर, 1869 को अपने मेजबान के बागीचे में उन्होंने अकेले ही पंडित ताराचरण और वेदांती विशुद्धानंद गौड़स्वामी के अलावा 300 अन्य पंडितों के साथ मूर्तिपूजा के प्रश्न पर शास्त्रार्थ किया। बनारस के ब्राह्मण और शिक्षित जन वहीं टूट पड़े थे। काशी के पंडितों ने पहले से तय कर रखा था कि सही या गलत उपाय से उन्हें परास्त करना है। यह सनातनी पौराणिकता और वेदमिश्रित नई चेतना के बीच टकराहट थी। काशी कोलकाता नहीं थी। हल्ला-गुल्ला करके काशी के पंडितों ने सनातनी हिंदू काशीराज से दयानंद की पराजय की घोषणा करा दी। दयानंद सरस्वती में सिर्फ कट्टरता नहीं थी, वे कहते हैं, ''सभी प्रकार की हस्तकला-यंत्रकला सीखें। परंतु जितने ग्रह, नक्षत्र, जन्मपत्री, राशि-मुहूर्त्त आदि फलविधायक ग्रंथ हैं उनको झूठ समझकर कभी न पढ़ें और पढ़ावें।'' अपने रास्ते से दयानंद ने भी नवजागरण के मुख्य हथियार तर्क का महत्त्व स्थापित किया और विज्ञान का आह्वान किया। कहना न होगा कि हिंदी क्षेत्र में आर्य समाज ने कई स्वाधीनता सेनानियों और बुद्धिजीवियों को बौद्धिक परिवर्तन के पहले दरवाजे पर खड़ा किया, भले बाद में शब्द और आचरण के बीच दूरी बढ़ती गई।

एक दूसरे छोर पर रामकृष्ण परमहंस और विवेकानंद सरीखे धार्मिक व्यक्तित्व थे। इस समय तक प्रसिद्ध होम्योपैथ महेंद्रलाल सरकार ने 'भारतीय विज्ञान प्रवर्धन संघ' की स्थापना कर ली थी। उस जमाने के वैज्ञानिक, डॉक्टर और शोधकर्ता सामाजिक दायित्वबोध का अनुभव करते थे। महेंद्रलाल सरकार की रामकृष्ण परमहंस से धर्म के सवाल पर अक्सर टकराहट होती थी, खासकर जब चिकित्सक महेंद्रलाल उनके अस्वस्थ होने पर देखने जाते थे। रामकृष्ण विज्ञान की बातों से सहमत नहीं होते थे, पुराने मन के आध्यात्मिक आदमी थे। लेकिन उनका अध्यात्म भ्रातृत्व की ठोस बुनियाद पर स्थापित था, ''मैं जिधर भी दृष्टि डालता हूँ उधर ही हिंदू, मुसलमान, ब्राह्म, वैष्णव एवं सभी सम्प्रदायवादियों को धर्म के नाम पर परस्पर लड़ते देखता हूँ। वे कभी इस बात पर विचार नहीं करते कि जिसे हम कृष्ण के नाम से पुकारते हैं वे ही शिव हैं, वही आद्या शक्ति है, वही ईसा है, वही अल्लाह है, सब उसी के

नाम हैं। एक ही राम के सहस्रों नाम हैं। एक तालाब के अनेक घाट हैं।" विवेकानन्द में एक खास किस्म की धार्मिक अहमन्यता थी, जो संभव है पश्चिमी साम्राज्यवादी अहमन्यता की प्रतिक्रिया हो, लेकिन उनके गुरु रामकृष्ण ऐसी किसी चीज से बिल्कुल मुक्त होकर एक अनोखे भ्रातृत्व की भावदशा में डूबे रहते थे।

इसी तरह ब्रह्म समाजी केशवचंद्र सेन ईसाइयत की तरफ झुके थे। लेकिन उनमें ऐसी उदारता थी कि उन्होंने ब्रह्म समाज के मन्दिर में चैतन्य महाप्रभु की भक्ति का प्रवेश कराया। वे रामकृष्ण परमहंस के पास समाधि का ज्ञान पाने के लिए जाया करते थे। एक शिक्षित व्यक्ति के इतने परस्पर विरोधी झुकावों और अपने से लगातार बहस को कोई विभ्रम की दशा कह सकता है। केशवचंद्र सेन का कहना था, "ईसा मेरी इच्छाशक्ति है, सुकरात मेरा मस्तिष्क है, चैतन्य महाप्रभु मेरा हृदय है, हिन्दू ऋषि मेरी आत्मा है, मानव-प्रेमी हावर्ड मेरा दायाँ हाथ है।" यह वही केशवचंद्र सेन हैं, जिन्होंने अपने से भिन्न मत के गुजरात सें आए दयानंद सरस्वती को सलाह दी थी कि वे हिंदी में अपना धार्मिक प्रचार करें। उन्होंने ही सबसे पहले हिन्दी को भारतीय एकता का सूत्र और राष्ट्रभाषा कहकर मान्यता दी थी। ब्रह्म समाजी होते हुए भी वे अपनी मृत्यु से एक सप्ताह पहले काली के एक नए मंदिर का उद्घाटन करने गए थे। उनकी मृत्यु शय्या के निकट देवेंद्रनाथ टैगोर और रामकृष्ण परमहंस दोनों थे। मरते समय उन्होंने अपने शिष्य को बाइबिल की पक्तियाँ पढ़ने को कहा और मुँह से निकला—'माँ'! क्या कहा जाए ऐसे लोगों को पाखंडी, विभ्रांत, अराजक? नवजागरण के दौर में ऐसे ही लोग थे, जिन्हें सामाजिक बुराइयाँ बेचैन किए रहती थीं, उनका अंतःकरण दहकता रहता था। एक कट्टर धर्मगुरु या महंत जैसी उम्मीद करता है, वैसी सम्प्रदायनिष्ठता उनमें नहीं होती थी। वे विभिन्न धर्मों में संगति खोजते थे और धार्मिक ढाँचे में वस्तुतः सामाजिक क्रांति के मकसदों को ही आगे बढ़ा रहे थे।

विवेकानंद ने शुरू में रामकृष्ण परमहंस के मूर्तिपूजा और अद्वैतवाद दोनों में एक साथ विश्वास का मजाक उड़ाया था। रामकृष्ण ने ही उन्हें शिक्षा दी कि आदमी अनेक कमजोरियों और क्षमताओं से युक्त है, उसे हमेशा उच्चतर आदर्शों की रोशनी में देखो। रामकृष्ण उनके आध्यात्मिक प्रेरणास्रोत थे। भारतीय जनता को धर्म से अलग करना संभव न था। इसलिए नवजागरण की सबल अंतर्धाराओं में धर्म के भीतर रहकर ही उसकी आलोचना हुई। किसी जमाने में भक्त कवियों ने रूढ़िवादी धार्मिक व्यवस्था की आलोचना उसके भीतर रहकर ही की थी। नवजागरण के धर्मपुरुष ऐसे ही थे, उन्होंने भी भीतर से आलोचना की। उन्होंने 'धर्म के लिए मनुष्य' की जगह 'मनुष्य के लिए धर्म' की प्रस्तावना की और ईश्वर की अखंडता को मुद्दा बनाकर धर्म के सार्वभौम सार पर जोर दिया। उस जमाने में धर्म पर बौद्धिक बहस होती थी, राजनीति नहीं। वह बाजार का माल न था। विवेकानंद के धार्मिक पुनरुत्थान

का उद्देश्य भी धार्मिक जनता को धर्म की रूढ़ियों और पाखंडों से मुक्त करना था, न धर्म की खूनी राजनीति करना और न उसका बाजार लगाना।

यह सही है कि अपने जमाने के अन्य महत्त्वपूर्ण व्यक्तियों की ही तरह विवेकानंद की दृष्टि सभी भारतीय परंपराओं पर नहीं थी। उनकी दृष्टि सिर्फ वेदांत पर थी। उन्होंने वेदांत का पुनरुत्थान चाहा। उस समय के धर्मपुरुषों को भ्रम था कि धर्म की आध्यात्मिक बाढ़ से जिंदगी की सारी बुराइयाँ दूर हो जाएँगी। फिर भी यह स्वीकार करना होगा कि उन्होंने भारतीय संस्कृति की जड़ता और नकारात्मक तत्त्वों से व्यापक संघर्ष किया, विज्ञान और आधुनिक शिक्षा का पक्ष लिया, समाज में रचनात्मक और सेवामूलक कार्य किए और चेतावनी देते हुए यह भी कहा, ''भारत में धर्म का जबर्दस्त पुनरुत्थान हुआ है। इससे आगे खतरा भी है और गौरव भी, क्योंकि पुनरुत्थान कभी-कभी धर्मांधता को जन्म देता है।'' विवेकानंद का लक्ष्य था मनुष्य को मिथ्या भेदभावों से मुक्त करके उसको गरिमा और स्वाभिमान का अहसास कराना। उन्होंने शंकर के 'अहं ब्रह्मास्मि' को माना, लेकिन उनके वर्णवाद को नहीं माना, ''वेदांती नैतिकता का यही सारांश है—सबके प्रति साम्य।'' उन्होंने यह कहने में संकोच नहीं किया, ''पृथ्वी पर ऐसा कोई धर्म नहीं है जो हिंदू धर्म के समान इतने ऊँचे स्वर से मानवता के गौरव का उपदेश देता हो और गरीबों तथा नीची जाति वालों का इतनी क्रूरता से गला घोंटता हो।'' वे भारतीय मनुष्य में वेदांती अध्यात्म, बौद्ध करुणा, ईसाई सक्रियतावाद और इस्लामी समतावाद का संयोग देखना चाहते थे।

भारतीय नवजागरण के किसी अग्रदूत को न पूर्ण बुद्धिवादी कहा जा सकता है और न पूर्ण पुनरुस्थानवादी! यह भी लक्षित किया जा सकता है कि किसी का भी बुद्धिवाद उपनिवेशवाद में पूरी तरह विसर्जनशील न था। इसी तरह किसी का भी पुनरुत्थानवाद ऐसा न था जिसे धार्मिक रूढ़िवाद से अलगाया न जा सके, उसमें विज्ञान और व्यापारिक-औद्योगिक विकास के प्रति खुला रुख न हो और उसमें 'दूसरे' के लिए कुछ स्थान न हो। भारतीय नवजागरण में आमतौर पर यूरोपीय सभ्यता की तरह 'हम' और 'वे' की भावना पैदा नहीं हुई। उपनिवेशवाद की आलोचना धीरे-धीरे जितनी भी कटु होती गई हो, पश्चिम के प्रति रुख काफी खुला था। देखा जा सकता है कि एक मामले में जो व्यक्ति अनुदार है, दूसरे मामले में प्रगतिशील है। नवजागरण के लोगों में अंतर्विरोध थे, जो स्वाभाविक थे। लेकिन वे लोग अपने को बदलते सामाजिक परिदृश्य के साथ विकसित करते थे। निस्संदेह ऐसे भी उदाहरण हैं कि कुछ व्यक्ति विपर्यय के शिकार हो गए या उनमें वैचारिक थक।वट आ गई।

19वीं सदी में राष्ट्रवाद की धारणा एक जटिल औपनिवेशिक-धार्मिक माहौल में बन रही थी। सामाजिक क्रांति की विभिन्न धाराएँ उसके लिए मिट्टी जुटा रही थीं। दरअसल एक खास समय तक समाज सुधार और राष्ट्रवाद में सघन सम्बन्ध

था। भूलने से काम नहीं चलेगा कि भारतीय राष्ट्रवाद के विकास में औपनिवेशिक आकर्षण ही नहीं धार्मिक रूढ़ियाँ, भेदभाव और कई तरह के विवाद भी बाधक थे। बंकिमचंद्र के राष्ट्रवाद में मौजूद हिंदू आवेश को इस ऐतिहासिक पृष्ठभूमि से काटकर नहीं देखा जा सकता सकता। उस जमाने में देशभक्ति 'भारतमाता' के बिम्ब में ढल रही थी और 'वंदे मातरम्' का नारा लोकप्रिय हो रहा था तो यह इसका लक्षण था कि भारत में राष्ट्रवाद अभी विकास की आरम्भिक मंजिलों पर था। साम्राज्यवाद-विरोध की व्यापकता के बाद ही उसमें समावेशिकता की जातीय शक्ति आती, जैसी कि आई भी।

बंकिमचन्द्र के राष्ट्रवाद में हिंदुत्व के रंग के साथ जो रूढ़िभंजकता, बांग्ला जातीय चेतना की ऊर्जा और साहित्यिक वैभव है, उसे महज धर्म और राजनीति के मिश्रण की अवधारणा से समझना कठिन होगा। उन्होंने लिखा था, "यदि भारत राष्ट्रवाद और मानव-प्रेम को एकाकार कर सके तो वह दुनिया का महानतम देश बन सकता है।" जाहिर है, उनके राष्ट्रवाद में हिंदुत्व और मानव-प्रेम का तनाव बरकरार है। उनकी हिन्दू अस्मिता भी तनावविहीन नहीं है। उसमें निर्बुद्धिपरकता और बुद्धिपरकता के बीच तनाव मौजूद है, "हिंदू धर्म में जो भी असत्य है, अशुद्ध है, लोगों या देश में जो कुरीतियाँ हैं, जो भी मनगढ़ंत है उससे घृणा की जानी चाहिए।" उनमें राममोहन राय के सुधारवाद की निरंतरता बनी हुई है। उनके 'साम्य' में हिन्दू रूढ़िवादिता की आलोचना के अलावा राष्ट्रवाद के हाशिए पर खड़े स्त्री, दलित और कृषक को लेकर गहरी चिंता है जो मानवीय बराबरी की आदर्शवादी प्रस्तावना की ओर जाती है। उनका उपन्यास 'आनन्दमठ' 'साम्य' के बाद आया। उन्होंने इसके कुछ समय बाद ही 'साम्य' पुस्तिका वापस ले ली। निश्चय ही अँग्रेजी राज के प्रति उनका रुख दुविधा-भरा था। बंकिम की चेतना के इस आगा-पीछा, आवर्तन-विवर्तन या जागरण-विपर्यय के बावजूद उनका साहित्य, सामाजिक चेतना और राष्ट्रीय जागरण में योगदान महत्त्वपूर्ण था। उनमें निःसन्देह आज के धार्मिक पुनरुत्थानवाद-सी हिंस्रता और रूढ़िवादिता न थी।

19वीं सदी के एक खास दौर तक देश भर में अँग्रेजी शिक्षा ही शिक्षा का पर्याय थी। अँग्रेज सभ्यता के दूत लग रहे थे। फिर भी कई वजहों से डिरोजियो और बंकिमचंद्र बांग्ला नवजागरण के दो छोर के रूप में देखे जा सकते हैं।

1857 के स्वाधीनता संग्राम को सिपाही विद्रोह और भारत में सामंतवाद को बचाने के षड्यंत्र के रूप में देखा गया और एक महान राष्ट्रीय विद्रोह के रूप में भी। यह कृषकों के शांत और स्थिर जीवन में जागरण लाने की कोशिश और दो परंपराओं के बीच एक ऐसी राजनीतिक टकराहट थी जो यदि निश्चिह्न न कर दी जाती, उस विद्रोह के राष्ट्रीय आयाम अधिक फैलते और उसके भीतर से एक नई जनशक्ति उभरती। सभी को पता है कि राष्ट्रीय विद्रोह में हुए अपने जान-माल के

नुकसान का अँग्रेजों ने जिस बड़े पैमाने पर बदला लिया, उससे समूची धरती काँप गई थी। गाँव शहर में निरपराध लोगों को पेड़ों पर लटका कर फाँसी दी गई थी, ताकि 'भारतवासी फिर सिर न उठा सकें'।

भारतीय नवजागरण की एक अंतर्धारा भारत पर साम्राज्यवादी परंपराओं के प्रभुत्व की है तो दूसरी अंतर्धारा भारतीय परम्पराओं की साम्राज्यवाद से टकराहट और नई रोशनी में आत्मरूपांतरण की है। दूसरी धारा अनिवार्यतः अतीतवादी और आधुनिकता-विरोधी नहीं है। इसमें संदेह नहीं कि 1857 के स्वाधीनता संग्राम की एक प्रेरणा धर्म थी, लेकिन उस संग्राम की महान उपलब्धियों से स्पष्ट है कि साम्राज्यवाद को प्रधान निशाना बनाते ही हिंदुओं और मुसलमानों के बीच कैसी अद्भुत सांप्रदायिक एकता कायम हो गई थी। विभिन्न जगहों से हिन्दी-उर्दू के द्विभाषी पत्र निकलने लगे थे। उस संग्राम में सवर्ण और पिछड़ी-दलित जातियों के बीच मेल और जमींदारों से अधिक मुक्ति के तत्त्व भी कम नहीं थे। उसने पूरे नवजागरण में ऐतिहासिक मोड़ ला दिया। भारतीय नवजागरण का अर्थ कभी भी औपनिवेशिक आधुनिकीकरण के प्रति सम्मोहन तक सीमित नहीं हो सकता था। इसलिए सामाजिक क्रांति की धाराओं को अंततः साम्राज्यवाद-विरोध से जुड़कर राष्ट्रवाद का रास्ता बनाना था।

भारत में नवजागरण की परियोजनाओं की सफलता के लिए दोनों ही चीजें जरूरी थीं—उपनिवेशवाद से मुक्ति और सामाजिक क्रांति। सामाजिक क्रांति के बिना न राष्ट्रीय जागरण का स्तर ऊँचा उठ सकता था और न उपनिवेशवाद से मुक्ति संभव थी। इसमें क्या संदेह कि 'भारतीय राष्ट्र' एक बेहद पिछड़ चुके, बहुपर्त्तदार और कठोर भेदभाव से जर्जरित एक ऐसे बृहत्तर समाज में आकार ले रहा था, जिसके भीतर रूढ़ियों से अनगिनत दबी-कुचली जातीयताएँ-पुराजातीयताएँ थीं, सारहीन होते गए कई प्रतिस्पर्धी धर्म थे, जातिवाद की मार से घायल पिछड़ी-दलित जातियाँ थीं, बार-बार के अकाल से कराहते गरीब किसान थे और पुरुष की कैद में दर्द की प्रतिमूर्ति स्त्री थी, औपनिवेशक जाल में बुरी तरह फँसे भारत में सामाजिक क्रान्ति के सामने एक साथ कई बड़ी चुनौतियाँ थीं। औपनिवेशिक जाल में फँसे नवजागरण का अर्थ है लगभग ठहरी हुई औद्योगिक पूँजीवादी प्रगति, बहुत छोटा और अविकसित मध्यवर्ग, विभिन्न अस्मिताओं के बीच संवाद के बावजूद पिघल न पा रही कई दूरियाँ, संचार के साधनों का अभाव और 'फूट डालो और राज करो' के एक बेहद चतुराई भरे माहौल में नवजागरण। बार-बार कहा जाता है कि भारत में नवजागरण विलम्बित था, अधूरा था, खंडित था, बेअसर था, सारा कुछ महज पुनरुथानवाद था या सब कुछ महज थोड़े से शिक्षित-सम्पन्न लोगों तक संकुचित था। यह सब कहा जाता है, लेकिन नवजागरण को उस जमाने की भारतीय स्थितियों में रखकर देखने की कोशिश नहीं होती।

औपनिवेशिक आधुनिकीकरण की छाया में काम कर रहे 'यंग बंगाल' के

नौजवानों और 'हिंदू पेट्रियाट' अखबार ने 1857 के राष्ट्रीय विद्रोह का समर्थन नहीं किया था। पश्चिमी शिक्षा में पले-बढ़े सैयद अहमद खाँ ने भी समर्थन नहीं किया था। लेकिन महाराष्ट्र के ज्योतिबा फुले के समर्थन न करने की वजह दूसरी थी। वे सोच रहे थे कि जब ब्रिटिश शासकों के रहते हुए भी ब्राह्मण और अन्य ऊँची जातियों के व्यक्ति दलितों को उत्पीड़ित कर रहे हैं, उनका सामाजिक व्यवहार भीषण भेदभावमूलक है तो इसकी क्या गारंटी है कि नानाराव पेशवा जो यहाँ स्वाधीनता संग्राम के नेता हैं, ब्राह्मण होने के अधिकार से अपने देशी शासन में दलितों पर जुल्म नहीं करेंगे। फुले को लगा कि ब्राह्मणों के देशी शासन से अँग्रेजों का शासन बेहतर है। यहाँ राष्ट्रवाद के हाशिए पर जो हैं उनका दर्द देखा जा सकता है और साम्राज्यवाद-विरोधी संग्राम की जटिलता का भी अंदाज लगाया जा सकता है। फुले ने ब्राह्मणवाद का खुला विरोध करते हुए शूद्रों की आधुनिक जागृति का काम हाथ में लेकर भारतीय नवजागरण में एक नया आयाम जोड़ा था।

दयानंद सरस्वती मूर्तिपूजा के विरोधी थे और भारतेंदु हरिश्चंद्र राधाकृष्ण की युगलमूर्ति के उपासक। दयानंद के काशी में अपने विद्रोही मत के प्रचार से भारतेंदु का युवा वैष्णव हृदय छलनी हो गया था। दरअसल दोनों दो राहों से नवजागरण की रोशनी तक पहुँचे। भारतेंदु ने दयानंद और उनके साल भर बाद केशवचंद्र सेन की मृत्यु के बाद एक व्यंग्य रचना लिखी थी—'स्वर्ग में विचारसभा का अधिवेशन'। इसकी शुरुआत इस प्रकार थी, ''स्वामी दयानंद सरस्वती और बाबू केशवचंद्र सेन के स्वर्ग में जाने से वहाँ एक बेर बड़ा आंदोलन हो गया। स्वर्गवासी लोगों में बहुतेरे तो इनसे घृणा करके धिक्कार करने लगे और बहुतेरे इनको अच्छा कहने लगे। स्वर्ग में भी 'कंसरवेटिव' और 'लिबरल' दो दल हैं।'' भारतेंदु ने दोनों नवजागरण कर्मियों को एक ही श्रेणी में रखकर उन्हें 'लिबरल' कहा। भक्ति आंदोलन और नवजागरण में एक निरंतरता है, जिसे पहली बार भारतेंदु ने ही उपर्युक्त रचना में रेखांकित किया था। इससे भारतेंदु के ही बौद्धिक विकास का संकेत नहीं मिलता, उस पूरे जमाने की विकासशील सामाजिक चेतना की झलक मिलती है, ''कंसरवेटिव पार्टी में देवताओं के अतिरिक्त बहुत लोग थे जिनमें याज्ञवल्क्य प्रभृति कुछ तो पुराने ऋषि थे और कुछ नारायण भट्ट, रघुनंदन भट्टाचार्य, मंडन मिश्र प्रभृति स्मृति ग्रंथकार थे। सुना है उसमें विदेशी स्वर्ग (बहिश्त) के कुछ शिया लोगों ने भी इनके साथ योग किया है।... लिबरल दल में चैतन्य प्रभृति आचार्य, दादू, नानक, कबीर प्रभृति भक्त और ज्ञानी लोग थे।'' भारतेंदु ने अपनी काल्पनिक तस्वीर में चैतन्य महाप्रभु, गुरुनानक, कबीर, दादूदयाल तथा अन्य भक्तों-संतों को दयानंद सरस्वती और केशवचंद्र सेन के पक्ष में खड़ा कर दिया। दयानंद और केशवचंद्र को भी जोड़ दिया। गौरतलब है कि उपर्युक्त कथन में हिंदू देवताओं, कट्टर धर्माचार्यों और कट्टर मौलवियों के एक कंसरवेटिव

दल की अवधारणा है, जिसका भारतेंदु ने विरोध किया। उन्होंने कभी दयानंद की कटु आलोचना की थी, लेकिन अपनी सामाजिक चेतना के एक खास मोड़ पर वे न केवल भक्ति आंदोलन और नवजागरण में अखंडता देख रहे थे, बल्कि उनका दयानंद के बारे में रुख पूरी तरह बदल गया था।

नवजागरण युग की धर्मप्राणता धर्मोन्माद न थी। धर्म उदार और आधुनिक राष्ट्रीयता का दुश्मन न था, क्योंकि उसमें मानवतावाद की विजय पताका फहर रही थी। भारतेंदु के धर्म में इतना स्पेस था कि वे मुगल राज को सकारात्मक नजरिये से देख पा रहे थे, पैगम्बर मुहम्मद की जीवनी लिख सके थे और 'कुरान शरीफ' का अनुवाद करने के बारे में सोच सके थे। उन्होंने धार्मिक झगड़ों पर टिप्पणी की थी, ''नहिं इन झगड़न में कछु सार, क्यों लरि-लरि कै मरौ बावरे बादन फोरि कपार'' उनके धर्म में आधुनिकता के लिए दरवाजे खुले हैं। यह उनका धर्मनिरपेक्ष झुकावों का ही नतीजा है कि अपने बलिया वाले भाषण में हिंदू और मुसलमान को 'जिठानी-द्यौरानी' बतलाते हुए कहा, ''हिंदू, जैन, मुसलमान, सब आपस में मिलिए। जाति में कोई चाहे ऊँचा हो चाहे नीचा हो सबका आदर कीजिए।'' यह कम उल्लेखनीय नहीं है कि सामाजिक क्रांति के फैलते असर की वजह से ही सैकड़ों वर्षों से धार्मिक रूप से आहत होने के बावजूद हिंदू मन अपनी पुरानी पीड़ाओं को भूलकर सेकुलर होना चाहता है। वह साम्राज्यवाद के राष्ट्रीय प्रत्युत्तर में मुसलमान को शामिल करता है, एक सामाजिक रूपांतरण से गुजरता है और अँग्रेजी राज के उकसावों में आकर आमतौर पर धर्मोन्माद में नहीं ढलता। 1857 के राष्ट्रीय जागरण का प्रभाव देर-सबेर सभी जगहों पर पड़ा था। भारतेंदु ने अँग्रेजी का ज्ञान-विज्ञान ले आने, आधुनिक शिक्षा और औद्योगिक विकास पर जोर दिया था। फिर भी उन्होंने राममोहन राय के रास्ते से भिन्न 'निज भाषा की उन्नति' की बात कही थी, अँग्रेजी वर्चस्व का समर्थन नहीं किया था। उन्होंने एकांगी सुधार की जगह समग्र सुधार की आवाज उठाई थी। भारतेंदु के ईश्वरचंद्र विद्यासागर ही नहीं, एशियाटिक सोसाइटी के राजेंद्रलाल मित्र, इंडियन एसोसिएशन के सुरेंद्रनाथ बैनर्जी आदि से घनिष्ठ संबंध थे। भारतेंदु ने विद्यासागर के पास विधवा विवाह के पक्ष में धर्मशास्त्रीय प्रमाण खोजकर भेजा था, संपादन में सुविधा के लिए कालिदास की कृति 'अभिज्ञान शाकुंतलम्' की प्राचीन प्रतिलिपि भेजी थी। संपूर्ण देश बहस में था, तर्क के मैदान में था और चारों तरफ एक व्यापक सांस्कृतिक अंतरक्रिया चल रही थी। निश्चय ही यह नवजागरण का दूसरा दौर था और काफी पेचीदा था।

हिंदी क्षेत्र के नवजागरण में साम्राज्यवाद-विरोधी स्वर के साथ धार्मिक-सामंती कूपमंडूकता का विरोध कम तात्पर्यपूर्ण न था। भारतेन्दु हरिश्चंद्र सामाजिक सुधार का संगठित प्रयत्न न कर सके, लेकिन उन्होंने धार्मिक मतांधता के केंद्र काशी में अपनी साहित्यिक आवाज बुलंद की। वे बालविवाह, भूत-प्रेत, ज्योतिष की कठोर

आलोचना करते हुए कहते हैं, ''जहाँ का धर्म परिष्कृत नहीं वहाँ का समाज उन्नत नहीं।'' उनके पत्र 'कवि वचन सुधा' के आदर्श वाक्य का एक अंश है, 'नारी-नर सम होंहि'। वे देशी रजवाड़ों और सामंतों का जमकर मखौल उड़ाते थे। उन्होंने हिंदू कठमुल्लेपन और साम्राज्यवाद की साँठ-गाँठ को पहचानते हुए अपने नाटक 'अंधेर नगरी' में लिखा, 'हिंदू चरन इसका नाम विलायत पूरन इसका काम'। उन्होंने हिंदुस्तानियों से हिन्दुस्तान की बनी वस्तुओं का व्यवहार करने का आह्वान किया, जो संभवतः स्वदेशी का पहला आह्वान था।

यह सही है कि हिंदी क्षेत्र में शिक्षा, धार्मिक सुधार और आधुनिकीकरण का काम ज्यादा आगे नहीं बढ़ सका, लेकिन इस आधार पर यह समझ लेना गलत है कि हिंदी क्षेत्र ने नवजागरण का वास्तविक अनुभव किया ही नहीं। यहाँ बंगाल की तरह बुद्धिवादी जोश न उमड़ा हो, महाराष्ट्र की तरह दलित और स्त्री के मुद्दे न गरमा पाए हों, लेकिन आधुनिकीकरण के प्रति आकर्षण, राष्ट्रीय आत्मपहचान के लिए संघर्ष, शैक्षिक-साहित्यिक प्रसार, धार्मिक सुधार और राष्ट्रीय स्वाधीनता संग्राम के इतने चिह्न जरूर दिखाई देते हैं कि उसे बेखटके कुछ खास खूबियों वाला नवजागरण कहा जाए। वस्तुतः हिन्दी क्षेत्र के राष्ट्रीय जागरण ने अँग्रेजी राज को देखने का नजरिया ही बदल दिया।

अँग्रेजी शिक्षा, अँग्रेजी राज और यूरोप की आधुनिक प्रगति ने सर सैयद अहमद खाँ को आकर्षित किया था। उन्होंने अपने सामाजिक जीवन की शुरुआत हिन्दू-मुस्लिम एकता के प्रयासों से की थी, ''राष्ट्र शब्द में मैं हिंदू और मुसलमान दोनों को शामिल करता हूँ।'' वे हिन्दुस्तान को एक दुल्हन के रूप में देखते थे, 'जिसकी दो खूबसूरत चमकीली आँखें हैं हिंदू और मुसलमान'। उन्होंने इस्लामी कूपमंडूकता की आलोचना की और मुसलमानों की आधुनिक शिक्षा की जरूरत बताई। उन्होंने अलीगढ़ को अपना कार्यस्थल बनाया। वे कहते थे, ''इस्लाम का सत्य तभी उद्भासित होगा, जब इसके अनुयायी सुशिक्षित और दुनिया के उच्चतम ज्ञान से परिचित होंगे। यदि इस्लाम के अनुयायी अज्ञानी और प्रतिगामी विचारों वाले होंगे तो उस पर ग्रहण लग जाएगा।'' सैयद अहमद खाँ की बातों से साफ है कि मुसलमान दुनिया की तरक्की में शामिल होना चाहते थे, लेकिन पश्चिम द्वारा सभ्यताओं की टकराहट की नींव उन्नीसवीं सदी में ही पड़ गई थी। सामान्यतः मुसलमान आधुनिक शिक्षा और रोजगार से वंचित रखे जाते थे। अँग्रेजों पर 1857 का खौफ था। उनकी कूटनीति की सफलता है कि हिंदुओं और मुसलमानों की बीच भावनात्मक दूरी बढ़ती गई और सैयद अहमद सिर्फ मुसलमानों के प्रवक्ता के रूप में सामने आए। मुस्लिम समाज में नवजागरण की व्यापक लहरें अनुपस्थित थीं। इसका यह अर्थ नहीं है कि मुसलमानों में आधुनिक शिक्षा का प्रसार नहीं हुआ और उनमें साम्प्रदायिक भाईचारे, बुद्धिवाद और समानता का भाव न था। दरअसल उनका मज़हब बार-बार उनके अस्तित्व का सवाल बना

दिया गया। इसी का नतीजा था दो राष्ट्रों का सिद्धान्त, जिसने सामाजिक स्तर पर कूपमंडूकता को लगातार बढ़ावा दिया।

भूलना नहीं चाहिए कि जब भारत में नवजागरण के स्वर गूँज रहे थे, उस समय यहाँ से बेहिसाब दौलत इंग्लैंड जा रही थी और यहाँ गरीबी बढ़ रही थी। पश्चिमी सभ्यता और गरीबी दोनों एक साथ बढ़ रही थी। पश्चिमी ज्ञान-विज्ञान की शिक्षा और राजनीतिक संस्थाओं के जन्म ने समाज में एक नया वर्ग पैदा कर दिया, जो देश की दौलत बाहर जाने और बढ़ती गरीबी से चिंतित था। यह वर्ग अँग्रेजी शिक्षा, अँग्रेजों द्वारा राजनीतिक सुधार, सरकारी नौकरी के सुयोग आदि वजहों से देशभक्त होते हुए भी अंग्रेजों का कृतज्ञ था। ये लोग ब्रिटिश शासन को न्याय और स्वतंत्रता के पक्षधर के रूप में देखते थे। ये भारतीयों की गुलामी, अपमान भरी जिंदगी और गरीबी के संदर्भ में ब्रिटिश संसद के नैतिक विवेक पर काफी भरोसा करते थे और उससे बार-बार अपील करते थे। इनका राष्ट्रवाद एक अलग ही रंग लेकर आया, यह सरकारी सेवाओं में अँग्रेजों और शिक्षित भारतीयों के बीच बराबरी, राजनीतिक सुधार और स्वशासन के कुछ अधिकारों तक सीमित राष्ट्रवाद था। दादाभाई नौरोजी, सुरेंद्रनाथ बनर्जी, महादेव गोविन्द रानाडे और गोपालकृष्ण गोखले ब्रिटिश शासन की छाया में व्यापारिक और राजनीतिक सुधारों की बात करते थे और नरमपंथी माने जाते थे।

भारतीय राष्ट्र के राजनीतिक निर्माण की प्रक्रिया को तेज करने में उपर्युक्त राष्ट्रवादी सुधारकों की एक बड़ी भूमिका थी। लेकिन देखने की चीज है कि कांग्रेस के स्थापना काल से लेकर लगभग तीन दशकों तक राजनीतिक सुधारवाद में सामाजिक क्रांति की परियोजनाएँ किस तरह हाशिए पर चली गईं। राष्ट्रीयता के विकास में सामाजिक क्रांति की भूमिका निश्चय ही भारत में बहुत ज्यादा थी। इसके बावजूद विभिन्न सत्ता विमर्शों में इसे महत्त्व नहीं दिया गया। काँग्रेस के दूसरे राष्ट्रीय महाधिवेशन (1886) में दादाभाई नौरोजी ने अध्यक्ष पद से दिए गए अपने भाषण में साफ कर दिया, "हम लोग इस राजनैतिक सभा में अपने अँग्रेज शासकों के सामने अपनी राजनैतिक आकांक्षाएँ व्यक्त करने के लिए इकट्ठे हुए हैं, सामाजिक सुधार पर विचार करने के लिए नहीं। यहाँ विभिन्न मतों, सम्प्रदायों और जातियों के हिंदू जिनमें कितने ही फिरके हैं—फारसी, सिख, ब्राह्मण आदि सभी तरह के भारतवासी आकर जमा हुए हैं। इस तरह के विभिन्न जातियों से भरे हुए जलसे में भिन्न-भिन्न जातियों और सम्प्रदायों के दोषों पर कहाँ तक विचार किया जा सकता है? राष्ट्रीय महासभा को केवल उन्हीं प्रश्नों पर विचार करना चाहिए, जिनमें सारा राष्ट्र प्रत्यक्ष रूप से भाग ले सके। समाज सुधार के कामों को तो सम्प्रदायों और जातियों पर ही छोड़ देना चाहिए, वे ही इन्हें निपटा देंगी।" स्पष्ट है कि वे लोग अपने राजनीतिक मंच से धार्मिक कठमुल्लेपन या कु-प्रथाओं के खिलाफ आवाज उठाना नहीं चाहते थे।

राजनीतिक आंदोलनों से सामाजिक प्रश्नों को बाहर रखने का सिलसिला तभी शुरू हो गया था।

यूरोपीय नवजागरण के समय समाज सुधार को राजनीतिक चेतना का बल मिला, जबकि भारत में राजनीतिक महत्त्वाकांक्षाएँ सामाजिक सुधार और क्रांति में हमेशा बाधक साबित हुईं। कांग्रेस के आठवें महाधिवेशन (1892) में भाषण देते हुए डब्लू.सी. बनर्जी ने इलाहाबाद में स्पष्ट कहा, ''राजनैतिक सुधार और सामाजिक सुधार में कोई संबंध नहीं है। क्या हम राजनैतिक सुधार के इसलिए काबिल नहीं हैं कि हमारी विधवाओं का पुनर्विवाह नहीं होता, हमारी लड़कियाँ छोटी उम्र में ब्याह दी जाती हैं?'' राजनीतिक आंदोलनों में सुधारवादी कार्यक्रम महात्मा गाँधी के दौर में शामिल हुआ, दलित और स्त्री-प्रश्न गरमाया। राष्ट्रवाद के हाशिए से पुनः असरदार आवाजें उठीं। सामान्यतः समझा जाता है कि अँग्रेजों से पूर्ण स्वाधीनता की माँग करने वाले राष्ट्रवादियों ने सामाजिक सुधारों का विरोध किया और अपनी राजनीति को धार्मिक प्रतीकों से जोड़ा। इनसे पहले 'माडरेट' अपनी राजनीतिक परिधि से सुधारवाद को बाहर निकाल चुके थे। यही वजह है कि महादेव गोविंद रानाडे और उनके समर्थकों ने 'भारतीय राष्ट्रीय सामाजिक सम्मेलन' के नाम से एक अलग संस्था बनाई, जिसमें देश भर के सुधारकों के बीच विचारों का आदान-प्रदान होता था और उद्देश्य की एकता पर बल दिया जाता था। इसके सम्मेलन कांग्रेस के वार्षिक अधिवेशन के बाद उसी पंडाल में होते थे। पहला सम्मेलन 1887 में मद्रास में हुआ था। यह कम महत्त्वपूर्ण बात नहीं है कि उस जमाने के सुधारक, लेखक और तमाम तरह के बुद्धिजीवी आपस में संवाद करते थे, समान लक्ष्य की खोज में होते थे और विभिन्न रास्तों से पूरे देश के हित में काम करते थे। राजनीतिक आंदोलनों के मंच से बाहर फेंक दिए जाने के बावजूद सामाजिक क्रांति को अंतर्धाराएँ सूख नहीं पाईं, उनका वेग जरूर घटा।

फुले के दलित मुक्ति के मुद्दे के ठीक बगल में माडरेट सुधारकों के सामाजिक मुद्दे देखने में छोटे लगेंगे, पर तब ये ही काफी उद्वेलनकारी थे। ये मुद्दे विधवा विवाह, बालविवाह, स्त्री शिक्षा, सहवास-वय बिल और अँग्रेजों के साथ बैठकर चाय-बिस्कुट खाने जैसे थे। महाराष्ट्र में इन मामलों पर रूढ़िवादियों ने तूफान खड़ा कर दिया था। भारत का समाज बड़ा कठोर था। रानाडे अपने पक्ष के समर्थन में धर्मशास्त्रों से भी प्रमाण ले आते थे। वे कहते थे कि समाज सुधारक धर्मशास्त्र की उच्च परम्पराओं के रक्षक हैं और वस्तुतः सुधार-विरोधी ही धर्म के विरोधी हैं। उस जमाने में तर्क के कई-कई रूप थे। सुधारवादी शिविर में भी कोई सुधार के रास्ते पर काफी दूर तक आगे जाना चाहता था, कोई थोड़ी दूर तक। रानाडे कहते थे कि ''सुधारकों को एक शताब्दी का काम एक दशक में ही करने के लिए आतुर क्रांतिकारी नहीं बन जाना है।'' औपनिवेशिक शासन में सामाजिक क्रांति संभव नहीं थी, लेकिन भारी

राजनीतिक-धार्मिक दमन के माहौल में जो घटा उसे सामाजिक उथल-पुथल ही मानना चाहिए।

नवजागरणकाल में भारत एक ऐतिहासिक दौर से एक दूसरे ऐतिहासिक दौर में प्रवेश कर रहा था। वह एक संक्रमण का दौर था, जब अकस्मात सारी बुराइयाँ जा नहीं सकती थीं और सारी अच्छाइयाँ पैदा नहीं हो सकती थीं। इसलिए किसी भी सुधारक और चिंतक पर आज अपने हिसाब से कठोर पैमाना बनाकर विचार नहीं किया जा सकता। महादेव गोविंद रानाडे को ही लें, उनके बारे में कहा गया कि वे सुधारक हैं ही नहीं। उन्होंने अपनी पत्नी की मृत्यु के बाद किसी वयस्क विधवा से विवाह न करके पिता के दबाव में अल्पव्यस्क किशोरी से विवाह कर लिया। उन्होंने अपने पिता को वचन दे दिया था कि विधवा विवाह करने वाले अपने मित्र को अपने घर दुबारा भोजन पर नहीं बुलाएँगे। वे जानते थे कि शंकराचार्य रूढ़िवादियों के प्रतिनिधि हैं। फिर भी उन्होंने सामाजिक आचार पर विचार करने के लिए शंकराचार्य के धार्मिक अधिकार को मान्यता दी और यूरोपीयनों के साथ एक मेज पर चाय पीने के बाद प्रायश्चित किया। केशवचंद्र सेन और भारतेंदु हरिश्चंद्र ने अपनी-अपनी बेटियों का विवाह कम उम्र में ही कर दिया। ये सभी निजी नहीं सामाजिक विडंबनाएँ थीं, जिनसे लड़ते-हारते-जीतते उस जमाने के नवजागरण-व्यक्तित्व अपने मकसदों को अंजाम देना चाहते थे। हमें सामाजिक बेड़ियों पर उनकी वैचारिक चोटों के साथ उनके भीतर की कोमलताओं, अंतर्द्वंद्वों और दुविधाओं को भी समझना होगा। देखना होगा कि उन्होंने अपने परंपरावादी मानस का कितना अतिक्रमण किया और वे कितना पुरानी जड़ता में ही फँसे रह गए।

उपनिवेशवाद से किसी न किसी हद तक रिश्ता रखने वाले सुधारवादियों को लगता था कि अँग्रेजी शासन से राजनीतिक स्वतंत्रता को बाद भारत पिछड़ जाएगा। उनकी सोच थी कि राष्ट्र मानवता से कहीं एक बहुत कमतर चीज है। इसलिए संकीर्ण राष्ट्रवादी विचारों को सभ्यता, अंतर्राष्ट्रीयतावाद और मानवतावाद के लिए रास्ता छोड़ देना चाहिए। इन लोगों ने साम्राज्यवाद को मुख्य चुनौती नहीं माना। बाल गंगाधर तिलक, लाजपत राय जैसे व्यक्तियों ने राष्ट्रवाद में गरमजोशी के साथ राजनीतिक स्वतंत्रता का तत्त्व जोड़ा। तिलक उलटकर कहने लगे, "मैं नहीं मानता कि राजनैतिक स्वतंत्रता से पहले सामाजिक पुनर्निर्माण का काम किया जाना चाहिए। मैं राजनैतिक स्वाधीनता को अधिक महत्त्व देता हूँ। मेरा मत है कि अपना भाग्य निर्मित कर सकने की शक्ति के बिना हमारा राष्ट्रीय पुनरुत्थान नहीं हो सकता।" तिलक और आगरकर के बीच जमकर वैचारिक मुठभेड़ हुई। समग्रतः परिदृश्य यह था कि सामाजिक सुधार की परियोजनाएँ हाथ में लो तो सामाजिक बहिष्कार झेलो, रूढ़िवादियों की मार सहो। राजनीतिक स्वतंत्रता की आवाज उठाओ तो अँग्रेजों की जेलों में सड़ो, लाठियाँ खाओ। नवजागरण में सुधारवाद और पुनरुत्थानवाद दो धाराएँ थीं। दोनों किस्म के लोगों

पर मार पड़ रही थी, उन्हें यातनाएँ सहनी पड़ रही थीं। वे अपने अंतर्विरोधों के बीच भी किसी न किसी जमीन पर नई चेतना के सार्थवाह थे। दोनों ही किस्म के लोग निडर और निःस्वार्थी थे।

नवजागरण के दिनों में 'रैशनलिज्म' के आवेश में पश्चिम के अनुकरण और 'नेशनलिज्म' के आवेश में पुनरुत्थानवाद की जो ऐतिहासिक रस्साकशी चल रही थी, उससे नवजागरण का परिप्रेक्ष्य विकसित हुआ और राष्ट्रीय टकहराटों में व्यापकता आई। रानाडे पूछते थे, 'रिवाइवल किसका? अंधविश्वासों का, कर्मकांडों का, सती प्रथा का?' लाजपत राय उलट कर सवाल करते थे, 'अनुकरण किसका? फ्रेंच शराबों का, अँग्रेजी तौर-तरीकों का या अमेरिकी स्वेच्छाचारिता का'। निश्चय ही उस जमाने में सिर्फ इन्हीं सवालों के बीच भिड़ंत नहीं थी, लेकिन इस भिड़ंत ने बाकी सवालों को प्रभावित किया। यह महसूस किया जाने लगा कि लोगों को राजनीतिक स्वतंत्रता के साथ आधुनिक भविष्य भी चाहिए, राष्ट्रवाद में स्त्री, दलित और किसान के लिए पूरी जगह होनी चाहिए।

साम्राज्यवाद से भारत की जनता की टकराहट तभी असरदार हुई, जब आधुनिक और धर्मनिरपेक्ष राष्ट्रीयता में शक्ति आई। ऐसी राष्ट्रीयता के निर्माण में, खासकर बहुत-सी जातीयताओं और धार्मिक विश्वासों वाले देश में, उन्नीसवीं सदी से जारी सामाजिक उथल-पुथल ने एक बड़ी भूमिका निभाई थी। अब लोग बहुत-सी चीजों मसलन शिक्षा, इतिहास, कला-साहित्य, उद्योग-धंधों, राजनीति को धर्मनिरपेक्ष दृष्टि से देखने लगे थे। नवजागरण ने ही प्रेरित किया था कि अब लोग बहुत से मामलों में धर्म से ऊपर उठकर सोचने की आदत डालें। धर्म का मूलोच्छेद नहीं हुआ, लेकिन धर्म अब वैयक्तिकता, विचार स्वातंत्र्य और वैज्ञानिक जिज्ञासा के मार्ग में बाधक नहीं रह गए।

बड़े शहरों से दूर भीतरी इलाकों की उत्पीड़ित धार्मिकताओं के संघर्ष को भारतीय नवजागरण के इन्द्रधनुषी परिदृश्य से बाहर नहीं किया जा सकता। 1857 की 'गाय की चर्बी' से लेकर गाँधी के 'रामराज्य' तक देखा जा सकता है कि राष्ट्रीय मुक्ति संघर्षों में धार्मिक प्रतीकों का इस्तेमाल हुआ था, जो 21वीं सदी के 'त्रिशूल' के इस्तेमाल से भिन्न तरह का था। जिन समाजों में औद्योकीकरण की विस्तृत प्रक्रिया अनुपस्थित हो और ऊपर से औपनिवेशक दमन बढ़ा-चढ़ा हो, वहाँ नए विचार कई पुराने तत्त्वों से घुले-मिले होते हैं। आदिवासी विरसा मुंडा के संघर्ष में धर्म ही क्यों, चमत्कारों का प्रचार भी हथियार बना। इसी तरह उड़ीसा के भीमा भोई के धार्मिक अभियान में सामाजिक क्रांति के स्वर पहचाने जा सकते हैं। किसानों के गाँवों, आदिवासी इलाकों, पहाड़ों, जंगलों में धार्मिक ढाँचे में बहुत से सामाजिक बदलाव आए और साम्राज्यवाद के खिलाफ उत्पीड़ित धार्मिकता का आक्रोश व्यक्त हुआ। लोक साहित्य और लोक संस्कृति में कई अनाम परिवर्तनवादियों की आवाजें हैं। इन सभी को सिर्फ इसलिए

नवजागरण से बाहर नहीं किया जा सकता कि ये शहरों से काफी दूर गूँजीं।

केरल के लोकप्रिय सुधारवादी नारायण गुरु ताड़ी उतारने वालों की जाति के थे। उन्होंने ब्राह्मणवाद और जातिवाद का विरोध किया था। उनके बनाए एक शिव मंदिर में जब ब्राह्मणों ने पूजा से इंकार कर दिया, उन्होंने खुद पूजा की। उनका नारा था—'एक धर्म-एक ईश्वर-एक मनुष्य जाति'। यह भी कह देना चाहिए कि नारायण गुरु शंकराचार्य को मानते थे। सिर्फ इसी वजह से वे वर्णवादी या कूपमंडूक नहीं हो जाते। नवजागरणकाल के लोगों की जटिल प्रकृति को समझना होगा। उनकी जटिल प्रकृति गहरे और जटिल भारतीय समाज की देन थी। एक बार नारायण गुरु अपने एक शिष्य के घर शादी में गए। वहाँ काफी फ़िज़ूलख़र्ची देखी तो उन्हें दुःख हुआ। वे लौटने लगे। रोकने पर कहा, 'फ़िज़ूलख़र्ची रुकेगी तभी बैठूँगा'। इस जाति में से फ़िज़ूलख़र्ची रुक गई। फुले, नारायण गुरु, अंबेडकर की दलित चेतना में ब्राह्मणवाद के प्रति आक्रोश के साथ सुधारवाद भी एक प्रमुख तत्व था। उनका जीवन और आचरण ऐसा था जो लोगों पर असर डालता था। उन सबका जीवन बड़ा सादा, अकृत्रिम और दिखावा रहित था।

नारायण गुरुकभी गुरु कहा जाना पसंद नहीं करते थे, जबकि विपर्यय के वर्तमान युग में धर्म के बाजार में कई अपने को गुरु, स्वामी, बाबा, माता, साध्वी यहाँ तक कि भगवान कहलाते और विज्ञापित कराते नहीं अघाते।

नवजागरणकाल के पुरुष-व्यक्तित्वों ने स्त्री को केन्द्र में रखकर सुधार करने चाहे, लेकिन स्त्री-स्वतंत्रता की उनकी समझ की एक सीमा थी। उस जमाने में लड़कियों को शिक्षा देना एक चुनौती-भरा काम था। महाराष्ट्र की पंडिता रमाबाई के माता-पिता को उनकी बिरादरी ने इसलिए बहिष्कृत कर दिया कि वे अपनी बेटी को शिक्षा देना चाहते थे। हम नवजागरण के प्रसिद्धि पाए व्यक्तियों को जानते हैं। लेकिन उनके सहयोगियों, समर्थकों और उनके प्रति सहानुभूति रखने वाले उनके मार्ग पर चलने वाले उन लाखों लोगों को नहीं जानते जिन्होंने अपने समय में रूढ़ियों को तोड़कर विद्रोह-भरे कदम उठाए, बहिष्कार झेले, यातना सही और इस देश में आधुनिक जीवन के वे मार्ग बनाए, जिन पर चलते हुए आज हम अकृतज्ञ हो उठे हैं। पंडिता रमा बाई की माँ रोटी माँगते-माँगते चल बसीं। उसकी अर्थी को कंधा देने वाला चौथा आदमी नहीं मिला। रमा बाई ने खुद अपनी माँ को कंधा दिया। स्त्री को आज भी अर्थी को कंधा देने का हक क्यों नहीं है?

गाँधी जब बीस सालों तक दक्षिण अफ्रीका में न्याय और आत्मसम्मान के लिए करने के बाद भारत आए, वे पश्चिम और पूर्व का अनोखा 'सिंथीसिस' ब थे। वे जितने 'आलोचनात्मक' थे उतने ही 'निर्माणात्मक'। यह कभी भी अंतिम से तय करना कठिन होगा कि वे 'आधुनिक' थे, 'क्रांतिकारी' थे या 'परंपरावाद

बालगंगाधार तिलक की मृत्यु से थोड़ा पहले वे भारतीय राजनीति के क्षितिज पर आ चुके थे। वे तब वस्तुतः नवजागरण की आड़ी-बेड़ी धाराओं के बीच खड़े थे। वे लगभग सौ वर्षों की महान विरासत की रोशनी से दीप्त थे। भारत का नवजागरण जिन कुछ व्यक्तित्वों में सर्वाधिक उत्कर्ष पर पहुँचा, उनमें गाँधी अन्यतम हैं। खासकर हिंदी क्षेत्र में स्त्रियों और अत्यंजों के बीच आरंभिक जागरण इन्हीं के प्रयासों का फल है। उन्होंने स्वतंत्रता और सुधार को आपस में जोड़ा। इसमें संदेह नहीं कि गाँधी के मंच पर आने से पहले ही इस देश में मुक्ति की आकांक्षाएँ पैदा हो चुकी थीं। गाँधी ने सिर्फ उन आकांक्षाओं के 'टोन' को दुरुस्त किया और उन्हें बृहत्तर राष्ट्रीय लक्ष्यों की तरफ मोड़ दिया। उन्होंने अंबेडकर, पेरियार, रवींद्रनाथ से ही नहीं बहुतों से संवाद किया और विरुद्धों में एक बड़ा मुश्किल सामंजस्य बैठाया। अब वह जमाना नहीं था कि 1857 के रास्ते पर चलकर स्वतंत्रता हासिल की जाए, हालाँकि उसकी एक अंतर्धारा भगत सिंह, सुभाषचंद्र बोस में चली आ रही थी। गाँधी ने स्वाधीनता संग्राम और सामाजिक ढाँचे में सुधार के लिए वह रास्ता चुना, जिस पर भारत की व्यापक जनता चल सके–उसकी सोई ताकत जग सके।

अंबेडकर की बहिष्कार के खिलाफ लड़ाई दलितों की उन्नति और आत्मसम्मान के लिए थी। उन्होंने महाड़ के चबदार तालाब पर दलितों को लेकर सत्याग्रह किया था। पूना समझौता से साल भर पहले उन्होंने गाँधी से पूछा था–मेरा देश कहाँ है? पूना समझौता करने के बाद भी अंबेडकर के मन में गाँधी के अछूतोद्धार और हिंदू धर्म के दायरे में इस समस्या के समाधान के प्रति सन्देह बना हुआ था। अछूत भारत के बहिष्कृत निवासी थे, हाशिए के लोग। संतों और भक्तों ने इस खाई को पाटने की काफी कोशिशें की, पर वे असफल रहे। सामाजिक क्रांति का यह एक बड़ा मुद्दा था। अंबेडकर को लगा कि अछूतों को अपनी हजारों साल की जिल्लत, अवमानना और यंत्रणा से मुक्ति की लड़ाई खुद लड़नी होगी। गाँधी के सामने साम्राज्यवाद से मुक्ति का प्रश्न था, लेकिन अछूतों की मुक्ति का प्रश्न भी छोटा न था। बीसवीं सदी के तीसरे दशक से इस प्रश्न पर भारत में एक बड़ा सामाजिक आलोड़न आया और कूपमंडूक हिंदुत्ववादी कोने में पड़ गए। इस दौर में धर्मशास्त्रों की तरफ दौड़कर वहाँ से अपने पक्ष में उद्धरण लाने की जरूरत समाप्त हो चुकी थी। जैसे-जैसे राष्ट्रवाद का सामाजिक आधार विस्तृत हो रहा था और राजनीतिक स्वतंत्रता संघर्ष के बगल में बदलाव के लघु आख्यान बन रहे थे, वैसे ही वैसे भारत में नए ढंग के राष्ट्र, नए समाज और नए मनुष्य की चाहत बढ़ती जा रही थी। राष्ट्रीयता की आधुनिक परियोजना सामाजिक क्रांति के बिना अधूरी थी। दोनों के बीच स्वाभाविक रिश्ता धार्मिक कूपमंडूकता के विरोध का था, जो किसी-किसी मामले में ब्राह्मणवाद के विरोध तक जाता था। फुले, अंबेडकर और प्रेमचंद के बीच तय करना मुश्किल है कि ब्राह्मणवाद का कौन ज्यादा विरोधी है।

हालाँकि अंबेडकर ने यह भी कहा था, "हम ब्राह्मणों के विरुद्ध नहीं हैं, हमारा आक्रमण ब्राह्मणवाद पर है। हमें ब्राह्मणवादग्रस्त ब्राह्मणेतर आदमी दूर प्रतीत होता है और ब्राह्मणवाद रहित ब्राह्मण नजदीक लगता है।" उनका दलित प्रश्न सत्ता विमर्श का अंग नहीं था। इसलिए वे यह भी कहते थे, "अस्पृश्य लोग भी आपस में अब तक छूतछात मानते हैं, ब्राह्मणों से भी बड़ा प्लेग हमारे अन्दर है।" दलित भारत के पूरे सामाजिक ताने-बाने में शामिल हैं, कुछ उसी तरह जिस तरह स्त्री परिवार के तानेबाने में। खुद दलित कई ऊँची-नीची जातियों में बँटे हैं और पिछड़े भी। इसलिए घृणा-प्रतिघृणा की जगह जरूरत समाज के नजरिये में बदलाव की है, जो साम्राज्यवाद और वैश्वीकरण के युग में कठिन ही होता गया। फिर भी बीसवीं सदी में यह चिंता दस्तक देने लगी थी कि जिस राष्ट्रवाद या जनतंत्र की इतनी दुंदुभि बज रही है उसमें दलित कहाँ खड़ा होगा, इसी तरह दलित चेतना में साम्राज्यवाद-विरोध और जनतंत्र की कितनी जगह होगी।

रामास्वामी नायकर (पेरियार) ने तमिलनाडु में सामाजिक कुरीतियों और अंधविश्वासों के विरोध के साथ ब्राह्मणवाद को भी जबर्दस्त चुनौती दी थी। मद्रास में बड़े पैमाने पर जातिवाद और अस्पृश्यता के विरोध में और मंदिर प्रवेश के लिए आंदोलन हुए थे। फिर भी दक्षिण भारत में ब्राह्मण-वर्चस्व उत्तर भारत की तरह घट नहीं पाया था। तमिलनाडु में अछूत, शूद्र और पिछड़े जो वहाँ की कुल आबादी में सत्तर प्रतिशत से ज्यादा थे, सभी अधिकारों से वंचित थे। रामास्वामी नायकर पहले काँग्रेस की गतिविधियों में शामिल थे। लेकिन बाद में उन्होंने 'आत्मसम्मान आंदोलन' चलाया जिसका उद्देश्य ब्राह्मणों के धर्म का विरोध, तमिल भाषा, साहित्य और संस्कृति में जातीय स्वाभिमान का भाव पैदा करना और पुरोहितों का शोषण मिटाना था। रामास्वामी नायकर का विरोध ईश्वर के विरोध तक आगे बढ़ा। उन्होंने रामायण और पुराणों का मखौल उड़ाया। उनका एक विरोध उत्तर के आर्य-प्रभाव को लेकर था। उन्होंने द्रविड़वाद चलाया। उनको लोग श्रद्धा से पेरियार कहते थे। उन्हें एक लम्बा जीवन मिला था। वे कभी अपने विचारों से पीछे नहीं हटे और बुद्धिवादी बने रहे। उनके मन में इस्लाम के प्रति आकर्षण था, पर वे अपने को बौद्ध धर्म के ज्यादा निकट पाते थे। उन्होंने सिर्फ जातिवाद या ब्राह्मणवाद का ही विरोध नहीं किया था, बाल विवाह और जबरन विधवा बनाए रखने के खिलाफ भी आवाज उठाई थी। उन्होंने 'आत्मसम्मान विवाह' प्रचलित किया, जिसमें स्त्री और पुरुष बराबर होते हैं और कन्यादान की प्रथा नहीं होती, क्योंकि कन्या वस्तु नहीं है। तमिलनाडु के सामाजिक जीवन पर पेरियार का एक समय काफी प्रभाव पड़ा, हालाँकि अंधविश्वास और कुरीतियों में ज्यादा कमी नहीं आई। वहाँ जातीय आत्मसम्मान का भाव जरूर पनपा।

दक्षिण भारत के सुधार आंदोलनों के बारे में कहा जा सकता है कि ये देर से शुरू हुए—उन पर बुद्धिवाद और राष्ट्रवाद दोनों का असर था। पेरियार ब्रिटिश

साम्राज्य से पूर्ण स्वाधीनता की लड़ाई में शामिल थे और उनका उत्तर के आर्य-प्रभाव के विरोध का अर्थ मुख्यतः जाति-भेदभाव का विरोध ही था। आमतौर पर बंगाल और महाराष्ट्र के सुधार आंदोलनों का विस्तार ही आंध्र, कर्नाटक, केरल और तमिलनाडु के क्षेत्रों में हुआ, अपनी स्थानीय विशिष्टताओं के साथ।

भारत के सभी समाजों में चुनौतियाँ लगभग समान थीं। साम्राज्यवाद की चुनौती जैसे-जैसे बढ़ती गई, राजनीजिक स्वतंत्रता और सुधार आन्दोलनों के स्तर पर उत्तर-दक्षिण संवाद भी बढ़ता गया। उस जमाने में लगता था कि देश के किसी भी क्षेत्र का अलग स्वार्थ नहीं है। सभी का एक ही अतीत और एक ही भविष्य है।

नवजागरण के जमाने में विशेषज्ञता की जगह बहुज्ञता की धूम थी। साहित्यकार महज लेखक नहीं थे, वे सामाजिक रूप से भी सक्रिय थे। आन्ध्र प्रदेश में वीरेश लिंगम, रघुपति वेंकटरत्नम् नायडू, अप्पाराव, लक्ष्मीनरसिंहम् आदि ने साहित्यिक लेखन के साथ सुधार आंदोलन भी चलाए। यहाँ भी स्त्री और अछूत ही सुधार आंदोलनों के केंद्र में थे। अप्पाराव ने बालविवाह, विधवा समस्या और वेश्याओं की समस्या पर कई नाटक लिखे। खासकर उनके 'कन्याशुल्कम्' के हजारों प्रदर्शनों ने पूरे समाज को आलोड़ित कर दिया। अपने बढ़ते सामाजिक सरोकारों की वजह से ही उस जमाने की जातीय भाषाओं ने न केवल आधुनिक स्वरूप ग्रहण किया, बल्कि वे बोलचाल की भाषा के नजदीक आईं। वे किताबी भाषाएँ नहीं रह गईं—पुराने व्याकरणबद्ध रूपों, अप्रचलित शब्दजाल और कष्टकर लंबे वाक्यों से बनी शिष्ट भाषाएँ! 19वीं सदी की आधुनिक भारतीय भाषाएँ व्यापक, सामाजिक रगड़घस्स से बनीं।

भारत में नवजागरण को नवोदय, प्रबोधन, ज्ञानोदय आदि भी कहा गया। इनकी अंतर्वस्तु में बुनियादी फर्क नहीं है। कर्नाटक में कन्नड़ कवि बी.एम. श्रीकांतय्या ने देशभक्ति की कविताएँ लिखीं। अपनी एक शुरू की कविता 'भारतमाता' में वे समुद्रों की रानी विक्टोरिया से प्रार्थना करते हैं कि वह उनके देश की अव्यवस्था दूर करे। उपनिवेशवाद को लेकर दुविधा का भाव कन्नड़ नवोदय में भी था। फिर भी बी.एम. श्री के नाम से विख्यात कन्नड़ कवि ने कर्नाटक को मन से कभी पराधीन नहीं माना। टी.पी. कैलासम् ने कन्नड़ में जो कुछ लिखा, उनमें से ज्यादातर रचनाएँ सामाजिक समस्याओं पर केन्द्रित थीं। उनमें अँग्रेजी राज की आलोचना भी थी। वह जमाना ऐसा था, जब कैलासम् कर्नाटक को एक ऐसे समावेशी जातीय राज्य के रूप में देखना चाहते थे, जिसमें तमिल, तेलुगु आदि सभी के लिए जगह हो। कावेरी शांत बह रही थी।

तिरुमालंबा कन्नड़ की पहली महत्त्वपूर्ण स्त्री लेखिका हैं, जिन्होंने स्त्री के स्वत्व की घोषणा की। वह जातीय चेतना के निर्माण का युग था। तिरुमालंबा की कई कविताओं में कर्नाटक जातीयता की मुखर चेतना उसी तरह है, जिस तरह सुब्रह्मण्य

भारती में उदार भारतीय दृष्टिकोण के साथ तमिल जातीयता की चेतना। वे उत्तर-दक्षिण का भेद मिटाते हुए स्त्रियों को व्यापक अर्थ में आर्य स्त्रियाँ कहती हैं, "आर्य महिलाएँ, आर्य धर्म संकट में है। अतः जागो और अपने बच्चों की मदद करो।" तिरुमालंबा चौदह साल की उम्र में विधवा हो गई थीं। वे परंपरागत कोण से मानती थीं कि उनका वैधव्य पूर्वजन्म का फल है, जैसा कि उस जमाने में माना जाता था। उन्होंने अपने उपन्यास में विधवा विवाह का समर्थन नहीं किया, पर इसके लिए जरूर संघर्ष किया कि विधवाएँ समाज में बाहर निकलकर काम करें और आत्मसम्मान के साथ जिएँ। शिक्षा ही भारत में नवजागरण का महान रथ थी। कर्नाटक क्षेत्र में अंबल नरसिम्मयंगर ने स्त्री शिक्षा शुरू कराई थी। तिरुमालंबा ने इस कार्य को आगे बढ़ाया। इस क्षेत्र में कल्याणम्मा के कार्य भी कम महत्त्वपूर्ण नहीं हैं, जिन्होंने चार दशकों तक स्त्रियों की पत्रिका 'सरस्वती' का संपादन किया। ये भी आर्य स्त्रियों के आदर्श इतिहास को बार-बार याद करती थीं—अतीत की गौरवगाथा में जाती थीं। निश्चय ही सभी इलाकों में नवजागरण का एक समान स्तर संभव न था। यह बहुत-सी जगहों पर धार्मिक विश्वास और तार्किक बुद्धि की संधिरेखा पर था। यह भी उल्लेखनीय है कि कन्नड़ की जातीय चेतना में द्रविड़ और आर्य का संघर्ष दिखाई नहीं देता।

कन्नड़ नाटककार आद्य रंगाचार्य का विषय क्षेत्र अधिक व्यापक था। उनके नाटकों में सामाजिक कुरीतियों, अंधविश्वास, चमत्कारवाद आदि की खुलकर आलोचना है और आधुनिक विचारों का प्रचार है। 'हरिजनवार' में दलितों की जागृति है। कर्नाटक क्षेत्र में शिक्षा, साहित्य और रंगमंच के माध्यम से नवजागरण के काम मुख्यतः बीसवीं सदी के आरम्भिक दशकों में हुए।

भारत के तटीय प्रदेशों में हिंदी पट्टी की तुलना में जातीय चेतना का स्वर ऊँचा था। नवजागरण के दिनों में मातृभाषा से बढ़ रहे प्रेम ने जातीय आत्मसम्मान का भाव जागृत किया, जो कम उल्लेखनीय नहीं है। सबसे पहले इस तरह का प्रेम बंगाल, महाराष्ट्र और तमिलनाडु के लोगों में ज्यादा था। धीरे-धीरे अन्य प्रदेशों में भी फैला। उड़ीसा में फकीर मोहन सेनापति ने उड़िया भाषा की उन्नति के लिए कार्य किया। देश भर में अँग्रेजी माध्यम की आधुनिक शिक्षा सामाजिक जागरूकता ला रही थी, लेकिन वह जातीय भाषा और संस्कृति से विच्छिन्न भी कर रही थी। अँग्रेजी पढ़े-लिखे लोग अपनी अलग ही दुनिया बनाने लगे थे। उनकी अँग्रेजों की नकल करने और अपनी परंपराओं को हेय दृष्टि से देखने की आदत पड़ चुकी थी। जबकि देश की उन्नति देश की जनता, उसकी भाषा, संस्कृति और अर्थतंत्र की उन्नति पर निर्भर थी। हम पाते हैं कि नवजगरण के लेखकों और समाज सुधारकों ने अपनी-अपनी भाषा में उन्नति पर जोर दिया ही, नई साहित्यिक विधाओं को भी लोकप्रिय बनाया। उड़िया की पहली कहानी 'रेवती' फकीर मोहन सेनापति की है। एक और बात है, भारत में नवजागरण एक गरीब देश का जागरण है, जो दुर्दशा

से घिरे निर्धन किसानों का सवाल उठाए बिना पूरा नहीं हो सकता था। दलित और स्त्री के मुद्दे काफी नहीं थे। इसलिए फुले और फकीर मोहन सेनापति से लेकर महात्मा गाँधी, प्रेमचंद तथा कई अन्य ने किसान को चिंता के केंद्र में लाने की कोशिश की।

लक्ष्मीनाथ बेजबरुआ असम से शिक्षा के लिए कोलकाता आ गए। सभी शिक्षित व्यक्ति अँग्रेजी रंग में ढल जाने वाले नहीं थे। कोलकाता में रहकर उन्होंने असमियदा भाषा के प्रचार और विकास का काम जारी रखा। उन्होंने 1889 में 'जोनाकी' पत्रिका निकाली। उस जमाने का गद्य बड़ा हँसमुख, पारदर्शी और प्रहारात्मक होता था। भारतेंदु हरिश्चन्द्र की ही तरह बेजबरुआ के गद्य में हम ये गुण पाते हैं। उन्होंने सम्प्रदायवाद का विरोध करते हुए धर्मनिरपेक्ष स्वराज्य का पक्ष लिया। उन्हें अपनी मातृभाषा से बेहद लगाव था। वे इसकी उन्नति की चिंता में दिन-रात डूबे रहते थे, लेकिन दूसरी भारतीय भाषाओं के प्रति भी उदार थे। उन्हें हिंदी से प्रेम था। असम शंकरदेव के प्रेम की भूमि थी। ज्योति प्रसाद अगरवाला के पूर्वज राजस्थान में रहते थे। लेकिन असमिया भाषा और संस्कृति में रच-बस गए। असमिया में रचनात्मक साहित्य के अलावा संगीत, सिनेमा और कला-शिल्प के क्षेत्र में उनका कार्य बहुत व्यापक है। देखने की चीज है कि उस जमाने में अपनी मातृभाषा से प्रेम किस तरह दूसरी भाषाओं के प्रति भी उदार बनाता था। कहीं से आकर लोग कहीं बस जाते थे, उस जगह की कला-संस्कृति को सींचते थे साम्राज्यवाद विरोधी राष्ट्रीय आंदोलन सभी जातीय अस्मिताओं को एक दूसरे से जोड़कर रखता था—एक अखंडता थी।

उद्योग-धंधों के मामले में पहले से ही गुजरात की हालत कुछ अच्छी थी। इस क्षेत्र ने दयानंद सरस्वती, महात्मा गाँधी जैसे व्यक्ति दिए। नर्मद जैसे सुधारकों की चिन्ता थी कि पैसा होते हुए भी गुजराती लोग शिक्षा, साहित्य-संस्कृति आदि के मामले में पारसी और मराठी लोगों से पीछे क्यों हैं। नर्मद ने लम्बे समय तक मुम्बई में रहकर समाज सुधार का काम किया था। उनका ज्यादा जोर देशभक्ति, व्यापारिक उन्नति, शिक्षा, साहित्यिक प्रचार-प्रसार पर था। यहाँ भी 'औपनिवेशिक' और 'राष्ट्रीय' के बीच वैसा ही तनाव था, जैसा देश के दूसरे हिस्सों में। नर्मद का पश्चिमी सभ्यता की तरफ ज्यादा झुकाव आधुनिकीकरण और ज्ञानोदय का ज्यादा से ज्यादा राष्ट्रीय लाभ उठाने के उद्देश्य से था। वे कहते थे, 'व्यक्ति के सुख का देश की सम्पूर्ण जनता के सुख के साथ बड़ा गहरा संबंध है।' व्यापारी समुदाय से आए भक्त कवि नरसिंह मेहता की यह आवाज गुजराती प्रबोधन में बार-बार प्रतिध्वनि हुई, 'जहाँ भेदभाव है वहाँ ईश्वर नहीं हैं'। मणिलाल नभुभाई द्विवेदी की पुनरुत्थानवादी चेतना में भी इसी स्वर की प्रधानता है। गुजराती प्रबोधन ने गुजराती समाज में व्यापक गतिशीलता ला दी खासकर स्त्री, साम्प्रदायिक भाईचारा और व्यापार के प्रश्न पर।

सिक्ख धर्म ने पंजाब में सामाजिक उथल-पुथल लाकर बौद्ध धर्म के बाद देश में पहली बार संगठित ढंग से सुधार और धार्मिक सहिष्णुता प्रस्तावित की थी। उसने

कौमियत का भाव भी जगाया, पर इसे जाति-पाँति तोड़ने में पूरी सफलता नहीं मिली। भाई वीर सिंह ने महसूस किया कि पश्चिमी शिक्षा समाज की कुरीतियों को मिटा नहीं पा रही है, उसके मूल उद्देश्य औपनिवेशिक हैं। रसम कुर्बानी जैसी बुराइयाँ सिख धर्म में घुस गई हैं, जो धार्मिक नासमझी के नतीजे हैं। उन्होंने अज्ञानी ग्रंथियों की आलोचना की और अपने धर्म में पनपी नई बुराइयों को दूर करना चाहा। गुरु ग्रंथ साहिब (1604) खुद में अध्यात्मिक और सामाजिक क्रांति के बीच समन्वय बनाने वाला एक बेमिसाल ग्रंथ है, लेकिन इसने अब महज एक धार्मिक प्रतीक का रूप ले लिया था। भाई वीर सिंह ने गंगा और यमुना पर कविताएँ लिखीं। उनके धार्मिक पुनरुत्थानवाद में मतांधता न थी। वे जातिवाद और नस्लवाद का विरोध करते थे, उनमें हिन्दुस्तानी होने का गहरा अहसास भरा था।

पंजाब में नवजागरण की अंतर्धाराओं ने सिखों और हिन्दुओं को धार्मिक सुधार और सहिष्णुता के लिए प्रेरित किया और पंजाबी भाषा, साहित्य एवं संस्कृति की आधुनिक जमीन तैयार की। आर्य समाज को भी अपने लिए सर्वाधिक उर्वर मिट्टी पंजाब में ही मिली। पंजाब में गुरुद्वारा सुधार लहर के अलावा राजनीतिक गरमाहट भी कम नहीं थी। यह राष्ट्रीय जागरण का एक प्रमुख केंद्र था। नवजागरण के बुद्धिवाद का सबसे ज्यादा असर मोहन सिंह वैद, धनीराम चात्रिक, पूर्ण सिंह, तेजा सिंह, प्रीतलड़ी जैसे कवियों, लेखकों और समाज सुधारकों पर था। इन्होंने पंजाब में नवजागरण को सच्ची दिशा दी, खासकर स्त्री-स्वतंत्रता के पक्ष में देश के अन्य हिस्सों की तरह खुलकर आवाज उठाई और प्रगतिशील सोच को लोकप्रिय बनाना चाहा। जहाँ धर्म को साथ रखे बगैर कोई काम नहीं होता था, वहीं के एक पंजाबी भगत सिंह ने लिखा—'मैं नास्तिक क्यों हूँ'। उन्होंने उपनिवेशवाद को अपने बम के दर्शन से जो राष्ट्रीय जवाब दिया, उससे उनके वे विचार कम महत्त्वपूर्ण नहीं हैं जो सामाजिक क्रांति से ताल्लुक रखते हैं।

देश के हरेक हिस्से में नवजागरण की आड़ी-बेड़ी कई अंतर्धाराएँ थीं, क्योंकि एक बहुपर्त्तदार समाज में नवजागरण का एक ही स्वरूप, एक ही केंद्र संभव न था। नवजागरण के दिनों में भारत ने अनगिनत अंतर्विरोधों के बीच अपने राष्ट्रीय स्वत्व को पहचाना और एक आधुनिक करवट ली। वह प्रचंड औपनिवेशिक सामंती बाधाओं की वजह से सामाजिक क्रांति पूरी तरह घटित नहीं कर पाया। नवजागरण अधूरा था, इसलिए सामाजिक क्रांति की परियोजनाएँ भी अधूरी रह गईं। फिर भी भारत जैसे प्राचीन देश में धार्मिक कूपमंडूकता को जितनी भी बुद्धिपरक चुनौतियाँ मिलीं, सामाजिक सुधार के जितने भी काम हुए और आधुनिकीकरण से सम्पर्क लगातार सघन करते हुए राष्ट्रीय आत्मपहचान का संघर्ष जितना भी आगे बढ़ा, वह कम महत्त्वपूर्ण नहीं है। अभी भी भारत की हर जाति के मन में नवजागरण के अपने

नायकों के प्रति गर्व का भाव मौजूद है। उस जमाने के महान आदर्शों के दबाव किसी निष्ठुर ध्वंस के अवशेषों के मध्य आज भी बने हुए हैं।

हमारी जबान पर आज नवजागरण के उन्हीं महापुरुषों की तराशी भाषा है, हमारी अभिरुचि पर उनके कला-साहित्य की छाप है और जीवन संसार में उनके कई आदर्श मिटा दिए जाने की जघन्य कोशिशों के बावजूद अभी डटे हुए हैं। यह सामाजिक क्रांति के सिलसिले का ही नतीजा है कि उन्नीसवीं सदी में दलित सिर ऊँचा करके चलने लगे, स्त्रियाँ पुरुष के बराबर खड़ी होने लगीं और किसान मुखर हुए। भारत के एक हिस्से का दूसरे हिस्से से, एक जातीयता का दूसरी जातीयता से नया रिश्ता बना। भारत का चेहरा और उसका मन बदलने लगा।

भारत में नवजागरण वेदांत, बौद्ध दर्शन और भक्ति आंदोलन के बाद चौथी क्रांतिकारी घटना है। पाँचवीं बड़ी घटना है उदारीकरण और वैश्वीकरण। इस जमाने में, सांस्कृतिक एकरूपता-सामाजिक भिन्नतावाद के जमाने में सामाजिक क्रांति का कोई भविष्य है या नहीं, इस पर हमें सोचना होगा। हमारे समाज में 'अनुदारता' और 'अपसंस्कृतियाँ' टेक्नोलॉजी में भारी उत्कर्ष के बावजूद बढ़ती जा रही हैं। यह 'हाई टेक्नोलॉजी-लो कल्चर' का जमाना है। नवजागरण का समय 'लो टेक्नोलॉजी-हाई कल्चर' का था। यह चिंता का एक बड़ा मुद्दा है कि नवजागरण की अधूरी परियोजनाओं को आगे बढ़ाने का काम बीसवीं सदी के नए राजनीतिक आंदोलनों में क्यों नहीं हुआ, यहाँ तक कि वामपंथी आंदोलनों में भी सामाजिक क्रांति की निरंतरता क्यों नहीं बनी रह सकी और यह मान लिया गया कि बाकी सब अपने आप हो जाएगा। दरअसल सत्ता संघर्ष ही राजनीति और संस्कृति की धुरी बनता गया, आदर्श गायब होने लगे। सामाजिक क्रांति की सारी पूर्ववर्ती उपलब्धियाँ बिखरने लगीं। कई क्षेत्र भविष्य के नासूर बन जाने के लिए 'अशांत' रह गए। नए-उपनिवेशवाद ने भी गुल खिलाए, विपर्यय घटित होने लगा।

निश्चय ही ये उत्तर-आधुनिक घड़ियाँ भारत के उस भविष्य को फिर से जानने और पहचानने की हैं, जिसे अनेक आहुतियाँ देकर देश के सुधारकों, क्रांतिकारियों और स्वाधीनता संग्रामियों ने बुना था, भले उसमें सीवन के कुछ निशान थे।

'सामाजिक क्रान्ति के दस्तावेज' में भारतीय राष्ट्र और इसकी सांस्कृतिक आधुनिकता के ऐतिहासिक दस्तावेज हैं 'नवजागरण' अग्रदूतों की रचनाओं का यह संकलन भारत के आधुनिक निर्माण की जीवित कहानी है। एक समय बंगाल, हिंदी प्रदेश, महाराष्ट्र, गुजरात, उड़ीसा, आंध्र प्रदेश, केरल, पंजाब, असम, तमिलनाडु आदि इलाकों में नवजागरण के अग्रदूतों ने जो लिखा और काम किए यह संकलन उनके बीच के कुछ चुने हुए लेखों, भाषणों, टिप्पणियों आदि का दस्तावेजीकरण है। इससे पता चलता है कि उस जमाने के नवजागरण कर्मी उन समस्याओं के बारे में क्या सोचते थे, जिनसे हम आज भी घिरे हुए हैं। इस संकलन में प्रदेशों का क्रम उस

प्रदेश में काम करने वाले सबसे वरिष्ठ महापुरुष के जन्म वर्ष के आधार पर है। कुछ सामग्रियाँ 'कुछ स्वतंत्र दस्तावेज' खंड में हैं। इनमें संविधान प्रदत्त मौलिक अधिकार और राज्य के नीतिनिदेशक सिद्धान्त भी हैं, जो संपूर्ण उन्नीसवीं सदी और बीसवीं सदी के पूर्वार्द्ध की राष्ट्रीय हलचलों और आकांक्षाओं के नतीजे थे। एक विराट समय के आलोड़न के विभिन्न रंगों, सुरों और तेवरों को एक जगह इकट्ठा करना एक मुश्किल और लम्बा काम है। इसलिए इस संकलन में त्रुटियाँ और अभाव स्वाभाविक हैं। फिर भी इसमें आधुनिक भारतीय विरासत की एक झलक है। आज के जमाने में जब यह गम्भीर आशंका पैदा की जा रही है कि 'भारतीय राष्ट्र' सचमुच बचा रहेगा या नहीं और धार्मिक-सामाजिक बुराइयाँ नई वेशभूषा में पनप रही हैं और जब आधुनिकता के महाख्यान विवादित हैं, **'सामाजिक क्रांति के दस्तावेज'** की चीजें सभ्यताओं और अस्मिताओं को टकराहट से, मेरा विश्वास है आत्मनिरीक्षण की ओर ले जा सकेंगी। यह संकलन एक सच्चे आधुनिक भविष्य में भारत की वापसी के लिए है।

'सामाजिक क्रांति के दस्तावेज' के लेखों और भाषणों को इकट्ठा करने में मेरे छात्र **कुमार किसलय** और **शोभित सिंह** ने मेरा काफी सहयोग किया। देश भर से विद्वान अनुवादकों ने रुचिपूर्वक सहयोग नहीं दिया होता तो यह संकलन निकलना असंभव था। कवि **अरविंद चतुर्वेद** ने मुझे निरंतर अपना आत्मीय सहयोग दिया। मैं इन सभी के प्रति विशेष आभारी हूँ। मेरे लिए प्रसन्नता की बात है कि पहली बार हिंदी में यह काम आया।

आशा है, यह पुस्तक अतीत से आपका रोचक और फलप्रद संवाद कराएगी!

शंभुनाथ

राममोहन राय
हेनरी डेरोजियो
ईश्वरचंद्र विद्यासागर
रामकृष्ण परमहंस
बंकिमचंद्र
केशवचंद्र सेन
सुरेंद्रनाथ बनर्जी
रवींद्रनाथ ठाकुर
प्रफुल्लचंद्र राय
विवेकानंद
अरविंद घोष
एम. एन. राय
मुज़फ्फर अहमद
मेघनाथ साहा

राममोहन राय
1774-1833

भारतीय नवजागरण के जनक। संस्कृत के अलावा अरबी-फारसी के अच्छे जानकार। 1815 में कलकत्ता में बस गए एवं 1830 तक देशवासियों में ज्ञानोदय लाने के लिए समाज सुधार के अनेक कार्य किए। सबसे पहले इन्होंने मूर्तिपूजा का विरोध किया एवं इसके लिए उपनिषद् ग्रंथों एवं वैदिक साहित्य के अन्य ग्रंथों से कई पाठों का बांग्ला और अंग्रेजी में अनुवाद किया। कलकत्ता के रूढ़िवादी ब्राह्मणों का प्रबल विरोध झेलना पड़ा। 1820 में ईसामसीह की शिक्षाओं का अनुवाद। उन्हें ईसाइयत, अधिक नैतिक और बुद्धिवाद-उन्मुख प्रतीत हुई। इसी काल में कलकत्ता की शैक्षणिक, सामाजिक और राजनीतिक दशाओं में उन्नति के प्रयत्न। सती प्रथा के विरोध में आंदोलन। 1823 में प्रेस पर लगाए गए प्रतिबंध का विरोध। 1828 में ब्रह्म सभा (ब्रह्म समाज) की स्थापना। यूरोपीय देशों की यात्रा के दौरान 1829 में बांग्ला, अंग्रेजी, फारसी और हिंदी एक साथ चार भाषाओं में 'बंगदूत' का प्रकाशन। ब्रिस्टल में मृत्यु।

आत्मजीवनीपरक टिप्पणी

मेरे पूर्वज उच्चकोटि के ब्राह्मण थे एवं दीर्घकाल से अपनी जाति के धार्मिक कर्तव्यों का पालन करते चले आ रहे थे, परंतु मेरे पंचम पूर्वज ने लगभग 140 वर्ष पहले भौतिक सुखों एवं क्षमता में वृद्धि कर ली और आध्यात्मिक कर्मों को त्याग दिया। उनके उत्तराधिकारियों ने उन्हीं का अनुसरण किया एवं जैसा कि प्रायः दरबारियों के साथ होता है, कभी अत्यधिक सफल होते, सम्मान के शिखर पर चढ़ जाते तो कभी पतनशील हो जाते, कभी धन का आधिक्य होता कभी बिल्कुल निर्धन, कभी सफलता के चरम शिखर को छू लेते तो कभी निराशा के गह्वर में खो जाते। परंतु मेरे ननिहाल के पूर्वज पेशे से अर्थात् कर्म से एवं जन्म से पुरोहित थे। वे एक ऐसी उच्च वंश परंपरा के थे जैसा कि उनके समसामयिक दूसरा कोई नहीं था। वे आज भी शांति एवं मानसिक प्रशांति को अधिक महत्ता देते हैं। वे आध्यात्मिक दृष्टिकोण

एवं भक्ति को ही अधिक मान्यता देते हैं न कि महत्त्वाकांक्षा एवं भौतिक विलास-व्यसनों की चमक-दमक को।

अपने पूर्वजों के रीति-रिवाजों को मानते हुए अपने पिता की इच्छानुसार, मैंने अरबी तथा फारसी भाषाओं का अध्ययन किया, क्योंकि इन दिनों जो लोग मुसलमान राजाओं के दरबार के कामकाज से जुड़े होते थे, उनके लिए उपरोक्त खूबियाँ आवश्यक होती थीं। साथ ही अपने ननिहाल के पूर्वजों के रीति-रिवाजों के अनुसार मैंने संस्कृत भाषा का अध्ययन करना भी प्रारंभ कर दिया। संस्कृत भाषा में लिखित उन धार्मिक पुस्तकों का भी अध्ययन किया, जिनमें हिंदू साहित्य, कानून एवं धर्म के विषय में अनेक जानकारियाँ थीं।

सोलह वर्ष की आयु में मैंने एक पांडुलिपि की रचना की, जिसमें हिंदुओं की मूर्तिपूजा से संबंधित कई प्रश्नों को उठाया। इसके फलस्वरूप, इस विषय के साथ जुड़े मेरे आवेग, संवेदनाएँ एवं अनुभव ने मेरे एवं सगे-संबंधियों के बीच एक दूरी पैदा कर दी। इसके पश्चात् मैं यात्रा पर निकल पड़ा। कई देशों की यात्रा की। न सिर्फ भारतवर्ष अपितु भारतवर्ष के बाहर भी, परंतु यात्रा के दौरान मन में भारतवर्ष में स्थापित अंग्रेजी शासन के प्रति अत्यधिक घृणा भी उत्पन्न हो रही थी। जब मैं बीस वर्ष का हुआ तो पिताजी ने मुझे वापस अपने पास बुला लिया और मुझे अपना समर्थन प्रदान किया। इस घटना के तुरंत बाद कई यूरोपवासियों के साथ मेरी मुलाकात हुई एवं मैंने उनसे कई विषयों पर बातचीत शुरू की। इससे मुझे उनकी सरकार एवं उनके काम करने की नीतियों से परिचित होने का पर्याप्त अवसर मिला। मुझे ऐसा महसूस हुआ कि वे अधिक बुद्धिमान, दृढ़-चरित्र एवं व्यवहार कुशल थे। इस प्रकार उनके प्रति जो विपरीत धारणाएँ मेरे मन में बसी हुई थीं, वे निकल गईं। मेरे मन में उनके प्रति एक सकारात्मक अर्थात् श्रद्धापूर्ण भाव का उदय हुआ। मुझे ऐसा प्रतीत होने लगा कि उनकी शासन-व्यवस्था चाहे वह विदेशी ही क्यों न हो, स्थानीय निवासियों की दशाओं में अवश्य परिवर्तन ला सकती है। उन लोगों की सभाओं में भी मैं उनका विश्वासपात्र बन गया, अर्थात् उनके विश्वास को जीतने में सफल हो गया। इधर मूर्तिपूजा विषयक कई प्रकार के कुसंस्कारों को लेकर ब्राह्मणों के साथ मेरा वैचारिक संघर्ष बढ़ता गया। साथ ही सती प्रथा के मामले में मेरा हस्तक्षेप तथा दूसरी कई भयंकर प्रथाओं का विरोध करने से ब्राह्मणों का क्रोध और भड़क उठा। मेरे प्रति उनकी शत्रुता नई शक्ति के साथ बढ़ती गई। यहाँ तक कि मेरे परिवार को भी उन लोगों ने इतना प्रभावित किया कि मेरे पिता भी मुझे दिया गया अपना समर्थन वापस लेने को बाध्य हो गए, यद्यपि थोड़ी-बहुत आर्थिक सहायता वे तब भी करते रहे।

पिता की मृत्यु के बाद मैंने दुगुनी शक्ति से मूर्तिपूजा के समर्थकों का प्रबल विरोध किया। इसके लिए मैंने छापने की मशीन का सहारा लिया जो अब तक भारत

में चालू हो गई थी। मैंने उनकी गलतियों के विषय में कई रचनाएँ लिखीं और पुस्तिकाएँ प्रकाशित कीं, देशी और विदेशी दोनों भाषाओं में। इसकी इतनी जबर्दस्त प्रतिक्रिया हुई कि अंत में स्कॉटलैंड के दो निवासियों के अलावा जो भी मेरे मित्र थे, सभी मुझे छोड़कर चले गए। यही कारण है कि मैं उन दो मित्रों एवं उनके देश के प्रति सदैव आभारी रहूँगा।

मैं जिस बात पर जोर देना चाहता था वह यह कि मेरा विरोध ब्राह्मणवाद के प्रति नहीं था, बल्कि उसकी विकृतियों के प्रति था। मैं यह दिखाने के लिए प्रतिज्ञाबद्ध था कि ब्राह्मणों की यह मूर्तिपूजा उनके पूर्वजों की धार्मिक पद्धति के विपरीत थी तथा उनके प्राचीन धर्मग्रंथों में उल्लिखित सिद्धांतों एवं मान्यताओं के खिलाफ थी। विरोधियों के हिंसात्मक कार्यों को सहन न करते हुए तथा मेरे मत के विरुद्ध जाने से, उच्चवर्ग के कई प्रतिष्ठित एवं सम्मानित व्यक्ति जिनमें मेरे अपने सगे-संबंधी भी थे, धीरे-धीरे मेरी संवेदनाओं को समझने लगे।

मेरे भीतर अब एक तीव्र इच्छा पनपने लगी और वह थी यूरोप-यात्रा करने की इच्छा, ताकि मैं उनके आचार-विचार, रीति-रिवाज, धर्म और राजनीतिक संस्थाओं के बारे में विशद जानकारी प्राप्त कर अपने अनुभव की झोली भर सकूँ। परंतु मैं इस बात को अपने मित्रों से तब तक गोपनीय रखना चाहता था, जब तक कि मेरे ऐसे मित्रों की संख्या और अधिक न बढ़ जाए, जो मेरे विचारों से सहमत थे। कुछ समय के बाद मेरी अपेक्षाएँ पूरी हुईं। नवंबर 1830 में मैं जहाज पर इंग्लैंड रवाना हो गया, क्योंकि ईस्ट इंडिया कंपनी की चार्टर संबंधी बातें तय होने वाली थीं, जिनके द्वारा भारतवर्ष के निवासियों का भविष्य एवं भावी सरकार की रूपरेखा निर्धारित होती। हिंदू विधवाओं को जलाने की प्रथा को समाप्त करने के लिए कौंसिल के राजा के समक्ष अपील भी की जाने वाली थी। इसकी सुनवाई प्रिवी कौंसिल में थी। साथ ही, दिल्ली के सुलतान का मुकदमा भी था। मैं अप्रैल 1931 में इंग्लैंड पहुँचा।

मेरा अध्ययन प्रायः यूरोप संबंधित घटनाओं एवं विषयों से संबद्ध था। अपनी गहरी पर्यवेक्षण शक्ति की सहायता से मैं वहाँ की परिस्थितियों को समझने में सफल हुआ। मैं इस विचार से अत्यधिक प्रभावित हुआ कि यूरोप में साहित्य-सृजन को उत्साहपूर्वक सराहा जाता है एवं ज्ञान का व्यापक ढंग से प्रचार एवं प्रसार किया जाता है। वहाँ की यांत्रिकी अपनी श्रेष्ठता प्रमाणित कर चुकी है। वहाँ की राजनीति भी दिन-ब-दिन उन्नति के पथ पर है। वहाँ की उच्च, विलासप्रिय तथा अभिजात स्थितियों के बावजूद भी मानवीय मूल्यों एवं कर्तव्यों को उचित मर्यादा मिली हुई है। वहाँ झूठे दर्शन एवं शंकाओं के बावजूद धर्म का प्रचार-प्रसार है।...

1833

अनुवाद : **सोमा बनर्जी**

सती प्रथा के बारे में समर्थक और विरोधी के बीच संवाद-1

समर्थक का प्रश्न–मुझे यह जानकर आश्चर्य होता है कि तुम लोग इस देश में होने वाले सहमरण और अनुमरण को खत्म करने का प्रयास क्यों कर रहे हो?

विरोधी का उत्तर–जिस आत्मघात का सभी शास्त्रों और सभी जातियों में निषेध है, उसे समाप्त करने के प्रयास को देखकर वे ही लोग आश्चर्य कर सकते हैं जिनकी शास्त्रों में श्रद्धा नहीं है एवं जो स्त्रियों को आत्मघात करने के लिए उत्साहित करते रहते हैं।

समर्थक–तुम लोग बहुत ही गलत बात बोल रहे हो कि सहमरण और अनुमरण का शास्त्रों में निषेध है। इस संबंध में अंगिरा आदि ऋषियों के वचन द्रष्टव्य हैं।

स्वामी के मरने पर जो स्त्री उस पति की जलती हुई चिता पर आरोहण करती है वह वशिष्ठ की पत्नी अरुन्धती के समान स्वर्ग में जाती है। और जो स्त्री अपने पति के साथ परलोक गमन करती है वह मनुष्य के शरीर में जितने रोएँ हैं (साढ़े तीन करोड़) उतने वर्ष तक स्वर्ग में रहती है। और जिस प्रकार साँप पकड़नेवाले अपनी शक्ति से साँप को उसके बिल से निकाल लेते हैं, उसी तरह की शक्ति से वह स्त्री स्वामी को लेकर उसके साथ सुख भोग करती है। और जो स्त्री भर्तार के साथ परलोक गमन करती है वह मातृकुल, पितृकुल एवं स्वामी कुल–इन तीनों कुलों को पवित्र करती है। और अन्य स्त्रियों से श्रेष्ठ एवं श्रेष्ठ इच्छावती एवं स्वामी के प्रति अत्यंत श्रद्धायुक्त यह स्त्री अपने पति के साथ उस समय तक स्वर्ग का भोग करती है जब तक चतुर्दश इन्द्रपात नहीं होता। और पति यदि ब्रह्महत्या करे या कृतघ्न हो या मित्र की हत्या करे तो भी उस पति को सभी प्रकार के पापों से मुक्त करती है, ऐसा अंगिरा मुनि ने कहा है। स्वामी के मरने पर साध्वी स्त्री के लिए अग्नि प्रवेश से भिन्न अन्य कोई धर्म नहीं है। व्यास ने लिखा है, "पतिव्रता नारी उस कपोतिका के समान होती है जो पति के मरने पर प्रज्वलित अग्नि में प्रवेश कर गई थी। बाद में वह कपोतिका स्वर्ग गई और अपने पति को प्राप्त हुई।"

हारीत का वचन है कि–

याबद्ध्यानौ मृते पत्यौ स्त्री नात्मानं प्रदाहयेत्
तावन्न मुच्यते सा हि स्त्री शरीरात् कथंचनेति।।

"पति के मरने पर स्त्री जब तक अपनी आत्मा को आग में नहीं जलाती तब तक स्त्री योनि से किसी भी प्रकार से मुक्त नहीं होती।" विष्णु ऋषि ने कहा है कि–"पति के मरने पर पत्नी ब्रह्मचर्य का पालन करेगी या पति की चिता पर आरोहण करेगी।"

अब अनुमरण के संबंध में ब्रह्मपुराण के वचन सुनो—अन्य देशों में स्थित पति की मृत्यु होने पर साध्वी स्त्री स्नान, आचमन करके पति की पादुकाओं को वक्षस्थल पर ग्रहण करके अग्नि में प्रवेश करेगी। इस प्रकार से अग्नि में प्रवेश करने से वह स्त्री आत्मघातिनी नहीं कहलाती, क्योंकि ऋग्वेद में ऐसा ही कहा गया है। किंतु उसके मरने पर तीन रातों के लिए अशौच होता है। उस अशौच के समाप्त होने पर उसके पुत्र शास्त्र के अनुसार उसका श्राद्ध करेंगे।

मृत पति का अनुमरण ब्राह्मणी नहीं करेगी, क्योंकि वेद में ऐसा ही निर्देश दिया गया है और अन्य वर्णों की स्त्रियाँ अपने अनुमरण को परम तपस्या मानती हैं। ब्राह्मणी जीवित रहकर पति के हित कार्य करेगी। और ब्राह्मण जाति की जो स्त्री पति के मरने के बाद अनुमरण करती है वह आत्मघात के पाप से स्वयं को एवं अपने पति को स्वर्ग से वंचित करती है। इस तरह अनेक स्मृतियों के वचनों से सिद्ध जो सहमरण और अनुमरण है उसे तुम किस प्रकार से शास्त्रनिषिद्ध कहते हो और उसके विपरीत कार्य करना चाहते हो।

विरोधी—ये सारी बातें जो कहीं वे भले ही स्मृति की हैं और इन वचनों से वह पता चलता है कि स्त्रियाँ यदि सहमरण और अनुमरण करती हैं तो वे बहुकाल तक स्वर्गवास करती हैं, किंतु मनु आदि ने विधवा धर्म के बारे में जो कहा है उस पर विचार करो—

"पति की मृत्यु होने पर जो पवित्र पुष्प, मूल, फल आदि हैं उन्हें खाकर शरीर को कृश करें और अन्य पुरुषों का नाम भी नहीं लें तथा आहारादि के संबंध में नियमों का अनुपालन करते हुए जिसके एक पति रहे हों अर्थात् साध्वी स्त्री का जो धर्म है, उसकी कामना करते हुए यावज्जीवन ब्रह्मचर्य का पालन करते हुए जीवित रहें। इसमें मनु ने यह विधान दिया है कि पति की मृत्यु के बाद ब्रह्मचर्य का पालन करते हुए यावज्जीवन व्यतीत करे, अतः मनुस्मृति के विपरीत अंगिरा आदि की जो स्मृतियाँ तुम पढ़ रहे हो वह ग्राह्य नहीं हो सकतीं। अर्थात् जो कुछ मनु ने कहा है उसी को सही पथ मानो। मनुस्मृति के विपरीत जो स्मृति है, वह प्रशंसनीय नहीं है। चूँकि जीवन रहने पर नित्य नैमित्तिक कर्मानुष्ठान करके चित्त को शुद्ध करने से आत्मा के श्रवण, मनन, निविध्यासन के फलस्वरूप मोक्ष की प्राप्ति हो सकती है। अतः स्वर्ग की कामना करके परमायु होते हुए भी आयु का नाश नहीं करना चाहिए। अतः मनु, याज्ञवल्क्य आदि ने अपनी-अपनी स्मृतियों में विधवा के प्रति केवल ब्रह्मचर्य धर्म की बात ही लिखी है। इस तरह इस श्रुति और मनु आदि की स्मृतियों के द्वारा तुम्हारे द्वारा पठित अंगिरा आदि की सभी स्मृतियाँ व्यर्थ साबित होती हैं, क्योंकि हम स्पष्ट देखते हैं कि पति की मृत्यु के बाद स्त्रियों को ब्रह्मचर्य का पालन करके मोक्ष प्राप्त करने की बात कही गई है।

समर्थक—तुम जो कहते हो कि सहमरण और अनुमरण को दर्शाने वाली अंगिरा

आदि की जो स्मृतियाँ हैं वे मनुस्मृति के विपरीत हैं, यह बात हम स्वीकार नहीं कर सकते, क्योंकि मनु ने जिन कर्मों को करने का विधान नहीं दिया है उनके लिए यदि अन्य स्मृतिकारों ने विधान दिया है तो वह मनु से विपरीत नहीं होगा, जैसे मनु ने संध्या करने की विधि बताई है, परंतु हरि संकीर्तन करने के बारे में कुछ नहीं कहा है, लेकिन व्यास ने हरि संकीर्तन करने के लिए कहा है। अतः यह व्यास वाक्य मनु के प्रतिकूल नहीं है और हरि संकीर्तन करना निषिद्ध नहीं है। इसी प्रकार यहाँ भी जानो कि मनु ने विधवा को ब्रह्मचर्य पालन करने का विधान दिया है और विष्णु आदि ऋषियों ने ब्रह्मचर्य और सहमरण दोनों का विधान किया है। अतएव मनुस्मृति में सहमरण का अभाव है, यही समझो।

विरोधी–तुम जो संध्या और हरि संकीर्तन का उदाहरण दे रहे हो वह ब्रह्मचर्य और सहमरण के साथ सादृश्य नहीं रखता, क्योंकि दिन में संध्या के लिए निर्धारित समय में संध्या करने पर उससे भिन्न समय में हरि संकीर्तन करने में बाधा उत्पन्न नहीं होती और संध्या से भिन्न काल में हरि संकीर्तन करने पर संध्या में बाधा उत्पन्न नहीं होती। अतएव यहाँ एक की विधि दूसरे के लिए बाधक कैसे होगी? किंतु ब्रह्मचर्य और सहमरण के मामले में एक का पालन करने पर दूसरे का पालन संभव नहीं है, अर्थात् पति के मरने पर आजीवन ब्रह्मचर्य का पालन करने पर, जिसके लिए मनु ने कहा है, सहमरण नहीं होगा, और अंगिरा आदि ने जिस सहमरण की बात की है, उसे करने पर ब्रह्मचर्य के द्वारा मोक्ष की साधना नहीं हो सकती। अतः इन दोनों में निश्चय ही भिन्नता है। विशेषकर 'नान्योहि धर्म' इत्यादि कहकर अंगिरा ऋषि ने सहमरण की नित्यता बताई है और हारीत ऋषि ने भी अपनी स्मृति में सहमरण नहीं करने से स्त्री योनि से मुक्ति नहीं होती, इस तरह का दोष दर्शाया है। अतः ये सारे वचन सर्वथा मनुस्मृति के प्रतिकूल हैं।

समर्थक–अंगिरा के वचन में कहा गया है कि साध्वी स्त्री के लिए सहमरण को छोड़कर अन्य कोई धर्म नहीं है और हारीत के वचन में कहा गया है कि सहमरण नहीं करने पर दोष होता है। इन सभी वचनों में सहमरण से फल प्राप्ति की बात कही गई है जिसकी वजह से सहमरण काम्य होता है।

विरोधी–यदि मनुस्मृति का अनुसरण करके सहमरण को अनिवार्य मानने की बात की जाती है, जैसा कि अंगिरा और हारीत के वचनों में है, तो मनुस्मृति में पति के मरने पर विधवा आजीवन ब्रह्मचर्य का पालन करेगी, ऐसा विधान क्यों किया गया और उसके द्वारा ब्रह्मचर्य की नित्यता को क्यों दिखाया गया है? दरअसल पूर्वोक्त श्रुति में आत्महनन को जोर देकर रोकने की बात की गई है।

समर्थक–मनुस्मृति, याज्ञवल्क्य एवं श्रुतियों की जो बातें तुमने कहीं, वे सही हैं, पर सहमरण के संबंध में ऋग्वेद में जो श्रुति है उसे तुम किस प्रकार अप्रमाणित कर सकते हो।

विरोधी–यह श्रुति और हारीत आदि की स्मृतियाँ, जिसका तुम प्रमाण दे रहे हो, वे सभी सहमरण और अनुमरण की प्रशंसा एवं स्वर्गफल दिखला कर काम्य बताई गई हैं, और यदि इसे काम्य नहीं कहोगे तो तुम्हारे लिए अन्य कोई उपाय नहीं है। सहमरण संकल्प वाक्य में स्वर्गादि की कामना ही प्रकट हो रही है। अतः हमारी पूर्वोक्त निष्काम श्रुति इस श्रुति और हारीतादि स्मृति का सर्वथा बाधक है।

श्रेय अर्थात् मोक्ष साधक जो ज्ञान है, वह भिन्न है और प्रेय अर्थात् प्रिय साधक जो कर्म है, वह भी भिन्न है। यह ज्ञान और कर्म दोनों अलग-अलग फलों का हेतु बनकर पुरुष को अपने-अपने अनुष्ठानों में लगाता है। इन दोनों के बीच जो व्यक्ति ज्ञान को अपनाता है, उसका कल्याण होता है और जो कामनाओं की पूर्ति के लिए कर्मों को अपनाता है वह परम पुरुषार्थ से परिभ्रष्ट होता है।

जो अष्टदशांग कर्म (11) हैं वे सभी विनाशी हैं। इन विनाशी कर्मों को जो लोग श्रेय समझते हैं वे बार-बार जन्म, जरा और मृत्यु को प्राप्त होते हैं। और जो लोग अपने अज्ञान रूपी कर्मकांडों में मग्न रहते हुए यह अभिमान करते हैं कि हम ज्ञानी और पंडित हैं वे मूढ़ लोग ही जन्म, जरा मरणादि दुःखों से पीड़ित होकर बार-बार भ्रमण करते हैं, जैसे एक अंधे व्यक्ति का अनुसरण करते हुए यदि सभी अंधे चलें तो राह में अनेक कष्ट उठाने पड़ते हैं। सभी स्मृतियों, पुराणों, इतिहासों का सार भगवद्गीता में दिया गया है।

जो मूढ़ लोग वेद के फल, प्रसू एवं प्रीतिवर्धक वाक्यों को पढ़कर उसे परमार्थसाधक मानते हैं और कहते हैं कि इसके अतिरिक्त और कोई ईश्वर तत्त्व नहीं है, वे कामनाओं से व्याकुलचित्त व्यक्ति स्वर्ग को परम पुरुषार्थ मानते हैं और उसे जन्म, कर्म एवं फल देने वाला सिद्ध करते हैं (12) तथा भोग, ऐश्वर्य के प्रलोभन दिखाने वाली अनेक क्रियाओं से परिपूर्ण जो सारे वाक्य हैं उन्हें परामार्थसाधक कहते हैं अतएव भोग एवं ऐश्वर्य में आसक्त चित्त वाले लोगों की निष्ठा परमेश्वर में नहीं होती। मुंडक श्रुति में कहा है–यथा 'तदक्षरमधिगम्यते' इत्यादि। गीता में कहा है–'अध्यात्म विद्या विद्यानां'। अर्थात् सभी विद्याओं में अध्यात्म विद्या श्रेष्ठ है। अतः इन सभी श्रुतियों से और गीता से प्रमाणित होता है कि फलप्रदर्शक श्रुति सर्वथा निष्काम श्रुति द्वारा बाधित होती है। अधिकांश ऋषियों, आचार्यों, संग्रहकर्ताओं और तुम जैसे या हम जैसे लोगों का यह मानना है कि भगवान मनु वेदों का सबसे अधिक ज्ञान रखते थे, अतः इन दो श्रुतियों के अर्थ को विशेष महत्त्व देकर सकाम श्रुति की दुर्बलता को स्वीकार करते हुए पूर्वलिखित निष्काम श्रुति के अनुसार पति के मरने पर स्त्री को ब्रह्मचर्य का पालन करना चाहिए। भगवान मनु ने सकाम और निष्काम का विवरण स्वयं दिया है।

इहलोक या परलोक में वांछित फल पाने की कामना से जो लोग कर्म करते हैं उसे प्रवृत्त कर्म कहा जाता है, अर्थात् वह स्वर्गादि के भोग के बाद जन्म मरण

के रूप में संसार में आता है। और जो कर्म कामनाओं का त्याग करके ब्रह्मज्ञान का अर्जन कर नित्य नैमित्तिक कर्म की संस्तुति करता है, उसे निवृत्त कर्म कहते हैं, अर्थात् संसार से निवृत्त कराने वाला कर्म। जो लोग प्रवृत्त कर्म करते हैं वे देवता के समान बनकर स्वर्गादि का भोग करते हैं और जो निवृत्त कर्म करते हैं, वे शरीर के कारण स्वरूप पंचभूतों से ऊपर उठ जाते हैं, अर्थात् मुक्त हो जाते हैं।

अनुवाद : **अवधेश प्रसाद सिंह**

समर्थक और विरोधी के बीच संवाद-2

समर्थक–मैं हिंदू विधवाओं को उनके पति के साथ सहमरण के लिए बाध्य करने तथा रस्सियों से बाँधकर जलाने के जो प्रमुख कारण हैं, उनका उल्लेख पहले भी कर चुका हूँ। उदाहरणस्वरूप, स्त्रीजाति जन्म से ही मंदबुद्धि होती है। स्त्री संकल्पहीन, विश्वास न करने योग्य, कामनाओं से सहज वशीभूत होनेवाली एवं पवित्र ज्ञान से शून्य होती है। शास्त्र विधि के अनुसार, वह पति की मृत्यु के बाद दूसरी बार विवाह नहीं कर सकती, उसे सभी प्रकार के सांसारिक सुखों से वंचित रहना होगा। अतः इन अभागी विधवाओं के लिए जीवन से अधिक मृत्यु ही काम्य है। यह एक ज्ञात सत्य है कि यदि एक विधवा को शास्त्रों के कठोर विधानों के अनुसार संन्यासिनी का जीवन व्यतीत करना पड़े तो यह उसके लिए एक अत्यंत कठिन कार्य हो जाता है। अतः यदि वह सती नहीं होती है तो भविष्य में हो सकता है कि वह अपने पितृकुल, मातृकुल तथा श्वसुरकुल की प्रतिष्ठा को ठेस पहुँचाने वाला कोई अत्यंत हीन कार्य कर बैठे। इन परिस्थितियों में हम उन्हें उनकी बाल्यावस्था से ही सतीप्रथा की महत्ता की बातें बताते हैं कि किस प्रकार मृत्यु के पश्चात स्वर्ग में पति से मिलन होने पर स्वर्गीय सुख की प्राप्ति होगी, परिवार के लोग उन्हें आशीर्वाद देंगे तथा संसार में उनकी प्रतिष्ठा बढ़ेगी। फलस्वरूप कई पति की मृत्यु के बाद स्वयं ही पति के साथ सती होने की इच्छा प्रकट करती हैं। फिर भी वे ज्वलंत अग्नि की शिखाओं से डरकर भागने की सोच सकती हैं, इसीलिए हम उन्हें लकड़ी के साथ रस्सी से कसकर बाँध देते हैं।

विरोधी–विधवाओं को अग्नि में जिंदा जलाने का जो कारण तुमने अभी-अभी बताया है और जो वास्तव में तुम्हारा प्रमुख उद्देश्य भी है, यह हमें अच्छी तरह से ज्ञात है। परंतु स्त्रियों पर जो लांछन तुमने लगाए हैं, वे उनकी प्रकृति में जन्म से

नहीं होते। अतः केवल संदेह के आधार पर उन्हें मृत्यु की ओर धकेलना एक गंभीर अपराध है। उनके चरित्र पर कई प्रकार के लांछन लगाकर आप लोगों ने निश्चित रूप से हिंदू समाज के समक्ष उन्हें हीन एवं दुष्ट प्रमाणित करने में सफलता प्राप्त की है, जबकि जीने के लिए उन्हें निरंतर कष्ट सहना पड़ता है। अतः मैं इस संदर्भ में कुछ और बातें बताना चाहूँगा।

स्त्री जाति साधारणतः शारीरिक शक्ति एवं ऊर्जा में पुरुष जाति की तुलना में दुर्बल जाति है। अतः समाज का पुरुष समुदाय स्त्री जाति की इस दुर्बलता का फायदा उठाकर प्रकृति प्रदत्त अधिकारों से भी उसे वंचित करता आया है। उसने परवर्ती काल में यह प्रमाणित करना चाहा है कि स्त्री इन अधिकारों के योग्य ही नहीं। परंतु यदि हम ध्यान दें तो यह बात सहज ही स्पष्ट हो जाएगी कि उसके ऊपर लगाए गए लांछन में कितना न्याय है। जहाँ तक स्त्रियों की विचार-बुद्धि की कमी की बात है तो उन्हें आपने इसके लिए उचित अवसर ही कब प्रदान किया है कि वे अपनी प्रतिभा का परिचय दें। फिर आप स्वयं ही फैसला कीजिए कि आप उन पर बुद्धिहीन होने का आरोप किस प्रकार लगा सकते हैं। यदि ज्ञान हासिल करने के बाद भी कोई व्यक्ति उसे ग्रहण करने अथवा याद रखने में असफल होता है तो हम उसे अल्पबुद्धि या मूर्ख कह सकते हैं, परंतु यदि आप स्त्रियों को शिक्षा एवं ज्ञान के आलोक से दूर रखते हैं, उन्हें कुछ हासिल करने से वंचित रखते हैं तो फिर उन्हें अल्पबुद्धि कहकर आप उनके साथ न्याय नहीं करते हैं। कर्नाटक के राजकुमार की पत्नी लीलावती, कालिदास की पत्नी भानुमती जो महिलाएँ ही थीं, सभी शास्त्रों में पारंगत होने के कारण आज भी विख्यात हैं। इससे भी बढ़कर एक और उदाहरण द्रष्टव्य है। यजुर्वेद के 'वृहदारण्यक उपनिषद्' में यह स्पष्ट रूप से उल्लिखित है कि याज्ञवल्क्य ने अपनी पत्नी मैत्रेयी को सर्वाधिक कठिन आध्यात्मिक ज्ञान की शिक्षा दी थी, जिसे समझने में एवं ग्रहण करने में मैत्रेयी पूर्णरूपेण सफल थी।

द्वितीयतः, आप कहते हैं कि वे संकल्पहीन होती हैं। इस पर मुझे आश्चर्य होता है। क्योंकि हम सदैव यही देखते आए हैं कि इस देश में जहाँ पुरुष मृत्यु के नाम से ही काँप उठते हैं, स्त्री अपने-आप को अपने मृत पति के शव के साथ एक ही चिता में जलने का कठिन संकल्प लेती है। इसके बावजूद आप कहते हैं कि स्त्री जाति में संकल्प की क्षमता नहीं है!

तृतीयतः, आपने उन पर विश्वासघातिनी होने का जो आरोप लगाया है, इस संदर्भ में आइए दोनों लिंगों की चारित्रिक विशेषताओं को ध्यान से देखते हैं। इससे संभवतः हम तय कर पाएँगे कि कौन अधिक विश्वासघात करता है। यदि हम गाँवों और शहरों में ऐसी महिलाओं की संख्या की छानबीन करें जो पुरुष द्वारा छली गई हैं तथा ऐसे पुरुषों की खोज करें जो महिलाओं द्वारा प्रताड़ित हुए हैं तो मैं समझता

हूँ कि छली गई महिलाओं की संख्या प्रताड़ित किए गए पुरुषों की संख्या से दस गुणा अधिक होगी। पुरुष साधारणतः पढ़े-लिखे होते हैं, जिसके फलस्वरूप वे सामाजिक मामले की देख-रेख बहुत सहजता से कर सकते हैं। इसी कारण वे महिलाओं द्वारा कभी की गई गलतियों को अनायास ही समाज के समक्ष ले आते हैं, जबकि पुरुष द्वारा किए गए स्त्रियों के प्रति अन्याय एवं अत्याचार को कभी भी गंभीरता से नहीं देखा जाता। यह अवश्य स्वीकार्य है कि महिलाएँ एक भयंकर भूल अवश्य करती हैं, वह यह कि पुरुष जाति को अपनी ही तरह छलरहित समझकर अनायास ही उस पर विश्वास कर बैठती हैं। इसी के फलस्वरूप उन्हें इस दुर्दशा का सामना करना पड़ता है। बात कभी-कभी यहाँ तक पहुँच जाती है कि उन महिलाओं को जीवित जल मरने के लिए भी राजी कर लिया जाता है।

चतुर्थतः, उन पर इंद्रिय-वशीभूत होने का जो लांछन लगाया जाता है, यह कितना सटीक है, इस बात का अंदाजा नारी एवं पुरुष दोनों के लिए बनाए गए विवाह संबंधी नियमों से लगाया जा सकता है। क्योंकि एक पुरुष दो अथवा तीन, कभी-कभी दस और कभी तो उससे भी अधिक संख्या में विवाह कर सकता है, जबकि एक स्त्री केवल एक ही बार एक ही पुरुष से विवाह कर सकती है। वह पति की मृत्यु के बाद उसकी चिता में सती होने के साथ-साथ अपनी सारी इच्छाओं का अंत कर देती है या सभी प्रकार के भौतिक सुखों को त्यागकर विधवा के रूप में एक संन्यासिनी का जीवन व्यतीत करती है।

पंचम, उनमें पवित्र ज्ञान की कमी है, ऐसा कहना उनके प्रति घोर अन्याय है। कितने ही कष्ट, अपमान, अन्याय एवं अत्याचार सहन करने के बावजूद उनकी पवित्रता देखिए। कई ऐसे कुलीन ब्राह्मण होंगे जिन्होंने लोभ एवं स्वार्थवश दस अथवा पंद्रह युवतियों से विवाह करने के बाद संभवतः कइयों को दूसरी बार देखा भी नहीं होगा तथा बाकी से पूरे जीवनकाल में संभवतः तीन या चार बार ही मिल पाए होंगे। परंतु ये पत्नियाँ अपने पति के न मिलने पर या उनसे किसी भी प्रकार की सहायता प्राप्त न होने पर भी, अपने पिता या भाई के परिवार में अत्यधिक कष्ट एवं अपमान सहकर भी अपने-आप को पवित्र रखती हैं। यदि ब्राह्मण अथवा ऐसी ही दूसरी जातियों के पुरुष अपनी पत्नियों को रहने के लिए अपने घर में स्थान दे भी देते हैं तो वे पति की अर्धांगिनी तो मानी जाती हैं, परंतु वास्तव में उनके साथ जानवरों से भी बदतर सलूक किया जाता है। पत्नी घर के नौकर की ही तरह प्रत्येक कार्य करती है। उदाहरणार्थ, प्रतिदिन भोर में उठकर घर साफ करना, झाड़ू लगाना, चाहे सर्दी हो या बरसात बर्तन माँजना, फर्श पर पोंछा लगाना, दिन और रात का भोजन बनाना, पति, पिता, सास, ननद, देवर एवं बहुत से सगे-संबंधियों तथा उनके मित्रों को भोजन परोसना आदि। क्योंकि केवल हिंदुओं में ही अन्य जातियों की तुलना में रिश्ते-नाते अधिक दूर-दूर के होते हैं एवं बहुत वर्षों तक निभाए जाते हैं। यही प्रमुख कारण

है कि तुच्छ से तुच्छ सांसारिक बातों को लेकर भाई-भाई में झगड़े भी बहुत अधिक यहीं होते हैं। भोजन बनाते अथवा परोसते समय यदि जरा सी भी भूल-चूक हो जाए तो पत्नी को क्या अपमान नहीं सहना पड़ता। वह निरंतर अपने पति, सास या पति के छोटे भाइयों से अपमानित होती है। परिवार के पुरुष सदस्यों को परितृप्त करने के बाद खाने को जो बच जाता है, स्त्रियों को उसी में संतुष्ट रहना पड़ता है, चाहे यह उनके लिए पर्याप्त हो या नहीं हो। जहाँ ब्राह्मण एवं कायस्थ धनी परिवार के नहीं होते, वहाँ उनकी पत्नियों को गाय की देखभाल भी करनी पड़ती है, आग जलाने के लिए गोबर से उपले भी बनाने पड़ते हैं। दोपहर को नदी अथवा तालाब से पानी भी भर-भरकर लाना पड़ता है और रात को बिस्तर लगाने का कार्य भी करना पड़ता है। यदि किसी कारणवश उनसे कोई भूल हो जाए अथवा किसी कार्य को वे पूरा करना भूल जाएँ तो इसका परिणाम भयंकर हो सकता है। कभी-कभी पति को पर्याप्त धन कमाना हो तो पत्नी के सामने ही वह अपराधमूलक कार्यों में लिप्त हो जाता है। पत्नी की आँखों के सामने ही सबकुछ होता है। इन परिस्थितियों में पति कई बार पत्नी से महीने में एक बार भी ठीक से नहीं मिल पाता।

पति जब तक निर्धन है, पत्नी को हर प्रकार का कष्ट सहन करना पड़ता है। पति जब धनवान बन जाता है तब भी उसको मानसिक कष्ट दिया जाता है। ऐसे दुख-दर्द के बीच उसकी पवित्र आत्मा ही रक्षा करने में उसकी सहायता करती है। पति जब कभी दो या तीन पत्नियों के संग रहता है तब भी वे सदैव मानसिक कष्ट एवं कलह में उलझी रहती हैं। ऐसी दर्दनाक स्थिति को भी वे पवित्रता के कारण ही सह लेती हैं। कभी-कभी ऐसा भी होता है कि पति किसी एक पत्नी से अधिक प्रेम करता है, और तब दूसरी पत्नी के साथ क्रूरतापूर्ण बर्ताव करता है। अधिकतर निम्नवर्गों में, यहाँ तक कि थोड़े उच्च वर्गों में भी जो कभी अच्छी संगति में नहीं पड़े, पत्नी की जरा सी भूल पर अथवा केवल संदेह की स्थिति में, कई व्यक्ति उस पर चोरी करने का लांछन लगा देते हैं। वास्तव में, यह पत्नी की पवित्रता तथा मर्यादाबोध ही है जो ऐसे घृणित व्यवहारों को उसे भूलने में सहायता करता है। कभी यदि कोई क्रूरतापूर्ण व्यवहार सहनशीलता की सीमा का अतिक्रमण कर जाता है, तो पत्नी पति का घर छोड़ उससे दूर चली जाती है। परंतु ऐसे हालात में भी पति के प्रभावशाली होने के कारण पत्नी को फिर एक बार पति के पास बाध्य होकर लौट आना पड़ता है और तब प्रतिशोध की ज्वाला में जलते हुए कि पत्नी ने उसे त्यागकर जाने की हिम्मत की थी, पति हर मौके पर अवसर पाते ही पत्नी को तरह-तरह से सताता है, कष्ट पहुँचाता है। कभी तो गुप्त रूप से उसकी हत्या भी कर देता है। ये सभी वास्तविक घटनाएँ हैं जो आए दिन घट रही हैं और झुठलाई नहीं जा सकतीं। परंतु जिस बात का मुझे बेहद अफसोस है वह यह है कि स्त्रियों को इस प्रकार सताया गया देखकर तथा पुरुषों पर उनकी निर्भरशीलता को देखते हुए भी

आपके मन में उनके प्रति ऐसी कोई सहानुभूति पैदा नहीं होती, जो उन्हें रस्सी से जबर्दस्ती बाँधकर सती होने से बचा सके।

सार्वभौम एवं सांप्रदायिक विश्वास

मैं पृथ्वी के कई दूर देशों में जा चुका हूँ। कभी समतल भूमि तो कभी पर्वतीय प्रदेश के कई स्थानों पर घूम चुका हूँ। मैंने सर्वत्र ही यह देखा कि इन देशों के लोग एक विषय पर सहमत हैं कि इस जगत के सब कुछ का आदि कारण एवं उसके विधाता के रूप में एक परम सत्ता विद्यमान है। उसके व्यक्तित्व पर सभी स्वाभाविक रूप से विश्वास करते हैं। किंतु उस सत्ता के विशेष स्वरूप, लक्षण एवं धर्म के विभिन्न मत और विधि-निषेध, हलाल-हराम की व्यवस्था के संबंध में एकमत नहीं हैं। इस व्याप्ति-निर्णय से ही मैं जान पाया हूँ कि साधारण रूप में, मनुष्य के लिए एक अनंत सार्वभौम सत्ता की ओर देखना अत्यंत स्वाभाविक है। यह सभी मानवों की एक मौलिक विशेषता है। परंतु प्रत्येक संप्रदाय का किसी एक विशेष गुणवत्ता वाले एक अथवा अनेक देवताओं की ओर आकर्षित होना और किसी विशेष उपासना अथवा पूजा प्रणाली को मानना—ये सभी बाह्य लक्षण हैं, जो कि अभ्यास या सामूहिक शिक्षा से उद्भूत हैं। ये सभी बाहरी वस्तुएँ हैं, और केवल बाह्य गुण हैं। स्वभाव और अभ्यास के बीच जमीन-आसमान का कितना बड़ा अंतर होता है!

हम कुछ संप्रदायों के लोगों को देखते हैं कि वे दूसरों के धर्म संबंधी मतों से अपने मत का मेल न होने पर दूसरों के मत को यह कहकर उसकी उपेक्षा करना चाहते हैं कि उनके अपने संप्रदाय के पूर्वजों ने जो कहा है, केवल वही सही है। किंतु उनके पूर्वज भी तो साधारण मनुष्य के समान अन्याय या गलती कर सकते हैं। अतएव अगर यह कहा जाए कि ऐसे मत का अवलंबन करने वाले सभी लोग सही हैं या यह कहा जाए कि सभी लोग भ्रम में हैं, तो यह असंगत न होगा। यदि यह मान लें कि भिन्न-भिन्न मतों का अवलंबन करने वाले सभी सही हैं, तो दो परस्पर विरोधी मतों को स्वीकार करना पड़ेगा, जो कि तर्कशास्त्र द्वारा अनुमोदित नहीं है। यदि यह मान लें कि सभी भ्रम में हैं तो फिर किसी विशेष धर्म में भ्रांति है, यह कहा जा सकता है या सभी धर्मों में साधारणतः भ्रांति है, यह कहा जा सकता है। किसी विशेष धर्म पर भ्रांति का आरोप लगाने पर बिना कारण किसी एक को अधिक महत्त्व देना होता है। यह भी न्याय शास्त्र द्वारा अनुमोदित नहीं है। अतः कोई विशेष अंतर न करते हुए कहा जा सकता है कि प्रायः सभी धर्मों में कुछ न कुछ भ्रांति है।

एकेश्वरवादियों का उपहार

सत्य के निर्णय का आनंद

मनुष्य के व्यवहार एवं परस्पर मेल-मिलाप से जिन अवस्थाओं की सृष्टि होती है, कुछ व्यक्ति उनका विश्लेषण करने की कोशिश करते हैं। वे इसके अलावा संपूर्ण प्राणीजगत की विशेष-विशेष जाति (Species) अथवा स्वतंत्र रूप से प्रत्येक व्यक्ति के ख्याल और स्वभाव के फलस्वरूप जिन दोषों एवं गुणों का उद्‌भव होता है, उन्हें कुछ लोग पृथक रूप से दिखाते हैं, और कुछ लोग विभिन्न धर्मों के विभिन्न सिद्धांतों अथवा तत्त्वों में से किसी विशेष को अधिक महत्त्व न देकर उसके सच-झूठ की जाँच करते हैं। केवल यही नहीं, कुछ लोग साधारणतः किसी प्रचारित मत के प्रति पक्षपात न दिखाकर अपने साध्य के अनुसार प्रायः स्वयंसिद्ध मान लिए गए मतों पर खुलकर विचार व्यक्त करते हैं, ऐसे लोगों का समय कितने आनंद से बीतता होगा। क्योंकि जिस तरह विभिन्न आवश्यक वस्तुओं की उपयोगिता और तथ्यों का निरूपण करना आदर्श मनुष्य (Perfect Man) का सर्वश्रेष्ठ कार्य है, वैसे ही विभिन्न कर्मों की मात्रा का अनुपात एवं उसके विचित्र और निगूढ़ फल का सही परिमाण निर्धारित करना भी उसका श्रेष्ठ कर्म है।

चमत्कार के पीछे छिपा झूठ और अन्याय

चमत्कार अधिकतर अज्ञानता के आवरण से ढका रहता है, इसलिए आसानी से पकड़ में नहीं आता। इसी कारण मैं देखता हूँ कि भिन्न-भिन्न मतों का अवलंबन करने वाले नेता अपना नाम शीघ्र अमर करने के लिए और अपनी-अपनी यशवृद्धि के लिए शुद्ध सत्य को अपने-अपने विशेष मत के आवरण में छिपा कर रखते हैं। वे उसे कभी अलौकिक चमत्कार के नाम पर चलाते हैं अथवा जनसमूह की दशा के अनुसार मन को मोहित कर देने वाली भाषा में, अथवा कई प्रकार से अपनी चालाकी को ही सत्य के रूप में प्रचारित करते हैं।

धर्म के नाम पर अत्याचार और नरहत्या

इन धार्मिक नेताओं ने अधिकतर लोगों को अपने आकर्षण में इस तरह जकड़ लिया है कि ये असहाय लोग वस्तुतः बाध्यता और दासता के बंधन में हैं ये अपनी दृष्टि और अपना हृदय पूर्णरूपेण खो चुके हैं। इसीलिए इन नेताओं के आदेश का पालन करते समय वे अपने वास्तविक मंगल और पाप में भेद करना तक अपराध समझते हैं। यद्यपि मनुष्य होने के नाते वे मूलतः एक ही वृक्ष की भिन्न-भिन्न शाखाएँ हैं, तथापि केवल अपने मतवाद को स्थापित करने के लिए और सांप्रदायिक भावना से

प्रेरित होकर वे एक-दूसरे की हत्या करना अथवा अत्याचार करना एक विशेष पुण्य का कार्य मानते हैं। मिथ्याचार, चोरी, डकैती, व्यभिचार आदि निकृष्टतम दुष्कार्य, जो कि आत्मा के लिए अमंगलकारी एवं साधारण मानव के लिए भी अहितकारी हैं, ऐसे पापकर्मों से वे केवल इसलिए नहीं हिचकते कि उन्हें विश्वास है कि उनके धार्मिक नेता उन्हें पाप से मुक्ति दिला देंगे। मनुष्य अपना अमूल्य समय ऐसी पुराण कथाओं के पाठ में व्यतीत करता है, जिन पर विश्वास करना असंभव लगता है। परंतु इन्हीं कथाओं से प्राचीन और नए धार्मिक नेताओं पर उनका विश्वास मानो और अधिक दृढ़ होता है।

विचारबुद्धि क्या शैतान की प्ररोचना है?

यदि एक भी चिंतनशील व्यक्ति धार्मिक विश्वास के सत्यासत्य की खोज करने का ज़रा भी आग्रह दिखाए, तब धर्मावलंबी साधारणतः इस कोशिश को शैतान का प्रभाव मान लेते हैं। इससे उस व्यक्ति के सांसारिक या धार्मिक जीवन का विनाश अनिवार्य मान लिया जाता है। अतः वह व्यक्ति कुछ ही दिनों में ऐसी खोज की राह से वापस लौट आता है।

सामाजिक शिक्षा एवं वास्तविक ज्ञान

कम उम्र में जब मनुष्य की वृत्तियाँ अपरिपक्व होती हैं, उस समय कई तरह के भाव और विचार सहज ही उसके मन को प्रभावित कर सकते हैं। ऐसे समय यदि वह अपने पूर्वजों के संबंध में अजीब और आश्चर्यजनक घटनाएँ अनवरत सुनता है और जिस संप्रदाय में वह पलता-बढ़ता है, उसी संप्रदाय के मत और विश्वास को मानकर उसका जीवन सफल होगा, ऐसी कई तरह की प्रशंसात्मक बातें वह अपने रिश्तेदारों एवं पड़ोसियों के मुँह से सर्वदा सुनता रहता है, तब उन सब विचारों एवं मतों की सत्यता के संबंध में उसके मन में एक ऐसा दृढ़ और सुनिश्चित विश्वास पैदा हो जाता है कि उन मतों में कई भ्रांतियाँ पाने के बावजूद वह अन्य मतों से अपने संप्रदाय के मत को ही अधिक श्रेष्ठ मानता है। दिन-प्रतिदिन उसी मत के प्रति उसका आकर्षण और विश्वास दृढ़ होता जाता है। अतः यह स्पष्ट है कि दृढ़तापूर्वक किसी विशेष धार्मिक संप्रदाय के मत से चिपके रहने के कारण वह इस मत के सत्यासत्य के बारे में किसी अनुसंधान में प्रवृत्त नहीं होता। कई वर्षों तक बिना सोच-विचार के उस मत पर विश्वास करने के कारण सभी धर्ममतों के सही रूप या प्रकृति का निर्णय करने की क्षमता मनुष्य में बालिग होने पर भी नहीं आती।

साधारण आदमी पर धर्मगुरुओं का प्रभाव

बल्कि वह आदमी मुजाहिद या वरेण्य धर्मगुरु होने की आशा में अपने धर्ममत को

अधिक प्रभावशाली बनाने के लिए कितनी ही पुरानी और आधुनिक युक्तियों से परिपूर्ण तर्कजाल की उद्‍भावना करने लगता है। 'मुकाल्लिद' अथवा साधारण लोग, जो उस धर्म का अंधा होकर अनुसरण करते हैं, 'पागल को चिढ़ाने के लिए एक 'हु' ही काफी है', इस लोकोक्ति के अनुसार वे अपने मन में अपने धर्म को दूसरों के धर्म से श्रेष्ठ मान लेते हैं। साथ ही खुद अपने द्वारा बनाई गई छद्‍म और अद्‍भुत युक्तियों को ही मतभेद का कारण बना देते हैं। ऐसे लोग अपने विश्वास को श्रेष्ठ मानते हैं और दूसरों के धर्म की निंदा करते हैं। यदि अचानक कोई व्यक्ति असावधानीवश किसी धर्ममत के विरोध में एक भी वाक्य कहता है तो उस धर्म के लोग उस अनुभवहीन, अनाड़ी व्यक्ति को सूली पर चढ़ा देते हैं या उतना साहस या मौका न हो तो उसे वाक्यबाण से जर्जरित कर देते हैं।

धर्मगुरुओं का अपने चेलों पर इतना प्रभाव होता है या फिर ये चेले अपने धर्मगुरुओं के इतने वश में होते हैं कि कोई-कोई आदमी अपने गुरु के आदेश के अनुसार किसी पत्थर या वृक्ष या किसी जंतु को ही अपना आराध्य देव मान लेता है। उपासना की इन वस्तुओं को यदि कोई नष्ट करना चाहे अथवा इनका अपमान करे, तो इसके विरोध में रक्तपात करना अथवा अपना ही जीवन उत्सर्ग कर देना लोक का गौरव एवं परलोक में मुक्ति का रास्ता बन जाता है। एक आश्चर्य का विषय यह है कि ये 'मुजाहिद' या धर्मगुरु अन्य धार्मिक नेताओं का अनुकरण कर, न्याय एवं सच्चाई त्यागकर अपने धर्म के पक्ष में कुछ ऐसे वचनों और तर्कों का मुखौटा पेश करते हैं, जो स्पष्टतः तर्कविहीन और अर्थहीन होता है। साथ ही, वे लोग इसी के सहारे अंतर्दृष्टि से विहीन अथवा अच्छे-बुरे का विचार करने में अक्षम साधारण जनता के अंधविश्वास को और अधिक मजबूत और दृढ़ बनाने की चेष्टा करते हैं।

'अपनी निकृष्ट सत्ता के सभी प्रलोभनों और दुष्कर्मजनित अपराधों से रक्षा पाने के लिए हम खुदा की शरण माँगते हैं' (कुरान)।

स्वार्थ एवं परमार्थ-चेतना

इस बात से हम इनकार नहीं कर सकते कि मनुष्य की सामाजिक मनोवृत्तियों के अनुसार अलग-अलग समुदाय के लोग जीवन की विभिन्न अवस्थाओं में एक साथ निवास करने के लिए कुछ स्थायी नियम बनाते हैं। परंतु समाज का कानून तभी चल सकता है, जब लोग एक-दूसरे के विचारों को मानकर चलें, ताकि यह समझ कायम हो सके कि एक की संपत्ति दूसरे से अलग है और एक व्यक्ति दूसरे व्यक्ति पर अत्याचार करे तो उसे मना किया जा सके। ऐसे ही नियमों पर समाज आधारित होता है। ऐसे नियमों पर निर्भर करके ही चाहे सुदूर द्वीपवासी हों, या समुन्नत पर्वतवासी, सभी देशों के रहने वाले लोगों ने अपने-अपने उत्कर्ष और बुद्धि के अनुसार अपने-अपने

धर्म के अर्थ एवं उत्पत्ति-कथा की सृष्टि की है। ऐसे ही नियमों पर वर्तमान विश्व के विभिन्न राष्ट्र तथा वहाँ की शासन-व्यवस्था निर्मित हुई है।

आत्मा और परलोक

किसी भी धार्मिक विश्वास की नींव दो चीजों पर आधारित है—(1) आत्मा की उपस्थिति की सत्यता पर, कि आत्मा इस शरीर को परिचालित करती है और (2) परलोक पर, कि परलोक देहमुक्त आत्मा की इहलोक में किए गए बुरे या अच्छे कर्म के अनुसार दंड या पुरस्कार पाने की जगह है। मनुष्य इसलिए क्षमा योग्य है कि वह लोकसमाज के हित के लिए ही आत्मा एवं परलोक के अस्तित्व को स्वीकार करता है तथा ऐसी शिक्षा देता है, चाहे उसका असली रहस्य या कारण गुप्त क्यों न रखा जाए, क्योंकि मनुष्य केवल परलोक के दंड और इस लोक में शासकों से दंड पाने के डर से ही अपराध करने से विरत रहते हैं।

निरर्थक विधि-निषेध

परंतु उपर्युक्त दो अपरिहार्य विश्वास के साथ आहार-अनाहार, शौच-अशौच तथा शुभ-अशुभ संबंधी बातों को लेकर जो हजारों कष्टदायक और निरर्थक विधि-निषेध, पूँछ की तरह लगा दिए गए हैं, वे सब समाज की उन्नति का कारण न बनकर अहित का कारण बन गए हैं। ये विधि-निषेध सामाजिक उन्नति न करके लोगों को उद्भ्रांत और विपर्यस्त कर रहे हैं।

हे ईश्वर! 'मुजाहिद' या धार्मिक गुरुओं के आदेशों के प्रति अविचलित आस्था के बावजूद मनुष्य की प्रकृति में एक ऐसी स्वाभाविक प्रवृत्ति है कि यदि स्वच्छ मन का कोई व्यक्ति किसी विशेष धर्म के विचार ग्रहण करता है तो वह चाहे पहले या बाद में विभिन्न जातियों के धार्मिक मतों की उपयुक्त और निरपेक्ष ढंग से जाँच करेगा। हम आशा कर सकते हैं कि वह असत्य से सत्य तथा भ्रांतिपूर्ण विचारों से यथार्थ को अलग कर सकेगा। सभी धर्मों में जो सारहीन विधि-निषेध हैं, वे कभी-कभी एक के विरुद्ध दूसरे की शारीरिक एवं मानसिक अशांति एवं कुसंस्कारों का कारण बन जाते हैं। इसलिए अंततः इन सब से मुक्त होकर लोग विश्व की सभी सुसंगत व्यवस्थाओं के संस्थापक—उस एक ईश्वर की ओर ही विश्वास से देखेंगे एवं समाज के कल्याण के लिए कार्य करेंगे।

'जिसे खुदा सही दिशा की ओर ले जाता है, उसे कोई भी गुमराह नहीं कर सकता और जो गुमराह हो जाता है, उसका पथ-प्रदर्शक कोई नहीं हो सकता' (कुरान)।

पृथ्वी के मनुष्य का आम अधिकार

मैं देखता हूँ कि प्रत्येक धर्म ही दावा करता है कि सृष्टिकर्ता ने मानो केवल उसी

के मतों पर चलकर वर्तमान एवं भावी जीवन के कर्त्तव्यों के पालन के लिए मानव-जाति की सृष्टि की है एवं अन्य जो धर्म हैं, उनके मतावलंबी भविष्य में यंत्रणा पाएँगे। प्रत्येक संप्रदाय ही मृत्यु के बाद अपने कर्म के सुफल और दूसरों के कर्म के कुफल की आशा करता है। इसलिए कोई भी आदमी इस लोक में दूसरों के धर्मशास्त्रीय वचनों का खंडन नहीं कर सकता। देखा जाता है कि पवित्रता एवं सरलता की जगह केवल पक्षपात एवं विद्वेष का बीज ही लोगों के हृदय में बोया जाता है। वे यह भी कल्पना करते हैं कि दूसरों को परलोक में कोई सुविधा प्राप्त नहीं होगी। परंतु यह भी स्पष्ट है कि वे सभी, किसी एक ही विशेष संप्रदाय के अनुयायी न होने के बावजूद इस संसार में तारकों का प्रकाश, वसंत का आनंद, वर्षा की जलधारा, शारीरिक स्वास्थ्य एवं आर्थिक स्वच्छंदता, देह एवं मन का सौंदर्य आदि इस धरती पर प्राप्त होनेवाली स्वर्गीय आशीर्वाद समान सभी चीजें ग्रहण कर रहे हैं, वैसे ही मनुष्य सर्व-धर्मनिरपेक्ष रूप से एक ही तरह की असुविधाएँ, दर्द, अंधकार और शीत लहरी, मानसिक व्याधि, आर्थिक दैन्य, देह और मन की विकृति आदि दशाओं से समान रूप से गुजरते हुए इस पृथ्वी पर वास कर रहे हैं।

प्रकृति के रहस्य की खोज—सृष्टि और स्रष्टा

प्रत्येक मनुष्य के लिए यह संभव है कि किसी दूसरे से कोई धार्मिक शिक्षा या निर्देश लिए बिना भी प्रकृति के रहस्य को समझ सके। गंभीर अंतर्दृष्टि तथा तीक्ष्ण पर्यवेक्षण क्षमता द्वारा मनुष्य प्रकृति के विभिन्न रहस्यों—जैसे भिन्न-भिन्न जीवन और उद्‍भिजों के लिए विभिन्न जीवन प्रणालियाँ एवं वंश-वृद्धि की व्यवस्था, ग्रह-नक्षत्रों की गतिविधियों के नियम, प्रतिदान की प्रत्याशा न करके भी प्राणियों में अपनी संतानों के प्रति स्वाभाविक सहज वात्सल्य भाव, खनिज, उद्‍भिज एवं प्राणीजगत की वृद्धि एवं क्षय के कारण आदि की खोज कर सकता है। जैसे इन सभी विषयों के बारे में जानने की उसमें एक स्वाभाविक प्रवृत्ति है, वैसे ही वह यह भी अनुमान कर सकता है कि उसके ऊपर भी एक परम सत्ता है, जो अपने दिव्यज्ञान से इस विश्व का संचालन करती है।

अभ्यास एवं स्वभाव

फिर भी मनुष्य अपने-अपने संप्रदाय के भीतर ही बड़ा होता है और अपने संप्रदाय के विचार-नियम को ही शाश्वत सत्य समझ लेता है। कुछ लोग ऐसा मान लेते हैं कि उन पर न्याय करने वाला ईश्वर मनुष्य की तरह ही क्रोध, दया, घृणा एवं प्रेम करता है। कुछ लोग यह मान लेते हैं कि ईश्वर प्रकृति में ही ओतप्रोत है। कुछ लोगों का नास्तिकता के प्रति झुकाव है (अर्थात् ईश्वर का अस्तित्व न मानकर प्रकृति में ही विश्व-सृष्टि का मूल ढूँढ़ना)। कुछ और लोग विशाल-विशाल प्राणियों को ही

ईश्वर मान कर पूजा करते हैं। ऐसे लोग दो बातों को पृथक करके नहीं देख पाते—(एक) विशेष प्रकार की शिक्षा एवं अभ्यास के कारण विशेष प्रकार के संस्कार एवं (दो) सृष्टि की उत्पत्ति के कारण पर मनुष्य का निर्विकार स्थिर विश्वास। वे इन दोनों के बीच कोई फर्क नहीं देख पाते। कार्य और कारण के क्रमबद्ध अनुसंधान के विषय में अभ्यास न होने के कारण वे किसी विशेष नदी में स्नान करना अथवा किसी पेड़ या पत्थर का पूजन, जप-तप और पुरोहितों से अपने किसी अपराध के प्रायश्चित्त को रुपए-पैसे से खरीद लेना (विभिन्न धर्मों की अपनी-अपनी विशेषता के अनुसार)—इन्हीं सब चीजों को वे सारी जिंदगी में किए गए पापों से मुक्ति का उपाय मान लेते हैं। वे यह मानते हैं कि उनका शुद्धिकरण उनके विश्वास एवं पुरोहितों की अलौकिक शक्ति के कारण ही होता है। इस मामले में उनकी अपनी जिम्मेदारी कुछ भी नहीं है और जिन लोगों में यह विश्वास नहीं है, उनको ऐसा कोई लाभ नहीं होता। वस्तुतः यदि ऐसी किसी काल्पनिक बात से आदमी को सचमुच लाभ होता तो यह बात दूसरे धार्मिक मतों या विचारों को मानने वाली जातियों के लोगों पर भी समान रूप से अपना प्रभाव विस्तार करती। वह किसी विशेष धार्मिक मतावलंबियों के विश्वास एवं अभ्यास तक ही सीमित नहीं रहती। यद्यपि लाभ का परिमाण भिन्न-भिन्न लोगों के सामर्थ्य पर निर्भर करता है, वह किसी विशेष मतावलंबी के महज विश्वास पर निर्भर नहीं करता। क्या आप यह देखते नहीं हैं कि कोई अगर विष को मिष्ठान्न समझ कर खाता है तो उस पर विष-क्रिया ही होती है, इससे उसकी मृत्यु हो सकती है? 'हे ईश्वर, मुझे 'अभ्यास' और 'स्वभाव' के फर्क को समझने को शक्ति दो।'

अलौकिकता

कुछ विशेष धार्मिक संस्थाओं के प्रमुख स्थानीय नेता अथवा विभिन्न धर्म प्रवर्तक अलौकिक शक्ति की कुछ इस प्रकार व्याख्या करते हैं, जैसे कि भक्तों के हृदय में प्रवेश के लिए पासपोर्ट सिर्फ उन्हीं के पास हो। यही वजह है कि साधारण आदमी का अपने गुरु के प्रति विश्वास क्रमशः बढ़ता चला जाता है।

साधारण जनता प्रचलित मतों से ही अभिभूत होती है। उसके लिए यही स्वाभाविक है कि जब वह ऐसा कुछ देख लेती है, जिसका रहस्य उसकी बुद्धि की पकड़ से बाहर होता है अथवा वह उसका कोई कारण देख नहीं पाती, तब वह उसे एक अलौकिक अथवा अतिप्राकृतिक शक्ति की क्रिया मान लेती है। इसका रहस्य असल में यह है कि इस जगत की विविध वस्तुओं की उपस्थिति ही किसी न किसी आपात कारण अथवा विभिन्न अवस्थाओं एवं न्याय-विधियों पर निर्भर है। अतएव यदि हम किसी वस्तु की अच्छाई और बुराई के प्रमुख और गौण कारणों के बारे में आद्यंत विवेचन करके देखें, तो हम यह कह पाएँगे कि उस वस्तु की सत्ता के साथ पूरा विश्व ही अंगांगी रूप में संयुक्त है। किंतु जब जानकारी के अभाव में

एवं मतों की संकीर्णता की वजह से किसी बात या घटना की वजह किसी व्यक्ति के लिए अज्ञात हो, तब उसका लाभ उठाकर दूसरा कोई भी स्वार्थी व्यक्ति अपनी स्वार्थसिद्धि के लिए इन सब घटनाओं को अपनी अलौकिक शक्ति कहकर वर्णन कर देता है, ताकि वह अपनी ओर लोगों को आकर्षित कर सके।

वर्तमान भारतवर्ष में अतिप्राकृतिक प्रभाव

भारतवर्ष के वर्तमान युग में अलौकिक (Miraculous) और अतिप्राकृतिक (Supernatural) चीजों में विश्वास इतना बढ़ गया है कि लोग जब भी कोई आश्चर्यजनक वस्तु देखते हैं, तो वे तुरंत उसे पौराणिक युग के देवताओं अथवा वर्तमान युग के साधु-संन्यासियों की अतिप्राकृतिक शक्ति से जोड़ देते हैं। यदि उसके पीछे कोई सुस्पष्ट कारण हो भी, तो वे इसे अनदेखा कर देते हैं। परंतु जिनके पास एक स्वस्थ दिमाग है और जो न्याय के अनुरागी हैं उनसे उसका सही कारण अज्ञात नहीं रहता। यूरोप के लोगों के बहुत सारे अद्भुत आविष्कार, वहाँ के बाजीगरों के हाथों की सफाई एवं निपुणता आदि कई ऐसी बातें हैं, जिनका कारण प्रत्यक्षतः नहीं दिखता। लगता है कि वह सब मानव-शक्ति से संभव नहीं है। किंतु विशेषज्ञों की अनुभवजनित तीक्ष्ण अंतर्दृष्टि से अगर देखा जाए, तो बाहर से रहस्यजनक दिखने वाली चीजें रहस्यमय नहीं रह जातीं। इन चीजों के बारे में जानकारी होते ही, अतिप्राकृतिक घटनाओं में विश्वास करनेवाले लोगों द्वारा कोई भी बुद्धिमान व्यक्ति कभी प्रताड़ित नहीं होगा। इस विषय में हम अधिक से अधिक यही कह सकते हैं कि किसी-किसी खास विषय में तीक्ष्ण और गंभीर शोध के बावजूद कई आश्चर्यजनक घटनाओं के पीछे जो कारण हैं, वे लोगों को अक्सर अज्ञात ही रह जाते हैं। ऐसे मामलों में हमें सही एवं युक्तियुक्त तथ्यों के ऊपर निर्भर करना चाहिए; और स्वयं से बार-बार यही प्रश्न पूछना चाहिए कि इसके पीछे कारण क्या है? हमारी न समझ पाने की अक्षमता ही इसके लिए उत्तरदायी है, न कि प्राकृतिक नियमों के बाहर किसी असंभव बात पर विश्वास करना उचित है। मुझे लगता है कि हमारी सद्बुद्धि पहला रास्ता ही चुनेगी। अतः सैकड़ों साल पहले किसी मृत व्यक्ति को जीवित कर दिया गया था, अथवा किसी ने स्वर्गारोहण किया था, ऐसे असंभव और अतार्किक विषयों पर खोज करने की आज कोई आवश्यकता नहीं।

तर्कवाद की सार्थकता

सांसारिक मामलों में मनुष्य एक वस्तु के साथ दूसरी वस्तु का कार्य-कारण संबंध जानना चाहता है। पर यह चिंता की बात है कि जब धर्म अथवा किसी धार्मिक तिश्वास का मामला आता है, तब कार्य-कारण संबंध नहीं होने के बावजूद वहाँ भी एक को कारण और दूसरे को फल मान लेने में मनुष्य को कोई दुविधा नहीं होती।

एक उदाहरण दिया जा सकता है। कोई संघर्ष न करके अथवा किसी प्रकार के प्रतिकार की चेष्टा किए बगैर केवल प्रार्थना के बल पर किसी की दुर्गति दूर हुई हो या बीमारी ठीक हुई हो, ऐसा नहीं है। दरअसल रहस्यजनक बातों से घिरे होने के कारण साधारण लोग युक्ति या तर्क को मानने में हिचकिचाते हैं। परंतु यदि कोई रहस्य का पता लगाना चाहता है तो धार्मिक नेता अपने चेलों की संतुष्टि के लिए कुछ ऐसी व्याख्याएँ प्रस्तुत करते हैं कि जैसे धर्म और विश्वास के क्षेत्र में युक्ति या तर्क का कोई स्थान नहीं है। धर्म के मामले में सिर्फ विश्वास और ईश्वर की कृपा ही एकमात्र उपाय है। जिस बात का कोई प्रमाण नहीं है, जो तर्क के विरुद्ध है, उसे एक युक्तिवादी कैसे स्वीकार कर सकता है? 'जिनकी आँखें हैं, वे 'इससे' सावधान रहें' (कुरान)।

संभव और असंभव तर्क

जो लोग तर्कशास्त्र में ज्ञानी हैं, मैं कभी-कभी देखता हूँ कि उनमें से कुछ व्यक्ति तर्क शुरू कर देते हैं कि यदि सर्वशक्तिमान सृष्टिकर्ता केवल एक शून्य से इस विराट विश्व की सृष्टि कर सकता है तो उसके लिए मृत शरीर में दूसरी बार प्राण संचार करना अथवा जगत की किसी भी वस्तु में प्रकाश का गुण पैदा करना अथवा दूर तक यातायात के लिए वायु की शक्ति का प्रयोग करना भी असंभव नहीं है। ऐसे व्यक्ति कुछ घटनाओं की संभावना छोड़कर कोई ठोस प्रमाण नहीं दे पाते। ऐसे तार्किकों को यह भी प्रमाणित करना चाहिए कि उनके प्राचीन अथवा वर्तमान धार्मिक नेताओं के जीवन में तथाकथित अलौकिक क्रियाएँ वास्तव में घटित हुई हैं या नहीं। अन्यथा बुद्धिमान मनुष्य के आगे यह साफ हो जाएगा कि इस प्रकार की युक्ति या तर्क में किसी 'तकरीब' अथवा विषय के साथ सिद्धांत का कोई सामंजस्य नहीं है।

इसके अलावा, अगर हम उन्हीं ज्ञानियों का मत या तर्क स्वीकार कर लेते हैं तब तो आलोचना करते समय तर्क के बीच किसी भी मान ली गई उक्ति की सत्यता पर आपत्ति करना उचित नहीं कहा जाएगा और किसी भी किंवदंती को खारिज करने की कोई संभावना ही नहीं रहेगी। क्योंकि कोई भी व्यक्ति किसी असंभव को संभव या प्रमाणित करने की चेष्टा में उपर्युक्त प्रकार की युक्ति का सहारा ले सकता है। अतः तब 'संभव' और 'असंभव' के बीच कोई अंतर ही न रहेगा। फलतः तर्क और न्यायशास्त्र के सारे आधार ही नष्ट हो जाएँगे। परोक्ष रूप में सभी ज्ञानी व्यक्ति ही स्वीकार करते हैं कि सृष्टिकर्ता किसी असंभव को संभव नहीं करता। जैसे परमेश्वर का कोई अंश सृष्टि अथवा ईश्वर का विनाश अथवा परस्पर विरोधी मतों का एकीकरण जैसे असंभव कार्य नहीं कर सकता।

'अनगिनत संप्रदायों का विवाद सहना होगा, क्योंकि वे सत्य को जाने बिना अजीबोगरीब एवं अर्थहीन कहानियों को सत्य मानते हैं' (हाफिज)।

अतीत की विरासत एवं आधुनिक प्रमाण

मैं देखता हूँ कि विभिन्न प्राचीन धार्मिक संप्रदायों के गुरुओं की अलौकिक क्षमता को बहुत प्राचीन घटना होने के कारण बाह्येंद्रिय ज्ञान के द्वारा प्रमाणित करना एक प्रकार से असंभव है। पर मैं मानता हूँ कि किसी खास अवस्था में बाह्येंद्रिय का ज्ञान ही किसी सीमा तक सकारात्मक ज्ञान है। विभिन्न मत या सिद्धांत वाले पंडित अपने शिष्यों के विश्वास करने अथवा मान लेने की आदत देखकर 'तावातुर' अर्थात् सामान्य विवरणों से संगृहीत किंवदंती की सहायता से कई अद्‍भुत बात प्रमाणित करने की चेष्टा करते हैं। किंवदंती एक निश्चित विश्वास को जन्म देती है एवं केवल धार्मिक मत की वाहक होती है। दो प्रकार की विरासतों के वास्तविक स्वरूप के संबंध में यदि थोड़ा-सा भी विचार करें तो इस असंगत युक्ति के पीछे जो रहस्य छिपा हुआ है, वह बड़ी आसानी से खुल जाएगा। क्योंकि विभिन्न धर्मावलंबियों के मतानुसार किंवदंती ऐसे खास लोगों द्वारा दिया गया विवरण है, जिसे मिथ्यावादी कहकर संदेह प्रकट नहीं किया जा सकता। परंतु प्राचीन काल में ऐसे व्यक्तियों की संख्या कितनी थी, यह वर्तमान युग में आम लोगों के इंद्रिय ग्राह्य ज्ञान अथवा अनुभव के आधार पर नहीं बताया जा सकता। वरन् यह मामला और अधिक अस्पष्ट एवं संदेहास्पद बन जाता है। इसके अलावा यह बात भी है कि प्रत्येक प्राचीन धार्मिक गुरु के संबंध में जो किंवदंती प्रचलित है, उसमें कोई सामंजस्य नहीं है। इस कारण लोगों की बातों में कोई सारतत्त्व दृष्टिगोचर नहीं होता। यदि मान भी लिया जाए कि जिन व्यक्तियों ने सर्वप्रथम यह विवरण दिया था, वे अपने धार्मिक गुरुओं की अलौकिक शक्ति के प्रत्यक्षदर्शी थे और उनके विवरणों की यथार्थता उनके समसामयिक किसी द्वितीय गुट के लोगों की उक्तियों द्वारा प्रमाणित की जाए, तो फिर द्वितीय गुट के लोगों की उक्तियों की यथार्थता प्रमाणित करने के लिए किसी तृतीय गुट (जो उसका समसामयिक हो) की उक्ति की आवश्यकता होगी। क्योंकि द्वितीय दल की उक्तियों की यथार्थता भी केवल विश्वास एवं प्रमाण पर ही निर्भर करती है। उसी प्रकार, तृतीय गुट की उक्ति की यथार्थता प्रमाणित करने के लिए भी किसी चतुर्थ गुट को लाने की आवश्यकता होगी। इस तरह, क्रमशः वर्तमान युग के लोगों तक बात आ पाएगी। अतः प्रमाण के बाद फिर प्रमाण का सिलसिला वंश-परंपरा के अनुसार भविष्य तक जारी रह सकता है। इससे एक बात स्पष्ट हो जाती है कि जो भी स्वस्थ मानसिकता वाले लोग होंगे, वे यह बात स्वीकारने में अवश्य हिचकिचाएँगे कि उनके समसामयिक कुछ लोग विशेषतः धर्म के विषय में कभी झूठ नहीं बोलते थे। इसके अलावा विभिन्न धार्मिक गुरुओं के गुणों एवं भविष्यवाणियों की निश्चितता-अनिश्चितता के संबंध में मतभेद दिखाई देता है। परस्पर विरोधी उक्तियों का विवरण भी अतीत की विरासत में मिलता है। अतः प्रत्येक गुट के वक्तव्य की यथार्थता स्वीकार कर लेने से विरोधी मत को भी

स्वीकार करना पड़ेगा। बिना किसी ठोस तर्क या वजह के किसी भी गुट के वक्तव्य को अधिक महत्त्व देना गलत होगा। क्योंकि प्रत्येक गुट को अपने-अपने पूर्वजों के वक्तव्य को अधिक महत्त्वपूर्ण एवं यथार्थ मानने का अधिकार है। सच्चाई यह है कि जनश्रुति या किंवदंती (तावातुर) लोगों की तर्कसंगत उक्तियों से संगृहीत की जाती है। वे ऐसी होती हैं, जिनका किसी ने भी प्रतिवाद नहीं किया हो। केवल ऐसी जनश्रुतियाँ या किंवदंतियाँ ही विश्वास के प्रमाणस्वरूप ग्रहण की जा सकती हैं। परंतु ऐसी निर्भर योग्य किंवदंती या जनश्रुति तर्कविरुद्ध एवं संदिग्ध विवरणों से सर्वथा भिन्न होगी।

धर्मग्रंथ की किंवदंती एवं ऐतिहासिक आलोचना

इस सिद्धांत से धार्मिक नेताओं की निम्नलिखित युक्ति का सहज ही खंडन हो सकता है। ये कहते हैं कि जो लोग प्राचीन काल के राजाओं की ऐतिहासिक कहानियों अथवा किंवदंती के रूप में प्रचलित बातों पर विश्वास करते हैं, वे किस प्रकार प्राचीन पुस्तकों में लिखित धार्मिक नेताओं की अलौकिक क्रियाओं के विवरण अथवा बहुत दिनों से प्रचलित किंवदंतियों में अविश्वास कर उसे वर्जित कर सकते हैं? दूसरी बात, मनुष्य की आकृति और प्रकृति में पर्याप्त अंतर होने और जन्म-रहस्य अज्ञात रहने के बावजूद, जब केवल एक साधारण-सी किंवदंती के आधार पर मनुष्य अपने जन्म और वंशावली पर विश्वास करने लगता है तो फिर स्वाभाविक है कि धार्मिक गुरुओं की अलौकिकता एवं पवित्रता-संबंधी बातें भी ठीक उसी प्रकार जनश्रुतियों के आधार पर सच मान ली जाती हैं।

अतीत के राजाओं का सिंहासन पर आरोहण अथवा शत्रु के साथ युद्ध आदि ऐतिहासिक घटनाएँ ऐसी हैं कि लोग निःसंदेह इन्हें विश्वासयोग्य मान लेते हैं। परंतु अलौकिक घटनाएँ अतिअद्‌भुत हैं ही, उनका लोगों ने खुलकर विरोध भी किया है। उदाहरणार्थ, यह एक ज्ञात सत्य है कि किसी प्राणी का जन्म उसके माता-पिता से होता है। परंतु माता-पिता के बिना संतान का जन्म एक असंगत बात है। 'देखिए, पहले और दूसरे में कितना बड़ा अंतर है!' इसके अलावा, राजाओं की वंश परंपरा या घटनाक्रम के बीच अनुमान का क्षेत्र उन्मुक्त है, अर्थात् हम कुछ अनुमान कर सकते हैं। परंतु कोई धार्मिक घटना उस धर्म के लोगों का एक निश्चित विश्वास है। वह एक अतिप्राकृतिक घटना है। इसीलिए पहली के साथ दूसरी घटना की तुलना नहीं की जा सकती। साथ ही, अतीत के राजाओं की किसी ऐतिहासिक घटना या वंश परंपरा के संबंध में कोई संदेह होने से, वह विवरण अप्रामाणिक कहकर हटा दिया जा सकता है। उदाहरणस्वरूप, सिकंदर की चीन-विजय एवं उसकी अद्‌भुत जन्म-कथा के संबंध में प्रचलित किंवदंती पर ग्रीस एवं फारस के इतिहासकारों ने आपत्ति की है। यही कारण है कि उन कहानियों को इतिहासकारों ने सत्य घटनाओं के रूप में स्वीकार नहीं किया।

अद्वितीय ईश्वर एवं मध्यवर्ती मतवाद

कुछ लोग तर्क करते हैं कि सर्वशक्तिमान ईश्वर अर्थात् सृष्टिकर्ता, धार्मिक गुरु अथवा भविष्यवक्ता की सहायता से मृत्युलोक में लोगों को पुनः जीवित किया जा सकता है, चलने-फिरने लायक बनाया जा सकता है। यह स्पष्टतः एक निरर्थक कथन है। क्योंकि इन लोगों का यह एक अंधविश्वास है कि इस संसार की अच्छी-बुरी वस्तुओं की सृष्टि किसी मध्यवर्ती (इंटरमिडिएट एजेंसी) के माध्यम से न होकर स्वयं महान सृष्टिकर्ता ईश्वर द्वारा हुई है, एवं इस सृष्टि का जो प्रत्यक्ष कारण प्रतीत होता है वह उनको दरअसल उपस्थिति एवं तद्व्यवस्था प्राप्ति का उपाय भर लगता है। अतः यह देखना आवश्यक हो जाता है कि पैगंबर भेजने एवं उनके द्वारा ईश्वर की वाणी का प्रचार करने जैसे कार्य सीधे ईश्वर द्वारा रूपायित होता है अथवा किसी मध्यवर्ती की सहायता से! यदि प्रथम उक्ति सत्य है तो मुक्ति का पथ दिखाने के लिए किसी माध्यम या मध्यवर्ती की आवश्यकता ही नहीं है। पैगंबर को भी कुछ करने अथवा वाणी सुनाने की आवश्यकता है, ऐसा प्रतीत नहीं होता। यदि द्वितीय उक्ति सही है तो फिर एक के बाद एक, इस प्रकार कई माध्यमों या 'मध्यवर्तियों' की आवश्यकता पड़ जाएगी। इससे यह सिद्ध हुआ कि पैगंबर के आविर्भाव और वाणी प्रचार का बाह्यजगत् की अन्य वस्तुओं की तरह ही, ईश्वर से कोई संबंध नहीं है। उन्हें किसी वैज्ञानिक के आविष्कार के रूप में ही स्वीकार कर लेना चाहिए। पैगंबर या दूसरे किसी को धार्मिक मतों के साथ जोड़ना उचित नहीं है। इसके अलावा, एक जाति जिस व्यक्ति को सच्चे धर्म के एकमात्र पथ-प्रदर्शक के रूप में स्वीकार कर लेती है, दूसरी जाति उसे ही गलत दिशा का निर्देशक मानती है।

ईश्वर और राजा

कोई-कोई तर्क देता है कि विभिन्न धार्मिक मतों की असमानता से कोई धर्म गलत साबित नहीं होता। पृथ्वी पर विभिन्न राजाओं द्वारा बनाए गए पुराने कानून में और आज के कानून में जैसे काफी फर्क है, इस धार्मिक अंतर को भी उसी प्रकार स्वीकार कर लेना चाहिए। वर्तमान काल के शासक पुराने कानून को समय के अनुसार बदल देते हैं। एक कानून बदलकर कोई दूसरा कानून जारी करने पर लोग इसी को सही मान लेते हैं और यह सही शासन द्वारा हो रहा है, यह भी मानते हैं। इसी प्रकार यह भी मानते हैं कि कई तरह की धर्म-प्रणालियाँ भिन्न-भिन्न समय में समाज के भिन्न-भिन्न हालात के अनुसार ईश्वर ने ही बनाई हैं तथा उसी के इच्छानुसार एक प्रणाली के बदले दूसरी प्रणाली की व्यवस्था की गई है।

उपर्युक्त तर्क के विरोध में मेरा यह कहना है कि राजा और ईश्वर में कोई तुलना नहीं हो सकती। सभी धर्मों के माननेवाले यह स्वीकार करते हैं कि ईश्वर

प्रत्येक अणु और परमाणु की भी खबर जानता है। वह तो सर्वज्ञ है। उसे भूत, भविष्य और वर्तमान सभी के विषय में पूर्ण ज्ञान है। वह अपनी असीम शक्ति के द्वारा मानव हृदय में इच्छानुसार परिवर्तन ला सकता है। वह दृश्य और अदृश्य सभी वस्तुओं का कारण है। वह सभी प्रकार के स्वार्थ एवं ख्यालों से परे है। एक ऐसे सर्वशक्तिमान ईश्वर के आगे मनुष्य का ज्ञान अधूरा है। वह सभी कार्यों की परिणति बताने में अक्षम है, उसकी भूल और भ्रांतियाँ होने की संभावना बहुत अधिक है। उसके काम में स्वार्थपरता, प्रताड़ना और शठता स्वाभाविक है। उसकी तुलना ईश्वर से की ही नहीं जा सकती। क्या यह ऐसी दो वस्तुओं के बीच तुलना करना नहीं हुआ, जिनके गुणों में भारी अंतर है?

ब्राह्मण धर्म और इस्लाम

ब्राह्मणों में एक विश्वास है कि उन्हें ईश्वर से एक अमोघ आदेश मिला है कि वे ही सारे धार्मिक क्रिया-अनुष्ठान करते रहेंगे और वे ही धर्म के धारक और वाहक रहेंगे। संस्कृत में ऐसे कई दैवी निर्देश हैं। मुझ जैसे ईश्वर के दीनतम जीव ने उसी ब्राह्मण वंश में जन्म लिया है, उसी भाषा में शिक्षा पाई है और उन्हीं निर्देशों को कंठस्थ किया है। इन सभी दैवी निर्देशों में आस्था रखने के कारण किसी समय इस्लाम धर्म के मानने वालों ने ब्राह्मण जाति को बहुत क्षति पहुँचाई और उनके ऊपर अनेक अत्याचार किए, यहाँ तक कि मृत्युभय भी दिखाया। फिर भी उन्होंने अपने धर्म का परित्याग नहीं किया। इस्लाम के अनुयायियों ने कुरान के पवित्र वचन के अर्थानुसार कहा है कि मूर्ति पूजा करने वालों को जहाँ भी देखो, उनकी हत्या कर दो और विधर्मियों के साथ जेहाद करने के बाद उन्हें पकड़कर, बाँधकर लाओ और उनसे पैसे वसूल करके उन्हें मुक्त कर दो या फिर अपने अधीन कर लो। इन सबको ईश्वर का निर्देश कहकर उल्लेख किया गया है, जैसे कि मूर्तिपूजकों का वध करना और उन पर कई प्रकार से अत्याचार करना ही ईश्वर के आदेश के अनुसार महत्त्वपूर्ण कर्तव्य है। मुसलमानों के अनुसार मूर्तिपूजकों में ब्राह्मण ही सबसे अधिक मूर्तिपूजक हैं। इसलिए इस्लाम के अनुयायियों ने धर्म के उन्माद में, अपने ईश्वर के आदेश का पालन करने के उत्साह में 'बहुदेववादियों' तथा अंतिम पैगंबर के धर्म के प्रचार के लिए 'विधर्मियों' की हत्या करने में कोई कसर नहीं छोड़ी।

अब प्रश्न यह है कि जो स्रष्टा है, सर्वज्ञ है, दयालु है और अनासक्त है, उस ईश्वर द्वारा क्या मत-विरोधियों के लिए ऐसा उपदेश और आदेश देना संभव है या यह सब उस धर्म के मानने वालों की मनगढ़ंत बातें हैं? मुझे लगता है कि स्वस्थ मानसिकता वाले लोग यह दूसरी बात ही मानेंगे। यह भी देखना जरूरी है कि इन दोनों में कौन-सी बात अधिक तर्कसंगत है, अर्थात् यह आदेश ईश्वर का है यह मान लेना उचित है कि यह परस्पर विरोध का मतवाद है, यह कहकर इसे पूरी तरह खारिज

कर देना उचित है। एक गुट धर्मशास्त्र का पक्ष लेकर यह कहता है कि पैगंबरी उद्देश्य का उनके नेता के साथ ही अंत हो गया है। दूसरा गुट यह दावा करता है कि ईश्वर के आदेश के अनुसार यह उद्देश्य डेविड के वंश के साथ खत्म होगा। ये दोनों उक्तियाँ ही वस्तुतः केवल प्रवाद या भविष्यवाणियाँ हैं। यह कोई ऐसा कानून भी नहीं है कि कभी बदला जाएगा। क्योंकि किसी एक को सच मान लेने से दूसरा झूठा साबित होगा ही। अतः परिवर्तन या विकृति की संभावना दोनों में ही है।

शायद यह सुनने पर हैरानी हो सकती है कि जिन 'धर्मगुरुओं' के साथ-साथ पैगंबरी परंपरा का अंत माना गया है, उनके चले जाने के सैकड़ों वर्ष बाद भी भारत या अन्य देशों में नानक एवं दूसरे साधु संतों ने अभिनव धर्म का प्रवर्तन (प्रोफेटिक मिशन) किया है। असंख्य लोग उनके अनुयायी भी हुए हैं। यह देखा जा सकता है कि धार्मिक शिक्षा के क्षेत्र में स्वार्थसिद्धि का दरवाजा हमेशा खुला रहता है और अनुभवहीन लोग फँस जाते हैं। अब यह प्रायः देखा जाता है कि सैकड़ों लोग विशेष सम्मान पाने के लिए अथवा बहुत थोड़ी-सी प्राप्ति की आशा में कितने ही प्रकार के अनशन-उपवास करते हैं। एक हाथ को बिना हिलाए अडिग रखते हैं। शरीर को जलाकर इस पर कई तरह के अत्याचार झेलते हैं। अतः कोई आश्चर्य की बात नहीं है कि इस समय कोई अतिउत्साही व्यक्ति, जनता का शिक्षक बनने की आशा में अथवा स्वयं को लोगों की आँखों में भक्ति का पात्र बनाने की लालसा में, कई प्रकार के सामयिक दुःख या खतरे झेले।

यह सत्य है या मिथ्या

एक बात प्रायः धर्माचार्यों के मुँह से सुनी जाती है और यह बात वे अपने धर्म या मत पर जोर देने के लिए कहते हैं। वे कहते हैं कि मृत्यु के बाद पुण्य फल या सजा पाने की बात जो उनके धर्म में कही गई है, वह सच है, नहीं तो झूठ है। यदि झूठ है और मृत्यु के बाद कोई पुण्यफल या सजा पाने जैसी बात नहीं होती, तब इस बात को सच मानने में भी कोई हर्ज नहीं है। किंतु अगर यह सच है, तब तो अविश्वासियों के लिए यह एक बहुत बड़ी समस्या होगी। जो लोग विभिन्न धर्मों के व्याख्याकारों की बात मानकर चलते हैं और अपने गुरुओं के कथन का पालन करते हैं, वे इस बात के लिए बहुत गौरव का अनुभव भी करते हैं। असल में रूढ़ियों का निरंतर पालन और सांप्रदायिक शिक्षा मनुष्य के आँख और कान होने पर भी उन्हें अंधा और बधिर बना देती है।

उपर्युक्त तर्क में जो भ्रम है उसे दो प्रकार से सुधारा जा सकता है। पहली बात, वे जब यह कहते हैं कि मिथ्या होने पर कोई हानि नहीं है तो इसे भी स्वीकार नहीं किया जा सकता, क्योंकि किसी भी वस्तु की सच्चाई पर विश्वास केवल तभी किया जा सकता है, जब वह वस्तु हो पर जो वस्तु तर्क से बहुत दूर है और उसका

अनुभव के साथ कोई संबंध नहीं है, ऐसी वस्तु पर विश्वास करना किसी भी बुद्धिमान व्यक्ति के लिए संभव नहीं है। दूसरी बात, ऐसी वस्तुओं पर विश्वास करने पर व्यक्ति मूर्खता, कुसंस्कार, प्रताड़ना और कई तरह की हानिकारक, कष्टदायक एवं अनैतिक चीजों में फँसता है। जो भी हो, उपर्युक्त बात सच मान लेने पर, इसी से धर्म की अन्य बातों की भी सापेक्षिक सत्यता को प्रमाणित करना आवश्यक हो जाता है। क्योंकि प्रत्येक धर्मावलंबी ऐसा ही तर्क प्रस्तुत कर सकता है। यही कारण है कि एक ही व्यक्ति के लिए सभी धर्मों को सच मान लेना, अथवा एक को ग्रहण करके दूसरे को वर्जित करना एक बहुत दुविधा वाली बात हो जाती है। अतएव जिस प्रकार पहली बात असंभव है, दूसरी भी असंभव है। ऐसे मामले में फिर विभिन्न धर्मों की सापेक्ष सत्यता और मिथ्या पर विचार करने के लिए प्रवृत्त होना पड़ता है।

यही मेरी आलोचना का प्रधान कारण है। मनुष्य एक और तर्क प्रस्तुत करता है कि अपने पूर्वजों के आचार-विचार एवं रीति-नीति की सत्यता-असत्यता पर विचार किए बिना ही उनका अंधा अनुकरण करना चाहिए। उन आचरणों को घृणा की दृष्टि से देखने पर, उनकी अवहेलना करने पर अथवा उनके मानने में जरा-सा इधर-उधर हो जाने पर ऐहिक और आध्यात्मिक क्षति होती है, ऐसा करना वस्तुतः अपने पूर्वजों से घृणा अथवा उनका अपमान करने जैसा है। जो लोग अपने पूर्वजों के प्रति श्रद्धा और उच्च धारणा रखते हैं, उनके मन में ऐसी भ्रांतिमूलक बातें ज्यादा प्रभाव एवं विस्तार करती हैं। इसके फलस्वरूप सत्य की खोज एवं सत्यपथ ग्रहण करने के रास्ते में बाधा आती है।

जरा सा सोचने पर उपर्युक्त धारणा में जो भ्रांति है, वह साफ नजर आएगी। जिन लोगों ने किसी नए धर्म की स्थापना कर लोगों को अपनी ओर आकर्षित किया है, उनके लिए जैसे इसकी आवश्यकता है, जिन्होंने अपने गुरुओं से नया मत ग्रहण कर अपने पूर्वजों के पुराने पथ का त्याग किया है पूर्वजों के मतों की बुनियाद को ध्वस्त करने की चेष्टा की है, उनके लिए भी यह बात समान रूप से लागू होती है। सबसे उत्तम रास्ता है कि मनुष्य अपने आध्यात्मिक अनुभव और आविष्कार सब कुछ ईश्वर को सौंप दे। दरअसल पुराने समय में एक धर्म को छोड़कर दूसरा धर्म ग्रहण करने की घटना यह प्रमाणित करती है कि धर्मांतरण मनुष्य की प्रकृति में है। इसके अलावा प्रत्येक मनुष्य को ईश्वर ने जो बुद्धि दी है, उससे यह स्पष्ट होता है कि पशुओं की तरह अपनी स्वजातियों के दृष्टांतों का पूरी तरह अनुकरण उचित नहीं है, बल्कि अपनी बुद्धि और अर्जित ज्ञान द्वारा क्या अच्छा है और क्या बुरा, इसका इस प्रकार विचार किया जाना चाहिए जिससे ईश्वर द्वारा दिया हुआ यह अमूल्य वरदान व्यर्थ न जाए।

एकेश्वरवाद की बुनियाद सिर्फ संख्या नहीं बल्कि सत्य है

विभिन धर्मों के मानने वाले पृथ्वी पर एक ही ईश्वर में विश्वास करने वालों की कम संख्या देखकर कभी-कभी गर्वपूर्वक यह कहते हैं कि संख्या से वे अधिक भारी हैं। किंतु यह समझना जरूरी है कि किसी उक्ति की सत्यता सिर्फ उसे मानने वालों की संख्या पर निर्भर नहीं करती। इसी प्रकार किसी उक्ति पर हम केवल इसलिए अविश्वास नहीं कर सकते कि वह कम संख्यक लोगों की है। क्योंकि सत्य की खोज करने वालों के बीच यह बात स्वीकृत है कि केवल सत्य ही पालनयोग्य है, चाहे यह बहुसंख्यक लोगों के मत के विरुद्ध ही क्यों न हो। वैसे भी, सिर्फ कम संख्यक लोगों की धारणा है, इसलिए यह बात विश्वासयोग्य नहीं है—यह उक्ति अगर सभी अवस्थाओं में सही मान ली जाए, तब तो सभी धर्मों की जड़ों पर आघात होगा। क्योंकि प्रायः प्रत्येक धर्म के आरंभ में उसके मानने वाले संख्या में कम ही होते हैं—सिर्फ उन धर्मों के प्रवर्तक और उनके कुछ अनुयायी, जो अपने-अपने धर्म के प्रवर्तकों पर विश्वास करते हैं फिर उनके प्रचार के कारण, पुआल पर पर्वत खड़ा करने के समान हजारों बड़े-बड़े ग्रंथ और युक्ति पूर्ण निबंध लिखे जाते हैं। किंतु सर्वशक्तिमान ईश्वर के प्रति विश्वास ही प्रत्येक धर्म का मूल सूत्र है। जाति, वर्ण और धर्म को आधार बनाए बिना मनुष्य का हृदय परस्पर प्रीति से जीत लेना ही प्रकृति के सृष्टिकर्ता ईश्वर की वास्तविक पूजा है। ऐसी कोशिश न कर जो लोग ईश्वर की स्वाभाविक और सहज प्रेरणा के बदले तथाकथित मनगढ़ंत आदेश—जो कि उन्हें केवल अपनी स्वजाति के सामाजिक जीवन तक ही सीमित रहने का निर्देश देता है—उसी को अधिक महत्त्व देते हैं, वे लोग किसी विशेष तंत्र-मंत्र, योग, अंगचालन को ही मोक्ष का मार्ग मानते हैं। वे सर्वशक्तिमान ईश्वर से कोई वरदान पाने का यही उपाय मानते हैं। वस्तुतः वे अपने देवता में ही एक परिवर्तन लाने का ढोंग करते हैं और सोचते हैं कि उनके बाह्याडंबरों और आंतरिक भावोच्छ्वास के प्रभाव से अपरिवर्तनशील ईश्वर में भी परिवर्तन लाया जा सकता है। हमारी तुच्छ चेष्टाएँ कभी भी ईश्वर के रोषानल को शांत नहीं कर सकतीं और न उससे क्षमा और कृपा हासिल की जा सकती है। जरा-सा सोच-विचार करने से ही घृणास्पद मतों की असारता का बोध हो जाएगा।

चरम उपदेश : विश्वमानव को शांति चाहिए

'धर्मगुरुओं के पाखंडपूर्ण कार्यों का कोई मूल्य नहीं है। लोगों के मन को शांति मिले, यही एकमात्र परमार्थकारी उपदेश है।'

संक्षेप में, मानवजाति के आम लोगों को निम्नलिखित चार श्रेणियों में बाँट सकते हैं—

प्रथम—इस श्रेणी के लोगों को उत्पीड़क कहा जा सकता है, जो लोगों को अपने समूह में लाने के लिए इच्छानुसार कई तरह के मतवाद, धार्मिक विश्वास रचकर प्रचार करते हैं, लोगों को कष्ट का रास्ता दिखाते हैं और उनमें विभेद भी पैदा करते हैं।

द्वितीय—इस श्रेणी के लोगों को प्रताड़ित कहा जा सकता है, जो सच्ची बात नहीं जानने के कारण उत्पीड़कों के धार्मिक मतवाद में फँस जाते हैं।

तृतीय—इस श्रेणी के लोग प्रताड़क भी हैं और उत्पीड़ित भी। ये झाँसे में आ किसी के धार्मिक विश्वास से जुड़ जाते हैं और दूसरों के बीच भी इसका प्रचार करते हैं।

चतुर्थ—जो ईश्वर की कृपा से प्रताड़क भी नहीं हैं और उत्पीड़ित भी नहीं हैं।

'चाहे जो करो, पर किसी का अनिष्ट न करो, क्योंकि दूसरे का अनिष्ट करने से बड़ा दूसरा पाप नहीं है' (हाफिज)।

ईश्वर में विश्वास करने वाले इस दीनतम व्यक्ति ने ये कुछ छोटी-छोटी और उपयोगी बातें पक्षपात और धर्मांधता से मुक्त होकर इसलिए लिखी हैं कि स्वस्थ मन के लोग इन पर दृष्टि डालेंगे।

'एकेश्वरवादियों को उपहार' रचना यहीं समाप्त हुई।

अनुवाद : **सोमा बनर्जी**

कुछ पत्र

संस्कृत कालेज खुलने पर

कलकत्ता

11 दिसंबर, 1823

सेवा में,

महामहिम माननीय विलियम पिट लॉर्ड एमहर्स्ट

मान्यवर,

सरकार के द्वारा लोकभावना के विरुद्ध जारी की गई एक नोटिस का हिचकिचाहट के साथ विरोध प्रकट करना चाहता हूँ। क्योंकि ऐसी परिस्थिति में मूक रह जाने से इन पवित्र भावनाओं के प्रति ज्यादती होगी। भारतवर्ष के शासक हजारों मील दूर से आकर शासन कर रहे हैं, जिनकी भाषा, साहित्य, शिष्टता, रूढ़ियाँ एवं विचार यहाँ के लिए पूर्णतः नवीन एवं अजूबा हैं। वे यहाँ के लोगों की तरह वस्तु स्थितियों को आत्मसात नहीं कर सकते हैं।

इसलिए हम अपने शासक वर्ग का ध्यान अपने देश के एक बृहत्तर समुदाय के हित में, अपनी शिकायत की ओर आकृष्ट करना चाहते हैं। ऐसे महत्त्वपूर्ण अवसर को नजरअंदाज कर हम राष्ट्रहित में बृहत्तर समुदाय को अपना सच्चा संदेश देने में असमर्थ हो जाएँगे और यहाँ के स्थानिक ज्ञान तथा अनुभवों को समृद्ध करने के लिए वर्तमान में किए जा रहे सद्प्रयास जन-हितैषी न होकर काल्पनिक बन कर रह जाएँगे इस तरह हम अपनी परंपरा से चली आ रही सेवा-भावना से कट जाने के अपराधी होकर रह जाएँगे।

भारतीय समुदाय के शैक्षिक विकास के लिए कलकत्ता में संस्कृत विद्यालय की स्थापना के लिए सरकार की इच्छाशक्ति स्तुत्य है। इससे ज्ञान के बहुआयामी स्रोत खुल सकेंगे। हरेक व्यक्ति तथा शुभचिंतक को इस महत्त्वपूर्ण सिद्धांत पर आधारित इस प्रयास की प्रगति की कामना करनी चाहिए।

जब अध्ययन के लिए इस शिक्षणालय की स्थापना का प्रस्ताव लिया गया तो हमारी धारणा बनी थी कि बर्तानिया सरकार ने भारतीय विषयों के विकास के लिए एक निश्चित वार्षिक राशि अनुदान देने का आदेश दिया है। हममें उत्साहपूर्ण विश्वास था कि इस राशि की निकासी ऐसे शिक्षित एवं मेधावी अंग्रेज भद्रजनों की नियुक्ति के लिए होगी, जिनसे भारतवासियों को गणित, प्राकृतिक विज्ञान, रसायन शास्त्र शरीर रचना-विज्ञान एवं अन्य व्यावहारिक विज्ञानों से अवगत कराया जा सकेगा, ऐसे विज्ञानों में जिन्हें यूरोप के देशों में एक मानक स्तर तक ऊँचा उठाकर विश्व के अन्य देशों तक पहुँचाया गया है।

जब हमने इस प्रस्ताव में एक सुखद विश्वास के साथ ज्ञान के प्रकाश के आगमन के लक्षण देखे, तब नई पीढ़ी से इस संदर्भ में वादा किया। हमारे हृदय में उल्लास और कृतज्ञता का अभूतपूर्व अनुभव हुआ। हमने पश्चिम के प्रबुद्ध एवं उदारचेता राष्ट्रों के द्वारा यूरोप की कला एवं विज्ञान को एशिया में फैलाने की दिशा में प्रेरणा प्रदान करने के लिए ईश्वर को धन्यवाद दिया।

अब हमने पाया कि सरकार हिंदू पंडितों की देखरेख में एक संस्कृत विद्यालय की स्थापना करने जा रही है। उल्लेखनीय है कि इस तरह के ज्ञानदान की धारा यहाँ पहले से ही प्रवाहित रही है। ऐसे शिक्षणालय (लॉर्ड बेकन के जमाने से पहले के यूरोपीय स्कूलों की तरह) आज की नई पीढ़ी के मस्तिष्क को व्याकरण संबंधी जटिलता और आध्यात्मिक मीमांसा से बोझिल कर देंगे। ये शिक्षा-धारकों तथा समाज को कुछ नहीं दे पाएँगे। ऐसी संस्थाओं में विद्यार्थी सिर्फ उन निरर्थक एवं जटिल विषयों की जानकारी हासिल कर पाएँगे, जो दो हजार वर्ष पूर्व चिंतकों के द्वारा स्थापित किए गए थे। ऐसी ही शिक्षा आमतौर पर भारत के सभी हिस्सों में दी जा रही है।

संस्कृत भाषा इतनी जटिल है कि इस पर पूर्ण अधिकार पाने के लिए लगभग पूरा जीवन अर्पित हो जाता है। ज्ञातव्य है कि युगों-युगों से यह ज्ञान के फैलाव में

दुःखद अवरोध प्रमाणित हुई है। एक अभेद्य आवरण के अंतर्गत गोपनीय बने रहने के फलस्वरूप इसे सीखना श्रमसाध्य और निष्फल है।

फिर भी इस भाषा में निहित मूल्यों के संरक्षण के लिए आवश्यक सोच बनी है तो उसे संस्कृत विद्यालय को स्थापित करने की अपेक्षा, अन्य माध्यमों से निष्पादित करना ज्यादा सरल होगा। क्योंकि देश के विभिन्न हिस्सों में पहले से और आज भी ऐसे असंख्य अध्यापक मौजूद हैं, जो साहित्य की अन्य शाखाओं की तरह ही इस भाषा के अध्यापन में लगे हुए हैं। इस तरह ये लोग प्रस्तावित नए शिक्षणालय के उद्देश्य को ही पूरा करते हैं। अतः अध्ययन के परिष्कार के लिए, अपने सामर्थ्य के बलबूते लगे उन प्रवीण शिक्षकों को ही विशेष शिक्षण-शुल्क एवं निश्चित भत्ता प्रदान करना श्रेयस्कर होगा। इस तरह के प्रयास से इस दिशा में और भी प्रोत्साहन मिलेगा।

अतः इस प्रयोजन के लिए, श्रीमान की प्रतिष्ठा में, अपना वैचारिक मतभेद निवेदित करना चाहता हूँ कि अगर इंग्लैंड की सरकार भारतीय विषयों के विकास के लिए, लोकहित में इसी प्रस्ताव को कार्यान्वित करना चाहती है तो वह अपने उद्देश्य में असफल सिद्ध होगी। युवा पीढ़ी पर इस प्रयोग को थोपने से इसके जीवन के लगभग एक दर्जन बहुमूल्य वर्ष संस्कृत व्याकरण की व्यावहारिक कठिनाइयों को समझने में ही बर्बाद हो जाएँगे।

उदाहरणतः संस्कृत सीखने के कुछ बिंदु निम्न रूप में द्रष्टव्य हैं—'खाद्' धातु का संकेत 'खाने' से है। 'खादति' का अर्थ खाना है। विभिन्न प्रयोजनों में इसका अर्थ उत्पादन करने के लिए इसके विभिन्न रूपों का उपयोग करना पड़ता है। क्या अपनी संपूर्णता में यह 'खादति' शब्द कोई एक अर्थ संप्रेषित करता है? अगर अंग्रेजी भाषा में पूछा जाए कि 'ईट' (Eat) के कितने अर्थ होते हैं और 'एस' लगने से कितने अर्थ निष्पादित होते हैं, तो मेरा मतलब साफ हो जाएगा और दोनों भाषाओं का पार्थक्य भी सहज ही समझ में स्पष्ट हो जाएगा।

जिस विषय वस्तु को वेदांत समझाता है, उसके चिंतन से विकास के लक्ष्य तक हम कभी नहीं पहुँच सकते हैं। जैसे, किस विधि से आत्मा का परमात्मा में लय होता है? किन गुणों के आधार पर दैवीय तत्त्व की नैसर्गिकता तक पहुँचा जा सकता है? वेदांतिक सिद्धांत दृश्य जगत की हर वस्तु की सत्ता के प्रति अस्तित्वहीनता का पाठ पढ़ाता है। यह सब पढ़कर युवा पीढ़ी के लोग कभी भी समाज के अच्छे प्राणी नहीं हो सकते। यह सिद्धांत भाई, पिता इत्यादि के संबंध के प्रति भी उदासीन बनाता है। परिणामतः, इस शिक्षा का अनुसरण करने से हम सच्चे संबंधों को भी अपनाने के योग्य नहीं रह जाते। हम इस पलायन वृत्ति के फलस्वरूप दुनियादारी से मुक्त हो जाना चाहते हैं। मीमांसा के वैसे छात्रों से भलाई की क्या उम्मीद की जा सकती है जो वेद के किसी संदर्भ की जानकारी एकत्रित कर यह घोषणा करते

हैं कि बकरे की बलि देना पापरहित होता है। वेद के ऐसे संदर्भ को जान लेना किस तरह के सत्यान्वेषण की क्रियात्मक उपलब्धि कही जा सकती है?

न्यायशास्त्र के वैसे छात्रों को हम मानसिक स्तर पर कतई विकसित नहीं मान सकते, जिन्होंने एक दीर्घ अवधि यह सीखने में व्यतीत कर दी कि ब्रह्मांड कितने भागों में विभक्त है तथा भौतिक शरीर और आत्मा में कैसा क्रियात्मक संबंध है? शरीर आत्मा को धारित करता है अथवा आत्मा शरीर को धारित करती है, इत्यादि।

उपर्युक्त वर्जित काल्पनिक अध्ययन के उपयोग को श्रीमान के द्वारा मूर्त्त रूप दिए जाने के प्रस्ताव पर पुनर्विचार करने का आग्रह करते हुए मेरा निवेदन है कि लॉर्ड बेकन की रचना के पूर्ववर्ती एवं परवर्ती विज्ञान एवं साहित्य की तुलना करके देख लेने की कृपा करें।

यदि ब्रिटिश राष्ट्र को अज्ञानता की ओर ले जाना ही अभीष्ट होता, तो वहाँ के शिक्षणालयों की पुरानी व्यवस्था को बेकन के दर्शन के जरिए हटाया नहीं जाता। इसी प्रकार अगर ब्रिटिश हुकूमत की नीति इस देश को अंधकार में रखने की है, तो संस्कृत के अध्ययन का विकास सर्वोत्तम रास्ता सिद्ध होगा। परंतु सरकार का उद्देश्य यदि इस देश की पिछड़ी आबादी को विकसित करना है तो अच्छे परिणाम देनेवाले एक अधिक उदार एवं उदात्त अध्ययन व्यवस्था का निर्माण करना होगा और गणित, प्राकृतिक विज्ञान, रसायन शास्त्र एवं शरीर रचना विज्ञान जैसे उपयोगी विषयों की पढ़ाई के लिए यूरोप के अध्ययनशील एवं मेधावी महानुभावों को नियोजित करना होगा एवं इसके लिए समुचित राशि उपलब्ध कराने की दिशा में प्रस्ताव लेना होगा। साथ ही यथेष्ट ग्रंथों, यंत्रों एवं प्रयोग सामग्रियों के साथ एक कॉलेज खोलने का भी प्रावधान करना होगा।

इस विषय की ओर श्रीमान का ध्यान आकर्षित कर मैं अपने निष्ठामय कर्तव्य का निर्वाह कर रहा हूँ। ऐसा करके मैं अपने देशवासियों के ऋण से भी मुक्त हो सकूँगा, तथा प्रबुद्ध एवं प्रभुत्वसंपन्न विधायिका शक्ति, जो दूर रहकर भी अपने दानशील कृत्यों से अपनी प्रजा के विकास की इच्छा रखती है, के प्रति आभारी होऊँगा। विनयपूर्वक, मैं विश्वास करता हूँ कि स्वतंत्र रूप से अपने भावोद्‌गार प्रकट करने के लिए मुझे क्षमा करेंगे।

आपका

राममोहन राय

सती प्रथा के संदर्भ में

(ब्राइटन की मिसेज वुर्डफोर्ड के नाम)

24, बेडफोर्ड स्क्वॉयर
अप्रैल 27, 1832

प्रिय महोदया,

मैं अब आपकी अनुमति की प्रतीक्षा में हूँ। भारतवर्ष पर की गई टिप्पणी की एक प्रति एवं सती-प्रथा को समाप्त करने की आवश्यकता पर लिखित प्रचार-पुस्तिका की एक प्रति यदि आप स्वीकार करें तो मुझे हार्दिक खुशी होगी। आपको यह जानकर अत्यधिक खुशी होगी कि भारतवर्ष के वर्तमान गवर्नर जनरल में आंतरिक शक्ति है कि वे उन विधवाओं की उनके स्वार्थी रिश्तेदारों से रक्षा कर सकें। 'रिफार्म बिल' की दूसरी सुनवाई के समय तर्क-वितर्क की खबर तो आप तक पहुँच चुकी होगी। यह संघर्ष केवल सुधारकों एवं सुधार विरोधियों के बीच ही नहीं है, बल्कि यह लड़ाई तो पूरे विश्व भर में स्वतंत्रता एवं अत्याचारों के बीच है, न्याय एवं अन्याय के बीच है, सही और गलत के बीच है। यदि हम अतीत की ओर मुड़कर देखें तो पाएँगे कि राजनीति एवं धर्म संबंधी स्वतंत्र मतवाद धीरे-धीरे पर दृढ़ता के साथ अपनी जड़ें मजबूत कर रहा है, घोर विरोध, जिद एवं क्रूर शासकों की जिद्दी एवं कठोर मानसिकता के बावजूद।

लंदन से यात्रा कब होगी एवं आपसे भेंट कब कर पाऊँगा, इस विषय में अभी भी मैं कुछ तय नहीं कर पाया हूँ, परंतु इसकी मुझे हार्दिक इच्छा है।

आपका
राममोहन राय

अनुवाद : **मंजुरानी सिंह**

हेनरी लुइस विवियन डेरोजियो

1809-1831

बांग्ला रिनेसां के प्रमुख अग्रदूत। कोलकाता के हिंदू कालेज में शिक्षक। विद्यार्थियों की संस्था 'यंग बंगाल' के बंधु दार्शनिक और पथप्रदर्शक। कहा जाता है कि यदि 'यंग बंगाल' नहीं होता तो बांग्ला रिनेसां न जाने कितने समय तक पिछड़े रह जाता। डेरोजियो ने अपने विद्यार्थियों को शिक्षा दी कि बिना तर्क की कसौटी पर कसे कुछ भी न मानो। वे बुद्धिवादी थे और उन्होंने अंग्रेजी में बहुत अच्छी कविताएँ लिखीं। रूढ़िवादियों ने उन्हें बदनाम करने के उद्देश्य से उन पर तरह-तरह के आरोप लगाए, जिससे उन्हें कालेज से इस्तीफा देना पड़ा। कुल जमा 23 साल की जिंदगी में डेरोजियो ने तहलका मचा दिया और एक अनोखी पीढ़ी तैयार कर दी। सभी रचनाएँ 'कंप्लीट वर्क्स ऑफ हेनरी लुइस विवियन डेरोजियो' से।

आत्मवक्तव्य

मैं भारत में पैदा हुआ हूँ, यहीं मेरा लालन-पालन हुआ है, मैं इसे साभिमान अपना देश मानता हूँ, इसकी सेवा में मुझसे जो भी बन पड़ेगा वह करने के लिए प्रस्तुत रहूँगा।

कुछ लोगों का विचार है कि औपनिवेशीकरण से हमारे देश की कई बुराइयों को प्रभावी तरीके से खत्म करने में सहायता मिलेगी, परंतु यह देखना है कि ऐसा प्रयास कब होता है। मुझे इस पर विश्वास नहीं है, और इस धारणा में कि सभी सत्प्रयासों की अपेक्षा औपनिवेशीकरण में ही भारत का फायदा है, सत्य की अपेक्षा लफ्फाज़ी अधिक है। यद्यपि कुछ आशावादी चिंतकों का ऐसा विचार है। पर यदि सचमुच ऐसा होने की संभावना हो तो भी मेरे विचार में इसमें सबसे बड़ी बाधा औपनिवेशीकरण की व्यवहार्यता है। चूँकि मैं औपनिवेशीकरण के विषय पर कभी और विचार करना चाहता हूँ, अतः तब तक इस पर टिप्पणी न करना ही युक्तिसंगत होगा। जब तक मैं भारत में साहित्य के न फलने-फूलने के प्रश्न पर विचार कर लूँ, मैंने निर्णय लिया है अपनी कतरनों की

किताब के पन्ने फाड़कर किसी अखबार में छपने के लिए भेजूँ। अखबार में छपे बिना किसी चीज के पढ़े जाने की कोई संभावना मुझे नजर नहीं आती।

भारत में शिक्षा

भारत में शिक्षा की वर्तमान स्थिति पर बहुधा खेद प्रकट किया जाता है। ऐसे महत्त्वपूर्ण विषय में रुचि लेने वाले अधिकांश सज्जनों ने शिक्षा की स्थिति पर शोक प्रकट किया है, पर इस स्थिति में सुधार लाने हेतु कोई उल्लेखनीय प्रयास नहीं किए गए हैं। कुछ थोड़े लोगों ने इस दिशा में प्रयत्न किए हैं और वे समाज द्वारा साधुवाद के पात्र हैं। पर इन महानुभावों के प्रयासों से जिनको सर्वाधिक लाभ पहुँचेगा, वे ही इनका समर्थन करने में सचेष्ट नहीं हैं। पिछले कुछ वर्षों में शिक्षा की स्थिति में सुधार हेतु जिम्मेदार लोगों द्वारा कतिपय उपाय किए गए हैं, परंतु समर्थन के अभाव के कारण इसमें अधिक सफलता प्राप्त नहीं हुई है।

'इंडियन मैगजीन' के चौथे अंक में प्रकाशित एक सशक्त लेख में स्थानीय शिक्षा की आवश्यकता तथा उसके लाभ के बारे में लिखा गया है। इस लेख में लेखक ने स्थानीय शिक्षा के विषय पर बहुत ही सक्षम एवं युक्तियुक्तपूर्ण तरीके से विचार किया है। हालाँकि ईस्ट इंडियनों द्वारा अपने बच्चों को शिक्षा हेतु इंग्लैंड न भेजने की अपील मेरी नजर में बेमानी है। स्थानीय स्तर पर शिक्षा यदि वही सुर (इंग्लैंड वाला) अपना ले तो शिक्षार्थियों को वहाँ भेजने की समस्या ही समाप्त हो जाए। कोई भी अभिभावक चाहे कितना ही देशभक्त क्यों न हो, उससे यह अपेक्षा नहीं की जा सकती कि वह महज स्थानीय शिक्षा का मान ऊँचा करने के लिए अपने बच्चों को भारत में शिक्षा दिलवाएगा। वे लोग जो देशवासियों का दिल से भला चाहते हैं देशी शिक्षण संस्थाओं के सुधार के लिए निधि एकत्र करेंगे, नए संस्थान स्थापित करेंगे, परंतु जब तक यहाँ की शैक्षणिक कमियाँ दूर नहीं होतीं, वे विदेशी शिक्षण पद्धति की श्रेष्ठता को छोड़कर अपने बच्चों को देशी शिक्षण संस्थाओं में दाखिल नहीं करेंगे। इस देश के प्रति मेरा प्रेम भी सच्ची बात कहने में कोई बाधा उत्पन्न नहीं करेगा। मेरा एक भाई जो स्कॉटलैण्ड में कोई व्यावसायिक पाठ्यक्रम कर रहा है, वह भारत में करना संभव नहीं। ऐसी हालत में उसे यहाँ रोक रखना क्या अन्याय नहीं है?

उसे देश में ही शिक्षा लेने को बाध्य कर बाद में उससे यह कहना कि तुम विदेश में शिक्षा प्राप्त कर अच्छा कर सकते थे, परंतु स्वदेश में तुम्हें राष्ट्रप्रेम के दृष्टिकोण से ही शिक्षा दी गई, एकदम बकवास और अनुचित है।

1829 की लम्बी छुट्टियों के पूर्व छात्रों को किए गए संबोधन

जैसे-जैसे तुम्हारे ज्ञान में वृद्धि होगी, तुम्हारे नैतिक सिद्धांत सुदृढ़ होते जाएँगे, व्यवहार में सदाचरण से आनंदोपलब्धि होगी। मेरी सलाह है कि दुनिया का सामना बुद्धिमत्ता और महत्ता से करो, मानव मात्र में प्रेम का अंकुर उगाओ। मनुष्य की शांति के लिए प्रयत्नरत होओ। उनकी शांति में ही तुम्हारी शांति निहित है।

यूरोपियनों द्वारा भारत के औपनिवेशीकरण के संबंध में

इस महत्त्वपूर्ण विषय पर हाल के वर्षों में कई चर्चाएँ हुई हैं, पर मेरे विचार से औपनिवेशीकरण के फायदे अथवा नुकसान सदैव की भाँति अभी भी अनिश्चित हैं। विधान निर्माण के परिप्रेक्ष्य से इस विषय पर शीघ्र ही विचार किया जाना है, जिसके फलस्वरूप देशवासियों एवं ईस्ट इंडियनों की स्थिति पर प्रभाव पड़ने के साथ-साथ इस देश के प्रति अपनाई जानेवाली नीति के भी प्रभावित होने की संभावना है। इस संबंध में निम्न प्रश्न दिमाग में आते हैं।

पहला, क्या औपनिवेशीकरण इस देश के निवासियों के सामान्य हित में है अथवा नहीं?

दूसरा, क्या इसके फलस्वरूप अंग्रेजी साम्राज्य में यूरोपीय कलाओं और विज्ञान के प्रचार-प्रसार में सहायता मिलेगी?

इस संबंध में हमें औपनिवेशीकरण के इस देश के निवासियों पर पड़ने वाले प्रभाव की विवेचना कर लेनी चाहिए। 1813 के चार्टर के नवीकरण के समय हाउस ऑफ कामन्स में वारेन हेस्टिंग्स ने कहा था कि यूरोपियनों और भारतीयों में घनिष्ठ संबंधों को बढ़ावा देने से भारतीयों में विद्रोही मनोवृत्ति को बढ़ावा मिलेगा। मैं स्वयं की गई जाँच से संतुष्ट हूँ कि यूरोपियनों का देशी लोगों के प्रति दुर्व्यवहार इनमें अलगाव की भावना उत्पन्न कर रहा है एवं इसकी गंभीर परिणति होगी। इसके अलावा इसमें मुझे संदेह है कि देशी भूस्वामियों को अपदस्थ किए बिना यूरोपियन लोग किस प्रकार यहाँ बस सकते हैं। अगर ऐसा हुआ तो असंतोष और दुःख से भरे देशी लोगों की प्रतिक्रिया शत्रुभाव से परिचालित होगी और यह देशहित में कदापि नहीं होगी।

इसके अलावा यूरोपियनों के इस देश में आकर बसने से उनकी हालत यहाँ के हिंदुओं एवं मुसलमानों से बदतर नहीं तो कम से कम उनकी तरह तो हो ही जाएगी। औपनिवेशीकरण से हमारी जाति की अवनति ही होगी। यदि हम देशी लोगों के प्रति हिकारत का भाव रखेंगे तो क्या वे हमसे ऐसा न करेंगे? अवश्य ही करेंगे।

परंतु एक मामले में औपनिवेशीकरण के फायदे सुनिश्चित हैं—और वह है इस देश में यूरोपीय कला एवं विज्ञान का प्रचार एवं तत्संबंधी संस्थाओं की स्थापना। वास्तव में कंपनी ने देशी लोगों में शिक्षा-प्रसार के साधनों में वृद्धि का कभी प्रयास ही नहीं किया। परंतु सभी श्रेणियों के उदारमना और लोकहित आकांक्षी व्यक्तियों की कोई कमी न रहेगी, जो अंग्रेजी साम्राज्य में कला और विज्ञान की शिक्षा के प्रसार हेतु आगे आएँगे। हिंदू कॉलेज की स्थापना के लाभकारी प्रभावों को हम देख ही रहे हैं। शिक्षा के फलस्वरूप हिंदू कॉलेज से शिक्षित हिंदुओं का मानस ज्ञानोदय से परिपूर्ण और विस्तारित हुआ है। वे अंधविश्वासों का खंडन करने, नैतिक एवं बौद्धिक चरित्रोत्थान के फलस्वरूप अपनी स्थिति में सुधार कर सकने में सक्षम हैं। सरकार को ऐसा कॉलेज प्रत्येक कस्बे में खोलना चाहिए।

कुल मिलाकर हम इस निष्कर्ष पर पहुँच सकते हैं कि ब्रिटिश विधायिका के हस्तक्षेप के बगैर औपनिवेशीकरण लाभदायक नहीं हो सकता। ब्रिटिश विधायिका द्वारा भारतीय नीति निर्माण में परिवर्तन लाकर तथा ब्रिटिशजनों एवं देशी लोगों को समानाधिकार प्रदान करके ही ऐसा किया जा सकता है। ऐसा करके ही असंतोष को विद्रोह में परिवर्तित होने से रोका जा सकता है। कला और विज्ञान के प्रसार-प्रचार का फायदा शासक और शासित दोनों को हो सकता है। जेरमी बेंथम ने 'अधिकतम व्यक्तियों का अधिकतम फायदा' को सुशासन का आधार माना है। मुझे आशा है कि विधायिका इसका ध्यान रखेगी।

(द केलियोडोस्कोप, सितंबर 1829)

विल्सन के प्रश्न और डेरोजियो का जवाब

प्रिय डेरोजियो,

आशा करता हूँ ठीक होगे। यद्यपि मेरा यह मानना है कि तुमने देशी प्रबंधकों को जरा भी कष्ट पहुँचाने की कोशिश की होगी, जो तुम्हारे खिलाफ आवाज उठाने में लगे हैं उनकी शिकायतें कहाँ तक सच हैं, यहाँ यह खोजबीन करने की जरूरत नहीं समझी जा रही। कहने का आशय यह कि विदेशों में तुम्हारे खिलाफ कुछ बातें सुनने को मिली हैं जो कॉलेज के लिए भी हानिकारक सिद्ध होती हैं। फिर तुमने

जो कुछ प्रमाण दिए हैं उनमें से कोई भी उनको निर्मूल करने के लिए पर्याप्त नहीं। मैं समझता हूँ इन मुद्दों पर विस्तार से बातें होनी चाहिए, लेकिन वह फिर कभी। फिलहाल जो तीन मुख्य आक्षेप तुम पर लगाए जा रहे हैं उन्हीं पर प्रश्न करूँ। यद्यपि इन प्रश्नों का उत्तर देना, न देना पूरी तरह तुम पर निर्भर करता है।

- क्या तुम ईश्वर पर विश्वास करते हो?
- क्या तुम यह समझते हो कि माता-पिता का आदर करना, उनकी आज्ञाओं का पालन करना नैतिक कर्तव्य का हिस्सा नहीं है?
- क्या तुम सोचते हो कि भाइयों और बहनों के बीच अन्तर्विवाह क्षम्य और स्वीकार्य है? और क्या इन बातों को तुमने तर्कसहित विद्यार्थियों के सामने प्रतिपादित किया है?

मैं अच्छी तरह से जानता हूँ कि तुमसे ये प्रश्न पूछना ठीक नहीं, किंतु इन्हें तुम वे आक्षेप ही समझो जो यहाँ तुम पर लगाए जा रहे हैं, और तुम्हारे लिखे का साक्ष्य दिखलाकर मैं उनका खंडन कर सकूँ तो तुम मेरी प्रसन्नता का अनुमान आसानी से लगा सकते हो

25 अप्रैल, 1831

तुम्हारा ही
एच. एच. विल्सन

श्रीमान एच. एच. विल्सन,
प्रिय महोदय,

गत शाम आपका पत्र मिला। अन्य व्यस्तताओं के कारण पहले उत्तर न दे सका। आपके अत्युत्तम पत्र से प्रमाणित है कि आपको अभी भी मेरा ध्यान है, एतदर्थ धन्यवाद। आपने मेरे विचारों और आचरण के संबंध में जो प्रश्न मेरे सम्मुख उपस्थित किया है, उसके उत्तर में आपको यह सुदीर्घ पत्र पढ़ना पड़ेगा। पर इसके लिए मैं अपने आपको धन्य मानता हूँ कि ऐसे मामले पर जो सच होने पर मेरे चरित्र पर गंभीर प्रभाव डालेगा, आप जैसे प्रभावी और प्रख्यात व्यक्ति से पत्राचार करने का अवसर मिला है। मेरे मित्रों को मेरे लिए भयभीत होने की आवश्यकता नहीं है, क्योंकि उचित का विवेक ही मेरा कवच, मेरा परितोष है।

मैंने किसी व्यक्ति के सामने कभी भी ईश्वर के अस्तित्व का निषेध नहीं किया है। लेकिन मुझे यह स्वीकार करने में तनिक भी भय या लज्जा नहीं है कि इस बारे में अन्य दार्शनिकों के संदेहवादी रवैये का जिक्र मैंने किया है। मैंने इन संदेहों के समाधान की तरफ भी इशारा किया है। क्या ऐसे विषयों पर वितर्क करना निषिद्ध है? यदि ऐसा है, तो इस विषय पर किसी भी पक्ष द्वारा दिया गया तर्क गलत है। किसी विषय के संबंध में किसी एक दृष्टिकोण का समर्थन करना सत्य के प्रति जागरूकता नहीं है। विरोधी विचारों के प्रति आँख-कान बंद करना उचित नहीं है।

किसी धारणा का सुदृढ़ीकरण विरोधी विचारों को समझकर एवं उस पर की गई आपत्तियों की निरर्थकता को प्रकाशित करके ही किया जा सकता है। चूँकि मैं कुछ समय तक युवाओं की शिक्षा का उत्तरदायित्व निभाता रहा हूँ, मेरे लिए उन्हें किसी धारणा का एक पक्ष बताकर अज्ञानी और हठधर्मिता का पोषक बनाना संभव नहीं था। ऐसा करना उनकी मानसिक ऊर्जा और हस्तगत ज्ञान के लिए हानिकारक होता। इसलिए कॉलेज के कई विद्यार्थियों को ह्यूम के प्रसिद्ध 'क्लीनथेसस' एवं 'फिलो' के वार्तालाप का सार मैंने बताया जिससे कि वे वार्तालाप में निहित आस्तिकता के विरुद्ध सूक्ष्म एवं परिष्कृत तर्कों से परिचित हो सकें। परंतु मैंने ह्यूम को डॉ. रीड एवं डूगाल्ड स्टीवर्ट द्वारा दिया गया उत्तर भी विद्यार्थियों को बताया, जिसका आज तक खंडन नहीं हो सका है। यही मेरे अपराध का खाका है। यदि मेरी पढ़ाई से विद्यार्थी धार्मिक विश्वासों से विमुक्त हो गए हैं तो इसमें मेरा कोई दोष नहीं। विश्वास पैदा करना मेरे अधिकार क्षेत्र में नहीं है। यदि कुछ लोगों की नास्तिकता के लिए मेरी भर्त्सना की जाती है तो कुछ की आस्तिकता का श्रेय भी मुझे है।

आपका दूसरा प्रश्न है कि क्या आप मानते हैं कि माता-पिता का सम्मान और उनकी आज्ञा का पालन नैतिक कर्तव्य नहीं है?

आपके पत्र से मुझे जीवन में पहली बार अपने पर ऐसे अप्राकृतिक, भयंकर और घृणास्पद विचारों को छात्रों के मन में बिठाए जाने संबंधी आरोपों का पता चला। ऐसे मनगढ़ंत आरोपकर्ता मेरी घृणा के पात्र होने के योग्य भी नहीं हैं। यदि मेरे पिता जीवित होते तो मुझे इस तरह बदनाम करनेवालों को दो टूक उत्तर देते कि ऐसा पुत्र जिसने अपने माता-पिता के प्रति अपने कर्तव्यों के पालन में कोई कोर कसर उठा न रखी हो, ऐसे विचार रख ही नहीं सकता। मेरी माता यह बतलाएँगी कि मेरा आचरण इस तरह के विचारों के कितना विपरीत रहा है। मैंने छात्रों को सदैव माता-पिता के प्रति सम्मान और आज्ञाकारिता की शिक्षा दी है। हाँ, मैंने कृत्रिम सम्मान प्रदर्शन की निंदा की है, जिसे कुछ बच्चों ने पाखंड और नैतिक चरित्र के लिए हानिकारक बताया है। मैंने हृदयगत भावनाओं को हमेशा सँजोने और उनके उचित तरीके से प्रकाशन का समर्थन किया है। ऐसे दृष्टांतों की कमी नहीं है जहाँ मैंने माता-पिता के सम्मान और उनकी आज्ञा का पालन करने पर जोर दिया। दो-तीन महीने पूर्व दक्षिनारंजन मुखर्जी ने मुझे बताया कि उनके पिता का उनके प्रति व्यवहार समर्थन योग्य नहीं है और वे अपने पिता का घर त्याग देने के इच्छुक हैं। यद्यपि मैं सत्य से अवगत था, तथापि मैंने उन्हें ऐसा न करने हेतु समझाया। ऐसा करना दुनिया की नजर में उचित नहीं एवं माता-पिता का व्यवहार चाहे जैसा भी हो, सहना पड़ता है। मैंने उन्हें सलाह दी कि जब तक तुम्हें घर से निकाल न दिया जाए, तुम्हारा वहाँ से निकलना उचित नहीं। उन्होंने मेरी सलाह कुछ समय के लिए ही मानी और कुछ सप्ताह पूर्व अपने पिता का घर छोड़ दिया। जब मैंने उनसे बिना मुझसे पूछे

ऐसा करने का कारण पूछा तो उन्होंने कहा कि अगर वे मुझसे पूछते तो मैं ऐसा करने की अनुमति कदापि न देता।

आपका तीसरा प्रश्न है कि क्या भाइयों और बहनों के बीच विवाह उचित और विधि सम्मत है?

इस बारे में मेरा स्पष्ट उत्तर है, नहीं। मैंने ऐसी बकवास बात कभी नहीं कही। मुझे ताज्जुब है कि ऐसी बातें कैसे मेरे नाम से फैलाई जाती हैं। कोई भी व्यक्ति जिसने मुझे ऐसे विषयों पर बोलते सुना है, इस तरह की झूठी बातें नहीं फैला सकता। मैं यह सोच भी नहीं सकता कि कॉलेज का एक विद्यार्थी जो मुझसे संबंधित है, ऐसे मूर्खतापूर्ण ढंग से मेरे विचारों का मतलब निकालेगा। मुझे लगता है कि कुछ कमजोर लोगों ने, भयभीत होकर ऐसी बेहूदा बातें मेरे नाम पर थोपी हैं। यह ताज्जुब की बात नहीं है कि मुझे संदेहवादी और नास्तिक समझा जाता है, क्योंकि धर्म के संबंध में स्वतंत्रचेता व्यक्तियों को ये नाम हमेशा ही दिए जाते रहे हैं। परंतु मैं आपको आश्वस्त करता हूँ कि आपको मेरे बारे में बताई गई बातें मुझ पर गलत आरोप हैं। मुझे इनकी जानकारी आपके पत्र द्वारा पहली बार हो रही है। ये सारी बातें अनर्गल और मेरी भावनाओं के प्रतिकूल हैं, जिनकी कल्पना मैं स्वप्न में भी नहीं कर सकता। मुझे पता है कि कुछ सप्ताह से कतिपय लोग मेरे बारे में बेहूदी और तर्कहीन बातें फैला रहे हैं। पर यह संतोषप्रद है कि ऐसी चुगलियाँ जो काफी शोरगुल मचानेवाली होती हैं, कुछ दिनों में ठंडी पड़ जाती हैं।

अब जबकि मैंने आपके प्रश्नों के उत्तर दे दिए हैं, मुझे एक प्रश्न पूछने की अनुमति प्रदान करें, क्या लोकप्रिय धारणाओं एवं किसी विषय पर किए गए शोर-शराबे को हिंदू कॉलेज के देशी प्रबंधन द्वारा, मेरे वहाँ से हटाए जाने का उचित आधार ठहराया जा सकता है? यद्यपि उनकी कार्रवाई में मेरी निंदा को दर्ज नहीं किया गया है, परंतु केवल जनधारणाओं के खिलाफ होने के कारण किसी को बर्खास्त कर देना उसके आचरण और चरित्र की निंदा नहीं है। यदि उन्होंने मेरी नैतिक दृढ़ता और मेरी धार्मिकता की जाँच की होती तो मेरे खिलाफ कार्रवाई करने के लिए उनके पास कोई आधार न होता। अपने गुस्से में वे सामान्य भद्रता ही भूल गए हैं। जिस किसी ने भी उनके इस कृत्य के बारे में सुना है, वह रुष्ट है। लेकिन उनके अन्याय के खिलाफ अपील करना उनके लिए पारितोषिक के समान होगा, जिसके वे बिल्कुल लायक नहीं हैं।

अंत में पत्र की लंबाई की अतिशयता के लिए मैं क्षमाप्रार्थी हूँ।

आपका

हेनरी लुइस विवियन डेरोजियो

अनुवाद : **ऋषिकेश राय**

हिंदू विधवा

एक मिथ्या विचारधारा के तहत, जो साधारणतया यूरोप में ही है—यह प्रचारित किया जाता है कि हिंदू विधवाएँ स्वेच्छा से अपने पति की चिता के साथ आत्मदाह कर लेती हैं। कहा जाता है कि यह एक असमानांतर औदार्य और प्रशंसनीय त्याग का कार्य है। इस तरह की धारणा जिसे महज बौद्धिक विलास भर ही कहा जा सकता है, को खंडित करने का कार्य मेरे तईं एक ऐसा कार्य है जिसके लिए कोई शुक्रगुजार बनकर नहीं आएगा। सती प्रथा, दुःख का ही एक तरह से तमाशा है, जो तमाशबीनों को अंततः अंधविश्वासों और पुरोहितों के नानाविध कर्मकांडों के शरणागत होने के लिए ही बाध्य करता है। धर्म के ये तथाकथित ठेकेदार इन बेचारी विधवाओं को स्वर्ग में स्थान और करोड़ों वर्ष की काल्पनिक खुशी का झाँसा देकर इस अमानवीय कृत्य के लिए उत्प्रेरित करते हैं। तात्क्षणिक मृत्यु का आलिंगन अथवा अबाधित जीवन में से किसी एक का चुनाव करने का अवसर इन्हें प्रदान किया जाता है। वे विधवाएँ जो सती होने से इनकार करती हैं उनके इस तथाकथित अबाधित जीवन का वास्तविक चेहरा क्या है, इस पर भी विचार कर लेना आवश्यक है। घरेलू माहौल में उनका स्थान नितांत अपमानजनक और निकृष्ट होता है। उन्हें उतने से ज्यादा भोजन कभी नहीं दिया जाता, जिससे महज उनका जीवन-रक्षण हो सके। उन्हें नंगी धरती पर ही सोना पड़ता है और परिवार के कनिष्ठतम व्यक्ति का रुतबा भी उनसे ऊपर का होता है। यह सब उनके दुखों की चंद झलकियाँ मात्र हैं। कतिपय परोपकारी लोगों की राय इस पक्ष में जाती है कि समाज से सती प्रथा को नष्टमूल किया जाए। किंतु इससे पूर्व उन्हें सती न होकर विधवा जीवन जीने वाली औरतों के जीवन-स्तर में सुधार लाने का आश्वासन देना होगा, अन्यथा सती प्रथा की समाप्ति के उपरांत उन्हें जो जीवनदान मिलेगा वह नारकीय और निरुत्साही ही होगा।

पराधीनों की स्वाधीनता

'और जब पराधीन चले गए मनुष्यों की वापसी हुई'

—कैंपबेल

कैसा महसूसा होगा उसने
जब उसे कहा गया होगा पहली बार

उसकी गुलामी खत्म हुई अब।
कैसे गर्व से धड़कने लगा होगा उसका हृदय सहसा
जब जाना होगा उसने पहली बार
वह भी आजाद है जैसे 'वे' हैं
उसकी आत्मा की पवित्रतम भावना चमक उठी होगी सहसा
कि उसे झुकना नहीं पड़ेगा अब
कि उसके विचारों में पंख लगेंगे अब
कि वह भी एक मनुष्य है अब
उनकी तरह।
उसने देखा ऊपर–आकाश की अनंत नीलिमा...
आह! वह स्वर्गीय उच्छ्वास
अपनी चारों तरफ बहकी हवाओं में वह भी एक निर्बंध!!
आह! आह!! वह स्वर्गीय उच्छ्वास
उसके होठों पर खिलने लगी एक मीठी हुलास
कि उसने देखा पंछियों को ऊँची उड़ान पर
कि उसने देखा नीचे उफनती-अगराती नदी को
कि उसने सोचा हवा और पंछी और बाढ़ के बारे में
और चिंघाड़ उठा–
'मैं भी एक मनुष्य हूँ अब उनकी तरह!'
आह! स्वाधीनता–जहाँ कुछ पवित्रतम का निवास है
यहाँ तक कि 'स्वाधीनता'–शब्दोच्चार में ही
जुबान की नोक पर गुड़ की डली-सा
पिघलने लगता है–पवित्र-सा कुछ!
हाँ, प्रज्वलित कर देता है जो
आत्मा की वेदी को अपनी अमर ज्योति से।
सफलता वास करती है जिन देशभक्त तलवारों में
नंगी हैं, हिंस्र–तुम्हारे लिए
तुम्हारी छाती का गौरव जो बहता है रक्त
बहता है रक्त तुम्हारी मुक्ति के लिए
हे हतभागो!
आशीर्वाद दो उन मुक्त हाथों को
जो तोड़ते हैं तेरी नियत यातना की जंजीर
अपनी हिंस्र तलवारों को
तेरे रक्त से नहलाकर

वे भी अभागे हैं
अपने हृदय में स्थान दो उन्हें
जो देते हैं स्वाधीनता
तुम पराधीनों को।

अपने विद्यार्थियों के प्रति

तुम्हारा वह उन्मुक्त होना
कि खिलती हों पंखुरियाँ किसी युवा कली की जैसे
मैं देखता हूँ तुम्हारे किशोर मस्तिष्क का
वह मुलायम चिर उन्मेष,
मैं देखता हूँ वह शुभ शैथिल्य
तुम्हारे शब्द-विन्यासों का
कि जिसने बाँध दिया था तुम्हारी मनीषा की
समस्त ऊर्जा-शक्ति को कभी।
मैं देखता हूँ वह फैलाव तुम्हारा
कि जैसे ग्रीष्म ऋतु में छोटी-छोटी चिड़ियों की उड़ान
वह छोटे-छोटे डैने उनके
वह आकाश को नाप जाने का समूचा आत्मविश्वास उनका।
आह! वह परिस्थितियों की विपरीत हवा
और शुरुआती ज्ञान-रूपी अप्रैल की झीनी फुहार,
मानसिक घात-प्रतिघातों के भेदोपभेदों से आच्छादित
वह यौवना सामर्थ्य-शक्ति!
कैसे तुमने पूजा सत्य की अनंत शक्ति को
कि किस तरह भीग गया मैं हर्ष-वृष्टि से
जब मैंने देखा—आगत के दर्पण में कीर्तिमूर्त्ति वह।
सुमिरनी गूँथते अपने प्राप्तव्य हेतु तपस्यारत देखकर तुम्हें
मेरा जन्म सफल हुआ—हे तपस्वियो!

अनुवाद : **कुणाल सिंह**

ईश्वरचंद्र विद्यासागर

1820-1891

मूल नाम ईश्वरचंद्र शर्मा। संस्कृत के बहुत बड़े विद्वान हो जाने पर विद्यासागर की उपाधि। फोर्ट विलियम कॉलेज में हेड पंडित के रूप में काम करने के बाद संस्कृत कॉलेज में प्राध्यापक और फिर प्रिंसिपल। बांग्ला में तैयार किया गया 'वर्ण परिचय' आज तक लोकप्रिय। गाँव-गाँव में शिक्षा के प्रचार के लिए 'नार्मल स्कूल', बांग्ला विद्यालयों की स्थापना। हिंदू विधवाओं को पुनर्विवाह का अधिकार दिलाया। बालविवाह पर पाबंदी लगाने के लिए काफी प्रयास, पर असफल। इंश्योरेंस बीमा आंदोलन में भी हिस्सेदारी। तर्कशीलता और स्वाभिमान विद्यासागर के व्यक्तित्व के मुख्य पहलू। जिस गुरु के प्रति विद्यासागर के मन में अपार श्रद्धा थी, जब उसने बुढ़ापे में एक किशोरी के साथ विवाह किया, उसके प्रति इनके मन में अपार क्षोभ हुआ। वह कुछ दिनों बाद ही विधवा हो गई। कई विधवाओं का विवाह कराया और स्त्री-अधिकार के लिए संघर्ष किया। संस्कृत साहित्य की धारा से आकर भी बुद्धिवादी और आधुनिक।

बालविवाह के दोष

आठ वर्षीय कन्या का दान करने से माता-पिता को गौरीदान का पुण्यफल प्राप्त होता है। नवम वर्षीय कन्या का दान करने से पृथ्वीदान का फल मिलता है। दशम वर्षीय कन्या को सुपात्र को सौंप देने पर परलोक में पवित्र स्थान प्राप्त होता है। स्मृतिशास्त्र प्रतिपादित कल्पित फलीमृगतृष्णा से मुग्ध होकर परिणाम की विवेचना किए बिना हमारे देशवासियों ने अपनी बालिकाओं का विवाह करवाने की पीड़क प्रथा अपना ली। इससे अब तक न जाने कितने भयंकर अनर्थ हुए हैं। इस पर किसी की भी दृष्टि नहीं गई है। शास्त्रकारों ने बालविवाह की प्रथा के पोषण हेतु एवं तारुण्यावस्था में विवाह के निषेध के लिए अपने-अपने तर्क देकर ऐसी अधार्मिक विभीषिका का सूत्रपात किया है कि कहना ही क्या? कोई-कोई कन्या अपनी बाल्यावस्था में मायके में 'स्त्रीधर्मिणी' हो जाती है। ऐसी कन्याओं के माता-पिता

दोनों अपने-अपने कुलों में कलंकित होकर सात पीढ़ियों तक अशौचावस्था में रहते हैं और समाज उन्हें अस्पृश्य मानता है। उनका हुक्का-पानी बंद कर दिया जाता है। हालाँकि किसी-किसी चिंताशील व्यक्ति विशेष में थोड़ी देर के लिए तार्किक बुद्धि का उदय होता है और वे सदियों से चली आ रही इस लौकिक परंपरा के विरुद्ध हल्की-फुल्की आवाज भी उठाते हैं। लेकिन वह क्षणिक होती है और एक क्षण में ही विलीन हो जाती है।

ऐसे शास्त्रव्यवहार एवं लोकाचार के बंधन में दुर्भाग्यवश हम लोग अनेक दिनों से क्लेश एवं दुर्दशा भोग रहे हैं। बाल्यावस्था में ही विवाह होने के कारण विवाह का जो मधुर रस है—परस्पर प्रणय द्वारा उसका उपभोग नवदंपति कभी नहीं कर पाते। फलस्वरूप वे प्रेम से परिपूर्ण जीवन नहीं जी पाते बल्कि उन्हें कदम-कदम पर विडंबनाओं का सामना करना पड़ता है। ऐसे अप्रीतिकर प्रणय संबंध के परिणामस्वरूप जिस संतान की उत्पत्ति होती है, उसके स्वाभाविक विकास की संभावना भी कम होती है। नव विवाहित बालक-बालिकाएँ मनोरंजनार्थ रसालाप, वाक्चातुरी, कामकलाकौशल, विदग्धता इत्यादि में अभ्यासक्रम में हमेशा सजग और सतर्क रहते हैं एवं इन्हीं सब विषयों पर प्रयोजनीय तौर-तरीकों की व्यवस्था और जुगाड़ में ही सदा तत्पर रहते हैं। ऐसे दम्पतियों के लिए विद्यालोचन विषम व्याघात पैदा करता है और विद्याधन से वे वंचित होकर केवल मानव के आभारधारी मात्र रह जाते हैं और प्रकृत रूप में मनुष्य नहीं बन पाते। सभी सुखों के मूल में जिस शारीरिक स्वास्थ्य का स्थान है, बाल्य परिणय से उसका भी क्षय होता है। परिणामस्वरूप अन्यान्य जातियों की अपेक्षा हमारे देश के लोगों का शारीरिक और मानसिक सामर्थ्य काफी घट गया है। इसके कारणों की खोज करें तो बाल-विवाह की प्रथा ही मूल रूप से दोषी नजर आती है। इसमें कोई संदेह नहीं।

हाय जगदीश्वर! इस दुःख से हमलोगों का उद्धार कब करेंगे? एवं वह शुभ दिन और कितने कालों के बाद आएगा? जो भी हो, अभी जो इस विषय को लेकर आंदोलन हो रहे हैं वह भी शुभसूचक ही हैं। ऐसा लगता है कि कभी न कभी इस देश के लोग शुभ दिन के शुभागमन के सुख का उपभोग करने में अवश्य समर्थ होंगे।

इस प्रकार हमारे देश के समाज में व्याप्त अन्य असद् आचरणों के बारे में लेखन, पठन एवं चिंतन-मनन चलता ही रहता है एवं इस समस्या से मुक्ति दिलाने के लिए भी कोई सदुपाय अवश्य ही निकल आएगा, इसमें कोई संदेह नहीं। अनवरत मिट्टी खोदते रहने पर आखिर कितने दिनों तक पानी बाहर नहीं निकलेगा? काठ से काठ का अनवरत घर्षण होते रहने पर आग आखिर कितने दिनों तक बाहर नहीं छिटकेगी? एवं इसी प्रकार अनवरत सत्य का संधान करते रहने पर आखिर कितने दिनों तक सत्य, मिथ्या के आवरण से ढका रहेगा? हमलोगों ने भी ऐसा ही कुछ सोचकर बालविवाह के विषय में यथासाध्य कुछ लिखने की शुरुआत की है। सृष्टिकर्त्ता

की इस विश्व रचना में प्रत्येक प्राणी में नारी-पुरुष दोनों की ही सृष्टि की गई है एवं दोनों ने ही सृष्टि-चक्र चलाया है। इस क्रम में विश्वकर्त्ता के इच्छानुरूप नारी-पुरुष स्वजातीय जीवोत्पत्ति एवं उसके रक्षण के लिए संसर्ग में आकर एक-दूसरे से अप्रतिबद्ध संबंधों में आबद्ध होने के लिए सर्वदा प्रत्यनशील रहते हैं। विशेष रूप से मनुष्य जाति में एक नारी एक पुरुष दोनों मिलकर प्रेम और विरोध दोनों की रक्षा करते हुए संसार के नियम का पालन करते हैं। संसार में न जाने कितने लंबे अंतराल के पश्चात् विवाह संबंध के नियम का प्रचलन हुआ है और यद्यपि इस विषय में विशेष कुछ कहना कठिन है, तथापि इतना तो उल्लेख किया जा सकता है कि जब मानव समाज में कामज्ञान की किंचित् निर्मलता एवं राजनीति की किंचित् प्रबलता परिलक्षित हुई एवं जब अपने-पराए का विवेचन स्नेह, दया, वात्सल्य के आधार पर किया जाने लगा जब यह माना गया कि इनके बिना संसार की यात्रा सुगम नहीं हो सकती तब विवाह-बंधन को प्रधान माना गया। सबके अंतःकरण में ऐसी भावना उत्पन्न होने लगी, तभी दाम्पत्य संबंध अर्थात् विवाह के नियमों का प्रचलन हुआ, इसमें कोई संदेह नहीं।

समयांतराल से सब देशों में विवाह की यह प्रथा पूर्वापेक्षा उत्तरोत्तर उत्कृष्ट होती गई। किंतु हमारे देश में उत्तरोत्तर उत्कृष्ट होना तो दूर, वरन् इतनी निकृष्ट हो गई है कि सही ढंग से विचार करने पर स्पष्ट हो जाता है कि वर्तमान विवाह के नियम ही हमारे देश के सर्वनाश के प्रधान कारण हैं।

इस देश में माता-पिता अपनी कन्या का दान करने हेतु स्वयं अथवा अन्य किसी और के द्वारा पात्र का संधान करते हैं, एवं केवल सारहीन कौलीन्य मर्यादा की वेदी पर अवयस्क और मूर्ख पात्र के उपलब्ध होने पर भी उसके हाथों में अपनी कन्या का दान कर कृतार्थ और धन्य बोध करते हैं। तत्पश्चात कन्या के भावी सुख-दुःख के प्रति एक बार के लिए भी ध्यान नहीं देते। इस संसार में दाम्पत्य-बंधन का सुख ही सर्वापेक्षा प्रधान सुख है। ऐसे अकृत्रिम सुख में किसी भी प्रकार की विडंबना या व्याघात घटने पर दंपति हमेशा के लिए विषादमय काल के वशीभूत हो जाते हैं। हाय! कितने दुःख की बात है। पति के प्रणय पर ही प्रणयिनी का संपूर्ण सुख निर्भर करता है एवं उसकी सच्चरित्रता पर ही वह आजीवन सुखी और दुश्चरित्रता पर ही वह आजीवन दुःखी रहती है। परिणय-पर्व के पूर्व परिणेता के आचार, व्यवहार एवं चरित्र के विषय में जब कन्या की किसी भी प्रकार की सम्मति को कोई प्रयोजन नहीं समझा जाता है, फिर दाम्पत्य सुख की संभावना भला रह ही कहाँ जाती है।

मन का मिलन ही प्रणय का मूल है। मन की यह एकता उम्र, अवस्था, रूप, गुण, चरित्र, बाह्यभाव एवं आंतरिकभाव इत्यादि नाना कारणों पर निर्भर करती है। हमारे देश में तो बाल दंपति एक-दूसरे के विचारों को जान भी नहीं पाते, परस्पर के अभिप्रायों के अवगाहन करने का अवकाश भी उन्हें नहीं मिलता, हालात से परिचित

भी नहीं हो पाते। परस्पर के चरित्र से परिचित होने की बात तो दूर ही रहने दें, एक बार के लिए भी नैनों से नैन नहीं मिला पाते, और केवल एक उदासीन वाचाल बिचौलिए (घटक) के स्वभावजन्य वृथा वचन पर विश्वास कर माता-पिता की अपनी अभिरुचि के अनुसार कन्या और पुत्र को विवाह-बंधन के सुख-दुःख की अनुलंघनीय सीमा में बँध जाना पड़ता है। इसी कारण हमारे देश में दांपत्य बंधन में अकृत्रिम प्रणय प्रायः अप्राप्य ही होता है। प्रणयी केवल भर्त्ता स्वरूप और प्रणयिनी गृह परिचारिका स्वरूप सांसारिक धर्म का निर्वाह करते हैं। शरीरशास्त्रियों के मतानुसार कच्ची उम्र की स्त्री जिस संतान को गर्भ में धारण करती है, उस पर गर्भावास में ही विपत्ति के बादल मँडराने लगते हैं। किसी प्रकार अगर वह बच भी गया तो उसे अपनी माता की गोद में जाने से पहले ही धरती के गर्भ में समा जाना पड़ता है। अगर कभी माता-पिता के भाग्य बल से वह बालक जनसंख्या की वृद्धि करने में समर्थ भी हो गया तो वह शारीरिक दुर्बलता एवं पीड़ा का शिकार होकर संसार में अयोग्य पात्र बनकर अकाल कवलित होता है। इसलिए जिस संतानोत्पादन के फल की प्राप्ति के निमित्त दाम्पत्य-संबंध का सूत्रपात हुआ है, बाल्य परिणय के कारण उसी फल की ऐसी विडंबना भोगनी पड़ती है। हमारे देशवासी इस भू-मंडल में रहने वाले अन्य सभी देशवासियों की अपेक्षा भीरु, क्षीण, दुर्बल एवं अल्पायु में ही वृद्धावस्था को प्राप्त कर अवसन्न हो जाते हैं। इस समस्या के अन्यान्य सामान्य कारणों पर गौर करने से तथा विशेष कारणों की खोज करने से यह पता चलता है कि बालविवाह ही इस समस्या का प्रमुख कारण है। माता-पिता अगर सबल शरीरी न हों तो संतान कभी भी स्वस्थ सबल नहीं हो सकती। क्योंकि सभी यह जानते हैं और सभी यह स्वीकार करेंगे कि दुर्बल तत्त्व कभी भी बल की माँग करने वाले कार्य की पूर्ति का आधार नहीं बन सकते। जिस प्रकार अनुर्वरा जमीन पर उत्कृष्ट बीज वपन करने से एवं उर्वरा जमीन पर हीन बीज बोने से उत्कृष्ट फसल की उत्पत्ति नहीं हो सकती उसी प्रकार असमय बीज बोने से भी मनवांछित फल की अपेक्षा करना असंगत है।

ऐसा भी नहीं कि भारतवर्ष की भूमि पर वीर पुरुषों का अभाव था। प्राचीन काल में क्षत्रिय संतानों एवं विप्र संतानों ने युद्धविग्रहादि कार्यों में प्रबल पराक्रम एवं असीम साहस दिखलाकर इस संसार में अमर कीर्ति स्थापित की है। उनके शौर्य और पराक्रम की गाथाएँ पौराणिक कथाओं में वर्णित हैं। ऐसे ही वीर महापुरुषों को जन्म देने के कारण यह भारतभूमि वीरप्रसवा के रूप में विख्यात है। एवं आज भी पश्चिम प्रदेशों में अनेकानेक पराक्रमी पुरुषों ने साहस शौर्य के अनेक कार्य संपादित कर अपने पुरुषों के पराक्रम के दृष्टांत को मिटने नहीं दिया है। इस देश की हिंदू जाति उसी शृंखला में जन्म लेकर ऐसी दुर्बल दशा ग्रहण कर चुकी है। क्या बालविवाह इसका प्रधान कारण नहीं? प्राचीन काल में प्रायः सभी जातियाँ अधिक उम्र में ही विवाह-क्रिया संपन्न कर संतानोत्पत्ति पर बल देती थीं। यद्यपि उस काल में भी अष्ठविध

विवाह-क्रिया का शास्त्र उपलब्ध है, फिर भी अधिक उम्र में संपन्न होने वाले गंधर्व, आसुरी, राक्षस, पैशाच—ये विवाह चतुष्टय, अधिक प्रचलित थे। इसके अतिरिक्त स्वयंवर की प्रथा भी प्रचलित थी। एवं वह भी वर-कन्या की अधिक उम्र हुए बिना संभव नहीं था। हम लोगों ने जैसा कि सुना और जाना है पश्चिमी देशों में आज भी प्रायः सभी जातियों में वर-कन्या का अधिक उम्र में ही विवाह कर्म संपादित हुआ करता है। अतएव उन देशों में जनक-जननी के मध्य दैहिक और मानसिक असंगति नहीं होने के कारण उनकी पीढ़ियाँ पराक्रमी और साहसी होती रही हैं। इसका प्रमाण है, पश्चिम देशवासी जब अपनी जीविका का कोई साधन नहीं पाते तब वे राजा की सेना वाहिनी में अथवा धनाढ्यों के यहाँ द्वारपालादि के काम में नियुक्त होकर कष्टहीन जीवन यापन करते हैं। हमारे देशवासी अभाव से ग्रस्त होकर, जघन्य वृत्ति भी स्वीकार कर लेते हैं, फिर भी किसी साहस या पराक्रम के काम में नहीं लगते। इसी कारण राजकीय सेना वाहिनी में कभी भी बंगदेशोत्पन्न व्यक्ति नहीं दिखाई देता है। उत्कल देशवासी तो हमसे भी अधिक भीरु एवं दुर्बल स्वभाव के हैं। यहाँ तक कि हम बंगवासी भी उन्हें भीरु और कायर कहकर उनका उपहास करते रहे हैं। पता चला है कि उनके यहाँ भी हमारे यहाँ जैसी बाल-विवाह की प्रथा प्रचलित है। अतएव पाश्चात्य लोगों के साथ हम लोगों एवं उत्कलवासियों के साहस एवं पराक्रम में इतना अधिक अंतर पाकर किसे यह स्पष्ट बोध नहीं होगा—बाल-विवाह ही इसका प्रधान कारण है। जिस देश में बाल-विवाह की प्रथा जारी है, वहाँ की संतान वीर और पराक्रमी कभी नहीं होगी। जिस देश में अधिक उम्र में विवाह होता है वहाँ के लोग अधिक साहसी और पराक्रमी होते हैं।

अगर इस देश में नारी शिक्षा की प्रथा प्रचलित रहती तो हमारे देश के बालक-बालिका भी माँ के सान्निध्य से सदुपदेश पाकर अल्प आयु में ही विद्या लाभ कर पाते। बच्चे शैशवकाल में ही जिस प्रकार अपनी माता के अनुगत होते हैं, उस प्रकार अपने पिता या किसी अन्य गुरुजन के अनुगत नहीं होते। बच्चों के लिए मधुर वचन जितना मोहक एवं प्रभावकारी होता है, उतना उपदेशकों का हित वचन प्रीतिकर नहीं होता। इसी कारण बालकगण नारी के सान्निध्य में जितने सुख का अनुभव करते हैं, पुरुष समाज के पास उतने सुख या संतोष का अनुभव नहीं करते। अतएव स्तनपान का परित्याग करते ही अगर बच्चे मातृमुख-चंद्र-मंडल से सरस मधुर उपदेशामृत का पान कर सकें, तो ही वे बाल्यकाल में ही विद्या के प्रति अधिक अनुरागी होकर अनायास ही विद्या लाभ कर सकते हैं। कारण, संतान के मन में जननी का उपदेश जितनी दृढ़ता से बैठता है एवं इसके अतिरिक्त जितनी जल्दी वह उपकृत होता है, उतनी जल्दी और उतना ज्यादा प्रभाव डालने की क्षमता दूसरे शिक्षकों में नहीं होती। माँ की उपदेश देने की शक्ति के कारण ही यूरोपवासी अल्प आयु में ही विचक्षण, बुद्धिसंपन्न एवं सभ्य हो जाते हैं। अतएव, जब तक बाल-विवाह की

प्रथा हम लोगों के देश से दूर नहीं हो जाती, तब तक उक्त प्रकार के उपकार से हम लोग वंचित रहेंगे। हमलोग इस बात से अच्छी तरह अवगत हैं, कोई-कोई सज्जन अपनी कन्या को भी पुत्रवत् ही शिक्षा दिलवाते हैं, लेकिन ऐसी कन्याओं का वर्ण परिचय होते न होते उनके विवाह का दिन उपस्थित हो जाता है, इसलिए उनके पठन का प्रस्ताव उसी दिन खारिज हो जाता है। बाद में उन्हें परगृहवासिनी होकर, पराधीन रहकर सास-ससुर इत्यादि गुरुजनों की इच्छानुसार गृहसम्मार्जन, शय्यासज्जन, रंधन, परिवेशन एवं अन्यान्य परिचर्यायों की परिपाटी सीखनी होती है। पितृगृह में जो कुछ एक अक्षरों से उनका परिचय हुआ था वह सब कुछ थाली, कड़ाही एवं कटोरे आदि के साथ दिन-प्रतिदिन की परिचर्याओं से एकदम से लुप्त हो जाता है। फलस्वरूप ऐसी कन्याओं के माता-पिता यद्यपि इस देश के विवाह नियमों से बाध्य होकर शिक्षा काल में ही अपनी कन्याओं को पात्रसात् न करें, और उन्हें कुछ समय के लिए शिक्षा लाभ का सुअवसर प्रदान करें तो उनकी दुहिताएँ भावी संतान को उपदेश देने में सक्षम होकर, माता-पिता की अशेष अभिलाषा को पूर्ण करने में सक्षम हो सकती हैं। अतएव आधुनिक, सभ्य, सुशिक्षित व्यक्तियों से हम लोग अनुरोध करते हैं कि वे नारी जाति की शिक्षा के विषय में जिस प्रकार से उद्यमी होते हैं, उसी प्रकार से बालविवाह की प्रथा का उच्छेद करने के लिए भी सचेष्ट हों, नहीं तो वे अपने अभीष्ट की प्राप्ति कभी नहीं कर सकते।

बाल्यकाल में विवाह कर हम लोग सभी प्रकार से व्यग्र, व्यस्त एवं अव्यवस्थित हो जाते हैं। कारण, विवाहजन्य आमोद-प्रमोद के लिए, केलिक्रीड़ा में विशेष रूप से व्यस्त हो जाने की वजह से विद्योपार्जन का प्रधान काल—बाल्यकाल ही वृथा व्यय हो जाता है। कुछ दिनों के अनंतर उपार्जन की क्षमता प्राप्त होते न होते ही संतान के जन्मदाता हो जाते हैं। अतः तब नित्य प्रयोजनीय अर्थोपार्जन हेतु अत्यंत व्यग्र हो उठना पड़ता है। क्योंकि गृहस्थ व्यक्ति के हाथों में अगर अर्थ न हो तो चौदहों भुवन शून्यमय प्रतीत होने लगते हैं। ऐसे समय में असत् कर्म करके भी अगर अर्थ मिलता है तो किसी का मुखापेक्षी न होकर वे बार-बार ऐसे ही काम के प्रति प्रवृत्त होते हैं। अनेक अवसरों पर तो यह भी देखा गया है कि वास्तव में सद्चित्त वाले व्यक्ति भी कुछ दुष्ट प्रकृति वाले परिवारों के संसर्ग में आकर दुष्कर्म करने के लिए सहमत हो जाते हैं। और ऐसी दुरवस्था के समय परम प्रिय पात्र, पुत्र-कलत्रादि के लिए ऐसा करना जरूरी लगता है। तब कभी-कभी पिता के अधीन होकर अथवा कभी-कभी सहोदरा के अनुग्रहजीवी होकर अथवा कभी अपने आत्मीय जनों पर भार बनकर स्वाधीनता के सुख से वंचित हो, पद-पद पर अपमानित लांछित होते हुए जीवन का क्षय करना पड़ता है। अतएव जिस बाल्य विवाह से हम सब लोगों की ऐसी दुर्दशा हो जाती है, क्या उस बालविवाह का समूल उच्छेद कर देना श्रेयस्कर नहीं?

यद्यपि कुछ लोग ऐसा भी सोचते हैं कि हमारे देश में बाल-परिणय प्रथा नहीं

रहने से बालक-बालिकाओं के दुष्कर्मा हो जाने की संभावना होती है। हाँ, इस बारे में हम लोग ऐसी संभावना के प्रति पूरी तरह उदासीन नहीं हो सकते। लेकिन इतना तो दावे के साथ कह सकता हूँ कि यदि बाल्यकालावधि में विद्या के अनुशीलन में मन निमग्न रहे तो दुष्कर्मों के प्रति मन आसक्त होगा ही नहीं। क्योंकि विद्याध्ययन से धर्माधर्म, सद्-असद् कर्मों की प्रवृत्ति-निवृत्ति के विश्लेषण की विवेक शक्ति प्रखर हो उठती है। अगर ऐसा होता है तो असद् इच्छा को जन्म लेने का अवसर ही भला कब मिलेगा? अतएव, निष्पक्ष और तटस्थ होकर विवेचन करने से यही स्पष्ट होता है कि बालविवाह के पक्ष में कोई तर्क नहीं ठहरता। कितनी उम्र में मनुष्य की मृत्यु होने की अधिक संभावना होती है? अगर हम लोग इस विषय पर विचार करें तो यही दिखाई देगा कि मनुष्य के जन्म काल से लेकर बीस वर्षों की अवधि के अंदर ही उसकी मृत्यु की अधिक संभावना रहती है। अतएव बीस वर्षों के गुजर जाने पर यदि उद्वाह कर्म का निर्वाह होता है तो बालविधवाओं की संख्या भी स्वाभाविक रूप से अधिक नहीं हो पाती है। माता-पिता की भी इस निमित्त चिंता और परेशानी थोड़ी घट सकती है। हमारे देश में वैधव्य के कठोर अनुशासनिक शास्त्रानुसार, व्रत अनुष्ठान एवं तज्जनित नाना प्रकार के दुःसह दुःखों से कौन अपरिचित है? विधवा का जीवन केवल असह्य दुःखों का बोझ है। एवं यह विचित्र संसार उसके लिए जनशून्य अरण्य है। पति के साथ ही साथ उसके समंस्त सुखों का स्रोत समाप्त हो जाता है एवं पति वियोग के दुःख के साथ ही सभी प्रकार के दुखों का समागम होता है। उपवास व्रतादि के दिनों में प्यास से अथवा भयंकर रोग ग्रस्त होने पर अगर उसके प्राण संकटापन्न भी हो जाएँ, तो निष्ठुर विधि रसनाग्र पर एक बूँद औषधि अथवा जल रखने की भी अनुमति नहीं प्रदान करती। अतः अगर कोई बालिका अनाथ होकर ऐसी दारुण दुरवस्था में पतिता होती है; तो सोचने की बात है उसके समान दुःखिनी एवं यातनाभोगिनी भला और कौन हो सकता है? जिस कठोर ब्रह्मचर्य व्रताचरण का पालन सबल शरीर द्वारा भी दुस्सह एवं दुष्कर हो उठता है उसी कठिन व्रत के पालन में कोमलांगी बालिका को बाल्यावस्था से ही व्रती होकर दुस्सह दुःखदग्ध जीवन यापन करना पड़ता है। इससे अधिक विस्तार से मैं क्या कहूँ? हम लोग अपनी आँखों से देखते हैं कि ऐसी कितनी ही हतभागिनी शत्-शत् कुमारियाँ उपवास-शर्वरी में भूख-प्यास से क्षीण उदर रूखे-सूखे केश एवं म्लान मुख होकर मृतप्राय हो जाती हैं। फिर भी कोई दयालु व्यक्ति उनकी शोचनीय अवस्था पर करुणा दर्शाकर शास्त्र-विधि एवं लोकाचार के उल्लंघन का साहस नहीं करना चाहता। और ऐसी अभागिनियाँ अंदर ही अंदर अपने संस्कारों के प्रति इतनी दृढ़ता से अपने आप को बाँध लेती हैं कि प्राण वायु का भले ही प्रयाण हो जाए, वह भी स्वीकार है, किंतु एक बूँद जल अपने गले के नीचे उतारना, उन्हें स्वीकार नहीं। अतएव जिस समय माता-पिता को अपनी संतान के शरीर का संस्कार एवं पालन-पोषण करना चाहिए, उसी समय वे उसे

परिणयसूत्र में बाँध कर परगृह में विसर्जित कर अपार दुःख के सागर में फेंक देते हैं, यह अत्यंत अन्यायपूर्ण कर्म है। और तो और एक भद्र वंश में विधवा नारी के रहने पर कितने प्रकार के पाप कर्मों की आशंका होती है, यह हर कोई समझ सकता है। विधवा नारी अज्ञानावस्था के कारण कभी-कभी अपने सतीत्व धर्म को विस्मृत कर विपथगामिनी हो सकती है, एवं लोकापवाद के भय से भ्रूणहत्या प्रभृति अति गर्हित पाप कार्यों के संपादन में भी प्रवृत्त हो सकती है। अतएव अल्प आयु में ही जो वैधव्य की दशा उपस्थित हो जाती है, बाल्य-विवाह ही उसका मुख्य कारण है। इसलिए बाल्यावस्था में विवाह कर देना अत्यंत निष्ठुर और नृशंस कर्म है। अतएव हमलोग विनम्रता के साथ स्वदेशी भद्र सज्जनों से निवेदन करते हैं कि सभी एकमत होकर सचेष्ट हों, ताकि इस बाल्य परिणयरूपी कुप्रथा का अंत हो।

बाल विवाह के विषय में हम लोगों ने अपनी पत्रिका में जो कुछ भी लिखा, यह तो उपक्रम मात्र है। इस विषय में अनेक युक्ति, तर्क एवं दृष्टांत हमारे मन में अभी भी रह गए। उन्हें क्रमशः उद्घाटित करने में किंचित् त्रुटि नहीं करूँगा।

—1850

विधवा विवाह

विधवा विवाह की प्रथा प्रचलित न होने के कारण जो अनिष्ट हो रहा है वह सभी को मालूम है। बहुत से लोग अपनी-अपनी विधवा कन्या का पुनर्विवाह कर देने के इच्छुक हैं। बहुत से लोग यह कदम उठाने का साहस नहीं रखते, लेकिन यह मानते हैं कि इस प्रथा का प्रचलित होना अत्यंत आवश्यक है। विधवा विवाह शास्त्रीय है कि नहीं—इस विषय पर इसके पूर्व कुछ पंडितों द्वारा विचार प्रस्तुत किए गए थे। किंतु दुर्भाग्यवश आजकल के विद्वान अपने-अपने मतों की रक्षा करने में इतने व्यस्त हैं कि इस विषय पर विचार कर निर्णय देने की ओर उनका ध्यान आकर्षित नहीं होता। अतः पंडित मंडली को एकत्र कर विचार करने से भी इस विषय से संबंधित कोई गूढ़ तत्त्व जाना जा सकेगा—इसकी आशा नहीं है। इस विषय में दो पक्ष अपने को विजयी तथा विपक्ष को पराजित मानते हैं, वास्तव में उल्लिखित गोष्ठी में शामिल इस समस्या का समाधान नहीं कर सके। तथापि इन विचारों द्वारा एक बड़ा परिणाम यह मिला है कि बहुत से लोग, इस विषय के गूढ़ तत्त्वों को जानने के इच्छुक हुए हैं। सभी की उत्सुकता को देखकर मैं बहुत मेहनत के साथ इस विषय से संबंधित तत्त्वों की खोज करने के लिए प्रवृत्त हुआ तथा मुझे इसमें जितनी सफलता मिली है, उसे मैं आम जनता को बताने के लिए बोलचाल की भाषा में प्रस्तुत कर रहा

हूँ। अतः आप सभी पक्षपातशून्य होकर पढ़ें और विचार करें कि विधवा विवाह प्रचलित होना चाहिए या नहीं।

विधवा विवाह प्रचलित होना उचित है या नहीं; इस विषय पर विचार करने से पूर्व, हमें यह विचार करना चाहिए कि इस देश में विधवा विवाह की प्रथा प्रचलित नहीं है। अतः विधवा विवाह के लिए एक नई प्रथा का प्रचलन करना होगा। लेकिन विधवा विवाह यदि कर्तव्य कर्म न हो, तो फिर इसका प्रचलन करना उचित नहीं होगा। कारण क्या कोई धर्मपरायण व्यक्ति अकर्तव्य कर्म करने में प्रवृत्त होगा? अतः पहले यह समाधान करना जरूरी है कि विधवा विवाह उचित कर्म है या नहीं। यदि केवल युक्ति को आधार मानकर इसे कर्तव्य कर्म माना जाए, तब इस देश के लोग, इसे कभी भी कर्तव्य कर्म के रूप में स्वीकार नहीं करेंगे। यदि शास्त्र के अनुसार यह कर्तव्य कर्म हो, तभी सभी लोग इसे कर्तव्य कर्म मानते हुए इसके अनुरूप कार्य करेंगे। इस प्रकार के विषय के लिए इस देश में शास्त्र ही प्रमाण माना जाता है तथा शास्त्रसम्मत कर्म को ही कर्तव्य कर्म माना जाता है। अतः विधवा विवाह शास्त्रसम्मत है या नहीं, इसकी मीमांसा सबसे पहले करना आवश्यक है।

अब यह निर्णय हो गया है कि पराशर संहिता कलियुग का धर्म-शास्त्र है इससे आगे यही अनुसंधान करना आवश्यक है कि विधवाओं के लिए पराशर संहिता में कैसा धर्म निरूपण किया गया है। उक्त ग्रंथ के चौथे अध्याय में लिखा है कि–

नष्टे मृते प्रव्रजिते क्लीवे च पतिते पतौ।
पञ्चस्वापत्सु नारीणां पतिरेन्यो विधीयते।।
मृते भर्त्तरि या नारी ब्रह्मचर्ये व्यवस्थिता।
सा मृते लभते स्वर्गं यथा ते ब्रह्मचारिणः।।
तिस्रः कोट्योर्धकोटी च यानि लोमानि मानवे।
तावत्कालं वसेत् स्वर्गं भर्तारं याऽनुगच्छति।।

स्वामी कहीं लापता हो गया हो, मर गया हो, संसार धर्म को छोड़ कर संन्यासी हो गया हो, निश्चित रूप से नपुंसक हो, या जाति से पतित हो गया हो तो इन पाँच आपत्तियों में स्त्रियों का पुनर्विवाह कर देना शास्त्र सम्मत है। जो नारी स्वामी की मृत्यु होने पर ब्रह्मचर्य का पालन करती है वह देहांत होने के उपरांत ब्रह्मचारियों की तरह स्वर्ग का लाभ करती है। मनुष्य शरीर में जो साढ़े तीन करोड़ लोम हैं; जो नारी स्वामी के साथ ही चली जाती है वह उतने वर्षो तक स्वर्ग में वास करती है।

पराशर ने कलियुग की विधवाओं के लिए तीन विधान दिए हैं। (1) विवाह (2) ब्रह्मचर्य (3) सहगमन। उनमें से सरकारी आज्ञा के कारण सहगमन की प्रथा का लोप ही हो गया है। अब विधवाओं के लिए दो ही मार्ग रह गए हैं; (1) विवाह और (2) ब्रह्मचर्य। इच्छा हो तो विवाह कर ले, इच्छा हो तो ब्रह्मचर्य का पालन करे।

कलियुग में ब्रह्मचर्य पालन करते हुए जीवन निर्वाह करना विधवाओं के लिए बहुत ही कठिन हो गया है। इसी कारण लोकहितैषी भगवान पराशर ने सबसे पहले विवाह का ही विधान किया है, वह जो हो! स्वामी के कहीं लापता हो जाने आदि पाँच प्रकार की विपत्तियों आने पर स्त्रियों के लिए कलियुग में पुनर्विवाह करना शास्त्र सम्मत ही माना गया है।

सभी सजग व्यक्ति यह मानेंगे कि दुर्भाग्यवश जो स्त्रियाँ छोटी उम्र में विधवा हो जाती हैं, उनका पूरा जीवन एक असह्य यंत्रणा में बीतता है तथा विधवा विवाह की प्रथा प्रचलित न रहने के कारण भ्रष्टाचार और भ्रूणहत्या का पाप उत्तरोत्तर बढ़ता जा रहा है। अतएव, हे पाठकवर्ग! क्या यह उचित है कि यहाँ हम शास्त्र की उपेक्षा करते हुए देशाचार के दास होकर, विधवाओं को वैधव्य की असह्य यंत्रणा में जलने दें तथा भ्रष्टाचार और भ्रूणहत्या के प्रवाह को न रोकें। अथवा देशाचार की उपेक्षा करते हुए, शास्त्र के आधार पर विधवा-विवाह को प्रचलित करें विधवाओं को वैधव्य की यंत्रणा से बचाएँ तथा भ्रष्टाचार और भ्रूणहत्या जैसे पाप को रोकें। अब आप ही स्थिर चित्त से यह मीमांसा कीजिए कि इन दोनों में कौन सा पक्ष श्रेयस्कर होगा। यहाँ यह विचार इस बात को ध्यान में रखते हुए करना चाहिए कि इस देश के आचार अपरिवर्तनीय नहीं हैं। यह कोई नहीं कह सकता कि हमारे देश में शुरू से लेकर अब तक आचार में कोई परिवर्तन नहीं हुआ है। अनुसंधान करने पर पाएँगे कि आचार में हमेशा परिवर्तन होते रहे हैं। पहले के युग में हमारे देश में चारों वर्णों के जो आचार थे उनमें इतना परिवर्तन हो गया है कि आज के मनुष्य एक अलग जाति के मालूम होते हैं। वस्तुतः आचार में क्रमशः इतना परिवर्तन हो गया है कि आज के लोग अपने पूर्वजों की ही संतान हैं, मानना असंभव-सा लगता है। एक उदाहरण से ही यह बात स्पष्ट हो जाती है, पूर्व काल में शूद्र जाति का कोई यदि ब्राह्मण के साथ एक ही आसन पर बैठता था, तो उसके अपराध की कोई सीमा नहीं रहती थी, अब वही शूद्र ऊँचे आसन पर बैठता है, ब्राह्मण सेवापरायण भृत्य के समान नीचे आसन पर बैठता है। यह भी देखा गया है कि कुछ दिन पहले भी देशाचार में परिवर्तन हुए हैं। राजा राजवल्लभ के समय से ही वैद्यजाति के लोग जनेऊ लेने लगे थे तथा पंद्रह दिन का अशौच पालन करने लगे थे। इसके पूर्व वैद्यजाति के लोग एक महीने का अशौच पालन करते थे तथा जनेऊ नहीं लेते थे। तथा अभी भी अनेक वैद्य, पूर्वजाति के आचार का ही पालन करते हैं। जो लोग नया आचार का पालन करते हैं उन्हें सदाचार भ्रष्ट या देशाचार त्यागी नहीं कहा जाता।

'दत्तचंद्रिका ग्रंथ' प्रकाशित होने के बाद, ब्राह्मणादि तीन वर्णों के लोग उपनयन काल तक और शूद्रों के विवाह काल तक पुत्र गोद ले सकते हैं परंतु उसके पूर्व सभी जाति के लिए यह नियम था कि पाँच वर्ष की उम्र के पहले ही पुत्र दत्तक लेना होगा तथा चूड़ाकरण संस्कार करना होगा।

ये सब देशाचार शास्त्रसम्मत माने जाने के कारण पहले से चले आ रहे थे। बाद में अन्य शास्त्र या शास्त्र की अन्य रूप में व्याख्या होने के कारण, नया आचार प्रचलित होने लगा। जब नए रूप में व्याख्यायित हुए शास्त्र में प्रतिपादित आचारों को लोगों ने सम्मति दे दी है तब विधवाओं के बंधन को ढीला करने में इतनी कृपणता क्यों की जा रही है। विचार करने पर हम पाएँगे कि विधवा विवाह का विषय, ऊपर कहे गए विषयों से अधिक महत्त्वपूर्ण है। यदि वैद्यजाति जनेऊ धारण तथा पंद्रह दिन अशौच पालन न करे अथवा पाँच साल से अधिक उम्र के बालक को दत्तक पुत्र के रूप में ग्रहण न किया जा सके तो भी समाज में कोई अनिष्ट नहीं हो सकता। परंतु विधवा-विवाह प्रचलित न होने के कारण जो भ्रष्टाचार फैल रहा है, वह आप सभी देख रहे हैं। लोग अन्य विषयों के लिए शास्त्र के आधार पर परिवर्तित आचार को सम्मति दे चुके हैं। अब जब विधवा विवाह भी शास्त्रसम्मत पाया गया है तब इस विषय में असम्मति व्यक्त करना उचित नहीं है। यह प्रथा प्रचलित होने से अनेक विधवाओं को राहत मिलेगी। अतः इस विषय को जितनी शीघ्रता से सम्मति प्राप्त हो सके उतना ही मंगल होगा। वस्तुतः देशाचार के आधार पर असम्मति व्यक्त करना उचित नहीं है। परंतु मुझे आशंका है कि कुछ लोग इस विषय पर तत्त्वों का अनुसंधान करना भी पाप मानते हैं तथा बहुत से लोग इस विषय से सहमत होते हुए भी कुछ नहीं कहेंगे क्योंकि देशाचार ही इस देश का परम गुरु है, देशाचार का शासन ही प्रधान शासन है तथा देशाचार का उपदेश ही प्रधान उपदेश है।

धन्य है देशाचार की महिमा। इसने अपने भक्तों को दुर्भेद्य दासता के बंधन में जकड़ रखा है। एकछत्र राजा बना है, देशाचार! धीरे-धीरे इसके अधिकार की सीमा और विस्तारित होती जा रही है। शास्त्रों के मंत्र से लेकर, धर्म के मर्म तक को इसने अपनी मुट्ठी में बंद कर लिया है। क्या उचित है, क्या अनुचित यह सोचने की शक्ति तक को इसने पंगु कर दिया है, न्याय-अन्याय के विचार का रास्ता रोक कर यह खड़ा हो गया है। इस देशाचार के प्रभाव से लोग शास्त्र को अशास्त्र और धर्म को अधर्म मानने लगे हैं। सर्वधर्म बहिष्कृत, स्वेच्छाचारी, दुराचारी दुष्ट भी केवल इसके अनुगत बन लौकिक संरक्षण पा रहे हैं और सर्वत्र साधु सज्जन के रूप में सम्मान पा रहे हैं। अच्छे, भद्र और सज्जन पुरुष जो देशाचार के अनुगत नहीं बने समाज उन्हें नास्तिक, अधार्मिक और हर प्रकार से दोषी करार दे कर विविध रूप से उनकी भर्त्सना कर रहा है। इसे अधिकार है, यह जिसे चाहे मान्यता दे, जिसे चाहे त्याग दे। हर प्रकार के दुराचारी यदि देशाचार का प्रश्रय पा जाएँ तो महान धार्मिक बन जाते हैं। इनसे संबंध रखने पर धर्म न लुप्त होता है, न उसका क्षय होता है। लेकिन यदि कोई निरंतर सत्कर्मों में लगा रहे, परंतु लौकिक संरक्षण पाने की चेष्टा छोड़ दे तो उसके साथ आहार-व्यवहार, आदान-प्रदान की बात तो दूर—बात तक करने से धर्मलुप्त हो जाता है। हाय रे धर्म! तुम्हारा रहस्य जानना दुष्कर है!

किससे तुम्हारी रक्षा होती है और किस काम से तुम्हारा लोप हो जाता है, वह केवल तुम्हीं बता सकते हो।

हाय रे शास्त्र! तुम्हारी क्या दुर्गति हुई है। तुम किस आधार पर अनेक कार्यों को धर्मलोपकारी, जातिनाशक और निंदनीय घोषित कर देते हो? क्या तुम्हें ज्ञात है कि देशाचार का प्रश्रय पा, न जाने कितने लोग पतित, निंदनीय काम कर रहे हैं? दुःख की बात यह है कि शास्त्रों ने भी उनके सिर पर हाथ रख दिया है। इस पुण्यभूमि भारत में जो पाप की धारा अबाध गति से बह रही है, गौर से देखा जाए तो उन्हें देखकर तुम्हारे प्रति अनादर और घृणा के अतिरिक्त और कोई भाव नहीं जगता।

हाय रे भारत वर्ष के लोग! कितने अभागे हो तुम! अपनी प्राचीन संतानों के आचरणों के कारण ही तुम्हें पुण्यभूमि की संज्ञा मिली थी। पर आज तुम्हारी संतान स्वेच्छाचारी होकर तुम्हें जो नया रूप देने जा रही है, वह सोच कर ही शरीर का सारा रक्त सूख जाता है। कब तुम्हारी हालत सुधरेगी? कितने दिन लगेंगे तुम्हें सुधारने में? तुम्हारी हालत देख कर मैं किंकर्त्तव्यविमूढ़ हो गया हूँ। हाय क्या होगा? हाय रे भारत वर्ष के लोग! और कितने दिन तुम लोग विलासशय्या पर मोहनिद्रा में रहोगे। एक बार ज्ञान चक्षु खोल कर देखो, तुम्हारी पुण्यभूमि भारतवर्ष, भ्रूणहत्या और व्यभिचार का गढ़ बन गई है। बहुत हो गया, उठो, जागो, सोचो, शास्त्र के यथार्थ तात्पर्य को समझो, कुछ करो कि स्वदेश के कलंक को धोया जा सके। दुर्भाग्य है कि तुम सभी चिरसंचित कुसंस्कार के वशीभूत होकर देशाचार के दास बने हुए हो।

लोकाचार की रक्षा में जिस प्रकार तुम सभी कटिबद्ध हो वह देखकर मुझे नहीं लगता कि तुम आसानी से कुसंस्कार और देशाचार की रक्षा का व्रत छोड़ कर सच्चे रूप में सद्पथ के पथिक बनना स्वीकार करोगे। बुरी आदतों के कारण तुम्हारा विवेक, तुम्हारी बुद्धि और धार्मिक दृष्टि सभी कलुषित हो गई है। तुम्हारी मानसिकता इतनी जड़ हो गई है कि हतभाग्य विधवाओं की ओर तुम्हारी नजर ही नहीं जाती। तुम्हारे चिर शुष्क नीरस हृदय में करुणा रस के संचार की संभावना कम है। यह देखते हुए भी कि देश व्यभिचार और भ्रूणहत्या के प्रबल प्रवाह में बहा जा रहा है, तुम्हारे मन में घृणा का उदय नहीं होता? प्राणतुल्या कन्या आदि के वैधव्य की ज्वाला में जलने की यंत्रणा के तुम पक्ष में हो। परिस्थितियों का शिकार हो, वह नाना प्रकार के व्यभिचार का आश्रय ले ये भी तुम्हें मंजूर है? धर्मलोप तथा लोकलाज के डर से तुम इस भ्रूणहत्या को प्रश्रय दे रहे हो। स्वयं सपरिवार कलंकित होने में तुम्हें कोई हर्ज नहीं, लेकिन आश्चर्य की बात है—शास्त्रविधि के आधार पर उनका पुनर्विवाह करवाने और उन्हें वैधव्य की दुःसह पीड़ा से मुक्ति दिलाने के साथ-साथ खुद भी विपत्तियों से छुटकारा पा जाना तुम्हें मंजूर नहीं है। तुम लोग सोचते हो पति की मृत्यु होते ही स्त्रियाँ पत्थर बन जाती हैं, दुःख और कष्ट का अनुभव करने की क्षमता

समाप्त हो जाती है? दुःख, दुःख और यंत्रणा, यंत्रणा नहीं लगती। दुर्जेय शत्रुओं का वर्ग उनसे दूर चला जाता है। किंतु तुम्हारा यह सिद्धांत नितांत भ्रांतिमूलक है, यह अनेक उदाहरणों से स्पष्ट हो चुका है। एक बार सोच कर देखो, इस भ्रांति द्वारा उदित दोषों से संसार तरु कितने विषमय फलों से भरता जा रहा है। हाय! कितने दुःख की बात है। इस देश के पुरुष हृदयहीन हैं, उनमें न दया है, न धर्म की चिंता और न ही न्याय-अन्याय का बोध। हित-अहित का भी बोध नहीं है, केवल लोकाचार की रक्षा ही उनका प्रधान कर्म है और यही परम धर्म है। फिर कभी इस देश में हतभाग्य अबला जाति का जन्म न हो।

हाय रे अबलागण! किस पाप के कारण तुम्हें इस देश भारतवर्ष में जन्म ग्रहण करना पड़ा है, मैं बता नहीं सकता।

—1855

बहु-विवाह

बहु-विवाह वर्जित हो या नहीं इस विषय पर प्रस्तुत एक विज्ञप्ति—

बहु विवाह प्रथा के प्रचलन से जहाँ स्त्रियाँ अत्यंत उत्पीड़ित हो रही हैं, वहीं समाज में तरह-तरह की बुराइयाँ फैल रही हैं। शासकीय भेदभाव की वजह से इन उत्पीड़नों और बुराइयों के मिटने की तनिक भी संभावना नहीं है। इसलिए समय-समय पर इस जघन्य प्रथा को मिटाने के लिए सरकार के दरबार में विनय-विनती का सिलसिला जारी रहा है। सोलह वर्ष पहले बंधु वर्ग समिति की ओर से बाबू किशोर चंद ने देश के व्यवस्थापिका सभा के सामने एक रपट पेश की—बहु-विवाह शास्त्र सम्मत प्रथा है इसके वर्जित होने पर हिंदुओं की धार्मिक भावना को ठेस पहुँचेगी। अतः इसमें सरकार का हस्तक्षेप उचित नहीं है। विरोधी पक्ष ने भी इसके संबंध में कुछ कहा था। उस समय इस बात पर गौर नहीं किया गया।

दो वर्ष बाद वर्द्धमान, नवद्वीप, दिनाजपुर, नाजेर, दीघा, आदि के राजाओं और यहाँ के प्रमुख व्यक्तियों ने बहु-विवाह प्रथा को समाप्त करने के लिए व्यवस्थापिका सभा में एक रपट पेश की। इस समय तक देश में सभी एक मत हो गए थे क्योंकि इसके लिए सभी जगहों से प्रार्थना पत्र भेजे गए थे। इस विषय में किसी तरह का विरोधी विचार किसी भी पक्ष ने व्यक्त नहीं किया गया था। इसी समय सुप्रसिद्ध स्वर्गीय बाबू रमाप्रसाद राय इस जघन्य प्रथा को मिटाने में जिस प्रकार सचेष्ट और सक्रिय रहे इसके लिए वे धन्यवाद के पात्र थे। व्यवस्थापिका सभा में इस प्रथा को मिटाने की भरपूर कोशिश होगी, इसका पूरा भरोसा था। पर इसे इस देश का दुर्भाग्य

ही कहना चाहिए कि उसी समय यहाँ विद्रोह की स्थिति उत्पन्न हो गई। राज्य के कर्मचारी पूरी तरह इस विद्रोह के दमन में लग गए और बहु विवाह निवारण के बारे में कुछ भी सोचने विचारने की स्थिति में नहीं रहे।

इस प्रकार यह महत्त्वपूर्ण प्रयत्न असफल हो गया। इसके बाद वाराणसी के स्वर्गीय राजा देवनारायण सिंह ने इस क्षेत्र में भरपूर उत्साह दिखाया। इसी समय उदारमना राजा बहादुर भारत की व्यवस्थापिका सभा के सदस्य थे। उन्होंने यह तय किया था कि वे स्वयं इस विषय को वहाँ उठाएँगे किंतु उनका कार्यकाल पूरा हो चुका था। इसलिए उनका प्रयास भी व्यर्थ ही सिद्ध हुआ।

पाँच वर्ष के बाद फिर से इस बहु-विवाह निवारण का प्रयत्न शुरू हुआ। इस समय वर्द्धमान, नवद्वीप आदि के राजाओं और देश के जमींदारों के अलावा बहुत से प्रमुख-प्रमुख व्यक्तियों और जनता ने तत्कालीन लेफ्टीनेंट गवर्नर सर सिसिल वीडेन के पास एक प्रतिवेदन भेजा जिसे पाकर सिसिल वीडेन ने इस विषय में विशेष रुचि लेते हुए अनुकूल आश्वासन दिया और बहु-विवाह को कानूनी तौर पर समाप्त करने का जिक्र किया था। पर अपने ऊपर के अफसरों की अनिच्छा तथा उपेक्षा के कारण उन्होंने भी चुप्पी साध ली।

इस प्रकार अंतिम बार जब प्रतिवेदन पेश किया गया तो इन्हीं आपत्तियों पर विचार करना जरूरी समझा गया। इसी अभिप्राय से इस पुस्तक का मुद्रण प्रारंभ किया गया, पर वह जल्दी ही रुक गया। क्योंकि मैं अस्वस्थ हो गया था। और लंबी अवधि तक बिस्तर पर पड़ा रहा। उसी समय इस पुस्तक के प्रकाशन की जरूरत थी पर मैं अक्षम था। इन कारणों से आधी पुस्तक ही छप सकी।

अब सुनने में आया है कलकत्ता स्थित सनातन धर्म सभा बहु-विवाह निवारण के कार्य में जुटी हुई है, सभी की इच्छा है कि यह अति जघन्य नृशंस प्रथा वर्जित हो जाए। इस प्रथा को मिटाने से कहीं शास्त्र का अपमान और धर्म में व्यतिक्रम तो उत्पन्न नहीं होगा? इस आशंका से सभा के अध्यक्ष धर्मशास्त्र के व्यापारी प्रमुख पंडितों के मत एकत्र करने में लग गए और राजदरबार में प्रार्थना करने का अवसर ढूँढ़ते रहे। उन्होंने अच्छे विचारों से प्रेरित होकर एक महान देशहितकारी मामले में हाथ डाला है, हो सकता है उन्हें इस दिशा में कुछ सफलता मिले यह सोच कर ही मैं पुस्तक छपवाने और उसके प्रचार-प्रसार में लग गया।

इस आखिरी प्रयत्न के दौरान कुछ लोगों ने कहा था कि राज्य के कर्णधारों की सलाह से ही यह काम हो रहा है। और कुछ का कहना था कि हिंदू धर्म पर कुठाराघात करना ही उनकी मंशा है। परंतु सनातन धर्म रक्षिणी सभा के ऐसे प्रयत्नों में इस प्रकार का अपवाद नहीं लगाया जा सकता। इस देश में हिंदू धर्म की रक्षा के उद्देश्य से इस सभा की स्थापना हुई है। ऐसी एक संस्था के अध्यक्ष राज्य के कर्णधारों की मंशा के वशीभूत होकर हिंदू धर्म को मटियामेट करने का प्रयत्न करेंगे

ऐसा और कोई नहीं एक अनुभवहीन अज्ञानी ही कह सकता है। फिर भी प्रस्तावित देशहित के विषय का विरोध करना ही जिनका स्वभाव और काम है वे किसी भी स्थिति में शांत नहीं रह सकते। इस बात की संभावना है कि एक दिन वे पागलों की तरह बौखला उठें। इसमें शक नहीं कि इस सामाजिक कुरीति के निवारण के प्रयास में बाधा आएगी। इन लोगों की प्रवृत्ति ही विचित्र होती है, ये स्वयं भी कुछ नहीं करेंगे और दूसरों को भी कुछ करने नहीं देंगे। ऐसे सभी लोग हर युग में मिलते हैं।

इस प्रथा के लिए जैसी विधिवत व्यवस्था की आवश्यकता थी उसका उल्लेख राजा देवनारायण सिंह की पुस्तक में हो चुका था। इस पुस्तक के अनुसार इस देश के हिंदू समाज में बहु-विवाह विषयक व्यवस्था के लागू होने पर देश और समाज का कल्याण ही होगा। इससे किसी प्रकार का अमंगल हो ही नहीं सकता। यह पुस्तक के परिशिष्ट में दिया गया है।

अंत में सनातन धर्म रक्षिणी सभा से यह प्रार्थना है कि जब उन्होंने इस विषय में हस्तक्षेप किया है तब विशेष प्रयत्न और यथोचित चेष्टा किए बिना शांत न हों। उनकी सफलता देश-समाज के लिए हितकारी होगी। संस्कारों ने उन्हें इस विषय के प्रति सजग बनाया। बहु-विवाह के प्रचलन से समाज का जो अनिष्ट हो रहा है, इसे देखते हुए उनके अंतःकरण में बहु-विवाह के विषय में जो घृणा और विद्वेष उदित हुआ है, उसी घृणा विद्वेष के वशीभूत होकर वे उनके निवारण के कार्य में संलग्न हुए हैं, इसमें कोई संदेह नहीं।...

अब कुलीनों का अत्याचार पूर्ववत नहीं है, ऐसा कहना बिल्कुल गलत है जो ऐसा कहते या मानते हैं, उन्हें कुलीनों के आचार-व्यवहार का रत्ती भर भी ज्ञान नहीं है। इस बारे में व्यर्थ विवाद न कर, आज के कुछ कुलीनों के नाम, उम्र, निवास स्थान तथा विवाह की संख्या का यहाँ उल्लेख किया जा रहा है।

हुगली जिला

नाम	विवाह संख्या	उम्र	निवास
भोलानाथ बंद्योपाध्याय	80	55	बसो
भगवान चट्टोपाध्याय	72	64	देशमुखो
पूर्णचंद्र मुखोपाध्याय	62	55	देशमुखो
मधुसूदन मुखोपाध्याय	56	40	देशमुखो
तितुराम गांगुली	55	70	देशमुखो
राममय मुखोपाध्याय	52	50	ताजपुर
वैद्यनाथ मुखोपाध्याय	55	60	भुँईपाड़ा
श्यामाचरण चट्टोपाध्याय	50	60	पाखुड़ा
नवकुमार बंद्योपाध्याय	50	52	क्षीरपाई

इशानचंद्र बंद्योपाध्याय	44	52	आँकड़ो श्रीरामपुर
यदुनाथ बंद्योपाध्याय	41	47	चित्रशाली
शिवचंद्र मुखोपाध्याय	40	45	तोर्णा
रामकुमार बंद्योपाध्याय	40	50	कोनूनगर
श्यामाचरण बंद्योपाध्याय	40	50	चूँचुड़ा
ठाकुरदास मुखोपाध्याय	40	55	दण्डीपुर

इस देश के लोग बहुत से विषयों में शास्त्रों का उलंघन करते रहे हैं। अतः विवाह के बारे में भी वही कर रहे हैं, इसलिए वे विशेष दोषी नहीं हो सकते, यह नहीं माना जा सकता। स्वेच्छया बहु-विवाह कांड सर्व शास्त्रसम्मत है और शास्त्रनिषिद्ध नहीं है, यह किसी भी प्रकार प्रमाणित नहीं किया जा सकता। व्यर्थ वाद-विवाद से अपना और पाठकों का समय नष्ट करने से कोई फल हाथ नहीं लगेगा।

—1871

कुछ पत्र

नारी शिक्षा संबंधी

कलकत्ता
1 अक्टूबर, 1867

माननीय सर विलियम ग्रे,

प्रिय महोदय,

अंतिम बार आप से मुलाकात होने के बाद मैंने पूरी सावधानी और सतर्कता के साथ खोजबीन की है एवं विशेष रूप से मैंने इस विषय में चिंता भी की है लेकिन मिस कार्पेंटर के द्वारा प्रस्तावित, जो हिंदू जनसमुदाय के लिए स्वीकार्य हो ऐसी एक शिक्षिका, बेथुन कॉलेज की हों अथवा अन्यत्र कहीं की भी हों, उसे लाने के बारे में जो धारणा है, मेरे विचार से उस विषय में किसी प्रकार के भी परिवर्तन का कोई कारण नहीं। इस महत्त्वपूर्ण विषय के बारे में मैं जितना ही सोचता हूँ, उतनी ही मेरी धारणा दृढ़तर होती जाती है और मेरा निष्कर्ष है कि हिंदू समाज की वर्तमान अवस्था के अनुसार हिंदू मानसिकता इस समारोह के संपूर्ण खिलाफ है। इससे किसी अच्छे शुभ परिणाम की आशा नहीं की जा सकती। अतएव इस संदर्भ में, मैं सरकार को किसी प्रकार का परामर्श नहीं दे सकता कि सरकार इसका कार्यभार स्वयं ग्रहण

करे। आप यह आसानी से समझ सकते हैं कि कोई भी प्रतिष्ठित परिवार का हिंदू अपनी किसी वयस्क आत्मीया को अध्यापिका के काम में नियुक्त नहीं करना चाहेगा। वे लोग वर्त्तमान समय के सामाजिक नियमों के अधीन 10-11 साल की विवाहिता बालिकाओं को भी अंतःपुर के बाहर जाने नहीं देते। केवल स्वजन रक्षिताएँ एवं असहाय विधवाएँ ही ऐसे कामों के लिए पाई जा सकती हैं। किंतु इस देश की नारियों को शिक्षा देने के प्रस्ताव से ये सहमत होंगे कि नहीं, इस प्रश्न को सामने न लाकर मैं केवल इतना ही कहना चाहूँगा कि नारियाँ अगर अंतःपुर का परित्याग करेंगी तो लोगों के मन में तरह-तरह के संदेह और अविश्वास पैदा होंगे एवं इस कारण गवर्नमेंट के इस समारोह के शुभ उद्देश्य सहज ही समाप्त हो जाएँगे।

इस बारे में सफलता पाने के सरल उपायों का सरकारी विज्ञापनों में विशेष रूप से उल्लेख किया गया है—इस विषय में आर्थिक सहायता देने की प्रतिश्रुति देकर जन साधारण के मनोभावों को आसानी से समझा जा सकता है। अगर इस देश के लोग मिस कार्पेंटर की प्रस्तावित स्त्री शिक्षा पद्धति को पसंद करें तो आर्थिक अनुदान हेतु आवेदन करने पर सरकार प्रचुर अर्थ व्यय कर उनकी सहायता के लिए आगे आएगी। हालाँकि मैं यह साफ-साफ समझ रहा हूँ कि इस देश के अधिकांश लोग इस तरह की आर्थिक सहायता नहीं लेना चाहेंगे। फिर भी जो लोग इस समारोह की सफलता की थोड़ी सी आशा रखते हैं, वे गवर्नमेंट प्रदत्त अनुदान ग्रहण कर इस अनुष्ठान की सफलता के परिणाम की परीक्षा कर के देखने की जी-जान से चेष्टा करेंगे। मैं स्पष्ट रूप से यह स्वीकार करता हूँ कि जो लोग इस अनुष्ठान के पक्षपाती हैं, उनके कार्य के प्रति मेरी विशेष आस्था नहीं। लेकिन भारत सरकार द्वारा प्रचारित नियम कानून जब तक मौजूद हैं, तब तक उनके लिए दुःखी होने का कोई कारण नहीं।

कहने की आवश्यकता नहीं कि मैं नारी जाति की शिक्षा के लिए शिक्षिकाओं की आवश्यकता एवं महत्त्व को विशेष रूप से महसूस करता हूँ। यद्यपि, मैं यह भी जानता हूँ कि मेरे अपने ही स्वदेशी अगर अपने सामाजिक संस्कारों के साथ बाधा बनकर मेरे सामने नहीं खड़े होते तो सबसे आगे मैं स्वयं इस कार्य को पूर्ण करने के लिए अग्रसर होता। लेकिन जब मैं यह देखता हूँ कि किसी भी प्रकार से यह काम संपन्न नहीं हो पाएगा एवं कोई अगर सरकार की तरफदारी करते हुए हस्तक्षेप करेगा तो उसे अप्रीतिकर अवस्था के सम्मुखीन होना होगा। ऐसे में मैं भला कैसे इस काम में आपकी सहायता कर सकता हूँ।

हाँ, इस तथ्य से इनकार भी नहीं किया जा सकता कि बेथुन स्कूल की उन्नति हेतु जिस परिमाण में धन व्यय किया गया है, उसके अनुरूप आशान्वित फल की प्राप्ति नहीं हो पाई है। इस बारे में हम दोनों के मत एक हैं। किंतु साथ ही मैं यह भी कहना चाहूँगा कि विद्यालय को एकदम से बंद या समाप्त कर दिया जाए, यह भी तर्कसंगत बात नहीं। भारतवर्ष में नारी जाति की ज्ञानोन्नति के प्रतीक स्वरूप

जिन परोपकार परायण महात्मा के नाम पर उक्त विद्यालय का नामकरण हुआ है, उसके लिए मेरे विचार से इसकी उन्नति हेतु आर्थिक अनुदान देते रहना सरकार का परम कर्तव्य है। इसके अलावा यह भी सही है कि इस देश की राजधानी में सरकारी व्यय से परिचालित बालिका विद्यालय की स्थापना होने से वह कस्बों, गाँवों के बालिका विद्यालयों के लिए एक आदर्श बन जाएगा। हिंदू समाज पर वर्तमान में विद्या के प्रचार-प्रसार का नैतिक दायित्व है, क्योंकि शिक्षा का प्रभाव हिंदू समाज पर ही पड़ा है। यह तो सच ही है कि इस विद्यालय ने निकटवर्त्ती जिलों के नारी शिक्षा के प्रचार-प्रसार को प्रभावित किया है। अतएव मेरे विचार से साल दर साल इसको चलाने में जो अर्थ व्यय किया गया है, वह प्राप्त लाभ की तुलना में कम ही है। लेकिन, मुझे तो ऐसा लगता है कि अगर थोड़ी चेष्टा की जाए तो खर्च में कटौती भी होगी और उन्नति में गति भी आएगी। सही योजना के साथ अगर आगे बढ़ा जाए तो विद्यालय को बिना किसी प्रकार की क्षति पहुँचाए उसके खर्च में आधी कटौती की जा सकती है।

मैं स्वास्थ्योन्नति हेतु दीर्घकाल के लिए उत्तर-पश्चिमांचल की यात्रा पर जाना चाहता हूँ। अगर आप बेथुन स्कूल में किसी प्रकार की नई व्यवस्था करना चाहते हैं और अगर इस विषय में मेरे विचार जानना चाहते हैं, तो मैं आपके कलकत्ता लौट आने तक, आपकी प्रतीक्षा कर सकता हूँ एवं इस विषय में आपके साथ विचार विमर्श करने को तैयार हूँ।

आपका एकमात्र विश्वास भाजन
हस्ताक्षर : ईश्वरचन्द्र शर्मा

अन्यान्य वर्णों के छात्रों के संस्कृत कॉलेज में प्रवेशाधिकार संबंधी पत्र

28 मार्च, 1851

सेवा में,
कैप्टेन एफ. एफ. सी. हेग, एम. ए.
कार्यकारी सचिव, शिक्षा परिषद, फोर्टविलियम

महाशय,

1. मैं सेक्रेटरी डॉ. मउआत के 1 जनवरी के पत्र के संबंध में अर्ज करना चाहता हूँ, जिसमें मुझे कहा गया है कि ब्राह्मणों एवं वैद्यों के अलावा दूसरी जातियों के छात्रों की भर्ती के बारे में शिक्षा संस्थान के प्रमुख आचार्यों के विचारों से परिषद् को अवगत कराऊँ।

2. प्रत्युत्तर में मैं यह कहने की छूट चाहूँगा कि संस्कृत कॉलेज में मुझे ब्राह्मणों एवं वैश्यों के अलावा दूसरी जातियों के, यहाँ तक कि शूद्रों के प्रवेश पर भी कोई

आपत्ति नहीं है। फिर भी इसे ठीक से लागू करने के लिए मैं यह सलाह देना चाहता हूँ कि पहले कायस्थों को प्रवेश करने का अधिकार दिया जाए। वे बंगाल की हिंदू बिरादरी के सम्मानित वर्ग से हैं। शास्त्रों में भी शूद्रों के मामले में खासकर कायस्थों के मामले में शास्त्र पढ़ने की मनाही नहीं है। अधिकांश धर्मप्राण ब्राह्मण भी उन्हें दिशा-निर्देश देते हैं। यहाँ तक कि वे ब्राह्मण जो कायस्थों के विधि-विधान का दिशा-निर्देश करते हैं बुरी नजर से नहीं देखे जाते, उन्हें ऊँची नजर से ही देखा जाता है। मनु के इतर इंगित के बावजूद।

3. मनु के समय में शूद्रों के जिम्मे तीन उच्चवर्णों की सेवा थी, खास करके ब्राह्मण, क्षत्रिय एवं वैश्यों की। मगर अब इसका प्रायोगिक धरातल थोड़ा बदल गया—कायस्थ जिन्हें शूद्रों के वर्ण का समझा जाता था केवल वे ऊँचे वर्णों के कर्तव्यों का निर्वहन करते हैं। वे कलकत्ते की एवं उपनगरों की धार्मिक समितियों के पदाधिकारी भी हैं।

4. शास्त्रों में सीधे कहीं भी शूद्रों के संस्कृत साहित्य के अध्ययन पर पाबंदी नहीं है। सिर्फ वे हिस्से जिन्हें पवित्र सूक्त कहा जाता है, उन्हें पढ़ने की मनाही है। भागवत पुराण के कुछ सूत्रों में यह साफ-साफ कहा गया है कि शूद्रों को उपर्युक्त चीजों को पढ़ने का अधिकार है।...

5. थोड़े विलंब से ही सही, कुछ विचित्र घटनाएँ बंगाल के इस हिस्से में हुईं, जो कुछ हद तक कायस्थों के इस शैक्षणिक संस्थान में प्रवेश के पक्ष को मजबूती देती हैं। आंदूल के स्वर्गीय राजा राजनारायण बहादुर, जो एक बुद्धिमान कायस्थ थे, ने प्रमाणित करना चाहा, कि कायस्थ वास्तव में क्षत्रियों की कोटि के हैं, उन्होंने बल दिया कि बड़े विद्वान पंडित इस पर अपने विचार दें और विचार कुछ हद तक उनके पक्ष में है।

6. संस्कृत कॉलेज के संप्रति नियमों के मुताबिक वैश्य यहाँ अनुप्रवेश पाते हैं। हालाँकि रघुनंदन के शोधों के अनुसार, जो बंगाल के वर्तमान धर्म निरीक्षण के संदर्भ में एक अधिकारी माने जाते हैं, उन्हें शूद्रों के साथ ही रेखांकित किया है। इसलिए मुझे कायस्थों को जो शूद्रों में सर्वोच्च स्थान रखते हैं, शामिल करने में कोई अत्युक्ति नहीं दीखती, वे अपने भाई बंधु वैद्यों के साथ हिस्सा बँटा सकते हैं।

'इदानीन्तनक्षत्रियाणमपि शूद्रत्वमाहमनुः शनै कस्तु क्रियालोपादिमाः—क्षत्रियजातयः। वृषलत्वं गता लोके ब्राह्मणादर्शनेन च। एवंच क्रियालोपाद्वैश्मानामपि' तथा एवमम्बष्ठा-दीनामपि।।

मनु ने कहा कि संप्रति काल के कायस्थ, शूद्र हो गए हैं क्योंकि वे वेदों का अध्ययन नहीं करते, क्षत्रिय भी शूद्र होते जा रहे हैं। उत्सव एवं लोक रीतिनीति के चलते वैश्यों की स्थिति वही है और अंबष्ठों की या वैश्यों की भी।

7. यह कहना अप्रासंगिक नहीं होगा कि 1828 और 1829 के डॉ. विल्सन

के समय में, हिंदू कॉलेज के कुछ विद्यार्थियों को इस विद्यालय में, संस्कृत के अध्ययन की अनुमति दी गई, जिनमें एक कायस्थ बाबू अमृतलाल मित्तर थे जो राधाकांत बहादुर के संबंधी थे, जिन्होंने हमारे पंडितों से व्याकरण और साहित्य की शिक्षा ली और इन शाखाओं की परीक्षाओं को पास कर पुरस्कार पाया।

8. निचले स्तर पर पड़ते हैं। इसलिए शिक्षा संस्थान में उनके अनुप्रवेश से मुझे भय है।

9. सबके उपरांत मैं कॉलेज के सारे प्रमुख प्रोफेसरों के उपरोक्त विषय पर प्रस्तुत मौलिक विचारों का अंग्रेजी अनुवाद रख रहा हूँ।

आपका आज्ञाकारी
ईश्वरचन्द्र विद्यासागर

अनुवाद : **चंद्रकला पांडेय**

रामकृष्ण परमहंस

1836-1886

आधुनिक भारत के एक महान संत। उनके शिष्य थे विवेकानंद। बंगाल की मिट्टी में जन्मे। देवी काली का भक्त होते हुए भी सभी धर्मों के प्रति खुला भाव। ईश्वर से बार-बार साक्षात्कार का रहस्यात्मक अनुभव। कलकत्ता के दक्षिणेश्वर मंदिर में साधना। हिंदू धर्म में हृदय की उच्चतर भावना का समावेश। उन्होंने अपनी देवी माँ को सीता, राम, कृष्ण, मुहम्मद, ईसा सभी में देखा और ईश्वर की पूजा कभी एक मुस्लिम, कभी जैन और कभी बौद्ध ढंग से की। ब्राह्म समाजी केशवचंद्र सेन से गहरा अनुराग था। उन्होंने बड़ी संख्या में पश्चिमी शिक्षा पाए नौजवानों को अपनी तरफ आकर्षित किया एवं उन्हें शिक्षा दी।

आत्मकथा

मैं लंबे समय तक आत्मसंयम का अभ्यास करता रहा। मैंने अपने स्वास्थ्य की परवाह नहीं की। मुझमें देवी माँ को देखने की इतनी गहरी इच्छा थी कि मैंने खाना-पीना तक छोड़ दिया था। मैं, खाली जमीन पर लेटकर और सतह से उभरी हुई जमीन पर सिर रखकर जोर-जोर से यह कहकर रोता था—"माँ, माँ तुम मेरे पास क्यों नहीं आतीं?" मुझे नहीं मालूम कि दिन और रात कैसे कटे। मैं हमेशा भावातिरेक की स्थिति में रहता था। जब मेरा कोई अनुयायी नहीं था तब से ही मैंने अपने होने वाले अनुयायियों को अपने बच्चों और सगे संबंधियों की तरह देखना शुरू कर दिया था। मैं अक्सर अपनी माँ के सामने यह कहकर रोता था—"हे माँ! मैं अपनों के लिए अर्थात् अपने भक्तों के लिए मर रहा हूँ। उन्हें जितनी जल्दी हो सके मुझ तक पहुँचा दो।"

उस वक्त मेरी हर इच्छा पूरी हो जाती थी। एक बार मैंने मनन-चिंतन के लिए पंचवटी में एक कुटिया बनाने और उसे चारों ओर से घेरने की बात सोची। थोड़ी देर बाद मैंने देखा कि एक लहर बांस, रस्सी और यहाँ तक कि एक चाकू

तक पंचवटी के सामने पहुँचा गई। यह सब देखकर मंदिर का एक कर्मचारी खुशी से भागता हुआ मेरे पास आया और मुझे इस घटना के बारे में बताया। वहाँ उतना ही सामान था जितना कि एक कुटिया बनाने और उसके चारों ओर घेरा डालने के लिए चाहिए था। सब सामान काम में लग गया। कुछ भी नहीं बचा। सभी यह नजारा देखकर दंग रह गए। जब मैं सतत भावातिरेक की स्थिति में पहुँचा तब मैंने साधना के सभी बाह्य रूप छोड़ दिए। मैं उनका और पालन नहीं कर सकता था। तब मैंने देवी माँ से प्रार्थना की—"माँ अब मेरा ध्यान कौन रखेगा? मुझमें अपनी देखभाल करने की ताकत नहीं है। मैं तुम्हारा नाम सुनकर अपनी भूख मिटाना चाहता हूँ। तुम्हारे भक्तों की बात सुनकर गरीबों की मदद करना चाहता हूँ। यह सब कार्य मेरे लिए कौन कर पाएगा? किसी ऐसे व्यक्ति को मेरे पास भेजो जो मेरे लिए ये सब कर सके।" जवाब के तौर पर मुझे मथुरा बाबू मिले, जिन्होंने लंबे समय तक इतने समर्पण भाव तथा विश्वास से मेरी सेवा की कि मैंने फिर माँ से कहा—"मुझे अपनी कोई संतान नहीं चाहिए। मैं संतान के रूप में एक शुद्ध भक्त चाहता हूँ, जो हमेशा मेरे साथ रहे। ऐसे किसी को मेरे पास भेजो।" फिर राखाल (ब्रह्मानंद) आए।

ये लोग मेरे अपने थे और मेरी आत्मा के अंग थे।...

कैसी अपूर्व स्थिति थी। एक मामूली से कारण ने मुझमें दिव्य आदर्श के विचार को जन्म दिया। एक दिन मैं कलकत्ते के चिड़ियाघर गया। मैं खासकर शेर देखना चाहता था। पर जब मैंने उसे देखा तब मैंने अपनी सारी चेतना शक्ति खो दी। मैं समाधि की स्थिति में पहुँच गया। जो मेरे साथ थे वो मुझे दूसरा पशु दिखाना चाहते थे। पर मैंने कहा—"पशुओं के राजा को देखकर मैंने सब कुछ देख लिया। मुझे घर ले चलो।" शेर की शक्ति ने मुझे ईश्वर की सर्वशक्तिमत्ता का ज्ञान कराया और मुझे भौतिक जगत की प्रक्रियाओं से ऊपर उठा दिया।

दूसरे दिन मैं गुब्बारों का आकाश की ओर उड़ने का नजारा देखने परेड मैदान गया। अचानक मेरी नजर एक अंग्रेज लड़के पर पड़ी जो पेड़ से टेक लगाकर खड़ा था। उसकी इस शारीरिक मुद्रा में मैंने कृष्ण के दर्शन किए और मैं समाधि की स्थिति में पहुँच गया।

फिर मैंने एक पेड़ के नीचे नीले कपड़ों में खड़ी एक औरत देखी। वह एक वेश्या थी। जैसे ही मैंने उसकी ओर देखा मेरे सामने सीता का आदर्श रूप उपस्थित हो गया। मैं वेश्या की मौजूदगी को भूल गया बल्कि मैंने अपने सामने शुद्ध और निष्कलंक सीता को पाया जो दिव्य तथा अवतारी पुरुष राम के पास आई थी। फिर मैं लंबे समय तक निश्चलता की स्थिति में रहा। मैं सभी स्त्रियों को देवी माँ का प्रतिनिधि मानकर उनकी पूजा करने लगा। मैंने हर औरत में विश्व की माँ का रूप देखा।

रासमणि के दामाद मथुरा बाबू ने मुझे कुछ दिनों के लिए उनके घर रहने का निमंत्रण भेजा। उस समय मैंने तीव्र रूप से यह महसूस किया कि मैं देवी माँ की चेरी हूँ। मैं खुद को एक औरत मानने लगा। घर की सभी औरतों का मेरे प्रति यही भाव था। वो मुझे पुरुष नहीं मानती थीं। जैसे औरतें एक कुँवारी कन्या से खुलकर मिलती हैं ठीक वैसे ही वे मेरे साथ पेश आती थीं। मेरा मन लिंग की चेतना से ऊपर उठ गया।

कैसी दिव्य स्थिति थी। मैं यहाँ मंदिर में कुछ नहीं खा पाता था। मैं एक जगह से दूसरी जगह घूमता रहता था तथा अजनबियों के घर उनके खाना खा लेने के बाद पहुँच जाता। मैं वहाँ बिना कुछ बोले चुप-चाप बैठा रहता। जब मुझसे कोई सवाल पूछता, तब मैं कहता ''मैं यहाँ खाना चाहूँगा।'' तुरंत वे मेरे खाने के लिए जो कुछ भी उनके हिसाब से उनके पास अच्छा होता, ले आते।...

एक बार मैंने एक गरीब ब्राह्मण के बारे में सुना जो सच्चा धार्मिक व्यक्ति था। वह बागबाजार में रहता था। मैं उसे देखना चाहता था। इसीलिए मैंने मथुरा बाबू को मुझे उसके पास ले चलने के लिए कहा। वे राजी हो गए। उन्होंने तुरंत गाड़ी मँगवाई और मुझे वहाँ ले गए। ब्राह्मण का घर इतना छोटा था कि हमें बैठाने के लिए भी वहाँ जगह नहीं थी। वह मुझे इतने धनी आदमी के साथ ऐसी गाड़ी में आए हुए देखकर चकित हो गया।

एक बार मैंने देवेंद्रनाथ ठाकुर से मिलने की इच्छा जाहिर की। वह बहुत धनी थे। पर विपुल संपत्ति के मालिक होने के बावजूद वे ईश्वर के प्रति समर्पित थे और उसका पवित्र नाम बार-बार लेते थे। इसी वजह से मैं उनसे मिलना चाहता था। मैंने उनके बारे में मथुरा बाबू से बात की। उन्होंने कहा–''बहुत अच्छा बाबा, मैं आपको उनके पास ले चलूँगा। वो मेरा सहपाठी था।'' अतः वे मुझे उनके पास ले गए और यह कहकर उनसे मेरा परिचय करवाया–''ये पवित्र व्यक्ति तुमसे मिलने आए हैं। ये भगवान के पीछे पागल हैं।'' मैंने उनमें थोड़ा-सा अभिमान और अहं पाया। एक धनवान, संस्कारवान, प्रसिद्ध तथा समाज में प्रतिष्ठित व्यक्ति में इस चीज का होना स्वाभाविक था। मैंने मथुरा बाबू से पूछा–''बताइए क्या अभिमान का जन्म सच्चे न्याय से होता है या उपेक्षा से? जिसने ब्राह्मण का सर्वोच्च ज्ञान प्राप्त किया है उसमें अभिमान या अहं नहीं होता। वह 'मैं शिक्षित हूँ', 'मैं बुद्धिमान हूँ', 'मैं धनी हूँ' नहीं कहता।'' देवेंद्रनाथ ठाकुर से बात करते हुए मैं ऐसी स्थिति में पहुँच गया जहाँ से मैं हर सच्चे व्यक्ति के व्यक्तित्व को पहचान सकता था। इस स्थिति में पहुँचकर मुझे बड़े-बड़े पंडित और शिक्षित लोग सूखे पत्तों के समान नजर आए। जब मैंने ये देखा कि इन विद्वानों में न कोई विवेक है और न ही अनासक्ति, तब वे मुझे घास-फूस के समान लगने लगे। मुझे ऐसा लगा कि वे उस गिद्ध के समान हैं जो ऊँची उड़ान तो भरता है पर उसकी नजर धरती के उन गहरे गड्ढों

की ओर होती है जहाँ मुर्दे दबे पड़े हैं। देवेंद्रनाथ में मुझे आध्यात्मिक ज्ञान और सांसारिक इच्छा दोनों चीजें मिलीं। उनके बहुत सारे बच्चे थे। उनमें से कुछ काफी कम उम्र के थे। एक डॉक्टर वहाँ आया हुआ था। मैंने कहा—"जब आप में इतना आध्यात्मिक ज्ञान है तब आप इन सांसारिक बंधनों के बीच कैसे रह सकते हैं? आप अपना मन ईश्वर की भक्ति में लगाकर सांसारिक आनंद का भोग कर सकते हैं। इसीलिए मैं आपसे मिलने आया हूँ। मुझे दिव्य शक्ति के अस्तित्व के बारे में कुछ बताइए।" देवेंद्रनाथ ने तब वेद से कुछ अनुच्छेद पढ़े और कहा—"यह पृथ्वी एक दीप-वृक्ष के समान है और हर जीव उसका एक दीपक है।" बहुत पहले जब मैं अपना सारा समय पंचवटी में मनन-चिंतन में लगाया करता था तब मैंने यही चीज देखी थी। देवेंद्रनाथ के शब्द मेरे अनुभव से मिल गए। मुझे मालूम था कि उन्होंने सच्चा ज्ञान प्राप्त किया है। मैंने उन्हें व्याख्या करने के लिए कहा। उन्होंने कहा—"कौन इस पृथ्वी को समझ सकता है? ईश्वर ने अपनी महिमा व्यक्त करने के लिए मानव की रचना की। अगर दीपवृक्ष में दीपक न हो तो वह एक काली परछाईं सी लगेगी। वह दीपवृक्ष ही नजर नहीं आएगा।" एक लंबी बातचीत के बाद देवेंद्रनाथ ठाकुर ने मुझसे ब्राह्म समाज की वर्षगाँठ पर आने की प्रार्थना की। मैंने जवाब दिया—"अगर भगवान की इच्छा होगी तो मैं आऊँगा। मैं वहीं जाता हूँ जहाँ मुझे वह ले जाता है।"...

एक ब्राह्म—श्रद्धेय गुरुजी, क्या यह सच है कि जब तक हम सांसारिकता नहीं छोड़ते तब तक हमें ईश्वर की मौजूदगी का एहसास नहीं हो पाता?

भगवान ने हँसते हुए कहा—अरे! नहीं। तुम्हें सब कुछ छोड़ने की जरूरत नहीं है। तुम जहाँ हो वहीं अच्छे हो। दुनिया में रहकर तुम शुद्ध दानेदार चीनी और अशुद्ध चासनी का स्वाद एक साथ ले रहे हो। तुम सही में बेहतर स्थिति में हो। वास्तव में तुम इस दुनिया में रह रहे हो। इसमें कोई बुराई नहीं है और न ही कोई ही क्षति है। पर तुम्हें ईश्वर में अपना ध्यान लगाना होगा। अन्यथा तुम उसे महसूस नहीं कर सकते। एक हाथ से काम करो और दूसरे हाथ से ईश्वर के चरणों को थामे रहो। जब तुम्हारा काम खत्म हो जाए तब दोनों हाथों से उनके चरणों को थामकर अपने सीने से लगाकर रखो।

हर चीज तुम्हारे मन में है। गुलामी और आजादी दोनों मन पर आधारित हैं। मन को तुम अपने इच्छानुरूप किसी भी रंग में रंग सकते हो यह एक सफेद कपड़े के टुकड़े की तरह है। इसे लाल रंग में डुबोने पर लाल, नीले रंग में डुबोने पर नीला और हरे रंग में डुबोने पर हरा या अन्य किसी भी रंग में डुबोने पर उस रंग का हो जाएगा। तुम्हें दिखता नहीं कि जब तुम अंग्रेजी पढ़ते हो तो अंग्रेजी के शब्द तुम्हारे मुँह से अनायास ही निकलते हैं? और जो पंडित संस्कृत पढ़ता है वह अनायास ही उदाहरण के तौर पर पवित्र ग्रंथों के श्लोक पेश करता रहता है। अगर तुम बुरे

लोगों की संगत में रहोगे तो तुम्हारे मन पर बुरे विचारों और बुरे शब्दों का रंग चढ़ जाएगा। अगर भक्तों की संगत में रहे तो तुम्हारे विचारों और शब्दों पर ईश्वर का रंग चढ़ेगा। मन ही सब कुछ है। एक तरफ पत्नी है और दूसरी तरफ बच्चे। वह एक ही मन है जो पत्नी से एक तरह से और बच्चों से दूसरी तरह से प्यार करता है।

एक व्यक्ति, मन से ही गुलाम होता है और मन से ही आजाद। मैं चाहे यहाँ रहूँ या जंगल में अगर मैं सोचूँ कि मैं आजाद हूँ तो मुझे कौन बाँध सकता है? मैं भगवान की संतान हूँ, राजाओं के राजा का बेटा। मुझे कौन बाँध सकता है? साँप के काटने के बाद भी अगर तुम पूरी दृढ़ता के साथ यह कह सको–''मुझमें कोई जहर नहीं है।'' तुम ठीक हो जाओगे। ठीक उसी तरह जो दृढ़ विश्वास के साथ यह कहता है–''मैं गुलाम नहीं आजाद हूँ।'' वह आजाद हो जाता है।

किसी ने मुझे ईसाइयों की एक किताब दी। मैंने उसे पढ़कर सुनाने के लिए कहा। उसमें शुरू से अंत तक केवल एक ही विषय था–पाप और पाप। मैंने केशव से कहा कि पाप ही तुम्हारे ब्राह्म समाज की भी प्रधान विषय-वस्तु है। वह बेवकूफ जो बार-बार ये कहता है–''मैं गुलाम हूँ, मैं गुलाम हूँ।'' हमेशा गुलामी की जंजीर में जकड़ा रहता है। वह जो दिन-रात एक ही बात दोहराता है–''मैं एक पापी हूँ, मैं एक पापी हूँ।'' वह सचमुच ही पापी हो जाता है।

अनुवाद : **राखी सेजल**

दार्शनिक आध्यात्मिकता बनाम वैज्ञानिक संगति

(रामकृष्ण परमहंस एवं डॉक्टर महेंद्रलाल सरकार के वार्तालाप)

22 अक्टूबर, 1885, गुरुवार

डॉ. महेंद्रलाल सरकार सुबह एवं शाम को दो बार रामकृष्ण परमहंस को देखने गए। रामकृष्ण परमहंस के विचारों के बारे में उनकी टिप्पणी थी, ''मुझे इनमें उच्चतम दार्शनिकता के तत्त्व मिलते हैं...

रामकृष्ण परमहंस ने ईश्वर के स्वरूप एवं रूपविहीनता की व्याख्या एक बिंब-विधान के माध्यम से की। उन्होंने कहा कि भक्ति के शीतल प्रभाव से चेतना रूपी महासागर बर्फ के निश्चित आकार में जमने लगता है एवं जिसे ज्ञान का उत्ताप

आकारविहीन ब्रह्म में विलीन कर देता है। इस बिंब विधान के वैज्ञानिक अंश से महेंद्रलाल सरकार प्रभावित हुए। उन्होंने टिप्पणी की—हाँ, सूरज उगने पर बर्फ पिघलने लगती है, यही नहीं सूरज की गर्मी जल को अदृश्य वाष्प में परिवर्तित कर देती है।

रामकृष्ण परमहंस ने ज्ञान की वास्तविक प्रकृति को समझते हुए कहा, अपनी विद्वत्ता, शिक्षा और धन का अभिमान रखने वाले लोग ऐसा समझते हैं कि पुस्तकों को पढ़े बिना ईश्वर को नहीं जाना जा सकता। बनारस को साक्षात देखना उसके बारे में पढ़ने अथवा सुनने से अलग है।

23 अक्टूबर, 1885, शुक्रवार

महेंद्रनाथ गुप्त पूर्वाह्न 11 बजे महेंद्रलाल सरकार के घर गए एवं गतकाल के वार्तालाप के बारे में चर्चा की।

24 अक्टूबर, 1885, शनिवार

डॉक्टर महेंद्रलाल सरकार ने रामकृष्ण परमहंस की जाँच की। रामकृष्ण परमहंस ने होमियोपैथिक चिकित्सा पद्धति की प्रशंसा करते हुए उसे उत्तम कहा। महेंद्रलाल सरकार ने इस चिकित्सा पद्धति का विश्लेषण करते हुए कहा कि होमियोपैथी में चिकित्सक को चिकित्सा पुस्तकों के अनुसार व्याधियों की जाँच करनी होती है। यह बिल्कुल पश्चिमी संगीत की तरह है, जहाँ गायक को तैयार की हुई स्वरलिपि का अनुगमन करना पड़ता है।

रामकृष्ण परमहंस—पर जब मैं समाधिस्थ होता हूँ मैं भांग के नशे में बेसुध होने जैसा अनुभव करता हूँ। इस बारे में आप क्या कहेंगे?

महेंद्रलाल सरकार—ऐसी अवस्था में स्नायु केंद्र काम करना बंद कर देते हैं अतएव अंग सुन्न हो जाते हैं। पुनः पैर जुड़ जाते हैं क्योंकि सारी ऊर्जा मस्तिष्क की ओर प्रवाहित होने लगती है। प्राण में स्नायु तंत्र होता है। गरदन के पिछले हिस्से में एक स्नायु केंद्र होता है जिसे मेडुला ओबलोंगाटा कहते हैं। इसमें चोट से मृत्यु तक हो सकती है।

महिमा चक्रवर्ती ने कुंडलिनी का विवरण देना शुरू किया एवं कहा कि भगवान शिव के अनुसार सुषुम्ना नाड़ी मेरुदंड रज्जु में अति सूक्ष्म रूप में फैली होती है। इस पर डॉ. महेंद्रलाल सरकार ने विज्ञान तथा धर्म संबंधी तुलनात्मक विचारों के इतिहास का विशद वर्णन दिया।

शिव ने मनुष्य की जाँच, केवल उसकी परिपक्वावस्था में की जबकि योरोपियनों ने मनुष्य का परीक्षण उसकी भ्रूणावस्था से लेकर परिपक्व अवस्था तक किया है। तुलनात्मक इतिहास की जानकारी अत्यंत उपयोगी है। संथालों के इतिहास से पता चलता है कि काली एक संथाल स्त्री थीं। वे एक वीर योद्धा थीं। (सभी हँसते हैं)

कृपया हँसिए मत। मुझे यह बताने दीजिए कि तुलनात्मक शरीर रचना विज्ञान के अध्ययन ने मानव का कितना उपकार किया है। पहले लोगों को अग्नाशय के रस एवं यकृत रस (पैनक्रियाटिक जूस एवं बाइल) के बीच का अंतर भी मालूम नहीं था। परंतु बाद में क्लाड बर्नार्ड ने खरगोश के उदर, यकृत एवं अन्य अंगों का परीक्षण कर यह प्रदर्शित किया कि बाइल (यकृत रस) का प्रकार्य अग्नाशय के रस के प्रकार्य से भिन्न है। अतएव छोटे जीवों का अवलोकन करना तर्कपूर्ण है केवल मानव का अध्ययन ही पर्याप्त नहीं।

ठीक इसी तरह तुलनात्मक धर्म का अध्ययन भी अत्यंत लाभकारी है।

श्री रामकृष्ण परमहंस के शब्द क्यों हमारे हृदय पर सीधे असर करते हैं? उन्होंने विभिन्न धर्मों के सत्यों का अनुभव किया है। उन्होंने स्वयं हिन्दू, ईसाई, इस्लाम, शाक्त एवं वैष्णव मतों का पालन किया है। मधुमक्खियाँ विभिन्न पुष्पों से रस लेकर ही उत्तम कोटि के शहद का निर्माण कर सकती हैं।

25 अक्टूबर, 1885, रविवार

महेंद्रनाथ गुप्त प्रातःकाल रोगी (रामकृष्ण परमहंस) की हालत की जानकारी देने डॉ. महेंद्रलाल सरकार के आवास पर पहुँचे। चिकित्सक अपने पूर्व शिक्षक (ठाकुरदास दे) एवं मित्रों से कह रहे थे, मैं सुबह तीन बजे से ही परमहंस के बारे में विचार कर रहा हूँ। मैं रातभर बिल्कुल नहीं सो पाया। अब तक मैं उन्हीं के बारे में सोचता रहा हूँ।

महेंद्रलाल सरकार के एक चिकित्सक मित्र ने उनसे कहा, महोदय मैंने सुना है कुछ लोग परमहंस को ईश्वर का अवतार बताते हैं। आप तो प्रतिदिन उनसे मिलते हैं, इसके बारे में आपका क्या ख्याल है?

महेंद्रलाल सरकार—एक इंसान के रूप में मैं उनका अत्यधिक सम्मान करता हूँ। प्रतिदिन मैं दो या तीन रोगियों को नहीं देख पाता हूँ, अगले दिन मैं अपने आप उनके घर जाता हूँ। मैं उनसे फीस नहीं लेता, क्योंकि मैं उनको बिना बुलाए ही देख रहा होता हूँ। मैं उनसे फीस कैसे ले सकता हूँ?

महेंद्रलाल गुप्त—महिमा चक्रवर्ती का विश्वास है कि परमहंस अगर चाहें तो अपनी बीमारी का इलाज खुद ही कर सकते हैं।

महेंद्रनाथ सरकार—क्या? खुद ही इलाज कर सकते हैं? क्या यह संभव है? हम चिकित्सक हैं, हमें पता है कैंसर क्या होता है? हम भी इसका इलाज नहीं कर सकते और वे खुद कर लेंगे इलाज? वे कैंसर के बारे में कुछ नहीं जानते। (अपने मित्रों से) निस्संदेह यह बीमारी लाइलाज है, परंतु ये महाशय लोग भक्तिभाव से उनकी सेवा कर रहे हैं।...

महेंद्रलाल सरकार भक्ति संगीत सुनना चाहते थे। जब नरेंद्र (विवेकानंद) ने

भावपूर्ण संगीत सुनाया तो भक्तों में एक विचित्र रूपातंरण हुआ। वे सभी ईश्वरीय परमानंद में पागलों की भाँति डूब गए। नरेंद्र (विवेकानंद) द्वारा प्रस्तुत संगीत ने ऐसा समां बाँधा कि उसमें चिकित्सक और रोगी दोनों अपने आप को भूल गए। डॉ. सरकार जो एक प्रख्यात वैज्ञानिक थे, निस्पंद खड़े रहे। उन्होंने देखा कि भक्तगण समाधि की अवस्था में पहुँच गए थे एवं बाह्य जगत से पूरी तरह विच्छिन्न हो चुके थे। बाद में कुछ रो रहे थे तो कुछ हँस रहे थे। कमरे में प्रविष्ट होने वाले किसी बाहरी व्यक्ति को ऐसा प्रतीत होता, मानो काफी मद्यप वहाँ एकत्र हों। थोड़ी देर बाद रामकृष्ण परमहंस ने डॉ. महेंद्रलाल सरकार से पूछा, आपने अभी-अभी ईश्वरीय परमानंद लक्षित किया। आपका विज्ञान इसके बारे में क्या कहता है? क्या आप इसे झाँसा मानते हैं?

महेंद्रलाल सरकार—मैं यह अवश्य कहूँगा कि यह सब स्वाभाविक है, जब इतने सारे लोगों ने इसका अनुभव किया है तो यह चकमा नहीं हो सकता।

नरेंद्र (विवेकानंद) को—जब तुमने ये पंक्तियाँ गाईं—

हे माता! अपने प्रेम में मुझे पागल कर दे, मुझे ज्ञान और तर्क की क्या जरूरत? मैं अपने आप को नियंत्रित नहीं रख पाया। मेरा मन उछलने का हो रहा था, बड़ी मुश्किल से मैंने अपनी भावनाओं को दबाया।

रामकृष्ण परमहंस (डॉक्टर को देख मुस्कुराते हुए)—आप सुमेरु पर्वत की तरह स्थिर एवं अविचलनीय हैं। आप दृढ़ इच्छाशक्ति के स्वामी हैं।

26 अक्टूबर, 1885, सोमवार

महेंद्रनाथ गुप्त डॉक्टर के पास आए और उनसे रामकृष्ण परमहंस के बारे में विद्यासागर के विचारों को जानना चाहा।

महेंद्रनाथ गुप्त—विद्यासागर ने रामकृष्ण परमहंस के प्रति काफी सम्मान प्रदर्शित किया। परंतु बाद में जब मैंने उनसे बात की तो पाया कि वैष्णवों के भाव तथा परमानंद की अवधारणा के प्रति वे अधिक उत्सुक नहीं थे। ऐसी वस्तुओं के मामले में उनके विचार भी आपसे मिलते-जुलते हैं। ईश्वरीय परमानंद की व्याख्या संभव हो अथवा नहीं, परंतु इससे इनकार नहीं किया जा सकता कि परमानंद अथवा ईश्वरीय प्रेम एक विलक्षण वस्तु है। मैंने डार्विनवाद पर स्टेबिंग की पुस्तक आपके पुस्तकालय में देखी है। उनके (स्टेबिंग के) अनुसार मनुष्य का मस्तिष्क विचित्र है, चाहे यह उद्विकास का परिणाम हो अथवा कोई विशिष्ट सृजन। उन्होंने प्रकाश के सिद्धांत से एक सुंदर दृष्टांत प्रस्तुत किया है। प्रकाश विलक्षण है, चाहे आप प्रकाश तरंगों के सिद्धांत से परिचित हों या नहीं।

महेंद्रलाल सरकार—हाँ, आपने आगे भी लक्ष्य किया होगा कि स्टेबिंग ने डार्विन के सिद्धांतों तथा ईश्वर दोनों को स्वीकृति दी है।

बातचीत रामकृष्ण परमहंस की ओर मुड़ गई। डॉक्टर ने कहा, "मुझे लगता है कि रामकृष्ण परमहंस काली के उपासक हैं।" महेंद्रनाथ गुप्त ने टोका, पर उनके लिए काली का तात्पर्य भिन्न है। वे बहुदेववादी नहीं हैं, वे एकेश्वरवादी हैं। डॉक्टर महेंद्रलाल सरकार और महेंद्रनाथ गुप्त अपराह्न 1 बजे के लगभग रामकृष्ण परमंहस के कमरे में पहुँचे। रामकृष्ण ने अपनी बातों से उनका चित्त मोह लिया। उन्होंने (रामकृष्ण परमहंस ने) जोर देकर कहा सूक्ष्मदर्शन एवं त्याग के बिना विद्वत्ता का कोई मूल्य नहीं।

रामकृष्ण परमहंस ने अपना पैर विजय की छाती पर रखा हुआ था एवं दोनों ईश्वरीय परमानंद की स्थिति में थे। डॉ. महेंद्रलाल सरकार ने रामकृष्ण परमहंस को बाद में खेद प्रकट करने की अपेक्षा पूर्व में ही सावधानी बरतने की सलाह दी। रामकृष्ण परमहंस ने प्रत्युत्तर देते हुए कहा, क्या उस अवस्था (समाधि की) में मैं अपने-आप कुछ करने की स्थिति में होता हूँ? इस अवस्था (समाधि की) के बारे में आप क्यो जानते हैं? यदि आप इसे छद्‌म समझते हैं तो मैं भी यह कह सकता हूँ कि आपकी विज्ञानादि की पढ़ाई बिल्कुल बकवास है।

डॉ. महेंद्रलाल सरकार—सुनिए, यदि मैं इसे छद्‌म समझता तो आपको बार-बार देखने क्यों आता?

वार्तालाप ईश्वरीय सत्ता और मुक्त इच्छा के प्रसंग की ओर मुड़ गया। रामकृष्ण परमहंस एवं उनके शिष्यों का तर्क था कि ईश्वरीय इच्छा के बिना एक पत्ता तक हिल नहीं सकता और ईश्वरीय इच्छा से निरपेक्ष किसी अन्य वस्तु का अस्तित्व संभव ही नहीं है। डॉक्टर महेंद्रलाल सरकार ने इससे असहमति व्यक्त करते हुए कहा, मैं यह नहीं कहता कि कोई इच्छा पूर्णतः स्वतंत्र हो सकती है। किसी रस्सी से बँधी हुई गाय उस रस्सी की सीमा तक तो स्वतंत्र है ही, परंतु जब वह रस्सी के खिंचाव को अनुभव करती है...

रामकृष्ण परमहंस—जदु मल्लिक ने भी यही दृष्टांत प्रस्तुत किया था। क्या यह किसी अंग्रेजी पुस्तक का है? कोई व्यक्ति अपने कर्ता होने का अभिमान तभी तक रख सकता है जब तक कि उसने ईश्वर का साक्षात्कार न किया हो। वह जो यह मानता है कि केवल ईश्वर ही कर्ता है और एक उपकरण मात्र, वह शरीर में आबद्ध रहकर भी एक मुक्तात्मा है। किसी डॉक्टर की आंतरिक अनुभूति भी किसी उचित उद्देश्य हेतु उसकी (डॉक्टर की) ईश्वर के प्रति प्रार्थना है। इसे दास्य अर्थात् भृत्य का स्वामी के प्रति भाव कहा जाता है।

27 अक्टूबर, 1885, मंगलवार

युवा नरेन ने रामकृष्ण परमहंस को एक उपकरण की सहायता से विद्युत की प्रकृति दिखलाने का वादा किया था। उपकरण का प्रदर्शन हुआ। उस समय महेंद्रलाल सरकार

के विज्ञान आंदोलन के फलस्वरूप कलकत्ता निवासियों में विज्ञान के प्रति जागरूकता उत्पन्न हुई।

डॉक्टर महेंद्रलाल सरकार के आने पर भक्ति संगीत आरंभ हो गया। जब रामकृष्ण परमहंस ध्यान में खो गए तो डॉक्टर महेंद्रलाल सरकार ने चिल्लाकर कहा, यह गीत आपके लिए खतरनाक है। रामकृष्ण परमहंस ने अपने शिष्यों को धर्मशास्त्र की चिंता न करने और अपना ध्यान प्रत्यक्ष आध्यात्मिक अनुभव की ओर लगाने की सलाह दी। आप लोग बाग में आम खाने आए हैं। आम खाइए और संतुष्ट रहिए।

रामकृष्ण परमहंस (डॉक्टर महेंद्रलाल सरकार से)—यदि आप बुरा न मानें तो मैं आपसे कुछ कहना चाहता हूँ। आपके पास पैसा, सम्मान, वक्तृता आदि वस्तुएँ प्रचुर मात्रा में हैं। कुछ दिनों के लिए अपना ध्यान ईश्वर की ओर उन्मुख करिए। यहाँ आना-जाना रखिए। ईश्वरीय चर्चा से आपकी आध्यात्मिक भावनाएँ उद्दीप्त होंगी।

उसी समय नाटककार गिरीश चंद्र घोष का वहाँ आगमन हुआ। डॉ. महेंद्रलाल सरकार उनसे विज्ञान संघ के बारे में बातें करने लगे।

रामकृष्ण परमहंस—क्या आप मुझे किसी दिन वहाँ ले चलेंगे?

डॉ. महेंद्रलाल सरकार—यदि आप वहाँ गए तो ईश्वर के चमत्कार पूर्ण कृत्यों को देखकर अपनी चेतना गँवा बैठेंगे।

रामकृष्ण परमहंस—अच्छा, सचमुच।

डॉ. महेंद्रलाल सरकार (रामकृष्ण परमहंस के शिष्यों से)—आप लोग चाहे जो भी करें पर भगवान के रूप में उन्हें पूजिए मत। आप लोग इस भले आदमी का दिमाग खराब कर रहे हैं। परंतु रामकृष्ण परमहंस के शिष्य कहाँ मानने वाले थे।

नरेंद्रनाथ (विवेकानंद)—हम प्रभु को (रामकृष्ण परमहंस को) भगवान के बराबर ही मानते हैं। मानवीय दुनिया एवं ईश्वरीय दुनिया के बीच एक अवस्था है, जहाँ मनुष्य और भगवान के बीच पार्थक्य करना अत्यंत दुष्कर है। मैं यह नहीं कहता कि वे (रामकृष्ण परमहंस) भगवान हैं। मैं यह कह रहा हूँ कि वे ईश्वरीय मनुष्य हैं।

डॉ. महेंद्रलाल सरकार—ऐसे मामले में अपनी भावनाएँ दबा लेनी चाहिए। खेद है कि कोई भी मेरी अपनी भावनाएँ नहीं समझता। मेरा सबसे अच्छा मित्र भी मुझे कठोर और निर्दयी समझता है। आप जैसे लोग भी शायद मुझे किसी दिन जूतों से पीटकर बाहर निकाल देंगे।

रामकृष्ण परमहंस—ऐसा न कहें, वे आपको बेहद चाहते हैं।

गिरीशचंद्र घोष—सभी के मन में आपके लिए बेहद सम्मान है।

डॉ. महेंद्रलाल सरकार—यहाँ तक कि मेरी पत्नी और पुत्र भी मुझे कठोर हृदय समझते हैं। मेरा अपराध केवल इतना है कि मैं अपनी भावनाएँ प्रकट नहीं करता।

गिरीशचंद्र घोष—तब तो आपको अपने हृदय-कपाट खोल ही लेने चाहिए। कम

से कम अपने मित्रों के प्रति दयाभाव से ही सही। अन्यथा आपके मित्र आपको नहीं समझने वाले।

डॉक्टर महेंद्रलाल सरकार ने रामकृष्ण परमहंस को परमानंद की अवस्था में किसी की छाती पर पैर रखने के लिए झिड़की दी। रामकृष्ण परमहंस ने सफाई दी कि उस समय वे एक भिन्न अवस्था में होते हैं जो सामान्य अवस्था नहीं है। जब डॉ. महेंद्रलाल सरकार ने कहा कि रामकृष्ण परमहंस अपनी भूल के लिए खेद प्रकट कर रहे हैं, तो रामकृष्ण के शिष्यों ने इससे असहमति जताई। गिरीश ने समझाया कि रामकृष्ण अपने भक्तों की सहायता करने और उनके पापों को अपने ऊपर लेने हेतु ऐसे कृत्य करते हैं। ऐसा करते समय वे सोचते हैं कि उनके इस उद्धारक कृत्य से उस भक्त की बीमारी उनमें आ गई है। उनके खेद की प्रकृति यही थी। उनका कार्य पापपूर्ण नहीं बल्कि उदार था। डॉक्टर महेंद्रलाल सरकार ने स्वीकार किया कि गिरीश के तर्कों ने उन्हें पराजित कर दिया है।

नरेंद्र (विवेकानंद डॉक्टर महेंद्रलाल सरकार से)—आप इसको दूसरे दृष्टिकोण से भी देख सकते हैं। आप अपनी सुविधा और स्वास्थ्य का ख्याल रखे बिना अपना जीवन वैज्ञानिक अनुसंधान को समर्पित कर सकते हैं। परंतु ईश्वर का विज्ञान सभी विज्ञानों से भी महान है। क्या यह उनके (रामकृष्ण परमहंस) लिए स्वाभाविक नहीं है कि वे उसे (ईश्वर को) प्राप्त करने के लिए अपना स्वास्थ्य भी दाँव पर लगा दें? रामकृष्ण परमहंस ने नरेंद्र (विवेकानंद) को इन चीजों को डॉक्टर सरकार को समझने के लिए प्रोत्साहित किया था जो अभी भी यही मानते थे कि ईसा, चैतन्य, बुद्ध और मुहम्मद आदि सभी धार्मिक सुधारक अहम्मन्यता के शिकार हो गए थे। उन सभी का कथन था कि मैं जो कहता हूँ एकमात्र वही सत्य है। क्या यह आघातकारी नहीं है?

गिरीश (डॉ. सरकार से)—आप फिर वही गलती कर रहे हैं। आप उन सब पर अहम्मन्यता का आरोप लगा रहे हैं। आपको वे सब गलत नजर आते हैं। इसी आधार पर आपको भी अहम्मन्य कहा जा सकता है।

इस पर डॉ. सरकार मौन रहे।

नरेंद्र (डॉ. सरकार से)—हम उनकी (रामकृष्ण परमहंस की) पूजा ईश्वर के सदृश होने के कारण ही करते हैं। इन्न शब्दों पर रामकृष्ण परमहंस एक बच्चे की तरह हँस रहे थे संभवतः इसलिए कि नरेंद्र का दृष्टिकोण ही विजयी रहा।

डॉ. महेंद्रलाल सरकार और महेंद्रनाथ गुप्त श्यामपुकुर आए और रामकृष्ण को कई भक्तों और डॉ. भादुड़ी के साथ बैठा पाया। बातचीत पुनः ईश्वर की ओर मुड़ गई।

डॉ. भादुड़ी—यह सब अवास्तविक है, एक स्वप्न की तरह।

डॉ. सरकार—क्या सब कुछ भ्रम है? मैं यह नहीं मान सकता कि ईश्वर सत्य है, और उसकी रचना मिथ्या।

रामकृष्ण परमहंस—यह उचित नजरिया है। जब तक मनुष्य अपने शरीर को

वास्तविक समझता है, वह यह मानता है कि मैं दास हूँ और ईश्वर स्वामी है। "मैं ही वह हूँ" ऐसे विचार रखना उचित नहीं है।

रामकृष्ण परमहंस (डॉ. सरकार से)—मैं समझता हूँ, आपने मुझे पागल कहा, इसीलिए वे (भक्तगण) आपके पास जाना नहीं चाहते।

डॉ. सरकार—मैं आपको पागल क्यों कहूँगा? मैंने आपके अहम् का जिक्र किया था। आप लोगों को अपनी चरण धूलि क्यों लेने देते हैं?

महेंद्रनाथ गुप्त—न देने पर वे रोने लगते हैं। कुछ व्यक्तियों में ईश्वरीय प्रकटीकरण अन्य लोगों से अपेक्षाकृत अधिक होता है। जल सर्वत्र विद्यमान है, पर महासागर में सर्वाधिक होता है। क्या आप एक नए विज्ञान स्नातक को वही सम्मान देंगे जो आप फैराडे को देते हैं?

रामकृष्ण परमहंस (डॉ. सरकार से)—मैंने आपसे पहले ही कहा था कि कुछ व्यक्तियों में ईश्वरीय अंश अन्यों की अपेक्षा अधिक होता है। पृथ्वी सूर्य की किरणों को एक तरीके से प्रत्यावर्तित करती है, एक पेड़ दूसरे तरीके से और दर्पण एकदम भिन्न प्रकार से। दर्पण में प्रत्यावर्तन अन्य वस्तुओं की अपेक्षा अधिक सुचारु रूप में होता है...। आपने कहा था कि आप मुझे चाहते हैं।

डॉ. सरकार—आप प्रकृति की संतान हैं, इसीलिए मैंने ऐसा कहा था। मुझे अटपटा लगता है जब लोग आपके पैर छूकर आपके प्रति श्रद्धा निवेदित करते हैं। मैं अपने मन में सोचता हूँ कि वे एक अच्छे व्यक्ति का सर्वनाश कर रहे हैं। केशव सेन को भी उनके भक्तों ने इसी तरह बिगाड़ दिया था। मेरी बात सुनिए...

रामकृष्ण परमहंस—आपकी बात? आप लोभी, कामी और अहम्मन्य हैं।

डॉ. सरकार (रामकृष्ण परमहंस से)—यदि आप इस तरह बात करेंगे तो मैं केवल आपके गले की जाँच करूँगा और चला जाऊँगा। शायद आप भी यही चाहते हैं। तब आपको और कोई बात नहीं करनी चाहिए। लेकिन यदि आप चर्चा करने के इच्छुक हैं तो मैं वही कहूँगा जो मुझे उचित लगता है। वाद-विवाद का यह असुविधाजनक चरमबिंदु था।

30 अक्टूबर, 1885, शुक्रवार

महेंद्रनाथ गुप्त रोगी की हालत बताने डॉ. महेंद्रनाथ सरकार के घर गए। डॉ. सरकार के सामने काँच का एक पात्र रखा था जिसमें कुछ सुनहली मछलियाँ रखी हुई थीं। थोड़े-थोड़े अंतराल पर डॉ. सरकार उसमें इलायची के दाने फेंकते जाते थे। मछली इलायची के टुकड़े को नहीं देख पाई और उससे दूर चली गई। डॉक्टर ने टिप्पणी की, ज्ञान अधिक महत्त्वपूर्ण है, ज्ञान के बिना भक्ति संभव नहीं। ज्ञान से डॉक्टर सरकार का तात्पर्य भौतिक दुनिया के ज्ञान से था जबकि रामकृष्ण परमहंस ज्ञान और विज्ञान शब्दों का प्रयोग ईश्वरीय संदर्भ में कर रहे थे।

महेंद्रनाथ गुप्त और डॉ. सरकार रामकृष्ण परमहंस को देखने गए। रामकृष्ण परमहंस ने डॉक्टर से कहा, ''मैंने कल आपको समाधि में देखा था, मैंने पाया कि आप ज्ञान के भण्डार हैं, परंतु यह ज्ञान कोरा ज्ञान मात्र ही है। यदि आपने कभी ईश्वरीय आनंद का उपभोग कर लिया तब आप यह नहीं कहेंगे कि मैं जो कुछ कहता हूँ वह सत्य है और अन्य लोग जो कहते हैं, वह सब मिथ्या है। तब आप तीखे, कठोर और चुभनेवाले शब्दों का प्रयोग नहीं करेंगे...

(आध्यात्मिक मुद्रा में) महेंद्र बाबू, पैसे के प्रति इतना पागलपन क्यों! स्त्री में इतनी आसक्ति क्यों? क्यों नाम और यश की प्रबल इच्छा? अभी ये सब छोड़िए और अपना मन पूरी निष्ठा से भगवान में लगाइए। ईश्वरीय आनंद का उपभोग करिए।

रामकृष्ण परमहंस बोलते गए, ''आपने एक बड़ी अच्छी बात कही, अब तक किसी ने ऐसा नहीं कहा था कि समाधि मस्तिष्क के ईश्वर से एकाकार होने का परिणाम है। केवल आपने ही ऐसा सोचा। ईश्वर के बारे में अधिक चिंतन करने से दिमाग खराब नहीं होता। आपका विज्ञान कहता है। इससे उसके मिलने पर वह बनता है। ये सब सोचने पर चेतना विलीन होने की संभावना अधिक है, भौतिक चीजों से अत्यधिक संपर्क रखने से।''

डॉ. महेंद्रलाल सरकार—इन चीजों में भी भगवान के दर्शन किए जा सकते हैं।

महेंद्रनाथ गुप्त—मनुष्य में ही भगवान का साक्षात्कार अच्छी तरह से किया जा सकता है। एक महान आत्मा में।

डॉ. महेंद्रलाल सरकार—मनुष्य में, निस्संदेह ऐसा हो सकता है।

रामकृष्ण परमहंस—ईश्वर के चिंतन से चेतना का ह्रास जिसकी चेतना के स्पर्श से जड़ भी चेतन प्रतीत होता हो, हाथ, पैर और शरीर में गति का संचार होता हो। लोग कहते हैं कि शरीर अपने आप झूमने लगता है, परंतु वे यह नहीं जानते कि ऐसा ईश्वर के कारण होता है।

डॉ. महेंद्रलाल सरकार—लोग भयभीत होकर संकट में भगवान को याद करते हैं। अब आप धुनिए के चंगुल में पड़ गए हैं। मैं आपके शब्दों को ही दोहरा रहा हूँ।

रामकृष्ण परमहंस—मुझे कुछ नहीं कहना है।

डॉ. महेंद्रलाल सरकार—क्यों नहीं? हम ईश्वर की गोद में निवास करते हैं। उसके साथ हमें मुक्ति का बोध होता है। अपनी बीमारी की बात यदि हम ईश्वर से नहीं कहेंगे तो किससे कहेंगे?

रामकृष्ण परमहंस—आप ठीक कहते हैं। बीच-बीच में मैं उससे (ईश्वर से) बात करने का प्रयत्न करता हूँ, पर सफल नहीं हो पाता।

डॉक्टर सरकार के चले जाने के बाद रामकृष्ण परमहंस ने महेंद्रनाथ गुप्त से टिप्पणी की, ''वह (डॉ. सरकार) इस स्थान के बारे में (मतलब उनके बारे में) चिंतन

करते हैं। उनका विश्वास बढ़ रहा है। अहम्मन्यता से पूरी तरह छुटकारा पाना क्या संभव है? इतनी विद्वता, इतनी ख्याति, उनके पास काफी धन है फिर भी मेरे वचनों से वे नाराज नहीं होते।

31 अक्टूबर, शनिवार

महेंद्रनाथ गुप्त डॉ. महेंद्रलाल सरकार के घर रामकृष्ण परमहंस की हालत के बारे में जानकारी देने गए। रामकृष्ण के संदर्भ में डॉ. सरकार ने कहा, मात्र भक्ति से किसी को क्या प्राप्त होगा? उसे ज्ञान की भी आवश्यकता है।

महेंद्रनाथ गुप्त—क्यों, श्री रामकृष्ण कहते हैं कि ज्ञान भक्ति के बाद आता है। परंतु ज्ञान और भक्ति की उनकी अवधारणा अलौकिक ज्ञान और समर्पण से संबंधित है।

जब आप ज्ञान की बात करते हैं तो उसका तात्पर्य है इंद्रियजन्य ज्ञान। रामकृष्ण द्वारा उल्लिखित ज्ञान हमारे मानकों से सत्यापित नहीं हो सकता।

लगभग 11 बजे पूर्वाह्न रामकृष्ण परमहंस अपने कमरे में भक्तों के साथ बैठे हुए थे तथा मिसरा नामक एक ईसाई भक्त से बातचीत में मशगूल थे। उसी समय डॉ. महेंद्रलाल सरकार वहाँ पहुँचे। रामकृष्ण डॉ. सरकार को देखकर मुस्कुराए और एक भक्ति गीत गाया—

मैं साधारण सुरा नहीं पीता
मैं पीता शाश्वत सुख का प्याला
जपता हूँ जब मैं माँ काली...

रामकृष्ण परमहंस तथा डॉक्टर सरकार असीम आनंद में निमग्न हो गए। रामकृष्ण परमहंस ने अपना पैर डॉ. सरकार की गोद में रख दिया। कुछ क्षण बाद वे प्रकृतस्थ हुए और अपना पैर हटा लिया।

उन्होंने डॉक्टर सरकार से कहा उस दिन आपने कितनी अद्भुत बात कही थी—हम ईश्वर की गोद में खेलते हैं, अपनी बीमारी के बारे में हम उनसे नहीं कहेंगे तो किससे कहेंगे? मुझे ईश्वर की प्रार्थना करनी है, मैं उसकी प्रार्थना करूँगा। इन शब्दों के साथ रामकृष्ण परमहंस की आँखें छलछला आईं। वे पुनः परमानंद की स्थिति में डूब गए और डॉक्टर सरकार से कहा, आप अत्यंत पवित्र हैं, अन्यथा मैं आपकी गोद में पैर न रखता। दूसरे कमरे से नरेंद्र (विवेकानंद) को भेजा गया जिन्होंने कुछ मधुर गीत प्रस्तुत किए।

रामकृष्ण ने कहा, एक दिन माँ काली ने सपने में मुझे दो व्यक्तियों का दर्शन कराया। वह (डॉक्टर सरकार) उनमें से एक हैं। माँ ने मुझे यह भी बतलाया कि वे (डॉ. सरकार) प्रचुर ज्ञान उपलब्ध करेंगे। (डॉक्टर की ओर मुस्कुराते हुए) पर वह कोरा ज्ञान होगा। पर आप रस से आप्लावित होंगे।

8 नवंबर, 1885, रविवार

महेंद्रनाथ गुप्त शरत और गंगाधर के साथ रामकृष्ण परमहंस की हालत की जानकारी देने तथा उनके रक्त की जाँच हेतु नमूना लेकर डॉ. महेंद्रलाल सरकार के घर पहुँचे। डॉक्टर सरकार के अनुरोध पर गंगाधर ने यह सुंदर भक्ति पद प्रस्तुत किया।

हमारे प्रभु अवगुन चित ना धरो।

डॉ. महेंद्रलाल सरकार—मैं आपके परमहंस के बारे में सोचने को बाध्य होता जा रहा हूँ।

डॉ. महेंद्रलाल सरकार ने आकर रामकृष्ण की जाँच की और भक्तों को चिंतामुक्त होने को कहा। रामकृष्ण के मौन रहने पर डॉ. सरकार ने उनसे पूछा, मेरे इलाज के बारे में आपके मन में कोई संदेह तो नहीं है? क्या आप कुछ और आजमाना चाहते हैं? रामकृष्ण परमहंस ने ना में उत्तर दिया।

10 नवंबर, 1885, मंगलवार

जब डॉ. सरकार आए रामकृष्ण परमहंस ने कहा, "अब आप पर मेरा पूरा भरोसा है।"

डॉ. महेंद्रलाल सरकार—ईश्वर की प्रार्थना करिए। आपका तनाव दूर होगा। रामकृष्ण ने उस दादुर की कहानी सुनाई जो श्रीरामचंद्र के वाणों से दुर्घटनावश घायल हो गया था। उसने सहायता के लिए राम का नाम न लेने का निश्चय किया, क्योंकि उसकी यह दशा श्रीरामचंद्र के वाणों से ही हुई थी। रामकृष्ण ने भी शरीर की अनामयता के लिए परमेश्वर की प्रार्थना न करने का निश्चय किया था। वे डॉक्टर सरकार से ही रोगमुक्ति हेतु निवेदन करना चाहते थे। रामकृष्ण की धर्मपत्नी महिमामयी माँ उनकी सुश्रूषा करने दक्षिणेश्वर से श्यामपुकुर आ गई थीं।

14 फरवरी, 1886, रविवार

महेंद्रनाथ गुप्त डॉ. सरकार के घर रोगी की स्थिति की जानकारी देने पहुँचे।

15 मार्च, 1886, सोमवार

रामकृष्ण परमहंस ने अपने अवतार होने की प्रकृति का उद्घाटन किया। इसमें दो व्यक्ति हैं, एक देवी माता और दूसरा उनका भक्त। भक्त अब बीमार है। भगवान अवतार रूप में मानव स्वरूप ग्रहण कर भक्तों के साथ धरा पर अवतीर्ण होते हैं। भक्तगण भी उनके साथ-साथ इस धरा का परित्याग करते हैं।

22 अप्रैल, 1886, बृहस्पतिवार

अभिलेखों के अनुसार यह अंतिम मौका था जब डॉ. सरकार की रामकृष्ण के साथ कुछ बातचीत हुई थी। डॉ. सरकार ने अपनी डायरी में लिखा—"शाम को काशीपुर में परमहंस को बाबू राजेंद्र दत्त के साथ बैठा पाया।" रामकृष्ण दूसरे तल्ले पर स्थित अपने कमरे में बैठे हुए थे जब दोनों चिकित्सकों ने आकर उनकी जाँच की।

रामकृष्ण परमहंस—खर्चे बढ़ते जा रहे हैं।

डॉ. सरकार—भक्तगण पैसा खर्च करने में जरा भी नहीं हिचकते। देखा आपने, स्वर्ण भी कितना जरूरी है।

रामकृष्ण (नरेंद्र से)—तुम जवाब क्यों नहीं देते? नरेंद्र मौन रहे। डॉक्टर सरकार बोलते रहे।

डॉ. सरकार—स्वर्ण आवश्यक है, और स्त्री भी।

डॉ. राजेंद्र दत्ता—हाँ, उनकी पत्नी (रामकृष्ण की) उनके लिए खाना बना रही हैं।

डॉ. सरकार—देखा आपने?

रामकृष्ण परमहंस—यदि कोई स्त्री मेरा स्पर्श करे तो मैं बीमार पड़ जाऊँगा। शरीर के उस भाग में जलन होती है मानो वहाँ किसी काँटेदार मछली ने काटा हो।

डॉ. सरकार—मैं मानता हूँ, पर स्त्री के बिना आपका काम कैसे चलेगा?

रामकृष्ण—पैसा छूते ही मेरे हाथों में ऐंठन आने लगती है। जो यह समझता है कि सभी स्त्रियाँ देवी माँ का प्रकट स्वरूप हैं, वही इस दुनिया में आध्यात्मिक जीवन जी सकता है। ईश्वर को जाने बिना स्त्रियों को नहीं समझा जा सकता।

रामकृष्ण (महेंद्रनाथ गुप्त को)—वे कहते हैं कि बिना स्त्री और स्वर्ण के मेरा काम नहीं चल सकता। वे मेरी मानसिक स्थिति समझने में असमर्थ हैं।

13 अगस्त, 1886, शुक्रवार

रामकृष्ण ने नरेंद्रनाथ से अपने अवतार होने की घोषणा की।

14 अगस्त, 1886, शनिवार

रामकृष्ण परमहंस ने संकेत दिया कि वे ब्रह्म में विलीन होने वाले हैं, जैसे कोई छोटी सी शीशे की गुड़िया पारद के सरोवर में घुल रही हो।

उन्हें विज्ञान की समामेलन एमलगमेशन की अवधारणा का पता कैसे चला?

15 अगस्त, 1886, रविवार

रामकृष्ण परमहंस के नश्वर जीवन का यह अंतिम दिन था। बांग्ला महीने सावन

का भी यह आखिरी दिन था, मानो परमहंस ने अपने महाप्रयाण के लिए पंचांग में से तिथि एवं समय निश्चित कर लिया हो। उस समय डॉ. नवीन पाल उनकी चिकित्सा कर रहे थे। वे आए, पर रामकृष्ण परमहंस को दर्द से छुटकारा न दिला पाए। स्वामी प्रभानंद ने रामकृष्ण परमहंस के जीवन के आखिरी दिन के ब्योरों को त्रुटिरहित तरीके से दर्ज किया है। अंग्रेजी तिथि के अनुसार 16 अगस्त को, आधी रात के बाद रामकृष्ण परमहंस का निधन हो गया।

16 अगस्त, 1886, सोमवार

डॉ. महेंद्रलाल सरकार को प्रातः सूचना दे दी गई। लगभग 1 बजे अपराह्न वे काशी पुर पहुँचे। उन्होंने अपनी डायरी में लिखा–

खाना खाने के बाद डफ स्ट्रीट की महिला रोगी तत्पश्चात परमहंस को देखने गया, जिन्हें मैंने मृत पाया। रात्रि के लगभग 1 बजे उनकी मृत्यु हुई थी।

वे बाईं ओर पड़े थे, उनके पैर फैले हुए, आँखें पूरी खुली और मुँह आंशिक रूप से खुला था। उनके भक्तों में से कुछ का विश्वास था कि वे अभी समाधिस्थ हैं। मैंने उनकी इस धारणा को दूर किया। मैंने उनसे कहा कि वे परमहंस का चित्र खिंचवा लें और मैंने इसके लिए अपनी ओर से 10 रुपए दिए।

अनुवाद : **ऋषिकेश राय**

बंकिमचंद्र

1838-1894

बांग्ला के प्रसिद्ध कथाकार एवं चिंतक। कलकत्ता विश्वविद्यालय से 1858 में स्नातक की उपाधि पानेवाले पहले दो विद्यार्थियों में एक। बंगाल सिविल सर्विस में लंबे समय तक ऊँचे पद पर कार्य। बांग्ला जनमानस को काफी प्रभावित किया। अंग्रेजी शिक्षा-दीक्षा के बावजूद बंगालियों को मातृभाषा-प्रेम के प्रति सचेत किया। 1905 में बंग भंग के बाद उनका गान 'वंदेमातरम' विशेष रूप से लोकप्रिय एवं एक तरह से यह राष्ट्रीय नारा बन गया। 'आनंदमठ' अपने समय का लोकप्रिय उपन्यास। अपने पुनरुत्थानवादी स्वर के कारण विशेष रूप से चर्चित।

आनंदमठ

(एक छोटा अंश)

उसी चाँदनी रात में दोनों प्रांतर पार करते हुए चले। महेंद्र नीरव, शोक से कातर, गर्वित, कुछ कौतुहली हैं।

भवानंद ने एकाएक दूसरी मूर्ति धारण की। वह स्थिर-मूर्ति धीर-प्रकृति संन्यासी अब नहीं, वह रण-निपुण वीर-मूर्ति, सेनाध्यक्ष का सर उतार लेनेवाली मूर्ति अब नहीं। जैसे ज्योत्स्नामयी शांतिशालिनी प्रांतर-वन-पहाड़-नदीवाली प्रकृति देखकर उनके चित्त को विशेष स्फूर्ति हुई। जैसे—समुद्र चंद्रोदय से हँसा हो। भवानंद हँसमुख, सवाक्, प्रियभाषी हुए। बातचीत के लिए बड़े उतावले। भवानंद ने बातचीत के लिए बड़े प्रयत्न किए, लेकिन महेंद्र ने बातचीत नहीं की। तब भवानंद निरुपाय होकर आप ही आप गाने लगे—

"वंदे मातरम्!
सुजलां सुफलां मलयजशीतलाम्,
शस्यश्यामलां मातरम्।"

महेंद्र गीत सुनकर कुछ तअज्जुब में आए, मगर समझ नहीं सके—सुजला, सुफला, मलयजशीतला शस्यश्यामला माता कौन हैं? पूछा, "माता कौन हैं?" जवाब दिए बिना भवानंद गाने लगे—

"शुभ्र-ज्योत्स्ना-पुलकित-यामिनीम्
फुल्ल-कुसुमित-द्रुमदलशोभिनीम्
सुहासिनीं सुमधुरभाषिणीम्
सुखदां वरदां मातरम्।।"

महेंद्र ने कहा, "यह तो देश है, यह तो माँ नहीं।"

भवानंद ने कहा, "हम दूसरी माँ नहीं मानते। जननी जन्मभूमिश्च स्वर्गादपि गरीयसी, हम कहते हैं जन्मभूमि ही जननी है, हमारे माँ नहीं, बाप नहीं, भाई नहीं,—स्त्री नहीं, पुत्र नहीं, घर नहीं, द्वार नहीं, हमारे हैं सिर्फ वही सुजला, सुफला, मलयज-समीरण-शीतला, शस्य-श्यामला—"

तब समझ कर महेंद्र ने कहा, 'तो फिर गाओ।' भवानंद ने फिर गाया—

"वंदे मातरम्।
सुजलां सुफलां मलयजशीतलां
शस्यश्यामलां मातरम्।
शुभ्र-ज्योत्स्ना-पुलकित-यामिनीम्,
फुल्ल कुसुमित द्रुमदलशोभिनीम्,
सुहासिनीं सुमधुरभाषिणीम्,
सुखदां वरदां मातरम्।।
सप्तकोटिकंठ-कलकल-निनाद कराले,
द्विसप्तकोटिभुजैर्धृत-खर-करवाले,
अबला केन मा एत बले।
बहुबलधारिणीं नमामि तारिणीम्
रिपुदलवारिणीं मातरम्।।
तुमि विद्या तुमि धर्म,
तुमि हृदि तुमि मर्म,
त्वं हि प्राणाः शरीरे।
बाहुते तुम मा शक्ति,
हृदये तुमि मा भक्ति,
तोमारेइ प्रतिमा गड़ि मंदिरे-मंदिरे।
त्वं हि दुर्गा दशप्रहरणधारिणी,
कमला कमलदलविहारिणी
वाणी विद्यादायिनी, नमामि त्वां

नमामि कमलाममलामतुलाम्
सुजलां सुफलां मातरम्
वंदे मातरम्
श्यामलां सरलां सुस्मितां भूषिताम्
धरणी भरणीं मातरम्।"

महेंद्र ने देखा, दस्यु गाते-गाते रोने लगा, महेंद्र ने तब सविस्मय पूछा, "तुम लोग कौन हो?"

भवानंद ने कहा, "हम लोग संतान हैं।"

महेंद्र–संतान क्या? किसकी संतान?

भवानंद–माँ की संतान।

महेंद्र–अच्छा, संतान क्या चोरी करके डाका डालकर माँ की पूजा करते हैं? वह कैसी मातृभक्ति है?

भवानंद–हम लोग चोरी नहीं करते, डाका नहीं डालते।

महेंद्र–अभी-अभी तो गाड़ी लूटी?

भवानंद–वह क्या चोरी-डाका है? किसका रुपया लूटा?

महेंद्र–क्यों, राजा का।

भवानंद–राजा का? यह रुपया जो वह लेगा, इस पर उसका क्या अधिकार है?

महेंद्र–राजा का राजभाग है।

भवानंद–जो राजा राज्यपालन नहीं करता, वह फिर राजा क्या है?

महेंद्र–तुम लोग सिपाहियों की तोपों के सामने किसी दिन उड़ जाओगे, देखता हूँ।

भवानंद–बहुत साले सिपाही देखे हैं, आज भी देखे।

महेंद्र–अच्छी तरह नहीं देखा, एक दिन देखोगे।

भवानंद–देखा न हो। लेकिन एक दफे के अलावा दो दफे तो नहीं मरेंगे।

अनुवाद : **सूर्यकांत त्रिपाठी 'निराला'**

साम्य/स्त्री जाति

प्रत्येक मनुष्य के अधिकार समान हैं–साम्य-नीति यही है। कृषक और भूस्वामी में जो वैषम्य है, वह साम्य-नीति विरोधी है। साम्य-नीति की विरोधी चीजों के रूप में इसका उल्लेख, प्रथम उदाहरण की तरह मैं पहले ही कर आया हूँ। द्वितीय उदाहरण

के रूप में, स्त्री-पुरुष का जो वैषम्य है, उसकी चर्चा करूँगा।

प्रत्येक मनुष्य के अधिकार समान हैं। स्त्रीगण भी मनुष्य जाति हैं, अतएव स्त्रीगण को भी पुरुषों जैसे अधिकार मिलने चाहिए। जिन-जिन कार्यों पर पुरुषों का अधिकार है, उन्हीं सब कार्यों पर स्त्रियों का भी अधिकार होना, न्याय संगत है। और क्यों न हो यह अधिकार? उत्तर में कुछ लोग कह सकते हैं कि स्त्री-पुरुष में प्रकृतिगत वैषम्य है, पुरुष बलवान है, स्त्री अबला है, पुरुष साहसी है, स्त्री भीरु है, पुरुष कष्ट उठा सकता है, स्त्री कोमल है, इत्यादि इत्यादि। अगर प्रकृतिगत वैषम्य के कारण अधिकारों में भी वैषम्य होना उचित होता तो हम अंग्रेजों और बंगालियों के बीच अधिकार वैषम्य को देखकर इतना चीत्कार क्यों करते हैं? अगर स्त्री दासी है, पुरुष प्रभु, यही विचार संगत है तो बंगाली दास है, अंग्रेज प्रभु, यह भी विचार-संगत माना जाएगा।

द्वितीय उत्तर यह है कि जिन सब विषयों में स्त्री-पुरुषों के बीच अधिकार वैषम्य दिखाई पड़ता है, उन सभी विषयों में यथार्थतः स्त्री-पुरुष के बीच प्रकृतिगत वैषम्य नहीं है। दिखाई यही पड़ता है कि ये सब केवल समाज के नियमों के दोष हैं। इन सभी सामाजिक नियमों में संशोधन कराना ही साम्यनीति का उद्देश्य है। सुविख्यात जॉन स्टुअर्ट मिल ने इस संबंध में जो सोच-विचार किया है, उससे इस विषय का प्रतिपादन बड़े सुंदर ढंग से हुआ है। उन सभी बातों को यहाँ दुहराने का कोई मतलब नहीं है।[1]

स्त्रियाँ सभी देशों में पुरुषों की दासी हैं। जो देश, स्त्रियों को पिंजड़े में बंद करके नहीं भी रखते, वहाँ भी स्त्रियों को पुरुषों पर ही निर्भर रहना पड़ता है। और सब प्रकार से उनकी आज्ञा का पालन करते हुए, मन मारकर रहना पड़ता है।

सभी देशों में और सभी कालों में इसी प्रथा के चिर प्रचलित रहने के बावजूद इस समय अमेरिका और इंग्लैंड में समाजशास्त्रियों का एक वर्ग इसका विरोधी है। वे साम्यवादी हैं। उनका मत यही है कि स्त्री और पुरुष में हर प्रकार की बराबरी का रहना ही उचित है। पुरुष नौकरी करेंगे, व्यवसाय करेंगे, स्त्रियाँ क्यों नहीं करेंगी? पुरुष राज-काज सँभालेंगे, व्यवस्थापक का काम करेंगे, स्त्रियाँ क्यों नहीं करेंगी? नारी पुरुष की पत्नी है, दासी क्यों बनेगी?

हमारे देश में, स्त्रियाँ जिस मात्रा में पुरुषों के अधीन हैं, यूरोप और अमेरिका में उसका शतांश भी नहीं है। हमारा देश, अधीनता का देश है, हर प्रकार की अधीनता यहाँ अंकुरित होकर फलती-फूलती रहती है। यहाँ, प्रजा, जिस प्रकार राजा के नितांत अधीन है, अन्यत्र उतनी नहीं, यहाँ अशिक्षित, शिक्षितों के जिस प्रकार गुलाम हैं, अन्यत्र उस प्रकार नहीं, यहाँ शूद्रादि, जिस प्रकार ब्राह्मणों द्वारा पद-दलित हैं, अन्यत्र किन्हीं भी धर्मयोजकों द्वारा इस प्रकार नहीं। यहाँ दरिद्र, धनियों द्वारा जितना दबाए

1. Subjection of Women

जाते हैं, अन्यत्र उतना नहीं। यहाँ स्त्री जिस प्रकार पुरुषों की आज्ञानुवर्तिनी है, अन्यत्र उतनी नहीं।

यहाँ रमणी, पिंजड़े में कैद विहंगिनी है। जैसी बोली उसे सिखाई जाएगी, वैसी ही बोली वह बोलेगी। आहार देने से खाएगी, नहीं तो एकादशी करेगी। पति, अर्थात् पुरुष देवता-स्वरूप हैं, और देवता-स्वरूप ही क्यों, वह शास्त्रों में सभी देवताओं में प्रधान देवता स्वरूप स्तुत्य हैं। दासीभाव इतना अधिक है कि पत्नियों की आदर्श-स्वरूप द्रौपदी ने सत्यभामा से अपनी प्रशंसा में कहा है कि स्वामियों के संतोषार्थ मैं उनकी अन्य पत्नियों की परिचर्या भी करती रहती हूँ।

यह आर्य पतिव्रता धर्म अति सुंदर है, इसके कारण आर्यगृह स्वर्ग तुल्य सुखमय है। पतिव्रत का विरोधी कोई नहीं है, स्त्री जो पुरुषों की दासी मात्र है, और दुनिया के अधिकतर कार्य-व्यापार में वह जिस प्रकार अधिकार शून्य है, साम्यवादी उसी के विरोधी हैं।

हमारे देश में स्त्री-पुरुषों के बीच जो भयंकर वैषम्य है, उसका भान अब हमारे देश के लोगों को कुछ-कुछ होने लगा है, और कुछ क्षेत्रों में वैषम्य का विनाश करने के लिए समाज में आंदोलन भी हो रहे हैं। वैसे कुछ क्षेत्र हैं–

1. पुरुष को शिक्षा अवश्य ग्रहण करनी होती है, लेकिन स्त्रियाँ अशिक्षिता रहती हैं।

2. स्त्री-वियोग होने पर, पुरुष दुबारा विवाह करने का अधिकारी है। लेकिन स्त्री अगर विधवा हो जाए तो वह पुनः विवाह करने की अधिकारिणी नहीं है। यही नहीं, वह हर प्रकार के सुख-भोग को तिलांजलि देकर, बराबर के लिए ब्रह्मचर्यानुष्ठान का पालन करने के लिए बाध्य है।

3. पुरुष अपनी इच्छानुसार जहाँ चाहे जा सकता है, लेकिन स्त्रियाँ घर की प्राचीरों का अतिक्रमण नहीं कर सकतीं।

4. स्त्रियाँ स्वामी की मृत्यु के बाद भी, किसी अन्य को स्वामी के रूप में ग्रहण करने की अधिकारिणी नहीं हैं, लेकिन पुरुष, स्त्री के रहते हुए भी, बहु-विवाह कर सकता है।

प्रथम विषय पर लोगों का मत इधर कुछ परिवर्तित हुआ है। सभी यह स्वीकार करने लगे हैं कि कन्याओं को कुछ लिखाना-पढ़ाना अच्छा है। लेकिन अभी भी किसी को प्रायः यह ख्याल नहीं आता कि पुरुषों की तरह ही स्त्रियाँ भी नानाविध साहित्य, गणित, विज्ञान, दर्शन आदि क्यों नहीं सीख सकतीं। जो लोग पुत्र को एम.ए. की परीक्षा उत्तीर्ण न करते देखकर, विषपान कर लेना चाहते हैं, वही कन्या के कथामाला (प्रारंभिक पुस्तक-अनु.) समाप्त कर लेने पर ही प्रसन्न हो जाते हैं। वह इस प्रश्न को अपने मन में कभी भी सही स्थान नहीं देते कि पुत्र की तरह कन्या को भी एम. ए. तक क्यों न पढ़ाया जाए। अगर कोई उनसे यह प्रश्न करे भी तो वह प्रश्नकर्ता की ओर अचरज से देखेंगे।

कुछ लोग यह प्रतिप्रश्न करेंगे कि लड़की इतना लिख-पढ़कर क्या करेगी? क्या नौकरी करेगी? अगर साम्यवादी इस प्रश्न के प्रत्युत्तर में कहें, "नौकरी करेगी क्यों नहीं?" तो वह कहेंगे, "हे ईश्वर!" कोई बुद्धिमान व्यक्ति यह भी कह सकता है, "लड़के के लिए ही नौकरी नहीं जुटा पा रहा, तो फिर लड़की के लिए नौकरी कहाँ से मिलेगी?" जो यह समझते हैं कि विद्योपार्जन केवल नौकरी के लिए नहीं किया जाता, वे कह सकते हैं, "पुत्र की तरह लड़की को लिखना-पढ़ना सिखाने की सुविधाएँ ही कहाँ हैं, स्त्रियों के लिए विद्यालय ही कहाँ हैं?"

सच है, बंगदेश में, समूचे भारतवर्ष में भी कह सकते हैं, स्त्रियों को, पुरुषों की तरह लिखना-पढ़ना सिखाने की सुविधाएँ नहीं हैं। हमारे समाज में स्त्रियों और पुरुषों के बीच की साम्यनीति अब तक ठीक तरह से जड़ें नहीं जमा पाई—इसका एक प्रमाण तो यही है कि लोग मौखिक रूप से ही स्त्री शिक्षा का समर्थन करते रहते हैं। समाज में किसी चीज का अभाव होने पर ही उसकी पूर्ति होती है—समाज जब किसी चीज की वास्तव में कमी महसूस करता है तभी वह चीज जन्म लेती है। बंगवासी अगर सचमुच स्त्री-शिक्षा की अभिलाषा रखते, तो इसके लिए कुछ उपाय भी करते।

इस उपाय के दो रूप हैं। प्रथम, स्त्रियों के लिए पृथक विद्यालयों की स्थापना हो, द्वितीय पुरुष विद्यालयों में स्त्रियों को शिक्षा मिले।

द्वितीय उपाय का नाम लेते ही बंगवासी जल उठेंगे। निःसंदेह, वे यही सोचेंगे कि अगर पुरुष विद्यालयों में कन्याएँ पढ़ने के लिए प्रवृत्त हुईं तो वे वारांगनाओं की तरह आचरण करेंगी। लड़कियों का तो अधःपतन होगा ही, लड़के भी स्वेच्छाचारी हो जाएँगे।

प्रथम आपत्ति का खुलासा करने के बाद, इन सभी आपत्तियों के लिए स्थान नहीं रह जाता, पर आपत्तियों का अभाव नहीं है। अगर लड़कियाँ, लड़कियों के कॉलेज में पढ़ने के लिए जाने लगेंगी तो बच्चों को कौन पालेगा? बालक को स्तनपान कौन कराएगा? घर का कामकाज कौन करेगा? बंगीय बालिका चौदह साल की उम्र में माता और गृहिणी बन जाती है। तेरह वर्ष की उम्र के बीच में ही लिखना-पढ़ना सीख सकती है, यही उनके भाग्य में है। या कि यह भी उसे सुलभ नहीं है, क्योंकि तेरह वर्ष की उम्र में तो वह किसी की बहू और कुलकन्या बन जाती है, घर के बाहर निकलकर, हाथों में किताबें लेकर, वह कॉलेज में पढ़ने जाएगी तो कैसे?

हम यहाँ इन सभी आपत्तियों की मीमांसा की ओर इस समय प्रवृत्त नहीं होना चाहेंगे। हम यही कहना चाहते हैं कि अगर आप साम्यवादी हैं तो जब तक आप सभी विषयों और क्षेत्रों में समानता नहीं लाएँगे, तब तक आंशिक साम्य का विधान भी नहीं कर पाएँगे। समाज में समाजनीति से परस्पर सभी बँधे होते हैं, अगर स्त्री-पुरुष सभी क्षेत्रों में समान अधिकार शिक्षा के फल से या विद्यासागर महाशय तथा बाह्य

समाज के अनुरोध से स्वीकार भी करते हैं, वे इसे कार्यरूप में परिणत नहीं करते। जो लोग यह मानते हैं कि विधवा, विवाह की अधिकारिणी है, उन्हीं के घर की कोई विधवा अगर विवाह के लिए व्याकुल भी हो तो भी वे उस विवाह के लिए किसी उद्यम का साहस नहीं जुटा पाते। इसका कारण है, समाज का भय। इसीलिए यह नीति समाज में प्रवेश नहीं कर सकी। अन्यान्य साम्यात्मक नीतियों के समाज में न प्रविष्ट हो सकने का कारण समझ में आ सकता है, विधानों का कर्ता तो पुरुष जाति ही है और उनके प्रचलन से पुरुष जाति अपने लिए खतरा महसूस करती है, लेकिन यह नीति इस समाज में क्यों नहीं प्रवेश कर पा रही, इसे आसानी से समझा नहीं जा सकता। यह दुःसाध्य नहीं है, इससे किसी का अनिष्ट नहीं होता, और यह बहुतों के लिए सुखवृद्धि की नीति है। फिर भी समाज द्वारा इसके स्वीकृत होने के कोई लक्षण दिखाई नहीं पड़ रहे। इसका कारण यही मालूम पड़ता है कि समाज के लोकाचार का उल्लंघन दुष्कर है।

एक और बात है। बहुतों को लगता है कि विधवा होने पर चिर वैधव्य के बंधन में बँधे रहना हिंदू महिलाओं के पातिव्रत्य की निशानी है और इसके विपरीत कोई और कामना करना उनके लिए उचित नहीं है। सभी हिंदू स्त्रियाँ यह जानती हैं कि एक स्वामी के साथ ही उनके सुख-दुःख जुड़े हुए हैं, इसीलिए वह स्वामी के प्रति अनंत रूप से भक्तिमती होती हैं। इस संप्रदाय के लोगों की विवेचना यह है कि इसी कारण हिंदूगृह में दाम्पत्य-सुख का इतना आधिक्य है। इस बात को सच मानकर ही स्वीकार कर लेते हैं। पर यदि सच यही है, तो फिर नियम को एकतरफा क्यों रखा जाए? विधवा का चिरवैधव्य यदि समाज के लिए मंगलकारी है, तो फिर जिस पति की पत्नी की मृत्यु हो गई हो, उसके लिए यह विधान क्यों नहीं है कि वह भी चिरपत्नीहीन जीवन ही व्यतीत करेगा। तुम्हारे मरने पर, तुम्हारी स्त्री की कोई और गति नहीं है, इसलिए तुम्हारी स्त्री अधिक प्रेमशालिनी है, इसी तर्क से तुम्हारी स्त्री के मरने पर तुम्हारी कोई और गति नहीं होनी चाहिए, इससे तुम भी अधिक प्रेमशाली बनोगे। और दांपत्य सुख की, गार्हस्थ्य सुख की वृद्धि दुगुनी हो जाएगी। लेकिन तुम्हारी बारी आने पर यह नियम लागू क्यों नहीं होता? केवल अबला स्त्री की बेला में यह नियम क्यों लागू होता है।

तुम विधानकर्ता पुरुष हो, तुम्हारे हर तरह से पौबारह हैं। तुम्हारे पास बाहुबल है, इसीलिए तुम कुछ भी कर सकते हो। लेकिन इतना जान लो, कि यह बहुत बड़ा अन्याय है, गुरुतर भी है, और यह वैषम्य धर्मविरुद्ध है।

तृतीय, लेकिन पुरुष के जितने प्रकार के दुराचरण हैं, स्त्री-पुरुष के बीच के जो वैषम्य हैं, उनमें से हमारे द्वारा उल्लिखित तृतीय उदाहरण, अर्थात् स्त्रियों को वन्य-पशु की भाँति घर के भीतर बाँधकर रखने जैसा निष्ठुर, जघन्य, अधर्मी वैषम्य और कोई दूसरा नहीं है। हम चातक की तरह जमीन-आसमान में उड़ते फिरेंगे, लेकिन

स्त्रियाँ डेढ़ कट्ठा भूमि के भीतर, पिंजड़े में बंद रहेंगी! पृथ्वी के आनंद, भोग, शिक्षा, कौतुक—और जगत में जो कुछ सुंदर है, उसमें से अधिकांश से वे वंचित रहेंगी। क्यों? पुरुषों के हुक्म से।

इस प्रथा की न्याय-विरुद्धता को, अनिष्टकारिता को इस वक्त अधिकांश सुशिक्षित लोग स्वीकार करने लगे हैं, लेकिन स्वीकार करने के बावजूद इसे तोड़ने की ओर प्रवृत्त नहीं होते। इसका कारण, अमर्यादा का भय है। मेरी स्त्री को, मेरी कन्या को दूसरी आँखें देखेंगी! इसमें कितना अपमान है। कितनी लज्जा की बात है यह। और अपनी स्त्री को, अपनी कन्या को, पशुओं की भाँति तुम बाँधकर रखते हो, उसमें कोई अपमान नहीं है, कोई लज्जा नहीं है। यदि नहीं है, तुम्हारे मान-अपमान के बोध पर मुझे लज्जा आती है।

मैं पूछता हूँ कि अपने अपमान और अपनी लज्जा को ध्यान में रखकर तुम उनका जो उत्पीड़न करते हो, उसका तुम्हें क्या अधिकार है। क्या वे केवल तुम्हारी रक्षा के लिए हैं, तुम्हारे तेज-प्रताप की छाया में ही उन्हें रहना है, क्या इसीलिए उन्होंने देह धारण की है। तुम्हारा मान-अपमान ही सब कुछ है, उनका सुख-दुःख कुछ नहीं है?

मैं जानता हूँ कि तुमने बंग-कन्याओं को इसी तरह बड़ा किया है कि वे अपने उत्पीड़न को दुःख में शुमार नहीं करतीं। इसमें विचित्र कुछ भी नहीं है। जिसको आधा पेट खाने का अभ्यस्त बना दिया जाएगा, वह आगे भी आधा पेट खाकर संतुष्ट रहेगा, अन्न के अभाव का दुःख अनुभव नहीं करेगा। लेकिन इससे आपकी निष्ठुरता का परिमार्जन नहीं हुआ। वे सहमत हों या असहमत, तुमने उनके सुख और उनकी शिक्षा का हरण किया है, इसके लिए तुम्हारी गणना अनंत काल तक महापापी के रूप में की जाएगी।

और कई ऐसे मूर्ख हैं, जिनकी आपत्ति केवल इतनी नहीं है। उनका कहना है कि समाज में इच्छानुसार विचरण करने पर, स्त्रियाँ दुष्ट स्वभाव की हो जाएँगी, और दुश्चरित्र पुरुषगण अवसर पाकर उनका धर्म भ्रष्ट कर देंगे। अगर उनसे यह पूछा जाए कि, देखा, यूरोप आदि के सभा-समाज में कुल कामिनियाँ यथेच्छा से समाज में विचरण करती हैं, इससे उनको क्या क्षति पहुँच रही है। इस पर वे यही उत्तर देंगे कि इन सभी समाजों की स्त्रियाँ, हिंदू महिलाओं की अपेक्षा धर्मभ्रष्ट और कलुषित स्वभाव वाली ही तो हैं।

स्त्रियों को धर्मरक्षार्थ पिंजड़े में बंद करके रखने की जरूरत है, इस तरह व कुत्सित बात जो हिंदू स्त्रियों के लिए कहते हैं, हम उसे सहन नहीं कर सकते। लोगो के संपर्क में आने मात्र से उनका धर्म भ्रष्ट हो जाएगा, पुरुषों को देखते ही वे कुल धर्म को तिलांजलि देकर उनके पीछे-पीछे भागने लगेंगी—हिंदू स्त्रियों का धर्म इतना क्षीण नहीं है। न ही, वह सौ परदों के भीतर रहने वाला है। जो धर्म इतना क्षीण

हो, और सौ परदों में ढक कर रखने वाला हो, उस धर्म का रहना न रहना बराबर है। उसे बचाकर रखने के लिए इतने प्रयत्न की क्या आवश्यकता है? उनके बंधनों को तोड़कर, उनके लिए नई भूमि तैयार करो।

चतुर्थ, हमने चतुर्थ वैषम्य का उल्लेख किया है, अर्थात् पुरुष जनों को बहु-विवाह का अधिकार है, इस संबंध में अधिकार लिखने की आवश्यकता नहीं है। अब बंगवासी हिंदूगण विशेष रूप से यह समझ गए हैं कि यह अधिकार नीति विरुद्ध है। सहज ही समझा जा सकता है कि इस प्रसंग में, स्त्रियों के अधिकार में वृद्धि करके समाज संस्कारकों का उद्देश्य साम्य स्थापित करने का नहीं हो सकता; पुरुषों के अधिकार में कटौती करना ही उद्देश्य है; कारण मनुष्य जाति में किसी का भी बहु-विवाह नीतिसंगत नहीं हो सकता।

कोई यह नहीं कहेगा कि पुरुषों की तरह स्त्रियाँ भी बहु-विवाह की अधिकारिणी बनें, सभी यह कहेंगे कि स्त्रियों की तरह पुरुषों को भी एक ही विवाह का अधिकार है। अतएव, जहाँ अधिकार नीतिसंगत है,[1] वहीं पर साम्य अधिकार को संप्रसारित करता है, जिस जगह किसी कार्य का अधिकार अनैतिक है, उस जगह वह उसको काटता और संकीर्ण करता है। साम्य का फल कभी अनैतिक नहीं हो सकता। साम्य एवं स्वानुवर्तिता, इन्हीं दोनों तत्त्वों में समुदाय का नीतिशास्त्र निहित है।

इन चारों वैषम्यों पर अंततः बंगीय समाज की नजर गई है। जो अत्यंत गर्हित हैं, जब उन्हीं का कोई प्रतिविधान नहीं हो रहा, तब अन्य प्रकार के और जो वैषम्य हैं, उन पर कटाक्ष करने से कोई उपकार होगा, ऐसी उम्मीद नहीं की जा सकती। हम दो-एक बातें और कहकर इस प्रसंग को समाप्त करेंगे।

स्त्री-पुरुष के बीच प्रायः सभी समाजों में जो वैषम्य प्रचलित हैं, उनमें से पैतृक संपत्ति के उत्तराधिकार से संबंधित नियम-कानून सबसे अधिक भयानक और शोचनीय हैं। पुत्र पैतृक संपत्ति का संपूर्ण अधिकारी है, कन्या कुछ भी नहीं। पुत्र-कन्या दोनों ही एक ही औरत, एक ही गर्भ से जन्म लेते हैं, दोनों को बड़ा करने के प्रति माता-पिता एक-सा यत्न करते हैं, दोनों के प्रति उनका एक-सा दायित्व है, किंतु पुत्र, पिता की मृत्यु के बाद चाहे हजारों मुद्राएँ सुरापान आदि में भस्म कर दे, पर कन्या किसी विशेष प्रयोजन के लिए भी उनमें से एक कौड़ी तक नहीं पा सकती। इस नीति का कारण यही है कि हिंदू शास्त्रों में यही निर्दिष्ट किया गया है कि पुत्र ही श्राद्ध का अधिकारी है, वही उत्तराधिकारी है, लेकिन यह कितना असंगत और अयथार्थ

---

1. शायद ऐसा भी हो सकता है। जैसे—निपुत्र राजा अथवा जिसकी पत्नी कुष्ठ आदि रोग से ग्रस्त हो। 'शायद' इसलिए कह रहा हूँ कि यह स्वीकार करने से पुरुषों के विपक्ष में भी ऐसा ही सोचना चाहिए। वस्तुतः बहु-विवाह के पक्ष में बोलने के लिए दो एक बातें हैं। मगर मेरी नजर में बहु-विवाह ऐसी निकृष्ट प्रथा है कि उसके उल्लेख से भी अनिष्ट होगा।

है। इसकी असंगति के बारे में जितना कहा जाए कम है। देखें कि, इस नियम का कोई अन्य स्वभावसंगत स्रोत या आधार है क्या? यह कहा जा सकता है कि स्त्री का स्वामी के धन पर, स्वामी की तरह ही अधिकार है एवं वही स्वामी के गृह की गृहिणी है, स्वामी के धन-ऐश्वर्य की कर्त्री वही है, इसीलिए पैतृक धन की अधिकारिणी होने का, उसका कोई प्रयोजन नहीं है। अगर यही इस व्यवस्था नीति का मूलस्वरूप हो, तो यह पूछा जा सकता है कि विधवा कन्या को पिता की संपत्ति पर अधिकार क्यों नहीं मिलता। लेकिन हम ये सब क्षुद्रतर आपत्तियाँ उठाने के इच्छुक नहीं हैं। स्त्री, स्वामी या पुत्र या किसी अन्य पुरुष की आश्रिता होकर ही धन की भागीदार हो सकती है इसी पर हमारी आपत्ति है। ऐसा न होने पर स्त्री-जाति धनाधिकारिणी नहीं हो सकती—दूसरे की दासी होकर ही धनी होगी—नहीं तो धनी नहीं होगी, इसी पर आपत्ति है। पति की पद सेवा करने, पति दुष्ट हो, कुभाषी हो, दुराचारी हो, सब कुछ सहन करो—आवारा, दुर्मुख, कृतघ्न, पापात्मा पुत्र की बंदी बनकर रहो—नहीं तो धन के साथ स्त्री जाति का कोई संबंध नहीं होगा। पति पुत्र द्वारा तिरस्कृत होने पर, उसका सब कुछ लुट जाएगा। स्वतंत्र होकर जीने का कोई उपाय नहीं है—सहिष्णु बनकर रहने के अतिरिक्त और कोई गति नहीं है। इधर, पुरुष सर्वाधिकारी है, स्त्री का धन भी उसी का धन है। इच्छा करने पर स्त्री पर कोई अंकुश नहीं है। यह वैषम्य गुरुतर है, पुरुष की स्वेच्छाचारिता पर कोई अंकुश नहीं है। यह वैषम्य गुरुतर है, न्याय विरुद्ध एवं नीति विरुद्ध है।

कई लोग कहेंगे, यह अति उत्तम व्यवस्था है। इस व्यवस्था के प्रभाव से स्त्री, स्वामी के वश में रहती है। अवश्य ही, पुरुषकृत व्यवस्था का उद्देश्य तो यही है ही, जितने प्रकार के बंधन हैं, उनसे स्त्री के हाथ-पाँव बाँधकर, उसे पुरुष के चरणों में बैठा दो—पुरुषों को स्वेच्छानुसार पदाघात करने दो, अधम नारियाँ इसका कोई विरोध नहीं कर सकतीं। मैं पूछता हूँ, स्त्रियाँ पुरुषों के वश में रहती हैं, यह बहुत वांछनीय है। पुरुषगण, स्त्रियों के वश में रहें, यह वांछनीय क्यों नहीं है। जितने बंधन हैं, वे सब स्त्री जाति को बाँधने के लिए ही हैं, पुरुष जाति के लिए एक भी बंधन क्यों नहीं है? क्या स्त्रियाँ, पुरुषों की अपेक्षा स्वभाव से अधिक दुश्चरित्र होती हैं? या फिर रस्सी पुरुषों के हाथ में होने से ही, स्त्री जाति इतने दृढ़ बंधनों में कसी हुई है। यदि यह अधर्म नहीं है, तो फिर अधर्म कहते किसे हैं, क्या कहा जाए!

हिंदू शास्त्रों के अनुसार पति-पुत्र के मरने पर स्त्री कदाचित धन-संपत्ति की अधिकारिणी होती है—बस यही हिंदू शास्त्रों का गौरव है। इस तरह के दो-एक विधि-विधान रहने के कारण ही हम प्राचीन आर्य व्यवस्था शास्त्र को कुछ अंशों में, आधुनिक सभ्य यूरोपीय व्यवस्था-शास्त्र की अपेक्षा उत्कृष्ट मानकर गौरव का अनुभव करते हैं। लेकिन यह तो केवल अच्छे-बुरे का सवाल हुआ। स्त्री धन-संपत्ति की अधिकारिणी जरूरी है, परंतु दान करने, विक्रय करने की अधिकारिणी नहीं है। यह

अधिकार कितना हुआ? केवल अपना भरण-पोषण मात्र पाएँगी और अपने जीवन-काल में किसी और को कुछ दे नहीं सकेंगी, बस यहीं तक है उनका अधिकार। पापात्मा पुत्र चाहे तो सर्वस्व बेचकर इंद्रिय सुखों का भोग करे, इस पर शास्त्रों को आपत्ति नहीं है, लेकिन महारानी स्वर्णमयी की तरह धर्मनिष्ठ स्त्री किसी के प्राण-रक्षार्थ भी एक बीघा जमीन हस्तांतरित नहीं कर सकती। यह वैषम्य क्यों है? इसके उत्तरों का अभाव नहीं है—स्त्रियाँ अल्पबुद्धि हैं, अस्थिरमति की हैं, धन-संपत्ति की रक्षा करने में अशक्त हैं। हठात सर्वस्व का हस्तांतरण कर देंगी, उत्तराधिकारी की क्षति होगी, इसीलिए उनका धन-संपत्ति के हस्तांतरण के मामले में अशक्त होना ही ठीक है। हम इस बात को स्वीकार नहीं करते। स्त्रियाँ बुद्धि, चतुरता, स्थैर्य में पुरुषों के मुकाबले किसी भी अंश में कम नहीं हैं। धन-संपत्ति की रक्षा के लिए जो शिक्षा चाहिए, उसमें वे जरूर कमजोर हैं, लेकिन यह तो पुरुषों का ही दोष है। तुम उन्हें घर की चारदीवारी में कैद रखते हो, जमीन-जायदाद और व्यवस्था के मामले में कुछ करने नहीं देते, ऐसे में उनकी शिक्षा इन विषयों में हो तो कैसे हो। पहले उन्हें धन-संपत्ति के मामलों में थोड़ा संलग्न तो करो, बाद में उनसे यह प्रत्याशा रखना कि वे इन विषयों में पूरी तरह दीक्षित हो जाएँ।

पुरुष के अपराध से ही स्त्री अशिक्षिता है—लेकिन इस अपराध का दंड भी स्त्रियों को ही भुगतना पड़ता है। यह हुई न बात।

स्त्रियों के संपत्ति संबंधी अधिकार को लेकर एक मजेदार बात याद आई। कई साल पहले हाई कोर्ट में एक मुकद्दमा आया था। विचारणीय विषय यह था कि असली स्त्री, संपत्ति की अधिकारिणी हो सकती है या नहीं। विचारक ने कहा, हो सकती है। सुनकर देश में हलचल मच गई। लो, इतने दिनों का हिंदू स्त्री का सतीत्व धर्म अब लुप्त हो गया। और, सतीत्व धर्म की रक्षा कौन नहीं करना चाहेगा? बंगाली समाज पैसा खर्च नहीं करना चाहता। राजाज्ञा न होने पर चंदा भी नहीं देता, लेकिन यह लाठी ऐसे मर्मस्थान पर पड़ी थी, कि हिंदुओं ने अपनी ओर से चंदा इकट्ठा करके प्रिवी कौंसिल में अपील करने की ठानी। प्रधान समाचार पत्रों ने लिखा, "हा! सतीत्व! कहाँ चले गए।" और अंग्रेजी बांग्ला में रुदन करते हुए, "अरे भाई, चंदा दो।" की गुहार लगाने लगे। बाद में क्या हुआ, मालूम नहीं, क्योंकि देशी समाचार पत्रों के पाठ से मैं इच्छाक्रम से वंचित रहा हूँ। खैर, जो भी हो, जिन लोगों को यह विचार अत्यंत भयंकर लगा था, उनसे एक बात पूछने का मेरा मन जरूर है। स्वीकार करता हूँ कि असली स्त्री का संपत्ति के अधिकार से वंचित होना ही विधेय है, ऐसा होने पर असतीत्व के पाप पर एक बड़ा अंकुश बना रहेगा, लेकिन इसी के साथ एक और विधान का होना अच्छा रहेगा, जो लंपट पुरुष पत्नी के अतिरिक्त अन्य किसी स्त्री से संसर्ग का दोषी हो, उसे भी संपत्ति के अधिकार से वंचित क्यों न रखा जाए? संपत्ति के अधिकार से वंचित करने का डर दिखाकर स्त्रियों को तो सती बनाना

चाहते हो, वही डर दिखाकर पुरुषों को सत्यपथ पर क्यों नहीं रखना चाहते? धर्मभ्रष्टा स्त्री को संपत्ति नहीं मिलेगी; धर्मभ्रष्ट पुरुष, जो लंपट है, चोर है, मिथ्यावादी है, मद्यपायी है, कृतघ्न है, वह सब संपत्ति पाएगा, क्योंकि वह पुरुष है, केवल असली पत्नी संपत्ति नहीं पाएगी, क्योंकि वह स्त्री है। यदि यही धर्मशास्त्र है, तो अधर्मशास्त्र कौन-सा है? यदि यही कानूनी है, तो गैरकानूनी क्या है? इस कानून की रक्षा के लिए चंदा उगाहना यदि देश वात्सल्य है तो महापातक होना क्या है?

स्त्री जाति का सतीत्व धर्म हर प्रकार से रक्षणीय है, इसके रक्षार्थ जितने बंधन लगाओ, उतना ही अच्छा है, किसी को आपत्ति नहीं होगी। लेकिन पुरुषों के ऊपर ये सब बंधन क्यों न हों? पुरुष वेश्या गमन करे, दूसरे की स्त्री के साथ संसर्ग करे, उसके ऊपर कोई अंकुश क्यों नहीं लगता? शास्त्रों में इसका निषेध किया गया है, सभी कहेंगे पुरुषों के लिए भी ये सभी कर्म खराब हैं, लोग भी इसकी थोड़ी-बहुत निंदा करेंगे—और मामला यहीं खत्म हो जाएगा। स्त्रियों के ऊपर जिस प्रकार का अनुशासन और अंकुश है, पुरुषों के ऊपर वैसा कुछ भी नहीं है। खाली बातें करने से कुछ नहीं होता; भ्रष्ट पुरुषों के लिए कोई सामाजिक दंड नहीं है। कोई स्त्री अगर सतीत्व संबंधी थोड़ी-सी भूल कर बैठती है तो मुँह दिखाने के काबिल नहीं रहती, हो सकता है आत्मीय स्वजन ही उसे विष देने पर उतारू हो जाएँ, और एक पुरुष उसी तरह का कर्म खुलेआम करके भी मुक्त रहता है, रात्रि की 'शेष वेला' में पत्नी के पास आता है और उससे अपने चरण स्पर्श कराता है। पत्नी पुलकित होती है, लोग भी उसकी निंदा-आलोचना करने का कष्ट नहीं उठाते, लोक समाज में वह जिस रूप में प्रतिष्ठित था उसी रूप में प्रतिष्ठित बना रहता है, उनके साथ अपने व्यवहार में कोई किसी प्रकार के संकोच का अनुभव नहीं करता और उन पर कोई आरोप रहने पर भी वे स्वच्छंद भाव से देश की शीर्ष प्रतिभा के रूप में विचरण करते रह सकते हैं। यह एक और गुरुतर वैषम्य है।

और एक अनुचित वैषम्य यह है कि निम्न वर्ग की स्त्रियों के अलावा, इस देश की स्त्रियाँ उपार्जन नहीं कर सकतीं। यह सच है कि उपार्जनकारी पुरुष अपने-अपने परिवारों की स्त्रियों का प्रतिपालन करते हैं। लेकन इस देश में अनेक स्त्रियाँ ऐसी हैं, जिनका प्रतिपालन करने वाला कोई नहीं है। यह बात हम बंगाल की विधवा स्त्रियों को विशेष रूप से लक्ष्य करके लिख रहे हैं। अन्यथा बंग विधवाओं का अन्न-कष्ट जग जाहिर है, उसके विस्तार में जाने की जरूरत नहीं है। वे उपार्जन करके अपने दिन नहीं बिता सकतीं, यह समाज की नितांत निष्ठुरता है। सच है, दासी या परिचारिका के रूप में काम करने में कोई बाधा नहीं है। लेकिन भद्र लोगों की स्त्रियाँ—कन्याएँ ये सब काम करने में सक्षम नहीं हैं—इसकी अपेक्षा मृत्यु-यंत्रणा उनके लिए कम है। और किसी प्रकार से वे जो उपार्जन नहीं कर सकतीं, उसके तीन कारण हैं। प्रथमतः वे देशी समाज की रीति के अनुसार घर से बाहर नहीं जा सकतीं। घर के

बाहर नहीं निकलने पर, उपार्जन की संभावना अल्प है। द्वितीय, इस देश की स्त्रियाँ लिखाई-पढ़ाई और शिल्पादि में सुशिक्षित नहीं हैं, किसी प्रकार की विद्या में सुशिक्षित न होने पर कोई भी उपार्जन नहीं कर सकता। तृतीय, विदेशी उम्मीदवार और विदेशी शिल्पी, प्रतियोगी बनकर खड़े हैं, इस देश में जब पुरुष ही नौकरी, व्यवसाय, शिल्प, वाणिज्य और खेती करके ऊपर नहीं उठ पा रहे हैं तो फिर स्त्रियाँ भला क्यों कर उनसे ऊपर उठ सकती हैं।

इन तीनों विघ्नों के निवारण का एक ही उपाय है—शिक्षा। लोगों के सुशिक्षित होने पर, खास कर स्त्रियों के सुशिक्षित होने पर, वे घर के भीतर गुप्त रूप से रहने की पद्धति का अनायास अतिक्रमण कर सकेंगी। शिक्षित होने पर ही स्त्रियों में अर्थोपार्जन की क्षमता जन्म लेगी। और इस देश के स्त्री-पुरुषों के, सब प्रकार की विधाओं में सुशिक्षित होने पर ही, विदेशी व्यवसायी, विदेशी शिल्पी तथा विदेशी वणिक, उनका अन्न नहीं चुरा सकेंगे। शिक्षा ही हर प्रकार के सामाजिक अमंगल के निराकरण का उपाय है।

हमने इस लेख में जो बातें लिखी हैं, अगर वे सच हैं, तो हमारे देश की स्त्रियों की दशा बड़ी शोचनीय है। इसके प्रतिकार के लिए किसने क्या किया है? पंडितवर श्रीयुत ईश्वरचंद्र विद्यासागर और ब्राह्मणसंप्रदाय ने अनेकों यत्न किए हैं—उनका यश अक्षय हो, लेकिन इन कुछ लोगों को छोड़ दें तो समाज में और कुछ भी नहीं हुआ। देश में अनेक एसोसिएशन, लीग, सोसाइटी सभा, क्लब, इत्यादि हैं—किसी का उद्देश्य राजनीति, किसी का समाजनीति, किसी का धर्मनीति, किसी का दुर्नीति है, लेकिन स्त्री जाति की उन्नति के लिए कुछ भी नहीं है। पशुओं पर कोई अत्याचार न करे, इसके लिए एक सभा है, किंतु बंगाल की आधी आबादी, स्त्री जाति—उसके उपकारार्थ कुछ भी नहीं है। हमने कुछ समय के भीतर, पाठशाला, चिकित्सालय और पशुशाला के लिए काफी अर्थ व्यय होते हुए देखा है, लेकिन बंग संसार की इस पशुशाला के सुधार के लिए क्या कुछ भी नहीं हो सकता?

नहीं हो सकता, क्योंकि इसमें रंग तमाशा कुछ भी नहीं। कुछ भी नहीं किया जा सकता, क्योंकि इसमें राय बहादुरी, राजा बहादुरी, स्टार ऑफ इंडिया प्रभृति कोई चीज नहीं है। हैं केवल मूर्खों की तालियाँ। कौन अग्रसर होगा?

—1875

मनुष्यत्व क्या है?

गुरु—मनुष्यत्व को समझ लेने पर धर्म को सहज ही समझ सकोगे। इसीलिए पहले मनुष्यत्व समझा रहा हूँ। मनुष्यत्व को समझने से पहले वृक्षत्व को समझो। यह घास देख रहे हो और यह वटवृक्ष देख रहे हो—दोनों क्या एक ही जाति के हैं?

शिष्य—हाँ, एक हिसाब से एक ही जाति के हैं। दोनों ही उद्‌भिद हैं।

गुरु—दोनों को ही क्या वृक्ष कहेंगे?

शिष्य—नहीं, वट को ही वृक्ष कहेंगे—वह तो तृण है।

गुरु—यह प्रभेद क्यों?

शिष्य—तना, शाखा, पल्लव, फूल, फल—इन सब से वृक्ष बनता है। वट में ये सब हैं, घास में ये सब नहीं हैं।

गुरु—घास में भी ये सब हैं—हाँ, क्षुद्र, अपरिणत। घास को वृक्ष नहीं कहोगे?

शिष्य—घास और वृक्ष?

गुरु—अगर घास को वृक्ष नहीं कहोगे तो फिर जिसमें मनुष्य की समस्त वृत्तियाँ पल्लवित नहीं हुईं, उसे मनुष्य नहीं कहा जा सकता। जिस तरह घास में उद्‌भित्व है, उसी तरह कुछ वन्य जीवों में भी मनुष्यत्व है। लेकिन जिस उद्‌भित्व को वृक्षत्व कहते हैं, वह जिस प्रकार घास में नहीं है, उसी प्रकार जो मनुष्यत्व मनुष्य-धर्म है, सब जीवों में वह मनुष्यत्व नहीं है। वृक्षत्व का उदाहरण छोड़ना मत, उसी से समझोगे। यह बंसवारी देख रहे हो, इसको वृक्ष कहोगे?

शिष्य—लगता है, नहीं कहूँगा। इसके तना, शाखा और पल्लव हैं, लेकिन यह क्या, इसमें फल-फूल नहीं आते, इसकी सर्वांगीण परिणति नहीं है, इसको वृक्ष नहीं कहूँगा।

गुरु—तुम अनभिज्ञ हो। पचास-साठ वर्ष पर इसमें फूल आते हैं। फूल के बाद, फल होते हैं—चावल जैसे। हाँ, चावल जैसे, उनसे भात भी बनता है।

शिष्य—फिर तो बांस को वृक्ष कहूँगा।

गुरु—वैसे तो बाँस तृण मात्र है। घास का एक तिनका तोड़कर, बाँस के साथ उसकी तुलना करो—वह तिनके से मेल खाता हुआ लगेगा। उद्‌भिदविद् बांस की गणना तृण श्रेणी में ही करते रहे हैं। अतएव देखो, स्फूर्ति गुण के कारण तृण-तृण में कितना फर्क है। फिर भी बाँस में सर्वांगीण स्फूर्ति नहीं है। जिस अवस्था में मनुष्य की सर्वांगीण परिणति संपूर्ण होती है, उसी अवस्था को मैं मनुष्यत्व कहता हूँ।

शिष्य—इस तरह की परिणति क्या धर्म द्वारा आयत्त होती है?

गुरु—इस रूप में उद्‌भिद की किसी उत्कर्ष में परिणति कई चेष्टाओं का फल

होती है। लौकिक व्यवहार में इसे कर्षण या पाट कहते हैं। यह कर्षण कहीं मनुष्य द्वारा होता है, कहीं प्रकृति के द्वारा होता है। एक और सामान्य उदाहरण दूँगा। कोई देवता अगर तुमसे आकर यह कहे कि वृक्ष और घास, इन दोनों को एक साथ पृथ्वी पर नहीं रखूँगा। या तो सारे वृक्ष नष्ट कर दूँगा या सब तृण नष्ट कर दूँगा। तो तुम क्या चाहोगे? वृक्ष रखना चाहोगे या घास रखना चाहोगे?

शिष्य—वृक्ष रखूँगा, इसमें संदेह कहाँ है? घास न रहने पर गाय बकरी को कुछ कष्ट होगा लेकिन वृक्ष न रहने पर आम, कटहल प्रभृति फलों से वंचित हो जाऊँगा।

गुरु—मूर्ख! पृथ्वी से तृण जाति तिरोहित हो जाने पर अन्नाभाव से मारे नहीं जाओगे? क्या जानते नहीं हो, धान भी तृण जाति का है? जो देख रहे हो, उसे अच्छी तरह जाकर देख आओ। धान का पाट होने से पहले धान भी इसी प्रकार का था। केवल कर्षण के कारण जीवनदायिनी लक्ष्मी समतुल्य हो गया है। गेहूँ भी इसी प्रकार का है। जिस फूलगोभी के साथ अन्न राशि का भक्षण करते हो, वह भी आदिम अवस्था में समुद्रतीर वासी तिक्तस्वाद कदर्य उद्‌भिद थी—कर्षण के कारण इस अवस्थान्तर को प्राप्त हुई है। उद्‌भिद के पक्ष में कर्षण जो कुछ है, मनुष्य के लिए अपनी वृत्तियों का अनुशीलन ठीक नहीं है, इसीलिए अंग्रेजी में दोनों को Culture! कहते हैं। इसलिए यह कहा गया है कि 'The Substance of Religion is Culture' मानव वृत्तियों का उत्कर्ष ही धर्म है।

शिष्य—स्थूल बातों से भी कुछ समझ नहीं सका—मनुष्य की सर्वांगीण परिणति किसे कहते हैं?

गुरु—अंकुर का ही परिणाम है, महामहीरुह। माटी में खोजो, हो सकता है एक अति क्षुद्रप्राय अदृश्य अंकुर देखने को मिले। अंततः वह अंकुर उसी प्रकांड वटवृक्ष की तरह एक वृक्ष बनेगा। लेकिन इसके लिए उसका कर्षण चाहिए—किसान लोग जिसको पेड़ का पाट कहते हैं, वह चाहिए। सरस माटी चाहिए, जल के बिना काम नहीं चलेगा। धूप चाहिए, केवल छाँह में रहने से काम नहीं चलेगा। जो सामग्रीं वृक्ष शरीर के लिए प्रयोजनीय है, वह माटी में होनी चाहिए—वृक्ष की जाति विशेष के लिए माटी में खास तरह की उर्वरता चाहिए। घेरा चाहिए। इत्यादि। यह सब होने पर अंकुर को सुवृक्षत्व प्राप्त होगा। मनुष्य भी इसी प्रकार का है। यह जो शिशु देख रहे हो, वह मनुष्य का अंकुर है। कर्षण से अर्थात् अनुशीलन से यह प्रकृत मनुष्यत्व को प्राप्त करेगा। परिणामस्वरूप सर्वगुण युक्त, सर्व सुख-संपन्न मनुष्य बन सकेगा। यही मनुष्य की परिणति है।

शिष्य—कुछ भी नहीं समझ सका। क्या सभी मनुष्य सर्वमुखी, सर्वगुण युक्त हो सकते हैं?

गुरु—कभी हो सकेंगे कि नहीं, यह सवाल अभी उठाने से कोई लाभ नहीं

है। उस पर काफी सोच-विचार करना पड़ेगा। फिर भी यह स्वीकार करूँगा, कि अब तक कोई वैसा बन नहीं सका है और सहसा किसी के बनने की संभावना भी नहीं है। पर मैं जिस धर्म के व्याख्यान में प्रवृत्त हूँ, उसके अवलंबन से इतना जरूर होगा कि लोग सर्वगुण अर्जन करने के यत्न में बहुगुण संपन्न हो सकेंगे, सर्व सुख लाभ की चेष्टा में बहु सुख लाभ के भागीदार बन सकेंगे।

शिष्य—मुझे क्षमा करें—मनुष्य की सर्वांगीण परिणति किसे कहते हैं, यह अभी भी मैं ठीक से नहीं समझ पाया।

गुरु—चेष्टा करो। मनुष्य के दो अंग हैं, एक शरीर है और एक मन। फिर शरीर के कई प्रत्यंग हैं। जैसे, हाथ-पैर आदि कर्मेंद्रियाँ, आँख-कान आदि ज्ञानेंद्रियाँ, मस्तिष्क, हृदय, वायुकोष, आंत्र प्रभृति जीवन संचालन प्रत्यंग, अस्थि, मज्जा, मेद, मांस, शोणित प्रभृति शारीरिक उपादान एवं क्षुधा पिपासादि शारीरिक वृत्तियाँ। इन सबकी स्वाभाविक परिणति चाहिए और मन के भी कितने प्रत्यंग हैं।

शिष्य—मन की बात बाद में सुनूँगा, अभी तो शारीरिक परिणति की बात अच्छी तरह समझाइए। शारीरिक प्रत्यंगों की किस प्रकार की परिणति साधनी पड़ेगी? शिशु की ये क्षुद्र दुर्बल बाँहें वय के गुण से स्वयं ही वर्द्धित और बलशाली होंगी। इसके अलावा और क्या चाहिए।

गुरु—तुम जिस स्वाभाविक परिणति की बात कर रहे हो, उसके दो कारण हैं। मैं भी इन्हीं दो के ऊपर निर्भर कर रहा हूँ। ये दो कारण हैं—शोषण और परिचालन। तुम किसी भी शिशु की एक बाँह को, कंधे के पास किसी दृढ़ बंधन द्वारा बाँध दो, ताकि बाँह में और रक्त न प्रवाहित हो सके। ऐसा होने पर यह बाँह और नहीं बढ़ेगी या तो अवश या दुर्बल या फिर अकर्मण्य रह जाएगी। क्योंकि जिस रक्त से उसकी बाँह और पुष्ट होती, उसे अब वह मिलेगा नहीं। अब, और बाँधने की जरूरत नहीं है, लेकिन ऐसा कोई बंदोबस्त करो कि शिशु फिर अपनी बाँह कभी उठा न सके। ऐसा होने पर वह हाथ अवश और अकर्मण्य हो जाएगा, अंततः हस्त संचालन में जो क्षिप्रता प्रयोजनीय है, वह कभी आ नहीं सकेगी। ऊर्द्ध बाहु वालों की बाँहें देखी हैं न?

शिष्य—समझा, अनुशीलन गुण के कारण शिशु की कोमल क्षुद्र बाँह परिणत होकर वयस्क मनुष्य की बाँह के विस्तार, बल और क्षिप्रता को प्राप्त होती है। लेकिन यह तो सबके साथ सहज ही घटित होता है। और क्या चाहिए?

गुरु—अपनी बाहु से इस उद्यान के माली की बाहु की तुलना करके देखो। तुम अपनी बाहु स्थित अँगुलियों को अनुशीलन से इस रूप में परिणत कर सके हो कि यहीं पर पाँच मिनट में तुम दो पृष्ठ कागज लिखकर फेंक सकते हो। लेकिन यह माली दस दिन तक चेष्टा करने पर भी तुम्हारे जैसा 'क' नहीं लिख सकता।

तुम बिना सोचे-विचारे अनायास ही जिस स्थान पर जिस आकार के अक्षर का प्रयोजन है, वह लिखते हो, यह उसके लिए अत्यंत विस्मयकर है, वह इसे किसी भी प्रकार समझ नहीं सकता। सचराचर जगत में बहुतेरे लिखना जानते हैं, इसीलिए सभ्य समाज में लिपिविद्या विस्मयकर अनुशीलन के रूप में नहीं देखी जाती। लेकिन जो निरक्षर हैं, उनके लिए तो यह अत्यंत विस्मयकर है। देखो, एक शब्द लिखते समय मान लो यही अनुशीलन शब्द लिखते समय, पहले इस शब्द का विश्लेषण करके इसमें व्यवहृत अक्षरों को स्थिर करना पड़ता है। विश्लेषण से पता चलेगा, अ, न, उ, श, ई, ल, न। इन्हें पहले कानों से, फिर प्रत्येक का चाक्षुष रूप पर विचार करके आँखों के सामने लाना पड़ता है। एक-एक अवयव मन में उभरेगा और हर एक को कागज पर अंकित करना पड़ेगा। और तुम इतनी जल्दी-जल्दी लिखोगे कि मालूम पड़ेगा कि तुम किसी प्रकार की मानसिक चिंता नहीं कर रहे हो। अनुशीलन गुण के कारण अनेक लोग इस असाधारण कौशल में कुशल बन जाते हैं। अनुशीलन जनित और भी प्रभेद इस माली से तुलना करते हुए दिखाई पड़ सकते हैं। तुम जिस प्रकार पाँच मिनट में कागज के दो पन्ने लिख डालोगे, माली उसी प्रकार पाँच मिनट में एक कट्ठा जमीन में कुदाल चला देगा। तुम दो घंटे में, हो सकता है दो प्रहर में भी वैसा नहीं कर पाओगे। इस विषय में, इस काम में, तुम्हारी बाहु उपयुक्त रूप से चालित अर्थात् अनुशीलित नहीं हुई, समुचित परिणति को प्राप्त नहीं हुई। अतएव तुम्हारा और माली का हाथ, किन्हीं अर्थों में अपरिणत है, सर्वांगीण परिणति को प्राप्त नहीं हुआ। अब एक शिक्षित गायक के साथ अपनी तुलना करके देखो। संभव है शैशव में तुम्हारे और नायक के कंठ में विशेष तारतम्य नहीं रहा हो, संसार के अनेक गायकों की आवाज अच्छी हो जाती है, उसके कंठ की सर्वांगीण परिणति हो जाती है। और देखो, कहो तो, तुम कितने कोस पैदल चल सकते हो?

शिष्य—मैं ज्यादा नहीं चल सकता, जोर लगाकर एक कोस पैदल चल सकता हूँ।

गुरु—तुम्हारे पैरों की सर्वांगीण परिणति नहीं हुई। देखो तुम्हारे हाथ, पैर, गले—तीनों की सहज पुष्टि और परिणति हुई है—लेकिन इनकी भी सर्वांगीण परिणति नहीं हुई है। और सकल शारीरिक प्रत्यंगों के साथ भी यही पाओगे। शारीरिक प्रत्यंग मात्र की सर्वांगीण परिणति न होने पर, यह नहीं कहा जा सकता कि सर्वांगीण शारीरिक परिणति हुई है, क्योंकि भग्नांशों की पूर्णता ही सोलह आने पूर्णता है। एक आना या आधा पैसा कम होने पर, पूरे रुपए में कमी रह जाती है। जिस प्रकार शरीर के संबंध में तुम्हें समझाया है, वैसा ही मन के संबंध में भी मानना। मन के भी अनेक प्रत्यंग हैं, इन्हें वृत्तियाँ कहा गया है। कई वृत्तियों का काम ज्ञानार्जन और विचार है। कई वृत्तियों की उपयोगिता किन्हीं कार्यों की ओर प्रवृत्त करने में है—जैसे,

भक्ति, प्रीति, दया आदि। कई वृत्तियों का काम आनंद का उपभोग करना है, हृदय में सौंदर्य को ग्रहण करना, रस ग्रहण करना, मनोविनोद करना। इन तीनों प्रकार की मानसिक वृत्तियों की पुष्टि और उनका संपूर्ण विकास ही सर्वांगीण मानसिक परिणति है।

शिष्य—अर्थात् ज्ञान में पांडित्य, विचार में दक्षता, कार्य में तत्परता, चित्त में धर्मात्मा एवं सुरस में रसिकता, ये सब होने पर ही सर्वांगीण मानसिक विकास होगा। इसके ऊपर है सर्वांगीण शारीरिक विकास अर्थात् शरीर बलिष्ठ, स्वस्थ एवं शारीरिक क्रियाओं में सर्वाधिक सुदक्ष होना चाहिए। कृष्ण, अर्जुन और श्रीराम, लक्ष्मण के अतिरिक्त और कोई इस प्रकार का हुआ था या नहीं, यह तो सुना नहीं।

गुरु—जो मनुष्य जाति में उत्कृष्ट हैं, उन्होंने यह चेष्टा की कि वे यह बात स्वीकार नहीं करेंगे कि संपूर्ण रूप से मनुष्यत्व नहीं प्राप्त किया जा सकता। हमें इसका भरोसा है कि युगांतर में जब मनुष्य जाति प्रकृति स्थिति को प्राप्त होगी तब अनेक मनुष्य इस आदर्श के अनुयायी बनेंगे। संस्कृत ग्रंथों में प्राचीन भारतवर्ष के क्षत्रिय राजगणों का जो वर्णन मिलता है, उससे यह पता चलता है कि उन राजगणों ने मनुष्यत्व प्राप्त किया था। यह वर्णन अधिकतर लेखकों द्वारा कपोलकल्पित था, इसमें संदेह नहीं। किंतु इस प्रकार की राजगुण-वर्णना जिन स्थलों में सहज सामान्य है, उन स्थलों से यही अनुमान होता है कि इस प्रकार का एक आदर्श उस काल के ब्राह्मण-क्षत्रियों के सम्मुख था। मैं भी उसी प्रकार का आदर्श तुम्हारे समक्ष स्थापित कर रहा हूँ। जो जैसा बनना चाहता है, उसके सम्मुख उसका सर्वांग संपन्न आदर्श रहना चाहिए। वह ठीक उसके आदर्शानुरूप नहीं भी हो सकता, उसका निकटवर्ती होगा। सोलह आने का मूल्य न जानने पर, आठ आना पाने की कामना भला कौन नहीं करता। जो शिशु यह नहीं जानता कि एक रुपए में सोलह आने होते हैं, वह रुपए के मूल्यस्वरूप चार पैसे पाकर ही संतुष्ट हो सकता है।

शिष्य—इस प्रकार का आदर्श कहाँ पाऊँगा? ऐसा मनुष्य तो देखा नहीं।

गुरु—मनुष्य नहीं देखा तो क्या, ईश्वर है। ईश्वर ही सर्वगुणों की सर्वांगीण स्फूर्ति और चरम परिणति का एकमात्र उदाहरण है। इसीलिए वेदांत के निर्गुण ईश्वर में सम्यक् धर्मत्व नहीं प्राप्त होता, क्योंकि जो निर्गुण है, वह हमारा आदर्श नहीं हो सकता। जिसे अद्वैतवादियों ने 'एकमेवाद्वितीयम् चैतन्य' कहकर अथवा जिसे हर्बर्ट स्पेंसर ने 'Inscrutable power in Nature' कहकर ईश्वर के स्थान पर संस्थापित किया है—अर्थात् जो केवल दार्शनिक और वैज्ञानिक ईश्वर हैं, उसकी उपासना से धर्म संपूर्ण नहीं होता। हमारे पुराण-इतिहास में या ईसाइयों की धर्म पुस्तक में कथित सगुण ईश्वर की उपासना ही धर्म का मूल है, क्योंकि वह हमारा आदर्श हो सकता है। जो अद्वैतवादियों के लिए 'Impersonal God' है, उसकी उपासना निष्फल है,

जिसको 'Personal God' कहते हैं, उसी की उपासना सफल है।

शिष्य—मान लिया कि सगुण ईश्वर को ही आदर्शस्वरूप मानना पड़ेगा। लेकिन उपासना का प्रयोजन क्या है?

गुरु—ईश्वर को हम देख नहीं पाते। उसको देख-देखकर चल सकेंगे, ऐसी संभावना नहीं है, केवल मन में उसका ध्यान कर सकते हैं। यह ध्यान ही उपासना है। लेकिन बेगार टालने की तरह ध्यान करने का कोई लाभ नहीं है। केवल संध्या-वंदना रटने से कोई फल नहीं मिलता। ईश्वर के सर्वगुण संपन्न विशुद्ध स्वभाव पर चित्त स्थिर करना पड़ेगा, भक्तिभाव से हृदय में उसका ध्यान करना होगा। प्रीति के साथ हृदय को उसके सम्मुख करना पड़ेगा। उसके स्वभाव के आदर्श में ही हमारे स्वभाव का गठन होता रहे, मन में इस संकल्प को दृढ़ करना होगा—ऐसा होने पर ही उस पवित्र चरित्र की विमल ज्योति हमारे चरित्र पर पड़ेगी। उसकी निर्मलता जैसी निर्मलता की, उसकी शक्ति की अनुकारी सर्वत्र-मंगलमय शक्ति की कामना करनी पड़ेगी। उसको सर्वदा निकट मानना होगा, उसके स्वभाव के साथ अपने स्वभाव को एकात्म कर देने की चेष्टा करनी पड़ेगी। अर्थात् उसके सामीप्य, सारूप्य, सायुज्य की कामना करनी पड़ेगी। ऐसा होने पर ही हम क्रमशः ईश्वर के निकट हो सकेंगे। आर्य ऋषियों का विश्वास और साम्राज्य प्राप्त होगा, हम ईश्वर के साथ एक हो सकेंगे। इसी को मोक्ष कहते हैं। मोक्ष कुछ और नहीं है, ईश्वर की आदर्श छवि के अनुसार स्वभाव प्राप्ति ही मोक्ष है। उसे पा लने पर सब दुःखों से मुक्ति हो जाती है और सकल सुखों का अधिकारी हुआ जा सकता है।

शिष्य—मैं अब तक यही समझता था कि ईश्वर एक समुद्र है और मैं एक हथेली जल हूँ, मुझे उस समुद्र में जाकर मिलना है।

गुरु—उपासना तत्त्व के सार मर्म को हिंदुओं ने जिस प्रकार समझा था, उस तरह और कोई जाति नहीं समझ पाई। अब वह परम रमणीय और सारयुक्ता उपासना-पद्धति एक ओर आत्मपीड़न में, दूसरी ओर रंगदारी में परिणत हो गई है।

शिष्य—अब मुझे एक बात और समझाइए। मनुष्य की प्रवृत्ति में मनुष्यत्व का, अर्थात् सर्वांग संपन्न स्वभाव का आदर्श नहीं है, इसलिए ईश्वर का ध्यान करना पड़ेगा। लेकिन ईश्वर की प्रवृत्ति अनंत है। हम क्षुद्र प्रवृत्ति के हैं। उनके गुण, संख्या में भी अनंत हैं, विस्तार में भी अनंत हैं। जो क्षुद्र है, उसके आदर्श अनंत किस प्रकार होंगे? समुद्र के आदर्श को क्या तालाब में घटित किया जा सकता है या आकाश को चंद्रमा में घटित किया जा सकता है?

गुरु—इसीलिए धर्म का इतिहास जानना होगा। धर्म के इतिहास का आदर्श 'न्यू टेस्टामेंट' है। हमारे पुराण-इतिहास में धार्मिक लोगों का चरित्र व्याख्यायित है। अनंत प्रवृत्तिमय ईश्वर उपासक की प्रथमावस्था में उसके आदर्श नहीं हो सकते। यह सच

है, लेकिन ईश्वर के अनुसरणकर्ता मनुष्य, अर्थात् जिनके गुणाधिक्य को देखकर ईश्वरांश की विवेचना की जा सकती है, अथवा जिनको मानव देहधारी ईश्वर की प्रतिच्छवि के रूप में देखा जा सकता है, वही वांछनीय आदर्श हो सकते हैं। इसीलिए यीशु ईसाइयों के आदर्श हैं, शाक्य सिंह बौद्धों के आदर्श हैं। इस प्रकार धर्म का परिवर्द्धक आदर्श जिस रूप में हिंदू शास्त्रों में है, उस प्रकार पृथ्वी की अन्य किसी धर्म पुस्तक में नहीं है, किसी जाति के पास नहीं है। जनकादि राजर्षि, नारदादि देवर्षि, वशिष्ठादि ब्रह्मर्षि सभी अनुशीलन के चरम आदर्श हैं। उनके ऊपर श्रीरामचंद्र, युधिष्ठिर, अर्जुन, लक्ष्मण, देवव्रत, भीष्म प्रभृति क्षत्रियगण और भी संपूर्णता प्राप्त आदर्श हैं। क्राइस्ट और शाक्य सिंह केवल उदासीन, कौपीनधारी निर्मम धर्मवेत्ता हैं। लेकिन ये वैसे नहीं हैं। ये सर्वगुण विशिष्ट हैं इन्हीं से सर्ववृत्ति, सर्वांग संपन्न स्फूर्ति को बल मिलता है। ये सिंहासन पर बैठकर भी उदासीन रहे, कामकाज करते हुए भी धर्मवेत्ता बने रहे, राजा होकर भी पंडित रहे, शक्तिमान होकर भी सबके प्रिय रहे। लेकिन इन सभी आदर्शों के ऊपर हिंदुओं का एक और आदर्श है, जिसके निकट अन्य सभी आदर्श छोटे पड़ जाते हैं—युधिष्ठिर जिनसे धर्म की शिक्षा लेते हैं, स्वयं अर्जुन जिनके शिष्य हैं, राम-लक्ष्मण जिनके अंश मात्र हैं, जिनके सरीखे महिमामय चरित्र की सभी प्रशंसा करते हैं, आओ, आज तुम्हें कृष्णोपासना में दीक्षित करूँ।

शिष्य—यह कृष्ण कौन है?

गुरु—तुम केवल जयदेव के कृष्ण को या जात्रा के कृष्ण को पहचानते हो। इसीलिए सिहर रहे हो। उसका भी संपूर्ण अर्थ नहीं जानते। उसके पश्चात, ईश्वर के सर्वगुणों से संपन्न जो कृष्ण चरित प्रसिद्ध है, उसके बारे में भी कुछ नहीं जानते। उनकी शारीरिक वृत्ति सकल सर्वांगीण स्फूर्ति प्राप्त कर अनुभवातीत सौंदर्य एवं अपरिमेय बल में परिणत हुई है। उनकी संपूर्ण मानसिक वृत्ति इसी प्रकार स्फूर्ति प्राप्त करके सर्वलोकातीत विद्या, शिक्षा, वीर्य एवं ज्ञान में परिणत हुई है, और प्रीतिवृत्ति को तदनुरूप परिणत करके सर्वलोकों में वे सबके हित में रत हैं। इसीलिए उन्होंने कहा है—

"परित्राणाय साधुनाम् विनाशाय च दुष्कृताम्।
धर्म संस्थापनार्थाय संभवामि युगे युगे।।"

जिन्होंने बाहुबल से दुष्टों का दमन किया है, बुद्धिबल से भारतवर्ष को एकीभूत किया है, ज्ञानबल से अपूर्व निष्काम धर्म का प्रचार किया है, मैं उन्हीं को नमस्कार करता हूँ। जो केवल प्रेममयी वाणी से, निष्काम रहकर मनुष्य के लिए दुष्कर कार्य कर सके हैं, जो बाहुबल से सर्वजयी हैं और दूसरे के साम्राज्य स्थापन के कर्त्ता होकर भी जिन्होंने स्वयं सिंहासन का आरोहण नहीं किया है, जिन्होंने शिशुपाल जैसे अपराधी के अपराध को क्षमा करके क्षमागुण का प्रचार किया था, इसके बाद केवल जरूरी

दंड के भागी लोगों को ही दंड दिया था, जिन्होंने वेद प्रबल देश में, वेद प्रबल समय में कहा था, 'वेद में धर्म नहीं है–धर्म लोकहित में है'–वे ईश्वर हों या न हों, मैं उन्हें नमस्कार करता हूँ। जो एक आधार में, शाक्य सिंह, यीशु क्राइस्ट, मोहम्मद और रामचंद्र, जो सर्वबलाधार, सर्वगुणाधार, सर्वधर्मवेत्ता हैं, सर्वत्र प्रेममय हैं, वे ईश्वर हो या न हों, मैं उन्हें नमस्कार करता हूँ।

"नमो नमस्तेऽस्तु सहस्रकृत्वः।
पुनश्च भूयोऽपि नमो नमस्ते।।"

–1884

केशवचंद्र सेन
1839-1884

ब्राह्म समाज के एक प्रमुख व्यक्तित्व और धर्म चिंतक। ईसाई प्रेरणाओं और देवेंद्रनाथ ठाकुर के अंतर्ज्ञान की धारणा का सम्मिश्रण करके ब्राह्म समाज को एक नया रूप दिया। हिंदी के समर्थक। गुजरात के दयानंद सरस्वती को संस्कृत छोड़कर हिंदी में उपदेश देने का सुझाव दिया। बहुत अच्छी अंग्रेजी बोलते थे। ब्राह्म समाज के जरिए बहसें शुरू कीं, विधवा विवाह का प्रचार किया, स्त्री शिक्षा के प्रयत्न किए। ईसाइयत की तरफ झुकाव बढ़ता गया, पर मुख्य लक्ष्य विश्व के प्रमुख धर्मों का सम्मिश्रण। रामकृष्ण परमहंस से स्नेहपूर्ण संबंध।

स्वाधीनता

मेरे इष्ट देवता ने मुझे जो मंत्र दिया था, उसमें स्वाधीनता का महामंत्र शामिल था। वत्स! कभी भी किसी के अधीन मत होना। यही उचित परामर्श है। आरंभ से ही मन, वचन और कर्म से यथासाध्य इस मंत्र का पालन करता आ रहा हूँ। पराधीनता इस पृथ्वी के लिए जहर है। पराधीनता सभी प्रकार की नरक-यातनाओं का कारण है। पराधीनता को लेकर क्यों मैं आरंभ से ही इतना विचलित हो गया था, नहीं जानता। मनुष्य काम-क्रोध को भगाने के लिए, शत्रुओं के दमन के लिए चेष्टा करता है; उत्साह के साथ दौड़ता है। किंतु किसी के अधीन नहीं रहूँगा, किसी के अधीन नहीं रहूँगा, यह बात कहकर कोई पागल नहीं हो जाता। इसमें अवश्य विधाता का कोई उद्देश्य छिपा था, शायद इसीलिए जीवन में इस मंत्र को प्रातिष्ठित कर दिया था। दासता को पाप समझा करता था। क्या फल होगा, नहीं सोचता था। दासता पाप है, दासता अनिष्ट का कारण है, दासता ईश्वर के प्रति शत्रुता है। फल के बारे में सोचे बिना ही इस प्रकार का सिद्धांत बना लिया था। क्योंकि मंत्रों का महत्त्व पहले से ही स्वीकार करना पड़ता है, इसीलिए आज तक किसी के सामने मस्तक नहीं झुका सका। इसके लिए कष्ट भी झेलने पड़े हैं। तथापि मंत्र नहीं छोड़ा। पहाड़

की तरह अटल स्वाधीनता का विचार मैंने पकड़ रखा है। यह भी देख लिया है कि यह मंत्र सहज नहीं है। अधीन मत रहो, यह जो मंत्र है इसका अर्थ बहुत गहरा है। नई रीतियाँ बाद में आएँगी, पहले सभी प्रकार के भ्रमों और कुसंस्कारों को दूर करना पड़ेगा। स्वाधीन भाव से सत्य की महिमा का गौरवगान करना होगा। इन सब के लिए ही स्वाधीनता का भाव शुरू से मौजूद था। स्वाधीनता ही आदि शब्द हो गया। पराधीन न बनूँगा इस संकल्प के अतिरिक्त इस भाव से और क्या फल मिल सकता है? स्वाधीनता से ही अनेक गुरुतर कार्य संपन्न हुए हैं। पराधीनता की जंजीर में शरीर और मन को आबद्ध नहीं होना पड़ेगा। दासता नहीं स्वीकार करनी पड़ेगी। किसी के भी पैरों के नीचे नहीं रहना पड़ेगा। गुरुजनों के हाथों अपने आपको बेचना हनीं पड़ेगा। पुस्तक विशेष का दास बनकर बंदना नहीं करनी पड़ेगी। किसी एक संप्रदाय का होकर उसका ही यशगान नहीं करना पड़ेगा। एक तरफ जैसे ये सभी प्रतिज्ञाएँ हैं, दूसरी तरफ की प्रतिज्ञाएँ भी वैसी ही हैं। अहंकार के अधीन नहीं होना पड़ेगा। स्वेच्छाचार के अधीन नहीं होना पड़ेगा। ईश्वर के निकट जो व्रत लेना चाहिए, उसकी उपेक्षा नहीं करनी होगी। जितना स्वाधीनता के भाव का विकास हुआ, उतना ही पतनशीलता, जातिभेद जैसे तत्त्वों का प्रभुत्व मिटाने का प्रयास किया गया। पतनशीलता ने शताब्दी-दर-शताब्दी इस देश को दास बना रखा था, उसे काटने के लिए प्रयत्न शुरू हुआ। जैसे ही लक्षित किया गया कि भ्रमों और कुसंस्कारों ने पिता-पितामह को बाँध रखा है, उपद्रव मचा रखा है, उसी समय स्वाधीनता ने अपना अस्त्र निकाला। मैं दासता सहन नहीं कर सकता कभी नहीं कर सकता। मैं किसी को भी वासना के दास या शत्रुओं के दास के रूप में देखना अन्याय समझता था। किसी प्रकार भी उसे सह नहीं सकता था। मेरा अस्त्र पराधीनता को काटने के लिए निरंतर चमकता रहता था। अधीन रहने से कितना अनिष्ट हुआ है, ठीक से बताया नहीं जा सकता। सोच विचार के बाद अस्त्र हाथ में लेकर खड़ा हुआ था, ऐसी बात नहीं है। लेकिन अंततः इसी महामंत्र, गुरुमंत्र के आश्चर्यपूर्ण प्रभाव का दर्शन हुआ। इस पृथ्वी पर कितने भावों ने हमारे भाई-बहनों को दास बना रखा है। उन सबके विरोध में खड़ा होना पड़ेगा। इसीलिए इष्ट देवता ने ऐसी शिक्षा दी कि मैं अधीनता को देखते ही उत्तेजित हो उठता था। किसी को भी क्रोध का दास होते देखकर क्रोध पर ही गुस्सा आ जाता था। पिता का दास या संतान का दास होना भी सहन नहीं होता था। धन का दास, मान का दास, अथवा किसी संप्रदाय का दास होते हुए किसी को भी देखता था तो रक्त खौलने लगता था। मनुष्य को ईश्वर ने स्वाधीनता दी है, और वही मनुष्य बाजार में स्वाधीनता को बेचकर पृथ्वी के पापों से दब जाने के बाद चीत्कार करता है। तरह-तरह के आदमी तरह-तरह के लोगों के सामने झुककर दासता स्वीकार करते हैं। गुलाम होने की इतनी इच्छा! विशेष-विशेष नारी का दास होने को क्या कहते हैं? व्यभिचार कहते हैं। मनुष्य के गुलाम को क्या कहते हैं?

दास दल में उसे गिना जाता है। धन का दास लोभी कहलाता है। यह सब पाप है, दास होना ही पाप है। संसार का राजा भी आसक्त हो जाता है। जिस ग्राम में जाता हूँ, जिस मकान में जाता हूँ, क्रोध कहता है, देखो, मेरे कितने दास-दासी हैं। लोभ कहता है, देखो, मेरे कितने नौकर-चाकर हैं, मैं कितने बड़े राजा तक को मार देता हूँ। दास्ता सबको एक ही बार में जलाकर मारती है। हा विधाता! स्वाधीनता मुक्ति है और पराधीनता नरक है। स्वाधीनता का विजय-ध्वज उड़ाकर पराधीनता के दुर्ग को चूर-चूर कर देना पड़ेगा। किसी भी तरह की सांप्रदायिकता में पड़ा रहना नहीं पड़ेगा। किसी ने कहा, गुरु को मानो। मन कहता है, कि वह डरता है। पिता-माता को मानो, आशंका होती है। जो भाई-बंधु हैं, धर्म के जरिए जिनसे मेल हुआ है उनको मानो। आत्मा कहती है, बड़ा डर लगता है। जो अनुगत हैं जिनका कर्म धर्म में वर्णित सत्कर्म के अनुकूल है, आदर के साथ उनकी अधीनता स्वीकार करो। मन ने कहा—अधीन होने से मैं डरता हूँ। किसी भाई की माया में नहीं पड़ूँगा। बड़े भाइयों ने खूब देखा कि मैं प्यार करते हुए भी माया में आबद्ध नहीं हुआ। इसीलिए मेरे भाइयों ने कहा कि हमें खूब प्यार करता है, ऐसा नहीं है। हृदय के अलावा यह व्यक्ति बुद्धि से भी काम लेता है। हम जो कहते हैं, वह नहीं करता। भाइयों ने कहा यह करो, मैंने वह नहीं किया। दूसरे के अच्छा कहने पर अच्छा काम नहीं करूँगा, ईश्वर के कहने पर करूँगा। दूसरे के कहने से जो नहीं किया, ईश्वर के कहने से उसको आग्रहपूर्वक करूँगा। जब तक ईश्वर की बात न सुनूँगा तब तक मैं काम आरंभ न करूँगा। इस प्रकार की प्रतिज्ञा से दूसरों पर विपत्ति आ सकती है, किंतु मैं सौभाग्यशाली हूँ। इससे मेरा लाभ ही हुआ है। बंधुओं को कष्ट दिया, किंतु स्त्री के अधीन नहीं हुआ। संतान आदि की माया में भी, अथवा देश की माया में भी आबद्ध नहीं हुआ और होऊँगा भी नहीं। कोई प्रमाणित नहीं कर सकेगा, कि जीवित या मृत कोई मनुष्य है, जिसकी अधीनता मैंने स्वीकार की हो। अथवा जिसकी माया से मैं आबद्ध हुआ हूँ। स्वाधीनता का मैंने चिरकाल से आदर किया है। किंतु भक्ति विहीन स्वाधीनता आदरणीय नहीं है। दुनिया के बाजार में अपना स्वाभिमान मैंने बेचा नहीं। बड़ा होने के लिए, उच्च पद पाने के लिए, स्वाधीनता बेची नहीं। जो स्वाधीनता नरक का स्वेच्छाचार है, मैं उसे स्वाधीनता नहीं कहता। मैंने प्यार किया, लेकिन माया में आबद्ध नहीं हुआ। यही सही अर्थों में प्यार करना है। तुमसे प्यार किया लेकिन, तुम्हारी अधीनता स्वीकार नहीं की। दास होकर यदि लोगों को बुलाता तो आज मेरे दल में सैकड़ों-हजारों लोग होते। दासों का समूह बनाने की यदि लालसा रहती, मेरा दल लोगों से भरा हुआ होता। स्वाधीनता को ही दलपति बनाया इसीलिए मेरे साथ जो रहते हैं, उनको मैं भाई कहता हूँ, अपने आप को उनका गुरु नहीं कहता। स्वाधीनता की ही विजय होगी। इसीलिए कहा करता हूँ, 'सत्य की जय, सत्य की जय, सत्य की जय'। स्वाधीनता मनुष्यों को बुलाएगी। लोग आते हैं तो

आएँ। गुरुडम कभी नहीं रचूँगा। किसी के अधीन रहने से मैं अत्यंत घृणा करता हूँ। अपने अंदर जिस बात को मैं सह नहीं सकता दूसरे में वही बात देखकर क्या घृणा नहीं होगी? दल के किसी सामान्य व्यक्ति को भी मैं किसी के अधीन रहते हुए नहीं देख सकता। कोई दूसरे के अधीन होगा, यह नहीं देख सकता। मेरे अधीन कोई हो यह भी मुझे असह्य है। पिता के सामने मैं क्या उत्तर दूँगा? क्या अपने विचारों को दूसरे आदमी पर थोपूँगा? दूसरे पर शासन करूँगा, माया की मोहिनी मूर्ति दिखाकर अपने दल में लाने की चेष्टा करूँगा? दूसरे को मैं अपने अधीन रखूँगा? ऐसा करने से नरक मुझको निगल जाएगा और स्वर्ग भी लात मारकर फेंक देगा। यदि मेरा कोई दल नहीं भी हो, एक आदमी भी मेरे पास नहीं हो, मैं स्वयं जब किसी का दास नहीं तब दूसरे को भी दास नहीं बनाऊँगा। क्या तुम यह कह सकते हो, मैंने कभी भी किसी की गुलामी की है? मैंने जब किसी की गुलामी नहीं की तो तुम क्यों किसी की गुलामी करोगे? जिसने अपने आपको कभी किसी का भी दास नहीं बनाया; वह यदि दूसरे को दास बनाने की चेष्टा करे अथवा दास की हँसी उड़ाए तो उसके समान पापी, कपटी और कौन है? मैं गुरु नहीं, दूसरों को दास बनाने की चेष्टा मैंने नहीं की। चिरकाल से सीखता रहा हूँ, शिक्षार्थी हूँ। सदा ही शिक्षा पाने को प्रस्तुत हूँ। हमारे दल में यदि पचास आदमी हों तो वे पचास प्रकार वे हैं। सत्य साक्षी है, चंद्र-सूर्य साक्षी हैं, अधीनता यहाँ नहीं है। एक सौ आदमी यदि इस जगह आ जाएँ तो वे खुद प्रधान होंगे। प्रत्येक को हमारे सामने यही स्वीकार करना पड़ेगा। मेरे चले जाने के बाद भी सभी इस बात को मानेंगे। दल का कोई भी किसी के अधीन रहकर जीवित नहीं रह सकता। स्वाधीनता के नाम पर किसी को भी चक्की में पीस देने का मेरा विचार नहीं है। मैंने प्रत्येक को स्वाधीन देखना चाहा है। मैं ईश्वर को ही केवल गुरु और शासक मानता हूँ। पराधीनता का प्रेमी कोई यदि ठग बन कर यहाँ घुस आए, तो उस ठग को बाहर कर दूँगा, कर ही दूँगा। अधीनों का दल यहाँ नहीं है। हरेक के ही ऊपर गुरुतर भार है, व्रत है। एक अच्छे मत का भी अंधा बन कर अनुसरण करना नहीं चाहिए। मैं अंधा होकर अंधे को नहीं चलाऊँगा। स्वाधीनता महामंत्र है। इतनी दूर यदि स्वाधीनता पहुँच जाए तो वह स्वेच्छाचार नहीं होगा। एक माता-पिता को मानता हूँ, सिर्फ इसी कारण माता-पिता के अधीन नहीं हुआ। इसीलिए यहाँ तक किया कि धर्म के क्षेत्र में भी स्वाधीन रहने का व्रत लिया। संसार की माया को काटकर फिर अनेकों ने ब्राह्म समाज के बंधु वर्ग की गुलामी की। वे पृथ्वी के कीट नहीं बने, किंतु धर्म समाज की बातों में आकर, किसी एक पुस्तक को निर्भ्रांत मानकर उसी के दास बन गए। मैंने अपने को इन सब मायाओं से दूर रखा है। किसी एक पुस्तक को क्यों अभ्रान्त मानूँगा? क्यों एक मनुष्य का अवलंबन करूँगा? मैं महामान्य ईसा, श्री गौरांग (चैतन्य) के प्रति भी यथेष्ट भक्ति रखता हूँ, किंतु उनको जीवन का आदर्श नहीं मानता। अहंकारी

कहना चाहते हो तो कहो। दुष्टाचारी कहोगे तो कहो। किंतु किसी मनुष्य को जीवन का आदर्श कभी भी नहीं माना और न ही बनाऊँगा। जिस जगह ईसा का आलोक नहीं पहुँच सकता, ईश्वर आदर्श बनकर अपने आलोक से उस स्थान को प्रकाशित करते हैं। कोई पुस्तक नहीं है, जिससे हम पूर्ण ज्ञान पा सकें, इसीलिए मैंने किसी एक पुस्तक को आदर्श नहीं बनाया। ईश्वर के सब पुत्रों को मैं जैसे प्यार करता हूँ, कौन ऐसे प्यार करता है? फिर भी मैं कहता हूँ कि उनको जीवन का आदर्श मानकर परमपिता का अपमान नहीं करूँगा। मैं बाइबिल, कुरान को प्यार करके पिता का अपमान नहीं करूँगा। ईश्वर के पास ही मैं रहूँगा। स्वर्ग में क्या पृथ्वी में किसी का भी दास नहीं बनूँगा। व्याघ्र चर्म मुझको प्यारा है, एकतारा मुझको प्यारा है। इन दोनों के प्रति यदि मैं आसक्त होऊँ तो ये ही मेरे लिए देवता के रूप हो जाएँगे। आज के लिए ही इनको लेता हूँ और कल छोड़ देता हूँ। आज उपासना के समय व्याघ्र चर्म का आदर किया, दो घंटे बाद उसको छोड़ दिया, फिर और यत्न नहीं किया। बाहरी व्रत साधना आदि का भी दास न बनूँगा। कौन क्या नहीं कह सकता, कितने लोग धन की माया को छोड़ कर व्याध्र चर्म की माया में आबद्ध हुए हैं? इसीलिए आत्मा निरंतर सावधान! कभी किसी वस्तु के प्रति आसक्त न होना, फूलों के प्रति आसक्त नहीं होना, गैरिक वस्त्रों के प्रति आसक्त नहीं होना, व्याघ्र चर्म के प्रति आसक्त नहीं होना। मुझे जब जिसका प्रयोजन होगा, मैं उसके द्वारा प्रयोजन सिद्ध कर लूँगा। उसके बाद मैं कहूँगा, मृदंग विदा करो, गैरिक वस्त्र विदा करो, व्याघ्र चर्म विदा करो। मेरा काम हो गया और उसको लेकर क्यों रहूँगा? वह मुझको दास बनाने के लिए तो आया नहीं था। मेरी जरूरत प्रमुख है, उसकी नहीं। अभीष्ट सिद्ध कर लूँगा, सिद्ध हो जाने से वह और नहीं रहेगा। यदि किसी के प्रति किसी की आसक्ति हो, व्रतादि में यदि थोड़ी भी आसक्ति हो, तब जिस परिणाम में आसक्ति है, उसी परिणाम में नरक की अग्नि जल रही है। नए विधान में प्रत्येक को पूरी स्वतंत्रता है। कौन गुरु! कौन ब्राह्म समाज! कौन मेरा ब्राह्म दल! किसी विषय के प्रति आसक्ति नहीं। वस्तु जो है उसको रखूँगा। जरूरत पड़ने पर नाम तक का परित्याग कर सकता हूँ। इसीलिए किसी के साथ मेल नहीं हुआ। दुःख पाए सुख भी अनेक पाए। गुरु का स्वांग रचकर शिष्यों का दल खड़ा कर सकता हूँ। लेकिन ऐसा नहीं कर सकता।

परमेश्वर आशीर्वाद दे, अपने और अपने भाइयों में स्वाधीनता का भाव पूरी तरह प्रतिष्ठित कर सकूँ। इससे लोक संख्या बढ़ेगी। जो होना है, इसी से हो जाएगा। स्वर्ग से स्वाधीन जीवों के ऊपर फूलों की वर्षा होकर रहेगी। सब पिता के पास बैठेंगे वे, स्वेच्छाचारी नहीं होंगे। एक तरफ सभी पापों, भ्रमों, कुसंस्कारों को रखो और दूसरी तरफ जितने प्रकार के भयानक स्वेच्छाचार, दंभ और अहंकार हैं उन सबको रखो, फिर दोनों के ही विरुद्ध स्वाधीनता के अस्त्र का प्रयोग करो। हम ईश्वर के

अधीन हैं, इसीलिए संपूर्ण रूप से स्वाधीन हैं।

हे दयामय! हे स्वाधीन पुरुष! स्वाधीनता का महामंत्र! कैसा आश्चर्यजनक मंत्र है। दया करके मुझे इस मंत्र में दीक्षित करके मेरे और मेरे भाई-बहनों के मंगल के लिए सबके अंतःकरण में स्वाधीनता का भाव भर दो। पाप की ज्वाला में जो फँसा, उसे कुरुचि और भ्रष्टाचार ने जकड़ लिया। फिर नाना प्रकार की आसक्ति गले पड़ गई। हे ईश्वर, वे मुझको खरीद लेंगे गुलाम बनाकर रखेंगे, इसीलिए रोता हूँ। माँ, कहाँ तुम्हारा दास बनता, अब किसके पल्ले पड़ गया हूँ! सांसारिक सुखों के देवता की सेवा करके मर रहा हूँ, कंधे पर मन की असह्य दासता का भार है। अधीनता मनुष्य को मार देती है। स्वाधीनता का दान करने वाले आज कहाँ रह गए? मनुष्य क्यों इतना कष्ट पा रहा है? पराधीनता से एक बार युद्ध आरंभ हो। शक्ति स्वरूपा माँ, हुंकार से शत्रु दल को भगाओ। अब फिर दूसरे का दास नहीं बनूँगा। आनंदमयी माता, पाप की तरफ और नहीं जाऊँगा, दुश्मनों का गुलाम और नहीं बनूँगा जो करने को कहोगी, वही करूँगा, जहाँ जाने को कहोगी वहीं जाऊँगा, जो खाने को कहोगी, वही चीज खाऊँगा; जो खाने से मना करोगी वह कभी नहीं खाऊँगा। किसी भी प्रकार बुरी आदतों की गुलामी नहीं करूँगा। बड़ा कष्ट होता है, जब विवेक मन से कहता है—इतना जो प्यार करे उस माता की आज्ञा का पालन नहीं किया? उसकी बात अग्राह्य कर दी? उनका अपमान करता है? जानता हूँ माँ, दासता भयानक नरक के समान है। अपने पतित संतानों का उद्धार करो, लोहे की जंजीरों को तोड़ दो। मैं भाई-बंधुओं के साथ स्वाधीन पक्षी होकर उड़ता फिरूँ, स्वर्ग के बागीचों में स्वाधीन भाव से विचरण करूँ, स्वर्ग का फल खाऊँ। और दासता के पिंजरे में न रहूँ। गगन बिहारी स्वाधीन पक्षी आकाश में उड़े। दयामय! दया करो, आशीर्वाद दो, ताकि तुम्हारी दी हुई स्वाधीनता का सद्‍व्यवहार करके सुखी बनूँ। पिता? तुम्हारे निकट मेरी यही प्रार्थना है।

अनुवाद : **राखी राय हल्दर**

सुरेन्द्रनाथ बनर्जी

1848-1926

बंगाल के एक प्रमुख उदारवादी राजनीतिज्ञ और देशभक्त। कलकत्ता विश्वविद्यालय से स्नातक होने के बाद देश की सेवा के लिए स्वयं को समर्पित कर दिया। पहले भारतीय जो इंडियन सिविल सर्विस के लिए चुने गए, लेकिन गलत सरकारी आदेश न मानने की वजह से निकाल दिए गए। देशभक्तों का एक संगठन बनाया, एक अखबार निकाला और एक कॉलेज की स्थापना की। राष्ट्र के लिए जिम्मेदारी का अहसास कराने के लिए बंगाल से पंजाब तक का व्यापक दौरा। एक ब्रिटिश जज की आलोचना करने के कारण जेल। ब्रिटिश शासन का समर्थन करते हुए भी उसकी बुराइयों की आलोचना करते थे। स्वशासन के लिए संवैधानिक उपायों से संघर्ष के हिमायती। कांग्रेस के दो बार अध्यक्ष। गरम दल वालों के विरोधी। न ब्रिटिश शासन के आगे समर्पण किया, न गरम दल वालों का समर्थन किया।

भारतीय एकता की जरूरत

युवक गण, जिन्हें मैं बड़ी संख्या में अपने नजदीक देख रहा हूँ, आप अपने परिवार की आशा हैं। क्या मुझे यह भी नहीं कहना चाहिए कि आप अपने देश की आशा हैं। आपका देश आपसे महान कार्यों की उम्मीद रखता है। अब मैं पूछता हूँ आप में से कितने कॉलेज की पढ़ाई पूरी करने के पश्चात अपना जीवन, अपनी ऊर्जा देश की भलाई के लिए समर्पित करने को तैयार हैं। मैं प्रश्न दुहराता हूँ और उत्तर के लिए ठहरता हूँ। (यहाँ वक्ता कुछ सेकिंड के लिए रुका। गैलरी चहुँ ओर 'हम सब, हम सब' की आवाजों से गूँज उठी) प्रतिक्रिया हर तरह से आपके और आपको मिल रही शिक्षा के अनुकूल है। आप अपने संकल्प में खरे उतरें और जीवन में उन उच्च उद्देश्यों को पूरा करने में सफल हों जो आपके अंतःकरण को अनुप्राणित करते हैं।

महानुभाव, मेरा दृढ़ विश्वास और सुनिश्चित आस्था है कि एक राष्ट्र की प्रगति

के इतिहास में एक ऐसा समय आता है जब वस्तुतः कहा जा सकता है कि हर व्यक्ति को अपना एक मिशन (उद्देश्य) पूरा करना होता है। भारत के लिए अब ऐसा समय आ गया है। औपचारिक आदेश दिया जा चुका है। दैवाज्ञा जारी हो चुकी है कि प्रत्येक भारतीय अब अपना कर्तव्य पूरा करे, अन्यथा ईश्वर एवं मनुष्य के समक्ष अपराध का भागी बने। इंग्लैंड के गौरवशाली इतिहास में भी प्रेरक गतिविधि का ऐसा समय था, जब हैम्पडन ने अपने देश की मुक्ति के लिए अपना जीवन अर्पित कर दिया था, जब ऐल्गरनन सिडनी ने अपने देश को घृणित आततायी से छुड़ाने के लिए अपना मस्तक तख्ते पर रख दिया था, जब अंग्रेज बिशप अपने पौरोहित्य कर्म के निष्पादन से हटकर अपनी पितृभूमि के प्रति अपने कर्तव्य को पूरा करने में जरा भी नहीं हिचकिचाए और दंड-न्यायालय की बार के समक्ष देशद्रोही के रूप में प्रस्तुत हुए। इंग्लैंड के अमर इतिहास के ये गौरवशाली संस्मरण हैं। जिन पर इंग्लैंड वासियों को आज भी गर्व और संतुष्टि है। यह हमारे लिए बिल्कुल भी जरूरी नहीं है कि हम अपनी समस्याओं के समाधान के लिए हिंसा का सहारा लें। संवैधानिक आंदोलन हमारे लिए उन अधिकारों व विशेषाधिकारों को सुनिश्चित करेगा, जिन्हें कम अनुकूल देशों में कठोर साधनों से प्राप्त किया जाता है। पर शांतिपूर्ण साधनों पर जितना बल देना है, वहीं प्रत्येक भारतीय को कठोर कर्तव्य का पालन करना है। और जो कर्तव्य पालन में चूकेगा वह ईश्वर और मनुष्य का द्रोही होगा। भारतीय एकता के महान सिद्धांत को आपकी स्वीकृति के लिए प्रस्तुत करते हुए मैं किसी मौलिकता का दावा नहीं करता। तीन सौ वर्ष पहले पंजाब में, सिक्ख धर्म के अमर संस्थापक; विनम्र, सौम्य और सिद्ध-पुरुष नानक ने भारतीय एकता के महान सिद्धांत का प्रचार किया तथा हिंदुओं व मुसलमानों को एक साझा धर्म तले जोड़ने का प्रयास किया। वह प्रयास उत्कृष्ट रूप में सफल था। नानक सिख साम्राज्य के आध्यात्मिक संस्थापक बने। उन्होंने हिंदुओं और मुसलमानों के मध्य शांति और सद्भाव के महान सिद्धांत का उपदेश दिया। उनके महान उदाहरण के सान्निध्य में खड़े होकर हमें भी हिंदुओं और मुसलमानों, ईसाइयों और पारसियों, हाँ, विशाल भारतीय समुदाय के सभी वर्गों के मध्य शांति और सद्भाव के महान सिद्धांत का प्रचार करना चाहिए। आइए हम अपने देश की प्रगति की पताका को उन्नत करें। वहाँ 'एकता' शब्द स्वर्णाक्षरों में अंकित हो। विगत ईर्ष्याओं, विगत मनमुटावों तथा विगत शत्रुता से हम भर गए हैं। पानीपत में खेत रहे व्यक्तियों की आत्माएँ हमारे खूनी संघर्षों की गवाही देंगी। दूसरे युद्ध क्षेत्रों में प्राण न्यौछावर करने वालों की आत्माएँ इसी तथ्य की गवाही देंगी। हमारे बीच धार्मिक भिन्नता हो सकती है। हमारे बीच सामाजिक भिन्नता हो सकती है। लेकिन एक साझा मंच है, अपने देश के कल्याण का मंच, जहाँ हम सब एक हैं; एक साझा उद्देश्य है, भारत की प्रगति का उद्देश्य, जो हमें एक साथ जोड़ेगा। जिसके प्रति श्रद्धा में हमें अपनी आवाज को बुलंद करना है,

देवता जो हमारे देश की नियति का अधिष्ठाता है। तब साझा देश के नाम पर हिंदुओं, मुसलमानों, ईसाइयों, पारसियों, विशाल भारतीय समुदाय के सदस्यों को बीते समय की ईर्ष्याओं और मनमुटावों को भुलाकर तथा एक-दूसरे को भ्रातृप्रेम और स्नेह से गले लगाकर अपनी प्रिय मातृभूमि की भलाई के लिए जीना और कार्य करना है। अंग्रेजी संरक्षण में भारत का भविष्य निस्संदेह श्रेष्ठ है। मुझे भविष्य के गर्भ में छुपी महान नियति पर भरोसा है। हो सकता है आप और मैं वह दिन देखने के लिए जीवित न रहें। हमारी ये आँखें उस अनिर्वचनीय सौंदर्य के समारोह (दृश्य) को न देख पाएँ। हमें सिमोन की तरह यह उद्‍गार व्यक्त करने का मौका न मिले कि "हे ईश्वर, अनुमति दो, तुम्हारा दास शांति से जा रहा है।" हमें स्नोडन की ऊँचाइयों पर खड़े वेल्शबार्ड की तरह यह कहने का अवसर न मिले कि "गौरव के दृश्यों, मेरी दुखती दृष्टि पर दया करो।" किंतु क्या यह जानना कुछ भी नहीं है कि जब आप मृत्यु के निकट हों, जब आप इस दुनिया से, इसके हर्ष और विषाद से, विदा होने वाले हों, जब आपके जीवन का विगत आपके समक्ष खुल रहा हो, जब चिरंतनता अपने प्रवेशद्वारों को पूरी तरह से खोल रही हो, जीवन के उस अंतिम विस्मयकारी, सर्वोच्च क्षण में, क्या यह जानना कुछ भी नहीं है कि आप व्यर्थ नहीं जिए हैं, कि आप दूसरों की भलाई के लिए जिए हैं, कि आप अपने देश के पुनर्जीवन के कार्य में सहयोग देने के लिए जिए हैं? आइए हम सब सार्थक, सम्मानित (प्रतिष्ठित, यशस्वी), देशभक्तिपूर्ण जीवन जिएँ, ताकि हम सब प्रसन्नतापूर्वक जी और मर सकें और भारत महान बने। यह मेरी हार्दिक और विनीत प्रार्थना है। ईश्वर करे आपके सहानुभूति पूर्ण हृदय में इसकी प्रतिक्रिया हो।

अनुवाद : **प्रियंकर पालीवाल**

रवींद्रनाथ ठाकुर

1861-1941

नोबुल पुरस्कार विजेता कवि, कथाकार, नाटककार एवं प्रख्यात नवजागरण पुरुष। संपन्न सुसंस्कृत जमींदार परिवार में जन्म। धार्मिक विचारों पर पिता देवेंद्रनाथ ठाकुर का प्रभाव। 1912 में गीतांजलि का प्रकाशन। 'गोरा' सहित कई महत्त्वपूर्ण कृतियों के लेखक। बंग-भंग का विरोध 'नाइट' की उपाधि त्याग दी। देशभक्त एवं उदार। शुरुआत में एक ग्रामीण क्षेत्र शांतिनिकेतन में एक पाठशाला खोली, जो 1921 में भारत के एक प्रमुख शैक्षणिक सांस्कृतिक केंद्र 'विश्व भारती' में रूपांतरित हो गई। रवींद्रनाथ ने देश और विदेश में काफी यात्राएँ कीं। प्रथम विश्व युद्ध के बाद राष्ट्रवाद और भौतिकवाद के बुरे रूपों की जमकर आलोचना। वे भारत और पश्चिम की संस्कृतियों को एक-दूसरे का पूरक मानते थे। भारत पर सभी तरह के ब्रिटिश प्रभावों और अंग्रेजी शिक्षा के प्रति विरोधी रुख अपना रखने के कारण 1921 में महात्मा गाँधी की आलोचना। दोनों के बीच बौद्धिक मतभेद कभी नहीं मिटे। हालाँकि अछूतों को हिंदू निर्वाचक मंडल से पृथक करने के विरोध स्वरूप गाँधी ने जब उपवास किया तो उपवास टूटने वाले दिन गाँधी के निकट बैठे थे रवींद्रनाथ। जातिवाद, संप्रदायवाद और ऊँच-नीच विभेद के खिलाफ लगातार लिखा। बांग्ला भाषा, समाज और संस्कृति ही नहीं, संपूर्ण भारतीय चिंताधारा को प्रभावित किया। रवींद्र संगीत खूब लोकप्रिय।

मनुष्य का धर्म

'वृहदारण्यक' में एक आश्चर्यजनक बात कही गई है, 'जो मनुष्य देवता की उपासना करता है और सोचता है कि देवता अलग है और मैं अलग हूँ, वह देवताओं के पशु के समान है।'

अर्थात् उस देवता की कल्पना मनुष्य को बंदी बनाकर रखती है। उस समय मनुष्य देवता के द्वारा ही अपनी आत्मा से निर्वासित किया जाता है और देवता के कारण ही अपमानित होता है।

जो उपनिषद् में कहा गया है, पुनः उसी बात को अपनी भाषा में एक निरक्षर बाउल ने दोहराया कि वह अपने अंदर ही अपने देवता की स्थिति मानता है, उसे जानता है, और उसे मन का प्रिय मनुष्य कहता है। उसके शब्दों में—'मनेर मानुष मनेर माझे करो अन्वेषण।'

मनुष्य के इतिहास में ऐसे अनेक धार्मिक संप्रदायों के उद्भव का उल्लेख मिलता है जिनमें पत्थर की पूजा को निकृष्ट कहा गया और इसी पत्थर के पूजा की बात को लेकर लोग मारकाट पर उतर आते हैं। मैं स्वीकार करता हूँ कि पत्थर सिर्फ बाह्य रूप है वह सभी कालों के मनुष्यों की पूजा का आधार नहीं बन सकता। इस तरह की पूजा मनुष्य की भक्ति को विभिन्न जातियों तथा रीतियों में विभक्त कर देती है। जो संकीर्णता का पर्याय है।

संप्रदाय में वर्णित देवता का बाह्य रूप वह पत्थर की प्रतिमा है जो नाना प्रकार के अमानुषिक लक्षणों से युक्त है। यही नहीं वह जाति विशेष के ऐतिहासिक कार्य-कलापों से जकड़ा हुआ और काल्पनिक कहानियों के कारण देश-काल की सीमा में आबद्ध है। मूर्ति की पूजा करने वाले सूक्ष्म उपादानों के सहारे खुद को अमूर्त्त के उपासक कहने में गर्व महसूस कहते हैं। 'वृहदारण्यक' में इस बाह्य रूप की पूजा को ही हीन कहा गया है। इसके अनुसार जब देवता को मनुष्य से पृथक कहकर स्थापित किया जाता है तब हम खुद को अपने सत्य से दूर हटा लेते हैं।

इस तरह की बात पर शोर मचाया जा सकता है कि क्या मनुष्य खुद की पूजा खुद करे? अपनी भक्ति करना क्या संभव है? तो क्या पूजा-पाठ को हम अहंकार का विस्तार कहें!

ये एकदम उल्टी बात है। अहंकार अहं से जुड़ा हुआ है। यह पशु में भी होता है। अहं से रहित आत्मा में भूमा (समग्रता) की उपलब्धि ही एकमात्र मनुष्य का साध्य है, मनुष्य के लिए वही सत्य है। भूमा आहार-विहार, आचार-विचार, भोग-नैवेद्य और मंत्र-तंत्र में नहीं है। भूमा विशुद्ध ज्ञान, विशुद्ध प्रेम, विशुद्ध कर्म में है। देवता के बाह्य रूप का स्तवन, अनुष्ठान, पूजोपचार, शास्त्रानुसार स्तुति, बाह्य विधिनिषेध का पालन कर उपासना करना सुगम है, पर अपने चिंतन में, अपने कर्म में, परम मानव का अनुभव कर उसे स्वीकारना कठिन साधना है। इसीलिए कहा गया है—'नायमात्मा बलहीनेन लभ्यः'। बाह्य रूप की पूजा करने वाले सत्य को अपने भीतर नहीं पाते क्योंकि उनका मन दुर्बल है। अहंकार को दूर करके आत्मा को पा सकते हैं।

"य आत्मा अपहतापाप्मा विजरो विमुत्युर्विशोकोहविजिधत् सोहपिपासः सत्यकामः सत्यंसंकल्पः सोहन्वेष्टव्यः स विजिज्ञासितव्यः।"

हमारे अंदर जो महान आत्मा है, जो जरा, मृत्यु, शोक, क्षुधा और तृष्णा से मुक्त है, जो सत्यकाम है, सत्यसंकल्प है, उसका अन्वेषण करना होगा, उसको जानना होगा। 'मनेर मानुष मनेर माझे करो अन्वेषण' उसका संधान करना ही उसको जानना

है। यह बाहर जानना, बाहर पाना नहीं है यह उसे अपने भीतर अपने ही अस्तित्व के द्वारा जानना और पाना है।

'प्रज्ञानेनैनमाप्नूयात'—तर्क के सहयोग से बाह्य ज्ञान के विषय को जिस भाँति हम जानते हैं उसे उस भाँति जाना नहीं जा सकता। उसे तो अंतर में होने के द्वारा जानना है। जिस तरह नदी प्रतिक्षण ही समुद्र को पाती है। एक ओर वह छोटी नदी है एक ओर वह वृहत् समुद्र। नदी केवल समुद्र में ही मिल सकती है, क्योंकि समुद्र के साथ ही उसका स्वाभाविक ऐक्य है। जीवधर्म मानो ऊँचे बाँध की भाँति जंतुओं को घेरे हुए है। मनुष्य की आत्मा जीव-धर्म को पारकर आत्मा के महासागर में जा मिली है, उसी सागर में मिलकर वह खुद को जान पाई। जिस भाँति नदी अपने को उस समय पाती है जिस समय वह वृहत् जलराशि को अपना लेती है, नहीं तो वह बद्ध पोखर या दलदल हो जाती है। इसीलिए बाउल ने मनुष्य से कहा है—

"उस के भीतर अतल सागर है।"

पहले ही कह चुका हूँ, मनुष्य अपने व्यक्तिगत संस्कार के पार ही उस ज्ञान को, जिसे विज्ञान कहते हैं, पाता है। यह ज्ञान वैश्विक मानव का है, उसे हर मनुष्य स्वीकार करेगा इसीलिए वह श्रद्धेय है। उसी भाँति मनुष्य के अंदर स्वार्थ-रहित 'मैं' से, जो बड़ा 'मैं' है उसी 'मैं' के साथ सबका ऐक्य है, उसका कर्म सबका कर्म है। अकेले 'मैं' का कर्म बंधन में डाल देता है, सबके 'मैं' का कर्म मुक्ति दिलाता है। हमारे बंगाल के बाउल ने कहा है—

मनेर मानुष मनेर माझे करो अन्वेषण।
एकबार दिव्य चक्षु खुले गेले देखते पाबि सब ठांई।

वह मन का मनुष्य सबके मन का मनुष्य है, अपने मन के अंदर उसे देख पाने से सबके अंदर वह दिखाई देता है। यही बात उपनिषद् में कही गई है, "युक्तात्मनः सर्वमेवाविशान्ति।"

हमारे शास्त्रों में 'सोऽहम्' कहकर जिस तत्त्व को स्वीकार किया गया है वह अहंकार का पर्याय नहीं है। इसमें छोटे को बड़ा नहीं कहा गया है, इससे सत्य को व्यापक कहा गया है। मेरा जो व्यक्तिगत 'मैं' है, उसमें विश्व का 'मैं' व्याप्त है। सिर पर जटा धारण करने से, बदन पर राख मलने से या मुँह से 'सोऽहम्' कहने से सत्य का ज्ञान होता है, ऐसी बात जो सोचता है, वही अहं से ग्रस्त है। जो 'मैं' सबका है, वही 'मैं' मेरा है, यह सत्य है। इसी सत्य को अपनाना ही मनुष्य की साधना है। मनुष्य के इतिहास में चिरकाल से यह साधना ही नाना रूपों, नाना नामों और नाना संकल्पों से काम कर रही है। जो परम 'मैं' है, जो सबका 'मैं है, उसी 'मैं' को मेरा कहकर अपने भीतर जानने की जीवन और समाज में जितनी ज्यादा कोशिश हो रही है, उतना ही मनुष्य सत्य के करीब पहुँच रहा है। मनुष्य का शत्रु बीच में आकर इसी 'सोऽहम' की उपलब्धि के दो भाग कर देता है, और 'अहं' अकेले की संपत्ति हो जाती है।

इसीलिए उपनिषद् में कहा गया है 'मागृधः' अर्थात् लोभ मत करो। लोभ विश्व के मनुष्य को विषयी बना देता है। जो भोग मनुष्य के योग्य है वह सबको लेकर है वह सार्वभौमिक है, वह मनुष्य के साहित्य में है, वह मनुष्य की शिल्पकला में है, वही मनुष्य की संसार यात्रा में, उसके हृदय में प्रकाश पाता है। इसीलिए हमारे शास्त्रों में कहा गया 'अतिथि देवो भव।' क्योंकि हमारा भोग सबका भोग है, गृहस्थ के द्वारा अतिथि सत्कार करने में भी यही बात है। व्यक्तिगत मानव के घर में अतिथि मनुष्य मात्र का प्रतिनिधि बनकर आता है और उसके घर को विश्व का रूप देता है। 'सोऽहम्' इसी आतिथ्य के भीतर निहित है—अर्थात्, मैं उनके साथ जुड़ा हूँ जो मुझसे बड़े हैं। मैं उनसे मिला हुआ हूँ जो मेरे हैं और मुझसे परे हैं।

हमारे देश में ऐसे बहुत संन्यासी हैं जो 'सोऽहम्' को अपने जीवनातिशय', अकर्मण्यता और निर्ममता द्वारा अपने जीवन में उतारने की कोशिश करते हैं। वह जीव प्रकृति को लाँघने के लिए देह को पीड़ा देते हैं, मनुष्य प्रकृति को अस्वीकार करके मनुष्य को स्वाधीन बनाने के दायित्व को त्याग देते हैं। वह उस अहं का वर्जन करते हैं जो अहं विषय में आसक्त नहीं है और उस आत्मा को भी, जो आत्मा सब आत्माओं से जुड़ा है। वे जिसे भूमा कहते हैं वह उपनिषद् का वह ईश्वर नहीं है जो सबका है, उनका भूमा हर चीज का वर्जन करता है। अतः वह अकर्मण्य है। वे उनको नहीं मानते जो 'पोरुषं नृषु' है अर्थात् मनुष्य में जो मनुष्यत्व है, जो विश्वकर्मा महात्मा है, जिनका कर्म एकाकी कर्म नहीं है, जिनका कर्म विश्व कर्म है; जिनमें 'स्वाभाविकी ज्ञानवलक्रिया च' अर्थात् ज्ञानशक्ति और कर्म स्वाभाविक रूप से विद्यमान है, जिनका स्वाभाविक ज्ञान शक्ति कर्म अंतहीन देशकाल से प्रकाशमान है वे उसे नहीं मानते।

पहले ही कह चुका हूँ, मनुष्य की अभिव्यक्ति अंतर्मुखी होती है। इसी दिशा में आगे बढ़ते हुए वह अपने सीमित दायरे से बाहर निकलता है। एक समय मनुष्य बर्बर था, वह पशु की तरह था, उस समय भौतिक जरूरतों के दायरे में उसका मन और कर्म बँधा हुआ था। जिस समय धीशक्ति जल उठी उस समय चैतन्य की रश्मि जीवन की संकीर्ण सीमा को छोड़ सार्वभौमिकता की ओर चली। भारतीय मध्ययुग के कवि स्मृति के भंडार श्री क्षितिमोहन से कवि रज्जब का एक दोहा मुझे मिला। उन्होंने कहा है—

सब साँच मिलै सो साँच है न मिलै सो झूँठ।
जब रज्जब साँची कही भावई रिझि भावई रूठ।।

सब सत्य के साथ जो मिले वही सत्य है, जो नहीं मिलता वही मिथ्या है। रज्जब कहता है, यही बात असली है—इससे चाहे तुम्हें खुशी मिले या तुम नाराज हो जाओ। कोई फर्क नहीं पड़ता।

रज्जब की भाषा से लगता है कि उनकी समझ में इस बात पर नाराज होने

वाले लोगों की ही समाज में भरमार है। उनके मत और प्रथा के साथ विश्व सत्य का मेल नहीं होता, जब भी वे उसको सत्य का नाम देकर उसे जटिल बनाते हैं, उसके न मिलने के कारण ही उसे लेकर उनकी उत्तेजना और उग्रता और बढ़ती है। गुस्से से सत्य का प्रतिवाद अग्निशिखा को चाकू से बेधने की चेष्टा के समान है। वह चाकू, सत्य को नहीं काट सकता वह काटता है तो सिर्फ मनुष्य को। तब उसी विभीषिका के सामने खड़े होकर कहना होगा–

"सब साँच मिले सो साँच है ना मिलै सो झूँठ।"

एक बार जब किसी वैज्ञानिक ने कहा कि पृथ्वी सूर्य के चारों ओर घूम रही है, तब उस वैज्ञानिक ने विश्व मनुष्य की बुद्धि को ही प्रकाशित किया था। उस दिन लाखों लोग उस पर नाराज हुए, उन्होंने उसे भय दिखाकर, उस पर जोर डालकर कहलवाना चाहा, सूर्य ही पृथ्वी के चारों ओर घूमता है, उनकी संख्या जितनी भी अधिक क्यों न हो, उनके शरीर का जोर जितना भी रहे, पर उन्होंने प्रज्ञा को अस्वीकृत करके मानव की शक्ति का तिरस्कार किया है। उस दिन असंख्य विरोधियों के नीचे खड़े होकर कौन कह सकता था 'सोऽहम्', अर्थात् मेरा ज्ञान और मानव भूमा का ज्ञान एक है–उसने ही कहा था जिसको उस दिन विपुल जनसंघ के सत्य का प्रत्याख्यान करने के लिए मर्मांतिक कष्ट पहुँचाया गया था।...

एक दिन ब्राह्मण रामानंद ने अपने शिष्यों को छोड़कर नाभा चंडाल का, मुसलमान जुलाहे कबीर का, रविदास चमार का आलिंगन किया। उस युग के समाज ने उन्हें जातिच्युत किया। किंतु वे अकेले ही उस दिन उस जाति में उच्च स्थान पर पहुँच गए थे जो जाति निखिल मनुष्य की है। उस दिन ब्राह्मण मंडली के धिक्कारों के बीच खड़े होकर रामानंद ही ने कहा था 'सोऽहम्'। उसी सत्य की शक्ति से वे क्षुद्र संस्कारगत घृणा को पार कर गए थे जो मनुष्य-मनुष्य में भेदभाव पैदा कर सामाजिक प्रतिष्ठा के नाम से समाज के मूल पर आघात करती है। एक दिन ईसा मसीह ने कहा था, 'सोऽहम्' अर्थात् मैं और मेरे परमपिता एक ही हैं। क्योंकि मनुष्य मात्र के प्रति उनके मन में जो प्रेम है, साथ ही मनुष्य मात्र का कल्याण करने की जो चेतना उनमें दिखाई देती है, उसी से प्रेरित होकर उन्होंने अहं की सीमा को लाँघा और परममानव तथा खुद को एक बताया।

बुद्धदेव ने उपदेश दिया, समस्त जगत के प्रति बाधा शून्य, हिंसाशून्य, शत्रुताशून्य मानस में अत्यधिक मैत्री का पोषण करो। उठते, बैठते, चलते, सोते वक्त होश न खोना। बस इसी मैत्री की स्मृति में जमे रहो। इसे ही ब्रह्म-विहार कहते हैं।

इतना बड़ा उपदेश मनुष्य को ही दिया जा सकता है। क्योंकि मनुष्य के मन की गहराई में 'सोऽहम्' तत्त्व विद्यमान है। यह बात बुद्ध-देव ने अपने ही अंदर से जानी थी, इसीलिए कहा, "अपरिमित प्रेम में ही अपने अंदर के अपरिमेय सत्य को मनुष्य प्रकाशित करता है।"

अथर्ववेद में कहा गया है "तस्माद् वै विद्वान पुरुषमिदं ब्रह्मति मन्यते" अर्थात् जो विद्वान हैं वे मनुष्य को उसके दृष्टि से परे मौजूद विशालता के कारण ही जानते हैं। इसीलिए वे उससे दुःसाध्य कर्म, अपरिमित त्याग की आशा रख सकते हैं। ये "पुरुषे ब्रह्म विदुस्ते विदूः परमेष्ठिनम्" अर्थात् जो भूमा को मनुष्य में ही मानते हैं, वे परमदेवता को जानते हैं। उसी मानव देवता को मनुष्य के बीच जानने के कारण ही बुद्धदेव यह उपदेश दे सके थे–

"माता यथा नियं पुत्तं आयुसा एक पुत्तमनुरकृथे,
एवस्पि सव्वभूतेसू मानसक्भावये अपरिमानं।"

माँ जिस तरह अपनी आयु घटाकर भी अपने एकमात्र पुत्र की रक्षा करती है, उसी तरह समस्त प्राणियों के प्रति मन में अपरिमित दया का भाव पैदा करो।

सिर गिनकर नहीं कहूँगा कि कितने आदमी इस उपदेश का पालन कर सकते हैं।

जिन्होंने मनुष्य की असीमता का अपने अंदर अनुभव किया था उन्हें सिर गिनने के लिए प्रतीक्षा नहीं करनी पड़ी। उन्होंने निःसंकोच मनुष्य के महामानव का आह्वान करते हुए कहा था, "अपरिमित प्रेम द्वारा अपने अंतर में ब्रह्म का प्रकाश पैदा करो।" इसी वाणी को निःसंकोच भाव से सबको सुनाकर उन्होंने मनुष्य को श्रद्धा का पात्र बनाया।

हमारे देश में ऐसे आत्म तत्त्व की अवहेलना की बात प्रायः सुनी जाती है कि 'सोऽहम्' तत्त्व सबके लिए नहीं है, बल्कि वह केवल उनके लिए है जो जन्म से श्रेष्ठ है। ऐसा कहकर मनुष्य के अधिकार को श्रेष्ठ और निकृष्ट में विभाजित कर निकृष्ट का पोषण किया गया। हमारे देश में जिन्हें अंत्यज कहते हैं वे जिस तरह अपनी हेयता को श्रेष्ठ कहते हुए कुंठित नहीं होते, उसी तरह इस देश में अनगिनत मनुष्य अपने कनिष्ठ अधिकार को निःसंकोच भाव से मानकर मूर्खता को, चित्त और व्यवहार की दीनता को, विचित्र प्रकार से प्रकाशित करने में बाधा नहीं पाते। किंतु मनुष्य रूप में हमारा जन्म हुआ है, ललाट पर हम 'सोऽहम्' लिखाकर आए हैं, इसी वाणी को सार्थक करने के लिए ही हमने मनुष्य के रूप में जन्म लिया है। एक आदमी का पतन समस्त मानव जाति के गौरव को क्षति पहुँचाएगा। जो अपने उस अधिकार का दुरुपयोग करता है वह उनका अपमान करता है जो 'कर्माध्यक्षः सर्वभूताधिवासः साक्षी' हैं। अर्थात् सब कर्म के अध्यक्ष हैं, जो अंतरतम के साक्षी हैं और सबके बीच जिनका निवास स्थल है।

पहले ही दिखा चुका हूँ कि, अथर्ववेद में यह कहा गया है–मनुष्य प्रत्यक्षतः जितना परमार्थ के लिए है उससे भी अधिक वह असीम की सीमा के भीतर है। उसी घेरे में मनुष्य का जो कुछ श्रेष्ठ है निहित है, अर्थात् उसका 'ऋतं सत्यं तपो राष्ट्रं श्रमो धर्मश्च कर्म च।' निहित है।

यह पृथ्वी स्थूल द्रव्यमयी है। उसका वायुमंडल बहुत दूर तक फैला हुआ है। उसी अदृश्य वायुलोक के भीतर से, उसका आलोक, उसकी वर्णच्छटा आती है, उसका प्राण बहता है, इसके ऊपर ही मेघ घिर रहे हैं, जलधारा बह रही है, इसी की प्रेरणा से उसका अंग-अंग परम रहस्यमय सौंदर्य-रूप धारण कर रहा है, यहीं से पृथ्वी का प्राण तत्त्व आ रहा है।

इस वायुमंडल में ही पृथ्वी की वह खिड़की खुली रह गई है, जहाँ नक्षत्र-लोक से अंधकार को पार कर हर रात आत्मीयता की ज्योतिर्मय वार्ता लेकर दूत आते हैं। इसी प्रसारित वायुमंडल को ही पृथ्वी के उद्‌वृत्त भाग की आत्मा कहा जा सकता है, जिस तरह पूर्ण मनुष्य को 'त्रिपादस्यामृतम्' कहा गया है। 'त्रिपादस्यामृतम्' अर्थात् उसका एक अंश प्रत्यक्ष है, बाकी तीन अंश अमृत रूप में उसको छोड़कर ऊपर हैं। इस सूक्ष्म वायुलोक, भूलोक को अपना कहकर ही पृथ्वी के धरातल पर इतना विचित्र ऐश्वर्य विस्तार संभव हुआ है, जिसका मूल्य धरातल के मूल्य से कहीं अधिक है।

उपनिषद् कहते हैं, असंभूति और संभूति को एक मानने से ही सत्य को जान सकते हैं। असंभूति असीम में अभिव्यक्त है, संभूति देशकाल में अभिव्यक्त है। इस असीम की सीमा में मिलने से ही मनुष्य को संपूर्ण सत्य मिलता है। मनुष्य में जो असीम है उसे सीमा में, जीवन में, समाज में व्यक्त करना होगा। असीम सत्य को वास्तविक सत्य बनाना होगा। ऐसा करने के लिए कर्म की जरूरत है। 'ईशोपनिषद्' में ऐसा ही कहा गया है—

"सौ साल तुम्हें जीवित रहना होगा, कर्म किए बगैर नहीं।" सौ वर्षों तक जीवित रहने के लिए सार्थक कर्म करो, ऐसे कर्म जिससे प्रत्यय और प्रमाण के साथ कहा जा सके 'सोऽहम्'। यह नहीं कि, आँखें पलटकर साँस बंद करके मनुष्य से दूर रहना होगा। उस असीम से मनुष्य में जो श्रेष्ठता संचारित होती है वह केवल 'ऋतं सत्यं' नहीं है, उसके साथ है 'राष्ट्रं श्रमो धर्मश्च कर्म च भूतं भविष्यत्।' यह कर्म, यह श्रम, जीविका के लिए नहीं है, यह निरंतर उद्यम किसी सत्य के लिए है। किससे प्रेरित होकर मनुष्य प्राण को तुच्छ मानता है, दुःख का वरण करता है, अन्याय के दुर्दांत प्रताप की बिना कारण उपेक्षा करता है, अविचार के दुःसह मृत्युशूल को अपनी छाती पर लेता है? इसके पीछे केवल मनुष्य के प्राण नहीं, बल्कि उसकी महिमा भी है। समस्त प्राणियों में केवल मनुष्य को ही सिर उठाकर 'सोऽहम्' कहने का अधिकार प्राप्त है। यह अधिकार जाति या वर्ण के भेद से परे समस्त मनुष्यों का अधिकार है। क्षितिमोहन के अमूल्य संग्रह से बाउल की यह वाणी मुझे मिली है—

"जीवे जीवे चाइया देखि सवई जे तार अवतार,
ओ तूइ नूतन लीला की देखाबि जार नित्य लीला चमत्कार।"

प्रतिदिन ही मानव समाज में यह लीला होती है। असंख्य मनुष्य ज्ञान, प्रेम, भोग में नाना प्रकार से अदृश्य को प्रकाशित कर रहे हैं। इतिहास में उनका नाम

नहीं लिखा जाता, जो अपने प्राण से मनुष्य के प्राण प्रवाह में जीवन-रस का संचार कर जाते हैं, उन्हीं का तेज 'यश्चायस्मिन् तेजोमयोहमृतमयः पुरुषः सर्वानुभूः' है। अर्थात् आत्मा के ही अंदर जो तेजोमय अमृतमय पुरुष हैं, जिसका सभी अनुभव करते हैं, जिस तरह आकाशव्यापी तेज को उद्‌भिद अपने प्राण की सामग्री बनाकर उसे पृथ्वी के प्राणलोक को उत्सर्ग कर देता है।

उद्‌भिद के भीतर से विश्व का तेज यदि प्राण वस्तुओं में परिणत न हो पाता तो जीवलोक मरुस्थल के समान होता, उसी तरह हमारे गोचर-अगोचर, देश-देश, काल-काल के नर-नारी अपने परमपुरुष के अमित तेज को यदि कल्याण और प्रेम, ज्ञान और कर्म में, निरंतर समाज की प्राणवस्तुओं में परिणत न करते, तो समाज 'सोऽहम्' तत्त्व से रहित होकर पशुलोक से एकाकार हो जाता। डॉक्टर कहते हैं, मनुष्य के देह में पशुरक्त देने से प्राणवृद्धि नहीं होती, प्राणनाश होता है। पशुसमाज पशुभाव से ही चिरकाल जीवित रह सकता है, मनुष्य समाज पशु होकर जीवित नहीं रह सकता। तार्किक कहेगा, नरलोक में तो अनेक पशु आराम से बढ़ते हैं। शरीर का घाव भी तो बढ़ता है। आस-पास उसकी उन्नति कम नहीं अधिक ही दिखाई देती है। घाव अगर न भरे तो वह मनुष्य को मारकर ही भरता है। समाज अनेक पाप सह सकता है, किंतु जब उसकी विकृति ही उसकी प्रधान विशेषता बन जाती है, जब चिंतन, व्यवहार, साहित्य, शिल्पकला में पशुत्व को जगह देकर समाज अधिक दिनों तक जीवित नहीं रह सकता। विलासोन्मत्त रोम क्या अपने ऐश्वर्य के बीच ही पके फल के कीड़े की तरह नहीं मरा? कालिदास ने रघुवंश में पतन का जो चित्र दिया है, वह क्या मनुष्य के जीवन में पशुभाव के प्रवेश का फल नहीं है?

अथर्ववेद में केवल सत्य और ऋत की बात नहीं है, राष्ट्र की भी बात है। जनसंघ के श्रेष्ठ रूप को प्रकाशित करने के लिए राष्ट्र मौजूद है। छोटे गमले के भीतर पौधा यदि अपनी हजार जड़ों को न मिला पाए तो वह ठिगना होकर, पतला बनकर रह जाता है। राष्ट्र की प्रशस्त भूमि न पाने से जनसमूह पौरुष से रहित हो जाता है। अपनी जीवनयात्रा में जिस भूमा को प्रकाशित करने का दायित्व मनुष्य को निभाना चाहिए उसका तिरस्कार करना इतिहास को धिक्कारना है। ऐसा व्यक्ति सबके बीच खड़े होकर 'सोऽहम्' नहीं कह सकता। वह यह भी नहीं कह सकता कि "मैं अपनी महिमा में हूँ, मैं आज के दिन के लिए नहीं हूँ, मेरी आत्म-घोषणा भविष्य में कण-कण में ध्वनित होती रहेगी।" इतिहास के उसी बहुकाल के सुषुप्त धिक्कार ने एशिया महादेश के वक्षस्थल पर आघात किया है। सब ओर यही सुनाई देता है कि जनगण के अंतर्यामी महान पुरुष ने अंधकार कारागार में शृंखला को झंकृत किया है, उसके प्रकाश की तपोदीप्ति 'तमसः परस्तात्' जल उठी है। आवाज उठी है 'शृन्वन्तु विश्वे' अर्थात् सूनो विश्वजन, उसका आह्वान सुनो, जिस आह्वान से भय छँट जाता है, स्वार्थ लज्जित होता है, दुःख के साथी अमृत पथ पर मृत्युंजय शृंगध्वनि कर उठते हैं।

भूमा से उपजी जिस श्रेष्ठता की बात अथर्ववेद में कही है, वह किसी एक विशेष सिद्धि में नहीं है। तपोबल, वैर्य, लक्ष्मीबल सब मनुष्य के भीतर ही है। मनुष्यत्व को बहुधा विशेष रूप में एक बिंदु पर सीमित कर देने से शायद आत्मविस्मरण का आनंद मिलता है। किंतु 'ततः किम्' अतः उस आनंद से क्या मिलेगा? उस आनंद को मैं न श्रेष्ठ कहूँगा और न ही चरम सत्य कहूँगा। समस्त मानव संसार में जब तक दुःख है, अभाव है, अपमान है, तब तक एक भी मनुष्य मुक्त नहीं हो सकता। अंधकार में एक दीपक के जरा से जलने से रात खत्म नहीं हो जाती, समस्त अंधकार के मिटने से ही रात का अवसान होता है। इसीलिए मनुष्य की मुक्ति की कामना करने वाले महापुरुषों का कहना है—"सम्भवामि युगे-युगे।" वे प्रत्येक युग में विभिन्न देशों में जन्म लेते हैं। आज भी उनका जन्म हुआ है और कल भी होगा। जन्म का यही क्रम इतिहास में चलता आ रहा है। 'सोऽहम्' भी यही कहता है—I and my father are one.

'सोऽहम्' मंत्र का केवल उच्चारण कर तुम कर्म से छुट्टी पा लेने की गलत आशा रखते हो। समस्त पृथ्वी पड़ी हुई है, तुम अकेले दायित्व छोड़कर चले जाओगे? जो कायर आँख मूँदकर सोचता है "भाग आया हूँ", वह क्या वास्तव में भाग पाता है? 'सोऽहम्' समस्त मनुष्यों की सम्मिलित अभिव्यक्ति का मंत्र है, केवल एक आदमी का नहीं। व्यक्तिगत तौर पर जो दायित्व से मुक्त हो रहा है उसकी मुक्ति तब तक निरर्थक है जब तक वह सबमें शक्ति का संचार नहीं करता। बुद्धदेव अपनी मुक्ति से ही यदि सचमुच मुक्त हो पाते तो, एक भी मनुष्य के लिए वह कुछ नहीं करते। उनके कर्मों का जैसे अंत ही नहीं था। यदि आज वे जीवित रहते तो उन पर हमसे अधिक कर्मों का भार होता। क्योंकि जो महात्मा हैं, वही विश्वकर्मा हैं।

...मनुष्य के इतिहास में महापुरुषों को देखता हूँ। उनसे यही बात समझता हूँ कि समस्त मनुष्य जाति के मन में भूमा की अभिव्यक्ति से प्रेरित चेतना काम कर रही है। जीवमानव केवल अपने अहं के आवरण को त्यागकर विश्वमानव से जुड़ सकता है। वस्तुतः वहीं पर समस्त पृथ्वी की अभिव्यक्ति अपने सत्य को खोजती है। इस पृथ्वी का चरमसत्य वही महामानव है।

उपनिषद् में कहा गया है 'को ह्येवान्यात् कः प्राणयात् यदेष आकाश आनन्दोन स्यात्।' यदि प्राणों का आनंद आकाश में न होता तो एक भी कीट किससे प्रेरित होकर जीने की इच्छा रखता यदि समस्त आकाश में उसका सत्य व्याप्त न हो तो दियासलाई क्षण भर के लिए कैसे जलती है? प्राणों में ही समस्त सृष्टि का अर्थ छिपा है। इस अर्थ को मैं 'इच्छा' कहूँगा। जड़ मूक था, इस इच्छा की भाषा को नहीं बता सका, प्राणों ने आकर इच्छा को प्रकाशित किया। जो भाषा गहराई में निहित थी, वही उजागर हो गई।

छात्रों ने अथक परिश्रम से अक्षर सीखे, हिज्जे सीखे, व्याकरण सीखा, कागजों

पर टेढ़ी-मेढ़ी असंपूर्ण निरर्थक चीजें लिखीं, अनेक उपकरणों का व्यवहार किया और आराम करना छोड़ा और आखिरकार जिस क्षण उन्होंने पहली कविता लिखी उसी क्षण इस लेख में लिखे हुए भावों का अर्थ उनके समक्ष स्पष्ट हुआ। प्राण में मैंने जगत की विपुल अभिव्यक्ति का प्रथम अर्थ देखा। फिर इस अर्थ को मैंने जंतुओं और तत्पश्चात् मनुष्यों में पाया। मन में एक-एक करके मुक्ति की ओर ले जाने वाले द्वार खुलने लगे। मनुष्य पर आकर जैसे ही ठहरा वैसे ही यवनिका उठी और मैंने जीव को उसकी भूमा में देखा। रहस्यमय योग के तत्त्वों को देखा। जिसके सहारे मनुष्य यह कह सका कि जो सत्य को जानते हैं वे ही 'सर्वमेवाविशन्ति' हैं अर्थात् वह सबके अंदर ही प्रवेश करते हैं।

आलोक के समान ही मनुष्य का चैतन्य ज्ञान, कर्म, महाविकीरण की दिशा में चला है। इसी आधार पर उसके महत्त्व को आँकता हूँ, महामानव को देखता हूँ और 'यशचायस्मिन् आत्मनि तेजोमयोहमृतमयः पुरुषं सर्वानुभूः को भी देखता हूँ और इस बात की कामना करता हूँ—

सव्वे सत्ता सुखिता, अवेरा होन्त, अव्यापज्झा होन्त, सुखी उत्तानं परिहरन्त। सव्वे सत्ता दुक्खापमुंचन्त। सव्वे सत्ता मा यथालब्धसम्पत्तितो विगच्छन्त।

समस्त जीव सुखी हों, उनके शत्रु न हों, वे अवध्य हों, सुखी हों, कालजयी हों। समस्त जीव दुःख से मुक्त हों, जीव यथालब्ध संपत्ति से वंचित न हों।

साथ-साथ यह कह सकता हूँ, दुःख आता है तो आए, मृत्यु होती है तो हो, ख्याति घटती है तो घटे पर मनुष्य अपनी महिमा से वंचित न हो। तथा समस्त देशकाल में उसकी 'सोऽहम्' की ध्वनि गूँज उठे।

अनुवाद : **राखी सेजल**

भारत में राष्ट्रीयता

भारत की वास्तविक समस्या राजनीतिक नहीं, सामाजिक है। भारत की ही नहीं, विश्व के सभी राष्ट्रों की यही समस्या है। मैं सिर्फ राजनीतिक हितों में विश्वास नहीं रखता। पश्चिम में राजनीति वहीं के आदर्शों और मूल्यों पर होती है और हम भारतवासी भी उसी का अनुकरण कर रहे हैं। हमें याद रखना चाहिए कि यूरोप में, जहाँ पहले से जातीय एकता थी और प्राकृतिक संपदा स्थानीय निवासियों के लिए अपर्याप्त थी, वहीं स्वाभाविक रूप से सभ्यता का व्यावसायिक और राजनीतिक दृष्टि से आक्रामक चरित्र विकसित हुआ। इसकी एक वजह यह है कि यूरोप के निवासियों में किसी

तरह की अंदरूनी उलझनें नहीं थीं। दूसरी ओर, उन्हें अपने मजबूत और लालची पड़ोसियों से निपटना था। ऐसे में आपस में पूरे तालमेल और दूसरों के प्रति सतर्क वैरभाव को ही सभी समस्याओं के एकमात्र समाधान के रूप में देखा गया। शुरुआती दौर में उन्होंने संगठित लूटपाट की। आज भी उनकी वही प्रवृत्ति बनी हुई है, और वे संगठित होकर पूरी दुंनिया का शोषण कर रहे हैं।

भारत के इतिहास के शुरुआती दौर से ही जिस समस्या ने बार-बार सिर उठाया है, वह है जातीय समस्या। प्रत्येक राष्ट्रीय के लिए अपने लक्ष्य के प्रति जागरूक होना जरूरी है। हमें यह जान लेना चाहिए कि हम भारतीयों ने जब भी राजनीतिक रुख अपनाया है, हमने अपनी छवि खराब की। इसका एकमात्र कारण यह है कि अभी तक हम अपने निर्धारित लक्ष्यों को हासिल नहीं कर पाए।

जातीय एकता की जिस समस्या को हम इतने वर्षों से सुलझाने की कोशिश कर रहे हैं, अमेरिका के आगे भी मुँह बाए खड़ी है। इस देश में बहुतों ने मुझसे भारत में प्रचलित जातीय विभेदों के विषय में पूछा है। यह प्रश्न जब भी मुझसे पूछा जाता है, काफी प्रखर ढंग से पूछा जाता है। मैं भी यही प्रश्न थोड़े सुधार के साथ अपने अमरीकी आलोचकों से पूछने का लोभ संवरण नहीं कर पाता कि उन्होंने अपने यहाँ 'रेड इंडियन' और नीग्रो जाति के लोगों के साथ कैसा सुलूक किया है, क्योंकि इनके प्रति अमेरिका के भेदभावपूर्ण व्यवहार में कोई बदलाव नहीं आया। यहाँ तक कि अन्य नस्लों से अपने आप को अलग रखने के लिए अमेरिका ने हिंसात्मक तरीके अपनाए और जब तक वह अपनी इस समस्या को सुलझा नहीं लेता, जातीय विभेदों के संबंध में भारत से प्रश्न करने का उसे कोई अधिकार नहीं है।

तमाम मुश्किलों के बावजूद भारत की कुछ उपलब्धियाँ अवश्य रही हैं। विभिन्न जातियों के बीच सामंजस्य स्थापित करके, उनके वास्तविक विभेदों को समान्यता देते हुए भी एकता का आधार ढूँढ़ने की कोशिश भारत ने की है। नानक, कबीर, चैतन्य जैसे संतों ने विभिन्न जातियों के सामने एकेश्वरवाद का सिद्धांत रख कर एकता का आधार ढूँढ़ना चाहा।

अपनी समस्या का समाधान करते हुए हम पूरे विश्व की समस्या को हल कर सकते हैं। भारत जिस समस्या से वर्षों से जूझता आ रहा है, वही अब पूरी दुनिया के सामने है। वैज्ञानिक और तकनीकी आविष्कारों ने पूरे विश्व को एक कर दिया है। ऐसा समय आ गया है, जब हमें एकता का ऐसा आधार ढूँढ़ना है, जो राजनीतिक न हो। अगर भारत विश्व की समस्या का समाधान दे पाया तो यह इंसानियत के प्रति उसका अप्रतिम योगदान होगा। इतिहास एक ही है—वह है मानव इतिहास। अलग-अलग राष्ट्रों के इतिहास इस इतिहास के अध्याय मात्र हैं और हम भारतवासी इस महत् उद्देश्य के लिए कुछ भी सहने को तैयार हैं।

हर आदमी को अपना 'स्व' प्यारा होता है। इसलिए उसकी पाशविक वृत्ति

उसे अपने स्वार्थ को पूरा करने के लिए दूसरों से लड़ने को उकसाती रहती है। लेकिन इस 'स्व' के अलावा भी मनुष्य में सहानुभूति और सौहार्द के उच्चतर मूल्य होते हैं। जिनमें ये उच्चतर नैतिक मूल्य नहीं हैं और जो आपसी सद्भाव से एकजुट नहीं हो सकते वे मिट जाते हैं या निरंतर क्षयशील परिस्थितियों में जीते हैं। जिनमें आपसी सहयोग की भावना तीव्र होती है, केवल उन्हीं की सभ्यता का विकास होता है और वे ही इसे बनाए रखने में कामयाब होते हैं। निष्कर्ष यह है कि मानव इतिहास की शुरुआत से ही इंसान को आपसी संघर्ष और एकता में से एवं निजी हित और सामूहिक हित में से एक को चुनना पड़ा है।

आज के युग की सबसे बड़ी सच्चाई यह है कि अलग-अलग जातियाँ आज एक दूसरे के करीब आई हैं। इस परिप्रेक्ष्य में फिर एक बार हमारे सामने दो विकल्प आते हैं—विभिन्न समुदाय आपसी संघर्ष में उलझे रहें या फिर आपसी सद्भाव, मेल-मिलाप और सहयोग का सही आधार ढूँढ़ें, और कभी न खत्म होने वाली प्रतिस्पर्धा और सहयोग में से किसी एक को चुन लें।

मुझे यह कहने में कोई संकोच नहीं होता कि जिनके पास प्रेम का नैतिक बल है, आध्यात्मिक एकता का सपना है, जिनके मन में दूसरों के लिए जरा-सी भी रंजिश नहीं है और जिनमें अपने को दूसरों की परिस्थिति में रखकर देखने की सहानुभूतिपूर्ण अंतर्दृष्टि है, वे ही आने वाले समय में अपनी स्थायी जगह बनाने के लिए सर्वाधिक योग्य हैं। दूसरों के साथ संघर्ष करने वाले उनके प्रति असहिष्णुता का नजरिया अपनाने वाले समय के प्रवाह में मिट जाएँगे। आज जो यह समस्या हमारे सामने आ खड़ी हुई है, उसे अपनी उच्चतर प्रकृति द्वारा सुलझा कर हमें अपनी मानवता का परिचय देना है। दूसरों को आघात पहुँचाने वाले और उनके घातक हमलों को रोकने वाले, दूसरों को नीचे खींच कर पैसा बनाने वाले महाकाय संगठनों से कुछ हासिल नहीं होगा। जबकि सच यह है कि इनके बोझ से मानवता पर मारक असर पड़ेगा। इनसे उच्च सभ्यता युक्त जीवन और हमारी आजादी के लिए खतरा पैदा हो सकता है।

राष्ट्रों के विकास के दौरान भौगोलिक सीमाओं के कारण भाईचारे के नैतिक मूल्यों का फैलाव सीमित था, क्योंकि उन दिनों इन सीमाओं का वास्तव में अस्तित्व था। आज ये महज पारंपरिक काल्पनिक रेखाएँ मात्र बन कर रह गई हैं, क्योंकि वे वस्तुतः कोई वास्तविक बाधा नहीं उपस्थित करतीं। आज के युग के इंसान की यह नैतिक जिम्मेदारी है कि वह इस मसले को पूरी गंभीरता के साथ उठाए, वरना वह दिन दूर नहीं, जब उसके अस्तित्व पर ही प्रश्नचिह्न लग जाएगा। इन बदलती परिस्थितियों का पहला संकेत इंसान की लालच, क्रूरता और घृणा जैसी सहजात वृत्तियों के सिर उठाने से मिलता है। अगर यह स्थिति अनियम समय तक यूँ ही बनी रही, सशस्त्रीकरण भयावह और असंगतिपूर्ण सीमाओं तक बढ़ता रहा, मशीनों और

मालगोदामों से निकलते धुएँ और गंदगी ने इस धरती की विशुद्ध जलवायु को प्रदूषित करना बंद नहीं किया तो इसका परिणाम आत्मदाह की हद तक घातक साबित हो सकता है। इससे बचने के लिए इंसान को अपने नैतिक मूल्यों के ढाँचे में प्रेम, सद्‌भाव और अंतर्दृष्टि की स्पष्टता को शामिल कर एक ऐसे उदार नजरिए का विकास करना होगा जो अपने में विश्व की समूची मानवजाति को समेटे न कि महज अलग-अलग राष्ट्रों के छोटे-छोटे समुदायों को। आज के युग की पुकार है कि हर इंसान खुद को और अपने परिवेश को एक नए युग के अभ्युदय के लिए तैयार करे—एक ऐसा युग, जिसमें मानवजाति की आध्यात्मिक एकता में मनुष्य आत्मसाक्षात्कार का अवसर पा सके।

मेरा विचार है कि अगर मनुष्य को पाशविक उद्योगामी प्रवृत्तियों से ऊपर उठाकर मानवता के उच्च आध्यात्मिक शिखरों तक पहुँचाने का भार पश्चिम पर डाला जाए, तो इसे ईश्वर और मानव जाति की इस आशा को ही अपना सर्वोच्च लक्ष्य बना लेना चाहिए। आज बेहतर जीवन की अपेक्षा में पूरा विश्व अमेरिका की ओर आशा लगाए बैठा है। यूरोप की अपनी पारंपरिक विचार सरणियाँ और रूढ़ियाँ हैं, जबकि अमेरिका अब तक किसी नतीजे पर नहीं पहुँचा है। मुझे इस बात का भी ध्यान है कि किस प्रकार अमेरिका अपनी विगत परंपराओं से स्वच्छंद है। फिर भी मैं अमेरिकी युवा पीढ़ी की प्रयोगधर्मिता को सराहता हूँ। यही कारण है कि मेरी नजर में उसके गौरव का आधार उसका भविष्य होगा न कि अतीत और अगर किसी के पास दिव्यदृष्टि हो तो वह अमेरिका के आगत रूप को जरूर सराहेगा।

यह अमेरिका की नियति है कि वह पूर्व के सामने पश्चिमी सभ्यता की उच्चता प्रमाणित करता रहे। दूसरी ओर, यूरोप की चेतना न केवल बीमार हो चुकी है, वह इन्सानियत पर अपना भरोसा भी खो चुकी है। पर अमेरिका न ही निराशावादी है और न अतितृप्त। वह जानता है कि चीजों को ज्ञान के सहारे बेहतर और बेहतरीन बनाया जा सकता है। ध्यान देने की बात यह है कि कुछ आदतें निष्क्रिय नहीं होतीं, बल्कि वे आक्रामक रूप से हठीली होती हैं। ये न केवल रक्षात्मक दीवारों की तरह हमें घेर लेती हैं, बल्कि अपने आप में कँटीले बाड़े की तरह होती हैं। यूरोप ने अपने इर्द-गिर्द आदतों का ऐसा ही कँटीला, मजबूत और ऊँचा बाड़ा बना लिया है। आत्माभिमान की भावना उसके दिल में जड़ें जमा चुकी हैं। मैं इसे केवल अनुचित मानकर संतोष नहीं कर सकता। मैं जोर देकर कहना चाहूँगा कि आत्माभिमान चाहे किसी भी रूप में क्यों न हो अंत में हमें अंधा कर देता है। सभी अप्राकृतिक उत्तेजक द्रव्यों के समान पहले वह हमारी संवेदनाओं को उकसाता है, पर अपनी बढ़ती खुराक के साथ ही हमें निष्क्रिय कर एक गहरा नशा पैदा कर देता है, जो अंततः हमें भटका देता है। यूरोप का बाहरी और भीतरी आत्माभिमान क्रमशः बढ़ा है। पश्चिमी होने के नाते वह अपना उच्चताबोध नहीं छोड़ पाता, इस आधार पर किसी को अपमानित

करने का एक भी मौका नहीं छोड़ता। यही वजह है कि वह न तो पूर्व को अपना वह सब कुछ दे पा रहा है जो अच्छा है, न ही पूर्व के शताब्दियों से संचित ज्ञान के भंडार को उदार दृष्टिकोण से अपना पा रहा है।

अमेरिका में जातीय परंपराओं और रूढ़ियों को अपना शिकंजा फैलाने का वक्त नहीं मिला। हालाँकि उसने सदा यूरोप की स्थिर सभ्यता के विपरीत अपनी खानाबदोसी के कारण होने वाले नुकसान को महसूस किया है, क्योंकि यूरोप अपने गौरवमय चित्र को अतीत की पृष्ठभूमि पर अंकित कर सकता है। पर आज के इस बदलते युग में जब नए युग की पुकार समूची मानवजाति को एक नए भविष्य की सूचना दे रही है, अतीत से यही विच्छिन्नता अमेरिका के लिए युग की चुनौती को स्वीकार करने और उस लक्ष्य को हासिल करने में मददगार होगी, जिसे पाने के लिए एक दिन यूरोप सक्रिय था, पर जो बीच में ही लक्ष्य-च्युत हो गया, क्योंकि सत्ता के अभिमान और आधिपत्य के मोह ने उसे अपनी राह से भटका दिया।

भारत और अमेरिका में एक समानता है—वह है अलग-अलग जातियों को एकसूत्र में बाँधने की क्षमता। हमारे देश में विभिन्न जातियों के बीच समानता ढूँढ़ने की कोशिश की गई है, ताकि उनकी एकता को सही आधार दिया जा सके। जो राष्ट्र एकता का राजनीतिक या व्यावसायिक आधार ढूँढ़ना चाहेंगे, उन्हें निराश होना पड़ेगा। चिंतक और मनीषी ही आध्यात्मिक एकता का महत्त्व समझ कर उसका प्रचार करेंगे।

भारत ने कभी भी सही अर्थों में राष्ट्रीयता हासिल नहीं की। मुझे बचपन से ही सिखाया गया कि राष्ट्र सर्वोच्च है, ईश्वर और मानवता से भी बढ़कर। आज मैं इस धारणा से मुक्त हो चुका हूँ और दृढ़ता से मानता हूँ कि मेरे देशवासी देश को मानवता से भी बड़ा बताने वाली शिक्षा का विरोध करके ही सही अर्थों में अपने देश को हासिल कर पाएँगे।

आज का शिक्षित भारतीय उस इतिहास को अपनाना चाहता है जो हमारे पूर्वजों की परंपरा से पूरी तरह कटा हुआ है। पूर्व के देश आज उस इतिहास को अपनाने की कोशिश कर रहे हैं, जो उनके जीवन-क्रम के विकास का नतीजा नहीं है। उदाहरण के लिए जापान को लिया जा सकता है जो पश्चिमी पद्धति अपना कर स्वयं को ताकतवर समझने लगा है, लेकिन जिस दिन वह अपनी परंपरा से पूरी तरह अलग हो जाएगा, उसके पास उधार लिए हुए सभ्यता के उपकरणों के अलावा कुछ भी बचा नहीं रहेगा और वह अपने आंतरिक विकास से मुँह मोड़ चुका होगा।

यूरोप का अपना अतीत है और वही उसकी शक्ति है। हम भारतीयों को अच्छी तरह जान लेना चाहिए कि किसी और का इतिहास उधार नहीं लिया जा सकता और अपने इतिहास का गला घोंटने का मतलब है आत्मघात। बाहर से उधार ली हुई चीजें जीवन को बरबाद कर देती हैं। मेरा मानना है कि पश्चिमी सभ्यता के

साथ प्रतियोगिता करके भारत का कुछ भी भला नहीं होगा, दूसरी ओर अगर हम अपने निर्धारित लक्ष्य की ओर ही बढ़ें, तो तमाम अपमानों के बावजूद हम कुछ हासिल कर सकते हैं।

कुछ सबक हमें प्रशिक्षित करते हैं, कुछ हमारे मस्तिष्क को चिंतन के लिए उत्प्रेरित करते हैं। उन्हें हम आसानी से सीख कर लाभ उठा सकते हैं। इससे अलग कुछ ऐसे सबक भी हैं, जो हमारे स्वभाव को प्रभावित कर हमारे जीवन की दिशा ही बदल देते हैं। इससे पहले कि इन्हें अपनाने के लिए हम अपनी परंपरा का मूल्य चुकाएँ हमें रुककर सोचना होगा। मानव इतिहास में ऐसे युग भी आते हैं, जो अपनी तीव्रता और गति से हमें चमत्कृत कर देते हैं। उनकी चमक हमारे घर के नन्हे दीपों का ही नहीं शाश्वत सितारों का भी परिहास करती है। लेकिन इनसे उत्तेजित होकर हम अपने दीपक को तो नहीं छोड़ सकते। क्यों न हम धीरज के साथ अपने अपमानों को सहकर यह समझने की कोशिश करें कि इस तरह की सामयिक आतिशबाजी में भव्यता तो होती है, पर स्थायित्व नहीं होता, क्योंकि ऐसे विस्फोटों की तीव्रता ही इनकी शक्ति और शीघ्र निःशेष होने की वजह होती है। ऐसे विस्फोटों से जो कुछ हासिल होता है, वह इनके लिए व्यय की गई ऊर्जा की तुलना में नगण्य होता है।

बहरहाल, हमारे आदर्श हमारे ऐतिहासिक संदर्भों की उपज हैं। हम चाहें भी तो ऐसी आतिशबाजी नहीं कर सकते, क्योंकि न हमारे पास ऐसे साधन हैं, न ही हमारे और उनके नैतिक उद्देश्यों में कोई साम्य है। अगर हम यह इच्छा रखते हैं कि अपना सर्वस्व बेचकर राजनीतिक राष्ट्रीयता प्राप्त करें तो यह वैसा ही मूर्खतापूर्ण होगा जैसा कि स्विट्जरलैंड का इंग्लैंड की नौ सेना का मुकाबला करने की अपनी महत्त्वाकांक्षा के लिए अपने अस्तित्व को खतरे में डालना। हमारा यह सोचना गलत है कि इंसान की महानता का यही आधार है, वस्तुतः इस ढिठाई से दुखद स्थितियाँ पैदा हुई हैं।

हमें जान लेना चाहिए कि हमारे सामने एक भविष्य है, जिसे ऐसे लोगों का इंतजार है जो न केवल साधन संपन्न हों बल्कि नैतिक मूल्यों से भी युक्त हों। यह इन्सान की खुशकिस्मती है कि उसे उन लक्ष्यों के लिए प्रयत्न करना है जो उसकी तत्काल पहुँच के बाहर हैं। हमें अपनी वर्तमान सफलता या कि भव्य किंतु आकांक्षाओं में सीमित अतीत के गुलाम के रूप में समझौता न करके अपने जीवन को उस भविष्य की ओर ले जाना है, जो अपने गर्भ में बड़ी संभावनाएँ छिपाए हुए है।

हम यह मानकर चलें कि किसी शुभ के तहत ही पश्चिम भारत की ओर आया है। इसके बावजूद यह जरूरी है कि पश्चिम को बताया जाए कि पूर्व क्या है और उसका ध्यान इस ओर दिलाया जाए कि सभ्यता के इतिहास में पूर्व का भी अपना योगदान है। भारत ने कभी पश्चिम के आगे हाथ नहीं फैलाया, जबकि पश्चिम चाहे

तो ऐसा सोच सकता है। मैं पश्चिमी सभ्यता के महत्त्व को किसी मायने में नजरअंदाज नहीं करता, और न ही अपनी स्वतंत्रता में बिल्कुल पृथक होकर रहना चाहता हूँ। क्यों न हम साथ-साथ विकास करें। अगर यही दैव विधान है कि इंग्लैंड ही इस संपर्क का जरिया बने, तो मैं इसे पूरी विनम्रता के साथ स्वीकार करूँगा। मानव प्रकृति पर मेरा पूरा भरोसा है। मुझे इस बात का भी पूरा विश्वास है कि पश्चिम अपनी सही मंजिल खोज निकालेगा। मैं पश्चिमी सभ्यता की आलोचना तभी करता हूँ, जब मुझे लगता है कि वह अपने ही विश्वास को तोड़ रहा है, अपने ही प्रयोजनों को बाधित कर रहा है। पश्चिम को चाहिए कि वह अपनी शक्ति का इस्तेमाल अपने स्वार्थ के लिए करके विश्व के लिए एक अभिशाप न बने, बल्कि अज्ञानियों को शिक्षा दे, कमजोरों की मदद करे। ऐसा करके उसे खुद को उस खतरे से बचाना है, जिससे किसी भी ताकतवर का सामना तब होता है जब कमजोर घटक अपने बचाव के लिए पर्याप्त शक्ति हासिल कर लेते हैं। पश्चिम को जान लेना चाहिए कि भौतिकता ही सब कुछ नहीं है। उसे इसका अहसास होना चाहिए कि वह मनुष्य के आध्यात्मिक अस्तित्व को भौतिकता के आतंक से आजाद कर रहा है।

मैं किसी एक खास राष्ट्र के खिलाफ नहीं हूँ, बल्कि मेरा विरोध राष्ट्र की सामान्य अवधारणा से है। राष्ट्र आखिर है क्या?

राष्ट्र लोगों की एक संगठित शक्ति का ही एक रूप है। यह व्यवस्था जनता को ताकतवर और कुशल बनाने पर निरंतर जोर देती रहती है। पर ताकतवर और कुशल बनने के इस सख्त उपक्रम में मनुष्य की वह ऊर्जा निकल जाती है, जिसके बल पर वह त्याग और सर्जनात्मकता के उच्चतर मूल्यों को बचाता है। क्योंकि ऐसे में इन्सान की त्याग की प्रवृत्ति अपने मूल नैतिक उद्देश्य से भटक जाती है, मानवीय ऊर्जा इस संगठन को यांत्रिक ढंग से बनाए रखने में ही लगी रहती है। इससे एक ऐसी नैतिक उत्तेजना पैदा होती है जो इन्सानियत के लिए खतरा भी बन जाती है। वह सारी जिम्मेदारियाँ उन मशीनों पर डालकर, जो उसके मस्तिष्क की उपज हैं न कि उसके नैतिक व्यक्तित्व की, अपनी जवाबदेही से छुटकारा पा जाता है। इस उपाय से आजादी का नारा बुलंद करनेवाले, पूरे विश्व में प्रकारांतर से एक खास तरह की दास प्रथा को ही बढ़ावा देते हैं। वे इस बात पर गर्व महसूस करते हैं कि उन्होंने अपना फर्ज निभा दिया। बाहर से न्याय का ढिंढोरा पीटनेवाले भी अपने आचरण और विचारों से अन्यायी और क्रूर हो सकते हैं। उनकी यह भ्रांत धारणा होती है कि वे दुनिया को अच्छा बनाने में मदद कर रहे हैं। ईमानदार व्यक्ति भी खुद को बड़ा दिखाने के लिए अंधा होकर दूसरों के मानवाधिकारों का हनन करते हैं वे कई दूसरों को शोषण और दुर्व्यवहार के योग्य समझते हैं। छोटे-छोटे संस्थान भी सामान्य रूप से भले आदमी में क्रूरता पैदा कर देते हैं। हम यह भलीभाँति सोच सकते हैं कि ऐसी दुनिया में जहाँ लोग अंधे होकर सत्ता और दौलत की दौड़ में बुरी तरह

शामिल हो गए हैं, वे वस्तुतः नैतिक मूल्यों के क्षेत्र में कैसी तबाही मचा रहे हैं।

राष्ट्रीयता एक भयानक संकट है। वर्षों से भारत की सभी मुश्किलों का यह केंद्रीय तत्त्व रहा है। और चूँकि हम अपने ऊपर एक ऐसे राष्ट्र का आधिपत्य झेलते रहे हैं, जो अपने संपूर्ण नजरिए में कठोरतापूर्वक राजनीतिक है, अतः हमने भी अपनी परंपरा भूल कर उसी राजनीतिक विश्वास की ओर अपने कदम बढ़ा दिए हैं।

भारत में अलग-अलग आदर्शों वाली राजनीतिक पार्टियाँ हैं। इनमें से कुछ राजनीतिक स्वतंत्रता चाहती हैं। कई एक यह मानती हैं कि अभी उसके लिए उचित समय नहीं है, वे अंग्रेजी उपनिवेशों के समान ही भारत के लिए भी अधिकार चाहती हैं। वे भारत के लिए यथासंभव स्वायत्तता हासिल करना चाहती हैं।

भारत के स्वतंत्रता संग्राम के इतिहास के शुरुआती दौर में इन पार्टियों में ऐसा कोई मतभेद नहीं था, जैसा आज है। उस समय 'अखिल भारतीय कांग्रेस' नाम की पार्टी थी, जिसका कोई ठोस राजनीतिक कार्यक्रम नहीं था। वे सत्ताधारियों को अपनी शिकायतें भेजते रहते थे, ताकि वे हल निकालें। वे नगरपालिका में अधिक प्रतिनिधित्व तथा परिषद या समिति में अधिक स्वतंत्रता के आग्रही थे। उनका कोई रचनात्मक आदर्श नहीं था, वे महज चीजों को टुकड़ों में हासिल करना चाहते थे। यही वजह है उनके तरीकों में मेरा बिल्कुल विश्वास नहीं था। मेरी यह दृढ़ मान्यता है कि भारत को सबसे ज्यादा रचनात्मक कार्यों की जरूरत है, जो भीतर से ही किए जाने चाहिए। ऐसे कामों में खतरे हैं, फिर भी दमन और उत्पीड़न के बावजूद हमें अपना फर्ज निभाना है और यह हमारा अधिकार है। इस तरह कष्टों और विफलताओं के बावजूद हमें हर मोर्चे पर नैतिक लड़ाई जीतनी है। हमें अपने शासकों को दिखा देना है कि हमारे अंदर नैतिक बल है और हम सत्य के लिए कोई तकलीफ सहने को तैयार हैं। जिस क्षेत्र में हम कुछ भी करके नहीं दिखा सकते, वहाँ हमें सिर्फ दूसरों का मुँह ताकना पड़ता है। यह बहुत संभव है कि हम जो माँगते हैं, हमें न मिले। मैंने बार-बार अपने देशवासियों से कहा है कि वे संगठित होकर ऐसी स्थितियों का निर्माण करें जहाँ उन्हें आत्म-त्याग की प्रवृत्ति को अभिव्यक्त होने का मौका मिले, न कि ऐसी परिस्थितियों का निर्माण करें, जिनमें हमें दूसरों के आगे हाथ फैलाना पड़े।

कांग्रेस की शक्ति कम होती गई, क्योंकि लोगों ने यह जान लिया कि उसकी आधी-अधूरी नीति से कुछ नहीं हो सकता। पार्टी टूटी और उग्रपंथियों का आगमन हुआ, जिन्होंने कर्म की स्वतंत्रता की वकालत की और कांग्रेस के नरमपंथी नेताओं की प्रार्थना और निवेदन की उस नीति का बहिष्कार किया, जो देश के प्रति अपने दायित्वों से मुक्त होने का सबसे आसान तरीका था। उनके आदर्श पश्चिम के इतिहास पर आधारित थे। भारत की अपनी विशिष्ट समस्याओं से उन्हें कोई लगाव न था। वे इस तथ्य से परिचित नहीं थे कि सामाजिक व्यवस्था की कमजोरियों के कारण

ही भारत विदेशियों का सामना करने में नाकाम रहा है। अगर देश अंग्रेजी शासन से किसी प्रकार मुक्त हो जाए तो हमारा क्या होगा? हम दूसरे राष्ट्रों के आधिपत्य के शिकार हो जाएँगे। सामाजिक कमजोरियाँ बनी रहेंगी। हम भारतीयों को सोच लेना चाहिए कि हमें उन सामाजिक रीतियों, नियमों और आदर्शों से छुटकारा पाना है जिनसे हमारे आत्मगौरव को ठेस पहुँचती है और दूसरों के ऊपर पूर्ण निर्भरता का भाव पैदा होता है। इस तरह की स्थिति के लिए वर्ण-व्यवस्था का प्रभुत्व तथा परंपरा पर अंधनिर्भरता और आलस्य का भाव ही पूरी तरह जिम्मेदार है।

फिर एक बार मैं आपका ध्यान उन मुश्किलों की ओर खींचना चाहता हूँ, जिनका भारत ने बार-बार सामना किया है और उनसे उबरने की कोशिश की है। दरअसल भारत की समस्या विश्व की समस्या का ही एक छोटा रूप है। भारत एक बहुत बड़ा देश है, उसकी जातीय विविधता बहुत अधिक है। भारत को एक भौगोलिक पात्र में भरे हुए अनेक देशों के रूप में देखा जा सकता है। यह यूरोप के एकदम उलट है, जो अनेक देशों का समूह होने के बावजूद एक ही देश के रूप में देखा जाता है। इस प्रकार यूरोप को अपने सांस्कृतिक विकास के लिए अनेकता और एकता दोनों का फायदा मिलता है। दूसरी ओर, भारत स्वाभाविक रूप से अनेक होकर भी एक है। अतः उसने हमेशा अपनी विविधता के कारण एकता में शिथिलता का अनुभव दिया है। वास्तव में एकता उस गोले की तरह होती है जो अपने तमाम वजन के बावजूद गोलाई के कारण आसानी से सरकती है पर विविधता विविधकोणीय वस्तु है जिसे पूरी शक्ति के साथ घसीटना और ठेलना पड़ता है। पूरे श्रेय के साथ हमें यह स्वीकार करना चाहिए कि भारत की विविधता में उसका कोई हाथ नहीं है, अपने इतिहास के शुरुआती दौर से ही उसे इस कठोर सच के साथ जीना पड़ा है। यूरोप ने अमेरिका और आस्ट्रेलिया के मूल निवासियों का पूर्णतः संहार करके समस्या सुलझा दी। आज के युग में उस तरह के संहार का जोश इस रूप में मिलता है कि बाहर के व्यक्तियों के लिए अपना दरवाजा वे बंद करते हैं, जो खुद बाहर से आकर देश पर कब्जा जमाए हुए हैं। लेकिन भारत ने जातीय विविधता शुरू से ही बर्दाश्त की। इस उदार दृष्टिकोण का गवाह हमारा इतिहास है।

भारत की वर्ण-व्यवस्था उसी सहिष्णुता का नतीजा है, क्योंकि यह देश लगातार एक ऐसी सामाजिक एकता के निर्माण में लगा रहा है, जिसके ढाँचे में अलग-अलग लोग अपनी विशिष्टता बनाए रखते हुए एकसूत्र से बँधे रह सकें। यह बंधन जितना संभव है ढीला रहा है और परिस्थितियों के अनुरूप मजबूत भी। यह बहुत कुछ महासंघ जैसा रहा है, जिसका एक सामान्य नाम धर्म है।

भारत की यह धारणा है कि जातियों में विविधता स्वाभाविक है और यह विविधता बनी रहनी चाहिए, चाहे इसकी जितनी कमियाँ हों। और आप अपना संकीर्णतावादी दृष्टिकोण लेकर उसकी प्रकृति के साथ बलप्रयोग नहीं कर सकते।

यदि ऐसा होता है तो एक दिन इसकी बड़ी कीमत चुकानी पड़ेगी। भारत की यह विविधता शत-प्रतिशत सही है, पर हम यह नहीं समझ सके कि मानवीय प्रभेद पहाड़ों के भौतिक अवरोधों की तरह अचल और स्थायी नहीं होते, जीवन के प्रवाह के साथ उनमें तरलता आती है। उनका दिशा परिवर्तन होता है, आकार और स्वर बदलता है।

इसलिए वर्ण व्यवस्था के नियम बनाते समय भारत ने प्रभेद को मान्यता जरूर दी, पर उस परिवर्तनशीलता को नजरअंदाज कर दिया, जो जीवन का नियम है। परस्पर विरोध की संभावनाओं को दूर करने के लिए उसने दीवारों से कठोर सीमा रेखाएँ बना दीं, ताकि भारत की अनगिनत जातियाँ शांति-व्यवस्था से रह सकें। यह एक नकारात्मक अवसर था। इसका विपरीत प्रभाव यह पड़ा कि ये जातियाँ पारस्परिक विकास और गतिशीलता के सकारात्मक पहलुओं से महरूम रह गईं। उसने प्रकृति के विविधता के पहलू को तो स्वीकार किया, पर उस पहलू को नजरअंदाज कर दिया कि प्रकृति विविधताओं को अपने अनंत प्रसार और संयोजन का माध्यम बनाती है। उसने जीवन को बहुमुखी सत्य के रूप में कुबूल किया, पर उसकी सदा गतिशील प्रवृत्ति को अनदेखा कर दिया। परिणामस्वरूप हमारी समाज-व्यवस्था अपनी जीवंतता खो चुकी है, हम अनगिनत विधि-निषेधों के साथ उन सारी खोखली रूढ़ियों और जातिगत प्रभेदों से चिपके हुए हैं, जिनका ईजाद हमने वर्षों पहले किया था।

जहाँ हमने व्यावसायिक हितों से उपजे संघर्ष को दूर करने की कोशिश की, वहाँ भी यही नतीजा हुआ, क्योंकि हमने अलग-अलग देशों को अलग-अलग जातियों के साथ जोड़कर रख दिया। इसका नतीजा यह हुआ कि जातियों में कभी न खत्म होने वाली ईर्ष्या के साथ-साथ प्रतियोगिता की भावना ने भी जन्म ले लिया और इन सबसे चारों ओर झूठ और धोखाधड़ी को बढ़ावा मिला। (यहाँ भारत ने परिवर्तन के नियम से ज्यादा तवज्जो उत्तराधिकार को दी, जिससे कला केवल पेशागत शिल्प और प्रतिभा मात्र कौशल बनकर रह गई।)

पश्चिमी चिंतक यह मानने से इनकार करते हैं कि भारत ने अपनी वर्ण-व्यवस्था के अंतर्गत जातीय समस्या को पूरी गंभीरता से सुलझाने की जिम्मेदारी बखूबी निभाई ताकि आपसी वैमनस्य के बावजूद सभी जातियों को अपनी-अपनी सीमाओं में पूरी आजादी मिल सके। यहाँ हमें यह भी स्वीकार कर लेना चाहिए कि भारत को इसमें पूरी सफलता नहीं मिल पाई। इसका यह मतलब नहीं कि पश्चिम ने इस समस्या की ओर ध्यान दिया, जबकि वह जातियों की एकरूपता के धरातल पर बेहतर स्थिति में था। यदि इस समस्या से उसका सामना हुआ भी तो उसने इसे नजरअंदाज किया। यही उसके एशिया विरोधी संघर्ष का मूल स्रोत है, इसी वजह से उसने विदेशियों को अपनी धरती के समुद्र तटों पर ईमानदारी से भी जीविकोपार्जन करने नहीं दिया। अपने सभी उपनिवेशों में आप उन्हें इसी शर्त पर स्वीकार करते हैं कि वे मानसिक गुलामी कबूल कर लें। आप अपने दरवाजे बाहरी लोगों के लिए बंद कर देते हैं

या फिर उन्हें खरीदे हुए गुलाम बना देते हैं। जातीय समस्या को सुलझाने का आपका तरीका यही है। इसके जो भी फायदे हों पर आपको यह मानना पड़ेगा कि यह सभ्यता की उच्च प्रेरणा से निकली चीज नहीं है, बल्कि लालच और घृणा की निम्नगामी प्रवृत्तियों की देन है। आप कह सकते हैं कि यह मानव स्वभाव है। भारत भी इसी गलतफहमी में था कि उसे मानव प्रकृति का ज्ञान था तभी उसने अपनी जाति को कठोर सामाजिक स्तरों में ढाला था। लेकिन भारत ने उसका मूल्य चुकाकर आज यह जान लिया है कि मानव स्वभाव वह नहीं है जो दिखता है, असल में उसकी स्थिति उसकी संभावनाओं में है अर्थात् जो वह है नहीं, बल्कि जो वह हो सकता है। जब हम उग्रता से इन्सानियत के जीर्ण-शीर्ण और विकृत रूप की निंदा करते हैं तो व्यवस्थापोषक अपना मुखौटा उतार कर हमें बता देते हैं कि ऐसा करके हमने असल में ईश्वर की निंदा की है। जब अपने स्वाभिमान और स्वार्थ के लिए हम दूसरों को गिराकर देखते हैं तो वस्तुतः हम इन्सानियत को गिरा रहे होते हैं। यह एक भयानक सजा है, क्योंकि अपनी इस अवनति को जब हम महसूस करते हैं तब बहुत देर हो चुकी होती है।

बाहर के लोगों के साथ अपने संबंधों में ही नहीं, बल्कि अपने ही समाज के विभिन्न भाग के लोगों के साथ अपने संबंधों में आपने सौहार्द हासिल नहीं किया। भीषण प्रतियोगिता और विशेष ने अराजकता को पनपने का मौका दिया है। चूँकि इसकी परिणति दौलत और सत्ता के असीम लालच में होती है, इसका अंत अत्यंत भयावह होता है। भारत में वस्तुओं का उत्पादन सामाजिक व्यवस्था के अंतर्गत होता था। इसका आधार था पारस्परिक सहयोग, जिससे सामाजिक जरूरतों की पूर्ति होती थी। पर पश्चिम प्रतियोगिता की अपनी सहजातवृत्ति से परिचालित है। उसका एक मात्र ध्येय है व्यक्तिगत मुनाफा। व्यक्ति उस सीधी रेखा की तरह होता है, जिसकी लंबाई होती है पर चौड़ाई नहीं, और गहराई न होने के कारण वह किसी भी चीज को स्थायी रूप से पकड़े नहीं रह सकता। उसके लालच का कभी अंत नहीं होता। अपने मुनाफे की लगातार वृद्धि की लालसा में वह सभी हदें पार कर जाता है और अंत में उलझ कर रह जाता है। अपनी व्यक्तिगत संकीर्णता में वह पूर्णता के आदर्श को खो देता है।

सामाजिक ढाँचे में आदर्श अपना जो रूप ग्रहण करते हैं, उसके दो उद्देश्य होते हैं। एक, हमारी इच्छाओं और महत्त्वाकांक्षाओं को सामंजस्यपूर्ण विकास के लिए नियंत्रण में रखना। दो, दूसरों के प्रति निष्काम प्रेम का संचार करना। इसीलिए समाज मनुष्य की उन नैतिक और आध्यात्मिक आकांक्षाओं की अभिव्यक्ति है जिसका संबंध उसकी उच्चतर प्रकृति से है।

हमारे भोजन से हमारे शरीर का निर्माण होता है, वह शराब सिर्फ हमारी इंद्रियों को उत्तेजित करती है। उसी प्रकार हमारे सामाजिक आदर्श ही हमें मानव बनाते

हैं पर सत्ता के लालच का नशा हमें असामान्यताओं की दुनिया में पहुँचा देता है, (जहाँ स्वास्थ्य हमारी क्षमता नहीं होता) और स्वतंत्रता उच्छृंखलता में बदल जाती है। यही कारण है कि राजनीतिक स्वतंत्रता का तब तक कोई मूल्य नहीं है, जब तक हम मानसिक गुलामी से मुक्त नहीं होते। महज एक मशीन होने के कारण वाहन हमें आवागमन की स्वतंत्रता तब तक नहीं दे सकता, जब तक हम खुद अपने प्रयोजन के अनुसार उसका प्रयोग करने के लिए स्वतंत्र न हों।

यह जरूरी नहीं कि जो राजनीतिक स्वतंत्रता हासिल कर चुके हैं, वे वाकई स्वतंत्र हैं, क्योंकि सच्चाई यह है कि वे महज ताकतवर हो चुके हैं। उनका बेलगाम आवेश स्वतंत्रता के धोखे में गुलामी को बढ़ावा दे रहा है। जिन्होंने धनोपार्जन को ही अपना सर्वोच्च लक्ष्य बना लिया है, वे अनजाने ही अपनी आत्मा और जीवन को अमीरों और धन के ठेकेदारों के हाथों बेच रहे हैं। जो अपनी राजनीतिक सत्ता से अनुरक्त होकर विदेशी जातियों पर भी अपना प्रभुत्व स्थापित करने के बारे में सोचते हैं, वे क्रमशः अपनी इन्सानियत और आजादी भी उन संगठनों के हवाले कर देते हैं, जो ऐसा प्रभुत्व बनाए रखने के लिए जरूरी होते हैं। इन तथाकथित आजाद देशों में बहु-संख्यक जनता आजाद नहीं है, क्योंकि सत्ता पर बैठे अल्पसंख्यक लोगों द्वारा विशाल जनता उन कलुषित लक्ष्यों की पूर्ति के लिए साधन बना दी जाती है, जिनके बारे में वह कुछ जानती तक नहीं। ऐसा घटित होता है, क्योंकि लोग नैतिक और आध्यात्मिक स्वाधीनता को अपने लक्ष्य के रूप में स्वीकार ही नहीं करते। वे अपने जुनून से इतने बड़े भँवर का निर्माण कर लेते हैं कि उसी में लगातार चक्कर लगाते हुए मानो एक नशे में डूबे रहते हैं, वे इसी स्थिति को आजादी का पर्याय मान बैठते हैं। पर विनाश जो उनका इंतजार कर रहा है, उतना ही अटल है, जितनी किसी आदमी की मौत। नैतिक सत्य ही मानव सत्य है और आध्यात्मिक जीवन की उपलब्धि में ही मनुष्य की मुक्ति है।

वर्तमान समय में भारत के अधिकांश राष्ट्रवादियों की यह सामान्य धारणा है कि अपने सामाजिक-आध्यात्मिक आदर्शों में हमने पूर्णता हासिल कर ली है और समाज के लिए रचनात्मक कार्य हमारे पूर्वजों ने हमारे जन्म से सैकड़ों साल पहले ही कर लिया है। इसलिए अब हमें अपने सारे कार्य राजनीतिक दिशा में मोड़ देने चाहिए। हमें सपने में भी यह ख्याल नहीं आता कि हमारे समाज की कमजोरियों ने ही हमें लाचार बना रखा है, क्योंकि अपनी राष्ट्रीयता के सार के रूप में हमने यह मान लिया कि हमारी सामाजिक व्यवस्था को हमारे पूर्वजों ने सदा के लिए आदर्श और पूर्ण रूप दे दिया है। उनके पास शाश्वत और चमत्कारी अंतर्दृष्टि थी जिसके सहारे उन्होंने भविष्य की अपार संभावनाओं के लिए भी प्रबंध कर रखा था। यही कारण है कि अपनी वर्तमान हीन दशा और कमजोरियों के लिए हम अक्सर देश के बाहर घटने वाली ऐतिहासिक घटनाओं को जिम्मेदार ठहराते हैं। नतीजा, हम मान

लेते हैं कि हमारा एक मात्र काम है राजनीतिक आजादी का महल बनाना, चाहे वह सामाजिक गुलामी की दलदल भरी जमीन पर ही क्यों न हो। सच तो यह है कि हम अपने ऐतिहासिक विकास क्रम को छोड़कर दूसरों के इतिहास से प्रेरणा लेना चाहते हैं।

जिन भारतवासियों को यह भ्रम है कि राजनीतिक आजादी हमें वाकई आजाद कर देगी, उन्हें यह जान लेना चाहिए कि उन्होंने यह आदर्श पश्चिम से ग्रहण किया है। ऐसा करके उन्होंने इन्सानियत पर से अपना भरोसा खो दिया है। हमें याद रखना चाहिए कि सामाजिक कमजोरियों को पालने से वे एक न एक दिन राजनीति के लिए बड़ा खतरा बन जाती हैं। सड़ी-गली रूढ़ सामाजिक संस्थाओं की अंध-पूजा राजनीति में भी जड़ता ला देगी। हमारी संकीर्णता, जिससे मानवता का एक बहुत बड़ा हिस्सा हीनताबोध से ग्रस्त हो जाता है, एक दिन हमारी राजनीति में उभर कर अन्याय का भीषण आतंक फैलाएगी।

जब हमारे राष्ट्रवादी लोग आदर्शों की बातें करते हैं, तब वे भूल जाते हैं कि हमारे यहाँ राष्ट्रीयता के सही आधार का अभाव है। वे लोग जो राष्ट्रवादी आदर्शों का हवाला देते हैं, खुद अपने सामाजिक व्यवहार में दकियानूस हैं। उदाहरण के लिए उनका मानना है कि स्विट्जरलैंड के लोग जातीय विविधता के बावजूद एक राष्ट्र के रूप में मिलजुल कर रहते हैं। यहाँ ध्यातव्य है कि वहाँ जातियाँ आपस में मिलजुल कर रह सकती हैं, अंतर्जातीय विवाह भी हो सकते हैं, क्योंकि उनका खून एक है। भारत में ऐसी बात नहीं है। पश्चिमी राष्ट्रीयता की बात करते हुए हम यह भूल जाते हैं कि वहाँ के देशों में आपसी विकर्षण का वह भाव नहीं है, जो यहाँ की जातियों में देखा जा सकता है। क्या पूरी दुनिया में ऐसा एक भी उदाहरण मिलता है जिससे पता चलता हो कि व्यक्तियों को बिना जबर्दस्ती किए या धन का प्रलोभन दिए दूसरी जाति में विवाह करने पर खून की नदी बहाने के लिए तैयार किया गया है। क्या हम यह दावा कर सकते हैं कि जातीय समन्वयतात्मकता का विरोध करने वाले हमारे परंपरागत नैतिक आदर्श हमारी राजनीतिक एकता में रोड़े नहीं अटकाएँगे?

एक बार फिर हमें यह मानना पड़ेगा कि हमारे सामाजिक प्रतिबंध इतने कठोर हैं कि ये हमें कायर बना देते हैं। अगर कोई मुझे कहे कि उसके विचार प्रगतिशील हैं, पर सामाजिक निंदा के डर से वह अपने विचारों का पालन नहीं कर पाता तो मैं उसे इसलिए माफ कर दूँगा कि उसे एक झूठी जिंदगी जीनी पड़ रही है, वह सिर्फ जिंदा है। हमारी सामाजिक आदतें, जो हमारे उन स्वजनों के जीवन को बोझ बनाने पर मजबूर करती हैं, जिनकी महज खान-पान की रुचि हमसे अलग हो, तो हमारे राजनीतिक ढाँचे में भी वे आदतें क्यों नहीं बनी रहेंगी। नतीजा यह होगा कि हम किसी प्रकार के तार्किक मतभेद को, जो कि जीने के लिए बेहद जरूरी है, ताकत से दबा देना चाहेंगे। किसी भी प्रकार का आतंक हमारे राजनीतिक जीवन में झूठ

और फरेब की ही वृद्धि करेगा। क्या महज राजनीतिक आजादी इतनी कीमती हो उठी है कि जिसके लिए हम अपनी नैतिक आजादी का बलिदान कर दें।

जवानी के जोश में आदतों का जहरीला असर जल्द नहीं दिखता, पर वह क्रमशः उस जोश को निगलता जाता है और जब हमारी अवनति शुरू हो जाती है तब हमें उसका हिसाब ठीक करने के लिए वह जुर्माना चुकाना पड़ता है जो हमारे बूते के बाहर होता है। पश्चिम के लोग आज भी अपना सिर उठा कर जी रहे हैं, बावजूद इसके कि वहाँ की इन्सानियत हर पल के लिए मचल रही है। भारत आज भी अपने सामाजिक अंगों में उन मृत सामाजिक परंपराओं का भार उठाए चला आ रहा है जो युवा शक्ति के लिए घातक है। मृत सामाजिक परंपराओं ने उसकी जीवन-शैली पर क्रमशः कुठाराघात किया है। यही कारण है कि भारत का शिक्षित वर्ग अपनी सामाजिक जरूरतों के प्रति संवेदनाशून्य हो गया है। यह वर्ग सामाजिक ढाँचे की जड़ता को ही उसकी पूर्णता समझता है। चूँकि मृत परंपराओं से तकलीफ का कोई स्वस्थ एहसास हमारे सामाजिक ढाँचे में नहीं रहा, उसने भ्रम पाल लिया है कि कहीं किसी सुधार की जरूरत नहीं है। यही कारण है कि शिक्षित समुदाय अपनी सारी ऊर्जा राजनीति के क्षेत्र में लगाना चाहता है। इस समुदाय के लोगों के पैर लड़खड़ाने लगे हैं और बेकार हो गए हैं। फिर भी वे खुद को यह कहकर समझाते हैं कि उनके ये अंग अभी भी विकसित हैं, और यदि कुछ गलत है तो वह यह कि छड़ी ही छोटी पड़ गई है।

हमारे मिथकीय भंडार में एक कथा है कि अमरता के लिए तप करने वाले को इंद्र प्रलोभन देते हैं। यदि वह प्रलोभन में आ जाता है तो उसका तप भंग हो जाता है। पश्चिम सदियों से इस अमरता के पीछे दौड़ रहा है। इंद्र ने उसे भी धन का लुभावना लालच दिया, पश्चिम उस लालच में आ गया, जिससे उसकी मानव सभ्यता मशीनों की मरुभूमि में भटक गई।

जो लालच ताकतवर राष्ट्रों के लिए घातक है, वह कमजोर के लिए उससे भी बड़ा खतरा है। भारतीय जीवनधारा में मैं यह स्थिति नहीं देखना चाहता, भले यह अमरता के देवता का ही वरदान क्यों न हो। हमारे जीवन को बाहर से सादा, फिर भी भीतर से उच्च रहने दो। हमारी सभ्यता सामाजिक सहयोग के अपने उसूलों पर ही रहे न कि आर्थिक शोषण और संघर्ष के रास्ते पर बढ़े। खून चूसने वाले आर्थिक राक्षसों के बीच रहते हुए ऐसा कैसे हो सकेगा, इस पर प्राच्य राष्ट्रों के वे चिंतक सोचें, जो मानवीय आत्मा में अभी भी विश्वास रखते हैं। यह कायरता और आलस्य का ही चिह्न है कि हम इन परिस्थितियों को स्वीकार कर लें जो ऐसे लोगों द्वारा ही निर्मित हैं, जिनके आदर्श हमसे अलग हैं। हमें सक्रिय रूप से कोशिश करनी चाहिए कि हम ऐसी शक्ति अर्जित कर सकें, जो हमारे इतिहास का सच्चा मार्गदर्शन करे।

उपर्युक्त विवेचन से यह स्पष्ट हो चुका होगा कि मैं कोई अर्थशास्त्री नहीं हूँ। फिर भी मैं 'माँग' और 'आपूर्ति' का नियम स्वीकार करता हूँ। यह भी स्वीकार करता हूँ कि इंसान सदा उससे ज्यादा पाना चाहता है, जितना कि उसके लिए अच्छा है। बावजूद इसके मैं इस बात को रेखांकित करना चाहता हूँ कि मानवता में सामंजस्य की पूर्णता होती है, जहाँ गरीबी उसके मूल्य नहीं छीन पाती, जहाँ हार भी उसे जीत की ओर ले जाती है, मौत भी अमरता देती है और जहाँ क्षतिपूर्ति के रूप में शाश्वत न्याय जो सबसे छोटी है, उन्हें अपने अपमान को सुनहरी जीत में बदलने का मौका देता है।

—1917

अनुवाद : **भक्ति पटेल**

सभ्यता का संकट

आज मेरे जीवन के अस्सी वर्ष पूर्ण हुए। अपने जीवन-क्षेत्र का दीर्घ विस्तार आज मेरे सामने आता है। जिस तट से जीवन आरंभ हुआ था उसे आज दूसरे तट से देखता हूँ—निर्लिप्त दृष्टि से देखता हूँ—और अनुभव करता हूँ कि मेरी और समस्त देश की मनोवृत्ति की जो परिणति हुई है उसमें विच्छिन्नता है, द्विखंडिता है। इस विच्छिन्नता से बड़ा दुःख होता है।

वृहत् मानव-संसार के साथ हमारा प्रत्यक्ष परिचम अंग्रेज-जाति के तत्कालीन इतिहास से शुरू हुआ। भारत में आए हुए इस आगंतुक के चरित्र को हमने एक महान साहित्य के उच्च शिखर पर देखा। उन दिनों हमारे विद्यार्जन की सामग्री में न प्राचुर्य था, न वैचित्र्य। आजकल विद्या और ज्ञान के विविध केंद्रों में विश्व-प्रकृति का परिचय मिलता है, उसकी शक्ति का रहस्य नई-नई दिशाओं से दृष्टिगोचर होता है। लेकिन इसमें से अधिकांश उन दिनों नेपथ्य में था। प्राकृतिक विज्ञानों में विशेषज्ञों की संख्या बहुत कम थी। अंग्रेजी भाषा सीखकर अंग्रेजी साहित्य का ज्ञान प्राप्त करना—यही उस समय परिष्कृत मन की रसिकता और विद्वत्ता का लक्षण माना जाता था। बर्क के वक्तृत्व और मैकॉले के भाषा-प्रवाह की चर्चा दिन-रात सुनाई पड़ती थी। शेक्सपियर के नाटक, बायरन की कविता और तत्कालीन राजनीति में साधारण मानव की विजय-घोषणा—इन सब विषयों पर निरंतर बहस चलती थी। देश की स्वाधीनता के लिए साधना आरंभ हो चुकी थी, फिर भी मन-ही-मन हमें अंग्रेज-जाति के औदार्य पर विश्वास था। यह विश्वास बहुत गहरा था, और देश के अनेक साधक यह समझते थे कि विजेताओं के सौजन्य से ही विजित देश का स्वातंत्र्य पथ प्रशस्त

हो सकता है। इस भावना का कारण यह था कि किसी समय इंग्लैंड अत्याचार से पीड़ित लोगों का आश्रय-स्थान रह चुका था। जिन्होंने अपने देश के सम्मान के लिए जान की बाजी लगाई थी उन्होंने इंग्लैंड में ही अकुंठित होकर अपना आसन जमाया था। अंग्रेजों के चरित्र में मानवीय मैत्री का विशुद्ध रूप दिखाई पड़ा था। इसलिए हमने आंतरिक श्रद्धा के साथ अंग्रेजों को अपने हृदय में बड़ा ऊँचा स्थान दिया था। तब तक साम्राज्य-सुरा के उन्माद से उनका स्वभाव कलुषित नहीं हुआ था।

जब मैं पहले इंग्लैंड गया मेरी आयु बहुत कम थी। उस समय पार्लियामेंट में, और पार्लियामेंट के बाहर सभाओं में, जॉन ब्राइट के भाषण मैंने सुने। उनमें मुझे अंग्रेजों की चिरंतन वाणी सुनाई पड़ी थी। संकीर्ण जातिगत सीमाओं का अतिक्रमण करते हुए इन भाषणों ने हृदय को कैसे प्रभावित किया था, मुझे अब तक याद है। आज के इस दुर्दिन में भी वे स्मृतियाँ हैं। निश्चय ही यह पर-निर्भरता हमारे लिए गर्व की बात नहीं थी। लेकिन उसमें एक प्रशंसनीय अंश भी था। बदलते युग के बावजूद हमने मनुष्यत्व का महान रूप देखा था। यद्यपि यह रूप विदेशियों द्वारा प्रकाशित हो रहा था, फिर भी उसे श्रद्धापूर्वक ग्रहण करने की शक्ति हममें थी। इस संबंध में हमारे मन में कोई कुंठा नहीं थी। मानव में जो कुछ भी श्रेष्ठ है वह किसी देश के संकीर्ण दायरे में आबद्ध नहीं होता। वह ऐसी संपत्ति नहीं होती जो कृपण के भंडार में बंद पड़ी हो। इसलिए जिस अंग्रेजी-साहित्य से उन दिनों हम लोगों के मन पुष्ट हुए थे, उसका विजय-शंख आज भी मेरे अंतर में निनादित होता है।

'सिविलाइजेशन' के लिए हम 'सभ्यता' शब्द का प्रयोग करते हैं, लेकिन वास्तव में 'सिविलाइजेशन' का प्रतिशब्द हमारी भाषा में ढूँढ़ निकालना कठिन है। सभ्यता का जो रूप हमारे देश में प्रचलित था उसे मनु ने 'सदाचार' कहा। सामाजिक नियमों के बंधन का ही वह दूसरा नाम था। इन नियमों के बारे में प्राचीन काल में जो धारणाएँ थीं वे भी एक संकीर्ण भूखंड तक सीमित थीं। सरस्वती और दृशद्वती नदियों के बीच का प्रदेश ब्रह्मावर्त के नाम से प्रसिद्ध था और वहाँ जो आचार-प्रणाली परंपरागत रूप से चली आ रही थी उसी को सदाचार कहा गया। इस आचार की दीवार प्रथा के ऊपर खड़ी थी, चाहे उस प्रथा में कितनी ही निष्ठुरता क्यों न हो, कितना ही अविचार क्यों न हो। इसीलिए प्रचलित संस्कार—जिनमें आचार-व्यवहार को ही प्रधानता प्राप्त थी—हमारे चित्त के स्वातंत्र्य का अपहरण कर चुके थे। सदाचार के जिस आदर्श को मनु ने एक दिन ब्रह्मावर्त में प्रतिष्ठित देखा, उसी आदर्श से लोकाचार को आश्रय मिला। मेरे जीवन के प्रारंभिक काल में इस तरह के बाह्य आचार के विरुद्ध देश के शिक्षित लोगों में विद्रोह की भावना फैली थी; अंग्रेजी शिक्षा का प्रभाव ही इस भावना के पीछे था। यह बात उस विवरण को पढ़ने से स्पष्ट हो जाती है, जिसमें राजनारायण बाबू ने तत्कालीन शिक्षित संप्रदाय के व्यवहार का वर्णन किया है। अंग्रेजों के चरित्र से संबंध स्थापित करके इस सदाचार के बदले सभ्यता का आदर्श हमने

ग्रहण किया था। न्याय-बुद्धि के अनुशासन से प्रेरित होकर हमारे परिवार ने, धर्म-मत और लोक-व्यवहार दोनों ही क्षेत्रों में, यह परिवर्तन पूर्ण रूप से स्वीकार किया था। इसी वातावरण में मेरा जन्म हुआ था। मेरे स्वाभाविक साहित्य-प्रेम ने भी अंग्रेजों को उच्चासन पर बिठाया। इस तरह जीवन का प्रथम भाग व्यतीत हुआ। उसके बाद जो अध्याय शुरू हुआ, वह कठिन दुःख का अध्याय था। बार-बार मैंने देखा कि जो लोग चरित्र के मूल स्रोत से सभ्यता को ग्रहण करते हैं वे भी प्रतिद्वंद्वियों के सामने आते ही बड़ी आसानी से सभ्यता का अतिक्रमण कर सकते हैं।

एकांत में किए गए साहित्य-रसभोग के वेष्टन से एक दिन मुझे बाहर आना पड़ा। उस दिन भारतीय जनता का दारुण और हृदय-विदारक दारिद्र्य मेरे सामने आया। खाने-पहनने के साधनों का और शिक्षा तथा आरोग्य की सुविधाओं का जैसा आत्यंतिक अभाव भारत में है, वैसा शायद पृथ्वी के किसी दूसरे ऐसे देश में न होगा, जहाँ आधुनिक शासन-व्यवस्था विद्यमान है। फिर भी यही देश दीर्घकाल तक अंग्रेजों के ऐश्वर्य का संवर्धन करता आया है। जब मैं सभ्य जगत् की महिमा का एकांत-चित्त से ध्यान करता था, उस दिन कभी कल्पना भी नहीं कर सकता था कि सभ्य कहलानेवाले मानव-आदर्श का ऐसा निष्ठुर और विकृत रूप भी संभव है। अंत में मैंने इसी विकृति के बीच कोटि-कोटि जन-साधारण से प्रति सभ्य देशों की असीम, अवज्ञापूर्ण उदासीनता देखी।

यह निःसहाय देश उस यांत्रिक शक्ति से वंचित है जिसके आधार पर अंग्रेज अपने विश्वव्यापी कर्तृत्व की रक्षा करते आए हैं। लेकिन मेरे सामने जापान का भी चित्र है। देखते-ही-देखते उसी यांत्रिक शक्ति की सहायता से जापान सभी तरह से संपन्न हो उठा है। जापान की समृद्धि मैंने अपनी आँखों से देखी है। वहाँ मैंने एक स्वाधीन जाति के सभ्य शासन का रूप भी देखा है। और मैंने यह भी देखा है कि रूस के मास्को नगर में जनता के बीच शिक्षा-विस्तार और आरोग्य-साधन के क्षेत्रों में कैसा असाधारण अध्यवसाय है। इस अध्यवसाय के प्रभाव से उस विशाल साम्राज्य की सीमाओं से मूढ़ता, दैन्य और अवमानना निर्वासित हो चुके हैं। उस सभ्यता में जातिभेद नहीं है। विशुद्ध मानवीय संबंध का प्रभाव सर्वत्र दिखाई देता है। रूस की आश्चर्यजनक परिणति देखकर मैंने एक ही समय ईर्ष्या और आनंद का अनुभव किया है। जब मैं मास्को गया, रूसी शासन-व्यवस्था की एक विशेषता ने मेरे अंतःकरण को स्पर्श किया—मैंने देखा कि वहाँ राष्ट्रीय अधिकारों में मुसलमान भी हिस्सेदार हुए, और इस बात का गैर-मुसलमानों के पक्ष से कोई विरोध नहीं हुआ। दोनों ने मिल-जुलकर कल्याणकारी संबंध जोड़े, और यही वहाँ की शासन-व्यवस्था की यथार्थ भूमिका है। दूसरी बहुसंख्यक जातियों को इतना प्रभावित कर सके, ऐसी राष्ट्रीय शक्ति आज मुख्यतः केवल दो देशों के हाथों में है—एक इंग्लैंड और दूसरा सोवियत रूस। अंग्रेज़ों ने इस शक्ति से दूसरी जातियों के पौरुष को दलित करके उन्हें सदा के लिए निर्जीव

कर दिया है। सोवियत रूस के साथ रेगिस्तान के मुसलमानों की बहुसंख्यक जातियों का राष्ट्रीय जीवन जुड़ा है—और मैं स्वयं इस बात का साक्षी हूँ कि उन्हें सभी तरह से शक्तिमान बनाने का रूस ने निरंतर प्रयत्न किया है। सभी विषयों में उनका सहयोग प्राप्त करने के लिए सोवियत सरकार ने जो चेष्टाएँ की हैं उनके प्रमाण मैं देख चुका हूँ, और उनके बारे में मैंने पढ़ा भी है। इस तरह का सरकारी प्रभाव अपमानजनक नहीं होता, उससे मनुष्यत्व की हानि नहीं होती। वहाँ का शासन ऐसी विदेशीय शक्ति का शासन नहीं है जो एक कठोर यंत्र की तरह जनता को पीसती रहे। मैं देख आया हूँ कि वही फारस जो एक दिन यूरोपीय देशों के जांते में पिस रहा था आज उस निष्ठुर आक्रमण से अपने-आपको मुक्त कर चुका है। यह नवजाग्रत देश अपनी शक्ति को परिपूर्ण करने के लिए प्रवृत्त हुआ है। मैंने यह भी देखा है कि जरथुस्तवादियों और मुसलमानों के बीच जो संघर्ष और प्रतियोगिता थी उसे वर्तमान सभ्य शासन ने बिल्कुल समाप्त कर दिया है। फारस के सौभाग्य का मुख्य कारण यही है कि यूरोपीय देशों के चक्र से उसे छुटकारा मिला है। आज फारस के कल्याण के लिए मैं अंतःकरण से कामना करता हूँ। हमारे पड़ोसी देश अफगानिस्तान में शिक्षा और समाजनीति में इस तरह का सर्वव्यापी उत्कर्ष अभी तक नहीं हुआ। लेकिन ऐसे उत्कर्ष की संभावना आज बनी हुई है। इसका भी एक-मात्र कारण यही है कि सभ्यता के गर्व में चूर कोई यूरोपीय देश उसे आज आक्रांत नहीं कर रहा है। देखते ही देखते ये लोग चारों दिशाओं में उन्नति और मुक्ति के मार्ग पर अग्रसर होते जा रहे हैं।

अंग्रेजों के 'सभ्य' शासन का भारी पत्थर अपने सीने पर लिए हुए हमारा देश निरुपाय निश्चलता की धूल में पड़ा रहा। चीन के इतने बड़े प्राचीन सभ्य देश को अंग्रेजों ने जातीय स्वार्थ-साधना के विषैले दंश से जर्जरित कर दिया। उसके कुछ ही दिन बाद चीन का एक हिस्सा भी उन्होंने हड़प लिया। अतीत की यह घटना हम भूल चले थे जब हमने यकायक देखा कि चीन का उत्तरी भाग अपने गले के नीचे उतारने के लिए जापान प्रस्तुत है। इंग्लैंड के प्रवीण राजनीतिज्ञों ने तिरस्कारपूर्ण और उद्धत शब्दों में जापान की निंदा की और उसकी नीति को 'तुच्छ दस्यु वृत्ति' ठहराया। बाद में स्पेन की प्रजातंत्रवादी सरकार के साथ इंग्लैंड ने कैसा व्यवहार किया, और किस कौशल के साथ उस सरकार की जड़ें काटी गईं, यह भी हमने दूर से देखा। लेकिन उस समय यह भी देखने में आया कि इंग्लैंड में ऐसे लोगों का एक दल अवश्य था जिसने विपदग्रस्त स्पेन के लिए आत्म-बलिदान किया। यद्यपि इंग्लैंड की यह उदारता उस समय जागरित नहीं हुई, जब एक प्राच्य देश—अर्थात् चीन—संकट में था, फिर भी एक यूरोपीय देश की स्वातंत्र्य-रक्षा के लिए जब कुछ वीरों को प्राणाहुति देते देखा तब यह स्मरण हो आया कि उसी दिन इंग्लैंड को हमने मानव-हितैषी के रूप में देखा था और विश्वास के साथ उसकी भक्ति में हम लगे थे। यूरोपीय देशों की स्वभावगत सभ्यता के प्रति हमारा विश्वास धीरे-धीरे क्यों जाता

रहा, यह समझाने के लिए ही यह शोचनीय इतिहास आज मुझे दोहराना पड़ा। सभ्य शासन की अधीनता में भारत की जो सबसे बड़ी दुर्गति हुई है वह यह नहीं है कि यहाँ अन्न, वस्त्र, शिक्षा और आरोग्य-साधनों का दुखद अभाव है। सबसे बड़ी दुर्गति तो यह है कि आज भारतवासियों के बीच अतिनृशंस आत्मविच्छेद उत्पन्न हो गया है। इस तरह का आत्म-विच्छेद भारत के बाहर किसी भी स्वाधीन मुसलमान देश में दिखाई नहीं पड़ता। और मुश्किल यह है कि इस परिस्थिति के लिए हमें अपने ही समाज को उत्तरदायी ठहराना पड़ता है। किंतु इस दुर्गति का रूप क्रमशः अत्यंत उत्कट होता जा रहा है। शासन-यंत्र के ऊपरी भाग में यदि इस आत्मविच्छेद को गुप्त रूप से प्रश्रय न मिलता तो भारतीय इतिहास में जो इतनी बड़ी अपमानजनक और असभ्य बातें हुईं, वह न होतीं। बुद्धि-सामर्थ्य में भारत के लोग जापानियों से किसी तरह कम हैं, यह बात मानी नहीं जा सकती। इन दो प्राच्य देशों में मुख्य अंतर यह है कि जहाँ भारत अंग्रेजी शासन से अधिकृत और आक्रांत रहा, जापान पाश्चात्य देशों की छाया के आवरण से मुक्त रहा। यह विदेशी सभ्यता—यदि इसे सभ्यता कहा जाए—हमसे क्या कुछ छीन चुकी है, हम जानते हैं। उसके हाथ में वह दंड है जिसे 'विधि और व्यवस्था' (Law and Order) का नाम दिया गया है। यह पूर्णतया बाहर की चीज है। यह तो 'दरबानी' है।

पाश्चात्य जातियों को अपनी सभ्यता पर जो गर्व है उसके प्रति श्रद्धा रखना अब असंभव हो गया है। वह सभ्यता हमें अपना शक्ति-रूप दिखा चुकी है, लेकिन मुक्ति-रूप नहीं दिखा सकी। मनुष्य का मनुष्य के साथ वह संबंध, जो सबसे अधिक मूल्यवान है और जिसे वास्तव में सभ्यता कहा जा सकता है, यहाँ नहीं मिलता। इसके अभाव से भारत का उन्नति-पथ अवरुद्ध हो गया है। फिर भी मेरा यह व्यक्तिगत सौभाग्य रहा है कि बीच-बीच में मैं महान अंतःकरण वाले अंग्रेजों से मिलता रहा हूँ। ऐसी महानता मैं अन्य किसी देश या संप्रदाय में नहीं देख पाया। इन लोगों ने अंग्रेजों के प्रति मेरे विश्वास को आज भी बनाए रखा है। उदाहरण के लिए मैं एंड्रयूज का उल्लेख कर सकता हूँ। यह मेरा सौभाग्य था कि मित्र के रूप में एंड्रयूज को मैंने बहुत समीप से देखा। उनमें मुझे एक यथार्थ अंग्रेज, यथार्थ ईसाई और यथार्थ मानव का दर्शन हुआ। कई कारणों से हमारा देश एंड्रयूज के प्रति कृतज्ञ है, किंतु एक विशेष कारण ऐसा है जिससे मैं व्यक्तिगत रूप से उनका अत्यंत ऋणी हूँ। अंग्रेजी-साहित्य के परिवेश में मैंने अपनी तरुण अवस्था में अंग्रेज-जाति को संपूर्ण चित्त से निर्मल श्रद्धा अर्पित की थी। एंड्रयूज की सहायता से आज जीवन के अंतिम दिनों में इस श्रद्धा को जीर्ण या कलंकित होने से मैं बचा सका हूँ। उनकी स्मृति के साथ अंग्रेज-जाति की मर्मगत महानता मेरे मन में अटल रहेगी। एंड्रयूज-जैसे लोगों को मैं अपने निकटतम मित्रों में गिनता हूँ और उन्हें समस्त मानव-जाति का सुहृद मानता हूँ। उनका परिचय मेरे जीवन में एक श्रेष्ठ संपदा के रूप में संचित है। मैं

सोचता हूँ, उनके द्वारा अंग्रेजों की महत्ता का सब तरह की विपत्तियों से उद्धार हो सकेगा। उन्हें यदि मैं न देखता और न जानता तो पाश्चात्य देशों के प्रति मेरा नैराश्य ज्यों-का-त्यों बना रहता।

इसी बीच मैंने देखा कि यूरोप में मूर्तिमंत बर्बरता अपने नख-दंत बाहर निकालकर विभीषिका की तरह बढ़ती जा रही है। मानव-जाति को पीड़ित करनेवाली इस महामारी का पाश्चात्य सभ्यता की मज्जा में जन्म हुआ। वहाँ से उठकर आज उसने मानव-आत्मा का अपमान करते हुए दिगदिगंतर के वातावरण को कलुषित कर दिया है। हमारे अभागे, निःसहाय, जकड़े हुए देश की दरिद्रता में क्या हमें आभास नहीं मिलता?

एक-न-एक दिन भाग्यचक्र पलटा खाएगा, और अंग्रेजों को अपना भारतीय साम्राज्य छोड़कर जाना होगा। लेकिन किस तरह के भारत को वे पीछे छोड़ जाएँगे? वह कैसी दारुण दीनता और मलिनता होगी? एक शताब्दी से अधिक काल तक जो शासन-धारा चली आ रही है वह जब शुष्क होगी तो उसकी विस्तृत पंक-शय्या इस दुःसह निष्फलता का भार कैसे वहन कर सकेगी? जीवन के प्रथम भाग में मेरा हार्दिक विश्वास था कि सभ्यता-दान ही यूरोप की आंतरिक संपत्ति है। आज जब जीवन से विदा होने का दिन समीप आ रहा है मेरे इस विश्वास का दिवाला निकल चुका है। आज मेरी यही आशा है कि हमारी इस दारिद्र्य-लांछित कुटिया में कोई परित्राता जन्म ग्रहण करेगा। मैं यह भी उम्मीद करता रहूँगा कि वह परित्राता पूर्व-दिगंत से ही आएगा, सभ्यता की देववाणी साथ लाकर मनुष्य को मनुष्यत्व के चरम आश्वास की वार्ता सुनाएगा। आज नदी-पार यात्रा कर रहा हूँ। जिन घाटों से गुजरा हूँ वहाँ मैंने क्या-क्या देखा है, वहाँ क्या-क्या छोड़ आया हूँ! इतिहास के जुठारे हुए सभ्यताभिमान के कैसे भग्न स्तूप! लेकिन मनुष्य के प्रति विश्वास खो देना पाप है। अंतिम क्षण तक इस विश्वास की रक्षा करूँगा। आशा करूँगा कि महाप्रलय के बाद, वैराग्य के मेघमुक्त आकाश में, इसी पूर्वांचल के इतिहास का नया आत्मप्रकाशन आरंभ होगा और एक दिन अपराजित मानव, अपनी खोई हुई मर्यादा फिर से प्राप्त करने के लिए, सभी बाधाओं का अतिक्रमण करते हुए जय-यात्रा के लिए अग्रसर होगा। मनुष्यत्व के पराभव को अंतहीन, प्रतिकारहीन और चरम समझना मेरी दृष्टि में अपराध है।

आज यही बात कहकर विदा होता हूँ कि जो लोग प्रबल और प्रतापशाली हैं उनकी शक्ति, गर्व और आत्माभिमान अजेय नहीं हैं। इस बात के स्पष्ट होने का दिन आज हमारे सम्मुख है। निश्चय ही इस सत्य का हमें प्रमाण मिलेगा कि—

अधर्मेणैधते तावत् ततो भद्राणि पश्यति।
ततः सपत्रान् जयति समूलस्तु विनश्यति।।

महामानव का आगमन है।
दिशा-दिशा में घास का तिनका-तिनका रोमांचित है।
देवलोक में शंख बज उठा—

महाजन्म की शुभ घड़ी आ पहुँची।
आज अमावस्या के तोरण टूट कर धूलि-धूसरित हुए।
उदय के शिखर पर 'मा भैः मा भैः' के शब्द निनादित होते हैं।
उनमें नवजीवन का आश्वास है।
'जय-जय-जय रे मानव अभ्युदय'—
इस मंद-ध्वनि से आकाश गूँज उठा।

(बांग्ला नववर्ष-दिवस 14 मई, 1941 को शांतिनिकेतन में पढ़ा गया रवीन्द्रनाथ का अंतिम संदेश।)

प्रफुल्लचंद्र राय

1861-1944

आचार्य प्रफुल्लचंद्र राय को विज्ञान का गाँधी भी कहा जाता है। राष्ट्रवादी वैज्ञानिक एवं ऋषि परंपरा के महान विज्ञान-शिक्षक। एडिनबरो विश्वविद्यालय में अकार्बनिक रासायनिकी के क्षेत्र में अनुसंधान कार्य। प्रेसिडेंसी कॉलेज और कलकत्ता विश्वविद्यालय के साइंस कॉलेज में अध्यापन। वज्ञानिक के साथ-साथ विचारक भी। दो भागों में 'हिंदू रासायनिकी का इतिहास' की रचना। 1921 में बंगाल के अकाल की घड़ी में राहत कार्य किया। कुरीतियों का विरोध। जाति-प्रथा के कट्टर विरोधी। निश्छल मणि की तरह स्वच्छ और सेवाभाव से भरा जीवन।

फिर देहातों में लौट जाना चाहिए

जब तक देश के लोगों के मानसिक विचार तथा रुचि में परिवर्तन नहीं कराया जाएगा तब तक स्वदेशी के प्रचार में हमें स्थायी सफलता नहीं मिल सकती। आज से सौ वर्ष पूर्व सन् 1833 ई. में एक बार लार्ड मैकाले ने कहा था कि हमें इस कोटि के मनुष्य तैयार करने की भरपूर चेष्टा करनी चाहिए जो रक्त और वर्ण में तो भारतीय हों किंतु रुचि, मत और बुद्धि के लिहाज से अंग्रेज हों। आज हम देखते हैं कि उस अंग्रेज राजनीतिज्ञ का स्वप्न अक्षरशः सत्य प्रमाणित हो गया है। पाश्चात्य रहन-सहन और वेश-भूषा का हम भद्दा अनुकरण करते हैं और इस तरह अनजाने में ही हम लार्ड मैकाले की उक्ति के अनुसार सम्मिश्रण द्वारा बने जीव हो गए हैं। आय की अपेक्षा अधिक व्यय करना, बाहरी निरर्थक बातों के ही पीछे पड़ा रहना भारत की रीति हो गई है। हमारे देशी नरेश तो इस विषय में सबसे अधिक बाजी मार ले गए हैं। उनकी भलाई के लिए स्थापित राजकुमार कॉलेज की शिक्षा और संस्कृति को धन्यवाद है! उन्हें अपनी प्रजा के बीच रहने में आनंद नहीं मिलता, आनंद मिलता है यूरोप में सैर करने तथा वहाँ जाकर व्यर्थ की विलासिता में असंख्य धन पानी की तरह बहाने में। एक ओर तो उनकी प्रजा अशिक्षा और घोर दरिद्रता में जीवन

बिता रही है, उसे यहाँ तक मालूम नहीं कि भरपेट भोजन करने का सुख क्या कहलाता है, दूसरी ओर उन्हीं द्वारा पैदा किए धन से ये लोग विदेशों में जाकर मौज उड़ाते हैं, अनावश्यक कामों में लाखों रुपया खर्च कर डालते हैं।

हमारी सरकार भयंकर फजूल खर्च करने वाली है। उसके योग्य शिष्य हमारे देशी नरेश उसके साथ प्रतियोगिता करने में जरा भी पीछे नहीं है। हमारे उच्च वेतनभोगी राज कर्मचारी, सफल वकील और डॉक्टर, जमींदार तथा धनी व्यवसायी भी इस घृणित प्रतियोगिता में शामिल हो गए हैं।

यंत्र सभ्यता और बेकारी

यंत्र सभ्यता के विषय में खूब सोच-विचार कर देखा गया है, वह हमारी कमी दूर करने के लिए यथेष्ट नहीं है। फिर भी हमारे देश के शिक्षित नवयुवक, जिन्हें यह बात अच्छी तरह समझनी चाहिए, न मालूम क्यों, इसके पीछे पागल हो रहे हैं। हम यहाँ केवल एक दृष्टांत देकर यह समझाने की चेष्टा करेंगे कि यह यंत्र पद्धति हमारे लिए कितनी उपयोगी है। आज यंत्र प्रधान देश यूरोप और अमेरिका में बेकारों की संख्या 2 करोड़ 50 लाख तक पहुँच गई है। कैसी भयानक परिस्थिति है। मैनचेस्टर गार्जियन तथा स्टेट्समैन अखबारों की रिपोर्टों को देखने से पता चलता है कि यांत्रिक उन्नति के कारण मनुष्य के जीवन में किसी प्रकार की सुविधा नहीं हुई है, बल्कि उल्टे अन्न के अभाव में लोग भूखों मर रहे हैं। स्टेट्समैन एक जगह अमेरिकन प्रेसिडेंट हूबर की बातों पर टिप्पणी करता हुआ लिखता है कि बेकारों की संख्या तथा ऐसे घरबाररहित बालकों और बालिकाओं की संख्या, जो देश में एक मुट्ठी अन्न के लिए मारे-मारे फिरते हैं, इतनी अधिक हो गई है कि अब उसे आशा-भरी बातों के पर्दे में छिपाया नहीं जा सकता।

गृह-शिल्प के ह्रास का दंड

इन बातों से, मुझे आशा है, श्रोताओं को यह विश्वास हो गया होगा कि यूरोपीयन जीवन पद्धति का अनुकरण करने तथा उसके फलस्वरूप बाहर से आई हुई चीजों की बढ़ी हुई खपत से हमारा ऐश्वर्य नहीं बढ़ा है, बल्कि उल्टे हम दीन-हीन हो गए हैं। देश में भरपेट खाने के लिए अन्न भी नहीं उत्पन्न होता, फिर भी विदेशी ऐशो-आराम की चीजों की बिक्री बढ़ती ही जा रही है। हमारे राजनीतिक अर्थशास्त्र केवल कॉलेज के शिक्षित होते हैं। वे लोग चरखा का नाम सुनते ही नाक-भौं सिकोड़ने लगते हैं। किंतु जब उनसे यह कहा जाता है कि साल के 6 मास से लेकर 9 मास तक के बेकारी के समय के लिए लोगों के लिए कोई काम बताओ तो वे लोग बस चुप्पी साध लेते हैं। भारत आलस्य में समय बिताने के कारण उन करोड़ों रुपयों को विदेश भेज देता है जो पहले प्रति वर्ष देश के ही सूत कातनेवालों और तांत चलानेवालों

में बँट जाया करता था। अपना राष्ट्रीय उद्योग नष्ट हो जाने के कारण ही उसे लंकाशायर और जापान के पूँजीपति मिल मालिकों को इतनी बड़ी सलामी दे देनी पड़ती है।

बंबई की कपड़े की मिलें कम से कम तीन-चार लाख मजदूरों को काम देती हैं, इतना ही प्रायः हुगली की जूट मिलें काम देती हैं, और लगभग 2 लाख मजूरों को कानपुर की मिलें रोजगार देती हैं। अधिक से अधिक औद्योगिक केंद्रों में कुल 20 लाख मनुष्य अपनी जीविका चलाते हैं। किंतु बाकी 31 करोड़ 80 लाख मनुष्यों की क्या दशा है! क्या आप तब तक इनके लिए रास्ता देखेंगे जब तक भारत में मैनचेस्टर, लिवरपूल, ग्लासगो और डंडी तैयार नहीं हो जाते और 70 प्रति सैकड़ा गाँव में रहने वाले लोगों को नागरिक नहीं बना देते? क्या आप सारे ग्राम्य भारत को कल-कारखानामय बना देना चाहते हैं? वास्तव में कलकत्ता, बंबई, मद्रास और कराची के सिवा भारत में और कोई शहर नहीं है। अतएव ऐसा करने के लिए आपको शायद कयामत के दिन तक प्रतीक्षा करनी होगी।

प्रदर्शनी की उपयोगिता

भारतवर्ष में सर्वत्र बीच-बीच में जो स्वदेशी प्रदर्शनियाँ हुआ करती हैं, यह बड़ा सुंदर लक्षण है। इसका सबसे बड़ा श्रेय उन सार्वजनिक कार्यकर्त्ताओं को है जो चंदा एकत्र करने, विभिन्न स्थानों से चीजें मँगाने, चीजों को आकर्षक ढंग से सजाने तथा लोगों को उसे देखने आने के लिए उत्साहित करने का दुस्सह बोझ अपने ऊपर लेते हैं, किंतु इसका श्रेय उन दर्शकों को भी कम नहीं है जो दूर-दूर से नाना प्रकार की असुविधाओं के रहते हुए भी देखने आते हैं।

किसी हाट बाजार का काम है बेचने वालों और खरीदनेवालों को एकत्र करना, और इन दोनों का संबंध साधारणतया व्यापारिक होता है। खरीदनेवाला कोई चीज खरीदने के लिए बाजार में आता है या उसका मूल्य जानने के लिए आता और अपनी आवश्यकता पूरी कर चला जाता है। किंतु प्रदर्शनी इससे कहीं व्यापक कार्य करती है भले ही उसका फल अधिक प्रत्यक्ष न हो और बाजार की अपेक्षा वहाँ खरीद बिक्री कुछ भी न हो। प्रदर्शनी में लोग अधिकतर उसमें सजाई गई चीजों को देखने के लिए ही आते हैं।

किंतु जब वे लोग लौटकर जाते हैं तो वे अपने दिमाग में उन चीजों के ग्राहक हो जाते हैं। इस तरह प्रदर्शनी द्वारा एक साथ ही बहुत सी चीजों की छाप लेकर जाते हैं जो उन्हें अधिक पसंद होती हैं और फिर उन चीजों का बड़ा प्रभावशाली विज्ञापन हो जाता है और उसके द्वारा जो लोगों को शिक्षा मिलती हैं, उसका मूल्य तो अपार है।

हमारे देश के लिए प्रदर्शनी कोई नई चीज नहीं। बहुत प्राचीन काल से भारतवर्ष में नियमपूर्वक बहुत से मेले होते आ रहे हैं। हमारे देश के लोग आज अपने अंदर

किसी अभाव का अनुभव बड़े जोरों के साथ कर रहे हैं, इसी से इतनी प्रदर्शनियाँ हो रही हैं। हम अनुभव कर रहे हैं कि हमारे पास बहुत कमी है। हम लोग प्रत्यक्ष प्राचुर्य के बीच में भूखों मर रहे हैं।

अपने देशवासियों द्वारा प्रदर्शित इन सभी चीजों को देखकर हम सबके हृदय आनंद के मारे नाच उठते हैं! संभवतः उनमें से कोई चीज हमारी आज्ञा के अनुसार नहीं होती, किसी-किसी का मूल्य कुछ अधिक मालूम होता है। हम जिन-जिन चीजों से परिचित हैं उन चीजों की जगह क्या इन चीजों को लेने से हमारा कुछ नुकसान न होगा? नहीं, कदापि नहीं। जितना ही अधिक हम खरीदेंगे, उतना ही अधिक उसकी पैदावार और उसे उत्पन्न करने वालों की संख्या बढ़ेगी। इसके अवश्यम्भावी फलस्वरूप उत्पन्न करने वालों में स्वाभाविक ढंग से ही प्रतियोगिता छिड़ जाएगी, जिससे वे लोग उत्तरोत्तर निपुण और कार्य कुशल होते जाएँगे और अंत में जो उन सबमें सब से योग्य होगा, वही रह जाएगा। अब आप पूछ सकते हैं कि इससे खरीदारों को क्या लाभ? मैं पूछता हूँ, क्या हम सब लोग सरकारी नौकर, विदेशी चीजों के व्यापारी, वकील, डॉक्टर या अध्यापक हैं, साधारणतया जिनको गृह-शिल्प से कोई मतलब नहीं? निश्चय ही ऐसा नहीं है। हममें से बहुतों का, या हमारे लड़कों, भाई-बंधुओं और मित्रों का किसी न किसी गृह-शिल्प से संबंध है। इस तरह अन्यान्य गृहशिल्पों को सहायता पहुँचाकर हम अपनी ही सहायता करते हैं और अपने आत्मीयों और मित्रों की बेकारी से रक्षा करते हैं। हम अपनी इच्छा के अनुसार जगत रूपी दिवाल खड़ी कर अपने गृह शिल्प की रक्षा नहीं कर सकते। हमारे लिए तो एकमात्र उपाय यही है कि हम आपस में मिलकर काम करें और स्वेच्छापूर्वक स्वदेशी वस्तुओं को खरीदें।

अपनी स्वदेशी शिल्प कला तथा उद्योग-धंधे का पुनरुद्धार करना होगा, उसे प्रोत्साहन देना होगा। लुप्त शिल्प कला का पुनरूद्धार करने के लिए और उद्योग-धंधा जारी करने के लिए यदि हम लोग कमर बाँधकर तैयार नहीं हो जाएँगे और इसके लिए जी-जान से चेष्टा नहीं करेंगे, तो केवल मुँह से ही 'स्वदेशी-खरीदो' चिल्लाते रहने से कुछ लाभ न होगा।

चरखा के ऋषि

आप लोग जानते हैं कि मैं एक तुच्छ श्रम शिल्पी हूँ और इसी नाते मैं यहाँ उपस्थित हुआ हूँ यदि महात्मा जी चरखा के ऋषि हैं तो मैं दावा कर सकता हूँ कि चरखा का मंत्र फैलाने वाला मैं उनका एक दूत हूँ। और फिर भी आज मेरा कारखाना प्रति दिन 15 टन फिटकिरी, 15 टन गंधक का तेजाब और कई टन मैगनिसियम सल्फेट तथा अन्यान्य रासायनिक द्रव्य तैयार करता है।

महात्मा गाँधी ने यह बारंबार कहा है कि हमारे शासकों के दृष्टिकोण में परिवर्तन

होने की आवश्यकता है अन्यथा गोलमेज कांफ्रेंस से कोई विशेष लाभ न होगा। उसी तरह मैं फिर जोर देकर कहता हूँ कि पाश्चात्य सभ्यता की बाहरी तड़क-भड़क से हमें विमुख होना होगा। उसके पीछे-पीछे दौड़ने के कारण ही हमारा सर्वनाश हुआ है। तब तक पंजाब से किसानों के पॉकेट सिंचाई द्वारा उपजाऊ बनाए गए गेहूँ के खेत सोने और चाँदियों से भरते रहे, तब तक वे लोग खूब मोह के वशीभूत होकर दिन बिताते रहे। वे फिर इसी अनुकरण के पीछे पड़कर विलासिता बढ़ाने लगे और अपने लड़कों को डेढ़ सौ से लेकर ढाई सौ रुपए मासिक तक खर्च देकर लाहौर-कॉलेज में भेजने लगे, लिखना-पढ़ना सीखने के लिए नहीं, वरन कायदा सीखने के लिए। किंतु आज उनका सर्वनाश हो गया है। कलकत्ता का बंदरगाह आस्ट्रेलिया के सस्ते गेहूँ से भरे हुए जहाजों से भर गया है। बंगाल के करदाताओं को संरक्षण कर के रूप में पंजाब के अभागे कृषकों की सहायता करनी होगी। एक ग्रेजुएट की औसत मासिक आमदनी 25 या 30 रुपए से अधिक नहीं है। फिर भी इतनी थोड़ी सी आमदनी के ऊपर अपनी प्राणरक्षा करने में उसे आनंद मिलता है, वह देहात में कभी जाना न चाहेगा। इसका फल यह होता है कि उसके बाल-बच्चे शरीर और बुद्धि में कमजोर होते हैं। ऐसे संकीर्ण घर में रहने के कारण, जिसमें न तो स्वच्छ वायु मिलती है और न सूर्य का प्रकाश, उसकी दुर्दशा और भी बढ़ जाती है। राजयक्ष्मा रोग जंगल की आग के समान फैलता जा रहा है और शिशु-मृत्यु की संख्या बड़ी भयावह हो गई है। थोड़े में कहा जा सकता है कि हमारा उद्देश्य होना चाहिए पुनः भूमि और गाँव में लौट जाना।

—1932

यथार्थवाद बनाम आदर्शवाद

बंगालियों की व्यापार में असफलता पहले से ही मेरे लंबे जीवन के अध्ययन का विषय रही है और यह भी कि इसका कारण जलवायु, जमीन की उर्वरता के साथ भूमि का स्थायी बंदोबस्त है। बंगालियों में देशभक्ति की लहर उमंग के साथ एकबारगी तेजी से उठती है, लेकिन इसकी अवधि बहुत छोटी है। यह लहर एक क्षण के लिए पुआल की आग की तरह फैलती है, फिर क्षण में ही बुझ जाती है। उनमें गहरी ऊर्जा संरक्षण शक्ति तथा हठधर्मिता नहीं है। अपनी आलसी प्रकृति के कारण उन्हें ऐसे रास्ते की चाह होती है, जिसमें मुसीबतें न हों। वे भूल जाते हैं कि सफलता पाने के लिए यह जरूरी है कि छोटे पैमाने से धैर्य रखते हुए ऊँचाई तक पहुँचा जाए। मारवाड़ी और हैटधारी यूरोपीय यदि जरूरत पड़े तो सुदूर गाँवों की यात्रा करने

में तथा किसानों के साथ खासकर जूट के मामले में प्रत्यक्ष व्यापार करने में कोई घृणा नहीं करते। यह विचित्र बात है कि जमींदार, पट्टेदार एवं अन्य किसान वर्ग जिनकी जमीनों पर जूट का उत्पादन होता है, वे अपनी संतानों को इस साधारण पेशे में नहीं भेजना चाहते और इस आशा के साथ कलकत्ते में उनकी पढ़ाई पर ढेरों पैसे खर्च करते हैं कि उन्हें सरकारी नौकरी मिल जाएगी। प्रायः जमींदार, सफल वकील सरकारी सेवक या संपन्न व्यापारी अपने बेटों को कानून की शिक्षा के लिए भेजते हैं या ब्रिटिश इंजीनियरिंग कॉलेज में दाखिले के लिए भेज देते हैं। बेटे बैरिस्टर या अभियंता बनकर लौटते हैं और भीड़ भरे पेशे में अवसर न मिलने पर अपने माता-पिता पर बोझ बनकर जीते हैं। कुछ किसी किस्म का डिप्लोमा लिए बिना ही लौट आते हैं। इस तरह से अपनी पैतृक संपत्ति एवं ऊर्जा को नष्ट करना सचमुच एक हृदय-विदारक घटना है।

कभी-कभी कॉलेजों में पढ़े युवाओं को बहुत देर से लगता है कि उनके अभिभावकों ने कुछ गड़बड़ कर दिया है तो वे व्यापार करने के बारे में सोचते हैं। वे भूल जाते हैं कि व्यापार में दक्ष होने के लिए 12-13 वर्ष की अवस्था से ही इसमें लगना पड़ता है और प्रशिक्षित होना पड़ता है।

लेकिन ये सारी बातें बंगालियों की अनुवांशिक प्रकृति के विपरीत हैं। वे बहुत भावुक और आवेगशील होते हैं। बंग-भंग आंदोलन के कई परिणामों में एक था स्वदेशी आंदोलन। देश-भक्ति के उत्साह में आकर बंगालियों ने यथासंभव विदेशी वस्तुओं से दूर रहने की प्रतिज्ञा की, लेकिन वे व्यापक परीक्षण के दौर से नहीं गुजरे, इसलिए दयनीय रूप से असफल हुए। परिणाम यह हुआ कि बंबई के पारसियों और गुजरातियों ने सूती वस्त्र उद्योग में जमकर पाँव जमाए। लेकिन स्वदेशी का प्रभाव बंबई में दूसरे रूप में पड़ा।

1907 के ग्रीष्म तक भारत में एक नई स्थिति पैदा हो गई थी। स्वदेशी आंदोलन का एक अत्यधिक महत्त्वपूर्ण पहलू यह सिद्धांत था कि भारत के संसाधन एवं उद्योग भारतीयों द्वारा ही विकसित हों। संपूर्ण भारत स्वदेशी के प्रति उत्सुक था और लोग स्वदेशी उद्योग-धंधों में पूँजी लगा रहे थे। दोराबजी तथा बादशाह थका देने वाले कई महीनों तक लंदन शहर में बेकार पड़े रहे। वे लौटकर श्री बिलिमोरिया से मिले और साहसिक कदम उठाने के लिए इस बात पर सहमत हुए कि पूँजी के लिए भारत के लोगों से अपील की जाए। निर्णय खतरनाक था। कइयों ने इसकी असफलता की भविष्यवाणी की, पर अनुकूल परिणाम ने निर्णय को सही सिद्ध कर दिया। उन्होंने एक परिपत्र जारी किया, जो व्यवहारतः भारत की जनता के नाम अपील थी।

एक्सेल साहलीन ने 1912 में स्ट्रेफोर्डशायर, लौह और इस्पात संस्थान में दिए भाषण में पूरे मामले को इस तरह व्याख्यायित किया—"तड़के सुबह से देर रात तक बम्बई स्थित टाटा के कार्यालयों को देशी निवेशकों की भीड़ ने घेरे रखा। बूढ़े और

जवान, अमीर और गरीब, पुरुष और स्त्री सभी लोग अपना अल्प धन देने के लिए आए और तीन सप्ताह की समाप्ति तक 1,63,000 पौंड जमा कर लिया गया। इस राशि की एक-एक पाई लगभग 8,000 देशवासियों ने दी। बाहर में जब कार्यकारी पूँजी के भुगतान हेतु एक ऋण-पत्र जारी करने का निर्णय लिया गया तो ऋण पत्रों की पूरी रकम 4 लाख पौंड ग्वालियर के महाराजा सिंधिया ने दी।" (एफ. आर. हैरिस : जे. एन. टाटा, पृ.-202)।

इन सारी बातों की तरफ संकेत करने का मेरा उद्देश्य बंगालियों को इस बात से परिचित कराना है कि केवल देशभक्ति की लहर या भावुकतावाद से कोई फायदा नहीं होगा। उन्हें जीवन के उतार-चढ़ाव और कठिनाइयों से गुजरने के लिए तैयार रहना होगा। साथ ही कभी-कभी असफलता के झोंकों का भी सामना करने के लिए मानसिक रूप से तैयार रहना होगा—क्योंकि असफलताएँ एक दिन सफलता की ओर ले जाती हैं।

संस्कृति और मुद्रा अर्जन

मुझसे प्रायः कहा जाता है कि केवल पैसे के पीछे भागने की प्रकृति बंगालियों को मारवाड़ी बनाएगी। इसके जवाब में सबसे पहले दो प्रसिद्ध अंग्रेजी साहित्यकारों को उद्धरित करूँगा—"साधारण आदमी का मुख्य काम एक भद्र आदमी होना एवं उसकी आदतें बनाए रखने के लिए साधन जुटाना होता है। एक नीरस व्यक्ति की सफलता का रहस्य स्वभावतः सादगी से अपने लक्ष्यों की तरफ बढ़ना तथा एक कलाकार आदमी की असफलता का रहस्य स्वभावतः बहुमुखी प्रतिभा के लिए दोयम दर्जे के आदर्शों के पीछे आवारा भटकना होता है। कलाकार कवि होता है या फिर बदमाश। कवि के रूप में वह देख नहीं सकता जैसा कि रसहीन आदमी देखता है कि शौर्य प्रदर्शन एक स्तर पर केवल रूमानी आत्मघात है। एक बदमाश के रूप में वह देख नहीं सकता कि कुछ माँगते फिरने, झूठ बोलने और डींग हाँकने से कुछ नहीं होने वाला और इससे अपने व्यक्तित्व की उपेक्षा ही घटित होती है" (बर्नार्ड शॉ : मैन एंड सुपरमैन)।

दूसरा उद्धरण है, "विश्व का इतिहास दिखाता है कि मनुष्य अपनी संख्या से नहीं पहचाने जाते, बल्कि अपने भीतर की आग, जीवनीशक्ति और मनोभावों से जाने जाते हैं, अतीत में हुए नुकसान के गहरे बोध, अतीत के गौरव की स्मृति, नए यश की लालसा, जीवन के अटल और स्पष्ट विश्वास और किसी खास उद्देश्य की सिद्धि, बँधनों और शृंखलाओं से मुक्ति और अपनी नैसर्गिक और वीरोचित अनुभूतियों

के लिए पहचाने जाते हैं। सभी महान और असाधारण हृदय से प्रेरित होती हैं।'' सिडनी स्मिथ के उपर्युक्त उद्धरण मुझे सबसे अधिक पसंद आए और इससे मैंने जीवन में और विज्ञान के कार्यों के संदर्भ में भी बहुत कुछ सीखा। इसी की वजह से मुझे कलाओं की महानता का बोध हुआ और मैंने जाना कि मनुष्य की क्षमताओं का दायरा कितना बड़ा है'' (रस्किन की 'आत्मजीवनी' खंड-2)।

भावना अथवा भावुकता निश्चित तौर पर किसी देश की मूल्यवान संपत्ति है। लेकिन यह सदैव गिने-चुने लोगों तक सीमित होती है—कुछ अलौकिक लोगों तक। सभी लोग भावुक होकर नहीं जी सकते, क्योंकि तब उन्हें भीख माँगते घूमते रहना होगा, झूठ बोलना होगा और डींग हाँकनी होगी। निश्चय ही क्रॉमवेल और हैंपडेन ने चमत्कार किया, लेकिन गृह युद्ध के समय उन्हें खर्च के लिए इंग्लैंड के धनी व्यापारियों पर निर्भर रहना पड़ा। आज बंगाली स्नातक एक मारवाड़ी फर्म में 30 रुपए माहवार की जगह पाकर बहुत खुश है। यह भी सैंकड़ों लोगों में किसी एक को मिलती है। तब वे समस्या का समाधान दुनिया छोड़ देना ही मानते हैं—आत्मघात द्वारा अपनी जीवन लीला समाप्त कर देते हैं।

बंगाली यह भूल जाते हैं कि उद्योग, व्यापार एवं नौ-परिवहन के क्षेत्र में आगे बढ़े देशों ने ही महान कवियों, वैज्ञानिकों, विद्वानों, दार्शनिकों और कलाकारों को जन्म दिया है। इसलिए जीवन में सफलता और भावनात्मकता में कोई अंतर्विरोध नहीं है।

सिर्फ कॉलेज में पढ़े-लिखे नौजवान ही नहीं, बल्कि एक समुदाय के रूप में बंगाली चाहे वे हिंदू हों या मुसलमान जीवन के संघर्ष में असफल हो चुके हैं। वे अभी भी भाग्य-भरोसे खुशहाली के अंदाज में जीते हैं और अ-बंगालियों से स्पर्धा में असमर्थ हैं। वे इन्हें धकिया कर सभी तरह के व्यापार से बाहर कर देते है। यह जरूरी है कि हम अपने लोगों में मनोवैज्ञानिक परिवर्तन लाएँ, अपनी सोच में नई दृष्टि और राष्ट्रीय जीवन में सक्रियता लाएँ, अन्यथा आर्थिक संकट को टाला नहीं जा सकता।

उद्योग के क्षेत्र में बंगालियों की पूरी तौर पर असहायता की गवाह बड़ी संख्या में बिहार और उत्तर प्रदेश में शुरू हुई चीनी की मिलें हैं। जावा सुगर पर उच्च आयात कर के कारण लगभग 92 नई मिलें अस्तित्व में आई, लेकिन उनमें से एक भी बंगाली इकाई नहीं थी। मारवाड़ी फर्मों ने दो मिलें एक मुर्शिदाबाद एवं दूसरी राजशाही जिले में स्थापित की हैं, लेकिन बंगाली कहीं नहीं है। लेकिन जैसा कि बंगाल सफेद चीनी का सबसे बड़ा उपभोक्ता है, वह यूरोपियनों, मारवाड़ियों, गुजरातियों एवं पंजाबियों की जेबों में पैसे भरता है। पूरी रकम 4 करोड़ रुपए के बीच में बैठती है। उसकी असहायता का गैर-बंगालियों द्वारा फायदा उठाया जाता है। फिर भी वह सोचता है कि वह स्वदेशी का पैंगबर है।

बैंकिंग को ही लीजिए। यहाँ भी बंगाली कहीं नहीं हैं, जो कुछ थोड़ी प्रगति हुई है इस क्षेत्र में वह भी बंबई की तरफ।

संपन्न बंगालियों की बचत जॉन कम्पनी के जमाने से ही या तो कम्पनी के खाते में निवेश की गई है या यूरोपियन बैंक के अंदर सावधि या चालू खाते में जमा की गई है जिसमें ब्याज नहीं मिलता या मिलता भी है तो उसकी बचत का कुछ भोग मूल समूह की शाखा वाले छोटे बैंकों की तिजोरियों में चला गया है। एकमात्र बंगाली उद्यम, जो 1905-1907 के स्वदेशी आंदोलन के समय शुरू हुआ, उसका हाल ही में दयनीय एवं हतप्रभ कर देने वाला अंत हो गया। इसके नैतिक असर से बंगाल अगले 25 वर्षों में भी उबर नहीं पाएगा।

यह देखने से स्पष्ट हो जाएगा कि करोड़ों रुपए यूरोपियन और गैर-बंगाली बैंकों में जमा किए जाते हैं, भुगतान करने वाली संस्थाओं में निवेश किए जाते हैं, इनसे यूरोपियनों और गैर-बंगालियों की तिजोरियाँ भरेंगी।

वर्तमान शिक्षा व्यवस्था इस उग्र समस्या के समाधान ढूँढने में हमारी कोई मदद नहीं कर सकती। तथ्य यह है कि विश्वविद्यालय के अधिकारियों को बहुत भद्दी स्थिति में रखा गया है। वे इस पुरानी मर्यादा या परंपरा से चिपके हुए हैं कि प्रत्येक छात्र पर विश्वविद्यालयी छाप होनी चाहिए। एक ओर उन्हें मातृभाषाई बनाया जाता है, तो दूसरी ओर उन्हें स्नातक तथा स्नातकोत्तर की भारी भरकम कक्षाओं को भी ध्यान में रखना होता है। सो, उन्हें एक समझौता करना पड़ता है और इसके परिणामस्वरूप जनभाषायीकरण का लक्ष्य पूर्णरूपेण असफल हो जाता है। स्नातक के लिए : अंग्रेजी के शेक्सपियर के नाटक (जैसे—हैमलेट), मिल्टन, बेकन कार्लाइल आदि, दर्शन के लिए मारवीन, स्टीफेन, जेक्स एवं अन्य, स्नातकोत्तर के लिए अंग्रेजी का प्राचीन अंग्रेजी साहित्य—वेवल्फ, अल्फ्रेड, मध्यकालीन अंग्रेजी और एलिजाबेथन साहित्य—चौसर, जियोफ्रे, लिलि, मारलो, बेन जॉन्सन। इसके बाद 18वीं, 19वीं और 20वीं सदी के और भी काल हैं। केवल अलग-अलग विभाग से ही स्थिति संभाली जा सकती है। केवल 10 प्रतिशत उन विद्यार्थियों को ही अंग्रेजी पढ़ने देना चाहिए जो जज, मैजिस्ट्रेट, उच्च अधिकारी, वकील, प्रोफेसर और शोधार्थी होने के इच्छुक हैं। शेष 90 प्रतिशत विद्यार्थियों को 6 या 7 वर्ष की उम्र से 13 या 14 वर्ष तक मातृभाषा में शिक्षा देनी चाहिए। इसके बाद, जैसा कि जापान में है, उन्हें व्यापार, उद्यम, वाणिज्य में प्रशिक्षित करना चाहिए। मैं इस तथ्य की कठोरता से रूबरू हूँ कि स्नातकों या वकीलों की जितनी जगह है, उससे 10 से 20 गुना अधिक या यहाँ तक कहूँगा कि 100 गुना अधिक लोग मौजूद हैं। एक अन्य महत्त्वपूर्ण पहलू भी बिल्कुल भुला दिया गया है। सरकारी अधिकारी, डॉक्टर, वकील आदि परजीवी होते हैं, अर्थात् उन्हें किसानों द्वारा उत्पादित चीजों पर निर्भर रहना पड़ता है। वे ये चीजें पैदा नहीं करते। दुर्भाग्यवश, इन सारे कठोर यथार्थों के बावजूद अभिभावक यह आशा

पालते हैं कि उनके युवा, आशा के चिराग आगे चलकर जज, उच्च सरकारी अधिकारी, सफल वकील या डॉक्टर बन जाएँगे—कैसी अजीब भ्रांति है।

1935, द लाइफ एंड एक्सपेरियंस ऑफ ए बंगाली केमिस्ट, दूसरा खंड।

भारत में वैज्ञानिक मनोभाव का पतन

प्राचीन भारत में दस्तकारी को छोड़कर सभी उपयोगी विज्ञान और कलाएँ उच्च वर्गों के द्वारा उत्पादित होती थीं। 'श्वेत यजुर्वेद' तथा 'तैतेरीय ब्राह्मण' में हमें अनेक व्यवसायों के नाम देखने को मिलते हैं, जो उस काल की सामाजिक अवस्था पर प्रकाश डालते हैं। लेकिन दुर्भाग्य की बात है कि सारे व्यवसाय जो उस समय जानकारी में थे, जाति व्यवस्था के कठोर ढाँचे के कारण नष्ट होने लगे। वात्सयायन ने अपने जिस प्राचीन ग्रंथ में कला के 64 नाम गिनाए हैं उसे हम 'कामसूत्र' के नाम से जानते हैं उस ग्रंथ में निम्नलिखित नाम भी मिलते हैं—स्वर्ण परीक्षा, धातु परीक्षा आदि।

शुक्राचार्य के द्वारा रचित ग्रंथ 'शुक्र नीति सार' में भी विभिन्न कलाओं के उल्लेख प्राप्त होते हैं। आयुर्वेद विज्ञान में एक साथ दस कलाओं की चर्चा है। हमें यह भी पता चलता है कि प्रसिद्ध कवि बाण (7वीं सदी) की मंडली में एक लौहविद् तथा एक धातुविद् था। लौहविद् और धातुविद् का संस्कृत साहित्य में बार-बार उल्लेख सिद्ध करता है कि धातुविदों को बहुत सम्मान प्राप्त था तथा विशिष्ट ज्ञान की बहुत माँग थी। रंगरेजी की कला तो लगभग अपने चरम पर पहुँचा दी गई थी।

वैदिक युग में ऋषियों ने अपनी कोई निषेधात्मक जाति न बनाकर अपनी सुविधा और स्वाभाविक रुचि के अनुसार विभिन्न व्यवसायों को अपनाया। लेकिन बौद्ध धर्म के पतन या भटकाव ने ब्राह्मण की श्रेष्ठता की पुनर्व्याख्या का मार्ग प्रशस्त किया और तब सब कुछ बदल गया।

जाति व्यवस्था को नए सिरे से और अधिक कठोर रूप में स्थापित किया गया। मनु और बाद के पुराण ग्रंथों का बहाव उच्च वर्ण के ऋषियों को महान साबित करने की दिशा में बढ़ा और उन्हें कुछ अधिक ही अभिमान और अत्याचार का मनोभाव प्रदान करने में सफल रहा। सुश्रुत के अनुसार शल्य-क्रिया के विद्यार्थियों के लिए लाश की चीरफाड़ बेहद जरूरी है। सुश्रुत ने विभिन्न प्रयोगों तथा गवेषणा के द्वारा अर्जित ज्ञान पर अत्यधिक बल दिया था। लेकिन मनु के अनुसार पवित्र ब्राह्मणों के लिए पार्थिव शरीर का स्पर्श उन्हें दूषित करने के लिए पर्याप्त है। इस तरह हम देखते हैं कि भागवत काल के तुरंत बाद शल्यक्रिया या चीरफाड़ को हतोत्साहित किया गया तथा शरीर रचना शास्त्र और शल्यक्रिया अनुपयोगिता के गर्त में चले

गए। फलतः हिंदुओं का विज्ञान अपने उद्देश्य तथा उत्साह समेत नष्ट हुआ। इसके कारण समाज के कुछ परिष्कृत वर्गों द्वारा वे कलाएँ जिनके विभिन्न चित्र प्राचीन संस्कृत साहित्य में देखने को मिलते हैं, प्राचीन भारत में केवल परंपराओं में रह गईं।

निम्न जातियों को कलाओं की भूमि से निर्वासित कर दिया गया और कुछ पेशे वंशानुक्रम के अधीन कर दिए गए। एक निश्चित स्तर की शुद्धता, नजाकत और हस्तकौशल में दक्षता निःसंदेह बचाई गई। लेकिन यह सब एक भयानक कीमत पर हुआ। समुदाय के बुद्धिजीवी वर्ग ने स्वयं को कलाओं में सक्रिय भागीदारी से अलग कर लिया, फलतः 'क्यों और कैसे' का मामला—कारण और प्रभाव का समन्वय अपनी चमक खो बैठा। एक राष्ट्र ने खोजबीन की मनोदशा क्रमशः खो दी। स्वभावतः परिकल्पना तथा तत्त्व मीमांसा की सूक्ष्मातएँ अधोमुखी हुईं और भारतभूमि एक बार प्रयोगात्मक तथा आगमिक विज्ञान से दूर हो गई। उसकी मिट्टी को नैतिक रूप से ऐसी अनुचित अवस्था में पहुँचा दिया गया, जहाँ वह बॉल, दकार्त्त और न्यूटन के अभ्युदाय के योग्य नहीं रह गई। इस तरह दुनिया के वैज्ञानिक नक्शे से उसका नाम एक समय के लिए हटा दिया गया।

बौद्धिक असमंजसता और गत्यावरोध की जमीन पर दस्तकार वर्ग बहुत हद तक स्वयं पर ही निर्भर था। उसने सिर्फ माँ के पेट से सीखी हुई बुद्धि और मजबूत सूझ-बूझ की अपनी वैश्विक विरासत के बल पर किसी तरह उस प्राचीन परम्परा को ही बचाकर रखा। गहनों और धातुओं पर उसने असाधारण चित्रकारी की। लेकिन यह भी तथ्य है कि सत्य के अन्वेषण का उसका उत्साह तिरोहित हो गया, रसायन शास्त्र का विज्ञान के रूप में अध्ययन गंभीर समस्याओं में उलझकर पीछे चला गया।

यह एक तथ्य है कि भारत में विज्ञान लोहे को सोना बनाने की कला और रहस्य बाद के गलत रास्ते से आगे बढ़ा। फलस्वरूप महयुध्ग के उत्तरार्ध तक गत्यावरोध में फँसकर विनाश के कगार तक पहुँच गया। भारत की ही तरह इस अवधि में यूरोप की वैज्ञानिक प्रगति की दशा भी बेहतर नहीं थी। लेकिन कॉपरनिकस, गैलेलियो, न्यूटन, बॉल, लावोजियर और डाल्टन के अभ्युदय ने यूरोप की वैज्ञानिक धारा में एक नवीन मोड़ ला दिया। इन वैज्ञानिकों के सिद्धांत एवं विचारधारा ने विज्ञान को एक ताजा गति प्रदान की। यह सौभाग्य या गति भारत को तब तक प्राप्त नहीं हो सकी, जब तक अंग्रेजों का आगमन और 19वीं सदी के मध्य तक उनकी सत्ता का सुदृढ़ीकरण नहीं हो गया। (संक्षिप्त)

अनुवाद : **विमलेश त्रिपाठी**

विवेकानंद

1863-1902

रामकृष्ण परमहंस के सबसे प्रिय शिष्य। पश्चिमी शैली में शिक्षा पाई। 1893 में शिकागो की विश्व धर्म सभा में भाषण के बाद लोकप्रिय। अमेरिका और इंग्लैंड में चार सालों तक घूम-घूमकर धर्म पर व्याख्यान के बाद भारत वापस। रामकृष्ण मिशन की स्थापना करने के साथ धार्मिक शिक्षा और सामाजिक कार्य में विस्तार। उन्होंने अपने विचारों से अपनी और अपने बाद की पीढ़ी पर व्यापक प्रभाव डाला। गरीबों और शूद्रों के प्रति दिल में गहरी ममता। रामकृष्ण के आदर्शों का प्रचार। बहुत कम आयु में मृत्यु।

भारत का संसार को संदेश

...भारत में, एक दूसरे के विरोधी होने पर भी आज ऐसे बहुत से धर्मसंप्रदाय हैं, जो बिना किसी विरोध के स्थापित हैं। संभव है कि तुम द्वैतवादी हो और मैं अद्वैतवादी। संभव है कि तुम अपने को भगवान का नित्य दास समझते हो और दूसरा यह कहे कि मुझमें और भगवान में कोई अंतर नहीं है। पर दोनों ही हिंदू हैं, और सच्चे हिंदू हैं। यह कैसे संभव हो सका है? इस प्रश्न का उत्तर जानने के लिए उसी महावाक्य का स्मरण करो—'एकं सद्विप्रा बहुधा वदंति।' मेरे स्वदेशवासी भाइयो सबसे ऊपर यही महान सत्य हमें संसार को सिखाना होगा। अन्य देशों के शिक्षित लोग भी नाक-मुँह सिकोड़कर हमारे धर्म को मूर्तिपूजक कहते तथा समझते हैं। मैंने स्वयं उन्हें ऐसा कहते देखा है, पर वे कभी स्थिरचित्त होकर यह नहीं सोचते कि उनका मस्तिष्क कैसे कुसंस्कारों से परिपूर्ण है। आज भी सर्वत्र ऐसा ही है—ऐसी ही घोर सांप्रदायिकता है, मन में घोर संकीर्णता है। उनका अपना जो कुछ है, मानो वही संसार में सब से अधिक मूल्यवान है। धनदेवता की पूजा और अर्थोपासना ही उनकी राय में सच्चा जीवन-निर्वाह है। उनके पास यत्किंचित् संपत्ति है, वही मानो सब कुछ है और अन्य कुछ नहीं। अगर वे मिट्टी से कोई असार वस्तु बना सकते हैं अथवा कोई यंत्र आविष्कृत

कर सकते हैं तो और सब को छोड़कर उसी की प्रशंसा करनी चाहिए। संसार में शिक्षा और अध्ययन के इतने प्रचार के बावजूद सारी दुनिया की यही हालत है। इस जगत में अब भी असली शिक्षा की आवश्यकता है और सभ्यता–सच पूछो तो सभ्यता का अभी तक कहीं आरंभ भी नहीं हुआ है। मनुष्यजाति में अब भी निन्यानवे दशमलव नौ प्रतिशत लोग प्रायः जंगली अवस्था में पड़े हुए हैं। हम इस विषय में पुस्तकों में भले ही पढ़ते हों, हम धार्मिक सहिष्णुता के बारे में सुनते हों तथा इसी प्रकार की अन्यान्य बातें भी हों, किंतु मैं अपने अनुभव के आधार पर कहता हूँ कि संसार में ये भाव बहुत अल्प मात्रा में विद्यमान हैं। निन्यानवे प्रतिशत मनुष्य इन बातों को मन में स्थान तक नहीं देते हैं। संसार के जिस किसी देश में मैं गया, वहीं मैंने देखा कि अब भी दूसरे धर्मों के अनुयायियों पर घोर अत्याचार जारी है, कुछ भी नया सीखने के विरुद्ध आज भी वही पुरानी आपत्तियाँ उठाई जाती हैं। संसार में दूसरों के धर्म के प्रति सहिष्णुता का यदि थोड़ा बहुत भाव आज भी कहीं विद्यमान है, यदि धर्मभाव से कुछ भी सहानुभूति कहीं है, तो वह कार्यतः यहीं, इसी आर्यभूमि में है, और कहीं नहीं। उसी प्रकार यह सिर्फ यहीं है कि हम भारतवासी मुसलमानों के लिए मसजिदें और ईसाइयों के लिए गिरजाघर भी बनवा देते हैं–और कहीं नहीं है। यदि तुम दूसरे देश में जाकर मुसलमानों से अथवा अन्य कोई धर्मावलंबियों से अपने लिए एक मंदिर बनवाने को कहो, तो फिर तुम देखोगे कि तुम्हें क्या सहायता मिलती है। सहायता का तो प्रश्न ही क्या, वे तुम्हारे मंदिर को, और हो सका तो तुमको भी विनष्ट कर देने की कोशिश करेंगे। इसी से संसार को अब भी इस महान शिक्षा की विशेष आवश्यकता है। संसार को भारतवर्ष से दूसरों के धर्म के प्रति सहिष्णुता की ही नहीं, दूसरों के धर्म के साथ सहानुभूति रखने की भी शिक्षा ग्रहण करनी होगी। इसको 'महिम्नः स्तोत्र' में भलीभाँति व्यक्त किया गया है–"हे शिव, जिस प्रकार विभिन्न नदियाँ विभिन्न पर्वतों से निकलकर सरल तथा वक्र गति से प्रवाहित होती हुईं अंततः समुद्र में ही मिल जाती हैं, उसी प्रकार अपनी विभिन्न प्रवृत्तियों के कारण जिन विभिन्न मार्गों को लोग ग्रहण करते हैं, सरल या वक्र रूप में विभिन्न लगने पर भी वे सभी तुम तक ही पहुँचाते हैं।" यद्यपि लोग भिन्न-भिन्न मार्गों से चल रहे हैं, तथापि सब लोग एक ही स्थान की ओर जा रहे हैं। कोई जरा घूम-फिरकर टेढ़ी राह से चलता है और कोई एकदम सीधी राह से, पर अंततः वे सब उस एक प्रभु के पास आएँगे। तुम्हारी शिवभक्ति तभी संपूर्ण होगी, जब तुम सर्वत्र शिव को ही देखोगे, केवल शिवलिंग में ही नहीं। वे ही यथार्थ में साधु हैं, वे ही सच्चे हरिभक्त हैं, जो हरि को सब जीवों में, सब भूतों में देखा करते हैं। यदि तुम शिव के यथार्थ भक्त हो, तो तुम्हें उनको सब जीवों में तथा सब भूतों में देखना चाहिए। चाहे जिस नाम से अथवा चाहे जिस रूप में उनकी उपासना क्यों न की जाए, तुम्हें समझना होगा कि उन्हीं की पूजा की जा रही है। चाहे कोई काबा

की ओर मुँह करके घुटने टेककर उपासना करे या गिरजाघर में अथवा बौद्ध मंदिर में ही करे, वह जाने या अनजाने उसी परमात्मा की उपासना कर रहा है। चाहे जिसके नाम पर, चाहे जिस मूर्ति को उद्देश्य बनाकर और चाहे जिस भाव से ही पुष्पांजलि क्यों न चढ़ाई जाए, वह उन्हीं के चरणों में पहुँचती है; क्योंकि वे ही सब के एकमात्र प्रभु हैं, सब आत्माओं के अंतरात्मा-स्वरूप हैं। संसार में किस बात की कमी है, इस बात को वे हमारी-तुम्हारी अपेक्षा बहुत अच्छी तरह जानते हैं। सब तरह के भेदभावों का दूर होना असंभव है। विभिन्नताएँ रहेंगी ही; उनके बिना जीवन असंभव है। विचारों का यह पारस्परिक संघर्ष और विभिन्नता ही ज्ञान के प्रकाश और गति का कारण है। संसार में अनंत प्रकार के परस्पर विरोधी विभिन्न भाव विद्यमान रहेंगे और जरूर रहेंगे, परंतु इसी के लिए एक दूसरे को घृणा की दृष्टि से देखें अथवा परस्पर लड़ें, यह आवश्यक नहीं है।

अतएव हमें उसी मूल सत्य की फिर से शिक्षा ग्रहण करनी होगी, जो केवल यहीं से, हमारी इसी मातृभूमि से प्रचारित हुआ था। फिर एक बार भारत को संसार में इसी मूल तत्त्व का—इसी सत्य का प्रचार करना होगा। ऐसा क्यों है? इसलिए नहीं कि यह सत्य हमारे शास्त्रों में लिखा है, वरन् हमारे राष्ट्रीय साहित्य का प्रत्येक विभाग और हमारा राष्ट्रीय जीवन इससे पूर्णतः ओतप्रोत है। यहीं और केवल यहीं, दैनिक जीवन में इसका अनुष्ठान होता है। कोई भी व्यक्ति जिसकी आँखें खुली हैं, यह स्वीकार करेगा कि यहाँ के सिवा और कहीं भी इसका अभ्यास नहीं किया जाता। इसी भाव से हमें धर्म की शिक्षा देनी होगी। भारत इससे भी ऊँची शिक्षाएँ देने की क्षमता अवश्य रखता है; पर वे सब केवल पंडितों के ही योग्य हैं। और विनम्रता की, शांत भाव की, इस तितिक्षा की, इस धार्मिक सहिष्णुता की तथा इस सहानुभूति की और भ्रातृभाव की महान शिक्षा प्रत्येक बालक, स्त्री, पुरुष, शिक्षित, अशिक्षित सब जाति और वर्ण वाले सीख सकते हैं। तुमको अनेक नामों से पुकारा जाता है, पर तुम एक हो—'एकं सद्विप्रा बहुधा वदंति।'

जाति भेद और वेदांत

...हमारे अभिजात पूर्वज साधारण जनसमुदाय को जमाने से पैरों तले कुचलते रहे। इसके फलस्वरूप वे बेचारे एकदम असहाय हो गए। यहाँ तक कि वे अपने आपको मनुष्य मानना भी भूल गए। सदियों तक वे धनी-मानियों की आज्ञा सिर-आँखों पर रखकर केवल लकड़ी काटते और पानी भरते रहे हैं। उनकी यह धारणा बन गई कि मानो उन्होंने गुलाम के रूप में ही जन्म लिया है। यदि कोई व्यक्ति इन पददलित

निर्धन लोगों के प्रति सहानुभूति का शब्द कहता है, तो मैं प्रायः देखता हूँ कि आधुनिक शिक्षा की डींग हाँकने के बावजूद हमारे देश के लोग इनके उन्नयन के दायित्व से तुरंत पीछे हट जाते हैं। यही नहीं, मैं यह भी देखता हूँ कि यहाँ के धनी-मानी और नवशिक्षित लोग पाश्चात्य देशों के 'आनुवंशिक संक्रमण' (Hereditary Transmission) आदि अंड-बंड कमजोर मतों को लेकर ऐसी दानवीय और निर्दयतापूर्ण युक्तियाँ पेश करते हैं कि ये पददलित लोग किसी तरह उन्नति न कर सकें और उन पर उत्पीड़न एवं अत्याचार करने की उन्हें काफी सुविधा हो। अमेरिका में जो धर्म-महासभा हुई थी, उसमें अन्यान्य जातियों तथा संप्रदायों के लोगों के साथ ही एक अफ्रीकी युवक भी आया था। वह अफ्रीका की नीग्रो जाति का था। उसने बड़ा सुंदर व्याख्यान दिया था। मुझे उस युवक को देखकर बड़ा कुतूहल हुआ। मैं उससे बीच-बीच में बातचीत करने लगा, पर उसके बारे में विशेष कुछ मालूम न हो सका। कुछ दिन बाद इंग्लैंड में मेरे साथ कुछ अमेरिकनों की मुलाकात हुई। उन लोगों ने मुझे उस नीग्रो युवक का परिचय इस प्रकार दिया, "यह युवक मध्य अफ्रीका के किसी नीग्रो सरदार का लड़का है। किसी कारण से वहाँ के किसी दूसरे नीग्रो सरदार के साथ उसके पिता का झगड़ा हो गया—और उसने इस युवक के पिता और माता को मार डाला और दोनों का मांस पकाकर खा गया। उसने इस युवक को भी मारकर इसका मांस खा जाने का हुक्म दे दिया था। पर यह बड़ी कठिनाई से वहाँ से भाग निकला और सैकड़ों कोसों का रास्ता तय कर समुद्र के किनारे पहुँचा। वहाँ से यह एक अमेरिकन जहाज पर सवार होकर यहाँ आया।" उस नीग्रो नवयुवक ने ऐसा सुंदर व्याख्यान दिया! इसके बाद मैं तुम्हारे वंशानुक्रम के सिद्धांत पर क्या विश्वास करूँ?

हे ब्राह्मणो! यदि वंशानुक्रम के आधार पर चांडालों की अपेक्षा ब्राह्मण आसानी से विद्याभ्यास कर सकते हैं, तो उनकी शिक्षा पर धन व्यय मत करो, वरन् चांडालों को शिक्षित बनाने के लिए वह सब धन व्यय करो। दुर्बलों की सहायता पहले करो, क्योंकि उनको हर प्रकार के प्रतिदान की आवश्यकता है। यदि ब्राह्मण जन्म से ही बुद्धिमान् होते हैं, तो वे किसी की सहायता बिना ही शिक्षा प्राप्त कर सकते हैं। यदि दूसरे लोग जन्म से कुशल नहीं हैं तो उन्हें आवश्यक शिक्षा तथा शिक्षक प्राप्त करने दो। हमें तो ऐसा करना ही न्याय और युक्तिसंगत जान पड़ता है। भारत के इन दीन-हीन लोगों को, इन पददलित जाति के लोगों को, उनका अपना वास्तविक रूप समझा देना परमावश्यक है। जात-पाँत का भेद छोड़कर, कमजोर और मजबूत का विचार छोड़कर, हर एक स्त्री-पुरुष को, प्रत्येक बालक-बालिका को, यह संदेश सुनाओ और सिखाओ कि ऊँच-नीच, अमीर-गरीब और बड़े-छोटे सभी में उसी एक अनंत आत्मा का निवास है, जो सर्वव्यापी है; इसलिए सभी लोग महान तथा सभी लोग साधु हो सकते हैं। आओ, हम प्रत्येक व्यक्ति में घोषित करें—'उत्तिष्ठत जाग्रत

प्राप्य वरान् निबोधत'। 'उठो, जागो और जब तक तुम अपने अंतिम ध्येय तक नहीं पहुँच जाते, तब तक चैन न लो'। उठो, जागो—निर्बलता की इस मोहनिद्रा से जाग जाओ। वास्तव में कोई भी दुर्बल नहीं है। आत्मा अनंत, सर्वशक्तिसंपन्न और सर्वज्ञ है। इसलिए उठो, अपने वास्तविक रूप को प्रकट करो। तुम्हारे अंदर जो भगवान् है, उसकी सत्ता को ऊँचे स्वर में घोषित करो, उसे अस्वीकार मत करो। हमारी जाति के ऊपर घोर आलस्य, दुर्बलता और व्यामोह छाया हुआ है। इसलिए हे आधुनिक हिंदुओ! अपने को इस व्यामोह से मुक्त करो। इसका उपाय तुमको अपने धर्मशास्त्रों में ही मिल जाएगा। तुम अपने को और प्रत्येक व्यक्ति को अपने सच्चे स्वरूप की शिक्षा दो और घोरतम मोहनिद्रा में पड़ी हुई जीवात्मा को इस नींद से जगा दो। जब तुम्हारी जीवात्मा प्रबुद्ध होकर सक्रिय हो उठेगी, तब तुम आप ही शक्ति का अनुभव करोगे, महिमा और महत्ता पाओगे, साधुता आएगी, पवित्रता भी आप ही चली आएगी—मतलब यह कि जो कुछ अच्छे गुण हैं, वे सभी तुम्हारे पास आ पहुँचेंगे। गीता में यदि कोई ऐसी बात है, जिसे मैं अत्यधिक पसंद करता हूँ, तो ये दो श्लोक (13, 27-28) हैं। कृष्ण के उपदेश के सारस्वरूप इन श्लोकों से बड़ा भारी बल प्राप्त होता है :

> समं सर्वेषु भूतेषु तिष्ठतं परमेश्वरम्।
> विनश्यत्स्वविनश्यन्तं यः पश्यति स पश्यति।।
> समं पश्यन् हि सर्वत्र समवस्थितमीश्वरम्।
> न हिनस्त्यात्मनात्मानं ततो याति परां गतिम्।।

इसका अर्थ है—"विनाश होने वाले सब भूतों में जो लोग अविनाशी परमात्मा को स्थित देखते हैं, यथार्थ में उन्हीं का देखना सार्थक है; क्योंकि ईश्वर को सर्वत्र समान भाव से देखकर वे आत्मा के द्वारा आत्मा की हिंसा नहीं करते, इसलिए वे परमगति को प्राप्त होते हैं।"

इस प्रकार इस देश और अन्यान्य देशों में कल्याणकारी दृष्टि से वेदांत के प्रचार और प्रसार के लिए विस्तृत क्षेत्र है। इस देश में, और विदेशों में भी, मनुष्य जाति के दुःख दूर करने के लिए तथा मानव-समाज की उन्नति के लिए हमें परमात्मा की सर्वव्यापकता और सर्वत्र समान रूप से उसकी विद्यमानता का प्रचार करना होगा। जहाँ भी बुराई दिखाई देती है, वहीं अज्ञान भी मौजूद रहता है। मैंने अपने ज्ञान और अनुभव द्वारा मालूम किया है और यही शास्त्रों में भी कहा गया है कि भेद-बुद्धि से ही संसार में सारे अशुभ और अभेद-बुद्धि से ही सारे शुभ फलते हैं यदि सारी विभिन्नताओं के अंदर ईश्वर के एकत्व पर विश्वास किया जाए, तो सब प्रकार से संसार का कल्याण किया जा सकता है। यही वेदांत का सर्वोच्च आदर्श है। प्रत्येक विषय में आदर्श पर विश्वास करना एक बात है और प्रतिदिन के छोटे-छोटे कामों में उसी आदर्श के अनुसार काम करना बिल्कुल दूसरी बात है। एक ऊँचा आदर्श

दिखा देना अच्छी बात है, इसमें संदेह नहीं; पर उस आदर्श तक पहुँचने का उपाय कौन सा है?

स्वभावतः यहाँ वही कठिन और उद्विग्न करने वाला जाति-भेद तथा समाज-सुधार का सवाल आ उपस्थित होता है, जो कई सदियों से सर्वसाधारण के मन में उठता रहा है। मैं तुमसे यह बात स्पष्ट शब्दों में कह देना चाहता हूँ कि मैं केवल जाति-पाँति का भेद मिटाने वाला अथवा समाज-सुधारक मात्र नहीं हूँ। सीधे अर्थ में जातिभेद या समाज-सुधार से मेरा कुछ मतलब नहीं। तुम चाहे जिस जाति या समाज के क्यों न हो, उससे कुछ बनता-बिगड़ता नहीं, पर तुम किसी और जाति वाले को घृणा की दृष्टि से क्यों देखो? मैं केवल प्रेम और मात्र प्रेम की शिक्षा देता हूँ और मेरा यह कहना विश्वात्मा की सर्वव्यापकता और समतारूपी वेदांत के सिद्धांत पर आधारित है। प्रायः पिछले एक सौ वर्ष से हमारे देश में समाज-सुधारकों और उनके तरह-तरह के समाज-सुधार संबंधी प्रस्तावों की बाढ़ आ गई है। व्यक्तिगत रूप से इन समाज-सुधारकों में मुझे कोई दोष नहीं मिलता। अधिकांश अच्छे व्यक्ति और सदुद्देश्य वाले हैं और किसी-किसी विषय में उनके उद्देश्य बहुत ही प्रशंसनीय हैं। परंतु इसके साथ ही साथ यह भी बहुत निश्चित और प्रामाणिक बात है कि सामाजिक सुधार के इन सौ वर्षों में सारे देश का कोई स्थायी और बहुमूल्य हित नहीं हुआ है। व्याख्यान-मंचों से हजारों व्याख्यान दिए जा चुके हैं, हिंदू जाति और हिंदू सभ्यता के माथे पर कलंक और निंदा की न जाने कितनी बौछारें हो चुकी हैं, परंतु इतने पर भी समाज का कोई वास्तविक उपकार नहीं हुआ है। इसका क्या कारण है? कारण ढूँढ़ निकालना बहुत मुश्किल काम नहीं है। यह भर्त्सना ही इसका कारण है। मैंने पहले ही तुमसे कहा है कि हमें सब से पहले अपनी ऐतिहासिक जातीय विशेषता की रक्षा करनी होगी। मैं यह स्वीकार करता हूँ कि हमें अन्यान्य जातियों से बहुत कुछ शिक्षा प्राप्त करनी पड़ेगी; पर मुझे बड़े दुःख के साथ कहना पड़ता है कि हमारे अधिकांश समाज-सुधार आंदोलन केवल पाश्चात्य कार्यप्रणाली के विवेकशून्य अनुकरण मात्र हैं। इस कार्यप्रणाली से भारत का कोई उपकार होना संभव नहीं है। इसलिए हमारे यहाँ जो सब समाज-सुधार के आंदोलन हो रहे हैं, उनका कोई फल नहीं होता।

दूसरे, किसी की भर्त्सना करना किसी प्रकार भी दूसरे के हित का मार्ग नहीं है। एक छोटा सा बच्चा भी जान सकता है कि हमारे समाज में बहुतेरे दोष हैं—और दोष भला किस समाज में नहीं हैं? ऐ मेरे देशवासी भाइयो! मैं इस अवसर पर तुम्हें यह बात बता देना चाहता हूँ कि मैंने संसार की जितनी भिन्न-भिन्न जातियों को देखा है, उनकी तुलना करके मैं इसी निश्चय पर पहुँचा हूँ कि अन्यान्य जातियों की अपेक्षा हमारी यह हिंदू जाति ही अधिक नीतिपरायण और धार्मिक है। हमारी सामाजिक प्रथाएँ ही अपने उद्देश्य तथा कार्यप्रणाली में मानवजाति को सुखी करने में सब से अधिक उपयुक्त हैं। इसीलिए मैं कोई सुधार नहीं चाहता। मेरा आदर्श

है, राष्ट्रीय मार्ग पर समाज की उन्नति, विस्तृति तथा विकास। जब मैं देश के प्राचीन इतिहास की पर्यालोचना करता हूँ, तब सारे संसार में मुझे कोई ऐसा देश नहीं दिखाई देता, जिसने भारत के समान मानव-हृदय को उन्नत और संस्कृत बनाने की चेष्टा की हो। इसीलिए, मैं अपनी हिंदू जाति की न तो निंदा करता हूँ और न उसे अपराधी ठहराता हूँ। मैं उनसे कहता हूँ, 'जो कुछ तुमने किया है, अच्छा ही किया है; पर इससे भी अच्छा करने की चेष्टा करो।' पुराने जमाने में इस देश में बहुतेरे अच्छे काम हुए हैं; पर अब भी उससे बढ़े-चढ़े काम करने का पर्याप्त समय और अवकाश है। यह निश्चित है कि तुम जानते हो कि हम एक जगह एक अवस्था में चुपचाप बैठे नहीं रह सकते। यदि हम एक जगह स्थिर रहें, तो हमारी मृत्यु अनिवार्य है। हमें या तो आगे बढ़ना होगा या पीछे हटना होगा। हमें उन्नति करते रहना होगा, नहीं तो हमारी अवनति आप से आप होती जाएगी। हमारे पूर्वपुरुषों ने प्राचीन काल में बहुत बड़े-बड़े काम किए हैं, पर हमें उनकी अपेक्षा भी उच्चतर जीवन का विकास करना होगा। उनकी अपेक्षा और भी अधिक महान कार्यों की ओर अग्रसर होना पड़ेगा। अब पीछे हटकर अवनति को प्राप्त होना कैसे हो सकता है? ऐसा कभी नहीं हो सकता। नहीं, हम कदापि वैसा होने नहीं देंगे। पीछे हटने से हमारी जाति का अधःपतन और मरण होगा। अतएव 'अग्रसर होकर महत्तर कर्मों का अनुष्ठान करो'—तुम्हारे सामने यही मेरा वक्तव्य है।

मैं किसी क्षणिक समाज-सुधार का प्रचारक नहीं हूँ। मैं समाज के दोषों का सुधार करने की चेष्टा नहीं कर रहा हूँ। मैं तुमसे केवल इतना ही कहता हूँ कि तुम आगे बढ़ो और हमारे पूर्वपुरुष समग्र मानवजाति की उन्नति के लिए जो सर्वांग सुंदर प्रणाली बता गए हैं, उसी का अवलंबन कर उनके उद्देश्य को संपूर्ण रूप से कार्य में परिणत करो। तुमसे मेरा कहना यही है कि तुम लोग मानव के एकत्व और उसके नैसर्गिक ईश्वरत्व भाव रूपी वेदांती आदर्श के अधिकाधिक समीप पहुँचते जाओ। यदि मेरे पास समय होता, तो मैं तुम लोगों को बड़ी प्रसन्नता के साथ यह दिखाता और बताता कि आज हमें जो कुछ कार्य करना है, उसे हजारों वर्ष पहले हमारे स्मृतिकारों ने बता दिया है। उनकी बातों से हम यह भी जान सकते हैं कि आज हमारी जाति और समाज के आचार-व्यवहार में जो सब परिवर्तन हुए हैं और होंगे, उन्हें भी उन लोगों ने आज से हजारों वर्ष पहले जान लिया था। वे भी जातिभेद को तोड़ने वाले थे, पर आजकल की तरह नहीं। जातिभेद को तोड़ने से उनका मतलब यह नहीं था कि शहर भर के लोग एक साथ मिलकर शराब-कबाब उड़ाएँ, या जितने मूर्ख और पागल हैं, वे सब चाहे जिसके साथ शादी कर लें और सारे देश को एक बहुत बड़ा पागलखाना बना दें, और न उनका यही विश्वास था कि जिस देश में जितने ही अधिक विधवा-विवाह हों, वह देश उतना ही उन्नत समझा जाए। इस प्रकार से किसी जाति को उन्नत होते मुझे अभी देखना है।

मेरी क्रांतिकारी योजना

अब मैं मद्रास की समाज-सुधारक समितियों के बारे में कुछ कहूँगा। उन्होंने मेरे साथ बड़ा सदय व्यवहार किया है। उन्होंने मेरे लिए अनेक मधुर शब्दों का प्रयोग किया है और मुझे बताया है कि मद्रास और बंगाल के समाज-सुधारकों में बड़ा अंतर है। मैं उनकी इस बात से सहमत हूँ। मैंने अकसर तुम लोगों से कहा है। तुम लोगों में से बहुतों को यह याद भी होगा कि मद्रास इस समय बड़ी अच्छी अवस्था में है। बंगाल में जैसी क्रिया-प्रतिक्रिया चल रही है, वैसी मद्रास में नहीं है। यहाँ पर धीरे-धीरे स्थायी रूप से सब विषयों में उन्नति हो रही है; यहाँ पर समाज का क्रमशः विकास हो रहा है, किसी प्रकार की प्रतिक्रिया नहीं। बंगाल में कहीं-कहीं कुछ-कुछ पुनरुत्थान हुआ है, पर मद्रास में यह पुनरुत्थान नहीं है, यह है समाज की स्वाभाविक उन्नति। अतएव दोनों प्रदेशों के निवासियों की विभिन्नता के संबंध में समाज-सुधारक जो कुछ कहते हैं, उनसे मैं सर्वथा सहमत हूँ। परंतु एक विभिन्नता और है, जिसे वे नहीं समझते। इन संस्थाओं में से कुछ मुझे डराकर अपना सदस्य बनाना चाहती हैं। ये लोग ऐसा करें, यह एक आश्चर्यजनक बात है। जो मनुष्य अपने जीवन में चौदह वर्ष तक लगातार फाकाकशी का मुकाबला करता रहा हो, जिसे यह भी न मालूम रहा हो कि दूसरे दिन का भोजन कहाँ से आएगा, सोने के लिए स्थान कहाँ मिलेगा, वह इतनी सरलता से धमकाया नहीं जा सकता। जो मनुष्य बिना कपड़ों के और बिना यह जाने कि दूसरे समय भोजन कहाँ से मिलेगा, उस स्थान पर रहा हो, जहाँ का तापमान शून्य से भी तीस डिग्री कम हो, वह भारत में इतनी सरलता से नहीं डराया जा सकता। यही पहली बात है, जो मैं उनसे कहूँगा। मुझमें अपनी थोड़ी दृढ़ता है, मेरा थोड़ा निज का अनुभव भी है और मेरे पास संसार के लिए एक संदेश है, जो मैं बिना किसी डर के, बिना भविष्य की चिंता किए सब को दूँगा—सुधारकों से मैं कहूँगा कि मैं स्वयं उनसे कहीं बढ़कर सुधारक हूँ। वे लोग केवल इधर-उधर थोड़ा सुधार करना चाहते हैं और मैं चाहता हूँ आमूल सुधार। हम लोगों का मतभेद है केवल सुधार की प्रणाली में। उनकी प्रणाली विनाशात्मक है और मेरी संघटनात्मक।

मैं सुधार में विश्वास नहीं करता, मैं विश्वास करता हूँ स्वाभाविक उन्नति में। मैं अपने को ईश्वर के स्थान पर प्रतिष्ठित कर अपने समाज के लोगों के सिर पर यह उपदेश मढ़ने का साहस नहीं कर सकता कि 'तुम्हें इसी भाँति चलना होगा, दूसरी तरह नहीं।' मैं तो सिर्फ उस गिलहरी की भाँति होना चाहता हूँ, जो राम के सेतु बाँधने के समय अपने योगदानस्वरूप थोड़ी बालू लाकर संतुष्ट हो गई थी। यही मेरा भाव है। यह अद्भुत राष्ट्र-जीवनरूपी यन्त्र युग-युग से कार्य करता आ रहा है, राष्ट्रीय जीवन का यह अद्भुत प्रवाह हम लोगों के सम्मुख बह रहा है। कौन जानता है,

कौन साहसपूर्वक कह सकता है कि यह अच्छा है या बुरा, और यह किस प्रकार चलेगा? हजारों घटनाचक्र उसके चारों ओर उपस्थित होकर उसे एक विशिष्ट प्रकार की स्फूर्ति देकर कभी उसकी गति को मंद और कभी उसे तीव्र कर देते हैं। उसके वेग को नियमित करने का कौन साहस कर सकता है? हमारा काम तो फल की ओर दृष्टि न रख केवल काम करते जाना है, जैसा कि गीता में कहा है। राष्ट्रीय जीवन को जिस ईंधन की जरूरत है, देते जाओ, बस वह अपने ढंग से उन्नति करता जाएगा; कोई उसकी उन्नति का मार्ग निर्दिष्ट नहीं कर सकता। हमारे समाज में बहुत सी बुराइयाँ हैं, पर इस तरह बुराइयाँ तो दूसरे समाजों में भी हैं। यहाँ की भूमि विधवाओं के आँसू से कभी-कभी तर होती है, तो पाश्चात्य देश का वायुमंडल अविवाहित स्त्रियों की आहों से भरा रहता है। यहाँ का जीवन गरीबी की चपेटों से जर्जरित है, तो वहाँ पर लोग विलासिता के विष से जीवन्मृत हो रहे हैं। यहाँ पर लोग इसलिए आत्महत्या करना चाहते हैं कि उनके पास खाने को कुछ नहीं है, तो वहाँ खाद्यान्न (भोग) की प्रचुरता के कारण लोग आत्महत्या करते हैं। बुराइयाँ सभी जगह हैं। यह तो पुराने वात रोग की तरह है। यदि उसे पैर से हटाओ, तो वह सिर में चला जाता है। वहाँ से हटाने प्रर वह दूसरी जगह भाग जाता है। बस उसे केवल एक जगह से दूसरी जगह ही भगा सकते हैं। बच्चो, बुराइयों के निराकरण की चेष्टा करना ही सही उपाय नहीं है। हमारे दर्शनशास्त्रों में लिखा है कि अच्छे और बुरे का नित्य संबंध है। वे एक ही सिक्के के दो पहलू हैं। यदि तुम्हारे पास एक है, तो दूसरा अवश्य रहेगा। जब समुद्र में एक स्थान पर लहर उठती है तो दूसरे स्थान पर गड्ढा होना अनिवार्य है। इतना ही नहीं, सारा जीवन ही दोष युक्त है। बिना किसी की हत्या किए एक साँस तक नहीं ली जा सकती, बिना किसी का भोजन छीने हम एक कौर भी नहीं खा सकते। यही प्रकृति का नियम है, यही दार्शनिक सिद्धांत है।

इसलिए हमें केवल यह समझ लेना होगा कि सामाजिक दोषों के निराकरण का कार्य उतना वस्तुनिष्ठ नहीं है, जितना आत्मनिष्ठ। हम कितनी भी लंबी-चौड़ी डींग क्यों न हाँकें, समाज के दोषों को दूर करने का कार्य जितना स्वयं के लिए शिक्षात्मक है, उतना समाज के लिए वास्तविक नहीं। समाज के दोष दूर करने के संबंध में सब से पहले इस तत्त्व को समझ लेना होगा। इसे समझकर अपने मन को शांत करना होगा, अपने खून की चढ़ती गरमी को रोकना होगा, अपनी उत्तेजना को दूर करना होगा। संसार का इतिहास भी हमें यह बताता है कि जहाँ कहीं इस प्रकार की उत्तेजना से समाज का सुधार करने का प्रयत्न हुआ है, वहाँ केवल यही फल हुआ कि जिस उद्देश्य से वह किया गया था, उस उद्देश्य को ही उसने विफल कर दिया। दासता को नष्ट कर देने के लिए अमेरिका में जो लड़ाई ठनी थी, उसकी अपेक्षा, अधिकार और स्वतंत्रता की स्थापना के लिए किसी बड़े सामाजिक आंदोलन की कल्पना ही नहीं की जा सकती। तुम सभी लोग उसे जानते हो। उसका फल

क्या हुआ? यही कि आजकल के दास इस युद्ध के पूर्व के दासों की अपेक्षा सौगुनी अधिक बुरी दशा को पहुँच गए। इस युद्ध के पूर्व ये बेचारे नीग्रो कम से कम किसी की संपत्ति तो थे, और संपत्ति होने के नाते इनकी देखभाल की जाती थी कि ये कहीं दुर्बल और बेकाम न हो जाएँ। आज ये किसी की संपत्ति नहीं हैं। इनके जीवन का कुछ भी मूल्य नहीं है। मामूली बातों के लिए ये जीते जी जला दिए जाते हैं, गोली से उड़ा दिए जाते है, इनके हत्यारों पर कोई कानून लागू नहीं होता। क्यों? इसीलिए कि ये 'निगर' हैं। मानो ये मनुष्य तो क्या पशु भी नहीं हैं! समाज के दोषों को प्रबल उत्तेजनापूर्ण आंदोलन द्वारा अथवा कानून के बल पर सहसा हटा देने का यही परिणाम होता है। इतिहास इस बात का साक्षी है—इस प्रकार का आंदोलन चाहे किसी भले उद्देश्य से ही क्यों न किया गया हो। यह मेरा प्रत्यक्ष अनुभव है। प्रत्यक्ष अनुभव से ही मैंने यह सीखा है। यही कारण है कि मैं केवल दोष देखने वाली इन संस्थाओं का सदस्य नहीं हो सकता। दोषारोपण अथवा निंदा करने की भला आवश्यकता क्या? ऐसा कौन सा समाज है, जिसमें दोष न हों? सभी समाज में दोष हैं यह सभी कोई जानते हैं।

आज का एक बच्चा भी इसे जानता है; वह भी सभामंच पर खड़ा होकर हमारे सामने हिंदू धर्म की भयानक बुराइयों पर एक लंबा भाषण दे सकता है। जो भी अशिक्षित विदेशी पृथ्वी की प्रदक्षिणा करता हुआ भारत में पहुँचता है, वह रेल पर से भारत को उड़ती नजर से देख भर लेता है, और बस, फिर भारत की भयानक बुराइयों पर बड़ा सारगर्भित व्याख्यान देने लगता है! हम जानते हैं कि यहाँ बुराइयाँ हैं। पर बुराई तो हर कोई दिखा सकता है। मानवसमाज का सच्चा हितैषी वह है, जो इन कठिनाइयों से बाहर निकलने का उपाय बताए। यह तो इस प्रकार है कि कोई एक दार्शनिक एक डूबते हुए लड़के को गंभीर भाव से उपदेश दे रहा था, तो लड़के ने कहा, "पहले मुझे पानी से बाहर निकालिए, फिर उपदेश दीजिए।" ठीक इसी तरह भारतवासी भी कहते हैं, "हम लोगों ने बहुत व्याख्यान सुन लिए, बहुत सी संस्थाएँ देख लीं, बहुत से पत्र पढ़ लिए; अब ऐसा मनुष्य चाहिए, जो अपने हाथ का सहारा दे, हमें इन दुःखों के बाहर निकाल दे। कहाँ है वह मनुष्य जो हमसे वास्तविक प्रेम करता है, जो हमारे प्रति सच्ची सहानुभूति रखता है?" बस उसी आदमी की हमें जरूरत है। यहीं पर मेरा इन समाज सुधार आंदोलनों से मतभेद है। आज सौ वर्ष हो गए ये आंदोलन चल रहे हैं, पर सिवाय निंदा और विद्वेषपूर्ण साहित्य की रचना के इनसे और क्या लाभ हुआ है? ईश्वर करता, यहाँ ऐसा न होता। इन्होंने पुराने समाज की कठोर आलोचना की है, उस पर तीव्र दोषारोपण किया है, और अंत में पुराने समाज ने भी इनके समान स्वर उठाकर ईंट का जवाब पत्थर से दिया है। इसके फलस्वरूप प्रत्येक भारतीय भाषा में ऐसे साहित्य की रचना हो गई है, जो जाति के लिए, देश के लिए कलंकस्वरूप है। क्या यही सुधार है? क्या इसी

तरह देश गौरव के पथ पर बढ़ेगा? यह दोष है किसका?

इसके बाद एक और महत्त्वपूर्ण विषय पर हमें विचार करना है। भारतवर्ष में हमारा शासन सदैव राजाओं द्वारा हुआ है, राजाओं ने ही हमारे सब कानून बनाए हैं। अब वे राजा नहीं हैं, इस विषय में अग्रसर होने के लिए हमें मार्ग दिखलाने वाला अब कोई नहीं रहा। सरकार साहस नहीं करती। वह जनमत की गति देखकर ही अपनी कार्यप्रणाली निश्चित करती है। अपनी समस्याओं को हल कर लेने वाला एक कल्याणकारी और प्रबल लोकमत स्थापित करने में समय लगता है—काफी लंबा समय लगता है। और इस बीच हमें प्रतीक्षा करनी होगी। अतएव सामाजिक सुधार की संपूर्ण समस्या यह रूप लेती है : कहाँ हैं वे लोग, जो सुधार चाहते हैं? पहले उन्हें तैयार करो। सुधार चाहने वाले लोग हैं कहाँ? कुछ थोड़े से लोग किसी बात को उचित समझते हैं, बस उसे अन्य सब पर जबरदस्ती लादना चाहते हैं। इन थोड़े से व्यक्तियों के अत्याचार के समान दुनिया में और कोई अत्याचार नहीं। मुट्ठी भर लोग जो सोचते हैं कि कतिपय बातें दोषपूर्ण हैं, राष्ट्र को गतिशील नहीं कर सकतीं। राष्ट्र में आज प्रगति क्यों नहीं है? क्यों वह जड़भावापन्न है? पहले राष्ट्र को शिक्षित करो, अपनी निजी विधायक संस्थाएँ बनाओ, फिर कानून आप ही आ जाएँगे। जिस शक्ति के बल से, जिसके अनुमोदन से कानून का गठन होगा पहले उसकी सृष्टि करो। आज राजा नहीं रहे; जिस नई शक्ति से, जिस नए दल की सम्मति से नई व्यवस्था गठित होगी, वह लोकशक्ति कहाँ है? पहले उसी लोकशक्ति को संगठित करो। अतएव समाज-सुधार के लिए भी प्रथम कर्तव्य है—लोगों को शिक्षित करना। जब तक यह कार्य संपन्न नहीं होता, तब तक प्रतीक्षा करनी ही पड़ेगी। गत शताब्दी में सुधार के लिए जो भी आंदोलन हुए हैं, उनमें से अधिकांश केवल ऊपरी दिखावा मात्र रहे हैं। उनमें से प्रत्येक ने केवल प्रथम दो वर्णों से ही संबंध रखा है, शेष दो से नहीं। विधवा-विवाह के प्रश्न से 70 प्रतिशत भारतीय स्त्रियों का कोई संबंध नहीं है। और देखो, मेरी बात पर ध्यान दो, इस प्रकार के सब आंदोलनों का संबंध भारत के केवल उच्च वर्णों से ही रहा है, जो जनसाधारण का तिरस्कार करके स्वयं शिक्षित हुए हैं। इन लोगों ने अपने-अपने घर को साफ करने एवं अंग्रेजों के सम्मुख अपने को सुंदर दिखाने में कोई कसर बाकी नहीं रखी। यह तो सुधार नहीं कहा जा सकता। सुधार करने में हमें चीज के भीतर, उसकी जड़ तक पहुँचना होता। इसी को मैं आमूल सुधार कहता हूँ। आग जड़ में लगाओ और क्रमशः ऊपर उठने दो एवं एक अखंड भारतीय राष्ट्र संगठित करो। यह एक बड़ी भारी समस्या है और इसका समाधान भी कोई सरल नहीं है। अतएव शीघ्रता करने की आवश्यकता नहीं। यह समस्या गत कई शताब्दियों से हमारे देश के महापुरुषों को ज्ञात थी।

क्या भारतवर्ष में कभी सुधारकों का अभाव था? क्या तुमने भारत का इतिहास पढ़ा है? रामानुज, शंकर, नानक, चैतन्य, कबीर और दादू कौन थे? ये सब बड़े-बड़े

धर्माचार्य, जो भारत के गगन में अत्यंत उज्ज्वल नक्षत्रों की तरह एक के बाद एक उदित हुए और फिर अस्त हो गए, कौन थे? क्या रामानुज के हृदय में नीच जातियों के लिए प्रेम नहीं था? क्या उन्होंने अपने सारे जीवन भर चांडाल तक को अपने संप्रदाय में ले लेने का प्रयत्न नहीं किया? क्या उन्होंने अपने संप्रदाय में मुसलमान तक को मिला लेने की चेष्टा नहीं की? क्या नानक ने मुसलमान और हिंदू दोनों को समान भाव से शिक्षा देकर समाज में एक नई अवस्था लाने का प्रयत्न नहीं किया? इन सब ने प्रयत्न किया और उनका काम आज भी जारी है। भेद केवल इतना है कि वे आज के समाज-सुधारकों की तरह दंभी नहीं थे; वे इनके समान अपने मुँह से कभी अभिशाप नहीं उगलते थे। उनके मुँह से केवल आशीर्वाद ही निकलता था। उन्होंने कभी भर्त्सना नहीं की। उन्होंने लोगों से कहा कि जाति को सतत उन्नतिशील होना चाहिए। उन्होंने अतीत में दृष्टि डालकर कहा, 'हिंदुओ, तुमने अभी तक जो किया अच्छा ही किया, पर भाइयो, तुम्हें अब इससे भी अच्छा करना होगा।' उन्होंने यह नहीं कहा, 'पहले तुम दुष्ट थे और अब तुम्हें अच्छा होना होगा।' उन्होंने यही कहा, 'पहले तुम अच्छे थे, अब और भी अच्छे बनो।' इससे जमीन-आसमान का फर्क पैदा हो जाता है। हम लोगों को अपनी प्रकृति के अनुसार उन्नति करनी होगी। विदेशी संस्थाओं ने बलपूर्वक जिस कृत्रिम प्रणाली को हममें प्रचलित करने की चेष्टा की है, उसके अनुसार काम करना वृथा है।

संसार भर में सर्वत्र सर्वसाधारण से कहा गया है कि तुम लोग मनुष्य ही नहीं हो। शताब्दियों से इस प्रकार डराए जाने के कारण ये बेचारे सचमुच ही करीब-करीब पशुत्व को प्राप्त हो गए हैं। इन्हें कभी आत्मतत्त्व के विषय में सुनने का मौका नहीं दिया गया। अब इनको आत्मतत्त्व सुनने दो, यह जान लेने दो कि इनमें से नीच से नीच में भी आत्मा विद्यमान है—वह आत्मा, जो न कभी मरती है, न जन्म लेती है, जिसे न तलवार काट सकती है न आग जला सकती है और न हवा सुखा सकती है—(नैनं छिंदंत्ति शास्त्राणि नैनं दहति पावकः। न चैनं क्लेदयन्त्यापो न शोषयति मारुतः।। गीता 2।23) यह अमर है, अनादि और अनंत है, जो शुद्धस्वरूप, सर्वशक्तिमान और सर्वव्यापी है। उन्हें अपने में विश्वास करने दो। आखिर अंग्रेजों में और तुममें किसलिए इतना अंतर है? उन्हें अपने धर्म, अपने कर्तव्य आदि के संबंध में कहने दो। पर मुझे अंतर मालूम हो गया है। अंतर यही है कि अंग्रेज अपने ऊपर विश्वास करता है, और तुम नहीं। जब वह सोचता है कि मैं अंग्रेज हूँ, तो वह उस विश्वास के बल पर जो चाहता है वही कर सकता है। इस विश्वास के आधार पर उसके अंदर छिपा हुआ ईश्वर भाव जाग उठता है। तब उसकी जो भी इच्छा होती है, वही कर सकने में समर्थ होता है। इसके विपरीत, लोग तुमसे कहते आए हैं, तुम्हें सिखाते आए हैं कि तुम कुछ भी नहीं हो, तुम कुछ भी नहीं कर सकते, फलस्वरूप तुम आज इस प्रकार अकर्मण्य हो गए हो। अतएव आज हम जो चाहते हैं, वह है—बल,

अपने पर अटूट विश्वास। हम लोग शक्तिहीन हो गए हैं। इसीलिए गुप्तविद्या और रहस्यविद्या—इन रोमांचक वस्तुओं ने धीरे-धीरे हममें घर कर लिया है। भले ही उनमें अनेक सत्य हों, पर उन्होंने लगभग हमें नष्ट कर डाला है। अपने स्नायु बलवान बनाओ। आज हमें जिसकी आवश्यकता है, वह है—लोहे के पुट्ठे और फौलाद के स्नायु। हम लोग बहुत दिन रो चुके। अब और रोने की आवश्यकता नहीं। अब अपने पैरों पर खड़े हो जाओ और 'मर्द' बनो। हमें ऐसे धर्म की आवश्यकता है, जिससे हम मनुष्य बन सकें। हमें ऐसे सिद्धांतों की जरूरत है, जिनसे हम मनुष्य हो सकें। हमें ऐसी सर्वांगसंपन्न शिक्षा चाहिए, जो हमें मनुष्य बना सके। यह रही सत्य की कसौटी—जो भी तुमको शारीरिक, मानसिक और आध्यात्मिक दृष्टि से दुर्बल बनाए उसे जहर की भाँति त्याग दो, उसमें जीवन-शक्ति नहीं है, वह कभी सत्य नहीं हो सकता। सत्य तो बलप्रद है, वह पवित्रता है, वह ज्ञानस्वरूप है। सत्य तो वह है जो शक्ति दे, जो हृदय के अंधकार को दूर कर दे, जो हृदय में स्फूर्ति भर दे।

भले ही रहस्यविद्याओं में कुछ सत्य हो, पर ये साधारणतया मनुष्य को दुर्बल ही बनाती हैं। मेरा विश्वास करो, मेरा यह जीवन भर का अनुभव है। मैं भारत के लगभग सभी स्थानों में घूम चुका हूँ, सभी गुफाओं का अन्वेषण कर चुका हूँ और हिमालय पर भी रह चुका हूँ। मैं ऐसे लोगों को भी जानता हूँ, जो जीवन भर वहीं रहे हैं। अंत में मैं इसी निष्कर्ष पर पहुँचा हूँ कि इन सब रहस्यविद्याओं से मनुष्य दुर्बल ही होता है। मैं अपने देश से प्रेम करता हूँ; मैं तुम्हें और अधिक पतित और ज्यादा कमजोर नहीं देख सकता। अतएव तुम्हारे कल्याण के लिए, सत्य के लिए और जिससे मेरी जाति और अधिक अवनत न हो जाए, इसलिए मैं जोर से चिल्लाकर कहने के लिए बाध्य हो रहा हूँ—बस, ठहरो। अवनति की ओर और न बढ़ो—जहाँ तक गए हो, बस उतना ही काफी हो चुका। अब वीर्यवान होने का प्रयत्न करो, कमजोर बनाने वाली इन सब रहस्यविद्याओं को तिलांजलि दे दो और अपने उपनिषदों का—उस बलप्रद, आलोकप्रद, दिव्य दर्शनशास्त्र का आश्रय ग्रहण करो। सत्य जितना ही महान होता है, उतना ही सहज बोधगम्य होता है—स्वयं अपने अस्तित्व के समान सहज। जैसे अपने अस्तित्व को प्रमाणित करने के लिए और किसी की आवश्यकता नहीं होती, बस वैसा ही। उपनिषद् के सत्य तुम्हारे सामने हैं। इनका अवलंबन करो, इनकी उपलब्धि कर इन्हें कार्य में परिणत करो। बस देखोगे, भारत का उद्धार निश्चित है।

एक बात और कहकर मैं समाप्त करूँगा। लोग देशभक्ति की चर्चा करते हैं। मैं भी देशभक्ति में विश्वास करता हूँ। देशभक्ति के संबंध में मेरा भी एक आदर्श है। बड़े काम करने के लिए तीन बातों की आवश्यकता होती है। पहला है हृदय की अनुभव-शक्ति। बुद्धि या विचारशक्ति में क्या है? वह कुछ दूर जाती है, बस

वहीं रुक जाती है। पर हृदय तो प्रेरणास्रोत है! प्रेम असंभव द्वारों को भी उद्घाटित कर देता है। यह प्रेम ही जगत् के सब रहस्यों का द्वार है। अतएव, ऐ मेरे भावी सुधारको, मेरे भावी देशभक्तो, तुम अनुभव करो। क्या तुम अनुभव करते हो? क्या तुम हृदय से अनुभव करते हो कि देव और ऋषियों की करोड़ो संतानें आज पशुतुल्य हो गई हैं? क्या तुम हृदय से अनुभव करते हो कि लाखों आदमी आज भूखों मर रहे हैं, और लाखों लोग शताब्दियों से इसी भाँति भूखों मरते आए हैं? क्या तुम अनुभव करते हो कि अज्ञान के काले बादल ने सारे भारत को ढक लिया है? क्या तुम यह सब सोचकर बेचैन हो जाते हो? क्या इस भावना ने तुमको निद्राहीन कर दिया है? क्या यह भावना तुम्हारे रक्त के साथ मिलकर तुम्हारी धमनियों में बहती है? क्या वह तुम्हारे हृदय के स्पंदन से मिल गई है? क्या उसने तुम्हें पागल-सा बना दिया है? क्या देश की दुर्दशा की चिंता ही तुम्हारे ध्यान का एकमात्र विषय बन बैठी है? और क्या इस चिंता में जाने से तुम अपने नाम-यश, पुत्र-कलत्र, धन-संपत्ति, यहाँ तक कि अपने शरीर की भी सुध बिसर गए हो? क्या तुमने ऐसा किया है? यदि 'हाँ' तो जानो कि तुमने देशभक्त होने की पहली सीढ़ी पर पैर रखा है—हाँ, केवल पहली ही सीढ़ी पर! तुममें से अधिकांश जानते हैं, मैं अमेरिका धर्म-महासभा के लिए नहीं गया, वरन् इस भावना का दैत्य मुझमें, मेरी आत्मा में था। मैं पूरे बारह वर्ष सारे देश भर में भ्रमण करता रहा, पर अपने देशवासियों के लिए कार्य करने का मुझे कोई रास्ता ही नहीं मिला। यही कारण था कि मैं अमेरिका गया। तममें से अधिकांश, जो मुझे उस समय जानते थे, इस बात को अवश्य जानते हैं। इस धर्म-महासभा की कौन परवाह करता था? यहाँ मेरे देशवासी, मेरे ही रक्त-मांसमय देहस्वरूप मेरे देशवासी, दिन पर दिन डूबते जा रहे थे। उनकी कौन खबर ले? बस यही मेरा पहला सोपान था।

अच्छा, माना कि तुम अनुभव करते हो; पर पूछता हूँ, क्या केवल व्यर्थ की बातों में शक्तिक्षय न करके इस दुर्दशा का निवारण करने के लिए तुमने कोई यथार्थ कर्तव्य-पथ निश्चित किया है? क्या लोगों की भर्त्सना न कर उनकी सहायता का कोई उपाय सोचा है? क्या स्वदेशवासियों को उनकी इस जीवन्मृत अवस्था से बाहर निकालने के लिए कोई मार्ग ठीक किया है? क्या उनके दुःखों को कम करने के लिए दो सांत्वनादायक शब्दों को खोजा है? यही दूसरी बात है। किंतु इतने ही से पूरा न होगा। क्या तुम पर्वताकार विघ्न-बाधाओं को लाँघकर कार्य करने के लिए तैयार हो? यदि सारी दुनिया हाथ में नंगी तलवार लेकर तुम्हारे विरोध में खड़ी हो जाए, तो भी क्या तुम जिसे सत्य समझते हो, उसे पूरा करने का साहस करोगे? यदि तुम्हारे पुत्र-कलत्र तुम्हारे प्रतिकूल हो जाएँ, भाग्यलक्ष्मी तुमसे रूठकर चली जाए, नाम की कीर्ति भी तुम्हारा साथ छोड़ दे, तो भी क्या तुम उस सत्य में संलग्न रहोगे? फिर भी क्या तुम उसके पीछे लगे रहकर अपने लक्ष्य की ओर सतत् बढ़ते रहोगे?

जैसा कि महान राजा भर्तृहरि ने कहा है, "चाहे नीतिनिपुण लोग निंदा करें या प्रशंसा, लक्ष्मी आए या जहाँ उसकी इच्छा हो चली जाए, मृत्यु आज हो या सौ वर्ष बाद, धीर पुरुष तो वह है जो न्याय के पथ से तनिक भी विचलित नहीं होता।" क्या तुममें ऐसी दृढ़ता है? बस यही तीसरी बात है। यदि तुममें ये तीन बातें हैं, तो तुममें से प्रत्येक अद्भुत कार्य कर सकता है। तब फिर तुम्हें समाचारपत्रों में छपवाने की अथवा व्याख्यान देते हुए फिरते रहने की आवश्यकता न होगी। स्वयं तुम्हारा मुख ही दीप्त हो उठेगा! फिर तुम चाहे पर्वत की कंदरा में रहो, तो भी तुम्हारे विचार पर्वत की चट्टानों को भेदकर बाहर निकल आएँगे और सैकड़ों वर्ष तक सारे संसार में प्रतिध्वनित होते रहेंगे। हो सकता है, तब तक ऐसे ही रहें, जब तक उन्हें किसी मस्तिष्क का आधार न मिल जाए, और तब वे उसी के माध्यम से कार्यशील हो उठेंगे। विचार, निष्कपटता और पवित्र उद्देश्य में ऐसी ही जबरदस्त शक्ति है।

मुझे डर है कि तुम्हें देर हो रही है, पर एक बात और। ऐ मेरे स्वदेशवासियो, मेरे मित्रो, मेरे बच्चो, राष्ट्रीय जीवनरूपी यह जहाज लाखों लोगों को जीवनरूपी समुद्र को पार करता रहा है। कई शताब्दियों से यह कार्य चल रहा है और इसकी सहायता से लाखों आत्माएँ इस सागर के उस पार अमृतधाम में पहुँची हैं। पर आज शायद तुम्हारे ही दोष से इस पोत में कुछ खराबी आ गई है, इसमें एक-दो छेद हो गए हैं। क्या तुम इसे कोसोगे? संसार में जिसने तुम्हारा सब से अधिक उपकार किया है, उसके विरुद्ध खड़े होकर उस पर गाली बरसाना क्या तुम्हारे लिए उचित है? यदि हमारे इस समाज में, इस राष्ट्रीय जीवन-रूपी जहाज में छेद हैं, तो हम तो उसकी संतान हैं। आओ चलें, उन छेदों को बंद कर दें—इसके लिए हँसते-हँसते अपने हृदय का रक्त बहा दें। यदि हम ऐसा न कर सकें तो हमें मर जाना ही उचित है। हम अपना भेजा निकालकर उसकी डाट बनाएँगे और जहाज के उन छेदों में भर देंगे। पर उसकी कभी भर्त्सना न करें! इस समाज के विरुद्ध एक कड़ा शब्द तक न निकालो। उसकी अतीत की गौरव-गरिमा के लिए मेरा उस पर प्रेम है। मैं तुम सब को प्यार करता हूँ, क्योंकि तुम देवताओं की संतान हो, महिमाशाली पूर्वजों के वंशज हो। तब भला मैं तुम्हें कैसे कोस सकता हूँ? यह असंभव है। तुम्हारा सब प्रकार से कल्याण हो। ऐ मेरे बच्चो, मैं तुम्हारे पास आया हूँ अपनी सारी योजनाएँ तुम्हारे सामने रखने के लिए। यदि तुम उन्हें सुनो, तो मैं तुम्हारे साथ काम करने को तैयार हूँ। पर यदि तुम उनको न सुनो, और मुझे ठुकराकर अपने देश के बाहर भी निकाल दो, तो भी मैं तुम्हारे पास वापस आकर यही कहूँगा, "भाई, हम सब डूब रहे हैं।" मैं आज तुम्हारे बीच बैठने आया हूँ। और यदि हमें डूबना है, तो आओ, हम सब साथ ही डूबें, पर एक भी कटु शब्द हमारे ओठों पर न आने पाए।

हिंदू और इंडियन

हमारी जाति और धर्म को व्यक्त करने के लिए एक शब्द 'हिंदू' बहुत प्रचलित हो गया है। वेदांत धर्म से मेरा क्या अभिप्राय है, इसको समझाने के लिए इस 'हिंदू' शब्द की किंचित् व्याख्या करना आवश्यक है। प्राचीन फारस देश के निवासी सिंधु नदी के लिए 'हिंदू' नाम का प्रयोग करते थे। संस्कृत भाषा में जहाँ 'स' आता है, प्राचीन फारसी भाषा में वही 'ह' रूप में परिणत हो जाता है, इसलिए सिंधु का 'हिंदू' हो गया। तुम सभी लोग जानते हो कि यूनानी लोग 'ह' का उच्चारण नहीं कर सकते थे, इसलिए उन्होंने 'ह' को छोड़ दिया और इस प्रकार हम 'इंडियन' नाम से जाने गए। प्राचीन काल में इस शब्द का अर्थ जो भी हो, अब इस हिंदू शब्द की, जो सिंधु नदी के दूसरे किनारे के निवासियों के लिए प्रयुक्त होता था, कोई सार्थकता नहीं है, क्योंकि सिंधु नदी के इस ओर रहने वाले सभी लोग एक धर्म के मानने वाले नहीं हैं। इस समय यहाँ हिंदू, मुसलमान, पारसी, ईसाई, बौद्ध और जैन भी वास करते हैं। 'हिंदू' शब्द के व्यापक अर्थ के अनुसार इन सबको हिंदू कहना होगा, किंतु धर्म के हिसाब से इन सबको हिंदू नहीं कहा जा सकता। हमारा धर्म भिन्न-भिन्न प्रकार के धार्मिक विश्वास, भाव तथा अनुष्ठान और क्रियाकर्मों का समष्टि-स्वरूप है। सब एक साथ मिला हुआ है, किंतु यह कोई साधारण नियम से संगठित नहीं हुआ, इसका कोई एक साधारण नाम भी नहीं है और न इसका कोई संघ ही है।

सभी युवकों के प्रति से प्रस्तुत वक्तव्य

विदेश से संबंध

भारत के अतिरिक्त और देशों से संबंध रखे बिना नहीं चल सकता। हम लोगों ने एक समय सोचा था, वह हम लोगों की मूर्खता थी। उसी के दंड स्वरूप आज हम हजार वर्षों से दासता की जंजीरों में जकड़े हुए हैं। हम लोग दूसरी-दूसरी जातियों के साथ अपनी तुलना करने के लिए बाहर नहीं जाते, हम लोग जगत की गति को देखकर चलना नहीं सीखते, यही भारतवासियों के मन की अवनति का एक प्रधान कारण है। हम लोग काफी सजा भुगत चुके हैं, अब और भ्रम में पड़ने की जरूरत नहीं है। भारतवासियों का विदेश जाना अनुचित है, यह कहना मूखर्ता और लड़कपन है। इस प्रकार की धारणाओं को निर्मूल करना होगा। तुम लोग जितना ही भारत से बाहर दूसरे-दूसरे मुल्कों में भ्रमण करोगे, दूसरी-दूसरी जातियों से मिलोगे, उतना ही तुम्हारा और तुम्हारे देश का कल्याण होगा। तुम लोग शताब्दियों पहले से यह

करते होते तो आज जो कोई जाति तुम्हारे ऊपर अधिकार करना चाह रही है, उसके सामने झुकना न पड़ता। जीवन का पहला चिह्न है विस्तार। अगर तुम लोग जिंदा रहना चाहते हो, तो तुम लोगों को संकीर्णता छोड़ देनी पड़ेगी। जिस क्षण तुम लोगों का विस्तार बंद हो जाएगा, उसी क्षण से समझ लेना चाहिए, कि मृत्यु तुम्हारे सिर पर मँडरा रही है, विपत्ति तुम्हारे सामने है। मैं यूरोप और अमेरिका में गया था, आप लोगों ने भी उदारता के साथ इसका उल्लेख किया है। मुझे वहाँ पर इसी वजह से जाना पड़ा था कि विस्तार ही जातीय अभ्युदय का पहला चिह्न है। इस अभ्युदयशील जातीय जीवन ने भीतर ही भीतर विस्तार प्राप्त करके मुझे मानो दूर फेंक दिया था; हजारों आदमियों को इसी तरह दूर-दूर की यात्रा करनी पड़ेगी। मेरी बात को ध्यान देकर सुनो। अगर इस जाति को जीवित रखना है, तो ऐसा करना ही पड़ेगा। इसलिए यह विस्तार जातीय जीवन के पुनर्भ्युदय का मुख्य लक्षण है और इसी विस्तार के साथ मनुष्य की समग्र ज्ञान समष्टि को जो कुछ देना है, सारे संसार की उन्नति के लिए हम लोगों को जो कुछ भी देना है, वह भी भारत के अतिरिक्त और देशों में जा रहा है।...

विदेशों में जाकर वेदांत के इस महान तत्त्व का प्रचार करने के लिए वीर हृदय वाले कार्यकर्त्ताओं की आवश्यकता है। संसार के लिए इसकी आवश्यकता हुई है, अगर ऐसा न होगा तो संसार का नाश हो जाएगा। सारा पाश्चात्य जगत् मानो एक ज्वालामुखी पर्वत के ऊपर स्थित है—कल ही वह पर्वत फूट कर संसार को नष्ट-भ्रष्ट कर डालेगा। उन्होंने संसार में सर्वत्र ढूँढ़ कर देखा है; लेकिन कहीं पर ढूँढ़े नहीं मिला है। उन्होंने सुख का प्याला खूब जी भर कर पिया है, किंतु इससे उन्हें तृप्ति नहीं हुई। हम लोगों के लिए यही कार्य करने का समय है जिससे भारत का आध्यात्मिक भाव पाश्चात्य देशों में खूब फैल जाए। इसलिए हे मद्रास के नौजवानो! मैं तुम लोगों से इसे खूब अच्छी तरह से याद रखने के लिए कह रहा हूँ। हम लोगों को विदेश जाना होगा, आध्यात्मिक और दार्शनिक विचारों द्वारा संसार पर विजय प्राप्त करना होगा, इसके लिए और दूसरा रास्ता नहीं है, यही करना होगा, नहीं तो मृत्यु निश्चित है। एक दिन जो जीवन तेजस्वी था, उसे एक बार फिर तेजपूर्ण करके भारतीय विचारों द्वारा संसार को जीतना होगा।

कुसंस्कार का विरोध

हम लोगों को यह नहीं भूलना होगा कि आध्यात्मिक विचारों द्वारा संसार-विजय करने की जो बात मैं कह रहा हूँ, उससे मेरा आशय जीवनप्रद तत्त्वों का प्रचार ही है।

कई शताब्दियों से हम लोग जिन कुसंस्कारों के अधीन रहे हैं, उस ओर मेरा लक्ष्य नहीं है। इन कुसंस्कारों को भारतभूमि से नष्ट करना पड़ेगा। जिससे यहाँ पर उनका नामोनिशान न रह जाए। ये जातीय अवनति के कारण हैं, इनसे मस्तिष्क निष्क्रिय हो जाता है। हम लोगों को सावधान होना पड़ेगा, जिससे हम लोगों का मस्तिष्क उच्च और महत्त्वपूर्ण विचारों के लिए अयोग्य न हो जाए, उसकी मौलिकता नष्ट न हो जाए और न ही वह निस्तेज हो जाए। धर्म के नाम पर सब तरह के छोटे-छोटे संस्कारों से मस्तिष्क विषाक्त न हो जाय, इसके लिए भी प्रयत्न करना होगा। इस देश में हम लोगों के सिर पर न जाने कितनी विपत्तियाँ मँडराया करती हैं, उनमें से एक ओर घोर जड़ भौतिकवाद है और दूसरी ओर उसके प्रतिक्रियारूप कुसंस्कार दोनों से बचकर हम लोगों को चलना पड़ेगा। एक तरफ पाश्चात्य ज्ञान की मदिरा पीकर मतवाले हुए ल़ोग समझते हैं कि वे सब कुछ जानते हैं। वे लोग प्राचीन काल के ऋषियों और विद्वानों का मजाक उड़ाते हैं। उनके लिए हिंदू जाति के सारे विचार केवल कचड़ा हैं, हिंदू दर्शन केवल बच्चों की तुतलाहट है और हिंदू धर्म बेवकूफों के कुसंस्कार मात्र है। दूसरी ओर कुछ ऐसे भी शिक्षित व्यक्ति हैं, जो बिल्कुल दूसरे सिरे पर हैं, वे समाज में प्रचलित सभी अंध-विश्वासों और कुसंस्कारों में दार्शनिकता और आध्यात्मिकता भिड़ाते हैं। उनके लिए प्रत्येक गाँव में जो कुसंस्कार भरे पड़े हैं, वे वेद वाक्य के समान हैं और उनकी राय में उनके पालन से ही जातीय जीवन चल सकता है। आप लोगों को इन दोनों विचारों से सावधान रहना होगा।

मैं आप लोगों को घोर नास्तिक देखना पसंद करूँगा। लेकिन कुसंस्कार से भरे मूर्ख देखना न चाहूँगा, क्योंकि नागरिकों में कुछ न कुछ जीवन होता ही है। उनके सुधार की आशा है, वे मुर्दे नहीं हैं। लेकिन अगर मस्तिष्क में कुसंस्कार घुस जाता है तो वह बिल्कुल बेकार हो जाता है, दिमाग बिल्कुल फिर जाता है। मृत्यु के कीड़े उसके शरीर में प्रवेश कर जाते हैं। तुम्हें इन दोनों को परित्याग करना होगा। मैं निर्भीक, साहसी लोगों को चाहता हूँ। मैं चाहता हूँ कि लोगों में ताजा खून हो, स्नायुओं में तेजी हो, पेशियाँ लोहे की तरह सख्त हों। मस्तिष्क को बेकार और कमजोर बनाने वाले भावों की आवश्यकता नहीं है। इन्हें छोड़ दो। सब तरह के गुप्त भावों की ओर दृष्टि डालना छोड़ दो। धर्म में कोई गुप्त भाव नहीं, वेदांत, वेद या पुराणों में क्या कोई गुप्त भाव है? प्राचीन ऋषियों ने धर्मप्रचार के लिए क्या कहीं पर गुप्त समिति कायम की थी? उन्होंने अपने आविष्कृत महान् सत्यों को संपूर्ण संसार को देने के लिए हाथ की सफाई, कौशल आदि का अवलंबन किया था? क्या इसका कहीं पर उल्लेख पाया जाता है? गुप्त भाव और कुसंस्कार दुर्बलता के चिह्न हैं। वे अवनति और मृत्यु के चिह्न हैं। इसलिए उनसे सदा सावधान रहो, तेजस्वी बनो और खुद अपने पैरों पर खड़े हो। संस्कार में बहुत सी विचित्रता भरी है। हम लोगों की प्रकृति की धारणा जहाँ तक है, उसके हिसाब से उसे अतिप्राकृतिक कहा जा सकता

है, लेकिन उसमें कुछ भी गुप्त नहीं है। धर्म का सत्य गुप्त है और वह हिमालय की चोटी पर गुप्त समितियों की संपत्ति है, ऐसी बात भारत में कभी प्रचलित नहीं हुई। मैं हिमालय गया था। यह तुम्हारे शहर से सैकड़ों मील दूर है। मैं संन्यासी हूँ, गत चौदह वर्षों से पैदल ही चारों तरफ घूमता-फिरता हूँ। मैं आप से सच-सच कहता हूँ कि इस तरह की गुप्त समिति कहीं भी नहीं है। इन सब बुरे संस्कारों के पीछे कभी न दौड़ो। तुम्हारे और तुम्हारी संपूर्ण जाति के लिए बल्कि घोर नास्तिक होना अच्छा है, क्योंकि नास्तिक होने से कम से कम तुम में तेज तो रहेगा, किंतु इस तरह कुसंस्कार-पूर्ण होना अवनति और मृत्यु का कारण है।...

—जागृति का संदेश

हमारा राष्ट्रीय महापाप

मैं समझता हूँ कि हमारा सबसे बड़ा राष्ट्रीय पाप जन समुदाय की उपेक्षा है, और वह भी हमारे पतन का एक कारण है। भारत में दो बुरी बातें हैं स्त्रियों का तिरस्कार और गरीबों को जाति-भेद द्वारा पीसना।

तुम अपने देश के लोगों की ओर एक बार ध्यान से देखो तो, मुँह पर मलिनता की छाया, कलेजे में न साहस, न उल्लास, पेट बड़ा, हाथ-पैरों में शक्ति नहीं? डरपोक और क़ायर! यथार्थ राष्ट्र जो झोंपड़ियों में निवास करता है, अपना पौरुष विस्मृत कर बैठा है, अपना व्यक्तित्व खो चुका है। इस भारतभूमि में जनसमुदाय को कभी भी अपनी आत्म-स्वत्व-बुद्धि को उद्दीप्त करने का मौका नहीं दिया गया। हिंदू, मुसलमान, या ईसाई के पैरों से रौंदे वे लोग यह समझ बैठे हैं कि जिस किसी के पास पैसा हो, वे उसी के पैरों से कुचले जाने के लिए ही पैदा हुए हैं।

किसान, कोली, जुलाहे आदि जो भारत के नगण्य मनुष्य हैं, विजाति-विजित स्वजाति-निंदित छोटी-छोटी जातियाँ हैं, वही लगातार चुपचाप काम करती जा रही हैं, अपने परिश्रम का कुछ फल भी नहीं पा रही हैं।

फिर जिनके शारीरिक परिश्रम पर ही ब्राह्मणों का अधिपत्य, क्षत्रियों का ऐश्वर्य और वैश्यों का धन-धान्य निर्भर है, वे कहाँ हैं? समाज का मुख्य अंग होकर भी जो लोग सदा सब देशों में 'जघन्यप्रभवो हि सः' कहकर पुकारे जाते हैं, उनका क्या हाल है? हे भारत के श्रमजीवियों, तुम्हारे नीरव, सदा ही निंदित हुए परिश्रम के फलस्वरूप बाबिल, ईरान, अलेकजंद्रिया, ग्रीस, रोम, वेनिस, जिनेवा, बगदाद, समरकंद, स्पेन, पोर्तुगाल, फ्रांसीसी, दिनेमार, डच और अंग्रेजों का क्रमावन्य से अधिपत्य हुआ और उनको ऐश्वर्य मिला है और तुम? कौन सोचता है इस बात को!

जीवन-संग्राम में सदा लगे रहने के कारण निम्न श्रेणी के लोगों में अभी तक ज्ञान का विकास नहीं हुआ। ये लोग अभी तक मानवबुद्धि द्वारा परिचालित यंत्र की तरह एक ही भाव से काम करते आए हैं, और बुद्धिमान चतुर व्यक्ति इनके परिश्रम तथा कार्य का सार तथा निचोड़ लेते रहे हैं। सभी देशों में इसी प्रकार हुआ है। परंतु अब वे दिन नहीं रहे। निम्न श्रेणी के लोग धीरे-धीरे यह बात समझ रहे हैं और इसके विरुद्ध सब सम्मिलित रूप से खड़े होकर अपने समुचित अधिकार प्राप्त करने के लिए दृढ़प्रतिज्ञ हो गए हैं। यूरोप और अमेरिका में निम्न-जातीय लोगों ने जाग्रत होकर इस दिशा में प्रयत्न भी प्रारंभ कर दिया है, और आज भारत में भी इसके लक्षण दृष्टिगोचर हो रहे हैं। निम्न श्रेणी के व्यक्तियों द्वारा आजकल जो इतनी हड़तालें हो रही हैं, वे इनकी इसी जागृति का प्रमाण है। अब हजार प्रयत्न करके भी उच्च जाति के लोग निम्न श्रेणियों को अधिक दबाकर नहीं रख सकेंगे। अब निम्न श्रेणियों के न्यायसंगत अधिकार की प्राप्ति में सहायता करने में ही उच्च श्रेणियों का भला है।

जिनका ऐशो-आराम में लालन-पालन और शिक्षा लाखों पददलित परिश्रमी गरीबों के हृदय के रक्त से हो रही है और फिर भी जो उनकी ओर ध्यान नहीं देते, उन्हें मैं विश्वासघातक कहता हूँ। इतिहास में कहाँ और किस काल में आपके धनवान पुरुषों ने, कुलीन पुरुषों ने, पुरोहितों ने और राजाओं ने गरीबों की ओर ध्यान दिया था—वे गरीब, जिन्हें कोल्हू के बैल की तरह पेलने से ही उनकी शक्ति संचित हुई थी।

भारतवर्ष के सभी अनर्थों की जड़ है—जनसाधारण की गरीबी।...पुरोहिती शक्ति और विदेशी विजेतागण सदियों से उन्हें कुचलते रहे हैं, जिसके फलस्वरूप भारत के गरीब बेचारे यह तक भूल गए हैं कि वे भी मनुष्य हैं। हमारे अभिजात पूर्वज साधारण जनसमुदाय को जमाने से पैरों तले कुचलते रहे। इसके फलस्वरूप वे बेचारे एकदम असहाय हो गए। भारत के सत्यानाश का मुख्य कारण यही है कि देश की संपूर्ण विद्या-बुद्धि, राज-शासन और दंभ के बल से मुट्ठी भर लोगों के एकाधिकार में रखी गई है। भारत के दरिद्रों, पतितों और पापियों का कोई साथी नहीं, कोई सहायता करने वाला नहीं—वे कितनी ही कोशिश क्यों न करें, उनकी उन्नति का कोई उपाय नहीं। वे दिन पर दिन डूबते जा रहे हैं। क्रूर समाज उन पर जो लगातार चोटें कर रहा है, उसका अनुभव तो वे खूब कर रहे हैं, पर वे जानते नहीं कि वे चोटें कहाँ से आ रही हैं। सदियों तक वे धनी-मानियों की आज्ञा सिर-आँखों पर रखकर केवल लकड़ी काटते और पानी भरते रहे हैं। उनकी यह धारणा बन गई कि मानो उन्होंने गुलाम के रूप में ही जन्म लिया है। हमारे इस देश में, इस वेदांत की जन्मभूमि में हमारा जनसाधारण शत-शत वर्षों से सम्मोहित बनाकर इस तरह की हीन अवस्था में डाल दिया गया है। उनके स्पर्श में अपवित्रता समायी है, उनके साथ बैठने में

छूत समा जाती है। उनसे कहा जा रहा है। निराशा के अंधकार में तुम्हारा जन्म हुआ है, सदा तुम इस अँधेरे में पड़े रहो। और उसका परिणाम यह हुआ कि वे लगातार डूबते चले जा रहे हैं, गहरे अँधेरे से और गहरे अँधेरे में डूबते चले जा रहे हैं। अंत में मनुष्य जितनी निकृष्ट अवस्था तक पहुँच सकता है, वहाँ तक वे पहुँच चुके हैं।

क्या कारण है कि संसार के सब देशों में हमारा देश ही सब से अधिक बलहीन और पिछड़ा हुआ है? इसका कारण यही है कि वहाँ शक्ति का निरादर होता है। स्मृति आदि लिखकर, नियम-नीति में आबद्ध करके इस देश के पुरुषों ने स्त्रियों को एकदम बच्चा पैदा करने की मशीन बना डाला है। फिर अपने देश की दस वर्ष की उम्र में बच्चों को जन्म देनेवाली बालिकाएँ!!! प्रभु, मैं अब समझ रहा हूँ। हे भाई, 'यत्र नार्यस्तु पूज्यन्ते रमन्ते तत्र देवताः' (जहाँ नारियों की पूजा होती है वहाँ देवता प्रसन्न रहते हैं)—वृद्ध मनु ने कहा है। हम महापापी हैं; स्त्रियों को 'घृणित कीड़ा', 'नरक का द्वार' इत्यादि कहकर हम अधःपतित हुए हैं। बाप रे बाप! कैसा आकाश-पाताल का अंतर है। 'याथातथ्यतोऽर्थान् व्यदधात्।' (जहाँ जैसा उचित हो ईश्वर वहाँ कर्मफल का विधान करते हैं।—ईशोपनिषद्) क्या प्रभु झूठी गप्प से भूलनेवाला है? प्रभु ने कहा है, 'त्वं स्त्री त्वं पुमानसि त्वं कुमार उत वा कुमारी' (तुम्हीं स्त्री हो और तुम्हीं पुरुष; तुम्हीं क्वाँरे हो और क्वाँरी।—(श्वेताश्वतरोपनिषद्) इत्यादि और हम कह रहे हैं, 'दूरमपसर रे चाण्डाल' (रे चाण्डाल, दूर हट), 'केनैषा निर्मिता नारी मोहिनी' (किसने इस मोहिनी नारी को बनाया है?) इत्यादि।

यह जाति डूब रही है। लाखों प्राणियों का शाप हमारे सिर पर है। सदा ही अजस्र जलधार वाली नदी के समीप रहने पर भी तृष्णा के समय पीने के लिए हमने जिन्हें नाबदान का पानी दिया, उन अगणित लाखों मनुष्यों का, जिनके सामने भोजन के भंडार रहते हुए भी जिन्हें हमने भूखों मार डाला, जिन्हें हमने अद्वैतवाद का तत्त्व सुनाया पर जिनसे हमने तीव्र घृणा की, जिनके विरोध में हमने लोकाखर का आविष्कार किया, जिनसे जबानी तो यह कहा कि सब बराबर हैं, सब वही एक ब्रह्म है, परंतु इस उक्ति को काम में लाने का तिलमात्र भी प्रयत्न नहीं किया।

पृथ्वी पर ऐसा कोई धर्म नहीं है, जो हिंदू धर्म के समान इतने उच्च स्वर से मानवता के गौरव का उपदेश करता हो, और पृथ्वी पर ऐसा धर्म नहीं है जो हिंदू धर्म के समान गरीबों और नीच जातिवालों का गला ऐसी क्रूरता से घोंटता हो। अब हमारा धर्म किसमें रह गया है? केवल छुआछूत में—मुझ छुओ नहीं। हम उन्हें छूते भी नहीं और उन्हें 'दूर' 'दूर' कहकर भगा देते हैं। क्या हम मनुष्य हैं? हे भगवन्, कब एक मनुष्य दूसरे से भाईचारे का बर्ताव करना सीखेगा? धर्म में जाति-भेद नहीं है; जाति तो एक सामाजिक संस्था मात्र है। अतः धर्म का कोई दोष नहीं, दोष मनुष्यों का है।

कर्मकांडों से ऊबकर एवं दार्शनिकों की जटिल व्याख्या से विभ्रांत होकर लोग अधिकाधिक संख्या में जड़वादियों से जा मिले। यही जाति-समस्या का सूत्रपात था एवं भारत में कर्मकांड, दर्शन तथा जड़वाद के मध्य उस त्रिभुजात्मक संग्राम का मूल भी यही था, जिसका समाधान हमारे इस युग तक संभव नहीं हो पाया है।

अवश्य ही जाति-धर्म उत्पन्न हो गया है अतएव जिसे तुम लोग जाति-धर्म कहते हो, वह ठीक उसका उल्टा है। पहले अपने पुराण और शास्त्रों को अच्छी तरह पढ़ो तब समझ में आएगा कि शास्त्रों में जिसे जाति-धर्म कहा गया है, उसका सर्वथा लोप हो गया है।

भारत के अधःपतन का कारण क्या था? जातिसंबंधी इस भाव का त्याग। जैसे गीता कहती है—जाति नष्ट हुई कि संसार भी नष्ट हुआ।...आजकल का वर्ण-विभाग यथार्थ में जाति नहीं है, बल्कि जाति की प्रगति में वह एक रुकावट ही है। वास्तव में इसने सच्ची जाति अथवा विविधता की स्वच्छंद गति को रोक दिया है।...प्रत्येक हिंदू जानता है कि किसी लड़के या लड़की के जन्म लेते ही ज्योतिषी लोग उसके जाति-निर्वाचन की चेष्टा करते हैं। वही असली जाति है—हर एक व्यक्ति का व्यक्तित्व, और ज्योतिष इसे स्वीकार करता है। और हम लोग केवल तभी उठ सकते हैं जब इसे फिर से पूरी स्वतंत्रता दें। याद रखें कि इस विविधता का अर्थ वैषम्य नहीं है, और न कोई विशेषाधिकार ही। प्रत्येक दृढ़मूल अभिजात वर्ग अथवा विशेष अधिकार प्राप्त संप्रदाय जाति का घातक है—वह जाति नहीं है। जाति को स्वतंत्रता दो, जाति की राह से प्रत्येक रोड़े को हटा दो, बस हमारा उत्थान होगा।

जो लोग कहते हैं कि अशिक्षित या गरीब मनुष्यों को स्वाधीनता देने से अर्थात् उनको अपने शरीर और धन आदि पर पूरा अधिकार देने, तथा उनके वंशजों को धनी और ऊँचे दर्जे के आदमियों के वंशजों की भाँति ज्ञान प्राप्त करने एवं अपनी दशा सुधारने में समान सुविधा देने से व उन्मार्गगामी बन जाएँगे, तो क्या वे समाज की भलाई के लिए ऐसा कहते हैं अथवा स्वार्थ से अंधे होकर?

पुरोहित-प्रपंच ही भारत की अधोगति का मूल कारण है। मनुष्य अपने भाई को पतित बनाकर क्या स्वयं पतित होने से बच सकता है?...क्या कोई व्यक्ति स्वयं का किसी प्रकार अनिष्ट किए बिना दूसरों को हानि पहुँचा सकता है? ब्राह्मण और क्षत्रियों के ये ही अत्याचार चक्रवृद्धि ब्याज के सहित अब स्वयं के सिर पर पतित हुए हैं, एवं यह हजारों वर्ष की पराधीनता और अवनति निश्चय ही उन्हीं के कर्मों के अनिवार्य फल का भोग है।

जिन्होंने गरीबों का रक्त चूसा, जिनकी शिक्षा उनके धन से हुई, जिनकी शक्ति उनकी दरिद्रता पर बनी, वे अपनी बारी में सैकड़ों और हजारों की गिनती में दास बनाकर बेचे गए, उनकी संपत्ति हजार वर्षों तक लुटती रही, और उनकी स्त्रियाँ और कन्याएँ अपमानित की गईं। क्या आप समझते हैं कि यह अकारण ही हुआ?

नीच जाति के लोगों से हमारी जनता बनी है, युग-युग से ऊँची जाति वालों के अत्याचार से, उठते-बैठते ठोकरें खाकर एकदम वे मनुष्यत्व खो बैठे हैं और पेशेवर भिखमंगों जैसे हो गए हैं। वे हमारी शिक्षा के लिए धन देते हैं, हमारे मंदिर बनाते हैं, और बदले में ठोकरें पाते हैं।

अगर हमारे देश में कोई नीच जाति में जन्म लेता है, तो वह हमेशा के लिए गया-बीता समझा जाता है, उसके लिए कोई आशा-भरोसा नहीं। आइए, देखिए तो सही,...त्रिवांकुर में जहाँ पुरोहितों के अत्याचार भारतवर्ष भर में सब से अधिक हैं, जहाँ एक-एक अंगुल जमीन के मालिक ब्राह्मण हैं...वहाँ लगभग चौथाई जनसंख्या ईसाई हो गई है! यह देखो न—हिंदुओं की सहानुभूति न पाकर मद्रास प्रांत में हजारों पेरिया ईसाई बने जा रहे हैं, पर ऐसा न समझना कि वे केवल पेट के लिए ईसाई बनते हैं। असली में हमारी सहानुभूति न पाने के कारण वे ईसाई बनते हैं।

भारत के गरीबों में इतने मुसलमान क्यों हैं? यह सब मिथ्या बकवास है कि तलवार की धार पर उन्होंने धर्म बदला।...जमींदारों और...पुरोहितों से अपना पिंड छुड़ाने के लिए ही उन्होंने ऐसा किया, और फलतः आप देखेंगे कि बंगाल में जहाँ जमींदार अधिक हैं, वहाँ हिंदुओं से अधिक मुसलमान किसान हैं।

भंगियों और चांडालों को उनकी वर्तमान हीन दशा में किसने पहुँचाया? इसके लिए उत्तरदायी कौन है? मेरा मन बार-बार यह जवाब देता है कि इसके लिए अंग्रेज उत्तरदायी नहीं है, बल्कि अपनी इस दुरवस्था के लिए, अपनी इस अवनति और इन सारे दुःख-कष्टों के लिए, एकमात्र हमीं उत्तरदायी हैं—हमारे सिवा इन बातों के लिए और कोई जिम्मेदार नहीं हो सकता। दोष उनका है, जो ढोंगी और दंभी हैं, जो 'पारमार्थिक' और 'व्यावहारिक-सिद्धांतों' के रूप में अनेक प्रकार के अत्याचार के अस्त्रों का निर्माण करते हैं।

यह रोना-धोना मचा है कि हम बड़े गरीब हैं, परंतु गरीबों की सहायता के लिए कितनी दान-शील संस्थाएँ हैं? भारत के लाख-लाख अनाथों के लिए कितने लोग रोते हैं? हे भगवान्! क्या हम मनुष्य हैं? तुम लोगों के घरों के चतुर्दिक् जो पशुवत् भंगी-डोम हैं, उनकी उन्नति के लिए तुम क्या कर रहे हो? उनके मुख में एक ग्रास अन्न देने के लिए क्या करते हो?

तोते के समान बातें करना हमारा अभ्यास हो गया है—आचरण में हम बहुत पिछड़े हुए हैं। इसका कारण क्या है? शारीरिक दौर्बल्य। यह शारीरिक दुर्बलता कम से कम हमारे एक तिहाई दुःखों का कारण है। हम आलसी हैं। हम कार्य नहीं कर सकते, हम पारस्परिक एकता स्थापित नहीं कर सकते, हम एक दूसरे से प्रेम नहीं करते, हम बड़े स्वार्थी हैं, हम तीन मनुष्य एकत्र होते ही एक दूसरे से घृणा करते हैं, ईर्ष्या करते हैं।

अपने राष्ट्र में संगठित होकर कार्यसंपादन करने की शक्ति का एकदम अभाव

है। वही अभाव सब अनर्थों का मूल है। मिलजुलकर कार्य करने के लिए कोई भी तैयार नहीं है। संगठन के लिए सब से पहले आज्ञा पालन की आवश्यकता है।

हमारे दो दोष बड़े ही प्रबल हैं, पहला दोष हमारी दुर्बलता है, दूसरा है घृणा करना, हृदयहीनता। लाखों मतमतांतरों की बात कह सकते हो, करोड़ों संप्रदाय संगठित कर सकते हो, परंतु जब तक उनके दुःख का अपने हृदय में अनुभव नहीं करते, वैदिक उपदेशों के अनुसार जब तक स्वयं नहीं समझते कि वे तुम्हारे ही शरीर के अंग हैं, जब तक तुम और वे—धनी और दरिद्र, साधु और असाधु सभी उसी एक अनंत पूर्ण के, जिसे तुम ब्रह्म कहते हो, अंश नहीं हो जाते, तब तक कुछ न होगा।

भारतीय नारियाँ

मेरे साथी ने कहा, "नारी के आर्य और सेमेटिक आदर्श सदा ही एक दूसरे के बिल्कुल विपरीत रहे हैं। सेमेटिक लोगों में नारी की उपस्थिति भक्ति में बाधक मानी गई है। वहाँ वह कोई धार्मिक कृत्य नहीं करती, जैसे कि भोजन के लिए एक पक्षी को मारना तक भी : आर्य लोगों के अनुसार पुरुष कोई भी धार्मिक कृत्य अपनी पत्नी के बिना नहीं कर सकता।"

"पर स्वामी जी!" मैंने इतनी व्यापक और अप्रत्याशित स्थापना से चौंककर कहा, "क्या हिंदू धर्म आर्य धर्म नहीं है?"

स्वामी जी शांत भाव से बोले, "आधुनिक हिंदू धर्म अधिकतर पौराणिक है, अर्थात् बुद्ध के बाद उत्पन्न हुआ है। स्वामी दयानंद सरस्वती ने इस बात की ओर ध्यान आकृष्ट किया है कि यद्यपि पत्नी गार्हपत्य अग्नि में आहुति प्रदानस्वरूप वैदिक अनुष्ठान के लिए नितांत आवश्यक है; पर वह शालिग्राम-शिला अथवा घर में ठाकुर जी की मूर्ति नहीं छू सकती, क्योंकि ये पिछले पुराणकाल की चीजें हैं।"

"इसलिए आपका विचार है कि हम लोगों के यहाँ नारी की असमानता पूर्णतया बौद्ध मत के प्रभाव के कारण है?"

"जहाँ वह है, निश्चय ही ऐसा है," स्वामी जी ने कहा, "पर हमें यूरोपीय आलोचना की अचानक आई हुई बाढ़ और उसके कारण अपने में उत्पन्न हुई अंतर की भावना के वशीभूत होकर अपनी नारियों की असमानता के विचार को स्वीकार करने में अत्यधिक शीघ्रता नहीं करनी चाहिए। परिस्थितियों ने हमारे लिए अनेक शताब्दियों से नारी की रक्षा की आवश्यकता को अनिवार्य बनाया है। हमारे इस रिवाज का कारण इस तथ्य में है, नारी की हीनता में नहीं।"

"तो स्वामी जी, आप हमारे बीच नारियों की स्थिति से पूर्णतया संतुष्ट हैं?"

“कदापि नहीं,” स्वामी जी ने कहा, “पर हमारा हस्तक्षेप करने का अधिकार केवल शिक्षा का प्रचार कर देने तक सीमित है। हमें नारियों को ऐसी स्थिति में पहुँचा देना चाहिए, जहाँ वे अपनी समस्या को अपने ढंग से स्वयं सुलझा सकें। उनके लिए यह काम न कोई कर सकता है और न किसी को करना ही चाहिए। और हमारी भारतीय नारियाँ संसार की अन्य किन्हीं भी नारियों की भाँति इसे करने की क्षमता रखती हैं।”

“वह बुरा प्रभाव, जिसका कारण आप बुद्धमत को बताते हैं, क्यों आया?”

“वह केवल धर्म के क्षय से आया।” स्वामी जी ने कहा, “प्रत्येक आंदोलन अपने कुछ असाधारण लक्षणों के कारण विजय प्राप्त करता है, और जब वह गिरता है, तो यही गर्व का विषय उसकी दुर्बलता का मुख्य तत्त्व बन जाता है। भगवान बुद्ध, मनुष्यों में महानतम, अद्‌भुत संगठनकर्ता थे। उन्होंने इस साधन से संसार को विजित किया। पर उनका धर्म भिक्षुओं का धर्म था। इसलिए इसका बुरा प्रभाव यह पड़ा कि स्वयं भिक्षुक का वेश ही आदर का पात्र हो गया। उन्होंने पहली बार धर्म-स्थानों पर सामूहिक जीवन का भी आरंभ किया और उससे नारियों को अनिवार्यतः नरों से हीन बना दिया; क्योंकि महाभिक्षुणियाँ कुछ विशिष्ट भिक्षुओं की सलाह के बिना कोई महत्त्वपूर्ण कार्य नहीं कर सकती थीं। इससे उनके तात्कालिक उद्देश्य, धर्म की दृढ़ता, की तो पूर्ति हो गई, पर आप देखते हैं कि उसके जो दूरगत परिणाम निकले, वही शोचनीय हुए।”

“संन्यास को तो वेदों की स्वीकृति प्राप्त है!”

“निश्चय ही, पर उसमें नर और नारी के बीच कोई भेद नहीं किया गया है। आपको याद होगा कि राजा जनक की सभा में याज्ञवल्क्य से किस प्रकार प्रश्न पूछे गए थे? मुख्य प्रश्न करने वाली थी, वाचक्नवी, वाग्मी कन्या—ब्रह्मवादिनी, जैसा कि उन दिनों कहा जाता था। वह कहती है, “मेरे प्रश्न एक कुशल धनुर्धर के हाथ में दो चमकदार तीरों के समान हैं।” उसके नारी होने की चर्चा भी नहीं की गई है। फिर, क्या वनों में स्थित हमारे पुरातन विश्वविद्यालयों में लड़कों और लड़कियों की समानता से अधिक पूर्ण कुछ और हो सकता है। हमारे संस्कृत नाटकों को पढ़िए, शकुन्तला की कहानी पढ़िए, और देखिए कि क्या टेनीसन की 'प्रिन्सेज' हमें कुछ सिखा सकती है?”

“स्वामी जी, हमारे अतीत के गौरव को उद्‌घाटित करने की आपकी रीति अद्‌भुत है!”

“शायद इसलिए कि मैंने संसार को दोनों तरफ से देखा है,” स्वामी जी ने नम्रतापूर्वक कहा, “मैं जानता हूँ कि जिस जाति ने सीता को उत्पन्न किया है—चाहे उसने उसकी कल्पना ही की हो—नारी के प्रति उसका आदर पृथ्वी पर अद्वितीय है। पश्चिमी नारी के कंधों पर कानूनी दृढ़ता से बँधे हुए बहुत से बोझ हैं, जिनका

हमारी नारियों को पता भी नहीं है। निश्चय ही हमारे अपने दोष हैं और अपने अपवाद हैं, पर इसी प्रकार उनके भी हैं। हमें यह कभी नहीं भूलना चाहिए कि संसार भर में सबका प्रयत्न यह रहा है कि प्रेम, दया और ईमानदारी को अभिव्यक्ति दी जाए, और यह भी कि इस अभिव्यक्ति के लिए निकटतम माध्यम राष्ट्रीय रीति-रिवाज हैं। जहाँ तक घरेलू गुणों का संबंध है, मुझे यह कहने में तनिक भी झिझक नहीं है कि हमारे भारतीय रीति-रिवाज बहुत सी बातों में सभी दूसरों से अच्छे हैं।''

''स्वामी जी, क्या हमारी नारियों की कोई समस्या है भी?''

''निश्चय ही हैं, उनकी समस्याएँ बहुत सी हैं और गंभीर हैं, पर उनमें एक भी ऐसी नहीं है, जो जादू भरे शब्द 'शिक्षा' से हल न की जा सकती हो। पर वास्तविक शिक्षा की तो अभी हम लोगों में कल्पना भी नहीं की गई है।''

''आप उसकी परिभाषा कैसे करेंगे?''

''मैं कभी किसी बात की परिभाषा नहीं करता,'' स्वामी जी ने मुस्कराते हुए कहा, ''फिर भी हम इसे मानसिक शक्तियों का विकास—केवल शब्दों का रटना मात्र नहीं, अथवा व्यक्तियों को ठीक तरह से और दक्षतापूर्वक इच्छा करने का प्रशिक्षण देना कह सकते हैं। इस प्रकार हम भारत की आवश्यकता के लिए महान् निर्भीक नारियाँ तैयार करेंगे—नारियाँ जो संघमित्रा, लीला, अहल्याबाई, और मीराबाई की परंपराओं को चालू रख सकें—नारियाँ जो वीरों की माताएँ होने के योग्य हों, इसलिए कि वे पवित्र और आत्मत्यागी हैं, और उस शक्ति से शक्तिशाली हैं, जो भगवान् के चरण छूने से आती है।''

''स्वामी जी, आप समझते हैं कि शिक्षा में धार्मिक तत्त्व भी होना चाहिए?''

''मैं धर्म को शिक्षा का अंतरतम अंग समझता हूँ,'' स्वामी जी ने गंभीरता से कहा। ''ध्यान रखिए कि धर्म के विषय में मैं अपना अथवा किसी दूसरे की राय की बात नहीं कहता। मैं समझता हूँ कि शिक्षक को, जैसा कि दूसरी बातों में किया जाता है, चाहिए कि वह विद्यार्थिनी को उसके आरंभिक बिंदु से ले और उसे इस योग्य बनाए कि वह स्वयं अपने अल्पतम बाधा के मार्ग से विकसित हो सके।''...

''स्वामी जी, आप इस देश की नारियों को क्या संदेश देंगे?''

स्वामी जी ने कहा, ''इस देश की नारियों को ही क्यों, मैं उनसे भी वही बात कहूँगा, जो पुरुषों से कहता हूँ। भारत में विश्वास करो और हमारे भारतीय धर्म में विश्वास करो। शक्तिशाली बनो, आशावान बनो, संकोच छोड़ो; और याद रखो कि यदि हम बाहर से कोई वस्तु लेते हैं, तो संसार को किसी अन्य जाति की तुलना में हिंदू के पास उसके बदले में देने को अनंत गुना अधिक है।''

विवेकानंद साहित्य, (चतुर्थ खंड)

वार्ता एवं संलाप

नरेन्द्र बाबू ने पूछा—"इस प्रकार धर्म-प्रचार करने से हम लोगों को भविष्य में क्या आशा है?"

स्वामी जी ने कहा—"हमारे देश में जो कुछ है वह वेदांत धर्म ही है। अन्य बातों की तुलना में पाश्चात्य सभ्यता के सामने हम नगण्य हैं; परंतु धर्म के क्षेत्र में यह सार्वभौम वेदांतवाद ही नाना प्रकार के मतावलंबियों को समान अधिकार दे रहा है। इसके प्रचार से पाश्चात्य सभ्य संसार को विदित होगा कि एक समय भारतवर्ष में कैसे आश्चर्यजनक धर्म-भाव का स्फुरण हुआ था और वह अब तक वर्तमान है। इस धर्म की चर्चा होने से पाश्चात्य राष्ट्रों की श्रद्धा और सहानुभूति हमारे प्रति बढ़ेगी—एक सीमा तक उनकी अभिवृद्धि हुई भी है। इस प्रकार उनकी यथार्थ श्रद्धा और सहानुभूति प्राप्त करने पर हम अपने ऐहिक जीवन के लिए उनसे वैज्ञानिक शिक्षा ग्रहण करके जीवन संग्राम में अधिक दक्षता प्राप्त करेंगे। दूसरी ओर वे हमसे वेदांत मत ग्रहण करके अपना पारमार्थिक कल्याण करने में समर्थ होंगे।"

नरेंद्र बाबू ने पूछा—"क्या इस प्रकार के आदान-प्रदान से हमारी राजनीतिक उन्नति की कोई आशा है?"

स्वामी जी ने कहा, "वे (पाश्चात्य राष्ट्र) महापराक्रमी विरोचन की संतान हैं। उनकी शक्ति से पंचभूत कठपुतली के समान उनकी सेवा कर रहे हैं। यदि आप लोग यह समझते हैं कि उनके खिलाफ इसी भौतिक शक्ति के प्रयोग से किसी न किसी दिन हम उनसे स्वतंत्र हो जाएँगे तो आप लोग सरासर गलती पर हैं। इस शक्ति-प्रयोग की कुशलता में उनके सामने हम ऐसे ही हैं जैसे हिमालय के सामने एक सामान्य शिला-खंड। मेरा मत क्या है, जानते हैं? उक्त प्रकार से हम लोग वेदांत धर्म का गूढ़ रहस्य पाश्चात्य जगत् में प्रचार करके उन महा शक्तिशाली राष्ट्रों की श्रद्धा और सहानुभूति प्राप्त करेंगे और आध्यात्मिक विषय में सर्वदा उनके गुरुस्थानीय बने रहेंगे। दूसरी ओर, वे अन्यान्य ऐहिक विषयों में हमारे गुरु बने रहेंगे। जिस दिन भारतवासी धर्म शिक्षा के लिए पाश्चात्यों के कदमों पर चलेंगे उसी दिन इस अधःपतित जाति का जातित्व सदा के लिए नष्ट हो जाएगा। 'हमें यह दे दो, हमें वह दे दो' ऐसे आंदोलन से सफलता प्राप्त नहीं होगी। वरन् उपर्युक्त आदान-प्रदान के फलस्वरूप जब दोनों पक्षों में पारस्परिक श्रद्धा और सहानुभूति का आकर्षण पैदा होगा, तब अधिक चिल्लाने की आवश्यकता ही नहीं रहेगी। वे स्वयं हमारे लिए सब कुछ कर देंगे। मेरा विश्वास है कि वेदांत धर्म की चर्चा और वेदांत का सर्वत्र प्रचार होने से हमारा तथा उनका दोनों का ही विशेष लाभ होगा। इसके सामने राजनीतिक चर्चा मेरी समझ में निम्न स्तर का उपाय है। अपने इस विश्वास को कार्य में परिणत करने के लिए मैं अपने प्राण तक दे दूँगा। आप यदि समझते हैं कि किसी दूसरे उपाय से भारत का

कल्याण होगा तो आप उसी उपाय का अवलंबन ग्रहण कर आगे बढ़ते जाइए।...

स्वामी जी—आप लोगों की सभा का उद्देश्य क्या है?

प्रचारक—हम देश की गोमाताओं को कसाई के हाथों से बचाते हैं। स्थान-स्थान पर गोशालाएँ स्थापित की गई हैं, जहाँ रोगग्रस्त, दुर्बल और कसाइयों से मोल ली हुई गउओं का पालन किया जाता है।

स्वामी जी—बड़ी उत्तम बात है। सभा की आय कैसे होती है?

प्रचारक—आप जैसे धर्मात्माओं की कृपा से जो कुछ प्राप्त होता है, उसी से सभा का कार्य चलता है।

स्वामी जी—आपकी जमा-पूँजी कितनी है?

प्रचारक—मारवाड़ी वैश्य वर्ग इस कार्य में विशेष सहायता देता है। उन्होंने इस सत्कार्य में बहुत सा धन दिया है।

स्वामी जी—मध्य भारत में इस वर्ष भयंकर दुर्भिक्ष पड़ा है। भारत सरकार ने घोषित किया है कि नौ लाख लोग अन्न-कष्ट से मर गए हैं। क्या आपकी सभा ने इस दुर्भिक्ष में कोई सहायता करने का आयोजन किया है?

प्रचारक—हम दुर्भिक्षादि में कुछ सहायता नहीं करते। केवल गो माता की रक्षा करने के उद्देश्य से ही यह सभा स्थापित हुई है।

स्वामी जी—आपके देखते-देखते इस दुर्भिक्ष में आपके लाखों भाई कराल काल के चंगुल में फँस गए। पास में बहुत सा नकद रुपया होते हुए भी क्या आप लोगों ने एक मुट्ठी अन्न देकर इस भीषण दुर्दिन में उनकी सहायता करना अपना कर्तव्य नहीं समझा?

प्रचारक—नहीं, मनुष्य के पाप कर्मफल से यह दुर्भिक्ष पड़ा था। जैसे कर्म, वैसा फल।

प्रचारक की बात सुनते ही स्वामी जी के क्रोध की ज्वाला भड़क उठी और ऐसा मालूम होने लगा कि उनके नयनप्रान्त से अग्निकण स्फुरित हो रहे हैं। परंतु अपने को सँभालकर उन्होंने कहा, "जो सभा-समिति मनुष्यों से सहानुभूति नहीं रखती, अपने भाइयों को बिना अन्न मरते देखकर भी उनकी रक्षा के निमित्त एक मुट्ठी अन्न की सहायता न दे, पर पशु-पक्षियों के निमित्त हजारों रुपए व्यय कर रही है, उस सभा-समिति से मैं लेशमात्र भी सहानुभूति नहीं रखता। उससे मनुष्य समाज का विशेष कुछ उपकार होगा, इसमें मुझे विश्वास नहीं। 'अपने कर्म-फल से मनुष्य मरते हैं!' इस प्रकार सब बातों में कर्म-फल की दुहाई देने से जगत् में किसी विषय में कोई भी उद्यम करना व्यर्थ प्रमाणित हो जाएगा। पशु-रक्षा का काम भी इसी के अंतर्गत आता है। कहा जा सकता है कि गोमाताएँ भी अपने कर्म-फल से ही कसाइयों के पास पहुँचती हैं और मारी जाती हैं; अतएव उनकी रक्षा का उद्यम करना भी निष्प्रयोजन ही है।"

प्रचारक ने कुछ झेंपकर कहा—"हाँ महाराज, आपने जो कहा वह सत्य है, परंतु शास्त्र में लिखा है कि गौ हमारी माता है।"

स्वामी जी हँसकर बोले—"जी हाँ, गौ हमारी माता है, यह मैं भली-भाँति समझता हूँ। यदि ऐसा न होता तो ऐसी कृत-कृत्य सन्तान और दूसरी कौन प्रसव करती?"

प्रचारक इस विषय पर तो कुछ नहीं बोले। शायद स्वामी जी का व्यंग प्रचारक की समझ में नहीं आया। फिर मूल प्रसंग पर लौट कर उन्होंने कहा, "इस समिति की ओर से आपके सम्मुख भिक्षा के लिए उपस्थित हुआ हूँ।"

स्वामी जी—मैं ठहरा फकीर आदमी, रुपया मेरे पास कहाँ है कि मैं आपकी सहायता करूँ? परन्तु यह भी कहे देता हूँ कि यदि कभी मेरे पास धन आए तो मैं उस धन को पहले मनुष्य-सेवा में व्यय करूँगा। सबसे पहले मनुष्य की रक्षा आवश्यक है—उन्हें अन्नदान, धर्मदान, विद्यादान करना पड़ेगा। इन कामों को करके यदि कुछ रुपया बचे तो आपकी समिति को कुछ दूँगा।

इन बातों को सुनकर प्रचारक स्वामी जी को नमस्कार कर चले गए। तब स्वामी जी हमसे कहने लगे, "देखो, कैसे अचंभे की बात उन्होंने बतलाई! कहा कि मनुष्य अपने कर्म-फल से मरता है, उस पर दया करने से क्या होगा? हमारे देश के पतन का अनुमान इसी बात से किया जा सकता है। तुम्हारे हिंदू धर्म का कर्मवाद कहाँ जाकर पहुँचा है! जिस मनुष्य का मनुष्य के लिए जी नहीं दुखता वह अपने को मनुष्य कैसे कहता है?" इन बातों को कहने के साथ ही स्वामी जी का शरीर क्षोभ और दुःख से तिलमिला उठा।...

स्वामी जी—अच्छा बतलाओ तो चेतना का लक्षण क्या है?

शिष्य—महाराज, चेतन वही है जिसमें बुद्धिप्रेरित क्रिया पाई जाती है।

स्वामी जी—प्रकृति के विरुद्ध जो लड़ाई होती है, वही चेतन है। उसमें ही चैतन्य का विकास है। यदि एक चींटी को मारने लगो तो देखोगे कि वह भी अपनी जीवन रक्षा के लिए एक बार लड़ाई करेगी। जहाँ चेष्टा या पुरुषार्थ है, जहाँ संग्राम है, वहीं जीवन का चिह्न और चैतन्य का प्रकाश है।

शिष्य—क्या यही नियम मनुष्य और राष्ट्रों पर भी लागू होता है महाराज?

स्वामी जी—लागू होता है या नहीं, यह संसार का इतिहास पढ़ कर देखो। यह नियम तुम्हारी जाति को छोड़कर सब जातियों के संबंध में ठीक है। आजकल संसार भर में केवल तुम्हीं लोग जड़ के समान पड़े हो। तुम बिल्कुल सम्मोहित हो चुके हो। बहुत प्राचीन समय से औरों ने तुमको बतलाया कि तुम हीन हो, तुममें कोई शक्ति नहीं—और तुम भी यह बात सहस्रों वर्षों से सुनते-सुनते कि हम हीन हैं, अपने को निकम्मा समझने लगे हो—ऐसा सोचते-सोचते तुम वैसे ही बन गए हो। (अपना शरीर दिखलाकर) यह शरीर भी तो इसी देश की मिट्टी से बना है, परंतु मैंने कभी ऐसी चिंता नहीं की। देखो, इसी कारण उसकी (ईश्वर की) इच्छा से, जो

हमको चिर काल से हीन समझते रहे हैं, उन्होंने ही मेरा देवता के समान सम्मान किया और करते हैं। यदि तुम लोग भी सोच सको कि हमारे अंदर अनंत शक्ति, अपार ज्ञान, अदम्य उत्साह वर्तमान है, और अपने भीतर की शक्ति को जगा सको तो मेरे समान हो जाओगे।...

शिष्य—क्यों महाराज, आजकल स्त्रियों के लिए कितनी ही पाठशालाएँ तथा उच्चविद्यालय बन गए हैं, कितनी ही स्त्रियाँ एम.ए., बी.ए. परीक्षाओं में उत्तीर्ण हो रही हैं।

स्वामी जी—यह विलायती ढंग पर हो रहा है। तुम्हारे धर्मशास्त्र और देश की परिपाटी के अनुसार क्या कहीं भी कोई पाठशाला है? स्त्रियों की बात जाने दो; इस देश के पुरुषों में भी शिक्षा का विस्तार अधिक नहीं है। इसी कारण सरकारी आँकड़ों में जब देखा जाता है कि भारतवर्ष में केवल दस-बारह प्रतिशत लोग ही शिक्षित हैं तो अनुमान होता है कि स्त्रियों में एक प्रतिशत भी शिक्षिता न होंगी। यदि ऐसा न होता, तो देश की ऐसी दुर्दशा क्यों होती? शिक्षा का विस्तार तथा ज्ञान का उन्मेष हुए बिना देश की उन्नति कैसे होगी? तुममें से जो शिक्षित हैं और जिन पर देश की भावी आशा निर्भर है, उनमें इस विषय की कोई चेष्टा या उद्यम नहीं पाया जाता। स्मरण रहे कि सर्वसाधारण में और स्त्रियों में शिक्षा का प्रसार हुए बिना उन्नति का कोई उपाय नहीं है। इसलिए कुछ ब्रह्मचारी और ब्रह्मचारिणियाँ बनाने की मेरी इच्छा है। ब्रह्मचारी समय पर संन्यास लेकर प्रांत-प्रांत में, गाँव-गाँव में जाएँगे और जनसमुदाय में शिक्षा का प्रसार करने का प्रबंध करेंगे और ब्रह्मचारिणियाँ स्त्रियों में विद्या का प्रसार करेंगी। परंतु यह काम अपने देश के ढंग पर होना चाहिए। पुरुषों के लिए जैसे शिक्षा-केंद्र बनाने होंगे, वैसे ही स्त्रियों के निमित्त भी स्थापित करने होंगे। शिक्षित और सच्चरित्र ब्रह्मचारिणियाँ इन केंद्रों में कुमारियों को शिक्षा दिया करेंगी। पुराण, इतिहास, गृहकार्य, शिल्प, गृहस्थी के सारे नियम आदि वर्तमान विज्ञान की सहायता से सिखाने होंगे तथा आदर्श चरित्र गठन करने के लिए उपयुक्त आचरण की भी शिक्षा देनी होगी। कुमारियों को धर्मपरायण और नीतिपरायण बना ा पड़ेगा; जिससे वे भविष्य में अच्छी गृहिणियाँ हों, वही करना होगा। इन कन्याओं से जो संतान उत्पन्न होगी, वह इन विषयों में और भी उन्नति कर सकेगी। जिनकी माताएँ शिक्षित और नीतिपरायण हैं, उनके ही घर में बड़े लोग जन्म लेते हैं। वर्तमान समय में स्त्रियों को काम करने का यंत्र-सा बना रखा गया है। राम! राम!! तुम्हारी शिक्षा का क्या यही फल है? वर्तमान दशा से स्त्रियों का उद्धार करना होगा। सर्वसाधारण को जगाना होगा; तभी भारत का कल्याण होगा।...

शिष्य—देखिए न, छोटी अवस्था में कन्याओं का विवाह कर देने से वे ससुराल में जाकर लड़कपन से ही कुल-धर्म सीख जाएँगी और गृहकार्य में निपुण बन सकेंगी। इसके अतिरिक्त पिता के गृह में वयस्क कन्या के स्वेच्छाचारिणी होने की आशंका

है; बाल्यकाल में विवाह होने में स्वतंत्र हो जाने का कोई भी भय नहीं रहता और लज्जा, नम्रता, धीरज तथा श्रमशीलता आदि नारी सुलभ गुणों का विकास होता जाता है।

स्वामी जी—दूसरे पक्ष में यह भी तो कहा जा सकता है कि बाल-विवाह होने से बहुत स्त्रियाँ अल्पायु में ही सन्तान प्रसव करके मर जाती हैं। उनकी सन्तान क्षीणजीवी होकर देश में भिक्षुओं की संख्या की वृद्धि करती है, क्योंकि माता-पिता का शरीर संपूर्ण रूप से सबल न होने से सबल और नीरोग सन्तान कैसे उत्पन्न हो सकती है? पठन-पाठन कराके अधिक उम्र होने पर कुमारियों का विवाह करने से उनकी जो सन्तान होगी, उसके द्वारा देश का कल्याण होगा। तुम्हारे यहाँ घर-घर में जो इतनी विधवाएँ हैं, इसका कारण बाल-विवाह ही तो है। बाल-विवाह कम होने से विधवाओं की संख्या भी कम हो जाएगी।...

शिष्य—मैं आपके आदेश से बहुत से जनेऊ लाया हूँ। पूजा के अंत में समागत भक्तों को आपकी आज्ञानुसार पहना दूँगा।

स्वामी जी—ब्राह्मणों के अतिरिक्त अन्य भक्तों को इस प्रकार गायत्री मंत्र बतला देना। क्रमशः देश के सब लोगों को ब्राह्मण पद पर आरूढ़ करना होगा; श्री गुरुदेव के भक्तों का तो कहना ही क्या है? हिन्दू मात्र एक दूसरे के भाई हैं। 'इसे नहीं छूते, उसे नहीं छूते', कहकर ही तो हमने इनको ऐसा बना दिया है। इसीलिए हमारा देश हीनता, भीरुता, मूर्खता तथा कापुरुषता की चरम अवस्था को प्राप्त हुआ है। इनको उठाना होगा, इन्हें अभय-वाणी सुनानी होगी, बतलाना होगा कि तुम भी हमारे समान मनुष्य हो, तुम्हारे भी हमारे ही समान सभी अधिकार हैं। समझे?

शिष्य—परंतु महाराज, परहित का प्रयोजन क्या है?

स्वामी जी—अपना ही हित साधन। यदि तुम यह सोचो कि तुमने इस शरीर को जिसका अहंभाव लिए बैठे हो, दूसरों के निमित्त उत्सर्ग कर दिया है तो तुम इस अहंभाव को भी भूल जाओगे और अंत में विदेह बुद्धि आ जाएगी। एकाग्रचित्त से औरों के लिए जितना सोचोगे उतना ही अपने अहंभाव को भूलोगे। इस प्रकार कर्म करने पर जब क्रमशः चित्तशुद्धि हो जाएगी, तब इस तत्त्व की अनुभूति होगी कि अपनी ही आत्मा सब जीवों तथा घटों में विराजमान है। औरों का हित करना आत्मविकास का एक उपाय है—एक पथ है। इसे भी एक प्रकार की ईश्वर साधना जानना। इसका भी उद्देश्य आत्मविकास है। ज्ञान, भक्ति आदि की साधना से जैसा आत्मविकास होता है, परार्थ कर्म करने से भी वैसा ही होता है।

शिष्य—किंतु महाराज, यदि मैं रात-दिन औरों की चिंता में लगा रहूँ तो आत्मचिंतन कब करूँगा? किसी एक विशेष भाव को पकड़े रहने से अभावात्मक आत्मा का साक्षात्कार कैसे होगा?

स्वामी जी—आत्मज्ञान लाभ ही समस्त साधनाओं का, सारे पथों का मुख्य उद्देश्य

है। तुम सेवापरायण होकर कर्मफल से चित्तशुद्धि प्राप्त करो। यदि सब जीवों को आत्मवत देख सको तो आत्मदर्शन होने में रह ही क्या गया? आत्मदर्शन का अर्थ जड़ के समान एक दीवाल या लकड़ी के समान पड़ा रहना तो नहीं है।

शिष्य—तो क्या करूँ?

स्वामी जी—क्यों? यदि तुझे गृहस्थी ही करनी है और यदि धन कमाने की आकांक्षा है तो जा, अमेरिका चला जा। मैं व्यापार का उपाय बता दूँगा। देखना, पाँच वर्षों में कितना धन कमा लेगा।

शिष्य—कौन सा व्यापार करूँगा? उसके लिए धन कहाँ से आएगा?

स्वामी जी—पागल की तरह क्या बकता है? तेरे भीतर अदम्य शक्ति है। तू तो 'मैं कुछ नहीं' सोच-सोच कर वीर्यविहीन बना जा रहा है। तू ही क्यों?—सारी जाति ही ऐसी बन गई है। जा एक बार घूम आ; देखेगा भारत के बाहर लोगों का 'जीवन-प्रवाह' कैसे आनंद से, सरलता से, प्रबल वेग के साथ बहता जा रहा है। तुम लोग क्या कर रहे हो? इतनी विद्या सीख कर दूसरों के दरवाजे पर भिखारी की तरह 'नौकरी दो, नौकरी दो' कहकर चिल्ला रहे हो। दूसरों की ठोकरें खाते हुए—गुलामी करके भी तुम लोग क्या अब मनुष्य रह गए हो? तुम लोगों का मूल्य एक फूटी कौड़ी भी नहीं है। ऐसी सुजला-सुफला भूमि में, जहाँ पर प्रकृति अन्य सभी देशों से करोड़ों गुना अधिक धन-धान्य पैदा कर रही है, जन्म लेकर भी तुम लोगों के पेट में अन्न नहीं, तन पर वस्त्र नहीं! जिस देश के धन-धान्य ने पृथ्वी के अन्य सभी देशों में सभ्यता का विस्तार किया है, उसी अन्नपूर्णा के देश में तुम लोगों की ऐसी दुर्दशा! तुम लोग घृणित कुत्तों से भी बदतर हो गए हो! फिर भी अपने वेद-वेदांत की डींग हाँकते हो! जो राष्ट्र आवश्यक अन्न-वस्त्र का भी प्रबंध नहीं कर सकता और दूसरों के मुँह की ओर ताक कर ही जीवन व्यतीत कर रहा है, उस राष्ट्र का यह गर्व! धर्म-कर्म को तिलांजलि देकर पहले जीवन-संग्राम में कूद पड़ो। भारत में कितनी चीजें पैदा होती हैं। विदेशी लोग उसी कच्चे माल के द्वारा 'सोना' पैदा कर रहे हैं। और तुम लोग भारवाही गधों की तरह उनका माल ढोते-ढोते मरे जा रहे हो। भारत में जो चीजें उत्पन्न होती हैं, विदेशी उन्हीं को ले जाकर अपनी बुद्धि से अनेक प्रकार की चीजें बनाकर संपत्तिशाली बन गए; और तुम लोग! अपनी बुद्धि संदूक में बंद करके घर का धन दूसरों को देकर 'हा अन्न', 'हा अन्न' करके भटक रहे हो!

शिष्य—अन्न-समस्या कैसे हल हो सकती है, महाराज?

स्वामी जी—उपाय तुम्हारे ही हाथों में है। आँखों पर पट्टी बाँधकर कह रहे हो, "मैं अंधा हूँ, कुछ देख नहीं सकता!" आँख पर की पट्टी अलग कर दो, देखोगे—दोपहर के सूर्य की किरणों से जगत् आलोकित हो रहा है। रुपया इकट्ठा नहीं कर सकता तो जहाज का मजदूर बनकर विदेश चला जा। देशी वस्त्र, गमछा,

सूप, झाड़ू सिर पर रखकर अमेरिका और यूरोप की सड़कों और गलियों में घूम-घूम कर बेच। देखेगा भारत में उत्पन्न चीजों का आज भी वहाँ कितना मूल्य है। हुगली जिले के कुछ मुसलमान अमेरिका में ऐसा ही व्यापार कर धनवान बन गए हैं। क्या तुम लोगों की विद्या-बुद्धि उनसे भी कम है? देखना, इस देश में जो बनारसी साड़ी बनती है, उसके समान बढ़िया कपड़ा पृथ्वी भर में और कहीं नहीं बनता। इस कपड़े को लेकर अमेरिका चला जा। उस देश में इस कपड़े से स्त्रियों के गाउन तैयार करने लग जा, फिर देख कितने रुपए आते हैं!

शिष्य—महाराज, वे लोग क्या बनारसी साड़ी का गाउन पहनेंगी? सुना है, रंग-बिरंगे कपड़े उनके देश की औरतें पसंद नहीं करतीं।

स्वामी जी—लेंगे या नहीं, यह मैं देखूँगा। हिम्मत करके चला तो जा! उस देश में मेरे अनेक मित्र हैं। मैं उनसे तेरा परिचय करा दूँगा। आरंभ में कह-सुनकर उनमें उन चीजों का प्रचार करा दूँगा। उसके बाद देखेगा, कितने लोग उनकी नकल करते हैं। तब तो तू उनकी माँग की पूर्ति करने में भी अपने को असमर्थ पाएगा।

शिष्य—पर व्यापार करने के लिए मूलधन कहाँ से आएगा?

स्वामी जी—मैं किसी न किसी तरह तेरा काम शुरू करा दूँगा। परंतु उसके बाद तुझे अपने ही प्रयत्न पर निर्भर रहना होगा। 'हतो वा प्राप्स्यसि स्वर्गं जित्वा वा भोक्ष्यसे महीम्'—इस प्रयत्न में यदि तू मर भी जाएगा तो भी बुरा नहीं। तुझे देखकर और दूसरे दस व्यक्ति आगे बढ़ेंगे। यदि सफलता प्राप्त हो गई तो फिर सुखपूर्वक जीवन व्यतीत करेगा।

शिष्य—परंतु महाराज, साहस नहीं होता।

स्वामी जी—इसीलिए मैं कहता हूँ कि भाई, तुममें श्रद्धा नहीं है—आत्मविश्वास भी नहीं। क्या होगा तुम लोगों का? न तुमसे गृहस्थी होगी और न धर्म ही। या इस प्रकार के उद्योग-धंधे करके संसार में यशस्वी, संपत्तिशाली बन, या सब कुछ छोड़-छाड़ कर हमारे पथ का अनुसरण करके लोगों को धर्म का उपदेश देकर उनका उपकार कर; तभी तू हमारी तरह भिक्षा पा सकेगा। लेन-देन न रहने पर कोई किसी की ओर नहीं ताकता। देख तो रहा है; हम धर्म की दो बातें सुनाते हैं, इसीलिए गृहस्थ लोग हमें अन्न के दो दाने दे रहे हैं। तुम लोग कुछ भी न करोगे तो लोग तुम्हें वह भी क्यों देंगे? नौकरी में, गुलामी में इतना दुःख देखकर भी तुम लोग सचेत नहीं हो रहे हो! इसीलिए दुःख भी दूर नहीं हो रहा है। यह अवश्य ही दैवी माया का छल है। उस देश में मैंने देखा, जो लोग नौकरी करते हैं, उनका स्थान लोकसभा में बहुत पीछे होता है। पर जो लोग प्रयत्न करके विद्या-बुद्धि द्वारा स्वनामधन्य हो गए हैं, उनके बैठने के लिए सामने की सीटें रहती हैं। उन सब देशों में जाति-भेद का झंझट नहीं है। उद्यम एवं परिश्रम द्वारा जिन पर भाग्य-लक्ष्मी प्रसन्न है, वे ही देश के नेता और नियंता माने जाते हैं और तुम्हारे देश में जाति-पाँति का मिथ्याभिमान

है। इसीलिए तुम्हें अन्न तक नसीब नहीं। तुममें एक सूई तक तैयार करने की योग्यता नहीं है और तुम्हीं लोग अंग्रेजों के गुण-दोषों की आलोचना करने को उद्यत होते हो! मूर्ख! जा, उनके पैरों पड़; जीवन-संग्राम के उपयुक्त विद्या, शिल्पविज्ञान और क्रियाशीलता सीख, तभी तू योग्य बनेगा और तभी तुम लोगों का सम्मान होगा। वे भी उस समय तुम्हारी बात मानेंगे। केवल कांग्रेस बनाकर चिल्लाने से क्या होगा?

शिष्य—परंतु महाराज, देश के सभी शिक्षित लोग उसमें सम्मिलित हो रहे हैं।

स्वामी जी—कुछ उपाधियाँ प्राप्त करने या अच्छा भाषण दे सकने से ही क्या तुम्हारी दृष्टि में वे शिक्षित हो गए! जो शिक्षा साधारण व्यक्ति को जीवन-संग्राम में समर्थ नहीं बना सकती, जो मनुष्य में चरित्र-बल, पर-हित भावना तथा सिंह के समान साहस नहीं ला सकती, वह भी कोई शिक्षा है? जिस शिक्षा के द्वारा जीवन में अपने पैरों पर खड़ा हुआ जाता है, वही शिक्षा है। आजकल के इन सब स्कूल-कॉलेजों में पढ़कर तुम लोग न जाने अजीर्ण के रोगियों की कैसी एक जमात तैयार कर रहे हो। केवल मशीन की तरह परिश्रम कर रहे हो और 'जायस्व म्रियस्व' वाक्य के साक्षी रूप में खड़े हो! ये जो किसान, मजदूर, मोची, मेहतर आदि हैं इनकी कर्मशीलता और आत्मनिष्ठा तुममें से कइयों से कहीं अधिक है। ये लोग चिर काल से चुपचाप काम करते जा रहे हैं, देश का धन-धान्य उत्पन्न कर रहे हैं, पर अपने मुँह से शिकायत नहीं करते। ये लोग शीघ्र ही तुम लोगों से ऊपर उठ जाएँगे। वर्तमान शिक्षा से तुम्हारा सिर्फ बाहरी परिवर्तन होता जा रहा है—परंतु नई-नई उद्‌भावना शक्ति के अभाव में तुम लोगों को धन कमाने का उपाय उपलब्ध नहीं हो रहा है। तुम लोगों ने इतने दिन इन सब सहनशील नीची जातियों पर अत्याचार किया है। अब ये लोग उसका बदला लेंगे और तुम लोग 'हा! नौकरी', 'हा! नौकरी' करके लुप्त हो जाओगे।

शिष्य—महाराज, दूसरे देशों की तुलना में हमारी उद्‌भावना शक्ति कम होने पर भी भारत की अन्य सभी जातियाँ तो हमारी बुद्धि द्वारा ही संचालित हो रही हैं। अतः ब्राह्मण, क्षत्रिय आदि उच्च जातियों को जीवन-संग्राम में पराजित कर सकने की शक्ति और शिक्षा अन्य जातियाँ कहाँ से पाएँगी?

स्वामी जी—माना कि उन्होंने तुम लोगों की तरह पुस्तकें नहीं पढ़ीं हैं, तुम्हारी तरह कोट-कमीज पहनकर सभ्य बनना उन्होंने नहीं सीखा, पर इससे क्या होता है? वास्तव में वे ही राष्ट्र की रीढ़ हैं। यदि ये निम्न श्रेणियों के लोग अपना-अपना काम करना बंद कर दें तो तुम लोगों को अन्न-वस्त्र मिलना कठिन हो जाए! कलकत्ते में यदि मेहतर लोग एक दिन के लिए काम बंद कर देते हैं तो 'हाय-तोबा' मच जाती है। यदि तीन दिन वे काम बंद कर दें तो संक्रामक रोगों से शहर बर्बाद हो जाए! श्रमिकों के काम बंद करने पर तुम्हें अन्न-वस्त्र नहीं मिल सकता। इन्हें ही तुम लोग नीच समझ रहे हो और अपने को शिक्षित मानकर अभिमान कर रहे हो।

जीवन-संग्राम में सदा लगे रहने के कारण निम्न श्रेणी के लोगों में अभी तक

ज्ञान का विकास नहीं हुआ। ये लोग अभी तक मानव बुद्धि द्वारा परिचालित यंत्र की तरह एक ही भाव से काम करते आए हैं, और बुद्धिमान चतुर व्यक्ति इनके परिश्रम तथाकार्य का सार तथा निचोड़ लेते रहे हैं। सभी देशों में इसी प्रकार हुआ है। परंतु अब वे दिन नहीं रहे। निम्न श्रेणी के लोग धीरे-धीरे यह बात समझ रहे हैं। वे सब इसके विरुद्ध सम्मिलित रूप से खड़े होकर अपने समुचित अधिकार प्राप्त करने के लिए दृढ़प्रतिज्ञ हो गए हैं। यूरोप और अमेरिका में निम्न जातीय लोगों ने जाग्रत होकर इस दिशा में प्रयत्न भी प्रारंभ कर दिया है, और आज भारत में भी इसके लक्षण दृष्टिगोचर हो रहे हैं। निम्न श्रेणी के व्यक्तियों द्वारा आजकल जो इतनी हड़तालें हो रही हैं, वे इनकी इसी जागृति का प्रमाण है। अब हजार प्रयत्न करके भी उच्च जाति के लोग निम्न श्रेणियों को अधिक दबाकर नहीं रख सकेंगे। अब निम्न श्रेणियों के न्यायसंगत अधिकार की प्राप्ति में सहायता करने में ही उच्च श्रेणियों का भला है।

इसलिए कहता हूँ कि तुम लोग ऐसे काम में लग जाओ, जिससे साधारण श्रेणी के लोगों में विद्या का विकास हो। जाकर इन्हें समझा कर कहो—'तुम हमारे भाई हो, हमारे शरीर के अंग हो। हम तुमसे प्रेम करते हैं, घृणा नहीं।' तुम लोगों की यह सहानुभूति पाने पर ये लोग सौ गुने उत्साह के साथ काम करने लगेंगे। आधुनिक विज्ञान की सहायता से इनमें ज्ञान का विकास कर दो। इतिहास, भूगोल, विज्ञान, साहित्य और साथ ही साथ धर्म के गंभीर तत्त्व इन्हें सिखा दो। उससे शिक्षकों की भी दरिद्रता मिट जाएगी। इस प्रकार के आदान-प्रदान से दोनों आपस में मित्र जैसे बन जाएँगे।

शिष्य—परंतु महाराज, इनमें शिक्षा का प्रचार होने पर, फिर ये लोग भी समय आने पर हमारी ही तरह बुद्धिमान किंतु निश्चेष्ट तथा आलसी बनकर अपने से निम्न श्रेणी के लोगों के परिश्रम से लाभ उठाने लग जाएँगे।

स्वामी जी—ऐसा क्यों होगा? ज्ञान का विकास होने पर भी कुम्हार, कुम्हार ही रहेगा—मछुआ, मछुआ ही बना रहेगा—किसान खेती का ही काम करेगा कोई अपना जातीय धंधा क्यों छोड़ेगा? 'सहजं कर्म कौन्तेय सदोषमपि न त्यजेत्' (हे अर्जुन, अपने सहज कर्म को सदोष होने पर भी त्यागना नहीं चाहिए।)—इस प्रकार की शिक्षा पाने पर वे लोग अपने-अपने व्यवसाय क्यों छोड़ेंगे? विद्या के बल से अपने सहज कर्म को वे और भी अच्छी तरह से करने का प्रयत्न करेंगे। समय पर उनमें से दस-पाँच प्रतिभाशाली व्यक्ति अवश्य उठ खड़े होंगे। उन्हें तुम अपनी उच्च श्रेणी में सम्मिलित कर लोगे। तेजस्वी विश्वामित्र को ब्राह्मणों ने ब्राह्मण मान लिया था, इससे क्षत्रिय जाति ब्राह्मणों के प्रति कितनी कृतज्ञ हुई थी—कहो तो? उसी प्रकार सहानुभूति और सहायता प्राप्त करने पर मनुष्य तो दूर रहा, पशु-पक्षी भी अपने बन जाते हैं।

शिष्य—महाराज, आप जो कुछ कह रहे हैं वह सत्य तो है, परंतु ऐसा प्रतीत

होता है कि अभी भी उच्च तथा निम्न श्रेणी के लोगों में बड़ा अंतर है। भारत की निम्न जातियों के प्रति उच्च श्रेणी के लोगों में सहानुभूति की भावना लाना बड़ा ही कठिन काम ज्ञात होता है।

स्वामी जी—परंतु ऐसा न होने से तुम्हारा (उच्च जातियों का) भला नहीं। तुम लोग हमेशा से जो कुछ करते आ रहे हो, वह तुम्हारा पृथकता का प्रयत्न रहा है। आपस की मार-काट ही करते हुए मर मिटोगे! ये निम्न श्रेणी के लोग जब जाग उठेंगे और अपने ऊपर होने वाले तुम लोगों के अत्याचारों को समझ लेंगे, तब उनकी फूँक से ही तुम लोग उड़ जाओगे! उन्हीं ने तुम्हें सभ्य बनाया है, उस समय वे ही सब कुछ मिटा देंगे। सोचकर देखो न—रोमन सभ्यता गॉल जाति के पंजे में पड़कर कहाँ चली गई। इसीलिए कहता हूँ, इन सब निम्न जाति के लोगों को विद्या-दान, ज्ञान-दान देकर इन्हें नींद से जगाने के लिए सचेष्ट हो जाओ! जब वे लोग जागेंगे—और एक दिन वे अवश्य जागेंगे—तब वे भी तुम लोगों के किए उपकारों को नहीं भूलेंगे और तुम लोगों के प्रति कृतज्ञ रहेंगे।

शिष्य—महाराज, अब तो मैं धर्मार्थ लंगर और सेवाश्रम के संबंध में आपके मनोभाव विशेष रूप से सुनने के लिए और भी उत्कंठित हो रहा हूँ।

स्वामी जी—गरीब दुःखियों के लिए छोटे-छोटे ऐसे कमरे बनवाने होंगे, जिनमें हवा आने-जाने की अच्छी व्यवस्था रहे। एक-एक कमरे में दो या तीन व्यक्ति रहेंगे। उन्हें अच्छे बिछौने और साफ कपड़े देने होंगे, उनके लिए एक डॉक्टर रहेगा। सप्ताह में एक या दो बार सुविधानुसार वह उन्हें देख जाएगा। धर्मार्थ लंगरखाने के भीतर सेवाश्रम एक विभाग की तरह रहेगा। इसमें रोगियों की सेवा-शुश्रूषा की जाएगी। धीरे-धीरे जैसे-जैसे धन आता जाएगा, वैसे-वैसे एक बड़ा रसोईघर बनाना होगा। लंगरखाने में केवल 'दीयतां भुज्यताम्'—यही ध्वनि उठेगी। भात का पानी गंगा जी में पड़कर गंगा जी का जल सफेद हो जाएगा। इस प्रकार धर्मार्थ लंगरखाना बना देखकर मेरे प्राणों को शांति मिलेगी...

शिष्य—ब्रह्मज्ञान में कर्म का जरा भी स्थान नहीं है अथवा कर्म के द्वारा ब्रह्मज्ञान या ब्रह्मदर्शन नहीं होता, तो फिर आप बीच-बीच में महा रजोगुण के उद्दीपक उपदेश क्यों देते हैं? यही उस दिन आप मुझसे ही कह रहे थे—कर्म-कर्म-कर्म—'नान्यः पंथा विद्यतेऽयनाम'।

स्वामी जी—मैंने दुनिया में घूमकर देखा है कि इस देश की तरह इतने अधिक तामस प्रकृति के लोग पृथ्वी में और कहीं भी नहीं हैं। बाहर सात्विकता का ढोंग, पर अंदर बिल्कुल ईंट-पत्थर की तरह जड़—इनसे जगत् का क्या काम होगा? इस प्रकार अकर्मण्य, आलसी, घोर विषयी जाति दुनिया में और कितने दिन जीवित रह सकेगी? पाश्चात्य देशों में घूमकर पहले एक बार देख आ, फिर मेरे इस कथन का प्रतिवाद करना। उनका जीवन कितना उद्यमशील है, उनमें कितनी कर्मतत्परता है,

कितना उत्साह है, रजोगुण का कितना विकास है। तुम्हारे देश के लोगों का खून मानो हृदय में जम गया है—नसों में मानों रक्त का प्रवाह ही रुक गया है। सर्वांग पक्षाघात के कारण शिथिल सा हो गया है। इसलिए मैं रजोगुण की वृद्धि कर कर्मतत्परता के द्वारा इस देश के लोगों को पहले इहलौकिक जीवन संग्राम के लिए समर्थ बनाना चाहता हूँ। देह में शक्ति नहीं, हृदय में उत्साह नहीं, मस्तिष्क में प्रतिभा नहीं। क्या होगा रे इन जड़ पिण्डों से? मैं हिला-डुलाकर इनमें स्पंदन लाना चाहता हूँ। इसलिए मैंने प्राणांत प्रण किया है—वेदांत के अमोघ मंत्र के बल से इन्हें जगाऊँगा। 'उत्तिष्ठत जाग्रत' इस अभय-वाणी को सुनाने के लिए ही मेरा जन्म हुआ है। तुम लोग इस काम में मेरे सहायक बनो। जा, गाँव-गाँव में, देश-देश में यह अभय-वाणी चाण्डाल से लेकर ब्राह्मण तक सभी को सुना आ। सभी को पकड़-पकड़ कर जाकर कह दे—'तुम लोग अमित वीर्यवान हो—अमृत के अधिकारी हो।' इसी प्रकार पहले रजःशक्ति की उद्दीपना कर, जीवन संग्राम के लिए सब को कार्यक्षम बना, इसके पश्चात् उन्हें परजन्म में मुक्ति प्राप्त करने की बात सुना। पहले भीतर की शक्ति को जाग्रत करके देश के लोगों को अपने पैरों पर खड़ा कर। वे पहले अच्छे भोजन-वस्त्र तथा उत्तम भोग आदि करना सीखें। इसके बाद उन्हें उपाय बता दे कि किस प्रकार सब प्रकार के भोग-बंधनों से वे मुक्त हो सकेंगे। निष्क्रियता, हीन बुद्धि और कपट से देश छा गया है। क्या बुद्धिमान लोग यह देखकर स्थिर रह सकते हैं? रोना नहीं आता? मद्रास, बंबई, पंजाब, बंगाल—कहीं भी तो जीवनी शक्ति का चिह्न दिखाई नहीं देता। तुम लोग सोच रहे हो—'हम शिक्षित हैं!' क्या खाक सीखा है? दूसरों की कुछ बातों को दूसरी भाषा में रटकर मस्तिष्क में भरकर, परीक्षा में उत्तीर्ण होकर सोच रहे हो—हम शिक्षित हो गए! धिक् धिक्, इसका नाम कहीं शिक्षा है? तुम्हारी शिक्षा का उद्देश्य क्या है? या तो क्लर्क बनना या एक दुष्ट वकील बनना, और बहुत हुआ तो क्लर्की का ही दूसरा रूप एक डिप्टी मजिस्ट्रेट की नौकरी—यही न? इससे तुम्हें या देश को क्या लाभ हुआ? एक बार आँखें खोलकर देख—सोना पैदा करने वाली भारत-भूमि में अन्न के लिए हाहाकार मचा है! तुम्हारी इस शिक्षा द्वारा उस न्यूनता की क्या पूर्ति हो सकेगी? कभी नहीं। पाश्चात्य विज्ञान की सहायता से जमीन खोदने लग जा, अन्न की व्यवस्था कर—नौकरी करके नहीं—अपनी चेष्टा द्वारा पाश्चात्य विज्ञान की सहायता से नित्य नवीन उपाय का आविष्कार करके! इसी अन्न-वस्त्र की व्यवस्था करने के लिए मैं लोगों को रजोगुण की वृद्धि करने का उपदेश देता हूँ। अन्न-वस्त्र की कमी और उसकी चिंता से देश बुरी अवस्था में चला जा रहा है—इसके लिए तुम लोग क्या कर रहे हो? फेंक दो अपने शास्त्र-वास्त्र गंगा जी में। देश के लोगों को पहले अन्न की व्यवस्था करने का उपाय सिखा दे। इसके बाद उन्हें भागवत का पाठ सुनाना। कर्मतत्परता के द्वारा इहलोक का अभाव दूर न होने तक कोई धर्म की कथा ध्यान से न सुनेगा। इसीलिए कहता हूँ, पहले अपने में अंतर्निहित

आत्मशक्ति को जाग्रत कर, फिर देश के समस्त व्यक्तियों में जितना संभव हो, उस शक्ति के प्रति विश्वास जमा। पहले अन्न की व्यवस्था कर, बाद में उन्हें धर्म प्राप्त करने की शिक्षा दे।

शिष्य—महाराज, भारत के इतिहास में बहुत प्राचीन काल से भी स्त्रियों के लिए किसी मठ की बात नहीं मिलती। बौद्ध युग में ही स्त्री-मठों की बात सुनी जाती है। परंतु उसके परिणामस्वरूप अनेक प्रकार के व्यभिचार होने लगे थे। घोर वामाचार से देख भर गया था।

स्वामी जी—इस देश में पुरुष और स्त्रियों में इतना अंतर क्यों समझा जाता है, यह समझना कठिन है। वेदांत शास्त्र में कहा है, एक ही चित् सत्ता सर्वभूत में विद्यमान है। तुम लोग स्त्रियों की निंदा ही करते हो। उनकी उन्नति के लिए तुमने क्या किया, बोलो तो? स्मृति आदि लिखकर, नियम-नीति में आबद्ध करके इस देश के पुरुषों ने स्त्रियों को एकदम बच्चा पैदा करने की मशीन बना डाला है। महामाया की साक्षात् मूर्ति—इन स्त्रियों का उत्थान न होने से क्या तुम लोगों की उन्नति संभव है?

शिष्य—महाराज, स्त्री-जाति साक्षात् माया की मूर्ति है। मनुष्य के अधःपतन के लिए ही मानो उनकी सृष्टि हुई है। स्त्री-जाति ही माया के द्वारा मनुष्य के ज्ञान-वैराग्य को आवृत कर देती है। संभव है, इसलिए शास्त्रों ने कहा कि उन्हें ज्ञान-भक्ति का कभी लाभ न होगा।

स्वामी जी—किस शास्त्र में ऐसी बात है कि स्त्रियाँ ज्ञान-भक्ति की अधिकारिणी नहीं होंगी? भारत का अधःपतन उसी समय से हुआ जब ब्राह्मण पंडितों ने ब्राह्मणेतर जातियों को वेदपाठ का अनधिकारी घोषित किया, और साथ ही, स्त्रियों के भी सभी अधिकार छीन लिए। नहीं तो, वैदिक युग में, उपनिषद् युग में, तू देख कि मैत्रेयी, गार्गी आदि प्रातःस्मरणीय स्त्रियाँ ब्रह्मविचार में ऋषितुल्य हो गई हैं। हजार वेदज्ञ ब्राह्मणों की सभा में गार्गी ने गर्व के साथ याज्ञवल्क्य को ब्रह्मज्ञान पर शास्त्रार्थ के लिए आह्वान किया था। इन आदर्श विदुषी स्त्रियों को जब उस समय अध्यात्म ज्ञान का अधिकार था, तब आज भी स्त्रियों को वह अधिकार क्यों न रहेगा? एक बार जो हुआ है, वह फिर अवश्य ही हो सकता है। इतिहास की पुनरावृत्ति हुआ करती है। स्त्रियों की पूजा करके सभी जातियाँ बड़ी बनी हैं। जिस देश में, जिस जाति में स्त्रियों की पूजा नहीं, वह देश, वह जाति न कभी बड़ी बन सकी और न कभी बन ही सकेगी। तुम्हारी जाति का जो इतना अधःपतन हुआ, उसका प्रधान कारण है इन सब शक्ति-मूर्तियों का अपमान। मनु ने कहा है, 'यत्र नार्यस्मतु पूज्यन्ते रमन्ते तत्र देवताः। यत्रैतास्तु न पूज्यन्ते सर्वास्तत्राफला क्रियाः।।' (जहाँ स्त्रियों का आदर होता है, वहाँ देवता प्रसन्न होते हैं और जहाँ उनका सम्मान नहीं होता है, वहाँ समस्त कार्य और प्रयत्न असफल हो जाते हैं)। जहाँ पर स्त्रियों का सम्मान नहीं होता, वे दुःखी रहती

हैं; उस परिवार की, उस देश की उन्नति की आशा नहीं की जा सकती। इसलिए इन्हें पहले उठाना होगा।...

शिष्य—आप जब आदेश दे रहे हैं तो चेष्टा करूँगा।

स्वामी जी—जिस साधन-भजन या अनुभूति से दूसरों का उपकार नहीं होता, माया-मोह में फँसे हुए जीवों का कल्याण नहीं होता, काम-कांचन की सीमा से मनुष्य को बाहर निकलने में सहायता नहीं मिलती ऐसे साधन-भजन से क्या लाभ? क्या तू समझता है कि एक भी जीव के बंधन में रहते हुए तेरी मुक्ति होगी? जितने दिन, जितने जन्म तक उसका उद्धार नहीं होगा, उतनी बाद तुझे भी जन्म लेना पड़ेगा—उसकी सहायता करने तथा उसे ब्रह्म का अनुभव कराने के लिए। प्रत्येक जीव तो तेरा ही अंग है। इसीलिए दूसरों के लिए कर्म कर। अपने स्त्री-पुत्रों को अपना जानकर जिस प्रकार तू उनके सभी प्रकार के मंगल की कामना करता है, उसी प्रकार प्रत्येक जीव के प्रति जब तेरा वैसा ही आकर्षण होगा, तब समझूँगा, तेरे भीतर ब्रह्म जाग्रत हो रहा है—उससे एक मिनट भी पहले नहीं। जाति-वर्ण का विचार छोड़कर इसी विश्व के मंगल की कामना जाग्रत होने पर ही समझूँगा कि तू आदर्श की ओर अग्रसर हो रहा है।

शिष्य—यह तो महाराज, बड़ी कठिन बात है कि सभी की मुक्ति हुए बिना व्यक्तिगत मुक्ति नहीं होगी। ऐसा विचित्र सिद्धान्त तो कभी नहीं सुना।

स्वामी जी—एक श्रेणी के वेदांतियों का ऐसा ही मत है—वे कहते हैं, 'व्यष्टि की मुक्ति, मुक्ति का वास्तविक स्वरूप नहीं है। समष्टि की मुक्ति ही मुक्ति है' हाँ, इस मत के दोषगुण अवश्य दिखाए जा सकते हैं।

—विवेकानंद साहित्य, षष्ठ खंड

आधुनिक भारत

यह पहले कहा जा चुका है कि परदेशियों के संघर्ष से भारत धीरे-धीरे जाग रहा है। इस थोड़ी-सी जागृति के फलस्वरूप कुछ हद तक आधुनिक भारत में मुक्त और स्वतंत्र विचार का उदय भी होने लगा है। एक ओर आधुनिक पाश्चात्य विज्ञान है जिसका शक्तिसंग्रह सबकी आँखों के सामने उसे प्रमाणित कर रहा है, और जिसकी चमक सैकड़ों सूर्यों की ज्योति की तरह आँखों में चकाचौंध पैदा कर देती है। दूसरी ओर हमारे पूर्वजों की, उनके गौरव के स्वर्णिम दिनों की अपूर्व वीरता, अतिमानवीय प्रतिभा और उच्चतम आध्यात्मिक ज्ञान की वे परंपराएँ हैं, जिन्हें अनेक स्वदेशी और विदेशी विद्वानों ने प्रकट किया है, जो युगयुगान्तर के सार्वभौमिक प्रेम के कारण समस्त

शिराओं में, जल्दी दौड़ जाती हैं और बल तथा आशा प्रदान करती हैं। एक ओर घोर भौतिकवाद, प्रचुर-धन-सम्पत्ति, प्रभूत शक्ति और उत्कट इन्द्रियसुख विदेशी साहित्य के माध्यम से कोलाहल मचा रहे हैं, दूसरी ओर इस कोलाहल को फोड़ता हुआ, क्षीण परंतु स्पष्ट मर्मभेदी स्वर से युक्त प्राचीन देवताओं का आर्तनाद सुनाई पड़ता है। एक समय हमारे सामने पश्चिम द्वारा प्रस्तुत ये दृश्य आते हैं—उम्दापेय सुन्दर, उत्कृष्ट भोजन, बहुमूल्य पोशाक, भव्य और विशाल महल तथा नए-नए ढंग की गाड़ियाँ-सवारियाँ आदि, नए-नए अदब-कायदे तथा नए-नए फैशन जिनके अनुसार सज-धजकर हमारे सामने आजकल की सुशिक्षित नारी काफी निर्लज्जतापूर्ण स्वतंत्रता से घूमती फिरती है। ये सब सामग्रियाँ उसमें न जाने कितनी अनभूत कामनाओं को उत्पन्न करती हैं। परंतु फिर यह दृश्य बदलकर इसके स्थान पर एक दूसरा गंभीर दृश्य आ जाता है, और वह है सीता, सावित्री, व्रत-उपवास, तपोवन, कोपीनधारी संन्यासी के जटाजूट, वल्कल तथा गेरुआ वस्त्र, समाधि एवं आत्म न्वेषण की सतत चेष्टा का। एक ओर पाश्चात्य समाज की निजी स्वार्थ पर आधारित स्वाधीनता है, और दूसरी ओर आर्यों का कठोर आत्म बलिदान। इस विषम संघर्ष से समाज यदि डगमगा उठे, तो इसमें आश्चर्य ही क्या है? पाश्चात्य जगत् का उद्देश्य व्यक्तिगत स्वाधीनता है, भाषा अर्थकारी विद्या है और उपाय राजनीति है। भारत का उद्देश्य मुक्ति है, भाषा वेद है और उपाय त्याग है। वर्तमान भारत मानो एक बार सोचता है कि भविष्य के संदिग्ध पारमार्थिक हित के मोह में पड़कर मैं इस लोक का व्यर्थ नाश कर रहा हूँ; फिर मंत्रमुग्ध की तरह सुनता है—"यहाँ, मृत्यु और परिवर्तन से भरे इस संसार में सुख कहाँ?"

एक ओर नया भारत कहता है कि हमको पति-पत्नी चुनने में पूरी स्वतंत्रता चाहिए, क्योंकि जिस विवाह पर हमारे भावी जीवन का सारा सुख-दुःख निर्भर है, उसका हमें अपनी इच्छा से चुनाव करने का अधिकार होना चाहिए। दूसरी ओर प्राचीन भारत की आज्ञा होती है कि विवाह इन्द्रियसुख के लिए नहीं, वरन् संतानोत्पत्ति के लिए है। यह विवाह की भारतीय धारणा है। सन्तान उत्पन्न करके समाज के भावी हानि-लाभ के तुम कारण हो, अतः समाज को यह निर्देश देने का अधिकार है कि आप किससे विवाह करें और किससे नहीं। इसलिए जिस प्रणाली से विवाह करने में समाज का सबसे अधिक कल्याण होना संभव है, वही प्रणाली समाज में प्रचलित है। तुम समाज के सुख के लिए अपने सुख भोग की इच्छा त्यागो।

एक ओर नया भारत कहता है कि पाश्चात्य भाव, भाषा, खान-पान, वेश-भूषा और तौर-तरीकों को अपनाने से ही हम लोग पाश्चात्य जातियों की भाँति मजबूत और शक्ति संपन्न हो सकेंगे। दूसरी ओर प्राचीन भारत कहता है कि मूर्खो! नकल करने से भी कहीं दूसरों के विचार अपने हुए हैं? बिना उपार्जन किए कोई वस्तु अपनी नहीं होती। क्या सिंह की खाल पहनकर गधा कहीं सिंह हुआ है?

एक ओर नवीन भारत कहता है कि पाश्चात्य जातियाँ जो कुछ कर रही हैं,

वह अच्छा नहीं है तो वे ऐसे बलवान कैसे हुए? दूसरी ओर प्राचीन भारत कहता है कि बिजली की चमक तो खूब होती है, पर क्षणिक होती है। बालको! तुम्हारी आँखें चौंधिया रही हैं, सावधान!

तो क्या हमें पाश्चात्य जगत् से कुछ भी सीखने को नहीं है? क्या हमें बेहतर चीजों के लिए चेष्टा या प्रयत्न करने की जरूरत ही नहीं है? क्या हम सर्वांगपूर्ण हैं? क्या हमारा समाज पूर्णतया निर्मल और निर्दोष है? नहीं, सीखने को बहुत कुछ है। नई और बेहतर चीजों को सीखने का प्रयत्न तो हमें जीवन भर करना चाहिए। प्रयत्न ही मनुष्य जीवन का उद्देश्य है। श्री रामकृष्ण कहा करते थे, ''जब तक जिऊँ, तब तक सीखूँ।'' जिस व्यक्ति या समाज को कुछ सीखना नहीं है, वह मृत्यु के मुँह में जा चुका। हाँ! पश्चिम से सीखने को तो बहुत कुछ है, परंतु भय भी है।

एक कम बुद्धिवाला लड़का श्री रामकृष्ण के सामने सदा शास्त्रों की निन्दा किया करता था। उसने एक बार गीता की प्रशंसा की। इस पर श्री रामकृष्ण ने कहा, ''मुझे लगता है किसी अंग्रेज विद्वान ने गीता की प्रशंसा की होगी, इसीलिए यह भी उसकी प्रशंसा कर रहा है!''

ऐ भारत! यही विकट भय है। हम लोगों में पाश्चात्य जातियों की नकल करने की इच्छा ऐसी प्रबल होती जाती है कि भले-बुरे का निर्णय अब विचार बुद्धि, हिताहित ज्ञान या शास्त्र से नहीं किया जाता। गोरे लोग जिस विचार और आचार की प्रशंसा करें, वही अच्छा है और वे जिसकी निंदा करें, नापसंद करें वही बुरा! अफसोस! इससे बढ़कर मूर्खता का परिचय और क्या होगा?

पाश्चात्य स्त्रियाँ स्वाधीन भाव से घूमती हैं, इसलिए वही चाल अच्छी है; वे अपने लिए वर आप चुन लेती हैं, इसलिए वही उन्नति का सर्वोच्च सोपान है; पाश्चात्य पुरुष हम लोगों की वेश-भूषा, खान-पान और जीवन शैली को घृणा की दृष्टि से देखते हैं इसलिए हमारी ये चीजें बहुत बुरी हैं; पाश्चात्य लोग मूर्तिपूजा को बुरा कहते हैं; तो वह भी निश्चित रूप से सबसे बड़ा दुराचरण होगा, इसमें कोई संदेह नहीं!

पाश्चात्य लोग एक ही देवता की पूजा को कल्याणप्रद बताते हैं, इसलिए अपने देव-देवियों को गंगा में फेंक दो। पाश्चात्य लोग जातिभेद को घृणित समझते हैं, इसलिए सब वर्णों को मिलाकर एक कर दो। पाश्चात्य लोग बाल-विवाह को अनर्थों का कारण कहते हैं, इसलिए वह भी अवश्य ही बड़ा खराब होगा। यहाँ पर हम इस बात का विचार नहीं कर रहे हैं कि ये प्रथाएँ चलनी चाहिए अथवा रुकनी चाहिए। परंतु यदि पाश्चात्य लोगों की निंदा मात्र ही हमारे रीति-रिवाज को बुरा साबित करने का पैमाना हो तो उसका प्रबल प्रतिवाद करना हमारा कर्तव्य है।

ऐ भारत! क्या दूसरों की ही हाँ में हाँ मिलाकर, दूसरों की घटिया नकल कर, दूसरों पर आश्रित रहकर, इस दासों की-सी दुर्बलता, इस घृणित, जघन्य निष्ठुरता से ही क्या तुम सभ्यता और महानता के सर्वोच्च शिखर पर पहुँचोगे? क्या इसी

लज्जाजनक कापुरुषता से तुम वीर भोग्या स्वाधीनता प्राप्त करोगे? ऐ भारत! तुम मत भूलना कि तुम्हारे उपास्य सर्वत्यागी उमानाथ शंकर हैं; मत भूलना कि तुम्हारा विवाह, तुम्हारा धन, और तुम्हारा जीवन इन्द्रियसुख के लिए—अपने व्यक्तिगत सुख के लिए—नहीं है; मत भूलना कि तुम 'माता' की बलिवेदी पर न्यौछावर होने के लिए जन्मे हो; मत भूलना कि तुम्हारा समाज उस विराट् महामाया की छायामात्र है; तुम मत भूलना कि नीच, अज्ञानी, दरिद्र, चमार और मेहतर तुम्हारा रक्त और मज्जा हैं, और तुम्हारे भाई हैं। ऐ वीर! निर्भय बनो, साहस रखो। इस बात पर गर्व करो कि तुम भारतीय हो। गर्व से बोलो कि मैं भारतवासी हूँ और प्रत्येक भारतवासी मेरा भाई है; बोलो कि अज्ञानी भारतवासी, दरिद्र भारतवासी, ब्राह्मण भारतवासी, चाण्डाल भारतवासी, सब मेरे भाई हैं; तुम भी जो केवल कमर में कपड़ा लपेटे हो, गर्व से पुकारकर कहो कि भारतवासी मेरे भाई हैं, भारतवासी मेरे प्राण हैं, भारत की देव-देवियाँ मेरे ईश्वर हैं, भारत का समाज मेरे शैशव का पालना, मेरे यौवन का आनंद-उपवन और बुढ़ापे की वाराणसी है। भाई, बोलो कि भारत की मिट्टी मेरा स्वर्ग है, भारत के कल्याण में मेरा कल्याण है; और रातदिन कहते रहो और प्रार्थना करते रहो कि—"हे गौरीनाथ! हे जगदम्बे! मुझे मनुष्यत्व दो! माँ, मेरी दुर्बलता और कापुरुषता दूर कर दो, माँ मुझे मनुष्य बना दो।"

—1899

अनुवाद : **प्रियंकर पालीवाल**

अरविंद घोष

1872-1950

अंग्रेजी शिक्षा-दीक्षा और पश्चिमी परिवेश में कई वर्ष गुजारने के बावजूद एक उग्रराष्ट्रवादी और अंततः योगी के रूप में व्यक्तित्व का विकास। 1905 में बंग-भंग के बाद देश के स्वाधीनता संघर्ष में लग गए। पश्चिमी शिक्षा और हिंदू संस्कृति के बीच अंतःक्रिया के पक्षधर। 'युगांतर' में विद्रोहपरक लेख लिखे। 1906 में विपिनचंद्र पाल के समाचार पत्र 'वंदेमातरम्' का सहयोग। 1907 के कांग्रेस अधिवेशन में प्रतिनिधित्व एवं तिलक का समर्थन। इनका जोर पूर्ण स्वतंत्रता पर था। उस समय तक नरमपंथियों और उग्रतावादियों के बीच खाई बढ़ चुकी थी। 1908 में अलीपुर केस में जेल। जेल से छूटने के बाद 1910 से धर्म और योग साधना की ओर उन्मुख तथा चालीस वर्षों तक दार्शनिक चिंतन-मनन। उनकी राष्ट्रीयता की भावना ने धर्म, अध्यात्म और दर्शन के उनके आदर्शों को प्रभावित किया। वे जाति, भाषा, रीतिरिवाज और संप्रदायवाद-आधारित सोच से मुक्त थे और एक ऊर्ध्वमुखी वैश्विक आध्यात्मिक चेतना के पक्षधर थे।

जातीय उत्थान

हमारे प्रतिपक्षी अंग्रेज लोग वर्तमान समय के देश-व्यापी महान आंदोलन को पहले से ही द्वेष से उत्पन्न कहते आ रहे हैं। उनके अनुयायी कितने ही भारतवासी भी इस मत की पुनरावृत्ति करने में त्रुटि नहीं कर रहे हैं, किंतु हम अपने धर्म का प्रचार करने में तत्पर हैं। हम जातीय उत्थान के इस आंदोलन को धर्म का एक प्रधान अंग समझते हैं, इसी वजह से उसमें शक्ति व्यय कर रहे हैं। यह आंदोलन यदि द्वेष से उत्पन्न हुआ होता, तो हम लोग धर्म का अंग कहकर कभी भी इसका प्रचार करने के लिए उत्साही नहीं होते। विरोध, युद्ध और हत्या तक धर्म के अंग हो सकते हैं, किंतु द्वेष और घृणा धर्म के बाहर हैं क्योंकि ये दोनों ही जगत की क्रमशः उन्नति

के मार्ग में बाधक हैं। अतः जो लोग स्वयं इन वृत्तियों का पोषण करते हैं अर्थात् जो खुद द्वेष और घृणा का भाव रखते हैं अथवा द्वेष और घृणा को जाति में फैलाने की चेष्टा करते हैं, वे अज्ञानांधकार में पड़कर पाप को आश्रय देते हैं। इस आंदोलन में कभी भी द्वेष प्रविष्ट नहीं हुआ, ऐसा मैं नहीं कह सकता। यदि एक पक्ष वाले द्वेष और घृणा करें, तो दूसरे पक्ष वालों में भी उसकी प्रतिक्रियास्वरूप द्वेष और घृणा का उत्पन्न होना अनिवार्य है। इस तरह के पापों को बढ़ाने के लिए बंगाल के कई अंग्रेजी समाचार-पत्र और उद्धत-स्वभाव वाले अत्याचारी व्यक्ति ही उत्तरदायी हैं। संवाद-पत्रों में प्रतिदिन उपेक्षा, घृणा और विद्वेष-मूलक तिरस्कार सहा एवं रेल में, रास्ते में, हाट में, कितनी बार गालियाँ, अपमान और मार तक सही। पर अब सहिष्णु और शांत प्रकृति वाले भारतवासियों की सहनशीलता खत्म हो गई है। अंततः भारतीयों को भी गाली के बदले गाली और मार के बदले मार की नीति अपनान्नी पड़ी। बहुत से अंग्रेजों ने भी अपने अत्याचारी अंग्रेज भाइयों के इस दोष को स्वीकार किया है। वे यह भी मानते हैं कि स्थिति को जटिल बनाने में उनके अत्याचारी अंग्रेज भाइयों का हाथ है। इसके सिवा राज-कर्मचारी भी भ्रमवश बहुत दिनों से प्रजा के हित विरोधी तथा असंतोषजनक और प्रजा के लिए दुखदायक सिद्ध होने वाले कार्य करते आ रहे हैं। मनुष्य में क्रोध का अंश अधिक होता है। स्वार्थ पूर्ति के मार्ग में बाधा पड़ने पर या किसी के अनुचित व्यवहार से प्राणों से प्रिय वस्तु पर बुरा असर पड़ने से सब प्राणियों में विद्यमान क्रोधाग्नि जल उठती है, फिर क्रोध के आधिक्य के कारण द्वेष का जन्म होता है। जिसका प्रभाव हमारे आचरण पर भी पड़ता है।

भारतवासियों में बहुत दिनों से विशिष्ट अंग्रेज व्यक्तियों के दुराचरण और उद्धत बातों एवं वर्तमान शासन-प्रणाली में प्रजा का कोई भी प्रकृत अधिकार या क्षमता न रहने के कारण भीतर ही भीतर असंतोष अलक्षित भाव से बढ़ने लगा। अंत में लार्ड कर्जन के शासनकाल में वह असंतोष और बढ़ गया। बंग-विच्छेद से उत्पन्न असह्य वेदना के कारण देशभर में क्रोधाग्नि भभक उठी और अधिकारीवर्ग की निग्रह-नीति के कारण वह द्वेष में परिणत हो गई। हम यह भी स्वीकार करते हैं कि उस समय बहुत से लोगों ने क्रोधवश अपनी आहुति भी दी थी। पर ईश्वर की लीला बड़ी ही विचित्र है। उनकी सृष्टि में शुभ और अशुभ के द्वंद्व से जगत की उन्नति होती है। एवं प्रायः ही अशुभ ईश्वर के इच्छित मंगलमय फल को पैदा करने में शुभ की सहायता करता है। यही कारण है कि, वह परम अशुभ जिसका आधार द्वेष था, उसका भी यह शुभ फल हुआ कि अंधकार में डूबे भारतवासियों में राजनीतिक क्षेत्र में अधिकार प्राप्त करने की इच्छा जाग्रत हुई। किंतु इस आधार पर हम अशुभ या अशुभकारियों की प्रशंसा नहीं कर सकते। जो लोग क्रोध वश अशुभ कार्य करते हैं, उनके कार्यों से भले ही ईश्वर द्वारा निर्दिष्ट शुभ फल की प्राप्ति में सहायता हो, पर अशुभ कार्य के लिए उत्तरदायी लोगों के फल भोगने की इच्छा से जुड़े उनके

स्वार्थ को किसी भी तरह नजरअंदाज नहीं कर सकते। जो लोग जातिगत द्वेष का प्रचार करते हैं, वे भूल करते हैं द्वेष के प्रचार से जो फल होता है, निःस्वार्थ धर्म-प्रचार से उसका दस गुना बेहतर मिलता है। फल एवं उससे अधर्म और अधर्म से उत्पन्न पाप नष्ट होते हैं एवं धर्मबुद्धि और पुण्य का जन्म होता है। हम जातीय द्वेष और घृणा उत्पन्न करने वाली बातों का उल्लेख बिल्कुल नहीं करेंगे, दूसरों को भी इस प्रकार का अनर्थ करने से रोकेंगे। जाति-जाति में स्वार्थ के कारण विरोध नहीं होना चाहिए। अर्थात् एक जाति के स्वार्थ साधन से दूसरी जाति का अहित न हो। क्योंकि सभी जातियाँ वर्तमान व्यवस्था का अपरिहार्य अंग हैं। हम दूसरी जाति का अहित और अपनी जाति का स्वार्थ साधन नहीं कर सकते क्योंकि कानून और धार्मिक नीतियाँ हमें इस बात की इजाजत नहीं देतीं। कानून और धार्मिक नीतियों के अनुसार हमें यह अधिकार प्राप्त है कि हम अत्याचार या अन्याय होने पर हम उसका तीव्र विरोध करें संगठन बनाएँ तथा उचित उपायों द्वारा अनुचित कार्यों का खंडन करें। कोई भी व्यक्ति विशेष, चाहे वह राज-कर्मचारी हो, अथवा देशवासी यदि वह अन्यायपूर्ण और अनुचित कार्य करे तो हमें उसका विरोध करने का अधिकार है। किंतु किसी भी जाति या व्यक्ति के प्रति द्वेष या घृणा के भाव का पोषण करने से हम अपनी जाति के हितकर्त्ता नहीं कहला सकते। हाँ यदि ठीक काम करने पर इस प्रकार का आरोप लगाया जाए तो बुरा लगता है। हमारा सबसे एवं खासकर जातीय समाचार-पत्रों और कार्य-कुशल नवयुवकों से अनुरोध है कि भविष्य में इस प्रकार के आरोप न लगाए जाएँ।

आर्यों का ज्ञान, आर्यों की शिक्षा और आर्यों का आदर्श, जड़ ज्ञानवादी तथा राजनीतिक अधिकारों के भोग की कामना से युक्त पाश्चात्य जाति के ज्ञान, शिक्षा और आदर्श से बिल्कुल अलग है। यूरोपीयों के मतानुसार स्वार्थ और सुख की खोज से रहित कार्य लक्ष्यहीन है। अर्थात् जिस काम के करने से स्वार्थ और सुख प्राप्त होने की संभावना न हो उसे नहीं करना चाहिए,—द्वेष के अभाव में विरोध और विरोध के अभाव में युद्ध का होना असंभव है, चाहे सकाम कर्म करना हो, अथवा कामना-हीन संन्यासी होकर ही क्यों न रहना हो, यही यूरोपीयों की धारणा है। जीवन जीने के लिए संगठित होने से जगत की उन्नति होती है, यही उनके विज्ञान का मूलमंत्र है। आर्यों ने जिस दिन उत्तर कुरु से दक्षिण की ओर यात्रा करके पंचनद (पंजाब) की भूमि में प्रवेश किया, उसी दिन उन्होंने सनातन शिक्षा प्राप्त करके जगत के इस शाश्वत सत्य को भी जान लिया कि, यह विश्व आनंद-गृह है, प्रेम, सत्य और शक्ति के विकास के लिए सर्वव्यापी नारायण स्थावर जंगम, मनुष्य-पशु, कीट पतंग, साधु-पापी, शत्रु-मित्र, तथा देवता और असुर सब में समाकर जगतमय क्रीड़ा कर रहे हैं। सुख-दुःख, पाप-पुण्य, बंधुत्व-शत्रुत्व, देवत्व और असुरत्व सब उसकी क्रीड़ा है। मित्र-शत्रु सहचर हैं जिन्हें दो भागों में विभक्त करके उसने स्वपक्ष और विपक्ष

का निर्माण किया है। आर्य लोग मित्र की रक्षा तथा शत्रु का नाश करते थे, किंतु उनकी उसमें आसक्ति नहीं थी। वे सर्वत्र, सब प्राणियों में, सब वस्तुओं में, सब कामों में और सब फलों में नारायण को देखकर इष्ट-अनिष्ट, शत्रु-मित्र, सुख-दुःख, पाप-पुण्य तथा सिद्धि-असिद्धि के प्रति समान भाव रखते थे। किंतु इस समान भाव का यह अर्थ नहीं कि सब परिणाम उनको इष्ट, सब लोग उनके मित्र, सारी घटनाएँ उनको सुखदायिनी, सब कर्म उन्हें करने योग्य और सब फल उन्हें वांछनीय लगते थे। योग का सर्वोच्च फल प्राप्त किए बगैर द्वंद्व मिटता नहीं, और वह फल बहुत ही कम लोगों को प्राप्त होता है, किंतु आर्य शिक्षा साधारण आर्यों की संपत्ति है। आर्य लोग इष्ट साधना करने और अनिष्ट हटाने में सचेष्ट रहते थे, किंतु वे इष्ट को पाकर विजय के मद में मत्त नहीं होते थे और न अनिष्ट-से डरते थे। मित्र की सहायता करना और शत्रु को पराजित करना उनकी चेष्टा का उद्देश्य होता था, किंतु वे शत्रु से द्वेष और मित्र को अन्यायपूर्ण सहयोग कभी नहीं देते थे। आर्यलोग कर्तव्य के अनुरोध से स्वजनों का संहार भी करते थे। सुख उनको प्रिय और दुःख उनको अप्रिय अवश्य था, किंतु न तो वे सुख में अधीर ही होते थे और न दुःख में धैर्य और प्रीति के पथ से विचलित होते थे। वे पाप को हटाते थे और पुण्य का संचय करते थे, किंतु पुण्य-कर्म में गर्वित और पाप में पतित होने से बालक की तरह रोते नहीं थे वरन् हँसते-हँसते समाज से उठकर शरीर शुद्धि करके फिर आत्मोन्नति के लिए सचेष्ट हो जाते थे। आर्य लोग कर्म की सिद्धि के लिए विपुल प्रयास करते थे, हजारों बार पराजित होने से भी डगमगाते नहीं थे, किंतु असिद्धि से दुःखी होना उनके लिए अधर्म था। अवश्य ही जब कोई योगारूढ़ होकर गुणातीत भाव से कर्म करने में समर्थ होता था, तब उसमें द्वंद्व का अंत हो जाता था। जगज्जननी जो कार्य देती थीं, वे बिना विचारे वही करते, जो फल वह देतीं, प्रसन्नतापूर्वक उसका भोग करते, स्वपक्ष कहकर जो कुछ निर्दिष्ट करतीं, उसी को लेकर माता का कार्य साधन करते, विपक्ष कहकर जो कुछ दिखाती उसी का आदेशानुसार दमन या नाश करते थे। बस, यही शिक्षा आर्य शिक्षा है। इस शिक्षा में द्वेष और घृणा का स्थान नहीं है। नारायण सब जगह हैं। किससे द्वेष करेंगे और किससे घृणा करेंगे? हम यदि पाश्चात्य भाव से राजनीतिक आंदोलन करें, तो द्वेष और घृणा अनिवार्य हैं एवं पाश्चात्यों के अनुसार यह निंदनीय भी नहीं है, क्योंकि यह स्वार्थ का विरोध है और इसमें एक पक्ष का उत्थान और दूसरे पक्ष का पतन है, किंतु हमारा उत्थान केवल आर्य-जाति का उत्थान नहीं, वरन् आर्य-चरित्र, आर्य-शिक्षा और आर्य-धर्म का उत्थान है। आंदोलन की पहली अवस्था में पाश्चात्य राजनीति का प्रभाव बड़ा प्रबल था, फिर भी आर्याभिमान के तीव्र अनुभव से धर्म को प्राधान्य देने वाली दूसरी अवस्था उपस्थित हो गई है। राजनीति धर्म का अंग है, किंतु उसका आर्य-भाव और आर्य-धर्म के अनुमोदित उपायों से आचरण करना चाहिए। हम बेहतर भविष्य की आशा के साथ युवक संप्रदाय

से कहते हैं कि, यदि तुम्हारे हृदय में द्वेष हो, तो शीघ्र उसे दूर करो। क्योंकि विद्वेष से क्षण भर के लिए तीव्र उत्तेजना से प्रेरित बल तो मिलता है पर वह शीघ्र ही नष्ट होकर दुर्बलता में परिणत हो जाता है। जो लोग देश के उद्धार के लिए प्रतिज्ञा-बद्ध हों और प्राण समर्पित करने का निर्णय ले चुके हों, उन लोगों में प्रबल भ्रातृ-भाव, कठोर-उद्यम, लोहे के समान दृढ़ता और जलती हुई आग के समान तेज का संचार करना आवश्यक है। यह निश्चित है कि उसी शक्ति से हमारा बिखरा हुआ बल संगठित होगा और हम विजयी होंगे।

—1923

क्या भारत सभ्य है?

हमारे सामने जो यह प्रश्न है कि भारत सभ्य है या नहीं, इस पर विचार करने के लिए एक पहलू और है। इस पहलू से देखने पर यह केवल पांडित्य और पक्षपात का मामला नहीं रह जाता, बल्कि अनोखे प्रश्न के आकार में एक विशेष छानबीन करने योग्य और अर्थपूर्ण समस्या के रूप में दिखलाई पड़ता है। आधुनिक दृष्टि से मानव जाति के क्रम-विकास में संस्कृति से उपार्जित कीर्ति के रूप में विवेचन कर के हम यह उत्तर दे सकते हैं कि भारतीय सभ्यता जो संस्कृति का मूर्त्त प्रकाश है, संसार के इतिहास में विदित है कि वह किसी भी महान सभ्यता के समतुल्य है। वह धर्म में महान है, दर्शन में महान है, विज्ञान में महान है, नाना प्रकार के चिंतन में महान है, साहित्य में, कला में, काव्य में महान है, शिल्प-वाणिज्य में महान है, राष्ट्रनीतिक और समाजनीतिक संगठन में महान है। उसमें बहुत कुछ कालिमा भी है, स्पष्ट दोष-त्रुटि और अपूर्णता भी है, किंतु इससे क्या! ऐसी कौन सी सभ्यता है जो बिल्कुल निर्दोष और त्रुटि-रहित है? उसमें भारी पोल है, कहीं-कहीं ज्योति-हीनता है, उसमें बहुत से स्थान ऐसे हैं जो आकर्षण-रहित् या कम आकर्षण वाले हैं। किंतु हम यह जानना चाहते हैं कि किस सभ्यता में ये सारी बातें नहीं हैं? चाहे जितनी कट्टरता से तुलना क्यों न की जाए, भारत की हार कदापि नहीं हो सकती। वर्तमान समय में काल और धर्म की जो युग-संधि मौजूद है तथा अब जिस वस्तु की आवश्यकता है, उस पर दृष्टि रखकर हम कह सकते हैं कि यद्यपि हमारी सभ्यता का कोई-कोई बाहरी अनुष्ठान अनुपयोगी हो गया है, एवं अन्यान्य अनुष्ठानों को परिवर्तित और संशोधित करने की आवश्यकता है (यह बात यूरोपीय संस्कृति के संबंध में भी कही जा सकती है) तथापि भारतीय संस्कृति के मूल भाव की प्रधान कल्पनाएँ, उसके सारे श्रेष्ठ आदर्श, केवल मानव जाति की वाणी ही नहीं, बल्कि उसमें जो शक्ति

निहित है उससे उसकी नई आवश्यकता, नए भावों के स्पर्श से वर्तमान सभ्यता का समाधान प्रकट होता है। यह समाधान पश्चिमी देशों से उधार लाए समाधान की अपेक्षा किसी रूप में निकृष्ट नहीं होगा, बल्कि और उत्तम ही होगा।

यह मानवजाति की प्रगति का प्रश्न है, मानवीय सभ्यता के परिणामस्वरूप अधिकतम पूर्णता प्राप्त करने का प्रश्न है। किसी-किसी की दृष्टि में प्रगति की धारणा ही भ्रांति और माया है, वे सोचते हैं कि मनुष्य अनवरत वृत्ताकार चक्कर लगाया करता है और बहुधा जो कुछ महत्त्व दिखलाई पड़ता है वह अतीत या भूतकाल में ही देखने को मिल सकता है। मनुष्य क्रमशः अवनति के प्रवाह में ही बहता रहता है। किंतु यह केवल भ्रांति है, अतीत के उच्चतम शिखर पर स्थित ज्योति पर दृष्टि डालने, उसके अँधेरे स्थानों की उपेक्षा करने और वर्तमान के अंधकारमय स्थानों पर पूरी दृष्टि रखने, वर्तमान की ज्योति की शक्ति और आशा के स्वप्नों की उपेक्षा करने से भ्रांति पैदा होती ही है। यह तय है कि मनुष्य जिस प्रकार जाने हुए मार्ग से निश्चिंत होकर चलता है, अथवा सेना अपने निर्धारित पथ पर आगे बढ़ती है, प्रगति उस तरह निश्चिंत रूप से सरल रेखा पर अग्रसर नहीं होती। इसकी गति अधिकतर अपरिचित देश में भाग्य की खोज करने वाले मनुष्य की-सी रहती है। इस प्रगति के रास्ते में बहुत सी ऐसी वस्तुएँ आ जाती हैं, जिनकी उसे कभी आकांक्षा नहीं रहती, बहुत सी ऐसी बाधाएँ आकर उपस्थित हो जाती हैं, जिनसे बड़े कतरब्योंत से छुटकारा मिलता है, बार-बार उसके पैर फिसल जाते हैं। वह बहुत से स्थानों पर भूल कर जाती है, एक वस्तु, प्राप्त करने के लिए अन्य वस्तु को छोड़ देती है और विस्तृत रूप से अग्रसर होने या फैलने के लिए फिर-फिर पीछे हट जाती है। इसी से हमें यह दिखलाई पड़ता है कि भूत काल से तुलना करके देखने पर वर्तमान सदा अच्छा नहीं दिखलाई पड़ता। जिस वस्तु में वर्तमान बहुत उन्नत रहता है उसमें भी कभी-कभी न्यूनता प्रतीत होती है। किंतु मनुष्य तो आगे बढ़ता ही है, व्यर्थ में भी सफलता का आयोजन हो रहा है। हमारी रातें भी अपने में महान ऊषा का रहस्य वहन कर रही हैं। हम अपनी व्यक्तिगत प्रगति में यह बराबर देख पाते हैं, किंतु यह समष्टिगत मानव-जीवन के संबंध में भी सत्य है।

पाश्चात्य सभ्यता अपनी निरवच्छिन्न नम्रता एवं सफल आधुनिकता पर गर्व करती है, किंतु वह सभ्यता अपने लाभों की आसक्ति में पड़कर कई वस्तुएँ खो बैठी है। प्राचीन युग के लोग जिन वस्तुओं के लिए बहुत प्रयास करते थे, उनमें ऐसी कई वस्तुएँ हैं जिनके लिए पाश्चात्य सभ्यता किसी तरह की चेष्टा नहीं कर रही है। उन वस्तुओं को उसने असहिष्णुता के कारण छोड़ दिया है अथवा अवज्ञा की है। किंतु इससे उसकी क्षति हुई है, उसका जीवन क्षुण्ण हो गया है, उसकी संस्कृति अधूरी रह गई है। पेरिक्लेस के समय के अथवा दार्शनिक युग के किसी प्राचीन ग्रीक को सहसा यदि इस शताब्दी में ले आया जाता, तो इस युग में चिंता-शक्ति के लाभ,

मन के विस्तार, बुद्धि की आधुनिक व्यापकता, विज्ञान की आश्चर्यजनक उन्नति और उसके अनेकानेक महान आविष्कार, उस आविष्कार की प्रचुर शक्ति, समृद्धि एवं यंत्र-परिचालन की सूक्ष्मता आदि देखकर वह अवश्य ही हर्ष के साथ विस्मित होता। आधुनिक जीवन के विराट चांचल्य और स्पंदन से–किंचित् कंपन से वह विस्मित और मुग्ध न होकर स्तंभित और व्याकुल हो जाता। इसके साथ ही आधुनिक जीवन की क्षुद्रता या कृपणता और नीचता का निर्लज्ज स्तूप, उसके अपरिमार्जित या असंशोधित प्रयोजनवाद, शरीर के भोग के लिए उच्छृंखलता, कृत्रिमता, बकझक और रुग्णता आदि देखकर वह घृणा करते हुए मुँह फेर लेता। एक समय में बर्बर जाति ने पृथ्वी पर प्रभुत्त्व किया था, उसके भी कुछ चिह्न उसे यहाँ मिलते। वह आधुनिक जीवन की बुद्धिमत्ता और विज्ञान-बुद्धि का सतर्क प्रयोग स्वीकार करता। किंतु उसने मन और आत्मा के आंतरिक जीवन के संबंध में उच्च बुद्धि का जो स्वच्छ और उदार प्रयोग किया था, उसका इस समय कोई परिचय न पाकर वह क्षुब्ध हो जाता।

यदि हम प्राचीन महान अध्यात्म साधकों को इस समय ले आते, तो वे बुद्धि और जीवन के इन सब विराट कर्मों में शून्यता और निस्सारता देखकर पीड़ित होते, मनुष्य की जो सर्वश्रेष्ठ वस्तु है, जो वस्तु उसे उच्च बनाती है, उसी वस्तु का निरादर हो रहा है समझकर उक्त बातें भ्रांति और मिथ्या प्रतीत होतीं। बाह्य प्रकृति के नियमों की खोज करने में प्रवृत्त होने पर आत्मा की मुक्ति की महान साधना जो बहुत दिनों से प्रायः बिल्कुल बंद-सी हो गई है, वैज्ञानिक आविष्कारों द्वारा उस क्षति की पूर्ति हुई है या हो रही है, यह वे कदापि न समझते। पक्षपात रहित दृष्टि से सभ्यता के आधुनिक युग की मानव-प्रगति को एक अवस्था-विशेष समझकर विवेचन करना ही समीचीन है। ऐसा करने पर हम देख सकेंगे कि ऐसी अनेक वस्तुएँ प्राप्त हुई हैं, जो मनुष्य की पूर्णता के लिए नितांत आवश्यक हैं। केवल ज्ञान और बुद्धि तथा शक्ति की व्यापकता ही आवश्यक वस्तु नहीं है। ज्ञान की उन्नति एवं उसकी सहायता से केवल पारिपार्श्विक अवस्था पर प्रभुत्व स्थापित नहीं हुआ है, बल्कि अनेक ऊँचे आदर्श भी पैदा हुए हैं, एवं उन्हीं आदर्शों के अनुसार मानव-समाज को परिचालित करने की चेष्टा हुई है, वह चेष्टा चाहे जितनी भी वाह्यिक रही हो एवं चाहे वह चेष्टा जितनी भी अपूर्ण क्यों न हो। वस्तुतः जिस वस्तु का पतन हो चुका है अथवा जो वस्तु नष्ट हो चुकी है, उसका पुनरुद्धार किया जा सकता है। उसके बाद ही मनुष्य का भीतरी जीवन पूर्ण होगा और वह सर्वतोमुखी विकास का सुयोग पाएगा। वह देखेगा कि इस गंभीरता के साथ-ही-साथ बाहर की समष्टि में जीवन को गठित करने की चेष्टा का उसे अच्छा अभ्यास हो गया है।

यदि उपनिषद् काल का, बुद्ध काल का, अथवा परवर्ती क्लासिकल (कालिदास का युग) युग का कोई प्राचीन भारतवासी आधुनिक भारत में आए और इसका अवर्णनीय महान अधःपतन तथा विशेषकर अधःपतन की ओर ही झुकाय देखे, तो

उसे अत्यंत विषाद-ग्रस्त होना पड़ेगा। वह देखेगा समूची जाति की, समूची वसुधा की शोचनीय दुर्गति, सृष्टि का ऊँचे शिखर से निराशामय नीची अवस्था में अधःपतन। उसके मन में अवश्यमेव यह प्रश्न उठ सकता है कि इन अधम वंशधरों ने भूतकाल की उस महान सभ्यता को कहाँ गँवा दिया—क्या कर डाला? भारत में प्रेरित करने की, समुन्नत करने की द्वंद्वता और आत्मविकास के लिए उत्साहित करने की इतनी अधिक सामग्री होते हुए भी किस प्रकार वह निर्वीर्य, चेष्टा-रहित विच्छृंखला में पतित हुआ, भारतीय संस्कृति के ऊँचे भावों को गंभीर और व्यापक न बनाकर किस प्रकार उस भारत ने उसे ग्लानिमय कर डाला तथा अपने को नाना तुच्छ वस्तुओं के भारी बोझ से दबा डाला? वह देखेगा कि उसके देशवासी अतीत के आचार-व्यवहार, रीति-नीति या रहन-सहन को तुच्छ और जर्जरित कर चुके हैं तथा महान सत्य के दस भागों में नौ भाग खो बैठे हैं। उपनिषद् और दर्शनों के उदार युग की आध्यात्मिक प्रतिभा और शक्ति के साथ वह परवर्ती उद्यम-हीनता अथवा क्षुद्र और मौलिकता-शून्य पृथक-पृथक कर्म की तुलना करके देखेगा। क्लासिकल युग के वैज्ञानिक ज्ञान-विस्तार, सृजनात्मक साहित्य और कला के महत्त्व, उत्पादिका शक्ति के एकबारगी ऐसे ह्रास, ऐसे अधःपतन, मानसिक दैन्य, निश्चलता, जड़ पुनरावृत्ति, विज्ञान की विरति या निवृत्ति, कला का सुदीर्घ बंध्यात्व तथा सृष्टिमुखी अंतर्ज्ञान की अपेक्षाकृत दुर्बलता का परिमाण देखकर वह विस्मित और स्तंभित हो जाएगा। वह देखेगा अज्ञान की ओर प्रवणता, प्राचीन युग की इच्छाशक्ति और तपस्या की क्षीणता, दृढ़ संकल्प होकर कर्म करने की प्रायः अक्षमता। प्राचीनकाल की उस अधिकतर सरल और आध्यात्मिक भाव से युक्तियुक्त समाज-व्यवस्था के स्थान पर वह देखेगा एक विषम क्रमहीन छिन्न-भिन्न व्यवस्था, उस व्यवस्था का न तो कोई केंद्र है, न है उसका कोई उदार समन्वय-मूलक आदर्श। उसकी अवस्था पतनशील है, कहीं पतन की गति सामयिकता के दबाव से अवरुद्ध है, और कहीं द्रुत है। अवस्था के अनुकूल व्यवस्था करने में कुशल महान भारतीय सभ्यता सामर्थ्य के साथ दूसरे की आवश्यक वस्तु ग्रहण करती थी तथा जितना वह ग्रहण करती थी उसका दस गुना लौटा देने का दावा रखती थी। आज उसके स्थान पर देखने को मिलेगा हर तरह से निरुपायता का भाव, जो घटनाचक्रों का आघात सहता हुआ निःशब्द चल रहा है। यहाँ तक कि एक बार उसमें आत्मशक्ति में इतना अविश्वास, इतनी प्रबल अनास्था पैदा हो गई थी कि देश के विचारशील व्यक्ति भी प्राचीन भावों और आदर्शों को हटाकर विजातीय और विदेशों से आती हुई संस्कृति की ओर झुक पड़े थे। इस समय यह अवश्य दिखलाई पड़ेगा कि एक प्रकार के परिवर्तन का सूत्रपात हुआ है। किंतु संभवतः यह देखकर संदेह होगा कि इसकी जड़ विशेष गहराई तक नहीं है, अथवा यह परिवर्तन समूची जाति की रक्षा नहीं कर सकेगा।

यहाँ अच्छी तरह से विचार करके देखने पर आशा की ही बात पाई जाएगी

न कि निराशा की। भारत के इतिहास में यह युग क्रमिक विकास में दिन के बाद रात आने के समान हो रहा है, किंतु यह रात अपने प्रथम भाग में बहुत से उज्ज्वल नक्षत्र-समूहों से पूर्ण थी, और जब इसमें सघन अंधकार हुआ तब भी 'महाकवि' कालिदास की भाषा में "दो-चार क्षीण ज्योति ताराओं को लेकर रात्रि उषा के लिए प्रस्तुत हुई।" अधःपतन के युग में भी सारी बातों में क्षति नहीं थी, उस समय ऐसी बहुत सी प्रयोजनीय वस्तुओं का विकास हुआ है, आध्यात्मिक तथा अन्यान्य विषयों में ऐसा बहुत सा लाभ हुआ है, जिसकी भविष्य के लिए अत्यधिक उपयोगिता है, अवनति की अंतिम अवस्था आ जाने पर भी भीतरी सत्ता का एकदम सर्वनाश नहीं हो जाता, उस समय वह केवल निद्रित और निर्बल रहती है। इस समय वह अनवरत जगाने वाले आघातों के धक्कों से आत्म-मुक्ति के लिए सजग हो उठी है। इस भाव से देखने पर यह भी कहा जा सकता है कि हमारी प्राचीन संस्कृति की अवनति का अर्थ है, उसके प्राचीन रूप का क्षय और मृत्यु, इससे नवीन सृष्टि का, यहाँ तक कि महान सृष्टि का मार्ग ही परिष्कृत होता है। कारण यह है कि वस्तुतः भीतरी सत्ता ही घटना-परंपरा में प्रकृत मूल्य का निर्णय करती है। बाहर का दृश्यमान वास्तविक रंग बहुधा झूठा परिचय भी दे सकता है। यदि किसी जाति या सभ्यता की अंतर्निहित इच्छा मृत्यु के मुख में चली जाए अर्थात् यदि वह अवनति की जड़ता और मुमूर्षु के विषाद को किसी तरह भी छोड़ना न चाहे, अथवा शक्ति के साथ अंधभाव से ऐसे मार्ग पर चले जो उसे ध्वंस की ओर ले जानेवाला हो, किंतु केवल मृत अतीत की शक्तियों का आदर करे, एवं भविष्य की सारी शक्तियों को दूर ठेल दे, भूत काल के जीवन के लिए भविष्य काल के जीवन की अवहेलना करे, तो चाहे शक्ति, संबल और बुद्धि की कितनी ही प्रचुरता क्यों न हो, बचने के लिए बार-बार कितने ही आह्वान क्यों न किए जाएँ, पुनः-पुनः कितने ही सुयोग क्यों न प्राप्त हों, कोई भी वस्तु उसकी मृत्यु से रक्षा नहीं कर सकेगी। हाँ, यदि अपने ऊपर दृढ़ विश्वास हो, रक्षा करने की प्रबल इच्छा मन में हो, भविष्य को पकड़ने की उन्मुखता और प्रवृत्ति हो, एवं जहाँ वह विरोधी रूप में दिखलाई पड़े, वहाँ उस पर जय पाने का दृढ़ संकल्प हो, तो हम दुरवस्था और पराजय से ही अदम्य विजय की शक्ति संग्रह कर सकेंगे तथा पतन, निरुत्साह और अधःपतन की अवस्था में भी महान नवजीवन का संचार हो सकेगा।

अपने तथा मानव-जाति के जीवन और प्रगति में यदि हमारा यही विश्वास हो, तो हमें भूतकाल के आदर्शों का ही महत्त्व नहीं स्वीकार करना होगा, बल्कि भविष्य के महत्त्वपूर्ण आदर्शों को भी मान लेना पड़ेगा। हम ऐसा कह सकते हैं कि भारत की अन्य कोई जाति या महादेश अब तक पूर्ण सभ्य नहीं हुआ, कारण यह कि मानव-जीवन के सत्य और पूर्ण आदर्शों का पूरा रहस्य अब तक कोई धारण नहीं कर सका है, कोई भी उसे पूर्ण दृष्टि एवं सर्वतोमुखी भाव से सजग होकर एकनिष्ठता

के साथ कार्यरूप में परिणत करने में समर्थ नहीं हुआ है। सभ्यता की संज्ञा है आत्मा, मन और देह की सुसंगति, वह सुसंगति अब तक कहाँ पूर्ण हुई है? कहाँ वह सुसंगति सर्वतोमुखी भाव से सत्य हुई है? जाज्वल्यमान असंगति और त्रुटि कहाँ नहीं घटित होती? जीवन के बाधा-विघ्नों के बीच संपूर्ण संतोषजनक, स्थायी और नित्य उन्नतिशील एकता की तान में भरी हुई जीवन की सुसंगति अब तक कहाँ विकसित हुई है? सर्वत्र ही केवल मानव-जीवन का क्षुद्र, या कहें बीभत्स दोष ही नहीं, बल्कि जिन वस्तुओं को आज हम समता के साथ ग्रहण करते हैं और जिन्हें लेकर हम गर्व करते हैं, वे सब वस्तुएँ भावी मानव-समाज में बर्बरता अथवा अर्द्ध-बर्बरता कहकर विकृत हो सकती हैं। जिन वस्तुओं को आदर्श-गुण से संपन्न समझकर आज हमें हार्दिक प्रसन्नता हो रही है, उनमें बहुत-सी वस्तुएँ आगे चलकर अपूर्ण और दोषयुक्त कहकर विवेचित होंगी, जिसे हम आलोक कहते हैं, उसके कई अंशों को अंधकारमय या अर्द्ध-अंधकारमय कहा जाएगा। जिन बाह्य रूपों, बाह्य आचारों-अनुष्ठानों को प्राचीन कहकर अथवा आदिहीन अनंतहीन 'सनातन' कहकर प्रचलित रखा जाता है (यद्यपि सारी वस्तुओं के बाह्य रूप के संबंध में यह बात कही जा सकती है), उनमें से बहुतों को लुप्त होना पड़ेगा। हमारी उत्कृष्ट नीति और आदर्शों को जो रूप दिया जा रहा है, उसे भी नए समन्वय में रूपांतरित होना पड़ेगा। संभवतः उसे पहचाना भी नहीं जा सकेगा। एक स्थायी मूलभावना है, उसे ही हम लोगों को पकड़ रखना होगा। ऐसी कितनी ही गंभीर प्रेरणाएँ हैं, बुनियादी चिंताधाराएँ हैं, जिनसे वंचित रहने से काम नहीं चलता। कारण यह है कि वे हमारी सत्ता के एवं हमारी सत्ता के लक्ष्य के मूल नीति के, स्वधर्म के वे अपरिहार्य अंश हैं। किंतु वे प्रेरणाएँ किसी विशेष जाति की हों अथवा समूची मानव-जाति की हों, वे संख्या में स्वल्प, मूलतत्त्व में सरल होती हैं तथा उनका विकासशील भाव से और विशिष्टता के साथ प्रयोग किया जा सकता है। शेष जो कुछ है वह सब हमारी सत्ता की निम्नाति-निम्न स्तर की वस्तु है, उसे परिवर्तन का वेग सहन करना होगा तथा कालपुरुष का अग्रगमनशीलता का दावा पूरा करना ही पड़ेगा। स्थिति और परिवर्तन ये जो दो नीतियाँ हैं, इन्हीं का अनुसरण जाति को करना होगा। इनका अनुसरण न करने से जाति का नष्ट होना और अधोगति को प्राप्त होना अवश्यंभावी है।

भूतकाल में जो कुछ महान था, उसे जैसे-तैसे वर्जित रखना अथवा उसकी पुनरावृत्ति करना संभव नहीं, नई आवश्यकताएँ पैदा हो गई हैं, अन्यान्य क्षेत्र हमारी दृष्टि के सामने आ गए हैं। दूसरे, हम लोगों को यह भी निर्णय करना होगा कि भूतकाल में कौन सी वस्तु दोषयुक्त, अपूर्ण, भूल से ग्रहण की हुई, अथवा संकीर्ण है। कारण यह है कि इस प्रकार की धारणा व्यर्थ है कि भूतकाल में अथवा उसमें भी सर्वापेक्षा गौरव की अवस्था में सब-कुछ पूर्णतः प्रशंसनीय है। हमें यह जानना होगा कि हमारे अधःपतन का मुख्य कारण क्या है। इस अधःपतन के प्रतिकार का

मार्ग ढूँढ़ना होगा, ताकि हमारे भूतकाल के महत्त्व का ज्ञान हम लोगों को मोहित करके घातक जड़ता और निश्चेष्टता में न छोड़ दे। हम लोगों को यह जानना होगा कि हमारी वास्तविक दुर्बलता क्या है तथा उस दुर्बलता की जड़ें कहाँ हैं, किंतु हमें अपनी दृष्टि मनोयोग के साथ अपनी शक्ति के अंशों पर तथा नवीन आत्म-अभ्युदय की प्रेरणाओं के ऊपर आबद्ध रखनी होगी।

हम लोगों को दूसरी तुलना करनी चाहिए, पश्चिम के साथ भारत की। पश्चिमी देशों के भूतकाल में एवं भारत के भूतकाल में पक्षपात-रहित दृष्टि से हमलोगों को देखना होगा कि पश्चिम किन-किन वस्तुओं में आगे बढ़ा है और मानव-जाति के लिए क्या-क्या प्रदान कर सका है। इसके साथ ही पश्चिम के दोषों और त्रुटियों को देखना होगा। फिर देखना होगा प्राचीन भारत और मध्यकालीन भारत कहाँ आगे बढ़ा है और कहाँ पीछे आया है। पश्चिम के वर्तमान में जो उत्कृष्टता और सजीवता दिखलाई पड़ रही है, उससे कर्तव्यविमूढ़ अथवा विभ्रांत न होकर हमें मनोयोगपूर्वक उसका पर्यवेक्षण करना होगा। साथ ही उसके अनंत दोषों, त्रुटियों, बहुत सी असफलताओं, विपत्तियों पर भी हमें दृष्टि रखनी होगी। भारत का वर्तमान देखना होगा इसके पिछड़ेपन में तथा इसके पुनरुत्थान की नवीन चेष्टाओं में। हमें देखना होगा कि पश्चिम से किस वस्तु का ग्रहण करना हमारे लिए अनिवार्य है तथा किस प्रकार हम उसे अपने निजी भावों और आदर्शों के ढाँचे में ढाल सकते हैं। किंतु हम लोगों को एक बात और भी देखनी होगी और वह यह कि स्वयं हमारे भीतर स्वाभाविक शक्ति का स्रोत कहाँ है? पश्चिम हम लोगों को जो कुछ दे सकता है, उसकी अपेक्षा इस स्रोत से हम नवीन और महान शक्ति का स्रोत खोज सकते हैं। कुछ न होने पर भी यह स्रोत केवल इसीलिए महान है कि यह हमारे लिए स्वाभाविक है, हमारी विशिष्ट प्रकृति के लिए सजीव है। हमारी तीसरी एवं सबकी अपेक्षा अधिक प्रयोजनीय तुलना होनी चाहिए—हमारे वर्तमान के साथ भविष्य के आदर्श की। हम लोगों को देखना होगा कि वह आदर्श है हमारी सत्ता का पुनर्गठन। हमारे पांडित्य और सभ्यता की नियामक शक्तियों और प्रेरणाओं ने जो बाह्य रूप ग्रहण किया है एवं जो आभ्यंतरिक विचारधारा का अनुसरण किया है, उन सबका पुनर्गठन। हम इस समय क्या हैं और भविष्य में हम क्या हो सकते हैं, क्या होने की चेष्टा करना हमारा कर्तव्य है, इनके बीच का व्यवधान हमें देखना होगा। निराशा को आश्रय देने के लिए नहीं, बल्कि हम लोगों को कहाँ तक अग्रसर होना पड़ेगा इसको प्राप्त करने के लिए—प्रगति की धाराओं का निर्णय करने के लिए—तथा कल्पना करने की और कार्य में परिणत करने की शक्ति प्राप्त करने के लिए।

हमें चाहिए मौलिक सत्य की खोज करने वाली चिंता, चाहिए समर्थ और साहसिक अंतर्ज्ञान, किंतु मुख्यतः चाहिए अविचल आध्यात्मिक और तार्किक सत्यता। हमारे जीवन और समाज की रीति-नीति में, अवनति और जघन्यता के साथ पड़े

रहने की बात छोड़ देने पर भी, जो स्वयं ही भ्रांत, समर्थन के अयोग्य, हमारे जातीय जीवन की दुर्बलता का कारण है अथवा हमारी सभ्यता के लिए लज्जा और अपमान की बात है, उसके लिए किसी प्रकार का तर्क या आलस्य नहीं करना होगा। हम अपने अस्पृश्यों के प्रति कैसा व्यवहार करते हैं, यही एक ज्वलंत उदाहरण है। कुछ लोग इसके कारण के संबंध में कहेंगे कि प्राचीन काल में यह व्यवहार अपरिहार्य था। उस समय यही समाधान उत्कृष्ट था, किंतु किसी वस्तु का एक साधारण कारण बतला देने से ही वह वस्तु न्यायसंगत प्रमाणित नहीं हो जाती। जो समाधान जाति के पाँचवें अंश को चिरकाल तक हीन बनाकर रखे, वह वस्तुतः समाधान नहीं है। यह दुर्बलता को मान लेना है, समाज के आध्यात्मिक, मानसिक और नैतिक कल्याण के लिए एक घाव को मान लेना है। जो समाज-व्यवस्था एक बड़ी संख्या में स्वदेशवासियों को हीनावस्था में रख कर ही बच सकती है, उसे बचने का अधिकार नहीं है। हम लोगों को अपने विवेक से अन्य चीजों की ओर भी दृष्टिपात करना होगा, देखना होगा कि कहाँ वे अपना प्राचीन अंतर्निहित भाव और यथार्थ उपयोगिता खो बैठी हैं, कहाँ वे इस समय केवल मिथ्या में परिणत हुई हैं, उनका वास्तविक जीवन के साथ कोई सामंजस्य नहीं है, कहाँ वे अपने समय में कल्याणकारी होते हुए भी अब हमारे विकास के लिए पर्याप्त नहीं हैं। इन्हें रोककर नए रूप, नए अनुष्ठान की सृष्टि करनी होगी और उनको एकदम परिवर्तित-रूपांतरित कर लेना होगा। चाहे प्राचीन हो अथवा आधुनिक, हमें सब आदर्शों को स्वच्छ अंतर्दृष्टि से देखना होगा। यह भी देखना होगा कि कहाँ उन सबको लाँघकर जाना होगा, कहाँ उन्हें प्रसारित और परिवर्द्धित करना होगा, कहाँ आभ्यंतरिक सत्ता के साथ, नवीन श्रेयकर आदर्श के साथ मिलाना होगा, ताकि एक महान भावी समन्वय के लिए वह स्थान छोड़ दे अथवा उसमें अपना स्थान बना ले।

विवेकानंद ने इसी सत्य को अत्यंत स्पष्ट भाव से देखा था। यद्यपि हमारी सभ्यता के अंतर्निहित भाव और आदर्श बड़े उत्कृष्ट थे एवं उस भाव और आदर्श का अधिकांश भाग अपने तात्विक रूप में चिरकाल के लिए मूल्यवान था, वह आंतरिक भाव से हमारे देश में बड़ी ही दृढ़ता और शक्ति के साथ गुँथा हुआ था, तथापि समाज के समष्टिगत जीवन में उन सबका प्रयोग हमारे देश में कभी भी यथेष्ट साहस और पूर्णता के साथ नहीं किया गया, यहाँ तक कि वह क्रमशः अधिकाधिक संकीर्ण और त्रुटिपूर्ण होता गया। उस दोष ने हमारे समाज के ऊपर दुर्बलता और पराजय की छाप लगा दी।

आध्यात्मिक आदर्शवाद की नीति है, बाहरी एकता और इस पर आधारित अनुष्ठानों को सुरक्षित रखना। इससे समाज के साधारण जीवन में कठोर-बंधन और भेद, विषमता और जटिलता क्रमशः बढ़ जाती है। स्वाधीनता, एकता, मनुष्य में देवत्व आदि महान वैज्ञानिक आदर्श व्यक्तिगत आध्यात्मिक साधना के लिए छोड़ दिए जाते

हैं। इस भाव से फैलाव और ग्रहण शक्ति की न्यूनता घटित हुई। इसका परिणाम यह हुआ कि जब बाहर से प्रबल आक्रमण हुए, तब समाज केवल गतिहीन आत्मरक्षा में संतुष्ट था, चाहे जितने संकीर्ण भाव से हो, अंतरात्मा की रक्षा करना ही एकमात्र लक्ष्य हो गया। इस भाव से जीवन की रक्षा अवश्य हुई, किंतु वह जीवन रक्षा महान और सतेज नहीं थी। इस समय हमारे लिए आवश्यक हो गया है, व्यक्तिगत और सामाजिक जीवन, आध्यात्मिकता, दर्शन, धर्म, कला, साहित्य, राजनीति, अर्थनीति, समाज-संगठन सर्वत्र साहस के साथ सर्वांग-संपूर्ण भाव से जीवन का विकास और विस्तार करने की। जब हम ऐसा करेंगे, तब देख सकेंगे कि पश्चिम से जो कुछ उत्कृष्ट वस्तु हमारे समीप आ रही है, वह हमारे निजी प्राचीन ज्ञान से केवल उपलक्षित ही नहीं है, बल्कि उसका ऐसा गंभीर अर्थ भी झलकेगा जिससे हम और भी महान और उत्कृष्ट जीवन का पता पाएँगे। सारांश, हम जिसे बराबर जानते थे, उसी को इस समय सम्यक् रूप से जीवन में कार्यरूप में परिणत करना होगा। हमारी संस्कृति के गूढ़ अर्थ तथा भविष्य के लिए हमें जिस वस्तु की आवश्यकता है, उसका रहस्य इन्हीं दोनों के बीच के सामंजस्य की साधना में विद्यमान है,—कहीं अन्यत्र ढूँढ़ने की आवश्यकता नहीं है।

इस तरह हमारे सम्मुख जो दृष्टि फैली हुई है, वह प्राच्य और पाश्चात्य के बीच वर्तमान में जो द्वन्द्व दिखलाई पड़ रहा है—उसके ऊपर है। मनुष्य के भीतर बैठी हुई आत्मा का लक्ष्य समूची मानव-जाति में ही एक है। किंतु विभिन्न जातियाँ भिन्न-भिन्न भाव से, भिन्न रूप और संगठन में उसी की ओर अग्रसर हुई हैं। यह विचित्र है कि उपर्युक्त गूढ़ एकता का जो सूत्र है, उसे न देखकर वे सभी जातियाँ आपस में संग्राम कर रही हैं। सभी जातियाँ अपने लिए दावा कर रही हैं कि, हमने जिस मार्ग से चलना प्रारंभ किया है, वही मानव-जाति के लिए एकमात्र पथ है—दूसरा नहीं। हमारा ही मार्ग एकमात्र सत्य है और हमारी सभ्यता सर्वांग सुंदर है। द्वंद्व और संग्राम में ही विकास है, इसी नीति को यूरोपीय संस्कृति ने पहला स्थान दिया है। भारतीय संस्कृति चली थी, सामंजस्य को नीति-स्वरूप ग्रहण करके उस सामंजस्य का लक्ष्य और भी वृहद, एकता की ओर अग्रसर करने एवं उसी के ऊपर अपने को स्थापित करने। किंतु अंत में वह सामंजस्य रुकावट के द्वारा दृढ़ शृंखला को सुरक्षित्त रखने एवं अपने चारों ओर माया-जाल तानकर उसी के बीच अपने को आबद्ध रखने की चेष्टा में सीमित हो गया था। वह आक्रमण करने की शक्ति खो बैठा तथा उसकी ग्रहण करने की शक्ति भी दुर्बल हो गई। हमने जिस सामंजस्य का विधान किया था, वह अत्यधिक जड़ और सीमाबद्ध था। इस बात को हम भूल गए थे कि, जितने दिनों तक हम पूर्णता की अवस्था में नहीं पहुँचते हैं, उतने दिनों तक सामंजस्य का रूप अपूर्ण एवं सामयिकता से भिन्न और कुछ भी नहीं हो सकता। उस सामंजस्य को सजीव रखने के लिए एवं उसका अंतिम लक्ष्य सिद्ध करने के

लिए उसको ऐसे ढंग से स्वयं ही परिवर्तित और प्रसारित करना चाहिए, ताकि वह प्रशस्त और अधिकतर व्यापक, अधिकतर वास्तविक ऐक्य की ओर अग्रसर हो सके। इस समय हम लोगों को अपनी संस्कृति और सभ्यता का इस प्रकार वृहद प्रसार करने की चेष्टा करनी चाहिए। हमें अपने समाज में आध्यात्मिक और बौद्धिक एकता का, समूची मानव जाति के साथ सामंजस्य और एकता का संधान करना चाहिए। इस समय जिसे हम द्वंद्व और संग्राम समझ रहे हैं, संभवतः वही समूची मानव-जाति के ऐक्य साधन की पहली और आवश्यक वस्तु हो रही है। जिसे पश्चिम इस समय केवल आइडिया या कल्पना के रूप में देख रहा है तथा विरोधी स्वार्थों में किसी-न-किसी तरह की कोई मीमांसा करके एवं यंत्रवत गठित अनुष्ठानों के भीतर प्रतिष्ठित करने के लिए बहुत बड़ा प्रयास कर रहा है। उसी को आत्मा के प्रकाश में देखने तथा उसके द्वारा कल्पना और अनुष्ठान का विकास करने, आध्यात्मिक सत्य के ऊपर उसकी नींव स्थापित करने के लिए प्रयत्नशील होना ही भारत के लिए उचित है। केवल इसी भाव से हम अपनी प्रकृत एकता स्थापित कर सकेंगे।

—1934

अनुवाद : **मानवी गुप्ता**

एम. एन. राय
1887-1954

एक क्रांतिकारी मानववादी। पहले का नाम नरेंद्रनाथ भट्टाचार्य। 1915 में कुछ जर्मन एजेंटों के साथ जावा हथियार लाने गए, ताकि भारतीय विद्रोह संभव हो। यह योजना असफल होने के बाद अमेरिका गए, वहाँ से मैक्सिको जाकर नए नाम से बस गए। रूस में क्रांति सफल होने के बाद 'मैक्सिकन कम्युनिस्ट पार्टी' की स्थापना की और रूस गए। लेनिन के संपर्क में आकर 'कम्युनिस्ट इंटरनेशनल' के सदस्य बने। चीन भी गए, पर स्टालिन के सत्ता में आने के बाद 'इंटरनेशनल' से 1929 में निकाल दिए गए और भारत आ गए। बुद्धिवाद और धर्मनिरपेक्ष मानववाद के लिए काम करने वाले एक अंतर्राष्ट्रीयतावादी चिंतक। 'प्रिजनर्स डायरी' और कई पुस्तकें लिखीं।

भारतीय नवजागरण की पूर्व शर्तें

पश्चिम के हाल के और समकालीन बौद्धिक जीवन में मौजूद आध्यात्मिक पुनरुत्थानवाद, रहस्यवादी उच्छृंखलता एवं धार्मिक पूर्वजता की व्याख्या किसी पापी द्वारा किए गए पश्चात्ताप के लक्षण के रूप में की जाती है। उनका भारत में व्याप्त पूर्वग्रहों पर जबर्दस्त प्रभाव पड़ा। इसका यह अर्थ है कि आधुनिक सभ्यता के वरदान पाने के लिए भारतीय नवजागरण की यह आवश्यक शर्त है कि प्रगतिशील शक्तियाँ उपर्युक्त पूर्वग्रहों से यथार्थतः मुक्त हों। वर्तमान अनुतप्त भौतिकतावादी विश्व के तथाकथित उद्धारक स्वरूप का निरर्थक मिथ्याभिमान हमारी दृष्टि को भारतवर्ष के उस काल्पनिक स्वर्णिम अतीत की ओर मोड़ देता है, जिसके संबंध में हमारी धारणा बन गई है कि वर्तमान सभ्यता की सारी बीमारियों का इलाज वहाँ मौजूद है। अहम्-दंभ से भरे अपने मिशन के मूर्खता भरे उत्साह में पीछे देखते वक्त हम हास्यास्पद ढंग से अपनी आगे की तरफ यात्रा को विस्मृत कर बैठते हैं और अपनी आदर्शवादी संभ्रांति के दुश्चक्र में कोल्हू के बैल की तरह चक्कर पर चक्कर लगाते चले जाते हैं।

आधुनिक यूरोप की सांस्कृतिक पृष्ठभूमि पर सरसरी नजर डालने भर से कुछ निराशा भरे धर्मांध व्यक्तियों को छोड़कर शेष सभी लोग इस तथ्य से सहमत हो जाएँगे कि भले ही अध्यात्म की जादुई स्पर्श-मणि के द्वारा सारी समस्याएँ छू-मंतर हो जाती हों, मगर फिर भी पाश्चात्य सभ्यता के लिए यह आवश्यक नहीं है कि वह अपनी समस्याओं के समाधान के लिए किसी भारतीय करामाती व्यक्ति की प्रतीक्षा करे। यूरोप को अपने ही अतीत के धूल-धूसरित तहखानों में ऐसी जादुई स्पर्शमणियाँ प्रचुर मात्रा में मिल जाएँगी। ऐतिहासिक तथ्य के तौर पर बुर्जुआ समाज की क्षयशील काया पर पनपी आध्यात्मिकता की जड़ें ईसाइयत की मिट्टी में ही नहीं, पश्चिमी सभ्यता का निर्माण करने वाले कई गैर-ईसाई सैद्धांतिक विचारों एवं धार्मिक दृष्टियों में भी ढूँढ़ी जा सकती हैं।

यदि एक बार यह प्रकट हो जाए कि जिन क्षेत्रों में भारत को विशेषज्ञता रखने वाला माना जाता है, उनमें भी वह कोई बड़ा करतब नहीं दिखा सकता, तो इस देश में यथार्थ रूप में नवजागरण लाने वाली उत्साही ताकतें सुस्त पड़ जाएँगी। वे इस पुरानी प्रसिद्ध उक्ति—"वैद्य, तुम पहले अपने को ही चंगा करो"—को चरितार्थ करेंगी। तरुण भारत को इस समय महानतम चीनी दार्शनिक 'ह्यू शी', जिन्हें चीनी नवजागरण का जनक कहा जाता है, के विचारों से शिक्षा ग्रहण करनी चाहिए। ह्यू शी ने कितने साहसपूर्वक अपने दृढ़ विचार व्यक्त किए थे—"चीन के पास संरक्षित रखे जाने योग्य कुछ भी नहीं है। अगर उसके पास कोई चीज है तो वह अपनी संरक्षा स्वयं ही कर लेगी। हे विदेशियो! तुम जो यह कहते हो कि चीन के पास संरक्षित रखे जाने योग्य कुछ चीजें हैं तो ऐसा कहकर तुम चीन को क्षति पहुँचाते हो, क्योंकि ऐसा कहकर तुम केवल हम चीनियों के अहंकार को पुष्ट करते हो। हम चीनियों को अपनी सारी निजी विशिष्टताएँ धो-पोंछ डालनी होंगी तथा पाश्चात्य संस्कृति एवं जीवन-दृष्टि को अंगीकार करना होगा।" तरुण भारत को सर सी.वी. रमण द्वारा 1932 में बंबई विश्वविद्यालय के दीक्षांत समारोह में दिए गए उस भाषण पर भी ध्यान देना चाहिए, जिसमें प्रगति के मार्ग से हटाकर शोचनीय ढंग से भारत को गुमराह करने वाली ताकतों की प्रतिक्रियावादी भ्रांतियों एवं असार उक्तियों की तुलना में कहीं अधिक मूलयवान संदेश छिपा हुआ है। तरुण भारत की शोचनीय बौद्धिक जड़ता इस एक तथ्य से प्रकट हो जाती है कि महानतम जीवित भारतीय चिंतकों में से उपर्युक्त चिंतक का युगांतकारी संदेश व्यावहारिक तौर पर अनसुना कर दिया गया, जबकि जनता को उत्तेजित करने वाले धूर्त्त एवं कुत्सित विचार वाले लोगों के अनाप-शनाप वक्तव्यों को इतनी वाह-वाही दी जाती है, मानो वे प्रज्ञा की पराकाष्ठा पर पहुँचे वक्तव्य हों।

लेकिन कुछ ऐसे भी भारतीय हैं जो समय-समय पर अपने तर्क एवं विवेक की आवाज बुलंद करते रहे हैं। उदाहरणस्वरूप, लखनऊ विश्वविद्यालय के तत्कालीन कुलपति डॉ. आर. पी. परांजपे ने जनवरी, 1934 में कटक स्थित रवेनशॉ कॉलेज

में बोलते हुए कहा था—"भले ही हमारा प्राचीन साहित्य, दर्शन एवं संस्कृति सामान्यतया गहन अध्ययन एवं रसास्वादन के विषय हों, फिर भी मुझे ऐसी अनेक दिशाएँ दिखाई दे रही हैं, जिनसे होकर गुजरते हुए हमने वस्तुतः उस प्राचीन सभ्यता के सार तत्त्व को वास्तविक अर्थों में खो दिया है तथा उसके खोल मात्र से चिपके रह गए हैं। एक आक्रामक किस्म की राष्ट्रीयता है जो अपने यहाँ की बहुत सारी चीजों को केवल इसीलिए धारण रखने योग्य मानती है कि ये पुरानी हैं। हमारे देश की वर्तमान हालत इतनी दयनीय इसीलिए है क्योंकि हमने समय के साथ अपने आपको बदलना छोड़ दिया है और हम दूसरे देशों द्वारा की जा रही प्रगति से शिक्षा ग्रहण करना भूल गए हैं। कुछ गंभीर अमानवीय बुराइयाँ, जिनसे इन दिनों वर्तमान पीड़ित है, इसी आक्रामक राष्ट्रीयता एवं जातीयता की वजह से हैं। जर्मनी एवं इटली में उसके उदाहरण देखे जा सकते हैं।

आध्यात्मिकता के मानदंडों के आधार पर दूसरों की महानता का आकलन करने की आदत से हम भारतवासियों को बाज आना होगा एवं अपने इस मिथ्याभिमान की बीमारी से मुक्त होना होगा। हमें विश्व को अपनी खुली आँखों से देखना होगा और तर्कसम्मत ढंग से विचार करते हुए दूसरों से शिक्षा ग्रहण करनी होगी। हमें अपनी समस्याओं से यथार्थ रूप से निपटना होगा। भारतीय संस्कृति के उच्चताबोध की अवधारणा ग्रीक-रोमन पुरावशेष काल से लेकर ईसा की सोलहवीं शताब्दी तक के यूरोपीय इतिहास को ही खारिज कर डालती है। लेकिन ऐसा करते वक्त यह तथ्य विस्मृत कर दिया जाता है कि यह वही काल है जिसमें उपजे बुद्धिवाद एवं वैज्ञानिक ज्ञान ने मध्य युग के अवसादपूर्ण अंधकार को अपदस्थ करने एवं मानवीय चिंतन-प्रणाली को अंधविश्वासमुक्त करने की भरपूर कोशिश की। इस पूरे काल खंड के दौरान यूरोपीय जनता की जीवन-पद्धति एवं संस्कृति गहरी आध्यात्मिकता से ओत-प्रोत थी। उस पर पुरोहितों का एकाधिपत्य था। सामान्य या व्यावसायिक किस्म के ये पुरोहित लौकिक प्रपंच से मुक्ति दिलाने हेतु आध्यात्मिक कर्मकांड के प्रबंधक का कार्य करते थे। हमें यह देखकर आश्चर्य होता है कि उनकी भी सारी विशेषताएँ वही थीं जिन विशेषताओं पर हिंदू अपनी महान विरासत के नाम पर गर्व करते हैं तथा अपना जातीय गौरव माना करते हैं। अलेक्जेंडरीय पांडित्य के समापन काल से लेकर हजार वर्षों से भी अधिक अवधि तक आस्था ने यूरोपीय जनता के मस्तिष्क पर आधिपत्य जमाए रखा तथा तर्क से उपजने वाले ज्ञान पर ग्रहण लगा रहा। प्राचीन ग्रीक के लौकिक दर्शन शास्त्र पर अथेनियन युग की तत्त्वमीमांसा एवं नैतिक दर्शन-शास्त्र का ग्रहण लगा रहा, जिसके परिणामस्वरूप ईसाई धर्मशास्त्र की नींव पड़ी। इस ईसाई धर्मतत्त्व पर आगे चलकर एक नए धर्म का ग्रहण लग गया।

उस दीर्घ अवधि के यूरोपीय इतिहास का परिचय पाकर पता चलता है कि धार्मिक चिंतन किसी खास जाति के लोगों की विशेष प्रतिभा प्रतिफलन नहीं है, बल्कि

इसका संबंध खास किस्म के सामाजिक संबंधों से है, भले वे संबंध किसी भी भौगोलिक क्षेत्र के लोगों के क्यों न हों। वास्तविकता यह है कि बौद्धिक विकास की एक खास ऊँचाई पर पहुँच जाने के उपरांत व्यक्ति केवल धर्म से जुड़ी शब्दावलियों में ही सोच सकता है तथा मानवीय प्रगति संबंधी विचारों को केवल उपदेशात्मक रहस्यवाद के रूप में ही प्रस्तुत कर सकता है। ऐसी स्थिति में धर्म, रहस्यवाद एवं अतींद्रिय चिंतन सामाजिक आवश्यकता बन जाया करते हैं। सामाजिक विकास के ऐसे चरण में हर व्यक्ति निश्चित तौर पर धार्मिक, रहस्यवादी एवं अतींद्रिय शब्दावलियों में ही सोचा करता है। उनके चिंतन की अंतर्वस्तु एक जैसी होती है, इसका मूल रूप भी एक जैसा ही हुआ करता है। भौगोलिक परिवेश के अंतर से जो भिन्नता उत्पन्न होती है वह सिर्फ सतही हुआ करती है। अपने अज्ञान की वजह से जब तक मनुष्य अपने अंदर निहित अनंत संभावनाओं के प्रति जागरूक नहीं हो जाता, तब तक वह निश्चित रूप से अपनी सीमाओं से उबरने एवं अपनी आकांक्षाओं के मार्ग में उपस्थित होने वाली बाधाओं पर विजय पाने की आशा में किसी-न-किसी अति-प्राकृतिक शक्ति का सहारा ढूँढ़ा करता है। समानुपातिक तौर पर कहा जा सकता है कि जैसे ही प्रकृति एवं प्रकृति के एक अंश के तौर पर अपने आप का ज्ञान मनुष्य के अज्ञान को छिन्न-भिन्न कर डालता है वैसे ही मनुष्य के अंदर आत्मविश्वास पैदा हो जाता है। तब आध्यात्मिकता कोई बौद्धिक आवश्यकता नहीं रह जाती। लेकिन पूर्वग्रह के रूप में तब भी इसका अस्तित्व कायम रहता है। जब नए किस्म के विचारों को हठपूर्वक रोका जाता है और जब किसी बुद्धिवादी एवं वैज्ञानिक दर्शन में अनुभव-जन्य ज्ञान के लगातार बढ़ते जा रहे समन्वय का विरोध किया जाता है, तब आध्यात्मिकता मनुष्य की मुक्ति एवं प्रगति की लालसा के विरुद्ध प्रतिक्रिया की एक प्रबल सहायक बन जाती है। वह व्यवहार में भौतिकवाद के विकृततम रूप को नैतिक समर्थन देती है।

ईसाइयत द्वारा सभ्यता के इतिहास में अपनी क्रांतिकारी भूमिका अदा कर दिए जाने तथा अपने आपको शक्तिशाली कैथोलिक चर्च के रूप में प्रतिष्ठापित कर लिए जाने के बाद पूर्व-मध्य युग को यूरोप में आध्यात्मिकता ने सामाजिक तौर पर प्रतिक्रियावादी एवं विचारधारात्मक रूप से गुलाम बना डालने वाली ऐसी सत्ता हासिल कर ली, जिसने अपने आपको वस्तुतः सामंती बर्बरता की सहायक शक्ति के रूप में रूपांतरित कर डाला।

भारतीय इतिहास में हमें दो युग देखने को मिलते हैं। एक युग में धार्मिक किस्म का चिंतन एक अनिवार्य बौद्धिक कर्म था एवं उसका एक सकारात्मक सामाजिक ध्येय हुआ करता था, जबकि दूसरे युग में आध्यात्मिकता प्रतिक्रियावाद का एक हथियार एवं उच्चतर सभ्यता से बचाव का एक सुरक्षा कवच बन गई थी। दोनों युग के बीच विभाजक रेखा खींचने का कार्य बौद्ध आंदोलन ने किया। बौद्ध धर्म के क्रांतिकारी दर्शन में चिंतन की जो बुद्धिवादी एवं अर्द्ध-भौतिकतावादी पद्धतियाँ (वैशेषिक, सांख्य,

न्याय आदि) शामिल थीं, उन्होंने जन-सामान्य को बता दिया कि उपनिषदों में निहित धार्मिक चिंतन के पुराने रूपों ने अपनी सामाजिक उपयोगिता खो दी है। इन प्रभुत्वशाली विचारधारा के रूप में उपर्युक्त धार्मिक चिंतन की निरंतरता का अर्थ है बौद्धिक प्रतिक्रिया का अंधकार युग। आलोचनात्मक दृष्टि का इतिहासकार उत्तर-बौद्ध भारत (बौद्ध धर्म के पतन एवं अधोगति के युग सहित) को ठीक उसी तरह बेतुके विरोधाभासों से भरा पाएगा जिस तरह यूरोप के मध्य युग को पाता है। यदि भारतीय इतिहास का अध्ययन वर्तमान जातीय शर्म को ढकने के उद्देश्य से उसके अतीत को जबर्दस्ती गौरवशाली सिद्ध करते हुए न किया जाए, महज किसी सिद्धांत को साबित करने के लिए पुनर्लेखन न करके ऐतिहासिक सत्य के उद्घाटन के उद्देश्य से किया जाए तो ऐसी प्रचुर सामग्री मिल जाएगी जिससे यह स्पष्ट हो जाएगा कि महायान बौद्ध धर्म और साथ-ही-साथ विजय के मद में चूर शंकराचार्य द्वारा पुनःप्रतिष्ठापित हिंदू धर्म की आध्यात्मिक उच्छृंखलताएँ किस तरह जीवन के अशिष्टतम लौकिक व्यवहारों से घनिष्ठ रूप से जुड़ी हुई थीं। जब समाज के पितृसत्तात्मक, सामंतवादी एवं पुरोहित वर्ग रंगरेलियाँ मनाते हुए भ्रष्टाचार, विषयासक्ति, भोग-विलास एवं बर्बरतापूर्ण शौर्य के मार्ग पर चलने लगे तब पाखंड से भरी धार्मिकता, उपदेशात्मक रहस्यवाद एवं अध्यात्मवादी दार्शनिक सिद्धांत ही उस युग की विचारधारा की प्रमुख विशेषताएँ थीं। यूरोपीय मध्य युग के इतिहास का अध्ययन उन लोगों के लिए दर्पण का काम करेगा, जिनके पास भारत के अतीत की कुरूप वास्तविकताओं का सीधे तौर पर सामना करने का साहस नहीं है। साथ ही यह उन्हें प्रेरित करेगा कि वे आदर्श रूप में देखी गई अपनी ऐतिहासिक पृष्ठभूमि पर एक आलोचनात्मक दृष्टि डालें। ऐसा करने पर कल्पना के मनमोहक इंद्रधनुष विलीन हो जाएँगे एवं सुंदर सपनों के ढेर सारे बुलबुले फट जाएँगे। परिणामस्वरूप अपने हृदय में सँजोकर रखे गए भ्रमों से तरुण भारत को मुक्ति मिल जाएगी। उसकी दृष्टि के सामने से पूर्वकल्पित धारणाओं का कोहरा छँट जाएगा। उसमें अपनी दृष्टि लगातार आगे की तरफ रखने एवं प्रगति के मार्ग पर दृढ़तापूर्वक बढ़ने की योग्यता आ जाएगी। वह अपने अतीत की बेड़ियों को छिन्न-भिन्न कर डालेगा एवं अपनी धूसर परंपरा के अनावश्यक अवरोधों को दूर कर लेगा।

विषय का छिछला ज्ञान रखने वाला (या बिलकुल न रखने वाला) हिंदू विद्वान अहंकारपूर्ण ढंग से ईसाइयत को घृणा की दृष्टि से देखता है। उसे लगता है कि उसके अपने धर्म में व्यक्त विचार सूक्ष्म, उदात्त एवं गहरे हैं, जबकि बाइबिल में व्यक्त विचार अनगढ़ एवं बचकाने हैं। उदाहरणस्वरूप, ब्रह्मांड की उत्पत्ति विषयक ग्रंथों में व्यक्त सृष्टि-संबंधी विचारों को पढ़कर वह बड़ा खुश होता है, लेकिन यह तथ्य भूल जाता है अथवा इससे अनभिज्ञ ही रह जाता है कि केवल पुराणों की कहानियाँ ही हास्यास्पद नहीं हैं, बल्कि वैदिक ब्रह्मांड विज्ञान भी परवर्ती काल में मनुष्य द्वारा अर्जित ज्ञान की रोशनी में बेतुका है।...

विज्ञान ने सृष्टि के सिद्धांत की इतनी तर्कसंगत व्याख्या की है कि यह विज्ञान के अत्याधुनिक सिद्धांतों में से एक माना जाता है। "वेद में जो उल्लिखित नहीं है, उसका अस्तित्व ही नहीं है"—यह प्रसिद्ध पुरानी कहावत हिंदू धर्म में व्यापक रूप से अपनी जड़ें जमा चुकी है। ऐसा दावा किया जाता है कि हिंदू धर्म-ग्रंथों में मानवीय ज्ञान का विशाल अंश शामिल है। आधुनिक विज्ञान एवं दर्शन को इस संबंध में कुछ नहीं कहना है कि आत्मज्ञानी ऋषियों को किन-किन बातों की जानकारी नहीं थी। पुरानी बोतल में नई शराब भरने का प्रचलन काफी है, जबकि विज्ञान अच्छी तरह स्पष्ट कर चुका है कि सृष्टि की उत्पत्ति अचानक नहीं हुई। वह सृष्टि की उत्पत्ति की आदिम अवधारणा को खारिज कर चुका है। चाहे जिस ढंग से भी व्याख्या की जाए, लेकिन वास्तविकता यह है कि जो लोग यह मानते हैं कि ईश्वर ने कहा, "प्रकाश हो जाए, और प्रकाश हो गया" उनमें तथा जो लोग यह मानते हैं कि "आरंभ में एक ही सत्ता थी जो आगे चलकर अनेक बन गई क्योंकि उसने वैसा करने का संकल्प किया" इन दोनों में कोई भेद नहीं है। दोनों ही मामलों में प्रस्थान बिंदु एक अतिप्राकृतिक इच्छा है, जो जादुई ढंग से शून्य से ब्रह्मांड की सृष्टि कर डालती है। इस जादुई शक्ति की केवल कल्पना की जा सकती है। इसे कभी भी जाना नहीं जा सकता, इसके अस्तित्व को सिद्ध नहीं किया जा सकता, क्योंकि ऐसा करने पर इसके संबंध में जो कल्पना की जाती है उसके अनुरूप इसका अस्तित्व प्रकट ही नहीं हो पाएगा, वह समाप्त हो जाएगा।...

किसी भी धर्म का जन्म, काल के किसी खास क्षण में नहीं होता और न ही वह किसी पैगंबर द्वारा प्रकट किया जाता है। किसी भी धर्म के मत एवं सिद्धांत एक खास प्रक्रिया के तहत अपना निश्चित रूप धारण करते हैं और वह प्रक्रिया किसी खास काल-खंड की सामाजिक परिस्थितियों द्वारा निर्धारित होती है एवं उस पूरे काल-खंड के दौरान जारी रहती है। मानव के विकास क्रम के कुछ खास चरणों में किसी-न-किसी रूप में दिखाई देने वाला धर्म एक सामाजिक आवश्यकता हुआ करता है तथा अन्य सभी सामाजिक घटनाओं की तरह यह भी परिवर्तनशील एवं अस्थायी होता है। कोई भी धर्म शाश्वत, अपरिवर्तनीय एवं शाश्वत सत्यों पर आधारित नहीं होता। चूँकि सभी धर्मों का आधार जीवन की भौतिक परिस्थितियाँ ही हैं, अतः समय-समय पर केवल धर्म के रूप ही नहीं बदलते, बल्कि जब मनुष्य का आध्यात्मिक विकास एक पर्याप्त ऊँचे स्तर तक हो जाता है तब स्वयं धर्म, अर्थात् किसी अलौकिक शक्ति में विश्वास भी निरर्थक हो जाया करता है। सकारात्मक ज्ञान, जो काल्पनिक चिंतन एवं तथाकथित अपौरुषेय ज्ञान से भिन्न हुआ करता है, मनुष्य को आत्मनिर्भर होने योग्य बनाता है। उसके लिए यह आवश्यक नहीं रह जाता कि वह किसी अतिमानवी शक्ति की कृपा का आकांक्षी हो।...

जीवन की भौतिक परिस्थितियों में परिवर्तन आने पर आदर्श मानकों में भी

तदनुरूप पुनःसमायोजन होता है। सामाजिक संबंधों की किसी स्थापित भित्ति में गड़बड़ी आ जाने पर धर्म या विश्वास के पारंपरिक स्वरूप की नींव डगमगा जाती है। ईश्वर या देवताओं से, जैसा भी मामला हो, मनुष्य के संबंध का निर्धारण मनुष्यों के आपसी संबंध से हुआ करता है। प्रकृत धर्म उदाहरणस्वरूप वेद, अथवा ग्रीक मिथकशास्त्र का 'उपासना की वस्तुओं के रूप में प्रकृति की विविध घटनाओं का देवत्वीकरण'—यह मूलतः विकेंद्रित जनजातीय समाज का धर्म था। एकेश्वरवाद, अर्थात् एक ईश्वर में विश्वास, एक केंद्रित राज्य के तहत समाज के राजनीतिक संगठन के लिए उद्यमरत कौम की आदर्शवादी अभिव्यक्ति के रूप में उदित हुआ। कई देवताओं की संयुक्त उपासना, जिनमें सभी देवता समान क्षमता वाले आदर्शीकृत अतिमानवीय जीव थे, आदिम जनतांत्रिक परिस्थितियों में निवास करने वाले लोगों की आध्यात्मिक अभिव्यक्ति थी। जनजातीय गणराज्यों के भग्नावशेष पर जब राजतंत्रवादी राज्यों का पनपना आरंभ हो गया तब एक 'महादेवता' की अवधारणा एक आध्यात्मिक आवश्यकता बन गई। स्वर्ग का अधिपति बन जाने पर धरती के आधिपत्य का भी नैतिक समर्थन मिल जाता है।

बहुदेववादी धर्म से लेकर रहस्यवादी संप्रदाय तक हुए धार्मिक विकास की यह प्रक्रिया भारत, मिस्र एवं यूनान में देखने को मिलती है। वेदांतिक एकेश्वरवाद, जिसकी उत्पत्ति उपनिषदों की कहानियों में देखने को मिलती है, ब्राह्मणों के मस्तिष्क की उपज था तथा यह पुरोहितवादी आधिपत्य के तहत समाज के स्थिरीकरण के लिए एक शक्ति बन गया। उसने वैदिक धर्म को प्रतिस्थापित नहीं किया, हालाँकि जनजातीय सामाजिक ढाँचे में रहने वाले लोगों पर उसके प्रभाव में आंशिक कमी आ गई थी। उपनिषद् ने स्थापित धार्मिक अनुष्ठानों एवं कर्मकांडों के खिलाफ कोई क्रांति नहीं की। दरअसल पुरोहितवाद धार्मिक निष्ठा एवं उपासना के किसी भी ढाँचे के उन्मूलन की वकालत नहीं कर सकता, क्योंकि इसी के द्वारा वह समाज में शीर्ष स्थान पर पहुँचता है।...इस प्रकार क्षयशील वैदिक धर्म, जो अभी सुरक्षित था, की नींव पर रहस्यात्मक एकेश्वरवादी धारा का एक गगनचुंबी ढाँचा खड़ा हुआ तथा यह गंवार जनसाधारण के लिए उपयुक्त धर्म बन गया। समाज के पुरोहित शासक वर्ग के हाथों में यह एक नया हथियार था। उसने मानव भाव आरोपित देवी-देवताओं को एक सर्वदेवमंदिर, जिसके आंतरिक रहस्यों को विशेषाधिकार प्राप्त ब्राह्मण ही समझ सकते थे, में स्थापित कर अपने हिल चुके ढाँचे को सुदृढ़ करने का कार्य किया।

पाश्चात्य संस्कृति, जिसमें अभी भी ईसाइयत के नैतिक सिद्धांतों एवं आध्यात्मिक मानदंडों का वर्चस्व है, के संबंध में भी दार्शनिक दृष्टि से यह नहीं कहा जा सकता कि उसमें भौतिकता को स्थान प्राप्त है। यूरोप सदा से, यहाँ तक कि आज भी, अपनी ईसाइयत के साथ वैसे ही जुड़ा रहा है जैसे भारत हिंदुत्व के आध्यात्मिक सिद्धांतों के साथ जुड़ा रहा है। दोनों के आध्यात्मिक सिद्धांत अनिवार्य रूप से एकसमान

होते हुए भी यह मान लिए जाने का कोई कारण दिखाई नहीं देता कि वे एक स्थान पर विकृत हो गए और दूसरे स्थान पर इन्होंने अपनी आदिम शुद्धता बचाए रखी। दोनों ही स्थानों पर उनमें आवश्यक रूप से विकृति आई तथा उसकी ऐतिहासिक उपयोगिता समाप्त हो गई। यूरोप के मामले में एक नई किस्म की चिंतन पद्धति विकसित हुई है जिसने आध्यात्मिक मतवादों के प्रभुत्व का खंडन करते हुए उनकी जगह स्वयं को मानव जीवन एवं मानवीय प्रगति के निर्णायक तत्त्व के रूप में प्रतिस्थापित किया है। नए क्रांतिकारी दर्शन ने संस्कृति के पूर्ववर्ती रूपों के समस्त सकारात्मक तत्त्वों की साकार मूर्ति की तरह स्वयं को क्रमशः प्रतिष्ठापित करने में सफलता हासिल कर ली है। फलतः एक लंबे संघर्ष में पुरानी आध्यात्मिकता, दार्शनिक रूप-विधान वाले कपटपूर्ण साज-सामान, तर्कबुद्धिमूलक शब्दावलियाँ एवं छद्म-वैज्ञानिक वृत्तियाँ एक-एक कर अपदस्थ होने के लिए बाध्य हो गईं।

भारत में अपनी ऐतिहासिक उपयोगिता खो देने के बावजूद धार्मिक विचारधारा ने अपना सांस्कृतिक प्रभुत्व बचाए रखा। वैज्ञानिक ज्ञान से उपजे आलोचनात्मक विवेक से विचार करने पर हम पाएँगे कि भारत में आध्यात्मिकता न तो अपने पूरे बेतुकेपन के साथ ही प्रकट हुई और न तो उस पर यह दबाव ही बन पाया कि बदल रही सामाजिक परिस्थितियों के अनुरूप स्वयं को ढालने के उद्देश्य से इस प्रक्रिया में स्वयं को तहस-नहस करते हुए वह अपने रूप-विधानों को (आधुनिक आदर्शवादी दर्शन की तरह) तर्कपूर्ण ढंग से प्रस्तुत करे। परिणामस्वरूप, भारतीय संस्कृति की विशिष्ट पहचान के रूप में इसने अपनी आदिम शुद्धता को सुरक्षित रखा। धार्मिक विचारधारा का प्रभुत्व दीर्घ अवधि तक छाई हुई सामाजिक जड़ता का परिणाम था।

यदि यह सत्य है कि पश्चिम की क्षयशील भौतिक संस्कृति ने भारत की ओर इस आशा से टकटकी लगा रखी है कि वह अपनी आध्यात्मिकता, जिसे उसने कई शताब्दियों से सामाजिक प्रगति को नजरअंदाज करते हुए अपनी आदिम शुद्धता के साथ सुरक्षित रखा है, के चमत्कार के द्वारा उसकी सहायता करने आएगा तो भारतीय समाज की अवसन्न एवं सड़ी-गली काया पर फलने-फूलने वाले जो लोग हैं उन्हें ही इस लज्जाजनक लक्ष्य के लिए गर्व में चूर होने दिया जाए। इसमें दो मत नहीं कि भारत में आसन्न नवजागरण उन 'महान व्यक्तियों' के नेतृत्व में नहीं आ सकता, जो अपनी उपदेशपरक रहस्यात्मकता एवं घिसे-पिटे आध्यात्मिक मतवादों के बावजूद सचेत या अचेत रूप में प्रतिक्रिया की हिमायत करते हैं। भारत में नवजागरण एवं क्रांतिकारी दर्शन के झंडा तले ही आएगा। जो लोग आध्यात्मिक पूर्वग्रह से ऊपर उठ पाने में समर्थ नहीं हैं वे आज चाहे जितने भी महान क्यों न लगते हों, मगर ऐतिहासिक विकास के अटल तर्क के द्वारा वे गुमनामी की खाई में अवश्य फेंक दिए जाएँगे।...

अनुवाद : **अर्जुन ठाकुर**

मुजफ्फर अहमद

1889-1973

भारतीय कम्युनिस्ट आंदोलन के एक महत्त्वपूर्ण पुरोधा, पत्रकार और चिंतक। नोआखाली के मुसापुर गाँव में जन्म। 1919 में 'नवयुग' पत्रिका का प्रकाशन। 1922 में 'धूमकेतु' में सहयोग। 1924 में कानपुर षड्यंत्र मामला। 1925 में 'लांगल' पत्रिका का दायित्व एवं मजदूर-किसान दल का गठन। 1927 में डाक हड़ताल का नेतृत्व। 1929 में मेरठ षड्यंत्र मामला। 1933 में जूट हड़ताल का नेतृत्व। कम्युनिस्ट आंदोलन का नेतृत्व। 1945 में किसान सभा के अध्यक्ष। कृषक आंदोलनों में व्यापक भूमिका। काजी नजरुल इस्लाम के साथ घनिष्ठ मित्रता थी। 1926 में 'गणवाणी' पत्र का प्रकाशन किया। बांग्ला में पुस्तकें–'मेरा जीवन और भारत की कम्युनिस्ट पार्टी' (दो खंड), 'भारत की कम्युनिस्ट पार्टी के गठन का पहला उभार', 'भोर की कथा', 'समकालीनों की कथा', 'काजी नजरुल इस्लाम : स्मृति कथा' इत्यादि।

सांप्रदायिकता के दुष्परिणाम

भारत में धार्मिक सांप्रदायिकता बढ़ रही है। पिछले कई सालों में अनेक सांप्रदायिक संस्थाएँ बनी हैं। खिलाफत कमेटी, हिंदू महासभा, जमायत-ए-उलेमा, शुद्धि सभा, तबलीग सभा, हिंदू-संगठन, तनजीम, सिख लीग और मुस्लिम लीग जैसे न जाने कितनी संस्थाएँ बनाई गई हैं, जिनका हिसाब-किताब रखना मुश्किल है। उन संस्थाओं के जरिए देश में अशांति और असंतोष बड़े पैमाने पर बढ़े हैं। इन संस्थाओं को वे लोग परोक्ष रूप से मदद दे रहे हैं, जो उत्पादन में हिस्सा नहीं लेते हैं। लेकिन उत्पादित वस्तुओं का इस्तेमाल पूरी तरह से अपनी इच्छा के अनुरूप करते हैं। देश में आम जनता की कोई प्रतिनिधि सभा नहीं है। फिर भी भारतीय राष्ट्रीय महासमिति नाम की जो संस्था है, उस मंच पर लोग जाति-धर्म से ऊपर उठकर आपस में मिलते-जुलते रहे हैं। जाहिर है कि सांप्रदायिक कार्यक्रमों या क्रियाकलापों के बढ़ने की वजह से महासमिति की गरिमा में ह्रास हुआ है। बहुसंख्यक समुदाय समग्र भारत के लिए

न सोचकर सिर्फ अपने समुदाय के लिए चिंतित है। हिंदू सोच रहे हैं कि किस तरह मुसलमानों पर अंकुश लगाया जाए और मुसलमान भी ठीक इसी दिशा में सोचते हैं। इससे भारत के जातीय जीवन पर घोर संकट मँडराने लगा है।

एक धर्म के नियम-कानून, दूसरे धर्म के नियम-कानून से प्रायः भिन्न हैं, अधिकांशतः एक दूसरे के विपरीत हैं। ऐसी स्थिति में धर्म विभिन्न धर्मावलंबियों के लिए व्यक्तिगत साधना की वस्तु हो जाता है। धर्मावलंबियों के बीच समझौता करवाने को प्रयास भी देश के लिए घातक ही साबित हुए हैं। एक धर्मावलंबी अन्य धर्मावलंबियों पर अपना मत लागू करने की कोशिश करता है। एक धर्मावलंबी दूसरे से कहता है कि मेरी बात मानकर चलना होगा। क्यों चलना होगा? इस प्रश्न का कोई ठोस उत्तर नहीं है। लाठी की मार ही उत्तर बन जाती है। आम लोगों की इस प्रवृत्ति का लाभ उठाकर स्वार्थी तत्त्व काफी मजा लूटते हैं।

धर्म की सार-वस्तु क्या है, किसको मालूम नहीं है? लेकिन जो दिखता है, उसके आधार पर यही कहना पड़ेगा कि धार्मिक हवा जितनी तेजी से बहती है, संकीर्णता भी उतनी तेजी से फैलने लगती है। हम जितना धार्मिक होंगे, दूसरे धर्मों से उतनी ही घृणा करेंगे। यही हमारी धार्मिकता का परिचय है। हिंदू अपने को हिंदू कहकर मुसलमानों से घृणा करते हैं और मुसलमान भी ऐसी ही बात कहकर हिंदू से घृणा करते हैं। दोनों तो मानव ही हैं, हिंदू या मुसलमान होने से क्या बनता-बिगड़ता है।

धार्मिक संकीर्णता दूर हो सकती है, यदि विभिन्न धर्मावलंबियों को एक मंच पर लाने की कोशिश की जाए। राष्ट्र के सकारात्मक गठन के जरिए यह काम संभव था। हिंदू-मुसलमान, बौद्ध-ईसाई को आर्थिक आधार पर एकीकृत करने की संभावना हो सकती है। राष्ट्रीय एकता और अखंडता को मजबूत करते हुए सांप्रदायिक कार्यकलापों को कम करने की गुंजाइश है। लेकिन अब तक ऐसी कोशिश नहीं हो पाई है। कांग्रेस राष्ट्रीय एकता और अखंडता को मजबूत करने में कामयाबी हासिल कर सकती थी, राष्ट्रीय एकता जीवन को आधार दे सकती थी। लेकिन ऐसा उसने नहीं किया। कांग्रेस देश की जनता के लिए उपयोगी साबित नहीं हुई है। कांग्रेस में उच्च और अभिजात लोग छाए हुए हैं, वे ही सर्वेसर्वा हैं। आम जनता से उसका कोई संबंध नहीं है। दूसरी बात यह भी है कि महात्मा गाँधी ने कांग्रेस को धर्मचर्चा के केंद्र के रूप में बदल दिया है। देश में इस तरह की विषम चीजों को लामबंद करने के दुष्परिणाम सुनिश्चित हैं।

सुधारवादी आंदोलन, हिंदू-महासभा, तबलीग, हिंदू संगठन और तनजीम जैसे सांप्रदायिक कार्यकलाप देश की राष्ट्रीय एकता को विनष्ट करने का प्रयास करते हैं। उन तमाम कार्यकलापों को नेतृत्व देने वाले नेता लंबी-लंबी बातें करते हैं। लोगों को समझाने की कोशिश करते हैं कि वे काफी उदारता के साथ काम कर रहे हैं,

किंतु यह सब सिर्फ कहने के लिए है। सुधारवादी लोगों के अनुसार भारत में सिर्फ वैदिक धर्म रहेगा, यहाँ किसी दूसरे धर्म के लिए कोई जगह नहीं है। वैदिक संस्कृति के अतिरिक्त जिन संस्कृतियों का यहाँ आगमन हुआ है, सुधारवादी लोग उन संस्कृतियों को निकाल बाहर करना चाहते हैं। स्वामी श्रद्धानंद और डॉक्टर मूंजे जोर-शोर से उसके खिलाफ प्रचार चला रहे हैं। शिक्षित होते हुए भी उनमें जागरूकता की कमी है, यह देखकर आश्चर्य होता है। 20वीं शताब्दी में भी कई सहस्र वर्षों की पुरानी सभ्यता को लेकर जिस तरह से संकीर्णता का खेल खेला जा रहा है, उसे विकृत मस्तिष्क की उपज नहीं तो और क्या कहा जा सकता है। आज के खुले परिवेश में कोई किसी को बाँध कर नहीं रख सकता है। रेल-स्टीमरों के जरिए दुनिया के लोगों के बीच विस्तृत संपर्क स्थापित हुआ है। कोई भी जाति किसी खास सभ्यता या संस्कृति को अपनाकर संतुष्ट नहीं हो सकती है। यह संभव भी नहीं है। जिस तरह से लोगों के बीच संबंध स्थापित हो रहे हैं, ठीक उसी तरह सभ्यताओं के बीच भी संपर्क बढ़ रहे हैं। वेद की सभ्यता या वैदिक युग की विशेषता हमारे लिए अवांछित नहीं है, लेकिन यह भी सच है कि सिर्फ उसी पर हम गर्व नहीं कर सकते हैं। कई ऐसे लोग हैं, जिन्होंने काफी शिक्षा-दीक्षा ग्रहण की है। उनका मन बड़ा नहीं हो पाया है। वे अपने मन को बड़ा करने का प्रयास भी नहीं करते हैं। उलटे चाहते हैं कि विश्व का मन छोटा हो जाए।

डॉक्टर मूंजे सांप्रदायिक विद्वेष फैलाते हैं। यह बात एक उदाहरण से साबित हो सकती है। मालावार के मोपला-विद्रोह से कौन अपरिचित है। यह मोपला-विद्रोह तथाकथित अत्याचारी जमींदारों के विरुद्ध किसानों का विद्रोह था। यह किसान विद्रोह मालावार में एक बार में नहीं हुआ। इस व्रिदोह के पहले भी वहाँ 35 बार विद्रोह हुए थे। मोपला के सभी किसान मुसलमान थे और जमींदार हिंदू। किसान और जमींदार के बीच जो संघर्ष हुआ, उसे हिंदू-मुसलमान के विरोध में बदल दिया गया। डॉक्टर मूंजे ने इसकी शुद्ध रूप से यह व्याख्या की है कि यह हिंदू-मुसलमान का विद्वेष है। उन्होंने रवींद्रनाथ को भी यही समझा दिया है, जबकि विद्रोह के समय जो दो मुसलमान जमींदार थे, उन्हें भी विद्रोहियों ने नहीं छोड़ा। उन लोगों का मन इतना संकीर्ण है कि हर चीज में हिंदू-मुसलमान विद्वेष ही नजर आता है। हाजीपुर में हिंदुओं के बीच लड़ाई हुई। उसे भी उन्होंने हिंदू-मुसलमानों का विद्वेष कहा है। कुष्टिया मोहिनी मिल के हिंदू-मुसलमानों मजदूरों ने एक साथ काम छोड़ दिया, आनंद बाजार पत्रिका ने उसे हिंदू-मुसलमान के विद्वेष के रूप में प्रचारित किया। हिंदू-मुसलमान मजदूरों ने एक साथ मिलकर मालिक के विरुद्ध हड़ताल का आह्वान किया, इसे आनंद बाजार पत्रिका ने गौण कर दिया और प्रचारित किया कि हिंदू मालिक है, इसलिए मुसलमान मजदूरों ने सांप्रदायिक विद्वेष फैलाया है, हड़ताल की है।

हिंदू कहते हैं कि मुसलमानों में भौगोलिक देशात्मबोध नहीं होता है। मुसलमान

'पैन इस्लामिज्म' का सपना देखते है। हिंदू इसका मजाक उड़ाते हैं। हिंदू भी इसका शिकार हैं। हिंदू महासभा 'पैन हिंदुइज्म' का प्रचार कर रही है। भारत के बाहर हिंदू नहीं हैं। इसलिए वे बौद्धों को अपने साथ करने की कोशिश करते हैं। चीन और जापान के साथ मित्रता स्थापित करना चाहते है। हिंदू-महासभा के नेता लाला लाजपत राय और मिस्टर केलकर ने कहा कि मुसलमान के बगैर ही नहीं, बल्कि उसकी सहायता के बिना भी भारत में स्वराज की स्थापना हो जाएगी। सब को बाद देकर यदि अकेला ही स्वराज स्थापित कर लिया जाए, तो वह अकेले का ही स्वराज होगा, भारत का स्वराज नहीं होगा।

लोग कितने बहुरूपी होते हैं, यह बात दो प्रसिद्ध सांप्रदायिक नेता लाला लाजपत राय और डॉक्टर सैफुद्दीन किचलू के कार्य-कलापों से पता लग सकती है। लाला लाजपत राय पहले आर्य समाजी थे। सभी आर्य समाजी जिस तरह सांप्रदायिक विषपान किए होते हैं, कैसे वे भी किए हुए हैं। आगे चलकर वे अपने लक्ष्य के अनुसार बदल जाते हैं। अमेरिका से वापस आने पर उन्होंने घोषणा की थी कि उन्हें किसी धर्म पर विश्वास नहीं है। आज वे हिंदू-मुसलमान और हिंदू-संगठन के पंडे हैं। डॉक्टर सैफुद्दीन किचलू के देशात्मबोध की बात चारों ओर फैल चुकी है। आज वे तनजीम या मुस्लिम संगठन के नेता बन गए हैं। बांग्लादेश सफर के वक्त भी उन्होंने बड़ी-बड़ी बातें कहीं। लेकिन उन बातों का क्या महत्त्व है। यदि उनके मन में सांप्रदायिकता नहीं थी, तो उन्होंने क्यों अलग से मुस्लिम संगठन बनाने की कोशिश की। उनके भाषण या पंडित मदन मोहन मालवीय के भाषण के अनुसार, कभी किसी को तनजीम या हिंदू-संगठन का काम नहीं करना चाहिए। मुसलमान हिंदुओं का सिर तोड़ने के लिए तनजीम बनाते हैं और इसी तरह हिंदू भी संगठन बनाते हैं मुसलमानों का सिर तोड़ने के लिए। खराब काम का नतीजा खराब ही होता है और अच्छे काम का नतीजा अच्छा।

धार्मिक कार्यकलापों ने राष्ट्रीय कार्यों में भी हस्तक्षेप किया है। हिंदू-महासभा, खिलाफत कमेटी और जमायत-ए-उलेमा जैसे संगठनों ने देश की राजनीति के संबंध में जनता को गुमराह किया है। हमारे देश में धर्म के नाम पर जिस तरह लोगों का शोषण होता है, ऐसा शोषण दुनिया में और कहीं होता है कि नहीं, इसमें काफी संदेह है। शोषकों ने देश की जनता को इस तरह का अफीम खिलाया है कि उसे धर्म के नाम पर जो कुछ कहा जाए, वह मान लेगी। आज जो 'ना' है, वही कल 'हाँ' हो जाता है, अर्थात् वे 'हाँ' और 'ना' दोनों में विश्वास करते हैं।

धार्मिक संगठनों के मूल में वर्गीय स्वार्थ रहता है। देश की जनता शोषकों के संबंध में सचेत न हो, इसी उद्देश्य से शोषक-वर्ग धार्मिक संगठन बनाते हैं और उसी के नतीजे के रूप में दंगा-हंगामा होते हैं। इस तरह देश की जनता का सर्वनाश किया जाता है। देश के नौजवान आजादी के लिए कम त्याग नहीं कर रहे हैं। उन्हें

फाँसी के फंदे पर झूलना पड़ा है, कारावास की सजा भुगतनी पड़ी और पता नहीं कितनी तरह से उत्पीड़ित होना पड़ा है, किसी को खबर है? क्या इस विषम परिस्थिति में काम करना संभव है? सच यह है कि जनता को जागरूक बनाना जरूरी हो गया है। सभी प्रकार की सांप्रदायिकता को समाप्त कर लोगों को बताना चाहिए कि स्वार्थी लोग किस तरह अहित पहुँचा रहे हैं। अचेतन जनता को समझाना होगा कि जो शोषण कर रहे हैं, वे कभी भी उनके मित्र नहीं हो सकते।

—1926, 'गणवाणी' प्रथम खंड

कुछ टिप्पणियाँ

भविष्य का भारत

भारत को पूर्ण स्वाधीनता चाहिए, ब्रिटिश साम्राज्यवाद के भीतर नहीं, बाहर। हमने यह बात बारंबार कही है। ब्रिटिश साम्राज्यवाद से बाहर निकल जाने का अर्थ आजादी नहीं है। आजादी मिलने पर भी यदि देश की शासन व्यवस्था कुछेक देशी अभिजात वर्ग के हाथ में रहती है, तो इसका कदापि अर्थ यह नहीं है कि देश पूर्ण स्वाधीन हो गया। इसका सीधा अर्थ है, विदेशी तंत्र की जगह कुछ स्वदेशी लोगों के तंत्र की स्थापना हुई। यह पूर्ण आजादी नहीं है। स्वाधीनता की पहली शर्त जनतंत्र की स्थापना होनी चाहिए। काम की सुविधा के लिए देश के विभिन्न राज्यों को विभाजित कर उन्हें एकता के सूत्र में बाँधने का प्रयास करना चाहिए। अर्थात् सभी राज्यों की अपनी-अपनी सरकार होगी, जो स्वतंत्र रूप से काम करेगी, एक-दूसरे को सहायता करेगी। जिसे अंग्रेजी में कहा जाता है 'Federated Democratic Republic'। यही हो हमारी स्वाधीनता का आदर्श।

मताधिकार

जनतंत्र जनमत पर स्थापित होता है, यही कहा जाता है। वयस्कों को वोट देने के अधिकार प्राप्त हों। वोट लेने के बाद ही कार्यों का संचालन किया जाना चाहिए।

जमींदारी प्रथा का उन्मूलन

देश में विभिन्न प्रकार की जमींदारी प्रथा है। जमींदारी प्रथा के इतिहास को लेकर अभी बहस की आवश्यकता नहीं है। यही कहना है कि इस समाज के लिए इस

व्यवस्था की जरूरत नहीं है। सरकार और किसानों के बीच मध्यस्थता करने वालों की क्या आवश्यकता है? भारत में गवर्नमेंट के अपने कुछ खास घर हैं। ये घर सरकार और किसानों के सामने असुविधा पैदा करने के अलावा और क्या करना चाहते हैं? किसान फसल उपजाएँगे और सरकार उस फसल के कुछ हिस्से को लेकर देश के दूसरे कार्यों को सफल बनाए। किसानों के श्रम का लाभ मध्यस्थता करने वाले क्यों उठाएँगे, यह समझ में नहीं आता है। किसान कठोर परिश्रम करते हैं। और मध्यस्थता करने वाले लाभ उठाते हैं। जब तक दूसरे के श्रम का लाभ उठाने वाले व्यक्ति समाज में रहेंगे, तब तक व्यभिचार बढ़ता ही रहेगा। आम जनता की स्थिति में सुधार नहीं होगा।

जमीन में जो फसल उगाई जाती है, वही खाकर लोग जीवन बसर करते हैं। जमीन समाज के मुट्ठीभर लोगों की संपत्ति बनकर रह गई है। जिस जमीन की फसल हरेक आदमी के लिए आवश्यक है, वह मिट्टी देश के हरेक व्यक्ति की संपत्ति है। अर्थात् जमीन को देश की राष्ट्रीय संपत्ति के रूप में परिणत करना होगा। व्यक्तिगत संपत्ति नहीं बनने दिया जाए। जो किसान फसल बोते हैं, उनका सीधा संबंध जमीन से होना चाहिए।

मजदूर : वेतन और कार्य

कारखानों में जो मजदूर काम करेंगे, उनका माहवार निर्धारित होना चाहिए। उन्हें इतना पैसा मिलना चाहिए, ताकि वे मनुष्य की तरह जीवन-यापन कर सकें। मजदूर वर्ग जो अपना परिश्रम पूँजीपतियों को देता है, उसका उचित मूल्य नहीं मिलता। उसके श्रम का अतिरिक्त मूल्य पूँजीपति के हाथ में चला जाता है। उसी अतिरिक्त मूल्य पर पूँजीपति लोग विलास करते हैं और मजदूरों को दो जून की रोटी नहीं मिलती। इस देश में मेहनतकशों की जो दुर्दशा है, वैसी दुर्दशा पृथ्वी में कहीं और नहीं है। दुनियाभर में मजदूर आठ घंटे काम करने की माँग करते हैं। यह माँग अंतरराष्ट्रीय माँग में तब्दील हो गई है। भारत में काम करने का समय आठ घंटे से कम होना चाहिए। आठ घंटे से ज्यादा तो एकदम नहीं, क्योंकि यह एक उष्ण प्रदेश है। विश्राम की जरूरत बैठकर खाने वालों को भी होती है। इसलिए जो मेहनत कर रहे हैं, उन्हें अवश्य विश्राम करने का मौका दिया जाना चाहिए। मेहनतकशों से कोल्हू के बैल की तरह काम लिया जाता है। श्रम के अतिरिक्त मूल्य पूँजीपतियों के हाथ में जितना जाएगा, उन्हें उतना लाभ होगा।

कुसंस्कार और कुप्रथा

भारत सामाजिक ग्लानि और कुप्रथाओं के लिए विख्यात हो चुका है। कुसंस्कार और कुप्रथाएँ दुनिया के अन्य किसी देश में इतनी अधिक नहीं हैं। कुसंस्कार और कुप्रथा

का दास होना सबसे अधिक घृणित कार्य है। आजादी मिलने के बाद भी यदि देश में कुसंस्कार और कुप्रथाएँ विद्यमान रहती हैं, तो आजादी का उपभोग नहीं हो सकता है। इन तमाम ग्लानियों से बाहर निकलकर मन कभी भी बड़ी चीज ग्रहण नहीं कर सकता है। इसलिए सामाजिक ग्लानियों को दूर करना होगा, वह भी कानून बनाकर करना होगा।

प्राथमिक शिक्षा

सभ्य देशों से तुलना करने के बाद यह कहा जाए कि भारतवासी शिक्षित नहीं हैं, तो अतिशयोक्ति नहीं होगी। हमारे देश में आम जनता को अक्षर ज्ञान तक नहीं है। उत्पीड़ित, शोषित होने के बावजूद किसान-मजदूर अपनी स्थितियों के संबंध में सचेत नहीं होते हैं, इसका एकमात्र कारण है शिक्षाहीनता। वर्तमान समय में हम जिस गवर्नमेंट के अधीन हैं, वह शिक्षा के लिए कुछ भी नहीं कर रही है। प्रायः पौने दो सौ वर्षों के अंग्रेजी शासन में साक्षर भारतवासियों की संख्या सात प्रतिशत से भी अधिक नहीं है। जापान में साक्षर लोगों की संख्या 98 प्रतिशत है। यूरोप में यह संख्या कहीं ज्यादा है, तो कहीं थोड़ा कम। शिक्षा को अनिवार्य नहीं बनाने से या राज्य द्वारा शिक्षा को अधिकृत नहीं करने से आम जनता के बीच शिक्षा का प्रसार नहीं हो सकता है। प्राथमिक शिक्षा को अनिवार्य करना चाहिए।

प्रेस और अभिव्यक्ति की आजादी

लोगों के मन को बड़ा करने, विचार-विनिमय करने और विचारधारा के प्रसार के लिए प्रेस एवं बोलने की आजादी आवश्यक है। यदि कोई राष्ट्र विचार का गला दबाता है, तो उसका विकास होना मुश्किल है। आजादी के आदर्श प्रेस और अभिव्यक्ति की आजादी एक-दूसरे से घनिष्ठ रूप से जुड़े हुए हैं।

नारी-पुरुष का समानाधिकार

नारी और पुरुष को लेकर ही समाज बना है। लेकिन हम सभी कार्यों से महिलाओं को बाद कर देते हैं। इसलिए हमारी सामाजिक विकलाँगता स्थायी रूप धारण करती जा रही है। इस विकलाँगता को दूर किए बिना आजादी मिलने पर भी हमें सुकून नहीं मिल सकता। देश या समाज कुछ व्यक्तियों की खास संपत्ति नहीं है। महिलाओं के अधिकारों पर काफी चर्चाएँ हुई हैं। उनके अधिकार उन्हें देने होंगे। पुरुषों के जो राष्ट्रीय और नागरिक अधिकार (Civic rights) होंगे, वही महिलाओं के लिए भी होने चाहिए।

जनहितकारी सम्पदा

खदान, रेल, ट्राम, स्टीमर टेलीग्राम जैसे साधारण हित की वस्तुओं को व्यक्तिगत लाभ की वस्तु न बनाकर राष्ट्रीय संपत्ति के रूप में परिणत करना होगा। संक्षेप में, इन्हें छोड़े देने से जनतंत्र की स्थापना नहीं हो सकती है। विदेशी शासन की गिरफ्त से निकलने पर कुछ देशी लोगों का तंत्र स्थापित होगा, जनतंत्र नहीं।

1926, 'गणवाणी' प्रथम खंड

अनुवाद : **राम अहूलाद चौधरी**

मेघनाथ साही

1893-1956

एक प्रसिद्ध भारतीय वैज्ञानिक और शिक्षाविद्। ढाका के एक निकटवर्ती गाँव में जन्म। कलकत्ता के प्रेसिडेंसी कॉलेज में अध्ययन। प्रथम विश्वयुद्ध के बाद विज्ञान के नए उभार के काल में भौतिकशास्त्र के क्षेत्र में विस्तृत अनुसंधान किया। प्रकाश के दबाव का खास अध्ययन। कलकत्ता एवं प्रयाग विश्वविद्यालय में भौतिकी के प्रोफेसर। 'इंस्टीच्यूट फॉर न्यूक्लियर फिजिक्स' की स्थापना। कई वैज्ञानिक प्रयोगशालाओं का गठन। उनका जीवन भारत में आधुनिक विज्ञान के इतिहास से घनिष्ठ रूप से जुड़ा था।

विज्ञान और धर्म

एक निरंतर प्रगतिशील विश्व के प्रति मनुष्य का विश्वास कभी-कभी युद्ध, महामारी, दुर्भिक्ष जैसी बड़ी घटनाओं से बाधित हो जाता है। यह विश्वास पश्चिमी राष्ट्रों के कर्म और चिंतन के क्षेत्र में आश्चर्यजनक क्रियाशीलता का एक प्रमुख स्रोत है। पूर्वी देश अपने हजारों साल पुराने सभ्य जीवन की बहुआयामी ऐतिहासिक स्मृति के प्रति बहुत सजग हैं। वे सभ्यता की कल्पना निश्चित काल के संदर्भ में करते हैं, अर्थात् वे प्रत्येक काल अवधि के विकास के साथ समेकन, उन्नयन, पतन तथा क्षय जैसे कारकों को संश्लिष्ट करते हैं और फिर वही सब परवर्ती काल अवधि में भी दुहराया जाता है। लेकिन ऐसे संकेत भी मिले हैं कि पश्चिमी विद्वान भी यदि अमेरिकनों को अपवाद स्वरूप छोड़ दिया जाए जिन्होंने नव-धनिक की मानसिकता विकसित कर ली है और भावी पतन से अनभिज्ञ हैं, पूर्वी दृष्टिकोण की प्रशंसा करते नजर आते हैं। आटो स्पैंगलर ने वर्तमान और अतीत की सभ्यताओं का चिरस्थायी सर्वेक्षण करते हुए स्थापित किया है कि सभी सभ्यताएँ चक्रीय आधार पर विकसित होती हैं। वसंत की तरह कोई एक संस्कृति जन्मती है, ग्रीष्म की तरह समेकित तथा पूर्णतः विकसित हो जाती है फिर अनुभूतिजन्य सौंदर्य की अवधि पतझड़ आता है। लेकिन

जाड़े में, जो पतन या क्षय का काल है, संस्कृति निष्फलता और समाप्ति की ओर चली जाती है। स्पैंगलर ने अपने इस दृष्टिकोण को अत्यधिक निपुणता के साथ मिस्र, सिमेटिक, चाइनीज, भारतीय और उत्तर भूमध्यसागरीय सभ्यताओं की काल अवधि के संदर्भ में विश्लेषित करके दिखाया है। उसका मत है कि ग्रीक, रोमन या उत्तर भूमध्यसागरीय सभ्यता के बीज को उन बर्बर डोरिक आक्रमणों से चिह्नित किया जा सकता है। जिनसे क्रीटों की प्राचीन ग्रीस तथा माइसिनियन सभ्यताएँ पराभूत हो गईं। यह होमर का काव्य था। हेलेनिक धर्म के नृमानवीय देवी-देवताओं का विकास पुनः ग्रीष्म द्वारा तब परिवर्तित कर दिया गया जब नगर राज्य का अभ्युदय हुआ, साहित्य तथा कलाएँ विकसित हुईं। ग्रीसवासियों ने इन चीजों को पर्सियनों के आक्रमणकारी साम्राज्यवाद से बचाकर रखा। पतझड़ बाहर के प्रभाव थोपे जाने का काल था, जो वास्तव में प्रगति के चिह्न से रहित था। यह काल वैज्ञानिक जिज्ञासाओं के साथ शुरू हुआ। इसके साथ ही मकदूनियन तथा रोमन साम्राज्यवादी शासन का दौर चल पड़ा। बर्बर आक्रमण के साथ ही शीत ऋतु का आगमन हुआ और साम्राज्य के विघटन और मध्ययुग के अंधकार का काल शुरू हुआ। आवरण तभी हटा, जब बर्बर लोग धार्मिक उन्माद (धर्मयुद्ध) के उत्साह में पूर्वी दुनिया की संस्कृति के संपर्क में आए तथा सभ्यता के निर्माणकारी तत्त्वों को सूक्ष्मता से ग्रहण किया। लेकिन उसका वसंत, जो कि धर्म युद्ध के साथ शुरू होकर पूरे यूरोप को भेदकर सारी दुनिया में फैल गया था, 1650 तक आते-आते खत्म हो गया। ग्रीष्म तीव्र क्रियाशीलता का काल है, जब समेकन और विस्तृत हुआ। यह 1900 तक खत्म हो गया, जब यूरोपियन राष्ट्रों ने संभवतया पूरे विश्व को अपने अधीन कर लिया। स्पैंगलर का मानना है कि वसंत तब तक प्रारंभ हो गया था। वे धर्म के पतन, बुद्धिवाद के उग्ररूप का विकास तथा नवीन निर्माणकारी तत्त्वों को स्वीकार नहीं कर पाने वाली सामाजिक प्रणाली को उसके लक्षण के रूप में पहचानने की कोशिश करते हैं।

यह अंतिम बात भावुकतापूर्ण लगती है। आलोचकों ने विज्ञान की उन अद्‌भुत उपलब्धियों की ओर इंगित भी किया है, जिनसे मानवीय कर्म और चिंतन में क्रांतिकारी परिवर्तन आता है और राष्ट्रीयता एक-दूसरे के नजदीक आती हैं। यह तत्त्व प्राचीन संस्कृति में अनुपस्थित था। वे तर्क देते हैं कि प्राचीन कारण की सभ्यता में ऐसा कोई विचार नहीं था कि पृथ्वी की संपदा का इतनी मात्रा में उपयोग किया जा सकता है कि मानवता के उन तमाम आर्थिक कष्टों का खात्मा हो जाए, जो कलह और फसाद के कारण हैं। उन्होंने तब यह बात और विश्वास से रखी, जब बाद के जैव वैज्ञानिक आविष्कारों से यह तथ्य सामने आया कि संतान के जन्म और गुण को अनुशासित किया जा सकता है ताकि पृथ्वी पर एक नई जाति पैदा हो सके और अच्छे सिद्धांतों के साथ।

लेकिन युद्ध के बाद पिछले पंद्रह वर्षों में घटी घटनाओं ने अधिक स्पष्ट रूप

से स्पैंगलर की निराशावादी विचारधारा को ही पुष्ट किया है। विज्ञान के सारे दावों को स्वीकार करते हुए भी एक विज्ञान का उपासक हमें यह याद दिलाता है कि प्रकृति को एक ऐसे दौर में आदमी के अनुशासन में सौंप दिया गया है जब वह अभी स्वयं को ही अनुशासित करना नहीं सीख पाया है। वर्तमान समय में पश्चिम के कुछ शक्तिशाली देशों के द्वारा बहुत स्वार्थ भरा और खतरनाक राष्ट्रवाद प्रदर्शित किया जा रहा है जबकि जैववैज्ञानिक खोजें शायद धर्म के सतही रूपों को स्पष्ट कर दें। अब पाश्चात्य जगत मानव सभ्यता के क्षेत्र में अपनी तमाम अच्छी उपलब्धियों के साथ ही सिर्फ कलह और विनाश का प्रतीक रह गया है। यह एकदम निश्चित है कि आदमी भाग्य को अनुशासित नहीं कर सकता, चाहे जो हो जाए। हम केवल इंतजार कर सकते हैं और घट रही घटनाओं की अनिवार्य कतार देख सकते हैं।

यह स्पष्ट है कि ये समस्याएँ राजनीतिज्ञों के द्वारा नहीं सुलझाई जा सकतीं, क्योंकि वे किसी राष्ट्र या समूह के अहंवाद का प्रतिनिधित्व करते हैं और अहंवादी विचारधारा से ग्रस्त लोग समस्याओं की तह तक नहीं जा सकते। न ही ये समस्याएँ उन वैज्ञानिकों द्वारा ही सुलझाई जा सकती हैं जो जीवन से दूर अपनी ही समस्याओं में उलझे रहते हैं। यह सिद्धांत कि धर्म का अभ्युदय ही समस्या के समाधान का कारक है, बड़ा ही भ्रामक है। यह सत्य है कि सुदूर इतिहास में समय-समय पर महान आत्माएँ नए सिद्धांतों को लेकर विभिन्न जरूरतों को पूरा करने के लिए अवतरित हुई हैं। धर्म या आचार के इन संस्थापकों ने इतिहास की धारा को गहरे रूप में संशोधित किया। इन धर्मों के दूरगामी प्रभावों के गवाह हैं; यदि हम साक्ष्य के रूप में जरथुस्त्रवाद, बौद्ध धर्म, ईसाइयत और इस्लाम को ध्यान में रखें। क्या इसकी संभावना है कि एक बड़े पैमाने पर दुबारा धार्मिक आंदोलन होगा जो वर्तमान विश्व की बड़ी समस्याओं को सुलझा देगा?

बड़े पैमाने पर धार्मिक आंदोलन विश्व के कुछ भागों में जन्म ले सकता है, लेकिन स्पष्टतः कहा जा सकता है कि इस तरह की कोई भी घटना हमारे लिए अच्छी नहीं होगी। आइए देखें कि धर्म का जन्म कैसे हुआ। जीवन हम सबको प्यारा है, और हम न चाहते हुए भी इसकी समस्याओं से जुड़े हैं। बहुत दिनों तक वैज्ञानिक पक्ष से कुछ नहीं होने पर हम प्रकृति की अंधी शक्तियों से बचने के लिए एक काल्पनिक परमेश्वर तक पहुँचने के लिए बाध्य हुए। वैज्ञानिक युग के पहले विवशता की यह विचारधारा मनुष्यों द्वारा शिद्दत से महसूस की गई, यही शायद धर्म के जन्म का कारण है। लेकिन पुराने धर्म ब्रह्माण्ड, प्रकृति और साथ ही भौतिक शरीर की अपर्याप्त जानकारी पर आधारित हैं, यही कारण है कि वे वर्तमान समय की अपेक्षाओं को पूरा नहीं कर सकते।

धर्म पुनः एक जीवंत शक्ति बन सकता है। इसके लिए आवश्यक है कि वर्तमान धार्मिक विश्वासों का विज्ञान के धरातल पर अध्ययन किया जाए तथा इन अध्ययनों

को मानवीय जीवन की समस्याओं के वैज्ञानिक अध्ययन से, मानवीय दिमाग के सजग मूल्यांकन से जोड़ा जाए, जैसा कि तीन शताब्दी पूर्व स्पिनोजा ने सुझाया था :

आदमी द्वारा किए गए क्रियाकलापों का मजाक उड़ाने या सिर धुनने की जरूरत नहीं है, बल्कि उसे सरलता से समझने की जरूरत है और उनके भावों जैसे प्रेम, घृणा, अभिमान और आत्मा के अन्य अराजक तत्त्वों को दुर्गुण के रूप में न देखकर उनमें विद्यमान गुण के रूप में देखने की जरूरत है जैसे कि अपने वातावरण में उपस्थित ताप, ठंड, आँधी, बिजली की कड़कन को हम देखते हैं। इसके कुछ निश्चित कारण हैं जिनसे हम इन चीजों को जान सकते हैं हालाँकि यह कठिन है, पर इनके कारण जानना जरूरी है और हमारे लिए सुखद भी है, चीजों के बारे में जानकर हमारी भावना तुष्ट होती है।

वैज्ञानिक विधियों से हम 'विकासशील धार्मिक व्यवस्था' के अभ्युदय को जान सकते हैं। इस ज्ञान और व्यवहार को वैज्ञानिक या व्यावसायिक ज्ञान की तरह मानवीय चरित्र प्रदर्शक के रूप में लोगों के दिमाग तक पहुँचा सकते हैं। यह एक पक्का तथ्य है कि दैवीय उत्पत्ति के द्वारा संहिताबद्ध सभी धर्म वर्तमान समय में धार्मिक ज्ञान को परखने में रुकावट पैदा करते हैं। तीन शताब्दी पहले मानव शरीर के रोग तथा दवाइयों की जानकारी बहुत कम थी। रोग और मृत्युदर ज्यादा थी। लेकिन विज्ञान के विकास तथा सहकारी अध्ययन के कारण ज्ञान इतना बढ़ गया है कि मनुष्य जाति अपने शरीर की देखभाल बहुत अच्छे से कर सकती है और एक साधारण चिकित्सक भी एक पाखंडी या फकीर के बदले रोगों को जल्दी काबू में ला सकता है। लेकिन यही बात धार्मिक अनुशासन या अनुभव के बारे में नहीं कही जा सकती क्योंकि आज भी धर्म एक व्यक्तिगत मामला है। एक उपदेश अनुभव विकसित होकर उसकी मृत्यु के साथ समाप्त हो जाता है। इसका कुछ भाग ही विश्वसनीय रूप में संचरित हो पाता है। प्रायः भक्तों के हाथ में पड़कर पतित होकर उसका ज्ञान व्यक्तिगत लाभ का हथियार बन जाता है। लेकिन यदि धर्म का अध्ययन और अनुशासन वैज्ञानिक पद्धति से किया जाए तो शायद हम एक ऐसे 'ज्ञान की व्यवस्था' तक पहुँच सकते हैं जो चिकित्सकीय ज्ञान से अधिक कारगर साबित होगा अर्थात् मानवीय सद्भावपूर्ण अनुक्रिया व्यापक होकर मानवीय समाज तक पहुँचेगी, प्रकृति तक पहुँचेगी।

—1937

अनुवाद : **विमलेश त्रिपाठी**

पूरे भारत के लिए एक भाषा की जरूरत

आज राजनीतिक एकता तथा सामान्य राष्ट्रत्व की अवधारणा के विकास के साथ-साथ कश्मीर से कन्याकुमारी और सिंध से असम तक की आम जनता के लिए एक ही संपर्क भाषा की प्रखर रूप से जरूरत महसूस की जानी चाहिए। इस विषय में रुचि रखने वाले विदेशी लोग और उनके दलाल चाहे कुछ भी कहें, भारत को एक ही राजनीतिक और आर्थिक इकाई बनाना होगा। इसके लिए यह आवश्यक है कि उसके पास एक सामान्य भाषा हो। पिछले सौ सालों से अंग्रेजी केवल उच्च वर्ग की ही सेवा करती रही है, यहाँ तक कि भविष्य में भी अंग्रेजी बाहरी दुनिया से हमारे संपर्क का माध्यम बनी रहेगी। जहाँ तक देश के भीतर संपर्क का सवाल है, इस बात की आशा रखना महज कल्पना जगत में विचरण करना होगा कि भारत की चार सौ अरब से भी अधिक जनता सामान्य बातचीत के लिए अंग्रेजी को अपना लेगी। सैकड़ों भारतीयों को अंग्रेजी भाषा की शिक्षा, जो कि बहुत शक्ति खर्च करने के बाद हासिल की जा सकती है, नहीं दी जा सकती। भारत की संपर्क भाषा बनने के लिए कोई भी भारतीय भाषा अंग्रेजी से ज्यादा दावा करने का हक रखती है, क्योंकि संरचनागत और शब्दगत समानताओं के चलते एक भारतीय के लिए एक भारतीय भाषा को सीखना अंग्रेजी से ज्यादा आसान होगा। हर लिहाज़ से कोई भारतीय भाषा ही भारत की सामान्य भाषा हो सकती है।

सामान्य भाषा से संबंधित विवाद

पूरे भारत के लिए एक भाषा का सवाल उन राजनीतिक नेताओं का ध्यान खींचता रहा है, जो आम जनता से संपर्क स्थापित करने के लिए और पूरे भारत के दूरवर्ती ग्रामीण इलाकों में अपना संदेश भेजने के लिए उत्सुक थे। हालाँकि इस समस्या पर भाषिक और व्यावहारिक दृष्टिकोण से विचार किया जाना चाहिए था, यह ठंडे दिमाग वाले विद्वानों के विचार और तर्क का विषय था। पर यह मामला तेजी से कुछ अन्य समस्याओं की तरह सांप्रदायिक समस्या में तब्दील होकर बिगड़ता जा रहा है। प्रांतीय ईर्ष्या और सांप्रदायिक जुनून को अनावश्यक रूप से बढ़ावा दिया जा रहा है। जिन लोगों को विद्वत्ता, भाषा-प्रेम और साहित्य-प्रेम से कोई लेना-देना नहीं है, वे इस कलह में अनावश्यक रुचि ले रहे हैं, पर जिन्हें भाषा शब्द योग, संगीत और ताल के कारण संस्कृति की प्रतिमूर्त्ति के समान प्रिय है, घृणावश खुद को इस विवाद से दूर रखते हैं। पर हमें इस सवाल का सामना करना होगा।

हम डॉ॰ जेड॰ ए॰ अहमद द्वारा संकलित परिचर्चाओं को प्रकाशित करने के लिए किताबस्तान-धारा के संपादकों के शुक्रगुजार हैं, जिन्होंने भारत की सामान्य

भाषा के सवाल से संबंधित हमारे कुछ समसामयिक लेखकों और राजनीतिक नेताओं के विचारों को एक साथ रखने का प्रयास किया है। यह पुस्तक महत्त्वपूर्ण सवाल की ओर देश का ध्यान खींचने में मदद करेगी। हर विवादास्पद मुद्दे पर राजनीतिक और सांप्रदायिक नेताओं की आवाज सबसे ऊँची रही है, उनके विचारों का जनता पर काफी असर पड़ा है। मुख्यतः इससे परिसंवाद में योगदान देने वालों की सूची में राजनीतिक नेताओं को अनावश्यक महत्त्व दिए जाने की बात ही उभर कर सामने आती है। यह ध्यान में रखना आवश्यक है कि भाषा के सवाल पर विचार करना केवल अल्पकालिक राजनीतिक या सांप्रदायिक उलझाव के लिए ही नहीं, बल्कि भविष्य में आम जनता की शिक्षा और सांस्कृतिक विकास से संबंधित योजना बनाने और भारत की एकता के विकास के साथ ही उसके समृद्ध वैविध्य और विरासत की रक्षा के लिए भी आवश्यक है। अगर भारत के कुछ और विशिष्ट शिक्षाविदों, विद्वानों, भाषा वैज्ञानिकों और साहित्यकारों को जिनका राजनीति और संप्रदायों की ओर विशेष झुकाव नहीं है, इस परिचर्चा में शामिल किया गया होता तो प्रकाशित ग्रंथ का महत्त्व और बढ़ जाता। रवींद्रनाथ ठाकुर के मत का छूट जाना विशेष रूप से उल्लेखनीय है। विशिष्ट साहित्यकार होने का दावा करने का हक रखने वाली आज की राजनीतिक नेत्री सरोजिनी नायडू का नाम आवरण पृष्ठ पर है, पर पुस्तक में उनके मत को जगह नहीं दी गई। उर्दू के विद्वान और प्रसिद्ध लेखक मौलाना अबुल कलाम आजाद को भी इस पुस्तक में जगह नहीं मिली। सुनीति कुमार चटर्जी (कलकत्ता), सिद्धेश्वर प्रसाद वर्मा (कश्मीर), मोहिउद्दीन कादरी (उसमानिया विश्वविद्यालय), हबीब (अलीगढ़), एस. एम. कारे (पूना), नीलकंठ शास्त्री (मद्रास) जैसे विद्वानों, ने भाषा-वैज्ञानिक अध्ययन को अपने जीवन का अंग बना लिया है, उनके मतों की अनुपस्थिति भी स्पष्ट रूप से खटकती है। अगर पाठक, परिचर्चा में योगदान देने वाले लोगों के मतों का विश्लेषण करें तो उन्हें पता चल जाएगा कि उनकी मातृभाषा प्रकट रूप से या तो हिंदी है या उर्दू। बंगाली, मराठी, मैथिली, असमिया, उड़िया, तमिल, तेलुगु, कन्नड़ जैसी महत्त्वपूर्ण भारतीय भाषाएँ बोलने वालों की उपेक्षा की गई है। इस पुस्तक के महत्त्व को भारतीय मतों के सभी पहलुओं का प्रतिनिधित्व न कर पाने के कारण काफी हद तक क्षति पहुँची है।

सामान्य भाषा के रूप में हिंदुस्तानी

पिछले कुछ सालों से भारतीय राष्ट्रीय कांग्रेस भारत के लिए एक सामान्य भाषा के जरूरत की वकालत कर रही है। कांग्रेस ने सामान्यतः इस बात को मान लिया है कि हिंदुस्तानी (जो उर्दू से ज्यादा हिंदुस्तानी है) जो अपनी सभी विविधताओं के साथ उत्तर भारत की सामान्य भाषा है इस उद्देश्य की पूर्ति के लिए योग्य है। लेकिन यह इकरारनामा महज एक सामान्योक्ति बन कर रह गया है। इससे यह विवाद खत्म

नहीं हुआ, बल्कि इसने दो सवालों को उभारा—हिंदुस्तानी क्या है? इसका स्वरूप क्या होना चाहिए?

इस सवाल पर भी मतभेद है कि 'हिंदुस्तानी क्या है?' इस परिचर्चा में योगदान देने वाले कुछ लोगों के अनुसार हिंदुस्तानी में अलग-अलग ढंग से बोली जाने वाली और अलग-अलग लिपियों में लिखी जाने वाली उर्दू और हिंदी दोनों शामिल हैं। अन्य लोग व्यावहारिक तौर पर इसे उर्दू मानते हैं इसके अलावा कुछ लोगों का कहना है कि हिंदी, उर्दू और हिंदुस्तानी एक ही भाषा है। अब जरा इस विषय पर विशेष अधिकार रखने वाले उस विदेशी विद्वान के मत की ओर मुड़ें जिनकी इस विषय के संबंध में विद्वत्ता अन्य किसी व्यक्ति से ज्यादा है और जिनकी निष्पक्षता पर सवाल नहीं उठाया जा सकता। भारतीय भाषा पर महत्त्वपूर्ण अधिकार रखने वाले सर जार्ज ए. ग्रियर्सन के अनुसार, "हिंदुस्तानी प्राथमिक तौर पर उच्च गांगेय दोआब की भाषा है और यह भारत की सामान्य भाषा भी है। शुद्धतावादी रवैया अपनाए बगैर ही इसे फारसी और देवनागरी दोनों लिपियों में लिखा जा सकता है। इसके विपरीत जब इसका प्रयोग साहित्य में किया जाता है, तब क्रमशः फारसी या संस्कृत के शब्दों के अत्यधिक प्रयोग से बचा जाता है। उर्दू को हिंदुस्तानी के उस खास किस्म तक सीमित रखा जा सकता है जिसमें फारसी शब्द ज्यादातर मौजूद हों। हिंदी को हिंदुस्तानी के उस खास रूप तक सीमित रखा जा सकता है, जिसमें संस्कृत शब्दों का भरपूर प्रयोग किया गया हो।" डॉ. हटन का भी यही विचार है। उन्होंने पिछली जनगणना रिपोर्ट (1931) में कहा है, "बोली जाने वाली भाषा के संबंध में यह कहा जा सकता है कि हिंदी और उर्दू की अवधारणाओं के प्रयोग ने कड़वे विवाद को जन्म दिया है।...व्यावहारिक दृष्टि से हिंदी और उर्दू के बीच विभाजक रेखा खींचना असंभव है। जहाँ तक बोले जाने का सवाल है दोनों में केवल फारसी या संस्कृत की शब्दावली का चुनकर प्रयोग किए जाने के कारण ही अंतर दिखाई देता है। जहाँ तक किसी अशिक्षित व्यक्ति द्वारा सामान्य बातचीत के लिए प्रयोग की जाने वाली भाषा का सवाल है, उसका झुकाव अपने हिसाब से उस ओर ही होता है जिसके जरिए वह अपनी बात को संप्रेषित कर सके।" अतः हिंदुस्तानी, जैसा कि सांप्रदायिकों द्वारा आरोप लगाया जाता है, हिंदी या उर्दू के स्थान पर कांग्रेस द्वारा दिया गया नया नाम नहीं है और न ही जैसा कि मान लिया जाता है यह किसी ऐसे विशिष्ट रूप भेद का प्रतिनिधित्व करती है, जिसका निर्माण कांग्रेस के नेताओं ने एक नई भाषा के निर्माण के दौरान किया। यह एक जीवंत भाषा है। हालाँकि यह एक अविकसित भाषा है, फिर भी उत्तरी भारत में बिहार से लेकर दिल्ली तक की आम जनता में घर से बाहर इसी भाषा का प्रयोग होता है। इसमें स्थानीय बोलियों का प्रयोग हो सकता है और होता भी है।

असल समस्या तभी उभरती है, जब हम इस सवाल पर आते हैं कि हिंदुस्तानी

का स्वरूप कैसा हो, जो सामान्य भाषा के रूप में काम आ सके। जैसे ही हम घर या बाजार में बोली जाने वाली सामान्य भाषा को छोड़कर उच्च भावों को व्यक्त करने वाली भाषा की बात पर आते हैं, हमें हिंदी और उर्दू के पहले से मौजूद अंतर के बढ़ जाने की समस्या का सामना करना पड़ता है। 19वीं सदी के उत्तरार्द्ध में इन दोनों भाषाओं का साहित्यिक भाषाओं, आधुनिक हिंदी और आधुनिक उर्दू के रूप में तेजी से विकास हुआ। इन दोनों के बीच की खाई बढ़ती गई है और दोनों ओर के शुद्धतावादी लेखकों ने ईर्ष्यावश पूर्वजों की धरोहर को सांप्रदायिक संस्कृति का रूप देकर अलगाववाद की चरम सीमा तक पहुँचा दिया है। हिंदी के समर्थक सामान्य भाषा को ज्यादा से ज्यादा संस्कृत की ओर मोड़ना चाहते हैं। जबकि उर्दू के समर्थक यह तर्क देते हैं कि उनकी भाषा हिंदुओं और मुसलमानों की संस्कृति के अनोखे संश्लेषण का प्रतिनिधित्व करती है, सीधीसादी उर्दू ही भारत की सामान्य भाषा बनने के योग्य है। दोनों भाषाओं के समर्थकों को शक था कि 'हिंदुस्तानी' को कांग्रेस द्वारा सामान्य भाषा के रूप में स्वीकृति देना उनके पूर्वजों की परंपरा के संरक्षण के लिए घातक सिद्ध होगा। इस शक ने हिंदी-उर्दू के विवाद को और बढ़ाया। उनका यह डर न्यायसंगत नहीं था, ऐसी बात नहीं है। क्योंकि हमारे कुछ नेता पहले से ही आधुनिक हिंदी और आधुनिक उर्दू के भिन्न-भिन्न विकास को अच्छी निगाह से नहीं देख रहे थे। बंगाल और मद्रास जैसे प्रांतों की अपनी भाषा और साहित्यिक परंपरा काफी विकसित है। हिंदुस्तानी को चाहे किसी भी किस्म की भारत की सामान्य भाषा के रूप में स्वीकृति दे देने से क्या उनकी अपनी भाषा और साहित्य का विकास अवरुद्ध नहीं होगा? उत्तरी भारत के कुछ नेता हिंदी और उर्दू के पृथक विकास को रोकना चाहते हैं। वे हिंदुस्तानी को केवल सामान्य भाषा ही नहीं बनाना चाहते, जो कि वह है, बल्कि एक प्रभावशाली स्थानीय भाषा भी बनाना चाहते हैं, जो आधुनिक हिंदी और आधुनिक उर्दू का स्थान ले ले। संभवतः अकेले जवाहरलाल नेहरू को छोड़कर, वे लोग जिन्होंने परिचर्चा में भाग लिया, हिंदुस्तानी से संबंधित विवाद के दो पूर्णतः अलग-अलग रूपों अर्थात् (1) उत्तरी भारत से संबंधित हिंदुस्तानी और (2) हिंदुस्तानी जो कि पूरे भारत की भाषा हो, में विभाजक रेखा खींचने में असफल सिद्ध हुए। हमारे नेताओं के इस भ्रम ने हिंदी-उर्दू के विवाद को अनावश्यक रूप से बढ़ा दिया, जो काफी हद तक एक प्रांतीय समस्या है। वह संयुक्त प्रांतों और उनके पड़ोसी इलाकों से जुड़ी है। उत्तरी भारत के उन इलाकों में जहाँ हिंदी और उर्दू दोनों ही प्रचलित हैं वहाँ के विद्यालयों और कॉलेजों में शिक्षा का माध्यम क्या हो? वहाँ किस भाषा को राजभाषा बनाया जाए, वहाँ साहित्य रचना के लिए कौन सी भाषा का प्रयोग किया जाए—ये कुछ ऐसे सवाल हैं, जिन्हें सुलझाने की जिम्मेदारी यहाँ के इलाकों के स्थानीय लोगों पर ही छोड़ देनी चाहिए, ताकि वे अपने लाभ और हानि, राजनीतिक और सांप्रदायिक झुकावों को दृष्टि के केंद्र में रखकर

निर्णय ले सकें। संभवतः आधुनिक हिंदी और आधुनिक उर्दू को स्थानीय भाषाओं के रूप में सुरक्षित रखने के कारण ये प्रांत द्विभाषिक ही रहेंगे। अगर बंबई और मद्रास प्रांत इतनी सारी भाषाओं को सह सकते हैं और अगर स्विट्जरलैंड तीन भाषाओं अर्थात् जर्मन, फ्रेंच और इटेलियन सह सकती है तो संयुक्त प्रांत और दिल्ली दो विशिष्ट स्थानीय भाषाओं हिंदी और उर्दू क्यों नहीं सह पाएँगी।

सामान्य भाषा का स्वरूप और कार्य

अब हिंदुस्तानी के सवाल से संबंधित एक दूसरे पक्ष पर आते हैं। अर्थात् पूरे भारत के लिए एक भाषा के सवाल पर। अकसर देखा गया है कि अलग-अलग भाषागत क्षेत्रों में प्रचलित भाषाओं के बीच सामान्य भाषा की भूमिका और स्थिति को लेकर हमारे नेताओं में अस्पष्ट, भ्रामक और मतभेदपूर्ण धारणाएँ बनी हुई हैं। कुछ लोगों का मत है कि सामान्य भाषा पूरे भारत के जनसाधारण की सामान्य भाषा होगी और कुछ उसे पूरे भारत की राजभाषा बनाना चाहते हैं। यहाँ तक कि कुछ लोग यह भी सोचते हैं कि यह भाषा काफी हद तक स्थानीय भाषाओं को अपने भाषिक क्षेत्रों से चालाकी से हटा देगी। ये सुझाव भी दिए गए कि सामान्य भाषा को अलग-अलग प्रांतों में स्कूल और कॉलेजों की शिक्षा का माध्यम बनाया जाए। इन वैविध्यपूर्ण मतों को दृष्टि के केंद्र में रखते हुए हमारे कुछ नेता सामान्य भाषा को एक ऐसी विकसित भाषा का रूप देना चाहते हैं जो हिंदी और उर्दू का मिश्रण हो, कुछ लोग हिंदी और उर्दू को मिलाकर इसे एक संश्लिष्ट भाषा का रूप देना चाहते हैं। यहाँ तक कि कुछ लोग एक समृद्ध राष्ट्रीय भाषा और साहित्य और एक सार्वजनिक भारतीय साहित्य के निर्माण का सपना देखते हैं। वे यह बात प्रायः भूल जाते हैं कि बातचीत या व्यवसाय के लिए तो सामान्य भाषा का विकास या निर्माण किया जा सकता है, पर हम अपने संकल्पों और आदेशों के जरिए साहित्य के लिए किसी समृद्ध भाषा का निर्माण नहीं कर सकते।

जब हम सामान्य भाषा को रूप देने से संबंधित व्यावहारिक सुझावों पर आते हैं, तब यह पाते हैं कि महात्मा गाँधी, जिनसे इन बातों को अंजाम तक पहुँचाने की आशा की जाती थी, वे भी असली मुद्दा टाल जाते हैं। उनके सुझावों को देखकर लगता है कि वे समस्या का व्यावहारिक हल निकालने के प्रति उत्सुक हैं, पर इस क्षेत्र में मददगार साबित होना, उनके सुझावों के संदर्भ में दूर की बात है।

'हिंदी और उर्दू' महात्मा गाँधी कहते हैं, "विकसित होते रहेंगे। हिंदी अधिकतर हिंदुओं तक सीमित रहेगी और उर्दू मुसलमानों तक ...हिंदुस्तानी के संबंध में कांग्रेस की धारणा को और ज्यादा स्पष्ट करने की जरूरत है... हिंदुस्तानी को स्पष्ट स्वरूप देने के लिए हमें हिंदी और उर्दू को पोषक तत्त्वों के रूप में स्वीकारना होगा। हिंदुस्तानी इस विकासशील राष्ट्र के स्थानीय भाषाओं को समृद्ध बनाने के लिए आवश्यकतानुसार

विविध पारिभाषिक शब्द देने में सक्षम होगी। किसी बंगाली या दक्षिण भारत के आदमी के लिए जो हिंदुस्तानी बोली जाएगी, उसमें संस्कृत मूल के शब्द ज्यादा होंगे। वही वक्तव्य जब पंजाब में दिया जाएगा तो उसमें अरबी और फारसी मूल के शब्द शामिल होंगे। ऐसी ही भाषा का प्रयोग मुसलमानों के लिए भी किया जाएगा, जो संस्कृत मूल के शब्दों को नहीं समझते।''

कोई भी विचारशील पाठक देख सकता है कि महात्मा गाँधी कोई प्रगतिशील कदम उठाने का सुझाव देने के बजाय एक ही वृत्त में चक्कर काट रहे हैं। क्या उत्तर भारत में हिंदी और उर्दू उस तरह नहीं चल रही है जिस तरह गाँधीजी के अनुसार हिंदुस्तानी को चलना चाहिए? स्पष्ट ढंग से सोचने वाले लोगों के सामने यह बात बिल्कुल साफ होगी कि इस तरह की उक्तियाँ मुद्दों को उलझा देती हैं। इन दो अलग-अलग चीजों को सीधे-सीधे हिंदी और उर्दू क्यों न कहा जाए? गाँधीजी सभी भारतीयों से खुलकर कह सकते थे कि उन्हें हिंदी और उर्दू दोनों को ही राष्ट्रभाषा के रूप में स्वीकार करना होगा, जैसा कि उन्होंने लिपियों के मामले में किया। अगर हिंदुस्तानी के ऐसे दो भिन्न रूपों का भिन्न-भिन्न प्रांतों में भिन्न लोगों के लिए प्रयोग किया जाएगा तो सामान्य भाषा का स्पष्ट रूप कैसे उभरेगा? हम गाँधीजी से एक प्रासंगिक सवाल पूछ सकते हैं। उन्होंने इस संबंध में तो अपना मत व्यक्त किया है कि 'हिंदुस्तानी' का जब मुसलमानों या हिंदुओं, पंजाबियों या बंगालियों और दक्षिण भारत के लोगों के लिए प्रयोग किया जाएगा तो उसका स्वरूप क्या होगा। पर उस हिंदुस्तानी का स्वरूप क्या होगा, जिसका प्रयोग पूरे भारत के लोगों के लिए किया जाएगा? कांग्रेस के मंच से पूरे भारत के लोगों को संबोधित करते हुए भाषण देने वाले कांग्रेस के नेता या भारत के प्रत्येक भाग और संप्रदाय के लोगों को अपनी पुस्तक का पाठक बनाने की इच्छा रखने वाले लेखक के लिए वे कौन-सी भाषा प्रस्तावित करेंगे?

इसके विपरीत सामान्य भाषा के संबंध में जवाहरलाल नेहरू का विश्लेषण अधिक विवेकसम्मत है। उनके द्वारा दिए गए ठोस सुझावों से लोगों को सामान्य तौर पर सहमत होना चाहिए। जवाहरलाल नेहरू ने विशेष जोर देते हुए यह मत व्यक्त किया है कि भले ही देश की सामान्य भाषा हिंदुस्तानी हो, पर अपने-अपने क्षेत्रों में वहाँ की स्थानीय भाषा को ही प्रमुखता दी जानी चाहिए। बंगाल, मद्रास या बंबई जैसे प्रांतों के लिए जहाँ उनकी अपनी भाषा को एक समृद्ध विरासत प्राप्त है, जो लाखों लोगों द्वारा बोली जाती है, यह सोचना न केवल व्यर्थ है बल्कि अनुचित भी है कि कोई सामान्य सार्वदेशिक भाषा वहाँ की स्थानीय भाषा को थोड़ा भी किनारा कर पाएगी। ऐसे प्रांतों और अन्य प्रांतों में हिंदुस्तानी सामान्य भाषा के रूप में ही मौजूद रहेगी। उसे भारत के लिए संप्रेषण के सामान्य माध्यम के रूप में ही स्वीकार किया जा सकता है। आम जनता केवल अपनी भाषा के माध्यम से ही शैक्षिक तथा

सांस्कृतिक दृष्टि से उन्नति कर सकती है। अतः हमारी शिक्षा व्यवस्था और हमारे अधिकतर सार्वजनिक कार्य स्थानीय भाषाओं में ही होने चाहिए। स्थानीय भाषा को ही प्रत्येक प्रांत में राज्य के मामलों के लिए राजभाषा के रूप में प्रयोग में लाया जाना चाहिए। जिन इलाकों में हिंदुस्तानी बोली जाती है वहाँ हिंदी और उर्दू दोनों को राजभाषा की मान्यता दी जानी चाहिए।

अब पूरे भारत के लिए एक सामान्य भाषा के सवाल पर आते हैं, पं. नेहरू ने यह सुझाव दिया कि अंग्रेजी की बुनियाद की तरह हिंदुस्तानी की भी बुनियाद तैयार की जाए। उसका व्याकरण काफी छोटा हो, उसमें लगभग एक हजार शब्द हों। यह भाषा सामान्य बोलचाल और लेखन के लिए एक अच्छी भाषा होगी और इसे पूरे भारत में द्वितीय अनिवार्य भाषा के रूप में पढ़ाया जाना चाहिए। वे इस बात की भी वकालत करते हैं कि वैज्ञानिक, तकनीकी, राजनीतिक, व्यावसायिक शब्दावलियों में एकरूपता लाने के लिए जब भी जरूरत हो विदेशी भाषा के शब्दों को खुले दिल से ग्रहण करना चाहिए। इन्हें भारत के अन्य प्रांतों को भी ग्रहण करना होगा। समृद्ध राष्ट्रीय भाषा और साहित्य को हमारी प्रमुख स्थानीय भाषा और पूरे भारत के साहित्य की जगह दिलाने के सपनों में उलझे रहने के बजाए हमारे नेता अगर उपयोगी व्यावहारिक सुझावों के जरिए उपरोक्त बुनियाद वाली हिंदुस्तानी को, जो पूरे भारत की सामान्य भाषा होने का फर्ज अदा कर सकती है, विकसित करे तथा उसे लोकप्रिय बनाए तो ज्यादा अच्छा होगा।

भारत की राष्ट्र भाषा के मुद्दे पर हुई परिचर्चा में योगदान देने वालों के विचार

नाम	मातृभाषा	राष्ट्रभाषा पर व्यक्त विचार	सामान्य लिपि पर व्यक्त विचार
महात्मा गाँधी	गुजराती	उर्दू के हिंदी लेखकों द्वारा और हिंदी के मुसलमान लेखकों द्वारा प्रयोग किए जाने वाले सभी शब्दों को मान्यता देने का मत व्यक्त किया। हिंदुस्तानी के विभिन्न रूप भेदों का विभिन्न क्षेत्रों में और विभिन्न समुदायों के लिए प्रयोग करने की सलाह।	निश्चित रूप से रोमन लिपि को अपनाने के विरोधी। देवनागरी की ओर झुकाव। क्योंकि मुसलमान इसे नहीं स्वीकारेंगे इसीलिए देवनागरी और उर्दू (फारसी) दोनों को बरकरार रखने की सलाह।

जवाहर लाल नेहरू	उर्दू	1000 शब्दों का शब्दकोश और न्यूनतम व्याकरण वाली मूल हिंदुस्तानी। हिंदुस्तानी को द्वितीय भाषा के रूप में पढ़ाया जाए। प्रांतीय भाषाएँ अपने-अपने क्षेत्रों में प्रमुख हों।	रोमन लिपि कुछ हद तक लाभप्रद है। पर इसे अपनाया नहीं जा सकता। हिंदी और उर्दू दोनों को बरकरार रखा जाए।
राजेंद्र प्रसाद	हिंदी (बिहारी)	विभिन्न क्षेत्रों में विभिन्न रूप भेदों के प्रयोग की सलाह। अगर हिंदी और उर्दू के लेखकों द्वारा प्रयोग किए जाने वाले शब्द सर्वमान्य होकर सामान्य शब्दावली में प्रवेश कर जाते हैं तो न केवल इससे शब्द भंडार समृद्ध होगा बल्कि हम सूक्ष्म तथा कोमल भावों को बेहतर ढंग से अभिव्यक्त कर सकेंगे।	
संपूर्णानंद	हिंदी	हिंदुस्तानी—वह भाषा जिसका प्रयोग उत्तरी भारत के बुद्धिजीवी करते हैं। हिंदुस्तानी में स्वाभाविक रूप से संस्कृत के शब्द शामिल होंगे। वे एक धनी और सशक्त भाषा के रूप में हिंदुस्तानी का विकास चाहते हैं।	
अब्दुल हक	उर्दू	भारतीय भाषाओं में केवल उर्दू ही है जो किसी क्षेत्र विशेष या जाति विशेष तक सीमित नहीं है। सभी क्षेत्रों के लोग इसे समझते हैं। ये हिंदी और उर्दू के शब्दों तथा भावात्मक प्रयोगों को अपनाकर एक समृद्ध संश्लिष्ट भाषा के निर्माण की सलाह देते हैं।	एक लिपि अपनाई जानी चाहिए—वह रोमन हो सकती है।
पुरुषोत्तम दास टंडन	हिंदी	हिंदी हमारी सामान्य भाषा होनी चाहिए। उर्दू को हिंदी का एक	पूरे भारत के लिए नागरी लिपि। उर्दू लिपि

		खास रूप मानते हैं।	का प्रयोग उत्तरी भारत के मुसलमानों के लिए, साथ ही साथ नागरी लिपि का भी प्रयोग।
जाकिर हुसैन	उर्दू	हिंदुस्तानी—इस भाषा का उत्तरी भारत में सामान्य रूप से प्रयोग किया जाता है। हिंदुस्तानी के शब्द-भंडार के लिए ग्रामीण भाषाओं और बोलियों से शब्द लिए जाने चाहिए। यह भाषा धीरे-धीरे उच्च भावों की भाषा बन जाएगी।	
काका कालेलकर	मराठी	हिंदुस्तानी उर्दू और हिंदी के योग से बनी है।	
सुलेमान नदवी	उर्दू	उर्दू वस्तुतः भारत की राष्ट्रीय भाषा है। मुसलमान किसी और के लिए इसे नहीं छोड़ेंगे।	
ताराचंद	उर्दू और हिंदी	हिंदुस्तानी। हिंदी भाषी लोगों को उर्दू और उर्दू भाषी लोगों को हिंदी पढ़नी चाहिए। हिंदी और उर्दू के लेखकों द्वारा प्रयोग किए जाने वाले शब्दों का एक सामान्य शब्दकोश और अनुवादकों के लिए अंग्रेजी-हिंदुस्तानी शब्दकोश बनाया जाना चाहिए।	
आसफ अली	उर्दू	उर्दू। इसे हिंदुस्तानी कहा जाता है तो ऐसा वस्तुतः उर्दू का सरलीकृत रूप होने के कारण।	
के.एम.मुंशी	गुजराती	हिंदुस्तानी, उत्तर प्रदेश के बोलचाल के माध्यम को समृद्ध किया जाना चाहिए। हिंदी, उर्दू की कृतियों का पारस्परिक अनुवाद तथा लिप्यांतरण होना चाहिए। सामान्य	देवनागरी की ओर झुकाव। देवनागरी और उर्दू दोनों को बरकरार रखा जाए या फिर सामान्य रोमन लिपि

		भाषा के विकास से संतुष्ट नहीं हैं। भारत के लिए एक सामान्य साहित्य का विकास चाहते हैं।	भी अपनाई जा सकती है।
अमरनाथ झा	मैथिली	निश्चित रूप से उर्दू को अपनाने के विरोधी। कोई भी भारतीय मूल की भाषा जो राष्ट्रभाषा बने वह प्रमुख रूप से संस्कृतनिष्ठ हो। संस्कृतनिष्ठ हिंदुस्तानी के पक्ष में। संघीय और अंतर्राष्ट्रीय कार्यों के लिए अंग्रेजी को बरकरार रखा जाए।	
सी. राज गोपालाचारी	तमिल	हिंदुस्तानी। शब्दों के चुनाव के लिए नैतिक दृष्टि अपनाई जाए।	देवनागरी और उर्दू लिपियों का प्रयोग किया जाए।
तेज बहादुर सप्रू	उर्दू	उर्दू के स्थान पर हिंदुस्तानी रखी जा सकती है। उर्दू को भारत की राष्ट्रीय भाषा बनाने का दावा नहीं करते, पर उसे उन क्षेत्रों में प्रमुखता दी जानी चाहिए जहाँ वह पिछले 200 सालों से प्रचलित है।	
गुलाम-उस-सईद्दीन	उर्दू	हिंदुस्तानी, जो दो आवश्यक शर्तों की पूर्ति करती है। (क) पूरे भारत में बोली और समझी जाती है। और (ख) वह दो भाषिक परंपराओं, संस्कृत और फारसी के मिश्रण का प्रमाण है।	
सुमित्रानंदन पंत	हिंदी	एक राष्ट्रीय भाषा के सवाल को तब तक उठाना व्यर्थ है, जब तक हिंदू और मुसलमान सांस्कृतिक समजातीयता हासिल न कर लें। भाषिक एकता न होने की समस्या सांस्कृतिक एकता न होने की बड़ी समस्या का एक	

		अंग है। भविष्य में निर्मित होने वाली भारत की राष्ट्रीय भाषा में संस्कृत, अरबी, फारसी और अन्य भाषाओं के तत्त्व शामिल होंगे।	
मुहम्मद बिन तासीर	उर्दू	भारत की विभिन्न भाषाओं को विकसित करने के लिए प्रोत्साहित किया जाना चाहिए, ताकि वे उन्नत भावों से युक्त राजनीतिक, वैज्ञानिक और साहित्यिक विचारों का सही ढंग से वहन कर सके। हिंदी और उर्दू लिपियों का एक शब्दकोश और लैटिन लिपि में एक अलग शब्दकोश बनाया जाना चाहिए। अंततः विरोधी भाषाओं और संस्कृतियों की समस्या का सामना संयुक्त राज्य अमरीका की तरह किया जाए।	लैटिन, नागरी और उर्दू लिपियों में कई कमजोरियों के बावजूद कुछ अच्छाइयाँ भी हैं।
बशीर अहमद	उर्दू	उर्दू वस्तुतः उत्तरी भारत के अधिकांश लोगों द्वारा इफरात में बोली जाती है। फारसी लिपि वाली उर्दू जो एक ओर संस्कृत और अन्य भारतीय शब्दों और दूसरी ओर अरबी फारसी शब्दों के उचित मिश्रण से बनी हो सामान्य संस्कृति की उचित प्रवक्ता हो सकती है।	या तो देवनागरी और उर्दू दोनों या फिर उर्दू।
पट्टाभि सीतारमैया	तेलुगु	हिंदी या हिंदुस्तानी। हिंदुओं को कम से कम एक हजार अरबी और फारसी के शब्द सीखने चाहिए और मुसलमानों को उतने ही संस्कृत के शब्द सीखने चाहिए।	
धीरेंद्र वर्मा	हिंदी	भारत के प्रत्येक प्रांत की एक निश्चित प्रांतीय भाषा और लिपि	देवनागरी

		होनी चाहिए। हिंदी उत्तरी भारत की प्रांतीय भाषा हो। उसे सामान्य भाषा के रूप में स्वीकृति दिलाने के लिए उसकी शुद्धता की बलि चढ़ाने को तैयार नहीं।	
हुमायूँ कबीर	बंगाली	साधारण हिंदुस्तानी	राष्ट्रीय भाषा के विकास के लिए सामान्य लिपि के सवाल को महत्त्वपूर्ण मानने पर जोर देते हैं। राष्ट्रीय और प्रांतीय भाषाओं के लिए रोमन लिपि को तुरंत अपनाने की वकालत करते हैं।
भगवान दास	हिंदी	हिंदुस्तानी जो हिंदी और उर्दू के तत्त्वों तथा साथ ही दूसरी भाषाओं के शब्दों मुख्यतः अंग्रेजी से बनी हो।	देवनागरी या आधे दर्जन विशेषक चिह्नों के योग से बनी रोमन लिपि।

अनुवाद : **राखी सेजल**

सैयद अहमद खाँ
अल्ताफ हुसैन हाली
इकबाल
अबुल कलाम आजाद

सैयद अहमद खाँ

1817-1898

मुस्लिम समुदाय में आधुनिक दृष्टिकोण के प्रवर्तक और समाज सुधारक। परिवार का शाही खानदान से गहरा ताल्लुक एवं ब्रिटिश शासन की भी सेवा। 1857 के विद्रोह के समय ब्रिटिश शासन का समर्थन एवं मुस्लिम समाज को उसका विश्वासपात्र बनाने का प्रयास। अपने समुदाय के लोगों को पश्चिमी शिक्षा एवं सरकारी नौकरी के लिए कोशिशें। ब्रिटिश सरकार के मन से मुस्लिम समुदाय की वफादारी को लेकर पैदा हुए संदेह को दूर करने का प्रयत्न। 1877 में अलीगढ़ कॉलेज की स्थापना। इसमें हिंदू विद्यार्थियों के लिए भी शिक्षा की व्यवस्था। पश्चिमी विचारों की ओर झुकाव की वजह से कई कठमुल्ले मुसलमानों द्वारा उनका विरोध। कुरान पर अपने लेखों में इस्लाम की नई व्याख्या (1876-1891)। विवेक पर जोर। भारतीय राष्ट्रीय कांग्रेस की स्थापना का विरोध, उस पर शासन-विरोधी होने का आरोप।

इंग्लैंड एवं उसकी सभ्यता के प्रभाव

मुझे लंदन आए अब तक छह महीने बीत चुके हैं, पर मैं अपनी रुचि की ढेर सारी चीजें अभी देख नहीं पाया हूँ। यद्यपि मुझे यहाँ काफी चीजें देखने का मौका मिला है, लार्डों के सान्निध्य का अवसर भी मैंने पाया है, लार्डों एवं ड्यूकों के रात्रिभोजों एवं सांध्य भोजों में भी उपस्थित रहा हूँ। दस्तकारों और सामान्य जनों के संपर्क में रहा हूँ। मैं बड़े-बड़े प्रासादों और मशहूर अजायबघरों में गया हूँ, मैंने इंजीनियरी के काम, जहाजों को बनाने वाले कारखाने, तोप ढालने के कारखाने तथा सागर-संचार कंपनियों को देखा है, जो महादेशों के बीच संपर्क स्थापित करती हैं। मुझे विशाल युद्धपोतों के दर्शन का सुअवसर भी मिला है (उनमें से एक ग्रेट ईस्टर्न स्टीमशिप पर मैं मीलों चलता रहा)। कई सभाओं की बैठकों में मैंने शिरकत की है, क्लबों एवं व्यक्तिगत निवासों के दस्तरखान में शामिल हुआ हूँ। इसका परिणाम यह हुआ है कि हिंदुस्तान में अंग्रेजों के भारतीयों के प्रति दुर्व्यवहार और उन्हें पशुवत और

घृणास्पद समझने के कृत्यों को माफ न कर पाने पर भी मुझे ऐसा प्रतीत होता है कि वे (अंग्रेज) हम हिंदुस्तानियों को न समझ पाने की वजह से ऐसा करते हैं, और मैं यह स्वीकार करने हेतु बाध्य हूँ कि हमारे संबंध में उनकी यह धारणा अनुचित नहीं है। अंग्रेजों की चाटुकारिता किए बगैर, मैं सच्चे तौर पर कह सकता हूँ, कि हम हिंदुस्तानी, चाहे ऊँच हों या नीच, व्यवसायी हों या छोटे दुकानदार, शिक्षा, आचार और ईमानदारी में अंग्रेजों की तुलना में ऐसे हैं मानो एक पुष्ट एवं सुदर्शन पुरुष के मुकाबले एक गंदा पशु। अंग्रेजों का हम हिंदुस्तानियों को मूढ़मति एवं अशिष्ट समझना अकारण नहीं है। यद्यपि मेरी यह धारणा मेरे हमवतनों को अत्यंत कठोर प्रतीत होगी और वे आश्चर्य करेंगे कि अंग्रेजों से वे किन बातों में कमतर हैं इसीलिए मैं यह लिख रहा हूँ, मैं पुनः कहता हूँ कि उनके (हिंदुस्तानियों) आश्चर्य करने का कोई कारण नहीं है, क्योंकि वे यहाँ की चीजों के बारे में अनभिज्ञ हैं। ये वस्तुएँ उनकी अवधारणा और कल्पना से परे हैं। मैं यहाँ उन चीजों का जिक्र नहीं कर रहा हूँ जो हमारी जातीय विशिष्टताएँ हैं और जो हमें अंग्रेजों से पृथक करती हैं। मैं केवल उन गुणों की बात कर रहा हूँ जो शिक्षा और सभ्यता के फलस्वरूप उत्पन्न होती हैं यथा विनम्रता, ज्ञान, दृढ़ विश्वास, स्वच्छता, कारीगरी संबंधी कौशल, दक्षता और गंभीरता। सर्वशक्तिमान विधाता ने मानव में अभीप्सित सभी आध्यात्मिक और दुनियाबी गुण यूरोप को प्रदान किए हैं और विशेषतः इंग्लैंड को। आध्यात्मिक गुणों से मेरा मतलब उन कर्मों से है, जिन्हें अंग्रेज सच्चा आध्यात्मिक कृत्य समझते हैं और उनका पालन सुंदर और उत्तम तरीके से करते हैं, यह अन्य जातियों में दुर्लभ है। ऐसा स्त्रियों और पुरुषों के शिक्षित होने तथा सौंदर्य और उत्कृष्टता की उनकी सामूहिक कामना के कारण संभव हुआ है। यदि हिंदुस्तानी इस सभ्यता की उपलब्धि करें तो इसकी कई उत्कृष्ट शक्तियों के कारण, वे अंग्रेजों से श्रेष्ठ न सही, उनके समान तो हो ही जाएँगे।

मुझे इस बात की अत्यंत प्रसन्नता है कि मेरे बंगाली और पारसी भाई सभ्यता की उन्नति हेतु कुछ प्रयास कर रहे हैं। पर इस दिशा में उनकी त्वरित गति के कारण उनके लक्ष्यच्युत हो जाने का खतरा भी विद्यमान है। जबकि मुस्लिम समुदाय आत्म-गौरव की विनाश तुष्टि के अँधेरे में आवृत्त है। वे अपने पुरखों की पुरानी कथाओं को याद करते हुए सोचते रहते हैं कि उनकी बराबरी करने वाला कोई नहीं है। मिस्र तथा तुर्की के मुसलमान दिनोंदिन सभ्यता की राह पर बढ़ रहे हैं।

एलिजाबेथ मैथ्युज नामक इस युवा लड़की (जिस घर में सैयद अहमद खाँ लंदन प्रवास में ठहरे थे, उस घर की नौकरानी) का ही दृष्टांत लें, अपनी निर्धनता के बावजूद वह नियमित रूप से आधी पेनी में 'इको' नामक अखबार खरीदती है और फुर्सत के दौरान पढ़ती है। यदि स्त्रियों के आचारों और रिवाजों संबंधी कोई चित्र छपता है तो वह इस पर संपादक के मंतव्यों को बड़े मजे से पढ़ती है। सभी

दुकानों में बिकने वाली जींसों के नाम सुनहले हर्फों में टँगे होते हैं, खरीददारी करने वाले नौकरों को केवल वस्तुओं का नाम पढ़कर दुकान में प्रवेश करना होता है। बग्घीचालक और कोचवान भी अपनी सीटों के नीचे अखबार रखते हैं तथा यात्री को गंतव्य तक पहुँचाने के बाद, अथवा प्रतीक्षा करते समय अखबार पढ़ते हैं। यहाँ यह स्मरणीय है कि ये बग्घीचालक बनारस के इक्केवालों के समतुल्य ही हैं। जब तक हिंदुस्तान में भी लोगों को यहाँ की तरह शिक्षित और तालीमयाफ्ता नहीं बनाया जाता, हमारे देशी भाइयों को सभ्य और सम्माननीय बनाना नामुमकिन है।

इंग्लैंड की सभ्यता के बढ़े-चढ़े होने का मुख्य कारण है, कलाओं और विज्ञान का उनकी अपनी भाषा में होना। जो लोग सचमुच हिंदुस्तान की तरक्की और बेहतरी चाहते हैं, वे याद रखें कि ऐसा उसी सूरत में हो सकता है जब कला और विज्ञान संबंधी सारी सामग्री का तर्जुमा हम अपनी जबानों में कर लें। इस बात को मैं हिमालय पर्वत पर बड़े-बड़े हर्फों में लिखवा देना चाहता हूँ जिसे आनेवाली नस्लें याद रखें। यदि इनका तर्जुमा नहीं होता तो हिंदुस्तान के सभ्य होने की कोई उम्मीद नहीं। यही सत्य है, यही सत्य है, यही सत्य है।

सरकार के सामने कठिन चुनौती है। जब शासकीय भाषा देश की भाषा नहीं होती, तो लोग अपनी भाषाएँ पढ़ने में दिलचस्पी नहीं रखते, क्योंकि लोग आजकल विज्ञान की जानकारी के लिए नहीं पढ़ते उनका उद्देश्य है नौकरी पाना। हिंदुस्तान के खैरख्वाहो! दूसरों पर निर्भर न रहो, अपने पर भरोसा रखो। कलाओं तथा विज्ञान के अनुवाद में निपुणता हासिल कर लेने पर, सभ्यता की उपलब्धि कर लेने पर, सरकारी नौकरी में जाने की तुम्हारी इच्छा न रहेगी। मुझे आशा और भरोसा है, वह दिन शीघ्र आएगा।

आधुनिक पश्चिमी शिक्षा का महत्त्व

(मौलवी तसद्दुक को लिखे सर सैयद के चंद नादिर खुतूत से उद्धृत)

कुछ नासमझ लोगों ने मुझ पर इस्लाम की संस्कृति और यहाँ तक कि स्वयं इस्लाम का द्रोही होने का इल्जाम लगाया है। कुछ लोग मुझ पर ईसाई होने का इल्जाम आयद करते हैं। ऐसा इसलिए हुआ है, क्योंकि मैं तालीम की एक नई व्यवस्था की शुरुआत का हिमायती हूँ, जो हमारी इस्लामी संस्कृति के आधार की उपेक्षा नहीं करेगी, पर इस्लामी धर्मशास्त्र की शिक्षा के अलावा इस देश के बदले हुए हालात का भी लेखा-जोखा रखेगी। आज के दौर में अरबी-फारसी के आलिमों-फाजिलों की

सरपरस्ती के लिए कोई मुस्लिम सुल्तान मौजूद नहीं है। हमारे नए हुक्मरान सरकारी मुलाजमत में तरक्की के लिए तथा कुछ आजाद पेशों जैसे वकालत में आगे बढ़ने के लिए अंग्रेजी में माहिर होना लाजमी समझते हैं। यदि मुसलमानों ने अंग्रेजी तालीम नहीं हासिल की, तो न केवल वे एक पिछड़ी कौम ही रह जाएँगे, बल्कि वे नीचे और नीचे गिरते जाएँगे और तब ऊपर उठने की कोई आशा शेष न होगी। क्या यह सब एक सुहाने मुस्तकबिल (भविष्य) का द्योतक होगा? क्या इस तरीके से हम इस्लाम की खिदमत कर पाएँगे? ऐसी स्थिति में क्या हम उन चीजों को निश्चिह्न होने से बचा सकते हैं जो लंबे समय से हमें प्रिय रही हैं?

यदि इस्लाम के परित्याग और स्वधर्म के बीच मुझे चुनना पड़े तो मैं बेहिचक दूसरे विकल्प को चुनूँगा चाहे इसका मतलब अपने आप की और स्वजनों की बरबादी ही क्यों न हो। लेकिन ऐसे चुनाव की नौबत नहीं है। नई शिक्षा व्यवस्था को अपनाने का मतलब इस्लाम को छोड़ना कतई नहीं है, बल्कि इसका मतलब है इस्लाम की हिफाजत करना। शिक्षा तथा संस्कृति के क्षेत्र में अपने पूर्वजों की उपलब्धियों पर हमारा गौरवान्वित होना बेमानी नहीं है। लेकिन हमें यह स्मरण रखना चाहिए कि ये उपलब्धियाँ इसीलिए संभव हो पाईं, क्योंकि हमारे पूर्वज पैगंबर मुहम्मद की शिक्षाओं पर अमल करने के लिए तैयार थे। उन्होंने कहा था कि इल्म हर मोमिन की विरासत है और यह जहाँ कहीं से भी प्राप्त हो इसे स्वीकार करना चाहिए। उन्होंने मुसलमानों से ज्ञान की खोज में चीन जाने को भी तैयार रहने को कहा था। यह बिल्कुल साफ है कि पैगंबर का इल्म से तात्पर्य मजहबी ज्ञान से नहीं था। उस समय चीन सभ्यता की राह में एक बढ़ा-चढ़ा देश था, पर वह एक गैर-इस्लामी मुल्क था और वह मुसलमानों को मजहब-संबंधी ज्ञान नहीं दे सकता था। जब तक पैगंबर को शिक्षाओं पर अमल हुआ, इस्लाम, इस्लामी संस्कृति और मुसलमान फलते-फूलते रहे, जबसे हमने दूसरों के इल्मों में दिलचस्पी लेनी बंद कर दी, प्रत्येक क्षेत्र में हमारा पतन शुरू हो गया। क्या शुरू के मुसलमानों ने ग्रीकों की विद्या तन्मयता से नहीं सीखी थी? क्या इससे उनकी इस्लाम में निष्ठा किसी मायने में कम हुई?

मैं अंग्रेजों की शिक्षा पद्धति को अपनाने पर केवल इसीलिए जोर नहीं दे रहा हूँ, क्योंकि वे हमारे शासक हैं और अपनी अस्तित्व रक्षा के लिए ऐसा करना जरूरी है। बल्कि यह इसलिए आवश्यक है कि यूरोप ने विज्ञान में महत्त्वपूर्ण प्रगति की है और उसे प्राप्त न करने का प्रयास आत्मघाती होगा। हमारे ज्ञान और यूरोपीय ज्ञान में व्यापक अंतर है। यदि हम इसकी (यूरोपीय विज्ञान की) उपेक्षा में इसी तरह दुराग्रही बने रहे, तो हम काफी पीछे छूट जाएँगे। यदि हम अज्ञान में डूब जाएँगे, तो कैसे मुसलमान रह पाएँगे और इस्लाम की खिदमत कर पाएँगे? गतकाल का ज्ञान बहुधा आगामी कल का अज्ञान होता है, क्योंकि ज्ञान और अज्ञान इस संदर्भ में तुलनात्मक प्रत्यय हैं। इस्लाम का सत्य तभी उद्भासित होगा, जब इसके अनुयायी

सुशिक्षित और दुनिया के उच्चतम ज्ञान से परिचित होंगे। यदि इसके अनुयायी अनभिज्ञ और प्रतिगामी विचार वाले होंगे, तो उस पर ग्रहण लग जाएगा।

यदि मुसलमान अपने यकीदां पर दृढ़ रहते हैं तो उन्हें आधुनिक शिक्षा पद्धति से भय खाने की कोई जरूरत नहीं, क्योंकि इस्लाम असंगत अंधविश्वास नहीं बल्कि एक बुद्धिसम्मत धर्म है, जो मानवीय ज्ञान के उत्थान के साथ कदम से कदम मिलाकर चल सकता है। इसके विपरीत कोई भी भय इस्लाम में आस्था की कमी का सूचक है।

आधुनिक ज्ञान के आलोक में इस्लाम

आज पहले की ही तरह (जब इस्लामी चिंतक ग्रीक विज्ञान और दर्शन से प्रभावित हुए थे) हम एक आधुनिक 'इल्म उल कलाम' (मजहबी शिक्षा एवं विधि) की खोज में हैं, जिसकी सहायता से या तो हम आधुनिक विज्ञान की अवधारणाओं का खंडन कर सकते हैं अथवा उन्हें इस्लाम के तत्त्वदर्शन के अनुरूप सिद्ध कर सकते हैं। जब मैं विज्ञान के तत्त्वों का उन मुसलमानों में प्रचार करता हूँ, जो इन्हें आज की इस्लामी मान्यता के प्रतिकूल मानते हैं तो मेरा यह दायित्व बनता है कि मैं इस्लाम की वकालत करूँ और इसका चमकदार चेहरा लोगों के सामने प्रकट करूँ। मेरी अंतरात्मा कहती है कि यदि मैं ऐसा नहीं कर सका तो खुदा के सम्मुख एक पापी ही कहलाऊँगा।

पैगंबर को अल्लाताला ने इलहाम दिया था, परंतु पहले के विश्लेषकों ने इसकी व्याख्या नहीं की कि वह पैगम्बर को किस तरह मिला। उन्होंने सोचा कि अल्लाह और पैगम्बर एक सुल्तान और उसके वजीर की तरह थे। पुराने उलेमाओं की यह व्याख्या आज के लोगों के लिए उपहास की चीज है। ऐसी व्याख्याओं के कारण वे कुरान और इस्लाम को बेतुका मानते हैं। परंतु उन्हें सोचना चाहिए कि पैगंबरों में यह प्रवृत्ति (पैगंबरता) अन्य गुणों की तरह सहजात होती है। पैगंबर का हृदय एक दर्पण है, जिसमें दैवी माहात्म्य की अनुपम छटा प्रतिबिंबित होती रहती है। यह वह उपकरण है जो ईश्वरीय शब्दों को प्रतिध्वनित करता है। यह वह कान है जो वर्णहीन एवं अघोष ईश्वरीय नाद को सुन सकता है। (किसी पैगंबर की सत्यता का निर्णय करने के लिए) हम उसकी नैतिक संहिता को प्रकृति के नियमों के बरक्स तौलते हैं। हम इसकी परीक्षा ज्ञान, तर्क तथा संचित मानवीय अनुभव के आधार पर कर सकते हैं। यदि नैतिक नियम प्रकृति के अनुरूप हैं तो हम पैगंबर को सत्य मान सकते हैं।

किसी फ्रांसीसी विद्वान ने कहा है कि पैगंबर मुहम्मद के समान सत्यनिष्ठ दूसरा

कोई नहीं हुआ, जिन्होंने न तो कोई चमत्कार दिखाया न अपने लिए उस दर्जे की माँग की जो मानवीय प्रकृति के लिए अलभ्य है। उन्होंने मात्र एक नैतिक प्रबोधक होने का दावा किया, जो हमें सच्चा आचरण सिखाता और बुरी राह से बचाता है। इन बातों के कारण वे अतुलनीय हैं। उनका धर्म प्राकृतिक धर्म है। इस तथ्य से न तो कोई आस्तिक अथवा कोई नास्तिक इनकार कर सकता है कि मानव का गठन ही इस प्रकार हुआ है (अथवा हम कह सकते हैं कि खुदा ने उसे ऐसी शक्तियाँ दी हैं) कि कुछ कार्य वह कर सकता है और कुछ उसके द्वारा संभव नहीं है। अतः उसे अपने लिए एक ऐसी वृत्ति का चयन करना चाहिए जो उसके बाह्य और आंतरिक गुणों के आधार पर उसकी सेवा को उद्देश्यपूर्ण और सार्थक बना सके। किसी भी मजहब का निकष यही है। यदि वह मजहब मानवीय प्रकृति अथवा सामान्य प्रकृति के अनुकूल है तो वह सत्य है। इस बात का प्रबल साक्ष्य मिलेगा कि मजहब ईश्वरीय कृति है और ईश्वर मानव तथा मानवेतर प्रकृति का नियामक है। यदि मजहब मानवीय संरचना और उसकी प्रकृति के खिलाफ है, इन शक्तियों के अनुसरण हेतु प्रदत्त शक्तियों और अधिकारों के खिलाफ है और इनको उपयोगी उद्देश्यों हेतु नियोजित करने में अवरोधक है, तब निःसंदेह वह मजहब प्रकृति के नियामक के हाथों से बना नहीं कहा जा सकता, क्योंकि मजहब अंततः मनुष्य के लिए होता है। मुझे पक्का यकीन है कि पैगंबर द्वारा हमें दिया गया मार्गदर्शन हमारी संरचना और प्रकृति के अनुकूल है, यही सत्य का एकमात्र निकष है। यह कहना कि खुदा के काम उनके शब्दों से निरपेक्ष हैं, एकदम बेकार है। मानव सहित सारी सृष्टि खुदा की बनाई हुई है और मजहब उसकी वाणी है, अतः दोनों में कोई अंतर्विरोध हो ही नहीं सकता।

हिंदू-मुस्लिम शांतिपूर्ण सह-अस्तित्व ब्रिटिश शासन में ही संभव है

भारतवर्ष हिंदू और मुसलमान दोनों का घर है। दोनों भारत की फिजाँ में साँस लेते हैं और पवित्र गंगा और जमुना का पानी पीते हैं। दोनों इसी धरती की उपज खाते हैं। लंबे समय से यहाँ रहने के कारण दोनों का खून बदला है, दोनों का रंग भी समान हो गया है, चेहरे भी एक ही तरह के हो गए हैं। मुसलमानों ने हिंदुओं के सैकड़ों रीति-रिवाज सीख लिए हैं तथा हिंदुओं ने भी मुसलमानों से सैकड़ों चीजें सीखी हैं। दोनों का इतना मेलजोल हुआ है कि इससे एक नई जबान उर्दू का जन्म हुआ है, जो इन दोनों में से किसी की भाषा नहीं है। भारत के साझे निवासी होने से

हिंदू और मुसलमान एक जाति हैं तथा देश के साथ-साथ इस दोनों की उन्नति परस्पर सहयोग, सद्भाव और प्रेम से हो संभव है। एक दूसरे के प्रति विरोध, कलह और विभेद से हम परस्पर का विनाश ही करेंगे। यह हमारा दुर्भाग्य है कि जो लोग इन बातों को नहीं समझते और हिंदू-मुस्लिम के बीच विभेद पैदा करते हैं, यह नहीं समझ पाते कि ऐसी स्थिति में उनका ही नुकसान होगा और वे इन बातों से स्वयं को ही आघात पहुँचा रहे हैं। दोस्तो! मैंने बार-बार कहा है कि हिंदुस्तान एक दुल्हन की तरह है जिसकी दो खूबसूरत चमकीली आँखें हैं—हिंदू और मुसलमान। यदि ये दोनों आपस में लड़ाई करेंगी तो खूबसूरत दुल्हन बदशक्ल हो जाएगी और यदि एक आँख दूसरे को नष्ट कर देगी, तो दुल्हन एक आँख ही गँवा बैठेगी। हिंदुस्तान के लोगो अब यह तुम्हारे हाथ में है कि इस दुल्हन को भैंगी बनाओ या कानी। हिंदुओं और मुसलमानों का क्या कहना, मनुष्य में कलह एक नैसर्गिक प्रवृत्ति है। हिंदुओं के बीच आपस में अथवा मुसलमानों में भी, यहाँ तक कि भाइयों में, पिता-पुत्र में माता-पुत्री में भी मतभेद हैं। परंतु इसको चिरस्थायी बनाना परिवार के, मुल्क के, जाति के क्षय की निशानी है।

वे कितने भाग्यशाली हैं जो इस बात पर शोक प्रकट करते हुए आगे आकर हिंदुओं और मुसलमानों के बीच संयोगवश ढीली हो गई एकता की गाँठ को सुदृढ़ करते हैं और इसे टूटने नहीं देते। हे ईश्वर! भारत के लोगों की सोच की इस दिशा में रूपांतरित कर।

अनुवाद : **ऋषिकेश राय**

रस्मोरिवाज की पाबंदी के नुकसानात

हम कुछ बड़े-बड़े दार्शनिकों के लेखों से खास-खास अंशों को चुनकर यह आर्टिकिल लिखते हैं। एक बड़े ज्ञानी का उम्दा कथन है कि इंसान की जिंदगी का मकसद यह है कि उसकी तमाम शक्तियाँ और भावनाएँ उज्ज्वल हों और उनमें आपसी विरोधाभास न हो, बल्कि उनमें संतुलन हो। मगर जिस कौम में पुराने-रस्मोरिवाज की पाबंदी होती है, यानी उन रस्मों पर न चलनेवाला तुच्छ समझा जाता है, वहाँ जिंदगी का असली मकसद गौण हो जाता है।

एक दूसरे बड़े विद्वान की राय है कि आजादी और अपनी खुशी पर चलना, जहाँ तक कि दूसरों को नुकसान न पहुँचे हर इंसान का अधिकार है। इसलिए यदि

कहीं कोई समाज के ऐसे कायदे पर चलता है, जो उसकी खसलत पर आधारित नहीं है बल्कि पिछली परंपराओं पर या पुराने रस्मोरिवाज पर आधारित है तो सोचना चाहिए कि इंसानों की संपन्नता का एक बड़ा भाग वहाँ मौजूद नहीं है। चूँकि खुशहाली हर आदमी की तरक्की का एक बहुत बड़ा हिस्सा है और उस मुल्क में जहाँ रस्मों की पाबंदी है, यह हिस्सा नहीं होता है।

किसी आदमी की यह राय नहीं होगी कि लोगों को सिवाय एक-दूसरे के अनुकरण के कुछ और बिल्कुल नहीं करना चाहिए। और न कोई आदमी यह कहेगा कि लोगों को अपना कारोबार अपनी खुशी और नजरिये के अनुसार नहीं करना चाहिए। सीधा तरीका यह है कि आदमी को उसकी जवानी में ही इस तरह से तालीम देनी चाहिए कि और लोगों के तजुर्बे से जो नतीजे निकले हों उनसे वह लाभान्वित हों और जब उसकी अक्ल पुख्तगी पर पहुँचे तो वह खुद अपनी भलाई और बुराई को जाँचे।

बिना सोचे-समझे रस्मों की पाबंदी लगाने से चाहे वे रस्में अच्छी ही क्यों न हों, आदमी के उन गुणों के विकास में बाधक बन जाती हैं जो अलग-अलग गुण खुदा ने हर आदमी को दिए हैं। वह योग्यता जो चीज की भलाई-बुराई मालूम करने और किसी मामले पर राय बनाने और दो जुदा बातों के बीच फर्क करने और बुद्धि को तीव्र रखने में काम आती है, उसका इस्तेमाल सिर्फ उसी सूरत में मुमकिन है जब हमें पसंद या नापसंद करने का अधिकार हासिल हो। यदि आदमी कोई बात सिर्फ रस्म की पाबंदी की वजह से ग्रहण करता है, तो वह अपनी तरफ से कुछ पसंद या नापसंद नहीं करता। ऐसे आदमी को न उस बात की तमीज होती है और न उसे कुछ तजुर्बा होता है। इंसान की नैतिक और बौद्धिक शक्तियों का विकास इसी सूरत में होता है, जब वे इस्तेमाल में लाई जाएँ। इन गुणों का सिर्फ औरों का अनुकरण करने से किसी भी प्रकार विकास नहीं होता, बल्कि ऐसे आदमी को सिवाय बंदरों के जैसे अनुकरण के किसी अन्य गुण की जरूरत नहीं होती।

अलबत्ता जो आदमी अपना तरीका खुद पसंद करता है, वह अपनी तमाम कूव्वतों से काम लेता है। वर्तमान पर नजर रखने के लिए उसको बहुत कुछ परखना होता है। आदमी मशीन-जैसा नहीं है कि जो उसके वास्ते मुकर्रर कर दिया जाए, वह बस उसी को अंजाम दिया करे, बल्कि वह एक ऐसा पेड़ है जो अपनी भीतरी ताकतों से जो खुदा ने उसमें रखी हैं और जिनके सबब वह सजीव कहलाता है, चारों ओर फैलता और बढ़ता है, फूलता और फलता है।

पसंदीदा और मानने के काबिल बात यह है कि लोग अपनी समझ और अपनी अक्ल से काम लें। वे रस्मोरिवाज की पाबंदी भी माकूल तौर पर रखें, यानी जो उम्दा और लाभदायक रस्मोरिवाज हैं उनको अख्तियार करें, जो सुधार के काबिल हों उनमें संशोधन करें और जो बुरे और खराब हों, उनकी पाबंदी छोड़ दें न यह कि अंधों

की तरह या एक मशीन की भाँति उन्हीं से लिपटे रहें।

ऐसा सोचा जाता है कि रस्मों की पाबंदी न करने से आदमी खराब कामों और बुरी बातों में मुबतला हो जाता है। यह बात सही नहीं है। इसलिए कि इंसान के स्वभाव में जैसे खराब काम करने की इच्छाएँ और भावनाएँ हैं, वैसे ही इन्हें रोकने की भी ताकतें और जज्बे हैं। उदाहरणस्वरूप, ईमान या नेकी हर इंसान के दिल में है। इसलिए खराब काम होने की यह वजह नहीं है कि उसने रस्मों की पाबंदी नहीं मानी, बल्कि यह है कि उसने एक खास तरह की ताकतों और भावनाओं को प्रश्रय दिया और सुदृढ़ किया और दूसरे प्रकार की ताकतों और भावनाओं को उपेक्षित किया और कमजोर बनाया। अगर रिवाजों की पाबंदी न रखने के साथ इंसान का ईमान कमजोर न हो या नेकी जो हर इंसान के दिल में होती है मुरझाई न हो तो सिवाय उत्तम और पसंदीदा रिवाजों के दूसरे किसी रिवाज का पालन जरूरी नहीं है।

हमारे जमाने में आला से लेकर अदना तक रस्मोरिवाज का ऐसा पाबंद है जैसे कोई आदमी एक बड़े जबरदस्त हाकिम के नीचे अपनी जिंदगी बसर कर रहा हो। कोई आदमी अपने दिल से यह बात नहीं पूछता है कि हमें क्या करना चाहिए और हमारे मुनासिब या हमारी पसंद और हमारी नापसंद के लायक क्या बात है या जो अच्छे गुण मुझमें हैं। उनका इजहार बेहतर ढंग से किस तरह मुमकिन है और कौन सी बात उनकी तरक्की में मददगार है, बल्कि वह अपने दिल से यह पूछता है कि मेरी हालत और रुतबा के मुताबिक कौन सी चीज मुनासिब है, मेरे रुतबा और हैसियत के आदमी किस रीतिरिवाज के मुताबिक काम करते हैं। अगर कोई इससे भी ज्यादा बेवकूफ हुआ तो वह अपने दिल से इससे भी ज्यादा बदतर सवाल करता है और यूँ पूछता है कि जो लोग मुझसे बेहतर हैं, वे किन रस्मों को बजा लाते हैं, ताकि यह शख्स भी वैसा ही करके उन्हीं के जैसी शान में शामिल हो।

इससे यह नहीं समझना चाहिए कि जो लोग इस तौर से रस्म अदा करते हैं, वे अपनी इच्छा और मर्जी से उन रस्मों को और चीजों को प्राथमिकता देते हैं नहीं, बल्कि हकीकत यह है कि उन लोगों को सिवाय ऐसी बातों के जो रस्मी होती हैं दूसरी किसी चीज की ख्वाहिश करने का मौका या इत्तेफाक नहीं होता। इसलिए तबीयत रस्मों की पाबंद हो जाती है, यहाँ तक कि जो बातें दिल की खुशी की करनी होती हैं, उन मामलों में भी दूसरों के मुताबिक काम करने का ख्याल पहले दिल में आता है। कहने का मतलब यह है कि उनकी पसंद वही होती है, जो बहुत से लोगों की है। वे सिर्फ ऐसी बातों को पसंद करने पर आमादा होते हैं जो आमपसंद हों। असली सलीका जो रस्मोरिवाज के मुताबिक न हो, उससे इस प्रकार बचा जाता है जैसे वह जुर्म हो। यहाँ तक कि अपनी खास तबीयत की पैरवी न करते-करते

ऐसे लोगों की अपनी तबीयत ही बची नहीं रहती कि अपनी किसी बात की पैरवी करें। उनकी निजी ताकत बिल्कुल मुरझाकर अंततः पूर्ण रूप से बर्बाद हो जाती है। वह शख्स अपनी दिली ख्वाहिश और जातीय खुशी उठाने के काबिल ही नहीं रह जाता। आमतौर पर उसका कोई अपना ऐसा विचार या ख्यालात ही नहीं होता जो खास उनकी असली खुशी से मखसूस हो! गौर करना चाहिए कि इंसान की ऐसी हालत पसंदीदा हो सकती है या नहीं।

रस्में जिस जमाने में मुकर्रर हुईं उस समय वे मुफीद समझी गईं, मगर इस बात पर भरोसा करना कि वास्तव में वे हमेशा ऐसी ही हैं, यह एक गलती है। मुमकिन है कि जिन लोगों ने उनको मुकर्रर किया, उनकी राय ही गलत हो, उनका तजुर्बा सही न हो या उनका तजुर्बा सीमित और केवल चंद लोगों से संबंधित हो या उस तजुर्बे का हाल सही-सही वर्णित न हुआ हो। या वह रस्म उस वक्त और उस जमाने में मुफीद हो। रस्मों की पाबंदी में मुबतला रहना हर तरह से नुकसान का बाएस है। अगर कोई और नुकसान न हो तो यह नुकसान जरूर है कि आदमी की अक्ल और ईजाद करने की कूव्वत बातिल हो जाती है।

इसमें शुबहा नहीं कि किसी उम्दा बात की ईजाद की सलाहियत हर आदमी में नहीं होती, चंद अक्लमंद लोगों में ही होती है जिनकी पैरवी बाकी लोग करते हैं। रस्म की पाबंदी और इस किस्म की पैरवी में बहुत बड़ा फर्क है। रस्मों की पाबंदी में उनसे भलाई और बुराई, फायदा और नुकसान, मुनासिब या गैर-मुनासिब होने या न होने का बिल्कुल ख्याल नहीं किया जाता और बगैर सोच-समझे उनकी पाबंदी मानी जाती है।

रस्म की पाबंदी हर जगह इंसान की तरक्की में रोड़े अटकाती है। इसलिए यह व्यक्तित्व के विकास में भी बाधक है, यह इन्सान के पतन की मुख्य वजह होती है।

अब रस्मोरिवाज की पाबंदी की धारणा को दुनिया की वर्तमान कौमों के हाल से मिलाकर देखो। पूर्वी या एशियाई मुल्कों का हाल देखो कि यहाँ तमाम बातों के निबटाने का मदार रस्मोरिवाज पर है। इन मुल्कों में मजहब और न्याय के शब्दों से रस्मों की पाबंदी लगाई जाती है। इसलिए एशियाई राष्ट्रों का, जिनमें मुसलमान भी हैं कैसा बदतर, खराब और जलील हाल है।

इन एशियाई राष्ट्रों में किसी जमाने में बौद्धिक ताकत और आविष्कारक सलाहियतें जरूर मौजूद होंगी, जिनकी बदौलत वे बातें सामने आईं जो अब रस्में हैं। वे लोग बुजुर्ग माँ के पेट से सीख-सिखाकर नहीं आए थे, बल्कि ये सब बातें उन्होंने अपनी मेहनत और इल्म और अक्ल और जहानत से ईजाद की थीं। इन्हीं वजहों से वे कभी संसार के अति विशाल, मजबूत और प्रसिद्ध राष्ट्र हो गए थे। मगर अब उनका हाल देखो कि क्या है? इन्हीं रस्मों की पाबंदी से उनका यह हाल

हुआ है। अब वे ऐसी कौमों के गुलाम हैं और ऐसे लोगों की आँखों में जलील हैं, जिनके वंशज उस वक्त जंगलों में आवारा फिरते थे। उस समय हमारे बाप-दादा शानदार महलों में रहते थे, बड़े-बड़े इबादतखाने और शाही महल बनवाते थे। इसका सबब यही था कि उस जमाने में उन कौमों में रस्म की पाबंदी बिल्कुल न थी और जो किसी कदर थी भी तो उसके साथ ही आजादी और तरक्की का जोश भी कायम था।

इतिहास से साबित है कि एक कौम किस कदर अरसे तक तरक्की की हालत पर रहती है, इसके बाद तरक्की अवरुद्ध हो जाती है। मगर देखना चाहिए कि यह तरक्की कब अवरुद्ध होती है। यह उसी वक्त अवरुद्ध होती है, जब उस राष्ट्र में से वह शक्ति उठ जाती है जिसके कारण नई-नई बातें पैदा होती हैं और मुसलमानों का इस जमाने में ठीक यही हाल है, बल्कि मैंने गलती की, क्योंकि तरक्की बंद होने का जमाना भी गुजर गया और पतन और गिरावट का जमाना भी इंतहा दर्जा तक पहुँच गया है।

मुमकिन है कि कोई आदमी पूछे कि यूरोप की कौमों में भी, जो इस जमाने में हर प्रकार की तरक्की की हालत में गिनी जाती हैं, इन रस्मों की निहायत पाबंदी है तो वे कौमें क्यों तरक्की पर हैं? यह एतराज जायज है। वास्तव में यूरोप में रस्मों की पाबंदी का नुकसान ही अधिक है और अगर इस मामले में सुधार नहीं होगा जैसा कि अब तक होता आ रहा है, तो उनको बदनसीबी का दिन पेश आएगा। मगर यूरोप में और पूर्वी देशों में रस्मों की पाबंदी में एक बड़ा फर्क है। यूरोप में रस्मों की पाबंदी के तहत बिल्कुल अजीब और नई बात की मनाही है, मगर रस्मों के परिवर्तन की मनाही नहीं है। अगर कोई शख्स उम्दा रस्म निकाले और सब लोग पसंद करें, तो वहाँ तुरंत पुरानी रस्म छोड़ दी जाएगी और नई रस्म अपना ली जाएगी। यही वजह है कि यूरोप के लोगों की बौद्धिक कूव्वत और संवेदना और आविष्कार करने की ताकत खत्म नहीं हुई है।

तुम देखो कि यह पोशाक जो अब अंग्रेजों की है, यह उनके बाप-दादाओं की नहीं थी। उन्होंने अपनी पोशाक बिल्कुल बदल दी है। हर वर्ग के लोगों का जो अलग लिबास था, इस रस्म को छोड़ दिया गया है। यह जरूरी समझा गया है कि हर व्यक्ति औरों की मानिंद ही लिबास पहने। इस वक्त कोई पुरानी रस्म यूरोप में इस अवस्था में नहीं हैं कि अगर कोई व्यक्ति किसी पुरानी रस्म के विरुद्ध कोई उम्दा ईजाद करे और लोग उससे सहमत हों तो वह पुरानी रस्म उसी वक्त परिवर्तित न हो सके। उसी परिवर्तन के साथ वह विकसित भी होती जाती है। इसीलिए नई-नई कलें ईजाद होती रहती हैं और जब तक उनकी जगह बेहतर मशीनें ईजाद न हो जाएँ, वे बदस्तूर बनी रहती हैं। मुल्की मामलात और शिक्षा में, बल्कि नैतिकता में, बल्कि मजहब में लोग हमेशा तरक्की के ख्वाहिशमंद हैं। इसलिए यह सोचना कि

यूरोप भी हमारी ही तरह दूसरी किस्म की रस्मों में मुबतला है, केवल नादानी और अज्ञानता है।

अलबत्ता यूरोप में और खासतौर से अंग्रेजों में जो बात बहुत अच्छी और प्रशंसायोग्य और चाहने लायक है और दर हकीकत बगैर उसके कोई भी राष्ट्र सभ्य एवं प्रशिक्षित नहीं हो सकता, वही बात उसके पतन का कारण होगी। वह यह है कि तमाम अंग्रेज जो देशभक्ति में अव्वल हैं, बड़ी कोशिश कर रहे हैं कि राष्ट्र के सभी लोग समान हो जाएँ और सभी अपने विचारों से समान ढंग से हुकूमत करें। इन कोशिशों का नतीजा इंगलिस्तान में रोज-बरोज जाहिर होता जाता है। अब खास-खास लोगों और फिरकों के जो हालात पाए जाते हैं और जिनकी वजह से उनकी खास-खास आदतें कायम हो गई हैं, वे अब रोज-बरोज समान होती जा रही हैं। इंगलिस्तान में इस जमाने से पहले विभिन्न वर्गों के लोग और विभिन्न हमसायों के लोग और पेशेवाले मानो अलग-अलग दुनिया में रहते थे, यानी सभी के तरीके और आदत जुदा-जुदा थे। अब तरीके और आदतें हर जगह ऐसी समान हो गई हैं कि गोया सबके सब एक ही मुहल्ले के रहने वाले नजर आते हैं। इंगलिस्तान में पहले के बनिस्बत अब बहुत अधिक रिवाज हो गया है कि वे एक ही प्रकार की रचनाएँ पढ़ते हैं, एक-सी ही बातें सुनते हैं और एक सी ही चीजें देखते हैं और एक-सी ही जगह जाते हैं और समान बातों की ख्वाहिश रखते हैं और समान चीजों का खौफ करते हैं और एक ही से अधिकार और आजादी सबको हासिल है और इन अधिकारों और स्वतंत्रताओं के कायम रखने के साधन भी समान हैं और यह समानता और बराबरी दिन-प्रतिदिन बढ़ती जाती है और शिक्षा, प्रशिक्षण की समानता एवं बराबरी से उनकी और अधिक तरक्की होती है। शिक्षा के प्रभाव से तमाम लोग आम खयालात और विचार के पाबंद होते जाते हैं और जो आम सहमति का खजाना है उस तक सब की पहुँच होती है। यातायात के साधनों के विकास से विभिन्न स्थानों के लोग आसानी से एकत्रित हो जाते हैं और एक जगह से दूसरी जगह चले जाते हैं। इस वजह से भी उनमें समानता बढ़ती है। कारखानों और व्यापार की तरक्की से ऐशोआराम की चीजें ज्यादा प्रचारित होती हैं। हर क्षेत्र में हिम्मत और वीरता के काम ऐसे मुकाम पर पहुँच गए हैं कि हर व्यक्ति ऐसे काम करने के लिए हमेशा उपस्थित और तैयार रहता है। बुलंद हौसला किसी खास व्यक्ति या वर्ग तक सीमित नहीं है, बल्कि यह तमाम लोगों की खासियत है। चारों तरफ आजादी है और आम राय का आधिपत्य बढ़ता जाता है। इंगलिस्तान के तमाम लोगों की राय और आदतें, जीवन का ढंग, सामाजिक परंपराएँ और रंज-व-राहत के मामलात एक समान होते जाते हैं। यह निस्संदेह देश और राष्ट्र के सभ्य होने का और तरक्की पर पहुँचने का नतीजा है, ऐसा उम्दा नतीजा है कि इससे अधिक उम्दा नहीं हो सकता।

इसके बावजूद हम इस नतीजे को, बशर्ते उसकी इसलाह न होती रहे, पतन

की वजह करार देते हैं तो जरूर हमें कहना पड़ेगा कि क्यों यह उम्दा नतीजा ही उनके पतन की वजह होगी। सबब इसका यह है कि जब सब लोग एक-सी तबीयत और आदत और ख्याल के हो जाते हैं तो उनकी तबीयतों में से कूव्वतें जिनसे नई बातें ईजाद होती हैं, अच्छे-अच्छे विचार पैदा होते हैं और स्वस्थ सामाजिक रीतियों का विकास होता है, व्यर्थ और कमजोर हो जाती हैं। एक जमाना ऐसा आता है कि तरक्की ठहर जाती है, फिर ऐसा जमाना आता है जिसमें पतन शुरू हो जाता है।

इस मामले में चीन के हालात पर गौर करने की जरूरत है। चीनी बहुत काबिल आदमी हैं, बल्कि अगर कुछ बातों पर गौर किया जाए तो अकलमंद भी हैं। इसकी वजह यह है कि सौभाग्य से शुरुआत में ही उनकी कौम में अच्छी-अच्छी रस्में कायम हो गईं। यह काम उन लोगों का था जो इस कौम में बड़े ज्ञानी और दार्शनिक थे।

चीन के लोग इस क्षेत्र में मशहूर और मारूफ थे कि उन लोगों को जिन्हें अच्छी से अच्छी जानकारी, अक्ल हासिल हैं इन बातों को हर व्यक्ति की तबीयत पर बखूबी प्रकट करने के वास्ते बड़े-बड़े ओहदे मिले। उनमें निहायत उम्दा तरीके प्रचलित हैं। बेशक जिन लोगों ने यह दस्तूर कायम रखा, उन्होंने इंसान की तरक्की का भेद पा लिया। होना यह चाहिए था कि यह कौम तमाम दुनिया में हमेशा प्रतिष्ठित रहती। मगर वह जड़ता का शिकार हो गई। हजारों बरस से ठहराव है। अगर उनकी कभी कुछ और तरक्की होगी तो बेशक गैर-मुल्कों के लोगों की बदौलत होगी। इस कौम में खराबी इसीलिए आई कि पूरी कौम की हालत एक समान हो गई। सबके विचार और रहन-सहन एक से हो गए। सबके सब समान कायदों और समस्याओं की पाबंदी में पड़ गए। इस सबब से वे कूव्वतें, जिनसे इंसान की रोज-बरोज तरक्की होती है, उनमें से गायब हो गई।

हिंदुस्तान में रहने वाले हम मुसलमान की रस्में उम्दा उसूलों और कायदों पर आधारित नहीं हैं, बल्कि कोई रस्म संयोगवश, कोई रस्म बिलाख्याल अन्य कौमों के मिश्रण से आ गई है। उनमें हजारों नुक्स और बुराइयाँ हैं। फिर भी हम इन रस्मों के पाबंद हों, न उनकी भलाई-बुराई पर गौर करें, न खुद कुछ सुधार की फिक्र करें, बल्कि अंधाधुंध उन्हीं की पैरवी करते चले जाएँ तो समझना चाहिए कि हमारा हाल क्या हो गया है और आइंदा क्या होने वाला है।

हमारी नौबत रिवाजों की पाबंदी की वजह से चीनियों के हाल से भी बदतर हो गई है। अब हममें खुद इतनी ताकत नहीं रही कि हम अपनी तरक्की कर सकें। इसलिए सिवाय इसके कि दूसरी कौम हमारी तरक्की और हमारे बौद्धिक जागरण में सहायक हो, दूसरा कोई चारा नहीं है। इसके बाद जब हमारी बौद्धिक शक्तियाँ हरकत में आ जाएँ, हममें भरपूर आविष्कारक क्षमता पैदा हो जाए, तब हम फिर इस काबिल होंगे कि खुद अपनी तरक्की के लिए कुछ कर सकेंगे।

मगर हम दूसरी कौमों से तास्सुब की वजह से नफरत रखें और कोई नया तरीका जिंदगी का, वह जितना भी बेऐब हो, ग्रहण न करें, सिर्फ अपने तास्सुब के सबब से रस्मोरिवाज की पाबंदी के अवगुणों को न समझें तो फिर हम अपनी भलाई और तरक्की की उम्मीद कैसे करें?

हम लोग मुसलमान हैं और एक मजहब रखते हैं, जिसको हम दिल से सच जानते हैं। इसलिए हम पर मजहबी पाबंदी जरूर है और वह इस कदर है कि समाज में रहते, जिंदगी बसर करते हुए एवं सांसारिक प्रगति का अख्तियार रखते हुए इतना देख लें कि क्या शरियत में जायज है या शरियत क्या मना करती है। हमें दूसरी सूरत में बिल्कुल परहेज करना चाहिए। मगर पहली सूरत में रस्मों की पाबंदी की परवाह नहीं करनी चाहिए, और बगैर इस बात का लिहाज किए कि लोग हमको बुरा कहते हैं या भला, हमें कौमी तरक्की के वास्ते आगे बढ़ जाना चाहिए। खुदा तमाम मुसलमानों को इस काम की तौफीक दे। आमीन।

अनुवाद : **उमा झुनझुनवाला, अजहर आलम**

अल्ताफ हुसैन हाली

1837-1914

उर्दू के आधुनिक शायर और पहले आलोचक। सामाजिक बदलाव के पक्ष में काम किया। जन्म पानीपत में। शायरी की किताब 'मुसद्दस' के अलावा आलोचना की किताबें–'मुकद्दमा-ए शेर ओ शायरी', 'यादगारे गालिब'। जीवनी लिखी–'हयाते सादी' और 'हयाते जावेद'। 1904 में 'शमसुल उलेमा' का खिताब।

मुसद्दस

यही हाल दुनिया में उस कौम का है, भँवर में जहाज़ आके जिसका गिरा है।
किनारा है दूर और तूफान बपा[1] है, गुमाँ है ये हर दम कि अब डूबता है।
नहीं लेते करवट मगर अहलेकिश्ती[2]
पड़े सोते हैं बेखबर अहले किश्ती।।
घटा सर पे अदबार[3] की छा रही है, फलाकत[4] समां अपना दिखला रही है।
नहूसत[5] पसोपेश[6] मंडला रही है, चपोरास्त[7] से ये सदा आ रही है।
कि कल कौन थे आज क्या हो गए तुम
अभी जागते थे अभी सो गए तुम।।
पर इस कौम ग़ाफिल की गफलत वही है, तन्ज़्ज़ुल[8] पे अपने क़नाअत[9] वही है।
मिले खाक में पर रऊनत[10] वही है, हुई सुब्ह और ख़्वाबे[11] राहत वही है।
न अफसोस उन्हें अपनी जिल्लत पे है कुछ
न रश्क[12] और क़ौमों की इज्जत पे है कुछ।।
बहाएम[13] की और उनकी हालत है यकसाँ[14] कि जिस हाल में हैं उसी में हैं शादाँ[15]।
न ज़िल्लत पे नफरत न इज़्ज़त का अरमाँ, न दोज़ख़ से तरसां न जन्नत के ख्वाहाँ।[16]
लिया अक्लोदीं[17] से न कुछ काम इन्होंने
किया दीन-ए-बरहक़[18] को बदनाम इन्होंने।।

अगर कान घर के सुनें अहले इबरत[19], तो सीलोन से ताबू कश्मीर व तिब्बत।
जमीं, रूख, बन, फूल, फल, रेत, पर्वत—ये फरयाद कर रहे हैं ब हसरत।
कि कल फख़्र[20] था जिनसे अहले जहाँ को
लगा उन से ऐब[21] आज हिंदूस्ताँ को।।

हुकूमत ने तुम से किया गर किनारा, तो इसमें न था कुछ तुम्हारा इजारा[22]।
जमाना की गर्दिश से है किसको चारा, कभी यां सिकंदर कभी याँ है दारा।
नहीं बादशाही कुछ आखिर ख़ुदाई
जो है आज अपनी तो कल है पराई।।

ज़माने में हैं ऐसी कौमें बहुत सी, नहीं जिसमें तख़सीस फरमादेही[23] की
पर आफत कहीं ऐसी आई न होगी, कि घर-घर पे यां छा गई आके पस्ती[24]
चकोर और शहबाज़ सब औज पर हैं
मगर एक हम हैं कि बे बालापर[25] हैं।।

वो मिल्लत[26] कि गरदूं[27] पे जिसका कदम था, हर एक खूँट में जिसका बरपा अलम[28] था।
वो फिरक़ा[29] जो आफाक़[30] में मुहतरम[31] था, वो उम्मत[32] लकब[33] जिसका खैरुलउमम[34] था।
निशाँ उसका बाकी है सिर्फ इस कदर या
कि गिनते हैं अपने को हम भी मुसलमा।।

वगरना[35] हमारी रगों में लहू में, हमारे इरादों में और ज़ुस्तजू[36] में
दिलों में ज़बानों में और गुफ़्तगू में, तबीयत में, फितरत में, आदत में, ख़ूँ[37] में।
नहीं कोई जर्रा[38] निजाबत[39] का बाकी
अगर हो किसी में तो है इत्तेफाकी[40]।।

हमारी हर इक बात में सुफ़लापन[41] है, कमीनों से बदतर हमारा चलन है।
लगा नाम आबा[42] का हम से गुहन[43] है, हमारा क़दम नंगे अहले[44] वतन है।
बुजुर्गों की तौक़ीर[45] खोई है हमने
अरब की शराफ़त डुबोई है हमने।।

न क़ौमों में इज़्ज़त न ज़लसों में वोकअत[46] न अपनों से उल्फत न ग़ैरों से मिल्लत।
मिज़ाजों में सुस्ती दिमागों में निख्वत[47] ख़्यालों में पस्ती कमालो से नफ़रत।
अदावत निहा[48] दोस्ती आश्कारा[49]
ग़रज़ की तवाज़ो[50] ग़रज़ की मदारा[51]

न अहले हुकूमत[52] के हमराज़ हैं हम दरबारियों में सरअफराज़[53] हैं हम।
न इल्मों में शायाने[54] एजाज़ हैं हम, न सिनअत[55] में हरफ़त में मुमताज हैं हम।
न रखते हैं कुछ मंज़िलत नौकरी में
न हिस्सा हमारा है सौदागरी में।।

तनज़्जुल[56] ने की है बुरी गत हमारी, बहुत दूर पहुँची है नकबत[57] हमारी।
गई गुजरी दुनिया से इज़्ज़त हमारी, नहीं कुछ उभरने की सूरत हमारी।
पड़े हैं एक उम्मीद के हम सहारे
तवक्को[58] पे ज़न्नत की जीते है सारे।।
सय्याहत[59] की गूँ है न मर्दे सफर हैं, खुदा की खुदाई से हम बेख़बर हैं।
ये दीवारें घर की जो पेशे[60] नज़र हैं, यही अपने नज़दीक हद्दे बसर[61] हैं।
हैं तालाब में मछलियाँ कुछ फराहम[62]
वही उनकी दुनिया वही उनका आलम।।
अगर हम से माँगे कोई एक पैसा, तो होगा कमोबेश[63] बार इसका दुनिया।
मगर हां वो सरमाया-ए-दीनो[64] दुनिया, कि इक-इक लम्हा है अनमोल जिसका।
नहीं करते ख़िस्सत[65] में उसके
बहुत हम सखी[66] हैं लुटाने में उसके।।
गड़रिए का वो हुक्म बरदार[67] कुत्ता, कि भेड़ों की हरदम है रखवाली करता।
जो रेवड़ में होता है पत्ते का ख़ड़का, तो वो शेर की तरह फिरता है बिफरा।
मगर इन्साफ कीजिए तो है हमसे बेहतर
कि ग़ाफिल नहीं फर्ज़ से अपने दम भर।।
मगर हम कि अब तक जहाँ थे वहीं हैं, जमादात[68] की तरह बारे ज़मीं[69] हैं।
हैं दुनिया में ऐसे कि गोया नहीं हैं ज़माना से कुछ ऐसे फारिग[70] नशी हैं।
कि गोया जरूरी था जो काम करना
वो सब कर चुके एक बाकी है मरना।।
ज़माना था कि रात है ये इशारा, कि है आशती[71] में मेरी याँ गुज़ारा।
नहीं पैरवी[72] जिनको मेरी गवारा, मुझे उनसे करना पड़ेगा किनारा।
सदा एक ही रुख़ नहीं नाव चलती
चलो तुम उधर को हवा हो जिधर की।।
चमन में हवा आ चुकी है ख़िज़ा[73] की, फिरी है नज़र दौ से बागबाँ की।
सदा और है बुलबुले नग़मा[74] रुवाँ की, कोई दम में रिहलत[75] है अब गुलसिताँ की।
तबाही के ख़्वाब आ रहे हैं नज़र सब
मुसीबत की आने वाली सेहर[76] अब।।
फ़लाकत[77] जिसे कहिए उम्मुल जराएम[78], नहीं रहते ईमाँ पे दिल जिससे कायम।
बनाती है इन्सां को जो बहाएम, मुसल्ली[79] हैं दिलजमा[80] जिस सेन सायम।[81]
वो यूँ अहले इस्लाम पर छा रही है
कि मुस्लिम की गोया निशानी यही है।
बिगाड़े हैं ग़र्दिश[82] ने जो ख़ानदानी, नहीं जानते बस कि रोटी कमानी।
दिलों में है ये यकक़लम[83] सबने ठानी, कि कीजिए बसर[84] माँग कर जिंदगानी।

जहाँ क़द्रदानों[85] का है खोज पाते
पहुँचते हैं कहाँ माँगते और खाते।।
बहुत आपको कह के मस्जिद के बानी[86], बहुत बनके ख़ुद सैयद ख़ानदानी
बहुत सीखकर नोहा-व-सोज़ख़ानी[87], बहुत मद्ह[88] में करके रंगीं बयानी[89]
बहुत आस्तानों[90] के खुद्दाम[91] बनकर
पड़े माँगते खाते फिरते हैं दर-दर।।
मुशक़्क़त[92] को मेहनत को जो आर समझें, हुनर और पेशा को जो ख़्वार[93] समझें।
तिज़ारत को खेती को दुश्वार समझें, फिरंगी के पेशे को मुरदार समझें।
तन आसानियाँ चाहें और आबरू भी
वो कौम आज डूबेगी गर कल न डूबी।।

हुब्बे वतन[94]

ऐ सिपहरे[95] बरीं के सय्यारो[96]
ऐ फ़िज़ाए ज़मीं के गुलज़ारो
ऐ पहाड़ों की दिल फ़रेब फ़ज़ा
ऐ लबे जू[97] की ठंडी-ठंडी हवा
ऐ अनादिल[98] के नग़मए सहरी
ऐ शबे माहताब[99] तारों भरी
ऐ नसीमे बहार के झोंको
दहरे ना पाएदार के धोको
तुम हर एक हाल में हो यूँ तो अज़ीज़
थे वतन में मगर कुछ और ही चीज़
जब वतन में हमारा था रहना
तुम से दिल बाग़-बाग़ था अपना
तुम मेरी दिल लगी के सामाँ थे
तुम मेरे दर्दे दिल के दरमाँ[100] थे
तुम से कटता था रन्जे तन्हाई
तुम से पाता था दिल शकेबाई[101]
आन एक-एक तुम्हारी भाती थी
जो अदा थी जो जी लुभाती थी

करते थे जब तुम अपनी ग़म ख्वारी
धोई जाती थीं कुल्फ़तें[102] सारी
जब हवा खाने बाग़ जाते थे
हो के खुशहाल घर में आते थे
बैठ जाते थे जब कभी लबे आब
धोके उठते थे दिल के दाग़ शिताब[103]
कोहो सहराओ[104] आसमानो ज़मीं
सब मेरी दिल लगी की शक्लें थीं
पर छुटा जब से अपना मुलको दयार
जी हुआ तुम से खुद ब खुद बेज़ार
न गुलों की अदा खुश आती है
न सदा बुलबुलों की भाती है
सैरे गुलशन है जी का एक जंजाल
शबे महताब जान को है बबाल
कोहो सहरा[105] से ता लब दरिया
जिस तरफ जाएँ जी नहीं लगता
क्या हुए वो दिन और वो रातें
तुम में अगली सी अब नहीं बातें
हम ही गुरबत[106] में हो गए कुछ और
या तुम्हारे ही कुछ बदल गए तौर
गौ वही हम हैं और वही दुनिया
पर नहीं हम को लुत्फ़ दुनिया का

ऐ वतन ऐ मेरे बीहश्ते[107] बरीं
क्या हुए तेरे आसमानो ज़मीं
रात और दिन का वो समाँ न रहा
वो ज़मीं और वो आसमाँ न रहा
तेरी दूरी है मूरिदे आलम[108]
तेरे छुटने से छुट गया आराम
काटे खाता है बाग़ बिन तेरे
गुल हैं नज़रों में दाग़ बिन तेरे
मिट गया नक्श कामरानी[109] का
तुझ से था लुत्फ़ जिंदगानी का

जो के रहते हैं तुझ से दूर सदा
उनको क्या होगा ज़िंदगी का मज़ा
हो गया यहाँ तो दो ही दिन में ये हाल
तुझ बिन एक एक पल है एक एक साल
सच बता तू सभी हो भाता है
या के मुझ से ही तेरा नाता है
मैं ही करता हूँ तुझ पे जान नसार
या के दुनिया है तेरी आशिक़े ज़ार
क्या ज़माने को तू अज़ीज़ नहीं?
ऐ बतन तू तो ऐसी चीज़ नहीं
जिन्नो इंसान की हयात[110] है तू
मुर्ग़ों माही[111] की कायेनात है तू
है नबातात[112] को नमू तुझ से
रूख[113] तुझ बिन हरे नहीं होते
सबको होता है तुझ से नशवो नुमा
सब को भाती है तेरी आबो हवा
तेरी एक मुश्ते[114] ख़ाक के बदले
लूं न हरगिज़ अगर बहिश्त[115] मिले
जान जब तक न हो बदन से जुदा
कोई दुश्मन न हो वतन से जुदा

हमला जब क़ौमे आर्या ने किया
और बजा उनका हिन्द में डंका
मुल्क वाले बहुत से काम आए
जो बचे वो गुलाम कहलाए
शुद्र कहलाए राक्षस कहलाए
रंज़ परदेस के मगर न उडाए
गो गुलामी का बन गया धब्बा
न 'छुटा उनसे देस' पर न छुटा

क़द्र ऐ दिल वतन में रहने की
पूछे परदेसियों के जी से कोई

जब मिला रामचन्द्र को बन बास
और निकला वतन से होके उदास
बाप का हुक्म रख लिया सर पर
पर चला साथ लेके दाग़े ज़िगर
पाँव उठता था उसका बन की तरफ
और खिंचता था दिल वतन की तरफ
गुज़रे गुरबत में इस क़दर महो साल
पर न भूला अजुद्धिया की ख्याल
देस को बन में जी भटकता रहा
दिल में काँटा सा एक खटकता रहा
तीन एक दिल में आके लगता था
आती थी जब अजुद्धिया की हवा
कटने चौदह बरस हुए थे महाल[116]
गोया एक-एक जुग था एक-एक साल

हुए यसरिब की सिम्त जब राही
सय्यदे बतहा के हम वह राही
रिश्ते उल्फ़त के सारे तोड़ चले
और बिल्कुल वतन को छोड़ चले
गो वतन से चले थे होके ख़फ़ा
पर वतन में था सब का जी अटका
दिल लगी के बहुत मिले सामाँ
परं न भूले वतन के रेगिस्ताँ
दिल मैं आठों पहर सटकते थे
संगरेज़े[117] ज़मीने बतहा के
घर जफ़ाओं से जिन की छूटा था
दिल से रिश्ता न उनका टूटा था

हुईं यूसुफ़ की सख़्तियाँ जब दूर
और हुआ मुल्के मिस्र पर मामूर
मिस्र में चार सू था हुक्म रवाँ
आँख थी जानिबे वतन निगराँ

यादे किन आँ जब उसको आती थी
सल्तनत सारी भूल जाती थी
दुख उठाए थे जिस वतन में ल्ख़त
ताज भाता था उस बग़ैर न तख़त
जिन से देखी थी सख्त बे मेहरी
लौ थी उन भाइयों की दिल को लगी

हम भी हुब्बे वतन[118] में गो हैं ग़र्क़
हम में और उन में है मगर ये फ़र्क़
हम हैं नामे वतन के दीवाने
वो थे अहले वतन के परवाने
जिसने यूसुफ़ की दास्तां है सुनी
जानता होगा रुएदाद उसकी
मिस्र में क़हत[119] जब पड़ा आकर
और हुई क़ौम भूक से मुज़तर
कर दिया वक्फ़ उन पा बेतुलमाल[120]
लब तक आने दिया न हरफ़े सवाल
खत्तियाँ और कोठे खोल दिए
मुफ्त सारे ज़ख़ीरे तोल दिए
क़ाफ़ले ख़ाली हाथ आते थे
और भरपूर याँ से जाते थे
यूँ गए क़हत के वो साल गुजर
जैसे बच्चों की भूक वक्ते सहर

ऐ दिल! ऐ बन्दए वतन हुश्यार
ख्वाबे ग़फ़लत[121] से हो ज़रा बेदार[122]
ओ शराबे खुदी के मतवाले
घर की चौखट के चूमने वाले
नाम है क्या इसी का हुब्बे वतन
जिस की तुझ को लगी हुई है लगन
कभी बच्चों का ध्यान आता है
कभी यारों का गम सताता है

याद आता है अपना शहर कभी
लौ कभी अहले शहर की हैं लगी
नक्श है दिल पे कूच[123] ओ बाज़ार
फ़िरते आँखें में हैं दरो दीवार
क्या वतन की यही मुहब्बत है
ये भी उल्फ़त में कोई उल्फ़त है
इस मैं इन्सां से कम नहीं है दरिंद
इस से ख़ाली नहीं परिंदो चरिंद
टुकड़े होते हैं संग[124] गुरबत में
सूख जाते हैं रूख फ़ुरक़त में
जाके काबुल मैं आम का पौदा
कभी परवान चढ़ नहीं सकता
आके काबुल से याँ बहीओ अनार
हो नहीं सकते बारवर ज़िन्हार
मछली जब छूटती है पानी से
हाथ धोती है जिंदगानी से
आग से जब हुआ समन्दर दूर
उसके जीने का फिर नहीं मक़दूर
घोड़े जब खेत से बिछड़ते हैं
जान के लाले उनकी पड़ते हैं
गाय या भेंस, ऊंट या बकरी
अपते अपने ठिकाने ख़ुश है सभी
कहिए हुब्बे वतन इसी को अगर
हम से हैवाँ नहीं हैं कुछ कम तर

है कोई अपनी क़ौम का हमदर्द
नोए इंसा का जिसको समझें फ़र्द[125]
जिस पे इतलाके[126] आदमी हो सही
जिस को हैवाँ पे दे सकें तरजीह
क़ौम पर कोई जद न देख सकें
क़ौम का हाले बद न देख सके
क़ौम से जान तक अज़ीज न हो
क़ौम से बढ़ के कोई चीज़ न हो

समझे उनकी खुशी ओ राहते जाँ
वाँ जो नौरोज़ हो तो ईद यहाँ
रंज को उनके समझे मायाए[127]गम
वाँ अगर सोग्र हो तो याँ मातम
भूल जाए सब अपनी क़द्रे जलील[128]
देखकर भाइयों को ख्वारो ज़लील[129]
जब पड़े उन पे गरदिशे अफ़लाक[130]
अपनी आसाइशों पे डाल दे ख़ाक

बैठे बे फिक्र क्या हो हम वतनो
उठो अहले वतन के दोस्त बनो!
मर्द हो तो किसी से काम आओ
वरना खाओ, पियो, चले जाओ
जब कोई जिंदगी का लुत्फ़ उठाओ
दिल को दुख भाइयों के याद दिलाओ
पहनो जब कोई उम्दा तुम पोशाक
कहो दामन से ता गिरेबाँ चाक
खाना खाओ तो जी में तुम शरमाओ
ठंडा पानी पियो तो अशक बहाओ
कितने भाई तुम्हारे हैं नादार
ज़िंदगी से है जिन का दिल बेज़ार
नौकरों की तुम्हारे जो है ग़िज़ा
उनको वो ख्वाब में नहीं मिलता
लिसपे तुम जूतियों से फिरते हो
वाँ मयस्सर नहीं वो ओढ़ने को
खाओ तो पहले लो ख़बर उनकी
जिनपे बिपता है नेस्ती[131] की पड़ी
पहनो तो पहले भाइयों को पनहाओ
के है उतरन तुम्हारीं जिनक़ा बनाओ
एक डाली के सब हैं बरगो समर[132]
है कोई उनमें खुश्क और कोई तर
सबको है एक अस्ल से पैवन्द
कोई आजुरदा[133] है कोई खुरसन्द[134]

मुक़विलो[135]! मुदब्बिरो को याद करो
खुश दिलो! ग़म ज़दों कौ याद करो
जागने वालो! ग़ाफ़िलों को ज़गाओ
तैरने वालो! डूबतों को तिराओ
हैं मिले तुमको चश्मो गोश[136] अगर
लो जो ली जाए कोरो कर्र की ख़बर
तुम अगर हाथ पाँव रखते हो
लंगड़े लूलों को कुछ सहारा दो
तन्दुरुस्ती का शुक्र क्या हैं बताओ
रंज बीमार भाइयों का बटाओ
तुम अगर चाहते हो मुलक की ख़ैर
न किसी हम वतन को समझो ग़ैर
हो मुसलमान उसमें या हिन्दू
बौद्ध मज़हब हो या के हो ब्रहमू
जाफ़री होवे या के हो हनाफ़ी
जैन मत होवे या के हो वैष्नवी
सब को मीठी निगाह से देखो
समझो आँखों की पुतलियाँ सबको
मुल्क हैं इत्तफ़ाक से आज़ाद
शहर हैं इत्तफ़ाक[137] से आबाद
हिन्द मैं इत्तफ़ाक होता अगर
खाते ग़ैरों की ठोकरें क्योंकर
क़ौम जब इत्तफ़ाक खो बैठी
अपनी पूँजी से हाथ धो बैठी
एक का एक हो गया बदख़्वाह[138]
लगी गैरों की पड़ने तुम पे निगाह
फिर गए भाइयों से जब भाई
जो न आई थी वो बला आई
पाँव इक़बाल के उखड़ने लगे
मुल्क पर सबके हाथ पड़ने लगे
कभी तोरानियों ने घर लूटा
ककी दुररानियों ने ज़र लूटा
कभी नादिर ने क़त्ले आम किया
कभी महमूद ने गुलाम किया

सबसे आखिर को ले गई बाज़ी
एक शाइस्ता[139] क़ौम मग़रिब की
ये भी तुम पर ख़ुदा का था इनाम
के पड़ा तुमको ऐसी क़ौम से काम
वरना दम मारने ना पाते तुम
पड़तीं जो सर पे वो उठाते तुम
मुल्क रौंदे गए हैं पैरों से
चैन किस को मिला है ग़ैरों से

क़ौम से जो तुम्हारे हैं बरताओ
सोचो ऐ मेरे प्यारो और शरमाओ
अच्छे दौलत को है ये इसतग़ना[140]
के नहीं भाइयों की कुछ परवा
शहर में कहता[141] की दुहाई है
जाने आलम लबों पे आई है
भूक में है कोई निढाल पड़ा
मौत की माँगता है कोई दुआ
बच्चे एक घर में बिलबिलाते हैं
रोके माँ बाप को रुलाते हैं
कोई फिरता है माँगता दर दर
है कहीं पेट से बँधा पत्थर
पर जो हैं इनमें साहिबे मक़दूर
इनमें गिरती के होंगे ऐसे गयूर[142]
के जिन्हें भाइयों का ग़म होगा
अपनी राहत का ध्यान कम होगा
जितने देखोगे पाओगे बे दर्द
दिल के ना मर्द और नाम के मर्द
ऐश में जिनके कहते है औक़ात[143]
ईद है दिन तो शब बरात है रात
क़ौम मरती है भूक से तो मरे
काम उन्हें अपने हलवे माँढे से
उनको अब तक ख़बर नहहीं असला[144]
शहर में भाव क्या है गल्ले का

गल्ला अरज़ा[145] है इन दिनों के गराँ[146]
काल है शहर में पड़ा के समाँ
काल क्या शै है किसको कहते हैं भूक
भूक में क्यों के मरते हैं मफ़लूक[147]
सेर भूके की क़द्र क्या समझे
उसके नज़दीक सब हैं पेट भरे

अहले दौलत का सुन चुके तुम हाल
अब सुनो रूए दादे अल्ले कमाल
फ़ाजिलों को है फ़ाज़िलों से इनाद[148]
पंडितों में पड़े हुए हैं फ़साद
है तबीबो[149] में नोक झोंक सदा
एक से एक का है थोंक जुदा
रहते दो अहले इल्म हैं इस तरह
पहलवानों में लाग हो जिस तरह
ईदो वालों का है अगर पट्ठा
शेख़ो वालों में जा नहीं सकता
शायरों में भी है यही तकरार
खुश नवीसों को है यही आज़ार
लाख नेकों का क्यों न हो एक नेक
देख सकता नहीं है एक को एक
उस पे तुर्रा ये है के अहले हुनर
दूर समझे हुए हैं अपना घर
मिली एक गाँठ जिसको हल्दी की
उस ने समझा के मैं हूँ पंसारी
नुस्ख़ा एक तिब का जिसको आता है
सगे भाई से वो छिपाता है
जिसको आता है फूंकना कुश्ता[150]
है हमारी तरफ़ से वो गूँगा
जिसको है कुछ रमल में मालूमात
वो नहीं करता सीधे मुँह की बात
बाप भाई हो या के दो बेटा
भेद पाता नहीं मुनज्जिम[151] का

काम कन्दले का जिसको है मालूम
है जमानें में उसके बुख्ल[152] की धूम
अलग़रज़ जिसके पास है कुछ चीज़
जान से भी सिवा है उसको अजीज़
क़ौम पर उनका कुछ नहीं एहसाँ
उनका होना न होना है यकसाँ
सब कमालात और हुनर उनके
क़ब्र में उनके साथ जाएँगे
क़ौम क्या कहके उनको रोएगी
नाम पर क्यों के जान खोएगी
तरबियत याफ्ता हैं जो माँ के
ख्वाह बी.ए. हों उसमें या एम.ए.
भरते हुब्बे वतन को गो दम हैं
पर मोहिब्बे[153] वतन बहुम कम हैं
क़ौम को उनसे जो उम्मीदें थीं
अब जो देखा जो सब गलत निकलीं
हिस्ट्री उनकी और जोगरफी
सात पर्दों में मुँह दिए है पड़ी
बन्द उस क़ुफ्ल में है इल्म उसका
जिसकी कुंजी का कुछ नहीं है पता
लेते हैं अपने दिल ही दिल में मज़े
गोया गूंगे का गुड़ हैं खाये हुए
करते फिरते हैं सैरे गुल तन्हा
कोई पास उनके जा नहीं सकता
अहले इसाँफ शर्म की जा हैं
गर नहीं बुख्ल ये तो फिर क्या हैं
तुमने देखा है जो वो सबको दिखाओ
तुमने चक्खा है जो वो सबो चखाओ
ये जो दौलत तुम्हारे पास है आज़
हम वतन इसके हैं बहुत मोहताज
मुँह को एक एक तुम्हारे हैं तकता
के निकलता है मुँह से आप के क्या
आप शाइस्ता हैं तो अपने लिए
कुछ सुलूक अपनी कौम से भी किए?

मेज़ कुर्सी अगर लगाते हैं आप
क़ौम से पूछिए तो पुन है न पाप
मुंडा जूता गर आपको है पसंद
क़ौम को इससे फ़ायदा न गजंद[154]

क़ौम पर करते हो अगर एहसाँ
तो दिखाओ कुछ अपना जोश निहाँ[155]
कुछ दिनों ऐश में ख़लल डालो
पेट में जो है सब उगल डालो

इल्म को करदो कू-बकू अरमाँ
हिन्द को कर दिखाओ इंगलिस्ताँ
सुनते हो सामईने[156] बा तमक़ी[157]
सुनते हो हाज़िरीने सद्र नशीं

जो हैं दुनिया में क़ौम के हमदर्द
बन्दर क़ौम उनके हैं जनो मर्द
बाप की है दुआ ये बहरे पिसर
क़ौम की मैं बनाऊँ इसको सिपर

माँ ख़ुदा से ये माँगती है मुराद
क़ौम पर से निसार[158] हो औलाद

भाई आपस में करते हैं पेमाँ[159]
तू अगर माल दे तो मैं दूँ जाँ
अहले हिम्मत कमाके लाते हैं
हम वतन फ़ायदे उठाते हैं

कहीं होते हैं मदरसे जारी
दख़्ल[160] और ख़र्ज[161] जिनके हैं भारी
और कहीं होते हैं कलब क़ायम
मुबहसे[162] हिकमतो अदब क़ायम

नित नए खुलते हैं दवाख़ाने
बनते हैं सैकड़ों शफ़ाखाने
मुल्क में जो मर्ज़ हैं आलमगीर
क़ौम पर उनकी फ़र्ज है तदबीर

हैं सदा इस उधेड़ बुन में तबीब
के कोई नुस्खा हाथ आए अजीब

क़ौम को पहुँचे मुनफ़िअत[163] जिससे
मुल्क में फैले फ़ायदे जिसके
रस्मे बद का असर जहाँ पाया
हमले पर हमला उस पे होने लगा
कहीं मज़लिस में होती है तक़रीर
कहीं मज़मून होते हैं तहरीर
एक नाटक बना के लाता है
दूसरा उसको कर दिखाता है
लाख तदबीरें जी से जोड़े हैं
आख़िर उसको मिटाके छोड़ते हैं
क़ौम की ख़ातिर उनके हैं सब काम
खुवाह उसमें सफ़र हो खुवाह मुक़ाम
सैकड़ों गुल रूख़ और मेह पारे
लाडले माँ के बाप के प्यार
जान अपने लिए हथैली पर
करते फिरते हैं बहरो बर के सफ़र
शौक़ ये है कें जान जाए तो जाए
पर कोई बात काम की हाथ आए
जिससे मुशकिल हो कोई क़ौम कीहल
मुल्क का आए कोई काम निकल
खप गए कितने बनके झाड़ों में
मर गए सैकड़ों पहाड़ों में
लिखे, जब तक जिए, सफ़र नामे
चल दिए हाथ में क़लम थामे
गो सफ़र में उठाए रंज कमाल
कर दिया पर वतन को अपने निहाल
हैं अब उनके गवाह हुब्बे वतन
दरो दीवार पेरिसो लन्दन
कहिए दुनिया का जिसको बाग़े जिनाँ
है फ्रांस आज या है इंगलिस्ताँ
काम है सब बशर के, हम वतनों
तुम से भी हो सके जो मर्द बनो
छोड़ो अफ़सुदरगी[164] को जोश में आओ
बस बहुत सोए उठो होश में आओ

क़ाफ़िले तुम से बढ़ गए कोसों
रहे जाते हो सब से पीछे क्यों
क़ाफ़िलों से अगर मिला चाहो
मुल्क और क़ौम का भला चाहो
गर रहा चाहते हो इज़्ज़त से
भाइयों को निकालों ज़िल्लत से
उनकी इज्ज़त तुम्हारी इज्ज़त है
उनकी ज़िल्लत तुम्हारी ज़िल्लत है
क़ौम का मुबत जल[162] है जो इंसाँ
बे हक़ीक़त है गरचे हैं सुल्ताँ
क़ौम दुनियाँ में जिनकी है मुमताज़
है फ़क़ीरी में भी वो ब एज़ाज[166]
इज्ज़ते क़ौम चाहते हो अगर
जाके फैलाओ उनमें इल्मो हुनर
ज़ात का फ़ख्र और नसब कागुरुर
उठ गए अब जहाँ से ये दस्तून
अब ना सैय्यद का इफ्तख़ार[167] सही
न ब्रहमन को शुद्र पर तरजीह
हुई तर्की तमाम ख़ानों की
कट गई जड़ से खानदानों की
क़ौम की इज्ज़त अब हुनर से है
इल्म से या के सीमोज़र[168] से है
कोई दिन में वो दौर आएगा
वे हुनर भीक तक ना पाएगा
ना रहेंगे सदा यही दिन रात
याद रखना हमारी आज की बात
गर नहीं सुनते क़ौल हाली का
फिर न कहना के कोई कहता था

—1874

संदर्भ

1. उत्पन्न, 2. किश्ती वाले, 3. मुसीबत, 4. दरिद्रता, 5. दुर्भाग्य, 6. आगे-पीछे, 7. दाएँ-बाएँ, 8. पतन, 9. संतोष, 10. अकड़, 11. आराम की नींद, 12. ईर्ष्या, 13. असभ्य, 14. समान, 15. प्रसन्न, 16. इच्छुक, 17. बुद्धि एवं धर्म, 18. इस्लाम धर्म, 19. सीख लेने वाले, 20. गर्व, 21. अवगुण, 22. वश, 23. आज्ञाकारिता के गुण, 24. गिरावट, 25. मजबूर, 26. क़ौम, 27. आसमान, 28. झंडा, 29. वर्ग, 30. विश्व, 31. प्रतिष्ठित, 32. अनुयायी, 33. उपनाम, 34. सबसे अच्छे अनुसरणकर्ता, 35. नहीं तो, 36. खोज, 37. खून, 38. कण, 39. शराफत, 40. संयोगवश, 41. फूहड़पन, 42. पुरखों के नाम, 43. ग्रहण, 44. वतनवाले, 45. प्रतिष्ठा, 46. इज्जत, 47. गुरूर, 48. छुपा हुआ, 49. जाहिर, 50. खातिर, 51. खातिर 52. शासक, 53. कामयाब, 54. प्रतिष्ठा के योग्य, 55.उद्योग-धंधे, 56. पतन, 57. बदनामी, 58. आशा, 59. पर्यटन, 60 सामने, 61. देखने की सीमा, 62. उपलब्ध, 63. बोझ, 64. धर्म एवं संसार की पूँजी, 65. कंजूसी, 66. दानी, 67. आज्ञापालक, 68. निर्जीव, 69. धरती का बोझ, 70. बेफिक्र, 71. शांति, 72. अनुसरण, 73. पतझड़, 74. गायक, 75. मृत्यु, 76. ऊषा, 77. निर्धनता, 78. अपराध की माँ, 79. नमाजी, 80. संतुष्ट, 81. रोज़ादार, 82. विपत्ति, 83. एक ही बात, 84. गुजारा, 85. प्रश्रयदाता, 86. संस्थापक, 87. शोक गीत गाने की कला, 88. प्रशंसा, 89. अतिशयोक्ति, 90. मजार, 91. मुजावर, 92. मेहनत, 93. तुच्छ। 94. देश प्रेम, 95. आसमान, 96. उपग्रह, 97. पानी का किनारा, 98. बुलबुलें, 99. चाँद, 100. इलाज वाला, 101. सब्र, 102. थकन, 103. फौरन, 104. पर्वत, 105. जंगल, 106. वेवतनी, 107. स्वर्ग, 108. मुसीबतें, 109. कामयाबी, 110. ज़िंदगी, 111. मछली, 112. पेड़-पौधे, 113. पेड़, 114. मुट्ठी, 115. स्वर्ग, 116. मुश्किल, 117. रेत, 118. देश प्रेम, 119. अकाल, 120. सरकारी खज़ाना, 121. बेख़बरी, 122. जागृत, 123. गली, 124. पत्थर, 125. व्यक्ति, 126. मुनासिब होना, 127. दौलत, 128. बुजुर्ग, 129. अपमानित, 130. आकाश, 131. सुस्ती, 132. फल और पत्ते, 133. दुःखी, 134. खुश, 135. साहिबे इकबाल, 136. आँख और कान, 137. एकता, 138. बुरा चाहने वाला, 139. लायक, 140. लापरवाही, 141. अकाल, 142. गैरमन्द, 143. वक्त का बहुवचन, 144. हरगिज, 145. सस्ता, 146. महँगा, 147. कंगाल, 148. दुश्मनी, 149. डॉक्टर, 150. भस्म, 151. ज्योतिषी, 152. कंजूसी, 153. प्यार करने वाला, 154. तकलीफ, 155. छिपा हुआ, 156. श्रोता, 157. कद्र, 158. कुर्बान, 159. वादा, 160. दाखला, 161. निष्कासन, 162. बहस की जगह या वक्त, 163. फ़ायदा, 164. उदासी, 165. जलील, 166. आबरू, 167. गर्व, 168. दौलत।

इकबाल

1873-1938

मुस्लिम बुद्धिजीवियों की चेतना को ज्ञान की नई रोशनी में लगानेवाले अत्यंत प्रभावशाली उर्दू कवि एवं दार्शनिक। पंजाब के सियालकोट में जन्म और लाहौर में शिक्षा। विदेशी सरकार की नौकरी छोड़कर एक समय वकालत का पेशा अपना लिया पर मन लग पाता था केवल अध्ययन और लेखन में। नीत्से और बर्गसां से प्रभावित। फारसी साहित्य का प्रचुर ज्ञान। उनके मन में सूफियों को लेकर एक प्रतिकूल भाव था। उनकी नजर में मनुष्यता का जातीय और नस्लीय समुदायों में विभाजन वर्तमान युग का सबसे बड़ा अभिशाप था। उन्होंने उर्दू के अलावा फारसी में भी काफी साहित्य लिखा। 1929 में पंजाब प्रांत से विधायिका सभा के सदस्य बने, पर राजनीति में उनका मन नहीं लगा। शुरू में वे भारत के भीतर ही मुसलमानों के पृथक राज्य के पक्ष में थे, पर बाद में विभाजन की माँग करने लगे। उन्हें हिंदुओं और मुसलमानों दोनों का प्यार मिला।

ज्ञान के आधुनिक आलोक में इस्लाम को समझने की आवश्यकता

विगत पाँच शताब्दियों में इस्लाम के धार्मिक चिंतन पर अंधानुकरण और जड़ता का प्रभुत्व रहा है। धार्मिक चिंतन में कोई वैचारिक गतिशीलता या सरगर्मी नहीं देखी गई। एक समय था जब इस्लाम यूरोप के दार्शनिक चिंतन का केंद्र बिंदु था, आधुनिक युग के इतिहास की महत्त्वपूर्ण घटना इस्लाम की धार्मिक दुनिया का पश्चिम की ओर झुकाव है। इस धार्मिक चिंतन में अनुचित कुछ भी नहीं। क्योंकि जहाँ तक यूरोपीय संस्कृति के बौद्धिक उन्मेष का प्रश्न है, इलामी संस्कृति के अनेक उल्लेखनीय संप्रत्ययों के विकास में उसका (पश्चिम) महत्त्वपूर्ण अवदान है। पश्चिम की निश्चित और ठोस भूमिका को अस्वीकारना असंभव है। डॉ. इक़बाल की आशंका इस बात को लेकर है कि यूरोपीय चमक-दमक वाली संस्कृति कहीं हमारी पहचान धूमिल न

कर दे और हम उस संस्कृति के वास्तविक स्वरूप को उसकी आंतरिकता और समग्रता में समझने की भूल न कर बैठें।

विगत शताब्दियों में यूरोप के विचारक उन्हीं विषयों पर गंभीर चिंतन-मनन करते रहे थे, जिसमें कभी इस्लामी वैज्ञानिकों ने गहरी दिलचस्पी ली थी। मध्यकाल के पश्चात् ब्रह्मज्ञानियों के मुस्लिम स्कूल ने दार्शनिक चिंतन के क्षेत्र में महत्त्वपूर्ण सफलता हासिल कर ली थी। मानवीय अनुभवों और विचारों की दुनिया में उल्लेखनीय प्रगति हुई। प्रकृति और पर्यावरण पर प्रभुत्व-विस्तार ने मनुष्य को नए विश्वास और श्रेष्ठता की नई ऊर्जा से लैस कर दिया है। नए संप्रत्ययों के आलोक में पुराने मसलों का हल निकाला जा चुका है तथा नई समस्याएँ भी चिंतन के क्षितिज पर उत्पन्न हुई हैं। ऐसा प्रतीत होता है मानो मानव मेधा स्वयं दिक्-काल और परिघटनाओं की बुनियादी श्रेणियों का अतिक्रमण कर रही है। वैज्ञानिक चिंतन के विकास के फलस्वरूप 'ज्ञेय' संबंधी हमारी अवधारणा में परिवर्तन हो रहा है। अलबर्ट आइन्सटाइन के सिद्धांतों ने ब्रह्मांडीय चिंतन के नए गवाक्ष उद्घाटित कर दिए हैं तथा दर्शन और धर्म से संबंधित पारंपरिक संप्रत्ययों पर नए कोण से पुनर्विचार के लिए बाध्य कर दिया है। अतएव इस्लाम में दीक्षित एशिया—अफ्रीका की नई पीढ़ी का पारंपरिक रूढ़ विश्वासों के पुनर्मूल्यांकन पर बल देना कोई आश्चर्य की बात नहीं। इस्लामी पुनर्जागरण के परिप्रेक्ष्य में यूरोप के दार्शनिक संप्रत्ययों का पुनर्परीक्षण, ज्ञान के आधुनिक आलोक में उनके योगदान का पुनर्मूल्यांकन तथा इस्लामी धार्मिक विचारों की पुनर्रचना पर विमर्श आवश्यक हो गया है। इसके अतिरिक्त मध्य एशिया में पनपे धर्म-विरोधी तथा इस्लाम-विरोधी प्रचारों को अनदेखा करना भी संभव नहीं जो भारतीय सीमा के भी पार जा चुके हैं। (मो. इकबाल का संकेत मार्क्सवाद की ओर है)

आधुनिक मुस्लिमों के समक्ष अहम सवाल हैं। संपूर्ण इस्लामी धार्मिक विधि पर पुनर्विचार की आवश्यकता है। समय आ गया है कि उन्हें विवेक और तर्क की कसौटी पर परखा जाए। उनके प्रति एक स्वतंत्र, समालोचात्मक दृष्टिकोण अपनाया जाए तथा उनके प्रकाश में इस्लामी शिक्षाओं का पुनर्मूल्यांकन हो, भले ही हमें अपने पूर्ववर्तियों से असहमत होना पड़े।...

धार्मिक अनुभवों की तथ्यपरकता अन्य मानवीय तथ्यात्मक अनुभवों से कतई भिन्न नहीं होती। जहाँ तक ज्ञान के प्ररिप्रेक्ष्य में उनकी व्याख्या का प्रश्न है, एक सत्य दूसरे सत्य की तरह ही स्पृहणीय है। मानवीय अनुभवों के प्रति ज्ञान के क्षेत्र में आलोचनात्मक रवैया होना ही चाहिए। (इक़बाल का 'ज्ञान' पर सदा से ही विशेष बल रहा है। अनु.) मोहम्मद इक़बाल पैगम्बर को एक सूफियानाचेतना के रूप में देखते हैं और धार्मिक चेतना की मनोवैज्ञानिक तथा समालोचनात्मक पड़ताल पर बल देते हैं। बुखारी तथा अन्य पारंपरिक चिंतकों ने सूफियाना धार्मिक चेतना का संपूर्ण आकलन प्रस्तुत किया है, जिसमें बताया गया है कि हजरत मुहम्मद किस प्रकार

एक युवा यहूदी की ओर आकर्षित हुए थे। इस युवा यहूदी इब्न-ए-सैय्यद की रहस्यात्मक धार्मिक अनुभूतियों ने उन्हें आकर्षित किया था। हजरत ने उसे परखा, उससे प्रश्न किए और विभिन्न रहस्यात्मक मनोदशाओं में उसकी रहस्यात्मक मुद्राओं को देखा था। एक बार स्वयं मुहम्मद ने पेड़ के पीछे खड़े होकर उसका बुदबुदाना सुना था। युवा यहूदी बेटे की माँ ने मुहम्मद के प्रति अपने बेटे को चेताया था। युवा रहस्यवादी की चिंतन-मुद्रा भंग हुई थी। इस पर मुहम्मद ने कहा था–''क्या ही अच्छा होता, वह महिला युवा बेटे को उसी मुद्रा में रहने देती। इससे अनेक गुत्थियाँ सुलझ जातीं।'' अन्य मानवीय अनुभवों की तरह ज्ञानोपलब्धि के लिए रहस्यात्मक अनुभूतियाँ उतनी ही आवश्यक हैं। उनकी उपेक्षा इसलिए नहीं की जा सकती कि वे इंद्रियबोधात्मक अनुभूतियों से परे हैं। (इक़बाल का इशारा कदाचित धार्मिक रहस्यात्मक अनुभूतियों की ओर है–सूफी जिसके कायल रहे हैं। स्मरण रहे कि सूफियों के अनुसार हजरत मुहम्मद भी एक सूफी थे–अनु.)

भौतिक या रासायनिक विज्ञान की तरह धर्म कार्य-कारण संबंधों की व्याख्या अथवा पड़ताल नहीं करता। उसका उद्देश्य सामान्य मानवीय अनुभवों से भिन्न प्रकृति के अनुभवों की व्याख्या-धार्मिक रहस्यात्मक अनुभव–है, जिसके आँकड़ों को विज्ञान के आँकड़ों की तरह प्रस्तुत करना असंभव है। सच तो यह है कि धर्म विज्ञान से बहुत पूर्व काल से ही धार्मिक जीवन की वास्तविक और मूर्त अनुभूतियों पर बल देता आया है। धर्म और विज्ञान के मध्य झगड़ा एक दूसरे के अस्तित्व-अनस्तित्व को लेकर नहीं, अपितु जीवन और मन के स्तर पर मूर्त-अमूर्त अनुभवों को लेकर है। संघर्ष इस बिंदु पर है कि दोनों ही अपनी दृष्टि मूर्त एवं ससीम मानव-अनुभवों पर केंद्रित करते हैं। धर्म आगमिक बुद्धि की तर्कणा-प्रणाली द्वारा प्रेक्षित विशिष्ट दृष्टांतों के आधार पर विशेष मानव-अनुभवों तक पहुँचने की बात करता है। धर्म मानवीय अनुभूति का एक जैविक तथ्य है। धार्मिक मनोदशाओं की स्थितियों में मनुष्य का व्यक्तित्व संकीर्णताओं की क्षुद्र सीमाओं का अतिक्रमण कर जाता है। धर्म न तो केवल विचार है, न भावना और न केवल कर्म। यह संपूर्ण मानव की अभिव्यक्ति है। धर्म का उद्देश्य मनुष्य के आंतरिक तथा बाह्य जीवन का रूपांतरण एवं मार्गदर्शन है। इक़बाल के चिंतन में ज्ञान की महत्त्वपूर्ण भूमिका है। उनके अनुसार इंद्रियबोध, बुद्धि तथा अंतःप्रज्ञा–ये तीन ज्ञान के कारक तत्त्व हैं। मानव अनुभूतियों के क्षेत्र में इक़बाल धर्म की केंद्रीय भूमिका मानते हैं क्योंकि इसकी दृष्टि यथार्थता की समग्रता पर होती है। समस्त प्रक़ार के बौद्धिक प्रयासों में प्रत्ययात्मक ज्ञान ही मनुष्य के व्यक्तित्व और जीवन को समृद्ध तथा अंतर्दृष्टि को पैना करता है। इक़बाल का विशेष बल मानव अनुभूतियों और भावनात्मक संवेगों पर है। इसलिए वे 'ज्ञान' (वैज्ञानिक) तथा दार्शनिक अंतर्दृष्टि को बहुत महत्त्व देते हैं।

प्रार्थना पर इक़बाल का विशेष बल है। प्रार्थना व्यक्तिगत हो या सामूहिक-

प्रतिकूलताओं के मौन ब्रह्मांड में मनुष्य की आंतरिक (धार्मिक) पिपासा का महत्त्वपूर्ण साधन है। प्रार्थना धर्म का अनोखा आविष्कार है, जिसके द्वारा मनुष्य अपने अहं का विसर्जन उस अलौकिक सत्ता के सम्मुख करता है। 'स्व' के विसर्जन द्वारा गोचर सृष्टि में वह अपने जीवन के सार्थक, संगत तथा गत्यात्मक जीवन की मूलभूत संकल्पनाओं को मूर्त करने का प्रयास करता है। प्रार्थना की मनोवैज्ञानिक, मानसिक अभिवृत्ति, जो इस्लामी धर्म-चिंतन का एक विशिष्ट रूप है—व्यक्तित्व के प्रक्षेपण और निषेध का सशक्त माध्यम है। मनुष्य के आंतरिक क्रिया-कलापों में प्रार्थना का विशेष स्थान है। यह अभिव्यक्ति इस्लामी धार्मिक विधियों में नाना-रूपात्मक है। कुरान कहता है—प्रत्येक व्यक्ति के लिए हमने उपासना की पद्धतियाँ निर्धारित कर दी हैं, जिनका कि वे पालन करते हैं। अतएव इस विषय पर तुम उनसे तर्क मत करो कि वे क्या करते हैं—क्योंकि ईश्वर (अल्लाह) सब जानता है? तुम उन्हें अल्लाह के मार्ग पर छोड़ दो। पुनरुत्थान के दिन तुम्हारे मतभेदों पर विचार होगा। मनुष्य की मनःस्थिति ही उसकी मानसिक अभिवृत्तियों का निर्धारण करती है।

इक़बाल के अनुसार इस्लाम मानवीय उद्‌गम के मूलभूत स्रोतों और मानव-एकत्व की संकल्पना करता है। वह उपासना या भक्ति के मामले में जाति अथवा जातिगत श्रेष्ठता को अहमियत नहीं देता। प्रार्थना की इस्लामिक धार्मिक पद्धति इसीलिए सामूहिकता में विश्वास करती है ताकि सामाजिक एकत्व की परिकल्पना को मूर्त रूप दिया जा सके। इक़बाल कहते हैं कि यदि दक्षिण भारत के अहंकारी अभिजात्य ब्राह्मण अछूतों के साथ कंधे से कंधा मिलाकर एक साथ खड़े हो सकें, उस दिन आनन-फानन में आध्यात्मिक क्रांति हो जाएगी। सार्विक अहं के विसर्जन से ही मानव-जाति की एकता संभव है। कुरान के अनुसार राष्ट्रों, जातियों, कबीलों के रूप में मनुष्य-जाति का विभाजन बाह्य उपकरण मात्र है। सामूहिक प्रार्थना-पद्धति मनुष्य-मनुष्य के बीच बुनियादी एकता में दरार उत्पन्न करने वाली ताकतों के विरुद्ध धार्मिक स्तर पर सार्वभौमिक प्रयास है।

इक़बाल के मन में मानव जाति की आरंभिक अवस्था में मनुष्य की अतींद्रिय ऊर्जा पैगंबरी चेतना विकसित करती है, जो वस्तुतः पूर्व निर्धारित निर्णयों, इच्छाओं एवं कार्य-प्रणालियों अथवा कार्य-पद्धतियों की व्यवस्था द्वारा वैयक्तिक विचार एवं इच्छाओं की मितव्ययिता का विधान करती है।

विवेक एवं विवेचनात्मक मनःशक्ति के प्रादुर्भाव के साथ जीवन अपने ही हित में चेतना की अविवेकी या अबुद्धिपूर्ण पद्धतियों की संरचना एवं वृद्धि रोक देता है, जिसके माध्यम से मानव-विकास के पूर्ववर्ती काल में मानसिक ऊर्जा विकसित हुई थी। प्रथमतः मनुष्य कामेच्छाओं एवं सहज-वृत्तियों द्वारा ही संचालित होता है। यह आगमनात्मक बुद्धि है जो मनुष्य को अपने वातावरण का नियंत्रक बनाती है। यह एक ऐसी उपलब्धि है जिसके एक बार उत्पन्न हो जाने पर ज्ञान के विभिन्न अनुशासनों

को विवेक के प्रयोग द्वारा निरंतर संबलित करना पड़ता है। परंतु इसमें संदेह नहीं कि प्राचीन विश्व ने अनेक महान दार्शनिक उत्पन्न किए थे जिन्होंने महान दार्शनिक पद्धतियों को उस समय जन्म दिया था जब मानव-सभ्यता अपने आरंभिक दौर में थी और उसके सारे धर्म संकेत-पद्धति द्वारा निष्पादित होते थे। परंतु हमें यह नहीं भूलना चाहिए कि 'प्राचीन विश्व में यह प्रणाली अमूर्त चिंतन का परिणाम थी जो अस्पष्ट धार्मिक विश्वासों, परंपराओं की नियबद्धता के बाहर जाने में पूर्णतः असमर्थ थी और जीवन की ठोस वास्तविकताओं पर उसका कोई नियंत्रण न था।'

इस दृष्टि से विचार करने पर हम इस्लाम धर्म के पैगंबर हजरत मुहम्मद को प्राचीन और अर्वाचीन संसार के मध्य पाते हैं। जहाँ तक उनकी (मुहम्मद) धार्मिक प्रेरणाओं का प्रश्न है–उनका संबंध प्राचीनता से है, किंतु जहाँ तक आत्मा संबंधी उनकी दिव्य अनुभूतियों का प्रश्न है–वह आधुनिक विश्व से है। जीवन उनमें अपनी नई दिशाओं के अनुरूप ज्ञान के अन्य स्रोतों की उपलब्धि कर सकता है। जहाँ तक मेरा विश्वास है, इस्लाम का जन्म आगमनिक मेधा का जन्म है। इस्लाम में पैगंबरी की अंतिमता का यही अभिप्राय है कि जीवन को सदा संदर्शक सोपानों में नहीं रखा जा सकता, पूर्ण आत्म चैतन्य की उपलब्धि के लिए मनुष्य को अंत में खुद पर आश्रित होना पड़ेगा। इस्लाम में पौरोहित्य एवं वंशानुगत राजतंत्र का उन्मूलन, कुरान में बुद्धि एवं अनुभूति का सतत् आह्वान और मानवीय ज्ञान के स्रोतों के रूप में प्रकृति और इतिहास पर जोर देना–सब उसकी अंतिमता की अवधारणा के ही विभिन्न पहलू हैं।

इसका तत्पर्य यह नहीं कि जीवन की अंतिम नियति बुद्धि द्वारा मानव-संवेगों का पूर्ण विस्थापन है, क्योंकि यह न तो संभव है, न वांछनीय। इसका महत्त्व सिर्फ इस बात में है कि बुद्धि आधिदैविक उद्गम का दावा करने वाले समस्त वैयक्तिक विश्वासों एवं रहस्यात्मक अनुभवों का मनुष्य के इतिहास में अंत हो गया है।...विचारों का काम है, मानव के अनुभूति-क्षेत्र में ज्ञान की नई दिशाएँ खोलना, जैसा कि इस्लाम के प्रथमार्ध के सिद्धांतों में वर्णित है–'कोई देवता नहीं है, सिर्फ ईश्वर है'। इस प्रकार का विश्वास एक मनोवैज्ञानिक शक्ति है जो आलोचनात्मक बुद्धि के विकास को बढ़ावा देती है। इस धारणा का कार्य मनुष्य की भीतरी अनुभूति के क्षेत्र में ज्ञान के नए परिदृश्यों को अनावृत्त करना है।

अनुवाद : **श्रीनिवास शर्मा**

सारे जहाँ से अच्छा

सारे जहाँ से अच्छा हिन्दोस्तां हमारा,
हम बुलबुले हैं इसकी ये गुलिस्तां हमारा।
गुर्बत[1] में हों अगर हम रहता है दिल वतन में,
समझो वहीं हमें भी दिल हो जहाँ हमारा।
पर्वत[2] वो सबसे ऊँचा हमसाया आसामाँ[3] का,
वो सन्तरी हमारा, वो पासबाँ[4] हमारा।
गोदी में खेलती हैं, इसकी हज़ारों नदियाँ
गुलशन है जिनके दम से रश्के जिनां[5] हमारा।
ऐ आब-ए-रूद-ए-गंगा[6]! वो दिन है याद तुझको,
उतरा तेरे किनारे जब कारवाँ हमारा।
मज़हब नहीं सिखाता आप में बैर रखना,
हिंदी हैं हम वतन हैं हिन्दोस्तां हमारा।
यूनान व मिस्त्र व रूमा सब मिट गये जहाँ से,
अब तक मगर है बाक़ी नामो निशां[7] हमारा
कुछ बात है कि हस्ती[8] मिटती नहीं हमारी,
सदियों रहा है दुश्मन दौर-ए-ज़मां[9] हमारा।
इक़बाल! कोई महरम[10] अपना नहीं जहाँ में,
मालूम क्या किसी को दर्द-ए-निहां[11] हमारा।

---

1. प्रदेश, 2. पहाड़, 3. पड़ोसी, 4. द्वारपाल, संतरी, 5. स्वर्ग के समान सुंदर, 6. गंगा नदी का पानी, 7. अस्तित्व, 8. अस्तित्व, 9. ज़माने की गर्दिश, 10. राजदार, मित्र, 11. छिपा हुआ दर्द।

अबुल कलाम आजाद

1888-1958

जिन्ना और मुस्लिम लीग के द्विराष्ट्र के सिद्धांत के विरोधी और एक प्रसिद्ध विद्वान। मक्का में जन्म और कलकत्ता में शुरुआती दौर में परंपरागत शिक्षा। आजाद उनकी मनोवृत्ति के अनुकूल उपनाम था। 1912 में एक उर्दू पत्रिका 'अल-हिलाल' का प्रकाशन। गाँधी जी के नेतृत्व में असहयोग आंदोलन में शामिल। भारत के शिक्षा मंत्री। उर्दू में 'कुरान' पर टिप्पणी। सांप्रदायिक सौहार्द के लिए लगातार काम किया।

भारत के मुसलमान और भारत का भविष्य

हम लोगों ने भारत के अल्पसंख्यकों की समस्याओं पर विचार किया है। पर क्या मुसलमान इस तरह के अल्पसंख्यक हैं, जो भारत में अपने भविष्य के बारे में भयभीत और आशंकित हैं? एक छोटा अल्पसंख्यक समुदाय संभव है कि भय और आशंकाओं से घिरा हो, पर क्या मुसलमानों को इससे घबराने की जरूरत है? मैं आज अपना यह कथन फिर दुहराता हूँ कि भारतीय राजनीति की जैसी बुनावट है यह कहना सत्य से हटना होगा कि उसमें मुसलमानों की स्थिति राजनीतिक अल्पसंख्यक की है। जनतांत्रिक भारत में उनके अधिकारों और हितों के बारे में आशंकाएँ बेकार हैं। इस तरह की समझ अनगिनत गलतफहमियाँ पैदा करती हैं। गलत जमीन पर गलत दलीलें दी जाती हैं जो मुसलमानों के मन में उनकी वास्तविक जगह के बारे में गलतफहमी पैदा करती ही हैं, भारत को देखने का गलत परिप्रेक्ष्य भी बनाती हैं।

यदि समय होता तो मैं आपको विस्तार से बताता कि पिछले साठ सालों में हिंदुस्तान की कृत्रिम, झूठी तथा भद्दी तस्वीर उभारी गई और किन हाथों ने उभारी। दरअसल यह तस्वीर कांग्रेस के नेतृत्व में राष्ट्रीय आंदोलनों के बाद अंग्रेज हुक्मरानों द्वारा बनाई गई। यह 'फूट डालो और राज करो' की नीति का नतीजा है। इसका मकसद मुसलमानों को नए राजनीतिक जागरण के विरुद्ध खड़ा करना था। इस षड्यंत्र

में दो मुद्दों पर विशेष बल दिया गया। पहला, भारत में दो अलग-अलग जातियाँ निवास करती हैं, इसलिए सम्मिलित राष्ट्र के नाम पर कोई माँग नहीं की जा सकती। दूसरा, संख्या में मुसलमान हिंदुओं से काफी कम हैं, इसलिए भारत में जनतंत्र लागू करने का मतलब होगा बहुसंख्यक हिंदुओं के राज्य की स्थापना जिससे मुसलमानों का भविष्य खतरे में पड़ जाएगा।

फूट और बैर का ऐसा ही बीज ब्रिटिश साम्राज्यवादियों द्वारा भारत की जमीन में बोया गया था। पौधा उगा, उसका पोषण हुआ और उसने अपने जहरीले शाख पूरे भारत में फैला दिए। आज पचास साल बीत जाने पर भी उसकी जड़ें यहाँ मौजूद हैं।

राजनीतिक तौर पर कहा जाए तो 'अल्पसंख्यक' शब्द का अर्थ यह नहीं है कि कोई खास जमात संख्या में किसी अन्य जमात से कम है और वह अपने आस-पास मौजूद बड़ी जमातों से अपनी रक्षा कर पाने में खुद को असमर्थ पाती है, उसे अपनी शक्ति पर भरोसा नहीं होता। यह काफी नहीं है कि यह जमात अनुपात में छोटी हो, बल्कि वह इतनी छोटी हो कि अपने अधिकारों की रक्षा कर पाने में असमर्थ हो। इस तरह यह सिर्फ संख्या की बात नहीं है, इसके लिए अन्य पहलुओं को भी शामिल करना जरूरी है। फर्ज कीजिए किसी देश में दो प्रमुख जमातें हैं, उनकी संख्या क्रमशः एक करोड़ और दो करोड़ है। पहले को सिर्फ इसलिए राजनीतिक रूप से कमजोर या अल्पसंख्यक नहीं कहा जा सकता कि वह दूसरे से संख्या में आधी है।

यदि यह मानदंड सही है तो इसे भारतीय मुसलमानों पर लागू करके देखा जाए। आप पहली नजर में पाएँगे कि एक विशाल जनसमूह भारत के मुख्तलिफ हिस्सों में फैला हुआ है। उनको अल्पसंख्यक की स्थिति में असहाय समझना अपने आप को धोखा देना है। भारत में मुसलमानों की संख्या आठ से नौ करोड़ के बीच है। यह संख्या देश की दूसरी जमातों की तरह पेशों के लिहाज से और पैतृक दृष्टि से टुकड़ों या जातों में बँटी हुई नहीं है। इस्लामी जिंदगी के समता के उसूल ने और इस्लाम की बिरादराना यकजेहती (भाईचारा) के मजबूत रिश्ते ने इस संख्या को पेशों के तफरकों (विभिन्नता) की कमजोरियों को बहुत दरजे तक बचा रखा है। यह सच है कि यह संख्या मुल्क की पूरी आबादी का एक चौथाई से ज्यादा नहीं है, लेकिन सवाल संख्या के अनुपात का नहीं है, बल्कि खुद विशाल संख्या, उसकी विशेषता और शक्ति का है। क्या इस तरह के विशाल जनसमूह के लिए इस तरह की आशंकाओं की कोई जायज वजह हो सकती है कि वह एक स्वाधीन और जनतांत्रिक हिंदुस्तान में अपने हकों या हितों की खुद रक्षा न कर सकेगी?

यह संख्या मुल्क के किसी एक हिस्से में सिमटी हुई नहीं है, बल्कि एक खास बँटवारे के साथ मुल्क के मुख्तलिफ हिस्सों में फैली हुई है। हिंदुस्तान के ग्यारह प्रांतों में से चार वे हैं, जिनमें मुसलमानों की संख्या ज्यादा है, यानी जहाँ उनकी 'अक्सरीयत' या मेजॉरिटी है और जहाँ दूसरी मजहबी जमातें अल्पसंख्या यानी माइनॉरिटी में हैं।

यदि इनमें ब्रिटिश-बलूचिस्तान को भी जोड़ लिया जाए, तो चार की जगह मुस्लिम 'अकसरीयत' के पाँच प्रांत हो जाएँगे। यदि मजहबी तफरकों के आधार पर हमें इस सवाल को हल करना पड़े तो कह सकते हैं कि मुसलमानों की स्थिति एक अल्पसंख्यक समुदाय की बिल्कुल नहीं है। यदि सात सूबों में वे 'अल्पसंख्यक या माइनॉरिटी' की हैसियत से हैं तो पाँच सूबों में उन्हें मेजॉरिटी की जगह हासिल है। ऐसी स्थिति में कोई कारण नहीं कि उन्हें एक माइनॉरिटी-ग्रुप होने का ख्याल परेशान करे।

हिंदुस्तान का भावी कंस्टीट्यूशन यानी शासन विधान अन्य बातों में चाहे कैसा भी हो, मगर उसकी एक बात हम सबको मालूम है कि वह विधान पूरे अर्थों में एक आल इंडिया फेडरेशन का जनतंत्रात्मक विधान होगा, जिसके तमाम अलग-अलग हलके या यूनिट अपने-अपने आंतरिक मामलों में स्वतंत्र होंगे। फेडरल केंद्र (संघ) के सुपुर्द केवल वे ही मामले रहेंगे, जिनका संबंध सारे देश के व्यापक और संयुक्त प्रश्नों से होगा। मिसाल के लिए दूसरे देशों के साथ संबंध (फॉरेन अफेयर्स), देश-रक्षा, जहाजी चुंगी वगैरह। इस व्यवस्था में, कोई भी व्यक्ति जिसे प्रजातांत्रिक संस्था के काम-काज का थोड़ा भी इल्म होगा क्या खुद को अल्पसंख्यक-बहुसंख्यक के झमेले में पड़ने देगा? मैं एक क्षण के लिए भी यह नहीं मान सकता कि भावी भारत में इन आशंकाओं के लिए भी कोई जगह होगी। वास्तव में ये सब आशंकाएँ हमारे सामने इसलिए पैदा होती हैं कि एक ब्रिटिश राजनीतिज्ञ के मशहूर शब्दों में, जो उसने आयरलैंड के विषय में कहे थे, 'हम तैरना चाहते हैं, किंतु किनारे पर खड़े हैं, दरिया में उतरना नहीं चाहते। इसका सिर्फ एक ही इलाज है कि हमें निःशंक होकर दरिया में गोता लगा देना चाहिए। ऐसा करते ही हम जान जाएँगे कि सभी शंकाएँ बेबुनियाद और निस्सार थीं।'

लगभग तीस बरस हुए मैंने एक हिंदुस्तानी मुसलमान की हैसियत से इस मसले पर पहली बार गौर करने की कोशिश की थी। यह वह जमाना था, जब कि मुसलमानों की बहुत बड़ी तादाद राजनीतिक संघर्ष के मैदान से बिलकुल तटस्थ थी और आमतौर पर वे ही विचार चारों ओर छाए हुए थे, जिनकी वजह से कुछ मुसलमानों ने सन् 1888 में कांग्रेस से अलहदा रहने और उसकी मुखालफत करने का इरादा कर लिया था। उस समय की यह आम हवा मेरे सोच-विचार की राह न रोक सकी। मैं बहुत जल्दी एक आखिरी नतीजे तक पहुँच गया, जिसने मेरे सामने विश्वास और व्यवहार, दोनों का मार्ग खोल दिया। मैंने देखा कि हिंदुस्तान अपनी सारी परिस्थिति के साथ हमारे सामने मौजूद है और अपने भविष्य की ओर बढ़ रहा है। हम भी इसी किश्ती में सवार हैं और उसकी चाल से बेपरवाह नहीं रह सकते। इसलिए जरूरी है कि हम अपने व्यवहार यानी अपने तर्जे-अमल का एक साफ और अंतिम फैसला कर लें। यह फैसला हम क्यों कर सकते हैं? केवल इस तरह कि हम मामले की ऊपरी

सतह पर ही न रहें, बल्कि उसकी बुनियादों तक पहुँचने की कोशिश करें और फिर देखें कि हम अपने-आपको किस हालत में पाते हैं। मैंने ऐसा ही किया और देखा कि इस सारे मामले का फैसला केवल एक सवाल के जवाब पर निर्भर है।

सवाल यह है कि हम भारतीय मुसलमान भावी स्वतंत्र भारत को संदेह और अविश्वास से देखना चाहते हैं अथवा साहस और आत्मविश्वास की नजर से? यदि हम इसे भय और संदेह की नजर से देखेंगे तो अवश्य ही हमें दूसरा रास्ता अपनाना होगा। वर्तमान की कोई भी घोषणा, भविष्य के लिए कोई भी वादा, कोई भी संवैधानिक संरक्षण हमारे इस संदेह और भय को दूर नहीं कर सकता। हमें मजबूर होकर एक तीसरी ताकत की मौजूदगी बरदाश्त करनी होगी। यह तीसरी ताकत मौजूद है और अपनी जगह छोड़ने के लिए तैयार भी नहीं है। किंतु हम यदि इसके खिलाफ यह महसूस करते हैं कि हमारे लिए भय और आशंका की कोई वजह नहीं, हमें हिम्मत और आत्मविश्वास की दृष्टि से भविष्य की ओर देखना चाहिए, तो फिर हमारे कर्तव्य का मार्ग बिल्कुल साफ हो जाता है। हम फिर अपने-आपको एक बिल्कुल दूसरी दुनिया में पाएँगे, जहाँ आशंका, दुविधा, अकर्मण्यता की परछाईं भी नहीं पड़ सकती। विश्वास, दृढ़ता, कर्तव्य-पालन और सरगरमी का सूरज जहाँ कभी नहीं डूब सकता वहाँ वक्त का कोई भी उलझाव, परिस्थिति का कोई भी उतार-चढ़ाव, मामलों की कोई भी चुभन हमारे कदमों का रुख बदल नहीं सकती। फिर हमारा कर्तव्य हो जाता है कि हिंदुस्तान के राष्ट्रीय लक्ष्य के मार्ग में कदम उठाएँ, आगे बढ़ते चलें।

मुझे इस सवाल का जवाब मालूम करने में जरा भी देर नहीं लगी। मेरे दिल के एक-एक तार, एक-एक रेशे ने पहली हालत से इनकार किया। मेरे लिए असंभव था कि इसकी कल्पना भी कर सकूँ। मैं किसी मुसलमान के लिए, बशर्ते कि उसने इस्लाम की रूह को, उसकी आत्मा को अपने दिल के एक-एक कोने से ढूँढ़कर निकाल न फेंका हो, यह मुमकिन नहीं समझता कि वह अपने को पहली हालत में देखना बरदाश्त कर सके।

मैंने सन् 1912 में 'अलहिलाल' जारी किया और अपना यह फैसला मुसलमानों के सामने रखा। आपको यह याद दिलाने की आवश्यकता नहीं है कि मेरी आवाज खाली नहीं गई। सन् 1912 से 1916 तक का जमाना हिंदुस्तान के मुसलमानों की नई राजनीतिक करवट का जमाना था। सन् 1920 के आखीर में जब चार बरस की नजरबंदी के बाद मैं रिहा हुआ, तो मैंने देखा कि मुसलमानों के राजनीतिक विचार अपना पिछला साँचा खो चुके हैं और नया साँचा ढल रहा है। इस घटना को अब बीस बरस गुजर चुके हैं। इस अरसे में तरह-तरह के उतार-चढ़ाव होते रहे। घटनाओं की नई-नई बाढ़ें आईं। विचारों की नई-नई लहरें उठीं। किंतु एक हकीकत बिना किसी परिवर्तन के अब तक कायम है। मुसलमानों की आम राय पीछे को लौटने के लिए तैयार नहीं है।

हाँ, वह अब पीछे लौटने के लिए तैयार नहीं है। लेकिन आगे बढ़ने के मार्ग के विषय में उसको फिर संदेह हो रहा है। मैं इस समय इस परिस्थिति के कारणों पर बहस न करूँगा। मैं केवल नतीजे देखने की कोशिश करूँगा। मैं अपने हम-मजहबों को याद दिलाऊँगा कि सन् 1912 में मैंने जिस जगह से उन्हें मुखातिब किया था, आज भी मैं उसी जगह खड़ा हूँ। इस तमाम बीच के समय ने स्थितियों का जो ढेर हमारे सामने खड़ा कर दिया है, उनमें कोई स्थिति ऐसी नहीं जो मेरे सामने से न गुजरी हो। मेरी आँखों ने देखने में और मेरे दिमाग ने सोचने में कभी कसर नहीं की। स्थितियाँ केवल मेरे सामने से गुजरी ही नहीं हैं, मैं उनके अंदर खड़ा रहा हूँ और मैंने एक-एक स्थिति को जाँचा और पड़ताला है। मैं मजबूर हूँ कि मैं अपनी आँखों से देखे हुए और अपनी अकल से समझे हुए को न झुठलाऊँ।

मेरे लिए असंभव है कि अपने विश्वास से लड़ सकूँ। मैं अपनी अंतरात्मा की आवाज को नहीं दबा सकता। मैं इस तमाम अरसे में उनसे कहता रहा हूँ और आज भी उनसे कहता हूँ कि हिंदुस्तान के नौ करोड़ मुसलमानों के लिए केवल एक यही कर्तव्य-पथ हो सकता है, जिसकी ओर मैंने उन्हें सन् 1912 में दावत दी थी।

मेरे जिन हम-मजहबों ने सन् 1912 में मेरी बात को अपनाया था, लेकिन आज जिन्हें मुझसे मतभेद है, उन्हें मैं इसके लिए बुरा नहीं कहूँगा। किंतु मैं उनसे अपील करूँगा कि वे इस प्रश्न पर निष्पक्ष होकर और गंभीरता के साथ विचार करें। यह कौमों और मुल्कों की किस्मतों का मामला है। हम इसे समय की क्षणिक भावनाओं के बहाव में बह कर तय नहीं कर सकते। हमें जिंदगी की ठोस हकीकतों की बिना पर अपने फैसलों की दीवारें तामीर करनी हैं। ऐसी दीवारें रोज बनाई और रोज ढहाई नहीं जा सकतीं। मैं स्वीकार करता हूँ कि बदकिस्मती से वायुमंडल इस समय गर्द से भरा हुआ है। मगर उन्हें हकीकत की रोशनी में आना चाहिए। वह आज भी हर पहलू से मामले पर गौर कर लें। वह इस नतीजे पर पहुँचेंगे कि कर्तव्य का उनके सामने कोई दूसरा मार्ग नहीं है।

मैं मुसलमान हूँ, और गर्व के साथ अनुभव करता हूँ कि मुसलमान हूँ। इस्लाम की तेरह सौ बरस की शानदार रिवायतें मेरी पैतृक संपत्ति हैं। मैं तैयार नहीं हूँ कि इसका कोई छोटे-से-छोटे हिस्सा भी नष्ट होने दूँ। इस्लाम की तालीम, इस्लाम का इतिहास, इस्लाम के इल्म और फन, और इस्लाम की तहजीब मेरी पूँजी है और मेरा फर्ज है कि उसकी रक्षा करूँ। मुसलमान होने की हैसियत से मैं अपने मजहबी और कलचरल दायरे में अपना एक खास अस्तित्व रखता हूँ और मैं बरदाश्त नहीं कर सकता कि इसमें कोई हस्तक्षेप करे। क्रिंतु इन तमाम भावनाओं के अलावा मेरे अंदर एक और भावना भी है, जिसे मेरी जिंदगी की 'रिएलिटीज' यानी हकीकतों ने पैदा किया है। इस्लाम की आत्मा मुझे उससे नहीं रोकती, बल्कि मेरा मार्ग-प्रदर्शन करती है। मैं अभिमान के साथ अनुभव करता हूँ कि मैं हिंदुस्तानी हूँ। मैं हिंदुस्तान की

अविभिन्न संयुक्त-राष्ट्रीयता नाकाबिले तक्सीम मुत्तहिदा कौमियत का एक अंश हूँ। मैं इस संयुक्त-राष्ट्रीयता का एक ऐसा महत्त्वपूर्ण अंश हूँ, उसका एक ऐसा टुकड़ा हूँ जिसके बिना उसका महत्त्व अधूरा रह जाता है। मैं इसकी बनावट का एक जरूरी हिस्सा हूँ। मैं अपने इस दावे से कभी दस्तबरदार नहीं हो सकता।

हिंदुस्तान के लिए प्रकृति का यह फैसला हो चुका था कि इस सरजमीन में मनुष्य की मुख्तलिफ नसलों, मुख्तलिफ सभ्यताओं और मुख्तलिफ धर्मों के काफले का सम्मिलन हो। अभी मानव-इतिहास का प्रभात भी न हुआ था कि इन काफिलों का यहाँ आना शुरू हो गया और फिर, एक के बाद एक, सिलसिला जारी रहा। हिंदुस्तान की विशाल सरजमीन सबका स्वागत करती रही, और इस उदार भूमि की गोद में सबको जगह मिली। इन्हीं काफलों में एक आखिरी काफिला हम मुसलमानों का भी था। यह भी पिछले काफलों के पद-चिह्नों पर चलता हुआ यहाँ पहुँचा और हमेशा के लिए बस गया। यह दुनिया की दो अलग-अलग कौमों और तहजीबों की धाराओं का मिलन था। यह गंगा और जमुना की धाराओं की तरह पहले एक-दूसरे से अलग-अलग बहते रहे, लेकिन फिर प्रकृति के अटल नियम के अनुसार दोनों को एक ही संगम में मिल जाना पड़ा। इन दोनों का मेल इतिहास की एक जबरदस्त घटना थी। जिस दिन यह घटना हुई, उसी दिन से प्रकृति के छिपे हुए हाथों ने पुराने हिंदुस्तान की जगह एक नए हिंदुस्तान को ढालने का काम शुरू कर दिया।

इतिहास की पूरी 11 सदियाँ इस घटना पर बीत चुकी हैं। अब इस्लाम भी इस सरजमीन पर वैसा ही दावा रखता है, जैसा दावा हिंदू-धर्म रखता है। अगर हिंदू-धर्म कई हजार साल से इस सरजमीन के बाशिंदों का धर्म रहा है, तो इस्लाम भी एक हजार बरस से इसके बाशिंदों का मजहब चला आता है। जिस तरह आज एक हिंदू अभिमान के साथ कह सकता है कि वह हिंदुस्तानी है और हिंदू मजहब का मानने वाला है, ठीक उसी तरह हम भी अभिमान के साथ कह सकते हैं कि हम हिंदुस्तानी हैं और इस्लाम मजहब के मानने वाले हैं। मैं इस क्षेत्र को इससे भी ज्यादा बढ़ाऊँगा। मसलन मैं एक हिंदुस्तानी ईसाई का भी यह अधिकार स्वीकार करता हूँ कि वह आज सर उठाकर कह सकता है कि मैं हिंदुस्तानी हूँ और हिंदुस्तान के बाशिंदों के एक मजहब यानी ईसाई मजहब का मानने वाला हूँ।

हमारे 11 सदियों के मिले-जुले इतिहास ने हमारी हिंदुस्तानी जिंदगी के एक-एक कोने को अपने तामीरी सामानों यानी अपनी रचनात्मक सामग्री से भर दिया है। हमारी भाषाएँ, हमारी शायरी, हमारा साहित्य, हमारा सामाजिक जीवन, हमारी रुचि, हमारे शौक, हमारा लिबास, हमारे रस्मो-रिवाज, हमारे दैनिक जीवन की बेशुमार हकीकतें, कोई कोना भी ऐसा नहीं है, जिस पर इस संयुक्त जीवन की छाप न लग चुकी हो। हमारी बोलियाँ अलग-अलग थीं, मगर हम एक ही जबान बोलने लगे। हमारे रस्मो-रिवाज एक-दूसरे से जुदा थे, मगर उन्होंने मिल-जुलकर एक नया साँचा

पैदा कर लिया। हमारा पुराना लिबास इतिहास के पुराने चित्रों में देखा जा सकता है, मगर अब वह हमारे बदन पर नहीं मिल सकता। यह तमाम मिली-जुली पूँजी हमारी संयुक्त-राष्ट्रीयता की एक दौलत है, और हम इसे छोड़कर उस जमाने की तरफ लौटना नहीं चाहते, जब हमारी यह मिली-जुली जिंदगी शुरू नहीं हुई थी। हममें यदि ऐसे हिंदू मस्तिष्क मौजूद हैं, जो चाहते हैं कि एक हजार साल पहले का हिंदू जीवन वापस ले आएँ, तो उन्हें मालूम होना चाहिए कि वे एक स्वप्न देख रहे हैं, जो कभी पूरा होनेवाला नहीं है। इसी तरह अगर ऐसे मुसलमान दिमाग मौजूद हैं, जो चाहते हैं कि अपनी उस बीती हुई तहजीब और समाजी जिंदगी को फिर ताजा करें, जो वह एक हजार साल पहले इरान और मध्य-एशिया से लाए थे, तो मैं उनसे भी कहूँगा कि इस स्वप्न से वह जितनी जल्दी जाग जाएँ, बेहतर है, क्योंकि यह एक अप्राकृतिक कल्पना, एक गैर-कुदरती तखय्युल है, और इस तरह के खयालात वास्तविकता की जमीन में नहीं उग सकते। मैं उन लोगों में हूँ, जिनका विश्वास है कि पुरानी चीजों को फिर से ताजा करने की, यानी रिवाइवलिज्म की, जरूरत मजहब के मैदान में है, लेकिन समाजी जिंदगी में रिवाइवलिज्म का मतलब तरक्की से इनकार करना है। हमारे इस एक हजार साल के मिले-जुले जीवन ने एक संयुक्त-राष्ट्रीयता, एक मुत्तहिदा कौमियत का साँचा ढाल दिया है। इस तरह के साँचे बनाए नहीं जा सकते, वे प्रकृति के छिपे हुए हाथों से सदियों में खुद-ब-खुद बना करते हैं। तब साँचा ढल चुका था और भाग्य की मुहर उस पर लग चुकी थी। हम पसंद करें या न करें, मगर अब हम एक हिंदुस्तानी कौमी और अविभक्त यानी नाकाबिले तकसीम हिंदुस्तानी कौम बन चुके हैं। पृथकता की कोई बनावटी कल्पना हमारे इस एक होने को दो नहीं बना सकती। हमें प्रकृति के फैसले पर रजामंद होना चाहिए और अपने भाग्य की तामीर में लग जाना चाहिए।

—कांग्रेस के अध्यक्ष पद से दिया गया भाषण, 1940

दयानंद सरस्वती

बालकृष्ण भट्ट

भारतेंदु हरिश्चंद्र

प्रताप नारायण मिश्र

महावीर प्रसाद द्विवेदी

राधामोहन गोकुल

महात्मा गाँधी

बिरसा मुंडा

सुंदरलाल

प्रेमचंद

लाला हरदयाल

जवाहर लाल नेहरू

सहजानंद सरस्वती

गणेश शंकर विद्यार्थी

राहुल सांकृत्यायन

सूर्यकांत त्रिपाठी 'निराला'

राम प्रसाद बिस्मिल

सत्यभक्त

जयप्रकाश नारायण

राममनोहर लोहिया

दयानंद सरस्वती

1824-1883

उत्तर-वेदकालीन हिंदू बुराइयों के घोर विरोधी, आर्य समाज के संस्थापक और समाज सुधारक। बचपन में संस्कृत और शैव दर्शन की शिक्षा मिली। लेकिन शिवरात्रि के दिन एक चूहे को शिवलिंग पर कुछ तहस-नहस करता देखकर मूर्ति पूजा से विरक्ति। चौदह वर्ष की उम्र में ही मूर्ति पूजा तथा अन्य हिंदू पाखंडों के विरोधी। उन्नीस वर्ष की अवस्था में घर से निकलकर संन्यासी बन गए तथा अध्ययन और देश-भ्रमण किया। वेदों के कट्टर समर्थक बने। मूर्ति पूजा की तरह ही बाल-विवाह, अस्पृश्यता और स्त्री-पुरुष गैर-बराबरी का विरोध किया। 1869 में काशी में सनातनी धर्माचार्यों से ऐतिहासिक शास्त्रार्थ। विरजानंद की प्रेरणा से 1875 में मुंबई में आर्य समाज की स्थापना। इसी साल 'सत्यार्थ प्रकाश' का प्रकाशन। केशवचंद्र सेन की प्रेरणा से हिंदी में उपदेश। दूध में जहर मिलाकर पिला देने से राजस्थान में मृत्यु।

स्त्री शिक्षा

आजकल के संप्रदायी और स्वार्थी ब्राह्मण आदि जो दूसरों को विद्या सत्संग से हटा और अपने जाल में फँसा कर उनका तन, मन, धन नष्ट कर देते हैं और चाहते हैं कि जो क्षत्रियादि वर्ण पढ़कर विद्वान हो जाएँगे तो हमारे पाखंडजाल से छूट और हमारे छल को जानकर हमारा अपमान करेंगे। इन विघ्नों को राजा और प्रजा दूर करके अपने लड़कों और लड़कियों को विद्वान करने के लिए तन, मन, धन से प्रयत्न किया करें। (प्रश्न) क्या स्त्री और शूद्र भी वेद पढ़ें? जो ये पढ़ेंगे तो हम फिर क्या करेंगे? और इनके पढ़ने में प्रमाण भी नहीं है जैसा यह निषेध है–

स्त्रीशूद्रौ नाधीयातमिति श्रुतेः।।

स्त्री और शूद्र न पढ़ें यह श्रुति है। (उत्तर) सब स्त्री और पुरुष अर्थात् मनुष्यमात्र को पढ़ने का अधिकार है। तुम कुएँ में पड़ो, यह श्रुति तुम्हारी कपोलकल्पना से हुई है, किसी प्रामाणिक ग्रंथ की नहीं। सब मनुष्यों के वेदादि शास्त्र पढ़ने-सुनने के अधिकार

का प्रमाण यजुर्वेद के छब्बीसवें अध्याय का दूसरा मंत्र है–

यथेमाँ वाचं कल्याणीमावदानि जनेभ्यः। ब्रह्मराजन्याभ्यां शूद्राय चार्याय च स्वाय चारणाय।। (यजु. अ. 26/2)

परमेश्वर कहता है कि (यथा) जैसे मैं (जनेभ्यः) सब मनुष्यों के लिए (इमाम्) इस (कल्याणीम्) कल्याण अर्थात् संसार और मुक्ति के सुख देनेहारी (वाचम्) ऋग्वेदादि चारों वेदों की वाणी का (आ, वदानि) उपदेश करता हूँ वैसे तुम भी किया करो। यहाँ कोई ऐसा प्रश्न करे कि जन शब्द से द्विज का अर्थ ग्रहण करना चाहिए, क्योंकि स्मृत्यादि ग्रंथों में ब्राह्मण, क्षत्रिय, वैश्य को ही वेद के पढ़ने का अधिकार लिखा है स्त्री और शूद्रादि वर्णों का नहीं, (उत्तर) (ब्रह्मराजन्याभ्याम्) देखो, परमेश्वर स्वयं कहता है कि हमने ब्राह्मण, क्षत्रिय, (अयूर्याय) वैश्य, (शूद्राय) शूद्र और (स्वाय) अपने भृत्य वा स्त्रियादि (अरणाय) और अतिशूद्रादि के लिए भी वेदों का प्रकाश किया है, अर्थात् सब मनुष्य वेदों को पढ़-पढ़ा और सुन-सुनाकर विज्ञान को बढ़ा के अच्छी बातों का ग्रहण और बुरी बातों का त्याग करके दुःखों से छूट कर आनंद को प्राप्त हों। कहिए, अब तुम्हारी बात मानें या परमेश्वर की। परमेश्वर की बात अवश्य माननीय है। इतने पर भी जो कोई इसको न मानेगा वह नास्तिक कहावेगा। क्योंकि 'नास्तिको वेदनिंदकः' वेदों का निंदक और न माननेवाला नास्तिक कहलाता है। क्या परमेश्वर शूद्रों का भला करना नहीं चाहता? क्या ईश्वर पक्षपाती है कि वेदों के पढ़ने-सुनने का शूद्रों के लिए निषेध और द्विजों के लिए विधि करे? जो परमेश्वर का अभिप्राय शूद्रादि को पढ़ाने-सुनाने का न होता तो इनके शरीर में वाक् और श्रोत्र इंद्रिय क्यों रचता। जैसे परमात्मा ने पृथिवी, जल, अग्नि, वायु, चंद्र, सूर्य और अन्नादि पदार्थ सब के लिए बनाए हैं, वैसे ही वेद भी सबके लिए प्रकाशित किए हैं। और जहाँ कहीं निषेध किया है उसका यह अभिप्राय है कि जिसको पढ़ने-पढ़ाने से कुछ भी न आवे, वह निर्बुद्धि और मूर्ख होने से शूद्र कहाता है। उसका पढ़ना-पढ़ाना व्यर्थ है और जो स्त्रियों के पढ़ने का निषेध करते हो, वह तुम्हारी मूर्खता, स्वार्थता और निर्बुद्धिता का प्रभाव है देखो वेद में कन्याओं के पढ़ने का प्रमाण–

ब्रह्मचर्य्येण कन्या युवानं विंदते पतिम्।।

अथर्व. (कां. 11, प्र. 24, अ. 3, मं. 18)

जैसे लड़के ब्रह्मचर्य सेवन से पूर्ण विद्या और सुशिक्षा को प्राप्त होकर युवती, विदुषी, अपने अनुकूल प्रिय सदृश स्त्रियों के साथ विवाह करते हैं वैसे (कन्या) कुमारी (ब्रह्मचर्येण) ब्रह्मचर्य सेवन से वेदादि शास्त्रों को पढ़ पूर्ण विद्या और उत्तम शिक्षा को प्राप्त युवती होकर पूर्ण युवावस्था में अपने सदृश प्रिय विद्वान् (युवानम्) पूर्ण युवावस्था युक्त पुरुष को (विंदते) प्राप्त होवे इसलिए स्त्रियों को भी ब्रह्मचर्य और विद्या का ग्रहण अवश्य करना चाहिए। (प्रश्न) क्या स्त्री लोग भी वेदों को पढ़ें। (उत्तर) अवश्य देखो श्रौतसूत्रादि में–

इमं मन्त्रं पत्नी पठेत्।।

अर्थात् स्त्री यज्ञ में इस मंत्र को पढ़े। स्त्री वेदादि शास्त्रों को न पढ़ी होवे तो यज्ञ में स्वरसहित मंत्रों का उच्चारण और संस्कृत भाषण कैसे कर सके। भारतवर्ष की स्त्रियों में भूषणरूप गार्गी आदि वेदादि शास्त्रों को पढ़ कर पूर्ण विदुषी हुई थीं, यह शतपथ-ब्राह्मण में स्पष्ट लिखा है। भला जो पुरुष विद्वान् और स्त्री अविदुषी और स्त्री विदुषी और पुरुष अविद्वान हो तो नित्यप्रति देवासुर संग्राम घर में मचा रहे, फिर सुख कहाँ? इसलिए जो स्त्री न पढ़ें तो कन्याओं की पाठशाला में अध्यापिका क्योंकर हो सकें तथा राजकायूर्य न्यायाधीशत्वादि गृहाश्रम का कार्य जो पति को स्त्री और स्त्री को पति प्रसन्न रखना, घर के सब काम स्त्री के अधीन रहना इत्यादि काम बिना विद्या के अच्छे प्रकार कभी ठीक नहीं हो सकते।।

तृतीय समुल्लास, सत्यार्थप्रकाश (शताब्दी संस्करण) 1925

ब्रह्मवाक्यं जनार्दनः!

अर्थात् जो कुछ ब्राह्मणों के मुख में से वचन निकलता है वह जानो साक्षात् भगवान के मुख से निकला। जब क्षत्रियादि वर्ण आँख के अंधे और गाँठ के पूरे अर्थात् भीतर विद्या की आँख फूटी हुई और जिनके पास धन पुष्कल है ऐसे-ऐसे चेले मिले, फिर इन व्यर्थ ब्राह्मण नामवालों को विषयानंद का उपवन मिल गया। यह भी उन लोगों ने प्रसिद्ध किया कि जो कुछ पृथ्वी में उत्तम पदार्थ हैं वे सब ब्राह्मणों के लिए हैं। अर्थात् जो गुण, कर्म, स्वभाव से ब्राह्मणादि वर्णव्यवस्था थी, उसको नष्ट कर जन्म पर रखी और मृतकपर्यंत यजमानों से दान लेने लगे। जैसी अपनी इच्छा हुई वैसा करते चले। यहाँ तक किया कि 'हम भूदेव हैं', हमारी सेवा के बिना देवलोक किसी को नहीं मिल सकता। इनसे पूछना चाहिए कि तुम किस लोक में पधारोगे? तुम्हारे काम तो घोर नरक भोगने के हैं, कृमि, कीट, पतंगादि बनोगे। तब बड़े क्रोधित होकर कहते हैं—हम 'शाप' देंगे तो तुम्हारा नाश हो जाएगा, क्योंकि लिखा है 'ब्रह्मद्रोही विनश्यति' कि जो ब्राह्मणों से द्रोह करता है उसका नाश हो जाता है। हाँ, यह बात तो सच्ची है कि जो पूर्ण वेद और परमात्मा को जानने वाले, धर्मात्मा, सब जगत के उपकारक पुरुषों से कोई द्वेष करेगा वह अवश्य नष्ट होगा। परंतु जो ब्राह्मण नहीं हों, उनका न ब्राह्मण नाम और न उनकी सेवा करनी योग्य है।

(प्रश्न) तो हम कौन हैं? (उत्तर) तुम पोप हो। (प्रश्न) पोप किसको कहते हैं? (उत्तर) इसकी सूचना रोमन भाषा में तो 'बड़ा' और 'पिता' का नाम पोप है। परंतु अब छल-कपट से दूसरे को ठगकर अपना प्रयोजन साधने वाले को पोप कहते

हैं। (प्रश्न) हम तो ब्राह्मण और साधु हैं क्योंकि हमारा पिता ब्राह्मण और माता ब्राह्मणी तथा हम अमुक साधु के चेले हैं। (उत्तर) यह सत्य है, परंतु सुनो भाई! माँ-बाप ब्राह्मणी-ब्राह्मण होने से और किसी साधु के शिष्य होने पर ब्राह्मण या साधु नहीं हो सकते। ब्राह्मण और साधु अपने उत्तम गुण, कर्म और स्वभाव से होते हैं, जो कि परोपकारी हो। सुना है कि जैसे रोम के 'पोप' अपने चेलों को कहते थे कि तुम अपने पाप हमारे सामने कहोगे तो हम क्षमा कर देंगे, बिना हमारी सेवा और आज्ञा के कोई भी स्वर्ग में नहीं जा सकता। जो तुम स्वर्ग में जाना चाहो तो हमारे पास जितने रुपए जमा करोगे उतने ही की सामग्री स्वर्ग में तुमको मिलेगी। ऐसा सुनकर जब कोई आँख के अंधे और गाँठ के पूरे स्वर्ग में जाने की इच्छा करके 'पोपजी' को यथेष्ट रुपया देता था, तब वह 'पोपजी' ईसा और मरियम की मूर्ति के सामने खड़ा होकर इस प्रकार की हुंडी लिख कर देता था, 'हे खुदावंद ईसामसीह! अमुक मनुष्य ने तेरे नाम पर लाख रुपए स्वर्ग में आने के लिए हमारे पास जमा कर दिए हैं। जब वह स्वर्ग में आवे तब तू अपने पिता के स्वर्ग के राज्य में पच्चीस सहस्र रुपयों में बाग-बगीचा और मकानात, पच्चीस सहस्र में सवारी शिकारी और नौकर-चाकर, पच्चीस सहस्र रुपयों में खाना-पीना, कपड़ा-लत्ता और पच्चीस सहस्र रुपए इसके इष्ट-मित्र, भाई-बंधु आदि के जियाफत के वास्ते दिला देना।' फिर उस हुंडी के नीचे पोपजी अपनी सही करके हुंडी उसके हाथ में देकर कह देते थे कि 'जब तू मरे तब इस हुंडी को कबर में अपने सिराने धर लेने के लिए अपने कुटुम्ब को कह रखना फिर तुझे ले जाने के लिए फरिश्ते आवेंगे तब मुझे और तेरी हुंडी को स्वर्ग में ले जाकर लिखे प्रमाण सब चीजें तुझको दिला देंगे।' अब देखिए, मानो स्वर्ग का ठेका पोपजी ने ले लिया हो! जब तक यूरोप देश में मूर्खता थी, तभी तक वहाँ पोपजी की लीला चलती थी, परंतु अब विद्या के होने से पोपजी की झूठी लीला बहुत नहीं चलती, किंतु निर्मूल भी नहीं हुई। वैसे ही आर्यावर्त्त देश में भी जानो पोपजी ने लाखों अवतार लेकर लीला फैलाई है।

—एकादश समुल्लास

धार्मिक अंधविश्वास

(प्रश्न) गया में श्राद्ध करने से पितरों का पाप श्राद्ध के पुण्यप्रभाव से छूट जाता है, पितर स्वर्ग में जाते हैं और पितर अपना हाथ निकाल कर पिण्ड लेते हैं, क्या यह बात भी झूठी है? (उत्तर) सर्वथा झूठ, जो वहाँ पिण्ड देने का वही प्रभाव है तो जिन पण्डों को पितरों के सुख के लिए लाखों रुपए देते हैं उनका व्यय गया

वाले वेश्यागमनादि पाप में करते हैं वह पाप क्यों नहीं छूटता? पितर हाथ निकलता आजकल कहीं नहीं दीखता, बिना पण्डों के हाथों के। कभी किसी धूर्त्त ने पृथिवी में गुफा खोद उसमें एक मनुष्य बैठा दिया होगा। पश्चात् उसके मुख पर कुश बिछा पिण्ड दिया होगा और एस कपटी ने उठा लिया होगा। किसी आँख के अंधे गाँठ के पूरे को इस प्रकार ठगा हो तो आश्चर्य नहीं। वैसे ही वैजनाथ (शिव) को रावण लाया था, यह भी मिथ्या बात है। (प्रश्न) देखो! कलकत्ते की काली और कामाक्षा आदि देवी को लाखों मनुष्य मानते हैं, क्या यह चमत्कार नहीं है? (उत्तर) कुछ भी नहीं। वे अंधे लोग भेड़ के तुल्य एक के पीछे दूसरे चलते हैं, कूप खाड़े में गिरते हैं, हट नहीं सकते। वैसे ही एक मूर्ख के पीछे दूसरे चलकर मूर्ति पूजारूप गढ़े में फँसकर दुःख पाते हैं।...(प्रश्न) सोमनाथजी पृथिवी से ऊपर रहता था और बड़ा चमत्कार था, क्या यह भी मिथ्या बात है? (उत्तर) हाँ, मिथ्या है सुनो! नीचे-ऊपर चुम्बक पाषाण लगा रखे थे। उसके आकर्षण से वह मूर्ति अधर खड़ी थी। जब महमूद गजनवी आकर लड़ा, तब यह चमत्कार हुआ कि उसका मंदिर तोड़ा गया और पुजारी भक्तों की दुर्दशा हो गई। लाखों फौज दस सहस्र फौज से भाग गई। पोप पुजारी पूजा, पुरश्चरण, स्तुति, प्रार्थना करते थे कि 'हे महादेव! इस म्लेच्छ को तू मार डाल, हमारी रक्षा कर' और वे अपने चेले राजाओं को समझाते थे कि 'आप निश्चिंत रहिए। महादेवजी भैरव अथवा वीरभद्र को भेज देंगे। वे सब म्लेच्छों को मार डालेंगे या अंधा कर देंगे। अभी हमारा देवता प्रसिद्ध होता है। हनुमान, दुर्गा और भैरव ने स्वप्न दिया है कि हम सब काम कर देंगे।' विचारे भोले राजा और क्षत्रिय पोपों के बहकावे में रहे। कितने ही ज्योतिषी पोपों ने कहा कि अभी तुम्हारी चढ़ाई का मुहूर्त्त नहीं है। एक ने आठवाँ चंद्रमा बतलाया। दूसरे ने योगिनी सामने दिखलाई, इत्यादि। राजा बहकावे में रहे। जब म्लेच्छों की फौज ने आकर घेर लिया तब दुर्दशा से भागे, कितने ही पोप पुजारी और उनके चेले पकड़े गए। पुजारियों ने हाथ जोड़ कहा कि तीन करोड़ रुपया ले लो, मंदिर और मूर्ति मत तोड़ो। मुसलमानों ने कहा कि हम 'बुतपरस्त' नहीं, 'बुतशिकन' अर्थात् बुतों के तोड़ने वाले (मूर्तिभंजक) हैं। जा के झट मंदिर तोड़ दिया। जब ऊपर की छत टूटी तब चुम्बक पाषाण पृथक् होने से मूर्ति गिर पड़ी। जब मूर्ति तोड़ी तब सुनते हैं कि अठारह करोड़ के रतन निकले। जब पुजारी और पोपों पर कोड़ा पड़े, तब रोने लगे। कहा, कि कोष बतलाओ। मार के मारे झट बतला दिया। तब सब कोष लूट मार-कूट कर पोप और उनके चेलों को 'गुलाम' बिगारी बना, पिसना पिसवाया, घास खुदवाया, मल मूत्रादि उठवाया और चना खाने को दिए! हाय! क्यों पत्थर की पूजा कर सत्यानाश को प्राप्त हुए?...

अमरनाथ में बर्फ के पहाड़ बनते हैं तो जल जम के छोटे लिंग का बनना कौन आश्चर्य है? और कबूतर के जोड़े पालित होंगे, पहाड़ की आड़ में से पोपजी छोड़ते होंगे, दिखलाकर टका हरते होंगे।

देवप्रयाग पुराण के गपोड़ों की लीला है, अर्थात् जहाँ अलखनंदा और गंगा मिली है, इसलिए वहाँ देवता बसते हैं। ऐसे गपोड़े न मारें तो वहाँ कौन जाए? और टका कौन देवे?...

केदार का स्थान वह भूमि बहुत अच्छी है। परंतु वहाँ भी एक जमे हुए पत्थर पर पोप या पोपों के चेलों ने मंदिर बना रखा है। वहाँ महंत पुजारी पंडे आँख के अंधे गाँठ के पूरों से माल लेकर विषयानंद करते हैं। वैसे ही बदरी-नारायण में ठग विद्यावाले बहुत से बैठे हैं। 'रावलजी' वहाँ के मुख्य हैं। एक स्त्री छोड़, अनेक स्त्री रख बैठे हैं। जैसे तीर्थ के लोग धूर्त धनहरे होते हैं वैसे पहाड़ी लोग नहीं होते। वहाँ की भूमि बड़ी रमणीय और पवित्र है।...

यह बड़ी असंभव बात है कि अयोध्या नगरी बस्ती, कुत्ते, गधे, भंगी, चमार, जाजरू सहित तीन बार स्वर्ग में गई। स्वर्ग में तो नहीं गई, वहीं की वहीं है। परंतु पोपजी के मुख गपोड़ों में अयोध्या स्वर्ग को उड़ गई।...'मथुरा तीन लोक से निराली' तो नहीं, परंतु उसमें तीन जंतु बड़े लीलाधारी हैं कि जिनके मारे जल, स्थल और अंतरिक्ष में किसी को सुख मिलना कठिन है। एक चौबे, जो कोई स्नान करने जाए अपना कर लेने को खड़े रहकर बकते रहते हैं। लाओ यजमान! भांग मर्ची और लड्डू खावें, पीवें। यजमान की जय जय मनावें। दूसरे जल में कछवे, काट ही खाते हैं जिनके मारे स्नान करना भी घाट पर कठिन पड़ता है। तीसरे आकाश के ऊपर लाल मुख के बंदर। पगड़ी, टोपी गहने और जूते तक भी न छोड़ें, काट खावें, धक्के दे गिरा मार डालें। ये तीनों पोप और पोपजी के चेलों के पूजनीय हैं। मनों चना आदि अन्न कछुवे और बंदरों को चना, गुड़ आदि और चौबों की दक्षिणा और लड्डुओं से उनके सेवक सेवा किया करते हैं। और वृंदावन जब था तब था, अब तो वेश्यावनत् लल्ला-लल्ली और गुरु-चेली आदि की लीला फैल रही है।

जो यूरोपियनों में बाल्यावस्था में विवाह न करना, लड़का-लड़की को विद्या-सुशिक्षा करना-कराना, स्वयंवर विवाह होना, बुरे-बुरे आदमियों का उपदेश नहीं होता, वे विद्वान् होकर जिस किसी के पाखण्ड में नहीं फँसते, जो कुछ करते हैं वह सब परस्पर विचार और सभा से निश्चित करके करते हैं, अपनी स्वजाति की उन्नति के लिए तन-मन-धन व्यय करते हैं, आलस्य को छोड़ उद्योग किया करते हैं। देखो! अपने देश के बने हुए जूते को आफिस और कचहरी में जाने देते हैं, इस देशी जूते को नहीं। इतने ही में समझ लो कि अपने देश के बने जूतों का भी कितना मान-प्रतिष्ठा करते हैं उतना भी अन्य देशस्थ मनुष्यों का नहीं करते। देखो! कुछ सौ वर्ष से ऊपर इस देश में आए यूरोपियनों को हुए और आज तक यह लोग मोटे कपड़े आदि पहिरते हैं जैसा कि स्वदेश में पहिरते थे। उन्होंने अपने देश का चाल-चलन नहीं छोड़ा और तुम में से बहुत से लोगों ने उनकी नकल कर ली। इसी से तुम निर्बुद्धि और वे बुद्धिमान ठहरते हैं।..(प्रश्न) ब्राह्म समाज और प्रार्थना समाज तो अच्छा है या नहीं?

(उत्तर) कुछ-कुछ बातें अच्छी और बहुत-सी बुरी हैं। (प्रश्न) ब्राह्म समाज और प्रार्थना समाज सबसे अच्छा है, क्योंकि इसके नियम बहुत अच्छे हैं। (उत्तर) नियम सर्वांश में अच्छे नहीं, क्योंकि वेदविद्याहीन लोगों की कल्पना सर्वथा सत्य क्योंकर हो सकती है? ब्राह्म समाज और प्रार्थना समाजियों ने थोड़े मनुष्यों को ईसाई मत में मिलने से बचाए, पाषाणादि मूर्ति पूजा को हटाया, अन्य जाल ग्रंथों के फंदे से भी कुछ बचाए इत्यादि अच्छी बातें है। परंतु इन लोगों में स्वदेशभक्ति बहुत न्यून है।

—एकादश समुल्लास

स्वदेशीय राज्य

कोई कितना ही करे परंतु जो स्वदेशीय राज्य होता है, वह सर्वोपरि उत्तम होता है। अथवा मतमतांतर के आग्रहरहित, अपने और पराए का पक्षपातशून्य, प्रजा पर पिता-माता के समान कृपा, न्याय और दया के साथ विदेशियों का राज्य भी पूर्ण सुखदायक नहीं है।

—सत्यार्थ प्रकाश

वेदविरुद्धमत खंडन

(प्रश्न) आप लोगों ने विष्णु को किस प्रकार का समझा है?

(उत्तर) यदि विष्णु को गोलोक वैकुण्ठ का निवासी, चतुर्भुज, द्विभुज, लक्ष्मी का पति, देहधारी कहते हो, तो व्यापक होना छोड़ो। यदि चतुर्भुजादि आकृति वाला मानते हो तो सावयव, उत्पत्ति धर्मबाला, अनित्य मानो और उसमें ईश्वरत्व छोड़ो। क्योंकि संयोग के बिना सावयव होना नहीं सिद्ध होता और संयोग अनित्य है। इससे संयोग-वियोग वाले से भिन्न कहो ईश्वर मानने में ही कल्याण है, अन्यथा नहीं। ईश्वर को सावयव मानना वेद विरुद्ध ही है। वेद में कहा है कि—'ईश्वर शरीर, छेदन और नाड़ी आदि के बंधन से रहित, शुद्ध, निष्पाप, सर्वत्र व्यापक है।' इससे तुम्हारा कहना विरुद्ध है।

(प्रश्न) कण्ठी तथा तिलक धारण और मूर्ति के पूजने में पुण्य होता है, या अपुण्य?

(उत्तर) पुण्य होता है पाप नहीं, ऐसा कहते हो सो ठीक नहीं, क्योंकि यदि

थोड़े कण्ठी तथा तिलक के धारण और मूर्तिपूजन में पुण्य होता है तो बहुत कंठियों का भार लादने, चंदन से सब मुख और शरीर के लेपन करने तथा संपूर्ण पृथिवी और पर्वतों के पूजने में बड़ा पुण्य होता है, ऐसा मानो और करो। यदि कहो कि पृथिवी और पहाड़ के पूजने के लिए वेद में प्रतिष्ठा का विधान न होने से नहीं करते, तो वेदों में कंठी, तिलकधारण और पाषाणमूर्तिपूजन का लेशमात्र भी विधान नहीं और न प्रतिष्ठा का कहीं नाम है। इसलिए आपका कथन व्यर्थ है।

(प्रश्न) प्राण प्रतिष्ठा करना क्या वस्तु है?

(उत्तर) यदि कहते हो कि पाषाण आदि की मूर्तियों में वेदमन्त्र द्वारा प्राण आदि का आह्वान कर स्थापन करना प्रतिष्ठा है, तो यह कहना ठीक नहीं, क्योंकि प्राण आदि और उसकी क्रिया मूर्तियों में नहीं दीख पड़ती। उन मूर्तियों में प्राण वा इंद्रिय रहते तो चलना, बोलना, खाना, मलमूत्र त्याग करना आदि कर्म क्यों नहीं दीख पड़ते? मूर्तियाँ उन कामों को क्यों नहीं करतीं? यदि प्राणादिकों को जहाँ कहीं स्थापन करने की शक्ति तुम लोगों में है, तो मृतक शरीरों के बीच प्राणादि को स्थापन कर क्यों नहीं जिला देते? केवल इसी एक कर्म से तुमको बहुत धन की प्राप्ति और प्रतिष्ठा होगी। यह भी विचारो कि पाषाणादि मूर्तियों में तो प्राणादि के जाने-आने का अवकाश ही नहीं, न नाड़ी और इंद्रिय छिद्र हैं। मृतक शरीरों में तो सब अवकाश, नाड़ी और इंद्रियों के सिद्ध आदि सामग्री विद्यमान रहती है, केवल प्राणादि के न रहने से वे शरीर जला दिए जाते हैं। सो जब आप उन शरीरों में आह्वान को प्राणादि को स्थिर कर देओ, तब तो किसी का मरण ही न होवे, इससे बड़ा पुण्य होगा। इसलिए शीघ्र ही निश्चय कर यह कर्म करना चाहिए।

हम जानते हैं कि यदि कोई मरे हुए को जिला देवे, ऐसा मनुष्य न हुआ न होगा, क्योंकि ईश्वर के नियम के बाहर जाने में किसी का सामर्थ्य न हुआ न होगा, यह निश्चय जानना चाहिए। जैसे जीभ से ही रस का ज्ञान हो सकता है अन्य इंद्रिय से नहीं, यह ईश्वरकृत नियम है, इसके अन्यथा करने में जैसे किसी का सामर्थ्य नहीं है, वैसे ही ईश्वर के किए सब नियमों को जानना चाहिए। ईश्वर ने जो पदार्थ जड़ बनाए हैं, वे कभी चेतन नहीं होते। वैसे चेतन कभी जड़ नहीं हो जाते, यह निश्चय है।

यदि कहो कि ईश्वर सर्वत्र व्याप्त है, इससे पाषाणादि मूर्तियों में भी है, तो पाषाणादि मूर्तियों के पूजने में क्या दोष है और क्यों खंडन करते हो, तो उत्तर यह है कि यदि ऐसी भावना रख कर पूजा करते हो तो पुष्प तोड़ना, चंदन घिसना और हाथ जोड़ कर नमस्कार आदि कर्म क्यों करते हो? क्योंकि ईश्वर पुष्प, चंदन, हाथ और मुख आदि में भी व्यापक है। जैसे पाषाणादि में व्यापक होने से ईश्वर पूजित होगा, वैसे पुष्पादि के साथ टूटना घिस जाना भी संभव है। यदि नहीं मानते हो तो

अन्य घृणित पदार्थों का पूजन क्यों नहीं करते? जब ईश्वर सर्वव्यापक सिद्ध है, तो एक छोटी-सी किसी मूर्ति आदि वस्तु में उसको मानना बड़ा पाप है। जैसे चक्रवर्ती राजा से कोई कहे कि आप दश हाथ भूमि के राजा हैं, उसके प्रति जैसे राजा का बड़ा कोप होता है, वैसे ईश्वर के इस प्रकार स्वीकार करने में ईश्वर बड़ा कोप करेगा, यह जानना चाहिए।

(प्रश्न) पुराण शब्द से क्या अर्थ लेते हो?

(उत्तर)...वेद ही सबसे पुराने हैं। परंतु हमारा मत वेद है अन्य नहीं, यही सिद्धांत है। ब्रह्मवैवर्त्तादि पुराण व्यासजी के नाम से छल से मतवादी जीविकार्थी लोगों ने, मनुष्यों को भ्रांति कराने वाले लोगों ने बनाए हैं। जैसे शिव आदि के नाम से छल से तंत्र और याज्ञवल्क्यादि के नाम से छल से याज्ञवल्क्यादि स्मृति रची हैं, वैसे ही ब्रह्मवैवर्त्तादि पुराण जानो।

(प्रश्न) देवालय शब्द से आप क्या अर्थ लेते हो?

(उत्तर) मूर्ति को स्थापन करने, पूजने के स्थान, जिनमें कि घंट नाद, आरती आदि करते हैं, उनको देवालय कहते हो, तो ठीक नहीं, क्योंकि यह कर्तव्य वेद के विरुद्ध और भ्रांतियुक्त है अतः जिसमें होम किया जाता है, वही स्थान देवालय शब्दवाच्य हो सकता है, क्योंकि देवपूजा शब्द से होम का ग्रहण है।

धर्मशास्त्र में लिखा है कि—"पढ़ाना—ब्रह्मयज्ञ, तर्पण—पितृयज्ञ, होम—देवयज्ञ, वैश्वदेव भूतयज्ञ और अतिथिपूजन से मनुष्ययज्ञ कहाता है तथा स्वाध्याय से ऋषिपूजन, यथाविधि होम से देवपूजन, श्राद्धों से पितृपूजन, अन्नों से मनुष्य पूजन और वैश्वदेव से प्राणिमात्र का सत्कार करना चाहिए।" इससे सिद्ध हो गया कि होम ही से देवपूजा होती है। यह मनु की साक्षी है। इससे आपका किया अर्थ असंगत है, यही निश्चय जानो। इसलिए होम का स्थान यज्ञशाला ही देवालय है।

(प्रश्न) देव शब्द से क्या अर्थ लेते हो?

(उत्तर) पूजने के लिए ब्रह्मा, विष्णु और महादेवादि देवताओं को और उनकी मूर्तियों को देव शब्द से लेते हो सो ठीक नहीं, क्योंकि 'वेद में जहाँ-जहाँ देवता कहा है, वहाँ-वहाँ उस देवता नामवाचक शब्दयुक्त मन्त्र का ही नाम देवता है', यह निरुक्तकार का सिद्धांत है। पूर्वमीमांसा और ब्राह्मण भाग में 'मन्त्रस्वरूप ही देवता माना है।' मनुस्मृति में—'आत्मा के बीच सब जगत् अवस्थित है, इसलिए आत्मा ही सब देवता है।' तैत्तिरीय आरण्यक में 'माता, पिता, आचार्य, अतिथि को ही देवता माना है।'...

जो देवता शब्द से पाषाणादि मूर्तियों का अर्थ ग्रहण करता है, वह मनुष्य नहीं पशु ही है। उपनिषद् में यही कहा है कि 'जो एक ईश्वर को छोड़ कर अन्य देवता की उपासना करता है, वह देवताओं में पशु ही है।'...इसलिए हे मनुष्यो! उठो, जागो,

उस आत्मा को जानो, अन्य की उपासनारूप वाणियों को छोड़ो।' इत्यादि प्रमाण से मूर्तियाँ कदापि देवता नहीं हो सकतीं, यह निश्चय जानो।

(प्रश्न) ईश्वर के जन्म-मरण होते हैं, वा नहीं?

(उत्तर) ईश्वर सर्वशक्तिमान्, सर्वांतर्यामी, अखण्ड, सर्वव्यापक, अनंत और निश्चल, निष्कंप है। जैसे ईश्वर सर्वशक्तिमान् है तो वह सब न्याययुक्त कार्य बिना सहाय के करने को समर्थ है। फिर जो शरीरधारणादि सहाय से कार्य कर सके, अन्यथा न कर सके, तो ऐसा मानने से वह सर्वशक्तिमान् नहीं ठहर सकता। जैसे वह बिना सहायत के इस सर्व जगत् को रच के धारण करता है, वैसे ही हिरण्याक्ष, रावण और कंसादि को मारने को बिना शरीरादि सहाय के समर्थ है। ईश्वर स्वतंत्र बिना सहाय के ही उपदेश, भक्तों का उद्धार, धर्म का स्थापन, अधर्म तथा दुष्टों का विनाश कर सकता है। जैसे ईश्वर में सब शक्तियों का होना मानते हो, वैसे न्यायकारीपन आदि स्वभाव भी ईश्वर में स्वीकार करने योग्य हैं यदि ऐसा न मानोगे तो सर्वशक्तिमान् होने से ही अपना नाश, अन्याय, अधर्म करने को भी समर्थ हो जावे, तो ईश्वरता ही न रहे। इसी वजह से ईश्वर अनंत, अजन्मा और अविकारी है।

प्रकृति और आकाशादि सब जगत् ईश्वर की अपेक्षा छोटा, तुच्छ और अंतवाला है। फिर उसके शरीर बनने को कौन सामग्री है, जिसमें वह समा जाए। उससे बड़ा कोई भी नहीं, यह सब वेद शास्त्र से सिद्ध है, तो वह कैसे एक शरीर में समा सकता है?

वेद और उपनिषदों के प्रमाण : 'वह सब में व्याप्त, प्रकाशमय, सब प्रकार के शरीर से रहित, अच्छेद्य, अभेद्य, नाड़ी आदि के बंधन से रहित, शुद्ध, निर्मल, निष्पाप है।' 'वह सब के भीतर और बाहर परिपूर्ण है।' 'वह सत्यस्वरूप, ज्ञानस्वरूप और सब से बड़ा अनंत है।' 'वह पुरुष पूर्ण परमात्मा दिव्य रूप, सब प्रकार की मूर्ति से रहित, सबके बाहर भीतर वर्तमान और अजन्मा है।' 'वह शब्द, स्पर्श, रूप, रस, गन्ध और नाश रहित, अनादि, अनंत, महतत्त्व से परे, निश्चल है।'

(प्रश्न) ईश्वर साकार है या निराकार?

(उत्तर) यदि कहो कि निराकार है, तो ठीक है। और जो निराकार होने में तुम को शंका है कि जो निराकार हो तो उससे साकार जगत् उत्पन्न कैसे हो सके? और हाथ आदि साधन के बिना कैसे जगत् को रच सके, सो यह ठीक नहीं, क्योंकि सब प्रकार के सामर्थ्य निराकार ईश्वर में नित्य ही विद्यमान हैं।

(प्रश्न) ईश्वर सगुण है या निर्गुण?

(उत्तर) ''एको देवस्सर्वभूतेषु गूढस्सर्वव्यापी सर्वभूतांतरात्मा।
सर्वाध्यक्षस्सर्वभूताधिवासस्साक्षी चेता केवलो निर्गुणश्च।।''

उपनिषद् में कहा है कि—''एक ही देव ईश्वर सब भूतों में अदृष्टता से व्याप्त

है। सबका अंतर्यामी, सबका अध्यक्ष, सब प्राणि-अप्राणि जगत् का निवासस्थल, सबका साक्षी, चेतन, केवल एक और निर्गुण है।"

इस प्रमाण से ब्रह्मादि देवता और श्रीरामचंद्र, श्रीकृष्णचंद्र तथा नृसिंह आदि सब जीव ही साबित होते हैं, क्योंकि एक वही ईश्वर देव है ऐसा कहा है। किंतु सब ब्रह्मादि का जो स्रष्टा और धारणकर्ता, अंतर्यामी, सर्वशक्तिमान्, न्यायकारी और स्वामी ब्रह्मादि को सेवने योग्य, उनसे भिन्न एक ही ईश्वर है, ऐसा जानना चाहिए।

बालकृष्ण भट्ट

1844-1915

हिंदी क्षेत्र में नवजागरण का काम करनेवाले एक प्रमुख पत्रकार और चिंतक। 'हिंदी प्रदीप' का लगातार 32 वर्षों तक संपादन। भारतेंदु से उम्र में बड़े होकर भी शिक्षा, साहित्य-कर्म और पत्रकारिता में देर से कदम रखा। स्त्री-शिक्षा के लिए काम किया और जब अध्यापिकाएँ नहीं मिलती थीं, अपने घर की गृहिणियों को इस कार्य के लिए उत्साहित किया। 'कालिदास की सभा', 'बाल-विवाह' आदि नाटकों के अलावा 'नूतन ब्रह्मचारी', 'सौ अजान एक सुजान' उपन्यासों की रचना। भारतेंदु मंडल के प्रमुख लेखक।

हमारी परिवर्तन विमुखता

इन दिनों के सभ्य जाति वाले हम लोगों पर परिवर्तन विमुखता का कड़ा दोष लगाते हैं यह नहीं समझते कि "सूरदास की काली कामरि चढ़ै न दूजा रंग" भला रंग ही चढ़ता तो सूरदास सूरदास क्यों बने रहते। सुजाखरदास न नाम पाते और सुजाखर हो जाते तो चमर नक को कहाँ ठाँव मिलता। क्या हम आतिशबाजी के गुब्बारे हैं कि देखते ही देखते आसमान तक बुलंद हो गए तो भी हवस अभी कहीं नहीं मिटी, आगे को कदम बढ़ाते ही जाते हैं। सदा Novelty नएपन की खोज में दिन बीतता है जिसे ईजाद हुए एक वर्ष भी पूरा नहीं हुआ पुराने फैशन में दाखिल कर लिया गया। एक कपड़ा हो हर साल कितने नए-नए फैशन के निकलते आते हैं। यहाँ न जानिए कितने सौ वर्ष कलेवा कर गए वही गजी की धोती और गाढ़े की मिरजई छोड़ कोई दूसरा प्रकार वस्त्र का न निकाल सके। अच्छे खासे पाक बेहया बन उच्छिष्ट भोजी हो हाथ मल-मल रह जाते हैं कि हाय रुपया निकला जाता है पर आपस में इतनी सांट नहीं है कि एक अद्धी भी भद्दी अकिल को काम में लाय इस कमबख्ती की धूप से छाँह पाते। मूँछों के बाल पके, पक जाने दो कुदरती तबदील को हम क्या करेंगे। हम अपने चलतन इसे ऐब नहीं मानते कि पुराने ढर्रे के एक बार बराबर

भी उधर हटें, सैकड़ों फैशन की नई-नई टमटम बग्गियाँ फिटिन निकल चुकी हैं मरि फुटहे करम में बाबा आदम के बख्त का ईजाद किया हुआ सग्गड़ जो लिख गया सो लिख गया। जिनके पहियों को सदा तिजारी ही चढ़ी रहती है क्या करे उससे लाचारी है जिसमें अंग्रेजी हिकमत और नई तालीम बरबस्ती आकर जोंक-सी लिपट रही हैं। पर जिसमें हिंदुस्तानी अकिल का खर्च है उसे विचार कर देखो तो हजारों वर्ष बीत गए यथास्थिति जैसे का तैसा लादे भैंस के समान एक चाल से चला जाता है, अनेक तरह के कौंच पलंग, चेयर, कुरसी आदि निकाले गए और रोज-रोज निकलते आते हैं। हमारी सेर भर खटमल भरी मूज की खटिया और मचिया जैसी की तैसी बनी रही। विविध प्रकार की कम्बलास्तरण कालीन आदि सब हैं पर मजहबी काम के लिए उसी कुशासन का बिछौना छोड़ दूसरा न जारी हुआ। अनेक प्रकार के सोने-चाँदी के पात्र चाहे मौजूद हों पर श्राद्ध में पितरों की तृप्ति पत्ते के दोनों में ही समझी गई। बिगुल, फ्लूट, हारमोनियम, आरमगन प्रभृति कितने प्रकार के नए-नए बाजन निकाले गए, हम लोगों के पुराने समय के शंख और पिथौरा के राज की ढोल और ताशा में चाउर बराबर भी तरक्की न हुई। ग्रीशन रोमन ग्याथिक फैशन की कितनी इमारतों की नई-नई सूरत प्रगट की गई, हमारे यहाँ वही चारों ओर लंबी-लंबी दीवालों से घिरा घर कबूतरों की धावली-सी छोटी-छोटी सकेती कोठरी जिसमें व्यंटलेशन के लिए हवा के बाप को भी इतनी कुदरत हासिल नहीं कि उसमें प्रवेश पा सके। ऊँचा चाहे सात खंड हो जाए चौड़ाई में चार गज की अंगनाई से अधिक न रहने देंगे चाहे बीस आदमी का हो सबके सब उसी में अचार से गँजे रहेंगे नीचे से पाखानों के नल का भपका मानो अतर और गुलाब का करावा तोड़ दिया गया है और ऊपर से रसोई घर का धुआँ नित्य प्रति उठ-उठ कर संपूर्ण घर भर को काला करते रहने वालों की सभ्यता और शऊर की द्योतक मानो पताका बन जाता है। विवाह के समय वर-वधू चाहे हजारों के गहनों से लदी हो, पत्री मिढ़ा कागज का झाबा सही सिरमौर सिर पर जब तक न रखा जाए कभी ब्याह न हो, यहाँ तक परिवर्तन विमुखता आ रही है कि कितने लोगों में विवाह के पूर्व गधे पर चढ़ तब घोड़े पर सवार होते हैं उसे भी नहीं बदला चाहते, यूरोप के विज्ञान वित सौ के लगभग Elementary Substance रूढ़ पदार्थ प्रगट कर चुके हैं। हमारे यहाँ के दार्शनिक घोर मचोर इसी परिवर्तन विमुखता के कारण पाँच तत्त्व के आगे न बढ़े पर न बढ़े, इत्यादि सैकड़ों दृष्टांत हैं। कहाँ तक गिनावें, डर लगता है पाठकगण कहीं यह न समझ लें कि इस पर भी परिवर्तन विमुखता सवार हो गई जो लेखनी दूसरे विषय की ओर नहीं मोड़ता।

—1880

जातपाँत

हमारे देश में जाति का इतना जोर है कि अब तक इतनी हलचल हुई प्रायः बहुत सी पुरानी बातें लुप्त हो गईं बहुत से मत-मतांतर ऐसे फैले जिसने इसे जड़-पेड़ से उखाड़ना चाहा। बौद्ध, मुसलमान, ईसाई राज्य इस मुल्क में एक छोर से दूसरे छोर तक फैल चाल-चलन, रीत-व्यौहार सबको उलट-पुलट डाला पर यह जाति पिशाची अभी तक जैसी थी वैसी बनी हुई है। अणुमात्र भी हेर-फेर इसमें न हुआ। हमारे हिंदू भाइयों के जितने काम हैं वे सब जाति के अटल और दृढ़ प्रबंध के अनुसार होते हैं चाहे वे काम सांसारिक हों या पारलौकिक। देखा-देखी या हमारे संपर्क से मुसलमान और ईसाइयों में भी यह पहुँच गई और पहुँचती जाती है। एक यूरेशियन कैसा ही पढ़ा-लिखा हो उसे अहल बिलाइती मेम कभी न बरेगी। अहल बिलाइती किसी यूरेशियन लेडी को ब्याहा कि जाति से च्युत हुआ। अपने बराबर वालों में बराबर का व्यवहार उसका फिर कभी न रहेगा। हम लोगों में तो ऊँचा-नीचा संबंध किए से केवल पाँति जाती रहती है पर और सब तरह का व्यौहार उससे जैसे का तैसा बना रहता है। पर यहाँ तो उसके साथ किसी प्रकार बर्ताव बराबरी का रहता ही नहीं। अहल बिलायती दोग़ले किरानियों से हाथ मिलाने से भी इनकार करेगा तो उसके बंगले पर आना जाया या उसके साथ उठना-बैठना खाना पीना कैसा? मुसलमानों में भी केवल दूध का बर्काव कर चाचा तक की लड़की ब्याह लेना रवा समझते हैं पर नीचा संबंध कर जाति नहीं दिया चाहते।

अब सोचना चाहिए वह जाति क्या वस्तु है और समाज पर उसका कैसा प्रतिफल होता है। बहुत लोगों का यह अनुमान है कि एक जाति के लोग एक पुरुष की संतान हैं जैसे एक गृहस्वामी की संतान जहाँ एकत्र हो रहते हैं उसका नाम घर है। उसी तरह जब उसके लड़कों की संतति बढ़ी तो चार या पाँच पीढ़ी अथवा सात पीढ़ी तक कुनबा या घराना कहलाता है उपरांत जितने उस कुनबे में होते हैं वे सब गोत्र कहलाते हैं। यहाँ तक तो अनुमान ठीक-समझ पड़ता है। परंतु इसके आगे जो लोग यह समझते हैं कि एक जाति के लोग सब एक पुरुष की संतान हैं यह ठीक नहीं क्योंकि हमारे यहाँ का एक यह नियम भी है कि जितने लोग एक पुरुष के संतान होंगे वे सब गोत्र के होने के कारण आपस में यौनिक संबंध कभी न करेंगे। एक गोत्र या एक घराना होने की यही बड़ी पहचान है कि दोनों में परस्पर लड़की लड़के का विवाह संबंध नहीं होता परंतु एक ही जाति में ऐसा नहीं है। वरन् विवाहादिक संबंध सब एक जाति के भीतर ही होता है। इससे सिद्ध हुआ कि एक जाति के सब मनुष्य एक ही पुरुष की संतान नहीं हैं यदि एक ही पुरुष के संतान को जाति मानें तो भिन्न-भिन्न गोत्र की कल्पना क्यों कर हुई। भारद्वाज, गौतम, कश्यप, शांडिल्य

आदि भिन्न-भिन्न गोत्र एक ही जाति में पाए जाते हैं इससे मालूम होता है कि समस्त जाति की जाति एक ही पुरुष के संतान नहीं हैं।

और देशों के समान हम लोगों में केवल धन से जाति में ऊँचाई या निचाई नहीं हो सकती। 'धनेनकुलं' धन से कुल होता है इस वाक्य का खंडन किसी कदर यहीं पाया जाता है जैसे बढ़ई और लोहार का लड़का भी अधिक धन और प्रतिष्ठा प्राप्त कर लॉर्ड और ड्यूक की उपाधि पाकर ऊँची जाति में मिला लिया जाता है सो यहाँ अति दुर्घट है। शूद्र या अंत्यज जाति के लोग बड़े धनी राजा बाबू तक हैं पर वे धन के कारण ब्राह्मण या क्षत्रीय बना लिए गए हों ऐसा यहाँ कहीं नहीं देखा गया। हमारी उन्नति के पथ में काँटा बोने वाले जहाँ और बहुत से कारण हुए हैं उनमें इस जाति विवेक को भी हम महा-अनिष्ट सर्व विध्वंसी केतु ग्रह के समान मानते हैं।

जाति के संबंध में दूसरा अनुमान यह भी है कि समय-समय पर जो बहुत से लोग एक ही प्रकृति या स्वभाव या काम के हुए उन्होंने आपस में मिलकर बिरादरी बना ली जिसको अंग्रेजी में (ब्रदरहुड) कहते हैं, और अपने-अपने नियम सबों ने बनाए कि जो कोई उन नियमों को भंग करे वह उस बिरादरी से बाहर किया जाए। जहाँ और बहुत से नियम हैं वहाँ यह एक नियम प्रायः प्रत्येक जाति में पाया जाता है कि विवाहादिक संबंध सिवाय अपनी बिरादरी के और कहीं न किए जाएँ। प्रथम इस देश में चार बिरादरी थी जो चार वर्ण के नाम से प्रसिद्ध थी ब्राह्मण, क्षत्रीय, वैश्य, और शूद्र। पीछे से बढ़ते-बढ़ते इनकी संख्या इतनी अधिक हो गई और भिन्न-भिन्न प्रांतों में बसने और भिन्न-भिन्न स्वभाव और चाल-ढाल के कारण उनका मेल आपस में इतना कम हो गया कि एक ही देश में एक-एक बिरादरी के लोग छोटी-छोटी बिरादरी बना डाली। यहाँ तक कि अब देश भर में कितनी जाति है कोई ठीक-ठीक कह नहीं सकता। कब तक यह नई बिरादरी बनती रही और कब से इसका बनना बंद हो गया यह भी कोई नहीं जानता। हाँ यह बात अलबत्ता देखी जाती है कि इन प्रत्येक बिरादरी के लोग जब तक दोलत्तियाँ अलबत्ता झाड़ते रहते हैं इस कारण उनमें जुते-जुते घोड़े या टट्टू कुछ दिन के लिए ही श्वान लीला के विस्तार के समान खूब हाँव-हाँव झाँव-झाँव कर-कराय पीछे सब एक हो जाते हैं। बिरादरी या जाति की उत्पत्ति हम संक्षेप से कह चुके अब उसकी सामयिक दशा का कुछ वर्णन करते हैं।

जब जाति प्रथम ही प्रथम बनी थी तब उसके सब नियम ठीक-ठीक थे। जो लोग उन नियमों को भंग करते थे वह पतित समझे जाते थे। और बिरादरी के बाहर कर दिए जाते थे। खाना-पीना आदि यावत् व्यवहार उनके साथ रोक दिया जाता था। इस भय से कोई उन नियमों के उल्लंघन का साहस नहीं करता था। परंतु अब इस नई रोशनी के जमाने में सब बात अस्त-व्यस्त सी हो गई और होती जाती हैं।

कहीं विद्या या धन के मद में उन्मत्त हो कहीं सर्वजित काम और लोभ के चेष्टित के वशीभूत हो कहीं मूर्खता महाराणी के पुजारी बन नियमों की कुछ परवाह नहीं करते। जिसका परिणाम यह हुआ कि कोई बिरादरी अब शुद्ध न रह गई। कहने को बाला के शुक्ल, खाले के वाजपेयी परंतु ब्राह्मणत्व की कहीं झलक भी नहीं बची। रहा झूठा कुलाभिमान सो उनके नस-नस में भरा हुआ है। इसी तरह का बिगाड़ क्षत्रीय वैश्य शूद्र सबों में देखा जाता है। इसका एक मुख्य कारण हमारे मन में यह भी खटक रहा है कि प्रायः जाति-पाँति और बिरादराने के मामलों में खूसट दिमाग वाले बाबा आदम के परदादा बुड्ढों ही की प्रधानता रहती है जो कट्टर कनसरवेटिव होते हैं अर्थात् परिवर्तन विमुखता जिनको जन्मघूटी के साथ पिला दी जाती है संशोधन या परिवर्तन के जो महाबैरी हैं और अब इस जाति-पाँति के नियमों में परिवर्तन अत्यंत आवश्यक है। बिना जिसके यह सब निरा ढकोसला हो रहा है जो कुछ समाज को इससे यत् किंचित लाभ भी पहुँच रहा है सब छार में मिलता जाता है। जैसा बेहूदा तरीका बिरादरी का इस समय प्रचलित है उससे कभी आशा नहीं की जा सकती कि जाति-पाँति के सत्यानाश बिना हुए उन्नति की हजार-हजार चेष्टा करने पर भी हमारी या हमारे देश की कभी तरक्की होगी। स्वाधीनता की नाक काटने वाली इस जाति-पाँति की कुरीति देख यही मन में आता है कि हे परमेश्वर हमने कौन सा पाप किया था जिसका फल भोगने को ऐसी कुलच्छनी समाज में तूने हमें पैदा कर दिया। हमारे एक मित्र का कथन है कि (यदि हिंदू-शास्त्र सच है और हिंदू-शास्त्र के अनुसार पुनर्जन्म भी सच है तो अब दूसरा जन्म हमारा हवश ऐसे कुदेश में या सहारा के रेगिस्तान में हो पर इस भारत सरीखी पाप भूमि में हम कभी न जन्में) सो यह बात महज मजाक की नहीं किंतु समझदार के लिए वास्तव में ऐसा ही चुभती है। नासमझ बेहया की कौन जिसे भला बुरा सब एक सा है।

—1886

बालविवाह

यहाँ गत मास में बम्बई के रहने वाले 'इंडियन स्पेक्टेटर' के सम्पादक और देश की बुराइयों के प्रसिद्ध संशोधक मिस्टर बहराम जी मालावारी आए थे। ये महाशय पारसी हैं पर हिंदुस्तान की सब चाल-चलन, रीति-व्यौहार इन पारसियों में भी आ गए हैं इससे उक्त महाशय को एक तरह से हिंदू ही कहना चाहिए। बड़े हर्ष की बात है कि एक मनुष्य जो हिंदू नहीं है वह हिंदुओं के समाज-संशोधन में तन-मन-धन से लीन हो। यह जो मनोहर अनुप्रासयुक्त तीन शब्द 'तन-मन-धन', आजकल के लेख

और व्याख्यानों में जहाँ देखिए वहाँ ही हम लोगों के उद्यमों का पोलापन प्रगट करते बहुधा पाए जाते हैं, वैसा मालावारी महाशय के संबंध में नहीं देखा जाता—क्योंकि तन देखिए तो कुरीति संशोधन के काम में प्रवृत्त हो उन्होंने नगर-नगर और देश-देश घूम अपने शरीर की स्वास्थ्य रक्षा का ध्यान बिल्कुल छोड़ दिया है। जिन्होंने इन्हें देखा है वे जान सके हैं कि अभी अल्प वय में ही अधिक दौड़-धूप के कारण बूढ़े मालूम होने लगे हैं। मन जैसा इस काम में इन्होंने लगाया है, स्पष्ट ही है। कहने की क्या आवश्यंकता, धन की कहिए तो पहले ऐसे-ऐसे कामों में धन का इतना प्रयोजन ही नहीं था। दूसरे मालावारी महाशय ने अपनी रोजी छोड़ गाँठ का बहुत सा रुपया खर्च कर ऐसे काम में तत्पर हैं, जिससे उनको सच पूछिए तो अपने निज का कोई लाभ नहीं है।

अस्तु! इतना वृत्तांत इस उद्यम के उठाने वाले का लिखना आवश्यक समझ अब आगे उस उद्यम ही के संबंध में जो कुछ हमें कहना है उसे प्रकाश करते हैं। इस नगर में मालावारी महाशय के सत्कारार्थ जो छोटी-सी सभा की गई उसमें उन्होंने अपनी यह अनुमति प्रकट की।

बालविवाह की बुराइयों के संबंध में कुछ कहना व्यर्थ है क्योंकि इसमें सब देश हितैषियों का एक मत है कि इससे सर्वथा हानि है। इसकी बुराइयों पर कुछ बकना छोड़ कोई उपाय सोचना चाहिए, जिससे हमारे उन बांधवों की भी भलाई हो जिनको इस कुसंसकार ने यहाँ तक अंधा कर रखा है कि वे उसे अपनी प्राचीन पद्धति मान बैठे हैं। इसके रोकने के तीन उपाय मेरे मन में आते हैं। पहले सामान्य शिक्षा का फैलाव। दूसरा स्त्री-शिक्षा। तीसरे अपने ही उदाहरण से उस बुराई को दबाना अर्थात् जहाँ तक हो सके मन, वच-कर्म से इस बुराई से बचना और इसके लिए जो भलाई का द्वार है स्वयं खोलना। पहले दोनों उपायों में स्वाभाविक रीति पर बहुत काल के उपरांत अच्छी बातों को सर्वसाधारण तक फैलना आप छोड़ देते हैं। तीसरा उपाय काल की प्राकृतिक मंद गति पर भलाई होने का भार न छोड़ आप अपने ही कामों से देश की भलाई करने में तत्पर होते हैं। इन तीनों उपायों की अलग-अलग समालोचना की जाती है।

पहला उपाय अर्थात् सामान्य शिक्षा का उल्लेख व फैलाव। यों तो इस कहावत के विरुद्ध कोई कुछ नहीं कह सकता कि विद्या ही से सब दोष दूर होते हैं पर इसका असर दरियाफ्त करना जबानी जमा खर्च पर न छोड़ यदि देश की वास्तविक दशा देखें तो अधिक लाभदायक होगा। अभी तक जो शिक्षा फैली है वह केवल पुरुषों ही में है। इसलिए जैसी हमारी वास्तविक दशा है उस पर दृष्टि दीजिए तो क्या बात नजर आती है कि पुरुष तो एम. ए. बी. एल. हो गए पर घरवाली में विद्या का लेश तक नहीं आया। अब सोचिए इसका परिणाम क्या हो सकता है! यही कि ज्यों-ज्यों शिक्षा फैलती जाएगी स्त्री और पुरुष के बीच भेद बढ़ता जाएगा। क्योंकि वर्तमान

समय में शिक्षा के फल से पुरुषों के ख्यालात ऊँचे होते जाते हैं। जो कुछ बुराइयाँ समाज में वे देखते हैं जो कुछ देश-संशोधन के बारे में उनके जी में हौंसले उठ रहे हैं उन सब अच्छे ख्यालों की गन्ध तक उनकी स्त्रियों में नहीं पाई जाती। अर्थात् मर्द साहब एक ऐसी नई दुनिया में घूमते हैं जहाँ उनकी बीबी साहब के ख्याल के फरिश्ते भी नहीं पहुँच सकते। इससे अपने यहाँ हम इस सामान्य शिक्षा के माने ऊपर लिखी हुई विषमता ही का बढ़ना कह सकते हैं। तो बाल्य-विवाह के उठने को कौन कहे, तज्जनित बुराइयों का दृढ़ मूल होना सामान्य शिक्षा का फल मालूम होता है इसलिए इसे छोड़ हम दूसरा उपाय स्त्री-शिक्षा की समालोचना करते हैं।

दूसरा उपाय स्त्री-शिक्षा के संबंध में मालावारी महाशय ने कहा कि यह प्रसिद्ध है कि इस पश्चिमोत्तर प्रदेश में पढ़ी-लिखी स्त्रियाँ दो सौ में एक हैं और स्कूल जाने वाली बालिकाओं की संख्या तो आठ सौ में एक पाई जाती है। यह दशा हम लोगों में स्त्री-शिक्षा की है तब यदि कोई साहब केवल इस भरोसे हाथ-पाँव ढीला कर बैठ जाएँ कि काल की गति से स्त्री शिक्षा जब अच्छी तरह फैलेगी तब आप से आप सब बुराइयाँ और कुसंस्कार भाग जाएँगे—तो अब बतलाइए ऐसे लोगों का हौंसला कितने जन्म में पूरा होगा। हम तो समझते हैं सौ जन्म में भी नहीं। इसीलिए स्त्री-शिक्षा के फैलने की भी आशा को निष्फल देख हम तीसरी बात की समालोचना करते हैं।

ऊपर की बातों से यह स्पष्ट हो गया होगा कि बाल्य-विवाह की बुराइयाँ ऐसी नहीं हैं कि काल पाय आप ही आप उनके दूर हो जाने पर भरोसा रखे रहें। इसलिए कोई विशेष यत्न बिना काम में लाए सर्वसाधारण का उद्धार किसी रीति से हो ही नहीं सकता। प्रसिद्ध है कि यदि यह मंजूर नहीं है कि यह काम पूरी तरह पर हो तो उसके लिए लोग प्रतिनिधि नियति कर देते हैं और जो दिल से यह इच्छा है कि यह काम भरपूर और अच्छी तरह पर हो तो उसका करना स्वयं अपने हाथ में लिया जाता है। ऐसे ही बाल्य-विवाह को भी समझिए। यदि वास्तविक भलाई आप चाहते हैं तो स्वयं उस बुराई को दूर करने का नमूना बनिए। अर्थात् यदि दस-पाँच पढ़े-लिखे आदमी इस बात के लिए कमर बाँध मुस्तैद हो जाएँ कि हम अपनी मण्डली में बालविवाह होने ही न देंगे तो कैसे संभव है कि यह बुराई दूर न हो।

अब यहाँ पर एक बात और सोचनी चाहिए कि मान लिया कि दस-पाँच भले मनुष्यों ने शपथ कर लिया कि हम अपने बीच कदापि बाल्य-विवाह न करने देंगे परंतु किसी कारण से हो ही गया तब आप क्या कर सकते हैं। बम्बई में कुछ लोगों ने प्रणबद्ध हो सपथ कर ली थी और यह नियम कायम कर लिया था कि जो कोई अपने प्रण के बाहर होगा वह पंचायत से दंडभागी ठहरेगा। परंतु उन्हीं की मण्डली में बाल्य-विवाह हो गया तब सबों की हिम्मत पस्त हो गई और उस नियम को तोड़ना पड़ा। कारण इसका यही है कि पुरुष लोग कितना ही प्रण और शपथ करें पर अपने घर के बड़ी-बूढ़ी स्त्रियों पर उनका क्या वश है। आप इनके लिए दौड़ धूप समझाना-बुझाना,

व्याख्यान-सीहत सब कर सकते हैं पर जबरदस्ती नहीं कर सकते। उदाहरण लीजिए न। बीस में उन्नीस हिस्सा आप नमूना बन स्वयं कर भी लेंगे परंतु जब तक उस बाकी बीसवें हिस्से पर कोई बाहरी दबाव न होगा तब तक आपके उस नमूना से कोई भलाई की सूरत नहीं हो सकती। आपकी बात बड़ी मीठी बड़ी उपकारी और सबको प्रिय हो पर सर्वसाधारण अपने रास्ते से मुड़ कर आपके रास्ते पर चलें इस बात में आपको कोई अधिकार नहीं है। इस कारण मालावारी की राय है कि अपने ही कर्तब्य के द्वारा बाल्यविवाह की बुराइयों का दूर होना अति कठिन है जब तक सरकार से उसके लिए सहायता न ली जाए। हम सब लोग एक मत हो गवर्नमेंट से इसके लिए निवेदन करें कि वह कोई ऐसा कानून जारी करे जिसके बाल्यविवाह करने वालों को कुछ हानि सहनी पड़े। गवर्नमेंट की ओर से एक पंचायत नियत कर दी जाए कि जो कोई बाल्यविवाह करेगा वह उस पंचायत से दण्डनीय होगा और उस पर जो जुर्माना पंचायत ठहराए भी वह देना पड़ेगा इत्यादि इत्यादि। अर्थात् बाल्य-विवाह करने वालों पर किसी प्रकार की राजकीय रोक अवश्य होना चाहिए।

यदि यह कहा जाए कि विदेशीय गवर्नमेंट से हम अपने घर की बुराइयों को दूर करने की प्रार्थना करें इससे बढ़कर लज्जा की बात और क्या होगी। तो इसके उत्तर में हम यह कहेंगे कि इस बालविवाह की बुराई के कारण अपनी हर तरह की हानि सहते जाने से लज्जा का बोझ उठाना उत्तम है। और यदि यह कोई कहे कि गवर्नमेंट का क्या विश्वास, हाथ पकड़ते ही पहुँचा पकड़े, आज हमारी सामाजिक बातों में दखल दिया तो हमारे धर्म तथा और-और बातों में भी कूदेगी तो इसका उत्तर भी हम यह देते हैं कि सरकार यदि इस बात में आपकी सहायता करेगी तो आपके विरुद्ध होकर नहीं वरन् जैसा आप कहेंगे वही होगा। यह सब मालावारी का कहा हुआ प्रस्ताव हमने यहाँ पर लिखा, पर हमको जो कुछ इस विषय में वक्तव्य हैं—वह स्थान न रहने से दूसरे अंक में प्रकाशित करेंगे।

—1886

इंग्लैंड और भारत

इस भूमंडल के अभ्यंतर जो समस्त भौतिक शक्ति निहित है उसके परस्पर संघर्ष से कहीं-कहीं बहुजनाकीर्ण जनपद अतल जल से डूब जाता है एवं कहीं जल-मग्न नीची भूमि ऊर्द्ध उन्नामित हो कालगति से सुरम्य नगर बन जाती है। मनुष्य का वास स्थान उजड़ कर खंडहर हो जाता है और कितने नदी नाले उसमें बहा करते हैं। इसी प्रकार जहाँ मेघमाला मंडित अत्यंत ऊँचे-ऊँचे पहाड़ थे, वहाँ समुद्र की लहरें

क्रीड़ा करने लगती हैं और जहाँ किसी समय अत्यंत विस्तारित समुद्र की भयंकर तरंगें उठा करती थीं, वहाँ पशु-पक्षियों की कल ध्वनि से निनादित उदासीन पर्वत स्थली हो जाती है। समय के आवर्त से इंग्लैंड और भारत में भी इसी प्रकार का विप्लव हो गया है। हमारी समझ में यह विप्लव पार्थिव विप्लव की अपेक्षा कुछ कम नहीं है। भारतवर्ष क्या था क्या हो गया?

कहाँ भारत कहाँ ब्रिटेन का टापू। कभी यह बात मन में आती थी कि सहस्रों योजन समुद्र लाँघ-डाँक ब्रिटेन निवासी यहाँ आकर भारत के सिरमौर बन जाएँगे। अनंत पर्वत श्रेणी और अपरिमित महासागर के बीच जहाँ पवन का भी गमन असंभव था उसका आज उदय है जिसका नाम तक प्राचीन भारत निवासियों ने कभी नहीं सुना था। आज दिन इंग्लैंड की बराबरी कौन कर सकता है? यह वही इंग्लैंड है जिसकी पर्णकुटी देख रोमन अथवा डेन्स या नार्मन हँसते थे। आज वही इंग्लैंड की ऊँची-ऊँची प्रासाद-पंक्ति स्वर्ग की शोभा का उपहास करती दिग्दिगंतवासी पथिकजनों को आश्चर्य उपजाती है।

किलकिला शब्द के समान जिनकी बोली किसी समय नितांत अश्राव्य थी आज वही अंग्रेजी भाषा समस्त भाषाओं का रसाकर्षण कर सकल कला-काव्य-चातुरी, दर्शन, इतिहास, परिहास, चरिताख्यान प्रभृति की भांडारगृह हो रही है और अमरीका के वाशिंगटन नगर से चीन और जापान तक शतकोटि मनुष्यों के जीभ के आगमन को नाप रही है। जिसके विक्रम, वैभव और समृद्धि की तुलना जगतीतल में आज कोई देश नहीं कर सकता, जिसकी क्षुधा यहाँ तक बढ़ गई है कि संपूर्ण ब्रह्मांड को भी ग्रास कर लेने से शांत नहीं हुआ चाहती। जहाँ देखो तहाँ अंग्रेजी सभ्यता, अंग्रेजी फैशन, अंग्रेजी चातुरी और इंग्लैंड के प्रचंड सूर्य का प्रकाश हो रहा है। उर्दू, अंग्रेजों के देश में ईसवी सन् के 55 वर्ष पहले रोम देशाधिपति ज्यूलियर सीजर थोड़ी सी सेना साथ लेकर विजय करने की इच्छा से ब्रिटेनिया के बीच में आया था। उस समय ये ब्रिटेन निवासी आधे मनुष्य, आधे पशु थे, कच्चा मांस खाया करते थे, नदी खोह अथवा पर्वत की कंदराओं में रहते थे। नील, पीत, रक्त आदि रंगों से चित्रित उनकी मुखच्छवि हास्यरस की उद्दीपक प्रतीत होती थी। भाषा उनकी मुखच्छवि से भी अधिकतर अद्‌भुत श्रवणकटु शाखामृगों की बोली के सदृश किसी तरह समझ में नहीं आ सकती थी। वे लोग यहाँ तक वन्य थे कि युद्ध में शत्रु के बल का यदि कोई मनुष्य उनके हस्तगत होता था उसे अपने देवता के सामने बलिदान कर खा जाते थे।

वहीं जब वीर चूड़ामणि सिकंदर ज्यूलियस सीजर से प्रायः तीन सौ वर्ष पहले यवन राज्य पारस आदि देशों को पशुबल से दलन करता भारतवर्ष के प्रांत देशों में आकर उपस्थित हुआ था उस समय सिकंदर भारत का कालोत्तर चमत्कार देखकर अत्यंत विस्मित हुआ। यहाँ की विद्या, सभ्यता, और चातुरी यूनानियों की शिक्षा-गुरु

निकली। भारत के लोगों का डील-डौल देख विदित होता था कि ये अतुल बलशाली हैं। नृत्य, गीत, वाद्य आदि कला-कौशल से गन्धर्व के सदृश थे। इनका खान-पान आचार-विचार अत्यंत स्वच्छ और शुद्ध था। इनका सकल परिच्छेद और वेश-विन्यास देख बोध होता था कि ये मानो देव लोक से आए हैं। प्रासाद पर्वत समाकीर्ण यहाँ के नगरों की शोभा अमरावती की स्पर्द्धा कर रही थी। बल, पौरुष, दया, दाक्षिण्य आदि समस्त पौरुषेय गुण विभूषित यहाँ के निवासी थे और 'अतः परोनास्ति' श्रुति मधुर उनकी भाषा अतिशय प्रशंसा के योग्य थी।

जिस समय भारत की यह अवस्था थी उससे यदि ब्रिटिश-द्वीप की उस समय की दशा का मिलान किया जाए तो इन दोनों देशों के निवासियों में बड़ा अंतर पाया जाता है। जिस समय भारत निवासी शांति का प्रिय निकेतन, रमणीय तपोबल में अथवा किसी पुण्यतीया नदी के मनोहर पुलिन में बैठ योगाभ्यास में तत्पर हो ब्रह्म के विचार में लगे थे और जलद गंभीर स्वर से जगदीश का गुणानुवाद स्वरूप सामवेद का गान किया करते थे, उस समय ब्रिटेन निवासी भयंकर अकार की मूर्ति के निकट जीते मनुष्य को अग्नि कुंड में फेंक देते थे और अपने पुरोहित लोगों के वश में थे। जबकि भारतीय आर्य संतान व्यास, वाल्मीकि आदि महाकवियों के हृदय अरविंद की सुगंधि के समान उनके काव्य-रस का पान कर आनंद की पराकाष्ठा का अनुभव करते थे। जबकि नार-विनोदिनी भारत ललना बहुमूल्य मणि मुक्ता प्रवाल को भी अनुपयुक्त आभरण समझ धारण करते लजाती सी थी और सूक्ष्म वस्त्र का पहनना अपने सुकुमार अंग को आभासित करने वाला समझ कर तिरस्कार करती थी। उस समय ब्रिटिश जाति की रमणीगण जानवरों की खाल से केवल आधा ही अंग ढाँक अपना क्लेशमय जीवन किसी भाँति बिताती थीं। जिस समय भारत भूमि में दर्शन, पदार्थ, विज्ञान, राजनीति, शिल्प विद्या, वेद-विद्या, रसायन-विद्या, ज्योतिष शास्त्र अपने परम उत्कर्ष को पहुँचे थे, सूर्य और चंद्रवंशी राजाओं की शूरता, वीरता, उदारता दसों-दिशाओं को प्रकाशित कर रही थी, शाक्य मुनि, शंकराचार्य सरीखे साधुजनों के सद्उपदेश से भारत का मुख उज्ज्वल हो रहा था। पाणिनि और पतंजलि से महर्षियों के भाषा-विज्ञान जगत भर के भारतीय बुद्धि का परिचय दे रहे थे। कपिल, कणाद, गौतम, जैमिनि से सूक्ष्मदर्शी मुनिवरों के दार्शनिक विचार समस्त भूमंडल को चकित किए हुए थे। उस समय ब्रिटेन निवासी निरक्षर और अज्ञान तिमिरावृत्त रह कर सर्वथा मनुष्यगणना से बहिष्कृत थे।

किंतु काल की क्या विचित्र महिमा है? संसार की क्या विलक्षण गति है? आज वही क्षुद्र ब्रिटेनिया राजराजेश्वरी है और विपुल भारत भूमि उसकी दासी बन रही है। अब इस समय ब्रिटिश जाति के लोगों के साथ भारत निवासी इस असंगत दशा में भला क्या सामना कर सकते हैं। विज्ञान की संपूर्ण बातें उन्नति के शिखर पर चढ़े हुए अंग्रेजों के विरुद्ध और उलटी हैं। उनका मूल-मंत्र अतृप्ति और असंतोष,

और हमारा मूल-मंत्र संतोष, वैराग्य और निरुत्साह। वे निरालस्य उत्साही, निद्राहीन। हम आलसी, निरुद्यमी, निद्रादेवी के परम उपासक। उनके सब कामों में ऐक्य। भीतर-भीतर चाहे कैसा ही विरोध हो, काम पड़ने पर सब एक हो जाएँ। निदान एकता ही उनका बल है। एकता ही से उनकी बुद्धि और वैभव है। इसके विरुद्ध हमारे सब कामों में फूट। कितना ही यत्न कर कोई इन्हें मिला दे फिर भी ये अपना डेढ़ चावल जुदा ही पकाते रहेंगे। सुतराम, यह फूट ही इनकी निर्बलता है। इसी से इनकी क्षीणता और यावत् कुश का बीज बोया हुआ है। अंग्रेज जाति का नेत्र विज्ञान और कला-कौशल भारतवासियों का नेत्र दर्शन और काव्य। उनका सिद्धांत पुरुषार्थ और साहस (ट्राई ट्राई ट्राई अगेन) हमारा सिद्धांत अदृष्ट और ईश्वरेच्छा।

'यद्विधिना लिखितं ललाटं फलके तत्मार्जितुंकः क्षमः—उनकी धर्मनीति लाभ और जहाँ तक खींचते बन पड़े बराबर दुहते रहना। हमारी धर्मनीति दान और हर एक बहाने उलीचते जाना। उनकी राजनीति, अविश्वास, कुटिलता और चालाकी। हमारी राजनीति विश्वास, अणुमात्र उच्छिष्ट पा जाने से निहाल भोंदूदास। उनके जीवन का उद्देश्य आत्मोत्कर्ष, समाजोन्नति और देशहित। हमारा उद्देश्य स्वार्थ साधन, देश जाए चूल्हे में हमी अकेले रहें, हमीं अकेले जिएँ, सब ठौर हमारा दार-मदार हो इत्यादि।

—1887

हमारी ललनाओं की शोचनीय दशा

इसमें संदेह नहीं कि अंग्रेजी राज्य की कृपा से हम अब वह निरे मिट्टी के लोदा नहीं हैं जो पचास वर्ष पहले रहे। यद्यपि हिंदुस्तान की परिवर्तन विमुखता अनादि काल से प्रसिद्ध है। हमारे इर्द-गिर्द के लोगों में चाहे जो परिवर्तन हुआ हो और आकाश पाताल का अंतर उनमें आ गया हो पर हमें अपना पुरानापन अपने में से हटाने जैसा अखरता है और असह्य मालूम होता है वैसी कोई दूसरी बात नहीं तो भी काजल की कोठरी के भीतर जाकर दाग न लगने से कोई कहाँ तक बच सकता है। कट्टर परिवर्तन विमुख हम लोगों का सरोकार इस समय उससे आ पड़ा जो क्षण-क्षण में नए होते रहते हैं जो ढंग और तर्ज आज उनका है वही कल तक बना रहे तो इससे बढ़कर ऊब पैदा करनेवाली घिनौनी दूसरी बात जिनको और कुछ हया नहीं तब क्योंकर संभव है कि हम इस नए तर्ज की तराश-खराश के शौकीन न होते और अपनी पुरानी परिवर्तन विमुखता को जगाए रहते। यद्यपि जो परिवर्तन हम में देखा जाता है वह उस तरह का नहीं है जिससे हम वास्तविक परिवर्तन 'मेटीरियल चेंज' कह सकें और जो हमें स्वच्छंद या आजाद कौम बनाने के लिए कुछ उपकार कर सके। हाँ, हमारी

ललनाओं को शोचनीय दशा में लाने के लिए यह परिवर्तन-विमुखता अलबत्ता गहि के पकड़े हुए हैं। बाबू साहब छँदान तोड़ विलायत की राह सुधारने के लिए कदम उठाए हुए हैं बबुआइन घर बैठी गोबर ही पाथती रहीं। बाबू साहब, लाला साहब मिस्टर सो ऐंड सो कहे जाने की उमंग में फूले नहीं समाते ललाइन कौआ हकनी ही रही आईं। बाबू साहब आर्य समाजी और ब्रह्मसमाजी हैं थियोसोफी में अपना अव्वल दर्जा कायम करते हैं घर में बहूजी भूतपूजनी समाज की प्रेसिडेंट हैं। बाहर पंडितजी साहब विधवा-विवाह बाल्य-विवाह समाज संशोधन पर जोश खरोश में भरे नए-नए लेक्चर झाड़ा करते हैं घर में पंडितजी साहब के पाँच वर्ष की एक कन्या है। पंडिताइन को पानी नहीं पचता। कन्या पाँच वर्ष की हो गई सगाई कहीं पक्की अब तक न हुई। मियाँ के बदन में तनजेब और आबरवाँ भी चुभता है सनहकी तक चाहे बिक जाए पर दस्तरखान में जरदा पोलाव और शींरमाल के प्याले जरूर रहें। घर में बीवी साहिबा चक्कियाँ पीस मोटा-झोटा खा किसी तरह दिन काटती हैं। बाहर बाबू साहब एक ब्रह्म का ज्ञान सिखलाते हैं नेचिरिये बन नास्तिकता की टाँग तोड़ते हैं। घर डफलची गाजी मियाँ का गीत गाया करता है। पाधाजी, पंडाजी, पुजारीजी, गोसाँईजी, बहूजी की चंगुल में फसाय तन-मन-धन अर्पन कराय सर्वस्व अपनाय लेते हैं इत्यादि। अंग्रेजी राज्य की महिमा से अंग्रेजी नई सभ्यता का असर हमारी कोई ऐसी बात न बच रही जिस पर न पहुँचा हो। हमारे ख्याल, हमारी रहन-सहन बोलचाल, नशिस्त-बरखास्त के तरीके सबों में परिवर्तन पाया जाता है किंतु हमारी स्त्रियों की दशा में कुछ अंतर न हुआ। वे पचास वर्ष पहले जिस हालत में रहीं वैसी ही आज तक हैं। उन्हें ऐसी हीन दशा में रखने का परिणाम अनेक तरह का क्लेश हम उठा रहे हैं सही, पर हमारी आँख नहीं खुलती कि इसके संबंध में कभी ख्याल भी करते हों। बाल्य-विवाह आदि समाज की प्रचलित बुराइयों के हटाने के लिए हम हजार तदबीर सोचा करें कभी सफल मनोरथ न होंगे जब तक हमारी मूढ़ ललनाओं के मन में यह बात धँसी हुई है कि कन्या आठ वर्ष की बिनब्याही बैठी रहेंगी तो सात पुरखे नरक में जाएँगे अथवा शीतला भवानी को न पूजेगी तो लड़कों को शीतला भख लेंगी। सनातन से जो होता आया है चाहे उस सर्वनाशकारी सनातन की रीति अब सर्वथा हमारी हानि कर रही है आगे बढ़ने में हमारे रास्ते में एक बड़ा भारी पहाड़ खड़ा हुआ है। हम किसी तरह तरक्की कर ही नहीं सकते जब तक पुरखों की उस सनातन रीति को काला मुँह कर विदा न करेंगे। पर क्या इमकान कि हम उन रीतों में किंचित् हेर-फेर करने में जरा जबान डोला सकें। कट्टर 'कंसरवेटिव' परिवर्तन विमुख होना इसी का नाम है मक्षिकास्थाने मक्षिका इसी को कहेंगे। बाहर हम कितनी ही तरक्की करें बड़े से बड़ा इम्तिहान पास कर उशना और बृहस्पति के प्रतिनिधि हो जाएँ स्त्रियों की दशा में जब तक परिवर्तन न होगा कुछ न हो सकेगा।

—1894

नई रोशनी वाले हिंदुस्तानी

कहावत है 'न घर के न घाट के।' हमारे नई रोशनी वाले इस कहावत के पूरे उदाहरण हैं। जी–तोड़ मेहनत कर पचमरे सब कुछ पढ़ा लिखा, सब तरह योग्यता प्राप्त की, जात छोड़ा, पाँत छोड़ा, लोग कुटुम्ब सब छोड़ विलाइत सिधारे। बरफिस्तान की ठंडी हवा में रह सैकड़ों शक्तियाँ झेलीं, भाई बिरादरी से अलग कर दिए गए–अंग्रेजी चाल चलने लगे, उन्हीं का सा खान, उन्हीं का सा पान, उन्हीं का-सा पहनावा, उन्हीं की दिन रात सोहबत। बोलचाल रंग ढंग सब में अंग्रेजी तरीका और अख्तियार सोचते थे कि अब हमारा नया जन्म हो गया। हम बिहिश्त में रहने वालों में शामिल हो हिंदुस्तान में पहुँच साहब लोगों में दाखिल होंगे किंतु रंग अपने शरीर का गोरा न कर सके। अपने समूह से च्युत तो उसी दिन हो गए थे जिस दिन विलाइत के लिए जहाज पर पाँव रखा था। रंग गोरा नहीं है? इसलिए साहब लोगों में प्रवेश न पा सके। 'इतो भ्रष्टास्ततो भ्रष्टः' न घर के हुए न घाट के। न तालीम ने अपना कुछ असर पहुँचाया न सभ्यता से कुछ हुआ। न नई रोशनी कुदरती काले रंग को बदल सकी। बरतन होता–ठठेरी को देकर बदल डालते। हजारों मन साबुत पोत डाला। सौदागरों की दूकान की दूकान खाली कर दी तो भी तिल भर चमड़ा गोरा न हो सका। कौआ ने हंस की चाल चलना चाहा अपनी चाल भी भूल गया।

ये सब नई रोशनी के उमंग में भरे विलाइत इसलिए जाते हैं कि वहाँ जब तक रहें मनमाना आमोद-प्रमोद में आसक्त हो स्वर्ग के सुख का अनुभव इसी जीवन में करें और वहाँ से लौट यहाँ आकर हमें जानवर असभ्य अर्द्ध-शिक्षित और नितांत मूर्ख समझें। और एहसान के बोझ से हमें दबावें कि हम तो मातृ स्नेह की डोरी से खिंच मातृभूमि के उद्धार के लिए अनेक कष्ट सह विलाइत गए थे; किंतु कपट और बनावट कब तक छिप सकती है। जो बात हकीकत में सच रहती है कभी मुमकिन नहीं कि न खुल पड़े। सच्चा देशानुराग का लेशमात्र भी यदि इनमें होता तो आत्मत्याग कहाँ तक इनके चित्त में जगह न पाता। देशोद्धार की चोट लगी होती तो काबुल जाय मुगल होके न आते व 'आब-आब कह पुतऊ मर गए खटिया तर रह पानी।'

यद्यपि हम लोग बेअकिल हैं। पुराने ख्याल में जकड़े हुए हैं फिर भी साधारण बुद्धि (कामनसेन्स) से खाली हों, ऐसा कभी हो ही नहीं सकता। अपना हित-अहित जानवर तक पहचान लेते हैं तो हम तो मनुष्य और अशर फुल मखलूकात हैं। आत्म-त्याग की वासना से रहित इन नई रोशनी वालों का विलायत गमन हमारे लिए बड़ा ही हानिकारक है। बहुत अच्छा और हमारी बड़ी भलाई इसमें है कि ये साहब लोगों के समूह से च्युत रहते हैं नहीं तो न जानिए क्या कर डालते। ये भी हमारे लिए वैसा ही सरदर्द हैं जैसे और-और कौम के लोग हैं।

–1895

सुशिक्षितों का कर्तव्य

हमने पिछले शिष्य की परख शीर्षक एक लेख लिखा था। आज यह दिखाते हैं कि शिष्य का कर्तव्य क्या है। और किस तरह यह कर्तव्य-बुद्धि आवै। इस समय स्कूल और कॉलेजों में जो शिक्षा दी जाती है उसमें कहाँ तक इसका अंकुर है। उस लेख में हमने यह भी दिखलाया है कि उस समय छात्रों में कैसी दृढ़ गुरु भक्ति, गुरु-सेवा, शांति और सहनशीलता थी। विद्या पढ़ाने के अतिरिक्त गुरु अपने शिष्य को यह भी बतलाता था कि चरित्र क्या है? चरित्र-पालन क्या है और वह कैसे आ सकता है? न केवल बतलाया ही था वरन् उसका अभ्यास उनसे कराता था। जिसका परिणाम यही होता था कि जब वह स्नातक अर्थात् पूर्ण विद्वान् हो अपना ब्रह्मचर्य समाप्त कर आश्रम से लौट समाज में आता था तो अत्यंत स्वाधीन चित्त, तेजस्वी, और अपने कर्तव्य को पहचानने वाला होता था। गुरु भी ज्ञान-सम्पन्न, निस्पृह, परोपकारी और निष्कपट होते थे। बड़े-बड़े चक्रवर्ती जब उनके राजकाज में कोई कठिनाई पड़ती थी तो इन्हीं से उस कठिनाई को हल करने की सलाह पूछते थे।

अब इस समय विद्या तो निस्संदेह पढ़ाई जाती है पर चरित्र की रक्षा का ध्यान जब गुरु में नहीं है तब शिष्य में क्यों होने लगा। अंग्रेजी पढ़ने वालों के चित्त में स्वाधीनता का अंकुर जमता है पर वह अंकुर तभी तक जमा रहता है जब तक अपनी शिक्षा समाप्त कर नोन, तेल, लकड़ी की फिकिर में वह नहीं फँसे। अस्तु। यह दोष तो हमारे घिनौने समाज का है। शिक्षा प्रणाली ने क्या किया? हाँ, यह सच है किंतु तब की शिक्षा प्रणाली निःस्वार्थ थी। अब के समान उसका क्रय नहीं किया जाता था। गुरु लोग बिना निज के स्वार्थ के शिष्य को पढ़ाते थे। इसी से शिष्य भी निष्कपट और सच्चे जी से गुरु की भक्ति करता था।

अब इस शिक्षा का क्रय किया जाता है जिसमें ऐसा स्वार्थ आ समाया है कि गुरु शिष्य दोनों में सच्ची सहानुभूति होती ही नहीं। न वह तेजस्विता या जोश और स्वाधीनता उनके चित्त में स्थान पाती है, जैसी सुशिक्षित में होनी चाहिए। इधर समाज के अनेक बन्धनों से हम जकड़े हुए हैं उधर हमारी शिक्षा में इस बात की बड़ी कोशिश शिक्षा विभाग के अधिकारियों की रहती है कि इनमें कहीं पर किसी अंश में स्वाधीनता का बीज न जमने पावे। परिणाम में यह शिक्षा केवल पेट पालने पात्र के लिए रहती है। पढ़-लिख ऊँची तनख्वाह की कोई अच्छी नौकरी मिल जाना ही उत्तम शिक्षा का जहाँ फल समझा गया है वहाँ हमारा कर्तव्य क्या है इसकी चर्चा ही चलाना व्यर्थ है।

देश अपने उद्धार के लिए इन्हीं सुशिक्षित नवयुवकों का मुँह ताक रहा है। कितने का यह मत और समझौता है कि पढ़-लिख सुशिक्षित हो हम घराने की बात

और प्रतिष्ठा बनाए रहें—मानो अपने यावत् कर्तव्य के छोर तक पहुँच गए। किंतु जो भाव उनमें केवल अपने घराने की उन्नति का है, वही यदि समस्त भारत के साथ हो जाए और उसके खोए हुए गौरव के पुनः संस्थान की ओर झुक जाए तो कर्तव्य-बुद्धि का प्रादुर्भाव माना जाएगा। इसके लिए शिक्षा का इस समय का क्रय-विक्रय का क्रम बड़ा बाधक है। जब स्कूल में लड़के रहते हैं तभी से स्वार्थ-सम्पादन (सेल्फ इंटरेस्ट) की बुद्धि दृढ़ होती जाती है। इसलिए कि हमारी तालीम में इतना रुपया खर्च हुआ है तो उसका बदला हम अपने घर वालों को तभी चुका सकेंगे जब नौकर हो रुपया पैदा कर माँ-बाप का हाथ गरम कर सकेंगे। केवल इतना ही इसका फल है तो कर्तव्य क्या है—केवल दाँत किट्टन-मात्र रहा। यही कारण है कि इस समय देश के एक छोर से दूसरे छोर तकं तालीम की धारा बह निकलने पर भी सैकड़ा पीछे पाँच को भी कर्तव्य-बुद्धि नहीं आती और न ऐसी शिक्षा सुशिक्षा कही जा सकती है।

—1906

भारतेंदु हरिश्चंद्र

1850-1885

हिंदी नवजागरण के वैचारिक अग्रदूत, आधुनिक हिंदी के निर्माता और नाटककार। 1868 में 'कवि वचन सुधा' के प्रकाशन से हिंदी में साहित्यिक पत्रकारिता की शुरुआत। एक साल बाद से इसमें सामाजिक विषय भी शामिल इसमें 'स्वत्व निज भारत गहै' और 'नारि नर सम होंहि' की घोषणा। 1857 के साम्राज्यवादी दमन से पैदा हुए खौफ के माहौल में भी अंग्रेजी राज की औपनिवेशिक लूट, भ्रष्टाचार और अँधेरगर्दी की आलोचना। अंग्रेजों के विश्वासपात्र होने के बावजूद उनकी प्रत्यक्ष-अप्रत्यक्ष आलोचना में निर्भीकता का परिचय। काशी के सामंती परिवेश में पले-बढ़े होने, अमीचंद के वंशधर होने और राधाकृष्ण की मूर्ति के एक कट्टर वैष्णव उपासक होने के बावजूद अपने समय के धार्मिक पाखंड और धूर्तता पर कड़ा प्रहार। राजा-महाराजाओं की जी-हजूरी और मिथ्या वैभव का भी खूब मखौल उड़ाया। बंगाल के ईश्वरचंद्र विद्यासागर और राजेंद्र लाल मित्र से गहरी मित्रता। कई बार कलकत्ता तथा पुरी की यात्रा और देश के दूसरे हिस्सों में भी भ्रमण। राजा शिवप्रसाद सितारेहिंद से कई मुद्दों पर मतभेद। इनकी शिकायत पर ब्रिटिश हुकूमत 'कवि वचन सुधा' के खिलाफ हो गई तथा 1874 में पद छोड़ देना पड़ा। हरिश्चंद्र 'मैगजीन' का 1873 से तथा 'हरिश्चंद्र चंद्रिका' का 1874 से प्रकाशन शुरू किया। 'हरिश्चंद्र चंद्रिका' का एक सूत्र वाक्य था–'प्रेमिन सुधा सों सींचि भारतभूमि आलस तम हरै'। सिर्फ हिंदी क्षेत्र नहीं भारत की चिंता करने वाले एक देशभक्त लेखक, जो वैचारिक संक्रमण की एक तीव्र प्रकिया से गुजर रहा था और अपने चारों तरफ साजिशों से भी घिरा हुआ था। 1874 में लिखा, 'हिंदी नई चाल में ढली।' संस्कृतनिष्ठता और फारसी शब्दों से बोझिल न कर हिंदी को बोलचाल की भाषा के निकट लाने के लिए संघर्ष। 'नीलदेवी', 'भारत दुर्दशा', 'अंधेर नगरी' जैसे नाटक रचे और खुद अभिनय भी किया। बलिया में अंग्रेज अफसर के सामने ही प्रसिद्ध ऐतिहासिक भाषण। बहुत कम आयु में ही मृत्यु।

लेवी प्राणलेवी

कोई खड़ा हो जाता था तो कोई बैठा ही रह जाता था, कोई घबराकर डेरे के बाहर घूमने चला जाता था कि इतने में कोलाहल हुआ, ''लाटसाहब आते हैं।'' रामनारायण दास साहिब ने फिर अपने मुख को खोला—'स्टैंड अप' (खड़े हो जाव)। सबके सब एक साथ खड़े हो गए। राय साहिब का 'सिट डौन' कहना तो सब को अच्छा लगा, पर 'स्टैंड अप' कहना तो सबको बुरा लगा, मानो भले-बुरे का फल देनेवाले राय साहिब ही थे। इतने में फिर कुछ आने में देर हुई और फिर सब बैठ गए। वाह-वाह क्या दर्बार था! 'कठपुतली का तमाशा' था या बल्लमटेरों की 'कवायद' थी या बंदर का नाच था या किसी पाप का फल भुगतना था या 'फौजदारी की सजा' थी। बैठते देर न हुई थी कि श्रीयुत लार्ड साहिब आए, फिर सबके सब उठ खड़े हुए। श्रीमान के संग श्री काशीराज और उनके चिरंजीव राजकुमार और बहुत से साहिब लोग थे।...

...बनारस वालों को न इस बात का ध्यान कभी रहा है और न रहेगा। ये विचारे तो मोम की नाक हैं, चाहे जिधर फेर दो। हाय! पश्चिमोत्तर देशवासी (उत्तर प्रदेश-बिहार आदि के लोग) कब कायरपन छोड़ेंगे और कब इनकी उन्नति होगी और कब इनको परमेश्वर वह सभ्यता देगा, जो हिंदुस्तान के और खण्डवासियों ने पाई है।

—1870, एक अंश

भारत दुर्दशा

तीसरा अंक

स्थान-मैदान

(फौज के डेरे दिखाई पड़ते हैं! भारतदुर्दैव[1] आता है)

भारतदुर्दैव—कहाँ गया भारत मूर्ख! जिसको अब भी परमेश्वर और राजराजेश्वरी का भरोसा है? देखो तो अभी इसकी क्या-क्या दुर्दशा होती है।

(नाचता और गाता हुआ)

अरे!
उपजा ईश्वर कोप से, औ आया भारत बीच।
छार खार सब हिंद करूँ मैं, तो उत्तम नहिं नीच।
मुझे तुम सहज न जानो जी, मुझे इक राक्षस मानो जी।
कौड़ी कौड़ी को करूँ, मैं सबको मुहताज।

1. क्रूर, आधा क्रिस्तानी आधा मुसलमानी वेष, हाथ में नंगी तलवार लिए।

भूखे प्रान निकालूँ इनका, तो मैं सच्चा राज। मुझे...
काल भी लाऊँ महँगी लाऊँ, और बुलाऊँ रोग।
पानी उलटा कर बरसाऊँ, छाऊँ जग में सोग। मुझे...
फूट बैर और कलह बुलाऊँ, ल्याऊँ सुस्ती जोर।
घरघर में आलस फैलाऊँ, छाऊँ दुःख घनघोर। मुझे...
काफर काला नीच पुकारूँ, तोड़ूँ पैर और हाथ।
दूँ इनको संतोष खुशामद, कायरता भी साथ। मुझे...
मरी बुलाऊँ देस उजाड़ूँ, महँगा करके अन्न।
सबके ऊपर टिकस लगाऊँ, धन है मुझको धन्न।
मुझे तुम सहज न जानो जी, मुझे इक राक्षस मानो जी।

(नाचता है)

अब भारत कहाँ जाता है, ले लिया है। एक तस्सा बाकी है, अबकी हाथ में वह भी साफ है। भला हमारे बिना और ऐसा कौन कर सकता है कि अंग्रेजी अमलदारी में भी हिंदू न सुधरें! लिया भी तो अंग्रेजों से औगुन! हा हाहा! कुछ पढ़े-लिखे मिलकर देश सुधारना चाहते हैं? हहा हहा! एक चने से भाड़ फोड़ेंगे। ऐसे लोगों का दमन करने को मैं जिले के हाकिमों को न हुक्म दूँगा कि इनको डिसलायल्टी में पकड़ो और ऐसे लोगों को हर तरह से खारिज करके जितना जो बड़ा मेरा मित्र हो उसको उतना बड़ा मेडल और खिताब दो। हैं! हमारी पॉलिसी के विरुद्ध उद्योग करते हैं, मूर्ख! यह क्यों? मैं अपनी फौज ही भेज के न सब चौपट करता हूँ। (नेपथ्य की ओर देखकर) अरे कोई है? सत्यानाश फौजदार को तो भेजो। (नेपथ्य में से 'जो आज्ञा' का शब्द सुनाई पड़ता है) देखो मैं क्या करता हूँ। किधर किधर भागेंगे।)

(सत्यानाश फौजदार आते हैं)

(नाचता हुआ)

सत्यानाश फौजदार—

हमारा नाम है सत्यानाश। आए हैं राजा के हम पास।
धरके हम लाखों ही भेस। किया चौपट यह सारा देस।
बहु हमने फैलाए धर्म। बढ़ाया छुआछूत का कर्म।
होके जयचंद हमने एक बार। खोल ही दिया हिंद का द्वार।
हलाकू चंगेजो तैमूर। हमारे अदना अदना सूर।
दुरानी अहमद नादिरसाह। फौज के मेरे तुच्छ सिपाह।
है हममें तीनों कल बल छल।
इसी से कुछ नहिं सकती चल।
पिलावैंगे हम खूब शराब। करैंगे सबको आज खराब।

भारतदु.—अहा सत्यानाश जी आए। आओ देखो अभी फौज को हुक्म दो कि

सब लोग मिल के चारों ओर से हिंदुस्तान को घेर लें। जो पहले से घेरे हैं उनके सिवा औरों को भी आज्ञा दो कि बढ़ चलें।

सत्या. फौ.—महाराज 'इंद्रजीत सन जो कछु भाखा, सो सब जनु पहिलहिं करि राखा।' जिनको आज्ञा हो चुकी है वे तो अपना काम कर ही चुके हैं और जिनको जो हुक्म हो, कर दिया जाए।

भारतदु.—किसने किसने क्या क्या किया है?

सत्या. फौ.—

महाराज! धर्म ने सबके पहिले सेवा की।
रचि बहु विधि के वाक्य पुरानन मांहि घुसाए।
शैव शाक्त वैष्णव अनेक मत प्रगटि चलाए।।
जाति अनेकन करी नीच अरु ऊँच बनायो।
खान पान संबंध सबन सों बरजि छुड़ायो।।
जन्मपत्र बिधि मिले ब्याह नहिं होन देत अब।
बालकपन में ब्याहि प्रीतिबल नास कियो सब।।
करि कुलान के बहुत ब्याह बल बीरज मार्‌यो।
बिधवा ब्याह निषेध कियो बिभिचार प्रचार्‌यो।।
रोकि बिलायतगमन कूपमंडूक बनायो।
औरन को संसर्ग छुड़ाइ प्रचार घटायो।।
बहु देवी देवता भूत प्रेतादि पुजाई।
ईश्वर सो सब बिमुख किए हिंदू घबराई।।

भारतदु.—आहा! हाहा! शाबाश! शाबाश! हाँ और भी कुछ धर्म ने किया?

सत्या. फौ.—हाँ महाराज।

अपरस सोल्हा छूत रचि, भोजनप्रीति छुड़ाय।
किए तीन तेरह सबै, चौका चौका छाय।।

भारतदु.—और भी कुछ?

सत्या. फौ.—हाँ।

रचिकै मत वेदांत को, सबको ब्रह्म बनाय।
हिंदुन पुरुषोत्तम कियो, तोरि हाथ अरु पाय।।

महाराज वेदांत ने बड़ा ही उपकार किया। सब हिंदू ब्रह्म हो गए। किसी को इतिकर्त्तव्यता बाकी ही न रही। ज्ञानी बनकर ईश्वर से विमुख हुए, रुक्ष हुए, अभिमानी हुए और इसी से स्नेहशून्य हो गए। जब स्नेह ही नहीं तब देशोद्धार का प्रयत्न कहाँ! बस, जय शंकर की।

भारतदु.—अच्छा, और किसने किसने क्या किया?

सत्या. फौ.—महाराज, फिर संतोष ने भी बड़ा काम किया। राजा प्रजा सबको

अपना चेला बना लिया। अब हिंदुओं को खाने मात्र से काम, देश से काम नहीं। राज न रहा, पेनसन ही सही। रोजगार न रहा, सूद ही सही। वह भी नहीं, तो घर ही का सही, 'संतोषं परमं सुखं' रोटी ही को सराह सराह के खाते हैं। उद्यम की ओर देखते ही नहीं। निरुद्यमता ने भी संतोष को बड़ी सहायता दी। इन दोनों को बहादुरी का मेडल जरूर मिले। व्यापार को इन्हीं ने मार गिराया।

भारतदु.—और किसने क्या किया?

सत्या. फौ.—फिर महाराज जो धन की सेना बची थी उसको जीतने को भी मैंने बड़े बाँके वीर भेजे। अपव्यय, अदालत, फैशन और सिफारिश इन चारों ने सारी दुश्मन की फौज तितर-बितर कर दी। अपव्यय ने खूब लूट मचाई। अदालत ने भी अच्छे हाथ साफ किए। फैशन ने तो बिल और टोटल के इतने गोले मारे कि अंटाधार कर दिया और सिफारिश ने भी खूब ही छकाया। पूरब से पच्छिम और पच्छिम से पूरब तक पीछा करके खूब भगाया। तोहफे, घूस और चंदे के ऐसे बम के गोले चलाए कि 'बम बोल गई बाबा की चारों दिसा' घूम निकल पड़ी। मोटा भाई बना बनाकर मूँड़ लिया। एक तो खुद ही यह सब पँडिया के ताऊ, उस पर चुटकी बजी, खुशामद हुई, डर दिखाया गया, बराबरी का झगड़ा उठा, धाँय-धाँय गिनी गई[1] वर्णमाला कंठ कराई,[2] बस हाथी के खाए कैथ हो गए। धन की सेना ऐसी भागी कि कब्रों में भी न बची, समुद्र के पार ही शरण मिली।

भारतदु.—और भला कुछ लोग छिपाकर भी दुश्मनों की ओर भेजे थे?

सत्या. फौ.—हाँ, सुनिए। फूट, डाह, लोभ, भय, उपेक्षा स्वार्थपरता, पक्षपात, हठ, शोक, अश्रुमार्जन और निर्बलता इन एक दरजन दूती और दूतों को शत्रुओं की फौज में हिला मिलाकर ऐसा पंचामूत बनाया कि सारे शत्रु बिना मारे घंटा पर के गरुड़ हो गए। फिर अंत में भिन्नता गई। इसने ऐसा सबको काई की तरह फाड़ा कि भाषा, धर्म, चाल, व्यवहार, खाना, पीना सब एक-एक योजन पर अलग-अलग कर दिया। अब आवें बचा ऐक्य! देखें आही के क्या करते हैं!

भारतदु.—भला भारत का शस्य नामक फौजदार अभी जीता है कि मर गया? उसकी पलटन कैसी है?

सत्या. फौ.—महाराज! उसका बल तो आपकी अतिवृष्टि और अनावृष्टि नामक फौजों ने बिलकुल तोड़ दिया। लाही, कीड़े, टिड्डी और पाला इत्यादि सिपाहियों ने खूब ही सहायता की। बीच में नील ने भी नील बनकर अच्छा लंकादहन किया।

भारतदु.—वाह! वाह! बड़े आनंद की बात सुनाई। तो अच्छा तुम जाओ। कुछ परवाह नहीं, अब ले लिया है। बाकी साकी अभी सपराए डालता हूँ। अब भारत

---

1. सलामी मिली।
2. पी.आई.ई. आदि उपाधियाँ मिलीं।

कहाँ जाता है। तुम होशियार रहना और रोग, महर्घ, कर, मद्य, आलस और अंधकार को जरा क्रम से मेरे पास भेज दो।

सत्या. फौ.—जो आज्ञा। (जाता है)

भारतदु.—अब उसको कहीं शरण न मिलेगी। धन, बल और विद्या तीनों गई। अब किसके बल कूदेगा?

(पटोत्तोलन)

चौथा अंक

....

भारतदु.—आओ मित्र! तुम्हारे बिना तो सब सूना था। यद्यपि मैंने अपने बहुत से लोग भारत विजय को भेजे हैं पर तुम्हारे बिना सब निर्बल हैं। मुझको तुम्हारा बड़ा भरोसा है, अब तुमको भी वहाँ जाना होगा।

अंधकार—आपके काम के वास्ते भारत क्या वस्तु है, कहिए मैं विलायत जाऊँ।

भारतदु.—नहीं, विलायत जाने का अभी समय नहीं, अभी वहाँ त्रेता, द्वापर है।

अंध.—नहीं, मैंने एक बात कही। भला जब तक वहाँ दुष्टा विद्या का प्राबल्य है, मैं वहाँ जाही के क्या करूँगा? गैस और मैग्नीशिया से मेरी प्रतिष्ठा भंग न हो जाएगी।

भारतदु.—हाँ, तो तुम हिंदुस्तान में जाओ और जिसमें हमारा हित हो सो करो। बस 'बहुत बुझाइ तुमहि का कहऊँ, परम चतुर मैं जानत अहऊँ।'

अंध.—बहुत अच्छा, मैं चला। बस जाते ही देखिए क्या करता हूँ। (नेपथ्य में बैतालिक गान और गीत की समाप्ति में क्रम से पूर्ण अंधकार और पटाक्षेप)

निहचै भारत को अब नास।,
जब महराज विमुख उनसों तुम निज मति करी प्रकास।।
अब कहुँ सरन तिन्हैं नहिं मिलिहैं ह्वैहै सब बल चूर।
बुधि विद्या धन धान सबै अब तिनको मिलिहै धूर।।
अब नहिं राम धर्म अर्जुन नहिं शाक्यसिंह अरु व्यास।
करिहै कौन पराक्रम इनमें को देहे अब आस।।
सेवाजी रनजीतसिंह हू अब नहिं बाकी जौन।
करिहैं कछू नाम भारत को अब तो नृप मौन।।
वही उदपुर जैपुर रीवाँ पन्ना आदिक राज।
परबस भए न सोच सकहिं कछु करि निज बल बेकाज।।
अँगरेजहु को राज पाइकै रहे कूढ़ के कूढ़।
स्वारथपर विभिन्न-मति-भूले हिंदू सब ह्वै मूढ़।।
जग के देस बढ़त बदि बदि के सब बाजी जेहि काल।
ताहू समय रात इनको है ऐसे ये बेहाल।।

छोटे चित अति भीरु बुद्धि मन चंचल बिगत उछाह।
उदर-भरन-रत, ईसबिमुख सब भए प्रजा नरनाह।।
इनसों कछू आस नहिं ये तो सब बिधि बुधि-बल-हीन।
बिना एकता-बुद्धि-कला के भए सबहि बिधि दीन।।
बोझ लादि कै पैर छानि कै निज सुख करहु प्रहार।
ये रासभ से कछु नहिं कहिहैं मानहु छमा अगार।।
हित अनहित पशु पक्षी जाना पै ये जानहिं नाहिं।
भूले रहत आपूने रँग मैं फँसे मूढ़ता माहिं।।
जे न सुनहिं हित, भलो करहिं नहिं तिनसों आसा कौन।
डंका दै निज सैन साजि अब करहु उतै सबू गौन।।

(पटोत्तोलन)

पाँचवाँ अंक

स्थान—किताबखाना

(सात सभ्यों की एक छोटी सी कमेटी; सभापति चक्करदार टोपी पहने, चश्मा लगाए, छड़ी लिए; छह सभ्यों में एक बंगाली, एक महाराष्ट्र, एक अखबार हाथ में लिए एडिटर, एक कवि और दो देशी महाशय)

सभापति—(खड़े होकर) सभ्यगण! आज की कमेटी का मुख्य उद्देश्य यह है कि भारतदुर्दैव की, सुना है कि हम लोगों पर चढ़ाई है। इस हेतु आप लोगों को उचित है कि मिलकर ऐसा उपाय सोचिए कि जिससे हम लोग इस भावी आपत्ति से बचें। जहाँ तक हो सके अपने देश की रक्षा करना ही हम लोगों का मुख्य धर्म है। आशा है कि आप सब लोग अपनी अपनी अनुमति प्रकट करेंगे। (बैठ गए, करतलध्वनि)

बंगाली—(खड़े होकर) सभापति साहब जो बात बोला सो बहुत ठीक है। इसका पेशतर कि भारतदुर्दैव हम लोगों का शिर पर आ पड़े कोई उसके परिहार का उपाय सोचना अत्यंत आवश्यक है किंतु प्रश्न एई है जे हम लोग उसका दमन करने शाकता कि हमारा बोर्ज्जोबल के बाहर का बात है। क्यों नहीं शाकता? अलबत्त शकैगा, परंतु जो सब लोग एक मत्त होगा (करतलध्वनि) देखो हमारा बंगाल में इसका अनेक उपाय शाधन होते हैं। ब्रिटिश इंडियन एसोसिएशन लीग इत्यादि अनेक सभा भी होते हैं। कोई थोड़ा बी बात होता हम लोग मिल के बड़ा गोल करते। गवर्नमेंट तो केवल गोलमाल से भय खाता। और कोई तरह नहीं शोनता। ओ हुँआ का अखबार वाला सब एक बार ऐसा शोर करता कि गवर्नमेंट को अलबत्त शुनने होता। किंतु हेयाँ, हम देखते हैं कोई कुछ नहीं बोलता। आज शब आप सभ्य लोग एकत्र हैं, कुछ उपाय इसका अवश्य शोचना चाहिए। (उपवेशन)।

पहला देशी—(धीरे से) यहीं, मगर अब तक कमेटी में हैं तभी तक। बाहर निकले कि फिर कुछ नहीं।

दूसरा देशी—(धीरे से) क्यों भाई साहब; इस कमेटी में आने से कमिश्नर हमारा नाम तो दरबार से खारिज न कर देंगे?

एडिटर—(खड़े होकर) हम अपने प्राणपण से भारतदुर्दैव को हटाने को तैयार हैं। हमने पहिले भी इस विषय में एक बार अपने पत्र में लिखा था। परंतु यहाँ तो कोई सुनता ही नहीं। अब जब सिर पर आफत आई सो आप लोग उपाय सोचने लगे। भला अब भी कुछ नहीं बिगड़ा है जो कुछ सोचना हो जल्द सोचिए। (उपवेशन)

कवि—(खड़े होकर) मुहम्मदशाह के भाँड़ों ने दुश्मन की फौज से बचने का एक बहुत उत्तम उपाय कहा था। उन्होंने बतलाया कि नादिरशाह के मुकाबले में फौज न भेजी जाए। जमना किनारे कनात खड़ी कर दी जाएँ, कुछ लोग चूड़ी पहने कनात के पीछे खड़े रहें। जब फौज इस पार उतरने लगे, कनात के बाहर हाथ निकालकर उँगली चमकाकर कहें "मुए इधर न आइयो इधर जनाने हैं।" बस सब दुश्मन हट जायँगे। यही उपाय भारतदुर्दैव से बचने का क्यों न किया जाए।

एडि.—(खड़े होकर) हमने एक दूसरा उपाय सोचा है, एडूकेशन की एक सेना बनाई जाए, कमेटी की फौज, अखबरों के शास्त्र और स्पीचों के गोले मारे जाएँ, आप लोग क्या कहते हैं? (उपवेशन)

बंगाली—(खड़े होकर) अलबत्त, यह भी एक उपाय है किंतु असभ्यगण आकर जो स्त्री लोगों का विचार न करके सहसा कनात को आक्रमण करेगा तो? (उपवेशन)

दू. देशी—मगर जो हाकिम लोग इससे नाराज हों तो? (उपवेशन)

बंगाली—हाकिम लोग काहे को नाराज होगा। हम लोग शदा चाहता है कि अँगरेजों का राज्य उत्पन्न न हो, हम लोग केवल अपना बचाव करता। (उपवेशन)

महाराष्ट्रीय—परंतु इसके पूर्व यह होना अवश्य है कि गुप्त रीति से यह बात जाननी कि हाकिम लोग भारतदुर्दैव की सैन्य से मिल तो नहीं जायँगे।

दू. देशी—इस बात पर बहस करना ठीक नहीं। नाहक कहीं लेने के देने न पड़ें अपना काम देखिए (उपवेशन और आप ही आप) हाँ, नहीं तो अभी कल ही झाड़बाजी होय।

महा॰—तो सार्वजनिक सभा का स्थापन करना। कपड़ा बीनने की कल मँगानी। हिंदुस्तानी कपड़ा पहिनना। यह भी सब उपाय है।

दू. देशी—(धीरे से) बनात छोड़कर गंजी पहिरेंगे, हें हें।

एडिटर—परंतु अब समय थोड़ा है जल्दी उपाय सोचना चाहिए।

कवि—अच्छा तो एक उपाय यह सोचो कि सब हिंदू मात्र अपना फैशन छोड़कर कोट पतलून इत्यादि पहिरें जिसमें सब दुर्दैव की फौज आवे तो हम लोगों को योरोपियन जानकर छोड़ दे।

प. देशी—पर रंग गोरा कहाँ से लावेंगे?

बंगाली—हमारा देश में भारत उद्धार नामक एक नाटक बना है। उसमें अँगरेजों को निकाल देने का जो उपाय लिखा, सोई हम लोग दुर्दैव का वास्ते काहे न अवलंबन करें। ओ लिखता पाँच जन बंगाली मिल के अँगरेजों को निकाल देगा। उसमें एक तो पिशान लेकर स्वेज का नहर पाट देगा। दूसरा बाँस काट-काट के पिवरी नामक जलयंत्र विशेष बनावेगा। तीसरा उस जलयंत्र से अँगरेजों की आँख में धूर और पानी डालेगा।

महा.—नहीं नहीं, इस व्यर्थ की बात से क्या होना है। ऐसा उपाय करना जिससे फल सिद्धि हो।

प. देशी—(आप ही आप) हाय! यह कोई नहीं कहता कि सब लोग मिलकर एक चित्त हो विद्या की उन्नति करो, कला सीखो जिससे वास्तविक कुछ उन्नति हो, क्रमशः सब कुछ हो जाएगा।

एडि.—आप लोग नाहक इतना सोच करते हैं, हम ऐसे ऐसे आर्टिकिल लिखेंगे कि उसके देखते ही दुर्दैव भागेगा।

कवि—और हम ऐसी ही ऐसी कविता करेंगे।

प. देशी—पर उनके पढ़ने का और समझने का अभी संस्कार किसको है?

(नेपथ्य में से)

भागना मत, अभी मैं आती हूँ।

(सब डर के चौकन्ने से होकर इधर-उधर देखते हैं)

टू. देशी—(बहुत डरकर) बाबा रे, जब हम कमेटी में चले थे तब पहिले ही छींक हुई थी। अब क्या करें। (टेबुल के नीचे छिपने का उद्योग करता है)

(डिसलायलटी[1] का प्रवेश)

सभापति—(आगे से ले आकर बड़े शिष्टाचार से) आप क्यों यहाँ तशरीफ लाई हैं? कुछ हम लोग सरकार के विरुद्ध किसी प्रकार की सम्मति करने को नहीं एकत्र हुए हैं। हम लोग अपने देश की भलाई करने को एकत्र हुए हैं।

डिसलायलटी—नहीं, नहीं, तुम सब सरकार के विरुद्ध एकत्र हुए हो, हम तुमको पकड़ेंगे।

बंगाली—(आगे बढ़कर क्रोध से) काहे को पकड़ेगा, कानून कोई वस्तु नहीं है। सरकार के विरुद्ध कौन बात हम लोग बोला? व्यर्थ का विभीषिका!

डिस.—हम क्या करें, गवर्नमेंट की पालिसी यही है। कवि वचन सुधा नामक पत्र में गवर्नमेंट के विरुद्ध कौन बात थी? फिर क्यों उसे पकड़ने को हम भेजे गए? हम लाचार हैं।

दू. देशी—(टेबुल के नीचे से रोकर) हम नहीं, हम नहीं, तमाशा देखने आए थे?

---

1. पुलिस की वर्दी पहिने।

महा॰—हाय हाय! यहाँ के लोग बड़ो भीरू और कापुरुष हैं। इसमें भय की कौन बात है! कानूनी है।

सभा.—तो पकड़ने का आपको किस कानून से अधिकार है?

डिस.—इंगलिश पालिसी नामक ऐक्ट के हाकिमेच्छा नामक दफा से।

महा.—परंतु तुम?

दू. देशी—(रोकर) हाय हाय! भटवा तुम कहता है अब मरे।

महा.—पकड़ नहीं सकतीं, हमको भी दो हाथ दो पैर हैं। चलो हम लोग तुम्हारे संग चलते हैं, सवाल जवाब करेंगे।

बंगाली—हाँ चलो, ओ का बात—पकड़ने नहीं शेकता।

सभा॰—(स्वगत) चेयरमैन होने से पहिले हमी को उत्तर देना पड़ेगा, इसी से किसी बात में हम अगुआ नहीं होते।

डिस.—अच्छा चलो। (सब चलने की चेष्टा करते हैं)।

(पटोत्तोलन)

छठा अंक

स्थान—गंभीर वन का मध्यभाग

(भारत एक वृक्ष के नीचे अचेत पड़ा है)

(भारत भाग्य का प्रवेश)

भारतभाग्य—(गाता हुआ-राग चैती गौरी)

जागो जागो रे भाई।
सोअत निसि बैस गँवाई जागो जागो रे भाई।।
निसि की कौन कहै दिन बीत्यो काल राति चलि आई।
देखि परत नहिं हित अनहित कछु परे बैरि बस जाई।।
निज उद्धार पंथ नहिं सूझत सीस धुनत पछिताई।
अबहूँ चेति, पकरि राखो किन जो कछु बची बड़ाई।।
फिर पछिताए कछु नहिं ह्वैहै रहि जैहो मुँह बाई।।
जागो जागो रे भाई।।

(भारत को जगाता है और भारत जब नहीं जागता तब अनेक यत्न से फिर जगाता है, अंत में हारकर उदास होकर)

हाय! भारत को आज क्या हो गया है? क्या निस्संदेह परमेश्वर इससे ऐसा ही रूठा है? हाय क्या अब भारत के फिर वे दिन न आवेंगे? हाय यह वही भारत है जो किसी समय सारी पृथ्वी का शिरोमणि गिना जाता था?

भारत के भुजबल जग रक्षित। भारतविद्या लहि जग सिच्छित।।
भारततेज जगत बिस्तारा। भारतभय कंपत संसारा।।

जाके तनिकहिं भौंह हिलाए। थर थर कंपत नृप डरपाए।।
जाके जय की उज्ज्वल गाथा। गावत सब महि मंगल साथा।।
भारत किरिन जगत उँजियारा। भारतजीव जिअत संसारा।।
भारतवेद कथा इतिहासा। भारत वेदप्रथा परकासा।।
फिनिक मिसिर सीरीय युनाना। भे पंडित नहि भारत दाना।।
रह्यौ रुधिर जब आरज सीसा। ज्वलित अनल समान अवनीसा।।
साहस बल इन सम कोउ नाहीं। तबै रह्यो महिमंडल माहीं।।
कहा करी तकसीर तिहारी। रे बिधि रुष्ट याहि की बारी।।
सबै सुखी जग के नर नारी। रे बिधना भारत हि दुखारी।।
हाय रोम तू अति बड़भागी। बर्बर तोहि नास्यो जय लागी।।
तोड़े की रतिथंभ अनेकन। ढाहे गढ़ बहु करि प्रण टेकन।।
मंदिर महलनि तोरि गिराए। सबै चिह्न तुव धूरि मिलाए।।
कछु न बची तुव भूमि निसानी। सो बरु मेरे मन अति मानी।।
भारत भाग न जात निहारे। थाप्यो पग ता सीस उधारे।।
तोर्‌यो दुर्गन महल ढहायो। तिनहीं में निज गेह बनायो।।
ते कलंक सब भारत केरे। ठाढ़े अजहुँ लखो घनेरे।।
काशी प्राग अयोध्या नगरी। दीन रूप सम ठाढ़ी सगरी।।
चंडालहु जेहि निरखि घिनाई। रही सबै भुव मुँह मसि लाई।
हाय पंचनद हा पानीपत। अजहुँ रहे तुम धरनि बिराजत।।
हाय चितौर निलज तू भारी। अजहुँ खरो भारतहिं मँझारी।।
जा दिन तुव अधिकार नसायो। जो दिन क्यों नहिं धरनि समायो।।
रह्यो कलंक न भारत नामा। क्यों रे तू बारानसि धामा।।
सब तजि कै भजि कै दुखभारी। अजहुँ बसत करि भुव मुख कारी।।
अरे अग्रवन तीरथराजा। तुमहुँ बचे अबलौं तजि लाजा।।
पापिनि सरजू नाम धराई। अजहुँ बहत अवधतट जाई।।
तुम में जल नहिं जमुना गंगा। बढ़हु बेग करि तरल तरंगा।।
धोवहु यह कलंक की रासी। बोरहु किन झट मथुरा कासी।।
कुस कन्नौज अंग अरु बंगहि। बोरहु किन निज कठिन तरंगहि।।
बोरहु भारत भूमि सबेरे। मिटै करक जिय की तब मेरे।।
अहो भयानक भ्राता सागर। तुम तरंगनिधि अतिबल आगर।
बौरे बहु गिरि बन अस्थाना। पै बिसरे भारत हित जाना।।
बढ़हु न बेगि धाइ क्यों भाई। देहु भारत भुव तुरत डुबाई।।
घेरि छिपावहु विंध्य हिमालय। करहु सफल भीतर तुम लय।।
धोवहु भारत अपजस पंका। मेटहु भारतभूमि कलंका।।

हाय! यहीं के लोग किसी काल में जगन्मान्य थे।...

...(भारत को फिर उठाने की अनेक चेष्टा करके उपाय निष्फल होने पर रोकर)

हा! भारतवर्ष को ऐसी मोहनिद्रा ने घेरा है कि अब इसके उठने की आशा नहीं। सच है, जो जान बूझकर सोता है उसे कौन जगा सकेगा? हा दैव! तेरे विचित्र चरित्र हैं, जो कल राज करता था वह आज जूते में टाँका उधार लगवाता है। कल जो हाथी पर सवार फिरते थे आज नंगे पाँव बन बन की धूल उड़ाते फिरते हैं। कल जिनके घर लड़के लड़कियों के कोलाहल से कान नहीं दिया जाता था आज उसका नाम लेवा और पानी देवा कोई नहीं बचा और कल जो घर अन्न, धन, पूत, लक्ष्मी हर तरह से भरे पूरे थे आज उन घरों में तू ने दीया बालनेवाला भी नहीं छोड़ा।

हा! जिस भारतवर्ष का सिर व्यास, वाल्मीकि, कालिदास, पाणिनि, शाक्यसिंह, बाणभट्ट प्रभृति कवियों के नाममात्र से अब भी सारे संसार में ऊँचा है, उस भारत की यह दुर्दशा! जिस भारतवर्ष के राजा चंद्रगुप्त और अशोक का शासन रूम रूस तक माना जाता था, उस भारत की यह दुर्दशा! जिस भारत में राम, युधिष्ठिर, नल, हरिश्चंद्र, रतिदेव, शिवि इत्यादि पवित्र चरित्र के लोग हो गए हैं उसकी यह दशा! हाय, भारत भैया, उठो! देखो विद्या का सूर्य पश्चिम से उदय हुआ चला आता है। अब सोने का समय नहीं है। अँगरेज का राज्य पाकर भी न जगे तो कब जागोगे। मूर्खों के प्रचंड शासन के दिन गए, अब राजा ने प्रजा का स्वत्व पहिचाना। विद्या की चरचा फैल चली, सबको सब कुछ कहने सुनने का अधिकार मिला, देश-विदेश से नई विद्या और कारीगरी आई। तुमको उस पर भी वही सीधी बातें, भाँग के गोले, ग्रामगीत, वही बाल्य-विवाह, भूत-प्रेत की पूजा, जन्मपत्री की विधि! वही थोड़े में संतोष, गप हाँकने में प्रीति और सत्यानाशी चालें! हाय अब भी भारत की यह दुर्दशा! अरे अब क्या चिता पर सम्हलेगा। भारत भाई! उठो, देखो अब दुःख नहीं सहा जाता, अरे कब तक बेसुध रहोगे? उठो, देखो, तुम्हारी संतानों का नाश हो गया। छिन्न-भिन्न होकर सब नरक की यातना भोगते हैं, उस पर भी नहीं चेतते। हाय! मुझसे तो अब यह दशा नहीं देखी जाती। प्यारे जागो। (जगाकर और नाड़ी देखकर) हाय इसे तो बड़ा ही ज्वर चढ़ा है! किसी तरह होश में नहीं आता। हा भारत! तेरी क्या दशा हो गई! हे करुणासागर भगवान् इधर भी दृष्टि कर। हे भगवती राज-राजेश्वरी इसका हाथ पकड़ो। (रोकर) अरे कोई नहीं जो इस समय अवलंब दे। हा! अब मैं जी के क्या करूँगा! जब भारत ऐसा मेरा मित्र इस दुर्दशा में पड़ा है और उसका उद्धार नहीं कर सकता, तो मेरे जीने पर धिक्कार है! जिस भारत का मेरे साथ अब तक इतना संबंध था उसकी ऐसी दशा देखकर भी मैं जीता रहूँ तो बड़ा कृतघ्न हूँ! (रोता है) हा विधाता, तुझे यही करना था! (आतंक से) छिः छिः इतना क्लैव्य क्यों? इस समय यह अधीरजपना! बस, अब धैर्य! (कमर से कटार निकालकर) भाई भारत!

मैं तुम्हारे ऋण से छूटता हूँ! मुझसे वीरों का कर्म नहीं हो सकता। इसी से कातर की भाँति प्राण देकर उऋण होता हूँ। (ऊपर हाथ उठाकर) हे सर्व्वांतर्यामी! हे परमेश्वर! जन्म-जन्म मुझे भारत सा भाई मिले। जन्म-जन्म गंगा जमुना के किनारे मेरा निवास हो।

(भारत का मुँह चूमकर और गले लगाकर)

भैया, मिल लो अब मैं बिदा होता हूँ। भैया हाथ क्यों नहीं उठाते? मैं ऐसा बुरा हो गया कि जन्म भर के वास्ते मैं विदा होता हूँ तब भी ललककर मुझसे नहीं मिलते। मैं ऐसा ही अभागा हूँ तो ऐसे अभागे जीवन ही से क्या : बस यह लो।

(कटार का छाती में आघात और यवनिका पतन)

—1875, एक अंश

हिंदी की उन्नति पर व्याख्यान

अहो अहो मम प्रान प्रिय आर्य भ्रातृ-गन आज।
धन्य दिवस जो यह जुड़ो हिंदी हेतु समाज।1
तामे आदर अति दिये मोहिं तुम निज जन जान।
जो बुलवायो मोहिं इत दर्शन हित सन्मान।2
जदपि न मैं जानत कछू सब बिधि सों अति दीन।
तदपि भ्रात निज जानिकै सबन कृपा अति कीन।3
भारत में यह देस धनि जहाँ मिलत सब भ्रात।
निज भाषा हित कट कसे हम कहँ आज लखात।4
निज भाषा उन्नति अहै सब उन्नति को मूल।
बिन निज भाषा ज्ञान के मिटत न हिय को सूल।5
पढ़े संस्कृत जतन करि पंडित भे विख्यात।
पै निज भाषा ज्ञान बिन कहि न सकत एक बात।6
पढ़े फारसी बहुत बिध तौहू भये खराब।
पानी खटिया तर रहो पूत मरे बकि आब।7
अंग्रेजी पढ़ि के जदपि सब गुन होत प्रवीन।
पै निज भाषा ज्ञान बिन रहत हीन के हीन।8
यह सब भाषा काम की जब लौं बाहर बास।
घर भीतर नहि कर सकत इन सों बुद्धि प्रकास।9
नारि पुत्र नहिं समझहीं कछु इन भाषन माहिं।
तासों इन भाषन सों काम चलत कछु नाहिं।10

उन्नति पूरी है तबहि जब घर उन्नति होय।
निज सरीर उन्नति किए रहत मूढ़ सब लोय।11
पिता बिबिध भाषा पढ़े पुत्र न जानत एक।
तासों दोउन मध्य में रहत प्रेम अविवेक।12
अंग्रेजी निज नारि को कोउ न सकत पढ़ाइ।
नारि पढ़े बिन एक हू काज न चलत लखाइ।13
गुरु सिखवत बहु भाँति लौं जदपि बालकन ज्ञान।
पै माता-शिक्षा सरिस, होत तौन नहिं ज्ञान।14
जब अति कोमल जिय रहत तब बालक तुतरात।
भूलत नहिं सो बात जो तबै सिखाई जात।15
भूलि जात बहु बात जो जोबन सीखत लोय।
पै भूलत नहिं बालकन सीख्यो सुनो जो होय।16
जिमि लै काँची मृत्तिका सब कछु सकत बनाय।
पै न पकाए पर चलत तामें कछू उपाय।17
काँचे पर ता सों बनत जो कछु सो रह जात।
चिह्न सदा तिमि बाल सिसु शिक्षा नाहिं भुलात।18
सो सिसु-शिक्षा मातु-बस जो करि पुत्रहि प्यार।
खान-पान खेलन समय सकत सिखाय बिचार।19
लाल पुत्र करि चूमि मुख बिबिध प्रकार खेलाइ।
माता सब कछु पुत्र को सहजहिं सकत दिखाइ।20
सो माता हिंदी बिना कछु नहिं जानत और।
तासों निज भाषा अहै, सबही की सिरमौर।21
पढ़ो लिखो कोउ लाख बिध भाषा बहुत प्रकार।
पै जबही कछु सोचिहो निज भाषा अनुसार।22
सुत सों तिय सों मीत सों भृत्यन सों दिन रात।
जो भाषा मधि कीजिए निज मन की बहु बात।23
ता की उन्नति के किये सब बिधि मिटत कलेस।
जामैं सहजहि देसकौ इन सब को उपदेश।24
जदपि बाहर के जनन गुन सों देत रिझाय।
पै निज घर के लोग कहँ सकत नाहिं समझाय।25
बाहर तो अति चतुर बनि कीनो जगत प्रबंध।
पै घर को व्यवहार सब रहत अंध को अंध।26
कै पहिने पतलून कै भये। मौलबी खास।
पै तिय सके रिझाय नहिं जो गृहस्थ सुख बास।27

इनकी सो अति चतुरता तिनको नाहिं सुहात।
ताही सों प्राचीन कवि कही भली यह बात।28
खसम जो पूजै देहरा भूत-पूजनी जोय।
एकै घर में दो मता कुसल कहाँ से होय।29
तासों जब सब होहिं घर बिद्या-बुद्धि-निधान।
होइ सकत उन्नति तबै और उपाय न आन।30
निज भाषा उन्नति बिना कबहुँ न ह्वै है सोय।
लाख अनेक उपाय यों भले करो किन कोय।31
इक भाषा, इक जीव इक मति सब घर के लोग।
तबै बनत है सबन सों मिटत मूढ़ता सोग।32
और एक अति लाभ यह यामैं प्रगट लखात।
निज भाषा में कीजिये जो विद्या की बात।33
तेहि सुनि पावै लाभ सब बात सुनु जो कोय।
यह गुन भाषा और महँ कबहूँ नाहीं कोय।34
लखहु न अँगरेजन करी उन्नति भाषा माँहि।
सब विद्या के ग्रंथ अंगरेजिन माँह लखाहिं।35
सब्द बहुत परदेस के उच्चार हु न ठीक।
लिखत कछू पढ़ि जात कछु सब बिधि परम अलीक।36
पै निज भाषा जानि तेहि तजत नहीं अँगरेज।
दिन दिन याही को करत उन्नति पै अति तेज।37
बिबिध कला शिक्षा अमित ज्ञान अनेक प्रकार।
सब देसन से लै करहु भाषा माँहि प्रचार।38
जहाँ जौन को गुन लह्यो लियो जहाँ सो तौन।
ताहीं सो अंगरेज अब सब बिद्या के भौन।31
पढ़ि बिदेस भाषा लहत सकल बुद्धि को स्वाद।
पै कृतकृत्य न होत ये बिन कछु करि अनुवाद।40
तुलसी कृत रामायनहु पढ़त जबै चित लाय।
तब ताको आसय लिखत भाषा माँहिं बनाय।41
तासों सबहीं भाँति है इनकी उन्नति आज।
एकहि भाषा महँ अहै जिनकी सकल समाज।42
धर्म जुद्ध विद्या कला गीत काव्य अरु ज्ञान।
सबके समझन जोग है भाषा माँहि समान।43
भारत में सब भिन्न अति ताही सों उत्पात।
बिबिध देस मतहू बिबिध भाषा बिबिध लखात।44

सौंप्यौ ब्राह्मन को धरम तेइ जानत वेद।
तासों निज मत को लह्या कोऊ कबहुँ न भेद।45
तिन जो भाष्यो सोइ कियो अनुचित जदपि लखात।
सपनहुँ नहिं जानी कछू अपने मत की बात।46
पढ़े संस्कृत बहुत बिध अंग्रेजी हू आप।
भाषा चतुर नहीं भये हिय को मिट्यो न ताप।47
तिमि जग शिष्टाचार सब मौलवियन आधीन।
तन सों सीखे बिनु रहत भये दीन के दीन।48
बैठनि बोलनि उठनि पुनि हँसनि मिलनि बतरान।
बिन पारसी न आवही यह जिय निश्चय जान।49
तिमि जग की विद्या सकल अंगरेजी आधीन।
सबै जानि ताके बिना रहै दीन के दीन।50
करत बहुत बिधि चतुरई तऊ न कछू लखात।
नहिं कछु जानत तार में खबर कौन बिधि जात।51
रेल चलत केहि भाँति सो कल है काको नाँव।
तोप चलावत किमि सबै जारि सकल जो गाँव।52
वस्त्र बनत केहि भाँति सों कागज केहि बिधि होत।
काहि कबाइद कहत हैं बाँधत किमि जल-सोत।53
उतरत फोटोग्राफ किमि छिन मँह छाया रूप।
होय मनुष्यहि क्यों भये हम गुलाम ये भूप।54
यह सब अँगरेजी पढ़े बिनु नहिं जान्यो जात।
तासों याको भेद नहिं साधारनहि लखात।55
बिना पढ़े अब या समै चलै न कोउ बिधि काज।
दिन दिन छीजत जात है या सों आर्य्य समाज।56
कल के कल बल छलन सों छले इते के लोग।
नित नित घन सों घटत हैं बाढ़त है दुख सोग।57
मारकीन मलमल बिना चलत कछू नहिं काम।
परदेसी जुलहान कै मानहु भये गुलाम।58
वस्त्र काँच कागज कलम चित्र खिलौने आदि।
आवत सब परदेस सों नितहि जहाजन लादि।59
इत की रुई सींग अरु चरमहि तित लै जाय।
ताहि स्वच्छ करि वस्तु बहु भेजत इतहि बनाय।60
तिनही को हम पाइकै सजात निज आमोद।
तिन बिन छिन तृन सकल सुख, स्वाद बिनोद प्रमोद।61

कछु तो बेतन में गयो कछुक राज-कर माँहि
बाकी सब व्यौहार में गयो रह्यौ कछु नाहिं।62
निरधन दिन दिन होत है भारत भुव सब भाँति।
ताहि बचाइ न कोउ सकत निज भुज बुद्धि-बल कांति।63
यह सब कला अधीन है तामें इतै न ग्रन्थ।
तासों सूझत नाहिं कछु द्रब्य बचावन पंथ।64
अंगरेजी पहिले पढ़ै पुनि बिलायतहि जाय।
या विद्या को भेद सब तो कछु ताहि लखाय।65
सो तो केवल पढ़न में गई जवानी बीति।
तब आगे का करि सकत होइ बिरध गहि नीति।66
तैसहि भोगत दण्ड बहु बिनु जाने कानून।
सहत पुलिस की ताड़ना देत एक करि दून।67
पे सब विद्या की कहूँ होइ जु पै अनुवाद।
निज भाषा महँ तो सबै याको लहै सवाद।68
जानि सकैं सब कछु सबहि बिबिध कला के भेद।
बनै बस्तु कल की इतै मिटै दीनता भेद।69
राजनीति समझैं सकल पावहिं तत्व बिचार।
पहिचानैं निज धरम को जानैं शिष्टाचार।70
दूजे के नहिं बस रहैं सीखैं बिबिध विवेक।
होइ मुक्त दोउ जगत के भोगैं भोग अनेक।71
तासो सब मिलि छाँड़ि कै दूजे और उपाय।
उन्नति भाषा की करहु अहो भ्रात गन आय।72
बच्च्यौ तनिकहु समय नहिं तासों करहु न देर।
औसर चूके ब्यर्थ की सोच करहुगे फेर।73
प्रचलित करहु जहान में निज भाषा करि जत्न।
राज-काज दरबार में फैलावहु यह रत्न।74
भाषा सोधहु आपनी होइ सबै एकत्र।
पढ़हु पढ़ावहु लिखहु मिलि छपवावहु कछु पत्र।75
बैर बिरोधहि छोड़ि कै एक जीव सब होय।
करहु जतन उद्धार को मिलि भाई सब कोय।76
आल्हा बिरहहु को भयो अंगरेजी अनुवाद।
यह लखि लाज न आवई तुमहिं न होत बिखाद।77
अंगरेजी अरु फारसी अरबी संस्कृति ढेर।
खुले खजाने तिनहिं क्यों लूटत लावहु देर।78

सबको सार निकाल कै पुस्तक रचहु बनाइ।
छोटी बड़ी अनेक बिध बिबिध विषय की लाइ ।79
मेटहु तम अज्ञान को सुखी होहु सब कोय।
बाल वृद्ध नर नारि सब विद्या संजुत होय ।80
फूट बैर को दूरि करि बाँधि कमर मजबूत।
भारत माता के बनो भ्राता पूत सपूत ।81
देव पितर सबही दुखी कष्टित भारत माय।
दीन दसा निज सुतन की तिनसों लखी न जाय ।82
कब लौं दुख सहिहौ सबै रहिहौ बने गुलाम।
पाइ मूढ़ कालो अरध-सिक्षित काफिर नाम ।83
बिना एक जिय के भये चलिहै अब नहिं काम।
तासों कोरो ज्ञान तजि उठहु छोड़ि बिसराम ।84
लखहु काल का जग करत सोवहु अब तुम नाहिं।
अब कैसो आयो समय होत कहा जग माहिं ।85
बढ़न चहत आगे सबै जग की जेती जाति।
बल बुधि धन विज्ञान में तुम कहँ अबहूँ राति ।86
लखहु एक कैसे सबै मुसलमान क्रिस्तान।
हाय फूट इक हमहिं में कारन परत न जान ।87
बैर फूट ही सों भयो सब भारत को नास।
तबहु न छाँड़त याहि सब बँधे मोह के फाँस ।88
छोड़हु स्वारथ बात सब उठहु एक चित होय।
मिलहु कमर कसि भ्रातगन पावहु सुख दुख खोय ।89
बीती अब दुख की निसा देखहु भयो प्रभात।
उठहु हाथ मुँह धोइ कै बाँधहु परिकर भ्रात ।90
या दुख सों मरनो भलो, धिग जीवन बिन मान।
तासों सब मिलि अब करहु बेगहि ज्ञान बिधान ।91
कोरी बातन काम कछु चलिहै नाहिंन मीत।
तासों उठि मिलि कै करहु बेग परस्पर प्रीत ।92
परदेसी की बुद्धि अरु वस्तुन की करि आस।
पर-बस ह्वै कब लौं कहो रहिहौ तुम ह्वै दास ।93
काम खिताब किताब सौं अब नहिं सरिहै मीत।
तासों उठहु सिताब अब छाँड़ि सकल भय भीत ।94
निज भाषा, निज धरम निज मान करम ब्यौहार।
सबै बढ़ावहु बेगि मिलि कहत पुकार पुकार ।95

लखहु उदित पूरब भयो भारत-भानु प्रकास।
उठंहु खिलावहु हिय-कमल करहु तिमिर दुख नास।96
करहु बिलम्ब न भ्रात अब उठहु मिटावहु सूल।
निज भाषा उन्नति करहु प्रथम जो सब को मूल।97
लहहु आर्य्य भ्राता सबै विद्या बल बुधि ज्ञान।
मेटि परस्पर द्रोह मिलि होहु सबै गुन-खान।98

—1877

सबै जात गोपाल की

क्षत्री—महाराज, देखिए, बड़ा अंधेर हो गया कि ब्राह्मणों ने व्यवस्था दे दी कि कायस्थ भी क्षत्री हैं। कहिए, अब कैसे-कैसे काम चलेगा।

पंडित—क्यों इसमें दोष क्या हुआ? 'सबै जात गोपाल की' और फिर यह तो हिंदुओं का शास्त्र पनसारी की दुकान है और अक्षर कल्पवृक्ष हैं। इसमें तो सब जात की उत्तमता निकल सकती है, पर दक्षिणा आपको बाएँ हाथ से रख देनी पड़ेगी। फिर क्या है, फिर तो 'सबै जात गोपाल की?'

क्षत्री—भला महाराज, जो चमार कुछ बनना चाहे तो उसको भी आप बना दीजिएगा?

पंडित—हाँ, चमार तो ब्राह्मण हई है। इसमें क्या संदेह है, ईश्वर के चर्म्म से इनकी उत्पत्ति है। इनको यह दंड नहीं होता। चर्म्म का अर्थ ढाल है, इससे ये दंड रोक लेते हैं। चमार में तीन अक्षर हैं। 'च' चारों वेद, 'म' महाभारत, 'र' रामायण। जो इन तीनों को पढ़ावे, वह चमार। पद्मपुराण में लिखा है कि इन चर्मकारों ने एक बार बड़ा यज्ञ किया था, उसी यज्ञ से चर्मण्वती निकली है। अब कर्म-भ्रष्टा होने से अंत्यज हो गए हैं, नहीं तो हैं असल में ब्राह्मण। देखो, रैदास इनमें कैसे भक्त हुए हैं। लाओ दक्षिणा लाओ। 'सबै...'

क्षत्री—और डोम।

पंडित—डोम तो ब्राह्मण क्षत्रिय दोनों कुल के हैं। विश्वामित्र, वशिष्ठ वंश के ब्राह्मण डोम हैं, और हरिश्चंद्र और वेणु वंश के क्षत्रिय हैं। इसमें क्या पूछना है। लाओ, दक्षिणा 'सबै जा...'

क्षत्री—और जैनी?

पंडित—बड़े भारी ब्राह्मण हैं। 'अहैन्नित्यपि जैनशासनरता' जैन इनका नाम तब से पड़ा, जब से राजा अलर्क की सभा में इन्हें कोई जै न कर सका!

क्षत्री—और बौद्ध?

पंडित—बुद्धिवाले अर्थात् ब्राह्मण।

क्षत्री—और धोबी?

पंडित—अच्छे खासे ब्राह्मण जयदेव के जमाने तक धोबी ब्राह्मण होते थे। 'धोई कविः क्षमापतिः'। ये शीतला के रज से हुए हैं, इससे इनका नाम रजक पड़ा।

क्षत्री—और कलवार?

पंडित—क्षत्री हैं, शुद्ध शब्द कुलवर है, भट्टी कवि इसी जाति में था।

क्षत्री—भला महाराज नीचों को तो आपने उत्तम बना दिया, अब कहिए, उत्तमों को भी नीच बना सकते हैं?

पंडित—ऊँच-नीच क्या, सब ब्रह्म हैं। आप दक्षिणा दिए चलिए, सब कुछ होता चलेगा।

क्षत्री—कहिए अगरवाले और खत्री?

पंडित—दोनों बढ़ई हैं। जो बढ़िया अगर चंदन का काम बनाते थे, उनकी संज्ञा अगर वाले हुई और जो खाट बीनते थे, वे खत्री हुए वा खेत अगोरने वाले खत्री कहलाए।

क्षत्री—और महाराज नागर गुजराती?

पंडित—संपेरे और तैली, नाग पकड़ने से नागर और गुल जलाने से गुजराती।

क्षत्री—और महाराज भुंइहार और भाटिये और रोड़े?

पंडित—तीनों शूद्र, भूजा से भुंइहार, भट्टी रखनेवाले भाटिये, रोड़ा ढोने वाले रोड़े।

क्षत्री—(हाथ जोड़कर) महाराज आप धन्य हैं। लक्ष्मी वा सरस्वती, जो चाहै सो करैं। चलिए, दक्षिणा लीजिए।

पंडित—चलौ, इस सब का फल तो यही था!

जातीय संगीत

भारतवर्ष की उन्नति के जो अनेक उपाय महात्मागण आजकल सोच रहे हैं, उनमें एक और उपाय भी होने की आवश्यकता है। इस विषय में बड़े-बड़े लेख और काव्य प्रकाश होते हैं; किंतु वे जनसाधारण को दृष्टिगोचर नहीं होते। इसके हेतु मैंने सोचा है कि जातीय संगीत की छोटी-छोटी पुस्तकें बनें और वे सारे देश; गाँव-गाँव में साधारण लोगों में प्रचार की जायँ। यह सब लोग जानते हैं कि जो बात साधारण लोगों में फैलेगी, वह सार्वदेशिक होगी और यह भी विदित है कि जितना ग्रामगीत शीघ्र फैलते हैं और जितना काव्य को संगीत द्वारा सुनकर चित्त पर प्रभाव होता है; उतना साधारण

शिक्षा से नहीं होता। इससे साधारण लोगों के चित्त पर भी इन बातों का अंकुर जमाने को, इस प्रकार से जो संगीत फैलाया जाए तो बहुत कुछ संस्कार बदल जाने की आशा है।

देशोन्नति के सुझाए गए साहित्यिक विषय

बाल्य-विवाह—इसमें स्त्री का बालक पति होने का दुःख, फिर परस्पर मन न मिलने का वर्णन, इसके अनेक भावी अमंगल और अप्रीतिजनक परिणाम।

जन्मपत्री की विधि—बिना मन मिले स्त्री-पुरुष का विवाह, इसकी अशास्त्रता।

बालकों की शिक्षा—इसकी आवश्यकता, प्रणाली, शिष्टाचार, व्यवहार शिक्षा आदि।

बालकों से बर्ताव—इसमें बालकों के योग्य रीति पर बर्ताव न करने में उनका नाश होना।

अंग्रेजी फैशन—इससे बिगड़कर बालकों का मद्यादि सेवन और स्वधर्म विस्मरण।

स्वधर्म चिंता—इसकी आवश्यकता।

भ्रूणहत्या और शिशुहत्या—इसके प्रचार के कारण, इसे मिटाने के उपाय।

फूट और बैर—इसके दुर्गुण, इसके कारण भारत की क्या-क्या हानि हुई, इसका वर्णन।

मैत्री और एक्य—इसके बढ़ने के उपाय, इसके शुभ फल।

बहुजातित्व और बहुव्यक्तित्व—इसके दोष, इससे परस्पर चित्त का न मिलना, इसी से एक का दूसरे की सहायता में असमर्थ होना।

योग्यता—अर्थात् केवल वाणी का विस्तार न करके सब कामों के करने की योग्यता पहुँचाना और उदाहरण दिखलाने का विषय।

पूर्वज आर्यों की स्तुति—इसमें उनके शौर्य, औदार्य, सत्य, चातुर्य, विद्यादि गुणों का वर्णन।

जन्मभूमि—इससे स्नेह और इसके सुधारने की आवश्यकता का वर्णन।

आलस्य और संतोष—इनसे हानि और इनकी निंदा।

व्यापार की उन्नति—इसकी आवश्यकता और उपाय।

नशा—इसकी निंदा।

अदालत—इसमें रुपया व्यय करके नाश होना और आपस में न सुलझने का परिणाम।

हिंदुस्तान की वस्तु हिंदुस्तानियों को व्यवहार करना—इसकी आवश्यकता, इसके

गुण, इसके न होने से हानि का वर्णन।

भारतवर्ष के दुर्भाग्य का वर्णन—करुणा रस से संवलित।

ऐसे ही और विषय जिनसे देश की उन्नति की संभावना हो, लिए जाएँ। यद्यपि यह एक-एक विषय एक-एक नाटक, उपन्यास का, काव्य आदि के ग्रन्थ बनाने के योग्य हैं और इन पर अलग ग्रंथ बनें तो बड़ी ही उत्तम बात है।

(कविवचन सुधा में प्रचारित एक विज्ञापन)

शिक्षा आयोग के समक्ष भारतेंदु की गवाही

शिक्षा में हमेशा से मेरी रुचि रही है। मैं संस्कृत, हिंदी और उर्दू का कवि हूँ। मैंने अनेक गद्य और पद्य लिखे हैं। मैंने कविवचन सुधा नामक एक हिंदी पत्रिका चलाई थी जो आज भी मौजूद है। अपने देशवासियों की शिक्षा के स्तर को उठाना, यहाँ के प्रांतों की देशी भाषा में सुधार लाना और देशी भाषा के साहित्य को समृद्ध करना हमेशा से मेरा लक्ष्य रहा है। मेरे देशवासियों में ज्ञानोदय को देखकर मुझे हमेशा खुशी मिली है। मैंने प्राथमिक शिक्षा के लिए बनारस शहर में एक विद्यालय खोला है। मैं बनारस शिक्षा समिति का सदस्य था। और मुझे शिक्षा विभाग से जुड़े लोगों तथा अन्य विद्वानों के संपर्क में आने का पूरा मौका मिला। मैंने अध्ययन के प्रति उत्साह जगाने के लिए सरकारी विद्यालयों तथा कॉलेजों के छात्रों को पुरस्कार दिए।

मैं उत्तर पश्चिमी प्रांत का हूँ और मेरा अनुभव उस क्षेत्र तक सीमित है।

यह सच है कि जनता शिक्षा विभाग के अफसरों की उपेक्षा करती है। और उन्हें उचित सम्मान नहीं देती। इसमें विभाग की कोई गलती नहीं है। बल्कि विभाग पर विद्यालयों के पर्यवेक्षण और परीक्षण जैसे फीके कामों की जिम्मेदारी डालने के कारण ऐसा होता है। भारत में हुकूमत के आदेशों का सम्मान किया जाता है। एक शिक्षा अधिकारी एक व्यक्ति को न हवालात में भेज सकता है, न उसे जमानत देने के लिए कह सकता है और न ही उसकी जेब खाली करा सकता है। वे अपना तिरस्कार करने वालों से बेखबर, अच्छे सिद्धांतों का अनुसरण करने वाले प्रचारकों के समान हैं। जबकि राजस्व तथा पुलिस विभागों के कार्य लोगों के दिमाग पर रोब जमाते हैं। ये विभाग इसीलिए प्रभावित करते हैं क्योंकि ये ऐसे कार्य करते हैं जिनमें लोग अपने बच्चों की शिक्षा से ज्यादा रुचि लेते हैं... इस बुराई को दूर करने के कुछ बेहतरीन तरीके हैं, इंग्लैंड और अन्य यूरोपीय देशों की तरह भारत में भी प्राथमिक शिक्षा को अनिवार्य घोषित करना, लोगों की भाषा को अदालत की भाषा बनाना और अदालत के कागजातों को भाषा के उस रूप में पेश करना जिसे ज्यादातर जनता

पढ़ सके। इन प्रांतों के प्राथमिक विद्यालयों में प्रयोग की जाने वाली भाषा का स्वरूप कुछ एक अपवादों को छोड़कर हिंदी ही है। और अदालतों तथा कार्यालयों की भाषा फारसी। इसीलिए गाँव के प्राथमिक विद्यालय में शिक्षा प्राप्त करने वाले एक देहाती लड़के की शिक्षा का कोई मूल्य नहीं होता। न ही उसे उसके लिए पुरस्कृत किया जाता है। कई सालों तक गाँव के विद्यालय को चलाने का अनुभव रखने वाला जमींदार का लड़का अदालत में जाकर खुद को सारहीन पाता है। उसे लगता है कि उसकी मेहनत बेकार गई। वह खुद को अपने पूर्वजों की तरह उपेक्षित महसूस करता है। और चित्रलिपि में लिखित कागजातों की भाषा समझ नहीं पाता। अगर किसी गरीब का लड़का ज्ञान के जरिए आजीविका कमाने की इच्छा रखता है, तो उसे शिक्षा विभाग का दरवाजा खटखटाना पड़ेगा। दूसरे विभागों में उसकी उपेक्षा की जाएगी।

कुछ बड़े क्षत्रिय तथा ब्राह्मण भूमिपतियों और जमींदारों के उदाहरण मिलते हैं जो अपने निम्न दर्जे के रैयतों के लड़कों को उपेक्षा की वस्तु बनाए रखने से मिलने वाले लाभ को देखते हुए उन्हें शिक्षित बनाने के इच्छुक नहीं हैं। पर ऐसे उदाहरण बहुत कम हैं।

वह वक्त अभी तक नहीं आया है कि सरकार देहाती जिलों में प्रारंभिक शिक्षा के प्रसार के लिए निजी तौर पर कुछ प्रयास करे। सरकार का पीछे हट जाना, चाहे वह अप्रत्यक्ष रूप से ही क्यों न हो, शिक्षा के उद्देश्य के लिए निश्चित रूप से घातक सिद्ध होगा। इस देश के निवासियों ने हिंदू राजाओं और मुसलमान सम्राटों के निरंकुश शासन के अंतर्गत रहते हुए निर्भर और गुलाम बने रहने की आदतें पाल ली हैं जो अब उनकी मानसिकता बन चुकी है। इन लोगों के दिमाग में आजादी की खुली सोच को बैठाने के लिए हितकारी अंग्रेजी सरकार को काफी वक्त लगेगा। भारत चाहे जिस मुकाम पर हो, पर यहाँ की सभ्यता अपने प्रारंभिक चरण में ही इतनी विकसित हो गई है कि वह बहुत पुरानी लगती है। खासकर जब हम अपने से काफी दूर स्थित इंग्लैंड और यूरोपीय देशों को सभ्यता से रिश्ता बनाए रखने के लिए प्रारंभिक शिक्षा को अनिवार्य घोषित करते हुए पाते हैं तब इस बात का एहसास सबसे ज्यादा होता है। अगर हम पीछे मुड़कर शिक्षा विभाग के योगदान पर नजर डालें तो हमें दिखाई देगा कि सरकार के सीधे हस्तक्षेप से इस देश ने शिक्षा के क्षेत्र में कितनी तरक्की की है। हालाँकि इस देश के लोग प्राथमिक शिक्षा के लिए स्थानीय दर पर रकम अदा करते हैं पर वे इस बात की खबर तक नहीं रखते कि गाँव में मौजूद विद्यालय खुला भी है या बंद हो गया। वे शिक्षा शुल्क को सरकार द्वारा उन पर थोपा गया एक कर मानकर अदा करते हैं। वे इसे अपनी भलाई का साधन नहीं मानते। सिर्फ सरकार के सीधे हस्तक्षेप से ही यह देश समृद्ध हो सकता है।

इस सवाल का जवाब देना मुश्किल है कि हमारी देशी भाषा क्या है? भारत में एक कहावत प्रचलित है, जो एक प्रतिष्ठित सत्य भी है कि भाषा हर आठ कोस

पर बदल जाती है। अकेले उत्तर पश्चिमी प्रांत में ही कई बोलियाँ बोली जाती हैं। हालाँकि इन प्रांतों की बोलियों को उनकी जटिलता और वैविध्य के कारण सौ श्रेणियों में रखा जा सकता है पर इनके चार प्रमुख लक्षण हैं–

(क) पूर्वी, यह बनारस और उसके सीमांत जिलों में बोली जाती है।

(ख) कन्नौजी, यह बोली कानपुर और उसके आसपास के जिलों में बोली जाती है।

(ग) ब्रजभाषा, आगरा और उसके आसपास के इलाकों में बोली जाती है।

(घ) काइयाँ या खड़ीबोली, सहारनपुर, मेरठ और उसके पड़ोसी जिलों में बोली जाती है।

अकेले बनारस में ही अगर आपको किसी आदमी से पूछना है कि "आप कैसे हैं?" तो निम्नलिखित रूपों में आप अपनी बात कह सकते हैं–

"आपका शरीर कुशल है? क्षेम है? स्वस्थ है? मिजाजी मुबारक, मिजाजी मुकद्दस, मिजाजी शरीफ? आपका मिजाज कैसा है? तोहार जिउ कैसन बताई? हउ कैसन भया? कैसन होय, इत्यादि।"

आप क्या कहेंगे यह इस बात पर निर्भर करता है कि आप एक पंडित हैं, एक मुंशी हैं, एक शहरी हैं या एक देहाती। जब आपको एक ही जगह बोली जाने वाली एक ही बोली में इतना वैविध्य दिखाई देता है तब आप पूरे प्रांत में बोली जाने वाली भाषा के बारे में क्या कह सकते हैं? अतः बोलने वाले की जाति, जन्मस्थान और प्राप्त संस्कारों के कारण इस प्रांत में देशी भाषा के अलग-अलग रूप दिखाई देते हैं। अतः मैं अलग-अलग वर्गों के लोगों द्वारा सार्वजनिक स्थानों तथा सार्वजनिक उत्सवों में बोली जाने वाली बोली को ही इस प्रांत की देशी बोली कहूँगा। उदाहरण स्वरूप राज दरबार, अदालत, सार्वजनिक समारोह इत्यादि में बोली जाने वाली बोली अथवा वह बोली, जिसमें किताबें लिखी जाती हैं।

अर्थात् हम यह देख सकते हैं कि पहले बताए गए लक्षणों में से इस प्रांत की देशी बोली के केवल दो लक्षण अर्थात् ब्रजभाषा और खड़ीबोली ही ध्यान आकर्षित करते हैं। हिंदी में ब्रजभाषा का प्रयोग पद्य रचना के लिए होता है और खड़ी बोली दो अलग-अलग रूपों में पूरे प्रांत में बोली जाती है। देशी बोली के द्वितीय लक्षण में जब फारसी शब्दों का बहुलता से प्रयोग करके उसे फारसी लिपि में लिखा जाता है तो उसे उर्दू कहते हैं। और जब देशी बोली के द्वितीय लक्षण में उपर्युक्त विदेशी मिश्रण का अभाव होता है और उसे नागरी लिपि में लिखा जाता है तो उसे हिंदी कहते हैं। हम इससे यह निष्कर्ष निकाल सकते हैं कि वास्तव में हिंदी और उर्दू में कोई अंतर नहीं है।

पर इन दिनों हमारी देशी भाषा के दो रूपों ने लोगों के विचारों पर कब्जा कर रखा है। वे रूप लोगों के विचार-विमर्श, लम्बे तर्क-वितर्क और उत्तेजक भाषणों

के लिए आकर्षक विषय जुटाते हैं। मुसलमान और उनके साथी जैसे बनारस और इलाहाबाद के कायस्थ और ज्यादातर इस प्रांत के पश्चिमी भाग में रहने वाले अग्रवाल और खत्री उर्दू को यहाँ की देशी बोली कहते हैं। उनके ऐसा कहने के पीछे कई कारण हैं। मुसलमानों ने लंबे समय तक भारत पर शासन किया। इसके कारण उनके द्वारा बोली जाने वाली बोली का ही इस प्रांत में सम्मान किया जाता है। जो अपने आप को आधुनिक तथा शिष्ट दिखाना चाहते थे वे सार्वजनिक सभा, समारोह में उर्दू बोलते थे। कई लोग आज भी उसी परिपाटी पर चलते हैं। उर्दू में उसी प्रयोग को श्रेष्ठ माना जाता है जिसमें बड़े भारी भरकम ध्वनि वाले फारसी शब्दों का उस सीमा तक प्रयोग किया जाए जिस सीमा तक पहुँचकर उसमें हिंदी वाक्यों की क्रिया के अलावा कुछ भी न रहे।

उर्दू इन प्रांतों की अदालतों की भाषा थी। यही कारण है कि ब्रिटिश शासन में उसका सम्मान किया जाता है। मुसलमान न केवल तीखे और खुशामदी जबान के हैं बल्कि वे प्रगतिशील और मजबूत भी हैं। इसीलिए वे लोगों पर हावी हो जाते हैं। जब भी हिंदुओं ने हिंदी को सरकारी भाषा बनाने की माँग को सरकार के सामने लाने के लिए सभा का आयोजन किया, तभी मुसलमानों ने इसके विरोध में आवाज उठाई। अगर उर्दू को अदालती भाषा के पद से हटा दिया जाए तो पेशकार, सरिष्ठादार, मुहरिर जैसे असंख्य सरकारी पद जिन पर मुसलमानों का एकाधिकार है, उन पदों को हासिल करना उनके लिए कठिन हो जाएगा। नागरी लिपि की शुरुआत से वे एक शब्द की जगह दूसरे शब्द को पढ़ते हुए, चीजों को दूसरे रूप में दिखाकर गलतफहमी पैदा करने और दुनिया को लूटने का मौका खो देंगे। फारसी का शिकस्त शब्द मुख्तारों, वकीलों और ठगों के लिए पैसे ऐंठने का कभी न मात खाने वाला साधन है। इसी के जरिए आजकल अदालत का कार्य चल रहा है।

भगवान ऐसे शब्दों से हमें बचाए!!! इनके जरिए क्या-क्या गजब नहीं ढाए जा सकते? काले को सफेद किया जा सकता है और सफेद को काला। हिंदी के सरकारी क्षेत्र की भाषा बन जाने से अदालत के पिछलग्गुओं का लेखन के चिरस्थायी साधन के जरिए अपनी तिजोरी भरने का मौका हाथ से निकल जाएगा। फारसी के भारी भरकम शब्दों का प्रयोग इस ख्याल से किया गया कि जमींदार, उत्पादक और व्यापारी जिन्होंने वे शब्द सुने ही नहीं थे उनसे पैसे ऐंठे जा सकें। अगर अदालत की भाषा हिंदी हो जाए तो सरकार द्वारा जारी किए गए बुलावे के पत्र को पढ़ने के लिए चार आने और अर्जी भरने के लिए आठ आने से लेकर एक रुपया कौन खर्च करेगा? तब सरकार द्वारा जारी किए गए बुलावे के पत्र को कोई गिरफ्तारी का आज्ञापत्र बनाकर प्रमाण के रूप में कैसे पेश कर सकेगा? कार्यालय में फारसी शब्दों का प्रयोग न केवल हिंदुओं के प्रति अन्याय है बल्कि ये अधिकार वफादार प्रजा की असुविधा का कारण होने की वजह से उनमें प्रभुत्वशाली ब्रिटिश साम्राज्य

के प्रति नाराजगी भी पैदा कर रहा है। अदालत की भाषा उर्दू होने के कारण कुछ लोग इससे प्रभावित होकर इसका पक्ष लेते हैं। हर सभ्य देश की अदालत में वहाँ के लोग जो भाषा बोलते हैं और जिस लिपि में लिखते हैं उसी लिपि और भाषा का प्रयोग किया जाता है। एक यही अकेला देश है जहाँ अदालत की भाषा न शासकों की भाषा है, न प्रजा की। अगर आप एक सार्वजनिक सूचना को हिंदी और उर्दू दोनों में लिखकर भेजें तो इन्हें पढ़ने वाले लोगों के अनुपात का पता आपको आसानी से चल जाएगा। कलक्टर द्वारा बुलावे के पत्र में हिंदी शब्दों का प्रयोग देखकर रैयत और जमींदार दोनों तहे दिल से खुश होंगे। महाजन हिसाब का खाता हिंदी में लिखता है। निजी पत्राचार भी यहाँ हिंदी में होता है। हिंदू अपने परिवारों में हिंदी बोलते हैं। उनकी औरतें हिंदी का प्रयोग करती हैं। पटवारी गाँव के कागजात हिंदी में लिखता है और गाँव के अधिकतर विद्यालयों में हिंदी पढ़ाई जाती है।

मुझे माननीय सैयद अहमद खान बहादुर सी.एस.आई. द्वारा शिक्षा आयोग के आगे दी गई इस गवाही को सुनकर बेहद दुःख हुआ कि उर्दू सभ्य लोगों की भाषा है और हिंदी असभ्य लोगों की भाषा। यह कथन न केवल गलत है बल्कि यह हिंदुओं के प्रति एक अन्यायपूर्ण रवैये से भी युक्त है। केवल कुछ कायस्थों को छोड़कर बाकी बचे हिंदुओं मसलन क्षत्रियों, महाजनों, जमींदारों को ही नहीं बल्कि श्रद्धेय ब्राह्मणों को भी असभ्य मान लिया गया। इन सबके बावजूद लाला साहिब (कायस्थ) भले ही सैयद साहिब बहादुर से उर्दू में पत्राचार करें पर अपनी पत्नी को पत्र हिंदी में ही लिखेंगे।

वह वक्त अब गुजर गया जब ब्राह्मण और पंडित गायत्री मंत्रों को फारसी लिपि के जरिए पढ़ते थे। फारसी के शब्द अब गुल, बुलबुल, शराब, प्याला, इश्क, आशिक, माशूक का पाठ पढ़ाकर हमें बर्बाद करते हैं। पहले प्रेम ने हमारे विचारों पर कब्जा कर रखा था। करीम, मामुकिम और महमूदनामा नौसिखुओं के लिए लिखी हुई किताबें थीं। करीम छोटी और अच्छी किताब थी। पर बाकी दो में सिर्फ प्रेम के गीत थे। उसके बाद गुलिस्ताँ और बोस्ताँ छोटी-मोटी प्रेम कहानियों से पूरी तरह मुक्त नहीं थीं। जुलेखा और बाहारंदिश जैसी अश्लील रचनाएँ पाठकों के दिमाग को भ्रष्ट करने से नहीं चूकीं। उर्दू के प्रति अपने आप को समर्पित करने के पीछे उर्दू को पूजने वालों का खास लक्ष्य छिपा है, जो उन्हें फुसलाता है। यह नाचने वालियों की भाषा है। धन संपन्न हिंदू घरानों के चारित्रिक दृष्टि से भ्रष्ट लड़के, धन के नशे में चूर युवक और चरित्रहीन लोग जब वेश्याओं, रखैलों और दलालों के बीच होते हैं तब उर्दू बोलते हैं। क्योंकि यह उनकी प्रेमिकाओं की भाषा है। ऐसे लोगों की सोहबत में उर्दू का उसकी नली से लेकर गुटर गूँ तक सही उच्चारण करना जरूरी है और जो अपनी जबान को अस्वाभाविक और अप्रिय ढंग से तोड़-मरोड़ नहीं सकता उनका यहाँ स्वागत नहीं किया जाता और न ही उन्हें सुखद साथी माना जाता है।

जैसा कि मैंने ऊपर कहा है कि खड़ीबोली की दूसरी शाखा हिंदी है। वही आर्यभाषा या साधुभाषा कहलाती है। पंडितों ने हिंदी में ऐसे संस्कृत शब्दों का बहुलता से प्रयोग किया जो उपेक्षित जनता की औसत समझ से दूर की चीज थी। जिसके चलते हिंदी काफी कठिन और अलग हो गई। मसलन 'मार सह कर वो भाग गया।' यह एक शुद्ध हिंदी वाक्य है। मौलवी इसका अनुवाद इस तरह करेंगे 'वो जद बर्दाश्त कर अपने मसकान को फरार हो गया।' और पंडित ये कहेंगे 'वह मार सहन कर स्वगृह को पलायित हो गया।' इन विदेशी शब्दों के हस्तक्षेप ने असली हिंदी को बर्बाद कर दिया। हिंदी खुद किसी विदेशी हस्तक्षेप के बगैर ही आसानी से हमारे उद्देश्यों को पूरा कर सकती है। इंशा अल्ला खां की रचना 'रानी केतकी की कहानी' की भाषा देखिए। लगातार मुठभेड़ में लगे हुए मौलवियों और पंडितों ने हिंदी के असली उद्देश्य को ही बर्बाद कर दिया। हमारी देशी भाषा न मौलवियों की भाषा है न पंडितों की। बल्कि यह इन दोनों के बीच की चीज है। यह एक मध्यम मार्ग' है।

इस देश के निवासी या कम से कम इस प्रांत के लोग पिछले आठ-नौ सालों से इस सोच में हैं कि सरकार उनके लिए शिक्षा का दरवाजा बंद करना चाहती है। क्योंकि सरकार यह सोचती है कि शिक्षा विभाग इस राज्य का एक फिजूल विभाग है। यह अकेला ऐसा विभाग है जो सिर्फ खर्चे दिखाता है आय नहीं। भारतीय युवा वर्ग उच्च सरकारी पद प्राप्त करने की आशा रखता है। पर जब उसके हाथ असफलता लगती है तब वह मुड़कर उस सरकार को कोसता है, जिसने उसे शिक्षित बनाया।

मुझे बहुत दुःख है कि इस प्रश्न का मुझे नकारात्मक उत्तर देना पड़ रहा है। सरकार इस संबंध में हमारी प्रार्थना को अब तक अनसुनी करती आई है। सन् 1877 में शिक्षा विभाग द्वारा लगातार शिकायतें प्रस्तुत करने के बाद स्थानीय सरकार ने यह आदेश दिया कि दस रुपए और उससे ज्यादा मासिक आय वाले सरकारी पद पर उन लोगों को नियुक्त नहीं किया जाएगा, जो किसी निश्चित सरकारी परीक्षा में उत्तीर्ण न हुए हों। इस नियम का शिक्षितों ने यह समझकर खुले दिल से स्वागत किया कि सुनहरे दिन अब फिर से लौटकर आ गए, अब सरकारी पदों पर किसी और का नहीं बल्कि उनका एकाधिकार होगा जो इनके लायक हैं। पर उनके आश्चर्य और संताप पर अफसोस होता है। क्योंकि इस सरकारी आदेश को ब्रिटिश मूल के भारतीय अधिकारियों ने कूड़ेदान में भेज दिया। आज यह एक मृत पत्र से ज्यादा कुछ भी नहीं है। अगर सरकार के हर प्रशासकीय विभाग से यह रिपोर्ट माँगी जाए कि सरकार द्वारा दिए गए उस आदेश को कहाँ तक प्रभाव में लाया गया तो मेरी बात स्पष्ट रूप से सामने आ जाएगी।

अधिकतर ब्रिटिश मूल के भारतीयों में स्नातकों और पूर्व स्नातकों के प्रति गहरे अहितकारी भाव मौजूद हैं। वे व्यवस्थित ढंग से इन लोगों के महत्त्वपूर्ण सरकारी

पदों तक पहुँचने के लिए दरवाजे को बंद करना चाहते हैं। वे पुराने खयालातों के उन लोगों को काम पर रखना चाहते हैं जिनके पास न शिक्षा है और न ही उच्च नैतिक चेतना। पर ये बड़े धैर्य के साथ अपने से ऊपर के अधिकारियों की गाली-गलौज और असंतोषजनक व्यवहार को सह सकते हैं। इसके विपरीत ब्रिटिश मूल के भारतीय कार्यकर्ता विश्वविद्यालय से शिक्षा प्राप्त करने वाले उन लोगों से नफरत करते हैं जो आचार संहिता तोड़ने या मनमौजी करने के विरोध में सरकार द्वारा की गई कार्यवाही की आलोचना करने से पीछे नहीं हटते। कचहरी के अमले हमेशा विश्वविद्यालय के लोगों को कचहरी की सीमा लांघकर वहाँ के वातावरण को दूषित करने से रोकने की कोशिश में लगे रहते हैं। क्योंकि इन अमलों का मानना है कि वह उनका अपना अधिकार क्षेत्र है और वहाँ घुसने का अधिकार सिर्फ उन्हीं को प्राप्त है। अधिकारी भी हमेशा सरिष्ठादारों और प्रवर लिपिकों के मनोनयन को ही स्वीकृति देते हैं। शिक्षितों के दावों की लगातार उपेक्षा की जाती है। उन्हें जानबूझकर नीचे रखा जाता है। और उनके सम्मान पाने के सारे रास्तों को बंद कर दिया जाता है। इन प्रांतों की सरकार ने इन लोगों की बहुत कम मदद की। इसीलिए इन लोगों को एक विभाग से दूसरे विभाग के दरवाजे तक जा-जाकर काम के लिए भीख माँगनी पड़ी। अगर आयोग उप-न्यायाधीशों, मुंसिफों, डिप्टी कलक्टरों, तहसीलदारों, पेशकारों, मुनसरिमों, सरिष्ठादारों, प्रवर लिपिकों और सरकारी अमलों की सूची माँगे तो पता चल जाएगा कि जो कुछ भी मैंने कहा वो सच है। शिक्षा विभाग अकेला ऐसा विभाग है जहाँ ऐसे लोगों को काम मिलता है।

सरकारी कॉलेजों और विद्यालयों में कर्तव्यों और नियमों जैसे नैतिक निर्देशों के लिए कोई जगह नहीं है। इन चीजों को विद्यालयों तथा कॉलेजों की पाठ्यचर्या में जगह देने की जरूरत अनिवार्य रूप से महसूस की जा रही है। इस संबंध में उन किताबों को चुना जाना चाहिए जो किसी भी पंथ के लोगों की धार्मिक विचारधारा में हस्तक्षेप न करें। ऐसे सरकारी विद्यालय बहुत कम हैं जो लड़कियों को देशी नियमों से संबंधित निर्देश देते हैं। मुझे एक-दो ऐसे विद्यालयों की जानकारी है जो विजयानगरम के परम माननीय महाराज के सहयोग से चलता है। इसमें यूरोपीय महिलाओं के पर्यवेक्षण में पाँच सौ लड़कियाँ पढ़ती हैं। यह गौर करने लायक बात है कि प्रत्येक लड़की निम्न वर्ग की है।

इस देश के निवासियों का झुकाव अपनी लड़कियों को सरकारी विद्यालयों में भेजने की ओर बहुत कम है। वे प्रायः ऐसी योजनाओं का विरोध करते हैं। पर हमारे पास 'गृहशिक्षा' जैसी भी कोई चीज है। सम्मान्य व्यक्ति अपनी लड़कियों को चाहे वो किसी भी उम्र की हों, सरकारी विद्यालयों में भेजने के बजाय सरकारी प्रबंध के जरिए या किसी निजी व्यक्ति के जरिए ही पढ़ाना पसंद करते हैं। गृहशिक्षा का स्वरूप अक्सर धार्मिक होता है। उसका पश्चिमी ज्ञानोदय से कोई लेना-देना नहीं

है। इसमें नैतिक सिद्धांतों और गृहकार्यों से जुड़ी किताबें पढ़ाई जाती हैं। मुसलमान अपनी लड़कियों को कुरान पढ़ाते हैं।

असैनिक, सैनिक और शिक्षा विभागों की यूरोपीय महिलाओं ने नारी शिक्षा के प्रति थोड़ी बहुत रुचि दिखाई। अगर इन महिलाओं ने यह कार्य भारत को उन्नत बनाने के उद्देश्य से किया होता तो नारी शिक्षा के क्षेत्र में अच्छे फल प्राप्त हो सकते थे। इन औरतों ने यह अभियान कुछ उद्देश्यों को सामने रखकर चलाया था। पर यहाँ की औरतों से इनका मिलना फलदायक नहीं रहा। उनका स्वाभाविक झुकाव यहाँ की औरतों के मन में धार्मिक नियमों और आजाद खयालातों को बैठाने की ओर था। जिसने यहाँ की औरतों के दिमाग में शिक्षा प्राप्त करने की इच्छा जगाने के बजाय उसके प्रति घृणा पैदा की। यहाँ की औरतें यह मानने पर बाध्य हुईं कि इन औरतों का एक मात्र लक्ष्य उनका धर्म परिवर्तन करना है। और इसीलिए ये औरतें धर्मभीरुता से प्रेरित होकर उन औरतों की उपेक्षा करने लगीं जो उनकी नजर में उनके धर्म की दुश्मन थीं।

—1882

अनुवाद : **राखी सेजल**

भारतवर्ष की उन्नति कैसे हो सकती है?

आज बड़े ही आनंद का दिन है कि इस छोटे से नगर बलिया में हम इतने मनुष्यों को बड़े उत्साह से एक स्थान पर देखते हैं। इस अभागे आलसी देश में जो कुछ हो जाए वही बहुत कुछ है। बनारस ऐसे-ऐसे नगरों में जब कुछ नहीं होता तो यह हम क्यों न कहेंगे कि बलिया में जो कुछ हमने देखा वह बहुत ही प्रशंसा के योग्य है। इस उत्साह का मूल कारण जो हमने खोजा तो प्रगट हो गया कि इस देश के भाग्य से आजकल यहाँ सारा समाज ही ऐसा एकत्र है। जहाँ राबर्ट्स साहब बहादुर ऐसे कलेक्टर हों वहाँ क्यों न ऐसा समाज हो। जिस देश और काल में ईश्वर ने अकबर को उत्पन्न किया था उसी में अबुल फजल, बीरबल, टोडरमल को भी उत्पन्न किया। यहाँ रार्बट्स साहब अकबर हैं तो मुंशी चतुर्भुज सहाय, मुंशी बिहारीलाल साहब आदि अबुल फजल और टोडरमल हैं। हमारे हिंदुस्तानी लोग तो रेल की गाड़ी हैं। यद्यपि फर्स्ट क्लास, सेकेंड क्लास आदि गाड़ी बहुत अच्छी-अच्छी और बड़े-बड़े महसूल की इस ट्रेन में लगी हैं पर बिना इंजिन ये सब नहीं चल सकतीं, वैसे ही हिंदुस्तानी लोगों को कोई चलानेवाला हो तो ये क्या नहीं कर सकते। इनसे इतना कह दीजिए

"का चुप साधि रहा बलवाना", फिर देखिए हनुमानजी को अपना बल कैसे याद आ जाता है। सो बल कौन दिलावे। या हिंदुस्तानी राजे-महाराजे नवाब रईस या हाकिम। राजे-महाराजों को अपनी पूजा भोजन झूठी गप से छुट्टी नहीं। हाकिमों को कुछ तो सरकारी काम घेरे रहता है, कुछ बॉल, घुड़दौड़, थिएटर, अखबार में समय गया। कुछ बचा भी तो उनको क्या गरज है कि हम गरीब गंदे काले आदमियों से मिलकर अपना अनमोल समय खोवें। बस वही मसल हुई–'तुम्हें गैरों से कब फुरसत हम अपने गम से कब खाली। चलो बस हो चुका मिलना न हम खाली न तुम खाली।' तीन मेढ़क एक के ऊपर एक बैठे थे। ऊपरवाले ने कहा 'जौक शौक', बीचवाला बोला 'गुम सुम', सब के नीचेवाला पुकारा 'गए हम'। सो हिंदुस्तान की साधारण प्रजा की दशा यही है, गए हम।

पहले भी जब आर्य लोग हिंदुस्तान में आकर बसे थे, राजा और ब्राह्मणों ही के जिम्मे यह काम था कि देश में नाना प्रकार की विद्या और नीति फैलावें और अब भी ये लोग चाहें तो हिंदुस्तान प्रतिदिन कौन कहे प्रतिछिन बढ़े। पर इन्हीं लोगों को सारे संसार के निकम्मेपन ने घेर रखा है। 'बोद्धारो मत्सरग्रस्ता प्रभवः स्मरदूषिताः।" हम नहीं समझते कि इनको लाज भी क्यों नहीं आती कि इस समय में जब इनके पुरुषों के पास कोई भी सामान नहीं था तब उन लोगों ने जंगल में पत्ते और मिट्टी की कुटियों में बैठ करके बाँस की नलियों से जो तारा ग्रह आदि वेध करके उनकी गति लिखी है वह ऐसी ठीक है कि सोलह लाख रुपए के लागत की विलायत में जो दूरबीनें बनी हैं उनसे उन ग्रहों को वेध करने में भी वही गति ठीक आती है, और जब आज इस काल में हम लोगों को अंग्रेजी विद्या की और जगत् की उन्नति की कृपा से लाखों पुस्तकें और हजारों यन्त्र तैयार हैं तब हम लोग निरी चुंगी की कतवार फेंकने की गाड़ी बन रहे हैं। यह समय ऐसा है कि उन्नति की मानो घुड़दौड़ हो रही है। अमेरिकन, अंग्रेज, फरासीस आदि तुरकी ताजी सब सरपट दौड़े जाते हैं। सबके जी में यही है कि पाला हमीं पहले छू लें। उस समय हिंदू कठियावाड़ी खाली खड़े-खड़े टाप से मिट्टी खोदते हैं इनको, औरों को जाने दीजिए, जापानी टट्टुओं को हाँफते हुए दौड़ते देखकर भी लाज नहीं आती। यह समय ऐसा है कि जो पीछे रह जाएगा फिर कोटि उपाय किए भी आगे न बढ़ सकेगा। इस लूट में, इस बरसात में भी जिसके सिर पर कमबख्ती का छाता और आँखों में मूर्खता की पट्टी बँधी रहे उन पर ईश्वर का कोप ही कहना चाहिए।

मुझको मेरे मित्रों ने कहा था कि तुम इस विषय पर आज कुछ कहो कि हिंदुस्तान की कैसे उन्नति हो सकती है। भला इस विषय पर मैं और क्या कहूँ। भागवत में एक श्लोक है–'नृदेहमाद्यं सुलभं सुदुर्लभं प्लवं सुकल्पं गुरु कर्णधारं। मयाऽनुकूलेन नभः स्वतेरितुं पुमान् भवाब्धि न तरेत् स आत्महा।' भगवान कहते हैं कि पहले तो मनुष्य जन्म ही बड़ा दुर्लभ है, सो मिला और उस पर गुरु की कृपा और मेरी अनुकूलता।

इतना सामान पाकर भी जो मनुष्य इस संसार-सागर के पार न जाए उसको आत्महत्यारा कहना चाहिए। यही दशा इस समय हिंदुस्तान की है। अंग्रेजों के राज्य में सब प्रकार का सामान पाकर भी हम लोग जो इस समय पर उन्नति न करें तो हमारा केवल अभाग्य और परमेश्वर का कोप ही है। सास के अनुमोदन से एकांत रात में सूने रंगमहल में जाकर भी बहुत दिन से जिस प्रान से प्यारे परदेसी पति से मिलकर छाती ठंडी करने की इच्छा थी, उसका लाज से मुँह भी न देखै और बोलै भी न, तो उसका अभाग्य ही है। वह तो कल फिर परदेश चला जाएगा। वैसे ही अंग्रेजों के राज्य में भी जो हम कुएँ के मेंढक, काठ के उल्लू, पिंजड़े के गंगाराम ही रहें तो हमारी कमबख्त कमबख्ती फिर कमबख्ती है।

बहुत लोग यह कहेंगे कि हमको पेट के धन्धे के मारे छुट्टी ही नहीं रहती बाबा, हम क्या उन्नति करें? तुम्हारा पेट भरा है तुमको दूर की सूझती है। यह कहना उनकी बहुत भूल है। इंग्लैंड का पेट भी कभी यों ही खाली था। उसने एक हाथ से अपना पेट भरा, दूसरे हाथ से उन्नति की राह के काँटों को साफ किया। क्यों इंग्लैंड में किसान, खेतवाले, गाड़ीवान, मजदूरे, कोचवान आदि नहीं हैं? किसी देश में भी सभी पेट भरे हुए नहीं होते। किंतु वे लोग जहाँ खेत जोतते-बोते हैं वहीं उसके साथ यह भी सोचते हैं कि ऐसी और कौन नई कल या मसाला बनावें जिसमें इस खेती में आगे से दूना अन्न उपजै। विलायत में गाड़ी के कोचवान भी अखबार पढ़ते हैं। जब मालिक उतरकर किसी दोस्त के यहाँ गया उसी समय कोचवान ने गद्दी के नीचे से अखबार निकाला। यहाँ उतनी देर कोचवान हुक्का पीएगा या गप्प करेगा। सो गप्प भी निकम्मी। वहाँ के लोग गप्प ही में देश के प्रबंध छाँटते हैं। सिद्धांत यह कि वहाँ के लोगों का यह सिद्धांत है कि एक छिन भी व्यर्थ न जाए। उसके बदले यहाँ के लोगों को जितना निकम्मापन हो उतना ही बड़ा अमीर समझा जाता है। आलस यहाँ इतना बढ़ गया है कि मलूकदास ने दोहा ही बना डाला—''अजगर करै न चाकरी, पंछी करै न काम। दास मलूका कहि गए, सबके दाता राम।'' चारों ओर आँख उठाकर देखिए तो बिना काम करनेवालों की ही चारों ओर बढ़ती है। रोजगार कहीं कुछ भी नहीं है। अमीरों की मुसाहबी, दुल्लाली या अमीरों के नौजवान लड़कों को खराब करना या किसी की जमा मार लेना, इनके सिवा बतलाइए और कौन रोजगार है जिससे कुछ रुपया मिले। चारों ओर दरिद्रता की आग लगी हुई है। किसी ने बहुत ठीक कहा है कि दरिद्र कुटुंब इसी तरह अपनी इज्जत को बचाता फिरता है जैसे लाजवती कुल की बहू फटे कपड़ों में अपने अंग को छिपाए जाती है। वही दशा हिंदुस्तान की है।

मर्दुमशुमारी की रिपोर्ट देखने से स्पष्ट होता है कि मनुष्य दिन-दिन यहाँ बढ़ते जाते हैं और रुपया दिन-दिन कमती होता जाता है। तो अब बिना ऐसा उपाय किए काम नहीं चलेगा कि रुपया भी बढ़े, और वह रुपया बिना बुद्धि बढ़े न बढ़ेगा।

भाइयो, राजा-महाराजों का मुँह मत देखो, मत यह आशा रखो कि पंडितजी कथा में कोई ऐसा उपाय भी बतलाएँगे कि देश का रुपया और बुद्धि बढ़े। तुम आप ही कमर कसो, आलस छोड़ो। कब तक अपने को जंगली, हूस, मूर्ख, बोदे, डरपोकने कहलवाओगे। दौड़ो इस घुड़दौड़ में, जो पीछे पड़े तो फिर कहीं ठिकाना नहीं है। "फिर कब राम जनकपुर ऐहैं।" अबकी जो पीछे पड़े तो फिर रसातल ही पहुँचोगे। जब पृथ्वीराज को कैद करके गोरी ले गए तो शहाबुद्दीन के भाई गियासुद्दीन से किसी ने कहा कि वह शब्दभेदी बाण बहुत अच्छा मारता है। एक दिन सभा नियत हुई और सात लोहे के तावे बाण से फोड़ने को रखे गए। पृथ्वीराज को लोगों ने पहले ही से अंधा कर दिया था। संकेत यह हुआ कि जब गियासुद्दीन 'हूँ' करे तब वह तावों पर बाण मारे। चंद कवि भी उसके साथ कैदी था। यह सामान देखकर उसने यह दोहा पढ़ा—"अबकी चढ़ी कमान, को जानै फिर कब चढ़ै। जिनि चुक्कै चौहान, इक्के मारय इक्क सर।।" उसका संकेत समझकर जब गियासुद्दीन ने 'हूँ' किया तो पृथ्वीराज ने उसी को बाण मार दिया। वही बात अब है। अबकी चढ़ी, इस समय में सरकार का राज्य पाकर और उन्नति का इतना सामान पाकर भी तुम लोग अपने को न सुधारो तो तुम्हीं रहो। और वह सुधारना भी ऐसा होना चाहिए कि सब बात में उन्नति हो। धर्म में, घर के काम में, बाहर के काम में, रोजगार में, शिष्टाचार में, चाल-चलन में, शरीर के बल में, मन के बल में, समाज में, बालक में, युवा में, वृद्ध में, स्त्री में, पुरुष में, अमीर में, गरीब में, भारतवर्ष की सब अवस्था, सब जाति सब देश में उन्नति करो। सब ऐसी बातों को छोड़ो जो तुम्हारे इस पथ के कंटक हों, चाहे तुम्हें लोग निकम्मा कहें या नंगा कहें, क्रिस्तान कहें या भ्रष्ट कहें। तुम केवल अपने देश की दीनदशा को देखो और उनकी बात मत सुनो।

अपमानं पुरस्कृत्य मानं कृत्वा तु पृष्ठतः।
स्वकार्य्यं साधयेत् धीमान् कार्य्यध्वंसो हि मूर्खता।।

जो लोग अपने को देशहितैषी लगाते हों वह अपने सुख को होम करके, अपने धन और मान का बलिदान करके कमर कस के उठो। देखादेखी थोड़े दिन में सब हो जाएगा। अपनी खराबियों के मूल कारणों को खोजो। कोई धर्म की आड़ में, कोई देश की चाल की आड़ में, कोई सुख की आड़ में छिपे हैं। इन चोरों को वहाँ-वहाँ से पकड़-पकड़कर लाओ। उनको बाँध-बाँध कर कैद करो। हम इससे बढ़कर क्या कहें कि जैसे तुम्हारे घर में कोई पुरुष व्यभिचार करने आवै तो जिस क्रोध से उसको पकड़कर मारोगे और जहाँ तक तुम्हारे में शक्ति होगी उसका सत्यानाश करोगे। उसी तरह इस समय जो जो बातें तुम्हारी उन्नति-पथ में काँटा हों उनकी जड़ खोदकर फेंक दो। कुछ मत डरो। जब तक सौ-दो सौ मनुष्य बदनाम न होंगे, जात से बाहर न निकाले जाएँगे, दरिद्र न हो जाएँगे, कैद न होंगे अपितु जान से न मारे जाएँगे तब तक कोई देश भी न सुधरेगा।

अब यह प्रश्न होगा कि भाई हम तो जानते ही नहीं कि उन्नति और सुधारना किस चिड़िया का नाम है। किसको अच्छा समझें? क्या लें, क्या छोड़ें? तो कुछ बातें जो इस शीघ्रता में मेरे ध्यान में आती हैं उनको मैं कहता हूँ, सुनो—

सब उन्नतियों का मूल धर्म है। इससे सबके पहले धर्म की ही उन्नति करनी उचित है। देखो, अंग्रेजों की धर्मनीति और राजनीति परस्पर मिली हैं, इससे उनकी दिन-दिन कैसी उन्नति है। उनको जाने दो, अपने ही यहाँ देखो! तुम्हारे यहाँ धर्म की आड़ में नाना प्रकार की नीति, समाज-गठन, वैद्यक आदि भरे हुए हैं। दो-एक मिसाल सुनो। यही तुम्हारा बलिया का मेला और यहाँ स्नान क्यों बनाया गया है? जिसमें जो लोग कभी आपस में नहीं मिलते, दस-दस पाँच-पाँच कोस से वे लोग साल में एक जगह एकत्र होकर आपस में मिलें। एक दूसरे का दुःख-सुख जानैं। गृहस्थी के काम की वह चीजें जो गाँव में नहीं मिलतीं, यहाँ से ले जाएँ। एकादशी का व्रत क्यों रखा है? जिसमें महीने में दो-एक उपवास से शरीर शुद्ध हो जाए। गंगा जी नहाने जाते हो तो पहिले पानी सिर पर चढ़ाकर तब पैर डालने का विधान क्यों है? जिसमें तलुए से गरमी सिर में चढ़कर विकार न उत्पन्न करे। दीवाली इसी हेतु है कि इसी बहाने साल-भर में एक बेर तो सफाई हो जाए। यही तिहवार ही तुम्हारी मानो म्युनिसिपालिटी हैं। ऐसे ही सब पर्व, सब तीर्थ व्रत आदि में कोई हिकमत है। उन लोगों ने धर्मनीति और समाजनीति को दूध-पानी की भाँति मिला दिया है। खराबी जो बीच में भई है वह यह है कि उन लोगों ने ये धर्म क्यों मानने लिखे थे, इसका लोगों ने मतलब नहीं समझा और इन बातों को वास्तविक धर्म मान लिया। भाइयो, वास्तविक धर्म तो केवल परमेश्वर के चरणकमल का भजन है। ये सब तो समाजधर्म हैं जो देशकाल के अनुसार शोधे और बदले जा सकते हैं। दूसरी खराबी यह हुई कि उन्हीं महात्मा बुद्धिमान ऋषियों के वंश के लोगों ने अपने बाप-दादों का मतलब न समझकर बहुत से नए-नए धर्म बनाकर शास्त्र में धर दिए। बस सभी तिथि व्रत और सभी स्थान तीर्थ हो गए। सो इन बातों को अब एक बेर आँख खोलकर देख और समझ लीजिए कि फलानी बात उन बुद्धिमान ऋषियों ने क्यों बनाई और उनमें देश और काल के जो अनुकूल और उपकारी हों उनको ग्रहण कीजिए। बहुत सी बातें जो समाज-विरुद्ध मानी जाती हैं किंतु धर्मशास्त्रों में जिनका विधान है उनको चलाइए। जैसे जहाज का सफर, विधवा विवाह आदि। लड़कों को छोटेपन ही में ब्याह करके उनका बल, वीर्य, आयुष्य सब मत घटाइए। आप उनके माँ-बाप हैं या उनके शत्रु हैं। वीर्य उनके शरीर में पुष्ट होने दीजिए, विद्या कुछ पढ़ लेने दीजिए तब उनका पैर काठ में डालिए। कुलीन प्रथा, बहु-विवाह को दूर कीजिए। लड़कियों को भी पढ़ाइए, किंतु उस चाल से नहीं जैसे आजकल पढ़ाई जाती हैं जिससे उपकार के बदले बुराई होती है। ऐसी चाल से उनको शिक्षा दीजिए कि वह अपना देश और कुलधर्म सीखें, पति की भक्ति करें और लड़कों को सहज में शिक्षा दें। वैष्णव शाक्त

इत्यादि नाना प्रकार के मत के लोग आपस का वैर छोड़ दें। यह समय इन झगड़ों का नहीं। हिंदू, जैन, मुसलमान सब आपस में मिलिए। जाति में कोई चाहे ऊँचा हो चाहे नीचा हो सबका आदर कीजिए, जो जिस योग्य हो उसको वैसा मानिए। छोटी जाति के लोगों का तिरस्कार करके उनका जी मत तोड़िए। सब लोग आपस में मिलिए।

मुसलमान भाइयों को भी उचित है कि इस हिंदुस्तान में बसकर वे लोग हिंदुओं को नीचा समझना छोड़ दें। ठीक भाइयों की भाँति हिंदुओं से बरताव करें। ऐसी बात, जो हिंदुओं का जी दुखानेवाली हो, न करें। घर में आग लगे तब जिठानी-द्यौरानी को आपस का डाह छोड़कर एक साथ वह आग बुझानी चाहिए। जो बात हिंदुओं को मयस्सर है वह धर्म के प्रभाव से मुसलमानों को सहज प्राप्त है। उनमें जाति नहीं, खाने-पीने में चौका-चूल्हा नहीं, विलायत जाने में रोक-टोक नहीं। फिर भी बड़े ही सोच की बात है, मुसलमानों ने अभी तक अपनी दशा कुछ नहीं सुधारी। अभी तक बहुतों को यही ज्ञान है कि दिल्ली लखनऊ की बादशाहत कायम है। यारो! वे दिन गए। अब आलस हठधर्मी यह सब छोड़ो। चलो, हिंदुओं के साथ तुम भी दौड़ो, एक-एक दो होंगे। पुरानी बातें दूर करो। मीरहसन की मसनवी और इंदरसभा पढ़ाकर छोटेपन ही से लड़कों का सत्यानाश मत करो। होश सम्हाला नहीं कि पट्टी मार ली, चुस्त कपड़ा पहना और गजल गुनगुनाए। 'शौक तिफ्ली से मुझे गुल की जो दीदार का था, न किया हमने गुलिस्ताँ का सबक याद कभी।' भला सोचो कि इस हालत में बड़े होने पर वे लड़के क्यों न बिगड़ेंगे। अपने लड़कों को ऐसी किताबें छूने भी मत दो। अच्छी से अच्छी उनको तालीम दो। पिनशिन और वजीफा या नौकरी का भरोसा छोड़ो। लड़कों को रोजगार सिखलाओ। विलायत भेजो। छोटेपन से मिहनत करने की आदत दिलाओ। सौ-सौ महलों के लाड़-प्यार दुनिया से बेखबर रहने की राह मत दिखलाओ।

भाई हिंदुओ! तुम भी मतंमतांतर का आग्रह छोड़ो। आपस में प्रेम बढ़ाओ। इस महामंत्र का जप करो। जो हिंदुस्तान में रहे, चाहे किसी रंग किसी जाति का क्यों न हो, वह हिंदू। हिंदू की सहायता करो। बंगाली, मरट्ठा, पंजाबी, मदरासी, वैदिक, जैन, ब्राह्मों, मुसलमान सब एक का हाथ एक पकड़ो। कारीगरी, जिसमें तुम्हारे यहाँ बढ़े, तुम्हारा रुपया तुम्हारे ही देश में रहे, वह करो। देखो, जैसे हजार धारा होकर गंगा समुद्र में मिली हैं, वैसे ही तुम्हारी लक्ष्मी हजार तरह से इंग्लैंड, फरासीस, जर्मनी, अमेरिका को जाती है। दीयासलाई ऐसी तुच्छ वस्तु भी वहीं से आती है। जरा अपने ही को देखो। तुम जिस मारकीन की धोती पहने हो वह अमेरिका की बनी है। जिस लंकिलाट का तुम्हारा अंगा है वह इंग्लैंड का है। फरासीस की बनी कंघी से तुम सिर झारते हो और वह जर्मनी की बनी चरबी की बत्ती तुम्हारे सामने बल रही है। यह तो वही मसल हुई कि एक बेफिकरे मँगनी का कपड़ा पहिनकर किसी महफिल

में गए। कपड़े को पहिचान कर एक ने कहा, 'अजी यह अंगा फलाने का है।' दूसरा बोला, 'अजी टोपी भी फलाने की है।' तो उन्होंने हँसकर जवाब दिया कि, 'घर की तो मूछें ही मूछें हैं।' हाय अफसोस, तुम ऐसे हो गए कि अपने निज के काम की वस्तु भी नहीं बना सकते। भाइयो, अब तो नींद से चौंको, अपने देश की सब प्रकार उन्नति करो। जिसमें तुम्हारी भलाई हो वैसी ही किताब पढ़ो, वैसे ही खेल खेलो, वैसी ही बातचीत करो। परदेशी वस्तु और परदेशी भाषा का भरोसा मत रखो। अपने देश में अपनी भाषा में उन्नति करो।

–1884, बलिया भाषण

प्रताप नारायण मिश्र

1856-1894

हिंदी क्षेत्र में कई सामाजिक-साहित्यिक संस्थाओं के संस्थापक और एक कुशल पत्रकार। उन्नाव के बैजेगाँव में जन्म। कानपुर के अंग्रेजी स्कूल में शिक्षा। 1883 से मृत्युपर्यंत 'ब्राह्मण' का प्रकाशन।

देशोन्नति

मुलसमानों के आने से पहले हमारे देश में मुक्ति ऐसी सस्ती थी कि बे-परिश्रम जो चाहे लूट ले। वही मुक्ति जिसके लिए बड़े-बड़े रिषीश्वर जन्म भर बनों में तपस्या करते-करते मर जाते थे, जिसके लिए शास्त्र में लिखा है कि 'मुक्तिमिच्छसि चेत्तात विषयान विषवत्त्यज', वही मुक्ति जगन्नाथ जी के मंदिर (जहाँ दीवारों पर ऐसी निर्लज्ज मूर्तियाँ बनी हैं कि होली की कबीरों को मात कर दें) में ही आने मात्र से मिल जाती थी। इसकी भी सामर्थ्य न हो तो 'गंगेत्वद्दर्शनान्मुक्तिः'। इसमें भी जी अलसाय तो किसी मत का दस पाँच श्लोक वाला स्तोत्र पढ़ डालो, बस 'मुक्तिर्भवति वै ध्रुवम्'। यह भी न सही तो 'बारक नाम लेत जग जेऊ। होत तरन तारन नर तेऊ।' खैर इन बातों से किसी की कुछ हानि नहीं होती, पर यार लोगों ने हद्द कर दी कि 'मद्यम्मांसंचमत्स्यंच मुद्रा मैथुनमेव च' तक को मुक्ति का साधन लिख मारा। कहाँ तक कहें, ऐसा किसी चाल-चलन का कोई पुरुष न था जो कहीं न कहीं, किसी न किसी महात्मा के वचनानुसार मुक्ति का भागी न हो। हमारा प्रयोजन किसी मत पर आक्षेप करने से नहीं है। क्या जाने किसी ने अपने चेलों वा लड़कों को चिट्ठी भेजी हो कि "मैं गयावाल जी की कृपा से वा भैरव स्तोत्र के फल से मुक्त हो गया, यहाँ सत्यलोक में आनंद से हूँ।" पर हमारी समझ में नहीं आता। क्योंकि शास्त्र देखने तथा विचार करने से यही सिद्ध होता है कि मुक्ति का परम साधन दुष्कर्मों का त्याग और परमेश्वर में सच्चा प्रेम है और मुक्ति का लक्षण सब दुःखों से छूट

जाना है। यदि शास्त्र सच्चा है तो इन ऊपर लिखे उपायों को शेखचिल्ली की बातों के सिवा क्या कहा जाए?

ठीक मुक्ति की सी दशा आजकल देशोन्नति की दिख पड़ती है। घर में देखो तो जो लाला कहें "अरे तीण बजे से गंगा न्हाण क्यू जाए है" तो ललाइन आपे से बाहर हो के उत्तर दें "मैं अपण सिर फोड़ गेरुंगी, देखो तो, धरम करम ने रोकै है।" इधर पंडित जी आज्ञा करें "कुछौ पढ़ा करौ" तौ पंडिताइन खांय फेकरौं करके कहें "काहे का अरिष्ट च्यातत हौ, वैलायगे हौ का? कतौं मेहरियौ पढ़ती हैं?" हमें ऐसे देशोन्नत्यभिलाषियों पर आश्चर्य होता है कि अपने घर की उन्नति किस बिरते पर करना चाहते हैं? बहुतेरे बाबू लोगों की दशा प्रतिदिन देखने में आती है कि परमेश्वर की दया से बुड्ढे होने आए हैं पर यह ज्ञान नहीं है कि किससे कैसे बर्तना चाहिए। विद्या तो दूर रही, बातचीत का यह हाल है कि जो अशुद्ध-फशुद्ध दो चार शब्द अपनी भाषा के बोलेंगे तो बीस बड़े-बड़े कर्णकटु अलफाज अरबी अंग्रेजी के, अपनी लियाकत दिखाने को, उसमें घुसेड़ लेंगे। बुद्धि की यह दशा है कि केवल नागरी जानने वाले ग्रामीण भाइयों के साथ बोलने में अपने को शेखसादी अथवा शेक्सपियर का नाती जाहिर करेंगे। स्वभाव जैसा बीस बरस पहले था वैसा ही अद्यापि वर्तमान है। गाँजा भाँग का प्रण संध्योपासन से अधिक निबाहेंगे, लावनीबाजों के फटके पर बड़े प्रेम से हँस-हँस के खड़े-खड़े धक्का खाते हुए घंटों सुना करेंगे, अपनी हिस्ट्रीदानी दिखाएँगे तो ऐसी कविता करेंगे (रूसी हैं भुच्च जिनकी सवा-सवा हाथ की मुच्छ) संपेड़े के नाच में रात भर खड़े रहेंगे, शतरंज में दो-दो पहर गँवा देंगे, दिवाली में आठ-आठ दिन कर्ज काढ़ के सोरही में आठों पहर मगन रहेंगे, होली में मित्रों पर एक पैसे का रंग छिड़कने के समय सभ्यता की आड़ में जा छिपेंगे, पर दिन को कबीरों और रात को भाँड़ों की महफिल में बैठे हैं, हा हा हा हो हो हो करने में बीर बन जाएँगे। आप दूसरों को बेवकूफ, बेईमान, पोप बनाएँगे पर दूसरा कुछ कहे तो अपने टटर ऐसे हाथ पावों की ओर न देख कर लड़ने को तैयार हो जाएँगे। किसी की कोई वस्तु माँग लाएँगे तो हजम कर रखेंगे या बरसों में अस्त-व्यस्त करके सत्रह कोने का मुँह बना कर फेरेंगे। अपनी चीज माँगने पर, जिसे परम मित्र कहेंगे उससे भी, झूठे बे-सिर-पैर के सौ बहाने गढ़ेंगे। कहाँ तक कहें, जितनी सत्यानाशी बातें हैं सब करेंगे पर देशोन्नति देशोन्नति चिल्लाते फिरेंगे। इन पाँचवें सवारों से कोई पूछे कि कुछ अपनी उन्नति भी की है कि देशोन्नति ही पर मरे जाते हो?

लोग किसी समाचार पत्र अथवा किसी समाज के संबंधियों को उन्नति-कारकों की नाक समझते हैं, और है भी यों ही, क्योंकि ऐसों को इस बात का अधिक पक्ष होता है। सच पूछो तो इनकी शोभा, इनका मुख्य कर्तव्य, इनका परम धर्म ही यही है। पर किया क्या जाए, कुत्ते की पूँछ सीधी तो होगी नहीं। ऐसे लोग बकबक छोड़ के करेंगे क्या? पत्र संपादक वा पत्र प्रेरक होंगे तो किसी नीच प्रकृति अमीर की

खुशामद के मारे सबके बैरी बनेंगे, वा किसी पुरुष पर दुलत्तियाँ झाड़ेंगे। यह भी न करेंगे तो किसी सहयोगी से रंड़हाव पुतरहाव नांध लेंगे। ग्राहक होंगे तो पत्र लेते रहेंगे, दाम देने के समय पेट पर हाथ फेर के 'आतापी भक्षितो येन बातापी च महाबलः' पढ़के बैठे रहेंगे। कोई जल भुन के नादिहंद लिख बैठेगा तो प्रभु प्रान लगेंगे। समाजों के मेंबर होंगे तो या तो दूसरी सभावालों के गुण में भी दोष लगाएँगे या अहंकार के मारे अधिकारी बनने की धुन में आके अपने ही यहाँ वालों का चित्त फाड़ेंगे। भला ऐसों के किए देशोन्नति होनी है? कभी नहीं, कदापि नहीं, त्रिकाल में नहीं। देशोन्नति के लिए और ही सिद्ध मंत्र हैं, वह और ही दिव्यौषधी है।

इसका एक मात्र परम साधन क्या है? इस विषय में आजकल 'जै मुँह तै बातें' हो रही हैं। कोई कहता है धर्म-धर्म चिल्लाए जाओ, देशोन्नति हो जाएगी। कोई समझे है धन के बिना देशोन्नति कैसी? विलायत यात्रा, यंत्र निर्माण, महत्कार्यालय स्थापन करना आदि के बिना क्या होना है। किसी का सिद्धांत है कि बल के बिना देशोन्नति असंभव है। बाल्य-विवाह उठे बिना, विधवा विवाह हुए बिना त्रिकाल में कुछ नहीं होना। किसी का मत है 'विद्या विहीनः पशुः'। दूर देश जाके विद्या पढ़ी, बड़ी-बड़ी पाठशाला स्थापित की इत्यादि-इत्यादि यही देशोन्नति के मूल हैं। पर हमारी समझ में और प्रत्येक सहृदय पुरुष के विचार में देशोन्नति तो बड़ी बात है, सचमुच आत्मोन्नति तथा गृहोन्नति भी इन ऊपर वाली बातों से होनी कठिन है। हाँ उन्नत अवस्था में यह धर्मादिक सर्व बातें सहज साध्य होकर, शाखा-प्रशाखा एवं हस्तपादादिक की भाँति, उन्नति के चिह्न मात्र तो बन जाती हैं पर उन्नति का मूल, उन्नति का जीवनास्ति दशा और प्रलयंगतावस्था में उन्नति का सृजक तथा पुनः प्रकाशक केवल प्रेम है। प्रेम के बिना कभी, कहीं, किसी प्रकार, किसी की उन्नति न हुई है, न होगी, न होती है। प्यारे देशोन्नत्याभिलाषीगण! यह न कहना कि अच्छी सबसे निराली तान अलाप रहे हैं। नहीं, रामायण खोल के देखिए, भगवान रामचंद्रजी दंडकारण्य को कोई सेना, कोई कोत लेकर न गए थे। सीता वियोग जनित दुःख के कारण बुद्धि भी कदाचित ठिकाने न हो (देह धारी मात्र को घोर दुःख में विद्या भूल सी जाती है, बुद्धि भी ठिकाने नहीं रहती)। बाह्य धर्म के निर्वाह की संभावना नहीं है क्योंकि 'मार्गे शूद्रवदाचरेत' नीति में लिखा है। पर हाँ वह प्रेम शक्ति ही थी जिसके बल से हमारे उस पूज्यपाद ने निरे बनचरों को अपना बना लिया। लोक रावण ऐसे शत्रु पर विजयी होकर पुनः साम्राज्य श्री को हस्तगत किया। इधर महाभारत का अवलोकन कीजिए। एक से एक धर्म तत्त्वज्ञ, एक से एक महारथी योद्धा, एक से एक राज राजेंद्र, केवल भ्रातृस्नेह के बिना, बाहर वाला कोई न मिला तो, आपस ही में ऐसे कट मरे कि आर्यावर्त का बंटाधार कर दिया। क्या हास्यास्पद वह पुरुष है जो वृक्ष के मूल का सेवन न करके डाल-डाल पत्ती-पत्ती में जल छोड़ता फिरता है। भला वह पुष्ट होगी कि और सड़ जाएगी! क्या प्रेम के बिना धर्म धनादिक कभी हो सकते हैं? यदि

हो भी गए तो स्थिति उनकी कितने दिन? न जाने लोग मुख्य तत्त्व की ओर क्यों नहीं ध्यान देते, नहीं तो धर्म, धन, बल, विद्यादि प्रेम के बिना हैं ही क्या?

शास्त्र में लिखा है 'तोऽभ्युदय निश्रेयससिद्धिः स धर्मः।' वह अभ्युदय कब होगा? तभी न जब पंडित महाराज की विद्या, ठाकुर साहब का बल, लालाजी के रुपए, महतोभाई के हाथ-पाँव परस्पर एक-दूसरे के कार्य साधन करेंगे? चारों एकत्रित कब होंगे? जब सबके अंतःकरण प्रेम से पूर्ण हो जाएँगे। सब बातें तो हर किसी को प्राप्त होती ही नहीं हैं। वह अपनी पोथी चाट लिया करें, वह अपनी अशरफी गला के पी जाया करें। किसान तो तुच्छ जीव है, उसका उगाया अन्न वे पृथ्वी के शिरोमणि कैसे खाएँगे? उसकी भी बला से। उसने अपने परिश्रम से जोता और बोया है, तुमको क्या? ऐसे अनेक उदाहरण हैं जिनसे सिद्ध है कि सांसारिक अभ्युदय क्या जीवन यात्रा भी प्रेम बिना असंभव है। रही निश्रेयस सिद्धि, सो उसके लिए भी सब ओर से चित्तवृत्ति एकत्र करके ईश्वर में लगाना भी प्रेम ही है। यदि पोथियों को सच्चा मानो तो मरणांतर जीवात्मा का ईश्वर में मिल जाना भी प्रेम ही है। सारांश यह कि यदि 'यतोऽभ्युदय निश्रेयस सिद्धिः स धर्मः' है तो प्रत्येक देशोन्नतिकारक को मान ही लेना पड़ेगा कि 'प्रेम एव परोधर्मः'। अब कहो आस्तिकजी! जिसने परम धर्म का त्याग किया उसको भी सुख मिलना कहीं लिखा है? अधर्मी का भी मनोरथ कभी सिद्ध होता है? धन के लिए लाख सिर पटका करो, अकेले बिलायत जाओगे, भूख के मारे रमाबाई की सी दशा होगी (वह वहाँ जाकर ईसाई हो गई)। अकेले कारखाना खोलोगे (किसी की सहायता न लेना) घर फूँक तमाशा देखोगे। फिर क्या ही देशोन्नति होगी! विद्या के लिए गुरुजी से प्रीति न करना, चौदहौ विद्या आ जाएगी। बल के लिए अखाड़े वालों से जली कटी कहना, सब कसरतें सीख जाओगे। बिरादरी वालों को सस्नेह समझाने की क्या आवश्यकता? संतान युवा हों पूर्णोन्नत जाति में ब्याह देना। देशोन्नति तो घर की लौंडी है। कहने की सौ बातें हैं पर समझते रहो कि (करनी सार है कथनी खुबार है)। बड़ी-बड़ी सभा, बड़े-बड़े लेक्चर, बड़े-बड़े मनोरथों से कुछ न होगा। सब बातों की उन्नति कुछ करने में ही होगी, और करना धरना सामर्थ्य से अधिक हो नहीं सकता। फिर कहिए तो कौन सी सामर्थ्य एतद्देशियों में रह गई है जो हमारे सहव्यसनी महोदय बड़े-बड़े बंधान बाँधा करते हैं? महापरिश्रम करने पर भी यह संभव नहीं है कि सर्वसाधारण में कभी पूर्ण रीति से विद्यादि सब सद्गुण एक साथ हो सकें, और यदि किसी में कोई योग्यता हुई भी तो उसका ठीक बर्ताव न हो सकेगा। देखो राजर्षि भर्तृहरि जी क्या कहते हैं—'विद्या विवादाय धनन्मदाय शक्तिः परेपां परिपीडनाय। खलस्य साधोविपैरीतमेतत् ज्ञानाय दाताय च रक्षणाय।।' साधु वही है जो धर्म साधन करे, और धर्म का लक्षण ऊपर वर्णित हो चुका है।

अब कौन कह सकता है कि सच्चा धर्मिष्ठ अर्थात् प्रेमी हुए बिना कोई अपनी विद्यादि से किसी का उपकार कर सकेगा। अतएव सबके पहले प्रेम शाखा विस्तृत

करना चाहिए। उसके प्रभाव से सब सुख साधिनी बातें स्वतः हाथ आ जाएँगी। नहीं तो यह सब कोई जानता है कि 'कलि में केवल नाम अधारा।' एक माला लेकर देशोन्नति-देशोन्नति रटा करो—जैसे सब मतवाले 'दुःखेच मुख मानिनः' हो रहे हैं वैसे देशहितैषी भी अपना अमूल्य समय खोया करें। आश्चर्य नहीं कि हमारे बहुत से प्रिय पाठक चौकन्ने हुए हों कि कहाँ तो अभी उन्नति का मूल प्रेम को कहते थे, कहाँ सब मतावलंबियों पर कह बैठे। इस असंबद्ध प्रलाप से क्या है? महाशय, देशोन्नति का बड़ा भारी बाधक तो मत ही है। जब तक उसका भ्रम जाल लगा है तब तक सुख स्वरूप प्रेम देव से भेंट कहाँ? किसी मत का अगुवा कब चाहेगा कि मेरे अतिरिक्त दूसरे की बात जमे। कौन न चाहता होगा कि मनुष्य मात्र मेरे चेले होकर अंध भेड़ की भाँति मेरे पीछे हो लें? कौन दूसरे मत के लोगों की निंदा नहीं करता? कब कहाँ कौन अपने साथियों को छोड़ दूसरों की किसी प्रकार की बढ़ती देख सकता है? क्या इन लक्षणों से किसी देशी भाई के हित की आशा हो सकती है? सच तो यह है मत शब्द का अर्थ ही नास्ति 'नेस्ती व मनहूसी' का वाचक है, इसमें क्या तत्त्व? यद्यपि सभी मतमतांतर के ग्रंथों में लोगों के फुसलाने के लिए थोड़े से बुद्धिमानों के सिद्धांत, जैसे ईश्वर की भक्ति, जीव पर दया, सहबासियों से प्रीति, सत्य भाषणादि सत्कर्मों का सेवन, चोरी, जारी आदि का त्याग इत्यादि-इत्यादि तो लिखे हुए पाए जाते हैं और वास्तव में यह माननीय हैं, पर इन्हीं के आगे-पीछे झूठे लालच के साथ थोड़ी-सी बे-सिर-पैर की अंड-बंड बातें ऐसी मिलाई गई हैं जिनके कारण बेचारे सीधे-साधे विश्वासी, बुद्धि की आँखों में पट्टी बाँध कर, तुच्छ-तुच्छ विषयों के लिए, स्वदेशियों से जुतहाव किया करते हैं। क्या ही अच्छी बात होती यदि हमारे आर्यसमाजी भ्रातृगण समझ लेते कि प्रतिमा पत्थर तो है ही, हमें एक पत्थर के लिए सर्वदा मान्य देश गुरु पंडितों को पोप कह कर चिढ़ाने तथा अनेक कामों में परस्पर सहायता करने के बदले उनको अपना बुरा बनाने की क्या पड़ी है?

ऐसे ही ब्राह्मण देवता विचार लेते कि मूर्ति तो साक्षात् ईश्वर की प्रतिमा है; और ईश्वर न प्रशंसा से प्रसन्न है न निंदा से रुष्ट होता है। अथवा वह आप समझ लेगा, हमें क्या प्रयोजन है कि एक वेदावलंबी भव्य युवक समाज को गाली दे देकर विरोध का मूलारोपण करें। यद्यपि वेद, धर्म और ईश्वर को दोनों मानते हैं, देशोद्धार दोनों को अभीष्ट है पर प्रेमतत्त्व न जानने से, मत के आग्रह के मारे, गोस्वामी तुलसीदासजी के इस वचन का उदाहरण बन रहे हैं कि 'बातुल भूत बिबस मतवारे। ये नहिं बोलहिं बचन सम्हारे।' हम नहीं चाहते कि किसी मत विशेष के गुण-दोष दिखाकर इस लेख को आल्हा का पंवारा बनावें, पर इतना तो चेता देना चाहते हैं कि सिवा कोरी बकवाद के और सत्यानाश का मूल परस्पर विवाद के, मत से कोई आशा मत करो। इन में कुछ भी सार होता तो क्यों दुष्ट यवन हमारी नाना जातना कर डालते और एक से एक उदरंभर कान फूँकने वाले गुरु, एक से एक मारण मोहन

करने वाले ओझा, एक से एक प्रचंड चामुंडा और भयानक भैरवादि, जिनके पीछे हम ईश्वर से विमुख, देश भाइयों से विमनस्क हो गए, कोई कुछ न कर सका? करता कौन? विपत्ति में तो एक धर्म ही सहायक होता है। उस धर्म को हमने धर्माभास से बदल डाला। प्रत्यक्ष से बढ़ के कौन प्रमाण है? यदि यह मत धर्म होते तो हमारी रक्षा न करते? अब देशोन्नत्याभिलाषी सज्जन समूह स्वयं विचार कर देखें कि यह धर्म मंतव्य है? पर हाँ यह अपने ही हैं अतएव प्रत्यक्ष में इनकी निंदा न करनी चाहिए, बरंच जिधर अपने सहवर्तियों को अधिक रुचि हो उधर का सा अपना भी रंग-ढंग बना रहे, जिस में कोई घृणा करके अर्थ में सामाजिक प्रेम-पथ का अवरोधक न बन जाए। पर अंतःकरण से किसी मत का कट्टर कदापि न बनना चाहिए। क्योंकि जो सच्चे जी से स्वदेश का हित चाहते हैं उनका तो प्रेम-पंथ निराला है। उस धर्म के अनुष्ठान की विधि तो हमसे पूछो। सबसे पहले देश-भक्त को चाहिए कि दत्तचित्त होकर अपनी उन्नति करे। उसके लिए मूल मंत्र तो बस यही है कि 'आलस्योहि मनुष्याणां शरीरस्थो महान् रिपुः।' यह कोई दुःसाध्य बात नहीं है। केवल थोड़े दिन कुछ अड़चन सी तो जान पड़ेगी पर कष्ट किंचित भी न होगा। जी कड़ा करके नित्य कृत्यों का समय नियत कर देने से सब हो जाएगा। तदनंतर हाथ पाँव की भाँति विचारशक्ति से भी काम लेते रहना चाहिए। इसके लिए भी केवल इतना ही कर्तव्य है कि प्रत्येक छोटे बड़े विषय में, जहाँ तक बुद्धि दौड़ सके, सोच लिया करे कि अमुक बात में यदि यों होगा तो क्या होगा, यों होगा तो क्या होगा, बस।

अपनी हानि-लाभ कौन नहीं समझता। जिस में कुछ भी हानि देख पड़े उस काम को छोड़ दे। पर हाँ कोई ऐसा काम अवश्य करता रहे जिसमें अपने को या पराए को अति कष्ट न हो और निर्वाह मात्र के लिए धन मिलता रहे तथा किसी दशा में आय से अधिक व्यय न होने दे, नामबर व अमीर बनने के लालच में न फँसे और ऐसा धंधा न चुने जिसमें दिन भर छुट्टी ही न मिलती हो। बारह घंटे दिन में जिसे न्यूनातिन्यून दो घंटे भी अवकाश नहीं रहता उसे हम मनुष्य कहने में हिचकिचाते हैं। उस छुट्टी के समय संसारी झगड़ों को छोड़ ईश्वर का भजन तथा निर्दोष जी बहलाव भी अवश्य ही चाहिए। निर्दोष मन बहलाव से हमारा प्रयोजन है जिसमें धन-बल और मान की हानि न हो। अनेक विषय की पुस्तकें (विशेषतः कविता और नीति की, क्योंकि पहली सहृदयत्व की जननी है दूसरी बुद्धिबर्द्धिनी है) देखना, वाटिका तथा मैदानों में घूमना, गाना बजाना, उछलना-कूदना इत्यादि जिसमें अधिक रुचि हो करना। पर शारीरिक व्यायाम, चाहे बिना रुचि भी हो, अवश्यमेव करना। कैसी ही दशा में चिंता को पास न फटकने देना चाहिए। सब प्रकार के, सब श्रेणी के, सब वय के, सब मत के लोगों की संगति करना पर उनके अनुगामी न हो जाना। अपने शरीर, स्थान, वाणी, वस्त्र इत्यादि को ऐसा न रखना जिससे किसी को घृणा उत्पन्न हो। ऐसे-ऐसे और भी बहुत से काम हैं जो विचार शक्ति आप सिखा देगी, निरालसित्व

और जिंदादिली आप करा देगी। उनको करते रहने से, थोड़े से काल में, आत्मोन्नति अपनी मिति तक पहुँच जाएगी। रही गृहोन्नति, उस के लिए केवल इतना की कर्तव्य रह जाएगा कि अपने कुटुंबियों, आश्रितों तथा सहवासियों से ऐसे बर्ताव रखना जिसमें वे लज्जित, भयभीत, विरक्त न होने पाएँ। पर आपको भी उनके साथ ऐसा न रह कर मित्र भाव से रहना चाहिए। जिसके साथ निष्कपट हो कर अपनत्व का व्यवहार किया जाता है वह कुछ दिन में निश्चय ही अपना हो जाता है। फिर जब तुमने उनको अपना अभिन्न हृदय बना लिया तो बस घर वाले एवं पड़ोस वाले, तुम्हारे सच्चे सहानुभाव, सच्चे सहायक, सच्चे आज्ञाकारी बन जाएँगे। स्मरण रहे कि आत्मोन्नति के नियम न टूटने पाएँ तो गृहोन्नति कुछ बहुत कठिन नहीं है। और जो इन दोनों की उन्नति में पूर्ण समर्थ है अकेला वही देशोन्नति के लिए कटिबद्ध हो सकता है और कृतकार्य हो सकता है। क्योंकि हम कह चुके हैं कि प्रेम ही सब उन्नति का मूल है। जिसने अपनी देह एवं गेह से प्रेम कर लिया उसे अब प्रेम का अभ्यास हो गया। और प्रेम का अभ्यासी अपने कार्य सिद्धि में तथा दूसरों को अपने ढंग का बना लेने में पक्का होता ही है। जो दूसरों को अपना सा कर सकता है वह एक देश क्या जगत् को थोड़ी कठिनता से समुन्नत कर दे।

–1883-84

पढ़े-लिखों के लक्षण

कपड़े ऐसे कि रामलीला के दिनों में सिर्फ काले चेहरे ही की कसर रह जाए, इस पर भी उनमें कोई देशी सूत न हो, यदि हिंदुस्तानी के हाथों से लिए भी न गए हों तो और अच्छा। भोजन ऐसे कि बिरादरी के डर से प्रगट रूप में न निभ सके तो गुप्त ही रीति से सही, पर हों पंच मकार में से कुछ न कुछ अवश्य। उनका रंधन यदि बैरा, खानसामा आदि के द्वारा हुआ हो तो क्या ही कहना है, नहीं तो खैर किसी शूद्र के ही हाथ का हो। पर परमोत्तम तो यही है कि विलायत से बन के आए हों चाहे महीनों के सड़े हुए गंधाते ही क्यों न हों और परोसने वाले तथा साथ खाने वाले भी कम से कम चार वर्ण से पृथक तो अवश्य ही हों। भाषा ऐसी कि संस्कृत का शब्द तो कान और जबान से छू न जाना चाहिए। हिंदी से इतनी लाचारी है कि 'आया' 'गया' इत्यादि शब्द नहीं बच सकते तथापि खास-खास बातें अंग्रेजी अथवा टूटी-फूटी अरबी ही की हों। हाँ कोई नाम पूछ बैठे तो झख मार के राम-रहीम आदि के साथ दत्त, प्रसाद, दास, गुलाम आदि जोड़ के मुँह पर लाना पड़ता है। पर इसमें अपना वश ही क्या है। वह पिता की बेवकूफी है। शिष्टाचार में भी

नमस्कार, पायलागन, राम-राम, जैगोपाल आदि वाहियात बातें नहीं आनी चाहिए। रोजगार भी नौकरी के सिवा और न करना चाहिए क्योंकि बबुआई के बईद है। धर्म भी सब से उत्तम तो नास्तिकता है नहीं तो खैर क्रिश्चियनिटी ही सही। पर महात्मा मसीह के उत्तम उपदेशों पर चलना कोई आवश्यक नहीं है। केवल इंग्लैंड वालों की सी ऊपरी चाल-ढाल बहुत है। ढिठाई बेशक इतनी अवश्य होनी चाहिए कि नागरी का एक अक्षर न सीखा हो पर वेद, पुराण, देवता, पितर इत्यादि को मन ही से तुच्छ न समझ ले किंतु दूसरों को समझाने में भी बंद न रहे।

साधारणतः सब का निचोड़ यह कि पुराने सब लोग अहमक थे और उनकी चलाई हुई सारी बातें नानसेंस हैं। क्या ज्योतिष, क्या वैद्यक, क्या मंत्र-शास्त्र, क्या नीति, क्या धर्म इत्यादि 'सर्ब गप्पः'। हाँ कोई यूरोप-अमेरिका वाला उन में से किसी को अच्छा बतलाए तो सच्चे जी से मानने योग्य है। ऐसी ही ऐसी और भी कई एक बातें हैं जो आजकल के बरसों के पठन-पाठन का नतीजा हैं और प्रायः सभी बाबू साहबों में थोड़ी बहुत पाई जाती हैं। यदि जिसमें इनका पूर्णतया अभाव होगा वह इस काल की सुपठित एवं सभ्य मंडली का मेंबर ही नहीं समझा जा सकता। इससे यदि हम साधारण बोली में इनका नाम पढ़े-लिखों के लक्षण रख लें तो बुद्धिमानों की दृष्टि में अनुचित न जँचेगा। इनका वर्णन अनेक बार अनेक प्रकार से अनेक सुवक्ता और सुलेखकों की वाणी तथा लेखनी के द्वारा हो चुका है। अतः हम इस समय इस विषय को बढ़ाना पिष्टपेषण समझते हैं पर अपने पाठकों से पूछना चाहते हैं कि इन लक्षणों से देश अथवा जाति को किस भलाई की आशा हो सकती है? इनसे तो वही लोग अच्छे जो पढ़ने-लिखने का काम नहीं जानते अथवा कुछ मुड़िया, कैथी नागरी या दुर्गापाठ, सत्यनारायण कथा इत्यादि सीख के अपने कृषि वाणिज्य शिल्प सेवादि द्वारा अपना तथा अपने कुटुंब का पालन कर लेते हैं। ऐसों से यदि कोई उपकार न हो सके तो भी हिंदूपन की एक सूरत तो बनी रहती है, यही क्या थोड़ा है? पर हमारे बाबुओं की चले तो हिंदुस्तान का कोई पुराना चिह्न (चिह्न कैसा नाम) भी न रखें भाषा, भोजन, भेष, भाव सब और के और हो जाएँ। इसी से हमारी समझ में सच्चे देशभक्तों को सब काम छोड़ के पहले इसका उद्योग करना चाहिए कि सर्वसाधारण में निज संतान के वास्तविक सुधार की रुचि उत्पन्न हो। लोग अपने लड़कों को आँखें मीच के स्कूल भेज देने की भेड़ चाल छोड़ें क्योंकि वहाँ आत्मगौरव, स्वजातित्व, देश वात्सल्य, सनातनाचार इत्यादि की शिक्षा नहीं होती जो मनुष्य जीवन का भूषण है। बरसों का समय और सैकड़ों रुपया केवल ऐसी ही पढ़ाई में जाता है जिसका फल इतना मात्र हो कि तन नाजुक, मन अपनेपन से फिरंट और जीवन केवल परसेवा द्वारा पेट पालने में बिता देने के योग्य रह जाए। यदि परमेश्वर की दया से भोजनाच्छादन की चिंता न हो और कुछ नामवरी करने का शौक चर्राए तो या तो उपर्युक्त लक्षणों का पूरा नमूना बनकर शुद्ध जैंटिलमैन हो जाएँ और दूसरों

को जाति-पाँति की रीति-भाँति धर्म कर्मादि के काम का न रखें या राजनैतिक विषयों में टँगड़ी अड़ावें तो या खिताबी राजा बाबू सितारा आदि कहलाने की धुन में चार दिन के पाहुन हाकिमों की खुशामद के मारे प्रजा वर्ग का शाप संचयन करते रहें या बात-बात में सरकार का मुकाबिला कर-कर के राज कर्मचारियों को चिढ़ाया करें।

भला इन लक्षणों और ऐसी करतूतों से किसी की क्या भलाई हो सकती है? पर खेद है कि वृद्धि इन्हीं की देखने में आती है और अधिकांश में उद्योग भी इन्हीं की प्राप्ति के होते रहते हैं। फिर हम क्यों न कहें कि इन नवयुवक एवं नवशिक्षित बाबुओं ही के क्या देश भर के लक्षण कुलक्षण हैं। क्योंकि भविष्यत की उन्नति अवनति इन्हीं पर निर्भर रहती है और इन विचारों में विद्या ऐसी परमोत्तम वस्तु का फल उलटा दिखाई देता है अर्थात् जिन बातों को यह उन्नति का मूल समझते हैं वे यदि पूरी तरह फैल जाएँ तो हिंदुस्तान का वास्तविक रूप ही मिट्टी में मिल जाए। केवल थोड़े से पुराने ढंग के बचे-खुचे लोगों की जबान पर कहानी मात्र रह जाए कि भारतवर्ष आर्यावर्त अथवा हिंदुस्तान ऐसा देश था, वहाँ के निवासी ऐसे होते थे, उनका व्यवहार बर्ताव इत्यादि ऐसा था वैसा था और बस। यद्यपि यों होना है यहाँ मुश्किल और परमेश्वर न करे कि हो पर यतः ठान ऐसा ही होने का ठन रहा है। इससे देश हितैषियों को वर्त्तमान ढर्रा बदलने और अपनी प्रकृत दशा बनाए रखने का यत्न कर्तव्य है नहीं तो पढ़े-लिखों के लक्षण बड़ा अच्छा रंग लाएँगे।

नवपंथी और सनातनाचारी

नवपंथी—नमस्ते साहब!

सनातनाचारी—नमस्ते और साहब तुम होगे जी! बीस बार समझा दिया कि हम साहब नहीं हैं, हम ब्राह्मण हैं, मानते ही नहीं!

नवपंथी—अच्छा बाबा, भूल गए माफ करो। नमस्ते महाशय कहा करें?

सनातनाचारी—यद्यपि हम महाशय भी नहीं हैं, न ऋषि हैं, न राजा हैं फिर इतना बड़ा प्रतिष्ठित शब्द भी हमारे पक्ष में उपहासबोधक है क्योंकि वास्तवतः हम साधारणशय भी नहीं हैं। इस से यदि हम अपने मन से अपने को महाशय समझें तो झूठा गर्व करके महापापी बनते हैं और दूसरे लोग यदि हमें जी से ऐसा मानें तो धोखा खाते हैं वे केवल मुख से इस शब्द का प्रयोग करें तो हमें झूठमूठ झंडे पर चढ़ाते हैं। पर यतः साधारण समुदाय के अधिकांश ने इस शब्द को साधारण बोलचाल में साधारण ही अर्थ का द्योतक मान लिया है और शब्द भी अपने देश का है इस से आप चाहे जिस के लिए प्रयोग कर लें, पर नमस्ते क्या बला है? बाबा!

नमस्ते तुम होगे हम नहीं हैं।

नव॰—वाह साहब! नमस्ते भी कोई गाली है?

सना॰—गाली उन्हीं शब्दों को कहते हैं जिन्हें सुन के श्रोता का चित्त बिगड़ जाए। और यह लक्षण इस शब्द में भी विद्यमान है। थोड़े से आप के समाजियों को छोड़ कर देश का तृतीयांश से अधिक समुदाय इसे सुनते ही कहने वाले को अपने आचार-विचार का बिद्रूपकारक समझ के चौंक उठता है। फिर ऐसे शब्द के प्रयोग की क्या आवश्यकता है जिस के द्वारा हमारे अधिकांश भ्रातृगण के शांतिप्रवाह में विक्षेप हो?

नव॰—अजी वाह! यह भी कोई बात है कि जिस अच्छी बात को मूर्ख लोग नापसंद करें तो उस समझदार भी छोड़ बैठें? भला बतलाइए तो इस में क्या बुराई है? संस्कृत का शब्द है नमः, और ते मिल के बना है। जिस का अर्थ है कि मैं तुम्हारा मान्य करता हूँ। यदि हम ने ऐसा कहा तो क्या अपराध हुआ?

सना॰—किसी की रुचि के विरुद्ध कोई काम करना ही अपराध कहलाता है, विशेषतः जब आप शिष्टाचारसूचक कई एक सर्वप्रिय शब्दों के होते हुए केवल अपनी विलक्षणता दिखलाने और अपने को बृहत समुदाय से पृथक जतलाने की मनसा से उक्त शब्द को काम में लाते हैं तो क्योंकर अपराध से अलग रह सकेंगे? अपराध ही नहीं अपितु यह पाप भी है कि मुख से कहते हो—मैं तुम्हारा मान्य करता हूँ—पर मन से उन्हें मूर्ख समझते हो। क्या दूसरों को मूर्ख समझना कोई बुद्धिमानी है? नमस्कार का अर्थ भी तो यह नहीं है कि मैं तुम्हें गाली देता हूँ, पालागन का अर्थ भी तो यह नहीं है कि मैं तुम्हें लातें मारता हूँ, राम-राम का अर्थ भी यह नहीं है कि मैं तुम्हारा शत्रु हूँ, फिर इन सब को छोड़ कर एक बात ही को 'हारिल की लकड़ी' बनाना कहाँ की भलमंसी है?

नव॰—यह तो आप जबरदस्ती करते हैं। भला व्याकरण की रीति से नमस्कारमात्र कहने में यह अर्थ कहाँ से निकालिएगा कि—मैं तुम्हें नमस्कार करता हूँ।

सना॰—यदि सामाजिक व्यवहार में आप व्याकरण छाँटेंगे तो बात-बात में दाँताकिलकिल उठ सकती है। व्यवहारशास्त्र के अनुसार तो एक शब्द बोलने से तत्संबंधी अन्य शब्द भी समझ लिए जाते हैं। यह सब देश की भाषाओं का नियम है। पर व्याकरण की रीति से आप की नमस्ते का एक अर्थ यह भी हो सकता है कि जिस के मस्तक पर न हो, अर्थात् मस्तक में होने वाले अवयव नेत्र, बुद्धि वा शृंग जिस के न हों।

नव॰—ह ह हः शायद यही अर्थ समझ के आप नमस्ते कहने से जलते हैं।

सना॰—मैं जलता तो किसी बात में नहीं हूँ पर जो बातें पंच को अप्रिय हैं उन्हें परमेश्वर की अप्रिय अवश्य समझता हूँ। और आप को व्यसन है कि उन्हीं बातों को अपने धर्म का झंडा समझते हो जिनके द्वारा दूसरों का जी अपने वर्तमान

भाव से बिचल जाए। नहीं तो शब्दों के पीछे झगड़ा उठा के किसी को कुंठित करना धर्म, सभ्यता, बुद्धिमत्ता सभी के विरुद्ध है। अतः बुद्धिमान को चाहिए कि जिस समूह से बातचीत करे उस से उसी के अनुकूल शिष्टाचार का बर्ताव करे।

नव॰—इस रीति से तो सलाम, बंदगी, गुडमार्निंग आदि का प्रयोग भी आप के कथनानुसार उचित ही ठहरेगा।

सना॰—हई है! मुसलमानों और क्रिस्तानों से कोई हिंदू पालागन, आशीर्वाद करने जाता है।

नव॰—वह लोग अन्यधर्मी और अन्यजातीय हैं। उन के साथ उन्हीं का सा शिष्टाचार न करें तो काम न चले। यदि वे रूठ जाएँ तो बहुत से कामों में विघ्न पड़ने का भय है।

सना॰—धन्य है इस समझ को कि जो सब बातों में पार्थक्य रखते हों उनके साथ तो आप अनुकूल आचरण रखें और भय करें पर अपनों को चिढ़ाने में तत्पर रहें। इससे तो जान पड़ता है कि आप के से चित्त वाले डर के कारण बिना सब के प्रतिकूल ही बर्ताव रखने की प्रकृति रखते हैं। पर स्मरण रखिए ऐसा आचार शिष्ट पुरुषों का नहीं होता, अस्मात् शिष्टाचार नहीं कहा जा सकता।

नव॰—अच्छा दीनबंधु दयासिंधु, फिर हम आप से क्या कहा करें जिसमें आप हमें शिष्ट समझें?

सना॰—आज आपको क्या हो गया है कि जो बात कहते हैं निंदा-व्यंजक ही कहते हैं। भला विचारिए तो दीन का बंधु भी दीन के अतिरिक्त कौन हो सकता है? जब तक परमेश्वर चलने-फिरने की शक्ति और खाने पहनने की सामर्थ्य तथा बंधुवर्ग में सुख प्यार बनाए है तब हमें दीनों का बंधु अथवा हमारे बंधुगण को दीन कहना अशुभ चिंतन है! यों ही हम हिंदुओं में 'दया धर्म को मूल है नर्कमूल अभिमान' की कहावत सब छोटे बड़ों के मन और वचन में बिराजती रहती है। फिर हम दया के डुबो देने या बहा देने वाले अथवा समुद्र के जल की भाँति दूसरों की तृषा शांत करने में अयोग्य दया रखने वाले क्योंकर कहे जा सकते हैं।

नव॰—भला इन सब शब्दों का अर्थ जैसा आप व्याकरण की रीति से कर गए वैसा ही सच्चे अंतःकरण से मानते हैं?

सना॰—आप हमारे पास यदि कभी सच्चे अंतःकरण से मित्रतापूर्वक कथोपकथन करके किसी विषय का निर्णय करने आए होते तो हम भी तदनुकूल व्यवहार करते।

नव॰—यह आप ने कैसे जाना कि हम शुद्ध मानस से मिलने नहीं आते?

सना॰—भैया रे! 'हित अनहित पसु पच्छिउ जाना। मानुस तन गुन ज्ञान निधाना।' विशेषतः दो-चार बार के वार्तालाप से कभी आंतरिक भाव खुले बिना नहीं रहता! ऊपर वाला प्रश्न आप ही अपने जी से क्यों न कर देखिए। यदि अंतःकरण होगा तो आप उत्तर देगा कि सच्ची हितैषिता और मौखिकवाद के द्वारा परास्त करने की

चेष्टा में इतना अंतर होता है। आज तक आप के यहाँ के जितने शास्त्रार्थ देखने सुनने में आए हैं उनमें आप ही धर्म को साक्षी दे कर कहिए कि सत्य का उचित सम्मान किया गया है कि पॉलिसीबाजी से काम? फिर क्या आप जानते हैं कि दूसरों को 'शाठ्यं' कुर्यात शठं प्रति' की चाल आती ही नहीं है?

नव॰–(मुसकरा कर) अच्छा भाई अब आगे से हमारी बातों को सचमुच सत्य ही के निर्णयार्थ समझिएगा।

सना॰–यह कहने की कोई आवश्यकता नहीं है–'करतूतिहि कहि देत आप नहि कहिए साईं'। यदि इस प्रतिज्ञा पर भी उचित बर्ताव न हुआ तो यहाँ भी 'ईंट के जवाब पत्थर' की कमी नहीं है।

नव॰–सो तो आप ही खुल जाएगा। अच्छा अब मतलब की बातें हों।

सना॰–जय गणेश।

महावीर प्रसाद द्विवेदी

1864-1938

हिंदी नवजागरण के प्रमुख स्तंभ। राय बरेली के दौलतपुर गाँव में जन्म। संस्कृत, फारसी और अंग्रेजी का भी व्यापक ज्ञान। अनबन के कारण रेलवे की नौकरी से त्यागपत्र। 1903 से ऐतिहासिक 'सरस्वती' पत्रिका का लगभग बीस सालों तक संपादन। हिंदी भाषा के परिष्कार एवं मानकीकरण के काम में विशिष्ट योगदान के अलावा 'संपत्ति शास्त्र' (1908) जैसे ग्रंथ की रचना कर ज्ञान-विज्ञान में प्रगति का आह्वान। इन्होंने बीसवीं सदी में भारतेंदु की परंपरा को आगे बढ़ाया। रीतिवाद के उन्मूलन और ब्रजभाषा की जगह खड़ी बोली को काव्य भाषा बनाने के लिए विस्तृत वैचारिक संघर्ष किया। किसानी पृष्ठभूमि के बुद्धिवादी और आधुनिक लेखक। देशाभिमानी।

भारतवर्ष ही यूरोप का शिक्षक है

धीरे-धीरे पश्चिमी विद्वान् इस बात को मानने लगे हैं कि प्राचीन भारतवर्ष खूब उन्नत दशा में था और इसी ने यूरोप में तरह तरह की विद्या, कला और अन्य बहुत सी चीजों का प्रचार किया था। कुछ दिन हुए न्यूयार्क निवासी डेलमार साहब का एक लेख इस विषय पर इंडियन रिव्यू में निकला था। इसमें आपने सिद्ध किया है कि पश्चिमी संसार को जिन बातों का अभिमान है वे असल में भारतवर्ष ही से वहाँ गई थीं। आप लिखते हैं कि तरह तरह के फल, फूल, पेड़ और पौधे, जो इस समय यूरोप में पैदा होते हैं, हिंदुस्तान ही से लाकर वहाँ लगाए गए थे। इनके सिवा मलमल, रेशम, घोड़े, टीन, लोहे और शीशे का प्रचार भी यूरोप में हिंदुस्तानियों ही ने किया था। केवल यही नहीं, किंतु ज्योतिष, वैद्यक, चित्रकारी और कानून भी भारतवासियों ने यूरोप वालों को सिखाया था। पर, समय का फेर देखिए कि अब स्वयं भारतवासी इन विद्याओं को सीखने के लिए यूरोप जाते हैं।

—1909

रोजगारी स्त्रियाँ

हमारे देश की तरह इंग्लैंड की स्त्रियाँ निरुद्यम और पुरुषों पर आश्रित रहना पसंद नहीं करतीं। वे देश-विदेश में अनेक प्रकार के रोजगार करके अपना जीवन-निर्वाह करती हैं। इंग्लैंड में इस समय कारोबार करने वाली कोई पचास लाख स्त्रियाँ हैं। इनमें से करीब बीस लाख तो धनवानों के घरों में दासी का काम करती हैं। आठ लाख सड़सठ हजार पुतलीघरों में नौकर हैं। नौ लाख तीन हजार पोशाकें बनाती हैं अस्सी हजार पाँच सौ व्यापार करती हैं। कोई एक लाख स्त्रियाँ खेती करती हैं। इसके सिवा पछपन हजार सात सौ चारौसी स्त्रियाँ क्लर्क, दो लाख अध्यापिका, चवालीस हजार गाने और नाचने वाली, उन्नासी हजार दाइयाँ, और दो सौ बानवे डॉक्टर हैं। जिस देश की स्त्रियाँ तक आत्मबल की महिमा इस कदर समझती हैं वह देश यदि उन्नति के शिखर पर विराजमान हो तो आश्चर्य ही क्या है?

—1909

स्त्रियों के राजनैतिक अधिकार

योरप में स्त्रियों को राजनैतिक अधिकार देने की चर्चा अनेक वर्षों से हो रही है और इस विषय में बहुत कुछ सफलता भी प्राप्त हुई है। स्त्रियों ने अपने अधिकारों की प्राप्ति के लिए वहाँ कुछ समय पूर्व बड़ा आंदोलन किया था और सत्याग्रह की भी शरण ली थी। गोस्वामी जी ने ठीक ही कहा है—

"अति संघर्षण करे जो कोई। अनल प्रकट चंदन ते होई।।"

आजकल भारतवर्ष की शिक्षित स्त्रियों को भी इस बात की चिंता हुई है कि हमें राजनैतिक अधिकार दिए जाएँ। इनकी अधिकार-हानि का एक उदाहरण यह है कि हमारे देश में स्त्रियाँ वकालत नहीं कर सकतीं, यद्यपि कई महिलाएँ ऐसी हैं जिन्होंने कानून की परीक्षाएँ पास की हैं। उनका कथन है कि जब स्त्रियाँ अन्य सरकारी काम काज जैसे डॉक्टरी, मास्टरी, इन्स्पैक्टरी आदि कर सकती हैं, तब उन्हें वकालत अथवा कौंसिल की मेम्बरी करने का अधिकार देने में क्यों आगा-पीछा किया जाता है। इस विषय में आंदोलन करने के लिए यहाँ से श्रीमती सरोजिनी नायडू प्रभृति सुशिक्षित महिलाएँ इंग्लैंड गई हुई हैं। देखिए, इनके उद्योग का क्या फल होता है।

—1919

वैदिक रचना करने वाली स्त्रियाँ

स्त्रियों और शूद्रों को वेद पढ़ने और सुनने का अधिकार या आज्ञा नहीं। सनातन धर्म के अनुयायी हिंदुओं का यही विश्वास है। इस दशा में, यह कहना कि स्त्रियाँ ने भी वैदिक मन्त्रों की रचना की है, बन्ध्या के पुत्र-जन्म पर उत्सव मनाने के सदृश है। इसके सिवा, यह भी तो मानी हुई बात है कि वेद अपौरुषेय हैं। अतएव उनके किसी अंश की रचना मनुष्य के द्वारा हुई मानना—चाहे वह स्त्री हो चाहे पुरुष—नितांत ही बे-सिर-पैर की बात है। यह पक्ष वेद-प्राण भावुक हिंदुओं का है। पर एक और पक्ष भी है। उसके अनुयायी कहते हैं कि प्रेरणा चाहे ईश्वर ही की रही हो, पूर्वकालीन वैदिक विद्वानों ने ही वेद-रचना की है। किसी ने किसी अंश का निर्माण किया है किसी ने किसी का। इन रचनाकारों के नाम भी यथास्थान वेदों में पाए जाते हैं। इन लोगों का यह भी कहना है कि वेदों की रचना केवल ऋषि-मुनियों ही ने नहीं की, विदुषी स्त्रियाँ भी इस काम में शरीक थीं। इन स्त्रियों के भी नाम वैदिक सूक्तों में विद्यमान हैं। इससे इन विद्वानों का अनुमान है कि बहुत पुराने जमाने में भी यहाँ स्त्रियाँ पढ़ती-लिखती थीं, पुस्तक रचना करती थीं, और पुरुष-पंडितों के साथ बैठकर वैदिक बातों पर विचार करती थीं। उदाहरण के तौर पर ये लोग आठ-दस ऐसी विदुषी स्त्रियों के हवाले देते हैं जिनके नाम वैदिक मंत्रों के साथ सदा से संलग्न चले आ रहे हैं। इन स्त्रियों में से एक स्त्री का नाम है—घोषा। इसकी रचना ऋग्वेद के पहले और दसवें मण्डल में है। गोधा और लोपामुद्रा नाम की स्त्रियों की भी रचना ऋग्वेद में है। इसके सिवा इंद्राणी और शची के नाम से भी कुछ सूक्त प्रसिद्ध हैं। इसी तरह और भी कुछ स्त्रियों की रचना के उदाहरण वेदों में पाए जाते हैं। चाहे ईश्वर ही की प्रेरणा से वे स्त्रियाँ उन मंत्रों की द्रष्टा हो गई हों; दूसरे पक्ष के विद्वानों की सम्मति है कि वैदिक काल में स्त्रियों का शिक्षित होना अवश्य सिद्ध होता है। और भारत के लिए यह थोड़े गौरव की बात नहीं।

—1920

पढ़े-लिखों का पांडित्य

कुछ समय पहले इस पत्रिका में एक लेख निकला था। वह स्त्रियों की सामाजिक दशा पर था। लेखक ने उसमें लिखा था कि स्त्रियों को शिक्षा देने की आवश्यकता पर अब शायद ही किसी को संदेह हो। पढ़ने-लिखने को भी शिक्षा ही के अंतर्गत

समझ कर उसने ऐसा लिखा था। उसकी यह भावना भ्रमात्मक थी क्योंकि अब तक ऐसे लोग वर्तमान हैं जो स्त्रियों को पढ़ाना उनके और गृह-सुख के नाश का कारण समझते हैं। और, लोग भी वैसे नहीं, सुशिक्षित लोग ऐसे लोग जिन्होंने बड़े-बड़े स्कूलों और शायद कॉलेजों में भी शिक्षा पाई है, जो धर्मशास्त्र और संस्कृत के ग्रंथ-साहित्य से परिचय रखते हैं, और जिनका पेशा कुशिक्षितों को सुशिक्षित करना, कुमार्ग-गामियों को सुमार्गगामी बनाना और अधार्मिकों को धर्मतत्त्व समझाना है। इनकी दलीलें सुन लीजिए—

1. पुराने संस्कृत-कवियों के नाटकों में कुलीन स्त्रियों से अनपढ़ों की भाषा में बातें कराई गई हैं। इससे प्रमाणित है कि इस देश में स्त्रियों को पढ़ाने की चाल न थी। होती तो इतिहास-पुराणादि में उनको पढ़ाने की नियमबद्ध प्रणाली जरूर लिखी मिलती।

2. स्त्रियों को पढ़ाने से अनर्थ होते हैं। शकुंतला इतना कम पढ़ी थी कि गंवारों की भाषा में मुश्किल से एक छोटा-सा श्लोक वह लिख सकी थी। तिस पर भी उसकी इस इतनी कम पढ़ाई ने अनर्थ कर डाला। शकुंतला ने जो दुष्यंत को कटु वाक्य कहे, वह इस पढ़ाई का ही दुष्परिणाम था।

3. जिस भाषा में शकुंतला ने श्लोक रचा था वह अनपढ़ों की भाषा थी अतएव नागरिकों की भाषा की बात तो दूर रही, अनपढ़-गँवारों की भी भाषा पढ़ाना स्त्रियों को बरबाद करना है।

इस तरह की दलीलों का सबसे अधिक प्रभावशाली उत्तर उपेक्षा ही है। तथापि कुछ लोगों के अनुरोध से हम दो-चार बातें लिखे देते हैं। हम तो इस विषय पर कुछ लिखना समय को व्यर्थ नष्ट करना समझते हैं।

नाटकों में स्त्रियों का प्राकृत बोलना उनके अपढ़ होने का प्रमाण नहीं। अधिक से अधिक इतना ही कहा जा सकता है कि वे संस्कृत न बोल सकती थीं। संस्कृत न बोल सकना न अपढ़ होने का सबूत है और न गँवार होने का। वाल्मीकि रामायण के तो बंदर तक संस्कृत बोलते हैं। बंदर संस्कृत बोल सकते थे, स्त्रियाँ न बोल सकती थीं। अच्छा तो उत्तररामचरित में ऋषियों की वेदांतवादिनी पत्नियाँ कौन-सी भाषा बोलती थीं? उनकी संस्कृत कोई गँवारी संस्कृत थी? भवभूति और कालिदास आदि के नाटक जिस जमाने के हैं उस जमाने में शिक्षितों का समस्त समुदाय संस्कृत ही बोलता था, इसका प्रमाण पहले कोई दे ले तब प्राकृत बोलने वाली स्त्रियों को अपढ़ बताने का साहस करे। इसका क्या सबूत कि उस जमाने में बोलचाल की भाषा प्राकृत न थी। सबूत तो प्राकृत के चलन के ही मिलते हैं। प्राकृत यदि उस समय की प्रचलित भाषा न होती तो बौद्धों तथा जैनों के हजारों ग्रंथ उसमें क्यों लिखे जाते, और भगवान् शाक्य मुनि तथा उनके चेले प्राकृत ही में क्यों धर्मोपदेश देते? बौद्धों का त्रिपिटक ग्रंथ हमारे महाभारत से भी बड़ा है। उसकी रचना प्राकृत में की जाने का एक मात्र

कारण यही है कि उस जमाने में प्राकृत ही सर्वसाधारण की भाषा थी। अतएव प्राकृत बोलना और लिखना अपढ़ और अशिक्षित होने का चिह्न नहीं। जिन पंडितों ने गाथा-सप्तशती, सेतबन्ध-महाकाव्य और कुमारपाचरित होने का चिह्न नहीं। जिन पंडितों ने गाथा-सप्तशती, सेतबन्ध-महाकाव्य और कुमारपालचरित आदि ग्रन्थ, प्राकृत में बनाए हैं वे यदि अपढ़ और गँवार थे तो हिंदी के प्रसिद्ध से भी प्रसिद्ध अखबार का सम्पादक इस जमाने में अपढ़ और गँवार कहा जा सकता है, क्योंकि वह अपने जमाने की प्रचलित भाषा में अखबार लिखता है। हिंदी, बांग्ला आदि आजकल की प्राकृत हैं; शौरसेनी, मागधी, महाराष्ट्र और पाली आदि भाषाएँ उस जमाने की। प्राकृत पढ़ कर भी उस जमाने में लोग उसी तरह सभ्य, शिक्षित और पंडित हो सकते थे जिस तरह कि हिंदी, बांग्ला, मराठी आदि भाषाएँ पढ़ कर इस जमाने में हम हो सकते हैं। फिर प्राकृत बोलना अपढ़ होने का सबूत है, यह बात कैसे मानी जा सकती है?

जिस समय आचार्यों ने नाट्यशास्त्र संबंधी नियम बनाए उस समय सर्वसाधारण की भाषा संस्कृत न थी। चुने हुए लोग ही संस्कृत बोलते या बोल सकते थे। इसी से उन्होंने उनकी भाषा संस्कृत और दूसरे लोगों तथा स्त्रियों की भाषा प्राकृत रखने का नियम कर दिया।

पुराने जमाने में स्त्रियों के लिए कोई विश्वविद्यालय न था। फिर नियमबद्ध प्रणाली का उल्लेख आदि पुराणों में न मिले तो क्या आश्चर्य। और उल्लेख उसका कहीं रहा हो, पर नष्ट हो गया हो तो? पुराने जमाने में विमान उड़ते थे। बताइए उनके बनाने की विद्या सिखाने वाला कोई शास्त्र। बड़े-बड़े जहाजों पर सवार होकर लोग द्वीपांतरों को जाते थे; दिखाइए, जहाज बनाने की नियमबद्ध प्राणाली के दर्शक ग्रंथ! पुराणादि में विमानों और जहाजों द्वारा की गई यात्राओं के हवाले देख कर उनका अस्तित्व तो हम बड़े गर्व से स्वीकार करते हैं, परंतु पुराने ग्रंथों में अनेक प्रगल्भ पंडिताओं के नामोल्लेख देखकर भी कुछ लोग भारत की तत्कालीन स्त्रियों को मूर्ख, अपढ़ और गँवार बनाते हैं। इस तर्कशास्त्रज्ञता और इस न्यायशीलता की बलिहारी! वेदों को प्रायः सभी हिंदू ईश्वर-कृत मानते हैं। सो ईश्वर तो वेदमन्त्रों की रचना अथवा उनका दर्शन विश्ववरा आदि स्त्रियों से करावे और हम उन्हें ककहरा पढ़ाना भी पाप समझें। शीला और विंजा आदि कौन थीं? वे स्त्री थीं या नहीं? वे बड़े-बड़े पुरुष-कवियों से आदृत हुई हैं या नहीं? शाङ्गंधरपद्धति में उनकी कविता के नमूने हैं या नहीं? बौद्ध-ग्रंथ त्रिपिटक के अंतर्गत थेरीगाथा में जिन सैकड़ों स्त्रियों की पद्य रचना उद्धृत है वे क्या अपढ़ थीं? जिस भारत में कुमारिकाओं को चित्र बनाने, नाचने, गाने, बजाने, फूल चुनने, हार गूँथने, पैर मलने तक की कला सीखने की आज्ञा थी उनको लिखने-पढ़ने की आज्ञा न थी! कौन विज्ञ ऐसी बात मुख से निकालेगा? और, कोई निकाले भी तो मानेगा कौन?

अत्रि की पत्नी पत्नी-धर्म पर व्याख्यान देते समय घंटों पांडित्य प्रकट करे, गार्गी बड़े-बड़े ब्रह्मवादियों को हरा दे, मंडनमिश्र की सह-धर्मचारिणी शंकराचार्य के छक्के छुटा दे! गजब! इससे अधिक भयंकर बात और क्या हो सकेगी! यह सब पापी पढ़ने का अपराध है। न वे पढ़तीं, न वे पूजनीय पुरुषों का मुकाबला करतीं। यह सारा दुराचार स्त्रियों को पढ़ाने ही का कुफल है। समझे। एम.ए. बी.ए., शास्त्री और आचार्य होकर पुरुष जो स्त्रियों पर हंटर फटकारते हैं और डंडों से उनकी खबर लेते हैं वह सारा सदाचार पुरुषों की पढ़ाई का सुफल है सुफल! स्त्रियों के लिए पढ़ना कालकूट और पुरुषों के लिए पीयूष का घूँट!! ऐसी ही दलीलों और दृष्टांतों के आधार पर कुछ लोग स्त्रियों को अपढ़ रख कर भारतवर्ष का गौरव बढ़ाना चाहते हैं!!!

मान लीजिए कि पुराने जमाने में भारत की एक भी स्त्री पढ़ी-लिखी न थी। न सही। उस समय स्त्रियों को पढ़ाने की जरूरत न समझी गई होगी। पर अब तो है। अतएव पढ़ाना चाहिए। हमने सैकड़ों पुराने नियमों, आदेशों और प्रणालियों को तोड़ दिया है या नहीं? तो, चलिए, स्त्रियों को अपढ़ रखने की इस पुरानी चाल को भी तोड़ दें। हमारी प्रार्थना तो यह है कि स्त्री शिक्षा के विपक्षियों को क्षण भर के लिए भी इस कल्पना को अपने मन में स्थान न देना चाहिए कि पुराने जमाने में यहाँ की सारी स्त्रियाँ अपढ़ थीं अथवा उन्हें पढ़ने की आज्ञा न थी। जो लोग पुराणों में पढ़ी-लिखी स्त्रियों के हवाले माँगते हैं उन्हें श्रीमद्‌भागवत, दशमस्कन्ध, के उत्तरार्द्ध का त्रेपनवाँ अध्याय पढ़ना चाहिए। उसमें रुक्मिणी-हरण की कथा है। रुक्मिणी ने जो पांडित्य दिखाया है वह उसके अपढ़ और अल्पज्ञ होने अथवा गँवारपन का सूचक नहीं। पुराने ढंग के पक्के सनातन-धर्मावलम्बियों की दृष्टि में तो, नाटकों की अपेक्षा भागवत का महत्त्व बहुत ही अधिक होना चाहिए। इस दशा में यदि उनमें से कोई यह कहे कि सभी प्राकृतकालीन स्त्रियाँ अपढ़ होती थीं तो उसकी बात पर विश्वास करने की जरूरत नहीं। भागवत की बात यदि पुराणकार या कवि की कल्पना मानी जाए तो नाटकों की बात उससे भी गई-बीती समझी जानी चाहिए।

स्त्रियों का किया हुआ अनर्थ यदि पढ़ाने ही का परिणाम है तो पुरुषों का किया हुआ अनर्थ भी उनकी विद्या और शिक्षा ही का परिणाम समझना, बम के गोले फेंकना, नरहत्या करना, डाके डालना, चोरियाँ करना, घूस लेना, व्यभिचार करना—यह सब यदि पढ़ने-लिखने ही का परिणाम हो तो ये सारे कालेज, स्कूल और पाठशालाएँ बंद हो जानी चाहिए। परंतु विक्षिप्तों, वातव्यथितों और ग्रह ग्रस्तों के सिवा ऐसी दलीलें पेश करने वाले बहुत ही कम मिलेंगे। शकुंतला ने दुष्यंत को कटुवाक्य कह कर कौन सी अस्वाभाविकता दिखाई? क्या वह यह कहती कि ''आर्यपुत्र शाबाश! बड़ा अच्छा काम किया जो मेरे साथ गन्धर्व-विवाह करके मुकर गए। नीति, न्याय, सदाचार और धर्म की आप प्रत्यक्ष मूर्ति हैं।'' पत्नी पर घोर से घोर अत्याचार करके

जो उससे ऐसी आशा रखते हैं, वे मनुष्य स्वभाव का किंचित् भी ज्ञान नहीं रखते। सीता से अधिक साध्वी स्त्री नहीं सुनी गई। जिस कवि ने, शकुंतला नाटक में, अपमानित हुई शकुंतला से दुष्यंत के विषय में दुर्वाक्य कहाया है उसी ने परित्यक्त होने पर सीता से रामचंद्र के विषय में क्या कहाया है, सुनिए :

वाच्यस्त्वया मद्वचनात् स राजा,
ब्रह्मो विशुद्धामपि यत्समक्षम्।
मा लोकवादश्रवणादहासीः
श्रुतस्य तत्किं सदृशं कुलस्य?

लक्ष्मण! जरा उस राजा से कह देना कि मैंने तो तुम्हारी आँख के सामने ही आग में कूद कर अपनी विशुद्धता साबित कर दी थी। तिस पर भी, लोगों के मुख से निकला मिथ्यावाद शब्द सुनकर ही, तुमने मुझे छोड़ दिया! क्या यह बात तुम्हारे कुल के अनुरूप है? अथवा क्या यह तुम्हारी विद्वत्ता व महत्ता को शोभा देने वाली है? अर्थात् तुम्हारा यह अन्याय तुम्हारे कुल, शील, पांडित्य सभी पर बट्टा लगाने वाला है।

सीता का यह संदेश कटु नहीं तो क्या मीठा है? रामचंद्र के कुल पर भी कलंकारोपण करना, छोटी निर्भर्त्सना नहीं। सीता ने भी तो रामचंद्र को नाथ, देव, आर्यपुत्र आदि कहे जाने योग्य भी नहीं समझा। 'राजा' मात्र कह कर उनके पास अपना संदेशा भेजा। यह उक्ति न किसी वेश्यापुत्री की है, न किसी गंवार स्त्री की; किंतु महाब्रह्मज्ञानी राजा जनक की लड़की और मन्वादि महर्षियों के धर्मशास्त्रों का ज्ञान रखने वाली रानी की—

नृपस्य वर्णाश्रमपालनं यत्
स एव धर्मो मनुना प्रणीतः

सीता की धर्मशास्त्रज्ञता का यह प्रमाण वहीं, आगे चल कर कुछ दूर पर, कवि ने दिया है। सीतापरित्याग के कारण वाल्मीकि के समान शांत, नीतिज्ञ और क्षमाशील तपस्वी तक ने—"स अस्त्येव मन्युर्भरताग्रजे मे"—कह कर रामचंद्र पर क्रोध प्रकट किया है। अतएव, शकुंतला की तरह, अपने परित्याग को अन्याय समझने वाली सीता का, रामचंद्र के विषय में, कटु वाक्य कहना सर्वथा स्वाभाविक है। न यह पढ़ने-लिखने का परिणाम है, न गँवारपन का, न अकुलीनता का।

पढ़ने लिखने में स्वयं कोई बात नहीं जिससे अनर्थ हो सके। अनर्थ का बीज उसमें हरगिज नहीं। अनर्थ पुरुषों से भी होते हैं—अपढ़ों और पढ़े-लिखे, दोनों से। अनर्थ, दुराचार और पापाचार के कारण और ही होते हैं और वे व्यक्ति विशेष का चाल-चलन देख कर जाने भी जा सकते हैं। अतएव स्त्रियों को अवश्य पढ़ाना चाहिए। जो लोग यह कहते हैं कि पुराने जमाने में यहाँ स्त्रियाँ न पढ़तीं थीं अथवा उन्हें पढ़ने की मनाई थी वे या तो इतिहास से अभिज्ञता नहीं रखते या जान बूझ कर

लोगों को धोखा देते हैं। समाज की दृष्टि में ऐसे लोग दंडनीय हैं। क्योंकि स्त्रियों को निरक्षर रखने का उपदेश देना समाज का अपकार और अपराध करना है—समाज की उन्नति में बाधा डालना है।

शिक्षा बहुत व्यापक शब्द है। उसमें सीखने योग्य अनेक विषयों का समावेश हो सकता है। पढ़ना-लिखना भी उसी के अंतर्गत है। इस देश की वर्तमान शिक्षा-प्रणाली अच्छी नहीं, इस कारण यदि कोई स्त्रियों को पढ़ाना अनर्थकारी समझे तो उसे उस प्रणाली का संशोधन करना या कराना चाहिए, खुद पढ़ने लिखने को दोष न देना चाहिए। लड़कों ही की शिक्षा प्रणाली कौन बड़ी अच्छी है। प्रणाली बुरी होने के कारण क्या किसी ने यह राय दी है कि सारे स्कूल और कालेज बंद कर दिए जाएँ? आप खुशी से लड़कियों और स्त्रियों की शिक्षा की प्रणाली का संशोधन कीजिए। उन्हें क्या पढ़ाना चाहिए, कितना पढ़ाना चाहिए, किस तरह की शिक्षा देना चाहिए और कहाँ पर देना चाहिए—घर में या स्कूल में—इन सब बातों पर बहस कीजिए, जी में आवे सो कीजिए, पर परमेश्वर के लिए यह न कहिए कि स्वयं पढ़ने-लिखने में कोई दोष है—अनर्थकर है, वह अभिमान का उत्पादक है, वह गृह-सुख का नाश करने वाला है। ऐसा कहना सोलहों आने मिथ्या है।

देश की बात

आजकल देशभक्ति, देशहित और देशप्रेम आदि शब्द बहुत अधिक सुनाई पड़ते हैं। स्वदेश, स्वदेशी, स्वदेशप्रेम और स्वदेश-हितैषणा के गीत गाए जाते हैं, पुस्तकें लिखी जाती हैं, अखबारों में कविताएँ प्रकाशित होती हैं। परंतु इस बात का विचार बहुत कम लोग करते होंगे कि हमारी भक्ति और हमारे प्रेम के आस्पद देश का अर्थ क्या है। देश कहते किसे हैं? किसकी भक्ति करने किसका हित साधन करने से मनुष्य देशभक्त कहा जा सकता है? नगर, कस्बे, गाँव, पेड़, पहाड़, जंगल, नदियाँ, तालाब, मकान, मंदिर, मसजिद आदि का समूह ही देश नहीं। ये सब देश के अंतर्गत हैं अवश्य, पर 'देश' के साथ जिस 'भक्ति' का ग्रंथि-बंधन हुआ है उस भक्ति का संबंध एकमात्र इन्हीं से नहीं है। इस भक्ति और इस हित का संबंध देश में रहने वालों से है, पेड़, पहाड़, नगर और कस्बे आदि से नहीं। अच्छा तो देश में रहते कौन हैं? देश में रहते हैं कोई 70 फीसदी कृषक-किसान, खेतिहर, 11 फीसदी उद्योग धंधा करने वाले, 6 फीसदी खनिज व्यापार और महाजनी करने वाले। बाकी 13 फीसदी में आपके वकील, डॉक्टर, बैरिस्टर, मास्टर, डिप्टी कलेक्टर आदि हैं। पर इस 'आदि' में भिखमंगों, वेश्याओं, खानगी नौकरों, पुलिस और पलटन के जवानों और अनिश्चित पेशे वालों

ही की संख्या अधिक है। गिनती में वह 12 फीसदी से भी अधिक है। अतएव सुशिक्षित कहाने वाले भारतवासियों का औसत सैकड़ों पीछे भी नहीं पड़ता। मर्दुमशुमारी की रिपोर्ट यही कहती है। इस दशा में, यदि देशभक्ति का अर्थ देश में रहने वालों पर भक्ति करने से है, तो देशवासियों में अधिक संख्या किसानों ही की है। परंतु देश की उन्नति के लिए अब तक जो प्रयत्न किया गया है और इस समय कभी जो किया जा रहा है उसके कितने अंश का संबंध किसानों से है? हर साल जो यह कांग्रेस होती है उसने आज तक किसानों पर अपनी कितनी भक्ति प्रकट की है? उसके पास किए हुए प्रस्तावों में कितने प्रस्ताव ऐसे हैं जिनसे किसानों को लाभ पहुँचने की संभावना है? अथवा इन प्रांतिक सभाओं ने ही इन बेचारों के लिए क्या किया है? कांग्रेस के जो प्रतिनिधि इस समय विलायत की हवा खा रहे हैं वे इन लोगों की कौन-कौन सी शिकायत सुनाने के इरादे से वहाँ गए हैं? यदि ये 70 फीसदी कृषक दुर्भिक्ष और अत्याचार से पीड़ित होकर नष्ट हो जाएँ तो फिर देश की क्या दशा हो? तो भी क्या यह देश 'देश' रह जाएगा। जब देश ही उत्स हो जाएगा तो सैकड़ों सुरेंद्र, सैकड़ों मालवीय और सैकड़ों गोखले की स्पीचों से भी वह अपनी पूर्वावस्था को न प्राप्त होगा। इसलिए कि यदि कृषकों से लगान मिलना बंद हो जाए तो बड़े-बड़े राजा-महाराजाओं और ताल्लुकेदारों की दुर्गति का ठिकाना न रहे, सरकार के शासन-चक्र का चलना बंद हो जाए, वकीलों और बैरिस्टरों के गाड़ी-घोड़े बिक जाएँ और व्यापारियों तथा महाजनों को शीघ्र ही टाट उलटना पड़े। जिस अन्न के बिना कंगाल से चक्रवर्ती राजा तक का काम नहीं चल सकता उसके उत्पादक किसानों की संख्या जिस देश में कुल आबादी की 3/4 हो उनकी उन्नति की कुछ भी चेष्टा न करके देशभक्ति और देशप्रेम का नाम लेना इन शब्दों की विडम्बना करना है। कांग्रेस का प्रतिनिधि दल विलायत गया है। किस लिए? कौंसिल के कायदों में संशोधन कराने! कौंसिल में दस पाँच हिंदुस्तानी मैम्बरों के अधिक बैठने ही से जैसे हिंदुस्तान धन-धान्य से परिपूर्ण हो जाएगा। 70 फीसदी देशवासी भूखों मर रहे हैं, अत्याचार से पीड़ित किए जा रहे हैं, मूर्खता के गड्ढे में पड़े तड़प रहे हैं! कुछ फिक्र नहीं। वे देश के बाहर हैं। उनका बहिष्कार करने से भी देशभक्ति में बाधा नहीं आ सकती!!! हमारे देशभक्तों की क्या यही धारणा है?

इन 70 फीसदी किसानों की दुर्गति का ज्ञान शहरों में मेज-कुर्सी लगा कर बैठने और मोटरकार तथा फिटनों पर घूमने वालों को नहीं हो सकता। इन लोगों का हाहाकार इनके गंदे गाँवों में घूमने, इनके साथ रहने और इनसे बातचीत करने से हो सकता है। प्रजा के प्रतिनिधि बनने का दम भरने वाले कितने माननीय महाशय वर्तमान कौंसिलों में ऐसे हैं जिन्हें इन बेचारों की दुर्गति का ज्ञान हो? हर साल हजारों रुपया नजराने के नाम से इनसे ऐंठा जाता है। फी रुपया एक आने के कानून को पैरों तले कुचल कर, हर सातवें वर्ष, रुपए पीछे दो-दो चार-चार आने ही नहीं, किंतु

कभी कभी बारह-बारह आने तक इन पर इजाफा किया जाता है। कभी-कभी सात वर्ष बीतने के पहले ही इस तरह के इजाफे और नजराने की नौबत आती है। आज जिस जमीन का लगान 5 रुपया बीघा है, चौदह या इक्कीस ही वर्ष बढ़ कर वह दूना हो सकता है! खुश्कसाली में यदि गवर्नमेन्ट कुल मालगुजारी माफ करना चाहती है तो अवध के जमींदार और ताल्लुकेदार माफी मंजूर नहीं फरमाते। और, कानून ऐसा है कि गवर्नमेन्ट माफी मंजूर करने और काश्तकारों को उतना ही लगान छोड़ देने के लिए इन प्रजावत्सल जमींदारों को मजबूर नहीं कर सकती। यदि ये कृषक-बन्धु अनिच्छा से गवर्नमेन्ट के पेच में पड़ भी जाते हैं तो उजाड़ में आबादी और परती जमीन में सरसब्जी दिखाने वाले नक्शे पेश करते हैं। काश्तकार निरन्न होकर मर जाएँ, कुछ परवा नहीं। इनके हल-बैल बिक जाएँ, कुछ परवा नहीं। वे देश छोड़ कर फीजी, जमाइका और ट्रिनिडाड को चले जाएँ, कुछ परवा नहीं। उन्हें रुपए से काम! प्रजा के प्रतिनिधि बताएँ, इसके लिए उन्होंने क्या किया? जिस कानून की रू से इन जमींदारों को यह अख्तियार हासिल है कि गवर्नमेन्ट की इच्छा होते भी ये महोदार यदि चाहें तो मालगुजारी माफ या मुलतवी करा लेने से साफ इनकार कर दें, उसमें परिवर्तन कराने के लिए इन माननीयों ने कितने प्रस्ताव कौंसिल में किए? कितने प्रश्न कौंसिल में पूछे? कितने डेपुटेशन लेकर लाट साहब के दरबार में हाजिर हुए। कोकेन की बिक्री बंद या कम करने, छोटे-छोटे बच्चों के साधु न बनाए जाने, देवदासियों की प्रथा का उच्छेद करने से शायद लाख में एक आदमी को लाभ पहुँचेगा। उस लाभ के लिए तो ये लोग इतने व्यति-व्यस्त, पर जो वे फीसदी 70 कृषक मर्म-कुंतक कष्ट सह रहे हैं उनके नफे नुकसान का इन्हें कुछ भी ध्यान नहीं। फिर भी ये महाशय इन किसानों के प्रतिनिधि कहे जाने से लज्जित नहीं होते। चुनाव के समय इन्हें शपथपूर्वक प्रतिज्ञापत्र लिख देना चाहिए कि साल में कम से कम एक महीना हम अपने हलके या जिले में घूम कर प्रजा की स्थिति का ज्ञान प्राप्त करेंगे और उनके दुःख दूर करने की चेष्टा करेंगे। यदि वे ऐसा न करें तो ये कौंसिल के मेम्बर न चुने जाएँ। तभी इनको अपने कर्तव्य का ज्ञान होगा। अभी तो इनमें से कितने ही सज्जन ऐसे हैं जो प्रजा की दुखदर्द-भरी कहानी सुन कर भी अनसुनी कर जाते हैं। ऐसे एक महाशय से हमारा परिचय कोई 20 वर्ष से है। उनको हमने एक बात लिख भेजी। पर उन्होंने उस पत्र की पहुँच तक लिखने की उदारता और सज्जनता न दिखाई। आपका शुभस्थान संयुक्त प्रांत के दक्षिणी भाग में है। प्रजा के ऐसे वैसे पक्षपातियों की बात सुनने और उसका उत्तर देने में ये शायद अपना अपमान समझते हैं। इन्हें इन्हीं के जैसे धुक्कड़ वकील, डॉक्टर, बैंकर, जमींदार और राजे यदि लिखें, और अंग्रेजी में लिखें तो ये उनके पत्र का शायद उत्तर दें और उस पर विचार करने की कृपा करें!!!

हिंदुस्तान में फीसदी 6 आदमी कुछ गोदगाद लेते हैं। बाकी 94 आदमी अपढ़ हैं। अंग्रेजी भाषा के ज्ञान का तो यह हाल है कि सौ में मुश्किल से एक आदमी अंग्रेजी लिख, पढ़ और समझ सकता है। हमारे प्रांत की दशा तो और भी गई-गुजरी है। यहाँ तो सौ में 1/9 आदमी भी अंग्रेजी नहीं जानता। फिर भी अंग्रेजी का यहाँ इतना पक्षपात! वक्तृताएँ होंगी तो अंग्रेजी में, लेख लिखे जाएँगे तो अंग्रेजी में, पत्र-व्यवहार होगा तो अंग्रेजी में 1/99 के सुभीते की रत्ती भर भी परवा नहीं; 1/9 के सुभीते का खयाल रखना ही देशभक्ति और देशहितचिंता की पराकाष्ठा है। अकारण अंग्रेजी भाषा में पत्र लिखने के पक्षपातियों के प्रतिकूल हम अनेक बार 'सरस्वती' में अपना वक्तव्य प्रकाशित कर चुके हैं। उस दिन बिहार-प्रांत के एक सज्जन ने हमें अंग्रेजी में चिट्ठी लिखी। उसके अंत में आपने फरमाया कि अनवधानता के कारण उन्होंने अंग्रेजी से काम लिया, माफ किए जाएँ। उसका उत्तर हमने हिंदी में दिया। पर आपने उस उत्तर का जो प्रत्युत्तर भेजा वह फिर भी अंग्रेजी में! और, इस दफे माफी की दरख्वास्त भी नहीं! जब हमारे अंग्रेजी-दां हिंदी-साहित्यसेवियों का यह हाल है तो माननीयों की मनस्विता का कहना ही क्या है। अंग्रेजी से अनभिज्ञ 99 आदमियों की बदौलत माननीयता का तमगा लटका कर भी वे 1/9 ही आदमी की समझ में आने वाली अंग्रेजी भाषा लिख और बोल कर अपने कर्तव्य से छुट्टी पा जाते हैं। ऐसे लोग कदापि प्रजा के प्रतिनिधि नहीं माने जा सकते। गवर्नमेन्ट सच कहती है कि ये मुट्ठी भर अंग्रेजी-दां, सभाओं और कांफ्रेंसों में, जो कुछ कहते हैं सब अपनी ही तरफ से कहते हैं। इनका वक्तव्य सर्व-साधारण का वक्तव्य नहीं है। इसी से इनकी बातों का बहुत कम असर गवर्नमेन्ट पर पड़ता है। यदि ये लोग प्रजा के सच्चे प्रतिनिधि होना चाहते हैं तो इन्हें प्रजा की बोली बोलना चाहिए, प्रजा जिस भाषा को समझे उसी में अपने व्याख्यान देना या सुनाना चाहिए, देहात में घूम फिर कर प्रजा का सच्चा हाल जानना चाहिए—उन्हें उन्हीं की भाषा में सदुपदेश और शिक्षा देना चाहिए। यदि हमारी सभाओं और कांफ्रेंसों की कार्रवाई हमारी निज की भाषा में होने लगे तो उनमें शामिल होने वालों की संख्या बहुत बढ़ जाए, वक्ताओं की वक्तृताओं की प्रतिध्वनि दूर-दूर तक सुनाई दे, बहु-संख्यक लोगों का अज्ञान दूर हो जाए और कार्य-कर्त्ताओं की शक्ति भी अधिक हो जाए। फल यह हो कि गवर्नमेन्ट पर ऐसी सभाओं का असर अवश्य पड़े। शक्तिसंचय के लिए इसकी बड़ी ही जरूरत है। क्योंकि शक्तिमान् ही की जीत होती है, शक्तिहीन की नहीं।

—1914

ब्राह्मणों की समुद्र यात्रा

'सरस्वती' में ऐसे कई लेख निकल चुके हैं जिनमें उनके लेखकों ने सप्रमाण यह सिद्ध करने की चेष्टा की है कि प्राचीन काल में इस देश के निवासी स्वतंत्रतापूर्वक समुद्र-यात्रा करते थे। इन यात्रियों में जैन भी थे, बौद्ध भी थे, हिंदू भी थे—ब्राह्मण भी थे, क्षत्रिय भी थे, वैश्य भी थे। वे बड़े-बड़े जहाजों के द्वारा मिस्र, यूनान, फारिस, लंका, ब्रह्मदेश, चीन और जावा आदि को जाते थे; वहाँ बरसों रहते और व्यापार करते थे। फिर वे अपने देश को लौट आते थे। कितने ही वहीं बस भी जाते थे। कम्बोडिया, जावा और बाली-द्वीप में उन प्राचीन भारतवासियों की संतति अब तक वर्तमान है, उनके प्राचीन धर्म-ग्रंथों का रूपांतर अब तक वर्तमान है, उनके मंदिरों और पूजा- स्थानों के अवशिष्ट अंश अब तक वर्तमान हैं। मालूम नहीं, ये लोग जब द्वीपांतर-वास करके भारत को लौटते थे तब इनसे कोई प्रायश्चित कराया जाता था या नहीं; ये जातिच्युत समझे जाते थे या नहीं। जितनी प्राचीन पुस्तकें इस समय उपलब्ध हैं उनमें इस बात का कहीं उल्लेख नहीं पाया जाता। काल-क्रम से अंग्रेजों का राज्य इस देश में हुआ और सेना में क्षत्रियों के साथ ब्राह्मण भी भरती हुए। तब भी समुद्र-यात्रा प्रचलित रही। माल्टा और अदन, जास्क और बंदर अब्बास, मिस्र और ट्रांसवाल, हांग-कांग और शांघाई, चीन और सिंहलद्वीप इत्यादि देशों और द्वीपों को जहाँ-जहाँ अंग्रेजी फौज गई हमारे ब्राह्मण भाई-विशेष कर कान्यकुब्ज-आनंद से अपनी-अपनी रेजीमेंट के साथ गए, वहाँ रहे और अवधि पूरी होने पर अपने देश को लौट आए। यह क्रम अब तक बराबर जारी है। मालूम नहीं, इनके साथ इनके सजातियों ने कैसा सलूक किया। जहाँ तक हमें मालूम है इनके इस आवागमन का अवरोधक किसी स्मृति का कोई वचन नहीं पेश किया गया। फिजी, ट्रिनीडाड, कनाडा, ट्रांसवाल, केपकालोनी, मारीशस आदि के प्रवासी हिंदू भी मजे में वहाँ जाते रहते, व्यापार और खेती करते हैं, और फिर जब चाहते हैं, भारत को लौट आते। उनके संबंध में भी पूछ-पाछ नहीं होती। अब सैकड़ों-हजारों ब्राह्मण-और कुलीन कनवजिया ब्राह्मण—अपनी अपनी पल्टनों के साथ ग्रेट ब्रिटेन, फ्रांस और बेलजियम पहुँचे हैं। लड़ाई के मैदान में, छाती तक गहरे खंदकों में बैठे हुए, आज कई महीने से वे युद्ध कर रहे हैं। उनमें अनेक द्विवेदी, त्रिवेदी, चतुर्वेदी, अग्निहोत्री, श्रोत्रिय, उपाध्याय, पाठक, पाण्डेय, शुक्ल, मिश्र, वाजपेयी, त्रिपाठी आदि हैं। संयुक्त प्रांत के प्रेस ब्यूरो द्वारा प्रकाशित लड़ाई की खबरों का कागज (बुलेटिन) पढ़ देखिए। आशा है, श्रुति या स्मृति का कोई वचन इनकी भी समुद्र-यात्रा और द्वीपांतरवास का प्रतिबंधक न होगा। इन ग्रंथों और इनके व्याख्याकारों का सारा प्रतिबंध इस समय उन्हीं लोगों में से कुछ के लिए रह गया जान पड़ता है जो विद्याध्ययन और शिक्षा-प्राप्ति के

लिए यूरोप, अमेरिका और जापान जाते हैं। उन्हीं के लिए धर्म शास्त्रों के पन्ने उलट जाते हैं, उन्हीं के लिए काशी के धर्माधिकारियों से 'व्यवस्था' ली जाती है और उन्हीं के संबंध में हाईकोर्ट ही तक नहीं प्रिवी-कौंसिल तक किसी-किसी को मुकद्दमे लड़ने पड़ते हैं। विद्या तुझे धिक्! शिक्षा तुझे धिक्! ज्ञान और विज्ञान तुझे धिक्! जीता रहे क्षात्र धर्म और कृषि-वाणिज्य, जिनके कारण 'ज्ञान-ज्येष्ठ' ब्राह्मण पंचगव्य का प्रश्न करने के लिए तो विवश नहीं किए जाते!

—1915

धर्मांध्य

(समालोचना)

एक दिन हमें कानपुर के चौक-बाजार जाना पड़ा। वहाँ एक महाशय ने 'शास्त्रार्थ-त्रय' नाम की एक पुस्तक की एक कापी हमें दी। हमने उसे सादर ले लिया और दाता महोदय को हृदय से धन्यवाद दिया। पुस्तक घर ला कर यत्र तत्र उसे देखा, मन ही मन दुःखानुभव किया और रख दिया।

इसी पुस्तक की एक और कापी हमें 18 सितंबर, 1918 को मिली। इसे पंडित कालूराम शास्त्री ने भेजने की कृपा की है। आप इसी (कानपुर) जिले के निवासी हैं। आप ही के मौजे के कोई पंडित कामताप्रसाद दीक्षित इसे बेचते हैं। आपकी बनाई हुई, सभी पुस्तकें ये दीक्षितजी ही बेचते हैं। कुतुबफरोशी का काम इन्हीं के सुपुर्द है। प्रकाशन इस पुस्तक का कानपुर की श्रीमर्यादापुरुषोत्तम सनातन धर्म सभा के मंत्रीजी ने किया है।

कुछ दिन हुए, कानपुर में सनातन धर्म और आर्यसमाज के अनुयायियों में परस्पर शब्द-शास्त्रों की झनकार हुई थी। यह संग्राम तीन दिन तक हुआ था। पुराण वैदिक हैं या अवैदिक, इस पर पहले दिन बहस हुई। श्राद्ध मुर्दों का करना चाहिए या जिंदों का, इस पर दूसरे दिन, और मूर्ति-पूजा करनी चाहिए या नहीं, इस पर तीसरे दिन। यह शास्त्रार्थ क्यों, वितंडावाद, सनातन धर्म और आर्यसमाज (रेल-बाजार) के अनुयायियों में हुआ। तीनों दिन भट-प्रतिभटता की योजना इस प्रकार थी—

दिन	सनातन धर्म	आर्य समाज
पहला	पंडित गिरिधर शर्मा	महाशय ब्रजमोहन झा
दूसरा	पंडित कालूराम शास्त्री	महाशय ब्रजमोहन झा
तीसरा	पंडित कालूराम शास्त्री	महाशय ब्रजमोहन झा

इस पुस्तक में शास्त्रार्थ ही नहीं, दोनों दलों के पत्र-व्यवहार और सनातनधर्म सभा के मंत्री साहब की लिखी हुई टीका-टिप्पणियाँ और तीन लेख भी हैं। इन लेखों के नाम हैं–(1) आर्य समाज का घोर पराजय, (2) शास्त्रार्थ-फल ज्ञान, और (3) शास्त्रार्थ-फल दर्शन। शास्त्रार्थ, ने तो थोड़ी ही जगह ली है; इन लेखों ने ही पुस्तक का अधिकांश कलेवर घेर रखा है। इस लेख-विस्तार की जरूरत थी, क्योंकि धर्म-धन मनुष्यों को समझ कैसे पड़ता कि कौन जीता, कौन हारा। दूसरे दल ने भी कोई ऐसी ही पुस्तक प्रकाशित की है, क्योंकि उसका हवाला इस पुस्तक में है और उसकी कितनी ही उक्तियों पर आक्षेप भी हैं।

पुस्तक के टाइटिल पेज पर लिखा है कि इसके 'लेखक' सनातन धर्म सभा के मंत्रीजी हैं। यह हो सकता है। पर हमें तो इसके लेखक नहीं, तो प्रेरक, कोई बहुत बड़े धर्मधुरीण महाशय जान पड़ते हैं। क्योंकि जिस लेखनी के द्वारा सनातन धर्म सभा की ओर से की गई अधिकांश वकालत लिपिबद्ध की गई है उसी के द्वारा पथ प्रदर्शन आदि भी किया जान पड़ता है।

पंडित कालूराम शास्त्री की आज्ञा है कि हम इस पुस्तक की समालोचना करें, क्योंकि इसे 'समालोचनार्थ' ही उन्होंने भेजा है। पर हम आपकी आज्ञा के परिपालन में बहुत कुछ असमर्थ हैं। आप धर्मज्ञ हैं और हम अज्ञ। हम तो विश्वास पर चलने वाले हैं धर्म शास्त्रों की पंक्तियाँ और प्रतीक देख-देख कर अपने आचरण का नियमन करना हमारे लिए संभव नहीं, हमें धर्म की सूक्ष्म गतियों का ज्ञान ही नहीं। हमें तो श्रुतियों, स्मृतियों, पुराणों और उपनिषदों का सार, तुलसीदास की बदौलत, उनके एक दोहे में ही मिल जाता है–

अपने अपने कर थपें लिखि पूजे तिय भीत।
सकल फले मनकामना तुलसी प्रेम-प्रतीत।।

तथापि, आपकी भेजी हुई पुस्तक देखने पर, शास्त्रीय धर्म-संस्कारों से सर्वथा कोरे हमारे हृदय में मोटी-मोटी जिन दो चार बातों का उत्थान हुआ है उन्हें हम लिखे देते हैं।

आजकल भिन्न-भिन्न धर्मों और सम्प्रदायों के अनुयायियों में जो शास्त्रार्थ होते हैं वे धर्म-ज्ञान की प्राप्ति अथवा भ्रमपूर्ण विचारों के निरसन के लिए नहीं होते। होते हैं अपने विपक्षी को नीचा दिखाने के लिए। इन शास्त्रार्थों में आज तक न किसी ने हार मानी और न कभी आगे हार मानने की संभावना है। इस दृष्टि से ये शास्त्रार्थ सर्वथा निष्फल हैं। अतएव जिन्होंने कानपुर में ये शास्त्रार्थ किए उन्होंने अपना समय व्यर्थ खोया। जिन्होंने उन्हें सुना उनका भी समय व्यर्थ गया। खर्च यदि कुछ हुआ, और जरूर ही हुआ होगा, तो वह भी व्यर्थ गया समझिए। और भी हानियाँ हुईं। इस पुस्तक के प्रकाशन से विवेकशील जनों को दोनों पक्षों की कमजोरी और कुरुचि का भी ज्ञान हो गया। जो धर्मज्ञ या जो पंडित अपने प्रतिपक्षी को 'झूठा', 'मिथ्यावादी',

'निर्लज्ज' और 'मरमपातकी' तक कह डालने में संकोच नहीं करता वह बेचारा धर्मोपदेश भला क्या करेगा और उसकी बात का असर ही विपक्षी पर कितना पड़ेगा? भगवान् ही ऐसे उपदेशकों से समाज की रक्षा करे। और, यह सब कुछ करके भी जो यही कहता चला जाए कि मैंने एक भी गाली नहीं दी, एक भी कटुवाक्य का प्रयोग नहीं किया, एक बार भी अशिष्टता नहीं दिखाई उसकी धार्मिकता का विचार धर्मराज ही कर सकेगा। हाय, धर्म का अधःपात तो देखिए। जिनकी बुद्धि, विवेक, जिह्वा और लेखनी का यह हाल है उन्हीं को भोले भाले लोग धर्म का रहस्य समझाने के लिए बुलाते हैं, उन पर शाल-दुशाले डालते हैं, उन्हें मालपुवे खिलाते हैं और विदा करते समय उनकी मुट्ठी भी गरम करते हैं। भगवन्, यदि तुम्हें कल्कि-अवतार लेना है तो लेते क्यों नहीं। इस काम के लिए यही तो उपयुक्त समय है। तुम समझते होगे कि तुम्हारा धर्म-वर्ष अब तक एक पैर के बल खड़ा है। अरविंद-नेत्र, उसका वह पैर भी तोड़ डाला गया। अब तो वह पृथ्वी पर पड़ा छटपटा रहा है। उसके प्राणांत होने में अब देर नहीं। तुम शायद पूछो कि उसका वह बचा बचाया पैर किसने तोड़ा। तोड़ा किसने? तोड़ा धर्मप्राण भारत के धर्म-ध्वजी पंडितों ने! जो भाष्यकार के–

"प्रतिमा प्रतिमानं उपमानं किंचिद्वस्तु नास्ति"

इस भाष्यांश में 'प्रतिमानं' और 'उपमानं' का अर्थ मूर्ति करते हैं। उन्होंने, और किसने? जो काव्यप्रकाशकार की–

"त्रिधा अश्लीलं व्रीडा-जुगुप्सामंगलव्यंजकत्वात्"

इस उक्ति को धता बता कर 'अश्लील' का अर्थ केवल गँवारू करते हैं और (ग्राम्यं) "यत्केवले लोके स्थितं" पर जो एकदम ही हरताल पोत देते हैं उन्होंने और किसने? क्या ऐसे लोग भी शास्त्रार्थ करने और धर्म-रहस्य समझाने के अधिकारी हैं। जो लोग पत्र-व्यवहार तक में शिष्टाचार की रक्षा नहीं करते उनके उपदेशों और उनके बताए हुए शास्त्र-तत्वों का महत्त्व ही कितना? जो स्त्रियाँ एकाग्रचित्त होकर, सच्चे विश्वास से, घंटों पीपल की प्रदक्षिणा करती हैं अथवा जो मनुष्य गंगाष्टक, आदित्यहृदय, महिम्न, गजेंद्रमोक्ष और प्रह्लाद-स्तुति आदि का पाठ करते समय, भक्ति-विह्वल होकर, आँसू बहाते हैं उनको चाहे भगवान् की प्राप्ति न सही, सत्ता की झलक ही मिल जाए। पर इन सदा-विजयी विद्वंद्वरों को उसकी प्राप्ति दुर्लभ ही समझिए। क्योंकि योगवशिष्ट के अनुसार जब तक अहंकार का अंकुर हृदय में बना हुआ है तब तक मनुष्य की सद्गति नहीं। और ये विद्वच्चक्रचूड़ामणि ठहरे अहंकार के प्रत्यक्ष अवतार। इनकी हुंकार है–प्रलय पर्यंत मेरे प्रश्न का उत्तर देने वाला पैदा न होगा। भूमण्डल में ऐसा कौन है जो मेरे साथ तर्क में प्रवृत्त हो सके! त्रिलोकी उजाड़ पड़ी हुई है, आबाद हो तो कोई निकल आवे और मुझसे शास्त्रार्थ कर ले!!! भर्तृहरि मानो ये पंक्तियाँ इन्हीं के लिए लिख कर छोड़ गए हैं–

यदा किंचिज्ज्ञोऽहं द्विप इव मदान्धः समभवम्।
तदा सर्वज्ञोऽस्मीत्यभवद्वलिप्तं मम मनः।।

इसी से यदि कोई 'ग्रहण' को 'गृहण' लिख दे तो लोग उसकी आँख में उँगली कोंचने चलते हैं और पद-पद पर उसकी हँसी उड़ाते हैं; पर आप अपनी साद्यंत त्रुटिपूर्ण-रचना पर दृक्पात तक नहीं करते। जिनको शब्द-शुद्धि तक का ज्ञान नहीं उनके साथ, फिर, आप शास्त्रार्थ करते क्यों हैं? उनकी उपेक्षा क्यों नहीं करते?—"सहापकृष्टैर्महतां न संगतम्" मर्यादा-पुरुषोत्तम राम, कुछ ऐसा करो, जिसमें कभी यही लोग यह कहने लगें—

यदा किंचित्किंचिद् बुधजनसकाशादवगतं
तथा मूर्खोऽस्मीति ज्वर इव मदो मे व्यपगतः।।

इस पुस्तक के शास्त्रार्थ वाले अंश तक में कुत्सा और कदर्थना पाई जाती है। उसमें भी तर्क का अंश कम है; कुतर्क, तर्काभास, छल और वितंडा ही का अधिक।

पुस्तक के पृष्ठ 55 पर लिखा है—"पुराण नवीन नहीं, किंतु प्राचीन और ईश्वरकृत हैं।"

लीजिए, अब तक वेद ही ईश्वर-कृत थे; अब पुराण भी हो गए। धर्माचार्यों के मौजी मनो-मंदिर के कंगूरों पर ईश्वर की कोई नई आयत उतर आई! इस पर विपक्षी यदि यह कहता है कि फिर इन ईश्वर-प्रणीत पोथियों में तारा और शशलांछन तथा अहल्या और इंद्र के आख्यान कैसे? वे तो अश्लील हैं! तो उत्तर मिलता है कि क्या तुम्हारे (हमारे और तुम्हारे दोनों के नहीं, सिर्फ तुम्हारे!) वेद उससे खाली हैं—"पिता यत् स्वां दुहितरमधिष्कन्" इत्यादि "मंत्रों में क्या अश्लीलता नहीं?" प्रतिपक्षी यदि शांतं पापं कह कर दुहाई देता है और कहता है कि महाराज, वेद तो हम दोनों के पूज्य हैं; उन पर तो रहम करते; तो तत्काल उत्तर मिलता है—अश्लीलता का अर्थ है—गँवारूपन। अर्थात् वेद और पुराण के उन स्थलों से न जुगुप्सा व्यंजित होती है, न ब्रीडा; उनसे सिर्फ गँवारूपन झलकता है। वेद के उन मंत्रों का यथार्थ अर्थ क्या है? उनमें कोई उनसे रूपक तो नहीं छिपा? इसके विचार की मुतलक जरूरत नहीं। अर्थ कुछ भी हो और रूपक हो या न हो, शास्त्रार्थ करने वाले की बला से। विपक्षी का 'घोर पराजय' तो उसने कर दिया!

इसी तरह के शास्त्रार्थों से धर्म की उलझी हुई गाँठें सुलझाई जाती हैं और इसी तरह की गहरी न्यायनिष्ठा का आश्रय लेकर संशयालुओं की शंका-निवृत्ति की जाती है! ऐसों के लिए त्रिलोकी को सचमुच ही शून्य समझना चाहिए। उनको समझाने या हराने वाला कहाँ? जिसे शंका निवृत्ति करानी होगी वह समित्पाणि हो कर किसी सद्गुरु से—

शिष्यस्तेऽहं शाधि मां त्वां प्रपन्नम्

कहेगा या पटेले और छुरे पर घी-गुड़ चढ़ाने वालों और तद्विषयक शुष्क

वितंडावाद में अपना तथा अन्य हजारों आदमियों का वक्त बराबर करने वालों का पारस्परिक कल्पना-जाल सुनने आवेगा?

बात-बात में दुर्वचन, बात-बात में कटूक्ति, बात-बात में विषय व्यंग्य, बात बात में गंदी दिल्लगी! खूब शास्त्रार्थ हुआ! खूब धर्माराधना हुई! शास्त्रज्ञता का खूब ही नक्कारा बजा। इस पुस्तक से तो यही सूचित होता है कि इस गुण विशेष में वही पक्ष प्रबल रहा, जिसकी कृपा से हमें प्रस्तुत पुस्तक समालोचनार्थ प्राप्त हुई है। पर दूसरे पक्ष ने भी इस अलौकिक गुण का तिरस्कार नहीं किया। संभव है, उसकी प्रकाशित पुस्तक में इस देवदुर्लभ मधुरालाप का विशेष विस्तार हुआ हो।

इन धर्मध्वजियों के मुकाबिले में तो हम ब्रह्मसमाज और राधास्वामी संप्रदाय के अनुयायियों को ही भले कहेंगे। वे मर्मभेदी भाषण तो नहीं करते, कुत्सा और कदर्थना से तो दूर रहते हैं, शास्त्रार्थ के लिए लोगों को ललकारते तो नहीं फिरते, अपने सिद्धांतों के अनुसार जिसे वे धर्म समझते हैं उसका चुपचाप अनुष्ठान तो करते हैं। हाँ, शुद्ध भाव से यदि कोई उनसे कुछ पूछता है तो उनकी शंका समाधान भी कर देते हैं।

हिंदू समाज की बुरी दशा है! उसके यों ही अनेक टुकड़े हो गए हैं। शाखा-प्रशाखाओं और भेद भावों से यह कमजोर हो रहा है। इस कारण, इस समाज के अनुयायियों में बहुत कम एकता पाई जाती है। और, एकता का महत्त्व कितना है, यह कौन नहीं जानता। इस दशा में इस तरह के शास्त्रार्थों से लाभ तो कुछ भी नहीं, हानि बहुत अधिक हो रही है। इनके कारण पारस्परिक ईर्ष्या-द्वेष बढ़ता है। एक पक्ष वाला दूसरे पक्ष के दोष देखने में सहस्त्राक्ष बनने की चेष्टा करता है। विद्वेषाग्नि बढ़ती है, एकता और भी कम होती है; पारस्परिक प्रेम दूर भागता है। इस दुर्दशा के दर्शन से बचने के लिए ऐसे शास्त्रार्थों का एकदम बंद हो जाना ही हितकर है। समाज का कल्याण इसी में है। कोई पक्ष अपने धार्मिक विचार न छोड़े, जिसे जो पथ श्रेयस्कर समझ पड़े वह उसी का अनुसरण करे और उसकी वह मनमानी प्रशंसा भी करे। बस वह इतनी ही कृपा करे कि दूसरों के धार्मिक विचारों, धर्म-पुस्तकों और धर्मानुष्ठानों की निंदा से बचा रहे।

किसी को व्यर्थ पीड़ा पहुँचना—उसे पातकी, कपटी, अनृतवादी आदि कहना—कोई पुण्य-कार्य नहीं। उससे पुण्य-प्राप्ति नहीं होती, कुछ और ही होता है। इस तरह का व्यवहार मनुष्य के बनाए हुए पीनल कोड में भी अपराध माना गया है। ईश्वर के कानून की तो कथा ही क्या। क्या ही अच्छा हो, यदि दोनों पक्ष वाले अपने इस कार्य पर पश्चात्ताप करके अब बारी बारी से यह कहें—

(1) क्षंतव्यो मेऽपराधो दशरथतनय श्रीपतेरामचंद्र।

(2) क्षंतव्यो मेऽपराधस्तनुजनुरहित श्रीश सर्वांतरात्मन्।

—1918

साहित्य

ज्ञान-राशि के संचित कोश ही का नाम साहित्य है। सब तरह के भावों को प्रकट करने की योग्यता रखने वाली और निर्दोष होने पर भी यदि कोई भाषा अपना निज का साहित्य नहीं रखती तो वह रूपवती भिखारिनी की तरह, कदापि आदरणीय नहीं हो सकती। उसकी शोभा, उसकी श्रीसंपन्नता, उसकी मान-मर्यादा उसके साहित्य ही पर अवलंबित रहती है। जाति-विशेष के उत्कर्षापकर्ष का, उसके उच्च-नीच भावों का, उसके धार्मिक विचारों और सामाजिक संगठन का, उसके ऐतिहासिक घटनाचक्रों और राजनैतिक स्थितियों का प्रतिबिंब देखने को यदि कहीं मिल सकता है तो उसके ग्रंथ-साहित्य में मिल सकता है। सामाजिक शक्ति या सजीवता, सामाजिक आसक्ति या निर्जीवता और सामाजिक सभ्यता तथा असभ्यता का निर्णायक एकमात्र साहित्य ही है। जिस जाति-विशेष में साहित्य का अभाव या उसकी न्यूनता आपको दीख पड़े, आप निस्संदेह निश्चित समझिए कि वह जाति असभ्य किंवा अपूर्ण सभ्य है। जिस जाति की सामाजिक अवस्था जैसी होती है उसका साहित्य भी वैसा ही होता है। जातियों की क्षमता और सजीवता यदि कहीं प्रत्यक्ष देखने को मिल सकती है तो उनके साहित्य-रूपी आईने ही में मिल सकती है। इस आईने के सामने जाते ही हमें तत्काल मालूम हो जाता है कि अमुक जाति की जीवनी शक्ति इस समय कितनी या कैसी है और भूतकाल में कितनी और कैसी थी। आप भोजन करना बंद कर दीजिए या कम कर दीजिए, आपका शरीर क्षीण हो जाएगा और अचिरात् नाशोन्मुख होने लगेगा। इसी तरह आप साहित्य के रसास्वादन से अपने मस्तिष्क को वंचित कर दीजिए, वह निष्क्रिय होकर धीरे-धीरे किसी काम का न रह जाएगा। बात यह है कि शरीर के जिस अंग का जो काम है वह उससे यदि न लिया जाए तो उसकी वह यह काम करने की शक्ति नष्ट हुए बिना नहीं रहती। शरीर का खाद्य भोजनीय पदार्थ है और मस्तिष्क का खाद्य साहित्य। अतएव यदि हम अपने मस्तिष्क को निष्क्रिय और कालांतर में निर्जीव-सा नहीं कर डालना चाहते तो हमें साहित्य का सतत सेवन करना चाहिए और उसमें नवीनता तथा पौष्टिकता लाने के लिए उसका उत्पादन भी करते जाना चाहिए। पर, याद रखिए, विकृत भोजन से जैसे शरीर रुग्ण होकर बिगड़ जाता है उसी तरह विकृत साहित्य से मस्तिष्क विकार-ग्रस्त होकर रोगी हो जाता है। मस्तिष्क का बलवान् और शक्ति-संपन्न होना अच्छे ही साहित्य पर अवलंबित है। अतएव यह बात निर्भ्रांत है कि मस्तिष्क के यथेष्ट विकास का एकमात्र साधन अच्छा साहित्य है। यदि हमें जीवित रहना है और सभ्यता की दौड़ में अन्य जातियों की बराबरी करना है तो हमें श्रमपूर्वक, बड़े उत्साह से सत्साहित्य का उत्पादन और प्राचीन साहित्य की रक्षा करनी चाहिए। और यदि हम अपने मानसिक जीवन की

हत्या करके अपनी वर्तमान दयनीय दशा में पड़ा रहना ही अच्छा समझते हों तो आज ही साहित्य-निर्माण के आडम्बर का विसर्जन कर डालना चाहिए।

आँख उठाकर जरा और देशों तथा और जातियों की ओर तो देखिए। आप देखेंगे कि साहित्य ने वहाँ की सामाजिक तथा राजकीय स्थितियों में कैसे-कैसे परिवर्तन कर डाले हैं। साहित्य ने वहाँ समाज की दशा कुछ की कुछ कर दी है; शासन-प्रबंध में बड़े-बड़े उथल-पुथल कर डाले हैं; यहाँ तक कि अनुदार और धार्मिक भावों को भी जड़ से उखाड़ फेंका है। साहित्य में जो शक्ति छिपी रहती है वह तोप, तलवार और बम के गोलों में भी नहीं पाई जाती। यूरोप में हानिकारिणी धार्मिक रूढ़ियों का उत्पादन साहित्य ही ने किया है, जातीय स्वातन्त्र्य के बीज उसी ने बोए हैं, व्यक्तिगत स्वातन्त्र्य के भावों को भी उसी ने पाला, पोसा और बढ़ाया है, पतित देशों का पुनरुत्थान भी उसी ने किया है। पोप की प्रभुता को किसने कम किया है? फ्रांस में प्रजा की सत्ता का उत्पादन और उन्नयन किसने किया है? पदाक्रांत इटली का मस्तक किसने ऊँचा उठाया है? साहित्य ने, साहित्य ने, साहित्य ने। जिस साहित्य में इतनी शक्ति है, जो साहित्य मुर्दों को भी जिंदा करने वाली संजीवनी औषधि का आकार है, जो करने वाला है उसके उत्पादन ओर संवर्द्धन की चेष्टा जो जाति नहीं करती वह अज्ञानान्धकार के गर्त में पड़ी रहकर किसी दिन अपना अस्तित्व ही खो बैठती है। अतएव समर्थ होकर भी जो मनुष्य अपने महत्त्वशाली साहित्य की सेवा और अभिवृद्धि नहीं करता, अथवा उससे अनुराग नहीं रखता वह समाजद्रोही है, वह जाति-द्रोही है, किंबहुना वह आत्मद्रोही और आत्महंता भी है।

कभी-कभी कोई समृद्ध भाषा अपने ऐश्वर्य के बल पर दूसरी भाषाओं पर अपना प्रभुत्व स्थापित कर लेती है। जैसे जर्मनी, रूस और इटली आदि देशों की भाषाओं पर फ्रेंच भाषा ने बहुत समय तक कर लिया था। स्वयं अंग्रेजी भाषा भी फ्रेंच और लैटिन भाषाओं के दबाव से नहीं बच सकी। कभी-कभी यह दशा राजनैतिक प्रभुत्व के कारण भी उपस्थित हो जाती है और विजित देशों की भाषाओं को विजेता जाति की भाषा दबा लेती है। तब उनके साहित्य का उत्पादन यदि बंद नहीं हो जाता तो उसकी वृद्धि की गति मंद जरूर पड़ जाती है। यह स्वाभाविक दबाव सदा नहीं बना रहता। इस प्रकार की दबी या अधःपतित भाषाएँ बोलने वाले जब होश में आते हैं तब वे इस अनैसर्गिक आच्छादन को दूर फेंक देते हैं। जर्मनी, रूस, इटली और स्वयं इंग्लैंड चिरकाल तक फ्रेंच और लौटिन भाषाओं के मायाजाल में फँसे थे। पर बहुत समय हुआ, उस जाल को उन्होंने तोड़ डाला। अब वे अपनी ही भाषा के साहित्य की अभिवृद्धि करते हैं, कभी भूल कर भी विदेशी भाषाओं में ग्रंथरचना करने का विचार नहीं करते। बात है कि अपनी भाषा का साहित्य ही जाति और स्वदेश की उन्नति का साधक है। विदेशी भाषा का चूड़ांत ज्ञान प्राप्त कर लेने और उसमें महत्वपूर्ण ग्रंथरचना करने पर भी विशेष लाभ नहीं पहुँच सकता। अपनी माँ को

निःसहाय, निरुपाय और निर्धन दशा में छोड़कर जो मनुष्य दूसरे की माँ की सेवा शुश्रूषा में रहता होता है उस अधर्म की कृतघ्नता का क्या प्रायश्चित होना चाहिए, इसका निर्णय कोई मनु, याज्ञवल्क्य या अपस्तम्ब ही कर सकता है।

मेरा मतलब यह कदापि नहीं कि विदेशी भाषाएँ सीखनी ही न चाहिए। नहीं, आवश्यकता, अनुकूलता, अवसर और अवकाश होने पर हमें एक नहीं, अनेक भाषाएँ सीखकर ज्ञानार्जन करना चाहिए। द्वेष किसी भाषा से न करना चाहिए। ज्ञान कहीं भी मिलता हो उसे ग्रहण ही कर लेना चाहिए। परंतु अपनी ही भाषा और उसी के साहित्य को प्रधानता देनी चाहिए, क्योंकि अपना, अपने देश का, अपनी जाति का उपकार और कल्याण अपनी ही भाषा के साहित्य की उन्नति से हो सकता है। ज्ञान, विज्ञान, धर्म और राजनीति की भाषा सदैव लोक-भाषा ही होनी चाहिए। अतएव अपनी भाषा के साहित्य की सेवा और अभिवृद्धि करना सभी दृष्टियों से हमारा परम धर्म है।

राधामोहन गोकुल
1865-1935

एक नास्तिक देशभक्त, स्वाधीनता-संग्रामी और क्रांतिकारी साम्यवादी। आधुनिक चार्वाक। इलाहाबाद के निकट भदरी गाँव में जन्म। 1922 में नागपुर से 'प्रणवीर' का संपादन और झंडा-सत्याग्रह में जेल। 1925 में 'भारतीय कम्युनिस्ट पार्टी' के गठन में महत्त्वपूर्ण भूमिका निभाई। लेखन के साथ-साथ जन-आंदोलनों में हिस्सेदारी। 'हिंदुस्तान रिपब्लिकन आर्मी' खड़ा करने में सहयोग। सरदार भगत सिंह सहित कई क्रांतिकारियों के 'मास्टर साहब'। हथियार और बम जुगाड़ने का काम। 1930 में दो सालों के लिए जेल। 1908 में 'देश का धन' और 1924 में 'कम्युनिज्म क्या है' पुस्तिकाएँ लिखीं। निबंध संग्रह 'विप्लव' और अन्य कई पुस्तकें।

ईश्वर का बहिष्कार

प्रकृतिवादी और केवल काल्पनिक भाववादियों में बड़ा अंतर है। एक तो गुलाब के फूल को प्रत्यक्ष देखता है—उसकी बनावट का ज्ञान और रूप-रंग आदि अनेक गुणों की जानकारी रखता है; यदि उससे गुलाब के संबंध में कोई प्रश्न करे, तो वह उसके अस्तित्व के प्रमाण में सीधी और वास्तविक दलीलों से काम लेगा और गुलाब के फूल का यथार्थ ज्ञान भी करा देगा। लेकिन दूसरा गुलाबी रंग के वर्णन करने को तैयार होता है और उस दशा में, जबकि उसने स्वयं गुलाब को कभी नहीं देखा, तो सीधा कोई प्रमाण नहीं दे सकता। परोक्ष और अव्यावहारिक प्रमाणों से जो वह काम लेगा तो निस्संदेह कदम-कदम पर ठोकर खाएगा। यह तो उस दशा में होता है, जबकि गुलाब कोई वस्तु है और गुलाबी रंगत, चाहे गुलाब से भिन्न द्रव्यहीन अवस्था में उसका देखना असंभव हो, कोई ऐसी चीज है जिसे हम आँखों से देख सकते हैं।

ईश्वर एक ऐसा कल्पित पदार्थ है जिसे कभी किसी ने अपनी ज्ञानेंद्रियों से प्रत्यक्ष नहीं किया इसलिए कि उसका सर्वथा अभाव है। ईश्वर कोई चीज है ही नहीं।

जिस पदार्थ का अत्यंत अभाव है, उसका अस्तित्व कभी हो ही नहीं सकता। संसार में जितनी वस्तुएँ हैं, वे चाहे कितनी भी सूक्ष्म क्यों न हों, सब का प्रादुर्भाव प्रकृति से होता है; और प्रकृतिजन्य सारे पदार्थ किसी न किसी दशा में इंद्रिय ग्राह्य होते हैं। उदाहरण के लिए जल को लीजिए। यह भाप की सूरत में आँखों को दिखाई देता है। यदि यह और विश्लिष्ट होकर सूक्ष्मतम वायव्य (Gaseous) हो जाए अर्थात् गैस का रूप धारण कर ले, तो भी वह इंद्रियों द्वारा जानने का विषय रहेगा। फिर देखिए बिजली बहुत ही सूक्ष्म रूप की एक वस्तु है; आँख, कान, नाक द्वारा इसे नहीं जान सकते। लेकिन बिजली की उत्पत्ति प्राकृत पदार्थों से होती है, और जब हम उसका व्यवहार किसी रूप में करते हैं तो द्रव्यों में उसे स्पष्ट देखते हैं कि काम कर रही है।

यह बात 'ईश्वर' नाम के पदार्थ में नहीं है, क्योंकि उसको प्रकृति का निर्माता, संचालक और नाशकर्ता माना जाता है। प्रकट है कि जो वस्तु नहीं है–केवल एक काल्पनिक भाव है–उससे वास्तविक पदार्थ का बनना, बनाना या प्रकट हो जाना प्रत्यक्ष ही एक निर्मूल, अशुद्ध एवं मानव विज्ञान विरुद्ध एक कल्पना मात्र है। यदि हम इसे बल, शक्ति किंबा गति मानें तो भी हम द्रव्य के सिवा अन्यत्र इसे कहीं भी नहीं देखते। इसी तरह गुलाबी रंग भी कभी किसी ने वस्तु से भिन्न, स्वतंत्र कहीं न देखा होगा, जैसा ऊपर कहा गया है। सारांश यह कि प्रकृति से अलग कभी कोई शक्ति या कोई और भाववाचक संज्ञाएँ हैं। इनका भी बोध हमें प्रकृति के ही द्वारा होता है। किसी खास दशा का निरीक्षण करके हम उसको एक नाम दे देते हैं; परंतु वस्तुतः यह ऐसी कोई चीज नहीं है, जिसे हम प्रकृति से भिन्न मान लें।

ईश्वर के मानने वाले उसे सर्वशक्तिमान्, न्यायकारी, दयालु, सर्वव्यापी इत्यादि सभी गुणों से विभूषित करते हैं। यह लोग यह नहीं सोचते कि शक्तिमान् कहने से यह एक गुण 'शक्ति' का दूसरी चीज में आरोप करते हैं, तो दूसरी चीज कोई वस्तु होनी चाहिए और ईश्वर कोई वस्तु नहीं है। यही तर्क न्याय, दया आदि की बाबत भी किया जा सकता है। जीव को एक प्रकार से हम शरीर में देखते हैं, लेकिन बिना शरीर के कोई जीव ऐसा पदार्थ देखा नहीं जाता। संभव है कि रसायनशास्त्र के अनुसार जीव भी दो या अधिक चीजों के मेल से उत्पन्न कोई स्थिति विशेष हो। मनोविज्ञान-सिद्ध कई कुतूहलजनक घटनाओं के देखने पर जान पड़ता है कि शंकर को यह ख्याल हुआ था कि ईश्वर तो कोई चीज नहीं है। मगर जीव में कोई विलक्षण शक्तियाँ हैं। इसलिए जीव और ईश्वर दोनों एक ही पदार्थ हैं। इस तरह पर शंकर ने संसार को काल्पनिक ईश्वर के मानने से बहुत दूर तक हटाया–"अहं ब्रह्मास्मि" "तत्त्वमसि" "सर्वं खल्विदं ब्रह्म" का पाठ पढ़ाया। वेदांत भी जहाँ तक ईश्वर की मिथ्या कल्पना का संबंध है, एक खासा नास्तिकवाद है, जो संसार को बहुत ठीक मालूम होता जा रहा है। इनके विचार के लोगों की वृद्धि होती जाती है।

ईसाइयों ने खुदा की पवित्रात्मा को चिड़िया के रूप में पानी पर तैरा कर, उसका मरियम के साथ सहवास कराकर अथवा तूर-पहाड़ पर जलती आग की शकल में मूसा को दिखला कर यही सिद्ध किया है कि बिना वस्तु के किसी शक्ति का स्थिर रहना असंभव है। कुरान ने खुदा को एक बड़े मकान में बिठाकर तखती पर लिखने और फरिश्तों द्वारा सारा काम इंजाम देने का खयाल इसीलिए पैदा किया कि बिना किसी व्यक्त पदार्थ के यह सारे गुण उसमें नहीं हो सकते, जिन्हें मुसलमान लोग खुदा में मानते हैं। 'कुन' का कहना बिना जिह्वा के असंभव है, और जिह्वा होने से खुदा भी प्रकृतिजन्य एक पदार्थ बन जाता है।

सातवें आसमान पर मुहम्मद साहब का बुराक पर चढ़कर जाना, रिजवां का इन्हें बहिश्त दिखलाना, महात्मा मसीह का आसमान पर उठाया जाना तथा गरुड़ पुराण आदि की कही हुई स्वर्गों और नरकों की कल्पनाएँ, सभी इस बात की साक्षी हैं कि धर्म केवल कल्पनामात्र है। इनसे सिवा लोगों को मिथ्या झगड़ों में फँसा कर बेकार बनाने के, कोई भी लाभदायक काम नहीं हो सकता। इसीलिए मनुष्य जितनी जल्दी ईश्वर, खुदा या गॉड और धर्म, मजहब या रिलीजन को त्याग दे उतना ही अच्छा। मनुष्य जाति के कल्याण के लिए ही मैंने इन विचारों को प्रकट करने का साहस किया है। आशा है, विचारशील पुरुष इससे लाभ उठाएँगे।

लोग जो समय रोजे, नमाज, संध्या-पूजा, और प्रार्थना में नष्ट करते हैं, उसे यदि समाज के किसी उपयोगी काम में लगाएँ, तो अपने भाइयों का और अपना बहुत कल्याण कर सकते हैं। यदि संसार से ईश्वर और धर्म के व्यर्थ गपोड़े मिट जाएँ, तो लोगों में फैले हुए झगड़ों का अंत हो जाए। जब कोई मूर्ख से मूर्ख पिता भी अपना वश चलते अपने पुत्रों को नहीं लड़ने देता, तो यदि वास्तव में कोई खुद होता—और सर्वशक्तिमान्, खुदा होता—तो वह अपनी संतान को कदाचित् अपने नाम पर कुत्तों की तरह न लड़ाता। यदि खुदा शक्ति और बुद्धि वाला होता तो भी वह एक ही धर्म सारे संसार के लिए बनाता—सारे संसार की एक ही बोली और एक ही संस्कृति होती—जिससे इन झगड़ों का बीज ही न पड़ता। जो खुदा झगड़ों का बीज बोता हो, जो धर्म मनुष्यों के लिए वास्तविक हितकर न हो, वह यदि वास्तव में कुछ हो भी तो विषवत् त्याज्य ही है।

फ्रांस का विद्वान् 'वालटेयर' कहता है (It god did not exist, it would be necessary to invent him, for the people must have a religion.)

अर्थात्—यदि ईश्वर न भी हो तो भी हमें एक ईश्वर का आविष्कार करना जरूरी है, क्योंकि जनता को धर्म की जरूरत है। हमें इस पंडित की बात पर हँसी आती है। पहले तो उपर्युक्त वाक्य के पढ़ने से प्रकट होता है कि वालटेयर को स्वयं ईश्वर के लिए Him कर्मवाचक, एकवचन, पुल्लिंग, प्रथम पुरुष का प्रयोग करके उसे मर्द करार दिया। इससे प्रकट है कि वह इस अजीब जानवर को मनुष्य मानता

है और मनुष्य मानने से उसकी सर्वशक्तिमत्ता, सर्वव्यापकता आदि की सारी बातें धूल में मिल जाती हैं। यही बात हिंदू मुसलमानों के खुदा की भी है। तीसरे जनता को एक धर्म दरकार है इसलिए एक खुदा का आविष्कार करना भी जरूरी है, यह भी बड़ी मजेदार बात है। जनता ने कभी खुदा नहीं माँगा, 'वालटेयर' और उसी की तरह सोचने वाले भद्र पुरुषों ने खामखाह एक खुदा गढ़ कर जनता को अगणित बेहूदगियों का शिकार बना डाला।

खुदा ही की कल्पना ने इंजील, कुरान, पुराण को रक्तरंजित इतिहास का भंडागार बनाया और घृणित कथाओं और भावों से मनुष्य जाति का सर्वनाश किया है। मैं तो महात्मा 'मिकाइल वेकुनिन' को सराहता हूँ, जो खुले शब्दों में मनुष्य जाति के हित के लिए 'वालटेयर' को तुर्की-ब-तुर्की जवाब देते हुए कहता है—If God really existed, it would be necessary to abolish him.

अर्थात्—यदि खुदा सचमुच होता, तो भी उसे धक्का देकर निकाल देना जरूरी होता। सच है धर्म और ईश्वर ऐसी ही बुरी कल्पना है। इनसे संसार का जब तक पीछा न छूटेगा, तब तक उसका कल्याण न होगा।

जब तक यूरोप में खुदा और धर्म सदृश रद्दी काल्पनिक बातों का जोर रहा रोमन कैथालिक और प्रोटिस्टेंट निरंतर सर फोड़ते रहे। कैथालिकों ने शक्ति प्राप्त होने पर प्रोटिस्टेंटों को अग्नि के हवाले किया। और प्रोटिस्टेंटों ने अधिकार पाने पर रोमन कैथालिकों के प्राणों की आहुति देकर अपना कलेजा ठंडा किया। भारत में शैव-शक्ति आदि ने धर्म के नाम पर खूब कुत्ते-बिल्लियों की सी लड़ाई की। पर जिस दिन यूरोप ने धर्म और खुदा के ढकोसले को छोड़ा, उसी दिन से उसमें देश-प्रेम और ज्ञान-पिपासा जाग्रत हुई। आज योरोप प्रकृति की पूजा करके सर्वत्र अपने को पुजवा रहा है।

एशिया की बरबादी के कारण धर्म और खुदा ही हैं। आज बीसवीं सदी में भी इस मूर्खता के कारण एशिया की दशा अत्यंत शोचनीय हो रही है। जिस जाति में जितनी धर्मांधता है, वह उतनी ही अँधेरे गर्त में पड़ी हुई है। मुसलमानों में अधिक धर्मांधता है, इसी से उनका संसार में पतन होता जा रहा है। भारत में भी मुसलमान विद्या, बुद्धि और धन आदि सभी बातों में अत्यंत नीचे हैं। टर्की ने इस भेद को समझा, इसीलिए उसने धर्म के हानिकर बंधन को ढीला कर दिया। अब वह समय रहते इस रद्दी खयाल को अर्द्ध चंद्र देकर सुखी होने का प्रयत्न करेगा, यह हमारा पूर्ण विश्वास है।

यदि ईश्वर और धर्म का ब्रह्मपाश कट जाए, यदि इस 'गौर्डियन नाट' के टुकड़े हो जाएँ, तो संसार के धर्म ग्रंथों के सारे निस्सार गपोड़ों का भी अंत हो जाए। प्रत्यक्ष और विज्ञान-सिद्ध बातों के विरुद्ध विश्वास, आचार और व्यवहार का पाप मनुष्यों में से जाता रहे, स्वर्ग के झूठे मन मोहने वाले दास्तानों और बच्चों की सी बे-सर-पैर

की बातों से संसार का पीछा छूट जाए। गालिब ने एक जगह बहिश्त का खासा मजाक उड़ाया है। वह कहता है–

'हमको मालूम है जन्नत की हकीकत गालिब। दिल के खुश रखने को गालिब यह खयाल अच्छा है।' किसी ने सच कहा है–Doctrine kills the life, and the living spontaneity of action. सिद्धांतवाद जीवन को नष्ट कर डालता है और कार्य के स्वाभाविक अस्तित्व को मटियामेट कर छोड़ता है। सार यह कि व्यक्ति हो या जाति कल्पनामात्र की तरंगों से ताड़ित होकर समुद्र में डाँट लगी हुई खाली बोतल के समान इधर-उधर ठोकरें खाती फिरती है, फल कुछ नहीं होता। हाँ, संसार के कितने ही मनुष्य विज्ञान की ओर ध्यान न देकर इंजील, कुरान, वेद, पुराण के पढ़ने में न जाने कितना समय खराब कर देते हैं। अच्छा हो जो इन लोगों में सुबुद्धि का संचार हो।

Ideal is but a flower, whose root lies in the material condition of existence—srowdhon.

सच है आदर्श कल्पना एक पुष्प है, जिसकी जड़ जीवन की प्राकृत स्थिति में रहती है। यह नहीं कि बिना सिर-पैर की एक अनहोनी कल्पना हो। भला प्रत्यक्ष जगत् सत्य है, या केवलमात्र कल्पना में रहने वाला निराधार ईश्वर? कोई भी व्यक्ति, जिसका मस्तिष्क विकृत न हो प्रकृति को ही सत्य कहेगा। प्रकृति को असत्य और काल्पनिक ईश्वर को सत्य कहने वाला निस्संदेह पागल है। आँखों का अविश्वास करके कानों का विश्वास करना बुद्धिमानों का काम नहीं है। मनुष्य जाति का सारा इतिहास–चाहे किसी भी विषय का क्यों न हो–द्रव्य से ही संबंध रखने वाला मिलता है, सब का प्रकृति से ही संबंध है। गपोड़ कथाओं की बात दूसरी है। प्राणों के उद्गम और विकास का आधार तथा जीवत्व के सर्वश्रेष्ठ प्रकट प्रकाश का मूल प्रकृति है।

वस्तु के विकास में प्राणियों की उन्नति में, हम देखते हैं कि पिछला रूप मिट जाता है और अभिनव विकसित उन्नत रूप उसका स्थानापन्न हो जाता है। मनुष्यता में (सज्ञान पशुपन में) केवल पशुता के बल का दिन-दिन ह्रास होता जाता है और ज्ञान का विकास, यह क्रिया नैसर्गिक है। इसी ज्ञान-वृद्धि के कारण प्रकृति के गुप्त रहस्य मनुष्य को मालूम होते जाते हैं। इस विकास-काल में, विज्ञान के प्रचंड मार्तंड के प्रकाश में सिवा विक्षिप्तों के और कौन ऐसा हो सकता है, जो अंधकार के समय के कल्पित ईश्वर की सत्ता को स्वीकार करेगा? किसी फारसी कवि ने क्या ही खूब कहा है–

खयाले हरदो आलमरा ज लौहे दिल चुनां शुस्तम।
कि शुद वर तख्तये हस्ती ज इक नुकता दोखत पैदा।।

जन्म के पूर्व और मृत्यु के बाद के संसार को दिल से ऐसा हटाया कि वर्तमान

काल में प्राकृत जीवन के आधार पर एक प्रत्यक्ष विचार के कारण एक बिंदु से दो रेखाएँ उत्पन्न हो गई। आदम-हौआ के जंगलीपन का जमाना गया; खुदा की शरारत और शैतान की मेहरबानी की अब जरूरत नहीं। यह बीसवीं सदी का विज्ञान काल है।

अब हममें सत्यासत्य के विवेक की बुद्धि बढ़ गई है, और मिथ्या बातों को मार भगाने की इच्छा तथा शक्ति उत्पन्न हो गई है। आजकल का पंडित कहता है—'गुस्ताखिए फरिश्ता नहीं मुआफ हमारे जनाब में।' आज हमें अवतारों, खुदा और रसूलों की जरूरत नहीं रही और न हम शून्य से संसार की उत्पत्ति मानने की मूर्खता करने को तैयार हैं। स्वार्थवश मनुष्यों को गुलामी के गर्त में रखने वाले असुरों की सारी कैफियत हमें मालूम हो चुकी है। हम सुरों के राजा ईश्वर की उस्तादियों और करामातों को खूब जान चुके हैं। हम समझ चुके कि हमारा कल्याण अगर हो सकता है तो असुरों के द्वारा।

सुर बनने वाले धर्मयाजकों, राजवर्गियों और धनवानों का विचार मेरे दिल में आ गया, इसलिए आवेश में आकर मैंने विषय से कुछ असंगत बातें कह डालीं। लेकिन यह जरूर है कि यदि सुर आजकल के उच्च, सर्वश्रेष्ठ बनने वाले हिंदुओं की तरह होते हैं, और असुर गरीब, मेहनत की कमाई खाने वाले, छोटे कहलाने वाले किसान, मेहतर, धोबी, चमार, लोहार, बढ़ई हैं, तो मैं असुरों को अवश्य ही सुरों की अपेक्षा बड़प्पन दूँगा। ईश्वर यदि ऐसा ही है जैसा बाइबिल और कुरान का ईश्वर, तो इन्हीं पुस्तकों के शैतान की उपासना को मैं लाख बार अच्छी समझूँगा।

हम देखते हैं, संसार का विकास क्रमशः नीचे से ऊपर को हुआ है। मानव जगत् दिन पर दिन ज्ञान की वृद्धि करता जा रहा है। जो विज्ञान—जो कला-कौशल—18वीं शताब्दी तक न थे, आज क्रमशः उन्नत होकर बीसवीं शताब्दी में हमारी आँखों के सामने हाजिर हैं, लेकिन ईश्वरवादी अपनी आँखें बंद करके उल्टा मार्ग लेते हैं। यह सर्वगुण-ज्ञान-गरिमा संपन्न एक ईश्वर को तो पहले ही मान लेते हैं और फिर उससे अज्ञान-तिमिराच्छादित जगत् की उत्पत्ति मानते हैं। यह कैसी विचित्र बात है। ईश्वर भी कोई व्यक्ति होगा या होगी, तो उसका उन गुणों से विभूषित होना जिनसे उन्हें विशिष्ट किया जाता है, सर्वथा असंभव है। इस प्रत्यक्ष बात को जानने के लिए किसी चालबाजी की जरूरत नहीं। इसके लिए व्यक्त परमात्मा के मानने वालों को कुछ कहने की जरूरत नहीं।

कुछ लोग कहते हैं, ईश्वर एक सर्वव्यापक आत्मा है, जो आकाशवत् या सूर्य के प्रकाशवत् सर्वत्र व्याप्त है, वही संसार का निर्माता, संचालक, और प्रबंधक है। किंतु यह बात भी नहीं बनती; क्योंकि जिस ईश्वर को ज्ञान का भांडार, शील का खजाना, पांडित्य का सागर, दयालुता और न्याय की खत्ती और सारे गुणों का आर्टिजन वैल (पातालतोड़ कूप) माना जाता है, उसकी कार्यवाही में तो यह सब बातें हम नहीं

देखते। जिसे लोक-दिक्-काल के परे खोजने जाकर बड़े-बड़े दार्शनिकों ने जमीन और आसमान के कुलावे मिलाए हैं, उसकी सत्ता को गौतम, कणाद, कपिल, वाचस्पति मिश्र, शंकर आदि भारतीय और प्लेटो, डिकार्ट, स्पायनोजा, कांट और हीगल आदि योरोपीय दर्शनकार भी न तो सिद्ध कर पाए, और न उसकी संतोषजनक व्याख्या ही कर सके। अंत में बड़े-बड़े ऋषियों, अवतारों, नबियों और वलियों ने भी विश्वस्त खोज न की। जिस पहेली के बूझने में अपनी बलहीनता, बुद्धि-विहीनता को ही स्वीकार करके वेद शास्त्र केवल 'नेति-नेति' कह कर रह गए, उसे कोई कैसे मान सकता है। सच तो यह है कि असत् को सत् सिद्ध करना संभव नहीं। आँखें बंद कर के बेहूदा बातों पर विश्वास कर लेना दूसरी बात है। परंतु प्राकृत नियमों के विरुद्ध कोई हस्ती नहीं हो सकती, न इसके विरुद्ध कोई शक्ति। इससे भिन्न कोई वैज्ञानिक केवल कल्पना ही कर सकता है। वनस्पति से प्राणी, प्राणी से मनुष्य, इसी प्रकार उत्तरोत्तर एक प्राकृतिक नियम के अनुसार संसार का विकास हुआ। तब यह अनहोना ईश्वर कहाँ से कूद पड़ेगा, जो प्रकृति से भिन्न हो और आंरभ में ही सब गुणों की खान भी। आँखें बंद करके किसी बात की कल्पना कर लेना दूसरी बात है। विश्वास में यही तो एक दोष है कि इसके आँखें नहीं होतीं। यह चिड़िया के दूध की कल्पना करता है और उसका अस्तित्व मान कर बैठ जाता है। इसी अंधविश्वास से उत्पन्न हुआ ईश्वर समस्त संसार के धर्म ग्रंथों, दर्शनों और चालबाजों की पुस्तकों का प्रधान चरित्र नायक है, जिससे संसार की सारी बुराइयाँ, बदमाशियाँ, अत्याचार तथा कमजोरियाँ पैदा हुईं और मनुष्य जाति नीच और निकम्मी हो गई।

जहाँ शारीरिक हानि पहुँचाने के लिए अनेक नशेबाजी और दुराचार के अड्डे होते हैं, वहाँ मनुष्य को मानसिक हानि पहुँचाने और निकम्मा बनाने के लिए धार्मिक अड्डे-गिरजे, मंदिर और मस्जिदें—भी हैं। यह सब काम काबू याफ्ता शासक और शासक मंडल के हित के लिए उनके दलालों अर्थात् पुरोहितों द्वारा, सरकार की छत्र छाया में बसने वाले गरीबों को लूटने वाले अमीरों की मदद से हुआ करते हैं। मूर्ख ग्रामीणों के दिमाग में जहाँ एक बार कोई बेवकूफी घर कर गई, फिर मुश्किल से निकलती है। इन बेचारों में ज्ञान नहीं, विवेक नहीं, समझ नहीं, विद्या नहीं, खाने को अन्न और पहनने को वस्त्र तक इनके पास नहीं। जो चाहे इन्हें पंडित, मौलवी, पादरी बन कर ठग सकता है, धोखे में डाल सकता है, और अपनी अर्थसिद्धि का साधन बना सकता है। पीढ़ियों से इन बेचारों का यही हाल है। सिखाने वाले धनिक पुरोहित और राजकर्मचारियों में से कोई भी ईश्वर को नहीं मानता, पर हरेक ईश्वर के मानने का ढोंग रचता है। मैं पूछता हूँ कौन पंडित, मौलवी, पादरी, राजा रईस और सेठ साहूकार ऐसा है जो झूठ नहीं बोलता, फरेब नहीं करता और तमाम दुनियाँ की बदमाशियों से पाक है, इस हालत में कोई चतुर मनुष्य यह कैसे मान सकता है कि ईश्वर कोई चीज नहीं है, सिवा इसके कि गरीबों को ठगने के लिए ठगी का एक

जाल है। यह जाल जितनी जल्दी तोड़ दिया जाए उतना ही अच्छा। जूसेप मटजीनी और टामस पेन के सदृश मनुष्य-भक्तों ने भी इस कल्पना में पड़ कर ठोकरें खाईं, तो दूसरों की क्या गिनती।

लेकिन दुःख तो इस बात का है कि इन देश और मनुष्य भक्तों ने भी कोई ऐसा तर्क और युक्ति-युक्त ऐसा प्रमाण न दिया कि ईश्वर का अस्तित्व निर्विवाद-रूप से सिद्ध हो जाता। प्रोफेसर फ्लिंट ने अपनी 'एंटी थिइस्टिक थियरीज' नाम की पुस्तक में नए पुराने सभी अनीश्वरवादियों के तर्कों का उत्तर देने का बहाना किया है, लेकिन ईश्वर का अस्तित्व सिद्ध नहीं कर सके। मुझे दुःख है कि न तो इस छोटे से लेख में 'पेन' और 'फ्लिंट' के लेखों को उद्धृत करके उत्तर देने को स्थान और समय है और न इस समय मेरे पास पुस्तकें प्रस्तुत हैं। जिन महानुभावों को देखना हो 'पेन' कृत 'एज ऑव रीजन' और फ्लिंटकृत 'थिइज्म' और 'एंटी थिइस्टिक थियरीज' को पढ़कर देख लें। इनमें अगर ईश्वर के अस्तित्त्व का कोई प्रमाण मिले तो कृपया मुझे सूचना दें। इतना खयाल रखें कि जिन बातों का मैं अपने अनेक लेखों में खंडन कर चुका हूँ उन्हीं का पिष्टपेपण न हो। मैं हर दशा में अपने विपक्षियों के तर्कों का उत्तर देने को तैयार हूँ अलबत्ता गालियों के उत्तर देने में मैं असमर्थ हूँ। जो ईश्वर की सत्ता सिद्ध करने के बदले मेरे छिद्रांवेषण करने में अपनी जीत समझते हैं, उनसे मैं पहले ही अपनी हार स्वीकार करता हूँ।

टामस पेन ने ज्योतिष शास्त्र का बड़ी निपुणता के साथ वर्गन करने के पश्चात् यह कह दिया कि यह सब ईश्वरीय चातुर्य का ही फल, है, कोई तर्क नहीं है। जो भद्र पुरुष ईश्वरीय पुस्तकों का अपौरुषेय ग्रंथ होना अस्वीकार करता हो और उनके खंडन में तर्क और इतिहास से काम लेता हो वही एक कल्पनामात्र के आधार पर अपनी प्रतिज्ञा की सिद्धि मान ले, यह कितने बड़े आश्चर्य की बात है। इसी तरह महात्मा मटजीनी ने भी, अपने समय के एक अद्वितीय दार्शनिक होते हुए, ईश्वर को सिद्ध करने में जो तर्क सामने रखा है, वह बहुत हास्यास्पद है। आप कहते हैं—सार्वभौम और आदिम विचार, जिनका ग्रहण करना सदा शाश्वत समझा जाता है, सारे संसार के भाव और विश्वास मिथ्या एवं भ्रममूलक नहीं हो सकते। यह तर्क अनेक प्राच्य और पाश्चात्य विद्वानों ने मेरे सामने पेश किया, लेकिन जो इसी का नाम तर्क और लाजिक है, तो मैं तो कहूँगा कि संसार में तर्कशास्त्र का होना ही व्यर्थ है।

'वेकुनिन' (रूसी विद्वान प्राउढन का समकालीन) ने ठीक ही कहा है कि जो तर्क की यही दशा है कि जो बात भूत और वर्तमान के सब लोगों ने ठीक मान ली है और मानते हैं, उसे तुम भी मान लो और कह दो कि खुदा है, और जो तुम नहीं मानते—'किम्, कस्मात् कारणात्' से काम लेंते हो—ईश्वर के अस्तित्व में संदेह करते हो—तो तुम्हारा तर्क गया भाड़ में, तुम प्रत्यक्ष राक्षस हो। तब तो हमें भी मूर्खों

की तरह वृद्धि को विदाई देकर ठकुरसुहाती कहनी पड़ेगी। लेकिन कोई जवाँ मर्द अपनी बुद्धि के विरुद्ध किसी के भय से भद्दी बात को ठीक नहीं मान सकता। हाँ, हम यह जरूर मान लेंगे कि जो बातें अनंतकाल से सबने मान रखी हैं उनमें अनेक तर्क और विज्ञान-विरुद्ध कल्पनाएँ हैं। ऐसी कल्पनाओं की जाँच-पड़ताल करना प्रत्येक नवयुवक का धर्म है। अंधों के अनुगतों का कल्याण इस संसार में असंभव है।

बहुत काल तक संसार पृथ्वी को चपटी मानता रहा, तो क्या हम उसे आज भी चपटी ही मान लेंगे? इसी तरह की हजारों बातें हैं, जिन्हें संसार अनादि काल से एक तरह पर मानता चला आता था, विज्ञान ने उन्हें झूठा सिद्ध कर दिया और सच्चाई सामने रख दी तब हमें सत्य को मानना ही पड़ा।

लोग पहले पानी को एक तत्त्व समझते थे पर आज यह मानने को तैयार नहीं, क्योंकि हम जान गए हैं कि ऑक्सीजन और हाइड्रोजन नाम के दो वायव्य पदार्थों के योग से जल बना है। यदि हम आज समझ गए कि खुदा नाम का कोई पदार्थ न तो है और न हो सकता है, तो हमारा काम है कि हम इस शब्द को अपने कोषों में से निकाल डालें, और धर्म की बेहूदगी से अपना पल्ला पाक करें। संसार में बेहूदगी, अन्याय, अत्याचार से ज्यादा पुरानी चीजें और कोई भी नहीं। पहले लोग स्त्रियों को उनके पिता से छीन कर ले जाते थे। इस रीति का प्रमाण आज भी ब्याहों में पाया जाता है, लेकिन क्या आज भी कोई इस बात को पसंद करेगा? फिर ईश्वर को फिजूल पकड़ कर बैठना कहाँ की बुद्धिमत्ता है।

''बहुतेरे लोग कहते हैं प्रकृति और पुरुष भिन्न नहीं, एक ही हैं। जैसे द्रव्य में शक्ति, मेंहदी के पत्ते में सुर्खी। इसलिए ईश्वर है और सर्वव्यापी है।'' हजरात, बिना गुलाब के गुलाबी रंगत कहाँ? जो यह कहें कि गुलाब भी है और गुलाबीपन भी, इसी तरह ईश्वर भी है और प्रकृति भी; प्रकृति में जो शक्ति है वही ईश्वर है तो मैं कहूँगा कि ईश्वर द्रव्यगत शक्ति का नाम है, वह कोई पृथक पूज्य पदार्थ नहीं, न वह न्यायशील और ज्ञान का इतना न्यारा गहरा गढ़ा है, जिसे हम नाप न सकें। ईश्वर यदि केवल गति, शक्ति, फोर्स का एक पर्याय मात्र है, तो रहने दो। इसके लिए लंबी-लंबी नमाजों और बड़ी-बड़ी उपासनाओं की क्या जरूरत है। बड़े-बड़े पोथों के पाठ, मंत्रों के जप, तिलक-माला और गद्य-कथाओं से क्या लाभ? विज्ञान पढ़ो, द्रव्यगत ईश्वर की उपासना से नए-नए आविष्कारों में लग जाओ। बड़े-बड़े आविष्कर्ताओं को ही अवतार, नवी और वली समझो, उन्हीं की खोज की पुस्तकों को धर्म पुस्तक मानो, संसार को अकारण धोखा देने से क्या लाभ?

अब हम जरा अल्लाह मियाँ की पैदाइश की तरफ ध्यान देना चाहते हैं। क्योंकि अजन्मा, निर्विकार, आदि नामों से लोग उसे पुकारा करते हैं? जब मेरा मूल मंतव्य यही है कि ईश्वर को हमेशा के लिए जनता के हृदय-पटल से उड़ा दिया जाए, तो जैसे कुश की जड़ खोदकर मट्ठा डाला जाता है, उसी तरह ईश्वर की भी जड़ तलाश

करके उसका नाश करना मेरे लिए अत्यंत आवश्यक काम हो गया। यदि हमने तर्क से लोगों के ऊपरी साधारण विचारों को पलट भी दिया, तो क्या फिर लोग दूसरे नाम और रूप से एक नई कल्पना खड़ी न कर लेंगे? जैसे मूर्त्ति-पूजन छोड़ने पर भी मुसलमान संग असवद को बोसा देने लगे, मुहम्मद साहब की कब्र की जियारत और काबे की मसजिद की सिजदा करने पर उतर पड़े, कुछ लोग ताजिये बनाने लगे, कितने हर किसी कब्र पर फूल-चद्दर चढ़ाना और फातेहा पढ़ना सीख गए, यही हाल हिंदुओं, ईसाइयों और जैनों का भी है। इसलिए जड़ से ही खुदा परस्ती का कला कमा हो, तभी कुछ काम हो सकता है। अस्तु, हम ईश्वर की पैदाइश की खोज करके अपने ज्ञानवान् विचारशील, धीर-वीर पाठकों को बतलाते हैं। हमारे परिश्रम से ईश्वर का नाम-निशान ऐसा मिटे कि उसका कोई नाम लेने और पानी देने वाला बाकी न रहे, तो समझिए कि मेहनत सफल हुई। अगर जरा भी चिह्न बाकी रहा, वट-वृक्ष की तरह फिर ईश्वर नए अंकुर फोड़ने लगा, तो संसार के सामने एक नई जहमत खड़ी दिखलाई देगी। आओ भाई, अतिक्रांति से प्रेम करो—अपने बुद्धिदाता और शैतान को सिंहासनासीन करने के लिए अपने शत्रु खुदा को गद्दी से उतारो। इसी में हमारा-तुम्हारा, सबका कल्याण है। जब से ग्रेट ब्रिटेन ने खुदा को हटाकर शैतान को सिंहासनारूढ़ किया, तभी से उसका सारे संसार में बोलबाला है। अब बाकी यूरोप में खुदा इधर-उधर छिपकर दिन काट रहा है, मगर अभागे एशिया देश में उसकी डकैती बराबर जारी है। इसलिए एशिया के प्रधान ज्ञान-क्षेत्र भारत से ईश्वर को सबसे पहले देश निकाला देना हम भारतवासियों का प्रधान कर्तव्य है। अगर हम सब नौजवान कमर कस लें, तो महात्मा गाँधी सदृश दस-पाँच आदमियों की मदद से वह कभी स्थिर नहीं रह सकता है। आओ, इसकी जड़ का पता लगाएँ।

धर्म के भ्रम और ईश्वर की मिथ्या कल्पना के कुछ लोग 'बालटेयर' की तरह समर्थक हैं, यह प्रजा में भय उत्पन्न करने की जरूरत बतलाते हैं। यदि जरूरत के कारण ही ईश्वर और धर्म को माना जाए, तो वह चिड़ियों को डराने वाले, खेत में खड़े काठ के पुतले के सिवा और कुछ नहीं रह जाता। जिस तरह प्राचीन एवं सार्वभौम कल्पना के आधार पर ईश्वर या धर्म का मानना विज्ञान और तर्क शास्त्र के प्रतिकूल है, वैसा ही मूर्खों को डराने के लिए भी यह कल्पना बुरी और अमान्य है। जिनकी अंतरात्माएँ दृढ़ हैं, जो सत्य के अनन्य भक्त हैं, जो मनुष्य के ज्ञान ओर उसके तर्क को प्रतिष्ठा देते हैं, वे इस प्रकार की कल्पना करने में सर्वथा असमर्थ रहे हैं, और रहेंगे।

मनुष्य जो धार्मिक विश्वास और ईश्वर की सत्ता को स्वीकार किए बैठा है, उसका कारण बेसमझी और अविचार इतना नहीं है, जितना दुख और हार्दिक असंतोष। गरीब, फिर बे-पढ़े लोगों का जीवन इतना बुरा है, उनको खाने-पहिनने आदि की इतनी तकलीफ है कि जब वे कुड़कुड़ाते और जलते हैं, तो सारा दोष किसी ऐसी शक्ति के मत्थे मढ़ देते हैं, जो उनसे भिन्न है। यदि वे ईश्वर के बदले कष्टों का

दायित्व जबरदस्त, सताने वाले और अधिकार-प्राप्त लोगों पर डालें, तथा सामाजिक अतिक्रांति के लिए तैयार हों तो ज्यादा अच्छा हो, इनका दुख दूर हो जाए। ईश्वर को मान लेने से दुःखों से छुटकारा मिलता नहीं दीखता। यदि मिलता तो पत्थर को रोटी मान लेने से भी काम चल जाता। सारांश यह कि ईश्वर का जन्म मूर्खता से हुआ, और भय, छल तथा संतोष ने इसकी यथा अवसर पुष्टि की।

सृष्टि की प्रारंभिक अवस्था में मनुष्य का ज्ञान इतना समृद्धिशाली नहीं था, जैसा अब है। उनकी योग्यता कम थी; उनके मनोवेग और ज्ञान यथार्थ काम न दे सकते थे, जैसे बालक का हाल है। इसलिए उसने देवी, देव, नबी, रसूल, अवतार-जो भी किसी को सूझा, मान लिया। यह सब मनुष्य की ही कल्पना है, इसमें वास्तविकता कुछ नहीं है। इसका प्रमाण यह है कि मनुष्य ने जो कल्पना की, अपने ही रूप के अनुरूप की। राज दरबार, जबरदस्तों की तलवार, धनवानों का सुखमय आगार देखकर हमने भी ईश्वर के दूत, जेल के बदले नरक, भोग-विलास के स्थान में स्वर्ग आदि की कल्पना कर ली। पुराण, बाइबिल, कुरान की गाथाओं को देखकर इस कल्पना की निस्सारता सहज ही समझ में आ जाती है।

जिस तरह बच्चे अपनी मातामही, पितामही से झूठी लंबी-चौड़ी कथाएँ सुनकर कल्पना किया करते हैं, मनुष्यों ने भी अपने स्वार्थी भाइयों से, जो कुछ अधिक चतुर थे, कथाएँ सुनीं, और धर्म के नाम से, भोलेपन के कारण, सत्य मान बैठे। इस गप्प को लोग न मानते, तो पोप, खलीफा, गोस्वामी, पंडित-पंडे, पुजारी प्रभृति लोग जनता के धन से मोटे बनकर न बैठ सकते। एक बार कल्पित ईश्वर को गद्दी पर बिठाकर जैसे मंदिर में मूर्ति स्थापित करके लोग संसार को ठगने लगते हैं, उसी तरह विद्वानों और बात बनाने वाले लोगों ने यह कहकर ठगना आरंभ किया कि 'यह बड़ा दयालु, न्यायकारी, सारे जगत् का नियंता, विनाशक, और बनाने वाला है', इत्यादि। इस तरह कल्पित ईश्वर की वेदी पर भोले-भोले लोगों का बलिदान प्रारंभ हो गया, और हो रहा है।

ईश्वर को स्वामी और मनुष्य को दास मानने से ही संसार में गुलाम और स्वामी की सृष्टि हुई। इस विश्वास को लोगों ने अवतार और नबी आदि बनकर फैलाया, और पुजे। जब तक ईश्वर सबका स्वामी है, मनुष्य दास है। जहाँ ईश्वर का स्वामित्व मिटा कि मनुष्य की दासता का भी अंत हुआ समझो। इसलिए ईश्वर को मिटाना, मनुष्य की दासता को हटाना तथा मनुष्यों में समता और न्याय का प्रचार करना है। ईश्वर को मानना बुद्धि और न्याय को एकदम जलांजलि देना है—मनुष्य की प्राकृत स्वतंत्रता का निश्चय नष्ट करना है। इसलिए यदि हम मनुष्य जाति का कल्याण चाहते हैं तो सबसे पहिले हमें धर्म और ईश्वर को गद्दी से उतारना चाहिए। आँखों से दिखलाई देने वाले और बुद्धि-ग्राह्य जगत् को मिथ्या मानकर एक निर्मूल पदार्थ को सर्वश्रेष्ठ मान बैठने से बड़ी और क्या नादानी हो सकती है?

धर्म ने मनुष्य को कितना नीचे गिराया, कितना कुकर्मी बनाया, इसको हम स्वयं सोचकर देखें। ईश्वर का मानना सबसे पहले बुद्धि को सलाम करना है। जैसे शराबी पहला प्याला पीने के समय बुद्धि की विदाई का सलाम करते हैं। वैसे ही खुदा के मानने वाले भी बुद्धि से विदा हो लेते हैं। ईश्वर की कल्पना मनुष्य को निर्बल, निकम्मा, परमुखापेक्षी और गुलाम बना डालती है। धर्म ही हत्या की जड़ है। कितने ही पशु धर्म के नाम पर रक्त के प्यासे ईश्वर के लिए संसार में काटे जाते हैं, इसका पता लगाकर पाठक स्वयं देख लें।

कितने झगड़े ईश्वर और धर्म के नाम पर होते हैं। आज हिंदू-मुसलमानों के बीच, भारत में जो परिस्थिति है, इसकी जिम्मेदारी धर्म ही पर है। आज कुरान को हटा दिया जाए तो आज ही भारत में सुख-शांति आ सकती है। हिंदुओं में भी वही दोष है, जो मुसलमानों में, किंतु बहुत कम दर्जे में। दोनों में राई और पर्वत का अंतर है। फिर भी दोनों ही गलती पर हैं। जितने पादरी, मौलवी, पंडित-पुजारी और पंडे धर्म का दम भरते हैं, ऊपर से बड़े भद्र होते हैं पर इनके दिल बहुत काले होते हैं। इनकी आकांक्षा रहती है कि ईश्वर और धर्म के नाम पर हम ठगें, लोग ठगे जाएं, और हमारे पीछे पागल की तरह फिरें।

आज हमारे देश के बड़े-बड़े विद्वान यदि ब्रिटिश गवर्नमेंट को निकाल देने के पहले ईश्वर को निकाल देते, धर्म की फाँसी अपने गले से निकाल फेंकते, तो उनमें कभी का इतना बल आ जाता कि अपने देश का शासन आप करते। ज्यों-ज्यों दुनियाँ में बुद्धि का विकास होता जाता है, त्यों-त्यों ईश्वर की थोथी कल्पना मिटती जाती है। समय आएगा कि धर्म की बेहूदगी से संसार छुटकारा पाकर सुखी होगा, और आपस की कलह मिट जाएगी। खुदा है क्या वस्तु? कोई वस्तु? कोई व्यक्ति? कोई मनोगतभाव? कुछ नहीं—एक मात्र निर्मूल कल्पना, एक कुविचार जनित शब्द। मनुष्य से अधिक सुंदर, चतुर, शक्ति-शाली, ज्ञानवान, भद्र, परोपकारी, न्याय और दया को समझने वाला न तो कुछ है, न हो सकता है। लेकिन जब कुछ मनुष्य दूसरों को सताने वाले देखे जाते हैं, तो लोग एक सर्वश्रेष्ठ की कल्पना करते हैं। यह नहीं समझते कि मनुष्यों में ही भले और बुरे दोनों की पराकाष्ठा के नमूने हैं। इसी को देखकर ईश्वर में क्रोध, बदला, नाशकरी-शक्ति का आरोप किया गया है। मनुष्य का ही मनन करो, प्रकृति का पाठ पढ़ो इसी से हमारा कल्याण है। एक अत्याचारी, एक मूर्ख शासक, खुदमुख़्तार और रद्दी ईश्वर की कल्पना करना मानो स्वतंत्रता, न्याय और मानव धर्म को तिरस्कार करके दूर फेंक देना है। यदि आप चाहें कि ईश्वर आपका भला करे, तो उसका नाम एक दम भुला दें। फिर संसार मंगलमय हो जाएगा।

मनुष्य के सरल, साधारण नैसर्गिक ज्ञान के हथौड़े से ही ईश्वर की कल्पना को टुकड़े-टुकड़े कर सकते हैं लेकिन देखा जाता है कि आध्यात्मिकता के नए-नए जाल मनुष्य जाति के गले की फाँसी को सुदृढ़ करने के लिए गढ़े जा रहे हैं। साधारण

जन समूह का कल्याण और हमारी मानसिक भलाई इसी में है कि हम ईश्वर की ऐतिहासिक उत्पत्ति को मनोयोग के साथ समझें, वे कौन से लगातार ऐसे कारण हुए, जिनसे मनुष्य ने अपने मन में ईश्वर की कल्पना की, इसका विचार करें। यदि हम लोग पढ़े लिखे, विचारशील व्यक्ति अच्छी तरह ध्यान देंगे तो निस्संदेह हम थोड़ा-बहुत उस सार्वभौम अंतरात्मा की पुकार से जिसका भेद हमने अच्छी तरह प्रकट नहीं किया, दब ही जाएँगे। कड़े से कड़े दिल के आदमी में एक स्वाभाविक निर्बलता देखी जाती है। वह यह कि सामाजिक बंधन के दबाव में मनुष्य आ ही जाता है और किसी न किसी प्रकार उसे धार्मिक बेहूदगी के गढ़े में गिरना पड़ता है। टामस पेन सदृश विद्वान् ने भी ऐसी ही ठोकर खाई है। धर्म की पकड़ साधारण जन समूह या समुदाय में इतनी बलवती क्यों देखी जाती है? इसका यह अर्थ नहीं है कि यह सब पागल हैं। लेकिन इस अबूझ पहेली में फँसने का कारण उनकी मानसिक चिंता और हार्दिक असंतोष है। इस असंतोष का निराकरण ईश्वर की कल्पना से नहीं हो सका तो अब सामाजिक अतिक्रांति ही इसका अंत करेगी। इसलिए अतिक्रांति की बड़ी ही आवश्यकता है।

जर्मनी के एक राजसत्तापोषक (Imperialist) ने एक बार कहा था—We do not only need the soldiers legs but also their brains and their hearts.

अर्थात्—हमें सिपाहियों के केवल हाथ-पैरों की ही जरूरत नहीं है, हमें उनके दिल और दिमाग को भी गुलाम बना लेने की जरूरत है। मतलब यह कि गरीबों के दिल और दिमाग—उनकी मानसिक वृत्ति और हृदय, ऐसे बनाए जाएँ कि वह खुशी से पशुओं की तरह धनिकों, अधिकार प्राप्तों की गुलामी जीवन भर करते रहें। यही तो मनु ने भी किया, जो अपने शूद्रों के कर्तव्य में यह लिखा कि "एकमेव तु शूद्राणां प्रभु कर्म समादिशत्; एतेषां त्रय वर्णानां शुश्रूषामनुसूयय।" यह तो गरीबों के लूटने का एक साधन है कि उन्हें धर्म-याजकों द्वारा ईश्वर या धर्म का भय दिलाया जाता रहे। क्या कोई पंडित, मौलवी, पादरी या दूसरा धर्म-याजक या राजा-रईस और धनिक ईश्वर को मानता है? उससे डरता है? कभी नहीं। क्योंकि वह जानते हैं कि ईश्वर मात्र हमारे स्वार्थ सिद्धि का एक खासा बहाना है। स्कूल, देवालय, राजसत्ता और छापेखाने सभी कुछ गरीबों को अंधकार में डालने के लिए धनवान् और जबरदस्त लोगों ने मिलकर बनाए हैं। स्कूल भी शुद्ध बुद्धि से जनता के हित के लिए नहीं बनते। देवालय और ईश्वर तो प्रत्यक्ष ठगी के जाल ही हैं। एक स्थान पर पंडित शिरोमणि बुहारिन ने स्पष्ट बतलाया है कि गरीबों के छलने के लिए धर्म (Church) के द्वारा क्या-क्या शरारतें की जाती हैं। हम यहाँ विषयांतर होने के भय से इस पंडित की विवेचना को स्थान नहीं दे सकते, अन्य पुस्तक में हम शीघ्र इस प्रकार के विषयों पर अलग विचार करने की इच्छा रखते हैं, यदि समय और शरीर साथ दे। ईश्वर का भ्रम मनुष्यों में कैसे उत्पन्न किया गया, इसी पर अब मैं थोड़ा सा विचार और करके इस लेख को समाप्त करना चाहता हूँ।

बालकाल का मूढ़ विश्वास

वेद, पुरान, कुरान, इंजील और सभी धर्म पुस्तकों के देखने से प्रकट है कि सारी गाथाएँ वैसी ही कहानियाँ हैं, जैसी कुपढ़ बूढ़ी दादी, नानी अपने बच्चों को सुनाया करती हैं। गीदड़, चिड़िया और राक्षस की जो कहानियाँ मैंने अपनी दादी से सुनी थीं, मुझे आज तक याद हैं। धर्म-ग्रंथों की बातें कहीं-कहीं इससे बेहूदगी में बहुत आगे बढ़ जाती हैं। इसका कारण मानव बुद्धि का अपूर्ण विकास, बालकाल का मूढ़ विश्वास ही हो सकता है, न कि और कुछ। ईश्वर, देवता, नबी, वली वगैरह-वगैरह की बुद्धि-विरुद्ध कल्पनाएँ मूर्खों के ही सर में पैदा हो सकती हैं और उन्हीं के भाईबंद उनको सुनकर उन पर विश्वास कर सकते हैं। बिना देखे-सुने, बिना जाने-पहचाने, अनहोने लापता ईश्वर या खुदा के नाम पर अपने देश को, जाति को, व्यक्तित्व को और धन-सम्पत्ति को नष्ट कर डालना एक ऐसी बड़ी मूर्खता है, जिसकी उपमा नहीं मिल सकती। हमारे देश में करोड़ों हरामखोर इसी बेहूदा कल्पना की बदौलत मजे उड़ाते हैं; और रात-दिन श्रम करने वालों को एक टुकड़ा रोटी भी यथा समय नहीं मिलती।

संसार खुदा से तंग आ गया है

वह बुद्धि-विहीन मस्तक कैसा विचित्र होगा, जिसमें 'कुछ नहीं' को सत्य, न्याय सौंदर्य, बल, धन, जन से संपन्न और मनुष्य को नीच, हेय, पतित, निर्बल, निकम्मा, पापी माना तथा मनवाया होगा। आओ आज हम इस बेहूदगी का पर्दा फाड़कर संसार को सुखी बनाने के लिए, उसके गले से गुलामी का तोक उतारने के लिए, घोषणा करें कि ईश्वर नाम का कोई पदार्थ नहीं है—मनुष्य-बुद्धि की विडंबना मात्र है। जब तक यह कल्पित स्वामी ईश्वर हमारे सर पर रहेगा, हमारी गुलामी का अंत न होगा। ईश्वर गया और गुलामी भी गई। ईश्वर ही सब पापों की जड़ है, सब फसादों का आदि कारण है, इस नाम के भूल जाने में ही हमारा कल्याण है। प्रह्लाद के पिता के चातुर्य और प्रह्लाद की अदूरदर्शिता का पता, उन विचारशीलों को लगेगा, जो बात की तह में गहरे घुस कर देखेंगे। खुदा यदि हमारे कल्याण का हेतु हो सकता है तो सिर्फ इसी तरह कि वह हमारे बीच से सदा के लिए अपना सा मुँह लेकर चला जाए। सच तो यह है कि संसार खुदा से तंग आ चुका है।

ईश्वर शब्द से कलंकित कोष

हमें दुःख है कि आज भी हमारे देश के बड़े-बड़े विद्वान यथा महात्मा गाँधी, साधु टी.एल वासवानी, डॉक्टर संजीवी, दार्शनिक-अग्रगण्य श्रीयुक्त भगवानदासजी इत्यादि उसी भूल को पद-पद पर दृढ़ करने में लगे हुए हैं, जिसे हमें चाहिए था, संसार के

सामने प्रकट करके सदा सर्वदा के लिए उठा देते, मिटा देते, अशुद्ध अक्षर की भाँति हरताल से छिपा देते।

हमारे कुछ दोस्तों ने प्रकृति की आंतरिक अवच्छिन्न शक्ति को (Inherent forcre in matter) ही ईश्वर मानकर प्रार्थना की है कि ईश्वर को इस काम से अलग पड़ा रहने दीजिए लेकिन, मैं कहता हूँ कि इस प्राकृत-शक्ति के लिए प्रकृति काफी है। अधिक विचार के लिए आप चाहें तो दूसरा नाम रख सकते हैं, लेकिन मैं अपने वश पड़ते 'राजा और ईश्वर' शब्दों से संसार के किसी भी कोष को कलंकित नहीं देखना चाहता। ईश्वर ही की कल्पना राजा की कल्पना, गुरुओं और महंतों की कल्पना का प्रधान कारण है। इसीलिए संसार की बुराइयों पर कुठाराघात करने के निमित्त ईश्वर की जड़ को काटना सबसे पहले जरूरी जान पड़ता है। आशा है कि हमारे नवयुवक इस बात पर गहरी, गंभीर और धीरता, वीरतापूर्ण दृष्टि डालकर शीघ्र ईश्वर को निकालने का प्रयत्न करेंगे।

धर्मग्रंथों को नदी में बहा दें

संसार में जितने धर्मग्रंथ हैं, सब में श्रेष्ठ और सुपाठ्य प्रकृति है। इस ग्रंथ के किसी-किसी सूत्र के व्याख्याकार भी हुए हैं। उन्हें भी हम चाहें तो सहायता लेने के विचार से पढ़ें। कितने ही गणितज्ञ, भूगोल-खगोल वेत्ता, नई-नई खोज और आविष्कारों के कर्ता पंडित हुए हैं। इन्हीं के निश्चित सार्वभौम निर्दोष प्राकृतिक नियमों के मानने से हमारी स्वाधीनता, स्वतंत्रता तथा मनुष्यता स्थिर रह सकती है। इसके विरुद्ध जितने नियम हैं, वे सब तिरस्कार के साथ ठुकरा देने योग्य हैं। इन प्राकृत नियमों को जहाँ हमने एक बार समझ कर मान लिया, फिर हमारा मार्ग सीधा सरल और निष्कंटक हो जाएगा। संसार में साधारण जनता से लेकर बड़े-बड़े पंडित तक सभी इसके विरुद्ध मुँह खोलने में असमर्थ हैं। कौन सा ऐसा धर्म-याजक, जगद्‌गुरु, महात्मा, पैगंबर, अवतार, दर्शकार इस संसार में है, जो गणित-शास्त्र-सिद्ध सिद्धांतों का विरोध करने का साहस करेगा। पागलखाने के बाहर मैं समझता हूँ, कोई बड़े से बड़ा धर्मांध भी ऐसा न मिलेगा, जो एक-एक दो होते हैं, इस बात से इनकार करे। आग जलाती है, पानी जलती हुई आग को बुझा देता है, इसे कौन न मानेगा, जब तक कि कोई प्राकृतिक नियम इसके अंदर दूसरी क्रिया न करता हो। साधारण जनता भी अपनी प्राकृतिक सहज बुद्धि से काम लेती है। वह नित्य प्रति निसर्ग के नियमों को देखती है और एक सीमा तक जानती तथा मानती है। यदि उसे बहके हुए पथ से हटा कर नैसर्गिक नियमों पर ही दृढ़ रखने का थोड़ा सा प्रयत्न किया जाय, तो निस्संदेह सत्य प्रकृति की उपासना अथवा असत्य ईश्वर के त्याग से बड़ा कल्याण हो। हमें उचित है कि हम विज्ञान की शरण लें और धर्म ग्रंथों को एक साथ नदी में बहाकर सदा के लिए निश्चिंत हो बैठें। महात्मा कार्ल मार्क्स ने ठीक ही कहा कि Religion is opium of the people अर्थात् धर्म मनुष्य जाति की अफ़ीम है। एक बार जिसे अफीम का चस्का लग गया, वह फिर इस घातक विष के फंदे से निकल नहीं सकता। यदि कोई हजार में एक आध निकल जाय तो वह बड़ा ही चतुर, दूरदर्शी, बहादुर या साधारण परिभाषा में अत्यंत भाग्यशाली है। किसी किसी धर्मरूपी अहिफेन का नशा तो इतना गहरा और बेहोश करने वाला होता है कि लोग अपनी जन्म-भूमि, अपने बाप-दादों के रजवीर्य और अपने अस्तित्व को भी भूल जाते हैं। उदाहरण के लिए हम मुसलमान धर्म को ही लेते हैं। भारत के गुलाम, भूख-मरते, अर्द्ध जाति वाले मुसलमान अर्थात् नवमुस्लिम अपनी पीनक में आकर कहने लगते हैं कि इस्लाम धरती की किसी सीमा से आबद्ध नहीं है। 'मुस्लिम हैं हम, वतन है सारा जहाँ हमारा।'

सब पापों की जड़-धर्म

हम इन मुसलमानों से पूछते हैं कि आप हिजरत कर गए थे, तब आपको मुसलिम दुनिया ने यथेष्ट प्यार क्यों न किया, रहने को स्थान क्यों न दिया? आपका वतन सारा जहान था तो आप क्या मुँह की खाकर लौट आए? 1920 ईस्वी में सारे हिंदुस्तान के मुसलमान क्यों न अपने धर्म शास्त्र के अनुसार हिजरत कर गए? बात यह है कि फकीर टुकड़े को तरसता है, जिसके रहने के लिए एक कोठरी भी नहीं, वहीं मूर्ख सारी पृथ्वी को अपनी जागीर बताता है–

"आवारा वतन कहते हैं सारा जहाँ हमारा।"

हमारे मुसलमान धर्मावलम्बीय भइयों से इस पीनक ने माता के रज और पिता के वीर्य से भी इनकार करा दिया। कश्मीरी ब्राह्मण, खत्री और अन्यान्य हिंदू अपने बाप-दादों को भूल कर खुरासानी खच्चर की तरह अपने बाप-दादों के बदले अरब के रज-वीर्य का दावेदार बनने लगता है। वह इतना पागल हो जाता है, उसे यह भी तमीज नहीं रहती कि धर्म दूसरी चीज है और नस्ल दूसरी, धर्म का खयाली पुलाव और बात है अपनी प्यारी मातृभूमि दूसरी। धर्म के नशे में चूर नशेबाज जिधर देखो यही पुकारता फिरता है कि–

बररूय शश जेहत दरे आइनः बाज है।
यां इम्तियाज नाकिसो कामिल नहीं रहा।।

इसी बदबख्त मजहब के नशे के पागल अपनी उस धरती की महत्ता और पवित्रता को भूल जाते हैं, जिसमें उनकी अगिणत पीढ़ियों की मिट्टी मिली हुई है और चोरों, उठाईगीरों, डकैतों की धरती को पवित्र मान बैठते हैं। इस तरह जिस धर्म के कारण मनुष्यता से गिर जाता है, उस धर्म मजहब या रिलीजन से कब किसी मनुष्य का कल्याण संभव है?

धर्म धनी का दास

इस धर्म के नशे में डाल कर ही पूँजीपति शासन श्रमिकों को लूटता-खसोटता और पशुतुल्य दास बनाए रखता है। समस्त देशों के धर्म-याजक धर्म रूपी अफीम के प्रचार के ठेकेदार हैं। इन्हें इस नशे से गरीबों को उन्मत्त रखने के लिए धन मिलता है। धर्म की व्यवस्था हमेशा धन से खरीदी जाती रही है और अब भी खरीदी जाती है। डायर और ओ-डायर की क्रूरताओं का पादरियों ने और मालाबार के मोपलाओं के राक्षसी कृत्यों का मौलानाओं ने समर्थन किया। यदि विचारपूर्वक देखा जाय तो सब पापों की जड़ धर्म है इसलिए धर्म, मजहब अर्थात् ईश्वर या अल्लाह को जितनी जल्दी भूमंडल से विदा किया जाय उतना ही अच्छा।

याद रहे संसार में सामाजिक समुन्नति कभी किसी अप्राकृत शक्ति या शक्तियों से नहीं हुई, न हो सकती है और न कभी होगी। इसके सिवा विद्वानों ने यह सिद्ध कर दिया है कि ईश्वर, धर्म और अनैसर्गिक शक्तियों का भाव मानव जाति में उसकी एक अनुन्नत दशा में पैदा होता है। यह इतिहास सिद्ध बात है, फिर विकास होने पर एक ऐसी उन्नत दशा आ जाती है कि यह भाव परिवर्तित होते-होते विनष्ट हो जाता है। जैसे लड़कियाँ जवान होने पर गुड़ियों का खेल छोड़ देती हैं और फिर पसंद नहीं करतीं, छोटे-छोटे बच्चे जवान होने पर अपने बचपन के बहुतेरे विचारों और बेहूदा खेलों को छोड़ देते हैं, वैसे ही मनुष्य जाति भी एक विशेष विकसित अवस्था के प्राप्त होने पर धर्म और ईश्वर के निर्मूल झगड़ों को त्याग देती है। मनुष्य और प्रकृति के संघर्ष में किसी भी तीसरी बाह्य महाशक्ति का न अस्तित्व है, न 'कुछ नहीं' का कोई हस्तक्षेप हो सकता है। थोड़े से स्वार्थी लोग जनता को लूट कर अपना पेट और जेब भरने के लिए उसे धर्म के अंधेरे में डाल रखने का प्रयत्न किया करते हैं। इन असद्विचार वालों और लुटेरों से बचे रहना चतुर मनुष्यों का काम है।

हम कह चुके हैं कि केवल मूर्ख ही अनहोनी घटनाओं के घटने का विश्वास कर सकते हैं। जितने धर्म हैं, सब गप्प कथाओं के आधार पर रचे गए हैं। यदि मिथ्यावादियों की होड़ा-होड़ी का आनंद देखना हो, तो हमें चाहिए कि हम धर्म पुस्तकों को पढ़ें और धर्म नामक छल से बचें।

सांसारिक कार्य करने के समय हम देखते हैं कि सभी नास्तिक होते हैं। क्या कोई मनुष्य रातदिन जो काम करता है उसमें प्रतिक्षण धर्म का विचार रखता है? रख ही नहीं सकता। यदि रखे तो संसार का कोई काम न चले। यही बड़ा भारी प्रमाण धर्म की अव्यावहारिकता और व्यर्थता को सिद्ध करने के लिए काफी है।

धर्म अत्याचारियों का साथी

ला प्लेस नामक एक फ्रांसीसी विद्वान ने विश्वक्रम-ज्ञान (System of the universe)

को प्रकट करने के लिए एक पुस्तक लिखी। यह पुस्तक प्रथम 'नेपोलियन बोनापार्ट' ने पढ़ी और लेखक से कहा 'आपकी इस पुस्तक में कहीं भी ईश्वर का नाम नहीं मिला।' पंडित ला प्लेस ने उत्तर दिया कि मुझे ऐसी कल्पना की कहीं भी आवश्यकता नहीं मालूम हुई। उसने अपनी पुस्तक में न तो कहीं दर्शनों से काम लिया न किसी विश्व के रचयिता की कल्पना से, साथ ही उसने गणित का भी प्रयोग नहीं किया था। लेकिन बाद में गणितज्ञों ने इसके विचारों को गणित की कसौटी पर रखा तो सत्य ही सिद्ध हुआ। आजकल विज्ञान में जितने भी महत्त्वपूर्ण ग्रंथ देखे जाते हैं, कहीं भी उनमें ईश्वर की जरूरत नहीं दिखाई देती। बिना ईश्वर के माने ही सारी की सारी समस्याओं की मीमांसा हो जाती है। मानवीय ज्ञान में कहीं भी ईश्वर को स्थान नहीं मिलता। हमने जो कुछ ऊपर लिखा है, उससे प्रकट है कि मनुष्यों का स्वातंत्र्य, साम्य और बंधुत्व विनष्ट करने में धनपात्रों, पूँजीपतियों, जबर्दस्तों, राजकर्मचारियों आदि काबूयाफ्ता लोगों का जितना हाथ है, उतना ही धर्म का भी है। धर्म अत्याचारियों को सहायता देता है, गरीबों तथा दुखियों को और भी अधिकतर गरीब और दुःखी बनाता है। किसी समय योरोप में धर्म के नाम पर ऐसे अत्याचार हुए हैं कि उन्हें देखकर शैतान, जिसे धर्म के मानने वालों ने इतना बुरा चित्रित किया है, यदि सचमुच होता तो लज्जा से सर झुका लेता। योरोप का धर्म-इतिहास (History of the church) इसका साक्षी है। इनक्वीजीशन के कानून ने क्या कुछ अत्याचार नहीं किया? यह कानून पुरोहित-राज पोप की तृष्णापूर्ति के लिए धर्म-विरोधी की खोज करके उसे प्रताड़ित करने के लिए बनाया गया था। बेचारे 'मूर' जैसे सज्जनों की हत्या का दायित्व धर्म या ईश्वर के ही सर पर है। ग्लेंको के हत्याकांड में भी पापिष्ट ईश्वर और धर्म का ही हाथ था। धर्मांधता के नाश के साथ ही साथ पाश्चात्त्य देशों के अभ्युदय का इतिहास आरंभ होता है, और धर्म व ईश्वर के पतन से ही सोवियत सरकार के जन्म का सूत्रपात रूस में हुआ। इतनी ऐतिहासिक घटनाओं के होने पर भी जो धर्म के नशे के मतवाले हैं, उन्हें बुद्धिमान समझें या क्या? यह हमारी समझ में नहीं आता।

'असना अशारिया' पढ़िए

भारत में भी शैवों, शाक्तों, वैष्णवों की पारस्परिक कटाछनी का पता पुराणों से मिलता है। स्मार्तों, तांत्रिकों और श्रोत्रियों के बैर-भाव का हाल हिंदू मात्र अपने ग्रंथों को पढ़कर जान सकते हैं। मुसलमानों की पारस्परिक धार्मिक दलबंदियों और झगड़ों का हाल जानना हो तो 'असना अशारिया' नामक पुस्तक को पढ़कर देखिए। यह पुस्तक फारसी भाषा में भारत में भी मिल सकती है। संभवतः इसका उूर्द संस्करण भी मिलता होगा। इसमें बहत्तर फिर्कों के भेदों का वर्णन है। बौद्धों और वैदिक धर्मावलंबीय ईश्वरवादियों में जो झगड़े हुए, वह भी हमसे छिपे नहीं हैं। शंकर स्वामी के शिष्यों

ने बौद्धों के साथ जो जबर्दस्तियाँ कीं, उन्हें हम चाहें तो अच्छी तरह पुस्तकों को पढ़कर जान सकते हैं। जैनियों में श्वेताम्बरी, दिगम्बरी, तेरह पंथी, स्थानकवासी और आत्मारामी प्रभृति सम्प्रदायों की मोर्चेबंदी, झगड़े-लड़ाई, हमारी आँखों के सामने है। यदि धर्म की कल्पना न होती तो इन सारे झगड़ों का भूमंडल पर नामोनिशान न होता, न इतिहास के पृष्ठ इन अमानुषिक कृत्यों से गंदे होते। इन सबका दायित्व ईश्वर और धर्म के मानने वालों पर ही है।

संसार की संपत्ति को धनपात्र, राज्याधिकारी और पुरोहित मंडल खूब बेदर्दी के साथ उड़ाएँगे, क्योंकि ईश्वर ने उन्हें दिया है। बिचवनिए दलाल, सटोरिए, छोटे व्यापारी बचे हुए धन के भोगने के लिए बने हैं। राज-कर्मचारी और सैनिक ममनानी संपत्ति का विध्वसं करेंगे। लेकिन जन समूह को वही टुकड़ा और धक्का बदा है। इनके लिए इनके ईश्वर का आदेश ही यह है कि निर्धन तो संसार में बने ही रहेंगे, तुम खाओ-पिओ, मौजें मारो। क्या हम लोग ऐसे ईश्वर की परवाह करते पड़े रहेंगे? अब संसार से भुक्खड़ों की श्रेणी, गरीबों का नाम, गरीबों का दृश्य मिटाना होगा, और इस काम के लिए ईश्वर को अर्द्धचंद्र देकर निकालना अनिवार्य है। हमें अब पक्षपाती, निर्दय, कल्पित ईश्वर की जरूरत नहीं रही।

अब वह समय नहीं रहा कि मुसलमानों के बालक कुरान रटने में अपने जीवन का पवित्र और उत्तम अंश बरबाद कर डालें, या ईसाई बालक इंजील की आयतों, गीतों या भजनों में जीवन गँवाएँ। न अब दूसरे ही धर्म वाले अपने धर्म के नाम पर अच्छे काम करने के स्थान पर आँख बंद करके दकियानूसी रद्दी किताबों के मंत्र या आयत अगणित बार बड़बड़ाएँगे। संसार होश में आता जाता है और पुरोहिती तथा कल्पित बेहूदगियों का अंत होने वाला है। अब महात्मा मसीह की यह अयौक्तिक शिक्षा कि 'जो तुम्हारे एक गाल पर थप्पड़ मारे उसे अपना दूसरा गाल भी फेर दो' संसार को धोखे में नहीं डाल सकती। हम देखते हैं कि गाय, भेड़, बकरी आदि सीधे प्राणियों को उनकी शांतिप्रियता के कारण कोई नहीं छोड़ता। रोज बड़े-बड़े मौलवी, पादरी और पंडित उन्हें मार-मारकर हड़प करते चले जाते हैं। शेर और चीतों का न कहीं बलिदान होता है, न कुरबानी, न इनको कोई मारकर खाता है। इसलिए ऐसी उल्टी शिक्षा देने वाले अब संसार में प्रतिष्ठा नहीं पा सकते।

म. मसीह करते हैं—**"Thou shalt not kill thy neighbour. a Christian has no right to exploit his brother. Turn the right cheek when smitten on the left."**

तू अपने पड़ोसी को मत मार (यहाँ पड़ोसी का अर्थ है हरेक मनुष्य)। पर क्या जर्मनी, फ्रांस, इटली और ग्रेट ब्रिटेन के ईसाई चुपचाप बाएँ गाल पर थप्पड़ खाकर दाहिना गाल दूसरे तमाचे की प्रतीक्षा में फेर देते हैं? आपस में थोड़े से आदमियों के लाभ के लिए लाखों के गले नहीं काटते-कटवाते? क्यों अपने पड़ोस के लोगों

को लूटने की ही चिंता में ईसाइयों और मुसलमानों का समय बीतता है? फिर हम धर्म के झूठे ढकोसलों में फँसना कैसे पंसद कर सकते हैं। लुटेरे लोग और डाकू जातियाँ धर्म-उपदेश को सुन-सुनकर मन में मुसकराती और कहती हैं "लो मौलवीजी, पादरी साहब, पंडित महाराज हम आपको धन देते हैं, आप दुनिया को उपदेश करें जिसमें सब सोते हुए बेहोश पड़े रहें और हम सब को खूब लूटें।" इस दशा में क्या ईश्वर की कल्पना निर्धनों, कमजोरों, और भोली-भाली सर्व साधारण जनता के लूटने का एक खासा साधन नहीं है? है, इसलिए ईश्वर और धर्म को जितनी जल्दी संसार से नेस्तनाबूद कर दिया जाय उतना ही अच्छा।

मुर्दा मन और बुद्धि

मनुष्य का कल्याण इसी में है कि वह नैसर्गिक नियमों के अनुसार चले क्योंकि उनको उसी ने प्रत्यक्ष किया है। उसके सर पर किसी व्यक्ति या समष्टि ने उन्हें जबरदस्ती नहीं बाँधा। जो ऐसे नियमों को मानते हैं, जिन्हें किसी डाकू या डाकुओं के गिरोह ने बनाकर अपने या कल्पित ईश्वर के नाम से जारी किया है वह क्या बज्र मूर्ख नहीं हैं? वह बिना सींग और पूछ के पशु हैं और जो इस तरह नियम बनाकर धर्म या अधिकार के नाम पर उन्हें लोगों से मनवाते हैं वह जंगल के हिंसक पशुओं के मौसेरे भाई हैं। अधिकार-प्राप्त पुरोहितों, शासकों और धनपात्रों का यह स्वाभाविक लक्षण है कि वह जन समूहों के दिल और दिमाग को—मन और बुद्धि को—मुर्दा बनाकर छोड़ देते हैं। इसलिए अधिकार प्राप्त लोगों के हृदय और मस्तिष्क दोनों कुत्सित होते हैं। यह कुत्सित-हृदय लोग विद्वानों, वैज्ञानिकों, बड़े-बड़े लेखकों और वक्ताओं को धन देकर अपना गुलाम बना लेते हैं। हम तो रोज बड़े-बड़े सिद्धांत की डींग मारने वालों, संन्यास का झंडा उठाने वालों, राजनीति में बाल की खाल खींचने वालों, दंभपूर्ण नेताओं को धनिकों के सामने कठपुतली की तरह नाचते देखते हैं। इनमें से एक भी निर्धन और गरीबों में रह कर, उनका-सा जीवन व्यतीत करके उन्हें उनके स्वत्त्वों से सावधान या जानकार करने नहीं जाता। मैं नहीं समझता कि ईश्वर और धर्म किस मर्ज की दवा है? धर्म-ज्ञान किस खेत की मूली या बथुआ है? संप्रदायों और समुदायों के नेता किस जंगल की चिड़िया हैं? आज यदि हम इस अंधविश्वास को छोड़ दें, ईश्वर-धर्म और धनवानों के एजेंटों व नेताओं से मुँह मोड़ लें, अपने पैरों पर खड़े हों, तो आज ही हमारा कल्याण हो सकता है। हम किसी की प्रतिष्ठा करने के लिए नहीं पैदा हुए, हम सबके साथ समान भाव से रहने के लिए जन्मे हैं, न हम किसी के पैर पूजेंगे न हम अपने पैर पुजवाएँगे। न हमें ईश्वर की जरूरत है, न पैगंबर और अवतार की, न तुरु, बनने वाले लुटेरों की।

विवेक ही धर्म

न्यायानुमोदित, धर्मानुमोदित या उचित वही है जो बुद्धि-ग्राह्य हो, विज्ञानानुमोदित हो, मनुष्य-स्वातंत्र्य का संरक्षक हो। इसके विरुद्ध सारे अधिकार, सारी व्यवस्थाएँ मिथ्या हैं, त्याज्य हैं, अत्याचाराश्रित और घातक हैं। किसी ने ठीक ही कहा है कि 'हमारा अवतार और पैगंबर विज्ञान हैं, हमारा धर्म विवेक है, हमारा खुदा संसार के मनुष्यों का समूह है। ईश्वर और उसके आश्रित धर्म और राज्य दोनों ही मनुष्य के प्रधान शत्रु हैं। जहाँ अधिकार के नाम पर काम होता है वहीं ईश्वर और शैतान की पैदायश होती है। दोनों ही अजीबुलखिलकत जीवी को धक्का देकर सुखी होने के लिए हमें इनके पिता 'अधिकार' का ही नाश करना श्रेयस्कर है। आज तक धर्म के नाम पर हमें लुटेरों ने जितना लूटा है, वह सब हम वापस लेने का प्रत्यन करें और सबसे प्रधान डाकू 'ईश्वर' के पैरों को महिमंडल पर जमने न दें यही हमारा इस समय प्रधान कर्तव्य है।

ईश्वर के बिना जीवन

यह हमारे भोले भाइयों की नादानी है। भाँग बुरी नहीं है, हाँ, भाँग पीकर होश खो देने वाले बुरे हैं। वाह वा। मैं कहता हूँ कि कानून हो ही क्यों? न कानून होगा न कोई उसे बुरी तरह से बरतेगा। न खुदा होगा, न उसके नाम पर हजारों लाखों टन कागज रद्दी किया जाएगा। मनुष्य यदि सोचकर अपने समाज का संगठन करे, तो वह ईश्वर, राजा, कानून के बिना भी बहुत आनंद के साथ रह सकता है। खास कर खुदा जैसी पहेली तो नितांत ही अनावश्यक और व्यर्थ है। मैंने गत 27 वर्षों से खुदा की परवा नहीं की, इससे मेरा कुछ भी हर्ज नहीं हुआ, उलटे सब काम बहुत अच्छे हुए हैं। मैं पहले से अधिक संयमी, मनुष्य-भक्त और समाज-सेवा का प्रेमी बन गया हूँ, क्योंकि मैं अपने कामों को ही प्रधानता देता हूँ। हिंदू सभा के सभापति की तरह मैं यह नहीं कहता कि 'ईश्वर हमें शक्ति से भर दे, हमें हिम्मत दे और हे सरकार हमारी रक्षा कर, हम तुझे चेतावनी देते हैं कि यदि तूने हमारी रक्षा न की तो हम रो देंगे। तेरे परदादा ईश्वर का नाम ले-लेकर हाय-हाय मचाएँगे।'

मैं कहता हूँ कि मनुष्य बल से पूर्ण है, वह उसी से काम ले। भीख माँगना, प्रार्थना करना, हमें नीच और कायर बनाता है, जो ज्यादा गायत्री जपी जाएगी तो हिंदू भी चोरी, डकैती, लड़कों-औरतों का चुराना आदि नीचता सीख लेंगे। ईश्वर मूर्खों के लिए अंधेर का घर है। बस, इस संबंध में इस समय मैं अपना वक्तव्य समाप्त करता हूँ।

—1925

महात्मा गाँधी
(1869-1948)

भारतीय आत्मा की सबसे महान आवाज, अहिंसा के दार्शनिक और अभूतपूर्व सत्याग्रही। दुनिया के हर मानवीय भेदभाव के विरुद्ध मुखर, राष्ट्रीय स्वाधीनता संग्राम के पथप्रदर्शक और जननेता। एक नैतिक पुरुष, जिसने देश की गरीबी और लोगों को अधनंगा देखकर खुद शरीर पर पूरे वस्त्र पहनना छोड़ दिया। गृह प्रदेश गुजरात। समृद्ध और प्रतिष्ठित परिवार में जन्म। बचपन से ही त्याग और सेवा के आदर्श का अनुसरण। राजकोट में शिक्षा के बाद वकालत पढ़ने के लिए माँ से किसी तरह अनुमति लेकर लंदन रवाना, जहाँ उनके व्यक्तित्व पर काफी नया असर पड़ा। स्वदेश लौटने के बाद स्थितियों से असंतुष्ट होकर 21 वर्ष की आयु में दक्षिण अफ्रीका रवाना, जहाँ रंग के आधार पर भारतीयों के साथ होने वाले भेदभाव के खिलाफ संघर्ष। भारत लौटने तक काफी चर्चित हो चुके थे। सत्ताइस वर्ष की आयु में देश का भ्रमण किया। राजनैतिक उद्देश्य से सुरेंद्रनाथ बनर्जी, रानाडे, तिलक और गोखले से मुलाकात। खासकर गोखले से मार्गदर्शन लेते रहे। दक्षिण अफ्रीका वापस जाने के बाद वहाँ रंगभेद के खिलाफ संघर्ष तीव्र किया। 1908 में पहली बार जेल गए, 'सत्याग्रह' शब्द चलाया और 'हिंद स्वराज्य' पुस्तक का प्रकाशन किया। बीस सालों तक दक्षिण अफ्रीका में रंगभेद के शिकार लोगों की मानवीय गरिमा और न्याय के लिए संघर्ष करने के बाद स्वदेश वापस। अपने नैतिक आदर्शों तथा आध्यात्मिक शक्ति के बल पर कांग्रेस का नेतृत्व किया और भारत में स्वाधीनता संग्राम को धीरे-धीरे ऊँचाई पर पहुँचाया। चंपारन के किसानों के पक्ष में आवाज उठाई। खिलाफत आंदोलन का समर्थन तथा हिंदू-मुसलमान एकता का काम। छुआछूत और सामाजिक अन्याय के विरुद्ध आंदोलन चलाए और रचनात्मक कार्य शुरू किए। 1919 में अहिंसक असहयोग आंदोलन का नेतृत्व, पर 1922 में चौरी-चौरा कांड के बाद आंदोलन वापस। इसके लिए व्यापक असंतोष का सामना करना पड़ा। 'यंग इंडिया' और 'हरिजन' का प्रकाशन। 1924 में दंगों के बाद हिंदू-मुसलमान एकता के लिए 21 दिनों का उपवास। 1929 से पुनः दूसरा असहयोग आंदोलन। अधनंगे ही फकीर की तरह लंदन में जब वायसराय से मिले, चर्चिल ने काफी आश्चर्य व्यक्त किया और व्यंग्य किया। पृथक निर्वाचक मंडल की माँग पर 1932 में यरवदा जेल में उपवास और अंततः अंबेडकर से पूना समझौता। 1939 में सुभाषचंद्र बोस से मतभेद। 1940 में जिन्ना द्वारा मुसलमानों के लिए अलग राज्य माँगे जाने से उद्विग्न। देश का विभाजन न होने देने के लिए प्राण-पण

से प्रयास। 15 अगस्त, 1947 को जब देश आजादी का जश्न मना रहा था, गाँधी कलकत्ते के दंगाग्रस्त इलाकों में हिंदुओं-मुसलमानों को शांति के लिए समझा-बुझा रहे थे। नेहरू से कई मुद्दों पर मतभेद के बावजूद उन्हीं को उत्तराधिकारी बनाया। अपने शब्द और कर्म में एकता तथा जीवन के अनोखे प्रयोगों के कारण आधुनिक विश्व का एक अनोखा व्यक्तित्व।

सच्ची सभ्यता क्या है?

पाठक–आपने रेल को फेल किया, वकील को कोसा, डॉक्टर को दबोचा। मशीन मात्र को आप हानिकर मानेंगे, यह भी देखता हूँ। तब सभ्यता कहें किसको?

संपादक–इस सवाल का जवाब देना कठिन नहीं है। मैं मानता हूँ कि हिंदुस्तान ने जिस सभ्यता का नमूना दुनिया के सामने पेश किया है, दुनिया की कोई भी सभ्यता उसका मुकाबला नहीं कर सकती। जो बीज हमारे पुरखों ने बोया उसकी बराबरी कर सकने वाली कोई चीज मेरे देखने में नहीं आई। रोम मिट्टी में मिल गया। यूनान का नाम भर रह गया। मिस्र के फरऊनों की बादशाही विदा हो गई। जापान पश्चिम का चेला बन गया। चीन की कथा कहने ही लायक नहीं। पर हिंदुस्तान ठोकर खाकर गिर गया है, फिर भी अभी उसकी जड़ मजबूत है।

रोम और यूनान आज अवनति के गड्ढे में गिरे हुए हैं, फिर भी यूरोप के लोग उन्हीं की पुस्तकों से ज्ञान लेते हैं। वे सोचते हैं कि रोम-यूनान ने जो गलतियाँ कीं, उनसे हम बच जाएँगे। जब उनकी ऐसी हीन दशा है, हिंदुस्तान अपनी जगह पर अचल है। यही उसका गौरव है। हिंदुस्तान पर यह दोष लगाया जा सकता है कि यहाँ के लोग इतने असभ्य, अज्ञानी और आलसी हैं कि उनसे कोई फेरफार कराया ही नहीं जा सकता। पर यह आरोप हमारा गुण है, दोष नहीं। अनुभव की कसौटी पर जिस बात को हमने ठीक पाया उसमें फेरफार क्यों करें? हमें अकल देने वाले तो बहुतेरे आया-जाया करते हैं, पर हिंदुस्तान अडिग रहता है। यही उसकी खूबी है, यही उसका लंगर है।

सभ्यता तो आचार-व्यवहार की वह रीति है जिससे मनुष्य अपने कर्त्तव्यों का पालन करे। कर्तव्य-पालन और नीति-पालन एक ही चीज है। नीति-पालन का अर्थ है अपने मन और अपनी इन्द्रियों को वश में रखना। यह करते हुए हम अपने आपको पहचानते हैं। यही 'सुधार' यानी सभ्यता है, जो कुछ इसके विरुद्ध है वह 'कुधार'—असभ्यता है।

सभ्यता की इस व्याख्या के अनुसार तो हिंदुस्तान को किसी से कुछ सीखना नहीं रहता। वास्तव में है भी यही बात। अनेक अंग्रेज लेखक भी यह बात लिख

गए हैं। हम देख चुके हैं कि मनुष्य की वृत्तियाँ चंचल हैं। उनका मन यहाँ से वहाँ भटकता रहता है। शरीर का यह छल है कि उसे जितना दो उतना ही और माँगता है। अधिक पाकर भी सुखी नहीं होता। भोग भोगने से भोग की इच्छा बढ़ती जाती है। इसी से हमारे पुरखों ने उसकी हद बाँध दी। बहुत सोच-विचार के बाद वे इस नतीजे पर पहुँचे कि सुख-दुःख का कारण हमारा मन है। न अमीर, अमीर होने के कारण कोई सुखी होता है और न गरीब, गरीब होने की वजह से दुःखी होता है। अकसर अमीर दुःखी और गरीब सुखी दिखाई देता है। फिर करोड़ों आदमियों को तो गरीब ही रहना है। यही देखकर हमारे बुजुर्गों ने हमें भोग की वासना से मुक्त करने की कोशिश की। हजारों साल पहले जिस हल से हमने काम लिया उसी से आज तक काम चलाते रहे। हजारों बरस पहले जैसे झोंपड़ों में हमने गुजर किया वैसे ही झोंपड़े अब तक बनाते रहे। पढ़ाई-लिखाई का भी वही हजारों बरस पहले का ढर्रा चलता रहा। सत्यानाशी प्रतियोगिता को हमने अपने पास फटकने नहीं दिया, सब अपना-अपना धंधा करते और बँधे हिसाब से पैसा लेते रहे। हमें नए-नए कल-पुरजे बनाना न आता हो सो बात नहीं थी। पर हमारे पुरखों ने देखा कि मनुष्य यन्त्रों के जाल में फँसा तो उसका गुलाम ही बन जाएगा और नीति से हाथ धो बैठेगा। इसलिए उन्होंने सोच-विचार कर कहा कि तुम्हारे हाथ-पाँव से जितना हो सके उतना ही करो, हाथ-पैर से काम लेने में ही सच्चा सुख और स्वास्थ्य है।

उन्होंने यह भी सोचा कि बड़े-बड़े शहर बसाना बेकार का झंझट है। उनमें रहकर सुखी न होंगे। वहाँ तो चोर-डाकुओं के दल जुड़ेंगे, पैसे वाले गरीबों को चूसेंगे, 'सफेद गलियाँ' आबाद होंगी। अतः उन्होंने छोटे-छोटे गाँवों से ही संतोष किया। उन्होंने देखा कि राजाओं और उनकी तलवारों से नीति-धर्म का बल अधिक बलवान है; इसलिए उन्होंने नीतिवान् पुरुषों, ऋषि, मुनियों और साधु-संतों से राजा का दरजा छोटा माना। जिस राष्ट्र का विधान ऐसा हो, वह दूसरों को सिखाने का अधिकारी है, उनसे सीखने का नहीं।

हमारे यहाँ अदालतें थीं, वकील थे, वैद्य-हकीम थे। पर सबको बँधे नियमों के अंदर रहना पड़ता था। सभी जानते थे कि ये धंधे कुछ और धंधों से ऊँचे नहीं हैं। फिर वकील, वैद्य आदि लोगों को लूटते नहीं थे। ये लोग जन-समाज पर आश्रित थे, उसके मालिक बनकर नहीं रहते थे। न्याय प्रायः सच्चा ही होता था। अदालत न जाना ही साधारण नियम था। उन्हें बहकाने के लिए दलाल भी नहीं थे। इन बुराइयों के दर्शन तो राजदरबारों और राजधानियों में ही होते थे। आम लोग तो दूसरे ढंग से रहते और अपनी खेती-किसानी करते थे। उनके लिए तो सच्चा स्वराज्य था।

यह चांडाल सभ्यता जहाँ नहीं पहुँची है, वहाँ आज भी वही हिंदुस्तान है। वहाँ आप अपने ढोंग-ढकोसलों की बात करें तो लोग आपकी हँसी उड़ाएँगे। उन पर न

अंग्रेज राज्य करते हैं, न आप कभी कर सकेंगे। जिन लोगों के नाम पर हम बातें करते हैं, उन्हें हम नहीं पहचानते और वे हमें नहीं पहचानते। आप या जिनके दिल में देश का दर्द है उन्हें मैं यह सलाह दूँगा कि पहले आप अपने देश के उस हिस्से में जाएँ जहाँ अभी रेल के चरण नहीं पहुँचे हैं, वहाँ छह महीने फिरें और दिल में देश का दर्द पैदा करें और स्वराज्य की बात करें।

अब आपने देख लिया कि सच्ची सभ्यता या सुधार मैं किसे कहता हूँ। ऊपर जो चित्र मैंने खींचा है वैसा हिंदुस्तान जहाँ हो, वहाँ जो लोग फेर-फार करना चाहते हों, उन्हें देश का दुश्मन जानिए, वे पापी हैं।

पाठक–आपने जैसा बताया है हिंदुस्तान वैसे ही हो तब तो ठीक ही है। पर जिस देश में हजारों बाल विधवाएँ हैं, जिस देश में दो-दो बरस के बच्चों की भाँवरें फिराई जाती हों, जिस देश में बारह बरस के लड़के-लड़कियाँ पति-पत्नी और माँ-बाप बनते हों, जिस देश में स्त्री एकाधिक पति करती हो, जिस देश में नियोग की प्रथा चलती हो, जिस देश में धर्म के नाम पर कुमारिकाएँ वेश्या बनाई जाती हों, जिस देश में धर्म के नाम पर बकरे-पंड़वे काटे जाते हों, वह देश भी तो हिंदुस्तान ही है। फिर भी आपने जो कुछ कहा है वह सभ्यता का ही लक्षण है न?

संपादक–आप भूलते हैं। आपने जो दोष बताए हैं वे तो दोष हैं ही। उन्हें कोई हमारी पुरानी सभ्यता नहीं कहता। उस सभ्यता के रहते हुए भी ये दोष दूर करने के प्रयत्न सदा होते रहे और होते रहेंगे। हमारे अंदर जो नई जागृति हुई है उसका हम इन दोष-त्रुटियों को दूर करने में उपयोग कर सकते हैं। पर आधुनिक सभ्यता के जो लक्षण मैंने आपको बताए हैं, उन्हें उसके हिमायती अपने मुँह से भी कहते हैं, भारतीय सभ्यता को मैंने जैसा बताया है उसके भक्त भी उसे वैसा ही कहते हैं।

किसी भी देश और किसी भी सभ्यता में सब लोग संपूर्णता नहीं प्राप्त कर सके। भारतीय सभ्यता का झुकाव नीति को दृढ़ करने की ओर है, पश्चिमी सभ्यता का अनीति को दृढ़ करने की ओर। पश्चिम की सभ्यता नास्तिक, निरीश्वरवादी है, भारत की सभ्यता ईश्वर को मानने वाली है।

हिंदुस्तान का हित चाहने वालों को चाहिए कि इस तत्त्व को समझकर इसमें श्रद्धा रखकर बच्चा जैसे माँ की छाती से चिपका रहता है वैसे ही अपनी पुरानी सभ्यता से चिपके रहें।

–1908, हिंद स्वराज्य

शिक्षा

पाठक–आपने इतना सब कहा, पर शिक्षा की कहीं आवश्यकता ही न बताई। शिक्षा की कमी का रोना तो हम सदा रोया करते हैं, शिक्षा को सबके लिए अनिवार्य कर देने का आंदोलन सारे हिंदुस्तान में चल रहा है। बड़ौदा-नरेश ने अपने राज्य में अनिवार्य शिक्षा का प्रबंध किया है जिसकी ओर सभी की निगाह खिंच गई है। हम महाराज को इसके लिए धन्यवाद दे रहे हैं। क्या यह सारा प्रयास व्यर्थ समझा जाए?

संपादक–अपनी सभ्यता को अगर हम सर्वश्रेष्ठ मानते हों तो मुझे खेद के साथ कहना होगा कि यह प्रयास बहुत कुछ व्यर्थ ही है। महाराज और हमारे दूसरे बड़े नेता सबको शिक्षा दिलाने का जो यत्न कर रहे हैं उसमें उनका हेतु निर्मल है। इसलिए वे तो हमारे धन्यवाद के ही पात्र हैं। पर उनके प्रयास का जो फल होना संभव है उसकी ओर से हम आँखें मूँद नहीं सकते।

शिक्षा के मानी क्या हैं? उसका अर्थ अगर अक्षरज्ञान मात्र हो तब तो एक औजार हुआ जिसका सदुपयोग भी हो सकता है और दुरुपयोग भी। जिस औजार से नश्तर लगाकर रोगी का रोग दूर किया जाता है उसी से किसी की जान भी ली जा सकती है। यही बात अक्षरज्ञान की है। हम देखते हैं कि इसका दुरुपयोग अधिक लोग करते हैं, सदुपयोग थोड़े ही करते हैं। यह बात सही हो तो इससे यह साबित होता है कि अक्षरज्ञान से दुनिया को फायदे की बनिस्बत नुकसान ही अधिक हुआ है।

शिक्षा का साधारण अर्थ अक्षरज्ञान ही होता है। लड़कों को पढ़ना-लिखना और हिसाब लगाना सिखा देना प्रारंभिक शिक्षा कहलाता है। एक किसान ईमानदारी से खेती-किसानी करके अपनी रोटी कमाता है। उसे दुनिया का सामान्य ज्ञान है। अपने माँ-बाप, अपनी स्त्री, अपने बच्चों के साथ वह किस तरह व्यवहार करे, जो लोग उसके गाँव में बसते हैं, उनके साथ कैसी राह-रस्म रखे, इस सबका उसे पूरा ज्ञान है। सदाचार के नियमों को वह समझता और उनका पालन करता है, पर उसे दस्तखत करना नहीं आता। ऐसे आदमी को आप अक्षरज्ञान कराके क्या करना चाहते हैं? इससे उसके सुख में कौन-सी वृद्धि करेंगे? आप उसके हृदय में अपने झोंपड़े और अपनी दशा के प्रति असंतोष पैदा करना चाहते हैं। यह करना हो तो भी उसे अक्षरज्ञान कराने की जरूरत नहीं है। पश्चिमी विचारों के प्रवाह में पड़ कर हमने इतना तो याद कर लिया कि सबको पढ़ना-लिखना सिखा देना चाहिए, पर उसके हानि-लाभ का विचार नहीं करते।

अब ऊँची शिक्षा को लीजिए। मैंने भूगोल पढ़ा, खगोल पढ़ा, बीजगणित सीखा, भूमिति का ज्ञान प्राप्त किया, भूगर्भ विद्या के गर्भ में प्रवेश किया। पर इन सबसे मैंने अपना या अपने आस-पास वालों की कौन-सी भलाई की? मैंने यह सारा ज्ञान किसलिए प्राप्त किया? अंग्रेज विद्वान् प्रोफेसर हक्सले ने शिक्षा के विषय में कहा

है–''सच्ची शिक्षा उस आदमी को मिली है जिसका शरीर ऐसा सधा हुआ है कि उसके अंकुश में रहता है और सौंपे हुए काम को आसानी से और प्रसन्नतापूर्वक करता है। जिसकी बुद्धि शुद्ध, शांत और न्यायदर्शी है, जिसका मन प्रकृति के नियमों के ज्ञान से भरपूर है, जिसकी इंद्रियाँ जिसके वश में हैं, जिसकी अंतर्वृत्ति विशुद्ध है, जिसे बुरे कामों से नफरत है और दूसरों को भी अपने ही जैसा समझता है। ऐसे ही आदमी को सच्ची शिक्षा मिली हुई कह सकते हैं, क्योंकि वह प्रकृति के नियमों के अनुसार चलता है। वह प्रकृति का अधिकतम उपयोग करेगा और प्रकृति उसका।''

अगर सच्ची शिक्षा यही है तो मुझे शपथपूर्वक कहना चाहिए कि जिन शास्त्रों के नाम मैंने ऊपर गिनाए हैं, उनसे अपने शरीर या अपनी इंद्रियों को वश में करने में मैं कोई मदद न ले सका। अतः प्रारंभिक शिक्षा हो या उच्च शिक्षा, उनसे हमें उस कार्य में सहायता नहीं मिलती जो हमारा असल काम है। उनसे हम मनुष्य नहीं बनते, अपना फर्ज नहीं पहचान पाते।

पाठक–अगर यही बात है तो मुझे आपसे पूछना होगा कि आप जो इतना सारा ज्ञान उगल रहे हैं, यह किसका प्रताप है? आपने अक्षरज्ञान और ऊँची शिक्षा न पाई होती तो मुझे यह सब कैसे समझा सकते थे।

संपादक–आपने चपत तो ठीक जड़ी, पर मेरा जवाब सीधा ही है। यह मैं नहीं मानता कि मैंने ऊँची या नीची शिक्षा न पाई होती तो मैं बिल्कुल निकम्मा होता और न यही मानता हूँ कि मेरे बोलने से कुछ-न-कुछ सेवा होती ही है। पर अब बोलकर देश-समाज के लिए उपयोगी बनने की इच्छा अवश्य है, और इस यत्न में जो कुछ पढ़ा है उसका उपयोग करता हूँ। पर उसका उपयोग–वह उपयोग कहा जा सके तो भी–मैं अपने करोड़ों भाइयों के लिए नहीं कर सकता। केवल आप जैसे पढ़े-लिखे लोगों के लिए ही कर सकता हूँ। इससे भी मेरे विचार की पुष्टि होती है। आप और मैं दोनों झूठी शिक्षा के पंजे में फँसे हुए हैं। मैं मानता हूँ कि अब मैं उससे छूट गया हूँ और अपने अनुभव का लाभ आपको पहुँचाना चाहता हूँ। जो शिक्षा मैंने पाई है उसका इसमें उपयोग कर आपको उसकी बुराइयाँ बताता हूँ।

फिर मुझे तमाचा जड़ने में आप यह भूल गए कि मैंने अक्षरज्ञान को हर हाल में बुरा नहीं कहा है। मैंने इतना ही कहा है कि हमें उस ज्ञान का अंधभक्त नहीं हो जाना चाहिए, वह कुछ हमारी कामधेनु नहीं है। वह तो अपनी जगह पर ही शोभा दे सकता है। और वह जगह यह है कि जब हम अपनी इंद्रियों को वश में कर लें, अपनी नीति की नींव दृढ़ कर लें, तब हमें अक्षरज्ञान की इच्छा हो तो उसे प्राप्त कर हम उसका सदुपयोग अवश्य कर सकते हैं। आभूषण के रूप में वह हमें सज सकती है। पर अक्षरज्ञान का यही उपयोग हो तो ऐसी शिक्षा को हमारे लिए अनिवार्य कर देने की आवश्यकता नहीं रहती। इसके लिए तो हमारी पुरानी पाठशालाएँ ही काफी हैं। नीति की शिक्षा को उनमें पहला स्थान दिया गया है। वही प्रारंभिक शिक्षा

है। उस नींव पर जो इमारत खड़ी की जाएगी वह टिकाऊ होगी।

पाठक–तब क्या मैं यह मान सकता हूँ कि स्वराज्य प्राप्ति के लिए आप अंग्रेजी शिक्षा की आवश्यकता नहीं समझते?

संपादक–इसका जवाब 'हाँ' भी है और 'ना' भी। करोड़ों आदमियों को अंग्रेजी पढ़ाना तो उन्हें गुलामी में फँसा देना है। मेकाले ने इस देश में जिस शिक्षा की नींव डाली वह सच पूछिए तो हमारी गुलामी की नींव थी। मैं यह नहीं कहता कि उसने ऐसा समझ कर अपने निबंध लिखे। पर उसके कार्य का फल यही रहा। स्वराज्य की बात हम पराई भाषा में करते हैं, यह कैसी दयनीय दशा है?

हमें यह भी जान लेना चाहिए कि जो पढ़ाई अंग्रेजों का उतारा है, वह हमारा शृंगार बन रही है। उनके ही विद्वान् इसमें दोष-त्रुटियाँ निकाला करते हैं। शिक्षा की पद्धति में हेर-फेर होता ही रहता है। पर हम तो अज्ञानवश उन्हीं चीजों से चिपके रहते हैं जिन्हें वे निकम्मी समझकर फेंक देते हैं। वहाँ सभी अपनी भाषा की उन्नति के लिए श्रम कर रहे हैं। वेल्स इंग्लैंड का एक छोटा सा भाग है। वहाँ की भाषा एक सड़ी-सी बोली समझी जाती है। पर अब उसका जीर्णोद्धार हो रहा है। इस बात की बड़ी कोशिश हो रही है कि वेल्स के बच्चे वेल्स भाषा में ही बोलें। इंग्लैंड के (तत्कालीन) अर्थमंत्री (अब स्वर्गीय) श्री लाइड जार्ज इस आंदोलन के अगुआ हैं। पर हमारी दशा क्या है? हम आपस में एक-दूसरे को पत्र लिखते हैं तो भूलों से भरी हुई अंग्रेजी में ही लिखते हैं। गलत अंग्रेजी लिखने के दोष से हमारे साधारण एम.ए. भी मुक्त नहीं हैं। हमारे उच्चतम विचारों का वाहन अंग्रेजी है। हमारी कांग्रेस की कार्रवाई अंग्रेजी में होती है, हमारे सबसे अच्छे अखबार अंग्रेजी में ही निकलते हैं। मेरा तो विश्वास है कि यह ढर्रा कुछ अधिक दिन चलता रहा तो आनेवाली पीढ़ियाँ हमें कोसेंगी, धिक्कारेंगी और उनका शाप हमारी आत्मा को लगेगा।

आपको जानना चाहिए कि अंग्रेजी पढ़कर हमने अपने राष्ट्र को गुलाम बनाया है। अंग्रेजी शिक्षा से ढोंग-ढकोसला, अत्याचार आदि बढ़े हैं। अंग्रेजी पढ़े हुए हिंदुस्तानियों ने साधारण लोगों को ठगने और उन्हें डरवाने में कोई कसर नहीं रखी है। अब अगर हम उनके लिए कुछ कह रहे हैं तो अपने ऊपर लदे हुए उनके ऋण का एक अंशमात्र चुका रहे हैं।

यह क्या कुछ थोड़ा जुल्म है कि अपने देश में काम पाने के लिए भी हमें अंग्रेजी का ही सहारा लेना पड़ता है? मैं जब बैरिस्टर बन जाता हूँ तब मुझसे अपनी भाषा में बोला नहीं जाता और मेरे पास एक वैसा आदमी होना चाहिए जो मेरी अपनी भाषा से ही मेरे लिए उलथा कर दे। यह क्या कोई छोटी विडंबना है? यह गुलामी की हद नहीं तो क्या है? इसके लिए मैं अंग्रेजों को दोष दूँ या अपने आपको? हम अंग्रेजीदाँ लोग ही हिंदुस्तान को गुलाम बनाने वाले हैं। इसीलिए राष्ट्र की हाय अंग्रेजों पर नहीं, हमारे ही ऊपर पड़ेगी।

मैंने आपसे कहा है कि मेरा जवाब 'हाँ' भी है और 'ना' भी। 'हाँ' कैसे है, यह तो मैंने आपको समझा दिया। अब 'ना' कैसे है, यह बतलाता हूँ।

बात यह है कि सभ्यता के रोग ने हमें इस बुरी तरह जकड़ लिया है कि अंग्रेजी पढ़े बिना हमारा काम चले, ऐसा समय ही नहीं रहा। अतः जो लोग अंग्रेजी पढ़ चुके हैं वे उस शिक्षा का सदुपयोग करें। जहाँ जरूरी मालूम हो वहाँ उससे काम लें। अंग्रेजों के साथ व्यवहार करने में, उन हिंदुस्तानियों के लिए जिनकी भाषा हम नहीं समझते, और अंग्रेज खुद अपनी सभ्यता से कैसे आजिज आ गए हैं, यह जानने के लिए हमें अंग्रेजी सीखनी चाहिए। जिन्होंने अंग्रेजी पढ़ ली है, उन्हें चाहिए कि अपने बच्चों को पहले सदाचार और अपनी भाषा सिखाएँ। फिर हिंदुस्तान की एक दूसरी भाषा सिखाएँ। जब वे प्रौढ़ वय के हो जाएँ तब चाहें तो अंग्रेजी पढ़ सकते हैं। पर उद्देश्य यही हो कि हमारे लिए अंग्रेजी पढ़ना जरूरी न हो, उससे पैसा कमाना नहीं। इसमें भी हमें यह सोचना होगा कि हम अंग्रेजी के जरिए क्या सीखें, क्या न सीखें। किन शास्त्रों का अध्ययन करें, इसका भी विचार करना होगा। यह बात तो जरा-सा सोचने से ही समझ में आ सकती है कि अगर हम अंग्रेजों की डिग्रियाँ आदि लेना बंद कर दें तो अंग्रेज अधिकारियों के कान खड़े हो जाएँ।

पाठक–तब शिक्षा कैसी दी जाए?

संपादक–इसका जवाब कुछ तो ऊपर दिया जा चुका है पर इस पर थोड़ा विचार और कर लें। मैं तो सोचता हूँ कि हमें अपने देश की सभी भाषाओं की उन्नति करनी होगी। अपनी भाषा में हमें क्या-क्या चीज पढ़नी चाहिए, इस पर विस्तार से विचार करने का यह स्थान नहीं है। अंग्रेजी में जो काम की पुस्तकें हैं, उनका अनुवाद हमें करना होगा। बहुत से शास्त्र पढ़ लेने का ढोंग और मोह हमें छोड़ देना चाहिए। धर्म अथवा सदाचार की शिक्षा तो हमें सबसे पहले मिलनी ही चाहिए। हर एक शिक्षित हिंदुस्तानी को अपनी भाषा का, वह हिंदू हो तो संस्कृत का, मुसलमान हो तो अरबी का और पारसी हो तो फारसी का ज्ञान होना चाहिए। हिंदी तो सभी को आनी चाहिए। कुछ हिंदुओं को अरबी-फारसी और कुछ मुसलमानों-पारसियों को संस्कृत सीखनी चाहिए। उत्तरी और पश्चिमी भारत के कुछ लोगों को तमिल सीखनी चाहिए। हिंदुस्तान की राष्ट्रभाषा तो हिंदी ही होनी चाहिए, जिसे फारसी या नागरी में से चाहे जिस लिपि में लिखने की आजादी हो। हिंदू-मुसलमानों में मेल-जोल बनाए रखने के लिए बहुत से हिंदुस्तानियों को दोनों लिपियाँ आनी जरूरी है। हम यह कर सकें तो अपने आपस के व्यवहार से अंग्रेजी को निकाल बाहर कर सकते हैं।

और यह सब किसके लिए करना है? हम गुलाम बन जाने वालों के लिए। हमारी गुलामी से राष्ट्र गुलाम बना है। हम आजाद हो जाएँ तो उसे आजाद हुआ ही समझिए।

पाठक–आपने जो धर्म-शिक्षा की बात कही वह तो टेढ़ी खीर है।

संपादक—पर उसके बिना छुटकारा भी तो नहीं है। नास्तिकता का पौधा भारत की भूमि में नहीं पनप सकता। यह काम टेढ़ा जरूर है। धर्म-शिक्षा की बात सोचते ही सिर चक्कर खाने लगता है। अपने धर्माचार्यों को हम ढोंगी और स्वार्थी पाते हैं। उन्हें मनाना होगा। इसकी कुंजी मुल्लाओं, दस्तूरों और ब्राह्मणों के हाथ में है। पर उनमें सद्बुद्धि न उपजे तो अंग्रेजी शिक्षा से जो उत्साह हममें जगा है, उसका उपयोग कर हम लोगों को नीति-शिक्षा दे सकते हैं। यह कुछ बहुत कठिन बात नहीं है। अभी तो भारतीय समुद्र का किनारा भर गंदा हुआ है और जो उस गंदगी में सन गए हैं, उन्हीं को साफ होना है। हम लोग जो इस श्रेणी में आते हैं, अपनी सफाई बहुत कुछ खुद कर सकते हैं। मेरी यह आलोचना भारत के करोड़ों जनों, भारत की साधारण जनता के लिए नहीं है। हिंदुस्तान को अपनी मूल दशा में लाने के लिए खुद हमीं को अपनी असली हालत में आना है, बाकी करोड़ों लोग तो अपनी असली हालत में हैं ही। हमारी अपनी सभ्यता में सुधार, बिगाड़, ऊपर उठना, नीचे गिरना काल-क्रम से होता ही रहेगा, हमें बस यही प्रयत्न करना है कि पश्चिम की सभ्यता को अपने देश से निकाल बाहर करें। बाकी सब तो अपने आप हो जाएगा।

—1908, हिंद स्वराज्य

अहिंसा

सत्य का, अहिंसा का, मार्ग सीधा है, उतना ही संकरा भी है। तलवार की धार पर चलने के समान है। नट लोग जिस रस्सी पर एक निगाह रख कर चल सकते हैं, सत्य और अहिंसा की रस्सी इससे भी पतली है। जरा भी असावधानी हुई कि नीचे गिरे। प्रति पल साधना करने से ही उसके दर्शन हो सकते हैं।

लेकिन सत्य के संपूर्ण दर्शन तो देह द्वारा हो नहीं सकते—असंभव है। उसकी तो केवल कल्पना ही की जा सकती है—क्षण-भंगुर देह द्वारा शाश्वत धर्म का साक्षात्कार होना संभव नहीं। इसलिए आखिर श्रद्धा का उपयोग तो करना ही होता है।

इसी से जिज्ञासु को अहिंसा मिली। मेरे रास्ते में जो मुसीबतें आएँ, उन्हें मैं सहूँ या उनके लिए जिनका नाश करना पड़े उनका नाश करता जाऊँ और अपना रास्ता तय करूँ? जिज्ञासु के सामने यह सवाल खड़ा हुआ। उसने देखा कि अगर नाश करता चलता है तो वह रास्ता तय नहीं करता, बल्कि जहाँ था वहीं रहता है। अगर संकटों को सहता है तो आगे बढ़ता है। पहले ही नाश में उसने देखा कि जिस सत्य को वह खोज रहा है, वह बाहर नहीं पर अंतर में है, इसलिए जैसे-जैसे नाश करता जाता है, वैसे-वैसे वह पिछड़ता जाता है; सत्य से दूर हटता जाता है।

चोर हमें सताते हैं। उनसे बचने के लिए हम उन्हें मारते हैं। उस वक्त वे भाग तो गए, पर दूसरी जगह जाकर छापा मारा। यह दूसरी जगह भी हमारी है, यों हम एक अँधेरी गली से जाकर टकराए। चोरों का उपद्रव बढ़ता गया। क्योंकि उन्होंने तो चोरी को कर्त्तव्य माना है। हम देख चुके हैं कि इससे अच्छा यह है कि चोर का उपद्रव सह लिया जाए। ऐसा करने से चोर में समझ आएगी। इतना सहन करने से हम देखेंगे कि चोर हमसे जुदा नहीं है; हमारे मन तो सब हमारे सगे हैं, रिश्तेदार हैं, मित्र हैं। उन्हें सजा नहीं दी जा सकती। लेकिन अकेला उपद्रव सहते जाना भी बस नहीं होगा, इससे कायरता पैदा हो सकती है। इससे हमने अपना एक दूसरा विशेष धर्म समझा। चोर यदि हमारे भाई-बंद हैं, तो हमें उनमें वैसी भावना पैदा करनी चाहिए अर्थात् हमें उन्हें अपनाने के लिए उपाय सोचने की तकलीफ उठानी चाहिए। यह अहिंसा का मार्ग है। इसमें उत्तरोत्तर दुःख ही उठाना पड़ता है। अखंड धैर्य धारण करना सीखना पड़ता है। और यदि ऐसा हुआ तो आखिर चोर साहूकार बनता है, हमें सत्य के अधिक स्पष्ट दर्शन होते हैं। इस तरह हम जगत को मित्र बनाना सीखते हैं। ईश्वर की—सत्य की, महिमा अधिकाधिक जान पड़ती है। संकट सहते हुए भी शांति और सुख में वृद्धि होती है। हमारा साहस और हिम्मत बढ़ती है। हम शाश्वत-आवश्यकता के भेद को अधिक समझने लगते हैं। कर्त्तव्य-अकर्त्तव्य का विचार करना सीखते हैं। अभिमान दूर होता है। नम्रता बढ़ती है। परिग्रह सहज ही कम होता है और देह के अंदर भरा हुआ मैल रोज कम होता जाता है।

आज हम जिस स्थूल वस्तु को देखते हैं वही यह अहिंसा नहीं है। किसी को कभी न मारना तो है ही। कुविचारमात्र हिंसा है। उतावलापन-जल्दीपन हिंसा है। मिथ्या-भाषण हिंसा है। द्वेष हिंसा है। किसी का बुरा चाहना हिंसा है। जिसकी दुनिया को जरूरत है उस पर कब्जा रखना भी हिंसा है। लेकिन यों तो हम जो खाते हैं उसकी भी दुनिया को जरूरत है। जहाँ खड़े हैं। जहाँ सैकड़ों सूक्ष्म जीव पड़े होते हैं, वे घबराते हैं। वह जगह उनकी है। तो क्या आत्म-हत्या कर लें? यह भी ठीक नहीं। विचार में देह की सब तरह की लाग-लपेट को छोड़ने से आखिर देह हमें छोड़ देगी। यह अमूर्च्छित स्वरूप हो सत्यनारायण है, इस प्रकार के दर्शन अधीर होने से नहीं हो सकते। देह हमारी नहीं है, यों समझकर हमें मिली हुई धरोहर के रूप में हम उसका जो उपयोग कर सकें सो करके अपना रास्ता तय करते जाएँ।

मुझे लिखना तो था सरल, पर लिख गया कठिन। तो भी जिसने अहिंसा का थोड़ा भी विचार किया होगा उसे यह समझने में मुश्किल न आनी चाहिए।

इतना सब समझ लें कि अहिंसा के बिना सत्य की खोज असंभव है। अहिंसा और सत्य ही ओत-प्रोत हैं, जितनी कि सिक्के की दोनों बाजू (Sides) या चिकनी चकरी के दोनों पहलू—उसमें कौन उलटा और कौन सीधा है? तो भी अहिंसा को हम साधन मानें, सत्य को साध्य। साधन हमारे हाथ की बात है, इसी से अहिंसा

परम धर्म कही गई और सत्य परमेश्वर हुआ। साधना की फिक्र करते रहेंगे तो साध्य के दर्शन किसी न किसी दिन तो कर ही लेंगे। इतना निश्चय किया कि बेड़ा पार हुआ। हमारे मार्ग में चाहे जो संकट आएँ, बाह्य दृष्टि से देखने से हमारी चाहे जितनी हार होती दिखाई पड़े तथापि विश्वास को न डिगाते हुए हम एक ही मंत्र जपें—(जो) सत्य है वही है, वही एक परमेश्वर है। इसके साक्षात्कार का एक ही मार्ग, एक ही साधन, अहिंसा है; उसे कभी न छोड़ूँगा। जिस सत्य रूप परमेश्वर के नाम यह प्रतिज्ञा की है उसके पालन का बल दे।

हिंदू-मुस्लिम एकता

एकता में असीम बल है। इस कहावत को चरितार्थ करने के लिए अनेक तरह के किस्से तथा कहानियाँ पुस्तकों में लिखी मिलती हैं। पर हिंदू-मुस्लिम एका ने इसे प्रत्यक्ष प्रमाण द्वारा चरितार्थ कर दिया। यदि हम लोग अलग-अलग रहना चाहते हैं तो हमारा पतन अवश्यम्भावी है। जब तक भारत के हिंदू और मुसलमान एक-दूसरे का गला काटने के लिए तैयार बैठे रहेंगे तब तक कोई भी विदेशी शक्ति उन्हें अपना दास बनाकर अपने अधीन कर सकती है। हिंदू-मुसलमान मेल का यह अभिप्राय नहीं है कि केवल भारतीय हिंदू तथा मुसलमानों में परस्पर मेल हो जाए बल्कि भारत की उन समग्र जातियों में परस्पर भ्रातृ-भाव की स्थापना हो जाए जो भारत को अपना घर समझती हैं और अनंत काल से उसमें रहती आ रही हैं। इस एकता की स्थापना के लिए धार्मिक भेद-भाव का विचार कोई विघ्न-बाधा नहीं पहुँचा सकता।

इस बात को मैं अच्छी तरह समझता हूँ कि इस तरह के मेल की नींव को हम लोगों ने इतना दृढ़ नहीं कर दिया है कि वह हर तरह के भार को बर्दाश्त कर सके। मेल का यह पौधा अभी उगा है। इसकी डालियाँ अभी बहुत ही नर्म तथा मुलायम हैं। इसकी देख-रेख की अभी नितांत आवश्यकता है। जिस समय नेलोर में इसका स्थूल प्रमाण मेरे सामने उपस्थित हुआ उस समय मुझे यह बात सूझी। मैंने उस समय देखा कि हिंदू और मुसलमानों का परस्पर संबंध संतोषजनक नहीं है। अभी दो वर्ष भी नहीं बीते हैं कि एक साधारण-सी बात पर दोनों लड़ पड़े थे। कुछ हिंदू बाजा बजाते हुए जा रहे थे। मार्ग में मसजिद पड़ गई। उन्होंने बाजा बजाना बंद नहीं किया। यह मुसलमानों को असह्य था। बस, इसी को लेकर झगड़ा उठ खड़ा हुआ। हम लोगों को उचित है कि इस तरह की साधारण बातों को विकट धार्मिक प्रश्नों में न मिला लें। इसलिए यह आवश्यक नहीं है कि हिंदू सदा बाजा बजाते ही चलें। इसके लिए यह कहने की आवश्यकता नहीं कि पुरानी नजीरों से

प्रकट हो जाएगा कि इस तरह यहाँ सदा से बाजे बजते चले आए हैं। मसजिद के समीप से जाते हुए वे बाजा बजाना बंद कर दे सकते हैं। मुसलमानों के धार्मिक विश्वास के अनुसार मसजिद के चारों तरफ हर समय पूरी शांति रहनी चाहिए। इस शांति के लिए सबको प्रयास करना चाहिए। जो बात हिंदू के लिए आवश्यक नहीं है, वही एक मुसलमान के लिए आवश्यक हो सकती है और जो बातें हिंदू धर्म के अनुसार आवश्यक नहीं हैं उनका त्याग कर देना—यदि ऐसा करने की प्रेरणा मुसलमानों की ओर से हो—प्रत्येक हिंदू का धर्म है। जरा-जरा-सी बात पर लड़ मरना अव्वल नंबर की बेवकूफी में शामिल है। जिस मेल और एकता की हम लोग आकांक्षा करते हैं वह तभी प्राप्त हो सकती है जब हम लोग एक-दूसरे के प्रति उदारता तथा सद्भाव रखने की चेष्टा करेंगे। गो-माता हिंदुओं को प्राणों से भी प्यारी है। इसलिए मुसलमानों को उचित है कि वे इस विषय में हिंदू भाइयों की मर्यादा रखें। प्रार्थना के समय मुसलमानों के लिए अटल शांति की आवश्यकता है इसलिए हिंदुओं को उचित है कि वे मुसलमानों के इस भाव की रक्षा करें। यही पूर्णता की कसौटी है। पर हिंदू और मुसलमान दोनों में बदमाशों की कमी नहीं है जो साधारण-सी बातों के लिए भी झगड़ जाने को तैयार रहेंगे। इस तरह के झगड़ों के निपटारा के लिए हमें ऐसी पंचायतें बैठा देना चाहिए जिनमें इस तरह के झगड़ों पर विचार हो और उनके निर्णय को सर्वमान्य समझा जाए। इन पंचायतों की मर्यादा को स्वीकार कराने के लिए जनता का ध्यान उनकी तरफ आकृष्ट करना चाहिए जिससे उनकी उपयोगिता पर किसी तरह का विवाद न उठ खड़ा हो।

मैं यह भी जानता हूँ कि अभी तक एक-दूसरे का परस्पर विश्वास नहीं जम सका है। कितने हिंदू हैं जो मुसलमानों की विपत पर संदेह प्रकट करते हैं। उनका कहना है कि स्वराज्य में मुसलमानों की प्रधानता हो जाएगी, मुसलमानों का राज्य कायम हो जाएगा। उनकी धारणा है कि ब्रिटिश का प्रभाव भारत से उठ जाते ही यहाँ के मुसलमान अन्य विदेशी मुसलमान राज्यों की सहायता से भारत में पुनः एक बार मुसलमानी राज्य स्थापित कर लेंगे। उधर मुसलमानों के दिल में यह चोर पैठा है कि हिंदुओं की संख्या हमसे कहीं अधिक है और इसका परिणाम यह होगा कि वे लोग हमें कुचल डालेंगे। इस तरह के भावों ने दोनों के हृदयों को दुर्बल बना डाला है। यदि और कुछ नहीं तो एक साथ रहने की अभिलाषा ही उन्हें शांत और परस्पर विश्वास युक्त रहने देने के लिए प्रेरित करती। दोनों धर्मों में ऐसी कोई बात नहीं है जिससे दोनों अलग-अलग होकर रहें। वह जमाना बीत गया जब किसी पर बलात्कार करके उसे जबर्दस्ती मुसलमान बना लिया जाता था। गौ का प्रश्न अलग कर दीजिए; मुसलमानों के साथ हिंदुओं के वैमनस्य का कोई कारण नहीं रह जाता। मुसलमान धर्म के अनुसार गो-बध आवश्यक नहीं है। मुख्य बात यह है कि आज तक हम लोगों ने इस बात की कभी चेष्टा ही नहीं की, कि हम लोग आपस में

मिलकर समझौता कर लें और इस तरह परस्पर भेदभाव को मिटाकर मेल से रहना सीखें। और एक ही मातृभूमि के पुत्र बनकर प्रेम तथा सद्‌भाव से रहें। इस समय हम दोनों के हाथ में एक अपूर्व सुअवसर आ उपस्थित हुआ है। खिलाफत का प्रश्न फिर नहीं उपस्थित होगा। यदि हमारे हिंदू भाई मुसलमानों का सद्‌भाव प्राप्त करना चाहते हैं तो उनके लिए यह सबसे उपयुक्त अवसर प्राप्त हुआ है। उन्हें उचित है कि इस्लाम के लिए मुसलमानों के साथ वे कट मरें।

यह कहने की आवश्यकता नहीं कि असहयोग की सफलता शांति तथा अहिंसा पर जितनी निर्भर करती है, हिंदू-मुस्लिम एकता पर भी उतनी ही निर्भर करती है। इस संग्राम को चलाने के लिए दोनों पर भीषण बोझ लादा जाएगा और यदि इस भारत को दोनों ने सम्हाल लिया तो विजय उनके सामने नाचती फिरेगी।

इसकी पहली परीक्षा आगरे में हुई। (जिस समय गो-बध का प्रश्न लेकर दंगा हो गया था) अपनी-अपनी रक्षा तथा न्याय के लिए जब दोनों दल अधिकारियों के पास गए, उन्होंने उनका उपहास करके कहा कि शौकत अली के पास जाओ, गाँधी को खोजो। भाग्यवश उस समय के लिए उपयुक्त आदमी मिल गया। हकीम अजमल खां कट्टर मुसलमान हैं, साथ ही हिंदुओं का भी उन पर अटल विश्वास रहता है। अपने साथियों के साथ वे फौरन आगरा पहुँचे, समझौता करा दिया। इस समय दोनों दल पूर्ववत् मित्र बन गए हैं। इसी तरह की दूसरी दुर्घटना दिल्ली के पास हुई। वहाँ भी हकीम जी के प्रभाव ने शांति स्थापित की। यदि हकीमजी वहाँ ठीक समय पर न पहुँच गए होते तो अनर्थ मच गया होता।

पर अकेले हकीम जी के लिए कब संभव है कि शांति का झंडा लिए सब जगह इस तरह के झगड़ों को मिटाने के लिए ठीक समय पर पहुँच सकें। और न मैं ही सब जगह पहुँच सकता हूँ, न मौलाना शौकत अली ही पहुँच सकते हैं। पर तो भी विच्छेद कराने के लिए जितने भी प्रयत्न किए जाएँ सबको विफल कर दोनों दलों में पूर्ण एकता की स्थापना होनी चाहिए।

आगरे में अधिकारियों से सहायता के लिए प्रार्थना क्यों की गई। यदि हम लोग असहयोग आंदोलन को थोड़ा भी सफल बनाना चाहते हैं तो पहली आवश्यकता इस बात की है कि परस्पर कलह के निपटारे के लिए हमें सरकार की सहायता का ध्यान छोड़ देना चाहिए। यदि हम लोग अपने परस्पर झगड़े के निपटारे के लिए ब्रिटिश सरकार की सहायता की अपेक्षा करते हैं, या किसी अभियुक्त को दंड देने के लिए उसके पास जाने की आवश्यकता समझते हैं तो हमारे असहयोग आंदोलन का सारा कार्यक्रम व्यर्थ और निष्फल समझिए। प्रत्येक गाँव या नगरों में कम से कम एक हिंदू और एक मुसलमान तो ऐसा अवश्य ही होना चाहिए जो दोनों दलों को लड़ने से रोक सके और यदि वे लड़ भी जाएँ तो उनका निपटारा कर सके। कभी-कभी तो सगे भाई ही लड़ पड़ते हैं। प्रारंभिक अवस्था में कहीं-कहीं इस तरह का प्रयत्न

कर सकते हैं। हमें खेद के साथ लिखना पड़ता है कि हम लोगों ने जिन्हें सार्वजनिक काम करने का अभिमान है—जनता की मानसिक स्थिति समझने तथा उन पर प्रभाव डालने का बहुत ही कम प्रयास किया है। उनमें से जो बदमिजाज या झगड़ालू हैं उनका तो हम लोगों ने ख्याल ही नहीं किया है। जब तक हम लोग जन साधारण पर अपना पूरा प्रभाव नहीं डाल लेते और जब तक हम लोग उद्दंडों को अपने वश में नहीं कर लेते, तब तक इस तरह की बदमिजाजी की घटनाएँ कभी-कभी अवश्य हुआ करेंगी। पर ऐसी शोकजनक घटनाओं के उपस्थित हो जाने पर हमें सरकार का मुँह ताकना छोड़ देना चाहिए। हम लोगों को इस समय क्या करना चाहिए यह हकीम जी ने दो स्थलों पर प्रत्यक्ष करके दिखला दिया है।

जिस एकता के लिए हम लोग चेष्टा कर रहे हैं वह एकता बनावटी एकता नहीं होनी चाहिए। बल्कि हिंदू और मुसलमानों का दिल बिलकुल एक में मिल जाना चाहिए। उन्हें यह बात अच्छी तरह से समझ लेनी चाहिए कि जब तक हिंदू और मुसलमान एक ग्रंथि में सदा के लिए बँध नहीं जाते, एक रस्सी में बट नहीं जाते, तब तक जिस स्वराज्य का सुख स्वप्न देखा जा रहा है वह प्रत्यक्ष दृष्टिगोचर नहीं हो सकता। केवल संधि या मेल से यह काम नहीं सिद्ध हो सकता। पर जब तक दोनों एक-दूसरे से लड़ते रहेंगे, यह संभव नहीं है। यह मेल दो बराबर हैसियत वालों का मेल होना चाहिए जिसमें दोनों बराबरी की हैसियत से मिलते हैं और एक-दूसरे के धार्मिक भावों की मर्यादा स्वीकार करते हैं और उनका समुचित आदर करते हैं।

यदि कुरान धर्म में कोई ऐसी बात होती जिसके कारण मुसलमान लोग हिंदुओं को अपना सहज बैरी समझते या हिंदुओं के धर्म शास्त्रों में कोई ऐसी बात होती जिसके कारण हिंदू लोग मुसलमानों को अपना जानी दुश्मन मानते तो मैं इस तरह के मेल को सर्वथा असंभव समझता और इस ओर से सर्वथा निराश हो जाता।

यदि हम लोगों की यही धारणा है कि हम लोग अतीत काल में आपस में लड़ते आए हैं, एक-दूसरे के लिए शत्रु ही बने रहे हैं, अवसर मिलने पर एक-दूसरे का गला काटने के लिए सदा तैयार रहे हैं इसलिए भविष्य में भी यदि ब्रिटेन हम लोगों को अपनी शक्तिशालिनी बाहुओं द्वारा फासिले पर रखने का यत्न न करता रहेगा तो हम फिर भी आपस में कट मरेंगे, तो हमें यही कहना पड़ेगा कि हम लोगों ने अपने इतिहास का मनन ठीक तरह से नहीं किया है। हिंदू धर्मशास्त्र तथा इस्लाम धर्म का हमने जहाँ तक मनन किया है, उससे हम इसी परिणाम पर पहुँचे हैं कि हिंदू धर्म शास्त्र में ऐसी कोई बातें नहीं हैं जिनके आधार पर हम इस तरह की धारणा कर लें। यह बात सब कोई स्वीकार कर सकते हैं कि स्वार्थी पुरोहितों या धर्माध्यक्षों ने समय-समय पर हमें उभार कर एक-दूसरे से लड़ने के लिए विवश किया है। यह भी स्वीकार किया जा सकता है कि ईसाई राजाओं की तरह मुसलमान बादशाहों ने भी इस्लाम धर्म के प्रचार के लिए तलवार की सहायता ली थी अर्थात् उन्होंने

बलपूर्वक मुसलमान बनाने का यत्न किया था। पर अब वह समय नहीं रहा। यद्यपि वर्तमान युग के सिर पर अनेक तरह की बुराइयों का काला टीका लगा है तो भी वह इस समय धर्म-प्रचार में इस तरह का बलात्कार स्वीकार करने के लिए तैयार नहीं है, जैसे वह बलात्कारी दासता को देखना नहीं चाहता। वर्तमान युग के परिवर्तन का यह सबसे जबर्दस्त और सजीव विकास है। इस विकासवाद के फेर में पड़ कर ईसाई तथा इस्लाम धर्म की अनेक भ्रमात्मक बातें दूर हो गईं। इस युग में एक भी ऐसा मुसलमान नहीं दिखाई देता जो धर्म प्रचार के हेतु किसी तरह की ज्यादती या बलात्कार का समर्थन करता दिखाई देता हो। इस समय जिन बातों का प्रभाव मनुष्य हृदय पर पड़ सकता है उसके मुकाबले तलवार का प्रभाव कुछ भी नहीं है।

यद्यपि पश्चिमी जातियाँ रक्तपात, धोखेबाजी, दगाबाजी आदि के प्रयोग में अब भी प्रवीण हैं और उसका धड़ाधड़ प्रयोग करती हैं तो भी समस्त मानव समाज धीरे-धीरे उन्नति के पथ पर आगे बढ़ता जा रहा है। भारत यदि आज हिंदू-मुस्लिम एकता का प्रश्न हल करके अहिंसात्मक असहयोग द्वारा आत्मत्याग के सहारे अपनी स्वतंत्रता स्थापित कर लेता है तो वह संसार को एक नया मार्ग दिखला देगा जिसकी सहायता से लोग वर्तमान युग के पंक से बाहर निकलेंगे।

—1920

हिंदुओ सावधान!

बिहार असहयोग के लिए सबसे उत्तम भूमि है। बिहार का हिंदू-मुस्लिम ऐक्य आदर्श है। इसलिए यह देखकर खेद हुआ कि उस ऐक्य पर आघात पहुँचने की आशंका है। जितने उदार प्रकृति के हिंदू-मुस्लिम नेता मुझसे मिले, सबों ने एक स्वर से मुझसे कहा कि हिंदू-मुसलमानों में मतभेद की आशंका उठ गई है। इससे हम लोग बड़े ही चिंतित हैं और उसे रोकने के लिए हर तरह की चेष्टाएँ कर रहे हैं। लोगों ने मुझसे कहा कि चंद हिंदुओं ने यह अफवाह फैला दी है कि मैंने हिंदू और मुलसमान दोनों को मांस के प्रयोग से रोक दिया है और मांस खाना निषेध कर दिया है। इसका परिणाम यह हुआ है कि कुछ अतिशय कट्टर शाकाहारियों ने लोगों के घरों से जबर्दस्ती मछली और मांस निकालकर फेंक दिया है। मैं जानता हूँ कि अनेक स्थानों पर मेरे नाम पर अन्याय किया जा रहा है। पर यह घटना मुझे सबसे विचित्र प्रतीत हुई। लोग जानते हैं कि मैं कट्टर निरामिषभोजी सुधारक हूँ। पर सब लोग इस बात को नहीं समझते कि अहिंसा का भाव सबके लिए बराबर है और इसीलिए मैं मांसाहारियों भी बिना किसी असद्भाव के मिलता-जुलता रहता हूँ। न तो गो-रक्षा के लिए मैं

किसी मनुष्य का वध कर सकता हूँ और न किसी मनुष्य की रक्षा के लिए गो-वध कर सकता हूँ, चाहे दोनों का महत्व कितना ही प्रबल क्यों न हो। मैं यहीं पर यह कह देना चाहता हूँ कि निरामिषभोजी होना हमारे असहयोग कार्यक्रम का अंग नहीं है और न मैंने इस प्रकार की ही मंत्रणा दी है। जिन लोगों ने मेरे नाम पर इस तरह की कार्रवाई की है मैं उन्हें जानता भी नहीं। मैं पक्का विश्वास दिला देना चाहता हूँ कि यदि हमने कहीं से भी अहिंसा का भाव प्रकट किया और शांति भंग हुई तो हमारा सारा उद्देश्य विफल हो जाएगा। हिंदुओं को यह कभी भी उचित नहीं है कि वे मुसलमानों को मांस-गो-मांस तक—खाने से रोकें। इसी तरह निरामिषभोजी-हिंदुओं को भी मांस-मछली खाने वाले हिंदुओं पर किसी तरह का दबाव नहीं डालना चाहिए। मैं तलवार के बल पर भारत को परहेजी नहीं बनाना चाहता। हिंसा से राष्ट्र का सदाचारिक ह्रास सबसे अधिक हुआ है। हम-लोगों के हृदय में भय ने सबसे प्रबल स्थान जमा लिया है। यदि असहयोगी लोगों को अपने दल में लाने के लिए बल प्रयोग करेंगे तो इससे बढ़ कर दूसरी कोई भी भूल वे नहीं कर सकते। इस तरह वे नौकरशाही के हाथ के खिलौने बन जाएँगे। असहयोग के प्रचार में लेशमात्र भी बलात्कार मार्ग में भीषण बाधा उपस्थित कर देगा।

गो-रक्षा का प्रश्न बड़ा ही विकट प्रश्न है। उसका महत्त्व हिंदुओं की दृष्टि में सबसे अधिक है। गो-माता के लिए मेरे हृदय में जो सम्मान है उसमें जरा भी कमी नहीं आ सकती। जब तक हिंदुओं में गो-रक्षा की योग्यता नहीं हो जाती वे अपने कर्तव्य का पालन नहीं कर सकते। इस योग्यता को प्राप्त करने के दो मार्ग हैं—आत्मबल और पशुबल। गो-रक्षा के लिए बल प्रयोग करना हिंदू शास्त्र को शैतान के हाथ में सौंप देना है और गो-रक्षा के मूल कारण को कलुषित तथा निन्दनीय बना देना है। किसी मुसलमान ने लिखा है—"गो-मांस का प्रयोग इस्लाम धर्म के अनुसार अभी केवल जायज समझा जाता है पर जिस दिन से हिंदू लोग इसके लिए बल प्रयोग करना आरंभ कर देंगे उसी दिन से यह मुसलमानों का परम धार्मिक कर्तव्य हो जाएगा। केवल आत्म-त्याग से ही हिंदू लोग गो-माता की रक्षा कर सकते हैं। मेरी समझ में गो-रक्षा के लिए हिंदुओं के हाथ में एक ही उपाय है और वह यह है कि उन्हें इस संकट या आपत्ति के समय मुसलमानों का साथ देना चाहिए और उनकी सहायता कर उनका सद्भाव प्राप्त करना चाहिए। इतना करके उन्हें इस विश्वास पर चुपचाप बैठे रहना चाहिए कि इसका बदला मुसलमान भाई अवश्य मर्यादा के साथ चुकाएँगे। अर्थात् अपने हिंदू भाइयों की इज्जत और मर्यादा का ख्याल रखकर वे गौ की रक्षा अवश्य करेंगे। इसके लिए हिंदुओं को सबसे पहले मुसलमानों के प्रति हिंसा का भाव छोड़ देना चाहिए। आत्महत्या और विश्वास आत्मबल के गुण हैं। हमने सुना है कि बड़े-बड़े मेलों में यदि मुसलमान के हाथ में गाय या बछड़े या बकरियाँ देखी जाती हैं तो लोग उन्हें बलात् उनसे छीन लेते हैं। जो हिंदू इस

तरह का आचरण करते हैं, वे हिंदू और गो-वंश दोनों के शत्रु हैं। गो-वंश की रक्षा का सबसे उत्तम और बढ़कर उपाय खिलाफत की रक्षा करना है। इसलिए मुझे पूर्ण आशा है कि प्रत्येक हिंदू हिंसा या जोर-जुल्म का जरा भी भाव नहीं दिखाएगा और न किसी मुसलमान पर हाथ छोड़कर अपने हाथ को कलंकित करेगा—चाहे यह गो-रक्षा के लिए हो, अन्य जीव की रक्षा के लिए हो अथवा किसी अन्य प्रयोजन से हो।

—1921

ब्राह्मण-अब्राह्मण

महाराष्ट्र में ब्राह्मण के प्रश्न पर जिस समय मैंने लिखा था उस समय मुझे यह नहीं ज्ञात था कि यह प्रश्न केवल सामाजिक न होकर अधिकांश में राजनैतिक है। और यह विद्वेष ब्राह्मण और अब्राह्मण वर्ग भर में प्रचलित नहीं है बल्कि कुछ पढ़े-लिखे शिक्षित अब्राह्मणों का ब्राह्मणों के प्रति है। अब्राह्मण में चार आते हैं—लिंगायत, मराठा, जैन और अछूत। अछूतों का तिरस्कार अन्य अब्राह्मण भी करते हैं। इसके अतिरिक्त अब्राह्मणों की शिकायत समस्त अब्राह्मण जातियों के लिए समान नहीं है। उनकी शिकायतें निम्नलिखित शब्दों रखी जा सकती हैं—

(1) शिक्षित अब्राह्मणों को वही राजनैतिक अधिकार नहीं प्राप्त हैं जो ब्राह्मणों को प्राप्त हैं।

अब्राह्मणों की संख्या अधिक होते हुए भी सरकारी पदों पर, व्यवस्थापक तथा अन्य प्रतिनिधि सभाओं में उन्हें बहुत कम स्थान मिले हैं और ब्राह्मणों की संख्या कम होते हुए भी वे अधिक पदों पर हैं।

(2) ब्राह्मण लोग मंदिरों पर अपना अनन्य अधिकार बतलाकर अब्राह्मणों को उसमें घुसने नहीं देते। यहाँ तक कि जो मंदिर लिंगायत के हैं उनमें भी नहीं घुसने देते। और यह अनर्गल अधिकार प्रायः सभी ब्राह्मण व्यक्त करते हैं।

(3) ब्राह्मण लोग अब्राह्मणों की गणना शूद्रों में करते हैं और उनको उसी दृष्टि से देखते हैं जिस दृष्टि से एक अंग्रेज हिंदुस्तानी को देखता है।

इस तरह देखने से स्पष्ट मालूम हो जाता है कि अब्राह्मणों की शिकायत की जड़ बहुत ही कमजोर है और महाराष्ट्र के राष्ट्रीय सार्वजनिक जीवन से वह एक दम लुप्त हो सकती है यदि महाराष्ट्र राष्ट्रीय दल के ब्राह्मण कांग्रेस से स्वीकृत असहयोग कार्यक्रम के अछूतों के कार्यक्रम का पूर्णतया पालन करना चाहें।

यह आंदोलन सामाजिक या धार्मिक अयोग्यता के कारण नहीं है बल्कि ब्राह्मणों की राजनैतिक प्रकर्षता के कारण है। चूँकि कुछ ब्राह्मण विद्या, बल, बुद्धि और योग्यता

के कारण ऊँचे पदों पर पहुँच गए हैं इसलिए अब्राह्मण उन्हें देखकर जलते हैं। इस तरह असहयोग के कार्यक्रम को स्वीकार करके जब राष्ट्रीय दल के ब्राह्मण सरकारी उच्च नौकरियों का त्याग कर देंगे, म्युनिसपैलिटियाँ और जिला बोर्डों का बहिष्कार कर देंगे, तो यह प्रश्न आपसे आप ही हल हो जाएगा। मुझे यह निश्चय है कि सरकार अपनी कुटिल चाल बराबर चलती रहेगी और ब्राह्मणों के खिलाफ अब्राह्मणों को उभारती रहेगी, यह कार्रवाई वह इस तरह करेगी कि इसका किसी को पता नहीं लगेगा, अब्राह्मण इस चाल को समझ तक नहीं सकेंगे। इस तरह वह दोनों को सदा लड़ाते रहने की फिक्र में रहेगी और अब्राह्मणों को सदा राजनीतिक प्रलोभन देती रहेगी।

पर असहयोग के सिद्धांत को स्वीकार कर लेने पर राष्ट्रीय ब्राह्मण दल सरकारी सभी पदों और नौकरियों का त्याग करके अब्राह्मणों के विरोध को घटाते रहेंगे और इस तरह उन्हें उन्हीं के शस्त्र द्वारा परास्त कर देंगे। इस प्रश्न के इतना विकट हो जाने का एक कारण और भी है और वह यह है कि आगामी निर्वाचन के लिए अब्राह्मण लोग अधिक चेष्टा करते हैं और निवार्चकों को अपने पक्ष में लाने के लिए कठोर चेष्टा कर रहे हैं। वे लोग लोगों से कहते फिरते हैं कि अब्राह्मण कमजोर हैं इसलिए उन्हें विवश होकर सरकार की शरण में जाना पड़ता है। ब्राह्मण लोग उन्हीं निर्वाचकों पर अपना प्रभाव डालकर निर्वाचन अधिकार के प्रयोग को रोकना चाहते हैं। इससे विद्वेषाग्नि साधारणतः बढ़ रही है पर उसकी मात्रा इतनी अधिक नहीं है जितना राष्ट्रीय दल और नरम दल वालों के बीच हो रही है। इस अवस्था की सबसे खराब बात यह है कि अब्राह्मण दल के लोग—जो जनता के प्रतिनिधि होने का दावा करते हैं और उसी हैसियत से व्यवस्थापक सभाओं में जाने की चेष्टा करेंगे पर उनके दुःख दारिद्र को दूर करने के लिए सरकारी सहायता लेकर दूर करने की चेष्टा करेंगे और इस तरह उन पर सरकार की जकड़ और भी मजबूत कर देंगे। दूसरे सरकारी सहायता के लिए इस प्रकार भिक्षुक बन करके पंजाब और खिलाफत के साथ किए गए अत्याचारों और अन्यायों का प्रतिकार असंभव कर देंगे। इस तरह, अब्राह्मणों की नीति राष्ट्रीय हित के लिए अतिशय हानिकर है, उसका गला घोंटने वाली है। ब्राह्मणों अथवा राष्ट्रीय दल के प्रति उनकी शिकायत कैसी भी कड़ी और भीषण क्यों न हो पर उसका उपचार सरकार के साथ मैत्री जोड़ने में नहीं है, क्योंकि सरकार की नीति जनता को लूटना है, इस तरह उसे निर्जीव तथा पंगु बना देना है। उसे ब्रिटिश भारत की रक्षा का इतना अधिक ख्याल रहता है कि वह उसके कर्मचारियों के किए गए अत्याचारों का प्रतिकार तक नहीं करना चाहती। यही कारण है कि वह पंजाब तथा खिलाफत के अत्याचारों का प्रतिकार करने के लिए तैयार नहीं है। केवल पशुबल के जोर पर एक लाख अंग्रेज 30-31 करोड़ भारतवासियों को नहीं दबा सकते।

लेकिन वास्तव में यही बात हो रही है और उसका कारण यह है कि वह अपनी कुटिल नीति को सफल करके उन्हें उन्नति करने से लाचार करती और रोकती

चली आ रही है। इसलिए मैं अब्राह्मण नेताओं को सचेत और सतर्क करना चाहता हूँ कि वे सरकार के साथ सहयोग करने के परिणाम पर पूर्ण विचार कर लें। वे देखेंगे कि इससे वही आपत्ति उठती है और वे उसी पर और भी आघात करते हैं जिसे दूर करने की वे चेष्टा कर रहे हैं। केवल व्यवस्थापक सभाओं में प्रविष्ट हो जाने से अथवा चंद सरकारी नौकरियों के पा जाने से ही वे जनता की आर्थिक अवस्था का सुधार नहीं कर सकते।

यदि आर्थिक सुधार की कसौटी पर रगड़कर देखें तो यही विदित होता है कि हमारा 25 वर्ष का राष्ट्रीय राजनैतिक प्रयास बेकार हो रहा है, उससे कोई लाभदायक फल नहीं निकला है। इस समय भारत की जनता की जो अवस्था है वह पचास वर्ष पहले नहीं थी। पचास वर्ष पहले उन्हें अकाल आदि से उतनी यातना नहीं सहनी पड़ती थी जितनी कि आज। आज वे इतने कमजोर और दुर्बल हो गए हैं कि उतने कभी भी पहले नहीं थे।

अब्राह्मण दल जिस राजनैतिक अयोग्यता के निवारण के लिए सरकार की शरण में आ रहे हैं और वहीं से अपने सुधार की आशा करते हैं उसका प्रतिकार ब्राह्मणदल अधिकांश में कर सकता है। और वह यह है कि असहयोग कार्यक्रम को पूर्णतया स्वीकार कर ले और सभी प्रश्नों का निपटारा आपसे आप ही हो जाएगा। पर यह बुद्धिमत्तापूर्ण है, प्रबल है और अधिकारियों का आदर प्राप्त है। साथ ही इसमें जीतने के लिए झुकने वाली भी शक्ति है। पर इतना ही पर्याप्त नहीं है।

जब तक ब्राह्मण दल के लोग उन लोगों की सहायता के लिए, जो अपने को दुर्बल और क्षत समझते हैं, हाथ नहीं फैलाएँगे यह विद्वेष का भाव दूर नहीं होगा। कर्नाटक के राष्ट्रीय पक्ष के पत्रों पर यह दोषारोपण किया जाता है कि उन्होंने अब्राह्मणों के प्रति असभ्य शब्दों का प्रयोग किया है और यहाँ के राष्ट्रीय दल के ब्राह्मण भी इनको नीची निगाह से देखते हैं और इनका अपमान करते हैं। उनके अशिक्षित अब्राह्मण देशबासी इस बात की आशा करते हैं और इस तरह की आशा करना न्याय युक्त तथा संगत है कि उनके शिक्षित और उदार देशवासी ब्राह्मण उनके साथ उदारता और दया का व्यवहार करेंगे। अभी तक अब्राह्मणों की अधिकांश संख्या ऐसी ही है जिनमें ब्राह्मणों के प्रति इस तरह के भाव नहीं उदय हुए हैं। मुझे महाराष्ट्र के ब्राह्मणों से पूरी आशा है कि वे इस ब्राह्मण और अब्राह्मण के प्रश्न को हल करने में वह उदारता दिखलाएँगे जो उनकी परंपरागत मर्यादा के अनुकूल है।

—1920

वर्णाश्रम धर्म

दक्षिण की यात्रा करते समय वर्णाश्रम धर्म पर मैंने कुछ कहा था। इससे कुछ लोग मुझसे असंतुष्ट हैं और मेरे पास शिकायत के पत्र लिख रहे हैं। मैं उन पत्रों को प्रकाशित नहीं करता क्योंकि सिवा क्रोध और आवेश के उनमें कुछ नहीं है और जहाँ कहीं क्रोध आदि नहीं भी प्रदर्शित किया गया है वहाँ कोई मार्के की बात नहीं लिखी गई है। जो लोग मुझसे सम-भेद रखते हैं उनके लिए भी 'यंग इंडिया में' स्थान है और वे अपना मत प्रकट करने के लिए स्वतंत्र हैं। पर उन्हें दो बातों का ध्यान रखना चाहिए। एक तो उन्हें सब बातें संक्षेप में लिखनी चाहिए और दूसरे उनके लेखों में कुछ सार रहना चाहिए जिससे पढ़ने वालों को रोचक प्रतीत हो। केवल क्रोध प्रकट करना तो किसी काम का नहीं। मैं इन बातों पर विशेष जोर इसलिए दे रहा हूँ कि दो पत्र ऐसे हैं जो प्रकाशित किए जा सकते थे यदि उनके लेखक क्रोध में पड़कर अपने भाव को व्यक्त करने में असमर्थन हो गए होते। पर जो प्रश्न उन्होंने उठाया है उस पर विचार करना तथा उसका उत्तर देना आवश्यक और उचित है। पहली बात तो उन्होंने यह लिखी है कि यदि वर्णाश्रम धर्म माना जाएगा तो भारत का नाश हो जाएगा। इसी के कारण तो भारत के ऊपर दासता का बोझ लाद दिया गया है। पर मेरी समझ में उनका यह कहना सच नहीं है। हमारी आज जो दशा है जिस वर्तमान अवस्था को हम पहुँचे हुए हैं उसका कारण जात या वर्णाश्रम धर्म नहीं है। हम लोगों ने उसमें जो गुण था उसको स्वीकार करना छोड़ दिया और इसी से हमारी यह दशा हो गई। मेरी तो यही धारणा है कि यदि हिंदू धर्म छिन्न-भिन्न और टुकड़े-टुकड़े होकर गिर नहीं गया तो इसका एकमात्र कारण वर्ण व्यवस्था है।

पर अन्य संस्थाओं की तरह इसमें भी शाखा और प्रतिशाखा निकली जिससे इसको घोर क्षति उठानी पड़ी है। मेरी समझ में चार भाग में इसका बँटवारा स्वाभाविक, ठीक और आवश्यक था। एक वर्ण में पुनः विभाजन कभी-कभी सुविधाजनक और अवश्यक हुए हैं पर अधिकतर उनसे हानि और विपत्ति ही हुई है। इसलिए वे पुनः एक में जितनी जल्दी मिल जाएँ उतना ही अच्छा है। वर्णाश्रम धर्म का नाश और विकास भीतर ही भीतर सदा होता आया है और होता जाएगा। सामाजिक दबाव और जनसाधारण का मत इस प्रश्न पर पूर्णतया विचार कर सकता था। पर मैं उस आवश्यक और प्रधान विभाजन के नाश का कट्टर विरोधी हूँ। वर्णाश्रम धर्म की स्थापना असमानता पर नहीं हुई है। इसमें ऊँच-नीच का कोई प्रश्न नहीं है और जहाँ कहीं मद्रास और महाराष्ट्र में इस तरह के प्रश्न उठते हैं वहाँ इस तरह के भावों के दबाने की चेष्टा होनी चाहिए। पर चूँकि उसके अंतर्गत कुछ इस तरह की बुराइयाँ आ गई हैं, इससे उसे मिटा देने की योजना तो कोई उचित उपाय नहीं प्रतीत होता और

न इसमें तर्क ही है। इसमें सुधार करना अति सहज काम है। उदारता के भाव-जिनका इस समय इस देश में प्रबल वेग के साथ प्रचार हो रहा है—इस वर्णाश्रम धर्म में से ऊँच-नीच के भाव को अब शीघ्रता से दूर कर देगा।

उदारता के भाव किसी कल के पुर्जे नहीं कि आप उन्हें घिस-घुस कर ठीक कर देंगे और उनकी कल बदल कर पहना देंगे। बिना हृदय में परिवर्तन हुए कोई काम सिद्ध नहीं हो सकता। यदि जातपाँत की व्यवस्था उदारता के भाव को फैलाने में बाधक हो रही है तो पाँच धर्मों की मौजूदगी इससे भी अधिक बाधा उपस्थित कर सकती है अर्थात् इस समय भारत में हिंदू, इस्लाम, ईसाई, यहूदी और जोरोस्ट्रियन पाँच धर्म प्रचलित हैं। वर्णाश्रम धर्म के मुकाबिले इनसे कहीं अधिक बाधा पहुँच सकती है। स्वतंत्रता के भाव के प्रचार में क्या बाधा पड़ सकती है मेरी समझ में नहीं आता। यदि इस समय हिंदू, मुसलमान को या अन्य धर्मावलंबी को अपना सगा भाई बनाने को तैयार हैं तो मेरी समझ में कोई कारण नहीं कि वह अपने देश भाई को भी उसी भाव से न देखें और उसके साथ भी वही व्यवहार न करें।

एक महाशय ने लिखा है कि हमें वर्ण व्यवस्था को तो उठा देना चाहिए। पर यूरोप की भाँति वर्ण व्यवस्था मान लेनी चाहिए। उनका तात्पर्य यह है कि वर्ण व्यवस्था परंपरागत नहीं होनी चाहिए। मेरी यह धारणा है कि परंपरागत कानून अनंत काल से चला आ रहा है। इस तरह के नियम को तोड़ने या उलट-फेर करने की कोई भी चेष्टा अशांति और उपद्रव अवश्य कर देगी। मेरी समझ में तो एक ब्राह्मण को जन्म से लेकर मरण तक ब्राह्मण समझने में बड़ा लाभ है। यदि वह अपना व्यवहार और आचार-विचार ब्राह्मणों का सा नहीं रखता तो उसकी मर्यादा आप से आप ही लुप्त हो जाएगी और लोग उसकी जिस तरह प्रतिष्ठा कर रहे हैं नहीं करेंगे। अनुमान कीजिए कि एक न्यायालय ऐसा खुल गया जहाँ दंड की व्यवस्था ऊपर चढ़ाने और नीचे उतार देने की है। आप ही समझिए इसमें कितनी कठिनाई उपस्थित होने की संभावना है। यदि हिंदू धर्म के अनुसार हमें यह विश्वास है कि हमारा पुनःर्जन्म होगा और अपनी क्रिया और कर्म के अनुसार हम ऊपर या नीचे की योनि में उत्पन्न होंगे तो ब्राह्मण को जो अपना कर्म-धर्म ठीक तरह से नहीं करता, यह बात स्मरण रखनी चाहिए कि दूसरे जन्म में वह किसी नीच योनि में धकेल दिया जाएगा और नीच जाति का जो व्यक्ति उत्तम काम करता दिखाई देगा, वह ब्राह्मण योनि में उत्पन्न होगा।

इस उदारता और स्वतंत्रता के भाव के प्रचार के लिए मेरी समझ में असवर्ण-विवाह, सहभोज उतनी आवश्यक बातें नहीं हैं। चाहे कितने भी उदार भाव और स्वतंत्रता के विचार लोगों में क्यों न प्रचलित हो जाएँ पर इससे यह बात कभी नहीं आ सकती कि लोगों के आचार-विचार और रीति-रिवाज सदा एक तरह के हो जाएँगे। विभिन्नताओं में ही हमें मेल की स्थापना करनी होगी। यदि कोई आदमी संसार में प्रत्येक व्यक्ति

के साथ खानापीना स्वीकार न करे तो मैं उसे दोषी नहीं समझ सकता और न उसे कोई बुराई ही समझता हूँ। हिंदू धर्म के अनुसार भाई-भाई में वैवाहिक संबंध नहीं स्थापित हो सकता। पर इस रुकावट से उसके संबंध में किसी तरह का विच्छेद नहीं उपस्थित होता बल्कि इसके विपरीत इससे संबंध बढ़ता ही है और यह और भी दृढ़ या पुष्ट होता है। वैष्णवों के घर में हमने देखा है कि माताएँ घर के साधारण पात्रों का प्रयोग नहीं करतीं तो इससे उनके संबंध या प्रेम में किसी तरह की कमी नहीं पड़ जाती। इस तरह के तालीम की रुकावट किसी तरह की बुराई नहीं उपस्थित करती। पर यदि इनका प्रयोग इतना खींच कर किया जाता है कि उनकी सीमा को भी लाँघने की व्यवस्था की जाती है तो इससे हानि होने की संभावना उपस्थित होती है। पर ज्यों-ज्यों समय बीतता जा रहा है और नई आवश्यकताएँ बढ़ती जाती हैं उसी के अनुसार अंतर्जातीय भोजन, खान-पान तथा विवाह-शादी के नियमों में अवश्य परिवर्तन हो जाएगा।

एक तरफ तो मैं प्राचीन वर्णव्यवस्था के अनुसार वर्णाश्रम धर्म के चार भाग में बँटवारे को उचित और आवश्यक समझता हूँ और पहले की भाँति सदा इसका प्रतिपादन करने के लिए तैयार रहता हूँ पर साथ ही दूसरी तरफ मेरा यह भी विश्वास है कि अछूत के प्रश्न से भारत को घोर हानि उठानी पड़ रही है और यह मानव समाज के प्रति घोरतम अन्याय है। यह आत्म-संयम का कोई सिद्धांत या निशानी नहीं है पर इससे व्यक्त होता है कि लोगों के हृदय में आत्म-उच्चता का प्रबल भाव उत्पन्न हो गया है और वही इस तरह के आचरण का जिम्मेदार है। इससे मानव समाज का कोई हित नहीं हुआ है बल्कि इसने मानव समाज के उतने अंश को नीचे दबा दिया है जो विद्या और बुद्धिबल में हमारे समान हो सकते हैं और जीवन के अनेक अंशों में देश की बड़ी ही उत्तम सेवा कर रहे हैं। इस पाप से भारत अपना पिंड जितना ही जल्दी छुड़ाएगा उसको उतना लाभ होगा। यदि हिंदू धर्म अपनी उच्च मर्यादा कायम रखना चाहता है तो उसे इस काम में विलम्ब नहीं करना चाहिए। जहाँ तक मैं जानता हूँ इसके पक्ष में कोई भी शास्त्रीय उक्ति नहीं है और यदि इस तरह के पापाचार रोकने के लिए कोई अस्पष्ट और अनर्गल प्रमाण उपस्थित भी कर दिए गए तो मैं उन्हें इनकार करने के लिए तैयार हूँ। इस तरह के पाप के समर्थन के लिए इस तरह के संदेहजनक पापाचार काम में नहीं लाए जा सकते। आत्म-निर्णय तथा सुदीर्घ और शांतिपूर्वक विचार के सामने इसके विपक्ष में किसी भी युक्ति को स्वीकार करने के लिए मैं तैयार नहीं हूँ।

—1920

अछूत

यह बड़े सौभाग्य की बात थी कि अछूतों के संबंध वाले प्रस्ताव को विषय निर्धारिणी सिमिति ने बिना किसी विरोध के स्वीकार कर लिया। राष्ट्रीय महासभा ने इस प्रस्ताव को स्वीकार कर—कि स्वराज्य प्राप्त करने के लिए हिंदू धर्म के ऊपर से यह कलंक मिटा देना अत्यंत आवश्यक है—बड़ा ही अच्छा काम किया। शैतान तभी तक सफल रहता है जब तक उसके साथी उसकी मदद करते जाते हैं। हम लोगों पर अधिकार प्राप्त करने के लिए वह हम लोगों की कमजोरियों को ही ताकता है और उसी पर आक्रमण करता है। इसी तरह यह सरकार भी हमारी बुराइयों या कमजोरियों से लाभ उठाकर ही अपना अभिप्राय सिद्ध करती रहती है! यदि हम लोग इसकी इस तरह की चेष्टाओं से अपनी रक्षा का प्रबंध करना चाहें तो हमें सबसे पहले अपनी बुराइयों को छोड़ना होगा। यही कारण है कि हमने असहयोग को आत्मशुद्धि का उपाय बतलाया है। जिस समय आत्मशुद्धि के उस तरीके में हम सफल हो गए, उसे पूरा कर डाला, उस समय आवश्यक सहायता के अभाव में यह सरकार उसी तरह गिर जाएगी जिस तरह सूखे स्थान पर मच्छड़ों की दाल नहीं गलती।

अछूतों के साथ जो पापाचार हम लोग कर रहे हैं, क्या उसके लिए हमें उचित दंड नहीं मिल रहा है? क्या हम लोगों ने जैसा बोया है वैसा ही नहीं काट रहे हैं, क्या हम लोगों ने अपने ही बन्धु-बान्धओं पर डायर और ओडायर का सा अत्याचार नहीं किया है? जिस तरह हम लोगों ने परिया आदि जाति को अपने से अलग कर रखा है, उसी तरह ब्रिटिश उपनिवेशों में हम लोग भी बहिष्कृत हैं। हम लोग अपने कुएँ से उन्हें पानी नहीं लेने देते। हम लोग उन्हें घोरतम नीच समझते हैं। हम उनकी परछाईं से तक बचते हैं। जिस तरह हम लोग अंग्रेजों को अपवाद देते हैं, उसी तरह परिया भी हमें अपवाद देंगे।

हिंदू धर्म पर से इस कलंक को किस तरह मिटाना चाहिए। हमें औरों के साथ वही व्यवहार करना चाहिए जो हम अपने लिए दूसरों से चाहते हैं। मैंने अंग्रेज पदाधिकारियों से बार-बार कहा है कि यदि आप भारतवासियों के मित्र और नौकर बनते हैं तो आपको उचित है, कि अपने उस ऊँचे पद से नीचे उतर आइए और संरक्षकता का दावा छोड़ कर अपनी प्रेमपूर्ण कार्यवाही से, कि आप लोग हर तरह से भारतवासियों के मित्र हैं और हम लोगों के साथ उसी बराबरी का व्यवहार कीजिए जिस तरह आप किसी अंग्रेज के साथ करते हैं। पंजाब की दुर्घटना के बाद उस विषय में मैंने एक कदम और भी आगे बढ़ाया है और उनसे कहा है कि आप कृपा पूर्वक अपने दिल को भी बदलिए और अपनी कार्यवाड़ियों के लिए पश्चात्ताप प्रकट कीजिए। उसी तरह हम हिंदुओं को भी उचित है कि जो बुराई हमने की है उसके लिए पश्चात्ताप प्रकट करें। अपने दिल की प्रवृत्ति को बदलें और जिस शैतानी के बर्ताव के साथ

हमने उन्हें दबाया है—जिस बात का कलंक हम भारत सरकार के सिर पर मढ़ते हैं—उसके लिए पश्चात्ताप करें। केवल चंद स्कूलों को उनके लिए खोल देने से काम नहीं चलेगा। हमें उन पर अपना बड़प्पन नहीं प्रकट करना चाहिए। हमें उन्हें अपना सगा भाई समझना चाहिए, जैसे कि वे वास्तव में हैं। जिस परंपरागत संपत्ति से हमने उन्हें वर्जित किया है उसे हमें उन्हें अवश्य लौटा देना चाहिए। पर यह काम चंद उन अंग्रेजी पढ़े-लिखे वालों का ही नहीं होना चाहिए। बल्कि सर्वसाधारण को अपने हृदय की प्रेरणा से यह काम करना चाहिए। इस दीर्घ काल-व्यापी सुधार के लिए हमें अनंतकाल तक ठहरने का समय नहीं है। हमें उसकी पूर्ति इसी वर्ष भर में कर देनी चाहिए। इसके लिए हमें कठिन तपस्या करनी चाहिए। यह सुधार स्वराज्य के बाद नहीं हो सकता। स्वराज्य प्राप्त करने के पहले ही इसे संपूर्ण कर डालना चाहिए।

अछूत धर्म विहित नहीं है बल्कि यह शैतान का धर्म है। अपने लाभ के लिए शैतान भी धर्म-ग्रंथों का प्रयोग करता है। पर इस तरह के अवतरणों से सत्य और विश्वास कहीं से भी नहीं उठ सकता। उनका काम है, विश्वास को शुद्ध करना और सत्य को व्यक्त करना। वेदों में अश्वमेध यज्ञ की चर्चा है तो इसके लिए हम निर्दोष घोड़े को जला नहीं देंगे। मेरे हृदय में वेदों के लिए अपूर्व श्रद्धा है। मैं देवता प्रदत्त मानता हूँ। उनके शब्दों में यह चर्चा हो सकती है, पर प्रकाश डालने के लिए तो उसके तत्त्व का निरूपण करना चाहिए। और वेदों का तत्त्व है पवित्रता, सच्चाई, निर्दोषिता, नम्रता, सादगी, क्षमादान, विस्मृति, देवत्व और अन्य वे सब बातें जिससे नर और नारी नम्र और वीर हो सकते हैं। समाज के उन असंख्य न बोलने वालों को इस तरह कतवार की तरह समझना तो कोई बहादुरी में शामिल नहीं है। क्या ईश्वर ने हमें इसीलिए शक्ति दी है कि हम राष्ट्र के पतन के कारण हों जैसा कि हम लोगों ने अछूत जातियों को बना डाला है।

—1921

पंचम जातियाँ

अछूतों पर जितना अत्याचार मद्रास प्रांत में होता है उतना अन्यत्र कहीं भी नहीं होता। यदि ब्राह्मणों पर उनकी परछाईं भी पड़ जाए तो वे अपने को अपवित्र समझते हैं। अछूत जातियाँ उन सड़कों पर से नहीं चल सकतीं जिन पर से ब्राह्मण लोग चलते हैं। अब्राह्मण भी उनके साथ अच्छा व्यवहार नहीं करते, इस तरह से अछूत जातियाँ—जिन्हें पंचम कहते हैं—इन दोनों—ब्राह्मण और अब्राह्मण—वर्ग के बीच में पड़कर बुरी तरह पीसे जा रहे हैं। आश्चर्य तो यह है कि यहाँ सभी धार्मिकता प्रसिद्ध है और यहाँ

के मंदिरों की तो चर्चा ही नहीं करनी चाहिए। यहाँ के निवासी बड़ी-बड़ी चोटियाँ रखे, लंबा तिलक लगाए, खुले बदन इस तरह प्रतीत होते हैं मानो प्राचीन समय के ऋषिगण सशरीर उतर आए हों। पर इन लोगों की सारी धार्मिकता इन्हीं बाहरी दिखावटों तक ही है। जिस भूमि में शंकर भगवान और महर्षि रामानुजाचार्य ने जन्म लिया था उस भूमि के इतने परिश्रमी और काम की जाति के साथ इस तरह का आचरण समझ में नहीं आता। यहीं पर हमारे बन्धु-बान्धवों के साथ इस तरह का शैतानी व्यवहार होता है और इसी दक्षिण पर हमारा अनन्य भरोसा है। मैंने उन्हें बराबर समझाया है, उनकी सभाओं में इस बात पर जोर देकर कहा है कि जब तक हम लोग अपने बीच से इस तरह के पापाचार को नहीं उठा देते तब तक हमें स्वराज्य नहीं मिल सकता। हम लोगों ने उनसे यह भी कह दिया है कि सारे ब्रिटिश साम्राज्य में हमारी गणना इस घृणा के साथ इसलिए की जाती है कि हम लोग स्वयं अपने घरों में उन हजारों अपने भाइयों को कैदियों की तरह अलग कर रखा है। असहयोग हृदय में परिवर्तन लाने के लिए एक शस्त्र है पर यह परिवर्तन केवल अंग्रेजों के चित्त में परिवर्तन हो जाने से नहीं चल सकता बल्कि हमें अपने हृदय में भी परिवर्तन करना चाहिए। वास्तव में सच बात तो यह है कि हमें उचित है कि हम सबसे पहले अपने दिलों में परिवर्तन करें और तब अंग्रेजों से इस परिवर्तन के लिए कहें।

जो जाति जन्म भर का कोढ़ एक ही विचार में साफ कर सकती है, जो जाति फटे-पुराने कपड़ों की तरह शराब का त्याग कर सकती है, जो जाति एकाएक अपने प्राचीन व्यवसाय को ग्रहण कर सकती है, जो जाति अपने फालतू समय में 60 करोड़ रुपए की मालियत का कपड़ा तैयार कर सकती है, उस जाति को हम लोग सुधरी जाति अवश्य कह सकते हैं, उसके इस परिवर्तन का असर संसार के इतिहास पर अवश्य पड़ेगा। उसके इस आचरण से नास्तिक भी इस बात पर विश्वास करने लगेगा कि ईश्वर की कृपा कोई वस्तु है और ईश्वर है। इसीलिए मैं इस बात पर जोर देकर कहता हूँ कि भारतवर्ष अपने चित्त की वृत्ति को बदल देगा तो संसार में कोई भी जाति नहीं है जो उसके स्वराज्य के अधिकार को इनकार कर सके। यह मैं मानता हूँ कि भारतीय क्षितिज पर अनेक तरह के काले बादल भीषण रूप धारण करके मडरा रहे हैं, फिर भी मैं इस बात को दावे के साथ कह सकता हूँ कि जिस समय भारत इन अछूतों के साथ अपने बुरे व्यवहार के लिए पश्चात्ताप प्रकट कर लेगा और विदेशी कपड़ों का पूर्णतया बहिष्कार कर देगा उसी समय वे अंग्रेज भी भारत का स्वागत करने के लिए उतारू हो जाएँगे और उसे स्वतंत्र और वीर जाति मानने लग जाएँगे जो इस समय कठोर हृदयता का परिचय दे रहे हैं। मुझे इस बात का पक्का विश्वास है कि यदि हिंदू चाहें तो वे इन पंचम जातियों का उद्धार कर सकते हैं और उनको भी वही अधिकार दे सकते हैं जिसका उपभोग आप कर रहे हैं और यदि भारतवासी चाहें तो अपनी आवश्यकता भर वे कपड़ा भी तैयार कर सकते हैं

जिस तरह वे अपने लिए भोजन बना लेते हैं। इसीलिए मुझे इस बात का भी भरोसा है कि हम इस वर्ष में स्वराज्य प्राप्त कर सकते हैं। पर यह परिवर्तन किसी विस्तृत यंत्रादि की कार्रवाई से साध्य नहीं है। केवल ईश्वर की कृपा से ही हमें यह प्राप्त हो सकता है। इस बात को कोई भी अस्वीकार नहीं कर सकता कि इस समय ईश्वर हम लोगों में से प्रत्येक के दिलों में बैठा विचित्र तरह से काम कर रहा है। हर तरह से कांग्रेस में काम करने वालों का यह धर्म है कि वे इन अछूत भाइयों की सहायता करें और हिंदू तथा अहिंदू से इस बात की चेष्टा करें कि किसी भी हिंदू धर्म के अनुसार चाहे वह गीता विहित हो, वेद विहित हो, शंकर संप्रदाय हो या रामानुज संप्रदाय हो, किसी में भी किसी मनुष्य के साथ चाहे वह कितना भी गिरा क्यों न हो—इस तरह का व्यवहार विहित नहीं है। प्रत्येक कांग्रेस में काम करने वाले का धर्म है कि कट्टर हिंदुओं को विनम्र भाव से इस तरह समझाए कि अछूतों के प्रति इस तरह की जड़ता अहिंसा के भाव के प्रतिकूल है।

अस्पृश्यता

यह बड़े दुःख की बात है कि आज हमारे लिए धर्म का मतलब खान-पान पर रोक-टोक तथा ऊँच-नीच के भेद के सिवा और कुछ नहीं रह गया है। मैं आपको बता दूँ कि इससे बढ़कर और कोई मूर्खता नहीं हो सकती। जन्म से और बाहरी नेम-धर्म से कोई बड़ा-छोटा नहीं होता। एकमात्र चरित्र ही इसकी कसौटी है। ईश्वर ने मनुष्य को बड़ा या छोटा नहीं बनाया। कोई धर्मग्रंथ जो किसी मनुष्य को उसके जन्म के कारण हीन अथवा अछूत करार देता है, हमारी श्रद्धा का पात्र नहीं हो सकता; यह भगवान को तथा सत्य को, जो ईश्वर है, मानने से इनकार करना है।

आज हिंदू धर्म में एक अमिट कलंक लगा हुआ है। मैंने यह मानने से इनकार कर दिया कि यह अनादि काल से चला आ रहा है। मेरा ख्याल है कि 'अस्पृश्यता' की यह दुखद, घृणित तथा दासतापूर्ण भावना हमारे अंदर उस समय आई जब हम सबसे ज्यादा पतित हो गए थे। इस बुराई ने हमारे अंदर घर कर लिया है और अभी भी वह हमारे अंदर मौजूद है।

आज हिंदू धर्म में जिस तरह अस्पृश्यता बरती जाती है, वह मेरे विचार से ईश्वर तथा मनुष्य के प्रति पाप है और इसलिए वह विषैले नासूर के समान धीरे-धीरे हिंदू धर्म के मर्मस्थल को खा रही है। मेरे विचार से यदि पूरे हिंदू शास्त्र को लिया जाए तो उसमें इसको (अस्पृश्यता को) कहीं भी मान्यता प्राप्त नहीं है। इससे सवर्ण तथा अछूत दोनों का पतन हुआ है। इसने लगभग चार करोड़ आदमियों के विकास

को कुंठित कर दिया है। उन्हें जीवन की साधारण सुख-सुविधाओं से वंचित कर दिया है। अतः यह जितनी जल्दी समाप्त हो जाए उतना ही यह हिंदू धर्म के लिए, भारत के लिए तथा संपूर्ण मानव जाति के लिए अच्छा होगा।

मेरी दृष्टि से अस्पृश्यता हिंदू धर्म के लिए जीवन-मरण का सवाल है। जैसा कि मैंने बारंबार कहा है, यदि अस्पृश्ता बनी रहती है तो न केवल हिंदू धर्म वरन् पूरा भारत नष्ट हो जाएगा। यदि हिंदुओं के हृदय से अस्पृश्यता की भावना जड़ मूल से निकाल दी जाती है, तो हिंदू धर्म विश्व को एक निश्चित संदेश दे सकता है। पहली बात मैंने सैकड़ों सभाओं में कही है लेकिन दूसरी बात नहीं कही है। वह एक ऐसे व्यक्ति का कथन है जो सत्य को ईश्वर के रूप में मानता है। अतः उसमें कोई अतिरंजना नहीं है, यदि अस्पृश्यता हिंदू धर्म का अभिन्न अंग है तो हिंदू धर्म मृतप्राय है। लेकिन अस्पृश्यता एक घृणित असत्य है। अस्पृश्यता के विरुद्ध आंदोलन चलाने के पीछे मेरा उद्देश्य स्पष्ट है। मेरा उद्देश्य यह नहीं है कि प्रत्येक हिंदू अछूतों को केवल छूने लग जाए बल्कि यह कि हर एक स्पृश्य हिंदू अस्पृश्यता को अपने हृदय से निकाल दे और पूर्णरूप से उसका हृदय-परिवर्तन हो जाए।

स्वार्थ की भावना से प्रेरित होकर अपने को बड़ा तथा दूसरों को छोटा समझना बहुत बुरी बात है। लेकिन जब हम अस्पृश्यता जैसी बुराई को धर्म के साथ नत्थी कर देते हैं तो वह और भी बुरी बात, बल्कि दुगुनी गलती हो जाती है। अतः जब विद्वान पंडित लोग अस्पृश्यता जैसी स्पष्ट बुराई के औचित्य को सिद्ध करने के लिए शास्त्रों की दुहाई देते हैं तो मुझे बड़ा दुःख होता है। मैंने यह बात पहले भी कही है और आज फिर कह रहा हूँ कि हम हिंदू लोग अग्निपरीक्षा से गुजर रहे हैं। हम चाहें या न चाहें, अस्पृश्यता तो मिट रही है। लेकिन अगर इस परीक्षा की घड़ी में हम इस पाप पर पश्चात्ताप करें, अपने को सुधारें तथा शुद्ध बताएँ तो इतिहास में इस कार्य का उल्लेख हिंदुओं के एक सर्वश्रेष्ठ पवित्र कार्य के रूप में किया जाएगा। यदि समय की गति के कारण हमें अपनी इच्छा के विरुद्ध काम करने को विवश होना पड़ता है और हरिजन अपने अधिकार स्वयं प्राप्त कर लेते हैं तो यह न तो हिंदुओं के लिए श्रेयस्कर होगा और न हिंदू धर्म के लिए। मैं एक कदम और आगे बढ़कर यह कहता हूँ कि यदि हम इस परीक्षा में असफल हो गए तो हिंदू धर्म तथा हिंदू जाति समाप्त हो जाएगी।

हरिजन का अर्थ है 'हरि का जन'। संसार के सभी धर्म ईश्वर को अनाथ का सखा, असहाय-सहायक तथा निर्बल का रक्षक बताते हैं। शेष विश्व की बात तो छोड़ दीजिए, भारत में चार करोड़ अथवा उससे भी ज्यादा भारतीय हिंदुओं से अधिक अनाथ, असहाय तथा निर्बल और कौन हो सकता है जिन्हें 'अस्पृश्य' माना जाता है? अतः यदि किसी को सचमुच 'हरि का जन' कहा जा सकता है तो वे निश्चय ही असहाय, अनाथ तथा धिक्कारे गए लोग हैं। इसलिए मैंने 'नवजीवन'

के पृष्ठों में अस्पृश्यों के लिए हमेशा 'हरिजन' शब्द का इस्तेमाल किया है। नाम बदल देने मात्र से किसी की सामाजिक स्थिति तो नहीं बदल जाती, पर कम से कम किसी के लिए ऐसे शब्द का इस्तेमाल नहीं किया जाना चाहिए जो स्वयं अपमानसूचक है। जब सवर्ण हिंदू अपने आंतरिक विश्वास के कारण अपनी मर्जी से अस्पृश्यता से छुटकारा पा सकेंगे, तब हम सब लोग हरिजन कहलाएँगे क्योंकि मेरी तुच्छ राय में तब सवर्ण हिंदू ईश्वर की कृपा के पात्र हो जाएँगे और तब वे सचमुच 'प्रभु के जन' कहे जा सकेंगे।

हरिजन सेवा एक धार्मिक कर्तव्य है। इसमें छल-कपट की गुंजाइश नहीं है। इसे पूर्णरूप से सत्यमय तथा अहिंसक होना चाहिए। यह केवल त्याग तथा तपस्या द्वारा की जा सकती है। मुझे इस बात की काफी आशंका है कि बिना आत्मशुद्धि के हम हरिजनों के विश्वासपात्र न बन सकेंगे। यदि वे आज हमारे हर काम को संदेह तथा अविश्वास की दृष्टि से देखते हैं तो हमें इस पर आश्चर्य नहीं होना चाहिए। अब तक हम इनके कंधों पर सवार रहे हैं। यदि हमें उनके साथ न्याय करना है तो हमें उनके ऊपर से अपना भार उतार लेना चाहिए और उन्हें वैसा ही समझना चाहिए जैसा हम अन्य हिंदुओं को समझते हैं।

हरिजनों का आर्थिक तथा शैक्षणिक उत्थान निःसंदेह सवर्ण हिंदुओं के प्रायश्चित का एक आवश्यक अंग है। यह उनकी ईमानदारी की एक कसौटी है। लेकिन यह उत्थान कार्य तब तक पूरा नहीं होगा जब तक कि उनके लिए मंदिर नहीं खोल दिए जाएँगे। मंदिरों का खोल दिया जाना हरिजनों की धार्मिक समानता को स्वीकार करना होगा। वह इस बात का निश्चित संकेत होगा कि अब वे हिंदू धर्म से बहिष्कृत नहीं रहे जैसे कि वे आज हैं।

और जब हरिजनों के लिए मंदिर खोल दिए जाएँगे तब स्कूल, कुएँ तथा इसी तरह की बहुत-सी सुविधाओं के द्वार आपसे आप खुल जाएँगे।

हरिजनों को जितनी भी कठिनाइयाँ तथा कष्ट झेलने पड़ते हैं उन सबको एक निश्चित समय के अंदर पूर्णरूप से समाप्त करने के लिए एक जोरदार आंदोलन चलाया जाना चाहिए। अब हरिजनोद्धार को किसी अनिश्चित काल तक के लिए नहीं टाला जा सकता। स्वतंत्रता की भाँति उसे भी तुरंत और अभी पूरा करना होगा। यदि समाज का सबसे उपयोगी वर्ग ही अपने आवश्यक अधिकारों से वंचित रह जाता है तो स्वयं स्वतंत्रता का ही स्वाद फीका पड़ जाएगा।

स्वराज में इस तरह का कलंक जारी नहीं रहेगा कि अस्पृश्य सार्वजनिक मंदिरों में न जा पाएँ, जबकि अन्य सब हिंदुओं को उनमें जाने की इजाजत हो। वेदों तथा शास्त्रों की प्रामाणिकता को अमान्य नहीं किया जाएगा, परंतु उनकी व्याख्या कुछ खास व्यक्तियों पर नहीं छोड़ी जाएगी, बल्कि जहाँ तक वे सार्वजनिक आचार पर लागू किए जाएँगे, वह कानून के अनुसार होगी। अंतःकरण का आदर किया जाएगा,

पर सार्वजनिक नैतिकता तथा दूसरों के अधिकारों को नुकसान पहुँचाकर नहीं। जो छुआछूत मानेंगे उनको तकलीफ होगी और उन्हें ऐसी भावनाओं का मूल्य चुकाना पड़ेगा। कानून यह कभी गवारा नहीं करेगा कि कोई व्यक्ति अथवा वर्ग, रीति-रिवाज या धर्म के नाम पर अपने को दूसरों से बड़ा समझे।

हरिजनों की वास्तविक भूख है स्वाभिमान तथा समानतापूर्वक आदमी की तरह रहने की भूख, मनुष्य होने के नाते न्यायोचित व्यवहार की भूख। उनको जरूरत है भय से मुक्ति, सफाई, मित्तव्यय, परिश्रम तथा शिक्षा की। इसके लिए हमें लगन, आत्मत्याग तथा धीरज के साथ बुद्धिमत्ता से काम करने की जरूरत है। यदि आप मुझे हरिजनों को खाना खिलाने के लिए रुपया देते हैं तो मैं उसे अस्वीकार कर दूँगा क्योंकि मैं उन्हें भिखारी तथा आलसी नहीं बनाना चाहता।

मेरा विश्वास है कि यदि अस्पृश्यता को सचमुच जड़-मूल से निकाल दिया जाए तो इससे हिंदू धर्म का एक भीषण कलंक ही नहीं मिट जाएगा वरन् इसका असर विश्वव्यापी होगा। अस्पृश्यता के विरुद्ध मेरा संघर्ष मानवता में जो कुछ अपवित्र है उसके विरुद्ध संघर्ष है।

अंग्रेजी शिक्षा के दुष्परिणाम

॥एक॥

प्रश्न–हमारे राष्ट्रीय जीवन की जड़ अंग्रेजी शिक्षा है, अंग्रेजी शिक्षा के कारण ही स्पर्शास्पर्श का झगड़ा मिट सकता है तथा भिन्न-भिन्न जातियों में ऐक्यभाव फैलाना इसी शिक्षा का मधुर फल है। इस दशा में क्या हम अंग्रेजी शिक्षा को दुष्परिणामकारी कह सकते हैं? क्या आप स्वयं, स्व. तिलक तथा राजा राममोहन राय जैसे बड़े-बड़े नेता इसी शिक्षा के फल नहीं हैं।

उत्तर–बहुतेरे लोगों का यही मत है। हमारे देश-भाई और अंग्रेजों के इस अज्ञान और दुराग्रह पर विजय प्राप्त करके ही हम स्वराज्य के युद्ध में जय प्राप्त कर सकते हैं। यह शिक्षा-प्रणाली अत्यंत दुष्परिणामकारी है। इस प्रणाली को नष्ट करने के लिए मैं तन, मन से प्रयत्न कर रहा हूँ। मैं यह स्वीकार नहीं कर सकता कि अंग्रेजी शिक्षा से अब तक हमारा किसी प्रकार कल्याण हुआ है। अब तक हमारा जो कुछ सुधार हुआ है वह इस शिक्षा के कारण नहीं, बल्कि किसी अन्य कारण से ही हुआ है। मान लीजिए कि भारत में अंग्रेजों का राज्य न होता तो क्या संसार के अन्य देशों के साथ भारत न चलता और यद्यपि भारत में मोगलशाही होती तो भी कई लोग

साहित्य के लिए अंग्रेजी का अध्ययन अवश्य करते। वर्तमान शिक्षा प्रणाली से हम गुलाम बन जाते हैं। इस शिक्षा से अंग्रेजी साहित्य में अंधविश्वास न करने की योग्यता हम लोगों में नहीं आती। मेरे मित्र ने इस विषय में राजा राममोहनराय, स्व. तिलक तथा मेरा उदाहरण दिया है। मेरी बात जाने दो, क्योंकि मैं तो एक तुच्छ व्यक्ति हूँ।

स्व. तिलक तथा राजा राममोहन राय को इस अंग्रेजी शिक्षा का यदि संपर्क न होता तो वे लोग इससे भी अधिक बड़े लोग होते। (ताली) केवल ताली से मैं आपकी अनुमति नहीं चाहता। मैं आपकी बुद्धि और विचार-शक्ति की अनुमति चाहता हूँ। मैं अंग्रेजी शिक्षा की निंदा नहीं करना चाहता, मुझे उससे घृणा नहीं है। मैं अंग्रेजी शासन का अंत करना चाहता हूँ, किंतु अंग्रेजी भाषा का नहीं। राष्ट्रीय वीर की तरह चाहे तो हम अंग्रेजी पढ़ा करें। मेरी बात जाने दो, पर चैतन्य महाप्रभु, श्री शंकर, कबीर, नानक आदि साधु पुरुषों के सामने राजा राममोहन राय और लो. तिलक कुछ भी चीज नहीं थे। उनके समान जनता पर इनका प्रभाव नहीं था। इन महानुभावों की तुलना में राजा राममोहन तथा स्व. तिलक खद्योत के समान थे। जो कार्य स्वामी श्रीशंकराचार्य अकेले कर सके उसे शिक्षितों की प्रचंड सेना भी न कर सकेगी। इसके मैं कई उदाहरण दे सकता हूँ। क्या गुरु गोविन्द सिंह अंग्रेजी पढ़े थे? क्या गुरु नानक की तुलना में भी कोई अंग्रेजी दां भारतीय है? गुरु नानक ने एक ऐसे संप्रदाय की स्थापना की जिसकी बहादुरी और स्वार्थत्याग की कोई बराबरी नहीं कर सकता। क्या राममोहनराय, दलीपसिंह के बराबरी का एक भी महात्मा तैयार कर सकते थे। स्व. तिलक तथा राजा राममोहन के लिए मुझे अत्यंत गौरव है, पर मेरा यह विश्वास है कि राजा राममोहन और तिलक भगवान को यदि इस अंग्रेजी शिक्षा का संपर्क न होता और यदि वह नैसर्गिक रीति से शिक्षा पाए होते तो चैतन्य की तरह उन्होंने भी बड़ा कार्य किया होता। यदि इस श्रेणी के लोग फिर भी उत्पन्न होंगे तो वह अंग्रेजी शिक्षा से नहीं होंगे। मैं जानता हूँ कि हिंदुस्तानी और संस्कृत न पढ़कर मैंने अपना कितना बड़ा भारी नुकसान कर लिया है। इस अंग्रेजी शिक्षा के परिणाम पर विचार करने की मैं आप लोगों से प्रार्थना करता हूँ।

इस शिक्षा से हमारी वृद्धि नष्ट हो गई है और इस शिक्षा को देने वालों ने हमें नपुंसक बना डाला है। हम स्वतंत्रता की धूप में बिहार करना चाहते हैं, पर यह गुलामी की शिक्षा-प्रणाली हमारे राष्ट्र को हतवीर्य कर रही है। अंग्रेजी शासन के पहले के जमाने में हम लोग गुलाम नहीं बन गए थे। मुगलों के शासन-काल में हम लोग किसी प्रकार स्वराज्य का उपभोग करते थे। अकबर के जमाने में प्रताप जैसे शूर पुरुष का जन्म संभव हुआ, उसी प्रकार औरंगजेब के समय शिवाजी जैसे पराक्रमी पुरुष राज्य कायम कर सके। पर डेढ़ शताब्दी के ब्रिटिश शासन-काल में क्या एक भी प्रताप या शिवाजी का जन्म हुआ है? आपके देश में कई मांडलिक राजे हैं, पर इनमें प्रत्येक को पोलिटिकल एजेंट के सामने सिर नीचा करना पड़ता है और ये उसकी

गुलामी स्वीकार करते हैं। जब मैं नवयुवकों को इन देशी नरेशों की शिकायत करते सुनता हूँ तो मुझे उन पर करुणा आती है। इन बेचारों की दोनों ओर से दुर्दशा होती है। जब कभी देशी नरेश कोई अनुचित कार्य करते हैं तो मैं उसका दोष विजयी ब्रिटिशों को देता हूँ। बेचारे देशी नरेश तो गुलामी शासन-प्रणाली के भक्ष्य हो रहे हैं। इस कारण मेरी आप सब लोगों से यही प्रार्थना है कि आपको भीख माँगनी पड़े तो कोई परवा नहीं, पर इस राक्षस से बचिए। दासता में रहने की अपेक्षा भीख माँगते-माँगते मर जाना अच्छा है। हमें अपने देश पर अधिकार करने की योग्यता प्राप्त करनी चाहिए। इस समय देश किसके अधीन है? एक लाख अंग्रेजों के यह देश अधीन नहीं है, पर हम भारतीयों ने ही अंग्रेजों की दासता स्वीकार की है। यदि अंग्रेज लोग इसी क्षण इस देश से चले जाएँगे तो मैं एक आँसू भी नहीं बहाऊँगा। मैं अंग्रेजों से नौकर या बराबरी के मित्र की तरह सहायता करने को कहता हूँ। मैं उन्हें हमारी अनुमति से हम पर शासन न करने दूँगा। वे अपना अधिकार जमाने के लिए हवाई जहाज तथा नौ-सेना या अन्य सेना का चाहे जितना उपयोग करें, पर उनको इस कार्य में हमारी अनुमति मिलने न पाए। जब भारत में डाकुओं का बोलबाला था उस समय आपको कितनी प्रतिष्ठा थी, उसे सोचिए। आपको अपना कर्त्तव्य पालन करना चाहिए। भारत के स्वतंत्र पुत्र की मौत मरने की अपेक्षा और कौन-सा अहोभाग्य हो सकता है। यह शिक्षा प्रणाली राक्षसी है। मैंने अपना जीवन इसी प्रणाली को नष्ट करने के लिए दे रखा है।

—13 अप्रैल, 1921, पुरी

॥दो॥

एक मित्र ने मेरे पास लिखा है—"अंग्रेजी शिक्षा की उपयोगिता पर आपका जो मत है उसे अपने कटक के भाषण के आधार पर स्पष्ट करने की कृपा कीजिए।" उस बातचीत की रिपोर्ट मैंने अभी तक नहीं पढ़ी है पर मैं अपने मित्र की आज्ञा का पालन उचित समझता हूँ। यह मेरा पक्का और दृढ़ मत है कि जिस तरह से अंग्रेजी शिक्षा दी जाती है और दी गई है उसने अंग्रेजी शिक्षित भारतीयों को नपुंसक बना दिया है और उनकी मानसिक शक्ति पर इतना जोर पड़ता है कि वह बेकार हो जाते हैं। उसके कारण हम लोग एक तरह के नकलची हो गए हैं। ब्रिटेन के संबंध या संपर्क से हममें जो बुराइयाँ आ गई हैं, उनमें से सबसे भीषण यही है अर्थात् देशी भाषा के स्थान पर अंग्रेजी भाषा का प्रयोग। यदि राजा राममोहन राय और लोकमान्य तिलक को अंग्रेजी भाषा द्वारा ही विषय का ज्ञान प्राप्त न करना पड़ा होता और अपने भावों को अंग्रेजी भाषा द्वारा ही न प्रकट करना पड़ा होता तो उन दोनों महानुभावों ने जितना काम किया उससे कहीं अधिक काम किया होता। यदि उनकी शिक्षा-दीक्षा अप्राकृतिक तरीके से न व्यवस्थित होती तो वे अपने देशवासियों पर कहीं अधिक प्रभाव डाल

सके होते। यह निर्विवाद है कि उन्होंने अंग्रेजी भाषा द्वारा ही अंग्रेजी साहित्य के खजाने का आनंद लिया पर यदि यह बात देशी भाषा द्वारा हुई होती तो उन्होंने और भी अधिक आनंद प्राप्त किया होता। केवल अनुमोदक बनकर ही देश का उद्धार नहीं हो सकता। अनुभव कीजिए कि अंग्रेजों के पास बाइबिल का संशोधित और परिवर्तित मौलिक संस्करण न होता तो उनकी आज क्या दशा होती। मेरा यह पक्का मत है कि चैतन्य, कबीर, नानक, गुरु गोविन्दसिंह, शिवाजी, और राणा प्रताप, राममोहन राय और लोकमान्य से कहीं उच्च कोटि में थे। इस तरह का मुकाबला करना उचित नहीं है। प्रत्येक महापुरुष अपनी विशिष्टता के कारण अपनी उत्कृष्टता घोषित करता है। पर परिणामों से इनकी जाँच की जाए तो यही कहना पड़ता है कि राममोहन राय तथा स्वर्गीय लोकमान्य का समाज पर प्रभाव उतना स्थायी नहीं था जितना कि उन महापुरुषों का था। यदि उनके मार्ग की कठिनाइयों का अनुमान करें तो यही कहना पड़ता है कि इन दोनों महानुभावों में असीम शक्ति थी और यदि इस तरह से ये लोग 'हेंडिकैप' न हुए होते तो इनको कहीं अधिक सफलता मिली होती और इनका प्रभाव कहीं अधिक स्थायी होता। मैं यह मानने को तैयार नहीं हूँ कि यदि अंग्रेजी की शिक्षा न प्राप्त हुई होती तो राममोहन राय अथवा लोकमान्य के हृदय या मस्तिष्क में इस तरह के मौलिक विचारों का जन्म ही न हुआ होता। भारत वर्ष में जितने भ्रमात्मक ख्याल और भाव फैल रहे हैं उनमें सबसे प्रधान स्थान इस भाव ने प्राप्त किया है कि बिना अंग्रेजी भाषा के ज्ञान के स्वतंत्रता के भाव उदय ही नहीं हो सकते और मौलिक विचार उत्पन्न ही नहीं हो सकते। इस बात को सदा ध्यान में रखना चाहिए कि विगत 50 वर्षों से देश के सामने एक ही तरह की शिक्षा प्रणाली रही है और भाव-विन्यास के लिए एक ही माध्यम भी रहा है। इसलिए हमारे पास कोई ऐसा प्रमाण नहीं है जिसके द्वारा हम यह दिखा सकें कि इन विद्यालयों की शिक्षा के बिना हम किस अवस्था पर पहुँचे होते। हम लोग इतना तो अवश्य कह सकते हैं कि जो समृद्ध अवस्था भारत की 50 वर्ष पहले थी, वह आज नहीं है। उसमें अपनी रक्षा की शक्ति भी आज उतनी नहीं है और उसे भी स्वतंत्रता में आज उतना जोश भी नहीं है। हमें यह बतलाने की आवश्यकता नहीं है कि यह सब दूषित अंग्रेजी शासन प्रणाली का फल है। उसमें अंग्रेजी शिक्षा प्रणाली और भी दूषित है।

जिस अवस्था में अंग्रेजी शासन प्रणाली और शिक्षा प्रणाली की योजना की गई, उस अवस्था का ही गलत अनुमान किया गया था क्योंकि अंग्रेजी शासकों ने देशी प्रणाली और व्यवस्था को एकदम से अनुपयोगी और निरर्थक समझा। और इसके परिवर्धन और विस्तार में भी पापाचरण किया गया है क्योंकि सदा से भारतीयों की शारीरिक और मानसिक स्थिति तथा आत्म-विकास को पंगु बनाकर रखने की चेष्टा की गई है।

—27 अप्रैल, 1921

बिरसा मुंडा

1872-1900

आदिवासी अधिकारों के लिए संघर्ष करने वाला जुझारू मुंडा नौजवान। अंग्रेजी शासन के आगे कभी न झुकने वाला योद्धा। जल, जंगल और जंतु के संरक्षण और सामाजिक प्रगति के लिए लगातार प्रयासरत। अपने आंदोलन में महिलाओं को भी बड़े पैमाने पर आकर्षित किया। बिरसा के जन्म वर्ष को लेकर मतभेद है। किसी-किसी उल्लेख में 1875 ई.। ईसाई मिशन द्वारा चाईबासा में चलाए गए उच्च प्राथमिक विद्यालय में शिक्षा। शिक्षा के दौरान ईसाई धर्म प्रचारकों के द्वारा मुंडाओं की पुरानी धर्म व्यवस्था की आलोचना से बिरसा को दुःख होता था, पर उसके भीतर ईसाइयों का धार्मिक असर भी जगह बना चुका था। थोड़े समय के लिए वैष्णव प्रभाव में ईसाई प्रचार-छाया में चलनेवाले सरदारों के भूमि-संबंधी आंदोलन का भी असर। अंग्रेज सरकार के 1897 के नए कानून से जमींदारों को अत्याचार के अवसर मिल गए थे। बिरसा द्वारा सक्रिय विरोध।

कहा जाता है कि जब एक बार उसके घायल होने के बाद जब एक भगत के कहने पर बोंगा पूजा करते हुए बकरे की बलि दी गई, बिरसा के मुँह से ईश्वर की प्रार्थना की पंक्तियाँ स्वतः निकलने लगीं। उसे मुंडाओं की पुरानी बोंगा-पूजा प्रथा (प्रेतात्मा-पूजा) से नफरत हो गई। बिरसा ने खुद अपने कुछ चमत्कारों का प्रचार करना शुरू कर दिया। वह कहने लगा कि उसे दुनिया की सभी शक्तियाँ प्राप्त हैं। हो सकता है, यह सब जादू और धर्म से उत्पीड़ित आदिवासियों के बीच एकता पैदा करने के औजार में रूपांतरित करने की एक सोची-समझी कोशिश हो। यह उन लोगों का संघर्ष था, जो निर्वाक थे। बिरसा का प्रभाव सभी जनजातियों पर था। उसका धर्म-संदेश सुनने या उससे चिकित्सा कराने के लिए बड़ी संख्या में लोग उसके पास पहुँचने लगे थे। बिरसा धरती आबा (पिता) के रूप में विख्यात हुआ। वह पैगंबर से ईश्वर माना जाने लगा। लेकिन चलकद की सारी घटनाओं के बीच से, धार्मिक उद्देश्य से बिरसा के पास आती भीड़ राजनैतिक आंदोलन की शक्ल लेने लगी। बिरसा का लक्ष्य स्वतंत्रता था, विदेशियों को मार भगाना था एवं लगान की समाप्ति था। अंग्रेज शासन के पुलिस अधिकारियों ने इस आंदोलन का दमन किया, बिरसा पर ईसाई धर्म प्रचारकों की हत्या के षडयंत्र का आरोप लगाया। बिरसा को गिरफ्तार किया गया और दो वर्ष जेल में सजा काटने के बाद छोड़ दिया गया। उसने छूटने के बाद 28 जनवरी, 1898 को चुटिया के मंदिर की यात्रा की। इन धार्मिक

गतिविधियों से अपनी लोकप्रियता बढ़ाते हुए सशस्त्र विद्रोह के लिए गुप्त बैठकें भी जारी रखीं। बैठकों में ब्रिटिश साम्राज्य का पुतला जलाया जाता। बिरसा भूमिगत हो गया था। सरकार उसे गिरफ्तार करने में लगातार असफल रही। धार्मिक ढांचे में उसका आंदोलन उग्र हो गया था। उसके आंदोलन की आड़ में सरदारों ने कत्लेआम और आतंक बढ़ा दिया, जबकि बिरसा कभी ज्यादती के पक्ष में न था। 1899 के क्रिसमस से पहले का दिन आगजनी और हत्या के लिए निश्चित किया गया था। विद्रोह का रूप बदल कर धार्मिक से राजनैतिक हो गया। अंग्रेज शासनाधिकारियों पर हमले हुए। रांची में आतंक था। विद्रोहियों की धर-पकड़ हुई,' बिरसा को चालाकी से गिरफ्तार कर लिया गया। जेल में बिरसा ने अपने नहीं, अपने असहाय गिरफ्तार साथियों के बारे में सोचा। आंदोलन के अंतिम चरण में उसका नए सरदारों से मतभेद हो गया था। जेल में ही बिरसा की मृत्यु हो गई। उस पर मुकदमे की कार्यवाही ब्रिटिश न्याय के नाम पर एक धब्बा थी। बिरसा ने धर्म का इस्तेमाल राजनैतिक मुक्ति के लिए किया था। उसके धर्म और समाज-सुधार संबंधी विचार प्रार्थनाओं-लोकगीतों में मिलते हैं, दूसरे के वर्णनों में मिलते हैं। जे.बी. हाफमैन और कुमार सुरेश सिंह ने उसके जीवन, संघर्ष और विचार विभिन्न स्रोतों से अपनी-अपनी पुस्तक में प्रस्तुत किए हैं। वहीं से बिरसा की भावनाएँ और संदेश यहाँ प्रस्तुत हैं।

प्रार्थनाएँ और संदेश

भगवान ने मुझे भेजा है कि मैं तुम्हें सही रास्ता बताऊँ। कुछ दिनों तक यह संदेश देकर मैं तुमसे विदा ले लूँगा। फिर मैं दिकुओं (बाहरी शोषकों) के पास जाऊँगा और उन्हें संदेश दूँगा। यदि तुम लोग चाहो तो मेरे उपदेश पर चलो।...

× × ×

विशाल नदी में बाढ़ आई है, आसमान में धूल-भरी
आँधी उमड़-घुमड़ रही है,
ओ मैना, भाग, जा, भाग जा।
जंगल में आग और धुआँ जोरों से उठ रहा है,
ओ मैना...
तेरी माँ झुलस रही है,
ओ मैना...
तेरा बाप बाढ़ में असहाय बहा जा रहा है,
ओ मैना...

× × ×

ओ पहाड़ो, गहरे पानी की दुष्टात्माओ!
तुम लोग हम लोगों से कोई बलिदान
न पा सकोगी
दरअसल तुमने पृथ्वी और स्वर्ग की
सृष्टि नहीं की है
इसलिए ओ दुष्टात्माओ!
हमसे दूर रहो
ओ पिता और माँ, केवल तुम्हारी ही
अनुकंपा और सहायता से,
और सिर्फ तुम्हारी ही दवाओं से
हम अपने रोगों से छुटकारा पाएँगे।

× × ×

यह दुनिया उलट-पुलट गई है, शैतान को बाँधो
उसके पाँव, हाथ और पैर रस्सी से बाँध दो
और एक लकड़ी से उसे चारों दिशाओं,
आठों कोनों और नवों पृथ्वियों से (यानी समूची दुनिया से)
निकाल बाहर करो।

× × ×

ओ पिता! ओ बिरसा!
जैसा कि तुम्हारे धर्म में कहा गया है
मेरे जीवन, मेरे शरीर, मेरे मन और हृदय को
आसमान की सुदूरस्थ सीमाओं और दुनिया के व्यापक विस्तार तक
पहुँच जाने दो।

× × ×

बिरसा का आदेश है कि हँड़िया और शराब न पियो
इससे हमारी जमीन छिन जाती है
अधिक मद्यपान और नींद ठीक नहीं
दुश्मन इस कारण हम पर हँसते हैं।
भात से बनी हँड़िया महकती है
शरीर और जीवन क्षीण करती है।
अधिक मद्यप-सा नशे में सुध खो
गलियों और नुक्कड़ों पर
होश-हवास और विवेक खो
तुम लकड़ी के बेजान कुंदे-सा पड़े रहते हो।

तुम्हारा परिवार भूख से तड़पता है
तुम्हारे बच्चे रो-रोकर जान देते हैं।

× × ×

जमींदार (राजा) जमीनें हड़प रहे हैं और उन पर कब्जा करने की कोशिश कर रहे हैं। पर जमीन पर जिनका वास्तविक अधिकार है वे ही उस जमीन को पाएँगे। जिनके शरीर से खून दूध की तरह बहेगा, वे ही उस जमीन को पाएँगे, वे ही उस जमीन के हकदार होंगे। इस धर्म को न माननेवालों और पाप में ही जीवन बिताते हुए रहने वालों का उदय खून की तरह होगा। और जो इस धर्म को मानते हुए मरेंगे वे दूध की तरह उदित होंगे। हम इस क्षेत्र से सभी दुश्मनों को निकाल बाहर करेंगे। हम इस क्षेत्र में रोमनों, जर्मनों, अंग्रेजों, राजाओं और जमींदारों, शैतानों और दुष्टात्माओं को नष्ट-भ्रष्ट कर देंगे। इस जमीन को एक बार फिर पवित्र बनाने के लिए हम सफेद बकरे (यूरोपियनों) का बलिदान करेंगे। और तभी जमीन पवित्र बन सकेगी। एक दिन उन लोगों को इंग्लैंड जाना ही पड़ेगा, क्योंकि उन्होंने सरकार का नमक खाया है। उनका जीवन और खून हमारी जाति में कदापि स्वीकार न किया जाएगा। सबसे पहले पादरियों को जाना पड़ेगा और फिर उनके शिष्यों को...

× × ×

ओ भक्त मुंडाओ! तुम यह सब सीख लो।
तुम सब विश्व धर्म सीखो।
मिट्टी के दीपक की लौ की तरह हमारे शब्द
ज्योति फैलाते हैं।

× × ×

ओ पृथ्वी और स्वर्ग के सर्जनहार, पिता और माता,
हमें बीमारी और कष्ट से बचाओ।
हम अबोध लोग, दोनों हाथ जोड़,
प्रार्थना करते हैं कि हमें बीमारी और कष्ट से बचाओ।
हम अपनी जीविका के बारे में छह दिनों तक सोचेंगे,
प्रयास करेंगे और जीवन में हफ्ते में एक दिन
विश्राम करेंगे।

× × ×

ओ बिरसा, तुमने पहाड़ी पर झंडा गाड़ दिया।
तुमने मैदान में तरकसों को कतारों में
(लड़ाई में प्रहार के लिए) तैयार कर दिया।
ओ बिरसा, डोम्बारी पहाड़ी पर (बंदूकों से निकली गोलियों से)
धुआँ ही धुआँ छा गया।

इचा हुड़ंग डोम्बा घोटी घने कुहासे से घिर गई।
ओ बिरसा, (तुम्हारे) अनुयायी दूध जैसी कोमल भूमि पर गिरे।
उनको मक्खन जैसी मुलायम जमीन पर रौंद डाला गया।
ओ बिरसा, (यहाँ तक कि) छोटे-छोटे बच्चे भी (गोरे सिपाहियों के बूटों तले) रौंद दिए गए।
उनको (क्रूरता से) बूटों की नोकों से ठोकरें दी गईं।
ओ बिरसा, तुम्हारे लोग (शोक से) हाय-हाय कर रहे हैं,
तुम्हारे संबंधी (मर्म-वेधी) क्रन्दन कर रहे हैं।
सैकड़ों धनुषधारी
हजारों-हजार घुड़सवार गोरे सैनिक
सैकड़ों धनुषधारी, वे कहाँ लड़ रहे हैं?
हजारों घुड़सवार गोरे सिपाही, वे कहाँ गोलियाँ चला रहे हैं?
सैकड़ों सिपाही, बिरसा विद्रोही का पहला तीर
सरवदा चर्च में, एक विदेशी ने नरसिंह मुंडा
(की चुनौती पर) गोलियाँ बरसाईं
वह दूध जैसी कोमल भूमि पर गिरा
वह मक्खन जैसी मुलायम जमीन पर रौंदा गया
वह दूध जैसी भूमि खून से तर-बतर हो गई
मक्खन जैसी मुलायम जमीन रक्त से नहा गई
मुझे गहरा दुख है कि खून की होली खेली गई।

× × ×

धरती-आबा कहते हैं—
ओ, तुम सब लोग ध्यान से सुनो।
समूची धरती में आग और पानी की बाढ़ आएगी।
ओ, तुम सब लोग ध्यान से सुनो,
नए-नए कपड़े पहन
हम सब चलकद चलें।
धरती के पिता हमें सब कष्टों से त्राण देंगे।
ओ, तुम सभी सुनो,
लोग जल्दी-जल्दी पहाड़ी गली-कूचों से
(चलकद) डग बढ़ाते चले आ रहे हैं।
ग्रामवासी डर और आतंक से डँसे हुए हैं
ओ, तुम सब लोग ध्यान से उनके शब्द सुनो।
आग की वर्षा नहीं हुई।

बिरसा के शब्द गलत हो गए।
लोग खुश हो हँसने लगे।
वे अपने-अपने गाँव वापस आए।
ओ, तुम सभी ध्यान से सुनो।

× × ×

हम चलकद के घने जंगल में चलें
और देखें, पुराने फूँस-बाँस से बने
जैसे-तैसे बने मकान में धरती के राजा जनमे हैं।
तुम मिट्टी के दीये की नाईं अहर्निश
जलते हो
पूरी धरती आलोक से भर उठती है।
जो वहाँ उनको देखने गए थे,
वे कहते हैं कि यह सही है।
हमने धरती के पिता को
एक या दो पवित्र धागे अर्पित किए।
लोग वहाँ आते हैं और चले जाते हैं
वे वहाँ पहुँचे, पवित्र संवाद सुना,
उसे मन में जतन से रख लिया।
सोने और हीरों का हृदय है उसका

× × ×

जमींदारों के दमन से पीड़ित,
लोगों की दुःख-विपदाएँ असह्य हो उठीं,
देश असहाय और बेसहारा हो गया,
आओ, हम झट से धनुष, तीर और कुल्हाड़ी उठा लें
आज जिंदगी से मौत कहीं अच्छी है।
बिरसा भगवान हमारे नेता हैं,
वे हमारी रक्षा के लिए धरती पर आए हैं।
आज...
हम लोग तरकस, तीर और तलवार लेकर तैयार रहें,
हम डोम्बारी पहाड़ी पर इकट्ठे हों,
धरती के पिता हमें वहाँ हमारा उद्बोधन करेंगे।
हम बंदरों से न डरेंगे
हम जमींदारों, साहूकारों और दूकानदारों (विदेशी)
को छोड़ेंगे नहीं।

वे हमारी जमीन हड़पे बैठे हैं।
हम अपने खूँटकट्टी अधिकार न छोड़ेंगे
हमने चीतों और साँपों (के जबड़ों) से अपनी
जमीन छीनकर उसे जोता-बोया।
और वह खुशनुमा जमीन उन लोगों ने हमसे छीन ली।
सईल पहाड़ी पर
बिरसा ने डेरा डाल दिया।
ओ, बिरसा वे अपने हाथ से धनुष और तीर चला रहे हैं।
उन्होंने जोजोहातू में भी डेरा डाला,
वे सलीहातू में भी थे
और डोम्बारी पहाड़ी पर भी।
इस कारण ये जगहें काँप उठी हैं।
ओ भाई देखो, ओ भाई देखो,
ओ भाई देखो,
सामने सैकड़ों-सैकड़ों धनुषधारी हैं।
वे डोम्बारी पहाड़ी पर अपने भोजन-पानी के साथ पहुँचे।
डोम्बारी पहाड़ी पर वे दिन-रात,
नाचते-गाते रहे।

× × ×

ओ स्वर्ग के पिता, धरती की आवाज सुनो,
हम सब मिलकर दुश्मनों को घेर लेंगे
हम अपनी जमीन से गोरों को भगा देंगे
हम लोगों के बीच बड़े 53 मुंडा राजा हैं।
ओ गोरे आदमियो, भागो, तुरत भागो,
तुम्हारा घर पच्छिम में है, तुम चले ही जाओ
ओ गोरे आदमियो...
ओ, अपनी जहरीली हवा को लिए
अपने देश भाग जाओ,
तुम जरूर-जरूर चले जाओ।

× × ×

डोम्बारी पहाड़ी पर बिरसा के अनुयायी इकट्ठे हुए
नीचे घाटी में गोरे सिपाही बड़ी तादाद में जमा थे।
बिरसा के अनुयायी उनकी खिल्ली उड़ा रहे थे, उन्हें चुनौती दे रहे थे,
गोरे सिपाहियों ने हड़बड़ी में गोली चलाई,

बिरसा भगवान के अनुयायी क्या कर रहे हैं?
गोरे सिपाही कुछ कर रहे हैं।
और बिरसा भगवान के अनुयायी लड़ रहे हैं,
गोरे सिपाही गोलियाँ दाग रहे हैं।
(बिरसा के अनुयायी) अपने देश के लिए लड़ रहे हैं
वे अपनी जीविका के लिए लड़ रहे हैं,
हम तुम्हारा उपदेश ध्यान से सुनेंगे।
हमारे बड़े शत्रु, हैट-पहने अंग्रेज ने
हमारी जमीन हड़प ली है।
हम तुम्हारे उपदेश सुनेंगे
तुम्हारा धर्म हमारे साथ रहेगा।
हम तुम्हारे पद-चिह्नों पर चलेंगे
तुम धरती के पिता हो, सिर्फ तुम्हीं।
हम तुम्हें आखिर तक न छोड़ेंगे।
(हम सभी) भाई-बहन एक साथ रहेंगे।

× × ×

हथियार हमारे हाथों में चमचमाते हैं।
हम एक पंक्ति में खड़े हैं।
हमारे बाएँ हाथ में धनुष है, और दाएँ में तीर
हमारे हाथों में हथियार चमचमाते हैं।
ओ बिरसा, हम एक पंक्ति में खड़े हैं,
हमने कमर को पट्टे से बाँध लिया है,
और हमारे सर पर पगड़ी है,
हमारे हाथों में हथियार चमचमाते हैं।
ओ बिरसा, हम एक पंक्ति में खड़े हैं
(चुनौती देती हुई-सी) हमारी बाँहें आगे बढ़ गई हैं
(प्रतिरोध में) हमारे सीने तन गए हैं।
हमारे हाथों में हथियार चमचमा रहे हैं
ओ बिरसा, हम एक पंक्ति में खड़े हैं।
डोम्बारी पहाड़ी पर ढोल पर थाप कौन दे रहा है?
वे (बिरसा-अनुयायी) मस्त हो नाच रहे हैं।
डोम्बारी पहाड़ी के नीचे बिगुल कौन बजा रहा है?
वे (ब्रिटिश सिपाही) पहाड़ी की ओर देखते हैं,
बिरसा ढोल पर थाप दे रहे हैं,

बिरसा-अनुयायी मगन हो नाचते हैं,
गोरा सैनिक पहाड़ी के नीचे बिगुल बजा रहा है,
गोरे सैनिक पहाड़ी की ओर देखते हैं।
मातृभूमि की स्वतंत्रता के बिरसा ढोल बजा रहे हैं,
बिरसा-अनुयायी नाच रहे हैं।
गोरा सैनिक (अपनी फौज द्वारा) गोली चलाने के लिए बिगुल बजाता है।
गोरे सैनिक पहाड़ी की ओर देखते हैं।
उनके कारतूस खत्म हो जाते हैं,
बिरसा ढोल पर थाप दिए जा रहे हैं।
अनुयायी नाचते चले जाते हैं।
वे लोग डोम्बारी पहाड़ी पर गरज-गरज कह रहे हैं—
यह हमारी मातृभूमि है।

सुंदरलाल
1886-1981

राष्ट्रीय स्वाधीनता संग्राम के एक समर्पित योद्धा, इतिहासकार और सांप्रदायिक सौहार्द के निष्ठावान प्रचारक। 1909 में 'कर्मयोगी' का प्रकाशन। कई बार जेल यात्राएँ। उनकी प्रसिद्ध इतिहास पुस्तक 'भारत में अँगरेजी राज' का 1929 में प्रकाशन। इसे जब्त कर लिया गया जिसे महात्मा गाँधी ने 'दिन दहाड़े डाका' कहा। सैकड़ों जगह तलाशियाँ। 1941 में 'हिंदुस्तानी कल्चर सोसाइटी' की स्थापना। 1946 से 58 तक 'नया हिंद' का प्रकाशन और संपादन। 95 वर्ष की आयु में जीवनयात्रा समाप्त।

भारतीय शिक्षा का सर्वनाश

अंग्रेजों से पहले भारत में शिक्षा की अवस्था

अंग्रेजों के आगमन से पहले सार्वजनिक शिक्षा और विद्या प्रचार की दृष्टि से भारत संसार के अग्रतम देशों की श्रेणी में गिना जाता था। आज से केवल सवा सौ वर्ष पहले यूरोप के किसी भी देश में शिक्षा का प्रचार इतना अधिक न था जितना भारतवर्ष में, और न कहीं भी प्रतिशत आबादी के हिसाब से पढ़े-लिखों की संख्या इतनी अधिक थी। उन दिनों यहाँ जन सामान्य को शिक्षा देने के लिए मुख्यकर चार प्रकार की संस्थाए थीं।

(1)—असंख्य ब्राह्मण आचार्य अपने-अपने घरों पर अपने शिष्यों को शिक्षा देते थे। (2)—अनेक मुख्य नगरों में उच्च संस्कृत साहित्य की शिक्षा के लिए 'टोल' या विद्यापीठ कायम थीं। (3)—उर्दू और फारसी की शिक्षा के लिए जगह-जगह मकतब और मदरसे थे, जिनमें लाखों हिंदू और मुसलमान बालक शिक्षा पाते थे। (4)—इन सब के अतिरिक्त देश के प्रत्येक छोटे से छोटे ग्राम में ग्राम के समस्त बालकों की शिक्षा के लिए कम से कम एक पाठशाला होती थी। जिस समय तक कि ईस्ट इंडिया

कंपनी ने आकर भारत की सहस्रों वर्षों की पुरानी ग्राम पंचायतों को नष्ट नहीं कर डाला उस समय तक ग्राम के समस्त बच्चों की शिक्षा का प्रबंध करना प्रत्येक ग्राम पंचायत अपना आवश्यक कर्तव्य समझती थी और सदैव उसका पालन करती थी।

इंगलिस्तान की पार्लियामेंट के प्रसिद्ध सदस्य केर हार्डी ने अपनी पुस्तक 'इंडिया' में लिखा है–

> ''मैक्समूलर ने, सरकारी उल्लेखों के आधार पर और एक मिशनरी रिपोर्ट के आधार पर जो बंगाल पर अंग्रेजों का कब्जा होने से पहले वहाँ की शिक्षा की अवस्था के संबंध में लिखी गई थी, लिखा है कि उस समय बंगाल में 80,000 देशी पाठशालाएँ थीं, अर्थात् सूबे की आबादी के हर चार सौ मनुष्यों पीछे एक पाठशाला मौजूद थी। इतिहास लेखक लडलो अपने 'ब्रिटिश भारत के इतिहास' में लिखता है कि–'प्रत्येक ऐसे हिंदू गाँव में, जिसका कि पुराना संगठन अभी तक कायम है, मुझे विश्वास है कि आम तौर पर सब बच्चे लिखना-पढ़ना और हिसाब करना जानते हैं; किंतु जहाँ कहीं कि हमने ग्राम पंचायत का नाश कर दिया है, जैसे बंगाल में, वहाँ ग्राम पंचायत के साथ साथ गाँव की पाठशाला भी लोप हो गई है।''

प्राचीन भारतीय इतिहास के यूरोपियन विद्वानों में मैक्समूलर प्रामाणिक माना जाता है और लडलो एक प्रसिद्ध इतिहास लेखक था। जो बात जर्मन मैक्समूलर ने बंगाल के विषय में कही है, उसी का समर्थन अंग्रेज लडलो ने समस्त भारत के लिए किया है।

प्राचीन भारत में शिक्षा का प्रचार

प्राचीन भारत के ग्रामवासियों की शिक्षा के संबंध में सन् 1923 की कंपनी की एक सरकारी रिर्पोट में लिखा है–

> ''शिक्षा की दृष्टि से संसार के किसी भी अन्य देश में किसानों की अवस्था इतनी ऊँची नहीं है जितनी ब्रिटिश भारत के अनेक भागों में।''

भारतीय शिक्षा प्रणाली

यह दशा तो उस समय शिक्षा के विस्तार की थी, अब रही शिक्षा देने की प्रणाली। इतिहास से पता चलता है कि उन्नीसवीं सदी के शुरू में डॉक्टर एंड्रूवेल नामक एक प्रसिद्ध अंग्रेज शिक्षा प्रेमी ने इस देश से इंगलिस्तान जाकर वहाँ पर अपने देश के बालकों को भारतीय प्रणाली के अनुसार शिक्षा देना शुरू किया। 3 जून, 1814 को कंपनी के डाइरेक्टरों ने बंगाल के गवरनर जनरल के नाम एक पत्र भेजा, जिसमें लिखा है–

''शिक्षा का जो तरीका बहुत पुराने समय से भारत में वहाँ के आचार्यों के

अधीन जारी है उसकी सबसे बड़ी प्रशंसा यही है कि रेवरेंड डॉक्टर बेल के अधीन, जो मद्रास में पादरी रह चुका है, वही तरीका इस देश (इंगलिस्तान) में भी प्रचलित किया गया है; अब हमारी राष्ट्रीय संस्थाओं में इसी तरीके के अनुसार शिक्षा दी जाती है, क्योंकि हमें विश्वास है कि इससे भाषा का सिखाना बहुत सरल और सीखना बहुत सुगम हो जाता है।

"कहा जाता है कि हिंदुओं की इस अत्यंत प्राचीन और लाभदायक संस्था को सल्तनतों के उलट-फेर भी कोई हानि नहीं पहुँचा सके..."

आजकल की पाश्चात्य शिक्षा प्रणाली में जिस चीज को 'म्यूचुअल ट्यूशन' कहा जाता है वह पश्चिम के देशों ने भारत ही से सीखी थी।

कंपनी के शासन में भारतीय शिक्षा का ह्रास

भारत के जिस-जिस प्रांत में कंपनी का शासन जमता गया उस-उस प्रांत से ही यह सहस्त्रों वर्ष की पुरानी शिक्षा प्रणाली सदा के लिए मिटती चली गई। कंपनी के शासन से पहले भारत में शिक्षा की अवस्था और कंपनी का पदार्पण होते ही एक सिरे से उस शिक्षा के सर्वनाश, दोनों का कुछ अनुमान बेलारी जिले के अंग्रेज कलेक्टर ए.डी. कैंपबेल की सन् 1823 की एक रिपोर्ट से किया जा सकता है। कैंपबेल लिखता है–

"जिस व्यवस्था के अनुसार भारत की पाठशालाओं में बच्चों को लिखना सिखाया जाता है और जिस ढंग से कि ऊँचे दर्जे के विद्यार्थी नीचे दर्जे के विद्यार्थियों को शिक्षा देते हैं, और साथ-साथ अपना ज्ञान भी पक्का करते रहते हैं, वह समस्त प्रणाली निस्संदेह प्रशंसनीय है, और इंगलिस्तान में उसका जो अनुसरण किया गया है उसके सर्वथा योग्य है।"

आगे चल कर कंपनी के शासन में भारतीय शिक्षा की अवनति और उसके कारणों को बयान करते हुए कैंपबेल लिखता है–

"इस समय असंख्य मनुष्य ऐसे हैं जो अपने बच्चों को इस शिक्षा का लाभ नहीं पहुँचा सकते, मुझे कहते हुए दुःख होता है कि इसका कारण यह है कि समस्त देश धीरे-धीरे निर्धन होता जा रहा है। हाल में जब से हिंदोस्तान के बने हुए सूती कपड़ों की जगह इंगलिस्तान के बने हुए कपड़ों को इस देश में प्रचलित किया गया है तब से यहाँ के कारीगरों के लिए जीवन निर्वाह के साधन बहुत कम हो गए हैं। हमने अपनी बहुत सी पलटनें अपने इलाकों से हटाकर उन देशी राजाओं के दूर-दूर के इलाकों में भेज दी हैं, जिनके साथ हमने संधियाँ की हैं, हाल में इससे भी नाज की माँग पर बहुत बड़ा असर पड़ा है। देश का धन पुराने समय के देशी दरबारों और देशी कर्मचारियों के हाथों से निकल कर यूरोपियनों के हाथों में चला गया है। देशी दरबार और उनके कर्मचारी उस धन को भारत ही में उदारता के साथ व्यय किया करते

थे; इसके विपरीत नए यूरोपियन कर्मचारियों को हमने कानूनन आज्ञा दे दी है कि वे अस्थायी तौर पर भी इस धन को भारत में व्यय न करें। ये यूरोपियन कर्मचारी देश के धन को प्रतिदिन ढो-ढो कर बाहर ले जा रहे हैं, इसके कारण भी यह देश दरिद्र होता जा रहा है। सरकारी लगान जिस कड़ाई के साथ वसूल किया जाता है उसमें भी किसी तरह की ढिलाई नहीं की गई, जिससे प्रजा के इस कष्ट में कोई कमी हो सकती। मध्यम श्रेणी और निम्न श्रेणी के अधिकांश लोग अब इस योग्य नहीं रहे कि अपने बच्चों की शिक्षा का खर्च बरदाश्त कर सकें इसके विपरीत ज्योंही उनके बच्चों के कोमल अंग थोड़ी-बहुत मेहनत कर सकने के भी योग्य होते हैं, माता-पिता को अपनी जिंदगी की आवश्यकताएँ पूरी करने के लिए उन बच्चों से अब मेहनत-मजदूरी करानी पड़ती है।''

उद्योग-धंधों का नाश और शिक्षा का ह्रास

अर्थात् उन्नीसवीं शताब्दी के शुरू में भारत की प्राचीन सार्वजनिक शिक्षा प्रणाली के नाश का एक मुख्य कारण यह था कि प्राचीन भारतीय उद्योग-धन्धों के सर्वनाश और कंपनी की लूट और अत्याचारों के कारण देश उस समय तेजी के साथ निर्धन होता जा रहा था, और देश के उन करोड़ों नन्हे-नन्हे बालकों को जो पहले पाठशालाओं में शिक्षा पाते थे, अब अपना और अपने माँ-बाप का पेट भरने के लिए मेहनत मजदूरी में माँ-बाप का हाथ बटाना पड़ता था।

और आगे चल कर अपने से पहले की हालत और अपने समय की शिक्षा की हालत की तुलना करते हुए कैंपबेल लिखता है–

''इस जिले की करीब दस लाख आबादी में से इस समय सात हजार बच्चे भी शिक्षा नहीं पा रहे हैं, जिससे पूरी तरह जाहिर है कि शिक्षा में निर्धनता के कारण कितनी अवनति हुई है। बहुत से ग्रामों में, जहाँ पहले पाठशालाएँ मौजूद थीं, वहाँ अब कोई पाठशाला नहीं है, और बहुत से अन्य ग्रामों में जहाँ पहले बड़ी-बड़ी पाठशालाएँ थीं वहाँ अब केवल अत्यंत धनाढ्य लोगों के थोड़े से बालक शिक्षा पाते हैं, दूसरे लोगों के बालक निर्धनता के कारण पाठशाला नहीं जा सकते।

''इस जिले की अनेक पाठशालाओं की जिनमें देशी भाषाओं में लिखना, पढ़ना और हिसाब सिखाया जाता है, जैसा कि भारत में सदा से होता रहा है, इस समय यह दशा है... विद्या... कभी किसी भी देश में राज दरबार की सहायता के बिना नहीं बढ़ी, और भारत के इस भाग में विज्ञान को देशी दरबारों की ओर से पहले जो सहायता और उत्तेजना दी जाती थी वह अंग्रेजी राज के आने के समय से, बहुत दिन हुए, बंद कर दी गई है।

''इस जिले में अब घटते-घटते शिक्षा संबंधी 533 संस्थाएँ रह गई हैं और

मुझे यह कहते लज्जा आती है कि इनमें से किसी एक को भी अब सरकार की ओर से किसी तरह की सहायता नहीं दी जाती।''

प्राचीन पाठशालाओं के खर्च की व्यवस्था

इसके बाद प्राचीन भारत में इन असंख्य पाठशालाओं के खर्च की व्यवस्था को बयान करते हुए कैंपबेल लिखता है–

''इसमें कोई संदेह नहीं कि पुराने समय में, विशेष कर हिंदुओं के शासन काल में, विद्या प्रचार की सहायता के लिए बहुत बड़ी रकमें और बड़ी-बड़ी जागीरें राज की ओर से बँधी हुई थीं...।

''...पहले समय में राज की आमदनी का एक बहुत बड़ा हिस्सा विद्या प्रचार को उत्तेजना और उन्नति देने में खर्च किया जाता था, जिससे राज का भी मान बढ़ता था, किंतु हमारे शासन में यहाँ तक अवनति हुई है कि राज की इस आमदनी से अब उलटा अज्ञान को उन्नति दी जाती है। पहले जो जबरदस्त सहायता राज की ओर से विज्ञान को दी जाती थी उसके बंद हो जाने के कारण अब विज्ञान केवल थोड़े-से दानशील व्यक्तियों की अकस्मात उदारता के सहारे ज्यों-त्यों कर जीवित है। भारत के इतिहास में विद्या के इस तरह के पतन का दूसरा समय दिखा सकना कठिन है...।''

यह सारी कहानी मद्रास प्रांत की है। ठीक इसी तरह की कहानी, महाराष्ट्र और बंबई प्रांत के विषय में एलफिन्सटन ने सन् 1824 की एक सरकारी रिपोर्ट में बयान किया है, किंतु उसे दोहराना व्यर्थ है।

साहित्यक अवनति

एक और अंग्रेज विद्वान वॉल्टर हैमिल्टन ने सन् 1828 में सरकारी रिपोर्टों के आधार पर लिखा था–

''भारतवासियों के अंदर साहित्य और विज्ञान की दिन-प्रतिदिन अवनति होती जा रही है। विद्वानों की संख्या घटती जा रही है और जो लोग अभी तक विद्याध्ययन करते हैं उनमें भी अध्ययन के विषय बेहद कम होते जा रहे हैं। दर्शन विज्ञान का पढ़ना लोगों ने छोड़ ही दिया है; और सिवाय उन विद्याओं के, जिनका संबंध विशेष धार्मिक कर्मकांडों या फलित के साथ है, और किसी भी विद्या का अब लोग अध्ययन नहीं करते। साहित्य की इस अवनति का मुख्य कारण यह मालूम होता है कि इससे पहले देशी राज में राजा लोग, सरदार लोग और धनवान लोग सब विद्या प्रचार को उत्तेजना और सहायता दिया करते थे। वे देशी दरबार अब सदा के लिए मिट चुके और अब वह उत्तेजना और सहायता साहित्य को नहीं दी जाती।''

भारतीय शिक्षा के सर्वनाश के कारण

सारांश यह कि जो कहानी कैंपबेल ने मद्रास प्रांत की बयान की है वही कहानी वास्तव में समस्त ब्रिटिश भारत की थी।

प्राचीन शिक्षा प्रणाली और शिक्षा संस्थाओं के सर्वनाश के चार मुख्य कारण गिनाए जा सकते हैं–

(1) भारतीय उद्योग-धंधों के नाश और कंपनी की लूट से देश की बढ़ती हुई दरिद्रता।

(2) प्राचीन ग्राम पंचायतों का नाश और उस नाश के कारण लाखों ग्राम पाठशालाओं का अंत।

(3) प्राचीन हिंदू और मुसलमान नरेशों की ओर से शिक्षा संबंधी संस्थाओं को जो आर्थिक सहायता और जागीरें बँधी हुई थीं, कंपनी के राज में उनका छिन जाना। और

(4) नए अंग्रेज शासकों की ओर से भारतवासियों की शिक्षा का विधिवत विरोध।

अंग्रेज शासकों की ओर से भारतवासियों की शिक्षा का विरोध

इस चौथे कारण को अधिक विस्तार के साथ बयान करना जरूरी है। सन् 1757 से लेकर पूरे सौ वर्ष तक लगातार बहस होती रही कि भारतवासियों को शिक्षा देना अंग्रेजों की सत्ता के लिए हितकर है या अहितकर। शुरू के दिनों में करीब-करीब सभी अंग्रेज शासक भारतवासियों को शिक्षा देने के कट्टर विरोधी थे।

जे.सी. मार्शमैन ने 15 जून, 1853 को पार्लियामेंट की सिलेक्टर कमेटी के सामने गवाही देते हुए कहा था–

> "भारत में अंग्रेजी राज के कायम होने के बहुत दिनों बाद तक भारतवासियों को किसी प्रकार की भी शिक्षा देने का प्रबल विरोध किया जाता रहा।"

मार्शमैन बयान करता है कि सन् 1792 में जब ईस्ट इंडिया कंपनी के लिए नया चार्टर एक्ट पास होने का समय आया तो पार्लियामेंट के एक सदस्य विलबरफोर्स ने एक कानून में एक धारा इस तरह की जोड़नी चाही जिसका जाहिरा अभिप्राय थोड़े-से भारतवासियों की शिक्षा का प्रबंध करना था। इस पर पार्लियामेंट के सदस्यों और कंपनी के हिस्सेदारों ने विरोध किया और विलबरफोर्स को अपनी तजबीज वापस ले लेनी पड़ी।

मार्शमैन लिखता है–

> "उस अवसर पर कंपनी के एक डाइरेक्टर ने कहा कि–'हम लोग अपनी इसी मूर्खता से अमरीका को हाथ से खो बैठे हैं, क्योंकि हमने उस देश में स्कूल और कॉलेज कायम हो जाने दिए, अब फिर भारत के विषय में हमारा

उसी मूर्खता को दोहराना ठीक नहीं है।'... इसके बीस वर्ष बाद तक यानी सन् 1813 तक भारतवासियों को शिक्षा देने के विरुद्ध ये ही भाव इंगलिस्तान के शासकों के दिलों में कायम रहे।"

जाति-पाँति से अंग्रेजों को लाभ

सन् 1813 में विलायत के अंदर सर जॉन मैलकम ने, जो उन विशेष अनुभवी नीतिज्ञों में से थे, जिन्होंने 19वीं सदी के शुरू में भारत के अंदर अंग्रेजी साम्राज्य को विस्तार दिया, पार्लियामेंट की जाँच कमेटी के सामने गवाही देते हुए कहा–

"...इस समय हमारा साम्राज्य इतनी दूर तक फैला हुआ है कि जो असाधारण ढंग की हुकूमत हमने उस देश में कायम की है उसके बने रहने के लिए केवल एक बात का हमें सहारा है, वह यह कि जो बड़ी-बड़ी जातियाँ इस समय अंग्रेज सरकार के अधीन हैं वे सब एक दूसरे से अलग-अलग हैं, और जातियों में भी फिर अनेक जातियाँ और उप जातियाँ हैं; जब तक ये लोग इस तरह एक-दूसरे से बंटे रहेंगे, तब तक कोई भी बलवा हमारी सत्ता को नहीं हिला सकता।... जितना-जितना लोगों में एकता पैदा होती जाएगी और उनमें वह बल आता जाएगा जिससे वे वर्त्तमान अंग्रेजी सरकार की अधीनता को अपने ऊपर से हटा कर फेंक सकें, उतना-उतना ही हमारे लिए शासन करना कठिन होता जाएगा।"

इसलिए–

"मेरी राय है कि कोई इस तरह की शिक्षा, जिससे हमारी भारतीय प्रजा के इस समय के जाति-पाँति के भेद धीरे-धीरे टूटने की संभावना हो, या जिसके जरिए उनके दिलों से यूरोपियनों का आदर कम हो, अंग्रेजी राज के राजनैतिक बल को नहीं बढ़ा सकती...।"

जाहिर है कि सर जॉन मैलकम भारतवासियों को सदा के लिए जाति-पाँति और मत-मतांतरों के भेदों में फँसाए रखना, आपस में एक-दूसरे से लड़ाए रखना और उन्हें अशिक्षित रखना अंग्रेजी राज की सलामती के लिए आवश्यक समझता था।

सन् 1813 की मंजूरी

सन् 1813 में इंगलिस्तान की पार्लियामेंट ने जो चार्टर एक्ट पास किया, उसमें एक धारा यह भी थी कि–"ब्रिटिश भारत की आमदनी की बचत में से गवर्नर जनरल को इस बात का अधिकार होगा कि हर साल एक लाख रुपए तक साहित्य की उन्नति और पुनरुज्जीवन के लिए और विद्वान भारतवासियों के प्रोत्साहन के लिए काम में लाए।" किंतु यह समझना भूल होगी कि यह एक लाख रुपए सालाना की रकम वास्तव में भारतवासियों की शिक्षा के लिए मंजूर की गई थी। इस मंजूरी के

साथ-साथ जो पत्र डाइरेक्टरों ने 3 जून, 1814 को गवर्नर जनरल के नाम भेजा उसमें साफ लिखा है कि यह रकम "राजनैतिक दृष्टि से भारत के साथ अपने संबंध को मजबूत रखने के लिए", 'बनारस' और एक दो अन्य स्थानों के 'पंडितों को देने' के लिए, 'अपनी ओर विचारवान भारतवासियों के हृदय के भावों का पता लगाने' के लिए 'प्राचीन संस्कृत साहित्य का अंग्रेजी में अनुवाद कराने के लिए', 'संस्कृत पढ़ने की इच्छा रखने वाले अंग्रेजों को सहायता देने के लिए,' 'उस समय की रही सही भारतीय शिक्षा संस्थाओं का पता लगाने के लिए', और 'अपने साम्राज्य के स्थायित्व की दृष्टि से अंग्रेजों और भारतीय नेताओं में अधिक मेल-जोल पैदा करने के उद्देश्य से' मंजूर की गई है। इसी पत्र में यह भी लिखा है कि इस रकम की मदद से कोई 'सार्वजनिक कॉलेज न खोले जाएँ।'

लिओनेल स्मिथ का डर

भारतवासियों की शिक्षा की ओर अंग्रेज शासकों का विरोध इसके बहुत दिनों बाद तक बराबर जारी रहा। सन् 1831 की जाँच के समय सर जॉन मैलकम के बीस वर्ष पहले के विचारों को दोहराते हुए मेजर जनरल सर लिओनेल स्मिथ ने कहा–

> "शिक्षा का परिणाम यह होगा कि वे सब सांप्रदायिक और धार्मिक पक्षपात, जिनके द्वारा हमने अभी तक मुल्क को वश में रखा है–और हिंदू-मुसलमानों को एक-दूसरे से लड़ाए रखा है, इत्यादि–दूर हो जाएँगे; शिक्षा का परिणाम यह होगा कि इन लोगों के दिमाग खुल जाएँगे और उन्हें अपनी विशाल शक्ति का पता लग जाएगा।"

अंग्रेजी राज के लिए शिक्षा की आवश्यकता

किंतु 18वीं शताब्दी के अंत से ही इस विषय में अंग्रेज शासकों के विचारों में अंतर पैदा होना शुरू हो गया। कारण यह था कि धीरे-धीरे इंगलिस्तान की नीतियों को भारत के अंदर दो विशेष कठिनाइयाँ अनुभव होने लगीं। (1) चूँकि शिक्षित भारतवासियों की संख्या दिन-प्रतिदिन घटती जा रही थी, इसलिए अंग्रेजों को अपने सरकारी महकमों और विशेष कर नई अदालतों के लिए योग्य हिंदू और मुसलमान कर्मचारियों की कमी महसूस होने लगी, जिनके बिना कि उन महकमों और अदालतों का चल सकना सर्वथा असंभव था। और (2) उन्हें थोड़े से इस तरह के भारतवासियों की भी आवश्यकता अनुभव होने लगी जिनके जरिए शेष भारतीय जनता के हृदय के भावों का पता लगता रहे और जिनके जरिए वे जनता के भावों को अपनी ओर मोड़कर रख सकें।

सन् 1830 की पार्लियामेंटरी कमेटी की रिपोर्ट में इन दोनों आवश्यकताओं का बार-बार जिक्र आता है और साफ लिखा है कि कलकत्ते का 'मुसलमानों का

मदरसा' और बनारस का 'हिंदू संस्कृत कॉलेज' दोनों अठारहवीं सदी के अंत में ठीक इसी उद्देश्य से कायम किए गए थे। इसी उद्देश्य से सन् 1821 में पूना का डेकन कॉलेज, सन् 1835 में कलकत्ते का मेडिकल कॉलेज और सन् 1847 में रुड़की का इंजीनियरिंग कॉलेज कायम हुए।

डाइरेक्टरों ने 5 सितंबर, 1827 के पत्र में गवर्नर जनरल को लिखा कि इस शिक्षा का धन—"उच्च और मध्यम श्रेणी के उन भारतवासियों के ऊपर व्यय किया जाए, जिनमें से कि आपको अपने शासन के कार्यों के लिए सब से अधिक योग्य देशी एजेंट मिल सकते हैं, और जिनका अपने शेष देशवासियों के ऊपर सबसे अधिक प्रभाव है।"

1833 में बीस लाख की मंजूरी

इसका मतलब यह है कि बिना योग्य भारतवासियों की सहायता के केवल अंग्रेजों के बल ब्रिटिश भारतीय साम्राज्य का चल सकना सर्वथा असंभव था, और इसीलिए थोड़े बहुत भारतवासियों को किसी न किसी प्रकार की शिक्षा देना भारत के विदेशी शासकों के लिए अनिवार्य हो गया। इस काम के लिए सन् 1813 वाली एक लाख रुपए सालाना की मंजूरी को सन् 1933 में बढ़ा कर दस लाख सालाना कर दिया गया, क्योंकि इन बीस वर्ष के अंदर भारत का बहुत अधिक भाग विदेशी शासन के रंग में रँगा जा चुका था।

सन् 1757 से लेकर 1857 तक भारतवासियों की शिक्षा के विषय में अंग्रेज शासकों के सामने मुख्य प्रश्न केवल यह था कि भारतवासियों को शिक्षा देना साम्राज्य के स्थायित्व की दृष्टि से हितकर है या अहितकर, और यदि हितकर या आवश्यक है तो उन्हें किस प्रकार की शिक्षा देना उचित है।

ईसाई धर्म प्रचार

उस समय अनेक अंग्रेज नीतिज्ञ भारतवासियों में ईसाई धर्म प्रचार के पक्षपाती थे। इन लोगों को ईसाई धर्म ग्रंथों का भारतीय भाषाओं में अनुवाद कराने, इंगलिस्तान से आने वाले पादरियों को सहायता देने और सरकार की ओर से मिशन स्कूलों की आर्थिक मदद करने की आवश्यकता अनुभव हो रही थी। यह भी एक कारण था कि जिससे अनेक अंग्रेज भारतवासियों को शिक्षा देने के पक्ष में हो गए। सन् 1813 के बाद की बहसों में इस विषय का बार-बार जिक्र आता है।

शिक्षित भारतवासियों से डर

सन् 1853 में ईस्ट इंडिया कंपनी के लिए अंतिम चार्टर एक्ट पास होने के समय भारतवासियों की शिक्षा के प्रश्न पर अनेक योग्य और अनुभवी अंग्रेज नीतिज्ञों और

विद्वानों की गवाहियाँ जमा की गईं। इन गवाहियों में से नमूने के तौर पर दोनों पक्षों की एक-एक या दो दो गवाहियाँ उद्धृत करना काफी है।

4 अगस्त, 1853 को मेजर रॉलेंडसन ने, जो 17 वर्ष तक मद्रास प्रांत के कमांडर-इन-चीफ के साथ फारसी अनुवादक रह चुका था और वहाँ की शिक्षा कमेटी का मंत्री रह चुका था, पार्लियामेंट की कमेटी के सामने इस प्रकार गवाही दी—

प्रश्न—आपने यह राय प्रकट की है कि भारतवासियों को शिक्षा देने का नतीजा यह होता है कि वे अंग्रेज सरकार के विरुद्ध हो जाते हैं, क्या आप यह समझाएँगे कि इसका कारण क्या है, और सरकार की ओर उनकी शत्रुता किस ढंग की और कैसी होती है?

उत्तर—मेरा अनुभव यह है कि भारतवासियों को ज्यों-ज्यों ब्रिटिश भारतीय इतिहास के भीतरी हाल का पता लगता है और आम तौर पर यूरोप के इतिहास का ज्ञान होता है, त्यों-त्यों उनके चित्त में यह विचार उत्पन्न होता है कि भारत जैसे एक देश का मुट्ठी भर विदेशियों के कब्जे में होना एक बहुत बड़ा अन्याय है; इससे स्वभावतः उनके चित्त में प्रायः यह इच्छा उत्पन्न हो जाती है कि वे अपने देश को इस विदेशी शासन से स्वतंत्र करने में सहायक हों; और चूँकि इस विचार को दूर करने वाली कोई बात नहीं होती और न उनमें आज्ञा पालन का भाव ही पक्का होता है, इसलिए ब्रिटिश सरकार की ओर द्रोह का भाव इन लोगों में पैदा हो जाता है।... मैंने देखा है कि हिंदुओं और मुसलमानों, दोनों में यह भाव मौजूद है और मुसलमानों में अधिक है। ...विशेषकर जब ये लोग ब्रिटिश साम्राज्य के रहस्य को जान जाते हैं तो उनके दिलों में असंतोष का भाव पैदा हो जाता है और आशा जाग उठती है...।

इसी प्रश्नोत्तर में यह भी साफ सुझाया गया कि यदि शिक्षा के साथ भारतवासियों के दिलों में यह भय उत्पन्न करने का भी प्रयत्न किया जाय कि यदि अंग्रेज भारत से चले गए तो उत्तर की अन्य जातियाँ आकर भारत पर शासन करने लगेंगी, या भारत में अराजकता फैल जाएगी, तो इसका परिणाम कहाँ तक हितकर होगा।

कुछ विपरीत विचार

अनेक अंग्रेजों के विचार मेजर रॉलेंडसन के विचारों से मिलते हुए थे। किंतु दूसरों के विचार इसके विपरीत थे। उनका ख्याल था कि अशिक्षित भारतवासी शिक्षित भारतवासियों की अपेक्षा विदेशी शासन के लिए अधिक खतरनाक होते हैं, और भारतवासियों को केवल पश्चिमी शिक्षा देकर ही उन्हें राष्ट्रीयता के भावों से दूर रखा जा सकता है और विदेशी शासन के लिए उपयोगी यंत्र बनाया जा सकता है। प्रसिद्ध नीतिज्ञों में सर फ्रेडरिक हैलिडे की गवाही, जो बंगाल का पहला लेफ्टिनेंट गवर्नर हुआ, और मार्शमैन की गवाही इसी अभिप्राय की थी।

पूर्वी और पश्चिमी शिक्षा पर बहस

एक और महत्त्वपूर्ण प्रश्न जो 19वीं शताब्दी के प्रारंभ से भारत के उन अंग्रेज शासकों के सामने उपस्थित था, जो भारतवासियों को शिक्षा देने के पक्ष में थे, वह यह था कि किस प्रकार की शिक्षा देना अधिक उपयोगी होगा। दो भिन्न-भिन्न विचारों के लोग उस समय के अंग्रेजों में मिलते हैं। एक वे जो भारतवासियों को प्राचीन भारतीय साहित्य, भारतीय विज्ञान और संस्कृत, फारसी, अरबी और देशी भाषाएँ पढ़ाने के पक्ष में थे, और दूसरे वे जो उन्हें अंग्रेजी भाषा, पश्चिमी साहित्य और पश्चिमी विज्ञान की शिक्षा देना अपने लिए अधिक हितकर समझते थे। पहले विचार के लोगों को 'ओरियंटलिस्ट' और दूसरे विचार के लोगों को 'ऑक्सिडेंटलिस्ट' कहा जाता है, अनेक वर्षों तक इन दोनों विचार के अंग्रेजों में खूब वाद-विवाद होता रहा। इसी बहस के दिनों में सन् 1834 में भारत के अंदर लॉर्ड मैकॉले का आगमन हुआ। मैकॉले से पहले करीब 12 वर्ष तक इस प्रश्न के ऊपर अत्यंत तीव्र वाद-विवाद जारी रह चुका था। मैकॉले के विचारों का प्रभाव इस प्रश्न पर निर्णायक साबित हुआ। मैकॉले भारतवासियों को प्राचीन भारतीय साहित्य की शिक्षा देने के विरुद्ध और उन्हें अंग्रेजी भाषा, अंग्रेजी साहित्य और अंग्रेजी विज्ञान सिखाने के पक्ष में था। मैकॉले का निर्णय भारतवासियों के लिए हितकर रहा हो या अहितकर, किंतु मैकॉले का उद्देश्य केवल यह था कि उच्च श्रेणी के भारतवासियों में राष्ट्रीयता के भावों को उत्पन्न होने से रोका जाए और उन्हें अंग्रेजी सत्ता के चलाने के लिए उपयोगी यंत्र बनाया जाए। अपने पक्ष का समर्थन करते हुए मैकॉले ने एक स्थान पर लिखा है–

> ''हमें भारत में इस तरह की एक श्रेणी पैदा कर देने का भरसक प्रयत्न करना चाहिए जो कि हमारे और उन करोड़ों भारतवासियों के बीच, जिन पर हम शासन करते हैं, समझाने-बुझाने का काम करे। ये लोग ऐसे होने चाहिए जो कि केवल रक्त और रंग की दृष्टि से हिंदोस्तानी हों, किंतु जो अपनी रुचि, भाषा, और विचारों की दृष्टि से अंग्रेज हों।''

बेंटिंक का फैसला

गवर्नर जनरल लॉर्ड विलियम बेंटिंक मैकॉले का बड़ा दोस्त और उसके समान विचारों का था। मैकॉले की इस रिपोर्ट के ऊपर 7 मार्च, 1835 को बेंटिंक ने आज्ञा दे दी कि–

> ''जितना धन शिक्षा के लिए मंजूर किया जाए उसका सबसे अच्छा उपयोग यही है कि उसे केवल अंग्रेजी शिक्षा के ऊपर खर्च किया जाए।''

मैकॉले के विचारों और उन पर लॉर्ड बेंटिंक के फैसले के नतीजे को बयान करते हुए 5 जुलाई, 1853 को प्रसिद्ध इतिहास लेखक प्रोफेसर एच.एच. विलसन

ने पार्लियामेंट की सिलेक्ट कमेटी के सामने कहा—

> ''वास्तव में हमने अंग्रेजी पढ़े-लिखों की एक पृथक जाति बना दी है, जिन्हें कि अपने देशवासियों के साथ या तो जरा भी सहानुभूति नहीं है और यदि है तो बहुत ही कम।''

देशी भाषाओं को दबाना

अंग्रेजी भाषा और अंग्रेजी साहित्य की शिक्षा के साथ-साथ जहाँ तक हो सके देशी भाषाओं को दबाना भी मैकॉले और बेंटिंक दोनों का उद्देश्य था। इतिहास लेखक डॉक्टर डफ ने, इस विषय में बेंटिंक और मैकॉले की नीति की सराहना करते हुए, तुलना के तौर पर यह दिखलाते हुए कि जब कभी प्राचीन रोम निवासी किसी देश की विजय करते थे तो उस देश की भाषा और साहित्य को यथाशक्ति दबा कर वहाँ के उच्च श्रेणी के लोगों में रोमन भाषा, रोमन साहित्य और रोमन आचार-विचार के प्रचार का प्रयत्न करते थे, साथ ही यह दर्शाते हुए कि यह नीति रोमन साम्राज्य के लिए कितनी हितकर साबित हुई, अंत में लिखा है—

> ''...मैं यह विचार प्रकट करने का साहस करता हूँ कि भारत के अंदर अंग्रेजी भाषा और अंग्रेजी साहित्य को फैलाने और उसे उन्नति देने का लॉर्ड विलियम बेंटिंक का कानून... भारत के अंदर अंग्रेजी राज के अब तक के इतिहास में कुशल राजनीति की सब से जबरदस्त और अपूर्व चाल स्वीकार की जाएगी।''

डॉक्टर डफ ने अपने से पूर्व के एक दूसरे अंग्रेज विद्वान के विचारों का समर्थन करते हुए लिखा है कि भाषा का प्रभाव इतना जबरदस्त होता है कि जिस समय तक भारत के अंदर देशी नरेशों के साथ अंग्रेजों का पत्रव्यवहार फारसी भाषा में होता रहेगा, उस समय तक भारतवासियों की भक्ति और उनका प्रेम दिल्ली के सम्राट की ओर बराबर बना रहेगा। लॉर्ड बेंटिंक के समय तक देशी नरेशों के साथ कंपनी का समस्त पत्रव्यवहार फारसी भाषा में हुआ करता था। बेंटिंक पहला गवर्नर जनरल था, जिसने यह आज्ञा दे दी और नियम कर दिया कि भविष्य में समस्त पत्रव्यवहार फारसी के स्थान पर अंग्रेजी भाषा में हुआ करे।

इतिहास से पता चलता है कि आयरलैंड के अंदर भी आइरिश भाषा को दबाने और यदि ''सम्भव हो तो आइरिश लोगों को अंग्रेज बना डालने के लिए'' वहाँ की अंग्रेज सरकार ने समय-समय पर अनेक अनोखे कानून पास किए।

लॉर्ड मैकॉले की रिपोर्ट

यद्यपि सन् 1835 के बाद से अंग्रेज शासकों का मुख्य लक्ष्य भारत में अंग्रेजी शिक्षा के प्रचार की ओर ही रहा, फिर भी 'ओरियंटलिस्ट' और 'ऑक्सिडेंटलिस्ट' दोनों दलों का थोड़ा-बहुत विरोध इसके बीस वर्ष बाद तक भी जारी रहा। अंग्रेज शासक

भारतवासियों को किसी प्रकार की भी शिक्षा देने में बराबर संकोच करते रहे। यहाँ तक कि लॉर्ड मैकॉले की सन् 1834 की रिपोर्ट 29 वर्ष बाद सन् 1864 में पहली बार प्रकाशित की गई। किंतु अंत में पल्ला अंग्रेजी शिक्षा के पक्षवालों का ही भारी रहा।

भारत के अंग्रेज शासकों की शिक्षा नीति और वर्तमान अंग्रेजी शिक्षा के उद्देश्य को स्पष्ट कर देने के लिए, हम अंग्रेजी शिक्षा के एक प्रबल और मुख्य पक्षपाती लॉर्ड मैकॉले के बहनोई सर चार्ल्स ट्रेवेलियन के उन विचारों को नीचे उद्धृत करते हैं, जो ट्रेवेलियन ने सन् 1853 की पार्लियामेंटरी कमेटी के सामने पेश किए।

वर्त्तमान अंग्रेजी शिक्षा का उद्देश्य

सर चार्ल्स ट्रेवेलियन ने सन् 1853 की पार्लियामेंटरी कमेटी के सामने ''भारत की भिन्न-भिन्न शिक्षा प्रणालियों के राजनैतिक परिणाम'' शीर्षक एक पत्र लिख कर पेश किया। यह पत्र इतने महत्त्व का है और ब्रिटिश सरकार की शिक्षानीति का इतना स्पष्ट द्योतक है कि उसके कुछ अंशों का इस स्थान पर उद्धृत करना आवश्यक है। भारतवासियों को अरबी और संस्कृत पढ़ाने या उनके प्राचीन विचारों और प्राचीन राष्ट्रीय साहित्य के जीवित रखने के विषय में सर चार्ल्स ट्रेवेलियन लिखता है कि इसका परिणाम यह होगा–

> ''मुसलमानों को सदा यह बात याद आती रहेगी कि हम विधर्मी ईसाइयों ने मुसलमानों के अनेक सुंदर से सुंदर प्रदेश उनसे छीन कर अपने अधीन कर लिए हैं, और हिंदुओं को सदा यह याद रहेगा कि अंग्रेज लोग इस प्रकार के अपवित्र राक्षस हैं, जिनके साथ किसी तरह का मेल-जोल रखना लज्जाजनक और पाप है। हमारे बड़े से बड़े शत्रु भी इससे अधिक और कुछ इच्छा नहीं कर सकते कि हम इस तरह की विद्याओं का प्रचार करें जिनसे मानव स्वभाव के उग्र से उग्र भाव हमारे विरुद्ध भड़क उठें।
>
> ''इसके विपरीत अंग्रेजी साहित्य का प्रभाव अंग्रेजी राज के लिए हितकर हुए बिना नहीं रह सकता। जो भारतीय युवक हमारे साहित्य द्वारा हमसे भली-भाँति परिचित हो जाते हैं, वे हमें विदेशी समझना प्रायः बंद कर देते हैं। वे हमारे महापुरुषों का जिक्र उसी उत्साह के साथ करते हैं जिस उत्साह के साथ कि हम करते हैं। हमारी ही-सी शिक्षा, हमारी ही-सी रुचि और हमारे ही-से रहन सहन के कारण इन लोगों में हिंदोस्तानियत कम हो जाती है और अंग्रेजियत अधिक आ जाती है। ...फिर बजाय इसके कि वे हमारे तीव्र विरोधी हों, या यदि हमारे अनुयायी भी हों तो उनके हृदय में हमारी ओर क्रोध भरा रहे, वे हमारे होशियार और उत्साही मददगार बन जाते हैं। ...फिर वे हमें अपने देश से बाहर निकालने के प्रचंड उपाय सोचना बंद कर देते हैं,...।

"...जब तब हिंदोस्तानियों को अपनी पहली स्वाधीनता के विषय में सोचने का मौका मिलता रहेगा, तब तक उनके सामने अपनी दशा सुधारने का एकमात्र उपाय यह रहेगा कि वे अंग्रेजों को तुरंत देश से निकाल कर बाहर कर दें। पुराने तर्ज के भारतीय देशभक्तों के सामने इसके सिवा और कोई उपाय नहीं है;... उनके राष्ट्रीय विचारों को दूसरी ओर मोड़ने का केवल एक ही उपाय है। वह यह कि उनके अंदर पाश्चात्य विचार पैदा कर दिए जाएँ। जो युवक हमारे स्कूलों और कॉलेजों में पढ़ते हैं वे इस असभ्य स्वेच्छाशासन को, जिसके अधीन उनके पूर्वज रहा करते थे, घृणा की दृष्टि से देखने लगते हैं, और फिर अपनी राष्ट्रीय संस्थाओं को अंग्रेजी ढंग पर ढालने की आशा करने लगते हैं।... बजाय इसके कि उनके दिलों में यही विचार सबसे ऊपर हो कि हम अंग्रेजों को निकाल कर समुद्र में फेंक दें, वे इसके विपरीत अब उन्नति का कोई ऐसा विचार तक नहीं कर सकते जो उनके ऊपर अंग्रेजी राज को रिबेट लगा कर और भी अधिक पक्का न कर दे, और जिसके द्वारा वे अंग्रेजों की शिक्षा और अंग्रेजों की रक्षा पर सर्वथा निर्भर न हो जाएँ।

"...हमारे पास उपाय केवल यह है कि हम भारतवासियों को यूरोपियन ढंग की उन्नति में लगा दें ...फिर पुराने ढंग पर भारत को स्वाधीन करने की इच्छा ही उनमें से जाती रहेगी और उनका लक्ष्य ही यह न रह जाएगा। देश में अचानक राजक्रांति फिर असंभव हो जाएगी और हमारे लिए भारत पर अपना साम्राज्य कायम रखना बहुत काल के लिए असंदिग्ध हो जाएगा। ...भारतवासी फिर हमारे विरुद्ध विद्रोह न करेंगे... फिर उनके राष्ट्रीय प्रयत्न यूरोपियन शिक्षा प्राप्त करने और उसे फैलाने और अपने यहाँ यूरोपियन संस्थाएँ कायम करने में ही पूरी तरह लगे रहेंगे, जिससे हमें कोई हानि न हो पाएगी। शिक्षित भारतवासी... स्वभावतः हमसे चिपटे रहेंगे।... हमारी समस्त प्रजा में किसी भी श्रेणी के लोगों के लिए हमारा अस्तित्व इतना सर्वथा आवश्यक नहीं है जितना उन लोगों के लिए, जिनके विचार अंग्रेजी साँचे में ढाले गए हैं। ये लोग शुद्ध भारतीय राज के काम के ही नहीं रह जाते; यदि जल्दी से देश में स्वदेशी राज कायम हो जाए तो उन्हें उससे हर प्रकार का भय रहता है।

"...मुझे आशा है कि थोड़े ही दिनों में भारतवासियों का संबंध हमारे साथ वैसा ही हो जाएगा जैसा किसी समय हमारा रोमन लोगों के साथ था। रोमन विद्वान टैसीटस लिखता है कि जूलियस ऐग्रीकोला की (जो ईसा से 78 वर्ष बाद इंगलिस्तान का रोमन गवर्नर नियुक्त हुआ था और जिसने उस देश में रोमन साम्राज्य की नीवों को पक्का किया) यह नीति थी कि बड़े-बड़े अंग्रेजों के लड़कों को रोमन साहित्य और रोमन विज्ञान की शिक्षा दी जाए और उनमें

रोमन सभ्यता के ऐश-आराम की रुचि पैदा कर दी जाए। हम सब जानते हैं कि जूलियस ऐग्रीकोला की यह नीति कितनी सफल साबित हुई। यहाँ तक कि जो अंग्रेज पहले रोमन लोगों के कट्टर शत्रु थे वे शीघ्र ही उनके विश्वासपात्र और उनके वफादार मित्र बन गए; और उन अंग्रेजों के पूर्वजों ने जितने प्रयत्न अपने देश पर रोमन लोगों के हमले को रोकने के लिए किए थे उससे कहीं अधिक जोरदार प्रयत्न अब उनके वंशज रोमन लोगों को अपने यहाँ कायम रखने के लिए करने लगे। हमारे पास रोमन लोगों से कहीं अधिक बढ़ कर उपाय मौजूद हैं, इसलिए हमारे लिए यह शर्म की बात होगी यदि हम भी रोमन लोगों की तरह भारतवासियों के चित्त में यह भय उत्पन्न न कर दें कि यदि हम जल्दी से देश से निकल गए तो तुम लोगों पर भयंकर आपत्ति आ जाएगी।

"ये विचार मैंने केवल अपने दिमाग से सोच कर ही नहीं निकाले, वरन् स्वयं अनुभव करके और देखभाल कर मुझे इन नतीजों पर पहुँचना पड़ा। मैंने कई वर्ष हिंदोस्तान के ऐसे हिस्सों में बिताए जहाँ हमारा राज अभी नया-नया जमा था, जहाँ पर कि हमने लोगों के भावों को दूसरी ओर मोड़ने की अभी कोई कोशिश भी नहीं की थी, और जहाँ पर कि उनके राष्ट्रीय विचारों में अभी कोई परिवर्तन नहीं हुआ था। उन प्रांतों में छोटे और बड़े, धनी और दरिद्र, सब लोगों के सामने केवल अपनी राजनैतिक दशा सुधारने की ही एक मात्र चिंता थी। उच्च श्रेणी के लोगों के दिलों में यह आशा बनी हुई थी कि हम फिर से अपने प्राचीन प्रभुत्व को प्राप्त कर लें; और निम्न श्रेणी के लोगों में यह आशा बनी हुई थी कि यदि देशी राज फिर से स्थापित हो गया तो धन और वैभव प्राप्त करने के मार्ग हमारे लिए फिर से खुल जाएँगे। जिन समझदार भारतवासियों को औरों की अपेक्षा हमसे अधिक प्रेम था उन्हें भी अपनी कौम की पतित अवस्था को सुधारने का इसके सिवा और कोई उपाय न सूझता था कि अंग्रेजों को तुरंत देश से निकाल कर बाहर कर दिया जाए। इसके बाद मैं कुछ वर्ष बंगाल में रहा। वहाँ मैंने शिक्षित भारतवासियों में बिल्कुल दूसरी ही तरह के विचार देखे। अंग्रेजों के गले काटने का विचार करने के स्थान पर, वे लोग अंग्रेजों के साथ जूरी बन कर अदालतों में बैठने या बेंच मैजिस्ट्रेट बनने की आकांक्षाएँ कर रहे थे।..."

ट्रेवेलियन के और अधिक स्पष्ट विचार

सर चार्ल्स ट्रेवेलियन के पूर्वोक्त पत्र के विषय में पार्लियामेंट की कमेटी के सदस्यों और ट्रेवेलियन में कई दिन तक प्रश्नोत्तर होता रहा, जिसमें ट्रेवेलियन ने और अधिक

स्पष्टता के साथ अपने विचारों को दोहराया और उनका समर्थन किया। इस प्रश्नोत्तर ही में 23 जून, 1853 को ट्रेवेलियन ने कमेटी के सामने बयान किया–

> "अपने यहाँ की शुद्ध स्वदेशी पद्धति के अनुसार मुसलमान लोग हमें 'काफिर' समझते हैं, जिन्होंने कि इस्लाम की कई सर्वोत्तम बादशाहतें मुसलमानों से छीन ली हैं, ...उसी प्राचीन स्वदेशी विचार के अनुसार हिंदू हमें 'म्लेच्छ' समझते हैं, अर्थात् इस तरह के अपवित्र विधर्मी जिनके साथ किसी तरह का भी सामाजिक संबंध नहीं रखा जा सकता; और वे सब के सब मिल कर अर्थात् हिंदू और मुसलमान दोनों, हमें इस तरह के आक्रामक विदेशी समझते हैं जिन्होंने उनका देश उनसे छीन लिया है और उनके लिए धन और मान प्राप्त करने के समस्त मार्ग बंद कर दिए हैं। यूरोपियन शिक्षा देने का नतीजा यह होता है कि भारतवासियों के विचार एक बिल्कुल दूसरी ही ओर मुड़ जाते हैं। पाश्चात्य शिक्षा पाए हुए युवक स्वाधीनता के लिए प्रयत्न करना बंद कर देते हैं... वे फिर हमें अपने शत्रु और राज्यापहारी नहीं समझते, बल्कि हमें अपने मित्र, अपने मददगार और बलवान और उपकारशील मनुष्य समझने लगते हैं...वे यह भी समझने लगते हैं कि भारतवासी अपने देश के पुनरुज्जीवन के लिए जो कुछ इच्छा भी कर सकते हैं वह धीरे-धीरे अंग्रेजों ही के संरक्षण में संभव हो सकती है। यदि राजक्रांति के पुराने देशी विचार कायम रहे तो संभव है, कभी न कभी एक दिन के अंदर हमारा अस्तित्व भारत से मिट जाए। वास्तव में जो लोग इस ढंग से भारत की उन्नति की आशा कर रहे हैं वे इस लक्ष्य को सामने रख कर हमारे विरुद्ध लगातार षड्यंत्र और योजनाएँ रचते रहते हैं। इसके विपरीत नई और उन्नत पद्धति के अनुसार विचार करने वाले भारतवासी यह समझते हैं कि उनका उद्देश्य बहुत धीरे-धीरे पूरा होगा और उन्हें अंतिम लक्ष्य तक पहुँचते-पहुँचते संभव है युग बीत जाएँ।

भारत की पराधीनता को चिरस्थायी करना

जाँच कमेटी के अध्यक्ष ने ट्रेवेलियन से और अधिक स्पष्ट शब्दों में पूछा कि आप की तजवीज का अंतिम लक्ष्य भारत और इंगलिस्तान के राजनैतिक संबंध को तोड़ना है या उसे सदा के लिए कायम रखना है? इस पर ट्रेवेलियन ने फिर उत्तर दिया–

> "...मुझे विश्वास है कि भारतवासियों को शिक्षा देने का अंतिम परिणाम यह होगा कि भारत और इंगलिस्तान का पृथक हो सकना दीर्घ और अनंतकाल के लिए टल जाएगा, ...यदि इसके विरुद्ध नीति का अनुसरण किया गया... तो नतीजा यह होगा कि किसी भी समय हम भारत से निकाले जा सकते हैं, और निस्संदेह बहुत जल्दी और बड़ी जिल्लत के साथ निकाल दिए जाएँगे।...

"मैं एक ऐसा रास्ता बता रहा हूँ जो हमारे राज के स्थायित्व के लिए सबसे अधिक हितकर होगा। अनेक वर्षों तक खूब अच्छी तरह सोच-समझ कर मैंने ये विचार कायम किए हैं। मुझे विश्वास है कि मैं इस विषय को पूरी तरह समझता हूँ।... मैं एक परिचित उदाहरण आपके सामने पेश करता हूँ। मैं बारह वर्ष भारत में रहा। इनमें से पहले छः वर्ष मैंने उत्तर भारत में गुजारे। मेरा मुख्य स्थान दिल्ली था। शेष छः वर्ष मैंने कलकत्ते में बिताए। जहाँ पर मैंने पहले छः वर्ष गुजारे वहाँ पर पुराने शुद्ध देशी विचारों का राज था, वहाँ पर लगातार युद्ध और युद्धों की ही अफवाहें सुनने में आती थीं। उत्तर भारत में भारतवासियों की देशभक्ति केवल एक ही रूप धारण करती थी, वे हमारे विरुद्ध साजिशें कर रहे थे, इसके बाद मैं कलकत्ते आया। वहाँ मैंने बिल्कुल दूसरी हालत देखी। वहाँ पर लोगों का लक्ष्य था—स्वतंत्र अखबार निकालना, म्युनिसिपैल्टियाँ कायम करना, अंग्रेजी शिक्षा फैलाना, अधिकाधिक हिंदोस्तानियों को सरकारी नौकरियाँ दिलवाना; और इसी तरह की और अनेक बातें।"

इस पर फिर लॉर्ड मॉटीगल ने ट्रेवेलियन से पूछा—

"अब अनुमान कीजिए कि इन दोनों में से एक मार्ग का अनुसरण किया जाए; पहला यह कि भारतवासियों को शिक्षा देने और नौकरियाँ देने का विचार छोड़ दिया जाए, और दूसरा यह कि उन्हें अधिक शिक्षा दी जाए और उचित एहतियात के साथ उन्हें अधिकाधिक नौकरियाँ दी जाएँ। आपकी राय में इन दोनों मार्गों में से किस मार्ग पर चलने से हिंदोस्तान और इंगलिस्तान का संबंध अधिक से अधिक काल तक कायम रह सकता है?"

ट्रेवेलियन ने उत्तर दिया—

"निस्संदेह शिक्षा को बढ़ाने और भारतवासियों को अधिकाधिक नौकरियाँ देने से; मुझे इस बात में किसी प्रकार का जरा-सा भी संदेह नहीं है।"

इंगलिस्तान के प्रभुत्व को कायम रखना

सर चार्ल्स ट्रेवेलियन या उस विचार के अंन्य अंग्रेज शासकों के बयानों से अधिक वाक्य उद्धृत करने की आवश्यकता नहीं है। निस्संदेह ठीक यही विचार बेंटिंक और मैकॉले जैसों के थे। भारत के अंदर वर्तमान अंग्रेजी शिक्षा के प्रचार का एकमात्र उद्देश्य राजनैतिक था और वह उद्देश्य यह था कि भारत के ऊपर इंगलिस्तान के राजनैतिक प्रभुत्व को अनंतकाल तक के लिए कायम रखा जाए।

एजूकेशन डिसपैच

सन् 1853 की तहकीकात के बाद कंपनी के डाइरेक्टरों ने 19 जुलाई, 1854 को

गवर्नर जनरल लॉर्ड डलहौजी के नाम वह प्रसिद्ध खरीता भेजा जो सन् 1854 के 'ऐजूकेशन डिसपैच' के नाम से प्रसिद्ध है, और जिसे 'वुड्स डिसपैच' भी कहते हैं, क्योंकि सर चार्ल्स वुड उस समय कंपनी के 'बोर्ड ऑफ कंट्रोल' का प्रेसीडेंट था। बोर्ड ऑफ कंट्रोल के प्रेसीडेंट का पद आजकल के भारत के मंत्री के पद के समान था।

भारत को इंगलिस्तान की मंडी बनाना

इस पत्र में डाइरेक्टरों ने अपनी भारत हितैषिता की काफी डींग हाँकी है, किंतु पत्र में यह भी लिखा है कि शिक्षा की इस नई योजना का उद्देश्य "शासन के हर महकमे के लिए आपको विश्वसनीय और होशियार नौकर दिलवाना है" और इसका एक उद्देश्य इस बात को "पक्का कर लेना है कि इंगलिस्तान के उद्योग-धंधों के लिए जिन अनेक पदार्थों की आवश्यकता होती है और जिनकी इंगलिस्तान की हर श्रेणी के लोगों में खूब खपत होती है वे सब पदार्थ अधिक परिमाण में और अधिक निश्चिंतता के साथ सदा इंगलिस्तान पहुँचते रहें, और इसके साथ ही इंगलिस्तान के बने हुए माल के लिए भारत में अनंत माँग बनी रहे।"

सौ वर्ष का अनुभव

सन् 1755 से लेकर 1857 तक करीब 100 वर्ष के अनुभव और परामर्श के बाद इंगलिस्तान के नीतिज्ञों को इस बात का विश्वास हुआ कि थोड़े से भारतवासियों को अंग्रेजी शिक्षा देना इस देश में अंग्रेजी साम्राज्य को कायम रखने के लिए आवश्यक है। किंतु इस तरह भी ये लोग इतने बड़े प्रयोग के लिए एकाएक साहस न कर सके। ट्रेवेलियन ने अपने पत्र और बयान दोनों में उन्हें साफ आगाह कर दिया था कि अशिक्षित या अंग्रेजी शिक्षा से वंचित भारतवासियों के दिलों में अपनी पराधीनता के विरुद्ध गहरा असंतोष भीतर ही भीतर भड़कता रहता था, जिसका विदेशी शासकों को पता तक नहीं चल सकता था। यह स्थिति अंग्रेजों के लिए बेहद खतरनाक थी। ट्रेवेलियन के बयान में दिल्ली और उत्तर भारत के अंदर सन् 1857 से दस वर्ष पूर्व से क्रांति की गुप्त तैयारियों और संभावनाओं की ओर साफ संकेत मिलता है। ट्रेवेलियन की आशंकाएँ बहुत शीघ्र सच्ची साबित हुईं। सन् 1857 की क्रांति ने एक बार इस देश के अंदर ब्रिटिश साम्राज्य की जड़ों को बुरी तरह हिला दिया।

सरकारी विश्वविद्यालय

अंग्रेज शासकों को अब ट्रेवेलियन, मैकॉले जैसों की नीतिज्ञता और दूरदर्शिता में कोई संदेह न रहा। उनका बताया हुआ उपाय ही इस देश में अंग्रेजी राज को चिरस्थायी करने का एकमात्र उपाय था। लॉर्ड कैनिंग उस समय भारत का गवर्नर जनरल था।

ठीक सन् 1857 में कलकत्ते, बंबई और मद्रास के अंदर सरकारी विश्वविद्यालय कायम करने के लिए कानून पास किया गया। सन् 1859 में इंगलिस्तान के प्रधान मंत्री ने सन् 1854 के पत्र को फिर से दोहरा कर पक्का किया।

सन् 1854 का यह मशहूर खरीता ही भारत की आजकल की अंग्रेजी शिक्षा प्रणाली और अंग्रेज शासकों की शिक्षा नीति दोनों का उद्गम स्थान है। ब्रिटिश सरकार का वर्तमान शिक्षा विभाग इसी पत्र का नतीजा है।

शिक्षित भारतवासियों का चरित्र

दिल्ली कॉलेज के शुरू के विद्यार्थी, सर चार्ल्स ट्रेवेलियन के पटु शिष्य और प्रथम अफगान युद्ध में अंग्रेजों के परम सहायक, पंडित मोहनलाल से लेकर आज तक के अधिकांश अंग्रेजी शिक्षा पाए हुए भारतवासियों के जीवन, उनके रहन-सहन और उनके चरित्र से स्पष्ट है कि लॉर्ड मैकॉले और सर चार्ल्स ट्रेवेलियन जैसों की नीति कितनी दूरदर्शिता की थी। नतीजा यह कि करीब डेढ़ सौ वर्ष पूर्व तक जो देश संसार के शिक्षित देशों की अग्रतम श्रेणी में गिना जाता था, वह डेढ़ सौ वर्ष के विदेशी शासन के बाद अब संसार के सभ्य कहलाने वाले देशों में, शिक्षा की दृष्टि से, सबसे अधिक पिछड़ा हुआ है। जिस देश में प्रायः प्रत्येक मनुष्य लिखना-पढ़ना और हिसाब करना जानता था, वहाँ अब करीब 94 प्रतिशत अशिक्षित हैं और थोड़े-से अंग्रेजी शिक्षा पाए हुए लोग अपने शेष देशवासियों के सुख-दुःख की ओर से उदासीन, सच्ची राष्ट्रीयता के भावों से कोसों दूर, विदेशी सत्ता के निर्लज्ज पृष्ठपोषक बने हुए हैं।

अंग्रेजों की भेदनीति

सन् 1813 में सर जॉन मैलकम ने, जो उन विशेष अनुभवी नीतिज्ञों में से था, जिन्होंने 19वीं शताब्दी के प्रारंभ में भारत के अंदर अंग्रेजी साम्राज्य को विस्तार दिया, पार्लियामेंट की तहकीकाती कमेटी के सामने गवाही देते हुए कहा था–

> "इस समय हमारा साम्राज्य इतनी दूर तक फैला हुआ है कि जो असाधारण ढंग की हुकूमत हमने उस देश में कायम की है उसके बने रहने के लिए केवल एक बात का हमें सहारा है, वह यह कि जो बड़ी-बड़ी जातियाँ इस समय अंग्रेज सरकार के अधीन हैं वे सब एक-दूसरे से अलग-अलग हैं, और जातियों में भी फिर अनेक जातियाँ और उपजातियाँ हैं; जब तक ये लोग इस तरह एक दूसरे से बँटे रहेंगे, तब तक इस बात का डर नहीं है कि कोई भी बलवा हमारी सत्ता को हिला सके।"

इसके कुछ साल बाद एक अंग्रेज अफसर ने लिखा था–

"हमारे राजनैतिक, मुल्की और फौजी तीनों तरह के भारतीय शासन का उसूल, 'फूट फैलाओ और शासन करो' होना चाहिए।"

"...अभी तक हमने सांप्रदायिक और धार्मिक पक्षपात के द्वारा ही मुल्क को वश में रखा है–हिंदुओं के खिलाफ मुसलमानों को और इसी तरह अन्य जातियों को एक-दूसरे के खिलाफ।"

विप्लव के बाद कर्नल जॉन कोक ने, जो इस समय मुरादाबाद की पलटनों का कमांडर था, लिखा कि–

"हमारी कोशिश यह होनी चाहिए कि भिन्न-भिन्न धर्मों और जातियों के लोगों में हमारे सौभाग्य से जो अनैक्य मौजूद है उसे पूरे जोरों में कायम रखा जाए, हमें उन्हें मिलाने की कोशिश नहीं करनी चाहिए। भारत सरकार का उसूल यही होना चाहिए–'फूट फैलाओ और शासन करो।'

14 मई सन् 1859 को बंबई के गवर्नर लॉर्ड एलफिन्सटन ने अपने एक सरकारी पत्र में लिखा कि–

"पुराने रोम के शासकों का उसूल था–'फूट फैलाओ और शासन करो', और यही हमारा उसूल होना चाहिए।"

हमें इस तरह के और वाक्य देने की जरूरत नहीं है। वास्तव में किसी देश के अंदर विदेशी शासन को चिरस्थायी रखने का सबसे जबरदस्त उपाय यही हो सकता है।

जिस तरह एक मजहब और दूसरे मजहब के लोगों में फूट डालने का प्रश्न है, उसी तरह एक प्रांत और दूसरे प्रांत के लोगों में। विप्लव के बाद एक तजवीज यह की गई थी कि भारतीय सरकार के अधिकारों को कुछ कम कर दिया जाए और विविध प्रांतीय सरकारों को अपने अपने यहाँ के शासन में अधिक स्वतंत्रता दे दी जाए। इस तजवीज का नाम उसके असली लक्ष्य को छिपाने के लिए 'प्रांतीय स्वाधीनता (Provincial autonomy), रखा गया। मेजर जी. विनगेट ने 13 जुलाई, 1858 को पार्लियामेंट की सिलेक्ट कमेटी के सामने इस तजबीज की गरज को इस तरह बयान किया था–

प्रश्न–आप कहते हैं कि एक केंद्रीय सरकार से कई तरह के खतरे हैं और आप कहते हैं कि इससे तमाम देशवासियों में एक समान भाव पैदा होंगे और उनके एक समान लक्ष्य होंगे जो हमारे लिए खतरनाक हो सकते हैं?

उत्तर–हाँ! मैं समझता हूँ कि यदि कोई एक ऐसी बात हुई कि जिसमें तमाम भारतवासी दिलचस्पी लेने लगे तो उससे विदेशी शासन को अधिक हानि पहुँचने की संभावना है, बनिस्बत किसी भी ऐसी बात के कि जिसका आंदोलन भारत के केवल एक भाग तक परिमित हो। यदि किसी प्रश्न पर सारे भारतीय साम्राज्य

भर में आंदोलन होने लगा तो निस्संदेह किसी ऐसे प्रश्न की अपेक्षा, जिसका संबंध केवल एक प्रांत के लोगों से हो, विदेशी सत्ता के लिए यह कहीं अधिक खतरनाक होगा।

इस 'प्रांतीय स्वाधीनता' का असली लक्ष्य यही था कि विविध प्रांतों के लोगों में परस्पर प्रेम और राष्ट्रीयता यानी भारतीयता के भाव पैदा होने न पाएँ।

—1929, भारत में अंगरेजी राज

प्रेमचंद

1880-1936

बीसवीं सदी की भारतीय पीड़ा, त्रासदी और संघर्ष के महान साहित्यिक प्रवक्ता। हिंदी और उर्दू दोनों में कथा साहित्य की रचना। शुरुआत उर्दू में लिखने से। बाल-विधवा से विवाह। 1908 में 'सोजेवतन' का प्रकाशन, यह राष्ट्रभक्ति के स्वर के कारण सरकार द्वारा जब्त। 1921 में सरकारी नौकरी से इस्तीफा। अलवर नरेश का निमंत्रण अस्वीकार। 'माधुरी' और 'हंस' का संपादन। लखनऊ में प्रगतिशील लेखक संघ के पहले अधिवेशन (1936) की अध्यक्षता। 300 से अधिक कहानियाँ, विभिन्न विषयों पर टिप्पणियों के अलावा महत्त्वपूर्ण उपन्यास 'सेवासदन', 'प्रेमाश्रम', 'रंगभूमि', 'गबन', 'कर्मभूमि' और 'गोदान'। 'कफन' कहानी की विश्वव्यापी ख्याति।

मनुष्यता का अकाल

हिंदू-मुस्लिम एकता के बारे में इस वक्त मुसलमान कौम के बड़े लोगों के बार-बार की उत्तेजना के बावजूद जो अच्छी रविश अख़्तियार की है, और जिस सूझ-बूझ और दूरंदेशी का सबूत दिया है उस पर हिंदुओं को शर्मिंदा होना चाहिए। अब तक उनका यह दावा था कि स्वराज्य के लिए हम जितनी कुर्बानियाँ कर सकते हैं, उतनी मुस्लिम संप्रदाय नहीं करता। वह हिंदुस्तान में रहकर, हिंदुस्तान का दाना-पानी खाकर अरब और अजम के सपने देखा करता है। उसे स्वराज्य की उतनी फिक्र नहीं है जितनी पैन-इस्लाम की। एक बार जब मौलाना शौकत अली ने किसी ख़िलाफ़त के जलसे में कहा था कि अगर मुसलमान को किसी क़ौमी काम के लिए एक रुपया देना मंजूर हो तो वह चौदह आने ख़िलाफ़त को दे और दो आने कांग्रेस को, इस कौल को हिंदू अखबारों ने बड़े निष्ठुर ढंग से बहुत ज्यादा महत्त्व दिया और उसे अपनी बात को प्रमाण के रूप में पेश किया।

इस कौल का तक़ाज़ा तो यह था कि हिंदू महाशय अपने दिल में लज्जित

होते कि एक मुसलमान को जो अपना सब कुछ भारतमाता की नजर कर चुका हो, इस तरह दोनों में भेद करने की जरूरत पड़ी, क्योंकि जाहिर है कि अगर हिंदुओं ने ख़िलाफ़त के मसले को महात्मा गाँधी की व्यापक दृष्टि से देखा होता तो मौलाना साहब को यह बात कहने का कोई मौका ही न था। मगर सच्चाई यह है कि हिंदुओं ने कभी ख़िलाफ़त के महत्त्व को ही नहीं समझा और न समझने की कोशिश की, बल्कि उसको संदेह की दृष्टि से देखते रहे। मगर अब जिसे न्याय की दृष्टि मिली हुई हो, वह चाहे तो देख सकता है कि वही व्यक्ति हिंदू-मुस्लिम एकता को, जो दूसरे शब्दों में स्वराज्य है, कितना महत्त्वपूर्ण समझता है और उसके लिए कितनी बड़ी कुर्बानियाँ करने के लिए तैयार है। हिंदू क़ौम कभी अपनी राजनीतिक उदारता के लिए मशहूर नहीं रही और इस मौके पर तो उसने जितनी संकीर्णता का परिचय दिया है, उससे मजबूरन इस नतीजे पर पहुँचना पड़ता है कि इस क़ौम का राजनीतिक दीवाला हो गया वर्ना कोई वजह न थी कि सारी हिंदू क़ौम सामूहिक रूप से कुछ थोड़े से उन्मादग्रस्त· तथाकथित देशभक्तों की प्रेरणा से इस तरह पागल हो जाती।

हम कहते हैं कि अगर हिंदुओं में एक भी किचलू, मुहम्मद अली या शौकत अली होता तो हिंदू-संगठन और शुद्धि की इतनी गर्मबाज़ारी न होती और इन हंगामों में काफी कमी हो जाती जो इस वैमनस्य के कारण दिखाई पड़ते हैं। मगर अफ़सोस के साथ कहना पड़ता है कि कांग्रेस ने भी समग्र रूप से इन आंदोलनों से अलग-अलग रहने के बावजूद व्यक्तिगत रूप से उसमें शामिल होने में कुछ भी उठा नहीं रखा। इतना ही नहीं, एक भी जिम्मेदार कांग्रेस नेता ने ऐलान करके इन आंदोलनों के ख़िलाफ आवाज बुलंद करने का साहस नहीं किया। पं. मोतीलाल नेहरू, पं. जवाहरलाल नेहरू, लाला भगवानदास, लाला श्रीप्रकाश इन आदमियों में, जिनसे ज्यादा नैतिक साहस से काम लेने की आशा की जा सकती थी, मगर इन सभी लोगों ने एक रोज़ अपने विरोध और अपनी आशंका को व्यक्त करके दूसरे रोज उसका खंडन कर दिया और डंके की चोट पर यह कहा कि शुद्धि और संगठन के बारे में हमने जो ख़याल जाहिर किया था वह गलतफहमियों पर आधारित था। जब ऐसे-ऐसे लोग दबाव में आ जाएँ तो फिर इंसाफ़ की उम्मीद किससे की जाए। अगर मौलाना मुहम्मद अली और शौकत अली की तरह इन सज्जनों ने भी अपनी क़ौम को इन आंदोलनों के हानिकर और सांघातिक परिणाम बतलाए होते और उसके ख़िलाफ़ बाकायदा व्यवस्थित ढंग से प्रयत्न करते तो यकीनन आज हिंदू-मुस्लिम संबंध इतने खिंचे हुए न होते। मगर जो राजनीतिक दूरदर्शिता सदियों से खत्म हो चुकी हो, उससे और क्या हो सकता है। एक स्त्री ने सारे यूरोप को दाँतों तले उँगली दबाने पर मजबूर कर दिया। हिंदुओं में ऐसे व्यक्ति पैदा करने के लिए अभी सदियाँ लगेंगी।

आज कौन-कौन हिंदू है जो हिंदू-मुस्लिम एकता के लिए जी-जान से काम कर रहा हो, जो उसे हिंदोस्तान की सबसे महत्त्वपूर्ण समस्या समझता हो, जो स्वराज्य

के लिए एकता को बुनियादी शर्त समझता हो। क़ौम का यह दर्द, यह टीस, यह तड़प आज हिंदुओं में कहीं दिखाई नहीं देती। दस-पाँच हजार मलकानों को शुद्ध करके लोग फूले नहीं समाते, मानो अपने लक्ष्य पर पहुँच गए, अब स्वराज्य हासिल हो गया! हमें याद नहीं आता कि आज तक किसी हिंदू ने वैसे पवित्र, ऊँचे, दैवी प्रेरणा के भाव व्यक्त किए हों जो इस रामलखन की जोड़ी ने जेल से निकलते ही रो-रो कर भीगी हुई आँखों से निकलती हुई दर्द की एक आवाज की तरह व्यक्त किए हैं। यह है वह राष्ट्रीय भावना जो राष्ट्रों के बेड़े पार करती है, उनकी नैया किनारे लगाती है। यह क़ौमी मेल-जोल और एक-दूसरे के प्रति सहिष्णुता का चमत्कार है। हमारे पास वह शब्द नहीं है जो इस कृतज्ञता को ज्ञापित कर सके, जो हर एक देशभक्त हिंदू के दिल में इन आदरणीय व्यक्तियों के लिए उबल रहा है।

हमको यह मानने में कोई संकोच नहीं है कि इन दोनों संप्रदायों में कशमकश और संदेह और घृणा की जड़ें इतिहास में हैं। मुसलमान विजेता थे, हिंदू विजित। मुसलमानों की तरफ से हिंदुओं पर अकसर ज्यादतियाँ हुईं और यद्यपि हिंदुओं ने मौका हाथ आ जाने पर उनका जवाब देने में कोई कसर नहीं रखी, लेकिन कुल मिलाकर यह कहना ही होगा कि मुसलमान बादशाहों ने सख़्त से सख़्त ज़ुल्म किए। हम यह भी मानते हैं कि मौजूदा हालात में अज़ान और कुर्बानी के मौक़ों पर मुसलमानों की तरफ से ज्यादतियाँ होती हैं और दंगों में जो अकसर मुसलमानों ही का पलड़ा भारी रहता है। ज्यादातर मुसलमान अब भी 'मेरे दादा सुल्तान थे' नारे लगाता है और हिंदुओं पर हावी रहने की कोशिश करता रहता है। तबलीग के मामले में ज्यादती मुसलमानों ने की और हिंदुओं की रोज़-ब-रोज़ घटती हुई संख्या के कारण भी किसी हद तक वही हैं। मगर इन सारे कारणों और दलीलों और घटनाओं को नजर के सामने रखते हुए हम यह कहना चाहते हैं कि हिंदुओं को इससे कहीं ज्यादा राजनीतिक सहिष्णुता से काम लेने की जरूरत है। इतिहास से उत्तराधिकार में मिली हुई अदावतें मुश्किल से मरती हैं, लेकिन मरती हैं, अमर नहीं होतीं। दुनिया के इतिहास में इसकी मिसालें न मिलती हों, ऐसी बात नहीं है और अगर न भी मिलती हों तो कोई वजह नहीं कि हम इसे तावीज़ की तरह अपने गले में लटकाए रहें।

हिंदुओं के त्योहारों और ज़ुलूसों के मौके पर अक्सर मुसलमानों की तरफ से यह तक़ाज़ा होता है कि मस्जिदों के सामने नमाज़ के मौक़े पर बाजा और शादियाने न बजाए जाएँ। यह बहुत ही स्वाभाविक माँग है। शोरगुल से निश्चय ही उपासना में विघ्न पड़ता है और अगर मुसलमान इस शोरगुल को बंद करने पर जोर देते हैं तो हिंदुओं को चाहिए कि वह उनकी दिलजोई करें। यह तो हिंदुओं का उनके आग्रह के बिना भी, भगवान के प्रति सम्मान की दृष्टि से ही कर्तव्य है, न कि जब कोई उन्हें उनका कर्तव्य याद दिलाए तो उससे लड़ने के लिए तैयार हो जाएँ। हिंदू कहेंगे कि हमारे मंदिरों के सामने से मुसलमानों के जुलूस भी बाजे बजाते न निकलें। ऊपरी

दृष्टि से तो यह बात बिल्कुल न्याय की मालूम होती है लेकिन व्यवहार में इसका यह परिणाम होना संभव है कि शहरों में बाजे कतई बंद कर दिए जाएँ क्योंकि मंदिरों की संख्या इतनी अधिक है कि किन्हीं-किन्हीं शहरों में तो हर एक घर के बाद मंदिर दिखाई पड़ता है। फिर हिंदुओं की संध्या-हवन तो एकांत में होती है, लेकिन देवताओं की पूजा अकसर घंटे और घड़ियाल के साथ हुआ करती है। तो जब वह उपासना के लिए स्वयं भी मौन आवश्यक नहीं समझते तो किस मुँह से इस चीज की माँग कर सकते हैं। तो भी हम यह कह देना उचित समझते हैं कि जब उपासना एक ही परमात्मा की है और केवल उसके बाह्य रूप में भेद है तो हिंदू लोग क्यों इसकी राह देखें कि जब मुसलमान हमारे धर्म का आदर करेंगे तो हम भी उनके धर्म का आदर करेंगे। अगर धर्म का आदर करना अच्छा है तो हर हालत में अच्छा है। इसके लिए किसी शर्त की जरूरत नहीं। अच्छा काम करने वाले को सब अच्छा कहते हैं। दुनिया के मामलों में दबने से आबरू में बट्टा लगता है, दीन-धर्म के मामले में दबने से नहीं। हम यह कल्पना नहीं कर सकते कि हम किसी के धर्म का आदर करें और वह हमारे धर्म का अपमान करे। थोड़ी देर के लिए यह भी सुन लें। अगर मुसलमानों का आम गैर-जिम्मेदार तबका हमारे बाजों को मस्जिदों के सामने बंद होते देखकर तालियाँ बजाएगा और बड़ी शान के साथ कहेगा 'दब गए, दब गए' तो इतना सुन लेने में क्या बुराई है। निश्चय ही मुस्लिम लीडरान इस हालत को ज्यादा अर्से तक कायम न रहने देंगे। यह किसी मज़हब के लिए शान की बात नहीं है कि वह दूसरों की धार्मिक भावना को ठेस पहुँचाए।

गौकशी के मामले में हिंदुओं ने शुरू से अब तक एक अन्यायपूर्ण ढंग अख्तियार किया है। हमको अधिकार है कि जिस जानवर को चाहें पवित्र समझें लेकिन यह उम्मीद रखना कि दूसरे धर्म को माननेवाले भी उसे वैसा ही पवित्र समझें, खामख़ाह दूसरों से सर टकराना है। गाय सारी दुनिया में खाई जाती है, इसके लिए क्या आप सारी दुनिया को गर्दन मार देने के क़ाबिल समझेंगे? यह किसी खूँखार मज़हब के लिए भी शान की बात नहीं हो सकती कि वह सारी दुनिया से दुश्मऩी करना सिखाए, न कि हिंदू जैसे दार्शनिक, व्यापक और सुंसस्कृत के लिए जिसका सबसे पवित्र सिद्धांत हो 'अहिंसा परमोधर्मः'। अगर हिंदुओं को अभी यह जानना बाकी है कि इंसान किसी हैवान से कहीं ज्यादा पवित्र प्राणी है, चाहे वह गोपाल की गाय हो या ईसा का गधा, तो उन्होंने अभी सभ्यता की वर्णमाला भी नहीं समझी। हिंदुस्तान जैसे कृषि-प्रधान देश के लिए गाय का होना एक वरदान है, मगर आर्थिक दृष्टि के अलावा उसका और कोई महत्त्व नहीं है। लेकिन गो-रक्षा का सारे हो-हल्ले के बावजूद हिंदुओं ने गो-रक्षा का ऐसा कोई सामूहिक प्रयत्न नहीं किया जिससे उनके दावे का व्यावहारिक प्रमाण मिल सकता। गौर-क्षिणी सभाएँ कायम करके धार्मिक झगड़े पैदा करना गो-रक्षा नहीं है। इस सूबे में अधिकांश जमींदार हिंदू हैं। उन्होंने गोचर जमीन का कोई इंतज़ाम

किया या जहाँ पहले से इंतज़ाम था वहाँ उसे खत्म नहीं कर दिया? जिस मुल्क में तम्बाकू और चाय और नील और रबर की खेती के लिए काफ़ी जमीन हो वहाँ मौज़ों में गोचर का न होना आर्थिक खींच-तान की दलील हो सकती है, गो-रक्षा की दलील हरगिज नहीं हो सकती। जब हम देखते हैं कि बैलों के लिए चारा मयस्सर नहीं तो गायों के लिए (वह भी जब बुड्ढी, मरियल, कमजोर हो जाएँ) चारा इकट्ठा करने की दिक्कत का हाल किसी किसान से पूछिए। वह गायों को भूख से एड़ियाँ रगड़-रगड़कर मरने के बदले उन्हें कसाई के हवाले कर देना ज्यादा अच्छा समझता है।

रहा तबलीग़ का मसला। इमसें दो राय नहीं हो सकती, क्योंकि हर मज़हब को इसका काफ़ी अख्तियार है बशर्ते कि उद्देश्य सच्चे अर्थों में धर्म का संस्कार और सिद्धांतों का प्रचार हो। जब उसमें कोई राजनीतिक उद्देश्य छिपा होता है तो वह फ़ौरन एक सियासी मामले की सूरत अख़्तियार कर लेता है। दुर्भाग्य से वर्तमान समय में धर्म विश्वासों के संस्कार का साधन नहीं, राजनीतिक स्वार्थ सिद्धि का साधन बना लिया गया है। उसकी हैसियत पागलपन की-सी हो गई है जिसका उसूल है कि सब कुछ अपने लिए और दूसरों के लिए कुछ नहीं। जिस दिन यह आपस की होड़ और दूसरे से आगे बढ़ जाने का ख़याल धर्म से दूर हो जाएगा, उस दिन धर्म-परिवर्तन पर किसी के कान न खड़े होंगे।

ग़रज कि जिन कारणों का ऊपर जिक्र हुआ उनमें एक भी ऐसा नहीं है जो हिंदुओं के लिए 'हमारी जान खतरे में है' की हाँक लगाने को उचित ठहरा सके। इस खास मौके पर हिंदू संगठन की पुकार ने हिंदू-मुस्लिम एकता को जो ठेस पहुँचाई है, उसका बुरा असर अगर दूर भी होगा तो बहुत दिनों में होगा। हिंदू और मुसलमान न कभी दूध और चीनी थे, न होंगे और न होने चाहिए। दोनों की अलग-अलग सूरतें बनी रहनी चाहिए और बनी रहेंगी। जरूरत सिर्फ इस बात की है कि उनके नेताओं में परस्पर सहिष्णुता और उत्सर्ग की भावना हो। आमतौर पर हमारे नेता वह सज्जन होते हैं जो अपने संप्रदाय की मुसीबतों और शिकायतों का हमेशा बहुत सरगर्मी से रोना रोया करते हैं। वह अपने संप्रदाय के लोगों की दृष्टि में लोकप्रिय बनने के लिए उसकी भावनाओं को उकसाते रहते हैं और समझौते के मुकाबिले में, जो उनके उस विलाप को बंद कर देगा, झगड़े को कायम रखना ज्यादा जरूरी समझते हैं। हिंदुओं में इस वक्त सहिष्णु नेताओं का अकाल है। हमारा नेता वह होना चाहिए जो गंभीरता से समस्याओं पर विचार करे। मगर होता यह है कि उसकी जगह शोर मचाने वालों के हिस्से में आ जाती है जो अपनी जोरदार आवाज से जनता की गंदी भावनाओं को उभाड़ कर उन पर अपना अधिकार जमा लिया करते हैं। वह कौम को दरगुजर करना नहीं सिखाता, लड़ना सिखाता है, उसका फायदा इसी में है। कोई आदमी ऐसी उल्टी बुद्धि का नहीं हो सकता कि उसे इस नाजुक मौके पर दोनों संप्रदायों की आपसी खींच-तान के नतीजे न दिखाई दें और अगर है तो

हमें उसकी नीयत में संदेह है। इस संदेह की पुष्टि इस कारण से और भी होती है कि इस आंदोलन के शुरू करने वाले और कार्यकर्त्ता अधिकतर वह लोग हैं जो राजनीतिक मामलों में हिस्सा लेने से कावा काटते रहते हैं या उसमें हिस्सा लेते भी हैं तो आबरू बचाए हुए। वर्ना हिंदू संगठन के बनारस में आयोजित जलसे में जमींदारों और राजाओं की इतनी बड़ी संख्या न दिखाई देती। जिधर देखिए राजे-महराजे और सेठ-महाजन ही नजर आते थे। उनके पीछे चलने वालों में अधिकतर वह लोग थे जिनका पुश्तैनी पेशा गुलामी है, जिन्हें शुरू से यह शिकायत है कि मुसलमान सरकारी नौकरियाँ हड़प कर जाते हैं और हमारा हाल पूछने वाला कोई नहीं है, जिनके लिए एक मुसलमान सब-इंस्पेक्टर या कुर्क अमीन की नियुक्ति चीन के इंकलाब या तुर्की की फ़तेह से ज्यादा बड़ी घटना है।

हमारे रईसों ने जन-आंदोलनों की तरफ अब तक जो रवैया अख़्तियार किया है उसने उन्हें एक नापने का आला बना दिया है जिससे हुक्काम के हथकंडों का साफ-साफ पता चलता है। हिंदू-मुस्लिम एकता हुक्काम की नजरों में काँटे की तरह खटकती थी इसलिए जब धनी-मानी लोग किसी ऐसे आंदोलन का उत्साह से स्वागत करें जिससे एकता को नुकसान पहुँचने का यकीन हो तो जाहिर है कि उनका उसमें शरीक होना उनके अपने मन की बात नहीं, बल्कि किसी की प्रेरणा से होने वाली बात है। वर्ना जिन लोगों ने सख़्त कानून पास करने में गवर्नमेंट का साथ दिया वह हिंदू संगठन के जलसे में इस जोर-शोर से हरगिज़ शरीक न होते। मगर यहाँ तो यकीन था कि हमारी कोशिशें ऊपर वालों की दुनिया में कद्र की निगाहों से देखी जा रही हैं। तो फिर क्यों न हाथों से पुण्य लूटें, क़ौम रहे या मिटे, इसकी क्या फ़िक्र। यह एक सच्ची बात है कि हुक्काम ने भी हिंदू संगठन के आंदोलन से हमदर्दी दिखलाई। इसलिए रईसों का उसमें जोर-शोर से बड़ी संख्या में शरीक होना जरूरी था। उनके योगदान पर खुशी जाहिर करना घटनाओं से अपनी नादानी जाहिर करना है।

इन धार्मिक आवेशों को भड़काने का इल्ज़ाम सबसे ज्यादा कौंसिलों की माँग करने वालों की गर्दनों पर है। चाहे वह हिंदू हों या मुसलमान। कांग्रेस ने लिबरल नेताओं का पर्दाफाश कर दिया था। रईस और ताल्लुकेदार भी जनता की नजरों से गिर चुके थे। वह हज़रात जिन्होंने देशभक्ति के अपने तमाम दावों के बावजूद वकालत या सरकारी नौकरी न छोड़ी थी, पब्लिक की निगाहों में अपनी प्रतिष्ठा खो बैठे थे। इस बहुसंख्यक ज़मात के लिए अपनी खोई हुई आबरू हासिल करने का, अपनी साख जमाने का, अपनी क़ौमपरस्ती का सबूत देने का, और ऐसे मौके पर जब कौंसिलों का चुनाव पास था, इससे बेहतर और कौन मौका हाथ आ सकता था? 'हिंदू क़ौम खतरे में है' का नारा मारकर वह लोग हिंदुओं के हितैषी बनना चाहते थे। मुस्लिम ज़मात में भी उनकी तादाद कम न थी। धार्मिक पक्षपातों को भड़काना शुरू किया गया। राय साहब और खान साहब अपने गुप्त स्थानों से निकल पड़े और जनता

की दोस्ती का दम भरने लगे। एक तरफ से आवाज़ आई, हिंदुओं को ख़िलाफ़त के आंदोलन से सावधान रहना चाहिए क्योंकि यह उनकी हस्ती को मिटा देगा। दूसरी तरफ़ नारए तकबीर बुलंद हुआ, हिंदू हम पर हावी होते जा रहे हैं, स्वराज्य से दूर रहना हमारा कर्तव्य है। कहीं किसी म्यूनिसिपैलिटी ने क़ानूनन् गौ कुशी बंद की। बावेला मच गया। शोर मचाने वालों की कमी न थी। जेल जाना था, तब शांतिपूर्वक अपने-अपने कोनों में दुबके बैठे थे। अब जेल का डर नहीं, इज़्ज़त बढ़ने की उम्मीद थी। फिर क्यों चुप रहें। सवाल-जवाब शुरू हुआ। रोज़-ब-रोज़ लहज़ा सख़्त होता गया। इधर 'लीडर' था तो उधर ढेरों उर्दू अख़बार ऐंग्लो-इंडियन अफसरों के निर्देशानुसार मैदान में आ खड़े हुए। युद्ध की घोषणा हो गई। ज़ो इस हंगामे को ठंडा कर सकते थे वह जेल में थे। उनकी जगह लिबरल हज़रत ने ली। नतीजा जो कुछ हुआ, जाहिर है। वह क़ौम के दोस्त साबित हो गए। सरकार से भी वाहवाही मिली। फूट का बीज बोया गया; कांग्रेस की जड़ खोदने के लिए। उसकी प्रतिष्ठा मिट्टी में मिलाने के लिए। उसे पब्लिक की नजरों में जलील करने के लिए। और चूँकि कांग्रेस का एक हिस्सा खुद ही लिबरल सज्जनों के से स्वार्थ वाला था, उसने भी इस चिनगारी को भड़काया कि कहीं हम अपना भरम न खो बैठें। कांग्रेस के लीडरों ने भी अपराधियों जैसे मौन से काम लिया। यह है उस खींचतान का भेद जो इस वक्त क़ौम का सबसे नाज़ुक मसला बना हुआ है। यह सारी आग लगाने की कोशिशें या तो महज कौंसिलों में वोट हासिल करने के लिए की गई या सरकार को खुश करने के लिए। बस। लेकिन इसका असर लक्ष्य-सिद्धि के बाद बरसों तक कायम रहेगा। सितम यह है कि अब भी हिंदू क़ौम के अलमबरदार एकता के महत्त्व को समझने में असमर्थ हैं। चुनांचे कौंसिलों में जाने वालों की कमी नहीं है, हिंदू संगठन को ताकत पहुँचाने वालों की कमी नहीं है, ऐतिहासिक विद्वेषों के मुर्दे उखाड़ने वालों की कमी नहीं है—कमी है तो एकता के लिए अपने को समर्पित कर देने वालों की, एकता के लिए मिट जाने वालों की। मुसलमानों में अली बरादरान, मौलाना अबुलकलाम आजाद, डॉक्टर किचलू एकता के लिए अपने को समर्पित कर चुके हैं। हिंदुओं में यह कतार खाली है। कितने शर्म की बात है कि जिस एकता को महात्मा गाँधी ने स्वराज्य की पहली सीढ़ी करार दिया हो उसके लिए एक प्रभावशाली हिंदू बुजुर्ग पूरी तरह तैयार नहीं हैं। अगर यही रफ्तार है तो स्वराज्य मिल चुका, और अगर हलवाई की दूकान पर दादे का फ़ातिहा पढ़ा जाना मुमकिन हो तो हमें स्वराज्य के नाम पर फ़ातिहा पढ़ लेना चाहिए।

—1924

नवीन और प्राचीन

पूर्व और पश्चिम की प्राचीन संस्कृति में विशेष अंतर न था। हाँ चूँकि नई संस्कृति का बड़ा भाग पश्चिम से आया है, इसलिए उसे पश्चिमी की उपाधि मिल गई है। पश्चिमी संस्कृति ने हमें बहुत दिनों तक चकाचौंध में डाले रखा। उसकी चटक-मटक देखकर हम ऐसे मतवाले हुए कि जो कुछ सुंदर और सरल भी हमारे यहाँ था, वह भी हमारी नज़रों से गिरा गया। वक्त की पाबंदी ही लीजिए! हमारे यहाँ पुरानी सभ्यता यह थी कि कोई परिचित या मित्र जिस वक्त चाहे हमारे पास बे-रोक-टोक आ सकता था। हम उससे बातें करके खुश होते थे। उस वक्त हमें यह विचार कभी न सताता था कि इस मनुष्य के आ जाने से हमारा समय नष्ट हो रहा है। एक मित्र की दिलजोई हमारी निगाह में रुपए से कहीं ज्यादा मूल्यवान थी। लेकिन अब हम हरेक चीज़ को रुपए के काँटों पर तौलते हैं, इसलिए किसी ऐसे आदमी का आना, जिससे हमारा कोई स्वार्थ न सिद्ध होता हो, हमें जहर-सा लगता है। एक आदमी आपको अपना हितैषी समझकर अपना दुःख रोने, या केवल विनोद के लिए आपके पास आता है और आप उसके पास एक मिनट बैठना भी भार समझते हैं! क्योंकि अब समय का मूल्य रुपए से आँका जाता है। मनुष्यता, सहानुभूति, दिलजोई किसी से प्रयोजन नहीं है। बस जो कुछ है रुपया है! अब हमारे बड़े आदमियों के द्वार पर भी भीतर और बाहर का लेबल लगा रहता है। जिससे स्वार्थ है, उसके लिए भीतर है। जिससे कोई प्रयोजन नहीं, उसके लिए बाहर है और हम इस संस्कृति का बखान करते नहीं थकते। पश्चिम आदमियत का गला घोंटकर स्वार्थ की मशीन बन गया है। वही हमें यह सिखा रहा है।

पूर्वीय सभ्यता अतिथियों के आ जाने से फूल उठती थी, इसे अपना अहोभाग्य समझती थी कि कोई मेहमान आया। वह आधी रात को आए या पिछली रात को, उसकी ख़ातिरदारी में कोई कमी न होती थी। वह घर में सबसे अच्छी जगह पाता था, सबसे अच्छा भोजन खाता था और सारा घर उसकी सेवा सत्कार में लगा रहता था। अब पश्चिम की सभ्यता ने हमें रोटी-चोर बनना सिखा दिया है। मेहमान आया और हमारे प्राण-पखेरू उड़ गए। कहाँ से कहाँ यह बला सिर पड़ी, अब मना रहे हैं कि वह जल्द से जल्द रफ़ा हो जाए! गृह-स्वामी का मुँह उतरा हुआ है, स्वामिनी की भवें चढ़ी हुई हैं। मालूम होती हैं कोई अमंगल अपनी अँधेरी छाया डाले हुए है। बाबू साहब अपना कमरा नहीं छोड़ सकते। मेहमान बाहर बरामदे में टिका दिया जाता है। स्वामिनी जमाने भर की लौंडी नहीं है, कि जो चाहे दनदनाता चला आए और वह सबके लिए भोजन बनाने बैठे। उसे तो अपने घर वालों के लिए भोजन बनाना पहाड़ हो रहा है। तब तक यह यमदूत न जाने कहाँ से फट पड़े और अंधेर

तो देखो, पहले से सूचना भी न दी, नहीं कोई बहाना कर लेते कि बीमार हैं या कहीं बाहर जा रहे हैं। जिस दिन मेहमान बिदा होता है, घर में जैसे नया दिन होता है। हम इतने स्वार्थी, इतने संकीर्ण हो गए हैं कि निःस्वार्थ-भाव से कोई काम नहीं कर सकते। अगर अतिथि कोई मुक़दमा लाया हो या उससे किसी मोटे मरीज के फँसने की आशा हो या उसके जरिए कोई बड़ा आर्डर मिलने की संभावना हो, तो फिर परिस्थिति बदल जाती है। उस अतिथि की खूब ख़ातिर होती है, मालूम होता है, सारा घर उस पर प्राण दे रहा है। यहाँ भी वही रुपया वही हाय! हाय! और जो सज्जन नए रंग में जितने रंगे हैं उनमें यह संकीर्णता उतनी ही अधिक है। देहातियों में, मजूरों में, वैश्यों में यह प्रवृत्ति अभी उतनी तीव्र नहीं है जितनी शिक्षित और सभ्य समाज में। अपने लिए, जो कुछ हो अपने लिए, यही उनका जीवन तत्त्व है। हम यह नहीं कहते, कि इस नई संस्कृति में और उस पुरानी अतिथि-सेवा में सब बुराइयाँ ही बुराइयाँ या खूबियाँ ही खूबियाँ हैं। पुराने आतिथ्य में बहुधा बेफ़िकरे और निकम्मे मेहमान सिर पर सवार हो जाते थे। लेकिन बेफिकरे या निकम्मे आदमियों के सत्कार में भी तो कुछ सज्जनता थी, कुछ उदारता थी। इस नई संकीर्णता में तो कोरा स्वार्थ है, कोरी खुदग़र्ज़ी।

पश्चिम ने हमें सबसे जहरीला जो पाठ पढ़ाया है वह यही खुदग़र्ज़ी है। समस्त संसार को स्वार्थ के पैरों तले रौंदकर वह अब स्वार्थ का पिशाच हो गया है। उसमें न हृदय है, न कोमलता है, न दर्द है। बस सिर से पैर तक, भीतर से बाहर तक स्वार्थ भरा हुआ है। हँसना-बोलना, रोना-गाना, एक भी स्वार्थ से खाली नहीं। प्राचीन संस्कृति में चिकित्सक के लिए किसी मरीज से फीस लेना हराम था। वैद्यजी या हकीम साहब को जिस वक्त किसी मरीज का बुलावा मिल जाए, उसी वक्त घर से चल पड़ना अनिवार्य था, उसमें कोई रियायत न थी। हकीम जी अकसर दवा भी खुद ही देते थे या कोई नुस्खा लिखते थे, तो उसमें दवा के बहाने फ़ीस वसूल करने की कल्पना तक उनके मन में न आती थी। मरीज की सेवा करना उनका धर्म था। इसी को वह अपना गौरव समझते थे, पर आज जो कुछ होता है, वह हम रोज ही देखते हैं। हाँ, उस परिवार का एक चिह्न अभी बाकी है। कितने ही वैद्य या डॉक्टर घर पर मरीज से फ़ीस नहीं लेते। हाँ, दवा में कुछ इसकी गुंजाइश निकाल ली जाती है। यही वह आत्मोन्नति है, जो पश्चिम के इन डेढ़ सौ सालों ने हमें दी है। वकील पुराने जमाने में भी होते थे, अध्यापकों से भी प्राचीन युग खाली न था पर वकील सरकार से वेतन पाता था और अध्यापक भिक्षा माँगकर विद्या-दान देता था। मनुष्य स्वार्थ का पुतला होकर रह गया है। अगर उसमें प्रतिभा है तो संसार का इससे कोई उपकार नहीं हो सकता। वह जायदाद पैदा करेगा, पहाड़ों पर जाएगा, हवा में उड़ेगा, शराबें उड़ाएगा। मुफ्त में क्यों किसी की सेवा करे। उसके पश्चिमी गुरु ने उसे यह नया पाठ पढ़ाया है। अब तो हमारे महात्मा लोग बिना

पैसे के आशीर्वाद भी नहीं दे सकते। पहले बुद्धि या सिद्धि की सफलता सेवा और उपकार में थी, अब स्वार्थ-सिद्धि में। मरीज के होठों पर प्राण लगे हों, डॉक्टर साहब बिना फ़ीस लिए नहीं जा सकते। यह तो दूनी-चौगुनी फ़ीस वसूल करने का मौका है। ऐसे शिकार क्या रोज़ फँसते हैं। जब सभी स्वार्थ के उपासक हैं, कुएँ में भंग पड़ गई है तो हमारे अध्यापक जी ने क्या अपराध किया है। वह भी यूरोप जाएँगे, वहाँ से लौटकर लंबा वेतन लेंगे। 'कैरियर' बनाना ही तो जीवन का उद्देश्य है! वाह रे पश्चिम! तेरी लीला ईश्वर की लीला से भी विचित्र है। क्या वे दिन फिर कभी आएँगे, जब हमारी पुरानी संस्कृति का अभ्युदय होगा! उस संस्कृति का जिसमें गरीबी कलंक न थी। क्या आशा है।

—1931

नारी जाति के अधिकार

यों तो भारतीय नारी सदैव कुलदेवी समझी गई है और उसे समाज में पुरुषों से ऊँचा पद प्राप्त है किंतु अन्यान्य कारणों से, जिनकी विवेचना करने का यह अवसर नहीं है, उसका स्थान गौण हो गया था। वह मंदबुद्धिता जिसने एक और पराधीनता की बेड़ी पाँव में डाली, दूसरी ओर नारी जाति पर मनमाने अत्याचार करती गई। ऊँच-नीच का ऐसा संक्रामक रोग फैला, कि उसने समाज को ही छिन्न-भिन्न कर दिया। बल्कि स्त्री-पुरुष में भी भेद डाल दिया। पुरुषों ने नारी जाति स्वत्वों का अपहरण करना शुरू किया, लेकिन राष्ट्रीयता और सद्बुद्धि की जो लहर इस समय आई हुई है, वह इन तमाम भेदों को मिटा देगी और एक बार फिर हमारी माताएँ उसी ऊँचे पद पर आरूढ़ होंगी जो उनका हक है। भारत अपनी माताओं का सदैव भक्त रहा है। मातृपूजा उसके धर्म का एक मुख्य अंग है। क्या आज अपनी माताओं द्वारा विजयी होकर वह नारी-जाति के स्वत्वों को स्वीकार न करेगा? भारत के पतन-काल में जब पुरुषों को अपने ही ऊपर विश्वास न था, वह स्त्रियों पर क्या विश्वास करते; पर इस एक वर्ष के सत्याग्रह-संग्राम ने सिद्ध कर दिया कि भारत की देवियाँ अब भी धर्म और कर्तव्य की वेदी पर अपने को होम कर सकती हैं। यदि पुरुषों को अब भी उन पर शासन करने का उन्माद हो तो उसे शीघ्र से शीघ्र दूर कर देना चाहिए, क्योंकि वह चाहे दें या न दें, देवियाँ अपने स्वत्वों को लेकर ही रहेंगी। उन्हें हर एक विषय में पुरुषों के समान अधिकार होना चाहिए और इसका निर्णय देवियों ही पर छोड़ देना चाहिए कि वे अपने हितार्थ जो स्वत्व चाहें ले लें। हमारे विचार में निम्नलिखित विषयों पर नारियों को असंतोष है और इस असंतोष को देवियों के

इच्छानुसार ही शमन करना पड़ेगा–

1. एक विवाह का नियम स्त्री-पुरुष दोनों ही के लिए समान रूप से लागू हो। कोई पुरुष पत्नी के जीवन-काल में दूसरा विवाह न कर सके।

2. पुरुष की संपत्ति पर पत्नी का पूरा अधिकार हो। वह उसे रेहन-बय जो कुछ चाहे कर सके।

3. पिता की संपत्ति पर पुत्रों और पुत्रियों का समान अधिकार हो।

4. तलाक का कानून जारी किया जाए और वह स्त्री-पुरुष दोनों ही के लिए समान हो।

5. तलाक के समय स्त्री पुरुष की आधी संपत्ति पाए और यदि मौरूसी जायदाद हो, तो उसका एक अंश।

–1931

सर हरिसिंह गौड़ का तलाक बिल

अभी बहुत दिन नहीं हुए कि तलाक नाम सुनकर हिंदू समाज के कान खड़े हो जाते थे और उसे यूरोप की नकल समझकर तिरस्कृत कर दिया जाता था। पर इन कई वर्षों में बहुत बड़ा सामाजिक परिवर्तन हो गया है और समाज की न्याय-चेतना बहुत कुछ जाग्रत हो गई है। अब यह स्वीकार किया जाने लगा है कि स्त्री और पुरुष दोनों के अधिकार समान होने चाहिए। अभी तो यह हाल है कि पुरुष में चाहे कितने ही दोष हों, चाहे वह कितना ही लम्पट हो, उसके साथ कितना ही अत्याचार करे, औरत के लिए कहीं त्राण नहीं। वह उसकी खबर लेना छोड़ दे, अपनी दूसरी शादी कर ले, किंतु स्त्री पर उसका अधिकार ज्यों का ज्यों बना रहता है। स्त्री में रूप न हो, वह फूहड़ हो, उसके संतान न होती हो, या किसी कारण-वश उससे असंतुष्ट हो, तो उसके लिए रास्ता साफ है। लेकिन पुरुष में कितनी ही बुराइयाँ हों, स्त्री के लिए कहीं शरण नहीं। यह एकतरफी नीति बहुत दिन चली, लेकिन अब नहीं चल सकती। अब तो न्याय का तकाज़ा है कि स्त्री को भी वहीं अधिकार प्राप्त हों। सर हरिसिंह ने तलाक के लिए तीन कारणों का निर्देश किया है–

1. जबकि पुरुष अव्यवस्थित चित्त हो।
2. जबकि पुरुष को कोढ़ की बिमारी हो।
3. जबकि वह नपुंसक हो।

स्त्री-पुरुष में मनोमालिन्य के और बहुत से कारण हो सकते हैं। उनका इस बिल में कोई जिक्र नहीं है। हम नहीं समझते, वर्तमान रूप में किसी को उससे क्या

आपत्ति हो सकती है। हिंदू-विवाह का आदर्श बहुत ऊँचा है। हिंदू-विवाह और तलाक दो परस्पर विरुद्ध बातें हैं, लेकिन इस आदर्श का मूल्य बहुत कम हो जाता है, जब उसके पालन का भार केवल स्त्रियों पर रख दिया जाता है। विशेषकर जब हिंदू देवियाँ खुद इस बिल की माँग पेश कर रही हैं तो पुरुषों को उसे स्वीकार करने के सिवा और कोई मार्ग नहीं रह जाता। जब तक देवियाँ चुपचाप, बिना किसी तरह का असंतोष प्रकट किए अपने कष्टों को सहन करती जाती थीं, पुरुषों के पास अपने को धोखा देने का एक बहाना था। वह कह सकते थे—हमारी देवियाँ पतिव्रत पर इतनी जान देने वाली हैं कि चाहे पुरुष कितना ही जुल्म करे उनके मन में कोई दुर्भावना आ ही नहीं सकती। अब भी हमारी अधिकांश बहनों की यही मनोवृत्ति है, लेकिन ज्यों-ज्यों उनमें शिक्षा का प्रचार हो रहा है, उनमें अपनी वर्तमान अधोगति से विद्रोह उत्पन्न हो रहा है और तलाक की माँग उसी विद्रोह का सूचक है। पुरुषों को अब उनसे समझौता करना होगा। उनकी शिकायतों की अवहेलना करके अब वे अपने पुरुषत्व को कलंक से नहीं बचा सकते। यह सत्य है कि तलाक प्रथा का दुरुपयोग किया जा सकता है। पश्चिमी देशों में उसकी जो छीछालेदर हो रही है, वह हम नित्य अखबारों में देखते हैं। भारत में भी तलाक के मुकदमे अधिकांश ईसाई और ऐंग्लो-इंडियन दंपतियों की ओर से ही दायर किए जाते हैं, लेकिन वर्तमान हिंदू विवाह में तो ऐसी बुराइयाँ आ गई हैं, नहीं तलाक बिल की जरूरत ही क्या थी।

हाँ, इस बिल के साथ इस बात का भी विचार करना आवश्यक है कि पुरुष की जायदाद में स्त्रियों का कुछ अधिकार रहे। अन्यथा ऐसा हो सकता है कि नित नए फूलों का रस लेने वाली मनोवृत्तियाँ तलाक को एक बहाना बना लें।

कुछ लोगों का यह कहना है कि पढ़े-लिखे समाज का एक अल्प भाग ही इस बिल के पक्ष में है। इसलिए वर्तमान प्रथा में अगर सौ में दो-चार शादियाँ दुखमय होती हैं, तो उन दो-चार के लिए सारे समाज को क्यों भ्रष्ट करने की चेष्टा करते हो। उन्हें हमारा यही उत्तर है कि यह बिल उन्हीं दुखमय दंपतियों के लिए बनाया जा रहा है। सुखी दंपतियों के लिए उस बिल का होना न होना दोनों बराबर है। विधवा-विवाह का बिल पास हो जाने से सभी विधवाएँ विवाह तो नहीं करने लगीं। शारदा कानून ने भी तो बाल-विवाह नहीं बंद कर दिया, हाँ उसमें कुछ रुकावट अवश्य डाल दी। सबसे बड़ा कानून जन-मत है। लेकिन फिर भी ऐसे कानूनों का हमें स्वागत करना चाहिए जिनका उद्देश्य सामाजिक अत्याचारों को दूर करना हो।

—1933

महान तप

कल यरवदा जेल में वह महान् तप आरंभ होगा, जिसकी कल्पना से ही रोमांच हो जाता है। भारत की तपोभूमि में इससे पहले भी बड़ी-बड़ी कठिन तपस्याएँ की गई हैं, लेकिन यह तपस्या अभूतपूर्व है। भारत के इतिहास में ही नहीं, संसार के इतिहास में भी इसकी नज़ीर न मिल सकेगी। ज्ञान के लिए, मोक्ष के लिए, प्रभुता के लिए, औरों ने भी तप किए हैं, पर राष्ट्र के लिए प्राणों की आहुति देने का संकल्प महात्मा गाँधी ही की कीर्ति है! वह सेवा-यज्ञ जो आज से चालीस वर्ष पहले दक्षिण अफ्रीका में हुआ था, उसकी यह पूर्णाहुति है। धन्य हो महात्मा! राष्ट्र की सेवा में तुम पहले ही अपना सर्वस्व अर्पण कर चुके थे। एक प्राण रह गया था। उसे भी राष्ट्र ही की भेंट करने जा रहे हो। एक समय दधीचि ने भी राष्ट्र की रक्षा के लिए प्राणों का बलिदान किया था। हम अपनी अश्रद्धा के कारण उसे पौराणिक कथा समझे बैठे थे, पर आज तुमने उस प्राचीन मर्यादा को, उस प्राचीन आदर्श को, उस प्राचीन आत्मोत्सर्ग को, पुनर्जीवित कर दिया। इस छल प्रपंच के युग में तुमने सत्ययुग की प्रतिष्ठा कर दी और दिखा दिया कि सतयुग और कलजुग केवल हमारे चित्त की वृत्तियाँ हैं। श्रीरंगा ऐयर ने केंद्रीय व्यवस्थापक सभा में इस संकल्प की आलोचना करते हुए सत्य ही कहा है कि कृष्ण भगवान् ने भारत का उद्धार करने के लिए तुम्हारा रूप धारण किया है। राष्ट्र पर इस समय जो संकट पड़ा हुआ है, उसका मोचन तुम्हारे सिवा और कौन कर सकता था। राष्ट्र की नौका सांप्रदायिक भँवर में चक्कर खा रही थी। समस्त देश इन परिस्थितियों को देख-देख कर निराश और हताश हो रहा था। कहीं-कहीं सांप्रदायिक द्वंद्व छिड़ गया था। राष्ट्र के मूल तत्त्व को हम भूल से गए थे। गोलमेज फिर कैसे हो, उसमें कौन जाए, आदि गौण बातों में पड़े हुए थे। उसी समय यरवदा जेल की ऊँची चारदीवारियों को भेदती, सरकार की गोपन नीति को चीरती हुई तुम्हारी इस भीषण प्रतिज्ञा की आवाज, आकाशवाणी-सी, हमारे कानों में आती है और सारा देश सचेत हो जाता है, हमारी मुरझाई हुई आशा फिर लहलहा जाती है, हमारी निर्जीव देह में जान पड़ जाती है। हमारी आँखें खुल जाती हैं और हम देखते हैं कि जब राष्ट्र ही न रहा तो स्वराज्य कहाँ, जब संस्कृति ही न रही, तो हमारा अस्तित्व ही कहाँ। भारतीय राष्ट्र का आदर्श मानव शरीर है जिसके मुँह, हाथ, उदर और पाँव ये चार अंग हैं। इनमें से किसी एक अंग के विच्छेद हो जाने से देह अपंग या निर्जीव हो जाएगी। हमारे शूद्र भाई इस देह रूपी राष्ट्र के पाँव ही कट जाएँ, तो देह की क्या गति होगी? इस अंग विच्छेद की थोड़ी-बहुत पीड़ा प्रत्येक व्यक्ति को हुई। लेकिन वह हृदय, जो सारे भारत की चेतना का केंद्र है, इस पीड़ा से विकल हो उठा। उसे मर्मांतक वेदना हुई और उसका चीत्कार संयम और अहिंसा के बंधनों को तोड़ता हुआ निकल आया। आज वह चीत्कार समस्त भारत के वायुमंडल में प्रतिध्वनित हो

रहा है। वह नश्तर की भाँति हमारे दिलों में चुभा जा रहा है। हम सिर थाम कर उस व्यथा का अनुभव करते हैं और अपनी परवशता पर रो उठते हैं। आज हम इतने बेकस और बेबस हैं, कि उस वेदना का अनुभव करके भी, हृदय से निकलने वाली आह सुनकर भी, छुरी को पाँव से अलग नहीं कर सकते।

हम स्वीकार करते हैं, शूद्रों के साथ हमने अन्याय किया है। हमने उन्हें जी भर कर रौंदा, कुचला, दला। इस अन्याय ने जिस हृदय को सब से ज्यादा दुःखी किया है, वह उसी तपस्वी का हृदय है, जिसने अपना जीवन दलित भाइयों की सेवा में ही व्यतीत किया है। आज वह देखता है कि उसके जीवन की सारी तपस्या, सारी साधना धूल में मिली जा रही है। उसने जिस राष्ट्रीय एकता का भवन खड़ा करने के लिए एक-एक कंकड़ जमा किया था, वह सारी सामग्री उसकी आँखों के सामने बिखरी जा रही है। मानो उसका जीवन ही निरर्थक हुआ जा रहा है। क्या हमारी ब्रिटिश सरकार उस वेदना का अनुभव कर सकती है! उस अन्याय के प्रायश्चित-स्वरूप वह क्या कुछ न करता, वह यहाँ तक राजी है कि दलितों के लिए शिक्षा और जायदाद की कोई शर्त न रखो, उनके हरेक बालिग स्त्री-पुरुष को निर्वाचन का अधिकार दे दो, शेष हिंदू-समाज के लिए निर्वाचन की जितनी कड़ी शर्तें चाहे लगा दो, पर अछूतों को हिंदुओं से अलग न करो, क्योंकि इससे केवल हिंदू समाज की ही क्षति न होगी, अछूतों का अस्तित्व ही न रहेगा। हम कल्पना नहीं कर सकते कि इससे ज्यादा न्याय और क्या किया जा सकता है। ऐसा विचार उसी आत्मा से निकल सकता है, जो अछूतों की सेवा चिंतन करते-करते स्वयं अछूत भावना से ओत-प्रोत हो गया है। हम किसी ऐसे दूसरे व्यक्ति का नाम नहीं जानते, जिसने इस एकाग्रता, इस प्रेम और इस उत्साह से दलित-समाज की सेवा को ही। महात्मा उन व्यक्तियों में हैं, जो दलितों के उद्धार में ही हिंदू जाति के उत्थान और उत्कर्ष का रहस्य छिपा हुआ देखते हैं, जो हिंदू जाति के मुख से अन्याय के इस कलंक को मिटा देने के लिए अपने प्राणों को भी अर्पण देने को तैयार हैं। जिस पौधे को उन्होंने तीस साल तक अपने रक्त से सींचा, उस पर कुठाराघात होते देखकर वह कैसे शांत बैठे रहते! यदि उन्हें अणु भर भी यह विश्वास होता कि इस विच्छेद से अछूतों के उपकार की संभावना है, तो सब से पहले वह इसका स्वागत करते। सारा हिंदू-समाज एक तरफ होता, पर वह अकेले, न्याय के बल पर, इस निर्णय को स्वीकार करते। राजनैतिक स्वार्थ का मार्ग यदि न्याय-मार्ग से पृथक हो, तो महात्मा जी वह अंतिम व्यक्ति हैं, जो उस मार्ग पर अग्रसर होंगे। वह देखते हैं कि दलित समाज का जीवन हिंदूजाति पर इतना अवलंबित है कि सरकार चाहे कुबेर का कोष लेकर भी आए तो उनकी रक्षा नहीं कर सकती।

दलितों के उद्धार का सबसे उत्तम साधन है—सम्मिलित निर्वाचन। यही उनके उत्थान का मूलमंत्र है। उनमें शिक्षा-प्रचार होते अभी बहुत दिन लगेंगे। उनमें कालगति

से जो कुसंस्कार आ गए हैं उनका परिशोध भी समय लेगा। हिंदू जाति में न्याय-भावना को व्यापक रूप से जगाने में भी बहुत दिन लगेंगे। शिक्षित-समाज में तो ऊँच-नीच का भाव बहुत दूर हो चुका है। हाँ, अभी उसने क्रियात्मक रूप नहीं धारण किया, लेकिन अनुदारों की संख्या अभी बहुत ज्यादा है। ग्रामों में अभी इस उदारता का, इस जाग्रति का, प्रकाश नहीं फैलने पाया। ये सभी साधन छः मास वाले रास्ते हैं। निकटतम मार्ग संयुक्त निर्वाचन ही है, जिसके सम्मुख यह भेद-भाव, यह भिन्नता, यह गर्व ठहर नहीं सकता। उस निर्वाचन में ऐसे अनुदार व्यक्तियों के लिए स्थान ही नहीं है, जिन पर दलित समाज को विश्वास न हो, जिनसे इसे भलाई की आशा न हो, जिन्हें वह अपना सच्चा हितू न समझता हो। हमें विश्वास है कि अगर आज किसी गाँव के चमार या पासी या मुसहर से जिज्ञासा की जाए, तो वह हिंदू जाति से अलग होना कदापि स्वीकार न करेगा। वह हिंदू-समाज में रहकर अपना उद्धार चाहता है, हिंदू-समाज से निकल कर नहीं। हमारे देखते-देखते कितनी ही जातियाँ, जो पहले नीच और दलित थीं, आज अपने संस्कारों को बदलकर जनेऊ पहन रही हैं, अपने आचरण सुधार रही हैं, अखाद्य पदार्थों का परित्याग कर रही हैं। उन्हें ज्ञात हुआ कि उनका यह पतन अज्ञान और आचरण-हीनता ही के हाथों हुआ। यह क्रिया बड़े जोरों के साथ जारी है। वे सब संध्या करते हैं, श्राद्ध करते हैं, धर्म ग्रंथों का अध्ययन करते हैं। वे अब अपनी सेवा का गौरव समझने लगे हैं। उनके देवता वही हैं जो सब हिंदुओं के हैं। आदर्श वही हैं, विश्वास वही हैं, दृष्टिकोण वही है। हिंदुत्व उनके अणु-अणु में भरा हुआ है। उसे आप उनके अंदर से निकाल नहीं सकते। एक समय था, जब कुलीनता के मतवाले हिंदुओं को दलितों की बिलकुल परवाह न थी। वे ईसाई हो जाएँ, मुसलमान हो जाएँ, हिंदुओं के कान पर जूँ नहीं रेंगती थी, पर अब हिंदू समाज इतना चेतना-शून्य नहीं है। दलितों के लिए अब मंदिर खुलते जा रहे हैं, कुओं पर भी वह रोक-टोक नहीं रही। कट्टरता बड़ा कष्ट-साध्य रोग है, लेकिन लक्षण कह रहे हैं कि उसका आसन उखड़ गया है। पृथक् निर्वाचन से इस स्वाभाविक क्रिया के मार्ग में ऐसी बाधा आ खड़ी हुई है, जो रोग और रोगी दोनों ही का अंत कर देगी। इसी बाधा को हरने के लिए महात्मा जी अपने प्राणों को भेंट चढ़ाने जा रहे हैं।

अब हमारा क्या कर्तव्य है? यों ही भाग्य को रोकर, अपने कुदिन को कोसकर, बैठे रहेंगे? कदापि नहीं। महात्माजी के इस वज्रनिर्घोष ने सारे देश में तहलका डाल दिया है। घर-घर में यही चर्चा है। समस्त देश एक स्वर से कह रहा है—हम राष्ट्र की इस आशा को अपने जन्म-जन्मांतरों के तप के इस वरदान को, अपने प्राणों के प्राण गाँधी को, यों बलिवेदी पर न चढ़ने देंगे। हम अपने उन अछूत भाइयों को जो हमसे रूठ गए हैं, मनाएँगे, उनके चरणों पर गिरकर मनाएँगे। हमें विश्वास है डॉ. अम्बेडकर और मि. श्रीनिवासन भी राष्ट्र की इस याचना को अस्वीकार न करेंगे।

हमारी नौका को भँवर से निकालकर पार ले जाने वाला अकेला गाँधी है। उसी में वह सामर्थ्य है, वह देवत्व है, वह ऐश्वर्य है। हमें विश्वास है वह ईश्वर के दरबार से हमारे उद्धार का बीड़ा लेकर आया है, हम उस दिन का इंतजार कर रहे हैं जब वह स्वाधीनता का वरदान लाकर जीर्ण और निराश माता की भेंट करेगा। क्या सामर्थ्यवान गाँधी भी विधि की इस गति को टाल सकता है? नहीं, नहीं, नहीं!!

—19 सितंबर, 1932

हमारा कर्तव्य

समझौता हो गया। छूत-अछूत सभी नेताओं ने मिलकर बंबई के गवर्नर के पास अपना लिखित समझौता पेश कर दिया था और ब्रिटिश और भारत सरकार के पास भी सूचना कर दी गई थी, आज दिनाँक 26.9.32 का तार है कि भारत मंत्री ने उसे मंजूर कर लिया।

उस महान् आत्मा के अनशन व्रत ने, उसकी तपस्या ने, केवल सात दिनों में यह दिखला दिया कि वास्तव में तपस्या कितनी बलवती होती है। उस महान् आत्मा की तपस्या ने, ब्रिटेन के महान् राजनीतिज्ञों के द्वारा तैयार की हुई उस सुदृढ़ दीवार को, जो हिंदू अछूतों को अलग करने के लिए बड़े गहन कौटिल्य के सीमेंट से तैयार की गई थी, विध्वस्त कर दिया। छूत-अछूत का वह मसला, जो आगामी गृह-युद्ध का संकेत कर रहा था, और इसी के लिए ब्रिटिश राजनीतिज्ञों ने जिसकी नींव को दृढ़ किया था, हल हो गया।

महात्माजी की तपस्या ने हमारे एक महान् संकट को अवश्य ही टाल दिया है, किंतु हमने अभी अपने कर्तव्य का पूरा निर्वाह नहीं किया। अभी हमारे सामने बहुत बड़ा कर्तव्य खड़ा हुआ है। हमारा कर्तव्य तभी पूरा होगा, जब हम देश के वर्तमान अछूतपन को जड़मूल से नष्ट कर देंगे। यदि हम उस पवित्रात्मा से, महान् आत्मा से सच्ची श्रद्धा रखते हैं, भक्ति रखते हैं, स्नेह करते हैं, तो हमारा प्रधान कर्तव्य है कि हम उसके हृदय की माँगों को पूरा करें। इन सात दिनों के समय में जो कुछ हुआ, वह अभूतपूर्व है। सारे संसार में यह सात दिन भुलाए नहीं जा सकते—ऐतिहासिक हो गए। विश्व का कोई भाग ऐसा नहीं, जहाँ इन सात दिनों के प्रतिफल में, प्रतिक्षण में आत्मा की सच्ची श्रद्धा, सच्ची सहानुभूति महात्माजी को न अर्पित की गई हो।

पर, अभी कुछ ऐसे प्राणी भी इस संसार में हैं जिन्हें, अपने स्वार्थ के आगे कुछ नहीं सूझता। महात्माजी के प्राण भले ही चले जाएँ, उन्हें परवा नहीं। वे अपना

ढकोसला नहीं छोड़ेंगे, वे अपना धर्म जरूर बचाएँगे और मंदिरों में अछूतों को नहीं प्रवेश करने देंगे।

पर धर्म वस्तुतः बुद्धिग्राह्य नहीं, हृदयग्राही है। हम से अलग वह कोई चीज नहीं है। वह एक ऐसी चीज है कि जो अपने हृदय में से ही विकसित होती है। वह सदा हमारे अंतर में ही है।

यह युग, प्रकाश का युग है। इसमें अब अंधकार नहीं रह सकता। वह दिन अब नहीं रहे, जब धर्म के नाम पर लोग काशीकरवत लिया करते थे। अब विवश होकर युग-धर्म के अनुसार ही चलना पड़ेगा। अछूत इसीलिए तो अछूत हैं कि वे जन-समाज के स्वास्थ्य के लिए उनके घरों की सफाई करते हैं, उनकी सेवा करते हैं। उनमें और अछूतों में क्या अंतर है? जैसे वे मनुष्य हैं, अछूत भी हैं। यदि अछूत उनके घर का मल-मूत्र साफ करते हैं, तो वे भी तो इस कार्य से वंचित नहीं हैं। वे भी तो रोज सुबह सबसे पहले यही काम करते हैं। बाल-बच्चों के घर में प्रायः सभी वर्ण की स्त्रियों को यह कर्म करना पड़ता है। रोग-काल में भी मल-मूत्र उठाने का काम प्रायः घर के ही लोग करते हैं। उस समय कोई मेहतर घर में से मैला उठाने नहीं आता! फिर क्यों इस दुर्विचार का पोषण किया जाता है, क्यों अपने ही हाथों अपने पैरों को काटने की कोशिश की जाती है? क्या कोई भी वर्णाश्रम अपने हृदय पर हाथ रखकर कह सकता है कि वास्तव में यह छुआछूत उन्हें धर्म की दृष्टि से उचित प्रतीत होती है? नहीं, कोई भी यह नहीं कह सकता। एक स्वार्थ ही इसका कारण है। पर याद रहे, यह इस समय का स्वार्थ, वर्ष-दो वर्ष चाहे उनकी छाती को ठंडा भले ही कर दे, पर आगे वह उनकी पुरानी से पुरानी, दृढ़ से दृढ़ बुनियाद को भी उखाड़ फेंकेगा। वे स्वार्थ के लिए सुंदर खिलौने से बच्चों की तरह खिलवाड़ कर रहे हैं, वह असल में डायनामाइट है, जो उनकी सात पुश्तों को ध्वस्त कर डालेगा। इसे दूर फेंक देना चाहिए, वर्ना फिर पश्चाताप का भी समय न मिलेगा। स्वार्थ त्याग को हिंदू-धर्म में एक यज्ञ कहा गया है।

ऐसे समय में देश के उदारचेता, बुद्धिमान युवक समाज को अधीर नहीं हो जाना चाहिए, क्रोध में नहीं भर जाना चाहिए। ऐसे समय महात्मा जी का सत्याग्रह-मंत्र ही एक उपाय है। क्रोध में तो हिंसा और उसका परिणाम सर्वदा हानिकर है। ऐसे समय देश के प्रत्येक समझदार व्यक्ति का कर्तव्य है कि वह पहले अपने आपके हृदय से ऊँच-नीच और छुआछूत के भावों को विनष्ट कर दे।

एक-एक व्यक्ति यदि सचमुच अपने हृदय से अछूतपन की थोथी भावना निकाल देगा, तो वह सबके हृदय से धीरे-धीरे दूर हो जाएगी—इसमें संदेह नहीं।

प्रत्येक युवक को महात्मा जी का यह वचन याद रखना चाहिए जो एक बार उन्होंने कहा था कि—

"अस्पृश्यता या छुआछूत अगर हिंदू-धर्म में हो, तो मुझे कहना पड़ेगा कि उसमें

शैतानियत भरी हुई है, धर्म नहीं। पर मेरा दृढ़ विश्वास है कि हिंदूधर्म में यह सब कुछ नहीं है। जब तक प्रत्येक हिंदू अपने चमार-भंगी आदि भाइयों को भी अपने सगे भाई की तरह हिंदू न समझेंगे, तब तक मैं उन्हें हिंदू ही नहीं समझूँगा। मनुष्य तिरस्कार और दया इन दो चीजों के साथ नहीं रह सकता।''

देश के प्रत्येक समझदार व्यक्ति का कर्तव्य इस समय यही है कि महात्मा जी के इन वचनों पर ध्यान दे, विचार करे और उन्हें आचरण में लाकर देश के और धर्म के कलंक को दूर करे।

उन्हें महात्माजी की यह बात भी ध्यान में रखना चाहिए कि जब तक हिंदू-धर्म पर से यह कलंक दूर न करके उसी से चिपटे रहेंगे, तब तक वे कभी स्वतंत्र नहीं हो सकते।

इस समय देश के प्रत्येक सच्चे हिंदू का ध्यान केवल इसी ओर होना चाहिए कि वह जी-जान से महात्माजी की मनोकामना की पूर्ति में अपनी शक्ति लगा दें। ऐसा न हो कि उनकी उदासीनता से महात्मा जी को फिर अपने पर संकट उपस्थित करना पड़े!

—26 सितंबर 1932

वर्णाश्रम स्वराज्य संघ का आंदोलन

'अछूतों का मंदिरों में जाने देना पाप है'

वाइसराय की सेवा में डेपुटेशन जा रहा है

मंगलवार के दिन संध्या समय काशी की गर्द-भरी सड़कों पर वह दृश्य देखने में आया, जो हिंदू-जाति के लिए लज्जाजनक ही नहीं, हास्यास्पद भी था। दो-ढाई सौ संस्कृत-पाठशालाओं के छात्र हाथों में लाल झंडे लिए, एक जुलूस के रूप में यह हाँक लगाते चले आ रहे थे—'अछूतों को मंदिरों में जाने देना पाप है।'

हाँक का पहला अंश एक आदमी के मुख से निकलता था, और दूसरा अंश सैकड़ों कंठों से कोरस के रूप में निकल रहा था, लेकिन उन आवाजों में उत्साह न था, भक्ति न थी, अनुराग न था। ऐसा जान पड़ता था जैसे कोई जीर्ण रोगी मृत्युशय्या पर पड़ा हुआ कराह रहा है। जुलूस के पीछे एक जोड़ी थी, जिस पर कई वाचस्पति और मार्तंड फूलों के हारों से लदे, विद्या के निर्जीव भार से दबे, गर्वोन्नत भाव से बैठे हुए थे। विद्या का अभिमान उन्हें धरती पर पाँव न रखने देता था, जैसे कोई सेनापति अपने सैनिकों को पहली पंक्ति में खड़ा करके आप सबके पीछे निश्चिंत बैठा हुआ हो। या, यों कहिए कि यह महानुभाव उस बरात के दूल्हे थे, जिसे अपने

पद की गरिमा जमीन पर पाँव न रखने देती थी। इस नाजुक मौके पर भी जब उनके विचार में हिंदू-धर्म पर चारों ओर से आक्रमण हो रहे हैं, वे अपनी महानता को नहीं भूल सकते। इधर महात्मा गाँधी को देखिए। साबरमती से डांडी की तरफ प्रस्थान कर रहे हैं। आगे आप हैं, पीछे उनके सिपाही हैं। अपने उत्सर्ग से अपने सैनिकों में उत्सर्ग की शक्ति का संचार करते हुए चले जा रहे हैं। इन फीटन-आरोही मार्तंडों में एक पुरी के श्री 108 शंकराचार्य भी थे। इस निवृत्ति की उस प्रवृत्ति से तुलना कीजिए। वह संसार की सबसे महान शक्ति के सामने, न्याय के बल और आत्मा के विश्वास के साथ, एक जाति के उद्धार के लिए अग्रसर हो रही है, और यह न्याय को पैरों से कुचलती, आत्मा की आँखों पर परदा डाले हुए, जाति के दलित और पीड़ित अंग को ठोकरें मार रही है। फिर क्यों न धर्म का संसार में हरास हो, क्यों न रूस वाले धर्म को अफ़ीम का नशा समझें, क्यों न गिरजे ढाए जाएँ, और धर्म को कलंकित करने वाले इन स्तंभों का समाज से बहिष्कार कर दिया जाए। विद्या अगर आदमी को उदार बनाती है, उसमें सत्य और न्याय के ज्ञान को जगाती है, उसमें इंसानियत पैदा करती है, तो वह विद्या है—अगर वह अभिमान बढ़ाती है, स्वार्थपरता की वृद्धि करती है तो वह अविद्या से भी बदतर है। ऐसी विद्या से मूर्खता हजार गुनी अच्छी। धर्म का मूल तत्त्व आत्मा की एकता है। जो आदमी इस तत्त्व को नहीं समझता, वह वेदों और शास्त्रों का पंडित होने पर भी मूर्ख है; जो दुखियों के दुःख से दुःखी नहीं होता, जो अन्याय देखकर उत्तेजित नहीं होता, जो समाज में ऊँच-नीच, पवित्र-अपवित्र के भेद को बढ़ाता है, वह पंडित होकर भी मूर्ख है।

हमारे पास अंग्रेजी में छपा हुआ वाइसराय के नाम एक मेमोरियल, वर्णाश्रम संघ का, आया है। उस पर बड़े-बड़े तर्क चूड़ामणियों और विद्यावाचस्पतियों के हस्ताक्षर हैं। वाइसराय से फरियाद की गई है कि वह हिंदू मंदिरों की अछूतों से रक्षा करें। वाह रे मार्तंडो! क्यों न हो, कितनी दूर की सूझी है। अब भी अगर वाइसराय की खुशनूदी का परवाना न मिले, तो यह आप लोगों का दुर्भाग्य है। आपकी सेवा में दूसरे व्यवस्था लेने आया करते थे। आपका फतवा बड़े-बड़े मसलों को हल कर दिया करता था और आज आप एक धर्म के विषय को लिए वाइसराय के पास, कुत्तों की तरह दुम हिलाते दौड़े हुए, चले जा रहे हैं। वह आपकी विद्या कहाँ गई? आप हिंदू-समाज को अपने तर्कों से, प्रमाणों से, अपने धर्म-ज्ञान से क्यों नहीं उस रास्ते पर लाने में सफल हो रहे हैं, जिसे आप सीधा रास्ता समझते हैं। क्यों आपको इसका विश्वास नहीं है कि हिंदू जनता आपका समर्थन करेगी? इसलिए कि आप में आत्म-विश्वास नहीं है, स्वार्थ-लिप्सा और अभिमान ने आपकी आत्मा को दुर्बल बना दिया है। यह वही हिंदूजाति है, जो आपके चरणों की रज माथे पर लगाकर अपने को धन्य मानती है, जो आप की बातों को ब्रह्म-वाक्य समझती है, मगर आज आपकी, उसकी नजरों में, अणुमात्र भी प्रतिष्ठा नहीं है। हो सकता है, थोड़े से अर्धशिक्षित

धनवान मारवाड़ियों के दिल में आज भी आपके प्रति श्रद्धा हो, पर जिसे शिक्षित समाज कहते हैं, उसकी नजरों में आपकी कोई प्रतिष्ठा नहीं है, और कोई संप्रदाय शिक्षितों की अवहेलना करके जीवित नहीं रह सकता। हिंदू समाज की और राष्ट्र की जो वर्तमान अधोगति हो रही है, उसके जिम्मेदार आप ही जैसे लोग हैं, और हिंदूजाति अब आपके पीछे आँखें बंद करके चलने पर तैयार नहीं। आपने आठ करोड़ हिंदुओं को मुसलमान बना दिया। यह छह करोड़ अछूत भी आप ही के विद्यावाण के बेधे हुए हैं, क्या हिंदू-धर्म को संसार से मिटा कर ही दम लेंगे—आपको अपना हित भी नहीं नजर आता?

क्या मंदिरों के पुजारियों और मठों के महंतों से हिंदू जाति बनी हुई है? पूजा करने वाले भी रहेंगे, या पूजा कराने वाले ही मंदिरों को स्थायी रखेंगे?

एक वह जातियाँ हैं, जो दूसरों को अपने में मिलाकर फूली नहीं समातीं। आज एक चमार मुसलमान हो जाए, सारा मुसलिम-समाज उसका स्वागत करेगा, लेकिन यह मेमोरियलबाज लोग, जो हिंदू जाति के रक्षक होने का दावा करते हैं, यह भी नहीं सह सकते कि कोई बाहर का आदमी उनके देवताओं के दर्शन कर सके। अछूत के पैसे तो आप बेधड़क ले लेते हैं, अछूत कोई मंदिर बनावे, आप दल-बल के साथ जाएँगे, मंदिर में देवता की स्थापना करेंगे, तर माल खाएँगे—हाँ, अछूत ने उसे छुआ न हो—दक्षिणा लेंगे, इसमें कोई पाप नहीं, न होना चाहिए, लेकिन अछूत मंदिर में नहीं जा सकता, इससे देवता अपवित्र हो जाएँगे। अगर आपके देवता ऐसे निर्बल हैं कि दूसरों के स्पर्श से ही अपवित्र हो जाते हैं, तो उन्हें देवता कहना ही मिथ्या है। देवता वह है, जिसके सम्मुख जाते ही चांडाल भी पवित्र हो जाए। हिंदू उसी को अपना देवता समझ सकता है। पतितों का उद्धार करने वाले ठाकुर ही हमारे ठाकुर हैं, जो पतितों के दर्शन-मात्र से पतित हो जाएँ, ऐसे ठाकुर को हमारा दूर ही से नमस्कार है।

कहा जाता है कि अछूतों की आदतें गंदी हैं, वे रोज स्नान नहीं करते, निषिद्ध कर्म करते हैं, आदि। क्या जितने सछूत हैं, वे रोज स्नान करते हैं, क्या कश्मीर और अल्मोड़ा के ब्राह्मण रोज नहाते हैं? हमने इसी काशी में ऐसे ब्राह्मणों को देखा है, जो जाड़ों में, महीने में एक बार स्नान करते हैं। फिर भी वे पवित्र हैं। यह इसी अन्याय का प्रायश्चित्त है कि संसार के अन्य देशों में हिंदू-मात्र को अछूत समझा जाता है। फिर शराब क्या ब्राह्मण नहीं पीते। इसी काशी में हजारों मदसेवी ब्राह्मण—और वह भी तिलकधारी—निकल आएँगे, फिर भी वे ब्राह्मण हैं। ब्राह्मणों के घरों में चमारियाँ हैं, फिर भी उनके ब्राह्मणत्व में बाधा नहीं आती, किंतु अछूत नित्य स्नान करता हो, कितना ही आचारवान् हो, वह मंदिर में नहीं जा सकता। क्या इसी नीति पर हिंदू धर्म स्थिर रह सकता है? इस नीति के कुफल हम देख चुके, अब सावधान हो जाना चाहिए।

हमारी समझ में नहीं आता हम किस मुँह से यह दावा कर सकते हैं कि हम पवित्र और अमुक अपवित्र है। किसी ब्राह्मण महाजन के पास उसी का कोई ब्राह्मण असामी कर्ज माँगने जाता है, ब्राह्मण महाजन एक पाई भी नहीं देता, उस पर उसका विश्वास नहीं है। वह जानता है, इसे रुपए देकर इसरो वसूल करना मुश्किल हो जाएगा। उसी ब्राह्मण महाजन के पास एक अछूत असामी जाता है और बिना किसी लिखा-पढ़ी के रुपए ले आता है। ब्राह्मण को उस पर विश्वास है। वह जानता है, वह बेईमानी नहीं करेगा। ऐसे सत्यवादी, सरल हृदय भक्ति-परायण लोगों को हम अछूत के नाम से पुकारते हैं, उनसे घृणा करते हैं, मगर हमारा विश्वास है, हिंदू-समाज की धार्मिक चेतना जाग्रत हो गई है, अब वह ऐसे अन्यायों को सहन न करेगा। राष्ट्रों के जीवन का रहस्य उसकी समझ में आ गया है, वह ऐसी नीति का साथ न देगा जो उसके जीवन की जड़ काट रही है।

–1932

महात्मा गाँधी का व्रत

महात्मा गाँधी ने 8 मई से इक्कीस दिनों का व्रत रखने का निश्चय किया है। उनके निश्चय कितने अटल होते हैं, यह हम सभी जानते हैं। हरिजनों के उद्धार के विषय में जब उन्होंने अनशन किया था, उस समय उन्होंने कहा था–यदि आवश्यकता हुई, तो वह फिर व्रत रखेंगे। पर वह आवश्यकता इतनी जल्द आ जाएगी, यह हमारा अनुमान न था। इसके पहले दोनों व्रतों का विशेष उद्देश्य था' उस उद्देश्य के पूरे होते ही उन व्रतों का अंत हो गया। उन अवसरों पर जनता को अधिक कार्यशील होने की उत्तेजना मिली थी। वह जानती थी, उसे क्या करना है। अगर हिंदू-मुस्लिम एकता की समस्या थी, तो उस समस्या को हल करने में अपनी तत्परता दिखाकर; यदि हरिजनों के मताधिकार का प्रश्न था तो वह अधिकार स्वीकार करके, वह व्रत का अंत कर सकती थी। उसे अपना लक्ष्य सामने नजर आता था; पर यह व्रत उसके काबू से बाहर है। यह अपनी पूरी अवधि भर चलेगा, तत्परता या संगठन या सच्चाई का प्रमाण इसे नहीं तुड़वा सकता।

जहाँ तक हमें ज्ञान है, इस बीच में दृश्य रूप से ऐसी कोई बात नहीं, जो इस व्रत का कारण कही जा सके। हरिजनों के उद्धार का काम समस्त देश में हो रहा है। उन्हें गंदे मकानों से निकालकर स्वच्छ मकानों में रखने की, उनसे मेल-जोल बढ़ाने की कोशिश बराबर हो रही है। शिक्षित समाज अपनी पुरानी गलतियों को सुधारने में लगा हुआ है। उच्च कुल के व्यक्ति पंजे और झाड़ू लिए गलियों और

पाखानों की सफाई कर रहे हैं, कांग्रेस का प्रोग्राम एक प्रकार से स्थगित हो गया है और उसकी अधिकांश शक्ति अछूतोद्धार के काम में रत है। यद्यपि यह यथार्थ है कि अभी जो कुछ हो रहा है, उसमें दिखाने का भाव ही प्रधान है, और दिलों की सफाई का महात्माजी के शब्दों में, आत्म-शुद्धि, अभी बहुत दूर की बात है; पर इसमें संदेह नहीं है कि मकान की नींव पड़ गई है और इस प्रश्न ने जनमत को अपनी ओर खींच लिया है। सनातन धर्म के अनुयायियों में भी ऐसे बहुत थोड़े सज्जन रह गए हैं, जो हरिजनों के उत्थान का महत्त्व न समझते हों; राजनैतिक महत्व नहीं, धार्मिक और आध्यात्मिक महत्त्व। नगरों में सनातनी भाइयों के जुलूस निकलते हैं; पर जनता उनकी उपेक्षा करती है, उन पर तालियाँ बजाती है। हिंदुत्व अब नहीं नजर आता है, तो गुंडों में, जो कभी-कभी हरिजन-समाजों में विघ्न डालने की चेष्टा करते हैं; पर मुँह की खाते हैं। फिर हम जैसे सांसारिक बुद्धि के प्राणी इस व्रत का मर्म क्या समझ सकते हैं। हाँ, महात्मा जी के इन शब्दों से, जो उन्होंने एक प्रेस-प्रतिनिधि के एक प्रश्न के जवाब में कहे, हम उस विषय में कुछ कयास अवश्य दौड़ा सकते हैं–

''मेरे इस निश्चय का दायित्व किसी एक व्यक्ति पर नहीं; पर निस्संदेह यह बहुत दिनों से होने वाली घटनाओं का परिणाम है। यह बात नहीं है कि मैं पहले अंधा था। वे मूक और अज्ञात भाव से मेरे मन को प्रभावित करती चली जाती थीं।''

तो क्या इस व्रत का कारण बंगाल के हिंदुओं का पूने के समझौते से विरोध है? या यह उन पत्रों का असर है, जो महात्माजी के पास पहुँचते रहे हैं और जिनमें वह आक्षेप किया जाता रहा है कि यह महात्मा जी की राजनीतिक चाल है। महात्मा जी कहते हैं–

'जब राष्ट्र में सुधार का कोई वृहद् आंदोलन होने लगता है, तो उसे अधिक गतिवान और पवित्र बनाने के विचार से लोग उपवास करते हैं।'

आगे आपने यह भी कहा है–

'किसी धार्मिक आंदोलन की सफलता उसके अनुयायियों की बौद्धिक क्षमता पर नहीं, वरन् पूर्ण रूप से आध्यात्मिक साधनों पर अवलंबित होती है। व्रत उन साधनों का सबसे बड़ा सहायक है।''

इन वाक्यों की गंभीरता सर्वमान्य है। महात्मा जी ने हमेशा अपनी भूलें स्वीकार की हैं। उनका बड़प्पन बहुत कुछ उनके इस सत्य-प्रेम ही के कारण है। वह अब भी अपनी भूल स्वीकार करने को तैयार हैं, यदि कोई उन्हें यह विश्वास दिला दे कि वे भूल कर रहे हैं। पर हमें तो ऐसा आदमी नजर नहीं आता, जो महात्मा जी को उनकी भूल का विश्वास कराए। हमें तो अपने कर्तव्य पर दृढ़ रहना चाहिए। महात्मा जी को इस कठिन परीक्षा में हम जो सहायता दे सकते हैं, वह यही है कि स्वयं आत्म-शुद्धि का यत्न करें। महात्मा जी शब्दों में कहें या न कहें, पर यह स्पष्ट ही है कि वह उद्धार की वर्तमान प्रगति से असंतुष्ट हैं, और उसे अधिक सजीव

बनाने का साधन उनके पास केवल यही है कि राष्ट्र की आत्मा में शुद्धि का संचार करें, और इसका साधन अपनी आत्म-शुद्धि के सिवा और क्या हो सकता है। महात्मा जी उन लोगों में नहीं हैं, जो दूसरों पर जिम्मेदारी रखकर आप संतुष्ट हो जाएँ। वह आत्मा की व्यापकता का अनुभव कर चुके हैं और उसी शक्ति से हम निर्जीव अकर्मण्यता पर विजय पा सकते हैं। हमारी ईश्वर से यही प्रार्थना है कि सद्‌बुद्धि और प्रकाश दें।

–1933

महान तप

क्या अब भी हम अपने बड़प्पन का, अपनी कुलीनता का ढिंढोरा पीटते फिरेंगे? यह ऊँच-नीच, छोटे-बड़े का भेद हिंदू-जीवन के रोम-रोम में व्याप्त हो गया है। हम यह किसी तरह नहीं भूल सकते, कि हम शर्मा हैं, या वर्मा, सिन्हा हैं या चौधरी, दूबे हैं या तिवारी, चौबे हैं या पांडे, दीक्षित हैं या उपाध्याय। हम आदमी पीछे हैं, चौबे या तिवारी पहले। और यह प्रथा कुछ इतनी भ्रष्ट हो गई है, कि आज जो निरक्षर भट्टाचार्य है, वह भी अपने को चतुर्वेदी या त्रिवेदी लिखने में जरा भी संकोच नहीं करता। वह अपने पुरखों की साधना के बल पर आज भी चतुर्वेदी बना हुआ है, पर जिसने वेदों का अध्ययन किया है, उसे यह अधिकार नहीं कि वह अपने को चतुर्वेदी कह सके। कोई आदमी कुरान कंठ करके हाफिज हो सकता है, लेकिन यहाँ जो वेदों के ज्ञाता हैं, वे चतुर्वेदी नहीं कहे जा सकते। चतुर्वेदी तो वे हैं, जिन्होंने वेदों के दर्शन भी नहीं किए। यह और कुछ नहीं, अपनी कुलीनता का ढिंढोरा पीटना है, अपने अहंकार का बिगुल बजाना है। हम अपने को त्रिवेदी लिख कर मानो गला फाड़कर चिल्लाते हैं, कि "हम और सब प्राणियों से ऊँचे हैं, हमें दंडवत् करो, हमारा चरण-रज माथे पर लगाओ।"हम इतने लज्जा-शून्य हो गए हैं!

होना तो यह चाहिए कि यदि हम में बड़प्पन की कोई बात हो तो भी, उसे छिपाएँ। बड़प्पन तभी बड़प्पन है, जब उसमें नम्रता हो। जिस बड़प्पन में अहंकार भरा हुआ हो, वह बड़प्पन नहीं कुछ और है। त्रिवेदीजी ने वेदों के दर्शन भी नहीं किए, लेकिन गलती से आप उन्हें त्रिवेदी न कहें, तो फिर देखिए आपकी क्या गति होती है। त्रिवेदी जी हाथ-पाँव के मजबूत हैं, तो आपको शीघ्र ही अपनी गलती का मजा मिल जाएगा, नहीं तो उनका कोप कहीं नहीं गया है। कुलीनता के इस अहंकार को हमें अपने अंदर से निकाल डालना होगा। तभी हम समभाव से एक-दूसरे को देख सकेंगे। ऐसे अल्लों से हमारे भेद-भाव को उत्तेजना मिलती है। त्रिवेदी-त्रिवेदी

एक हो जाते हैं, चौबे-चौबे एक, कपूर-कपूर एक, कायस्थ-कायस्थ एक। इस भेद-भाव से ऊँच-नीच की श्रेणियाँ बनी हुई हैं। कोई पहले डंडे पर, कोई सबसे ऊपर, पर हैं सब उसी एक अहंकार-सूत्र में बँधे हुए। समाज संगठन ही इसी भेद रचना से हुआ है। हम नहीं समझते, अपने नाम के साथ कुलीनता की पदवियाँ न लगाने से समाज की क्या हानि होगी। हम ब्रह्मनाथ हैं। इससे क्या कि हम त्रिवेदी हैं या कपूर, या माथुर, या चंदेल। अगर किसी को घमंड क्यों न हो कि हम त्रिवेदी हैं और हमारे लकड़दादा ने वेद पढ़े थे। लकड़दादों का कमाया हुआ यश बहुत दिन भोग चुके, अब उसका त्याग करना पड़ेगा। जब हम अपने को मिश्र या कपूर, या टंडन, या माथुर कहते हैं, तो मानो हम अपने को समाज से अलग कर लेते हैं। ये सारे अल्ल उस पृथकता का पालन करते हैं। अगर हम भूल जाएँ कि हम पांडे या तिवारी हैं, तो हम संभवतः दूसरों के सामने नम्र हो जाएँगे। तिवारी का कवच पहन कर तो मानो हम संपूर्ण समाज से लड़ने का तैयार हो जाते हैं।

हमारे अभिवादन की प्रथा भी उसी भेदभाव से जकड़ी हुई है। तिवारीजी की अभी जुम्मा-जुम्मा आठ दिन की पैदाइश है, दूध के दाँत भी नहीं टूटे, लेकिन वह किसी के सामने सिर नहीं झुका सकते। अब्राह्मण चाहे अस्सी साल का बूढ़ा ही क्यों न हो, उसका धर्म है कि तिवारी जी को दंडवत् करे, उनके चरण छुए, नहीं तिवारीजी अपना अपमान समझेंगे। यह दंडवत् की समस्या भी आयु के आधार पर, या अन्य किसी आधार पर हल करनी होगी। उसका सांप्रदायिक आधार नष्ट करना होगा। जब पूज्य गाँधीजी इस भेदभाव को मिटाने के लिए अपने प्राणों का बलिदान कर रहे हैं, तो क्या हमारा धर्म नहीं है कि हम भी इस अहंकारमय मनोवृत्ति का परित्याग करें? अगर कोई बूढ़ा हरिजन है, तो उसे हमारे सम्मान का पात्र होना चाहिए। अबे-तबे करके किसी को पुकारना उसका अपमान करना है। मूर्खों से तो नहीं, पर जो पढ़े-लिखे हैं उनसे यह आशा की जाती है कि हरिजनों के साथ वे शिष्टता का व्यवहार करें। बड़प्पन दूसरों को नीच समझने में नहीं, सज्जनता और शिष्टता में है। हमें इन छोटे-छोटे भेद-पोषक साधनों का संस्कार करना होगा, उन्हें उस अग्नि कुंड में डालना होगा, जो महात्मा गाँधी ने अपने तेज से प्रज्वलित किया है। एक दिन झाड़ू हाथ में लेकर सड़कों पर तमाशा कर देने से यह अहंकार न मिटेगा, जो हरिजनों के अछूतपन का मुख्य कारण है। इसकी गहरी जड़ों को खोदकर समाज से निकालना होगा। हमारी ईश्वर से यही दीन प्रार्थना है कि भारत के प्राण गाँधी के इस तप को सफल कीजिए और हमें सामर्थ्य दीजिए कि हम सच्चे मन से उनके इस तप को सफल बनाने और उनके द्वारा अपने को अहंकार की बेड़ियों से मुक्त करने में कृतकार्य हों।

—1933

मंदिर प्रवेश और हरिजन

महात्माजी के व्रत तथा तप का एक बहुत बड़ा कारण यह भी है, कि हरिजनों को मंदिर-प्रवेश का अधिकार एक प्रकार से शून्य के बराबर मिला है। लाखों मंदिर वाले इस महादेश में, कुछ मुट्ठी भर और केवल साधारण मंदिर ही ऐसे हैं, जहाँ वे दर्शनार्थ जा सकते हैं। हम स्वयं किसी भी तर्क द्वारा यह बात समझ नहीं सकते कि हाड़-मांस की देह वाला, हिंदू-धर्म पर अभिमान करने वाला कोई हरिजन काशी विश्वनाथ या किसी वैसे ही पवित्र मंदिर में क्यों नहीं प्रवेश पा सकता, जब कि स्थान-स्थान पर मल-मूत्र विसर्जन करने वाला साँड़ मंदिर में दर्शनार्थियों पर सींग चलाता हुआ स्वच्छंदतापूर्वक घूम सकता है! इस प्रकार की हठधर्मी का अब युग नहीं है और उच्च वर्ण वालों को ईश्वर को भी अपनी 'स्त्री के समान अपनी ही वस्तु' समझने की मूर्खता का परित्याग करना चाहिए।

पर, इसके साथ ही, किसी भी तर्क द्वारा हम यह नहीं समझ सकते कि अस्पृश्यता-निवारण-आंदोलन में मंदिर-प्रवेश को एक अनिवार्य स्थान क्यों दिया जा रहा है। समय की जैसी प्रगति है, इन मंदिरों की इस समय जैसी दशा है, उसे देखकर तो यही कहना पड़ेगा कि हमारे हिंदू-मंदिर भोग और प्रसाद, पुरोहित और पंडे, ईश्वर के नाम पर व्यभिचार तथा दुराचार करने वाले स्वार्थी और लोलुप—दर्शन करने जाने वालों से यह पहला प्रश्न करने वाले कि पैसा चढ़ाओ—पामरों के अड्डे मात्र हैं। मन भर दर्शन नहीं करने पाइएगा कि पुजारी जी पैसा चढ़ाओ कि रट लगा देंगे। जी-भर भगवान के रूप का ध्यान भी न कर पाइएगा कि चार-पाँच आदमी जबर्दस्ती आपके सर में चंदन-सिंदूर-रोली रगड़ने लगेंगे और पैसा माँगते-माँगते आपकी टेंट भी टटोलना शुरू कर देंगे। हमने भगवान को मनौती से, घूस से, पैसे से, दक्षिणा से प्रसन्न होने वाला स्वार्थी बना रखा है। पग-पग पर हम पैसा देकर मुक्ति, नजात तथा स्वाधीनता खरीदना चाहते हैं। यह हमारा धर्म है, भक्ति है, अनुराग है। ऐसी दशा में मंदिरों की इतनी महत्ता व्यर्थ की है। हम मूर्ति-पूजा के विरोधी नहीं, टका-पूजा के शत्रु हैं।

हरिजनों के मंदिर-प्रवेश के शत्रु अधिकांशतः वे लोग हैं, जो उनकी दरिद्रता को उपहास की, मजाक की वस्तु समझते हैं, जो यह जानते हैं कि इन दरिद्रों के मंदिर जाने न जाने से विशेष लाभ या हानि नहीं होती है। महात्मा जी के उपवास से देश में हरिजन आंदोलन की बाढ़-सी आ गई है पर हरिजन सेवा का कार्य अवश्य बढ़ गया है। कार्यकर्ता वही पुराने हैं और, हमें खेद के साथ लिखना पड़ता है कि महात्मा जी के व्रत के दिनों में भी हरिजनों के लिए मंदिरों का द्वार खुलने की संख्या नगण्य-सी है।

एक ओर विश्व की विभूति अपने प्राणों की बाजी लगाकर समाज के एक

परित्यक्त अंग की रक्षा करने की तपस्या कर रही है—और दूसरी ओर हमारे धर्म तथा देवताओं के ठीकेदार अपनी जड़ता, अहम्मन्यता तथा अकड़ पर दृढ़ हैं। ऐसी दशा में जो होना था, उसी के लक्षण दीख पड़ रहे हैं। गाँधीजी ने स्वयं सलाह दी थी कि यदि हरिजनों के लिए मंदिरों के द्वार अन्य किसी प्रकार से न खोले जा सकेंगे तो सत्याग्रह की शरण लेनी पड़ेगी। गाँधीजी के लिए सत्याग्रह ही पवित्र तथा अंतिम अस्त्र है, जिससे अन्याय का प्रतिकार किया जा सकता है। पर, साधारण व्यवहार में इस अस्त्र से बड़ी कटुता उत्पन्न होने की संभावना है और 'सांप्रदायिक-युद्ध' तथा 'वर्ग-युद्ध' की भयंकर आँधी में देश के जर्जर होने जाने की आशंका है। पर, इस समय कट्टरपंथियों की जड़ता देखकर, ऐसा लक्षण प्रकट हो रहा है कि सुधारक मंदिरों के बहिष्कार तक का आंदोलन करने का विचार कर रहे हैं। बंबई के 'फ्री प्रेस जर्नल' में इस विषय में एक छोटा-सा, विचारणीय लेख प्रकाशित हुआ है। लेखक के शब्दों में—

''मंदिरों के द्वार खोलने के विषय में जनता की ओर से तत्परता के अभाव का जो भी कुछ कारण हो, जो लोग हरेक प्रकार के छुआछूत को दूर करना चाहते हैं, उनको किसी प्रभावशाली रूप में यह दिखलाना पड़ेगा कि उनका उन मंदिरों के साथ कोई संपर्क नहीं है, जो अपना द्वार हरिजनों के लिए बंद रखते हैं। महात्मा जी ने स्वयं इस विचार पर जोर दिया है। महात्माजी ने हरिजन-सेवक-समिति के इस विचार को स्वीकार किया है कि वे इस बात को भी अपने छुआछूत-निवारक कार्यक्रम का एक अंग बना लें। यह अवश्य है कि इस प्रकार का कोई कार्य करने के पहले पूरी तरह से सचेत कर देना चाहिए। ऐसे कार्य का अर्थ होगा मंदिर का बहिष्कार; पर इस बहिष्कार से लोकेच्छा के प्रवाह का पता चलेगा। विशेषकर उस स्थान के लोगों की इच्छा का पता चलेगा, जहाँ अधिकांश मंदिर जाने वाले यह अनुभव करते हैं कि ऐसे मंदिर में दर्शनार्थ जाना अधार्मिक है जो उसी मूर्ति के पुजारी हरिजनों को दर्शनार्थ नहीं जाने देते।'

लेखक चाहता है कि उपवास के दिनों में ही ऐसा सत्याग्रह शुरू हो जाता; पर हर्ष का विषय है कि इस दिशा में इतनी जल्दी नहीं की गई। यह एक गंभीर समस्या है और इसे अंतिम अस्त्र बनाना चाहिए। किंतु धर्म के ठेकेदार, भिक्षावृत्ति से जीने वाले, भोजन कर, मुफ्त का माल मारकर, दुराचार तथा अनाचार से पेट की रोटी चलाकर, आडंबर पाखंड, स्वार्थ तथा पैसे की पूजा करने वाले क्या अब भी सचेत न होंगे? बहिष्कार बड़ी भयंकर, बड़ी कठोर, बड़ी भयावह वस्तु है। इसका सामना करना साधारण बात नहीं है। खीझकर सुधारक-समुदाय अब बहिष्कार की बात सोच रहा है। अतः हम मंदिरों के संचालकों से, यदि उनमें असली धार्मिकता अवशिष्ट है, उस धार्मिकता से, नेकनीयती तथा सच्चाई के नाते यह अनुरोध करते हैं कि अब दंभ छोड़ दें और समय के साथ चलना सीखें। देश को भावी धार्मिक उत्क्रान्ति से बचा लें, अन्यथा अनर्थ हो जाने की संभावना है।

हमारे इस अंक के प्रकाशित होने तक पर्णकुटी के तपस्वी का व्रत भी सकुशल समाप्त हो जाएगा। यह राष्ट्र के लिए एक आनंद का, पर्व का, त्यौहार का दिन होगा और इसी दिन यह सिद्ध हो जाएगा कि मुफ्त का मालपुआ खाकर पेट भरने वाला पुरोहित हमारा असली धार्मिक नेता नहीं है; पर अपना हाड़-चाम निचोड़ने वाला गाँधी ही भारत का असली धार्मिक नेता है। वह हमारा धार्मिक नेता है—और उसके उपवास के पूरा होने के दिन हमारे जड़ सनातनी अपने दंभ को फेंक देने का महान् कार्य खूबसूरती तथा सफाई के साथ कर सकते हैं।

धार्मिक विचार जो कुछ भी हो, समय एक बलवान् वस्तु होती है। और हमारी तो यही सलाह है कि समय की महत्ता को स्वीकार करना ही सबसे बड़ी बात है।

—1933

हिंदू समाज के वीभत्स दृश्य

अंधविश्वास

हिंदू समाज में पूजने के लिए केवल एक लंगोटी बाँध लेने और देह में राख मल लेने की जरूरत है; अगर गाँजा और चरस उड़ाने का अभ्यास भी हो जाए, तो और भी उत्तम। यह स्वाँग भर लेने के बाद फिर बाबाजी देवता बन जाते हैं। मूर्ख हैं, धूर्त हैं, नीच हैं पर इससे कोई प्रयोजन नहीं। वह बाबा हैं। बाबा ने संसार को त्याग दिया, माया पर लात मार दी और क्या चाहिए। अब वह ज्ञान के भंडार हैं, पहुँचे हुए फकीर, हम उनके पागलपन की बातों में मनमानी बारीकियाँ ढूँढ़ते हैं, उनको सिद्धियों का आगार समझते हैं। फिर क्या है, बाबाजी के पास मुराद माँगने वालों की भीड़ जमा होने लगती है। सेठ-साहूकार, अमले-फैले, बड़े-बड़े घरों की देवियाँ उनके दर्शनों को आने लगती हैं। कोई यह नहीं सोचता कि एक मूर्ख, दुराचारी, लंपट आदमी क्यों कर लंगोटी लगाने से सिद्ध हो सकता है। सिद्धि क्या इतनी आसान चीज है। हममें मस्तिष्क से काम लेने की मानो शक्ति ही नहीं रही। दिमाग को तकलीफ नहीं देना चाहते। भेड़ों की तरह एक-दूसरे के पीछे दौड़े चले जाते हैं, कुएँ में गिरे या खंदक में, इसका गम नहीं। जिस समाज में विचार मंदता का ऐसा प्रकोप हो, उसको सँभलते बहुत दिन लगेंगे।

हमारे इस अंधविश्वास से अपना मतलब निकालने वालों के बड़े-बड़े जत्थे बन गए हैं, ऐसी कई जातियाँ पैदा हो गई हैं, जिनका पेशा ही है, इस तरह स्वार्थ से भोले-भाले भक्तों को ठगना। ये लोग रूप भरना खूब जानते हैं, बाबाओं की पेटेंट

शैली में बातचीत करने का और नए-नए हथकंडे खेलने का इन्हें खूब अभ्यास होता है। एक सिद्ध बन जाता है, कई उसके चेले बन जाते हैं और किसी उजाड़ स्थान पर डेरा डाल देते हैं, मानों आदमियों के साथ से भी भागना चाहते हैं, भोग विलास में लिप्त मनुष्यों से किसी तरह का संसर्ग नहीं रखना चाहते। किसी तरह यह अफवाह उड़ा दी जाती है कि बाबाजी फौहारी हैं, केवल एक बार तोला भर दूध पी लेते हैं। एक दिन, दो दिन, यह मंडली, निष्काम भाव से ऊजड़ में घात लगाए पड़ी रहती है। बस, भक्तों का आना शुरू हो जाता है। बाबाजी संसार मिथ्या है का उपदेश देने लगते हैं, उधर घी, शक्कर और आटे की झड़ी लग जाती है, लकड़ियों के कुंदे गिरने लगते हैं, कुछ भक्त लोग इन त्यागियों के लिए कुटी बनाना शुरू कर देते हैं और मर्द भक्तों से कहीं अधिक संख्या स्त्री भक्तों की होती है। कोई लड़के की मुराद लेकर आती है, कोई अपने पति को किसी सौतिन के रूप-फाँस में से छुड़ाने के लिए। जिन लफंगों को दो आने रोज की मजूरी भी न लगती, वे ही हिंदुओं के इस अंधविश्वास के कारण खूब तर माल उड़ाते हैं, खूब नशा पीतं हैं और खूब मौज करते हैं और चलते वक्त सौ-पचास रुपए कोई ब्रह्मभोज कराने या भंडारा चलाने के लिए वसूल कर लेते हैं। समाज सेवा का कोई न कोई आधार यह लोग जरूर खड़ा कर लेते हैं। कोई-कोई मंदिर बनवाने का व्रत ठाने बैठा है, कोई तालाब खुदवाने का, कोई पाठशाला खोलने का और कुछ न हुआ तो तीर्थयात्रा तो है ही। इतनी मूर्तियाँ रामेश्वरम् की यात्रा करने जा रही हैं। हिंदू-मात्र का कर्तव्य है कि उन्हें रामेश्वरम् पहुँचाए। बिना हर्रा-फिटकरी के माल चोखा करने का यह व्यवसाय इतना आम हो गया है कि आज हर पचीस आदमियों में एक साधू है और ऐसे भिक्षुकों की तो गिनती ही नहीं, जो खैरात पर जिंदगी बरस करते हैं। ज्यादा नहीं तो पचीस करोड़ में पाँच करोड़ तो ऐसे लोग होंगे ही। जिस समाज पर इतने मुफ्तखोरों का भार लदा हुआ है, वह कैसे पनप सकता है, कैसे जाग सकता है। ये लोग बार-बार यही प्रयत्न करते रहते हैं कि समाज अंधविश्वास के गर्त में मूर्च्छित पड़ा रहे, चेतने न पाए। हमें खूब चकाचक माल खिलाओ, स्वर्ग में तुम्हें इससे भी बढ़िया माल मिलेगा, इस हाथ दो, उस हाथ लो। स्वर्ग का रूप भी कितना मोहक खींच रखा है कि इन लोगों की कल्पना शक्ति के कुरबान जाइए। मृत्युलोक में जो कुछ दुर्लभ है, वह सब यहाँ गली-गली मारा-मारा फिरता है। ऐसे सुख के लिए किसी भिक्षुक को थोड़ा-सा भोजन करा देना या किसी देवता को जल चढ़ा देना या किसी नदी में एक डुबकी लगा देना कौन खुशी से स्वीकार न करेगा। जब इतनी आसानी से मोक्ष मिल सकता है, तो किसी साधना की, ज्ञान की, सद्व्यवहार की क्या जरूरत?

और आज बड़ी-बड़ी जमींदारियों के मालिक कितने ही महंत हैं। उनकी लेन-देन कोठियाँ चलती हैं, तरह-तरह के व्यवसाय होते हैं और बहुधा उन्हीं दानियों की संतानें, जिन्होंने जायदाद महंतों को दान दी थी, आज इन्हीं महंतों से कर्ज लेती हैं। इनका

भोग विलास और ऐश्वर्य हमारे राजाओं को भी लज्जित कर सकता है। उस जायदाद का उपभोग अब इसके सिवा कुछ नहीं है कि मुस्टंडे खाएँ, डंड पेलें और व्यभिचार करें राष्ट्र के उत्थान या जाग्रति में वे भी एक बहुत बड़ी बाधा हैं। अंधविश्वासी जनता अब भी उन पर श्रद्धा रखती है। वे उसे एक चुटकी राख से स्वर्ग में दाखिल कर सकते हैं। ऐसी विभूति और किसके पास है? इन महंतों के दुराचार, ऐयाशी और पैशाचिकताओं की खबरें कभी-कभी प्रकाश में आ जाती हैं तो मालूम होता है कि इनका कितना पतन हो गया है, लेकिन मुरादियों को उन पर वही श्रद्धा है। हम इतने अकर्मण्य हो गए हैं, इतने पुरुषार्थहीन कि हमें अपने पुरुषार्थ से ज्यादा भरोसा आशीर्वाद पर है, एक प्रकार से हमारी विचार-शक्ति लुप्त हो गई है। हमारे तीर्थस्थान क्या हैं? ठगों के अड्डे और पाखंडियों के अखाड़े। जिधर देखिए धर्म के ढोंग का बाजार गर्म है। गली-गली मंदिर, गली-गली पुजारी और भिक्षुक, पूरे नगर के नगर इन्हीं जीवों से आबाद हैं, जिनका इसके सिवा कोई उद्यम नहीं कि धर्म का ढोंग रचकर बेवकूफ भक्तों को ठगें? जब जनता खुद ठगी जाना चाहती है, तो ठगने वाले भी जरूर पैदा होंगे। जरूरत ही तो आविष्कार की माँ है।

क्यों न देश कंगाल हो। जिस समाज पर एक करोड़ कोतल मूसलचंदों के भरण-पोषण का भार हो, वह न कंगाल रहे तो दूसरा कौन रहे! गरीबों पर भी धर्म का जितना बड़ा टैक्स है, उतना शायद सरकार का भी न हो। कोई ग्रहण लगा और जनता तीर्थ स्थानों की ओर दौड़ी। जो कुछ तन-पेट काटकर बचाया था, वह सब अंधविश्वास की भेंट चढ़ गया। और आज स्वराज भी मिल जाए, और यह भी मान लें कि उस वक्त किसानों से लगान कम लिया जाएगा और टैक्सों का भार कम हो जाएगा, फिर भी अंधविश्वास के सम्मोहन में अचेत जनता इससे ज्यादा सुखी न होगी। तब उसका परलोक प्रेम और भी बढ़ेगा और वह और भी आसानी से पाखंडियों का शिकार हो जाएगी और इस आर्थिक दरिद्रता से बढ़कर इस अंधविश्वास का फल जनता की बौद्धिक दुर्बलता है, जो उसकी सामाजिक उपयोगिता में बाधक होती है। उसे नदी में गोता मार लेना या शिवलिंग पर जल चढ़ा देना, किसी भाई से सहानुभूति रखने या अपने व्यवहारों में सच्चाई का पालन करने की अपेक्षा ज्यादा फलदायक मालूम होता है। उसने असली धर्म को छोड़ कर, जिसका मूल तत्त्व है समाज की उपयोगिता, धर्म के ढोंग को धर्म मान लिया है। जब तक वह धर्म का यह असली रूप न ग्रहण करेगा, उसके उद्धार की आशा नहीं। शिक्षित समाज के सामने जितनी समस्याएँ हैं, उनमें शायद सबसे कठिन यही समस्या है। यहाँ उसे अंधविश्वास की पोषक प्रबल शक्तियों का सामना करना पड़ेगा, जो अनंतकाल से जनता की विचार-शक्ति पर कब्जा जमाए हुए है। कितना वीभत्स है वह दृश्य कि एक मोटा-सा जटाधारी जीव धूनी जलाए बैठा हुआ है और एक दर्जन मनुष्य उसके पास बैठे चरस के दम लगाकर अपने जीवन को सफल कर रहे हैं। जनता की मनोवृत्ति

जब तक ऐसी है, केवल राजनैतिक अधिकारों से उसका कल्याण नहीं हो सकता।

सौभाग्य से अब देश में ऐसे सच्चे संन्यासियों का एक दल निकल आया है, जो समाज-सेवा को और राष्ट्रीय जाग्रति को अपने जीवन का ध्येय बनाए हुए हैं, लेकिन अभी तक उसने निकम्मे साधुओं में जाग्रति उत्पन्न करने के जितने प्रयत्न किए हैं, वे सफल नहीं हुए। न जाने कब वह शुभ अवसर आएगा कि हमारा साधु-समाज अपने कर्तव्य को समझ जाएगा और यह समझ जाएगा कि उसके हाथों में देश को जगाने की कितनी बड़ी शक्ति है।

मंदिरों पर एक दृष्टि

हिंदू समाज के परम पवित्र तथा माननीय मंदिरों की ओर दृष्टिपात करने से हृदय काँप उठता है। वहाँ की दशा दयनीय ही नहीं, चिंताजनक भी है। जहाँ भक्ति की, ज्ञान की, आत्म-साधन की तथा तपस्या की निर्मल धारा बहाकर लोगों के जीवन को सुंदर और सुखकर बनाना चाहिए, वहाँ आज दुराचार, पापाचार, भ्रष्टता तथा दुष्कृत्यों का केंद्र देखकर आत्मा रो उठती है। उन्हें देखकर एक जोरदार प्रश्न उठता है कि क्या यही मंदिर हैं? क्या यही भगवान् का निवास है?

यह बात अब तक किसी से छिपी नहीं है कि इन मंदिरों की आड़ में आज बड़े-बड़े लज्जाजनक कृत्य हो रहे हैं। पुजारियों का, महंतों का और धर्म गुरुओं का जीवन भयानक विलासिता से भरा हुआ है। वे मंदिरों की आड़ में जघन्य से जघन्य कर्म करते नहीं शर्माते। ईश्वर को गाना सुनाकर खुश रखने के लिए उन्हें वेश्याएँ चाहिए। इस बहाने वे अपनी राक्षसी कामना को पूर्ण करते और अपने जीवन को विलास-वासना और पतन के गहरे गढ़े में डाल देते हैं। तिस पर भी, हिंदू समाज के लिए वे पूज्य हैं, माननीय हैं और देवता-तुल्य हैं, क्योंकि वे पुजारी हैं, महंत हैं और धर्मगुरु हैं। प्रतिदिन अनेक भोली-भाली तथा धर्मभीरु युवतियाँ पुण्य कमाने के लिए मंदिरों में पहुँचती हैं और वे उन ईश्वर के प्रतिनिधियों के द्वारा या उनके संकेत-मात्र से गायब कर दी जाती हैं और उनकी काम-वासना की शिकार बन जाती हैं। हिंदू समाज को यह सब कुछ मालूम है। प्रतिदिन उसकी आँखों के सामने ऐसे दृश्य आते रहते हैं, लेकिन वह आँखों पर पट्टी बाँध कर, जबान पर ताला लगाकर चुप है, क्योंकि आखिर वे लोग धर्म के ठेकेदार हैं।

जहाँ इन पुजारियों तथा धर्मगुरुओं का जीवन सीधा-सादा, पवित्र और त्याग तपस्या से पूर्ण रहना चाहिए, वहाँ आज वे इन सब बातों के विपरीत 'सद्गुणों के भंडार' बने हुए हैं। उनके विषय में क्या कहा जाए। दिखलाने के लिए तो वे बड़े संयमी हैं, त्यागी हैं और तप तथा भक्ति के साक्षात् अवतार हैं, लेकिन अच्छी तरह देखने पर ही उनका असली रूप प्रकट होता है। उनमें ढोंग, छल और कपट कूट-कूट कर भरा हुआ है। यों कहना चाहिए कि उनका चरित्र अद्‌भुत है। मांस, मछली,

शराब, गाँजा, भाँग, अफ़ीम आदि चीजों के बिना उनका काम नहीं चल सकता।

अब देश के प्रति उनके व्यवहार पर भी दृष्टिपात कीजिए। वे खद्दर के कपड़ों को स्वप्न में भी देखना पाप समझते हैं। देशी मिलों का बढ़िया कपड़ा उनके कोमल शरीर को चुभता है, गड़ता है और उससे शरीर छिल जाता है। उनके लिए तो खास मैंचेस्टर का बना हुआ, महीन से महीन मलमल चाहिए। देशी और विदेशी का प्रश्न उनके लिए एक बेवकूफी का प्रश्न है। उनको देशी से क्या मतलब, उन्हें देश से क्या सरोकार? वे तो देश के धर्मगुरु हैं, महंत हैं, पुजारी हैं! इसलिए वे जन-समाज के लिए पूज्य हैं। उनकी बातों में, उनके कार्यों में किसी को हस्तक्षेप करने का क्या अधिकार। उनके आनंद में किसी को विघ्न डालने का, बाधा डालने का क्या हक?

और जब देश में कोई अच्छी बात होती है, कुप्रथाओं के विरुद्ध आवाज उठाई जाती है, प्रचार किया जाता है, पुरानी और लज्जाजनक रूढ़ियों को मिटा डालने का प्रयत्न किया जाता है या कोई देश-हितकारी नियम या बिल पास होता है, तो ये धर्म के ठेकेदार, समय को न देखते हुए, अपने नीच स्वार्थ-साधन के लिए ऐसे कार्य के विरुद्ध अपनी पूरी ताकत लगा देते हैं। जनता द्वारा दिए हुए रुपयों को जनता के ही विरोधी कार्यों में व्यय करते हैं। रुपयों को पानी की तरह बहाकर वे ऐसे कार्यों के विरुद्ध आवाज उठाते हैं और देश-हित विरोधी प्रचार करने का प्रयत्न करते हैं। जनता का रुपया जनता के ही विरोध में खर्च करते उन्हें जरा भी संकोच नहीं होता। संसार के लिए उनका यह कार्य अनोखा है और कृतघ्नता का एक ज्वलंत उदाहरण है, पर वे अपनी पूरी शक्ति लगाकर भी देश को सत्पथ पर जाने से नहीं रोक सकते, क्योंकि उनमें कोई बल नहीं है। शारीरिक, मानसिक, आत्मिक तथा नैतिक बल के भीषण अभाव ही ने उन्हें पतन के गहरे गर्त में गिरा दिया है। उनकी बुद्धि को अज्ञान के काले बादलों ने घेर रखा है, इसी कारण वे अपने अहित की बात हित की और हित की बात अहित की समझ रहे हैं। भला, गिरा हुआ निःशक्त मनुष्य समय की शक्तिशाली लहर को कैसे रोक सकता है?

मंदिरों के यह विधातागण नए युग की आवाज को नहीं सुन सकते। नए जमाने की जोरदार लहर के विरुद्ध खड़े होने में उन्हें सुख मिलता है, पर यह निश्चित है कि यदि उन्होंने यही क्रम रखा, यदि उनका यही हाल रहा तो वह दिन भी दूर नहीं है, जब कि नवीन युग की प्रचंड शक्ति उनके अस्तित्व को ही मिटा देगी। यदि उन्हें इस बात पर जरा भी संदेह हो, तो वे अन्य देशों की ओर दृष्टिपात करें। वे यह ध्यान से देखें कि नए जमाने की लहर से दूर रहकर रूस के पुजारियों, महंतों और धर्मगुरुओं ने क्या फल पाया। यह बात पुरानी नहीं है, कल की है। यह बात उन्हें एक भावी संकट की सूचना दे रही है और उन्हें सावधान कर रही है। तिस पर भी यदि वे नहीं चेते, तो जो उनके भाग्य में लिखा है, सो तो होगा ही, किंतु फिर उनके लिए कोई अवसर न रहेगा। सबसे अच्छा तो यह हो, कि वे अपने को सुधारें,

नवीन युग के अनुकूल बनाएँ। इसी में उनका हित है, कल्याण है। समय की लहर बहुत बलवान होती है। बड़ी से बड़ी शक्ति द्वारा भी नहीं रोकी जा सकती। देश की दशा को भली-भाँति देखते हुए, धर्म के आडंबरों, उसकी रूढ़ियों और राक्षसी नियमों से मुक्त करके ही वे अपना, अपने धर्म का, अपने समाज तथा अपने देश का सबसे बड़ा हित कर सकेंगे और जनता के हृदय में ऊँचा स्थान प्राप्त कर सकेंगे।

—1934

सांप्रदायिकता और संस्कृति

सांप्रदायिकता सदैव संस्कृति की दुहाई दिया करती है। उसे अपने असली रूप में निकलते शायद लज्जा आती है, इसलिए वह गधे की भाँति जो सिंह की खाल ओढ़ कर जंगल के जानवरों पर रोब जमाता फिरता था, संस्कृति का खोल ओढ़ कर आती है। हिंदू अपनी संस्कृति को कयामत तक स्वरक्षित रखना चाहता है, मुसलमान अपनी संस्कृति को। दोनों ही अभी तक अपनी-अपनी संस्कृति को अछूती समझ रहे हैं, यह भूल गए हैं कि अब संसार में केवल एक संस्कृति है, न कहीं हिंदू-संस्कृति, न कोई अन्य संस्कृति, अब संसार में केवल एक संस्कृति है और वह है आर्थिक संस्कृति, मगर हम आज भी हिंदू और मुस्लिम संस्कृति का रोना रोए चले जाते हैं। हालाँकि संस्कृति का धर्म से कोई संबंध नहीं। आर्य संस्कृति है, ईरानी संस्कृति है, अरब संस्कृति है, लेकिन ईसाई-संस्कृति और मुस्लिम या हिंदू संस्कृति नाम की कोई चीज नहीं है। हिंदू मूर्तिपूजक है, तो क्या मुसलमान कब्र-पूजक और स्थान पूजक नहीं है, ताजिए को शर्बत और शीरीनी कौन चढ़ाता है, मस्जिद को खुदा का घर कौन समझता है। अगर मुसलमानों में एक संप्रदाय ऐसा है, जो बड़े-से-बड़े पैगंबरों के सामने सिर झुकाना भी कुफ्र समझता है, तो हिंदुओं में भी एक संप्रदाय ऐसा है जो देवताओं को पत्थर के टुकड़े और नदियों को पानी की धारा और धर्म ग्रंथों को गपोड़े समझता है। यहाँ तो हमें दोनों संस्कृतियों में कोई अंतर नहीं दिखता।

तो क्या भाषा का अंतर है? बिलकुल नहीं। मुसलमान उर्दू को अपनी मिल्ली भाषा कह लें, मगर मद्रासी मुसलमान के लिए उर्दू वैसी ही अपरिचित वस्तु है, जैसे मद्रासी हिंदू के लिए संस्कृत। हिंदू या मुसलमान जिस प्रांत में रहते हैं, सर्वसाधारण की भाषा बोलते हैं, चाहे वह उर्दू हो या हिंदी, बांग्ला हो या मराठी। बंगाली मुसलमान उसी तरह उर्दू नहीं बोल सकता और न समझ सकता है, जिस तरह बंगाली हिंदू। दोनों एक ही भाषा बोलते हैं। सीमा प्रांत का हिंदू उसी तरह पश्तो बोलता है, जैसे वहाँ का मुसलमान।

फिर क्या पहनावे में अंतर है? सीमाप्रांत के हिंदू और मुसलमान आपके सामने खड़े कर दिए जाएँ, कोई तमीज नहीं। हिंदू स्त्री-पुरुष भी मुसलमानों के—से शलवार पहनते हैं, हिंदू-स्त्रियाँ मुसलमान स्त्रियों की ही तरह कुरता और ओढ़नी पहनती-ओढ़ती हैं। हिंदू पुरुष भी मुसलमानों की तरह कुलाह और पगड़ी बाँधता है। अक्सर दोनों ही दाढ़ी भी रखते हैं। बंगाल में जाइए, वहाँ हिंदू और मुसलमान-स्त्रियाँ दोनों ही साड़ी पहनती हैं, हिंदू और मुसलमान-पुरुष दोनों ही कुरता और धोती पहनते हैं। तहमद की प्रथा बहुत हाल में चली है, जब से सांप्रदायिकता ने जोर पकड़ा है।

खान-पान को लीजिए। अगर मुसलमान मांस खाते हैं, तो हिंदू भी अस्सी फीसदी मांस खाते हैं। ऊँचे दरजे के हिंदू भी शराब पीते हैं, ऊँचे दरजे के मुसलमान भी। नीचे दरजे के हिंदू भी शराब पीते हैं, नीचे दरजे के मुसलमान भी। मध्यमवर्ग के हिंदू या तो बहुत कम शराब पीते हैं या भंग के गोले चढ़ाते हैं, जिसका नेता हमारा पंडा-पुजारी क्लास है। मध्यमवर्ग के मुसलमान भी बहुत कम शराब पीते हैं, हाँ कुछ लोग अफ़ीम की पीनक अवश्य लेते हैं, मगर इस पीनकबाजी में हिंदू भाई मुसलमानों से पीछे नहीं हैं। हाँ मुसलमान गाय की कुर्बानी करते हैं और उनका मांस खाते हैं, लेकिन हिंदुओं में भी ऐसी जातियाँ मौजूद हैं, जो गाय का मांस खाती हैं, यहाँ तक कि मृतक मांस भी नहीं छोड़तीं, हालाँकि बधिक और मृतक मांस में विशेष अंतर नहीं है। संसार में हिंदू ही एक ऐसी जाति है, जो गो-मांस को अखाद्य या अपवित्र समझती है। तो क्या इसलिए हिंदुओं को समस्त संसार से धर्म-संग्राम छेड़ देना चाहिए?

संगीत और चित्र-कला भी संस्कृति का एक अंग है, लेकिन यहाँ भी हम कोई सांस्कृतिक भेद नहीं पाते। वही राग-रागिनियाँ दोनों गाते हैं और मुगल काल की चित्र-कला से भी हम परिचित हैं। नाट्य कला पहले मुसलमानों में न रही हो, लेकिन आज इस सीगे में भी हम मुसलमानों को उसी तरह पाते हैं जैसे हिंदुओं को।

फिर हमारी समझ में नहीं आता कि वह कौन-सी संस्कृति है, जिसकी रक्षा के लिए सांप्रदायिकता इतना जोर बाँध रही है। वास्तव में संस्कृति की पुकार केवल ढोंग है, निरा पाखंड। और इसके जन्मदाता भी वही लोग हैं, जो सांप्रदायिकता की शीतल छाया में बैठे विहार करते हैं। यह सीधे-सादे आदमियों को सांप्रदायिकता की ओर घसीट लाने का केवल एक मंत्र है और कुछ नहीं। हिंदू और मुस्लिम संस्कृति के रक्षक वही महानुभाव और वही समुदाय हैं, जिनको अपने ऊपर, अपने देशवासियों के ऊपर और सत्य के ऊपर कोई भरोसा नहीं, इसलिए अनंत तक एक ऐसी शक्ति की जरूरत समझते हैं, जो उनके झगड़ों में सरपंच का काम करती रहे। इन संस्थाओं को जनता के सुख-दुःख से कोई मतलब नहीं, उनके पास ऐसा कोई सामाजिक या राजनैतिक कार्यक्रम नहीं है, जिसे राष्ट्र के सामने रख सकें। उनका काम केवल एक-दूसरे का विरोध करके सरकार के सामने फरियाद करना और इस तरह विदेशी शासन को स्थायी बनाना है। उन्हें किसी हिंदू या किसी मुस्लिम शासन की अपेक्षा

विदेशी शासन कहीं सह्य है। वे ओहदों और रिआयतों के लिए एक-दूसरे से चढ़ा-ऊपरी करके जनता पर शासन करने में शासक के सहायक बनने के सिवा और कुछ नहीं करते। मुसलमान अगर शासकों का दामन पकड़कर कुछ रिआयतें पा गया है, तो हिंदू क्यों न सरकार का दामन पकड़े और क्यों न मुसलमानों ही की भाँति सुर्खरू बन जाए। यही उनकी मनोवृत्ति है। कोई ऐसा काम सोच निकालना, जिससे हिंदू और मुसलमान दोनों एक होकर राष्ट्र का उद्धार कर सकें, उनकी विचार शक्ति से बाहर है। दोनों ही सांप्रदायिक संस्थाएँ मध्यमवर्ग के धनिकों, जमींदारों, ओहदेदारों और पद-लोलुपों की हैं। उनका कार्य क्षेत्र अपने समुदाय के लिए ऐसे अवसर प्राप्त करना है, जिससे वह जनता पर शासन कर सकें, जनता पर आर्थिक और व्यावसायिक प्रभुत्व जमा सकें। साधारण जनता के सुख-दुःख से उन्हें कोई प्रयोजन नहीं। अगर सरकार की किसी नीति से जनता को कुछ लाभ होने की आशा है और इन समुदायों को कुछ क्षति पहुँचने का भय है, तो वे तुरंत उसका विरोध करने को तैयार हो जाएँगी। अगर और ज्यादा गहराई तक जाएँ, तो हमें इन संस्थाओं में अधिकांश ऐसे सज्जन मिलेंगे जिनका कोई-न-कोई निजी हित लगा हुआ है और कुछ न सही तो हुक्काम के बंगलों पर उनकी रसाई ही सरल हो जाती है।

एक विचित्र बात है कि इन सज्जनों की अफसरों की निगाह में बड़ी इज्जत है, इनकी वे बड़ी खातिर करते हैं। इसका कारण इसके सिवा और क्या है कि वे समझते हैं, ऐसों पर ही उनका प्रभुत्व टिका हुआ है। आपस में खूब लड़े जाओ, खूब एक-दूसरे को नुकसान पहुँचाओ। उनके पास फरियाद ले जाओ, फिर उन्हें किसका गम है, वे अमर हैं। मजा यह है कि कुछ लोगों ने यह पाखंड फैलाना भी शुरू कर दिया है कि हिंदू अपने बूते पर स्वराज्य प्राप्त कर सकते हैं। इतिहास से उसके उदाहरण भी दिए जाते हैं। इस तरह की गलत फहमियाँ फैलाकर इसके सिवा कि मुसलमानों में और ज्यादा बदगुमानी फैले और कोई नतीजा नहीं निकल सकता। अगर कोई जमाना था, जब मुसलमानों के राजकाल में हिंदुओं ने स्वाधीनता पाई थी तो कोई ऐसा काल भी था, जब हिंदुओं के जमाने में मुसलमानों ने अपना साम्राज्य स्थापित किया था। उन जमानों को भूल जाइए। वह मुबारक दिन होगा, जब हमारी शालाओं से इतिहास उठा दिया जाएगा। यह जमाना सांप्रदायिक अभ्युदय का नहीं है। यह आर्थिक युग है और आज वही नीति सफल होगी जिससे जनता अपनी आर्थिक समस्याओं को हल कर सके, जिससे यह अंधविश्वास, यह धर्म के नाम पर किया गया पाखंड, यह नीति के नाम पर गरीबों को दुहने की कृपा मिटाई जा सके। जनता को आज संस्कृतियों की रक्षा करने का न अवकाश है न जरूरत। 'संस्कृति' अमीरों का, पेटभरों का, बेफिक्रों का व्यसन है। दरिद्रों के लिए प्राण-रक्षा ही सबसे बड़ी समस्या है। उस संस्कृति में था ही क्या, जिसकी वे रक्षा करें। जब जनता मूर्च्छित थी, तब उस पर धर्म और संस्कृति का मोह छाया हुआ था। ज्यों-ज्यों उसकी चेतना

जागृत होती जाती है, वह देखने लगी है कि यह संस्कृति केवल लुटेरों की संस्कृति थी, जो राजा बनकर, विद्वान बनकर, जगत सेठ बनकर जनता को लूटती थी। उसे आज अपने जीवन की रक्षा की ज्यादा चिंता है, जो संस्कृति की रक्षा से कहीं आवश्यक है। उस पुरानी संस्कृति में उसके लिए मोह का कोई कारण नहीं है और सांप्रदायिकता उसकी आर्थिक समस्याओं की तरफ से आँखें बंद किए हुए ऐसे कार्यक्रम पर चल रही है, जिससे उसकी पराधीनता चिरस्थायी बनी रहेगी।

—1934

क्या हम वास्तव में राष्ट्रवादी हैं?

यह तो हम पहले भी जानते थे और अब भी जानते हैं कि साधारण भारतवासी राष्ट्रीयता का अर्थ नहीं समझता, और यह भावना जिस जाग्रति और मानसिक उदारता से उत्पन्न होती है, वह अभी हममें से बहुत थोड़े आदमियों में आई है। लेकिन इतना जरूर समझते थे कि जो पत्रों के संपादक हैं, राष्ट्रीयता पर लंबे-लंबे लेख लिखते हैं और राष्ट्रीयता की वेदी पर बलिदान होने वालों की तरीफों के पुल बाँधते हैं, उनमें जरूर यह जागृति आ गई है और जात-पाँत की बेड़ियों से मुक्त हो चुके हैं, लेकिन अभी हाल में 'भारत' में एक लेख देखकर हमारी आँखें खुल गईं और यह अप्रिय अनुभव हुआ कि हम अभी तक केवल मुँह से राष्ट्र-राष्ट्र का गुल मचाते हैं, हमारे दिलों में अभी वही जाति-भेद का अंधकार छाया हुआ है। और यह कौन नहीं जानता कि जाति-भेद और राष्ट्रीयता दोनों में अमृत और विष का अंतर है। यह लेख किन्हीं 'निर्मल' महाशय का है। और यदि यह वही 'निर्मल' हैं, जिन्हें श्रीयुत ज्योतिप्रसाद जी 'निर्मल' के नाम से हम जानते हैं तो शायद वह ब्राह्मण हैं। हम अब तक उन्हें राष्ट्रवादी समझते थे, पर 'भारत' में उनका यह लेख देखकर हमारा विचार बदल गया, जिसका हमें दुःख है। हमें ज्ञात हुआ कि वह अब भी उन पुजारियों का, पुरोहितों का और जनेऊधारी लुटेरों का हिंदू समाज पर प्रभुत्व बनाए रखना चाहते हैं जिन्हें वह ब्राह्मण कहते हैं, पर हम उन्हें ब्राह्मण क्या, ब्राह्मण के पाँव की धूल भी नहीं समझते। 'निर्मल' की शिकायत है कि हमने अपनी तीन-चौथाई कहानियों में ब्राह्मण को काले रंगों में चित्रित करके अपनी संकीर्णता का परिचय दिया है, जो हमारी रचनाओं पर अमिट कलंक हैं। हम कहते हैं कि अगर हम में इतनी शक्ति होती तो हम अपना सारा जीवन हिंदू-जाति को पुरोहितों, पुजारियों, पंडों और धर्मोपजीवी कीटाणुओ से मुक्त कराने में अर्पण कर देते। हिंदू जाति का सबसे घृणित कोढ़, सबसे लज्जाजनक कलंक यही टकेपंथी दल है जो एक विशाल जोंक की भाँति उसका

खून चूस रहा है, और हमारी राष्ट्रीयता के मार्ग में यही सबसे बड़ी बाधा है। राष्ट्रीयता की पहली शर्त है, समाज में साम्य-भाव का दृढ़ होना। इसके बिना राष्ट्रीयता की कल्पना ही नहीं की जा सकती। जब तक यहाँ एक दल, समाज की भक्ति, श्रद्धा, अज्ञान और अंधविश्वास से अपना उल्लू सीधा करने के लिए बना रहेगा, तब तक हिंदू समाज कभी सचेत न होगा। और यह दल दस-पाँच लाख व्यक्तियों का नहीं है, असंख्य हैं। उसका उद्यम यही है कि वह हिंदू जाति को अज्ञान की बेड़ियों में जकड़े रखे, जिसमें वह जरा भी चूँ न कर सके। मानो आसुरी शक्तियों ने अंधकार और अज्ञान का प्रचार करने के लिए स्वयंसेवकों की यह अनगिनत सेना नियत कर रखी है। अगर हिंदू समाज को पृथ्वी से मिट नहीं जाना है तो उसे इस अंधकार-शासन को मिटाना होगा। हम नहीं समझते, आज कोई भी विचारवान् हिंदू ऐसा है, जो इस टकेपंथी दल को चिरायु देखना चाहता हो, सिवाय उनलोगों के जो स्वयं उस दल में हैं और चखौतियाँ कर रहे हैं। 'निर्मल' खुद शायद उसी टकेपंथी समाज के चौधरी हैं, वरना उन्हें टकेपंथियों के प्रति वकालत करने की जरूरत क्यों होती? वह और उनके समान विचार वाले उनके अन्य भाई शायद आज भी हिंदू समाज को अंधविश्वास से निकलने नहीं देना चाहते; वह राष्ट्रीयता की हाँक लगाकर भी भावी हिंदू समाज को पुरोहितों और पुजारियों ही का शिकार बनाए रखना चाहते हैं। मगर हम उन्हें विश्वास दिलाते हैं कि हिंदू समाज उनके प्रयत्नों और सिर-तोड़ कोशिशों के बावजूद अब आँखें खोलने लगा है और इसका प्रत्यक्ष प्रमाण यह है कि जिन कहानियों को 'निर्मल' जी ब्राह्मण-द्रोही बताते हैं, वह सब उन्हीं पत्रिकाओं में छपी थीं जिनके संपादक स्वयं ब्राह्मण थे। मालूम नहीं 'निर्मल' जी 'वर्तमान' के संपादक श्री रमाशंकर अवस्थी, 'सरस्वती' के संपादक श्री देवी दत्त शुक्ल, 'माधुरी' के संपादक पं. रूपनारायण पांडे, 'विशाल भारत' के संपादक श्री बनारसीदास चतुर्वेदी आदि सज्जनों को ब्राह्मण समझते हैं या नहीं, पर इन सज्जनों ने उन कहानियों को छापते समय जरा भी आपत्ति न की थी। वे उन कहानियों को आपत्तिजनक समझते, तो कदापि न छापते। हम उनका गला तो न दबा सकते थे। मुरौअत में पड़कर भी आदमी अपने धार्मिक विश्वास को तो नहीं त्याग सकता। ये कहानियाँ उन महानुभावों ने इसीलिए छापीं, कि वे भी हिंदू-समाज को टकेपंथियों के जाल से निकालना चाहते हैं, वे ब्राह्मण होते हुए भी इस ब्राह्मण जाति को बदनाम करने वाले जीवों का समाज पर प्रभुत्व नहीं देखना चाहते।

हमारा खयाल है कि टकेपंथियी से जितनी लज्जा उन्हें आती होगी, उतनी दूसरे समुदाय को नहीं आ सकती, क्योंकि यह धर्मोपजीवी दल अपने को ब्राह्मण कहता है। हम कायस्थ कुल में उत्पन्न हुए हैं और अभी तक उस संस्कार को नहीं मिटा सकने के कारण किसी कायस्थ को चोरी करते या रिश्वत लेते देख कर लज्जित होते हैं। ब्राह्मण क्या इसे पसंद कर सकता है, कि उसी समुदाय के असंख्य प्राणी

भीख माँगकर, भोले-भाले हिंदुओं को ठगकर, बात-बात में पैसे वसूल करके, निर्लज्जता के साथ अपने धर्मात्मापन का ढोंग करते फिरें। यह जीवन व्यवसाय उन्हीं को पसंद आ सकता है, जो खुद उसमें लिप्त हैं और वह भी उसी वक्त तक, जब तक कि उनकी अंध स्वार्थ-भावना प्रचंड है और भीतर की आँखें बंद हैं। आँखें खुलते ही वह उस व्यवसाय और उस जीवन से घृणा करने लगेंगे। हम ऐसे सज्जनों को जानते हैं, जो पुरोहित कुल में पैदा हुए, पर शिक्षा प्राप्त कर लेने के बाद उन्हें वह टकापंथपन इतना जघन्य जान पड़ा कि उन्होंने लाखों रुपए माल की आमदनी पर लात मार कर स्कूल में अध्यापक होना स्वीकार कर लिया। आज भी कुलीन ब्राह्मण पुरोहितपन और पुजारीपन को त्याज्य समझता है और किसी दशा में भी यह निकृष्ट जीवन अंगीकार न करेगा। ब्राह्मण वह है, जो निस्पृह हो, त्यागी हो और सत्यवादी हो। सच्चे ब्राह्मण महात्मा गाँधी हैं, नेहरू हैं, स. पटेल हैं, स्वामी श्रद्धानंद हैं। वह नहीं जो प्रातःकाल आपके द्वार पर आकर करताल बजाते हुए—'निर्मलपुत्र देहि भगवान्' की हाँक लगाने लगते हैं, या गणेश-पूजा और गौरी-पूजा और अल्लम-गल्लम पूजा पर यजमानों से पैसे रखाते हैं, या गंगा में स्नान करने वालों से दक्षिणा वसूल करते हैं, या विद्वान होकर ठाकुर जी और ठकुराइन जी के शृंगार में अपना कौशल दिखाते हैं, या मंदिर में मखमली गाव तकिए लगाए वेश्याओं का नृत्य देखकर भगवान से लौ लगाते हैं। हिंदू बालक जब से धरती पर आता है और जब तक वह धरती से प्रस्थान नहीं कर जाता, इसी अंधविश्वास और अज्ञान के चक्कर में सम्मोहित पड़ा रहता है। और नाना प्रकार के दृष्टांतों से मनगढ़ंत किस्से-कहानियों से पुण्य और धर्म के गोरख-धंधों से, स्वर्ग और नरक की मिथ्या कल्पनाओं से, वह उपजीवी दल उनकी सम्मोहनावस्था को बनाए रखता है। और उनकी वकालत करते हैं हमारे कुशल पत्रकार 'निर्मल' जी, जो राष्ट्रवादी हैं। राष्ट्रवाद ऐसे उपजीवी समाज को घातक समझता है, और समाजवाद में तो उसके लिए स्थान ही नहीं। और हम जिस राष्ट्रीयता का स्वप्न देख रहे हैं उसमें तो जन्मगत वर्णों की गंध तक न होगी, वह हमारे श्रमिकों और किसानों का साम्राज्य होगा, जिसमें न कोई ब्राह्मण होगा, न हरिजन, न कायस्थ, न क्षत्रिय। उसमें सभी भारतवासी होंगे, सभी ब्राह्मण होंगे या सभी हरिजन होंगे।

कुछ मित्रों की यह राय हो सकती है कि माना टकेपंथी समाज निकृष्ट है, त्याज्य है, पाखंडी है, लेकिन तुम उसकी निंदा क्यों करते हो, उसके प्रति घृणा क्यों फैलाते हो, उसके प्रति प्रेम और सहानुभूति क्यों नहीं दिखलाते, घृणा तो उसे और भी दुराग्रही बना देती है और फिर उसके सुधार की संभावना भी नहीं रहती। इसके उत्तर में हमारा यही नम्र निवेदन है कि हमें किसी व्यक्ति या समाज से कोई द्वेष नहीं, हम अगर टकेपंथीपन का उपहास करते हैं, तो जहाँ हमारा एक उद्देश्य यह होता है कि समाज में से ऊँच-नीच, पवित्र-अपवित्र का ढोंग मिटाएँ, वहाँ दूसरा उद्देश्य यह भी होता है कि टकेपंथियों के सामने उनका वास्तविक और कुछ अतिरंजित चित्र

रखें, जिसमें उन्हें अपने व्यवसाय, अपनी धूर्तता, अपने पाखंड से घृणा और लज्जा उत्पन्न हो, और वे उनका परित्याग कर ईमानदारी और सफाई की जिंदगी बसर करें और अंधकार की जगह प्रकाश के स्वयंसेवक बन जाएँ। 'ब्रह्मभोज' और 'सत्याग्रह' नामक कहानियों ही को देखिए, जिन पर 'निर्मल' जी को आपत्ति है। उन्हें पढ़कर क्या यह इच्छा होती है कि चौबे जी का अहित किया जाए? हमने चेष्टा की है कि पाठक के मन में उनके प्रति द्वेष न उत्पन्न हो। हाँ, परिहास द्वारा उनकी मनोवृत्ति दिखाई है। ऐसे चौबों को देखना हो, तो काशी या वृंदावन में देखिए और ऐसे पंडितों को देखना हो तो, वर्णाश्रम स्वराज्य संघ में चले जाइए, और यदि 'निर्मल' जी पहले ही उस धर्मात्मा दल में नहीं जा मिले हैं, तो अब उन्हें चटपट उस दल में जा मिलना चाहिए, क्योंकि वहाँ उन्हीं की मनोवृत्ति के महानुभाव मिलेंगे। और वहाँ उन्हें मोटेराम जी के बहुत से भाई-बंधु मिल जाएँगे, जो उनसे कहीं बड़े सत्याग्रही होंगे। हमने कभी इस समुदाय की पोल खोलने की चेष्टा नहीं की, केवल मीठी चुटकियों से और फुसफुसे परिहास से काम लिया, हालाँकि जरूरत थी बर्नार्ड शा जैसे प्रतिभाशाली व्यक्ति की, जो घन से चोट लगता है।

निर्मल जी को इस बात की बड़ी फिक्र है कि आज से पचास साल बाद के लोग जो हमारी रचनाएँ पढ़ेंगे, उनके सामने ब्राह्मण समाज का कैसा चित्र होगा और हिंदू समाज से कितने विरक्त हो जाएँगे। हम पूछते हैं, महात्मा गाँधी के हरिजन आंदोलन को लोग आज से एक हजार साल के बाद क्या समझेंगे? यही कि हरिजनों को ऊँची जाति के हिंदुओं ने कुचल रखा था। हमारे लेखों से भी आज के पचास साल बाद लोग यही समझेंगे कि उस समय हिंदू समाज में इसी तरह के पुजारियों, पुरोहितों, पंडों, पाखंडियों और टकेपंथियों का राज था और कुछ लोग उनके इस राज को उखाड़ फेंकने का प्रयत्न कर रहे थे। 'निर्मल' जी इस समुदाय को ब्राह्मण कहें, हम नहीं कह सकते। हम तो उसे पाखंडी समाज कहते हैं, जो अब निर्लज्जता की पराकाष्ठा तक पहुँच चुका है। ऐतिहासिक सत्य चुप-चुप करने से नहीं दब सकता। साहित्य अपने समय का इतिहास होता है, इतिहास से कहीं अधिक सत्य। इसमें शर्माने की बात अवश्य है कि हमारा हिंदू समाज क्यों ऐसा गिरा हुआ है और क्यों आँखें बंद करके धूर्त्तों को अपना पेशवा मान रहा है और क्यों हमारी जाति का एक अंग पाखंड को अपनी जीविका का साधन बनाए हुए है, लेकिन केवल शर्माने से तो काम नहीं चलता। इस अधोगति की दशा-सुधार करना है। इसके प्रति घृणा फैलाइए, प्रेम फैलाइए, उपहास कीजिए या निंदा कीजिए, सब जायज है और केवल हिंदू-समाज के दृष्टिकोण से ही नहीं जायज है, उस समुदाय के दृष्टिकोण से भी जायज है, जो मुफ्तखोरी, पाखंड और अंधविश्वास में अपनी आत्मा का पतन कर रहा है और अपने साथ हिंदू-जाति को डुबाए डालता है। हमने अपने गल्पों में इस पाखंडी समुदाय का यथार्थ रूप नहीं दिखाया है, वह उससे कहीं पतित है, उसकी सच्ची दशा हम लिखें,

तो शायद 'निर्मल' जी को तो न आश्चर्य होगा, क्योंकि वह उसी समुदाय के एक व्यक्ति हैं, लेकिन हिंदू-समाज की जरूर आँखें खुल जाएँगी। मगर यह हमारी कमजोरी है कि हम बहुत-सी बातें जानते हुए भी उनके लिखने का साहस नहीं रखते और अपने प्राणों का भय भी है, क्योंकि यह समुदाय कुछ भी कर सकता है। शायद इस सांप्रदायिक प्रसंग को इसीलिए उठाया भी जा रहा है कि पंडों और पुरोहितों को हमारे विरुद्ध उत्तेजित किया जाए।

निर्मल जी ने हमें 'आदर्शवाद' और 'कला' के विषय में भी कुछ उपदेश देने की कृपा की है, पर हम यह उपदेश ऐसों से ले चुके हैं, जो उनसे कहीं ऊँचे हैं। आदर्शवाद उसे नहीं कहते कि अपने समाज में जो बुराइयाँ हों, उनके सुधार के बदले उन पर परदा डालने की चेष्टा की जाए, या समाज को एक लुटेरे समुदाय के हाथों लुटते देखकर हमारी जबान बंद कर ली जाए। आदर्शवाद का जीता-जागता उदाहरण हरिजन-आंदोलन हमारी आँखों के सामने है। 'निर्मल' जी जबान में तो इस आंदोलन के विरुद्ध कुछ कहने का साहस नहीं रखते, लेकिन उनके दिल में घुसकर देखा जाए, तो मंदिरों का खुलना और मंदिरों के ठेकेदारों के प्रभुत्व का मिटना, उन्हें जहर ही लग रहा होगा मगर बेचारे मजबूर हैं, क्या करें?

'निर्मल' जी हमें ब्राह्मण-द्वेषी बताकर संतुष्ट नहीं हुए। उन्होंने हमें हिंदू-द्रोही भी सिद्ध किया है, क्योंकि हमने अपनी रचनाओं में मुसलमानों को अच्छे रूप में दिखाया है। तो क्या आप चाहते हैं, हम मुसलमानों को भी उसी तरह चित्रित करें, जिस तरह पुरोहितों और पाखंडियों को करते हैं? हमारी समझ में मुसलमानों से हिंदू जाति को उसकी शतांश हानि नहीं पहुँची है, जितनी इन पाखंडियों के हाथों पहुँची और पहुँच रही है। मुसलमान हिंदू को अपना शिकार नहीं समझता, उसकी जेब से धोखा देकर और अश्रद्धा का जादू फैलाकर कुछ ऐंठने की फिक्र नहीं करता। फिर भी मुसलमानों को मुझसे शिकायत है कि मैंने उनका विकृत रूप खींचा है। हम ऐसे मुसलमान मित्रों के खत दिखा सकते हैं, जिन्होंने हमारी कहानियों में मुलसमानों के प्रति अन्याय दिखाया है। हमारा आदर्श सदैव से यह रहा है कि जहाँ धूर्त्तता और पाखंड और सबलों द्वारा निर्बलों पर अत्याचार देखो, उसको समाज के सामने रखो, चाहे हिंदू हो, पंडित हो, बाबू हो, मुसलमान हो, या कोई हो। इसलिए हमारी कहानियों में आपको पदाधिकारी, महाजन, वकील और पुजारी गरीबों का खून चूसते हुए मिलेंगे, और गरीब किसान, मजदूर, अछूत और दरिद्र उनके आघात सहकर भी अपने धर्म और मनुष्यता को हाथ से न जाने देंगे, क्योंकि हमने उन्हीं में सबसे ज्यादा सच्चाई और सेवा-भाव पाया है। और यह हमारा दृढ़ विश्वास है कि जब तक यह सामुदायिकता और सांप्रदायिकता और यह अंधविश्वास हममें से दूर न होगा, जब तक समाज को पाखंड से मुक्त न कर लेंगे, तब तक हमारा उद्धार न होगा। हमारा स्वराज्य केवल विदेशी जुए से अपने को मुक्त करना नहीं है, बल्कि हम सामाजिक जुए से भी, इस पाखंडी जुए से भी,

जो विदेशी शासन से कहीं घातक है, और हमें आश्चर्य होता है कि 'निर्मल' जी और उनकी मनोवृत्ति के अन्य सज्जन कैसे इस पुरोहिती शासन का समर्थन कर सकते हैं। उन्हें खुद इस पुरोहितपन को मिटाना चाहिए, क्योंकि वह राष्ट्रवादी हैं। अगर कोई ब्राह्मण, कायस्थों के करारदाद की, उनके मदिरा सेवन की, या उनकी अन्य बुराइयों की निंदा करे, तो मुझे जरा भी बुरा न लगेगा। मैंने खुद इन बुराइयों की ओर समाज को मुखातिब किया है। कोई हमारी बुराई दिखाए और हमदर्दी से दिखाए, तो हमें बुरा लगने या दाँत किटकिटाने का कोई कारण नहीं हो सकता। मिस मेयो ने जो बुराइयाँ दिखाई थीं, उनमें उनका दूषित मनोभाव था। वह भारतीयों को स्वराज्य के अयोग्य सिद्ध करने के लिए प्रमाण खोज रही थीं। क्या 'निर्मल' जी मुझे भी ब्राह्मण-द्रोही, हिंदू-द्रोही की तरह स्वराज्य-द्रोही भी समझते हैं?

अंत में मैं अपने मित्र 'निर्मल' जी से बड़ी नम्रता के साथ निवेदन करूँगा, कि पुरोहितों के प्रभुत्व के दिन अब बहुत थोड़े रह गए हैं और समाज और राष्ट्र की भलाई इसी में है कि जाति से यह भेदभाव, यह एकांगी प्रभुत्व, यह खून चूसने की प्रवृत्ति मिटाई जाए, क्योंकि जैसा हम पहले कह चुके हैं, राष्ट्रीयता की पहली शर्त वर्णव्यवस्था, ऊँच-नीच के भेद और धार्मिक पाखंड की जड़ खोदना है। इस तरह के लेखों से आपको आपके पुरोहित भाई चाहे अपना हीरो समझें और मंदिर के महंतों और पुजारियों की आप पर कृपा हो जाए, लेकिन राष्ट्रीयता को हानि पहुँचती है और आप राष्ट्रप्रेमियों की दृष्टि में गिर जाते हैं। आप यह ब्राह्मण समुदाय की सेवा नहीं, उसका अपमान कर रहे हैं।

—1934

महाजनी सभ्यता

मुजदः ए दिल कि मसीहा नफ़से मी आयद;
कि जे अनफास खुँशश बूए कसे मी आयद।[1]

जागीरदारी सभ्यता में बलवान् भुजाएँ और मजबूत कलेजा जीवन की आवश्यकताओं में परिगणित थे, और साम्राज्यवाद में बुद्धि और वाणी के गुण तथा मूक आज्ञापालन उसके आवश्यक साधन थे; पर उन दोनों स्थितियों में दोनों के साथ कुछ गुण भी थे। मनुष्य के अच्छे भाव लुप्त नहीं हो गए थे। जागीरदार अगर दुश्मन के खून

1. हृदय तू प्रसन्न हो कि पीयूषपाणि मसीहा सशरीर तेरी ओर आ रहा है। देखता नहीं कि लोगों की साँसों से किसी की सुगंधि आ रही है।

से अपनी प्यास बुझाता था, तो अकसर अपने किसी मित्र या उपकारक के लिए जान की बाजी भी लगा देता था। बादशाह अगर अपने हुक्म को कानून समझता था और उसकी अवज्ञा को कदापि सहन न कर सकता था, तो प्रजा-पालन भी करता था, न्यायशील भी होता था। दूसरे के देश पर चढ़ाई वह या तो किसी अपमान-अपकार का बदला फेरने के लिए करता था या अपनी आन-बान रोब-दाब कायम रखने के लिए या फिर देश-विजय और राज्य-विस्तार की वीरोचित महत्त्वाकांक्षा से प्रेरित होता था। उसकी विजय का उद्देश्य प्रजा का खून चूसना कदापि न होता था। कारण यह है कि राजा और सम्राट जन-साधारण को अपने स्वार्थसाधन और धन शोषण की भट्टी या ईधन समझते थे; किंतु उनके दुःख-सुख में शरीक होते थे और उनके गुण की कद्र करते थे।

मगर इस महाजनी सभ्यता में सारे कामों की गरज महज पैसा होती है। किसी देश पर राज्य किया जाता है, तो इसलिए कि महाजनों, पूँजीपतियों को ज्यादा-से-ज्यादा नफा हो। इस दृष्टि से मानो आज दुनिया में महाजनों का ही राज्य है। मनुष्य-समाज दो भागों में बँट गया है। बड़ा हिस्सा तो मरने और खपने वालों का है, और बहुत ही छोटा हिस्सा उन लोगों का, जो अपनी शक्ति और प्रभाव से बड़े समुदाय को अपने वश में किए हुए हैं। उन्हें इस बड़े भाग के साथ किसी तरह की हमदर्दी नहीं, जरा भी रूरियांयत नहीं। उसका अस्तित्व केवल इसलिए है कि अपने मालिकों के लिए पसीना बहाए, खून गिराए और एक दिन चुपचाप इस दुनिया से विदा हो जाए। अधिक दुःख की बात तो यह है कि शासक वर्ग के विचार और सिद्धांत शासित वर्ग के भीतर भी समा गए हैं; जिसका फल यह हुआ है कि हर आदमी अपने को शिकारी समझता है और उसका शिकार है समाज। वह खुद समाज से बिल्कुल अलग है, अगर कोई संबंध है, तो यह कि किसी चाल या युक्ति से वह समाज को उल्लू बनाए और उससे जितना लाभ उठाया जा सकता हो, उठा ले।

धन-लोभ ने मानव भावों को पूर्ण रूप से अपने अधीन कर लिया है। कुलीनता और शराफत, गुण और कमाल की कसौटी पैसा, और केवल पैसा है। जिसके पास पैसा है, वह देवता स्वरूप है, उसका अंतःकरण कितना ही काला क्यों न हो। साहित्य, संगीत और कला—सभी धन की देहली पर माथा टेकने वालों में हैं। यह हवा इतनी जहरीली हो गई है कि इसमें जीवित रहना कठिन होता जा रहा है। डॉक्टर और हकीम है कि वह बिना लंबी फीस लिए बात नहीं करता। वकील और बैरिस्टर है कि वह मिनटों को अशर्फियों से तौलता है। गुण और योग्यता की सफलता उसके आर्थिक मूल्य के हिसाब से मानी जा रही है। मौलवी साहब और पंडितजी भी पैसे वालों के बिना पैसे के गुलाम हैं। अखबार उन्हीं का राग अलापते हैं। इस पैसे ने आदमी के दिलोदिमाग पर इतना कब्जा जमा लिया है कि उसके राज्य पर किसी ओर से भी आक्रमण करना कठिन दिखाई देता है। वह दया और स्नेह, सच्चाई और

सौजन्य का पुतला मनुष्य दया-ममता-शून्य ज़ड़यंत्र बन कर रह गया है। इस महाजनी सभ्यता ने नए-नए नीतिनियम गढ़ लिए हैं जिन पर आज समाज की व्यवस्था चल रही है। उसमें से एक यह है कि समय ही धन है। पहले समय जीवन था और उसका सर्वोत्तम उपयोग विद्या, कला का अर्जन अथवा दीन-दुःखी जनों की सहायता था। अब उसका सबसे बड़ा सदुपयोग पैसा कमाना है। डॉक्टर साहब हाथ मरीज की नब्ज पर रखते हैं और निगाह घड़ी की सुई पर। उसका एक-एक मिनट एक-एक अशर्फी है। रोगी ने अगर केवल एक अशर्फी नजर की है, तो वह उसे मिनट से ज्यादा वक्त नहीं दे सकते। रोगी अपनी दुःख-गाथा सुनाने के लिए बेचैन है पर डॉक्टर साहब का उधर बिलकुल ध्यान नहीं। उन्हें उससे जरा भी दिचलस्पी नहीं। उनकी निगाह में उस व्यक्ति का अर्थ केवल इतना ही है कि वह उन्हें फीस देता है। वह जल्द से जल्द नुस्खा लिखेंगे और दूसरे रोगी को देखने चले जाएँगे। मास्टर साहब पढ़ाने आते हैं, उनका एक घंटा वक्त बँधा है। वह घड़ी सामने रख लेते हैं, जैसे ही घंटा पूरा हुआ, वह उठ खड़े हुए। लड़के का सबक अधूरा रह गया है तो रह जाए, उनकी बला से। वह घंटे से अधिक समय कैसे दे सकते हैं, क्योंकि समय रुपया है। इस धन-लोभ ने मनुष्यता और मित्रता नाम शेष कर डाला है। पति को पत्नी या लड़कों से बात करने की फुर्सत नहीं, मित्र और संबंधी किस गिनती में हैं। जितनी देर वह बातें करेगा, उतनी देर में तो कुछ कमा लेगा। कुछ कमा लेना ही जीवन की सार्थकता है, शेष सब कुछ समय-नाश है। बिना खाए-सोए काम नहीं चलता, बेचारा इससे लाचार है और इतना समय नष्ट करना ही पड़ता है।

आपका कोई मित्र या संबंधी अपने नगर में प्रसिद्धि प्राप्त कर चुका है, तो समझ लीजिए, उसके यहाँ अब आपकी रसाई मुमकिन नहीं। आपको उसे दरे-दौलत पर जाकर कार्ड भेजना होगा। उन महाशय को बहुत से काम होंगे, मुश्किल से आपसे एक-दो बातें करेंगे या साफ जवाब दे देंगे कि आज फुर्सत नहीं है। अब वह पैसे के पुजारी हैं, मित्रता और शीलसंकोच के नाम पर कब की तिलांजलि दे चुके हैं।

आपका कोई दोस्त वकील है और आप किसी मुकदमे में फँस गए हैं, तो उससे किसी तरह की सहायता की आशा न रखिए। अगर वह मुरौवत को गंगा में डुबो नहीं चुका है तो आपसे लेन-देन की बात शायद न करेगा, पर आपके मुकदमे की ओर तनिक भी ध्यान न देगा। इससे तो कहीं अच्छा है कि आप किसी अपरिचित के पास जाएँ और उसकी पूरी फीस अदा करें। ईश्वर न करे कि आज किसी को किसी चीज में कमाल हासिल हो जाए, फिर उसमें मनुष्यता नाम को न रह जाएगी; उसका एक-एक मिनट कीमती हो जाएगा।

इसका अर्थ यह नहीं कि व्यर्थ की गपशप में समय नष्ट किया जाए, पर यह अर्थ अवश्य है कि धन-लिप्सा को इतना बढ़ने न दिया जाए कि वह मनुष्यता, मित्रता, स्नेह-सहानुभूति सबको निकाल बाहर करे।

पर आज उस पैसे के गुलाम को बुरा नहीं कह सकते। सारी दुनिया जिस प्रवाह में बह रही है, वह भी उसी में बह रहा है। मान-प्रतिष्ठा सदा से मानवीय आकांक्षाओं का लक्ष्य रहा है। जब विद्या-कला मान-प्रतिष्ठा का साधन थी, उस समय लोग इन्हीं का अर्जन-अभ्यास करते थे। जब धन उसका एकमात्र उपाय है, तब मनुष्य मजबूर है कि एकनिष्ठ भाव से उसी की उपासना करे। वह कोई साधु-महात्मा, संन्यासी-उदासी नहीं; वह देख रहा है कि उसके पेशे में जो सौभाग्यशाली सफलता की कठिन यात्रा पूरी कर सके हैं, वह उसी राजमार्ग के पथिक थे, जिस पर वह खुद चल रहा है। समय धन है एक सफल व्यक्ति का। वह इस सिद्धांत का अनुसरण करते देखता है, फिर वह भी उसी के पद-चिह्नों का अनुसरण करता है, तो उसका क्या दोष? मान-प्रतिष्ठा की लालसा तो दिल से मिटाई नहीं जा सकती। वह देख रहा है कि जिसके पास दौलत नहीं और इसीलिए नहीं कि उन्होंने वक्त को दौलत नहीं समझा, उनको कोई पूछने वाला नहीं। वह अपने पेशे में उस्ताद है फिर भी उसकी कहीं पूछ नहीं। जिस आदमी में तनिक भी जीवन की आकांक्षा है वह तो इस उपेक्षा की स्थिति को सहन नहीं कर सकता। उसे तो मुरौवत, दोस्ती और सौजन्य को धता बतला कर लक्ष्मी की आराधना में अपने को लीन कर देना होगा, तभी इस देवी का वरदान उसे मिलेगा, और यह कोई इच्छाकृत कार्य नहीं किंतु सर्वथा बाध्यकारी है। उसके मन की अवस्था अपने आप कुछ इस तरह की हो गई है कि उसे धनार्जन के सिवा और किसी काम से लगाव नहीं रहा। अगर उसे किसी सभा या व्याख्यान में आधा घंटा बैठना पड़े; तो समझ लो, वह कैद की घड़ी काट रहा है। उसकी सारी मानसिक, भावगत और सांस्कृतिक दिलचस्पियाँ इसी केंद्र बिंदु पर एकत्र हो गई हैं और क्यों न हों? वह देख रहा है कि पैसे के सिवा उसका और कोई अपना नहीं। स्नेही मित्र भी अपनी गरज लेकर ही उसके पास आते हैं, स्वजन-संबंधी भी उसके पैसे के ही पुजारी हैं। वह जानता है कि अगर वह निर्बल होता, तो वह जो दोस्तों का जमघट लग रहा है, उनमें से एक के भी दर्शन न होते, इन स्वजन-संबंधियों में से एक भी पास न फटकता। उसे समाज में अपनी एक हैसियत बनानी है, बुढ़ापे के लिए कुछ बचाना है, लड़कों के लिए कुछ कर जाना है जिसमें उन्हें दर-दर की ठोकरें न खानी पड़ें। इस निष्ठुर, सहानुभूति-शून्य दुनिया का उसे पूरा अनुभव है। अपने लड़कों को वह उन कठिन अवस्थाओं में नहीं पड़ने देना चाहता जो सारी आशाओं-उमंगों पर पाला गिरा देती हैं, हिम्मत हौसले को तोड़कर रख देती हैं। उसे वह सारी मंजिलें जो एक साथ जीवन के आवश्यक अंग हैं, खुद तय करनी होंगी और जीवन को व्यापार के सिद्धांतों पर चलाए बिना वह इनमें से एक भी मंजिल पार नहीं कर सकता।

इस सभ्यता का दूसरा सिद्धांत है 'बिजनेस इज बिजनेस' अर्थात् व्यवसाय व्यवसाय है, उसमें भावुकता के लिए गुंजाइश नहीं। पुराने जीवन-सिद्धांत में वह लट्ठमार

साफगोई नहीं है, जो निर्लज्जता कही जा सकती है और जो इस नवीन सिद्धांत की आत्मा है। जहाँ लेन-देन का सवाल है, रुपए-पैसे का मामला है, वहाँ न दोस्ती का गुजर है, न मुरौवत का, न इंसानियत का। 'बिजनेस' में दोस्ती कैसी। जहाँ किसी ने इस सिद्धांत की आड़ ली और लाजवाब हुए। फिर आपकी जबान नहीं खुल सकती। एक सज्जन जरूरत से लाचार होकर अपने किसी महाजन मित्र के पास जाते हैं और चाहते हैं कि वह उनकी कुछ मदद करें। यह भी आशा रखते हैं कि शायद सूद के दर में वह कुछ रियायत कर दें; पर जब देखते हैं कि यह महानुभाव मेरे साथ भी बड़ा कारोबारी बर्त्ताव कर रहे हैं, तो कुछ रियायत की प्रार्थना करते हैं, मित्रता और घनिष्ठता के आधार पर आँखों में आँसू भरकर बड़े करुण स्वर में करते हैं—महाशय, मैं इस समय बड़ा परेशान हूँ, नहीं तो आपको कष्ट नहीं देता, ईश्वर के लिए मेरे हाल पर रहम कीजिए। समझ लीजिए कि एक पुराने दोस्त...। वहीं बात काट कर आशा के स्वर में फरमाया जाता है, लेकिन जनाब, आप 'बिजनेस इज बिजनेस' इसे भूल जाते हैं। उस दिन कातर प्रार्थी पर मानो बम का गोला गिरा। अब उसके पास कोई तर्क नहीं, कोई दलील नहीं। चुपके से उठकर अपनी राह लेता है या फिर अपने व्यवसाय-सिद्धांत के भक्त मित्र की सारी शर्तें कबूल कर लेता है।

इस महाजनी सभ्यता ने दुनिया में जो नई रीति-नीतियाँ चलाई हैं उनमें सबसे अधिक और रक्तपिपासु यह व्यवसाय वाला सिद्धांत है। मियाँ-बीबी में बिज़नेस, बाप-बेटे में बिज़नेस गुरु-शिष्य में बिज़नेस! सारे मानवी, आध्यात्मिक और सामाजिक नेह-नाते समाप्त। आदमी-आदमी के बीच बस कोई लगाव है, तो बस बिज़नेस का। लानत है इस बिज़नेस पर। लड़की अगर दुर्भाग्यवश क्वाँरी रह गई और अपनी जीविका का कोई उपाय न निकाल सकी, तो अपने बाप के घर में ही लौंडी बन जाना पड़ता है। यों लड़के-लड़कियाँ सभी घरों में काम-काज करते ही हैं, पर उन्हें कोई टहलुआ नहीं समझता; पर इस महाजनी सभ्यता में लड़की एक खास उम्र के बाद लौंडी और अपने भाइयों की मजदूरनी हो जाती है। पूज्य पिताजी भी अपने पितृ-भक्त बेटे के टहलुए बन जाते हैं और माँ अपने सपूत की टहलुई। स्वजन-संबंधी तो किसी गिनती में नहीं। भाई भी भाई के घर आए तो मेहमान है। अकसर तो उसे मेहमानी का बिल भी चुकाना पड़ता है। इस सभ्यता की आत्मा है व्यक्तिवाद। आप स्वार्थी बनें। सब कुछ अपने लिए।

पर यहाँ भी हम किसी को दोषी नहीं ठहरा सकते। वही मान-प्रतिष्ठा, वही भविष्य की चिंता, वही अपने बाद बीबी-बच्चों के गुजर का सवाल, वही नुमाइश और दिखावे की आवश्यकता हर एक की गरदन पर सवार है, और वह हिल नहीं सकता। वह इस सभ्यता के नीति-नियमों का पालन न करे तो उसका भविष्य अंधकारमय है।

अब तक दुनिया के लिए इस सभ्यता की रीति-नीति का अनुसरण करने के सिवा और कोई उपाय न था। उसे झक मारकर उसके आदेशों के सामने सिर झुकाना पड़ता था। महाजन अपने जोम में फूला फिरता था। सारी दुनिया उसके चरणों पर नाक रगड़ रही थी। बादशाह उसके बंदा, वजीर उसके गुलाम, संधिविग्रह की कुंजी उसके हाथ में, दुनिया उसकी महत्त्वाकांक्षाओं के सामने सिर झुकाए हुए, हर मुल्क में उसका बोलबाला।

परंतु अब एक नई सभ्यता का सूर्य सुदूर पश्चिम से उदय हो रहा है, जिसने इस नाटकीय महाजनवाद या पूँजीवाद की जड़ खोदकर फेंक दी है, जिसका मूल सिद्धांत यह है कि प्रत्येक व्यक्ति, जो अपने शरीर या दिमाग से मेहनत करके कुछ पैदा कर सकता है, राज्य और समाज का परम सम्मानित सदस्य हो सकता है, और जो केवल दूसरों की मेहनत या बाप-दादों के जोड़े हुए धन पर रईस बना फिरता है, वह पतितृतम् प्राणी है। उसे राज्य-प्रबंध में राय देने का हक नहीं और वह नागरिकता के अधिकारों का भी पात्र नहीं। महाजन इस नई लहर से अति उद्विग्न होकर बौखलाया हुआ फिर रहा है और सारी दुनिया के महाजनों की शामिल आवाज इस नई सभ्यता को कोस रही है, उसे शाप दे रही है। व्यक्ति स्वातंत्र्य, धर्म-विश्वास की स्वाधीनता, अपनी अंतरात्मा के आदेश पर चलने की आजादी, वह इन सबकी घातक, गला घोंट देनेवाली बताई जा रही है। उस पर नए-नए लांछन लगाए जा रहे हैं, नई-नई हुरमतें तराशी जा रही हैं। वह काले से काले रंग में रंगी जा रही है। कुत्सित रूप में चित्रित की जा रही है। उन सभी साधनों से जो पैसे वालों के लिए सुलभ हैं, काम लेकर उनके विरुद्ध प्रचार किया जा रहा है; पर सच्चाई है जो इस सारे अंधकार को चीर कर दुनिया में अपनी ज्योति का उजाला फैला रही है।

निस्संदेह इस नई सभ्यता ने व्यक्ति-स्वातंत्र्य के पंजे, नाखून और दाँत तोड़ दिए हैं। उसके राज्य में अब एक पूँजीपति लाखों मजदूरों का खून पाकर मोटा नहीं हो सकता। उसे अब यह आजादी नहीं कि अपने नफे के लिए साधारण आवश्यकता की वस्तुओं के दाम चढ़ा सके, दूसरे अपने माल की खपत करने के लिए युद्ध करा दे, गोला-बारूद और युद्ध-सामग्री बनाकर दुर्बल राष्ट्रों का दमन कराए। अगर इसकी स्वाधीनता ही स्वाधीनता है तो निस्संदेह नई सभ्यता में स्वाधीनता नहीं; पर यदि स्वाधीनता का अर्थ यह है कि जनसाधारण की हवादार मकान, पुष्टिकर भोजन, साफ-सुथरे गाँव, मनोरंजन और व्यायाम की सुविधाएँ, बिजली के पंखे और रोशनी, सस्ता और सद्यः सुलभ न्याय की प्राप्ति हो, तो इस समाज-व्यवस्था में जो स्वाधीनता और आजादी है, वह दुनिया की किसी सभ्यतम कहलाने वाली जाति को भी सुलभ नहीं है, धर्म की स्वतंत्रता का अर्थ अगर पुरोहित, पादरियों, मुल्लाओं की मुफ्तखोर जमात के दंभमय उपदेशों और अंधविश्वास-जनित रूढ़ियों का अनुसरण है, तो निस्संदेह वहाँ इस स्वातंत्र्य का अभाव है, पर धर्म स्वातंत्र्य का अर्थ यदि लोकसेवा, सहिष्णुता,

समाज के लिए व्यक्ति का बलिदान, नेकनीयती, शरीर और मन की पवित्रता है, तो इस सभ्यता में धर्माचरण की स्वाधीनता है और किसी देश को उसके दर्शन भी नहीं हो सकते।

जहाँ धन की कमी-बेशी के आधार पर असमानता है वहाँ ईर्ष्या, जोर-जबर्दस्ती, बेइमानी, झूठ, मिथ्या, अभियोग-आरोप, वेश्या-वृत्ति, व्यभिचार और सारी दुनिया की बुराइयाँ अनिवार्य रूप से मौजूद हैं। जहाँ धन का आधिक्य नहीं, अधिकांश मनुष्य एक ही स्थिति में हैं, वहाँ जलन क्यों हो और जब्र क्यों हो और सतीत्व-विक्रय क्यों हो और व्यभिचार क्यों हो? झूठे मुकदमे क्यों चलें और चोरी-डाके की वारदातें क्यों हों? वे सारी बुराइयाँ तो दौलत की देन हैं, पैसे के प्रसाद हैं। महाजनी सभ्यता ने इनकी सृष्टि की है। वही इनको पालती है और वही यह भी चाहती है कि जो दलित, पीड़ित और विजित हैं, वे इसे ईश्वरीय विधान समझ कर अपनी स्थिति पर संतुष्ट रहें। उनकी ओर से तनिक भी विरोध-विद्रोह का भाव दिखाया गया, तो उनका सिर कुचलने के लिए पुलिस है, अदालत है, काला पानी है। आप शराब पीकर उसके नशे से बच नहीं सकते। आग लगाकर चाहें कि लपटें न उठें, असंभव है। पैसा अपने साथ यह सारी बुराइयाँ लाता है, जिन्होंने दुनिया को नरक बना दिया। इस पैसा-पूजा को मिटा दीजिए, सारी बुराइयाँ अपने आप मिट जाएँगी। जड़ न खोद कर केवल फुनगी की पत्तियाँ तोड़ना बेकार है। यह नई सभ्यता धनाढ्यता को हेय और लज्जा-जनक तथा घातक विष समझती है। वहाँ कोई आदमी अमीर ढंग से रहे तो लोगों की ईर्ष्या का पात्र नहीं होता, बल्कि तुच्छ और हेय समझा जाता है। गहनों से लदकर कोई स्त्री सुंदर नहीं बनती, घृणा की पात्र बनती है। साधारण जन-समाज से ऊँचा रहन-सहन रखना वहाँ बेहूदगी समझी जाती है। शराब पी कर वहाँ बहका नहीं जा सकता, अधिक मद्यपान वहाँ दोष समझा जाता है, धार्मिक दृष्टि से नहीं, किंतु शुद्ध सामाजिक दृष्टि से; क्योंकि शराबखोरी से आदमी में धैर्य और कष्ट सहन, अध्यवसाय और श्रमशीलता का अंत हो जाता है।

हाँ, इस समाज-व्यवस्था ने व्यक्ति को यह स्वाधीनता नहीं दी है कि वह जनसाधारण को अपनी महत्त्वाकांक्षाओं की तृप्ति का साधन बनाए और तरह-तरह के बहानों से उनकी मेहनत का फायदा उठाए या सरकारी पद प्राप्त करके मोटी-मोटी रकमें उड़ाए और मूँछों पर ताव देता फिरे। वहाँ ऊँचे से ऊँचे अधिकारी की तनख्वाह भी उतनी ही है, जितनी एक कुशल कारीगर की। वह गगनचुंबी प्रसादों में नहीं रहता, तीन-चार कमरों में ही उसे गुजर करना पड़ता है। उसकी श्रीमती जी रानी साहिबा या बेगम बनी हुई स्कूलों में इनाम बाँटती नहीं फिरतीं; बल्कि अक्सर मेहनत-मजदूरी या किसी अखबार के दफ्तर में काम करती हैं। सरकारी पद पाकर वह अपने को लाट साहब नहीं बल्कि जनता का सेवक समझता है। महाजनी सभ्यता का प्रेमी इस समाज-व्यवस्था को क्यों पसंद करने लगा जिसमें उसे दूसरों पर हुकूमत जताने के

लिए सोने-चाँदी के ढेर लगाने की सुविधाएँ नहीं? पूँजीपति और जमींदार तो इस सभ्यता की कल्पना से ही काँप उठते हैं। उनकी जूड़ी का कारण हम समझ सकते हैं। पर अब वह लोग भी उसकी खिल्ली उड़ाने और उस पर फब्तियाँ कसने लगते हैं, जो अनजान में महाजनी सभ्यता का उल्लू सीधा कर रहे हैं, तो हमें उनकी दास-मनोवृत्ति पर हँसी आती है। जिसमें मनुष्यता, आध्यात्मिकता, उच्चता और सौंदर्यबोध है, वह कभी ऐसी समाज-व्यवस्था की सराहना नहीं कर सकता, जिसकी नींव लोभ, स्वार्थपरता और दुर्बल मनोवृत्ति पर खड़ी हो। ईश्वर ने तुम्हें विद्या और कला की संपत्ति दी है, तो उसका सर्वश्रेष्ठ उपयोग यही है कि उसे जन-समाज की सेवा में लगाओ; यह नहीं कि उससे जन-समाज पर हुकूमत चलाओ, उसका खून चूसो और उल्लू बनाओ।

धन्य है वह सभ्यता, जो मालदारी और व्यक्तिगत संपत्ति का अंत कर रही है, और जल्दी या देर से दुनिया उसका पदानुसरण अवश्य करेगी। यह सभ्यता अमुक देश की समाज-रचना अथवा धर्म-मजहब से मेल नहीं खाती या उस वातावरण के अनुकूल नहीं है—यह तर्क नितांत असंगत है। ईसाई मजहब का पौधा यरुशलम में उगा और सारी दुनिया उसके सौरभ से बस गई। बौद्ध-धर्म ने उत्तर-भारत में जन्म ग्रहण किया और आधी दुनिया ने उसे गुरुदक्षिणा दी। मानव-समाज अखिल विश्व में एक ही है। छोटी-मोटी बातों में अंतर हो सकता है; पर मूलस्वरूप की दृष्टि से संपूर्ण मानव जाति में कोई भेद नहीं। जो शासन-विधान और समाज-व्यवस्था एक देश के लिए कल्याणकारी है, वह दूसरे देशों के लिए भी हितकर होगी। हाँ, महाजनी सभ्यता और उसके गुर्गे अपनी शक्ति भर उसका विरोध करेंगे, उसके बारे में भ्रमजनक बातों का प्रचार करेंगे, जन-साधारण को बहकाएँगे, उनकी आँखों में धूल झोंकेंगे; पर जो सत्य है एक न एक दिन उसकी विजय होगी और अवश्य होगी।

—1936

लाला हरदयाल

1884-1939

एक महान क्रांतिकारी और अमेरिका में गदर पार्टी के संस्थापक। 1913 में इन्होंने 'गदर' पत्रिका निकाली और ब्रिटिश सरकार के विरुद्ध प्रचार अभियान चलाया। 1914 में इन्हें अमेरिका छोड़ना पड़ा, 1916 को होने वाली कृति विफल हो जाने के बाद ये स्विट्जरलैंड आ गए। सरदार सिंह राजा और श्यामजी कृष्ण वर्मा से संपर्क के बाद जिनेवा से 'वंदेमातरम' निकाला। जर्मनी जाकर भारत में सशस्त्र क्रांति के लिए 'ओरियंटल ब्यूरो' खोला। 'युगांतर' पर्चे में बम के सिद्धांत का विवेचन। उनकी संस्था गदर पार्टी के नाम से विख्यात अमेरिका के बर्कले विश्वविद्यालय में संस्कृत और दर्शन के प्रोफेसर बने। विदेशों में भटकते हुए स्वाधीनता संग्राम में साहस भरी गौरवशाली भूमिका।

कुछ भारतीय आंदोलनों पर विचार

मैं भारतवर्ष के कुछ वर्तमान सामाजिक आंदोलनों पर विचार करना चाहता हूँ। हर एक आंदोलन से उन्नति नहीं हो सकती। कोल्हू का बैल आगे बढ़ता है पर वह अपने नियत घेरे के चारों ओर ही घूमा करता है। रास्तों को न जानने वाला एक यात्री यात्रा करने के लिए निकलता है। वह रास्ता भूल जाता है और इधर-उधर मारा फिरता है। कुछ आंदोलन ऐसे भी हैं, जिनसे हानि पहुँच सकती है। जिसे सोते-सोते काम करने का रोग हो (सोमूनाम्बुलिज्म रोग का रोगी) वह नींद में चल कर छत से नीचे गिर सकता है। पतिंगा भी जो आप से आप आग में गिर कर जल जाता है, इस तरह के हानिकारक आंदोलन का उदाहरण हो सकता है। इसी प्रकार सामाजिक कामों में हर तरह के आंदोलन लाभकारक नहीं कहे जा सकते। क्या आंदोलनों में भ्रमात्मक प्रयत्न, अनुचित जोमें और भूलों से भरी हुई चेष्टाएँ नहीं होती हैं? दुःख और विपत्तियों से भरी हुई इस दुनिया में पापों और व्याधियों का सामना करने के लिए जितनी भलाई की जरूरत है, उतनी ही जरूरत बुद्धिमत्ता की भी है। युद्ध में

जितनी आवश्यकता वीरता की है उतनी ही आवश्यकता युद्ध-कला के ज्ञान की भी है। मनुष्य जाति की भलाई के लिए किसी काम के आरंभ करने से पहले हर एक को इस बात पर अच्छी तरह विचार कर लेना चाहिए कि कहीं हम गलत रास्ते को न ग्रहण कर लें और संसार को फिर पहले से भी ज्यादा हानि न पहुँचाएँ?

संसार में आत्मिक बल की मात्रा बहुत कम है। हम भूल से आत्मिक बल का एक कण भी फजूल नहीं खोना चाहते। सैकड़ों तरह की विपत्तियाँ हैं। वे बड़ी ही प्रबल हैं। वे संसार को कुचल रही हैं, संसार का कोई भी देश उनसे बाकी नहीं है। दरिद्रता, अकाल-मृत्यु, बीमारियाँ, नैतिक और सामाजिक कुरीतियाँ, अज्ञान और दुष्टता आदि ऐसी आफतें हैं जिनके मारे पृथ्वी बोझ से दबी-सी जा रही है। उन लोगों की संख्या बहुत थोड़ी है जो इन विपत्तियों को दूर करने का प्रयत्न करते हैं। उन पवित्र आत्माओं की बड़ी ही कमी है जिनका हृदय संसार के दुःखित हृदयों की गति को परख लेता है, और उनका कान उस आर्तनाद को—चाहे यह आर्तनाद पहाड़ में होता हो या घाटी में, मैदान में होता हो या वन में, सुन लेता है। और जब हम भारतवर्ष को—उस भारतवर्ष को जो दुर्भाग्य का लाड़ला बच्चा हो रहा है—उस भारतवर्ष को, जो आज तरह-तरह की विपत्तियों और व्याधियों का शिकार हो रहा है—देखते हैं, तो हमें पता लगता है कि यहाँ आत्मिक बल की बहुत ही कमी है। यहाँ के नैतिक बल का स्रोत सूख गया है और देश नैतिक मौत से मरे हुए लोगों की लाशों से जिंदा कब्रिस्तान बना हुआ है। अफ्रीका के सहारा मरुस्थल में 'ओएसिस' (पेड़ों के कुंज) बहुत कम और दूर-दूर हैं। भारतवर्ष में आत्मिक बल रखने वाले आदमियों की संख्या सहारा के इन ओएसिसों से भी कम है। और इतनी कम है कि इनकी गिनती उंगलियों पर गिनी जा सकती है। जब यह दशा है तब यह बात जरूरी है कि जो कुछ आत्मिक बल हमारे देश में है उसे हम अंधे हो कर नहीं बल्कि समझ बूझ कर खर्च करें।

यदि संसार का एक भी अच्छा आदमी या स्त्री अच्छे रास्ते से भटक जाए तो वह संसार के लिए एक विपत्ति सिद्ध हो सकती है। काम हों पर वे ठीक हों। भारत इतना गरीब है कि एक-एक कौड़ी उसके लिए बहुमूल्य है। अन्य देशों में देशभक्तों और मानव-जाति के प्रेमियों के झुंड के झुंड हैं। ये लोग अपने देश का हित सदा सोचा करते हैं। परंतु भारतमाता अपने कुछ अयोग्य, भीरु और गुमराह बेटे और बेटियों पर ही गर्व कर सकती है, जो कभी-कभी उसके भविष्य के विषय में कुछ सोच लिया करते हैं। ऐसी नैतिक गिरावट और बुद्धि की दरिद्रता पर रोटी का एक सूखा टुकड़ा भी किस प्रकार किसी को हाथ उठा कर दिया जा सकता है। विलासिता के लिए एक फूटी कौड़ी का भी खर्च करना कैसे उचित कहा जा सकता है? भारत के सारे युवकों और युवतियों पर बड़ी भारी जिम्मेदारी है। उनका कर्तव्य है कि सारी कठिनाइयों पर पूरा-पूरा विचार करते हुए अपनी योग्यता और अपनी शक्ति को देश के दुःख

दूर करने के लिए लगाएँ। अब आओ, देखें, उन आंदोलनों में जिनकी आज भारतवर्ष में धूम है, कहाँ तक इन बातों के अनुसार काम किया जाता है। इससे पहले कि वे बुरे या भले कहे जाएँ, मैं उनमें से दो के ऊपर विचार करता हूँ।

निचली जातियों को उठाने का आंदोलन

इस बड़े प्रश्न के विषय में, अंत में हिंदुओं के विवेक की जागृति हुई है। यह प्रश्न उन प्रश्नों में से एक है जिनका उस समय से कोई ख्याल ही नहीं किया गया, जब से भारत ने भगवान् बुद्ध और उनकी शिक्षा से लज्जित होना सीख लिया है। आजकल तो इस प्रश्न ने भयंकर रूप धारण कर लिया है। अब भारत ने उस अस्वाभाविक और नाशकारक जातिविभेद के विरुद्ध खड्ग धारण किया है जो एक मनुष्य को दूसरे मनुष्य से, या कम से कम एक हिंदू को दूसरे हिंदू से अलग रखता है। जो शक्ति इस संग्राम की तह में काम कर रही है वह सराहनीय अवश्य है। अब लक्ष्य ठीक है। यद्यपि इस आंदोलन का अभी बचपन ही है, तो भी इसने सच्चाई के साथ काम करने वाले नवयुवकों को अपनी ओर खींच लिया है। अब कोई भी आदमी इस आंदोलन को बुरा नहीं कह सकता। मैं संसार भर के मनुष्यों को एक-दूसरे का भाई समझता हूँ। भगवद्गीता और मनुस्मृति में वर्णों का जिक्र है। चाहे चारों वेद वर्णों को ब्रह्म या हिरण्यगर्भ के पवित्र शरीर के सिर हाथ जाँघ और पैर बतलाते रहें पर मैं किसी भी जाति या वर्ण को नहीं मानता।

निचली जातियों के प्रश्न को मैं उन देशभक्त हिंदुओं की दृष्टि से नहीं देखता, जो निचली जातियों को इसलिए उठाना चाहते हैं कि इस काम से हिंदुओं की संख्या बढ़ जाएगी या कौंसिलों के निर्वाचन में संख्या की इस वृद्धि के कारण वे मुसलमानों से बाजी मार ले जाएँगे। न मैं इस बात ही को, जिससे साधारण हिंदू व्यथित रहते हैं, कुछ महत्त्व का समझता हूँ कि ईसाई धर्म पीछे से हिंदू-किले में सेंध लगा रहा है। मैं इस प्रश्न पर केवल एक सहृदय मनुष्य के नाते ही से सारी देश-भक्ति, जाति-भक्ति या इसी प्रकार के अन्य ख़्यालात से दूर रह कर विचार करता हूँ। निचली जाति का मनुष्य, मनुष्य है, और इसलिए, मेरे विचार से वह मनुष्यों के सारे स्वत्वों के पाने और कर्तव्यों के पालन करने का योग्य पात्र है। इसी दृष्टि से मैं इस आंदोलन को जो एक भटकी हुई भेड़ को झुंड में लौटा लाने का काम करता है, सराहनीय और अच्छा समझता हूँ।

इस विचित्र संसार में सारी चीजें वैसी ही नहीं होती, जैसी वे दीख पड़ती हैं। हजार तरह के आड़े-सीधे भलाई-बुराई के ताने-बाने हमारे जीवन में मौजूद हैं और इसलिए चारों ओर देखने-भालने की जरूरत है। जीवन के रहस्य सीधे-सादे नहीं। उसकी भूल-भुलैयों के कारण किसी सामाजिक काम के ऊपर मत स्थित करना बड़ा ही टेढ़ा काम है।

निचली जातियों के प्रश्न का दूसरा एक अंग भी है। सबसे पहले हमें यह पूछना है कि वे कौन लोग हैं, जो भारत की निचली जातियों को मनुष्यता के समान स्थल पर लाना चाहते हैं और जो उनके हजारों वर्ष से खोए हुए समानता के हक को फिर वापस दिलाना चाहते हैं। इसका उत्तर यह है कि हिंदुस्तान के नवयुवकों ने इस काम को अपने हाथ में लिया है। हम पूछते हैं कि वह सामाजिक समानता किस प्रकार की है जो वे इन निचली जातियों को देना चाहते हैं? उत्तर मिलता है कि वे उनको देश की अन्य जातियों—ब्राह्मण, क्षत्रिय और वैश्व की बराबरी का हक देना चाहते हैं। यदि ऐसा ही है, तो अच्छा है। लेकिन, अब इस प्रश्न का हास्यास्पद अंग आगे आता है कि क्या ये निचली जातियों के उद्धार करने वाले लोग स्वयं भी मनुष्यता के समान स्थल पर खड़े हुए हैं? क्या उनको वह मान प्राप्त है जो एक साधारण मनुष्य की शान के लिए जरूरी है? वे कहते हैं कि समाज में नीचे गिने जाने के कारण शूद्र लोग अपनी आयु अंधकार और अज्ञान में व्यतीत करते हैं, मानवी स्वत्वों से वंचित रहते हैं और इस प्रकार उन्नति करने का अवसर नहीं पाते। परंतु प्रश्न होता है कि क्या स्वयं इन लोगों की हालत कुछ अच्छी है और क्या इन्हें मानवी स्वत्व प्राप्त हैं? ये ग्रेजुएट, ब्राह्मण, उच्च जाति वाले राजा और जमींदार कौन हैं जो जातियों को मनुष्यता के भूतल पर बैठाना चाहते हैं? क्या वे स्वयं भी मनुष्य हैं और क्या संसार का कोई सभ्य मनुष्य उन्हें भी मनुष्य कह सकता है? वे तो स्वयं संसार की दृष्टि में शूद्र हैं और इस पर भी वे शूद्र जातियों को अपनी 'उच्च' सामाजिक स्थिति में लाना चाहते हैं। क्या वे भी सामाजिक उच्चता की डींग हांक सकते हैं? सभ्य मनुष्यों की दृष्टि में सारे हिंदू अति नीच हैं चाहे वे राजा हों या रईस, पंडित हों या भंगी, सारस्वत हों या नामशूद्र, महामहोपाध्याय हों या चंडाल, उनकी इस प्रकार की अवस्थाएँ उनमें से किसी को मनुष्यता के उच्च स्थान पर नहीं बिठा सकतीं। वे समाज की अति नीच श्रेणी हाटेन्टोज, जूलू, काफिर, मिश्रियों, ब्राह्मियों या अनामियों के साथ गिने जाते हैं, चाहे वे अपने को रेशम के कीड़े समझें, या घास या मोरी के, इस अंतर से उनकी हैसियत जरा सी भी नहीं बढ़ती।

यह बात बड़ी ही हास्यास्पद तथा निराशाजनक है कि हिंदू शिक्षित समाज जिसकी दशा स्वयं अच्छी नहीं, नीच जातियों को ऊपर उठाना चाहता है। यह तो अपने आपको धोखा देना या जान-बूझ कर अंधा बन जाना है। वे समझ बैठे हैं कि शूद्रों के लिए यह बड़ी बात होगी कि वे ब्राह्मणों के साथ भोजन कर सकें या उनसे मिल सकें परंतु वे भूलते हैं। इससे कुछ लाभ नहीं, इससे तो इतना ही होगा कि एक शूद्र दूसरे शूद्र के बराबर हो जाएगा, परंतु जो बात इन शूद्रों और निचली जातियों को सभ्य जातियों से अलग करती है, वह उस नाली के मुकाबले में इतनी गहरी है कि उच्च और शिक्षित शूद्रों से नीच और गंदे शूद्रों का मेल-मिलाप हो जाने पर भी उस महान् कार्य में जिसकी मनुष्य जाति को जरूरत है—कोई भी सहायता

न मिलेगी। रेशम का कीड़ा गर्व कर सकता है कि मैं चमकदार हूँ, मेरे नाम की हर कहीं चर्चा होती है, मेरे द्वारा बनाई हुई चीज से रेशम बनती है, जिसे राजा महाराजा पहनते हैं, पर यथार्थ में, वह भी एक वैसा ही कीड़ा है जैसा टसर का। यदि टसर का कीड़ा भी शहतूत के पेड़ों पर छोड़ दिया जाए और उसका भी मान वैसा ही होने लगे जैसा कि रेशम के कीड़े का, तो भी वे दोनों मनुष्य पद को प्राप्त नहीं कर सकते। पुनर्जन्म के आवागमन के सिद्धांत पर विचार करते हुए कहना पड़ता है कि मनुष्य का चोला पाने के लिए उन्हें नए सिरे से जन्म लेना चाहिए। कीड़ों में वह चाहे जितने अच्छे समझे जाते हों पर उनका मान रेंगने वाले जीवों से अधिक नहीं हो सकता। शिक्षित हिंदू नीच हिंदुओं के उठाने के लिए एक समुदाय बनाते हैं। इसी प्रकार यूरोप के कुत्ते भी एशिया के बाजारी कुत्तों को अपने बराबर इस योग्य बनाने के लिए कि वे भी लेडियों की गोदों में बैठने और पेरिस और लंदन के धनकुबेरों के कमरों में चहल-कदमी करने का हक पा जाएँ, एक मंडल बना सकते हैं। नीच जातियों को ऊपर उठाने वाले इन व्यक्तियों से मैं कहूँगा 'वैद्यवर! अपनी ही दवा करो।'

यह तो ऐसी ही बात हुई कि संसार के सारे लंगड़े मिलकर लंगड़ों की मदद करें और अंधे अंधों की आँखें बनाएँ। भारत की नीच जातियों में भी बड़े भेद-विभेद हैं। प्रथम श्रेणी का चांडाल साधारण चांडाल से घृणा करता है। यदि ये चांडाल लोग अपने आपस में सामाजिक समानता कायम करने के लिए एक सभा का संगठन करें तो भारत के सुधारक लोग क्या कहेंगे कि सभा बुरी नहीं, कुछ न होने से कुछ अच्छा ही है। परंतु इन चांडालों में चाहे समानता पैदा हो जाए, पर क्या इन्हें मंदिरों में पैर रखने का, कुओं में पानी भरने का, पाठशालाओं में शिक्षा पाने का हक मिल जाएगा? यदि प्रतिष्ठित हिंदू को मनुष्यता के सामाजिक बाजार का रुपया मान लें, तो चांडाल फिर भी ताँबे का खोटा पैसा ही रहेगा। और कोई चांडाल सर्राफ उसे अच्छे पैसे के स्थान में लेने के लिए कदापि तैयार न होगा। अतएव शुद्धि सभाओं का बनाना नैतिक बल का व्यर्थ खर्च करना है। इस बल को असमानता के प्रश्न के हल करने में बड़े पैमाने में लगाना चाहिए था, जिससे इसके बजाय कि निचली श्रेणी के चांडाल प्रथम श्रेणी के चांडालों के बराबर हो जाएँ; सारे चांडाल हिंदुओं की बराबरी के हो जाते। यह बात ठीक है और मैं इन सुधारकों से कहता हूँ कि तुम वर्तमान समय के हिंदुओं को, जिनको बराबरी का तुम शूद्रों को बनाना चाहते हो, मनुष्य समाज रूपी बाजार के चलते हुए सिक्के समझने में बड़ी भारी भूल करते हो। प्रतिष्ठित हिंदू एक घिसा हुआ 'सिक्का' है और आज संसार के बाजार में उसकी कोई पूछ नहीं। सामाजिक असमानता का प्रश्न इस प्रकार हल हो सकता है कि सारे हिंदुओं को चाहे वे द्विज हों या चांडाल–संसार की सभ्य जातियों की बराबरी के दर्जे पर घसीटा जाए। इन शुद्धि सभाओं में शक्ति और रुपया खर्च करना व्यर्थ

है। जब सारा भारत निचली जातियों से भरा हुआ है तब यह फिजूल है कि कुछ निम्न श्रेणी के नीचों के उठाने की ओर ध्यान दिया जाए।

शिक्षा

आजकल बहुत से विद्वान अपने-अपने शिक्षा संबंधी प्रस्तावों को लेकर आगे बढ़े हैं। शिक्षा रूपी आकाश में मिसेज बिसेन्ट, श्री मालवीय और मि. गोखले आजकल खूब चमक-दमक रहे हैं। साथ ही, फर्गुसन कॉलेज, दयानंद एंग्लो वैदिक कॉलेज, गुरुकुल आदि पुराने तारागण भी अपने नियत क्षेत्र के भीतर चक्कर मार रहे हैं। मालवीयजी ने जो हिंदू विश्वविद्यालय का बड़ा भारी प्रस्ताव किया है, उसे सर्वसाधारण से कुछ सहायता मिली है। यह आंरभ अच्छा है। लेकिन हमें विचार करना चाहिए कि क्या हमारे देश वालों को ऐसी संस्थाओं से लाभ हो सकता है? मालवीय जी का कहना है कि इस विश्वविद्यालय से हिंदुओं में ऐक्य-भाव बढ़ेगा और 'हिंदू धर्म' की रक्षा होगी। इसमें 'धार्मिक शिक्षा' पर विशेष जोर दिया जाएगा। प्रास्पेकटस में हर तरह की शिक्षा-वैज्ञानिक, औद्योगिक, शिल्प संबंधी आदि का जिक्र है। नई तजवीज के आगे बढ़ाने के लिए इन बातों का होना ठीक है। आओ, हम जाँचें कि हमारे युवक इन उपायों के अनुसार काम करते हुए उन्नति के शुभ पथ में कहाँ तक आगे बढ़ सकते हैं।

पहले तो यही प्रश्न होता है कि 'धार्मिक शिक्षा' है क्या? मुझे आज तक मालूम न हो सका कि हिंदुत्व किसे कहते हैं? ईश्वरवादी लोग यह मानते हैं कि ईश्वर है, लेकिन हम यह न जान सके कि वह कैसा है? बहुत से आदमी 'हिंदुत्व' के विषय में ऐसा ही मत रखते हैं। हिंदू विश्वविद्यालय के संचालकों का कहना है कि वही सिद्धांत सिखाए जाएँगे, जिन्हें हिंदुओं के सब पंथ मानते होंगे। मेरा विश्वास है कि जब इन रत्नों के लिए हिंदू शास्त्रों का समुद्र मथा जाएगा, तब उसमें से इन सिद्धांतों के रूप में कुछ निरी मामूली प्रचलित स्वयंसिद्ध बातें निकल आएँगी। लेकिन क्या हमें विश्वविद्यालय में सत्य की शिक्षा देनी चाहिए या कुछ थोड़े से ऐसे विचारों की, जिन्हें सब हिंदू मानते हैं? यदि हमें धर्म की शिक्षा देनी है, तो इसकी अपेक्षा कि हम 25 करोड़ हिंदुओं का, जिनमें बहुदेव-वादी, अद्वैतवादी, आस्तिक, नास्तिक आदि की कमी नहीं है और जिनके मतों का यदि विभाजन किया जाए, तो मतों का एक अजायब-घर ही कायम हो जाए—पूर्णतया मानी हुई बातों पर जोर दें, हमें सत्य की शिक्षा पर अधिक जोर देना चाहिए। फिर क्या भारत के भावी नेता सदा पुराने हिंदू ख्यालात ही का पागुर किया करेंगे? क्या वे खुद कुछ सोचने का साहस न करेंगे? क्या सारी धार्मिक सच्चाइयाँ और आदर्श हिंदुओं के उपनिषद् आदि धर्म ग्रंथों ही में बंद हैं? धार्मिक-शिक्षा की यह लटपटी वाणी ऐसे आदमियों के मुँह से सुन कर बड़ा ही दुःख मालूम होता है, जिनकी नजरों में धर्म आत्म-संरक्षण का पवित्र प्रकाश

नहीं है, किंतु जो धर्म को एक गिरी हुई निर्जीव जाति में जातीय एकता के नाम से पुकारी जाने वाली एकता या जत्थों के झगड़ों के मिटाने का उपाय समझते हों। हम बहुत से आदमियों को जानते हैं जो हमसे चारों वेद के सामने सिर झुकाने को कहते हैं क्योंकि सारे हिंदू ऐसा ही करते हैं। वे ऐसा करना बिना किसी शंका के हिंदुत्व का एक सर्व-स्वीकृत सिद्धांत मानते हैं। मैं सत्य और उन्नति के नाम पर इस धार्मिक भड़ैती का विरोध करता हूँ। हम नहीं चाहते कि हमारे बच्चों को हिंदुत्व के भंडार की यह फफूँदी लगी हुई रोटी का टुकड़ा खिलाया जाए, जो हिंदुओं के ये नए जोशीले भंडारी उनके सामने रख रहे हैं। चाहे इन मानसिक बेड़ियों के सिवा, जो एकता के चिह्न सदृश धारण की जानी चाहिए, कोई और दूसरा उपाय ऐसा न भी हो जो हिंदुओं को एकता के सूत्र में बाँध सके, तो भी हम नहीं चाहते कि हमारे युवक और युवतियाँ कृत्रिमता और आध्यात्मिक आलस्य में पाले-पोसे जाएँ। इस कीमत पर एकता खरीदने के योग्य वस्तु नहीं है। क्या इस तरह की 'धार्मिक शिक्षा' प्रतिदिन हजारों पुरोहितों और फकीरों द्वारा नहीं दी जाती? अभी भारत में इस तरह की शिक्षा की कमी नहीं है।

यह आश्चर्य की बात है कि भारत का हर एक हितेच्छु इसके बजाय कि वह सारे संसार की एकत्रित संपत्ति में हाथ डाले, संस्कृत के दिवालिए खजाने ही की छानबीन में लग जाता है। वैदिक सूत्रों पर झगड़ कर और शाम-सवेरे मंत्रों का उच्चारण करके भारत का उद्धार करना लोगों ने बड़ा ही सहज समझ रखा है। लेकिन सामाजिक एकता और आत्म-गौरव, वैज्ञानिक खोज और तर्क-सिद्ध मत, परिमित व्ययी स्वाधीनता और संघ, सार्वजनिक भाव और सामाजिक उन्नति के भावों का पैदा करना बड़ा कठिन है। 'धार्मिक शिक्षा' के नाम पर इन युवकों को सिखलाया क्या जाएगा? मैं समझता हूँ कि उन्हें वेदों का सम्मान करना सिखलाया जाएगा, जिन्हें वे चाहे पढ़ भी न सकें। उन्हें यह सनातन अंतर याद कराया जाएगा कि श्रुति दैवी हैं और स्मृति मनुष्य कृत, उन्हें चार वर्ण समाज के चार खंभे बताए जाएँगे, और देवताओं और देवियों की उपासना सिखाई जाएगी, इत्यादि। मैं उन्नतिशील भारत से सच्चाई के साथ पूछता हूँ कि क्या यह धार्मिक शिक्षा का भाड़े पर लिया हुआ शिक्षाक्रम अब फटे हुए चिथड़े की तरह नहीं हो गया है? हम चाहते हैं कि भारत के भावी निर्माता आधुनिक आचार्यों के ग्रंथों का अध्ययन करें, वे संसार भर के परम बुद्धिमान लोगों से ज्ञान सीखें, वे धर्म की ओर तर्क-सिद्ध मत और व्यक्तित्व के आधुनिक ढंग से बढ़ें, और इस तरह अपने लिए दृढ़ और मौलिक मत स्थिर करें। उनके मन में अवैज्ञानिक और काल्पनिक बासी विचारों के ठूँसने से फायदा ही क्या? सत्य के स्थान में उन्हें झूठ और सच को खिचड़ी, बेतुकी और गड़बड़ बातों से भरे हुए शास्त्रों की उस शिक्षा से जिससे वे अपने देश वालों के भाग्यों का निर्माण करेंगे, भलाई ही क्या? क्या ऐसे मल्लाह अपनी नाव को कभी पार लगा सकेंगे?

फिर इनके समाज के विषय में क्या विचार होंगे? क्या वे मनु की स्मृति को सब कुछ समझ बैठेंगे और ऐसे समय में उसी की सहायता से हिंदुत्व की रक्षा करेंगे? यह कितने दुःख की बात है कि जब सारा संसार तो आधुनिक आचार्यों के बुद्धि-बल से उत्पन्न ताजे और पोषक भोजन को पा रहा हो, उसी समय हमारे भूले भटके हिंदू युवक अपने नेताओं के कारण ब्राह्मण, गृह-सूत्र, मनुस्मृति और याज्ञवल्क्य स्मृति ऐसे ग्रंथों में अच्छे और पोषक पदार्थ ढूँढ़ते हुए नजर आएँ। ये लोग विक्रम की इस बीसवीं शताब्दी में विक्रम से बीस शताब्दी पहले के बचे-खुचे माल पर जीवन टेर करना चाहते हैं। संस्कृत का कोई भी ग्रंथ हमारे युवकों को नहीं बता सकता है कि आज समाज का संगठन किस तरह होना चाहिए? यदि सच्चे सामाजिक सिद्धांत प्राचीन ग्रंथों से सीखे जा सकते हैं, तो फिर काशी के पंडितों ही को सबसे बुद्धिमान समझो और फिर वे ही नवीन भारत के नेता हो सकते हैं। लेकिन कौन ऐसा मूर्ख होगा जो भारत के भविष्य को काशी और नदिया के पंडितों के हाथों में सौंप देगा। हमें सदा पीछे देखने के बजाय आगे देखना चाहिए। नए अवसर नए कर्तव्यों की शिक्षा देते हैं। समय के परिवर्तन से प्राचीन बातें; फजूल हो जाती हैं। जो सत्य के साथ सदा रहना चाहते हैं उन्हें सदा बढ़ते रहना चाहिए। फिर धर्म की शिक्षा ही सब कुछ नहीं है। सामाजिक आदर्श भी होना चाहिए। एक आदमी ब्रह्म और पुनर्जन्म पर विश्वास कर ले, लेकिन उसे राष्ट्रीय प्रश्नों, आर्थिक व्यवस्था, विवाह, स्त्रियों का पद, जातीयता, समाज के मुकाबिले में व्यक्ति के हक आदि बातों के विषय में भी ज्ञान होना जरूरी है।

आजकल एक आदमी के लिए केवल आस्तिक या अद्वैतवादी, वेदांती या सांख्य शास्त्र का मानने वाला होना ही काफी नहीं है। उसे राष्ट्र के विषय में भी कुछ मत स्थिर करना होगा कि वह परिमित राज-सत्ता चाहता है या स्वेच्छाचारी राज-सत्ता, उसे प्रजा-सत्तात्मक राष्ट्र पसंद है या धार्मिक लोगों द्वारा संचालित राष्ट्र, इत्यादि। फिर उसे स्त्री, तथा उसके सामाजिक, आर्थिक, राजनैतिक, और पारस्परिक स्वत्वों और कर्तव्यों और साथ ही संसार की आर्थिक व्यवस्था पर अपना मत स्थिर करना होगा। आधुनिक सभ्यता में बड़ी गुत्थियाँ हैं। आज बहुत से प्रश्न ऐसे उपस्थित हैं जिनका भूतकाल के हिंदू शास्त्रकारों ने स्वप्न में भी ख्याल नहीं किया था। अब प्रश्न होता है कि इन प्रश्नों पर हिंदू विश्वविद्यालय क्या शिक्षा देगा? क्या हिंदू शास्त्रों के अनुसार मनु की बताई हुई आठ मंत्रियों की राज-सभा का चर्खा सदा ही चल सकता है? क्या हमारे युवक यह सीखेंगे कि स्त्री को कभी स्वतंत्रता न मिले? (नभजेत स्त्री स्वतंत्रता—मनु) क्या वे आधुनिक प्रतिनिधि सत्तात्मक राष्ट्र से इसलिए आँखें मूँद लेंगे कि हिंदू काल में तो वह था ही नहीं? शिक्षा से मनुष्य अपने जीवन के कर्तव्यों के पालन करने में समर्थ होता है। वह युवक किसी काम का नहीं जिसने अपने धार्मिक और राजनैतिक मत स्थिर नहीं किए। शिक्षा बड़े प्रश्नों पर दृढ़ मत

स्थिर करने के योग्य बना सकती है। उसे क्या मालवीयजी के कार्यक्रम से ऐसा होने की आशा है?

इस विश्वविद्यालय में किस तरह की राजनीति की शिक्षा दी जाएगी? भारत में कितने ही राजनैतिक दल हैं। भारतीय युवक को इन दलों में से किसी एक में होना चाहिए। यह विश्वविद्यालय किस दल की राजनीति सिखाएगा? यदि वह राजनीति से तटस्थ रहा तो उसका होना न होना बराबर है। मालवीयजी बताएँ कि विश्वविद्यालय का किस दल से संबंध होगा? इस समय जातीय हिंदू विश्वविद्यालय बन ही नहीं सकता। राजनैतिक प्रश्न ऐसे होते हैं कि उनके कारण पिता और पुत्र को एक-दूसरे के मुकाबले में आ जाना पड़ता है। इसलिए इसे कुल हिंदुओं का विश्वविद्यालय कहना फजूल है। यह जाति के एक भाग का कहा जा सकता है, क्योंकि कुल जाति तो राजनैतिक और न धार्मिक प्रश्नों ही पर एक मत है। क्या यह विश्वविद्यालय लंदन के 'टाइम्स' की तरह कपट, जिद, कट्टरपन और राजनेतिक संकीर्णता सिखाने के लिए स्थापित होगा? या यह उन्नति और ज्ञान का प्रचार करेगा? सत्य ही सच्चा प्रकाश है। हमें पहले सत्य चाहिए, पीछे एकता। असत्य बंधन और मृत्यु की अवस्था में एकता हो सकती है, लेकिन ऐसी एकता की हमें जरूरत नहीं। सत्य से पहले झगड़े-फसाद हो सकते हैं लेकिन सच्ची एकता सत्य ही के आधार पर टिक सकती है। धर्म हो या समाज, सब में सत्य की जरूरत है और फिर एकता तो आप से आप आ जाएगी। जो सत्य को प्यार करते हैं, वे हमारे साथ हैं। जो उससे घृणा करते हैं, वे हमारे विरोधी हैं, चाहे फिर वे हमारे माता-पिता या संबंधी की क्यों न हों। संसार हिंदू और मुसलमान, हिंदुस्तानी और अंग्रेजी, पूर्वीय और पश्चिमीय दलों में नहीं बटा है, वह केवल दो ही दलों में बँटा है। एक है सत्य का प्रेमी और दूसरा है उसका विरोधी। इसके पहले कि भारत फले-फूले, उसे सत्य के आरे पर चिर जाना चाहिए। 'हिंदू', 'मुसलमान', 'गोरे' और 'काले' की पुकारें अर्थहीन हैं। 'हिंदू विश्वविद्यालय' के नाम से कुछ भी पता नहीं चलता कि वह किस तरह का विश्वविद्यालय होगा। उसे साफ-साफ प्रकट कर देना चाहिए कि उसके धार्मिक और सामाजिक सिद्धांत क्या होंगे, जिससे पता चल सके कि वह किस तरह के आदमी पैदा करेगा।

मैंने इन प्रश्नों को अपने युवकों और युवतियों को गुमराह होने से बचाने के लिए आगे रखा है। मैं अभी धर्म और समाज पर कोई मत प्रकट नहीं करना चाहता। इस लेख से मेरा मतलब अपने विचारों का प्रचार करने का नहीं, किंतु एक महत्त्वपूर्ण प्रश्न को भारत की उठती हुई संतानों के सामने रखने का है। 'हिंदू' 'जातीयता' 'एकता' और 'उन्नति' शब्दों के बहाव में हमें बह न जाना चाहिए। हमें सत्य की खोज करना चाहिए और उसी को सब बातों की कसौटी मानना चाहिए। 'हिंदुत्व' या 'उन्नति' के नाम पर चलाए हुए किसी काम में हमें अपनी शक्तियाँ उस समय तक न खर्च करनी चाहिए जब तक हम यह न जान लें कि हाँ, इस काम की देश

को और से ज्यादा जरूरत है। रात के चौकीदार की तरह मैं सब युवकों से कहता हूँ ''जागते रहना, रात अँधियारी है। रास्ते में बड़े विघ्न और बाधाएँ हैं। अविश्वास, भ्रम और उदासीनता के बादल सत्य-चंद्र को हमारे अश्रु-पूर्ण नेत्रों से छिपाए हुए हैं। भारत के युवको और युवतियो! तुम्हारे चारों ओर अंधकार है। इसमें तुम्हारे गुमराह हो जाने का बड़ा डर है। इस अंधकारमय निशा में सत्य तुम्हारा प्रकाश सिद्ध हो! सत्य के प्रकाश से तुम कभी सुपथ से नहीं भटक सकते।

'या निशा सर्वभूतानां तस्यां जागृति संयमी।'

हिंदुओं के भीतरी शत्रु

मेरे तरकश में बहुत से तीर हैं और उनको चलाने ही में मुझे जीवन का आनंद प्राप्त होता है। मेरे लिए जीवन एक धर्म संग्राम है और जगत मेरा कुरुक्षेत्र है। मैं शांति से प्रेम नहीं रखता हूँ, बल्कि अशांति की आँधियों को पसंद करता हूँ। मुझे तूफान कशमकश, जंग, धकापेल और लट्ठमलट्ठा के बगैर जीवन फीका मालूम होता है। किसी से हम लड़ें-भिड़ें, कोई हमसे लड़े-भिड़े, इसी में तो आनंद है! सचाई भिन्न-भिन्न विचारों और आदर्शों के संघर्ष से पैदा होती है। मैं महात्मा गाँधी, और टाल्सटॉय के इस सिद्धांत को बिल्कुल मिथ्या समझता हूँ कि अहिंसा से ही हर प्रकार की उन्नति प्राप्त हो सकती है।

गैरों पर अब तक बहुत तीर मार लिए, बहुत हाकिमों को कोस लिया और अंग्रेजों को गालियाँ दे लीं। ऐसे मामूली तीर तो बहुत चला चुका हूँ, अब आज अपनों ही पर जरा दिल का उबाल निकालूँ।

आश्चर्य है कि अपनों के हाथों ही देश बर्बाद हुआ। यदि अपनी जाति के ही शत्रु न मिलते तो न गजनवी आ सकता न गोरी, न अफगान, न मल्का और न डुप्ले, न क्लाइव। गैरों की शिकायत करना बेजा है, सिर्फ बहाना है और केवल मूर्खता का राग है। जिस जाति के भीतर दीमक न लगी हो, उसके किले को कोई बाहरी शत्रु फतह नहीं कर सकता। जिस प्रकार बीमारी मनुष्य के शरीर के भीतर पैदा होती है, उसी प्रकार जाति-दुर्बलता दूषित भीतरी संस्थाओं से आरंभ होती है। दूसरों पर क्रोध उतारना मूर्खों का काम है। जरा अपने हृदय पर हाथ रख कर विचार करो, और अपनों के नष्ट-भ्रष्ट होनें का दृश्य देखो–

दिल के फफोले जल उठे सीने के दाग से,
इस घर में आग लग गई घर के चिराग से!

इस समस्या को समझने के वास्ते मैं प्रायः रियासत विजयनगर का ख्याल करता

हूँ, जो सन् 1565 ई. तक दक्षिण में मौजूद थी और जिसको तलीकोट के मैदान में मुसलमानों ने बर्बाद किया। मैं यह सोचता हूँ कि ये हिंदू ऐसे मूर्ख और अंधे कैसे हो गए थे कि पाँच सौ वर्ष से अधिक काल तक वे उत्तरी भारत में इस्लाम की ताकत को बढ़ती हुई देखते रहे, परंतु उन्होंने अपनी रियासत को मजबूत और ताकतवर बनाने का कोई यत्न नहीं किया। पंजाब पर अगर तूफाने-इस्लामी एकाएक आ गया हो, तो शायद जाति के शासकों को क्षमा किया जा सकता है कि वह ईरानियों के समान इस वेग-पूर्ण बाढ़ को रोकने के योग्य सिद्ध नहीं हो सके। पंजाब को भी आंतरिक परामर्श के लिए काफी समय मिल गया था, मगर जाति ने कोई परवाह न की। लेकिन दक्षिण को देखो कि सन् 1183 ई. से सन् 1565 ई. तक एक के बाद दूसरी हिंदू-रियासतें इस्लाम का शिकार होती रहीं, जिस प्रकार वर्षा-ऋतु में कच्चे मकान गिर जाते हैं। हर तरफ से हर शताब्दी में यही खबर आती रही कि आज अमुक हिंदू-रियासत लोप हो गई है, आज अमुक राजा तख्त से उतार दिया गया है, इत्यादि। इस अनुभव के बाद भी चार-पाँच सौ वर्ष के दीर्घकाल में विजयनगर के राजाओं, ब्राह्मणों और राज्य के शुभचिंतकों ने यह नहीं सोचा कि इस दुर्बलता का क्या कारण है। इस खतरे से विजयनगर को किस प्रकार बचाया जाए। किन परामर्शों की आवश्यकता है। हिंदू-रियासतों के इस आश्चर्यजनक दुर्भाग्य के क्या कारण हैं? मालूम होता है कि रियासत विजयनगर ने कभी इन प्रश्नों पर विचार नहीं किया। वे सब हिंदू मीठी नींद सोते रहे और इस्लाम का शेर उनको निगल गया।

प्राचीन इतिहास को तो अलग छोड़ दो, सन् 1000 ई. से पहले भी देश की आंतरिक दशा अत्यंत खेदजनक हो गई थी, अन्यथा महमूद गजनवी इतनी बार हमला नहीं कर सकता था। क्योंकि एक-दो प्रहारों के बाद ही उसका मुकाबला करना चाहिए था। लेकिन इस रियासत विजयनगर का इतिहास शिक्षाप्रद है, जब कि हम देखते हैं कि हिंदू-रियासत 500 वर्ष तक केवल तमाशा देखती रहती है और अपनी रक्षा का कुछ प्रबंध नहीं करती। गैर लोग तो अंत में, सन् 1565 ई. में, आए थे, लेकिन इसके पूर्व 500 वर्ष तक वे हिंदू महाशय क्या कर रहे थे? और तलीकोट के युद्ध में इनकी हार क्यों हुई? इन्होंने मुसलमानों को मार कर क्यों न भगा दिया? अस्तु आज इस प्रश्न पर विचार करना है कि इस रियासत विजयनगर के भीतर क्या घुन लगा हुआ था, जिससे वह एक ही लड़ाई के बाद नष्ट-भ्रष्ट हो गई? वहाँ की अंदरूनी संस्थाओं में क्या दोष था, जिसके कारण राज्य एकदम शक्तिहीन हो गया था। इस तरह से हम इस समस्या की तह में पहुँच सकते हैं।

हमारे आंतरिक शत्रु कौन हैं, वे किस प्रकार हमारी जाति को नष्ट करते हैं? इस प्रश्न का उत्तर देना जरूरी है। आज मैं अपने ही को गालियाँ देता हूँ, परंतु प्रेम की गालियाँ भी सुहालियाँ होती हैं।

यदि किसी एक दल या संस्था की जिम्मेदारियाँ प्रकट की जाएँ, तो बाकी

तमाम जाति के लाभ के लिए यह कटु-सत्य अनिवार्य है, जैसे डॉक्टर का नश्तर शरीर को चीर देता है। प्रथम तो रियासत विजयनगर जात-पाँत के पाखंड से कमजोर हो गई थी। हिंदुओं ने जात-पाँत का ऐसा आडम्बर रचा था कि इस जाल में फँस कर सारे समाज को हाथ-पाँव हिलाने की ताकत भी न रही। ब्राह्मणों के हजारों अधिकार थे, जिनका उद्देश्य सिर्फ यह था कि जनता को लूटा जाए। विद्या भी इसी जाति के हाथ में चली गई थी।

दूसरी जातियाँ विद्या और ज्ञान प्राप्त करने से विमुख हो गई थीं और इसके अतिरिक्त अछूत जातियों को दीन से बाहर समझा जाता था। उनका अस्तित्व जाति के लिए दुर्बलता का कारण था, क्योंकि इनको राज्य का सभ्य नागरिक बनाने की कुछ चेष्टा नहीं की जाती थी। वे जिस प्रकार पड़े हैं, वैसे ही पड़े रहें, यही ब्राह्मणों का उद्देश्य था। ऊँची जातियों के अंतर्गत भी विवाह-शादी और खान-पान की रुकावटें ऐसी थीं कि एकता का विचार ही लोप हो गया था। हर एक व्यक्ति सिर्फ अपनी जाति के दायरे के भीतर ही अपना सामाजिक जीवन व्यतीत करता था। रियासत केवल एक दूर का स्वप्न मालूम होती थी।

अब तक यही हाल है कि हिंदू भाई अपनी जातियों की सभाओं और कांफ्रेंसों के लिए तो खूब दिलचस्पी दिखाते हैं, परंतु हिंदू-सभा की ओर से बड़े उदासीन हैं। हर व्यक्ति के इष्ट-मित्र भी प्रायः उसी जाति के लोग होते हैं। विवाहादि संस्कारों के अवसर पर जाति के भाई ही बुलाए जाते हैं।

एक बार दिल्ली के म्यूनिसिपल बोर्ड की मेम्बरी की एक सीट के लिए दो महाशय खड़े हुए। एक उम्मीदवार वैश्य थे और दूसरे कायस्थ। बस फिर क्या था, इस चुनाव में यह किसी ने नहीं पूछा कि इन दोनों व्यक्तियों में कौन योग्य है, या सदुद्देश्य लेकर जाना चाहता है। बल्कि सारा चुनाव कायस्थों और बनियों के बीच एक मुकाबले का सवाल बन गया। कायस्थों ने कायस्थ के लिए वोट दिया। और बनियों ने वैश्य की हिमायत की। यह खूब तमाशा हुआ। अगर किसी हिंदू से पूछो कि तू कौन है, तो वह निर्बुद्धि तुरंत ही यह उत्तर देगा कि मैं 'गौड़' या 'अग्रवाल' हूँ, इत्यादि। परंतु यदि किसी मुसलमान से यही प्रश्न किया जाए, तो वह बेधड़क कह देगा कि मैं 'मुस्लिम' हूँ। जब तक जात का ख्याल ऐसा संकीर्ण बना रहेगा, तब तक हिंदू जाति को स्वराज्य नहीं मिल सकेगा। हिंदू नाम के सूर्य प्रकाश में यह सब छोटे टिमटिमाते दीपक अब बुझा देना चाहिए। लेकिन जब तक खान-पान और विवाह-शादी की रुकावटें कायम रहेंगी, तब तक लोगों के दिल का भाव नहीं बदलेगा। क्योंकि नित्य-प्रति की रीतियों और दस्तूरों से ही हमारे विचारों का प्रवाह बनता है। अब लाहौर में जात-पाँत-तोड़क-मंडल भी स्थापित किया गया है, जिसके मेम्बर इस सुधार के लिए तैयार हैं। इस मंडल के साथ सब देश-भक्तों को सहयोग करके जात-पाँत की जंजीरों को हमेशा के लिए तोड़ देना चाहिए, बल्कि इस मंडल में मेम्बरों का

प्रण होना चाहिए कि वे अवश्य दूसरी जातियों में विवाहादि करेंगे। अब इन चार नामों—ब्राह्मण, क्षत्रिय, वैश्य और शूद्र को जाने दो। अब तो सब शूद्र ही हैं। आज कौन ब्राह्मण है और कौन क्षत्रिय है? ब्राह्मण, क्षत्रिय की पदवी तो आज अंग्रेजों को मिली हुई है। इतने करोड़ कीड़ों से मकोड़े होने पर क्या किसी को घमंड हो सकता है? आज कोई ऊँचा नहीं और नीचा नहीं है और हमें न चार जातियों की आवश्यकता है, न दो की और न तीन की। अगर हिंदुओं में जात-पाँत का पाखंड न होता तो, इतने हिंदू कभी अपनी इच्छा से इस्लाम स्वीकार न करते। लाखों हिंदू स्वयं खुशी-खुशी भी मुसलमान हुए थे, सदैव जबरदस्ती नहीं की गई थी। हिंदू-धर्म और जाति में यह जात-पाँत का टंटा ही कमजोरी का कारण है। इसीलिए गुरु नानक और गुरु गोविंदसिंह जी ने इस प्राचीन व्यवस्था को मिटाने की चेष्टा की थी। इस अंदरूनी दुश्मन को जीत कर फिर गैरों का मुकाबला करना सहल है। खेद है कि सैकड़ों वर्षों के दीर्घकाल में भी यह मोटी बात नहीं समझी, या अगर समझी भी तो उस पर कुछ ध्यान नहीं दिया। इन्हें मरना और मिट जाना स्वीकार है, पर सुधार करना कठिन मालूम होता है। अभी जात-पाँत को तोड़ने का जिक्र कर दो, तो हजारों दलीलें वेद-शास्त्रों से निकाल कर ले आएँ। इन्हें अंग्रेजों के गुलाम बन कर रहना पसंद है और लाखों भाइयों को इस्लाम और ईसाइयत के गढ़े में ढकेल देने में जरा भी रंज नहीं होता है। इन्हें जात-पाँत का अभिमान प्यारा है। ये विचित्र मूर्ख हैं। दुनिया में मूर्ख बहुत हैं, परंतु ऐसे मूर्ख तो न देखे, न सुने। अतएव अब नवयुवकों का कर्तव्य है कि वे इस सुधार को अति शीघ्र जारी कर दें। इस सवाल पर यदि वे इंतहा पसंद बन जाएँ, तो भी कोई हर्ज नहीं, क्योंकि रोग भी इंतहाई दर्जे तक पहुँच गया है। अतः जात-पाँत-तोड़क मंडल का यह उपदेश होना चाहिए कि हम न ब्राह्मण हैं, न क्षत्रिय, न वैश्य, न शूद्र, न अग्रवाल न सक्सेना आदि, बल्कि सब सिर्फ हिंदू हैं।

रियासत विजयनगर क्षात्र-धर्म के नागरिकों से शून्य हो गई थी। इस युग में हर एक राज्य अपनी रक्षा फौज के द्वारा करता था। हिंदू-समाज में सिर्फ एक जाति, अर्थात् क्षत्रियों को शस्त्र-शिक्षा दी जाती थी। बाकी सारी प्रजा इस विद्या से शून्य और शांत स्वभाव बन गई थी। अतः जब थोड़े से क्षत्रिय हार गए, तो फिर राज्य दूसरी लड़ाई भी न लड़ सका। लाखों मजदूरों, किसानों और व्यापारियों ने तो कभी फौजी तालीम पाई ही न थी, वे नागरिकों का प्रथम कर्तव्य भी पालन नहीं कर सकते थे। हम देखते हैं, यूरोप में युद्ध के समय प्रत्येक व्यक्ति को सिपाही बनना पड़ता है। चाहे वह विद्वान् हो चाहे मूर्ख, धर्म प्रचारक हो या मामूली आदमी। प्रोफेसर और पादरियों से भी यह सेवा कराई जा सकती थी, कोई आदमी बच नहीं सकता था, क्योंकि राज्य की रक्षा करना सबका बराबर कर्तव्य है। दुःख है कि जात-पाँत के मसले ने क्षात्रधर्म को केवल एक जाति के लिए सुरक्षित कर दिया, शेष करोड़ों हिंदुओं को भेड़-बकरियों की तरह बना दिया। फलतः पहाड़ी भेड़िए उन्हें सहज में खा गए।

हर हिंदू को अब क्षत्रिय बनना चाहिए, चाहे उसका पेशा कुछ भी हो। जो व्यक्ति हथियारों का प्रयोग नहीं जानता है, वह सिर्फ गुलाम और कायर है। हिंदू राज्यों में हर हिंदू को फौजी शिक्षा मिलनी चाहिए और अंग्रेजी इलाके में सरकार की तरफ से ऐसा प्रबंध कराने के लिए आंदोलन होना चाहिए।

हिंदुओं की बुद्धि इतनी मंद है कि जब कॉलेज के विद्यार्थियों को फौजी शिक्षा देने का प्रस्ताव पेश हुआ, तो कुछ सज्जनों (!) ने इस प्रस्ताव का विरोध किया। न जाने इन महापुरुषों ने ऐसे विचित्र विचार कहाँ के प्राप्त किए हैं! शायद किसी मूर्खता के नीलाम में सस्ते मिल गए होंगे।

हर जाति के अंदर कुछ थोड़े से त्यागी और आदर्शवादी पुरुष सदैव पैदा होते हैं। शायद हर जाति के हजारों नवयुवकों में से एक ऐसा होता है, जिसे धर्म और परोपकार से अत्यधिक प्रेम होता है और वह लोभ को जीत कर सचाई और आदर्श की सेवा करना चाहता है। ऐसे धार्मिक वीर हर देश में जन्म लेते हैं। ऐसे त्यागी पुरुषों को इकट्ठा करके धार्मिक प्रचारकों के संघ बनाए जाते हैं। वे अपने उदाहरण से जाति के नैतिक चरित्र को सुधारते हैं। वे अपने शरीर को दीपक की भाँति बना कर धीरे-धीरे स्वयं जल जाते हैं और चारों ओर प्रकाश फैला देते हैं। अतएव यह प्रश्न अत्यंत आवश्यक है कि ऐसे त्यागी प्रचारक किस मार्ग पर चलते हैं और जाति को किस प्रकार की शिक्षा देते हैं। क्योंकि इन्हीं पर वास्तव में नए आंदोलन का सफल होना अवलंबित है। इनका प्रभाव और मेल-जोल बहुत ज्यादा होता है।

भारतवर्ष और विजयनगर में ये संस्थाएँ क्या करती रहती थीं? क्या वहाँ के साधु और संन्यासियों ने उन शताब्दियों में प्रजा से यह कहा था कि देखो, मुसलमान उत्तर से विजय करते चले आ रहे हैं, खबरदार! तुम भी फौज बनाओ और खूब तैयारी करो?

इन धार्मिक उपदेशकों का यह कर्तव्य था कि वे ऐसी शिक्षा देते, लेकिन वे चुप रहे। जब समर्थ गुरु रामदास ने बाद में ऐसा प्रचार किया, तो शिवाजी महाराज जैसे देशभक्त भी पैदा हो गए। परंतु हिंदुओं में योग और वैराग्य के ऐसे बेहूदा आदर्श थे कि वे तमाम त्यागी, धर्मात्मा नवयुवकों को अपने जाल में फँसा लेते थे और उनकी बुद्धि और साहस का अंत कर देते थे। कहावत प्रसिद्ध है कि–"जिसने पढ़ी गीता, उसने खो दिया खलीता।" योग और वैराग्य की बहुत सी पुस्तकें पढ़ने से सेवा-कार्य का भाव लोप हो जाता है और सामाजिक जीवन की ओर से ग्लानि उत्पन्न हो जाती है। संसार झूठा है, सब कुछ असार है। सब चीज आनी-जानी हैं, आत्मा और ब्रह्म का संबंध बड़ा गहरा है, बीवी-बच्चों का प्रेम एक बंधन है, संसार-सागर के पार उतरना जरूरी है। योग-साधन से मुक्ति पा सकते हैं। समाधि ही जीवन का सबसे ऊँचा आदर्श है, शारीरिक स्वास्थ्य और शक्ति, विद्या, कला इत्यादि की आवश्यकता नहीं है। ऐसी कहावतों के वाक्य पढ़-पढ़ कर त्यागी नवयुवक जाति

की सेवा करने के लिए कभी तैयार नहीं हो सकते, बल्कि वे बिल्कुल निकम्मे और सुस्त बन जाते हैं। उनके त्याग से सभ्यता की उन्नति में किसी प्रकार की सहायता नहीं मिलती है। बल्कि राष्ट्र के भीतर एक प्रकार का नैतिक विष फैल जाता है, जिसके उदाहरण से भी मनुष्य सुस्त और लापरवाह हो जाते हैं, सारी जाति एक बंद पानी के तालाब के सदृश्य हो जाती है। स्वास्थ्य, विद्या, विज्ञान और धन, यही वस्तुएँ सभ्यता के लिए आवश्यक हैं। परंतु इन सब पर लात मार कर आत्म-ब्रह्म के आनंद या योग के चमत्कारों की चर्चा करना जाति की नैतिक पूँजी का दिवाला निकालना है। बंदा बहादुर और महात्मा गाँधी के जीवन-चरित्र से प्रकट है कि ऐसे त्यागी धर्मात्मा ठीक पथ पर चल कर राजनीति और सामाजिक सुधार के साधन से जाति को कितना लाभ पहुँचा सकते हैं। लेकिन कितने ही योगी और संन्यासी केवल आत्मब्रह्म और संसार-सागर के खोखले शब्दों को रटते-रटते मर गए। न उन्होंने जाति की सहायता की और न दुनिया की सच्ची सेवा की। योग और संन्यास के प्राचीन आदर्श भी रियासत विजयनगर की दुर्बलता के कारण थे। यह कमजोरी रामायण, और मनुस्मृति के जमाने में नहीं थी। यह बाद में शुरू हुई है। ऐसी दिमागी खुराक से कोई रियासत मजबूत नहीं हो सकती।

हिंदुओं के अंदर बहुत से संप्रदाय हैं। यहाँ उनसे प्रयोजन नहीं है। परंतु उनके अंदरूनी प्रबंध से राज्य पर गहरा असर पड़ता है। क्योंकि हर संप्रदाय अपने अनुयायियों को एक खास साँचे में ढालता है। किसी संप्रदाय के धार्मिक सिद्धांत कुछ हों, परंतु अगर वह मनुष्य गुलामी के अनुसार अपना अंदरूनी प्रबंध करता है, तो वह राष्ट्र के लिए भयानक है। क्यों दासता की बेड़ी में जकड़े हुए लोग राजनीतिक प्रश्नों में भी स्वातंत्र्य दोष ग्रहण नहीं कर सकेंगे। संप्रदाय के जीवन से उन्हें जैसी शिक्षा मिली है, वे वैसे ही रहेंगे। अगर किसी संप्रदाय का प्रबंध सिर्फ एक गुरु के अधीन है और सब उसकी आज्ञा मानते हैं, तो ऐसे फिर्के गुलामी की ओर ले जाएँगे, चाहे उनके सिद्धांत कुछ भी हों। धार्मिक मंडप में 'सत्य-वचन' कहने वाले लोग राजनीतिक मामले में 'जी-हुजूर' ही कहेंगे। लेकिन यदि किसी संप्रदाय का कारोबार एक प्रतिनिधि के द्वारा चलाया जाता है और हर मेम्बर को राय देने का हक है, तो ऐसा संप्रदाय राज्य के लिए लाभकारी है। क्योंकि वह लोगों को स्वातंत्र्यप्रिय और विचारशील बनाता है। विजयनगर राज्य के हिंदू प्रायः भिन्न-भिन्न संप्रदायों में विभक्त थे। शैव, वैष्णव, शाक्त और दूसरे पंथ गुरु का राग बहुत गाते हैं और ब्राह्मण-गुरु की आज्ञा मानना तो जीवन का बड़ा भारी उद्देश्य था। मानवी हुकूमत की हवा में पले हुए लोग गुलामी के लायक होते हैं। अतः यह असाधारण ढोंग, जो हिंदुस्तान में फैले हुए हैं, जाति-जीवन के लिए अधिकाधिक भयंकर हैं। कुछ फिर्के तो ऐसी कहानियाँ बड़ी खुशी से सुनाते हैं कि एक गुरु के चेले ने गुरु की आज्ञा से मुर्दा खा लिया या कोई और ऐसा ही कार्य किया। यह बड़ा धर्म समझा जाता है। इस तरह गुरु को, जो वास्तव में

मनुष्य है, बाँस पर चढ़ा कर ईश्वर या देवता का दर्जा देना गुलामी की निशानी है। ऐसी कहानियों से बुद्धिमान पुरुषों के दिलों में सिर्फ घृणा और ग्लानि पैदा होती है। हिंदी में कितनी ही पुस्तकें गुरु की महिमा के वर्णन से भरी हुई हैं। वस्तुतः एक स्वजातीय राज्य में किसी संप्रदाय को अपने अंदरूनी इंतजाम में मानवी आज्ञाओं का जहर मिलाने की इजाजत नहीं देनी चाहिए। क्योंकि ऐसे संप्रदायों के पीर बिलकुल दासत्व-भाव से पूर्ण रहेंगे।

अतः हिंदू-संप्रदाय अपने अलग-अलग सिद्धांतों का प्रचार भले ही करे, परंतु अपना अंदरूनी प्रबंध स्वतंत्रता और श्रेष्ठता के आदर्शों के अनुसार चलाए।

किसी व्यक्ति-विशेष का शासन हिंदू-जाति के लिए अति हानिकारक सिद्ध हुआ है। भगवान बुद्ध के जमाने में कई छोटी-छोटी स्वतंत्र रियासतें थीं, लेकिन उनको जबर्दस्त राजे हड़प गए और बाद में सिर्फ बे-लगाम राजा ही हिंदुस्तान में राज्य करते रहे हैं, न कोई सभा स्थापित की गई और न नियमित कानूनों द्वारा राज्य का प्रबंध किया गया।

राजा को अधिकार है कि चाहे जिसको मौत की सजा दे और चाहे जिसके धन छीन ले। नीच प्रकृति के राजा तो स्त्रियों के सतीत्व पर भी हमला करते हैं। व्यक्ति-विशेष का शासन तो कभी किसी दशा में भी लाभकारी संस्था नहीं हो सकती। राज्य की बागडोर प्रजा के हाथों में होनी चाहिए।

विजयनगर में राजा और मंत्रियों का हुक्म चलता था। प्रजा को राज्य के प्रबंध से कोई संबंध न था। उन्हें राजनीति से कोई प्रेम न था। जिस कार्य में कोई मनुष्य भाग न लेता हो, उसके लिए वह अधिक त्याग नहीं करेगा। इसी कारण से ऐसी रियासतों की प्रजा के हृदय में देशभक्ति के भाव बहुत कम होते हैं। सार्वजनिक जीवन की लहर नष्ट हो जाती है और राज्य की रक्षा की ओर से प्रजा उदासीन हो जाती है।

हिंदू-जाति के अंदर एक-दो नहीं, बल्कि सैकड़ों राजे-महाराजे रहे हैं। राजा की भी हद हो गई। ऐसी अंध-श्रद्धा जाति की मूर्खता का प्रमाण है। राजपूतों को इतनी अक्ल न आई कि सारे राजस्थान की एक रियासत बना लें। क्योंकि हर एक राजा अपनी पदवी पर मरा जाता था। आजकल के राजे-महाराजों के नाम से प्रजा हैरान है। लंदन और पेरिस में रुपए खर्च करने के सिवा और कोई काम इन्हें नहीं है। इनसे कोई पूछे कि क्यों साहब, ये रुपए क्या तुम्हारे बाबा ने कमाए थे, जो तुम इसे अपने ऐशो-आराम में गँवाते हो? इस प्रकार इस रुपए को खर्च करने का तुम्हें क्या अधिकार है? आजकल के राजे-महाराजे प्रायः स्वार्थी, आलसी, अपव्ययी और वेश्याओं के गुलाम होते हैं। भारतवर्ष का आदर्श तो राम-राज्य है, लेकिन आजकल चारों ओर वेश्या-राज्य दिखाई देता है!

यह सब अंधेर व्यक्ति-विशेष के शासन का परिणाम है। याद रहे कि राज्य-सभा

की संस्था के बिना रियासतों का सुधार कभी न होगा। प्रजा के चुने हुए प्रतिनिधि राज्य-सभा बना कर कानून बनाएँ और रियासत का प्रबंध करें। केवल इसी उपाय से रियासतों का कल्याण हो सकता है। इन बे-लगाम राजाओं की नाक में नकेल बाँधना जरूरी है। आरंभ में इन लोगों को थोड़ी सी पेंशन देकर अवकाश में छोड़ दिया जाए, लेकिन भविष्य में इन सब छह सौ से अधिक दिखावटी राजाओं को रियासतों से पृथक् करके सारे भारतवर्ष की एक रियासत बनानी चाहिए। यदि जाति की राय में प्रजातंत्र राज्य उत्तम हो, तो किसी राजा की भी खास आवश्यकता नहीं है। हिंदू संगठन के लिए सब रियासतों का संगठन आवश्यक है। एक देश, एक नाम, एक जाति, एक राज्य, यह हमारा आदर्श है।

हिंदुस्तान के किसी-किसी भाग में धनी ताल्लुकेदार मौजूद हैं, जो सैकड़ों गरीब परिश्रमी किसानों से लगान वसूल करके स्वयं आनंदमय जीवन व्यतीत करते हैं। वे कहते हैं कि हम इतनी जमीन के मालिक हैं, क्योंकि सरकार ने हमें जागीर दी है या हमारे पास कुछ कागजात हैं, लेकिन सिर्फ यह लूट-लीला है।

किसानों को दुःख देकर एक छोटा-सा दल चैन से रहता है। विजयनगर में भी कदाचित् यह जागीरदारी की संस्था थी। हर एक राज्य में ऐसी संस्था पतन का कारण हुई है। क्योंकि इससे दो दलों का जन्म होता है, जिनमें सदैव वैमनस्य बना रहता है। जैसे ताल्लुकेदार और किसान। राज्य की नींव बिल्कुल कच्ची हो जाती है। राजा और किसान ही जमीन के असली मालिक हैं। ये जागीरदार तो ऊपर के चील-कौवे हैं। स्वराज्य दो प्रकार का होता है। अमीरों का स्वराज्य और गरीबों का स्वराज्य। अमीरों के स्वराज्य में सारी ताकत जागीरदारों और धनिकों के हाथ में होती है और गरीबों के स्वराज्य में साधारण स्थिति के पढ़े-लिखे आदमियों और किसानों, मजदूरों का प्रभाव होता है। अतः हमको यह बात साफ तौर से समझ लेनी चाहिए कि सिर्फ गरीबों के स्वराज्य से हिंदू-जाति की रक्षा हो सकेगी। अमीरों का स्वराज्य प्राप्त करने से कोई लाभ न होगा। क्योंकि ऐसी रियासतें शीघ्र नष्ट हो जाएँगी। जब हमारे नेता स्वराज्य की चर्चा करते हैं, तो हमको पूछना चाहिए कि वह अमीरों का स्वराज्य होगा या गरीबों का। जबानी ढकोसलेबाजी का समय चला गया। अब जाति में जागृति हो गई और वह झूठे आदर्शों के लिए बलिदान नहीं करेगी। सच्चे स्वराज्य में जागीरदारों और ताल्लुकेदारों का स्थायी अधिकार छीन कर उनको किसी अच्छे कार्य में लगाया जाएगा और किसान सुख से रहेंगे। जैसे आजाद पोलैंड, लिथ्वानिया और दूसरे देशों में लगाया गया है। स्वराज्य-प्राप्त भारतवर्ष में किसान-मजदूर स्वतंत्र होंगे। इसी आशा पर ही किसान और मजदूर स्वराज्य के लिए लड़ेंगे और सच्चा स्वराज्य प्राप्त होगा। इनके अतिरिक्त हिंदू-जाति के और भी अंदरूनी शत्रु हैं, जिनका जिक्र भविष्य में किसी समय पर किया जाएगा।

—'लाला हरदयाल के स्वाधीन विचार' पुस्तक से, प्रकाशन वर्ष 1948

जवाहरलाल नेहरू

1889-1964

जवाहरलाल नेहरू का जन्म इलाहाबाद के एक कश्मीरी परिवार में हुआ था। उनके पिता मोतीलाल नेहरू उच्च न्यायालय के एक संपन्न वकील थे। अपने घर पर ही अंग्रेजी शिक्षिकाओं द्वारा आरंभिक शिक्षा प्राप्त करने के उपरांत वे 15 वर्ष की आयु में हैरो तथा उसके दो वर्ष बाद कैम्ब्रिज भेज दिए गए। लंदन से कानून की डिग्री प्राप्त करने के बाद वे अपने पिता, जो उस समय भारतीय राष्ट्रीय कांग्रेस में 'नरम दल' के एक अग्रगण्य नेता के रूप में उभर चुके थे, के साथ वकालत शुरू करने के लिए 1912 में भारत लौट आए और कांग्रेस में शामिल हो गए। 1920 में उन्होंने गाँधीजी के 'असहयोग आंदोलन' में हिस्सा लिया। देश का विस्तृत दौरा किया। यूरोप यात्रा के दौरान वे समाजवादी विचारों से प्रभावित हुए। एक सप्ताह की रूस यात्रा की, एक नई शक्ति के साथ स्वदेश वापस, वे लगातार कई वर्षों तक कांग्रेस के अध्यक्ष थे। 1947 में देश के आजाद होने के बाद उन्होंने सत्रह वर्षों तक भारत के प्रधानमंत्री एवं विदेश मंत्री के रूप में राष्ट्र को अपनी सेवाएँ प्रदान कीं। अपने कार्यकाल के दौरान उन्होंने जनतंत्रीकरण, मिश्रित अर्थव्यवस्था एवं अंतर्राष्ट्रीय गुटनिरपेक्षता जैसी नीतियों का कार्यान्वयन किया। गाँधी का उत्तराधिकारी होने के बावजूद बाद में उनसे कई मुद्दों पर मतभेद भी हुए। चर्चित पुस्तकें 'भारत की खोज', 'विश्व इतिहास की झलक' इत्यादि।

शोषण की दर्दभरी कहानी

मैं बड़ी खुशी के साथ इंडियन नेशनल कांग्रेस की ओर से आपका दिली शुक्रिया अदा करता हूँ कि जिसने मुझे साम्राज्यवाद का मुकाबला करने के इस अंतर्राष्ट्रीय संयुक्त मोर्चे के साथ अपने मुल्क की सियासी तहरीक का संबंध जोड़ने के लिए तैनात किया है। भारत में हमें साम्राज्यवाद की पूरी ताकत का तजुरबा हो चुका है। साम्राज्यवाद का मतलब हम बहुत अच्छी तरह समझते हैं और इसलिए हमें उस हर तहरीक में दिलचस्पी है, जो साम्राज्यवाद के खिलाफ हो। अगर आप एक ऐसी

जिंदा मिसाल देखना चाहते हैं कि जिससे आपको साम्राज्यवाद के ढाँचे को, और उसके नतीजों को समझने में मदद मिले तो मेरी राय में हिंदुस्तान से बढ़कर कोई दूसरी मिसाल नहीं है। जैसा कि हमारे सदर ने कहा है, हिंदुस्तान की अंदरूनी हालत से यह पता चल जाता है कि अंग्रेजी साम्राज्यवाद किस तरह मजदूरों को दबाता और उनका शोषण करता है। भारत में आपको साम्राज्यवाद के हर पहलू की अजीब मिसालें मिलेंगी, जिन पर कि आप गौर कर सकते हैं। चाहे आप चीन से या मिस्र से या किसी दूर के मुल्क से आए हों आपके और हमारे हित एक ही हैं और हिंदुस्तान का मसला भी आपके लिए उतना ही अहम और दिलचस्प है।

मैं यहाँ आपके सामने हिंदुस्तान के शोषण का सारा इतिहास पेश नहीं कर सकता कि किस तरह उसके साथ बुरा सलूक किया जाता है, कैसे उसे कुचला और लूटा जाता है। यह बहुत लंबी और दर्दभरी कहानी है, और इन मामलों में मैं सिर्फ यही कर सकता हूँ कि मैं आपके सामने सबसे अहम सवालों में से एक या दो को पेश करूँ कि जिन पर हमें खास तौर से इस अंतर्राष्ट्रीय कांग्रेस में विचार करना है। आपने कई तरह की मारकाट और कत्ल व खूनों के बारे में सुना होगा और अमृतसर के वाकयात की भी आप में से कइयों को जानकारी होगी। आप यह न समझें क्योंकि इस मामले ने दूसरे कइयों की निस्बत बहुत ज्यादा हंगामा पैदा किया है, इसलिए अंग्रेजों के आने के बाद से हिंदुस्तान के इतिहास में यह कोई एक ही और सबसे भद्दा वाकया है। आप अच्छी तरह जानते हैं कि हिंदुस्तान में अंग्रेजों ने एक सूबे को दूसरे सूबे से लड़ाया और आखिर में अपने पैर यहाँ मजबूती से जमा लिए। अपनी मौजूदगी के समूचे दौर में उन्होंने 'फूट डालो और हुकूमत करो' के पुराने तरीके पर अमल किया है। मुझे अफसोस के साथ कहना पड़ता है कि आज भी वह इसी नीति पर चल रहे हैं। हिंदुस्तान पर कब्जा जमाने का उनका शुरू-शुरू का इतिहास इतना खौफनाक और दर्दनाक है कि उसकी मिसाल दुनिया-भर के इतिहास में नहीं मिल सकती। अंग्रेज इतिहासकारों तक ने, जो यकीनन निष्पक्ष नहीं हैं, यह मान लिया है कि ब्रिटिश हुकूमत में हिंदुस्तान का शुरू-शुरू का इतिहास लूटमार का जमाना था।

शायद आप उस वाकया से भी वाकिफ़ होंगे, जो 70 साल पहले हुआ था और, जिसे सन् 57 के गदर के नाम से पुकारा जाता है। इसे उस नाम से पुकारा तो गया है, लेकिन अगर किस्मत को कुछ दूसरा ही मंजूर होता और बागी कहे जानेवालों को कामयाबी का सेहरा मिल जाता तो आज उसका नाम हिंदुस्तान की आजादी की लड़ाई होता। यह सब कहने का मतलब यह है कि अमृतसर की घटना में जो कुछ हुआ है, वह तो सन् 57 के गदर की घटनाओं के मुकाबले में कुछ भी नहीं है। लेकिन उसके बाद भी हिंदुस्तान में ऐसे वाकयात बराबर और काफी तादाद में होते रहे हैं और आज भी गोलियाँ तो अक्सर चलती ही रहती हैं। हमारे कितने ही

साथियों और दोस्तों को बिना किसी जुर्म के, और बिना कोई मुकदमा चलाए जेलों में डाल दिया जाता है। हमारे बहुत-से साथियों ने तो जेल को ही अपना घर बना लिया है या उनमें कई ज़िलावतन हैं, जो अपनी मातृभूमि में वापस नहीं आ सकते।

इससे कुछ सनसनी तो फैलती है, लेकिन असली नुकसान जो हिंदुस्तान में अंग्रेज कर रहे हैं, वह दरअसल शोषण है, जो गोली मारने और फाँसी पर लटकाने से भी ज्यादा कड़ा है। उसकी वजह से कभी-कभी बदअमनी भी हो जाती है। लेकिन असल बात वह तरीका है, जिसके जरिए किसानों और मजदूरों का शोषण किया जाता है। उसी की वजह से हिंदुस्तान मौजूदा हालत को पहुँचा है। हमने न सिर्फ पुराने जमाने के बल्कि मौजूदा जमाने के इतिहास में भी हिंदुस्तान की खुशहाली के बारे में पढ़ा है। भारत इतना खुशहाल और भरा-पूरा था कि उसकी दौलत की कशिश से दुनिया के कोने-कोने से कई क़ौमें यहाँ आईं, लेकिन अगर आज कोई उसको देखें, तो उसे दिल दहलानेवाली गरीबी चारों ओर दिखाई देगी। यहाँ उसे ज्यादातर ऐसे लोग मिलेंगे, जिन्हें यह मालूम नहीं कि उन्हें शाम का भी खाना नसीब होगा और अक्सर उन्हें भूखों ही रहना पड़ जाता है। हर कहीं भूखे या अध-भूखे लोग दिखाई पड़ेंगे। यह है आज का हिंद। यह साबित करने के लिए कि हिंदुस्तान की माली हालत को कितना नुकसान पहुँचा है, मुझे आँकड़े या कोई सबूत देने की जरूरत नहीं है। अगर इस सिलसिले को रोकने के लिए कोई पक्का कदम नहीं उठाया गया तो एक राष्ट्र के रूप में हिंदुस्तान का नामोनिशान मिट जाएगा।

शायद आप जानते होंगे कि चंद साल हुए (अंग्रेजों के भारत में आने के फौरन बाद ही) उन्होंने अपने उद्योगों को अपने लिए फायदेमंद बनाने की खातिर किन हथकंडों को अपनाया था। उन दिनों भी, जब अंग्रेजों ने इस नए मंतक को जाहिर नहीं किया था कि वे हिंदुस्तान की जनता के सरपरस्त हैं, बड़ी सख्ती के साथ हमारा दमन किया जा रहा था। लेकिन यह जाहिर ही है कि हमारा बेरहमी के साथ और खुलेआम शोषण हुआ और हिंदुस्तान के सब उद्योगों को तहस-नहस कर दिया गया। यह बात काफी बुरी थी, लेकिन धीरे-धीरे इससे भी बदतर हालत यह हुई कि हमारी तालीम का पुराना तरीका बर्बाद कर दिया गया और हमें निहत्था बना डाला गया। हिंदुस्तानी जनता की भावना को कई तरीकों से कुचला गया, जिसका मुद्दा यह था कि जनता तामीरी काम करने के भी लायक न रहे। हिंदुस्तान में अंग्रेजों की जाहिर नीति यह थी कि हम लोगों में फूट डाली जाए। हमें निहत्था करने के बाद अब वह कहते हैं कि हम अपने देश की हिफाजत करने के लायक भी नहीं हैं। हमारी तालीम का तरीका बर्बाद करके उसकी जगह हमें ऐसी बेहूदा तालीम दी जाती है कि जिसका मकसद गलत इतिहास पढ़ाकर हमें अपनी मातृभूमि से नफरत और इंग्लैंड की इज्जत करना सिखाया जाता है। यह सब करने के बाद अब वह कहते हैं कि आजाद क़ौम की तरह रहने के लिए हमारी संस्कृति भी अधूरी है।

अंग्रेजी अखबारों में इन दिनों यह प्रचार किया जा रहा है कि हिंदुस्तानी आपस में लड़ते हैं। इस बारे में भी यह समझ लेना चाहिए कि यह हद दर्जे की ज्यादती है। यह भी अंग्रेजों की ही चाल है कि वह मुल्क में खुद झगड़े कराते हैं और जहाँ ऐसे झगड़े पैदा हो जाते हैं, उनको बढ़ाते रहते हैं और इन झगड़ों को जिंदा रखने के लिए हर कोशिश की जाती है। ब्रिटेन की यही नीति है, चाहे उससे वह कितना ही इनकार क्यों न करे।

आजकल भारत की क्या हालत है? हम शोषण का जिक्र कर रहे थे। इसका हमें पूरी तरह तजुरबा है। हमारा इकहरा ही नहीं, लेकिन अक्सर दुहरा और तिहरा शोषण होता है। भारत के ऐसे हिस्से भी हैं, जिन्हें देशी रियासतें कहा जाता है, जहाँ ब्रिटेन की छत्र-छाया में जागीरदारी का चलन जारी है। अकसर अंग्रेज लोग इनकी ओर संकेत करके दुनिया को और हमें भी यह बताया करते हैं कि भारत के इन हिस्सों को देखो कि जहाँ स्वराज्य है। इनकी निस्बत भारत का बाकी हिस्सा ज्यादा उन्नत है। लेकिन अंग्रेज लोग एक बात बतलाना भूल जाते हैं और वह यह है कि ये रियासतें उन्हीं की देख-रेख में चलती हैं और वह खुद ही वहाँ तरक्की नहीं होने देते। अंग्रेजों ने ही सबसे पहले उनको गुलाम बनाया और अब उनको तरक्की भी नहीं करने देते।

भारत के बड़े-बड़े जमींदारों का ख्याल कीजिए। वहाँ भूमि पट्टा प्रणाली है, जो भारत के एक बड़े भाग में जागीरदारी के चलन के रूप में मौजूद है। अंग्रेजों ने ही इसे जारी किया और पनपाया। जब तक ब्रिटिश सरकार रजामंदी न दे, इस इंतजाम में तब्दीली नहीं हो सकती। देसी राजे और बड़े जमींदार भी भारत में अंग्रेजी सरकार की नीति के हिमायती हैं, क्योंकि आजाद भारत में किसानों का शोषण नहीं किया जा सकेगा। इसी तरह भारतीय और अंग्रेज सरमायादारों में भी ऐसे गठजोड़ अकसर दिखाई देते हैं, जो देश के लिए नुकसानदेह हैं।

बीते इतिहास और पिछले चंद सालों के वाकयात पर गौर करने से यह साबित हो जाता है कि ब्रिटेन का अधिकार न रहे तो ब्रिटेन की क्या हालत होगी! तब ब्रिटिशों का विश्व-साम्राज्य नहीं रहेगा। जब भारत एक बार आजाद हो जाएगा तब आइंदा क्या होगा मैं नहीं कह सकता, लेकिन इतना जरूर है कि ब्रिटिश-विश्व-साम्राज्य का खात्मा हो जाएगा। अपने पूँजीवादी और साम्राज्यवादी नजरिए से अंग्रेज अपनी सारी ताकत लगाकर भारत पर अपना कब्जा रखने की कोशिश करते हैं। उनकी सारी विदेश-नीति ज्यादातर इसी मुद्दे से प्रभावित है और इसीलिए भारत में उन्हें बहुत मजबूत शासन कायम करना होगा। इसका नतीजा यह है कि भारत को नुकसान पहुँचा है और अभी पहुँच रहा है। लेकिन यह सब इतना ही नहीं है। भारत की वजह से दूसरे मुल्कों को भी तकलीफें उठानी पड़ी हैं, और पड़ भी रही हैं। भारत में ब्रिटिश साम्राज्यवाद की कार्यवाहियों की ताजा मिसाल आपको मालूम ही है—यानी

भारतीय सेना को चीन में भेजना। भारतीय राष्ट्रीय कांग्रेस की बेहद मुखालिफत के बावजूद उसे वहाँ भेजा गया। यह असलियत जाहिर करते हुए चाहे मैं कितना ही शर्मिन्दा हूँ, लेकिन मैं यह कहे बिना नहीं रह सकता कि भारतीय सेना का ज्यादातर इस्तेमाल दूसरे मुल्कों की जनता को दबाने में हुआ है। मैं आपके सामने कुछ राष्ट्रों के नाम रखना चाहता हूँ, जहाँ अंग्रेजों ने अपने स्वार्थ की खातिर भारतीय सेना को भेजा है। सबसे पहले सन् 1840 में चीन में भारतीय सेना भेजी गई, फिर सन् 1927 में, जो अभी तक बराबर जा रही है और वहाँ कई बार उसका इस्तेमाल भी किया गया। इसके बाद मिस्र, एबिसीनिया, ईरान की खाड़ी, मेसोपोटामिया, अरब, सीरिया, तिब्बत, अफगानिस्तान और बर्मा में भी भारतीय सेना भेजी गई है। यह दिल-दहलाने वाली सूची है।

मैं यह जानना चाहूँगा कि भारत का यह मसला न सिर्फ राष्ट्रीय मसला है, बल्कि और बहुत-से मुल्कों पर भी इसका असर पड़ता है। दुनिया-भर में इसके बारे में दिलचस्पी पैदा हो गई है, क्योंकि इसका ताल्लुक हमारे जमाने के सबसे बड़े और सबसे ज्यादा ताकतवर साम्राज्यवाद से है। हम यह बात साफतौर पर कह देना चाहते हैं कि भारत अब इस तरह की बातों को सहन नहीं करेगा। हमारे और ज्यादा बर्दाश्त न करने की वजह न सिर्फ यह है कि आजादी अच्छी है और गुलामी बुरी है, बल्कि इसलिए कि अब हमारे देश और हमारे लिए यह जिंदगी और मौत का सवाल बन गया है। आप लोग भी, जो मुख्तलिफ मुल्कों से यहाँ आए हैं, उन बंधनों को बर्दाश्त नहीं कर सकते, जो आपकी आजादी की राह में बाधक होते हैं। हम भारतवासियों के लिए आजादी का मामला बेहद जरूरी बन गया है। लेकिन यह आपके लिए भी कम अहम नहीं कि हम अपनी आजादी चाहते हैं। चीनी राष्ट्रवादियों की शानदार मिसाल ने हमारे दिलों में उम्मीद पैदा कर दी है और हम जल्द उनके दिखाए रास्ते पर चलना चाहते हैं। हम अपने देश के लिए सब तरह से पूरी आजादी चाहते हैं। हमारी ख्वाहिश न सिर्फ यह है कि मुल्क के अंदरूनी मामलों पर हमारा कब्जा हो, बल्कि हमें इस बात की भी आजादी होनी चाहिए कि हम अपनी मर्जी से अपने पड़ोसी मुल्कों और दूसरे मुल्कों के साथ ताल्लुक कायम कर सकें। चूँकि हमें इस बात का यकीन है कि हमारी यह अंतर्राष्ट्रीय कांग्रेस संगठित कार्य का मौका दे सकती है, इसलिए हम इसका स्वागत करते हैं।

—1927, ब्रुसेल्स

शिक्षा का ध्येय

अक्सर मैंने उन गहरे खजानों में गोते लगाए हैं जिनमें गुजरे जमानों के खयालात, सपने और तज़ुरबे दबे पड़े थे। लेकिन तकदीर और स्थिति ने मिलकर साजिश की और मुझे उस सुंदर और सुनियमित जिंदगी से खींचकर देश के इतने अनपढ़ लोगों के बीच ला पटका।

मैं बहुत से पुरुषों और स्त्रियों से मिला। उसमें से अधिकांश ने स्कूल और कॉलेज की शक्ल तक नहीं देखी और न राज्य की तरफ से या निजी तौर पर की गई शिक्षा की व्यवस्था ने ही उन पर कोई असर डाला।

आखिर शिक्षा से बढ़कर आकर्षक और अहमियत रखने वाली चीज आज और क्या है? लड़ाइयों में जूझती इस दुनिया में दुःख भरे हैं, झगड़े हैं और हजारों समस्याएँ हैं जो हमें सता रही हैं। ऐसे वक्त में मुनासिब शिक्षा के अलावा और किससे हम शांति पा सकते हैं और कैसे इन समस्याओं का हल निकाल सकते हैं?

मुझ जैसे अनाड़ी आदमी के लिए पेचीदा सवालों पर यहाँ चर्चा करना कहाँ मुनासिब होगा? ये पेचीदा सवाल तो विशेषज्ञों के लिए हैं। लेकिन विशेषज्ञ के विशेष रूप से चीजों को देखने के तरीके में एक खतरा है। हो सकता है कि चीजों को देखने में उचित दृष्टिकोण उसका न रहे और सामूहिक रूप में वह जिंदगी को देखना भूल जाए। इस खतरे के खिलाफ इंतजाम करना होगा, खास तौर से इस वक्त में जबकि जिंदगी की नींव को ही चुनौती दी जा रही है। और वह झगड़े में पड़ी है। शिक्षा के पीछे आपका ध्येय और उद्देश्य क्या है? जरूर ही आप बढ़ती पीढ़ी को जिंदगी के लिए तैयार करते हैं। पर आप जिंदगी को किस साँचे में ढालना चाहते हैं; क्योंकि अगर उस साँचे की साफ तस्वीर आपके दिमाग में न होगी तो जो शिक्षा आप देंगे वह दिखावटी और दोषपूर्ण होगी। उद्देश्य भी उसमें कुछ न होगा और आपकी समस्याएँ और कठिनाइयाँ बढ़ती ही जाएँगी। आप जहाजी विद्या पर व्याख्यान देते रहेंगे, जबकि जहाज डूबता जाएगा।

बहुत जमाने से शिक्षा का आदर्श आदमी की तरक्की करना रहा है। जरूरी तौर पर यही आदर्श रहना चाहिए; क्योंकि बिना आदमी की तरक्की के सामाजिक प्रगति नहीं हो सकती। लेकिन आज आदमी की यह चिंता भी जन-साधारण को सामने रखकर करनी चाहिए, नहीं तो शिक्षित आदमी अशिक्षित जन-समूह में गर्क हो जाएँगे। और किसी भी हालत में क्या यह मुनासिब या ठीक है कि थोड़े से लोगों को तरक्की करने और बढ़ने का मौका मिले जबकि बहुत से लोग उससे वंचित रहें?

लेकिन इंसान के दृष्टिकोण से भी एक महत्त्वपूर्ण सवाल का हमें मुकाबिला करना है। क्या एक अकेला इंसान दुर्लभ मौकों को छोड़कर दरअसल आगे बढ़ सकता है, अगर उसके चारों तरफ का वायुमंडल हर वक्त उसे नीचे खींचता हो? अगर

वह वायुमंडल उसके लिए दूषित और नुकसानदेह है तो इंसान का उससे लड़ना बेसूद होगा और लाजिमी तौर पर वह उससे कुचला जाएगा।

यह वायुमंडल क्या है? उसमें वे पुश्तैनी विचार, दुराग्रह और वहम शामिल हैं जो दिमाग पर बाँध लगा देते हैं और इस बदलती दुनिया में तरक्की और तब्दीली को रोकते हैं। ये राजनैतिक स्थितियाँ हैं जो अकेले इंसान और इंसानों के मजमुए को ऊपर से लादी गई गुलामी में रखती हैं और इस तरह उनकी आत्मा को भूखों मार डालती हैं और उनकी भावना को कुचल देती हैं। सबसे अधिक आर्थिक स्थितियों का दबाव है। वे जनता को मौका देने से इनकार करती हैं। हमारे चारों तरफ दुराग्रह और वहम की जटिलता और राजनैतिक और आर्थिक स्थितियों का वायुमंडल फैला है, जिसके पंजे में हम फँसे हैं।

आपकी शिक्षा-प्रणाली सारे नामवर गुण सिखा सकती है, लेकिन जिंदगी और ही कुछ सिखाती है। और जिंदगी की आवाज कहीं ऊँची और तेज है। सहकारी प्रयत्न के लाभ आप बता सकते हैं, लेकिन हमारे आर्थिक ढाँचे का आधार गला काटने वाली प्रतिस्पर्धा पर है और एक आदमी दूसरे को मारकर ऊपर उठना चाहता है। जो अपने प्रतिद्वंद्वियों को पछाड़ने में और कुचल डालने में सफल होता है, उसी को चमकदार इनाम मिलता है। क्या इसमें कोई अचरज है कि हमारे युवक उन चमकीले इनाम की ओर खिंचें और दावा करें कि लाभ के इच्छुक इस समाज में उस इनाम का पाना सबसे अधिक वांछनीय गुण है।

इस देश में हम तो अहिंसा की प्रतिज्ञा से बँधे हैं फिर भी हिंसा न सिर्फ लड़ते-झगड़ते राष्ट्रों के प्रत्यक्ष रूप में ही हमें घेरे हुए है; बल्कि उस सामाजिक ढाँचे के रूप में भी वह हमें घेरे हुए है, जिसमें कि हम रहते हैं। इस हिंसा भरे वातावरण से सच्ची शांति या अहिंसा उस समय तक कभी भी हासिल नहीं हो सकती, जब तक कि हम उस वायुमंडल को ही न बदल दें।

उन आदर्शों के बावजूद जिन्हें कि हम स्वीकार कर सकते हैं, हमारी शिक्षा-प्रणाली इसी वायुमंडल की उपज और अंग है। इसी से वह पोषण पाती है और जान-बूझ कर या अनजाने इसी का वह समर्थन करती है। लेकिन यह बात संसार में स्पष्ट है कि यही वायुमंडल हमारी बहुत-सी मुसीबतों का कारण है और उसे जैसा-का-तैसा छोड़ देना सीधा बरबादी की तरफ जाना है।

असल में उस बरबादी को रोकने के लिए पहले ही से काफी देर हो गई है और यूरोप में जो लड़ाई चल रही है, वह शायद वर्तमान सभ्यता की नींव को ढहा दे। इस बरबादी से हम बच नहीं सकते। यदि इससे बच भी गए तो हमारी निजी समस्याएँ हैं जो हमें उस समय तक मिटा देने की धमकी देती हैं जब तक कि हम ठीक निगाह से चीजें न देखें और काम न करें। ताजी घटनाओं पर गौर करने से पता चलता है कि इस देश में बुराई, फूट और ओछा पक्षपात कितना अधिक है।

हमने यह भी देखा है कि किस प्रकार प्रबल राजनैतिक और आर्थिक हित तब्दीली के खिलाफ अपनी नाराजी दिखाते हैं और लड़ते हैं।

कुछ और बड़ी समस्याएँ हैं जो हमारी शिक्षा पर महत्त्वपूर्ण प्रभाव डालती हैं। जब तक इन समस्याओं का उचित हल जल्दी ही न निकलेगा तब तक शिक्षा-संबंधी हमारे प्रयत्न सब यों ही जाएँगे। लेकिन तात्कालिक समस्याओं के अलावा कोई भी शिक्षा से दिलचस्पी रखने वाला इस महत्त्वपूर्ण प्रश्न को दरगुजर नहीं कर सकता कि सामाजिक और आर्थिक क्षेत्र में शिक्षा का ध्येय क्या हो। समूची शिक्षा का दृष्टि-बिंदु निश्चित रूप से सामाजिक हो और वह हमारे युवकों को उस प्रकार के समाज का शिक्षण दे जिसमें कि हम रहना चाहते हैं। उस समाज का निर्माण करने के लिए राजनीतिज्ञ, राजनैतिक और आर्थिक तब्दीलियों के लिए कोशिश कर सकते हैं, लेकिन उस समाज की असली बुनियाद तो हमारे स्कूलों और कॉलेजों में दी जाने वाली शिक्षा में रहनी चाहिए। तभी लोगों के मन में सच्चा परिवर्तन होगा, हालाँकि वायुमंडल के बाहरी परिवर्तनों से भी उसे बहुत ज्यादा मदद मिल सकेगी और मिलेगी। ये दोनों प्रक्रियाएँ साथ-साथ चलती हैं और एक-दूसरे के लिए वे सहायक होनी चाहिए।

हमारा आज का सामाजिक ढाँचा ढह रहा है। उसमें विरोधी बातें भरी हैं और वह बराबर लड़ाई और संघर्ष की ओर हमें लिए जा रहा है। लाभ के इच्छुक और प्रतिस्पर्धा में फँसे इस समाज का अंत होना चाहिए और उसकी जगह एक ऐसी सहकारी व्यवस्था आनी चाहिए जिसमें हम अकेले इंसान के फायदे की बात न सोच कर सबकी भलाई की बात सोचें, जहाँ इंसान इंसान की मदद करे और राष्ट्र राष्ट्र मिल कर इंसानों की तरक्की के काम करें, जहाँ पर मानवीय गुणों का मूल्य हो और जमात या समूह या राष्ट्र का एक के द्वारा दूसरे का शोषण न हो।

यदि हमारे आगे आने वाले समाज का यही मान्य आदर्श है तो हमारी शिक्षा भी उसी आदर्श को सामने रख कर ढाली जानी चाहिए और कोई भी बात ऐसी नहीं आनी चाहिए जो सामाजिक व्यवस्था के इस ध्येय के विरुद्ध हो। उस शिक्षा के लिए हमेशा अपने करोड़ों लोगों की परिभाषा में सोचना होगा और किसी दल या जमात के लिए उसके हितों की आहुति नहीं देनी होगी। अध्यापक तब वह नहीं होगा जो अपने उस प्रदेश की लकीर का फकीर है, जिससे उसे जीविका मिलती है, बल्कि वह आदमी होगा जो अपने पेशे को, उस पवित्र ध्येय के एक मिशनरी की उत्साहपूर्ण भावना से पसंद करेगा, जो कि उसकी रग-रग में भरा है।

हिंदुस्तान में शिक्षा की प्रगति की ओर बहुत ध्यान दिया गया है और लोगों के मन में उसके लिए उत्साह और उत्सुकता है। आज की इस दुनिया में, जिसमें उम्मीद बहुत कम है, यह बड़ी आशा की चीज है। इसमें शुबहा नहीं कि आप बुनियादी शिक्षा की नई योजना पर भी विचार करेंगे। जितना मैंने इस बुनियादी शिक्षा पर सोचा है उतना ही मैं उसकी तरफ खिंचा हूँ। इसमें शक नहीं कि आगे तजुरबे होंगे,

उनसे परिवर्तन होंगे। लेकिन मुझे इसमें संदेह नहीं कि इस योजना के द्वारा हमने एक ऐसा मार्ग पा लिया है जिसमें यदि शिक्षा जीवन से सामंजस्य रखती है और जीवन के लिए आदमी को तैयार करती है, तो उससे ठीक लाइनों पर जनता शिक्षित हो सकती है, खास तौर से यह शिक्षा हिंदुस्तान जैसे गरीब देश के लिए बहुत उपयुक्त है।

मैं हिंदुस्तान भर में घूमा हूँ। लाखों अभागे और दुःखी लोगों को मैंने देखा है—आँखें जिनकी बैठ गई हैं और निगाह में बेबसी भरी है। हिंदुस्तान के इस दुर्भाग्य से मुझे चोट लगी है। फिर भी मैंने हमेशा महसूस किया है कि हमारे लोगों में आश्चर्यजनक शक्ति है और विश्वास किया है कि अपनी इस दुःखी हालत से वे ऊपर उठेंगे। उनके शुष्क चेहरे फिर चमकेंगे और उनकी आँखों में फिर आशा भरेगी। हरेक इंसान का यह जन्मजात अधिकार है। उन्हें भूख लगती है, पर खाने के लिए उनके पास कुछ भी नहीं है। काम वे चाहते हैं, पर काम उनको नहीं मिलता। जाड़े से उनकी देह थर-थर काँपती है, उनके घर मिट्टी के झोपड़े हैं। वे बराबर गिरते रहते हैं और कभी कोई आशाजनक अवसर उनके रास्ते में नहीं फटकता।

यह सब दुर्भाग्य है और इसका इलाज होना चाहिए। लेकिन सबसे बड़ा दुर्भाग्य तो यह है कि जब लोगों में कोई आशा नहीं है, न साहस से कार्य करने की भावना और अभिमान बचा है तो उनकी स्फूर्ति ही खत्म हो जाएगी। हिंदुस्तान को नया जन्म देने से पहले यही चीज है जिसका हमें खात्मा करना है।

बुद्धिवादी ऊँचे दिमाग के आदमियों को एक दूर दुःखी दुनिया के मामलों पर शांत भाव से विचार करना अच्छा लगता है। असलियतों से दूर, वे सीमित घेरों में अपने को सुरक्षित और संतुष्ट महसूस करते हैं। लेकिन असलियत तो अब हमारे सामने है और दुःखी करने की धमकी देती है। जो इस कटु वास्तविकता से डर गए हैं और उससे बचने के लिए पनाह ढूँढ़ते हैं वे किस्मत के खिलाफ बेबसी से और बुरी तरह से लड़ते हैं और छिपी शक्तियों से नियंत्रित वे कठपुतली की तरह काम करते हैं। हममें से किसी को भी इस कमजोर और बेकार तरीके से ऐसे वक्त में काम नहीं करना चाहिए, जबकि हरेक चीज के लिए, जो कि जीवन के लिए योग्य है, स्पष्ट विचार और बहादुरी के कामों की जरूरत है। दुनिया खुशगवार नहीं है, इस बात को हम महसूस करें और तब आदमियों की तरह उसे बदलने की कोशिश करें और अपने सबके रहने के योग्य उसे अच्छी और ठीक बनाएँ।

—1939, लखनऊ

एशिया फिर से करवट बदल रहा है

एशिया के नर-नारियों, आप किसकी पुकार सुनकर यहाँ आए हैं? आप मातृ-महाद्वीप के भिन्न-भिन्न प्रदेशों से दिल्ली के इस कदीम शहर में क्यों इकट्ठा हुए हैं? हम लोगों ने बड़ी हिम्मत करके आपको इस सम्मेलन के लिए दावतनामे भेजे और आपने उनके पुरजोश जवाब दिए। लेकिन आप महज हमारे बुलावे पर ही यहाँ नहीं आए, बल्कि आपके दिलों में एक गहरी भावना थी, जिसने आपको यहाँ आने की प्रेरणा दी।

एक दौर खत्म हो रहा है और हम इतिहास की एक नई मंजिल पर खड़े हैं। जिस जगह हम खड़े हैं वहाँ इंसान के इतिहास और कोशिशों के दो दौर जुदा होते हैं, एक तरफ पीछे हमारा पुराना इतिहास है, दूसरी तरफ आँखों के सामने भविष्य है, जो बन रहा है। बहुत मुद्दत की खामोशी के बाद अचानक, एशिया फिर से दुनिया की आँखों में अहम बन गया है। अगर हम अपने पुराने इतिहास को देखें तो मालूम होगा कि एशिया के इस महान देश ने, जिसके साथ मिस्र का गहरा सांस्कृतिक संबंध रहा है, इंसान की तरक्की में बड़ा अहम हिस्सा लिया है। यही वह जगह है, जहाँ संस्कृति का जन्म हुआ और इंसान अपनी जिंदगी के बहुत लंबे और रोमांचकारी रास्ते पर बढ़ा। यहीं इंसान ने लगातार सच्चाई की खोज जारी रखी और यहीं इंसान की आत्मा सारी दुनिया के लिए प्रकाश बनकर चमकी। यह गतिशील एशिया, जहाँ से संस्कृति की बड़ी-बड़ी नदियाँ चारों और बहीं, गतिहीन और परिवर्तनहीन बन गया। दूसरे लोग, और दूसरे महाद्वीप आगे आए और अपनी गतिशीलता की वजह से फैले। उन्होंने दुनिया के बड़े-बड़े हिस्सों पर कब्जा कर लिया। यह महान देश यूरोप के एक-दूसरे के खिलाफ साम्राज्यवादों की लड़ाई का अखाड़ा बन गया और यूरोप इंसानियत के इतिहास और तरक्की का केंद्र बन गया।

अब दृश्य फिर से बदल रहा है और एशिया एक बार फिर से जाग उठा है। जिस जमाने में हम रह रहे हैं, वह बहुत तेजी से बदल रहा है और अगला कदम यही होगा कि एशिया दूसरे मुल्कों के बीच अपनी वाजिब जगह हासिल कर ले।

आज हम इस अहम मौके पर एक-दूसरे से मिल रहे हैं और हिंदुस्तानियों की यह खुशकिस्मती है कि वे दूसरे मुल्कों के एशियाई भाइयों का स्वागत करें, उनके साथ वर्तमान और भविष्य के मामलों पर गौर करें और आपसी तरक्की, दोस्ती, और भलाई की बुनियाद डालें।

एशियाई सम्मेलन करने का यह ख्याल कोई नया नहीं है, इससे पहले ऐसा ख्याल कई बार किया गया है। दरअसल यह ताज्जुब की बात है कि यह सम्मेलन आज से कई साल पहले नहीं बुलाया गया, लेकिन शायद इसके लिए मुनासिब वक्त नहीं था और सबसे पहले ऐसी कोई भी कोशिश बेकार साबित होती, क्योंकि इसका दुनिया के वाकयात के साथ मेल नहीं बैठता था। ऐसा इत्तिफाक हुआ कि हमने

यह सम्मेलन हिंदुस्तान में करने का फैसला किया और इसी तरह के सम्मेलन का ख्याल कई दिमागों में और कई मुल्कों में एक साथ उठा। सबके दिलों में यह पुकार थी और यह अहसास था कि अब वह वक्त आ गया है जब हम सब एशियाइयों को एक जगह इकट्ठा होना चाहिए और मिलकर तरक्की करनी चाहिए। यह महज हमारी ख्वाहिश ही नहीं थी, बल्कि घटनाओं से मजबूर होकर हमने इस दिशा में विचार करना शुरू किया, और यही वजह है कि जो दावतनामा हमने हिंदुस्तान से भेजा, उसका एशिया के हरेक मुल्क ने शानदार जवाब दिया।

हम आए हुए डेलीगेटों और प्रतिनिधियों का स्वागत करते हैं—चीन का महान मुल्क, जिसका तमाम एशिया एहसानमंद है और जिससे बहुत-कुछ उम्मीद रखी जाती है; मिस्र और पश्चिमी एशिया के अरब देश, जिनको पुश्त-दर-पुश्त वह ऊँची संस्कृति मिली है, जो दूर-दूर तक फैली और जिसका हिंदुस्तान पर गहरा असर पड़ा; ईरान, जिसका ताल्लुक हिंदुस्तान के साथ इतिहास की शुरुआत से ही रहा है; इंडोनेशिया और हिंद-चीन, जिनकी संस्कृति हिंदुस्तान की संस्कृति के साथ गुथी हुई है और जहाँ हाल ही में आजादी के लिए जो लड़ाई जारी रही है, वह हमें याद दिलाती है कि आजादी तोहफे की शक्ल में नहीं मिला करती, उसे जीतना पड़ता है। तुर्की, जिसने एक महान नेता की रहनुमाई में एक नई जिंदगी हासिल कर ली है; कोरिया, मंगोलिया, स्याम, मलाया और फिलिपाइन, और एशिया के रूसी प्रजावादी हिस्से, जिन्होंने हमारे देखते-ही-देखते बहुत तेजी के साथ तरक्की कर ली है, और जिनसे हमें बहुत-से सबक सीखने हैं; और हमारे पड़ोसी देश-अफगानिस्तान, तिब्बत, नेपाल, भूटान, बर्मा और लंका, जिनसे हम दोस्ताना सलूक और सहयोग की उम्मीद रखते हैं। इस सम्मेलन में एशिया की पूरी तरह नुमाइंदगी की जा रही है और एक या दो मुल्क अगर अपना नुमाइंदा नहीं भेज सके, तो वह इसलिए नहीं कि वे भेजना नहीं चाहते थे, बल्कि इसलिए कि कुछ ऐसे वाकयात रास्ते में आ गए, जो उनके काबू से बाहर थे। हम आस्ट्रेलिया और न्यूजीलैंड से आए हुए प्रेक्षकों का भी स्वागत करते हैं, क्योंकि और हमारे बहुत-से मसले एक से हैं—खासकर प्रशांत महासागर से और एशिया के दक्षिण-पूर्वी हिस्से से ताल्लुक रखने वाले और दूसरे मसलों को हल करने के लिए हमें मिलजुल कर काम करना है।

इस वक्त, जबकि हम यहाँ इकट्ठा हो रहे हैं, एशिया का पुराना इतिहास हमारी आँखों के सामने आ जाता है। मौजूदा वक्त की मुश्किलातें गायब हो जाती हैं और हजारों किस्म की यादें जाग उठती हैं। लेकिन मैं आपके सामने गुजरे हुए इतिहास, उसके बड़प्पन, उसकी कामयाबी और नाकामयाबी का जिक्र नहीं करूँगा। और न ही मौजूदा जमाने की उन मुसीबतों का जिक्र करूँगा जिनकी वजह से हम इतने परेशान हुए हैं और अब भी किसी हद तक हो रहे हैं। पिछले दो सौ सालों में हमने पश्चिमी साम्राज्यों की तरक्की और एशिया के बहुत बड़े-बड़े मुल्कों को औपनिवेशिक गुलामी

की हालत तक पहुँचते देखा है। इन सालों में बहुत-से अहम वाकयात हुए हैं। एशिया भर में यूरोप के प्रभुत्व का एक खास नतीजा यह निकला कि एशिया के मुल्क एक-दूसरे से दूर हो गए। उत्तर-पश्चिम, उत्तर-पूर्व, पूर्व और दक्षिण-पूर्व सभी तरफ के मुल्कों से हिंदुस्तान का नजदीकी ताल्लुक था; लेकिन हिंदुस्तान में ब्रिटिश राज्य के कायम होते ही सारे ताल्लुक टूट गए और हिंदुस्तान बाकी एशिया से बिल्कुल जुदा-सा हो गया। खुश्की के सब पुराने रास्ते बंद हो गए और सिर्फ इंग्लैंड को जाने वाले समुद्री रास्ते खुले रहे। एशिया के दूसरे मुल्कों की भी यही हालत हुई। उनकी माली हालत यूरोप के साम्राज्यवाद के साथ बँध गई और संस्कृति तक के लिए वह यूरोप का मुँह ताकने लगे और अपने उन पड़ोसी मुल्कों को भूल गए, जिनसे उन्होंने गुजिश्ता वक्त में बहुत-कुछ पाया था।

आज यह अकेलापन सियासी और दूसरे कारणों से दूर होता जा रहा है और साम्राज्यवाद का खात्मा हो रहा है। खुश्की के रास्ते फिर से खुल गए हैं और हवाई रास्तों के जरिए हम एक-दूसरे के नजदीक आ गए हैं। यह सम्मेलन इस बात का सबूत है कि बावजूद उस अकेलेपन के, जो यूरोपियन प्रभुता के नीचे बढ़ गया था, हमारे दिलों में मिलन की एक गहरी ख्वाहिश लहरें मारती रही है। आज, जब वह प्रभुता खत्म हो रही है, हमारे चारों तरफ की जेल की दीवारें टूटकर गिर रही हैं, हम एक बार फिर पुराने दोस्तों की हैसियत से मिलने के लिए एक जगह इकट्ठा हो रहे हैं।

इस सम्मेलन में न कोई नेता है और न पीछे चलने वाला। एशिया के सभी मुल्क बराबरी की हैसियत से इस मिली-जुली कोशिश को पूरा करने के लिए जमा हुए हैं। यह वाजिब है कि इस नई तरक्कीजदा कोशिश में हिंदुस्तान अपना हिस्सा ले। सिर्फ यही बात नहीं कि अब हिंदुस्तान आजाद होने जा रहा है, बल्कि वह एशिया में काम करने वाली तमाम ताकतों का कुदरती केंद्र है। उसकी भौगोलिक स्थिति ऐसी है कि वह पश्चिमी, उत्तरी, पूर्वी और दक्षिण-पूर्वी एशिया का संधि-केंद्र बनने के काबिल है। इसी वजह से हिंदुस्तान का लंबा इतिहास एशिया के दूसरे मुल्कों के साथ जुड़ा रहा है। पश्चिम और पूर्व से जो संस्कृति की धाराएँ निकलीं, वे हिंदुस्तान में इस तरह घुल-मिल गईं कि मौजूदा बहुरूपा संस्कृति पैदा हुई। साथ ही हिंदुस्तान की संस्कृति की धारा एशिया के सुदूर मुल्कों में पहुँची। हिंदुस्तान को पूरी तरह समझने के लिए अफगानिस्तान, पश्चिमी एशिया, मध्य एशिया, चीन, और जापान, और दक्षिण-पूर्वी एशिया के मुल्कों में जाना चाहिए। इन मुल्कों में हिंदुस्तान की संस्कृति का परिचय मिलेगा, जिसका असर वहाँ की बहुसंख्या पर पड़ा है।

बहुत पुराने जमाने में ईरान की संस्कृति का प्रवाह भारत में आया। इसके बाद भारत और सुदूरपूर्व, खासकर चीन के दरमियान निरंतर लेन-देन कायम हो गया। आखिरी बरसों में दक्षिण-पूर्वी एशिया में भारतीय कला और संस्कृति की ज्योति जगमगा

उठी। वह जबरदस्त प्रवाह अरब देश से शुरू हुआ और ईरानी संस्कृति के साथ मिलकर फैलता हुआ हिंदुस्तान में आ गया। ये सब प्रवाह आए और इन्होंने हम पर असर डाला, लेकिन हिंदुस्तान की संस्कृति की छाप इतनी गहरी थी कि खुद बिना दबे या बरबाद हुए इसने इन तमाम प्रवाहों को अपने अंदर जज्ब कर लिया। फिर भी इस सिलसिले में कुछ तब्दीली जरूर आई और आज हिंदुस्तान में हम सब इन जुदा-जुदा तब्दीलियों की मिली-जुली पैदाइश हैं। एक हिंदुस्तानी एशिया में जहाँ भी कहीं जाता है, वहाँ की जमीन के साथ और वहाँ के उन इंसानों से, जिनसे वह मिलता है, एक तरह का अपनापन महसूस करता है।

मैं आप लोगों के सामने गुजिश्ता वक्त के बारे में नहीं, बल्कि मौजूदा वक्त के बारे में जिक्र करना चाहता हूँ। हम यहाँ अपने पिछले इतिहास और आपसी ताल्लुक के बारे में चर्चा करने के लिए इकट्ठा नहीं हुए हैं, बल्कि भविष्य में एक-दूसरे से नाता जोड़ना चाहते हैं। मैं यह भी बतला देना चाहता हूँ कि इस सम्मेलन के पीछे जो विचारधारा है, वह किसी तरह का भी हमलावर रूप लिए हुए नहीं है और न ही यह किसी दूसरे मुल्क के खिलाफ है। जब से इस सम्मेलन की खबर बाहर मुल्कों में गई है, अमरीका और यूरोप के कुछ लोग इसे शक की नजरों से देख रहे हैं और उनका ख्याल है कि हम यूरोप और अमरीका के खिलाफ अखिल एशियाई गुटबंदी कर रहे हैं। लेकिन मैं यह बतला देना चाहता हूँ कि हमारा किसी से विरोध नहीं है और हमारी योजना है कि सारी दुनिया में अमन और तरक्की का राज हो। एशिया बहुत दिनों तक पश्चिम की ओर ताकता रहा है। अब यह नहीं चल सकता। हम अपने पैरों पर खड़ा होना चाहते हैं और जो लोग तैयार हों, हम उनके साथ सहयोग करना चाहते हैं। लेकिन अब हम दूसरों के हाथ का खिलौना बनना नहीं चाहते।

दुनिया के इतिहास में एशिया इस मौके पर अहम हिस्सा लेगा। एशिया के मुल्क अब दूसरों के हाथों में नहीं बिक सकते। दुनिया के मामलों में वे खुद अपनी नीति तय करेंगे। यूरोप और अमरीका ने इंसान की तरक्की में बहुत मदद की है और इसके लिए हम उनकी तारीफ और इज्जत करते हैं, और उनकी बहुत-सी बातें, जो वह सिखा सकते हैं, सीखने को तैयार हैं। लेकिन पश्चिम की बदौलत हम अनगिनत लड़ाइयों और जद्दोजहद में आ फँसे हैं और अब एक खौफनाक लड़ाई के बाद इस आने वाले परमाणु युग में फिर से लड़ाई की बातें सुन रहे हैं। इस परमाणु युग में अमन कायम करने के लिए यकीनन एशिया अपना असर डालेगा। सच तो यह है कि जब तक एशिया हिस्सा नहीं लेता अमन कायम नहीं हो सकता। आज कई मुल्कों में लड़ाई चल रही है और हम सब एशिया के बाशिंदे अपनी-अपनी मुसीबतों में फंसे हुए हैं। लेकिन एशिया का नजरिया अमन का है और दुनिया के मामलों में उसका असर अमन कायम करने के लिए होगा।

अमन उसी वक्त हो सकता है जब सभी मुल्क आजाद हों और सब जगह

इंसानों को आजादी, हिफाजत, और तरक्की का मौका मिले। इसलिए अमन और आजादी के साथ उनके माली और सियासी पहलुओं पर भी विचार करना चाहिए। हमें याद रखना चाहिए कि एशिया के मुल्क बहुत पिछड़े हुए हैं और उनकी जिंदगी का माप बहुत नीचा है। इन माली मसलों को जल्द ही हल करना पड़ेगा वरना हम किसी मुसीबत में फँस जाएँगे। इसलिए हमें आम आदमी की नजर से विचार करना चाहिए और अपने सियासी, समाजी और माली ढाँचे को इस तरह तब्दील कर देना चाहिए कि वह बोझ, जिसके नीचे वह दब रहा है, दूर हो जाए और उसको तरक्की करने का पूरा मौका मिल सके।

हम इंसानी संबंधों की उस मंजिल पर आ पहुँचे हैं, जहाँ कि 'एक विश्व' का उसूल या किसी-न-किसी तरह का विश्व-संघ जरूरी जान पड़ता है, अगर्चे ऐसा करने में हमारे रास्ते में बहुत खतरे और रुकावटें आएँगी। हमें इसी उसूल के लिए कोशिश करनी चाहिए, न कि किसी ऐसी गुटबंदी के लिए, जो इस विश्व-संगठन में रुकावट डाले। इसलिए हम संयुक्त राष्ट्र के उस विधान की हिमायत करते हैं, जो अपने बचपन से निकलकर अब धीरे-धीरे बढ़ रहा है। लेकिन 'एक विश्व' के लिए जरूरी है कि हम सब एशियावासी उस ऊँचे मुद्दे को पूरा करने के लिए एक-दूसरे के साथ पूरा सहयोग करें।

यह सम्मेलन एशिया के मुल्कों की एक-दूसरे के साथ मिलने की ख्वाहिश को किसी हद तक जाहिर करता है। इससे कुछ परिणाम निकले या न निकले, यह दूसरी बात है, लेकिन हमारा एक होना ही एक ऐतिहासिक वाकया है। यह मौका इतिहास में बेमिसाल है, क्योंकि ऐसा सम्मेलन आज से पहले कहीं भी नहीं हुआ। मेरा यकीन है कि महज एक जगह इकट्ठा होने से ही हमने बहुत-कुछ हासिल कर लिया है और इस सम्मेलन से बहुत-सी अहम बातें पैदा होंगी। जब मौजूदा जमाने का इतिहास लिखा जाएगा तो आज का वाकया एशिया के पिछले इतिहास को भविष्य के इतिहास से जुदा करने के लिए एक निशानी के तौर पर रहेगा। चूँकि हम सब इस इतिहास को बनाने में हिस्सा ले रहे हैं, इसलिए ऐतिहासिक घटना का कुछ महत्त्व हमें भी मिल जाता है।

यह सम्मेलन कई कमेटियों और ग्रुपों में बँट जाएगा, जो हमारे साझे हितों से ताल्लुक रखने वाले मसलों पर विचार करेंगे। हम किसी भी मुल्क की अंदरूनी सियासी हालत के बारे में चर्चा नहीं करेंगे, क्योंकि यह हमारे सम्मेलन की मर्यादा के बाहर की बात होगी। यह कुदरती बात है कि हमें इन अंदरूनी सियासी चर्चाओं में दिलचस्पी है, क्योंकि इनकी आपस में क्रिया और प्रतिक्रिया होती है, लेकिन हमें ऐसी चर्चा इस वक्त नहीं करनी है, क्योंकि अगर हम ऐसा करेंगे तो लगातार बहस-मुबाहिसों में उलझे रहेंगे और हो सकता है कि हम अपने उस मकसद में कामयाब न हों, जिसके लिए हम यहाँ इकट्ठे हुए हैं। मैं उम्मीद करता हूँ कि इस सम्मेलन

के नतीजे से हम कोई-न-कोई ऐसी स्थायी एशियाई संस्था खड़ी कर सकेंगे, जो हमारे साझे मसलों पर विचार करेगी और हमें एक-दूसरे के नजदीक लाएगी। इसके बाद हम एक-दूसरे के मुल्क में आने-जाने का इंतजाम भी कर सकेंगे और पढ़ने और पढ़ाने वालों की अदला-बदली भी कर सकेंगे, जिससे हम एक-दूसरे को ज्यादा सही तरीके से समझ सकेंगे।

हम संकीर्ण राष्ट्रीयता नहीं चाहते। राष्ट्रीयता के लिए हर क़ौम में जगह है और उसे पैदा भी करना चाहिए, लेकिन वह ऐसी नहीं होनी चाहिए जो हमलावर रूप बना ले या अंतर्राष्ट्रीय तरक्की के रास्ते में रुकावट डाले। एशिया अपनी दोस्ती का हाथ यूरोप, अमरीका की तरफ, और साथ-ही-साथ अफ्रीका में तकलीफें पाने वाले भाइयों की तरफ भी बढ़ाता है। हम एशियावासियों की अफ्रीका की जनता के लिए खास जिम्मेदारी है। मानव-परिवार में मुनासिब जगह हासिल करने में हमें उनकी जरूर मदद करनी चाहिए। जिस आजादी की हम ख्वाहिश करते हैं, वह एक या दूसरे मुल्क के लिए या खास-खास लोगों के लिए ही नहीं होगी, बल्कि यह सारे मानव-समाज के लिए होगी। यह दुनिया-भर में फैलने वाली इंसानी आजादी किसी एक खास दर्जे की प्रभुता पर निर्भर नहीं रह सकती। यह आजादी आम जनता को सब जगह मिल सकेगी और उसे अपनी तरक्की करने का मौका हर वक्त मिलेगा।

आज हम एशिया की आजादी के महान निर्माताओं—सनयात सेन, जगलुल पाशा और अतातुर्क कमाल पाशा वगैरा का ध्यान करते हैं, जिनकी कोशिशों का नतीजा हमको मिल रहा है। आज हम उस महामानव महात्मा गाँधी का भी ध्यान करते हैं, जिनकी मेहनत और प्रेरणा से ही हिंदुस्तान आजादी के दरवाजे तक पहुँच सका है। इस सम्मेलन में उनकी गैरहाजिरी को हम महसूस करते हैं, फिर भी मैं उम्मीद करता हूँ कि वह इसके खत्म होने से पहले एक बार जरूर दर्शन देंगे। वह हिंदुस्तान की जनता की सेवा में लगे हुए हैं। एशियाई सम्मेलन जैसा महत्त्वपूर्ण सम्मेलन भी उन्हें यहाँ तक खींचकर नहीं ला सका।

हम लोग एशिया-भर में परीक्षाओं और मुश्किलों में से गुजर रहे हैं। हिंदुस्तान में भी जद्दोजहद और मुसीबतें देखने में आएँगी। लेकिन हमें घबराना नहीं चाहिए, क्योंकि भारी इनकलाब के जमाने में ऐसा होना जरूरी है। एशिया के सभी लोगों में नई ताकत और सृजनात्मक भावनाएँ मौजूद हैं। जनता जाग उठी और वह अपने अधिकार चाहती है। एशिया-भर में तूफान-सा आ गया है। लेकिन हमें इससे डरना नहीं चाहिए, बल्कि इसका स्वागत करना चाहिए, क्योंकि इसी की मदद से हम अपने स्वप्नों का नया एशिया खड़ा कर सकेंगे। हमें इस बड़ी ताकत में और उस नव-रचना में विश्वास रखना है, और सबसे ज्यादा उस इंसानियत में विश्वास रखना है, जिसका प्रतीक एशिया बहुत पुराने जमाने से रहता आया है।

—मार्च 1947, एशियाई सम्मेलन

नियति से मुठभेड़

बरसों पहले हमने नियति से मुठभेड़ की थी, और अब समय आया है जब हम संपूर्णतः नहीं भी तो बहुत ठोस रूप में अपने संकल्पों को पूरा करेंगे। अधरात्रि जैसे ही दस्तक देगी, सारा संसार नींद के आगोश में चला जाएगा, लेकिन भारत जीवन एवं स्वतंत्रता की ताजगी से जग जाएगा। एक ऐसा क्षण आने वाला है जो इतिहास में बहुत कम आता है। इस क्षण में हम पुराने से नए में कदम रखेंगे, जब एक युग की समाप्ति होगी और जब बहुत दिनों दबाकर रखे गए एक राष्ट्र की आत्मा को वाणी मिल जाएगी।

इतिहास की उषा बेला में भारत ने अपनी असमाप्त खोज शुरू की थी और लोकविहीन सदियों में उसके संघर्ष के परिणामस्वरूप उसकी महान सफलताओं और विफलताओं की गाथाएँ बिखरी हुई हैं। सौभाग्य एवं दुर्भाग्य के पथ से गुजरते हुए भारत ने न कभी अपनी खोज की दिशा खोई और न उन आदर्शों को ही विस्मृत किया जिनसे उसे बल प्राप्त होते थे। आज हमने अपने दुर्भाग्य की एक अवधि समाप्त कर ली है, भारत ने अपने खोए गौरव को पुनः प्राप्त कर लिया है। लेकिन हम जिस उपलब्धि का आज जश्न मना रहे हैं वह केवल एक चरण मात्र है, जो उच्चतर विजय और उपलब्धि हमारे लिए प्रतीक्षारत है उस अवसर का यह एक प्रवेशद्वार है। क्या हम इतने बहादुर एवं बुद्धिमान नहीं हैं कि इस अवसर को ग्रहण करें और भविष्य की चुनौती स्वीकार करें?

स्वतंत्रता एवं सत्ता की प्राप्ति से उत्तरदायित्व आ जाया करता है। इस उत्तरदायित्व का भार भारतीय जन-गण का प्रतिनिधित्व करने वाली एक संप्रभु सत्ता के कंधों पर टिका है। स्वतंत्रता के जन्म के पहले हमने प्रसव की सारी पीड़ाएँ झेली हैं और हमारा हृदय उन पीड़ाओं की स्मृति से भरा है। उन पीड़ाओं में से कुछ अभी जारी हैं। फिर भी, अतीत बीत चुका है और भविष्य हमें अपनी इंगिति से अपनी ओर बुला रहा है।

हमारा भविष्य सुगम या आरामदायक नहीं है, बल्कि निरंतर संघर्ष से भरा है ताकि हमने जो संकल्प अब तक किए हैं तथा आज करेंगे, उन्हें पूरा करें। भारत की सेवा से तात्पर्य उन लाखों लोगों की सेवा से है जो कष्ट में हैं। इस सेवा से तात्पर्य गरीबी, अशिक्षा, बीमारी एवं जीवन-निर्वाह के साधनों में व्याप्त असमानता दूर करने से है। हमारी पीढ़ी के महानतम व्यक्ति की आकांक्षा रही है कि हर आँख से आँसू की एक-एक बूँद पोंछ दी जाए। उनकी यह आकांक्षा पूरी करना हमारी क्षमता के बाहर हो सकता है, लेकिन इतना तय है कि जब तक आँसू एवं कष्ट हैं, हमारा कार्य समाप्त नहीं होगा।

और यही वजह है कि हमें परिश्रम करना होगा, और अधिक कठोर कार्य करना होगा ताकि हम अपने सपनों को साकार कर सकें। ये सपने केवल भारत के लिए नहीं सारी दुनिया के लिए हैं, क्योंकि आज दुनिया के सभी राष्ट्र एवं उनके निवासी आपस में इतने अधिक जुड़े हुए हैं कि वे कल्पना भी नहीं कर सकते कि उनमें से कोई दूसरों से अलग होकर भी जी सकता है। ऐसा कहा जाता है कि शांति अविभाज्य होती है। यह बात आज की इस दुनिया में स्वतंत्रता, समृद्धि एवं यहाँ तक कि घोर विपत्ति के संघर्ष में भी लागू होती है क्योंकि अब दुनिया को अलग-अलग टुकड़ों में नहीं तोड़ा जा सकता।

भारत की जनता, जिनके हम प्रतिनिधि हैं, से हम यह अपील करते हैं कि वह इस महान जोखिमपूर्ण कार्य में निष्ठा एवं विश्वास सहित हमारा साथ दे। यह समय क्षुद्र एवं विध्वंसात्मक आलोचनाओं के लिए नहीं है, और न ही अपने मन में दुर्भाव रखने एवं दूसरों पर दोषारोपण करने के लिए है। हमें स्वतंत्र भारत का ऐसा भव्य प्रासाद निर्मित करना है, जहाँ उसकी सभी संतानें एक साथ रह सकें।

—14 अगस्त, 1947, (संविधान सभा में भाषण)

हमारी विरासत

गत 6 महीनों में प्रत्येक संवेदनशील भारतवासी को अनेक दुःख-दर्द झेलने पड़े हैं, लेकिन इनमें से सबसे बुरा रहा है भावनात्मक अपमान। यह अधिक बुरा उन लोगों के लिए रहा है जो बुजुर्ग एवं अनुभवी हैं, लेकिन मुझे बहुधा यह सोचकर आश्चर्य होता है कि अपने जीवन की दहलीज पर खड़े युवा, जिन्होंने विध्वंस एवं महाविपत्ति देखी एवं भोगी है, कैसा अनुभव करते होंगे! वे इसे निस्संदेह सहन कर पाएँगे, क्योंकि युवाओं में लचीलापन होता है। लेकिन उनकी अधिक भलाई तब होगी जब वे अपनी सहनशीलता को अपनी जिंदगी के बाकी हिस्से में भी बनाए रखें। यदि हम अभी भी सही ढंग से चिंतन करने एवं उसे कार्य रूप में ढालने में पर्याप्त विवेकशील एवं सबल साबित हों तो शायद हम दुःख-कष्ट के पुराने चिह्नों को मिटा सकें।

अपनी तरफ से मैं कहना चाहता हूँ कि इन सबके बावजूद मुझे भारत के भविष्य में पूरी आस्था है। वास्तव में यदि मुझमें यह न होता तो मेरे लिए इतनी तत्परतापूर्वक कार्य कर पाना संभव नहीं हो पाता। भले ही हाल की घटनाओं द्वारा मेरे ढेर सारे पुराने सपने छिन्न-भिन्न हो गए हैं, फिर भी मेरा मौलिक लक्ष्य अभी भी बरकरार है और इसे बदल देने का मैं कोई कारण नहीं देखता। यह लक्ष्य है उच्च आदर्शों एवं उदात्त उद्यम से युक्त एक ऐसे स्वतंत्र भारत का निर्माण, जहाँ

सबके लिए समान अवसर उपलब्ध हों तथा जहाँ विचार एवं संस्कृति की अनेक रंग-बिरंगी धाराएँ मिल कर यहाँ के निवासियों के लिए प्रगति एवं उन्नति की वेगवान नदी का निर्माण कर दें।

मुझे भारत पर गर्व है, केवल इसकी प्राचीन एवं भव्य विरासत की वजह से ही नहीं, बल्कि दूर देशों से आने वाली ताजी एवं पुष्टिकारक हवा के लिए अपने दिमाग एवं अंतःकरण के दरवाजों एवं खिड़कियों को खुली रखकर हमेशा अपनी विरासत में कुछ नया जोड़ते रहने की इसकी उल्लेखनीय क्षमता की वजह से भी। भारत की शक्ति दुगनी हो गई है। इसकी अपनी संस्कृति जो बरसों से फल-फूल रही थी, वह तो है ही। साथ-ही अन्य स्रोतों से अच्छे तत्त्वों को ग्रहण करने की क्षमता की वजह से इसमें वृद्धि हुई है। इसमें इतनी शक्ति थी कि बाहरी धाराएँ आकर उसे अपने में खपा नहीं पाईं तथा साथ ही इसमें इतनी बुद्धिमत्ता भी थी कि वह उन बाहरी धाराओं से अलग-थलग भी नहीं पड़ी। इस तरह भारत के वास्तविक इतिहास में सतत संवाद जारी है। यहाँ जो अनेक राजनैतिक परिवर्तन होते रहे हैं उनका यहाँ की बहुरंगी, फिर भी एकीकृत संस्कृति के विकास पर बड़ा हल्का प्रभाव पड़ा है।

मैंने कहा है कि मुझे अपनी विरासत पर तथा अपने उन पूर्वजों पर गर्व है जिन्होंने भारत को एक बौद्धिक एवं सांस्कृतिक उत्कर्ष प्रदान किया है। आप इस अतीत के बारे में कैसा महसूस करते हैं? क्या आप महसूस करते हैं कि आप भी इसमें साझीदार हैं एवं इसके वारिस हैं। परिणामस्वरूप मेरे साथ-ही-साथ आपके पास भी विरासत के रूप में जो कुछ है क्या उस पर आपको गर्व होता है? अथवा क्या आप अपने को बेगाना महसूस करते हैं और इसे समझे बिना या इस अनूठे रोमांच की अनुभूति किए बिना जो इस अनुभव से पैदा होती है कि हम इस विशाल खजाने के संरक्षक एवं वारिस हैं, आप इससे किनारा कस लेते हैं? मैं आप से ये प्रश्न इसलिए पूछता हूँ, क्योंकि हाल के वर्षों में कई शक्तियाँ लोगों के दिमाग को गलत दिशा में मोड़ने एवं इतिहास की धारा को विरूपित करने का खेल खेल रही हैं। आप लोग मुसलमान हैं एवं मैं एक हिंदू हूँ। हम लोग भिन्न-भिन्न धार्मिक निष्ठाओं से बँधे हो सकते हैं या हो सकता है कि हममें कोई धार्मिक निष्ठा ही न हो, लेकिन यह हमें उस सांस्कृतिक विरासत, जो मेरे साथ-ही-साथ आपकी भी है, से अपदस्थ नहीं करती। जब अतीत ने हमें एक साथ बाँधे रखा तब वर्तमान या भविष्य में हमारी अंतरात्मा में भेद क्यों पैदा होना चाहिए?

राजनैतिक परिवर्तनों से कई परिणाम निकलते हैं। लेकिन महत्त्वपूर्ण परिवर्तन वे हैं, जो लोगों की अंतरात्मा एवं किसी राष्ट्र के दृष्टिकोण में परिवर्तन लाते हैं। पिछले कुछ महीनों एवं वर्षों में जिस चीज ने मुझे बहुत ज्यादा परेशान किया है वह राजनैतिक परिवर्तन नहीं है, बल्कि हमारी अंतरात्मा में विभेद उत्पन्न करने वाली

वह मानसिकता है जिसने हमारे बीच विशाल अवरोधों की सृष्टि कर दी है। भारत की चेतना को परिवर्तित कर देने का प्रयास उस ऐतिहासिक प्रक्रिया का विपयर्य था, जिससे हम अतीत में लंबे समय तक गुजरते रहे हैं। इसी वजह से हमने इतिहास की उस धारा को भी बदलने का प्रयास किया, जिसने हमें बुरी तरह अभिभूत कर लिया था। हम भूगोल के साथ अथवा इतिहास का निर्माण करने वाली ताकतों के साथ खिलवाड़ नहीं कर सकते। यह बहुत ही बुरा होगा, यदि हमारे कर्मक्षेत्र में घृणा एवं हिंसा का प्रवेश हो जाएगा।

मेरा यह मानना है कि पाकिस्तान अस्वाभाविक तरीके से अस्तित्व में आया। फिर भी, वह एक बड़े जनसमूह की आकांक्षाओं का प्रतिनिधित्व करता है। मेरा विश्वास है कि यह विभाजन हम पर जबरन थोपा गया है, लेकिन हमने इसे सदाशयतापूर्वक स्वीकार कर लिया है। मैं आपको स्पष्ट रूप से समझा देना चाहता हूँ कि हमारा वर्तमान दृष्टिकोण क्या है। हम पर यह आरोप लगाया जाता है कि हम पाकिस्तान को परेशान करने एवं रौंदने की मंशा रखते हैं और चाहते हैं कि जबरन इसे फिर से भारतवर्ष में मिला लिया जाए। अन्य कई आरोपों की तरह यह आरोप भी भय एवं हमारे दृष्टिकोण को एकदम न समझ पाने का नतीजा है। मेरी मान्यता है कि कई कारणों से यह अपरिहार्य हो गया है कि भारत एवं पाकिस्तान एक-दूसरे से और अधिक नजदीकी बनाएँ, अन्यथा उनमें टकराहट होगी ही। हमारे मध्य कोई बीच का मार्ग नहीं है, क्योंकि हम एक-दूसरे को कोई इतने लंबे समय से नहीं जानते हैं कि तटस्थ पड़ोसी बने रहें। मेरा विचार है कि विश्व के वर्तमान परिदृश्य में भारत को अन्य अनेक पड़ोसी देशों के साथ और घनिष्ठ संबंध विकसित करना चाहिए। लेकिन इसका अभिप्राय पाकिस्तान को परेशान करने या घुटने टेकवा देने की मंशा नहीं है। हम कभी भी किसी तरह की बाध्यता नहीं थोप सकते तथा पाकिस्तान को विघटित करने के प्रयास से भारत को ही क्षति पहुँचेगी। यदि हम पाकिस्तान को तोड़ना ही चाहते तो फिर देश-विभाजन के लिए राजी क्यों हुए? आखिर जब देश-विभाजन की घटना घट ही गई है तो फिर अभी ऐसा करने के प्रयास से अधिक आसान था कि हम इस विभाजन को उसी समय रोक दिए होते। इतिहास में प्रत्यावर्तन नहीं हुआ करता। वास्तविकता यह है कि पाकिस्तान को एक सुरक्षित एवं समृद्ध राष्ट्र होना चाहिए, जिसके साथ हम घनिष्ठ एवं मित्रवत संबंध विकसित कर पाएँ। यह भारत के हित में होगा। यदि आज ऐसी स्थिति आए कि मेरे सामने भारत और पाकिस्तान को फिर से एक करने का प्रस्ताव आए तो मैं इसे स्पष्ट वजहों से ठुकरा दूँगा। मैं पाकिस्तान की घनघोर समस्याओं का बोझ वहन करना नहीं चाहता। मेरे पास अपनी ही समस्याएँ भरी पड़ी हैं। एक-दूसरे को नजदीक लाने वाला कोई भी संघ एक सामान्य प्रक्रिया के तहत मित्रत्त्त रूप में ही बनाया जाना चाहिए। ऐसे किसी भी संघ में एक राज्य के रूप में पाकिस्तान का अस्तित्व बना रहेगा। यह

एक बड़ा संघ होगा, जिसमें समानता के आधार पर कई देश शामिल किए जा सकते हैं।

मैंने पाकिस्तान के संबंध में ये बातें इसलिए कही हैं क्योंकि आपके दिमाग में भी ये बातें अवश्य रहनी चाहिए और आपको भी यह जानना चाहिए कि इसके प्रति हमारा दृष्टिकोण क्या है। वर्तमान में आपका दिमाग तरल स्थिति में है, जिसकी वजह से आप यह नहीं समझ पाते कि आपको किधर देखना है और क्या करना है। हम सभी को कुछ निश्चित विचारों के प्रति अपनी मौलिक निष्ठा के संबंध में स्पष्ट होना है। क्या हम एक ऐसे राष्ट्रीय राज्य में विश्वास रखते हैं, जिसमें सभी धर्मों के मानने वाले एवं विभिन्न किस्म के विचार रखने वाले लोग शामिल हों, अर्थात् जो निश्चित रूप से एक धर्मनिरपेक्ष राज्य हो, अथवा क्या आपका विश्वास किसी ऐसे धार्मिक या मजहबी अवधारणा वाले राज्य में है जो अपने से विभिन्न संप्रदाय के लोगों को अपने से एकदम विच्छिन्न समझता है? ऐसा पूछना बेतुका है क्योंकि धार्मिक या मजहबी राज्य की धारणा इस विश्व द्वारा कुछ शताब्दी पूर्व ही छोड़ दी गई और आधुनिक मानव के दिमाग में इसका कोई अस्तित्व नहीं है। लेकिन भारत में यह प्रश्न आज भी पूछना पड़ता है क्योंकि इसमें से अनेक व्यक्तियों ने बीते युग में छलाँग लगाने की कोशिश की है। मुझे यह कहने में कोई संदेह नहीं कि उपर्युक्त प्रश्न के हमारे व्यक्तिगत उत्तर चाहे जो भी हों, लेकिन जिस अवधारणा को इस विश्व ने छोड़ दिया है उसमें वापस लौट जाना हमारे लिए संभव नहीं है तथा आधुनिक अवधारणाओं से इसका तालमेल भी नहीं बैठता। जहाँ तक भारत का सवाल है, इसके संबंध में मैं अपने कुछ निश्चित विचार प्रकट कर सकता हूँ। हम अंतर्राष्ट्रीयतावाद के प्रति अपना तीव्र झुकाव रखते हुए धर्मनिरपेक्षता एवं राष्ट्रीयता के मार्ग पर आगे बढ़ेंगे। वर्तमान में चाहे जितनी भी भ्रांतियाँ क्यों न हों, भविष्य में भारत अतीत की ही तरह एक ऐसे राष्ट्र के रूप में उभरेगा जहाँ रहने वाले अनेक संप्रदाय के लोग समान रूप से आदर एवं सम्मान पाएँगे। राष्ट्रीय दृष्टिकोण से मेरा तात्पर्य कोई राष्ट्रीय संकीर्णतावाद विकसित करना नहीं है जो अपने ही खोल में कैद होता है। इसकी जगह मैं एक ऐसी सहिष्णु निर्माणात्मक राष्ट्रीयता के विकास का पक्षधर हूँ जिसे अपने आप पर एवं अपने निवासियों की प्रतिभा पर विश्वास हो तथा जो एक अंतर्राष्ट्रीय परिदृश्य के निर्माण में अपनी पूरी भूमिका अदा करे। हमारा एकमात्र अंतिम लक्ष्य एक संगठित विश्व का निर्माण होना चाहिए। लेकिन युद्ध में शामिल और तृतीत विश्व युद्ध की तैयारी में लगे एवं इसके संबंध में हो–हल्ला मचाने वाले देशों को देखते हुए यह विचार दूर का सपना ही प्रतीत होता है। फिर भी, इस सारे हो-हल्ला के बावजूद यही एकमात्र ऐसा लक्ष्य है जिसे हम ध्यान में रख सकते हैं, क्योंकि विश्व में परस्पर सहयोग का विकल्प केवल विश्व-विध्वंस है।

हमें एक व्यापक दृष्टिकोण अवश्य विकसित करना चाहिए और दूसरों की

संकीर्णताओं से परिचालित होते हुए भीतर एवं बाहर से संकीर्ण नहीं बनना चाहिए। हमने अपने देश में सांप्रदायिकता के कड़वे एवं विषैले फल का स्वाद काफी चखा है। जहाँ तक मेरा सवाल है, मैं कहीं भी सांप्रदायिकता की भावना फैलते हुए देखना नहीं चाहता। खासकर शिक्षण संस्थानों में एकदम नहीं। शिक्षा मनुष्य की आत्मा को मुक्त करने का साधन है, इसे किसी बने-बनाए ढाँचे में कैद कर देने का साधन नहीं। मैं नहीं चाहता कि इस विश्वविद्यालय को मुस्लिम विश्वविद्यालय के नाम से पुकारा जाए, जैसा कि मैं नहीं चाहता कि बनारस विश्वविद्यालय को भी हिंदू विश्वविद्यालय के नाम से पुकारा जाए। इसका अर्थ यह नहीं कि किसी विश्वविद्यालय को किसी खास संस्कृति से जुड़े विषयों एवं अध्ययनों में विशेषज्ञता नहीं रखनी चाहिए। मैं समझता हूँ, इस विश्वविद्यालय में यह उचित है कि इस्लामिक दर्शन एवं संस्कृति के अनिवार्य पक्षों के अध्ययन पर विशेष जोर दिया जाए।

मैं आपको समझाना चाहता हूँ कि आप इन समस्याओं के बारे में विचार करें और अपनी तरफ से निष्कर्ष निकालें। वास्तविकता यह है कि हममें से कोई भी घटनाओं के दबाव को नजरअंदाज नहीं कर सकता और ये निष्कर्ष एक सीमा तक छोड़कर, आप पर जबरन थोपे नहीं जा सकते। आप यह न समझें कि आप इस देश में रहने वाले विदेशी हैं, क्योंकि आप भी भारत के रक्त-मांस से बने हैं, वैसे ही जैसे दूसरे बने हैं। भारत के हर सुख-सुविधा में भागीदार होने का आपको भी पूरा-पूरा अधिकार है। लेकिन जो अपने अधिकार चाहते हैं, उन्हें अपने कर्तव्यों का भी पालन करना चाहिए। वास्तव में, यदि अपने कर्तव्यों एवं उत्तरदायित्वों को स्वीकार कर लिया जाए तो अधिकार अपने आप पीछे लगे चले आते हैं। मैं आपको स्वतंत्र भारत के स्वतंत्र नागरिक की हैसियत से इस महान देश के निर्माण में अपनी भूमिका अदा करने और हमें जो उपलब्धियाँ हासिल होती हैं या हमारे मार्ग में जो गतिरोध उत्पन्न होते हैं, उन सब में दूसरों के साथ-ही-साथ अपने आपको भी सामान्य रूप से साझीदार बनाने के लिए आमंत्रित करता हूँ। अपने सभी दुःखों एवं आपदाओं के साथ यह वर्तमान गुजर जाएगा। यह भविष्य ही है जो अपने आगमन के दिन गिना रहा है, विशेष रूप से युवाओं द्वारा और यह वही भविष्य है जो आपको अपनी ओर अग्रसर होने का संकेत कर रहा है। आप किस तरह इस बुलावे का जवाब देंगे?

–24 जनवरी, 1948, (अलीगढ़ मुस्लिम विश्वविद्यालय में भाषण)

संवाद ही हमारी परंपरा है

आज के भारत को समझना और उसके बारे में लोगों को बताने का प्रयास किसी

बहादुर आदमी का काम है। कल के भारत के बारे में बताना दुस्साहस की सीमा तक पहुँचना है।

भारत क्या है? यह एक ऐसा प्रश्न है जिसने बार-बार मेरे मस्तिष्क को झकझोरा है। इसके इतिहास के आरंभिक दौर ने मुझे अचरज से भर दिया है। यह दौर एक ऐसी जाति की इतिहास-कथा है जो अति तेजस्वी एवं कर्मठ थी। उसमें अन्वेषणकारी जीवट और स्वतंत्र ज्ञानार्जन की ललक थी तथा उसके संबंध में यही प्रमाण मिलता है कि उस दौर की हमारी सभ्यता एक परिपक्व एवं सहिष्णु सभ्यता थी। जीवन और उसके सभी सुखों एवं दुःखों को स्वीकार करते हुए उस दौर के लोग सदैव सार्वकालिक एवं सार्वदेशिक ज्ञान की तलाश में लगे रहते थे। उन्होंने एक गौरवशाली भाषा संस्कृत का निर्माण किया और इस भाषा, अपनी कलाओं एवं वास्तुशिल्प के द्वारा उन्होंने अपने अनुनादी संदेश दूर देशों को भेजे। इतिहास के इस दौर ने हमें उपनिषद्, गीता एवं बुद्ध प्रदान किए।

शायद ही किसी जाति के इतिहास में विश्व की किसी भाषा ने वैसी महत्त्वपूर्ण भूमिका अदा की हो जैसी भूमिका संस्कृत ने अदा की है। संस्कृत उच्च विचार एवं कई श्रेष्ठ साहित्यिक कृतियों की वाहक मात्र नहीं थी, बल्कि भारत में व्याप्त राजनैतिक मतभेदों के बावजूद इसने यहाँ भावात्मक एकता स्थापित करने में महत्त्वपूर्ण भूमिका निभाई। रामायण एवं महाभारत हजारों वर्षों तक पीढ़ी-दर-पीढ़ी लाखों लोगों के जीवन के ताने-बाने में रचे-बसे रहे। मुझे बहुधा यह सोचकर आश्चर्य हुआ है कि यदि हमारी जाति, उपनिषदों को, बुद्ध को एवं अपने महाकाव्यों को भूल जाएगी तो फिर यह कैसी होगी। ऐसा होने पर यह अपने मूल से विच्छिन्न हो जाएगी और अपनी उन आधारभूत विशिष्टताओं से हाथ धो बैठेगी, जिनसे इतनी दीर्घ अवधि तक इसकी अलग पहचान थी और इस तरह भारत भारत नहीं रह जाएगा।

हममें क्रमशः गिरावट आती गई। विचारों ने अपनी ताजगी खोनी आरंभ कर दी एवं ये बासी पड़ते गए तथा युवाओं में जीवंतता एवं उल्लास की जगह चिड़चिड़ापन आने लगा। साहसिक जीवट की जगह जीवनरहित दिनचर्या दिखाई देने लगी। व्यापक विश्व-दृष्टि में संकीर्णता आने लगी, वह जातिभेद, संकीर्ण सामाजिक रीति-रिवाज एवं धर्मानुष्ठानों तक ही सीमित दिखाई देने लगी। मगर ऐसी स्थिति में भी भारत में इतनी जीवंतता बची थी कि उसने अपनी मानवता के महासमुद्र में प्रवाहित होने वाली विभिन्न धाराओं को अपने में रचा-बसा लिया तथा इसने कभी उन विचारों को विस्मृत नहीं किया जिन्होंने उसके ओजस्वी यौवन के दिनों में उसके मस्तिष्क को झकझोरा था।

परवर्ती काल में भारत इस्लाम के आगमन एवं मुस्लिम आक्रमणों से जबर्दस्त ढंग से प्रभावित हुआ। इसके बाद पश्चिमी साम्राज्यवादी शक्तियाँ यहाँ आईं जो अपने साथ एक नई किस्म की प्रभुत्ववादी शासन-व्यवस्था एवं उपनिवेशवाद लेकर आईं।

वे ताजे विचारों के झोंके एवं यूरोप में पनप रही औद्योगिक सभ्यता के प्रभाव भी लेकर आईं। लेकिन जब यह कालखंड अपनी पराकाष्ठा पर पहुँच गया तो लंबा संघर्ष जारी हुआ, नतीजन हमें आजादी हासिल हुई। अब जबकि हमें अपने भविष्य को संवारना है, हमें अपने अतीत के सारे बोझ, उलझे सपनों एवं मस्तिष्क को झकझोर कर रख देनेवाली बातों के साथ अपने भविष्य से टकराना पड़ रहा है।

आज हम सभी अपने आप में तथा अपने देश में उपर्युक्त सभी युगों का प्रतिनिधित्व करते हैं। यदि हमने एक तरफ अपने यहाँ अणु विज्ञान एवं परमाणविक ऊर्जा विकसित कर ली है तो दूसरी तरफ हम अभी भी गोबर युग से बाहर नहीं निकल पाए हैं। अपने समय की हलचल एवं किंकर्तव्यविमूढ़ता के मध्य हम दोतरफे ढंग से मुठभेड़ कर रहे हैं, अर्थात् हम दो विपरीत दिशाओं में खिंचे जा रहे हैं—आगे से भविष्य की ओर एवं पीछे से अतीत की ओर। हम इस परस्पर-विरोधी संघर्ष से कैसे उबर सकते हैं और कैसे अपने जीवन-मार्ग का निर्माण कर सकते हैं ताकि उससे हमारी भौतिक आवश्यकताओं की पूर्ति के साथ हमारे मस्तिष्क एवं अंतःकरण का संपोषण भी हो सके? अब हमें इस संबंध में विचार करना है कि अभी भी हमारे समाज में जो पुराने आदर्श जीवित हैं एवं नए विश्व के अनुरूप हमने जो नवीन आदर्श अपनाए हैं, हम किस प्रकार अपने देशवासियों के समक्ष उन सबको समन्वित रूप में प्रस्तुत कर सकते हैं तथा किस प्रकार अपने देशवासियों में जागरूकता एवं कर्मशीलता की भावना प्रेरित कर सकते हैं?

वर्तमान समय में हम भारत के उत्थान के लिए पंचवर्षीय योजनाओं में एवं भारतवासियों के जीवन-स्तर के उन्नयन के कार्य में पूरी तरह लगे हुए हैं। आर्थिक प्रगति अत्यावश्यक है। यह किसी भी अन्य किस्म की प्रगति के लिए पूर्वापेक्षित शर्त है। लेकिन इस संबंध में हमारे मस्तिष्क में एक शंका उपजती है। क्या यह अपने आप में पर्याप्त है अथवा इसमें किन्हीं अन्य तत्त्वों को भी शामिल करना जरूरी है? कल्याणकारी राज्य की अवधारणा एक उचित आदर्श है, लेकिन यह थोड़ा नीरस भी सिद्ध हो सकता है? यह लक्ष्य हासिल किए हुए कई ऐसे राज्यों के उदाहरण हमारे सामने हैं, जहाँ ऐसी नई समस्याएँ एवं परेशानियाँ पैदा हो गई हैं जिन्हें सिर्फ भौतिक प्रगति या यांत्रिक सभ्यता के द्वारा नहीं सुलझाया जा सकता। धर्म हमारे जीवन के लिए आवश्यक है या नहीं, इस बात को लेकर विवाद हो सकता है, लेकिन इस बात में कोई विवाद नहीं है कि हमारे जीवन को एक ठोस आधार देने और हमें एकताबद्ध रखने के लिए एक उचित आदर्श में निष्ठा का होना नितांत आवश्यक है।

परिवर्तन अत्यावश्यक है, लेकिन निरंतरता का होना भी कम आवश्यक नहीं है। हमें अतीत एवं वर्तमान में डाली गई नींव के आधार पर अपने भविष्य का महल खड़ा करना है। अपने अतीत को नकारना एवं उससे पूर्ण संबंध विच्छेद कर देना

अपने आपको निर्मूल एवं नीरस कर लेना है। गाँधीजी में एक महान गुण था कि जहाँ वे अपनी महान जातीय परंपराओं एवं अपनी धरती पर दृढ़तापूर्वक अपने पैर रोपे रखते थे वहीं क्रांतिकारी धरातल पर भी कार्यरत थे। सर्वोपरि यह है कि उन्होंने सत्य एवं शांतिमय साधनों को अपनाने पर बहुत जोर दिया। इस तरह उन्होंने पुरानी परंपराओं की नींव रखी, साथ ही उसी के आधार पर भविष्य के लिए भी एक ढाँचे का निर्माण कर दिया।

जब इस्लाम भारत आया और उसने राजनीतिक विजय हासिल की, यहाँ संघर्ष शुरू हो गया। इसका दोतरफा प्रभाव पड़ा। एक तरफ इसने हिंदू समाज की इस प्रवृत्ति को बढ़ावा दिया कि वह अपने ही खोल में और दृढ़तापूर्वक बंद हो जाए, वहीं दूसरी तरफ इसने ऐसी ताजी हवा दी जिसमें साँस लेने के परिणामस्वरूप हम पर कायाकल्पकारी प्रभाव पड़ा। हिंदू समाज रूढ़िवादी सामाजिक प्रथाओं से जकड़ा था। बाहर से आए मुस्लिम भी अपने साथ एक बंद सामाजिक व्यवस्था ले आए। इस प्रकार मध्य युग में भारत को जिस महान समस्या का सामना करना पड़ा वह यह थी कि किस प्रकार दृढ़ जड़ों वाली दोनों जकड़बंद सामाजिक व्यवस्थाओं में एक स्वस्थ संबंध विकसित किया जाए। अकबर जैसे कुछ बुद्धिमान शासकों ने यह तथ्य भलीभाँति समझ लिया था कि आपसी सौहार्द में ही भविष्य की आशा निहित है।

पुराने हिंदुओं के जीवन दर्शन एवं वैश्विक दृष्टिकोण में आश्चर्यजनक सहिष्णुता का गुण था, फिर भी उन्होंने अपने आपको अनगिनत अलग-अलग जातियों एवं वंशों में विभक्त कर रखा था। मुसलमानों को एक नई समस्या का सामना करना पड़ा, वह यह कि दूसरों के साथ एक ही धरातल पर कैसे रहा जाए। दूसरे जिन देशों में ये गए थे वहाँ उन्होंने इतनी शानदार सफलता हासिल की थी कि वास्तव में यह समस्या उत्पन्न ही नहीं हुई। ईसाइयत के साथ इनका संघर्ष हुआ और सैकड़ों वर्षों तक यह समस्या सुलझ नहीं पाई। मगर भारत में धीरे-धीरे एक संश्लेषण, एक संवाद विकसित हुआ। लेकिन यह कार्य पूरा भी नहीं हो पाया था कि अन्य प्रभावों ने अपने खेल दिखाने शुरू कर दिए।

पश्चिम के नए उदारतावादी विचारों एवं औद्योगिक प्रक्रियाओं ने भारत की मनोवृत्ति एवं जीवन को प्रभावित करना आरंभ कर दिया। एक नई राष्ट्रीयता विकसित होने लगी, जो अनिवार्य रूप से उपनिवेशवाद-विरोधी थी एवं जिसका लक्ष्य स्वतंत्रता-प्राप्ति था, मगर मार्के की बात यह है कि यह भावना प्रगतिशील ढंग से नई औद्योगिक सभ्यता, पश्चिमी भाषा, साहित्य एवं जीवन शैली से प्रभाव ग्रहण कर रही थी।

राजा राममोहन राय आए, जिन्होंने प्राचीन एवं आधुनिक जीवन-आदर्शों में एक किस्म का समन्वय स्थापित करने की कोशिश की। विवेकानंद ने प्राचीन भारतीय चिंतन पद्धति के ओजस्वी तत्त्वों को उद्घाटित कर उन्हें दुनिया के सामने रखा तथा उन्हें आधुनिक वेश-भूषा में सुसज्जित करने का सफल प्रयास किया। राजनैतिक एवं

सांस्कृतिक आंदोलनों में तेजी आई और गाँधीजी एवं रवींद्रनाथ टैगोर के रूप में ये आंदोलन अपनी पराकाष्ठा पर पहुँच गए।

यूरोप में विज्ञान एवं परंपरावादी धर्म के बीच दुर्द्धर्ष संघर्ष चला था और ईसाई ब्रह्मांडविज्ञान वैज्ञानिक सिद्धांतों से तालमेल नहीं बैठा पाया था। विज्ञान ने भारत में इस किस्म का कोई संघर्ष पैदा नहीं किया तथा भारतीय दर्शन ने अपनी बुनियादी धारणाओं में बिना किसी तरह की क्षति के विज्ञान को स्वीकार कर लिया। अन्य देशों की तरह भारत में भी दो शक्तियाँ पनपीं—राष्ट्रीयतावाद का विकास एवं सामाजिक न्याय का आग्रह। समाजवाद एवं मार्क्सवाद सामाजिक न्याय की ललक के प्रतीक बन गए और अपनी वैज्ञानिक अंतर्वस्तु की वजह से इन दोनों विचारधाराओं ने भारतीय जनता को भावनात्मक रूप में जबर्दस्त ढंग से प्रभावित किया।...

भारत में हमें प्रांतीयतावाद एवं भाषावाद पर आधारित संघर्ष के अनेक भयावह दृश्य देखने पड़े हैं। ये मुख्यतः वर्ग हितों के लिए संघर्ष हैं, जो आज समस्याएँ पैदा कर रहे हैं। ऐसे मामलों में निहित स्वार्थों को हटाना आसान नहीं है। वैसे हमने देखा है कि भारत में पुराने राजाओं, बड़े जागीरदारों, तालुकेदारों एवं जमींदारों के सशक्त निहित स्वार्थ किस प्रकार शांतिपूर्ण तरीकों से समाप्त किए गए, भले ही इसके लिए मुट्ठीभर विशेषाधिकार प्राप्त लोगों का हित पोषण करने वाली दृढ़ व्यवस्था को छिन्न-भिन्न ही क्यों न करना पड़ा हो। इसलिए जब हम निश्चित रूप से जान लें कि यह एक वर्ग द्वंद्व है तो क्यों न हम इनसे शांतिपूर्ण तरीकों से ही निपटें। यदि हमारा एक सही लक्ष्य हो और उसे जनता समझे तो हमें केवल इसी रास्ते से सफलता मिल सकती है।

हमने दृढ़तापूर्वक समाजवादी ढाँचे वाली समाज-व्यवस्था का लक्ष्य निर्धारित किया है। व्यक्तिगत तौर पर मेरी यह धारणा है कि संग्रहशील समाज जो पूँजीवाद की नींव है, वर्तमान युग के लिए फिट नहीं है। हमें आधुनिक युग की प्रवृत्तियों एवं परिस्थितियों को ध्यान में रखते हुए एक ऐसी उच्चतर व्यवस्था विकसित करनी होगी जिसमें प्रतिस्पर्द्धा की जगह सहकारिता की भावना प्रबल हो। हमने समाजवाद को इसलिए अपने लक्ष्य के रूप में स्वीकार नहीं किया है कि यह हमें उचित एवं लाभकारी प्रतीत होता है, बल्कि हमने इसे इसलिए स्वीकार किया है क्योंकि हमारी आर्थिक समस्याओं के समाधान के लिए इसके अलावा अन्य कोई उपाय नहीं है। कभी-कभी कहा जाता है कि शांतिपूर्ण एवं लोकतांत्रिक तरीकों से तीव्र प्रगति संभव नहीं है। मैं इस धारणा से सहमत नहीं हूँ। वास्तव में, आज भारत से लोकतांत्रिक तरीकों को समाप्त करने की किसी भी कोशिश से यहाँ अराजकता फैल जाएगी तथा इस तरह प्रगति के सारे भावी मार्ग अवरुद्ध हुए बिना नहीं रहेंगे।...

वर्तमान पीढ़ी की उत्तेजना एवं हो-हल्ला से क्या प्राप्त होगा? मैं नहीं कह सकता कि कल का भारत कैसा होगा? मैं तो केवल अपनी आशा एवं सदिच्छा ही

व्यक्त कर सकता हूँ। मैं चाहता हूँ कि भारत भौतिक प्रगति के मार्ग पर आगे बढ़े, अर्थात् अपनी विशाल जनसंख्या के जीवन-स्तर को ऊँचा करने के लिए पंचवर्षीय योजनाओं को अमल में लाए। मैं यह भी चाहता हूँ कि आजकल धर्म, जाति, भाषा या प्रांतीयता के नाम पर हो रहे संकीर्ण संघर्ष समाप्त हो जाएँ तथा यहाँ एक ऐसी वर्ग विहीन एवं जातिविहीन समाज-व्यवस्था निर्मित हो जिसमें प्रत्येक व्यक्ति को अपनी योग्यता एवं क्षमता के अनुरूप फलने-फूलने के अवसर प्राप्त हों। खास तौर पर, मैं यह आशा करता हूँ कि जाति-प्रथा का अभिशाप जल्दी ही हमारे समाज से मिट जाएगा, क्योंकि जाति-प्रथा के आधार पर न लोकतंत्र ही टिक पाएगा और न समाजवाद ही विकसित हो पाएगा।

भारत को चार महान धर्मों ने प्रभावित किया है, जिनमें से दो इसकी अपनी ही चिंतन पद्धति से उपजे हैं—हिंदू एवं बौद्ध धर्म। दो धर्म भले ही विदेशों से आए हैं लेकिन भारत में उनकी जड़ें मजबूती से जम चुकी हैं और वे हैं—ईसाई धर्म एवं इस्लाम। आज का विज्ञान धर्म की पुरानी अवधारणा को चुनौती देता है। लेकिन यदि धर्म हठधर्मिता एवं कर्मकांड के अपने रवैये को दूर कर इनकी जगह जीवन की अपेक्षाकृत ऊँची चीजों से अपना संबंध जोड़ ले तो धर्म एवं विज्ञान की टकराहट बहुत हद तक समाप्त हो जाएगी। अतः भारत को इस ओर अपना ध्यान अवश्य केंद्रित करना चाहिए कि धर्म एवं विज्ञान में एक समन्वय स्थापित हो जाए। यह कार्य अशोक के फरमानों पर अंकित प्राचीन परंपरा के अनुरूप ही होगा।

—1960 (इंडिया टुडे एंड टुमारो)

भारत : प्राचीन और नवीन

भारत विस्मयकारी विविधता एवं टिकाऊ एकता का एक विलक्षण मिश्रण है। यह इतिहास के उषाकाल में भारतीय जनता की प्रारंभिक प्रेरणाओं द्वारा गढ़ा गया है और जो युगों तक टिका है और इसने अपने निवासियों को एक खास तरह की विशिष्टता भी प्रदान की है। इसका स्वरूप लगातार बाहरी प्रभावों द्वारा भी गढ़ा गया है। इतिहास की इस लंबी अवधि के दौरान विदेशी भारत में आते रहे और भारतीय जनता के चिंतन एवं जीवन-यापन के तौर-तरीकों पर अपने प्रभाव छोड़ते रहे। इस तरह भारत में सामाजिक संस्कृति विकसित हुई जो यहाँ की जनता की प्रारंभिक प्रेरणाओं का परिणाम थी और आज भी जीवित है। आज भारत पर उद्योगीकृत पश्चिम का जबर्दस्त प्रभाव है तथा स्वयं भारत भी विज्ञान एवं प्रौद्योगिकी को अपना कर द्रुत गति से एक औद्योगिक राष्ट्र बनता जा रहा है। इसमें कोई संदेह नहीं है कि

औद्योगीकरण एवं आधुनिक तकनीक अपनाए जाने की नई लालसा सफल होगी और भारत के चेहरे को बदल डालेगी। यह भारत की बुनियादी विशिष्टता एवं अद्वितीयतता को किस हद तक प्रभावित करेगा, यह एक ऐसा सवाल है जिसका जवाब सिर्फ भविष्य ही दे सकता है।...

लेकिन हम सबके लिए, सिर्फ भारतीयों के लिए ही नहीं बल्कि दूसरों के लिए भी, यह मनमोहक सवाल है कि अतीत एवं परिवर्तनशील वर्तमान के बीच चल रहे इस संघर्ष का अंतिम नतीजा क्या होगा? इसमें कोई संदेह नहीं कि भारत का औद्योगीकरण होगा और यह अधिकाधिक प्रगतिशील रूप में एक आधुनिक औद्योगिक समाज की आकृति ग्रहण करेगा। ऐसा करने में यह अपने ढेर सारे अंधविश्वासों एवं पुराने प्रचलनों की तिलांजलि दे देगा और एक नई गतिशीलता विकसित करेगा, जैसा कि यह आजकल कर रहा है। लेकिन इस बात को लेकर मुझे बहुत अधिक संदेह है कि कहीं इस परिवर्तन की वजह से इसकी वह विशिष्टता न गुम हो जाए जो आरंभ से ही इसके इतिहास में इसकी पारंपरिक विशेषता रही है। वास्तव में यह बहुत खेद का विषय होगा, यदि भारत अपनी अद्वितीयता एवं विशिष्टता खो दे और औद्योगीकृत पश्चिम की एक प्रतिलिपि मात्र होकर रह जाए।...

मुझे सदा ऐसा लगता रहा है कि भारत में पुरुषत्व के गुण की अपेक्षा कहीं अधिक व्यापक रूप में स्त्रीत्व के गुण मौजूद हैं। पुरुषत्व के गुण इसमें हैं ही और इन गुणों ने इसके इतिहास में बड़ी महत्त्वपूर्ण भूमिका अदा की है। फिर भी, इसमें स्त्रीत्व के गुण मुझे अधिक प्रभावशाली नजर आते हैं। निश्चय ही स्त्रियाँ भद्र और शांतिप्रिय होती हैं, खासकर उन क्षणों में भी जब उनका सामना बर्बरता एवं नृशंस व्यवहार से होता है। इसी वजह से मैं समझता हूँ कि भारतीय स्त्रियाँ, चाहे देश के किसी भी भाग में देखा जाए, शायद पुरुषों की अपेक्षा अधिक सही ढंग से भारत की आधारभूत विशिष्टताओं का प्रतिनिधित्व करती हैं। यहाँ तक कि युद्ध के दौरान भी भारतीय नारियों ने पुरुषोचित गुणों के साथ इतिहास में कई बार प्रभावशाली प्रदर्शन किया है। इसके बावजूद वे निर्विवाद रूप से स्त्री ही बनी रही हैं। आज गणित एवं भौतिकी के क्षेत्र में कई विद्वान स्त्रियाँ मौजूद हैं और अभी भी उन्होंने अपना स्त्रीत्व नहीं खोया है।

आधुनिक तकनीक एवं औद्योगीकरण के आगमन से भारत के ग्रामीण एवं शहरी दोनों ही अंचल, विशेषतः शहरी अंचल तेजी से बदल रहे हैं। मैंने साइकिल के युग में बड़ा होकर वर्तमान भारत का विवरण प्रस्तुत किया है। मैंने ऐसा इसलिए किया क्योंकि आजकल भारत के गाँवों में सर्वत्र साइकिलें देखी जा सकती हैं। यदि मैं किसी ग्रामीण इलाके में किसी आम सभा को संबोधित करने जाता हूँ तो वहाँ काफी लोग साइकिल पर सवार होकर आते हैं। साइकिल से मोटरगाड़ी के युग में रूपांतरण की तुलना में बैलगाड़ी से साइकिल के युग में आने की यह घटना शायद

कहीं अधिक महत्त्वपूर्ण है। फिर भी, बैलगाड़ी अभी उसी तरह अस्तित्व में है जिस तरह ट्रैक्टर के इस युग में अभी भी हल मौजूद हैं। कहने का तात्पर्य यह कि भारत के संदर्भ में यह एक विचित्र बात है कि यहाँ एक ही समय पुराने एवं नए दोनों का सह-अस्तित्व कायम है। ऐसा लगता है, मानो वर्तमान भारत कई शताब्दियों का समवेत रूप से प्रतिनिधित्व कर रहा है। इस पुराने एवं नए में किसी तरह की प्रत्यक्ष टकराहट नहीं दिखाई दे रही है। भले पुरानी चीजें एवं पुरानी प्रविधियाँ नए के लिए जगह खाली करती जा रही हैं, फिर भी दोनों का सह-अस्तित्व अभी कायम है।

राजनीतिक क्षेत्र में सह-अस्तित्व की अवधारणा भारतीय चिंतन की मूलभूत विशेषता है। यह आज के किसी संतुलनकारी कमाल का नतीजा नहीं है। इसकी संगति उस आधारभूत दर्शन से बैठ जाती है जो हमें विरासत में मिला है। व्यापक अर्थों में कहा जा सकता है कि हम भारतीय कभी भी दूसरों को धार्मिक शिष्य बनानेवाले लोग नहीं रहे हैं। हम दूसरे धर्मों एवं संप्रदायों को सहिष्णुतापूर्वक स्वीकार करते हैं। हम ऐसा कदापि नहीं सोचते कि हमारे विचार अनिवार्यतः दूसरों पर हावी हों। सत्य बहुआयामी हुआ करता है, अतः यह बात हम सोच भी कैसे सकते हैं कि जो सत्य हमें आकर्षित करता है उसे किसी खास चौखटे में जकड़बंद कर दें?

जिस राजनैतिक क्रांति ने हमें आजादी दिलाई, वह हमारे जीवन की एक महत्त्वपूर्ण घटना थी। फिर भी हमारी आजादी तब तक पूरी नहीं हो पाई थी, जब तक भारत के फ्रांस एवं पुर्तगाल के दखल वाले इलाके भी आजाद भारत के हिस्से नहीं हो गए थे। अब ये इलाके पूरी तरह भारत में शामिल हो गए हैं और तभी राजनैतिक क्रांति पूरी हो पाई है।

भारतीय राष्ट्रीयतावाद का लक्ष्य हमेशा ही भारत की आजादी हासिल करने से कहीं अधिक विस्तृत था। भले ही भारत आधुनिक साम्राज्यवाद के लिए एक आदर्श भूमि थी, मगर हम लोग अपने देश की आजादी को अन्य सभी औपनिवेशिक भू-भागों के लिए आजादी के अग्रदूत के रूप में देखते थे। साथ ही, हमारी राष्ट्रीयता का एक आर्थिक पहलू भी था। हम भारत की गरीबी एवं आर्थिक पिछड़ेपन से इतने अधिक प्रभावित रहे हैं कि हम केवल राजनैतिक परिवर्तनों के बारे में ही नहीं सोच सकते। निर्विवाद रूप से एक कृषि प्रधान देश होने के नाते सर्वप्रथम कृषि-नीति ने हमारा ध्यान आकर्षित किया। इसके परिणामस्वरूप जमींदारों का अस्तित्व समाप्त हो गया और किसानों का अस्तित्व कायम हुआ। ये किसान सहकारी आंदोलन से भी जुड़े थे। उद्योग-धंधे के क्षेत्र में हम अनिवार्य रूप से राज्य-संचालित उद्योगों या सहकारी उद्योगों की ओर बढ़े। भले इस क्षेत्र में हमने निजी क्षेत्र को स्वाधीनता प्रदान की, मगर हमारा विस्तृत दृष्टिकोण सार्वजनिक क्षेत्र के प्रभुत्व एवं एक समाजवादी ढाँचा वाले समाज के प्रगतिशील विकास से संचालित था।

यह उद्देश्य पूरा करने के लिए हमने पंचवर्षीय योजनाओं की रूपरेखा तैयार

की। गरीबी एवं बेरोजगारी से छुटकारा पाने के लिए औद्योगीकरण आवश्यक है और इसका आधार है भारी उद्योगों का विकास एवं अपनी जनता का प्रशिक्षण। अभी हाल के वर्षों में विशेषीकृत एवं तकनीकी शिक्षा के अलावा जन-शिक्षा में बेतहाशा वृद्धि हुई है। उम्मीद है कि वह वृद्धि शीघ्र ही विद्यालय जाने वाली पूरी जनसंख्या को अपने प्रभाव-क्षेत्र में ले लेगी।...

संभवतः आज भारतवर्ष की सर्वाधिक क्रांतिकारी विशेषता है ग्रामीण क्षेत्रों में प्रचलित 'पंचायती राज' का प्रसार। इस व्यवस्था ने प्राधिकार का विकेंद्रीकरण किया है तथा ग्राम-संस्थाओं को काफी अधिकार एवं संसाधन प्रदान कर दिए हैं। इसके साथ ही सहकारी आंदोलन का भी प्रसार हुआ है। इस व्यवस्था का प्राथमिक उद्देश्य है अपनी कृषि व्यवस्था को बेहतर बनाना एवं ग्रामीण क्षेत्रों में विविध विकास योजनाओं को बढ़ावा देना। लेकिन इस व्यवस्था का अंतिम उद्देश्य है व्यक्ति का सुधार करना एवं उसे अधिकाधिक आत्मविश्वासी बनाना। इस तरह लोकतंत्र ऊपर से लगातार नीचे की ओर फैलते हुए गाँवों में बसने वाले लाखों लोगों तक पहुँच रहा है। इस प्रकार अफसरशाही का पुराना अभिशाप कम होता चला जा रहा है।

हमारे लिए भारत में यह एक मनमोहक एवं आकर्षक दृष्टि है। मेरा विश्वास है कि अभी ऐसे समय में जबकि विश्व के बहुत से हिस्सों में, खासकर एशिया एवं अफ्रीका में सर्वसत्तावादी एवं मौजी शासन एक महत्त्वपूर्ण भूमिका अदा कर रहा है, यह व्यवस्था शेष विश्व के लिए भी महत्त्वपूर्ण है। यह बड़ा ही तात्पर्यपूर्ण है कि भारत में हम लोकतंत्र के मार्ग पर आगे बढ़ते चले जा रहे हैं तथा अपनी इस यात्रा में सफलता हासिल करते जा रहे हैं। हम केवल लोकतांत्रिक पद्धतियों के माध्यम से इस देश का औद्योगीकरण ही नहीं कर रहे हैं, बल्कि भारतीय चिंतन पद्धति की अतुलनीय विशेषताओं एवं भारतीय जीवन पद्धति की विशिष्टताओं को भी अक्षुण्ण बनाए रखने का प्रयास कर रहे हैं। इस तरह हमारा विश्वास है कि हम केवल भारतीय जनता की ही नहीं, बल्कि शेष विश्व की भी सेवा कर पाएँगे।

—1962 (प्राक्कथन, 'इंडिया द कंट्री एंड इट्स ट्रेडीशन' जीन फिल्लियोजैट)

राष्ट्रीय संहति

हमें अपने देश में संहति स्थापित करने के लिए संकल्प लेने की जरूरत क्यों है? संहति एक प्राकृतिक चीज है जो हर देश के लोगों में जरूर होनी चाहिए क्योंकि किसी राष्ट्र की संपूर्ण अवधारणा यह है कि यहाँ के लोग आपस में मिल-जुलकर रहते हैं, उनकी कई विशेषताएँ सामान्य हैं, वहाँ के लोगों ने स्वतंत्रता हासिल की

हुई है और वे इसकी हिफाजत करने में समर्थ हैं, वहाँ के निवासियों को इस बात की अनुभूति हो कि उनके राष्ट्र की स्वतंत्रता एवं प्रगति में ही उनकी तरक्की निहित है, साथ ही लोगों को इसकी भी अनुभूति हो कि यदि राष्ट्र के साथ कोई भी बुरी घटना घटेगी तो वह उनके लिए भी बुरी साबित होगी। जिस देश की जनता में भाईचारा नहीं होगा वह देश दुर्भाग्य का शिकार हो जाएगा। उस देश के टुकड़े-टुकड़े हो जाएँगे। देश अपने समक्ष उपस्थित हुए संकटों का सामना नहीं कर पाएगा। दूसरी तरफ, यदि कोई देश सुसंगठित हो तथा उसकी जनता में संहति की भावना हो तो जितने भी अस्त्र-शस्त्र हों, उसे जीता नहीं जा सकता।

अतः आज जब हम अपनी थल सेना एवं वायु सेना को मजबूत बनाने की कोशिश में लगे हुए हैं, हम सबको यह अवश्य याद रखना चाहिए कि देश को वास्तविक शक्ति एकता एवं कठिन परिश्रम से ही मिलेगी। मेरा मानना है कि हमारे देशवासियों में बुनियादी संहति है। हमने गत वर्ष संकट के क्षण में उस संहति के दर्शन किए थे। जब चीन ने हमारे देश पर आक्रमण किया तब अचानक हमारे देशवासी जाग उठे और उन्होंने अपनी पूरी क्षमता के साथ इस संकट से मुकाबला करने का संकल्प किया।

वह एक हृदयद्रावक दृश्य था, लेकिन जब कुछ ही दिनों बाद आसन्न संकट गुजरा हुआ—सा प्रतीत हुआ और जब वास्तविक युद्ध की बेला समाप्त हो गई तब हमारे देशवासियों में से अधिकांश ने राहत की साँस ली। उन्होंने संकट एवं खतरों को भूलना आरंभ कर दिया, हालाँकि सारे संकट एवं खतरे अभी भी अपनी जगह मौजूद थे। उन्होंने अपने आपको तू-तू मैं-मैं, शिकायतों, नारों एवं इसी तरह के अन्य क्षुद्र स्वार्थों में उलझा लिया। इससे यह पता चलता है कि भले ही हम मूलभूत रूप से संगठित हैं तथा इसमें कोई ऐसी चीज है जो संकट के क्षणों में हमें जागृत कर जाती है, मगर जैसे ही संकट के क्षण बीतते नजर आते हैं वैसे ही हम ढीले पड़ जाते हैं एवं पुनः अपने-अपने क्षुद्र विचारों एवं द्वंद्वों में उलझ जाते हैं।

हमने चीनी आक्रमण का संकट झेला है। जब यह संकट हमारे समक्ष उपस्थित हुआ उसके बहुत पहले से ही हम गरीबी के वास्तविक एवं स्थायी संकट से अनवरत जूझते चले आ रहे थे। हमें इस गरीबी से उसी तरह दृढ़ता एवं बहादुरीपूर्वक जूझना है जिस तरह हम अपने देश पर आक्रमण करने वाले किसी भी शत्रु से जूझते हैं। हम अपने राष्ट्र का निर्माण कर सकते हैं जब हम अपने देशवासियों के जीवन का निर्माण करें तथा उन्हें खुशहाल एवं संतुष्ट रखें।

हमारी यह आदत, कि जब हमारे सामने तत्काल कोई संकट न हो तब हम ढीले पड़ जाते हैं, अच्छी नहीं है। हमें अपनी इस बुरी आदत से बाज आना होगा। हम संहति एवं एकता के बारे में बात कर रहे हैं। अतः हमें पता होना चाहिए कि संहति एवं एकता की इस असंदिग्ध भावना के पीछे हमारे देश में अभी भी ऐसी

अनेक विखंडनकारी बातें क्रियाशील हैं जिनका सहारा लेकर निहित स्वार्थ वाले लोग हमें बाँटने की कोशिश करते हैं। यह बड़ा दुर्भाग्यपूर्ण है कि कुछ लोग इन ताकतों के हाथ मजबूत करते हुए देश की अनिवार्य एकता की बात विस्मृत कर जाते हैं।

कभी धर्म का दामन थामा जाता है, कभी जाति-बिरादरी का, कभी भाषा का, तो कभी राज्यों की आपसी टकराहट का या अन्य साधनों का।

हमारा देश महान है, विराट विविधता वाला एक देश। यह विविधता बहुत अच्छी है। मुझे इस बात की जरूरत कभी महसूस नहीं हुई कि एकता के लिए सभी भारतवासियों के सैन्यीकरण का प्रयास किया जाए तथा उन्हें ऐसा बना दिया जाए कि सभी एक जैसे दीखें। विविधता के बने रहने में कोई हर्ज नहीं है, लेकिन विविधता तभी अच्छी मानी जाएगी जब हम अनिवार्य रूप से एकताबद्ध हों। मैं आपसे यह नहीं कह रहा हूँ कि आप इस समृद्ध विविधता को भूल जाएँ, लेकिन मैं आपसे इस बात को याद रखने को अवश्य कह रहा हूँ कि हम जिन चीजों को महत्त्व देते हैं उन सबके साथ वह विविधिता भी तब नाकाम सिद्ध होगी जब हम याद नहीं रखेंगे कि एकता हमारे लिए अपरिहार्य है। यह एकता नक्शे पर उकेरी गई सतही एकता अथवा संविधान में उल्लिखित कागजी एकता नहीं है, बल्कि यह हृदय एवं मस्तिष्क की एकता है, जो हमें यह महसूस करवाती है कि हम एक विशाल परिवार के सदस्य हैं। हमें इस परिवर्तन की रक्षा करनी है, इसकी प्रगति के लिए हमें मिल-जुलकर काम करना है और एक-दूसरे का सहयोग करते हुए रहना है।

–19 अक्तूबर, 1963 (राष्ट्र के नाम संदेश)

अनुवाद : **अर्जुन ठाकुर**

सहजानंद सरस्वती

1889-1950

किसान सभा के संस्थापकों में एक प्रमुख व्यक्तित्व। दस साल तक चरवाही करने के बाद शिक्षा आरंभ। 1907 में संन्यास लेने के बाद देश-भ्रमण एवं गहन अध्ययन। 1920 में गाँधी से मिले और एक साल बाद कांग्रेस में शामिल हो गए। 1927 में पश्चिमी पटना इलाके में किसान सभा की स्थापना और 'लोकसंग्रह' पत्रिका का प्रकाशन। 1930 में नमक कानून भंग करने पर 6 महीने की जेल। 1936 में 'अखिल भारतीय किसान सभा' की स्थापना। 1940 में पुनः जेल यात्रा। अपने धार्मिक तानेबाने में भी रूढ़िवादी समाज व्यवस्था के प्रबल विरोधी। साम्यवाद की ओर आकर्षण।

धर्म की बात

यह धर्म का प्रश्न इतना पेचीदा और खतरनाक है कि लोगों को इससे भ्रम हो सकता है। उस भाषण से कई लोग भ्रम में पड़े भी हैं, यह मैं जानता हूँ। इसलिए प्रसंगवश यहीं उसके बारे में दो-चार शब्द कह देना चाहता हूँ। कहते हैं कि आत्मा की भूख की शांति के लिए धर्म का आविष्कार हुआ। फिर उसके दो आकार हुए—एक वैज्ञानिक और दूसरा व्यावहारिक। पहले में दर्शन और दार्शनिक विचार आ जाते हैं उन्हीं विचारों को अमली जामा पहनाने के सिलसिले में बाहरी तथा व्यावहारिक पूजा-पाठ आदि आते हैं।

चाहे शुरू में इसका कुछ भी रूप क्यों न रहा हो, इसका उद्देश्य भी कितना ही पवित्र और ऊँचा क्यों न रखा गया हो और कुछ लोगों ने ठीक वैसा ही अमल भी क्यों न किया हो, लेकिन इन सब बातों का हमें आज कतई पता नहीं है। उन्हें न हमने पहले देखा था और न आज ही देखते हैं। प्रत्यक्ष तो यही देखते हैं कि धर्म में तर्क, दलील और विचार का स्थान नहीं है। यही उसका व्यावहारिक रूप है। पंडित, मौलवी और धर्माचार्य जो कहें, उसे आँखें मूँद कर मानो, नहीं तो तुम्हारे

विरुद्ध फतवा निकल जाएगा। चीं-चपड़ा त करो। "ऊँट बिलाई ले गई तो हाँ जी-हाँ जी कहना!" ये धर्माचार्य, गुरु, पंडित वगैरह भी कैसे कि अक्ल से उन्हें ताल्लुक ही नहीं। और ये चीजें पुश्तैनी हो जाने से उनके लिए पढ़ना-लिखना भी जरूरी नहीं। फलतः वे लोग प्रायः निरक्षर भट्टाचार्य ही होते हैं। मगर मंतर और दीक्षा देकर वैकुंठ भेजने का, बिहिश्त पहुँचने का दावा जरूर रखते हैं। यहाँ तक कि सर्वाधिकार संरक्षित! फलतः, धर्म के नाम पर सबसे ज्यादा अंधेरखाता देखते हैं। वह व्यक्तिगत न होकर सामूहिक हो गया है। भेड़ों की ही तरह हिंदू, मुस्लिम, क्रिस्तान आदि के समूह होते हैं। इस प्रकार धर्म दिल की चीज न होकर बाहरी और दिखावटी वस्तु हो गई है। हम शिखा और दाढ़ी से ही प्रायः हिंदू और मुसलमान का परिचय करते हैं।

मगर मैं इस धर्म को कतई नहीं मानता। बल्कि कह सकते हैं कि मैं ऐसे धर्म को समाज, देश और मानवता का शत्रु मानता हूँ। यह हमारी आजादी का भी बंधक है। जहाँ विवेक को स्थान नहीं और फतवा या आदेश चले, मैं उस चीज को नहीं मानता। यदि बुद्धि में न समाए, विवेक में न आए, उसे धर्म के नाम पर मानने, मनवाने का मैं सख्त दुश्मन हूँ। इसीलिए बच्चों को धार्मिक शिक्षा-जिस मानी में आज धर्म कहा जाता है, उसकी शिक्षा-देने का विरोधी हूँ। धर्म तो मेरे विचार से सोलहो आने व्यक्तिगत वस्तु है, जैसे अक्ल, दिल, आँख, नाक आदि। दो आदमियों की एक ही बुद्धि या आँख नहीं हो सकती। तो फिर धर्म कैसे दो आदमियों का एक होगा? और जैसे रोगग्रस्त शरीर में अन्न की भूख नहीं होती, उसी तरह पराधीन तथा विवेकहीन आत्मा में धर्म या अध्यात्म की भूख कहाँ कि उसकी शांति का यत्न हो? इसलिए मेरा धर्म विचित्र है। उसके संबंध में लोगों को भ्रम में नहीं पड़ना चाहिए।

साथ ही, मैं यह भी मानता हूँ कि जिस धर्म को आज हम देखते हैं, उसका भी सीधे विरोध करना बड़ी भारी भूल है। उसके विकृत पहलुओं का एक-एक करके विरोध किया जा सकता है, न कि सामान्य रूप से धर्म का ही। इसमें बड़ी हानि हो सकती है। पहलुओं का विरोध भी तर्क और दलील के बल पर होना चाहिए और जिन्हें धर्म के मामले में कहने और बोलने का अधिकार है, जिनके बारे में लोग ऐसा मानते हों, वही यदि यह विरोध और खंडन-मंडन करें तो अच्छा हो। दूसरों को प्रायः इसमें नहीं पड़ना चाहिए। उन्हें इससे बचना चाहिए। हाँ, अमल तो सभी कर सकते हैं, ठीक उसी प्रकार जैसी उनकी धारणा है। उसमें कोई खतरा या बाधा नहीं। परंतु समूह के ऊपर सहसा भयंकर प्रतिघात जिससे हो, वह काम बचाया जाए, खासकर समूह की जानकारी में। जहाँ ऐसा खतरा न हो, वहाँ वह भी किया जा सकता है, अगर उसे ठीक मानते हों। जो लोग जनता में काम करते हैं, उन्हीं के लिए मेरा यह विचार है। बाकी लोग जो भी चाहें, कहें या करें। मुझे उनकी फिक्र नहीं।

धर्म और ईश्वर

लेकिन इन असली किसानों को किसान सभा में लाने में हमारी सबसे बड़ी कठिनाई यह है कि वे कट्टर भाग्यवादी बन गए हैं, उन्होंने सभी कार्यारम्भ शक्ति खो दी है और भविष्य के लिए वे निराश हो गए हैं। खूबी तो यह है कि भगवान और धर्म के नाम पर ही उनकी यह दशा हो गई है। ऐसा कहा जाता है कि धर्म और भगवान की ओर प्राचीनों का, ऋषियों का, और भविष्यदर्शियों का ख्याल इसलिए गया और ये धर्म तथा ईश्वर इसलिए प्रकट हुए कि आत्मा और जीव की भूख को शांत करें। मैं अपने जीवनभर संस्कृत-साहित्य, भारतीय दर्शन तथा दूसरे दर्शन का बड़े चाव और ध्यान से अध्ययन करता रहा हूँ। धर्म तथा भगवान् के विषय में थोड़ा-बहुत जानने और समझने का दावा भी रखता हूँ। मैंने गीता को भी हृदयंगम किया है और वह मुझे प्रिय है। लेकिन मुझे उनमें से किसी में भी उस अतल गर्त का पता नहीं लगा, जिसमें 'अर्वाचीन धर्म' ने जनता को ढकेल दिया। इस तरह धर्म को मिट जाना ही होगा। क्योंकि हमारे जीवन में इसके लिए स्थान है ही नहीं। इसकी तो हालत यह है कि आज यह आत्मा की भूख शांत करने के बजाय दरअसल कमाने वाली जनता के शोषकों और लूटने वालों की लिप्सा और तृष्णा की ही संतुष्टि कर रहा है, इसके लिए वायुमंडल तैयार कर रहा है। क्योंकि वास्तव में इसने उस जनता की आत्मा को मार डाला है, उसके भीतर की सभी आरंभिक शक्तियों को खत्म कर दिया है। उसे कट्टर भाग्यवादी बना दिया है। क्या मैं धर्माचार्यों, धर्मोपदेशकों और धर्मशिक्षकों से एक छोटा-सा प्रश्न करूँ? क्या सचमुच धर्म और सर्वशक्तिमान भगवान् का यही काम है? और अगर यही बात है तो अपने-आपको कायम रखने का इन्हें क्या हक है? वे इस भूमंडल से मटियामेट क्यों न कर दिए जाएँ? किसान सभा के सभी कार्यकर्त्ताओं का यह पवित्र कर्तव्य है कि 'अर्वाचीन धर्म' की इस प्रवंचना का भंडाफोड़ करें और ख्याल रखें कि जनता के दिल और दिमाग से इसका जादू एकदम मिट जाए। जब तक ऐसा नहीं हो जाए, जनता के लिए कोई आशा नहीं।

विरक्त महामंडल में भाषण

विरक्त बंधुओ!

अपने इस महाधिवेशन की अध्यक्षता मेरे माथे लाद दी, इसके लिए मैं आपको

धन्यवाद दूँ या कोसूँ? आप में से कितने मेरे वर्तमान विचारों से अवगत हैं? शायद ही कुछ लोग।...

राष्ट्र के लिए यातनाएँ झेलना हमारे देश में पेशा-सा हो गया है। लोगों ने इसे दर्शनी हुंडी करार देकर चटपट भुना लेने की ठान ली है। शासन की गद्दियाँ यह भुनाना ही तो है! खूबी यह कि उनके कष्ट सहन का जितना मूल्य नहीं, उससे हजार गुने पर वे इसे भुनाने में संलग्न हैं और है यह निरी धोखेबाजी, निपट प्रवंचना। दूसरे, आज ऐसा न करने पर भी कल वे भुनाने में न लगेंगे, इसका ठिकाना नहीं। बड़े-बड़े क्रांतिवादी और जनवादी निरंतर ऐसा करते देखे जाते हैं। ढोल की पोल निरंतर खुलती जा रही है। ऐसी दशा में मैं भी ऐसी ही ढोलों में नहीं हूँ और ऐसे ही भुनाने वालों में जा मिलने के लिए बगुला भगत बना बैठा नहीं हूँ, इसका प्रमाण क्या? समय पाकर महंती का नाम-रूप बदल गया है। शासन की महंती के लिए बहुतों ने अपना ईमान खोया है, अपनी जनसेवा की प्रतिज्ञा पर पानी फेर दिया है। हमारे जैसे भी आगे चलकर उसी महंती पर फिदा न होंगे, आशिक न होंगे, रीझेंगे नहीं, इसकी गारंटी क्या? और ऐसा हो गया तो विरक्त महामंडल को अपनी भूल के लिए पछाताना होगा कि कपटी मुनि की माया में फँस गया। लेकिन वह भी छोड़िए। आप तो अपने को धार्मिक मानते हैं, लेकिन क्या आपको पता है कि मैं कौन हूँ? मुझे भय है, आप वाली धर्म की परिभाषा के भीतर मैं शायद ही आ सकूँ। आपके भीतर तो सिर्फ आस्तिक-नास्तिक का झमेला है और नास्तिक आप के पास फटकने भी नहीं पाता, बल्कि हजार संप्रदायों के झमेले में भी आप व्यस्त हैं और एक-दूसरे की निंदा-शिकायत करने में आपको आनंद आता है। पता नहीं विराग और विरक्ति के पेट में ये सब बातें कैसे आईं? पुष्पदंत ने तो 'महिम्नः स्तोत्र' में स्पष्ट ही कहा है कि विभिन्न मतवाद निराली सूचियों के परिचायक मात्र हैं। भगवान् के पास तो सभी शुद्ध हृदय वाले पहुँचते ही हैं, फिर चाहे वह किसी भी मतवाद तथा धर्म संप्रदाय के मानने वाले हों—जैसे सारा पानी घूम-घाम कर समुद्र में ही जाता है। गीता में भी कहा है कि परधर्म की बात भूलकर स्वधर्म पालन में ही मर मिटना श्रेयस्कर है—'स्वधर्मे निधनं श्रेयः परधर्मो भयावहः' (अ. 3, श्लो. 35)। पता नहीं यह निंदा स्तुति किस पोथी में लिखी है जो विरक्त समाज के लिए आज शिरोधार्य है। गीता ने तो स्वधर्म को भी छोड़ केवल स्वकर्म को ही कल्याण का साधन माना है—'स्वे स्वे कर्मण्यभिरतः संसिद्धि लभते नरः' (18/45) और स्वकर्म में खाना-पाखाना तक भी आ जाते हैं। इसीलिए साफ कह दिया है कि जो कुछ खान-पान, होम, जप-तप—कोई भी काम किया जाए उसे ही भगवदर्पण बुद्धि से करने से कल्याण होता है—

यत्करोषि यदश्नासि यज्जुहोषि ददासि यत्।
यत्तपस्यसि कौन्तेय तत्कुरुष्व मदर्पणम्।। (9/27)

इधर हमारी यह हालत है कि धर्म और संप्रदाय के नाम पर खंडन-मंडन और

गाली-गलौज में ही अपना कर्तव्य पूरा कर लेते हैं। दरअसल धर्म और ईश्वर हृदय की चीजें हैं इसीलिए मैं कट्टर नास्तिकों को पहले दर्जे के भक्तों में रखता हूँ। सच्चे दिल वाले के सामने सगुण-निर्गुण या आस्तिक-नास्तिक का प्रश्न रहता ही नहीं।

हमारे यहाँ ऊँच-नीच और छूत-अछूत का भूत डेरा डाले पड़ा हमें परेशान कर रहा है। फिर भी हम विरक्त और भक्त होने के गुमान में मरे जा रहे हैं। तो क्या छूत-अछूत जानवर नहीं हैं और नरसी मेहता भक्त न थे? लेकिन बात क्या हुई? उनकी पकाई रोटी कुत्ता लेकर भाग चला तो वे उसके पीछे हाँफते हुए दौड़े जा रहे हैं, हाथ में घी लिए कह रहे हैं, महाराज! रुकिए तो सही, रोटियाँ रूखी हैं गले में अटकेंगी, जरा घी तो लगा दूँ। नरसी की भक्ति कुत्ते में भगवान को देख रही है, उनके सामने कुत्ता है ही नहीं। मगर हमारी भक्ति हमें ऊँच-नीच के फंदे में फँसा कर मारे जा रही है। एक ओर जो हम विरक्त और विरागी होने का दावा करते हैं जिस के मानी हैं सभी सांसारिक पदार्थों का त्याग, उनमें रसहीनता। दूसरी ओर अपने दिलों में राग-द्वेष, ऊँच-नीच की भावना जैसी गंदी चीजों को रखते हैं। आइए, हम सब भी तो अपने-अपने दिलों को टटोलें और इससे यह कूड़ा-करकट धो बहाएँ। नहीं तो "आए थे हरिभजन को, ओटन लगे कपास" की बात चरितार्थ होती ही रहेगी।

एक बात और! आखिर प्रह्लाद तो भक्त शिरोमणि माने जाते हैं न? लेकिन क्या वे हमारे आप जैसे कुटियों में, मठों में या जंगलों में धुनी रमाते रहते थे? भगवान् को ढूँढ़ते थे? या जर-जमीन की हिफाजत में लीन थे? वे तो दीन-हीन जनों के बीच में रहकर उन्हें मार्गदर्शन कराते और उनका मानसिक स्तर ऊँचा उठाते थे, इसीलिए तो अपने पिता हिरण्यकशिपु के कोपभाजन होकर यातनाएँ झेलते रहे। उन्हें अपनी मुक्ति प्यारी न थी। उन्हें उसकी परवा नहीं थी, वे तो जनसाधारण के उद्धार के बहाने खुद नर्क में जाकर भी दुःखियों को स्वर्ग भेजने का व्रत ले चुके थे। क्या हमें उनका अनुगामी नहीं होना चाहिए? जब नृसिंह ने हिरण्यकशिपु का वध करके प्रह्लाद से वैकुंठ चलने को कहा तो उसने साफ इनकार किया और कहा कि मैं तो यहीं भला, इस शोषित-पीड़ित मानव समाज को यों ही जलता छोड़ मुझ अकेले को वैकुंठ मनहूस और भयावना लगेगा। मैं स्वार्थी ऋषि मुनि नहीं हूँ कि दुनिया के लोगों की चिंता छोड़ चुपचाप अकेले निर्जन वन एवं स्वर्ग वैकुंठ में जा बसूँगा—

प्रायेण देव! मुनयः स्वविमुक्तिकामा
मौनं चरन्ति विजने न परार्थनिष्ठाः।
नैतान् विहाय कृपणान् विमुमुक्ष एको
नान्यं त्वदस्य शरणं भ्रमतोऽनुपश्ये।।

भागवत (7,9,44)

प्रह्लाद को तो अपनी जुबान पर ताला लगाकर बैठने के बजाय जनता की

आवाज बुलंद करनी थी। मूक जनता को वाणी देनी थी। इसलिए उसने मुनियों को भी स्वार्थी कहा तो क्या हमें भी वैसी हिम्मत है? क्या हममें भी वैसी लगन है जनसेवा की? जनवाद को पल्लवित-पुष्पित करने की? मैं स्वयं उसी पथ का पथिक हूँ और आप सबको उसी मार्ग पर चलते देखने को लालायित हूँ। यही लोभ मुझे यहाँ घसीटने में सफल हुआ है। आपसे स्पष्ट कह दूँ—

घर छोड़ा कुटिया मिली। कुल छोड़ा चेले किए। जर-जमीन छोड़ी तो मठों में आड़ा लिए हैं। यह क्या है? यह वैराग्य है या उसका उपहास? हम कहाँ से कहाँ आ भटके? खुद तो धर्म को धक्का देकर नर्क में जा पड़े, फिर भी धर्मरक्षा की ठेकेदारी करने चले हैं। दुनिया पहले भी अंधी न थी—आँखें रखती थी, अब तो और भी काइयाँ बन गई है। इसीलिए दुनिया हम पर और हमारी इस नकली विरक्ति पर, ढोंग पर, हँसती है। वह हमें गर्दनियाँ देने को तैयार है, यदि हम अभी भी न चेते। आइए, कुटिया छोड़ें और मठों की संपत्तियों का सदुपयोग करने का व्रत ले लें। मठों से कुकर्मों को हटाकर वहाँ सुकर्मों को आसीन कराने का दृढ़ संकल्प कर लें, फिर तो हमारी ओर नजर उठाने की भी हिम्मत कोई नहीं कर सकेगा।

देश की बात

हमने संक्षेप में अपनी बात कर ली, अपना घर टटोल लिया, आइए अब जरा देश की बात भी करें, सोचें और देखें कि वहाँ क्या हो रहा है। सच बात तो यह है कि सारे देश में जैसे आग लगी है। सभी हाय-हाय कर रहे हैं। कबीर ने कहा था—

जोगी दुखिया, जंगम दुखिया, तपसी का दुख दूना।
आशा तृष्णा सब घट व्यापी, एको महल न सूना।।

यह बात अक्षरशः चरितार्थ हो रही है। जब हम विरक्त नाम धारी और साधु फकीर कहलाने वाले ही पथभ्रष्ट हो अतल गर्त्त में जा गिरे तो दूसरों का कहना ही क्या है? पथदर्शकों और नेताओं के पतन ने व्यापके पतन का मार्ग प्रशस्त कर दिया है।

खैर, हम तो पुराने नेता ठहरे। आज तो नए नेता हमसे भी ज्यादा नीचे जा गिरे हैं। उनके पतन की पराकाष्ठा हो गई है। ऐसा लगता है कि नेतागिरी की पगड़ी सर पर बाँधने वालों पर बला आ पड़ी है और सभी जहन्नुम चले जा रहे हैं, चले जा चुके! साधु फकीर और पंडित लोग तो स्वर्ग वैकुंठ और ब्रह्मलोक में लोगों को पहुँचाने का ठेका लेकर खुद नर्क में डूब रहे हैं। मगर नए नेतागण देश से दरिद्रता, दुःख, दमन आदि को भगाने चले थे और आज उल्टी गंगा बहा रहे हैं। उन्हें हिम्मत नहीं कि गाँवों में जाकर जनता के सामने निर्भीकतापूर्वक बोल सकें। गाँधी टोपी पर आफत आई है। देखने वाले गुस्से से लाल हो जाते हैं। यह टोपी कुछ दिन पहले तक त्याग-बलिदान की प्रतीक मानी जाती थी जब तक मुल्क गुलाम था और अंग्रेजी

शासन भारत में कायम था। इसलिए लोग गाँधी टोपीधारियों की इज्जत काफी करते थे। मगर आज वही टोपी चोरबाजारी, घूसखोरी, टुकड़खोरी आदि का साधन बन गई है। जिसने अंग्रेजी जमाने में इसे छुआ तक नहीं, उसी के सर पर आज यह ज्यादातर दीखती है। मिल और विदेश के वस्त्र धारण करने वाले भी अफसरों के पास जाने तथा नेताओं के विश्वासपात्र होने के लिए एक गाँधी टोपी, खादी की धोती और उसी का कुर्ता रखते ही हैं। यदि साधु नामधारियों ने कंठी, माला, तिलक-छापे को ठगी एवं प्रवंचना का साधन बना डाला था तो खादी और गाँधी टोपी के रूप में यह नए ढंग की कंठी-माला आ गई! जो लोग ईमानदारी और मर्दानगी के साथ कांग्रेस के लिए कटे-मरे, उसके झंडे को सदा ऊँचा किए रहे, मगर चापलूसी और दरबारदारी से घृणा करते थे, न्याय चाहने वाले हैं उनकी पूछ गद्दीधारी कांग्रेस में अब नहीं रही, उन्हें ये नए स्वराजी महंत फूटी आँखों नहीं देख सकते। कांग्रेस और आजादी के संग्राम के कट्टर शत्रुओं की ही वहाँ रसोई है। उन्हीं के माथे ऊँची गाँधी टोपी और तन पर मोटी खादी की धोती तथा कुर्ता देखा जाता है। मंदिर बनाने और उसमें भगवान् को पधराने के जो सदा विरोधी रहे वही आज भोग लगाने के समय पुजारी बन बैठे हैं! ऐसी दशा में मंदिर पतन का अड्डा क्यों न बने और उसके उपासक भक्तजन जहन्नुम का रास्ता क्यों न साफ करें?

परिणाम स्पष्ट है। अंग्रेजों के जाने से आजादी आई या बरबादी? आज चोरी, डाकेजनी बढ़ी है या घटी? गाँवों में आतंक है, शहरों में इसकी विभीषिका है। यह मर्ज बढ़ता ही जा रहा है। कहा जाता है, पुलिस अकर्मण्य है और कुछ राजनैतिक दल इन जुर्मों का प्रसार कर रहे हैं। मगर क्या शासक कर्मठ बन गए हैं? उन्हें तो गाँवों के अगम्य कामों में लोअर-अपर स्कूलों में पारितोषिक बाँटने से ही फुरसत नहीं, सड़ी-गली लाइब्रेरी का उद्घाटन करने से ही अवकाश नहीं, फिर शासन कार्य क्या चलाएँगे खाक? जब उनकी मक्कारी वाली बातें सुनने को जनता तैयार नहीं है, तो खुद दौड़ कर उसके घर पहुँचते हैं। उनके इर्द-गिर्द चोरबाजारी करने वाले डाकू मँडराते रहते हैं। गाँवों में जो सबसे गए-गुजरे लोग हैं, जिनका पेशा दलाली रहा है आज इन शासकों के पास उन्हीं की रसोई है। जो हाकिम और अफसर जितना ही घूसखोर है, वह इन शासकों की उतनी ही ज्यादा हाजिरी बजाता है और निर्भय बिचरता है। इस तरह 24 घंटे जनता की लूट चालू है। किरासन तेल गायब, लोहा गायब, कोयला गायब, सीमेंट गायब, अन्न गायब, दवादारू गायब! स्वराजी शासकों के पदार्पण ने छछुंदर की तरह इन चीजों को छूकर चोरबाजार में भगा दिया, ऐसा लगता है, क्योंकि चोरबाजार में जितना चाहिए, खरीदिए। अधिक अन्न उपजाओ का ढोंग शासकों ने खूब ही खड़ा किया है। फिर भी होता जाता है खाक नहीं। हो भी कैसे? गाँवों की समस्याओं का वास्तविक अध्ययन करने की छुट्टी इन स्वराजी शासकों को न पहले थी, न आज है। उन्हें यह भी पता नहीं कि गन्ना कब बोया

जाता है और गेहूँ की खेती किन नक्षत्रों में होती है। विभिन्न फसलों की खेती करने में खर्च क्या होता है, इसका भी पता इन्हें मुतलक नहीं है। फिर भी कोई कृषिमंत्री बन बैठा है तो कोई मालमंत्री। यहाँ माल मारना है क्या? फलतः सेक्रेटरियट में आसन लगाए जो लोग बैठे हैं, वही इन मंत्रियों को बंदरों की तरह नचाते हैं ऑफिस में, और गाँवों में नचाते हैं इनके दलाल।

गाँवों में बीमारियाँ बढ़ती जा रही हैं। शिक्षकों की दुर्दशा कौन कहे? यदि पुकारें तो कोई सुनने वाला नहीं। सड़कें नदारद, औषधालय लापता, पानी का ठिकाना नहीं, सिंचाई की व्यवस्था नहीं, चोर-लुटेरों से बचने का उपाय नहीं। हालाँकि गेहूँ, चना, चावल, शाकभाजी, फल, फूल, घी, दूध, दही ये गाँव ही इन शासकों को भी देते हैं और दूसरों को भी। जो गाय-भैंसें दूध देती हैं उनकी पूरी हिफाजत और खान-पान की व्यवस्था इन गाय-भैंसों के मालिक ही करते हैं। मगर सबों के लिए कामधेनु का काम करने वाले ये गाँव और उनके किसान लावारिश जैसे हैं, उनकी चिंता न शासकों को है और न शोषकों को। सरकार और जमींदार का पाई-पाई पावना मिल जाए इसकी फिक्र जैसे पुराने शासक करते थे, वैसे ही नए स्वराजी शासक भी करते हैं। शोषक भी अवश्य करते हैं। मगर वसूली के लिए पैदावार बढ़ाने और अतिवृष्टि अनावृष्टि से किसानों को बचाने की जरा भी चिंता किसी को नहीं। जीवन भर गेहूँ, घी उपजाते रहे किसान और खाते रहे दूसरे ही। बीमारी की दशा में उन्हीं किसानों को दवा नहीं मिलती और मर जाते हैं! यह हालत बर्दाश्त के बाहर है। फिर भी कायम थी, कायम है। इसे मिटाने की कौन सोचता है?

जो धोबी सबेरे कपड़ा धोता है, वह धपाधप्प धुले कपड़े पहनता है। जो कुम्हार बर्तन बनाता है, उसे घड़े ओर हाँड़ी का अकाल नहीं होता। जो कसेरा थाली लोटे गढ़ता है, उसे उन बर्तनों का टोटा नहीं रहता। मगर साल में हजारों मन गेहूँ, बासमती, घी, दूध पैदा करने वाले किसान के बच्चे पैसे भर दूध के लिए तरसते हैं। समस्त परिवार को गेहूँ और बासमती खाने को नहीं मिलता है। उसे खेसारी, मँडुआ और मट्ठे पर गुजर करनी पड़ती है। यह उल्टी गंगा बर्दाश्त के बाहर है। इसे मिटाना ही सबसे बड़ा धर्म है, पूजा है, तपस्या है, आराधना है। इस अस्वाभाविक दशा के विरुद्ध विद्रोह पैदा करने का बीड़ा इन स्वराजी शासकों ने पहले उठाया था मगर अब गद्दी मिलते ही भूल गए। ऐसी दशा में हम विरक्त नामधारियों को ही यह कार्य करना होगा। यह अनर्थ मिटाना होगा।

हम, आप और गुरु-पुरोहित किसानों के यहाँ जाते हैं तो उन्हें परलोक और मुक्ति की बात बहुत बताते हैं। कान में गुरुमंत्र फूँकते, टीका चंदन करना सिखाते, दंडवत् प्रणाम कैसे किया जाए यह पाठ पढ़ाते, माला जपने का काम शुरू हो और खत्म हो, यह बताते हैं। यह सब इसीलिए कि वैकुंठ मिले, स्वर्ग मिले, भगवान् मिलें। लेकिन जो पुलिस और जमींदारों के जूतों के नीचे दबे हैं, जो अपनी जमीन के लिए

जम कर लड़ नहीं सकते, जो नामर्द और हिजड़े बन गए हैं, क्या उन्हीं से यमराज डरेगा? क्या वही भगवान् के पास पहुँचेंगे? क्या भगवान् नपुंसक का ही साथी है तब तो वह भी नपुंसक ही होगा न? जिस स्वर्ग वैकुंठ में ये हिजड़े और दब्बू किसान पहुँचेंगे, वह कैसा रहेगा यह आप ही सोचें। जब तक हम गुरु पुजारी और संत विरक्त इस विराट् जनसमूह को मर्द नहीं बना डालते और इसी भूमि पर अपने हक के लिए, जमीन और प्रतिष्ठा के लिए छाती खोलकर लड़ मरना नहीं सिखाते, मुक्ति और स्वर्ग की बात प्रवंचना मात्र है, क्योंकि भगवान् निर्बल को नहीं मिलते 'नायमात्मा बलहीनेन लभ्यः' ।...

आर्थिक बातों में तो इन ने बंटाधार किया ही है, अब सामाजिक एवं धार्मिक मामलों में भी वही करने जा रहे हैं। संशोधन होना जरूरी है। संसार परिवर्तनशील है। तब सामाजिक और धार्मिक नियम, रूढ़ियाँ और रिवाज भी क्यों न सुधारे जाएँ? एक समय था, जब विवाह की व्यवस्था न थी और महाभारत के पढ़ने वाले जानते हैं कि श्वेतकेतु ने अपने पिता आरुणि से आग्रह किया कि वैवाहिक नियम बनाइए, यौन-संबंध में पशुबृत्ति ठीक नहीं। तब आरुणि ने ऋषि-मुनियों की गोष्ठी करके विवाह व्यवस्था जारी की। वर्णव्यवस्था की भी यही हालत है। वह भी पीछे स्थापित हुई। महाभारत के शांतिपर्व के मोक्ष धर्म वाले 188 वें अध्याय के 'न विशेषोऽस्ति वर्णानां सर्व ब्राह्ममिदं जगत्। ब्रह्मणा पूर्वसृष्टं हि कर्मभिर्वर्णतां गतम्। इत्येतैः कर्मभिर्व्यस्ता द्विजा वर्णान्तरं गताः।' आदि 10 से 13 तक के श्लोकों से यही बात स्पष्ट है। लेकिन यह व्यवस्था भी विद्वत्परिषद् में काफी सोच विचार के बाद हुई। यह नहीं कि जिस ऋषि ने चाहा अपने मन से कानून बना दिया। जो ऐसा करने की हिम्मत करते थे उनके विरुद्ध विद्रोह हो जाता था। न सिर्फ वेणु राजा के ऐसे कामों के विरुद्ध विद्रोह हुआ बल्कि ऋषियों के विरुद्ध भी। देखिए न, व्यास स्मृति के पहले अध्याय के 10 से 13 तक के 'वर्धको नापितो गोपः'' आदि श्लोक ऐसे हैं जिनमें बढ़ई, नाऊ, गोप, कायस्थ आदि को अन्त्यज कह कर इन्हें छूने में भी प्रायश्चित्त लिखा है। लेकिन क्या यह बात आज मान्य है? कदापि नहीं, क्यों? इसलिए न कि इन जातियों ने इस नियम के विरुद्ध बगावत की और जनता को अपने साथ ले लिया! ऐसे हजार दृष्टांत दिए जा सकते हैं। इसलिए सुधार की ओर सँभल कर पाँव देना चाहिए। लोकमत को अनुकूल करके खूब विचार-विमर्श के बाद ही ऐसा करना चाहिए। मगर नए शासक और इनके दोस्त अपने ही मन से जल्दबाजी में धार्मिक तथा सामाजिक नियमों में आमूल परिवर्तन करना चाहते हैं, यह ठीक नहीं।...

विवाह विच्छेद और विधवा विवाह का प्रश्न भी ऐसा ही है। मनु ने तो स्पष्ट ही कहा था कि ''पति-पत्नी आजीवन एक-दूसरे को न छोड़ें-दोनों ही एक पति-पत्नी व्रत को निबाहें'' ... ''अन्योऽन्यस्याव्यभिचारो भवेदामरणन्तिकः (9/101)''। मगर पीछे पुरुषों ने इसे न माना और दूसरा विवाह जारी कर दिया। ऐसी दशा में स्त्री

के भी न मानने का प्रश्न महत्त्वपूर्ण है। तो क्या किया जाए? क्या पुरुष को भी मनु का नियम मानने को बाध्य किया जाए? या स्त्री को भी आजाद किया जाए? यह सवाल उठता है। इसका उत्तर उतना आसान नहीं है जितना हमारे नए नेता समझते हैं। समाजशास्त्रज्ञों की परिषद् ही इसे हल कर सकती है। विवाह-विच्छेद कर के भी यदि पुरुष मस्त विचरता है तो स्त्री भी क्यों न विचरे? यह बात भी वैसी ही है। असवर्ण विवाह भी ऐसे प्रश्नों में है। मगर इसका निर्णय आज के व्यवस्थापक न करें तो ठीक। इन प्रश्नों पर खूब विचार हो, लोकमत बने और अंत में एक गोष्ठी निर्णय करे। अनधिकार चेष्टा रोकी जानी चाहिए और तथाकथित व्यवस्थापकों से कह देना चाहिए—खबरदार!

मठ-मंदिरों के संबंध की बात भी ऐसी ही है। इनके पीछे धार्मिक भावना काम करती है जो अंधी होती है। उससे छेड़खानी करना खतरे से भरा है। मार्क्स और एंगेल निरीश्वर और धर्म विरोधी होने पर भी ऐसी छेड़खानी पसंद न करते थे। उनने कहा कि इन्हें मोर्चा बनाकर फतह करने का विचार गलत है, खतरनाक है। आर्थिक लड़ाइयों के द्वारा ही धर्मवाद और ईश्वरवाद की कलई खोलने की पक्की राय उनने दी है। तब धर्म की दुहाई पद-पद पर देने वाले ये नए नेता इसमें क्यों पड़ते हैं, यदि कोई स्वार्थ नहीं है? मैं मानता हूँ कि जिस प्रकार संघर्ष करके अकालियों ने पंजाब के गुरुद्वारों पर नियंत्रण किया और उन्हें सुधारा, ठीक उसी प्रकार दूसरे धर्म संप्रदाय वालों को भी करना होगा और यह काम यह विरक्त महामंडल बखूबी कर सकता है। दूसरों को 'दालभात में मूसलचंद' बनने की जरूरत नहीं। पहले कानून नहीं बने, किंतु संघर्ष हो। पीछे सुधार कानून बने। मठमंदिरों में किसानों की संपत्ति लगी है। वही इन्हें चलाते भी हैं, यदि वे हाथ खींच लें तो ये खत्म हो जाएँ। शायद ही कुछ बच जाएँ। तब किसानों को या उनकी अपनी सरकार को छोड़ दूसरे को यह हक नहीं कि इधर टाँग अड़ाए। ऐसे लोग समय रहते चेत जाएँ तो ठीक। एक बात इस संबंध में और है। आज की राजनीति इतनी गंदी और पापमय है कि पूछिए मत। धार्मिक मूर्तिपूजा का स्थान आज भारत में राजनीति मूर्त्तिपूजा लेने जा रही है। महात्मा गाँधी की मूर्त्ति बनाना और गाँधी मेले लगाना आम बात हो गई है। इसे प्रोत्साहन देते हैं ये नए शासक। यही और इनके चेले इन गाँधी मंदिरों के पुजारी भी बनते हैं। और तो और 'रघुपति राघव राजा राम' जैसी पवित्र चीज को राजनीति में घसीट कर ये लोग बलात् नापाक बना रहे हैं। चुनावों में आप ने इनकी यह माया देखी होगी। उसे ही व्यापक रूप देने जा रहे हैं। यह बुरा है, बहुत ही बुरा। नाजायज है। आप स्पष्ट कह दें कि वे इस हरकत से बाज आएँ, नहीं तो नतीजा बुरा होगा। सभाएँ तो करते हैं राजनीति की, चुनाव की। फिर उसमें 'रघुपति राघव' गाने की क्या मानी हैं, यदि इस वस्तु को राजनीतिक बनाकर ठगना नहीं है? 'रघुपति राघव' का चुनाव से क्या ताल्लुक? क्या महात्माजी कभी ऐसा करते थे?

हमारा कर्तव्य

आइए अंत में अपने कर्तव्य पर थोड़ा विचार कर लें। संत महंतों में, साधु फकीरों में, जनसाधारण में जो अनाचार और प्रवंचना फैली है उसके विरुद्ध धर्मयुद्ध और जेहाद की घोषणा हमी आप कर सकते हैं, हमी आपको करना है। सबों के जीवन को विशुद्ध बनाना है।

राजनीति में जो आज अनीति और ठगलीला हो रही है उसे भी मिटाना है। राजनीतिक कलाबाज लीडरों को साफ सुना देना है कि रास्ते पर आएँ और सच्चे जनसेवक बनें या मैदान छोड़ भाग जाएँ, राजनीतिक पंडागिरी चलने न दी जाएगी। इस से श्रमजीवी जनता का गला घुट रहा है। इसीलिए इस पंडागिरी और तुम्बाफेरी का गला हम आप जल्द घोंट देते तो अच्छा!

सबसे बड़ी चीज है कि आपको दुनिया से वैषम्य मिटाना है और यहाँ समता लानी है, साम्यवाद चलाना है। सभी को सुंदर अन्न-वस्त्र, घर, दवा-दारू, पढ़ने-लिखने आदि का तथा सर्वांग विकास का पूरा अवसर समान रूप से मिले, यही करना है। इसी बात के लिए गीता में "विद्या विनय सम्पन्ने" 5/18, आदि द्वारा आध्यात्मिक साम्यवाद पर जोर दिया है और यह वस्तु संत विरक्तों की अपनी रही है। इसे अपने स्थान पर लाना चाहिए क्योंकि यह विलुप्त हो रही है। साथ ही "आत्मौपम्येन सर्वत्र समं पश्यति योऽर्जुन। सुखं वा यदि वा दुःखं स योगी परमो मतः" 6/32 द्वारा भौतिक साम्यवाद को भी उसी गीता में परम योगी का लक्ष्य और कर्तव्य बताया है। आज संसार में करुण क्रंदन, चीत्कार, वेदना और वैमनस्य ने डेरा जमा लिया है। इन्हें जड़ से उखाड़ कर संसार को और भारत को भी मंगलमय, आनंदमय बनाने की प्रतिज्ञा इस अयोध्या धाम में हम आप कर लें तो ठीक हो। हम तब तक चैन न लें जब तक साम्यवाद नहीं आ जाता, विविध शोषणों से जर्जर और जीर्ण-शीर्ण समाज शोषण शून्य नहीं बन जाता। "कमाने वाला खाएगा इसके चलते जो कुछ हो" का नारा विरक्त मंडल ही बुलंद कर सकता है। किसान मजदूर राज्य की स्थापना की सारी बाधाएँ यही हटा सकता है। कारण विरक्त को भय किसका? न फाँसी का डर, न जेल की विभीषिका, न बाल-बच्चों की चिंता इन्हें पथच्युत कर सकती है। ये तो अकेले ही जेलों को भर कर मदमत्त शासकों को दुरुस्त कर सकते हैं। ये विरक्त बिना किसी की सहायता के ही किसानों एवं मजदूरों के संघर्षों को चला सकते हैं और इस तरह आज तक जो उनकी कमाई के अन्न-वस्त्र आदि का उपभोग किया है, उसका ऋण-सूद सहित चुका सकते हैं। नहीं-नहीं, विरक्तों और विरक्त मंडल को यह ऋण चुकाना ही होगा। मुझे विश्वास है कि ब्रह्मचारी श्री वासुदेवाचार्य जी जैसे कर्मठ और योद्धा का नेतृत्व और श्रीमद् उत्तर अहोविल झलरिया पीठाधीश्वर श्रीमान् स्वामी वीरराघवाचार्य जी महाराज का आशीर्वाद तथा शत-शत धुनी विरक्तों

का सहयोग पाकर आप का विरक्त महामंडल यह महान् कार्य करके ही और अपना लक्ष्य प्राप्त करके ही दम लेगा।

सर्वे भवन्तु सुखिनः
सर्वे सन्तु निरामयाः।
सर्वे भद्राणि पश्यन्तु
मा कश्चिद् दुःखभाग् भवेत्।।

—1949

गणेश शंकर विद्यार्थी

1890-1931

सांप्रदायिकता की बलिवेदी पर शहादत देने वाला हिंदी पत्रकारिता का एक स्वाभिमानी व्यक्तित्व। प्रयाग के अतरसुइया मुहल्ले में जन्म। सुंदरलाल के संपर्क में आकर पत्रकारिता की ओर झुकाव। महावीर प्रसाद द्विवेदी के सहयोगी के रूप में 1910 में 'सरस्वती' में कार्य किया। 1913 में कानपुर से 'प्रताप' का प्रकाशन। क्रांतिकारी घटनाओं को अपने पत्र के माध्यम से समर्थन प्रदान किया। 1920 में प्रताप दैनिक हुआ। उनके लिए पत्रकारिता एक मिशन, देशसेवा का सर्वोत्तम साधन। कई बार जेल यात्रा। 1931 के सांप्रदायिक उपद्रव के दौरान कानपुर में हिंदुओं के मुहल्ले से मुसलमानों को बचाते, मुसलमानों के बचाते मुहल्ले से हिंदुओं को 25 मार्च. 1931 को धर्मांधों के हाथों शहीद।

सुधारकों की भूल

जिस देश में सुधार की आवश्यकता नहीं, वह इस परिवर्तनशील संसार का भाग नहीं हो सकता। यहाँ तो सदा पुरानी इमारतों को नमस्कार किया जाता है और नए महल खड़े होते हैं। स्थिति के अनुसार रूप में परिवर्तन करना पड़ता है। जिनमें परिस्थिति के अनुसार बनने का गुण नहीं रहा, वे बिगड़ गए। उनका नामोनिशान मिट गया और इतिहास के पन्ने या उनकी शानदार इमारत की बची-खुची ठीकरी संसार को कभी-कभी उनके अस्तित्व की याद दिला देती है। हमारे देश में सुधार की बड़ी भारी आवश्यकता है, केवल इसीलिए नहीं कि वह संसार का एक भाग है, किंतु इसलिए भी कि उसे आगे बढ़ने वाले संसार का भाग बना रहना है। यद्यपि हमारा देश संसार के उन देशों में से है, जो पुरानी लीक ही पीटते रहना अधिक अच्छा समझते हैं तो भी परिस्थिति के अनुसार अपनी करवट बदलने के भाव का यह कुछ अस्तित्व अवश्य है। देश में एक दल है, जो देश की भलाई के नाम पर आगे बढ़-सा रहा है। उसका यह काम देखने में अच्छा है, सुनने में भला है, परंतु विचार की कसौटी

पर हम उसे अधिक दूरदर्शिता और अधिक दृढ़ता से भरा हुआ नहीं पाते।

जातीय सुधार का कोई प्रश्न उठाइए। देश में भिक्षुकों की संख्या कैसे घटाई जाए, बालकों को किस तरह साधू न बनने दिया जाए, देहात में सफाई का भाव किस तरह उत्पन्न कराया जाए, किसानों की दशा किस तरह सुधारी जाए, स्त्रियों को किस भाँति उठाया जाए—छोटे-से-छोटे प्रश्न से लेकर बड़े-से-बड़े प्रश्न को उठाइए ओर उस पर देश के सुधारक दल के अर्ध-शिक्षित आदमी से लेकर कुर्सीतोड़ सुशिक्षित नेता तक घूम-फिरकर एक ही ठिकाने पहुँच जाएँगे। वे कहेंगे कि एक कानून बना दिया जाए और यह बात उस कानून से दूर हो जाएगी। इन बातों पर विचार करने का तनिक भी कष्ट नहीं उठाते कि पहले तो कानून बनवाने में कठिनाइयाँ हैं, फिर क्या उस कानून से वह बुराई दूर हो ही जाएगी। और फिर क्या उस कानून में दूसरी बुराई न उठ खड़ी होगी? रोग के ऊपरी इलाज का फल यह होता है कि वह रोग तो दब जाता है, परंतु उसका विष दूसरे रूप में प्रकट होकर मनुष्य को तंग करता है। हमारे सुधारक अधिक गलती पर न भी हों तो भी देश की स्थिति और उसके शासकों की अवस्था पर विचार करते हुए इसमें संदेह भी नहीं कि उनका हर बात में 'कानून' की शरण ढूँढ़ना अच्छा तो नहीं है। यह कठिन ही नहीं किंतु असंभव तक है, कि हम इस बात को भूल जाएँ कि हमारे शासक देशी नहीं है और वे हमारी बातों को अच्छी तरह नहीं समझ सकते। उस समय तक जब तक देश का शासन देशवालों ही के हाथ में नहीं आ जाता, या वर्तमान शासन का रूप इतना मृदुल नहीं हो जाता कि उसे हम जातीय शासर्न के नाम से पुकार सकें, तब तक जातीय सुधार के काम में कानून का सब रूपों में हस्तक्षेप अच्छी दृष्टि से नहीं देखा जा सकता। हमारे इन शब्दों का यह मतलब नहीं कि जातीय सुधार में कानून की सहायता की बिल्कुल आवश्यकता नहीं है। आवश्यकता है परंतु बहुत सोच-विचार के पश्चात। जातीय सुधार के काम में शासकों के हस्तक्षेप की प्रायः उस समय तक आवश्यकता नहीं, जब तक उनका और जाति का स्वार्थ एक नहीं हो जाता।

सुधारकों की दूसरी भूल इससे भी भयंकर है। वे सुधार नहीं कर रहे, नकल कर रहे हैं। उनके कामों और उनकी बातों से कुछ भी पता नहीं चलता कि वे नकल करना भी कभी छोड़ेंगे या नहीं? पराधीनता की घटा देश पर छाई है, हृदय के प्रकाश तक पर उसने अंधेरा कर दिया है। सुशिक्षित-सुधारक दल इस मानसिक अंधकार या मानसिक पराधीनता का प्रकाशमान उदाहरण है। कोई यह नहीं कहता कि तुम आधुनिक सभ्यता के उत्तम फलों को न चखो। परंतु आधुनिक सभ्यता के केंद्रों में आग लग रही है और उस पर विचार करना और उसके बुरे असर से अपनी रक्षा करना तुम्हारा कर्त्तव्य है। जबर्दस्त लहर के सामने कमजोर पौधों की क्या हकीकत जो अपने पैरों पर खड़े रहें। भयंकर तूफान ने बड़े-बड़े वृक्षों के सिर नीचे कर दिए तो पराधीनता के वायुमंडल में पलने वाले वृक्षों की क्या मजाल कि जो सीधे तने

रहें? जिन सुधारकों में इतना भी चरित्र-बल नहीं कि वे उसकी उज्ज्वलता का सिक्का अपने देश वालों के हृदयों पर जमा सकें, जिनमें सत्य के लिए लोगों का अत्याचार सहने की शक्ति नहीं, जिनमें इतना प्रेम का भाव नहीं कि वे उसके बल से अपने कट्टर से कट्टर शत्रु को जीत लें, वे एक क्षण भी इस बढ़ती हुई लहर के सामने कैसे टिक सकते हैं? जिसने विलासिता में न बहकर संसार की सेवा का दृढ़ प्रण किया तो वही आत्मा आधुनिक सभ्यता के उस बुरे प्रभाव का मुकाबला कर सकेगी। जो प्रेम, उपकार, कर्तव्य और उदारता के उच्च भावों को सख्त धक्का पहुँचा, बात-बात में कानून की शरण ढूँढ़ने तथा हर बात में बिना सोचे-विचारे नकल करते हैं, ऐसे लोगों से संसार का विशेष उपकार नहीं हो सकता। भले ही वे अपने को सुधारक कहें, परंतु यथार्थ में वे केवल स्वरचित 'सुधार के ठेकेदार' हैं और उनमें सबसे पहले सुधार होने की आवश्यकता है।

राष्ट्रीयता

देश में कहीं-कहीं राष्ट्रीयता के भाव को समझने में गहरी और भद्दी भूल की जा रही है। आए दिन हम इस मुल्क के अनेकों प्रमाण पाते हैं। यदि इस भाव के अर्थ भली-भाँति समझ लिए गए होते तो इस विषय में बहुत-सी अनर्गल और अस्पष्ट बातें सुनने में न आतीं। राष्ट्रीयता जातीयता नहीं है। राष्ट्रीयता धार्मिक सिद्धांतों का दायरा नहीं। राष्ट्रीयता सामाजिक बंधनों का घेरा नहीं है। राष्ट्रीयता का जन्म देश के स्वरूप से होता है। उसकी सीमाएँ देश की सीमाएँ हैं प्राकृतिक विशेषता और विभिन्नता देश को संसार से अलग और स्पष्ट करती है और उसके निवासियों को एक विशेष बंधन—किसी सादृश्य के बंधन—से बाँधती है। राष्ट्र पराधीनता के पालने में नहीं पलता। स्वाधीन देश ही राष्ट्रों की भूमि है क्योंकि पुच्छविहीन पशु हों, तो हों, परंतु अपना शासन अपने हाथों में न रखने वाले राष्ट्र नहीं होते। राष्ट्रीयता का भाव मानव उन्नति की एक सीढ़ी है। उसका उदय नितांत स्वाभाविक रीति से हुआ। यूरोप के देशों में यह सबसे पहले जन्मा। मनुष्य उसी समय तक मनुष्य है, जब तक उसकी दृष्टि के सामने कोई ऐसा ऊँचा आदर्श है, जिसके लिए वह अपने प्राण तक दे सके। समय की गति के साथ आदर्शों में परिवर्तन हुए। धर्म के आदर्श के लिए लोगों ने जान दी, और तन कटाया। परंतु, संसार के भिन्न-भिन्न धर्मों के संघर्षण, एक-एक देश में अनेक धर्मों के होने, तथा धार्मिक भावों की प्रधानता से देश के व्यापार, कला-कौशल और सभ्यता की उन्नति में रुकावट पड़ने से, अंत में, धीरे-धीरे धर्म का पक्षपात कम हो चला और लोगों के लिए देश-प्रेम का स्वाभाविक

आदर्श सामने आ गया। जो प्राचीन काल में धर्म के नाम पर कटते मरते थे, आज उनकी संतति देश के नाम पर मरती है। पुराने अच्छे थे, या ये नए, इस पर बहस करना फजूल है, पर उनमें भी जीवन था, और इनमें भी जीवन है। वे भी त्याग करना जानते थे, और ये भी, और ये दोनों उन अभागों से लाख दर्जे अच्छे और सौभाग्यवान हैं, जिनके सामने कोई आदर्श नहीं और जो हर बात में मौत से डरते हैं। ये पिछले आदमी अपने देश के बोझ, और अपनी माता की कोख के कलंक हैं। देश-प्रेम का भाव इंग्लैंड में उस समय उदय हो चुका था, जब स्पेन के कैथोलिक राजा फिलिप ने इंग्लैंड पर अजेय जहाजी बेड़े आरमेडा द्वारा चढ़ाई की थी, क्योंकि इंग्लैंड के कैथोलिक और प्रोटेस्टेंट दोनों प्रकार के ईसाइयों ने देश के शत्रु का एक-सा स्वागत किया था। फ्रांस की राज्यक्रांति ने राष्ट्रीयता को पूरे वैभव से खिला दिया। इस प्रकाशमान रूप को देखकर गिरे हुए देशों को आशा का मधुर संदेश मिला। 19वीं शताब्दी राष्ट्रीयता की शताब्दी थी। वर्तमान जर्मनी का उदय इसी शताब्दी में हुआ। पराधीन इटली ने स्वेच्छाचारी आस्ट्रिया के बंधनों से मुक्ति पाई। यूनान को स्वाधीनता मिली, और बालकन के अन्य राष्ट्र भी कब्रों से सिर निकालकर उठ पड़े। गिरे हुए पूर्व ने भी अपनी विभूति दिखाई। बाहर वाले उसे दोनों हाथों से लूट रहे थे। उसे चैतन्यता प्राप्त हुई। उसने अंगड़ाई ली, और चोरों के कान खड़े हो गए। उसने संसार की गति की ओर दृष्टि फेरी। देखो, संसार को एक नया प्रकाश मिल गया है, और जाना कि स्वार्थ-परायणता के इस अंधकार को बिना उस प्रकाश के पार करना असंभव है। उसके मन में हिलोरें उठीं, और अब हम उन हिलोरों के रत्न देख रहे हैं। जापान एक रत्न है, ऐसा चमकता हुआ कि राष्ट्रीयता उसे कहीं भी पेश कर सकती है। लहर रुकी नहीं। बढ़ी और खूब बढ़ी। अफीमची चीन को उसने जगाया और पराधीन भारत को उसने चेताया। फारस में उसने जागृति फैलाई और एशिया के जंगलों और खोहों तक में राष्ट्रीयता की प्रतिध्वनि इस समय किसी न किसी रूप में उसने पहुँचाई। यह संसार की लहर है। इसे रोका नहीं जा सकता। वे स्वेच्छाचारी अपने हाथ तोड़ लेंगे, जो उसे रोकेंगे और उन मुर्दों की खाक का भी पता नहीं लगेगा, जो इसके संदेश को नहीं सुनेंगे। भारत में हम राष्ट्रीयता की पुकार सुन चुके हैं। हमें भारत के उच्च और उज्ज्वल भविष्य का विश्वास है। हमें विश्वास है कि हमारी बाढ़ किसी के रोके नहीं रुक सकती। रास्ते में रोकने वाली चट्टानें आ सकती हैं। बिना चट्टानों के तो कोई रास्ता बड़ा और विशेष महत्त्व का रास्ता नहीं हो सकता। पर, ये चट्टानें पानी की किसी बाढ़ को नहीं रोक सकतीं। परंतु एक बात है। हमें जान-बूझकर मूर्ख नहीं बनना चाहिए। ऊटपटाँग रास्ते नहीं नापने चाहिए। कुछ लोग 'हिंदू राष्ट्र', 'हिंदू राष्ट्र' चिल्लाते हैं। हमें क्षमा किया जाए, यदि हम कहें—नहीं, हम इस बात पर जोर दें—कि वे एक बड़ी भारी भूल कर रहे हैं। और उन्होंने अभी तक राष्ट्र शब्द के अर्थ ही नहीं समझे। हम भविष्य-वक्ता

नहीं, पर अवस्था हमसे कहती है कि अब संसार में हिंदू राष्ट्र नहीं हो सकता। क्योंकि राष्ट्र का होना उसी समय संभव है, जब देश का शासन देश वालों के हाथ में हो। और यदि मान लिया जाए, कि आज भारत स्वाधीन हो जाए, या इंग्लैंड इसे औपनिवेशिक स्वराज्य दे दे, तो भी हिंदू ही भारतीय राष्ट्र के सब कुछ न होंगे, और जो ऐसा समझते हैं–हृदय से या केवल लोगों को प्रसन्न करने के लिए वे भूल कर रहे हैं और देश को हानि पहुँचा रहे हैं। वे लोग भी इसी प्रकार की भूल कर रहे हैं, जो टर्की या काबुल या मक्का या जेद्दा का स्वप्न देखते हैं, क्योंकि वे उनकी जन्म-भूमि नहीं और इसमें कुछ भी कटुता नहीं समझी जानी चाहिए यदि हम यह कहें, कि उनकी कब्रें इसी देश में बनेंगी। और उनके मर्सिये–यदि वे इस योग्य होंगे तो–इसी देश में गाए जाएँगे। परंतु हमारा प्रतिपक्षी, नहीं, राष्ट्रीयता का विपक्षी–मुँह बिचका कर कह सकता है कि राष्ट्रीयता स्वार्थों की खान है, देख लो इस महायुद्ध को, और इनकार करने का साहस करो, कि संसार के राष्ट्र पक्के स्वार्थी नहीं हैं। हम इस विपक्षी का स्वागत करते हैं, परंतु संसार की किस वस्तु में बुराई और भलाई दोनों बातें नहीं हैं? लोहे से डॉक्टर का घाव चीरने वाला चाकू और रेल की पटरियाँ बनती हैं, और इसी लोहे से हत्यारे का छुरा और लड़ाई की तोपें भी बनती हैं। सूर्य का प्रकाश फूलों को रंगबिरंगा बनाता है, पर वह बेचारा उस मुर्दा लाश का क्या करे, जो उसके लगते ही सड़कर बदबू देने लगती है। हम राष्ट्रीयता के अनुयायी हैं, पर वही हमारी सब कुछ नहीं, वह केवल हमारे देश की उन्नति का उपाय भर है।

धर्म की आड़

इस समय देश में धर्म की धूम है। उत्पात किए जाते हैं, तो धर्म और ईमान के नाम पर, और जिद की जाती है, तो धर्म और ईमान के नाम पर। रमुआ पासी और बुद्धू मियाँ धर्म और ईमान को जानें, या न जानें, परंतु उसके नाम पर उबल पड़ते हैं, और जान लेने और जान देने के लिए तैयार हो जाते हैं। देश के सभी शहरों का यही हाल है। उबल पड़ने वाले साधारण आदमी का इसमें केवल इतना ही दोष है कि वह कुछ भी नहीं समझता-बूझता, और दूसरे लोग उसे जिधर जोत देते हैं उधर जुत जाता है। यथार्थ दोष है, कुछ चलते-पुरजे, पढ़े-लिखे लोगों का, जो मूर्ख लोगों की शक्तियों और उत्साह का दुरुपयोग इसलिए कर रहे हैं कि इस प्रकार, जाहिलों के बल के आधार पर उनका नेतृत्व और बड़प्पन कायम रहे। इसके लिए धर्म और ईमान की बुराइयों से काम लेना उन्हें सबसे सुगम मालूम पड़ता है।

सुगम है भी। साधारण से साधारण आदमी तक के दिल में यह बात अच्छी तरह बैठी हुई है कि धर्म और ईमान की रक्षा के लिए प्राण तक दे देना वाजिब है। बेचारा साधारण आदमी धर्म के तत्त्वों को क्या जाने? लकीर पीटते रहना ही वह अपना धर्म समझता है। उसकी इस अवस्था से चालाक लोग इस समय बहुत बेजा फायदा उठा रहे हैं। पाश्चात्य देशों में, धनी लोग गरीब मजदूरों के परिश्रम से बेजा लाभ उठाते हैं। उसी परिश्रम की बदौलत गरीब मजदूर की झोंपड़ी का मजाक हुई उनकी अट्टालिकाएँ आकाश से बातें करती हैं! गरीबों की कमाई ही से वे मोटे पड़ते हैं, और उसी के बल से, वे सदा इस बात का प्रयत्न करते हैं कि गरीब सदा चूसे जाते रहें। यह भयंकर अवस्था है! इसी के कारण, साम्यवाद, बोल्शेविज्म आदि का जन्म हुआ। हमारे देश में, इस समय, धनपतियों का इतना जोर नहीं है। यहाँ, धर्म के नाम पर, कुछ इने-गिने आदमी अपने हीन स्वार्थों की सिद्धि के लिए, करोड़ों आदमियों की शक्ति का दुरुपयोग किया करते हैं। गरीबों का धनाढ्यों द्वारा चूसा जाना इतना बुरा नहीं है, जितना बुरा यह है कि वह है धन की मार, यह है बुद्धि पर मार। वहाँ धन दिखाकर करोड़ों को वश में किया जाता है, और फिर मन-माना धन पैदा करने के लिए जोत दिया जाता है। यहाँ है बुद्धि पर परदा डालकर पहले ईश्वर और आत्मा का स्थान अपने लिए लेना, और फिर, धर्म, ईमान, ईश्वर और आत्मा के नाम पर अपनी स्वार्थ-सिद्धि के लिए लोगों को लड़ाना-भिड़ाना। मूर्ख बेचारे धर्म की दुहाइयाँ देते और दीन-दीन चिल्लाते हैं, अपने प्राणों की बाजियाँ खेलते और थोड़े-से अनियंत्रित और धूर्त आदमियों का आसन ऊँचा करते और उनका बल बढ़ाते हैं। धर्म और ईमान के नाम पर किए जाने वाले इस भीषण व्यापार को रोकने के लिए, साहस और दृढ़ता के साथ, उद्योग होना चाहिए। जब तक ऐसा नहीं होगा, तब तक भारतवर्ष में नित्य-प्रति बढ़ते जाने वाले झगड़े कम न होंगे। धर्म की उपासना के मार्ग में कोई भी रुकावट न हो। जिसका मन जिस प्रकार चाहे, उसी प्रकार धर्म की भावना को अपने मन में जगाए। धर्म और ईमान, मन का सौदा हो, ईश्वर और आत्मा के बीच का संबंध हो, आत्मा को शुद्ध करने और ऊँचे उठाने का साधन हो! वह, किसी दशा में भी, किसी दूसरे व्यक्ति की स्वाधीनता के छीनने या कुचलने का साधन न बने। आपका मन चाहे, उस तरह का धर्म आप मानें, और दूसरे का मन चाहे, उस प्रकार का धर्म वह माने। दो भिन्न धर्मों के मानने वालों के टकरा जाने के लिए कोई भी स्थान न हो। यदि किसी धर्म के मानने वाले कहीं जबरदस्ती टांग अड़ाते हों, तो उनका इस प्रकार का कार्य देश की स्वाधीनता के विरुद्ध समझा जाए। देश की स्वाधीनता के लिए जो उद्योग किया जा रहा था, उसका वह दिन निःसंदेह, अत्यंत बुरा था, जिस दिन, स्वाधीनता के क्षेत्र में, खिलाफत, मुल्ला, मौलवियों और धर्माचार्यों को स्थान दिया जाना आवश्यक समझा गया। एक प्रकार से उस दिन हमने स्वाधीनता के क्षेत्र में, एक कदम पीछे हटकर रखा था। अपने उसी पाप

का फल आज हमें भोगना पड़ रहा है। देश की स्वाधीनता के संग्राम ही ने मौलाना अब्दुल बारी और शंकराचार्य को देश के सामने दूसरे रूप में पेश किया, उन्हें अधिक शक्तिशाली बना दिया, और हमारे इस काम का फल यह हुआ है कि इस समय, हमारे हाथों ही से बढ़ाई इनकी और इनके से लोगों की शक्तियाँ हमारी जड़ उखाड़ने और देश में मजहबी पागलपन, प्रपंच और उत्पात का राज्य स्थापित कर रही हैं। म. गाँधी धर्म को सर्वत्र स्थान देते हैं। वे एक पग भी धर्म के बिना चलने के लिए तैयार नहीं। परंतु उनकी बात ले उड़ने के पहले, प्रत्येक आदमी का कर्त्तव्य यह है कि वह भली-भाँति समझ ले कि महात्माजी के धर्म का स्वरूप क्या है? धर्म से महात्माजी का मतलब धर्म के ऊँचे और उदार तत्त्वों ही का हुआ करता है। उनके मानने में किसे एतराज हो सकता है। अजाँ देने, शंख बजाने, नाक दाबने और नमाज पढ़ने का नाम धर्म नहीं है। शुद्धाचरण और सदाचार ही धर्म के स्पष्ट चिह्न हैं। दो घंटे तक बैठकर पूजा कीजिए और पंच-वक्ता नमाज भी अदा कीजिए, परंतु ईश्वर को इस प्रकार की रिश्वत के दे चुकने के पश्चात् यदि आप अपने को दिन भर बेईमानी करने और दूसरों को तकलीफ पहुँचाने के लिए, आजाद समझते हैं तो, इस धर्म को, अब आगे आने वाला समय कदापि नहीं टिकने देगा। अब तो, आपका पूजा-पाठ न देखा जाएगा, आपकी भलमंसाहत् की कसौटी केवल आपका आचरण होगा। सबके कल्याण की दृष्टि से, आपको अपने आचरण को सुधारना पड़ेगा, और यदि आप अपने आचरण को नहीं सुधारेंगे तो नमाज और रोजे, पूजा और गायत्री आपको देश के अन्य लोगों की आजादी को रौंदने और देश भर में उत्पातों का कीचड़ उछालने के लिए आजाद न छोड़ सकेगी। ऐसे धार्मिक और दीनदार आदमियों से तो, वे ला-मजहब और नास्तिक आदमी कहीं अधिक अच्छे और ऊँचे हैं, जिनका आचरण अच्छा है, जो दूसरों के सुख-दुःख का ख्याल रखते हैं और जो मूर्खों को किसी स्वार्थ-सिद्धि के लिए उकसाना बहुत बुरा समझते हैं। ईश्वर इन नास्तिकों और ला-मजहब लोगों को अधिक प्यार करेगा, और वह अपने पवित्र नाम पर अपवित्र काम करने वालों से यही कहना पसंद करेगा, मुझे मानो या न मानो, तुम्हारे मानने से मेरा ईश्वरत्व कायम नहीं रहेगा, दया करके, मनुष्यत्व को मानो, पशु बनना छोड़ो और आदमी बनो!"

राहुल सांकृत्यायन

1892-1963

एक ऐसे युग के बुद्धिवादी चिंतक, राजनीतिक संग्रामी और घुमक्कड़, जब भारतीय नवजागरण की धाराएँ नए मोड़ ले रही थीं। साधु जीवन, आर्य समाज, बौद्ध धर्म और मार्क्सवाद की सरणियों से गुजरते हुए प्रचुर अनुसंधान और लेखन कार्य किया। तिब्बत विद्या, दर्शन, इतिहास आदिकालीन साहित्य आदि कई क्षेत्रों में गहन पैठ। 1930 में तिब्बत गए, वहाँ से विपुल साहित्य सामग्री 22 खच्चरों पर लादकर लाए। 1939 में अमवारी में किसान सत्याग्रह में गिरफ्तार। 'हिंदी काव्यधारों', 'दर्शन-दिग्दर्शन', 'मध्य एशिया का इतिहास', 'बाईसवीं सदी', 'घुमक्कड़ शास्त्र' के अलावा लोकप्रिय उपन्यास 'सिंह सेनापति', 'जय यौधेय' और कहानियाँ 'वोल्गा से गंगा'। इनमें कथा के साथ इतिहास भी है। पाँच खंडों में 'मेरी जीवन यात्रा'।

दिमागी गुलामी

जिस जाति की सभ्यता जितनी पुरानी होती है उसकी मानसिक दासता के बंधन भी उतने ही अधिक होते हैं। भारत की सभ्यता पुरानी है, इसमें तो शक ही नहीं और इसीलिए इसके आगे बढ़ने के रास्ते में रुकावटें भी अधिक हैं। मानसिक दासता प्रगति में सबसे अधिक बाधक होती है। हमारे कष्ट, हमारी आर्थिक, सामाजिक, राजनैतिक समस्याएँ इतनी अधिक और इतनी जटिल हैं कि हम तब तक उनका कोई हल सोच नहीं सकते जब तक कि हम साफ-साफ और स्वतंत्रतापूर्वक इन पर सोचने का प्रयत्न न करें। वर्तमान शताब्दी के आरंभ में भारत में राष्ट्रीयता की बाढ़-सी आ गई, कम से कम तरुण शिक्षितों में। यह राष्ट्रीयता बहुत अंशों में श्लाघ्य रहने पर भी कितने ही अंशों में अंधी राष्ट्रीयता थी। झूठ-सच जिस तरीके से भी हो अपने देश के इतिहास को सबसे अधिक निर्दोष और गौरवशाली सिद्ध करने अर्थात् अपने ऋषि-मुनियों, लेखकों और विचारकों, राजाओं और राज-संस्थाओं में बीसवीं शताब्दी की बड़ी से बड़ी राजनैतिक महत्त्व की चीजों को देखना हमारी इस राष्ट्रीयता का एक अंग था। अपने

भारत को प्राचीन-भारत और उसके निवासियों को हमेशा से दुनिया के सभी राष्ट्रों से ऊपर साबित करने की दुर्भावना से प्रेरित हो हम जो कुछ भी अनाप-शनाप ऐतिहासिक खोज के नाम पर लिखें उसको यदि पाश्चात्य विद्वान न मानें तो झट से फतवा पास कर देना कि सभी पश्चिमी ऐतिहासिक अंग्रेजी और फ्रांसीसी, जर्मन और इटालियन, अमेरिकन और रूसी, डच और जेकोस्लाव सभी बेईमान हैं, सभी षड्यंत्र करके हमारे देश के इतिहास के बारे में झूठी-झूठी बातें लिखते हैं। वे हमारे पूजनीय वेद को साढ़े तीन और चार हजार वर्षों से अधिक पुराना नहीं होने देते, (हालाँकि वह ठीक एक अरब बयानबे करोड़ वर्ष पहले बने थे) इन भलेमानसों के ख्याल में आता है कि अगर किसी तरह से हम अपनी सभ्यता, अपनी पुस्तकों और अपने ऋषि-मुनियों को दुनिया में सबसे पुराना साबित कर दें तो हमारा काम बन गया। शायद दुनिया हमारे अधिकारों की प्राचीनता को देखकर बिना झगड़ा-झंझट के ही हमें आजाद हो जाने दे अन्यथा हमारे तरुण अपनी नसों में उस प्राचीन सभ्यता के निर्माताओं के रक्त के होने के अभिमान में मतवाले हो जाएँ और फिर अपने राष्ट्र की उन्नति के लिए बड़ी से बड़ी कुर्बानी भी उनके बाएँ हाथ का खेल बन जाए। और तब हमारे देश को आजाद हो जाने में कितने दिन लगेंगे? आज हमारे हाथ में चाहे आग्नेय अस्त्र न हों, नई-नई तोपें और मशीन-गन न हों, समुंदर के नीचे और हवा के ऊपर से प्रलय का तूफान मचाने वाली पनडुब्बियाँ और जहाज न हों, लेकिन यदि हम राजा भोज के काठ के उड़ने वाले घोड़े और शुक्रनीति में बारूद साबित कर दें तो हमारी पाँचों अँगुलियाँ घी में। इस बेवकूफी का भी कहीं ठिकाना है कि बाप-दादों के झूठ-मूठ के ऐश्वर्य से हम फूले न समाएँ और हमारा आधा जोश उसी की प्रशंसा में खर्च हो जाए।

अपने प्राचीनकाल के गर्व के कारण हम अपने भूत के स्नेह में कड़ाई के साथ बँध जाते हैं और इससे हमें उत्तेजना मिलती है कि अपने पूर्वजों की धार्मिक बातों को आँख मूँदकर मानने के लिए तैयार हो जाएँ। बारूद और उड़नखटोला में तो झूठ-साँच पकड़ने की गुंजाइश है, लेकिन धार्मिक क्षेत्र में तो अँधेरे घर में काली बिल्ली देखने के लिए हरेक आदमी स्वतंत्र है। न यहाँ सोलहो आना बत्तीसो रत्ती ठीक-ठीक तौलने के लिए कोई तुला है और न झूठ-साँच की कोई पक्की कसौटी। एक चलता-पुर्जा बदमाश है। उसने अपने कौशल, रुपए-पैसे और धोखेधड़ी तथा और तरह के प्रलोभन से कुछ स्वार्थियों या आँख के अंधे गाँठ के पूरों को मिलाकर एक नकटा पंथ कायम कर दिया और फिर लगीं हजारों छोटी-मोटी शिक्षित और मूर्ख, काली और सफेद भेड़ें हाहाकर नाक कटाने। जिंदगी भर वह बदमाश मौज करता रहा। और दुनिया में वह देवता और ईश्वर मानकर पूजा जाता रहा। मरने के बाद उसके अनुयायियों ने उसे और ऊँचा बढ़ाना शुरू किया। अगर उस जमात को कुछ शताब्दियों तक अपने इस प्रचार में कामयाबी मिली तो फिर वह धूर्त्त दुनिया का महान पुरुष और पवित्र आत्मा प्रसिद्ध हो गया।

पुराने वक्त की बातों को छोड़ दीजिए। मैंने अपनी आँखों से ऐसे कुछ आदमियों को देखा है जिनमें कुछ मर गए हैं और कुछ अभी तक जिंदा हैं। उनका भीतरी जीवन कितना घृणित, स्वार्थपूर्ण और असंयत था, लेकिन बाहर भक्त लोग उनके दर्शन, सुमधुर आलाप से अपने को अहोभाग्य समझने लगते थे। नजदीक से देखिए, ये धार्मिक महात्माओं के मठ और आश्रम ढोंग के प्रचार के लिए खुली पाठशालाएँ हैं और धर्म-प्रचार क्या, पूरे सौ सैकड़े नफे का रोजगार है। अधिकांश लोग इसमें अपने व्यवसाय के ख्याल से जुटे हुए हैं। अयोध्या में एक महात्मा थे। उनसे राम जी इतने प्रसन्न हुए कि उन्होंने स्वयं बैकुंठ से आकर उनका पाणिग्रहण किया। हाँ, पाणिग्रहण किया! पुरुष थे पहले, पीछे तो भगवान की कृपा से वह उनकी प्रियतमा के रूप में परिवर्तित कर दिए गए। रामजी के लिए क्या मुश्किल है? जब पत्थर मनुष्य के रूप में बदल सकता है तो पुरुष को स्त्री के रूप में बदल देना कौन-सी बड़ी बात? ऐसा-ऐसा परिवर्तन तो आजकल भी अनायास कितनी बार देखा गया है।

एक नया मत इधर 50-60 वर्ष से चला है। वह दुनिया भर की सारी बेवकूफियों, भूत-प्रेत, जादू-मंत्र सब को विज्ञान से सिद्ध करने के लिए तुला हुआ है। बेवकूफ हिंदुस्तानी समझते हैं कि ऑक्सफोर्ड और कैंब्रिज से गदहे नहीं निकलते और सभी जैक और जान्सन साइंस छोड़कर दूसरी बात ही नहीं करते। इन अधकचरे पंडितों ने अपने अधूरे ज्ञान के आधार पर भूत-प्रेत, देवी-देवता, साधु-पूजा सब को तीस बरस पहले निकले वैज्ञानिक 'सिद्धांतों', से सिद्ध करना शुरू किया। हालाँकि उन सिद्धांतों में अब 75 फीसदी गलत साबित हो गए हैं, लेकिन अभी अंधे भक्तों के लिए उस पुराने विज्ञान के पुट से तैयार किए हुए ग्रंथ ब्रह्मवाक्य बन रहे हैं। हिंदुस्तान का इतिहास बहुत लंबा-चौड़ा है ही—काल और देश दोनों के ख्याल से। हमारी बेवकूफियों की लिस्ट भी उसी तरह बहुत लंबी-चौड़ी है। अंधी राष्ट्रीयता और उसके पैगंबरों ने हम में अपने भूत के प्रति अत्यंत भक्ति पैदा कर दी है और फिर हमारी उन सभी मूर्खताओं के पोषण के लिए सड़ी-गली विज्ञान की थियोरियाँ और दिवालिए श्वेतांग तैयार ही हैं। फिर क्यों न हम अपनी अक्ल बेच खाने के लिए तैयार हो जाएँ? जिनके यहाँ वायुयान ही नहीं, काठ के घोड़े भी आकाश में उड़ते हों, जिनके यहाँ बारूद और आग्नेयास्त्र ही नहीं, मुख से निकली हुई ज्वाला में करोड़ों शत्रु एक क्षण में जलकर राख हो जाते हों, जिनकी सूक्ष्म दार्शनिक विवेचनाओं और आत्मवंचनाओं को सुनकर आज भी दुनिया दंग हो जाए वह भला किसी बात को झूठा लिख सकता है? तिपाई पर भूत बुलाना, मेस्मेरिज्म, हेप्नाटिज्म आदि के द्वारा पहले वैज्ञानिक ढंग से हमें अपनी विस्मृत होती जाती बेवकूफियों के पास ले जाया गया और अब तो विज्ञान पारितोषिक विजेता लोग सरे मैदान हरसू राम और हरिराम ब्रह्म की विभूति बाँट रहे हैं। आखिर जब नोबेल पुरस्कार विजेता आलिवर लाज भूतों-प्रेतों पर पुस्तकें

लिख रहा है और कसम खा-खाकर लोगों में उनका प्रचार कर रहा है तो हमारे इन स्वदेशी भाइयों का कसूर ही क्या?

अभी तक शिक्षित लोग फलित ज्योतिष को झूठ समझते थे, लेकिन अब उसके भी काफी से अधिक हिमायती हो चले हैं। वह इसे पक्का विज्ञान मानते हैं। ज्योतिषियों की भविष्यवाणी को छापने के लिए हमारे अखबार एक-दूसरे से होड़ लगा रहे हैं। 27 अगस्त की 'सर्चलाइट' एक ज्योतिषी महाराज की मौसम संबंधी भविष्यवाणी को एक प्रधान पृष्ठ पर स्थान देती है। फिर पूना में लाखों रुपए खर्च करके इसके लिए यंत्र और विशेषज्ञ रखने की क्या जरूरत है? स्वदेशी का जमाना है, कांग्रेस का मंत्रिमंडल भी हो गया है। ज्योतिषियों को चाहिए कि एक बड़ा-सा डेपुटेशन लेकर प्रधान मंत्रियों से मिलें। उनको विश्वास रखना चाहिए कि कांग्रेस के छह प्रांतों में ऐसे मंत्री बहुत कम ही होंगे जिनका ज्योतिष में विश्वास न होगा, ज्योतिषी लोग देश सेवा के ख्याल से अपना वेतन कम करने को तैयार होंगे ही, फिर क्या जरूरत है कि स्वदेशी साधन के रहते ऋतु-भविष्य-कथन के यंत्र, भूकंप के सिस्मोग्राफ आदि का बखेड़ा और उस पर हजार-हजार, पंद्रह-पंद्रह सौ रुपए महीना लेने वाले विशेषज्ञों को रखा जाए? ज्योतिषी लोग अपने काम को बड़ी सफलता के साथ कर सकते हैं। उन्हें न यंत्रों की आवश्यकता है और न बाहर से सूचनाओं के मँगाने की। एक स्थान पर बैठे ही वह सभी बातें बतला दिया करेंगे! फिर तारीफ यह कि एक ही आदमी अतिवृष्टि और अनावृष्टि को भी बतला देगा और भूकंप को भी। स्वराज्य की किश्त आने-जाने में अगर कुछ देर होगी तो उसे भी नेताओं की जन्मपत्री देखकर बतला देगा। अभी इसी साल एक महाराज बादशाह की गद्दी देखने विलायत जाना चाहते थे। दुष्ट ग्रहों की उन्हें बड़ी फिक्र थी, और उनसे भी अधिक फिक्र थी उनको माँ की। एक ज्योतिषी जी ने आकर मेष-मिथुन गिनकर महाराज को भी संतुष्ट कर दिया कि कोई ग्रह खिलाफ नहीं है और माँ को भी खम ठोककर कह दिया कि महाराज को कोई अरिष्ट नहीं है, मैं जिम्मेवारी लेता हूँ। सब लोग प्रसन्न हो गए। ज्योतिषी जी को 5,000) मिले। भला इतना सस्ता जिंदगी का बीमा कहीं हो सकता है? ऐसा होने से एक और फायदा होगा। हरेक प्रांतीय सरकार में एक सरकारी ज्योतिषी और 10-5 सहायक ज्योतिषी होने पर मंत्रियों और पदाधिकारियों को भी ज्योतिषियों के पीछे गली-गली की खाक न छाननी पड़ेगी। अपनी बीबी और छोटे-मोटे बबुआ-बबुनी सबका वर्ष-फल साल का साल पहुँचता रहेगा। स्वदेशी व्यवसाय को जरूर आपको प्रोत्साहन देना चाहिए और इससे बढ़कर शुद्ध स्वदेशी व्यवसाय और क्या हो सकता है जिसके दिल, दिमाग, और परिश्रम सभी चीजें सोलहो आने स्वदेशी हैं।

हम लोगों के मिथ्या विश्वास क्या एक-दो हैं कि जिन्हें एक छोटे से लेख में लिखा जा सके? हमारे यहाँ तो इसके मिसिल के मिसिल और फाइल के फाइल तैयार हैं। और तरीफ यह है कि इन बेवकूफियों के भारी भरकम बोझ को सिर पर लादे

हुए हमारे नेता लोग समुंदर पार कर जाना चाहते हैं। उन्हें पूरा विश्वास है कि बैकुंठ के भगवान, आकाश के नवग्रह और पृथ्वी के ज्योतिषी और ओझा-सयाने उनकी यात्रा में जरूर कुछ हाथ बँटाएँगे।

हमारी जाति-पाँति की व्यवस्था को ही ले लीजिए। यह हमारे ऋषि-मुनियों के उन बड़े आविष्कारों में है जिन पर हमें बड़ा अभिमान है। राष्ट्रीय भावनाओं की जागृति के साथ-साथ यद्यपि कुछ इने-गिने नेता लोग जाति-पाँति के खिलाफ बोलने लगे हैं, लेकिन अब भी हमारे उच्चकोटि के नेताओं का अधिकांश भाग अपने ऋषियों की इस अद्भुत विशेषता की कद्र करने को तैयार है। नेताओं ने देख लिया है कि यह जाति-पाँति आपस के फूट, भेदभाव के बढ़ाने का एक सबसे बड़ा कारण बन रहा है। कुछ साल पहले तो भीतर-भीतर जातीय संगठन भी इन्होंने कर रखा था और अब भी बहुतों को उसे छोड़ने में मोह लगता है। मैं अन्य नेताओं की बात नहीं कहता। मैं खास कांग्रेस के नेताओं की बात कहता हूँ। उन बेचारों को इसी कोशिश में मरना पड़ रहा है कि कैसे राष्ट्रीयता और जाति-पाँति दोनों साथ दाहिने-बाएँ कंधे पर वहन किए जा सकते हैं। उनमें से कुछ ने तो जरूर समझ लिया होगा कि यह असंभव है। शुद्ध राष्ट्रीयता तब तक आ ही नहीं सकती जब तक आप जाति-पाँति तोड़ने पर तैयार न हों। अगर आप जाति-पाँति तोड़े हुए नहीं हैं, तो आपका वास्तविक संसार आपकी जाति के भीतर है। बाहरवालों के साथ तो सिर्फ काम चलाऊ समझौता है। जब आप किसी पद पर पहुँचेंगे तो ईमानदार रहने पर आपकी राय को प्रभावित करने में सफलता सबसे अधिक आप के जाति भाइयों की होगी। नौकरी-चाकरी दिलाने, कमीटी, सब कमीटी में भेजने और सिफारिशी चिट्ठी लिखने में मजबूरन आपको अपनी जाति का ख्याल करना होगा। आदमी के दिल में हजारों कोठरियाँ जरूर हैं, लेकिन वहाँ ऐसी फर्क-फर्क कोठरियाँ नहीं हैं जिनमें एक में जाति-पाँति का भाव पड़ा रहे और दूसरे में उससे अछूती राष्ट्रीयता बनी रहे। जैसे किसानों के आंदोलन में आने वाले समझदार आदमियों को पहले ही से तैयार होकर आना चाहिए कि उन्हें साम्यवाद में पैर रखना है, वैसे ही राष्ट्रीयता के पथ पर पैर रखने वालों को भी समझना चाहिए कि उन्हें जाति-पाँति की दीवारों को तोड़ गिराना होगा। यदि कोई आदमी राष्ट्रीय नेता रहना चाहता है और साथ ही अपने जाति भाइयों की घनिष्ठता को कायम रखना चाहता है तो या तो वह ईमानदार नहीं रहेगा या उसे असफल होकर रहना पड़ेगा। अपनी जाति के साथ घनिष्ठता रखकर कैसे दूसरी जाति का विश्वासपात्र कोई हो सकता है? मंत्रियों को तो खास तौर से सावधान रहना पड़ेगा। क्योंकि जाति भाइयों की घनिष्ठता उन्हें आसानी से बदनाम कर सकती है। मेरी समझ में प्रांत के लिए, राष्ट्र के लिए, कांग्रेस के लिए और व्यक्तिगत तौर से नेताओं के लिए अच्छा यही है कि हरेक प्रधान नेता तुरत से तुरत अपने लड़के-लड़कियों, भतीजे-भतीजियों—अथवा भांजा-भांजियों या नाती-नतनियों में से कम से कम एक

की शादी जाति-पाँति तोड़कर दिखला दे जैसा कि महात्मा गाँधी जी तथा राजगोपालाचारी ने करके दिखाया।

आँख मूँदकर हमें समय की प्रतीक्षा नहीं करनी चाहिए। हमें अपनी मानसिक दासता की बेड़ी की एक-एक कड़ी को बेदर्दी के साथ तोड़कर फेंकने के लिए तैयार होना चाहिए। बाहरी क्रांति से कहीं ज्यादा जरूरत मानसिक क्रांति की है। हमें दाहिने-बाएँ, आगे-पीछे दोनों हाथ नंगी तलवार नचाते हुए अपनी सभी रूढ़ियों को काटकर आगे बढ़ना चाहिए। क्रांति प्रचंड आग है, वह गाँव के एक झोंपड़े को जलाकर चली नहीं जाएगी। वह उसके कच्चे-पक्के सभी घरों को जलाकर खाक कर देगी और हमें नए सिरे से नए महल बनाने के लिए नींव डालनी पड़ेगी।

धर्म और ईश्वर

धर्म या मज़हब का असली रूप क्या है? मनुष्य-जाति के शैशव की मानसिक दुर्बलताओं और उससे उत्पन्न मिथ्या विश्वासों का समूह ही धर्म है। यदि उसमें और भी कुछ है, तो वह है पुरोहितों और सत्ताधारियों के धोखे-फरेब, जिनसे वह अपनी भेड़ों को अपने गल्ले से बाहर जाने देना नहीं चाहते। मनुष्य के मानसिक विकास के साथ-साथ यद्यपि कितने ही अंशों में धर्म ने भी परिवर्तन किया है, कितने ही नाम भी उसने बदले हैं, तो भी उनसे उसके आंतरिक रूप में परिवर्तन नहीं हुआ है। वह आज भी वैसा ही हजारों मूढ़ विश्वासों का पोषक और मनुष्य की मानसिक दासताओं का समर्थक है, जैसा कि पाँच हजार वर्ष पूर्व था। सूत्र वही हैं, सिर्फ भाष्य बदलते गए हैं। यही भूत-प्रेत, ओझा-गुणी हैं, जिनको देखकर शिक्षित-वर्ग नाक-भौं सिकोड़ता है–कुड गौणों की बात छोड़ दीजिए, वैसे कदरदान शिक्षितों में आजकल दुर्लभ हैं–लेकिन उन्हीं बातों को यदि नए रूप में थ्योसोफी के से लच्छेदार शब्दों तथा साइंस की पुट के साथ जब पेश किया जाता है, तो बड़े-बड़े दिमाग वाले, अकल बेच खाने के लिए तैयार हो जाते हैं। यदि आप मजहबों के इतिहास, उनके भूत और वर्तमान नेताओं की जीवनियों को ध्यानपूर्वक, नजदीक से पढ़ें, तो मालूम होगा कि मजहब में पहले नम्बर पर पक्के धूर्त या पागल ही पहुँच सकते हैं। भारत में ऐसे सिद्ध और पहुँचे हुए महापुरुष बहुत से हैं और हुए हैं, जिनके आचरण को भीतर से देखने पर वह रसपुटिन के छोटे-बड़े संस्करण सिद्ध होंगे। एक पवित्र नगर में कुछ समय पूर्व एक परम त्यागी महात्मा रहते थे। उनके जीते जी ही लोग उन्हें सिद्ध जीवन्मुक्त मानकर पूजा करते थे, पीछे की तो बात ही क्या? स्थानीय जानकार लोग उनकी रखेली के दो पुत्रों की ओर अँगुली उठाकर कहते थे–महात्मा का कितना

ही चढ़ावा अपनी इन संतानों को धनी बनाने में लगा। एक दूसरे पवित्र नगर के एक सिद्ध महात्मा थे, जिनके मरे बहुत समय नहीं गुजरा है और जिन्हें उनके भक्त भगवान के अवतार समझते थे। बाहर के कितने ही अंधे भक्त उनके विचित्र रहन-सहन, वेश-भूषा, आकार-प्रकार से प्रभावित हो गद्गद् हो जाते थे। लेकिन इस सिद्ध का भीतरी जीवन कैसा था? पहले वह जिस स्थान में रहते थे, वहाँ एक नौकरानी के साथ उनके अनुचित संबंध को देख, लोग मार-पीट करने के लिए उतारू हो गए, जिसके मारे वह भागकर अपने ही जैसे एक दूसरे सिद्ध पुरुष के स्थान में चले गए। व्यक्तिगत अनुभव से ऐसे पचासों उदाहरण बतलाए जा सकते हैं। इन उदाहरणों को देखकर मनुष्य की बुद्धि पर तरस आता है, उन धूर्तों के लिए तो नहीं, उनका तो मत ही है—'रोटी खाइए घी शक्कर से, दुनिया ठगिए मक्कर से।' यदि किन्हीं सिद्धों में इस धोखाधड़ी से कुछ अधिक है, तो वह है, हेप्नाटिज्म या त्राटक की कुछ मानसिक शक्तियाँ, जिनके बल पर वह और उनके अनुयायी हजारों झूठों का प्रचार करते हैं और भरसक यह भी कोशिश करते हैं कि विद्वान उनका वैज्ञानिक विश्लेषण न कर सकें।

धर्म और ईश्वर का प्रायः अटूट संबंध है। अच्छा, तो ईश्वर क्या है? यह भी मनुष्य के शैशव काल के भयभीत अंतःकरण की सृष्टि का एक विकसित रूप है। मनुष्य वन्य अवस्था में, जबकि उसकी बुद्धि का विकास साधारण बच्चे के ही समान था—अँधेरे, अपरिचित स्थान और वस्तु से भय खाता था। बिजली, आग जैसे शक्तिशाली पदार्थ तो उसके लिए भी भय का कारण होते थे, और उसने उनमें देवताओं की कल्पना की। उसके अपने समय के बली और वीर पुरुष भी मरकर धीरे-धीरे इस देव मंडली में शामिल होते गए। हर एक जाति में ऐसे अनेक देव समुदाय थे, जिनके प्रभाव और बड़प्पन के लिए उनकी आपस में प्रतिद्वंद्विता रहती थी। स्वयं अपनी जाति के भीतर के देवताओं में भी बड़े-छोटे का ख्याल था। पीछे मानव समाज के सामंतों और महासामंतों को देख 'कौन बड़ा' 'कौन बड़ा' की तलाश ने संसार के निर्माता एक ईश्वर की सृष्टि की; और मानसिक विकास के साथ-साथ उसे कितने ही और भी उत्तम गुण प्रदान किए गए। यह हुई ईश्वर की उत्पति। वस्तुतः ईश्वर मनुष्य का मानस पुत्र है।

हम इससे इनकार नहीं करते कि ईश्वर का अस्तित्व, चाहे कल्पना ही के संसार में हो, तो भी अतीत काल में इस विचार से कितने ही लोगों को संतोष और सहारा मिला होगा। लेकिन साथ ही उसके कारण मनुष्य को यातनाएँ भी लाखों सहनी पड़ीं। एक ईश्वर मानने वाले धर्मों की अपेक्षा अनेक देवता माननेवाले धर्म हजार गुना उदार रहे हैं। उनके ईश्वरों की संख्या अपरिमित होने से वहाँ औरों का समावेश आसानी से हो सकता था। किंतु एक ईश्वरवादी वैसा करके अपने अकेले ईश्वर की हस्ती को खतरे में नहीं डाल सकते थे। आप दुनिया के एक-ईश्वरवादी धर्मों

के पिछले दो हजार वर्ष के इतिहास को उठाकर देख डालिए, मालूम होगा कि वह सभ्यता, कला, विद्या, विचार स्वातंत्र्य और स्वयं मनुष्य के प्राणों के भी सबसे बड़े शत्रु थे। उन्होंने हजारों बड़े-बड़े पुस्तकालय और करोड़ों पुस्तकें आग में डाल दीं। सौंदर्य और कोमल भावों के साकार रूप, कितने ही कलाकारों की सुंदर मूर्तियों, चित्रों और इमारतों को नष्ट कर दिया। हजारों विद्या व्यसनियों और विद्वानों के जीवन को समाप्त कर, स्वतंत्र विचारों का गला घोंटा। मनुष्य की मानसिक प्रगति को कम से कम एक हजार वर्ष तक के लिए उन्होंने रोक ही नहीं रखा, बल्कि पहले की प्राप्त सफलताओं के प्रभाव को बहुत कुछ नष्ट कर डाला। और करोड़ों निर्दोष नर-नारियों और बच्चों की हत्या की। यह तो उनके अपने धर्म प्रचार का एक प्रधान साधन थी। वे जिस-जिस देश में गए, आग और तलवार लेकर गए। पहले तो इनके फंदे में फँसी जातियाँ अफीम के नशे में थीं, उन्हें इसका ख्याल ही नहीं हो रहा था कि उनकी संस्कृति की चिरसंचित जातीय निधि नष्ट की जा रही है। पीछे जब नशा टूटा तो देखा कि पूर्वजों की सभी उत्तम कृतियाँ नष्ट कर दी गईं। जर्मन जाति में ईसाइयों का एक-ईश्वरवाद तलवार के बल ही फैलाया गया। उस समय पुराने धर्म के साथ-साथ जर्मन जाति का व्यक्तित्व भी मिटा देना आवश्यक समझा गया। उनकी लिपि को धत्ता बताया गया। उनके साहित्य को खोज-खोजकर जलाया गया। उनके मंदिरों को ही बर्बाद नहीं किया गया, बल्कि यह सोचकर कि कहीं ये लोग अपने ओक वृक्षों की पूजा करके धर्मभ्रष्ट न हो जाएँ, लाखों विशाल ओक वृक्ष काट डाले गए। एक-ईश्वरवादियों के ऐसे कारनामे एशिया के ही नहीं, अमेरिका की माया और अजेतक जैसी सभ्यताओं के संहार के कारण हुए। अपने नाम पर सैकड़ों वर्षों तक इस प्रकार के भयंकर अत्याचार करते, खून की नदी बहाते देख भी, यदि ईश्वर रोकने के लिए नहीं आया, तो इससे बढ़कर उसके न होने का और दूसरा प्रमाण क्या चाहिए?

कहा जा सकता है, अब धर्म और ईश्वर उतने खतरनाक चीज नहीं हैं, किंतु बात क्या वैसी है? क्या धर्म के विषवाले दाँत तोड़ दिए गए? कम-से-कम भारत तो इस समय भी इसके मारे परेशान है। बराबर धर्मांध लोग खून-खराबा करते ही जा रहे हैं। आप कहेंगे—यह धर्म का दोष नहीं, यह तो प्रभुता और धन के लिए हो रहा है। यह बिल्कुल ठीक है। एकेश्वरवादियों के बड़े-बड़े युद्ध के भीतर भी प्रभुता और धन का लोभ ही काम कर रहा था। प्रभुता और धन के लोभ की, वस्तुतः वह उपज है भी; तो भी साधारण जनता के सामने उन्हें बड़े सौम्य और मोहक रूप में रखा जाता है। चाहे आप कितना ही परिष्कृत करना चाहें, शुद्ध से शुद्ध बना दें, धर्म पुराने का पूजक और भविष्य की प्रगति का विरोधी रहेगा ही। वह तो श्रद्धा के नाम पर हमारे गले में मुर्दा बाँधने का ही प्रयत्न करेगा। यह संसार जो प्रतिक्षण परिवर्तित हो रहा है, और परिवर्तन भी ऐसा कि इसका अतीत हमेशा अतीत ही

रहेगा, वर्तमान का रूप नहीं धारण कर सकेगा। ऐसी स्थिति होने पर स्थिरतावादी धर्म हमारे कभी सहायक नहीं हो सकते। जगत की गति के साथ हमें भी सरपट दौड़ना चाहिए, किंतु धर्म हमें खींचकर पीछे रखना चाहते हैं। क्या हमारे पिछड़ने से संसार चक्र हमारी प्रतीक्षा के लिए खड़ा हो जाएगा? सामाजिक विषमता के नाश, निकम्मी और अनपेक्षित संतान के निरोध, आर्थिक समस्याओं के नए हल—सभी बातों में तो यह मजहब प्राणपण से हमारा विरोध करते हैं; हमारी समस्याओं को और अधिक उलझाना और प्रगति विरोधियों का साथ देना ही एकमात्र इनका कर्त्तव्य रह गया है।

आप कहेंगे आप पिछली सदी की बात कर रहे हैं, जब कि बड़े-बड़े वैज्ञानिक प्रायः अधार्मिक होते थे; अब तो कितने ही चोटी के वैज्ञानिक सीधे रास्ते पर आ रहे हैं, और ईश्वर तथा धर्म के पोषक बन रहे हैं। हाँ, यदि भीतरी रहस्य न जानकर नाम पर जाएँगे, तो आपको जरूर ऐसा भ्रम होगा। किंतु विज्ञान बेचारे का इसमें कोई दोष नहीं। आजकल तो सारा संसार, बिना अपवाद के, दो पक्षों में बँट गया है—एक ओर वे लोग हैं, जो व्यक्तियों के आर्थिक स्वार्थों को अक्षुण्ण रखना चाहते हैं, अर्थात् जो जाने या अनजाने, प्रकट या अप्रकट रूप से पूँजीवाद के पोषक हैं; दूसरी ओर वे हैं, जो समाज का कल्याण चाहते हैं, और उसके लिए साम्यवाद का समर्थन करते हैं। पिछली सदी में भी ऐसे वैज्ञानिक रहे होंगे, जिन्हें व्यक्ति के आर्थिक स्वार्थों को अक्षुण्ण रखना अभीष्ट था; किंतु तो भी वह धर्म के विरुद्ध अपनी स्पष्ट सम्मति दे सकते थे। कारण? उस समय साम्यवाद हवा की बात थी। उसकी सफलता का उन्हें विश्वास न था। किंतु, अब साम्यवाद भूमि की ठोस चीज है। अब वह विकृत मस्तिष्कों की बलबलाहट नहीं रह गया। इसीलिए पूँजीवादी जहाँ साम्यवाद के खिलाफ दूसरे तरह-तरह के षड्यंत्र रच रहे हैं, वहाँ भय और प्रलोभन द्वारा कितने ही ढिलमिल-यकीन वैज्ञानिकों से भी अपने पक्ष में सम्मति लेते हैं। लेखक के इंग्लैंड में रहते समय एक प्रामाणिक पुरुष ने नोबल पुरस्कार प्राप्त एक वैज्ञानिक के बारे में कहा था—"जानते हैं; अमुक सज्जन धर्म और मिथ्या विश्वास के प्रचार में इतनी सरगर्मी क्यों दिखाते हैं? इनका वैज्ञानिक दिमाग खतम हो चुका है। जिस विश्वविद्यालय में यह अध्यापक हैं, वह एक प्रकार से अमुक करोड़पति के परिवार की निजी चीज सी है और यह वैज्ञानिक महाशय किसी रूप में कृतज्ञता प्रकट करना अपना कर्त्तव्य समझते हैं।" हम नहीं कहते कि धर्म का पक्ष लेने वाले सभी वैज्ञानिक इसी श्रेणी के हैं। कितने तो स्वयं पूँजीपति हैं, इसलिए वह पूँजीवाद की रक्षा के महान अस्त्र धर्म का पक्ष ग्रहण करना चाहते हैं। कितने ही, श्रमजीवियों के जीवन की कठिनाइयों को जानते हैं, और इस श्रेणी में सम्मिलित होने से डरते हैं। और कुछ उस आयु को पहुँच गए हैं, जब अतीत की अत्यंत आसक्ति मन को नए विचारों को ग्रहण करने में असमर्थ कर देती है। मनुष्य की आयु के पहले चालीस-पैंतालीस वर्ष ही

ऐसे हैं, जबकि वह स्वच्छंदतापूर्वक चिंतन और विचार विनियम कर सकता है; पीछे गोधूली के धुँधलेपन में उसे अतीत की स्मृति के सहारे पुरानी बातें ही दिखलाई देती हैं। संसार में इस नियम के अपवाद बहुत ही कम होते हैं।

इस प्रकार सारी दुनिया के विचार पक्ष और विपक्ष में बँटे हुए हैं; ऐसी अवस्था में किसी की सम्मति को पकड़कर चलना उचित नहीं है। आपको अपनी बुद्धि स्वतंत्र रखनी होगी, और उसी को अंतिम निर्णायक मानना होगा।

तुम्हारे धर्म की क्षय

वैसे तो धर्मों में आपस में मतभेद है। एक पूरब मुँह करके पूजा करने का विधान करता है, तो दूसरा पश्चिम की ओर। एक सिर पर कुछ बाल बढ़ाना चाहता है, तो दूसरा दाढ़ी। एक मूँछ कतरने के लिए कहता है, तो दूसरा मूँछ रखने के लिए। एक जानवर का गला रेतने के लिए कहता है, तो दूसरा एक हाथ से गर्दन साफ करने को। एक कुर्ते का गला दाहिनी तरफ रखता है, तो दूसरा बाईं तरफ। एक जूठ-मीठ का कोई विचार नहीं रखता, तो दूसरे के यहाँ जाति के भीतर भी बहुत-से चूल्हे हैं। एक खुदा के सिवा दूसरे का नाम भी दुनिया में रहने देना नहीं चाहता, तो दूसरे के देवताओं की संख्या नहीं। एक गाय की रक्षा के लिए जान देने को कहता है, तो दूसरा उसकी कुर्बानी से बड़ा सबाब समझता है।

इसी तरह दुनिया के सभी मजहबों में भारी मतभेद है। ये मतभेद सिर्फ विचारों तक ही सीमित नहीं रहे, बल्कि पिछले दो हजार वर्षों का इतिहास बतला रहा है कि इन मतभेदों के कारण मजहबों ने एक-दूसरे के ऊपर जुल्म के कितने पहाड़ ढाए। यूनान और रोम के अमर कलाकारों की कृत्तियों का अभाव क्यों दीखता है? इसलिए कि वहाँ एक मजहब आया, जो ऐसी मूर्तियों के अस्तित्व को अपने लिए खतरे की चीज समझता था। ईरान की पुरानी कला, साहित्य और संस्कृति को नाम शेष-सा क्यों हो जाना पड़ा? क्योंकि उसे एक ऐसे मजहब से पाला पड़ा जो इंसानियत का नाम भी धरती से मिटा देने पर तुला हुआ था। मेक्सिको और पेरू, तुर्किस्तान और अफगानिस्तान, मिस्र और जावा जहाँ भी देखिए, मजहबों ने अपने को कला, साहित्य, संस्कृति का दुश्मन साबित किया। और खून-खराबा? इसके लिए तो पूछिए मत। अपने-अपने खुदा और भगवान के नाम पर, अपनी-अपनी किताबों और पाखंडों के नाम पर मनुष्य के खून को उन्होंने पानी से भी सस्ता कर दिखलाया। यदि पुराने यूनानी धर्म के नाम पर निरपराध ईसाई बच्चे, बूढ़ों, स्त्री-पुरुषों को शेरों से फड़वाना, तलवार के घाट उतारना बड़े पुण्य का काम समझते थे तो पीछे अधिकार हाथ आने

पर ईसाई भी क्या उनसे पीछे रहे? ईसाई मसीहा के नाम पर उन्होंने खुलकर तलवार इस्तेमाल किया। जर्मनी में इंसानियत के भीतर लोगों को लाने के लिए कत्लेआम-सा मचा दिया गया। पुराने जर्मन ओक वृक्ष की पूजा करते थे। कहीं ऐसा न हो कि ये लोग उन्हें फिर पथभ्रष्ट कर दें, इसके लिए बस्तियों के आसपास एक भी ओक को रहने न दिया गया। पोप और पेत्रियार्क, इंजील और ईसा के नाम पर प्रतिभाशाली व्यक्तियों के विचार स्वातंत्र्य को आग और लोहे के जरिए से दबाते रहे। जरा से विचार-भेद के लिए कितनों को चर्खी से दबाया गया—कितनों को जीते जी आग में जलाया गया। हिंदुस्तान की भूमि ऐसी धार्मिक मतांधता का कम शिकार नहीं रही है। इस्लाम के आने से पहले भी क्या मजहब ने देवमंत्र बोलने और सुनने वालों के मुँह और कानों में पिघले राँगे और लाख को नहीं भरा? शंकराचार्य ऐसे आदमी जो कि सारी शक्ति लगा गला फाड़-फाड़ कर यही चिल्ला रहे थे कि सभी ब्रह्म हैं, ब्रह्म से भिन्न सभी चीजें झूठी हैं तथा रामानुज और दूसरों के भी दर्शन जबानी जमा-खर्च से आगे नहीं बढ़े, बल्कि सारी शक्ति लगाकर शूद्रों और दलितों को नीचे दबा रखने में उन्होंने कोई कोर-कसर उठा नहीं रखी और इस्लाम के आने के बाद तो हिंदू धर्म और इस्लाम के खूँरेजी झगड़े आज तक चल रहे हैं। कहने के लिए इस्लाम शक्ति और विश्व बंधुत्व का धर्म कहलाता है। हिंदू धर्म ब्रह्म ज्ञान और सहिष्णुता का धर्म बतलाया जाता है, किंतु क्या इन दोनों धर्मों ने अपने इस दावे को कार्यरूप में परिणत करके दिखलाया? हिंदू मुसलमानों पर दोष लगाते हैं कि ये बेगुनाहों का खून करते हैं; हमारे मंदिरों और पवित्र तीर्थों को भ्रष्ट करते हैं; हमारी स्त्रियों को भगा ले जाते हैं। लेकिन झगड़े में क्या हिंदू बेगुनाहों का खून करने से बाज आते हैं? चाहे आप कानपुर के हिंदू-मुस्लिम झगड़े को लीजिए या बनारस के, इलाहाबाद के या आगरे के; सब जगह देखेंगे कि हिंदुओं और मुसलमानों के छुरे और लाठी के शिकार हुए हैं निरपराध अजनबी स्त्री-पुरुष, बूढ़े-बच्चे। गाँव या दूसरे मुहल्ले का कोई अभागा आदमी अनजाने उस रास्ते से गुजरा और कोई पीछे से छुरा भोंक कर चंपत हो गया। सभी धर्म दया का दावा करते हैं, लेकिन हिंदुस्तान के इन धार्मिक झगड़ों को देखिए, तो आपको मालूम होगा कि यहाँ मनुष्यता पनाह माँग रही है। निहत्थे बूढ़े और बूढ़ियाँ ही नहीं, छोटे-छोटे बच्चे तक मार डाले जाते हैं। अपने धर्म के दुश्मनों को जलती आग में फेंकने की बात अब भी देखी जाती है।

एक देश और एक खून मनुष्य को भाई-भाई बनाते हैं। खून का नाता तोड़ना अस्वाभाविक है, लेकिन हम हिंदुस्तान में क्या देखते हैं? हिंदुओं की सभी जातियों में, चाहे आरंभ में कुछ भी क्यों न रहा हो, अब तो एक ही खून दौड़ रहा है। क्या शक्ल देखकर किसी के बारे में आप बतला सकते हैं कि यह ब्राह्मण है और यह शूद्र? कोयले से भी काले ब्राह्मण आपको लाखों की तादात में मिलेंगे। और शूद्रों में भी गेहुएँ रंग वालों का अभाव नहीं है। पास-पास में रहने वाले स्त्री-पुरुषों के

यौन-संबंध जाति की ओर से हजार रुकावट होने पर भी, हम आए दिन देखते हैं। कितने ही धनी खानदानों, राजवंशों के बारे में तो लोग साफ कहते हैं कि दास का लड़का राजा और दासी का लड़का राजपुत्र। इतना होने पर भी हिंदू धर्म लोगों को हजारों जातियों में बाँटे हुए है। कितने ही हिंदू, हिंदू के नाम पर जातीय एकता स्थापित करना चाहते हैं किंतु, वह हिंदू जातीयता है कहाँ? हिंदू जाति तो एक काल्पनिक शब्द है। वस्तुतः वहाँ हैं ब्राह्मण, ब्राह्मण भी नहीं—शाकद्वीपी, सनाढ्य, जुझौतिया-राजपूत, खत्री, भूमिहार, कायस्थ, चमार आदि-आदि। एक राजपूत का खाना-पीना, ब्याह-श्राद्ध अपनी ज़ाति तक सीमित रहता है। उसकी सामाजिक दुनिया अपनी जाति तक महदूद है। इसीलिए जब एक राजपूत बड़े पद पर पहुँचता है, तो नौकरी दिलाने, सिफारिश करने या दूसरे तौर से सबसे पहले अपनी जाति के आदमी को फायदा पहुँचाना चाहता है। यह स्वाभाविक है। जबकि चौबीसों घंटे मरने-जीने सब में साथ संबंध रखने वाले अपने बिरादरी के लोग ही हों, तो किसी की दृष्टि दूर तक कैसे जाएगी?

कहने के लिए तो हिंदुओं पर ताना कसते हुए इस्लाम कहता है कि हमने जात-पाँत के बंधनों को तोड़ दिया। इस्लाम में आते ही सब भाई-भाई हो जाते हैं लेकिन क्या यह बात सच है? यदि ऐसा होता तो आज मोमिन (जुलाहा), अप्सार (धुनिया), राइन (कुँजड़ा) आदि का सवाल न उठता। अर्जल और अशरफ का शब्द किसी के मुँह पर न आता। सैयद-शेख, मलिक-पठान, उसी तरह का ख्याल अपने से छोटी जातियों में रखते हैं, जैसा कि हिंदुओं के बड़ी जात वाले। खाने के बारे में छूतछात कम है और वह तो अब हिंदुओं में भी कम होता जा रहा है। लेकिन सवाल तो यह है—सांस्कृतिक और आर्थिक क्षेत्र में इस्लाम की बड़ी जातियों ने छोटी जातियों को क्या आगे बढ़ने का कभी मौका दिया? धार्मिक नेता हों, तो बड़ी-बड़ी जातों से शाही दरबार की और सरकार की नौकरियाँ, सभी जगहें, बड़ी जातियों के लिए सुरक्षित कर दें। जमींदार, ताल्लुकेदार, नवाब सभी बड़ी जातियों के हैं। हिंदुस्तानियों में से चार-पाँच करोड़ आदमियों ने हिंदुओं के सामाजिक, आर्थिक और धार्मिक अत्याचारों से त्राण पाने के लिए इस्लाम की शरण ली। लेकिन इस्लाम की बड़ी जातियों ने क्या उन्हें वहाँ पनपने दिया? सात सौ बरस बाद भी आज गाँव का मोमिन जमींदारों और बड़ी जातियों के जुल्म का वैसा ही शिकार है, जैसा कि उसका पड़ोसी कानू-कुर्मी। हिंदुओं से झगड़ कर अंग्रेजों की खुशामद करके कौंसिलों की सीटों, सरकारी नौकरियों में अपने लिए संख्या सुरक्षित कराई जाती है। लेकिन जब उस संख्या को अपने भीतर वितरण करने का अवसर आता है, तब उनमें से प्रायः सभी को बड़ी जाति वाले सैयद और शेख अपने हाथ में ले लेते हैं। साठ-साठ, सत्तर-सत्तर फीसदी संख्या रखने वाले मोमिन और अन्सार मुँह ताकते रह जाते हैं। बहाना किया जाता है कि उनमें उतनी शिक्षा नहीं, लेकिन सात सौ और हजार बरस बाद भी यदि वे शिक्षा में इतने पिछड़े हुए हैं, तो इसका दोष किसके ऊपर है? उन्हें

कब शिक्षित होने का अवसर दिया गया? जब पढ़ाने का अवसर आया, छात्रवृत्ति देने का मौका आया तब तो ध्यान अपने भाई-बंधुओं की तरफ चला गया। मोमिन और अन्सार, बाबर्ची और चपरासी, खिदमतगार और हुक्काबरदार के काम के लिए बने हैं। उनमें से कोई यदि शिक्षित हो भी जाता है, तो उसकी सिफारिश के लिए अपनी जाति में तो वैसा प्रभावशाली व्यक्ति है नहीं, और बाहर वाले अपने भाई-बंधु को छोड़कर उन पर तरजीह क्यों देने लगे? नौकरियों और पदों के लिए इतनी दौड़धूप, इतनी जद्दोजहद सिर्फ खिदमते-कौम और देश-सेवा के लिए नहीं है। यह है रुपयों के लिए, इज्जत और आराम की जिंदगी बसर करने के लिए।

हिंदू और मुसलमान फरक-फरक धर्म रखने के कारण क्या उनकी अलग जाति हो सकती है? जिनकी नसों में उन्हीं पूर्वजों का खून बह रहा है जो इसी देश में पैदा हुए और पले, फिर दाढ़ी और चुटिया, पूरब और पश्चिम की नमाज क्या उन्हें अलग कौम साबित कर सकती है? क्या खून पानी से गाढ़ा नहीं होता? फिर हिंदू और मुसलमान के फरक से बनी इन अलग-अलग जातियों को हिंदुस्तान से बाहर कौन स्वीकार करता है? जापान में जाइए, जर्मनी-ईरान जाइए या तुर्की, सभी जगह हमें हिंदी और 'इंडियन' कहकर पुकारा जाता है। जो धर्म भाई को बेगाना बनाता है, ऐसे धर्म को धिक्कार! जो मजहब अपने नाम पर भाई का खून करने के लिए प्रेरित करता है, उस मजहब पर लानत! जब आदमी चुटिया काट दाढ़ी बढ़ाने भर से मुसलमान और दाढ़ी मुड़ा चुटिया रखने मात्र से हिंदू मालूम होने लगता है, तो इसका मतलब साफ है कि यह भेद सिर्फ बाहरी और बनावटी है। एक चीनी चाहे बौद्ध हो या मुसलमान, ईसाई हो या कनफूसी, लेकिन उसकी जाति चीनी रहती है; एक जापानी चाहे बौद्ध हो या शिंतो धर्मी, लेकिन उसकी जाति जापानी रहती है, एक ईरानी चाहे वह मुसलमान हो या जरथुस्त, किंतु वह अपने लिए ईरानी छोड़ दूसरा नाम स्वीकार करने के लिए तैयार नहीं। तो हम हिंदियों के मजहब को टुकड़े-टुकड़े में बाँटने को क्यों तैयार हैं और इन नाजायज हरकतों को हम क्यों बर्दाश्त करें?

धर्मों की जड़ में कुल्हाड़ा लग गया है। इसलिए अब मजहबों के मेल-मिलाप की भी बातें कभी-कभी सुनने में आती हैं। लेकिन क्या यह संभव है? "मजहब नहीं सिखाता आपस में बैर रखना"—इस सफेद झूठ का क्या ठिकाना। अगर मजहब बैर नहीं सिखलाता तो चोटी-दाढ़ी की लड़ाई में हजार बरस से आज तक हमारा मुल्क पामाल क्यों है? पुराने इतिहास को छोड़ दीजिए, आज भी हिंदुस्तान के शहरों और गाँवों में एक मजहब वालों को दूसरे मजहब वालों के खून का प्यासा कौन बना रहा? कौन गाय खाने वालों से गोबर खाने वालों को लड़ा रहा है। असल बात यह है—"मजहब तो है सिखाता आपस में बैर रखना। भाई को है सिखाता भाई का खून पीना।" हिंदुस्तानियों की एकता मजहबों के मेल पर नहीं होगी, बल्कि मजहबों की चिता पर। कौए को धोकर हंस नहीं बनाया जा सकता। कमली धोकर रंग नहीं

चढ़ाया जा सकता। मजहबों की बीमारी स्वाभाविक है। उसका मौत को छोड़कर इलाज नहीं।

एक तरफ तो ये मजहब एक-दूसरे के इतने जबर्दस्त खून के प्यासे हैं। इनमें से हर एक, एक-दूसरे के खिलाफ शिक्षा देता है। कपड़े-लत्ते, खाने-पीने, बोली-बानी, रीति-रिवाज में हर एक, एक-दूसरे से उल्टा रास्ता लेता है। लेकिन, जहाँ गरीबों को चूसने और धनियों की स्वार्थ रक्षा का प्रश्न आ जाता है, तो दोनों बोलते हैं। गदहा गाँव के महाराज बेवकूफ बख्श सिंह सात पुश्त से पहले दर्जे के बेवकूफ चले आते हैं। आज उनके पास पचास लाख सालाना आमदनी की जमींदारी है, जिसको प्राप्त करने में न उन्होंने एक धेला अकल खर्च की और न अपनी बुद्धि के बल पर उसे छह दिन चला ही सकते हैं। न वे अपनी मेहनत से धरती से एक छटाँक चावल पैदा कर सकते हैं, न एक कंकड़ी गुड़। महाराज बेवकूफ वख्श सिंह को यदि चावल, गेहूँ, घी, लकड़ी के ढेर के साथ एक जंगल में अकेले छोड़ दिया जाए, तो भी उनमें न इतनी बुद्धि है और न उन्हें काम का ढंग मालूम है कि अपना पेट भी पाल सकें, सात दिन में चिल्ला-चिल्ला कर जरूर वे वहीं मर जाएँगे। लेकिन आज गदहा गाँव के महाराज दस हजार रुपया महीना तो मोटर के तेल में फूँक डालते हैं। बीस-बीस हजार रुपए जोड़े के कुत्ते उनके पास हैं। दो लाख रुपए लगाकर उनके लिए महल बना हुआ है। उन पर अलग डॉक्टर और नौकर हैं। गर्मियों में उनके घरों में बरफ के टुकड़े और बिजली के पंखे लगते हैं। महाराज के भोजन-छाजन की तो बात ही क्या? उनके नौकरों के नौकर भी घी-दूध में नहाते हैं, और जिस रुपए को इस प्रकार पानी की तरह बहाया जाता है, वह आता कहाँ से है? उसको पैदा करने वाले कैसी जिंदगी बिताते हैं? वे दाने-दाने को मुहताज हैं। उनके लड़कों को महाराज बेवकूफ बख्श के कुत्तों का जूठा भी यदि मिल जाए, तो वे अपने को धन्य समझें।

लेकिन, यदि किसी धर्मानुयायी से पूछा जाए, कि ऐसे बेवकूफ आदमी को बिना हाथ-पैर हिलाए दूसरे की कसाले की कमाई को पागल की तरह फेंकने का क्या अधिकार है, तो पंडित जी कहेंगे—"अरे वे तो पूर्व जन्म की कमाई खा रहे हैं। भगवान की ओर से वे बड़े बनाए गए हैं। शास्त्र-वेद कहते हैं कि बड़े-छोटे बनाने वाले भगवान हैं। गरीब दाने-दाने को मारा-मारा फिरता है, यह भगवान की ओर से उसको दंड मिला है।" यदि किसी मौलवी या पादरी से पूछिए तो जवाब मिलेगा—"क्या तुम काफिर हो, नास्तिक तो नहीं हो? दुनिया का कारबार चलाने के लिए खुदा ने अमीर-गरीब बनाए हैं। राजी-ब-रजा खुदा की मर्जी में इंसान को दखल देने का क्या हक? गरीब बनाए हैं। राजी-ब-राजा खुदा की मर्जी में इन्सान को दखल देने का क्या हक? गरीबी को न्यामत समझो। उसकी बंदगी और फरमाबरदारी बजा लाओ, कयामत में तुम्हें इसकी मजदूरी मिलेगी। पूछा जाए जब बिना मेहनत ही के महाराज बेवकूफ बख्श सिंह धरती पर ही स्वर्ग आनंद भोग रहे

हैं तो ऐसे 'अंधेर नगरी चौपट राजा' के दरबार में बंदगी और फरमाबरदारी से कुछ होने-हवाने की क्या उम्मीद?

उल्लू शहर के नवाब नामाकूल खाँ भी बड़े पुराने रईस हैं। उनकी भी जमींदारी है और ऐशो-आराम में बेवकूफ बख्श सिंह से कम नहीं हैं। उनके पाखाने की दीवारों में अतर चुपड़ा जाता है और गुलाब जल से उसे धोया जाता है। सुंदरियों और हुस्न की परियों को फँसा लाने के लिए उनके सैकड़ों आदमी देश-विदेशों में घूमा करते हैं। ये परियाँ एक ही दीदार में उनके लिए बासी हो जाती हैं। पचासों हकीम, डॉक्टर और वैद्य उनके लिए जौहर, कुश्ता और रसायन तैयार करते रहते हैं। दो-दो साल की पुरानी शराबें पेरिस और लंदन के तहखानों से बड़ी-बड़ी कीमत पर मँगा कर रखी जाती हैं। नवाब बहादुर का तलवा इतना लाल और मुलायम है, जितनी इन्द्र की परियों की जीभ न होगी। इनकी पाशविक काम वासना की तृप्ति में बाधा डालने के लिए कितने ही पति तलवार के घाट उतारे जाते हैं। कितने ही पिता झूठे मुकदमों में फँसा कर कैदखाने में सड़ाए जाते हैं। साठ लाख सालाना आमदनी भी उनके लिए काफी नहीं है। हर साल दस-पाँच लाख रुपया और कर्ज हो जाता है। आपको सी.सी.एस.आई., जी.सी.आई.ई., फर्जिन्द-खास फिरंग-आदि बड़ी-बड़ी उपाधियाँ सरकार की ओर से मिली हैं। वायसराय के दरबार में सबसे पहले कुर्सी इनकी होती है और उनके स्वागत में व्याख्यान देने और अभिनंदन पत्र पढ़ने का काम हमेशा उल्लू शहर के नवाब बहादुर और गदहा गाँव के महाराज बहादुर को मिलता है। छोटे और बड़े दोनों लाट इन दोनों रईसुल उमरा की बुद्धिमानी, प्रबंध की योग्यता और रियाया परवरी की तारीफ करते नहीं अघाते।

नवाब बहादुर की अमीरी को खुदा की बरकत और कर्म का फल कहने में पंडित और मौलवी, पुरोहित और पादरी सभी एक राय हैं। रात-दिन आपस में तथा अपने अनुयायियों में खून-खराबा का बाजार गर्म रखने वाले, अल्लाह और भगवान यहाँ बिल्कुल एक मत रखते हैं। वेद और कुरान, इंजील और बाइबिल की इस बारे में सिर्फ एक शिक्षा है। खून चूसने वाली इन जोंकों के स्वार्थ की रक्षा ही मानो इन धर्मों का कर्तव्य हो। और मरने के बाद भी बहिश्त और स्वर्ग के सबसे अच्छे महल, सबसे सुंदर बगीचे, सबसे बड़ी आँखों वाली हूरें और अप्सराएँ, सबसे अच्छी शराब और शहद की नहरें उल्लू शहर के नवाब बहादुर तथा गदहा गाँव के महाराज और उनके भाई-बंधुओं के लिए रिजर्व हैं, क्योंकि उन्होंने दो-चार मस्जिदें, दो-चार शिवाले बना दिए हैं, कुछ साधु-फकीर और ब्राह्मण मुजावर रोजाना उनके यहाँ हलवा-पूड़ी, कबाब-पुलाव उड़ाया करते हैं।

गरीबों की गरीबी और दरिद्रता के जीवन का कोई बदला नहीं। हाँ, यदि वे हर एकादशी के उपवास, हर रमजान के रोजे तथा सभी तीरथ-व्रत, हज और जियारत बिना नागा और बिना बेपरवाही से करते रहे, अपने पेट को काटकर यदि पंडे-मुजावरों

का पेट भरते रहे, तो उन्हें भी स्वर्ग और बहिश्त के किसी कोने की कोठरी तथा बची-खुची हूर, अप्सरा मिल जाएगी। गरीबों को बस इसी स्वर्ग की उम्मीद पर अपनी जिंदगी काटनी है। किंतु जिस सरग-बहिश्त की आशा पर जिंदगी भर के दुःख के पहाड़ों को ढोना है, उस सरग-बहिश्त का अस्तित्व ही आज बीसवीं सदी के इस भूगोल में कहीं नहीं है। पहले जमीन चपटी थी। सरग इसके उत्तर के उन सात पहाड़ों और सात समुद्रों के पार था। आज तो न उस चपटी जमीन का पता है और न उत्तर के उन सात पहाड़ों और सात समुद्रों का। जिस सुमेरु के ऊपर इंद्र की अमरावती, क्षीरसागर के भीतर शेषशायी भगवान थे, वे अब सिर्फ लड़कों के दिल बहलाने की कहानियाँ मात्र हैं। ईसाइयों और मुसलमानों के बहिश्त के लिए भी उसी समय के भूगोल में स्थान था। आजकल के भूगोल ने तो उनकी जड़ ही काट दी है। फिर उस आशा में लोगों को भूखों रखना क्या भारी धोखा नहीं हैं?

सुधार नहीं, क्रांति

व्यक्ति की भाँति जाति का भी पतन और उत्पीड़न किसी दोष के ही कारण हुआ करता है। हिंदू जाति सहस्राब्दियों से नाना दुर्दशाओं में पड़ी हुई है। इसका भी कारण उसके कितने ही दोष हो सकते हैं। उन दोषों में प्रधान है ऊँच-नीच का भेदभाव या जाति-भेद, अंधाधुंध ब्राह्मणों और उनके ग्रंथों की गुलामी, रूढ़ियों की पाबंदी, इत्यादि।

यह संतोष की बात है कि लोग अब दोषों को समझने लगे हैं। किंतु उनके हटाने के लिए जिस तरह का उद्योग हो रहा है, वह काफी नहीं है।

मैं यहाँ हिंदुओं के जाति-भेद को ही लेता हूँ। इसी का भयंकर परिणाम अछूत जातियों का निर्माण है। स्वामी दयानंद और दूसरे महात्माओं ने भी इस विषय में काम किया है, लोगों को एक-दूसरे दृष्टिकोण से विचारने के लिए मजबूर किया है।

किंतु इस दिशा में महात्मा गाँधी का काम विस्तार और गहराई दोनों में सबसे बड़ा है।

इतना मानते हुए भी, हम समझते हैं, उनका अछूतोद्धार के लिए शास्त्रों की दुहाई देना और पंडितों की व्यवस्था संग्रह करना, बहुत ही हानिकारक है। कोई भी संस्कृतज्ञ पंडित बिना अपनी आत्मा का खून किए, यह नहीं कह सकता कि शास्त्रों में अछूतपन नहीं है। नहीं है, कहने की तो बात ही अलग रही, उसे यह भी स्वीकार करना पड़ेगा कि अछूतपन और ऊँच-नीचपन के भाव के खिलाफ शास्त्रवचन बहुत कम और निर्बल हैं। और उसके अनुकूल वचनों से सारी स्मृतियाँ और दूसरे तत्संबंधी

ग्रंथ भरे पड़े हैं। जब असल बात यह है, तो अछूतोद्धार के लिए शास्त्रों की शरण लेना, कीचड़ से कीचड़ को धोना है।

बिहार के एक बड़े संस्कृत के पंडित ने एक बार लेखक से कहा था—यदि महात्मा गाँधी यह कहते कि अछूतपन युगधर्म के खिलाफ है, हमारी जाति के अस्तित्व के लिए हानिकारक है, इसलिए शास्त्र चाहे जो सम्मति रखें हमें इसे उखाड़ फेंक कर ही दम लेना है, तो हमें उसमें आपत्ति नहीं।

किंतु 'मीठी-मीठी हड़प और कड़वी-कड़वी थू' वाली लोकोक्ति न्यायोचित नहीं कही जा सकती। महात्माजी और उनके जैसे विचार वाले सज्जन अपने उपर्युक्त कार्य से शास्त्रों और पंडितों के महत्त्व को बढ़ा रहे हैं, जबकि उनको चाहिए था कि वे सहस्राब्दियों से उठने वाले हर एक प्रयत्न को निष्फल करने वाली शक्तियों को बेकार कर देते।

एक ओर महात्मा गाँधी अछूतपन को उठा देना चाहते हैं, दूसरी ओर वह अपने को वर्णाश्रम धर्म का पक्का अनुयायी कहते हैं। जो वर्णाश्रम शब्द हजारों वर्षों से अपनी परंपरा के भीतर नीच-ऊँच, आदि, ही का एक भयंकर अर्थ रखता है, उसे स्वामी दयानंद की भाँति वह अपनी नवीन व्याख्या से उड़ा देना चाहते हैं, जो बिल्कुल असंभव है। वर्णाश्रम की भाँति 'हरिजन', और हरिजन संतों के पदों की दुहाइयाँ, भी सहस्राब्दियों से दबायी गई जातियों को केवल एक और नाम देने में ही समर्थ होंगी, वे अपनी अस्पृश्यता को न मिटा सकेंगी। 'हरिजन' नाम भी कालांतर में किसी नीच अर्थ का ही वाचक हो जाएगा।

अछूतपन को हटाने के प्रोग्राम में मंदिर-प्रवेश भी एक काम रखा गया है। चाहे दलित जातियों को इससे पहले-पहल थोड़ी देर के लिए थोड़ा-सा भावुकतामय आनंद प्राप्त हो भी जाए, किंतु इससे उन्हें स्थायी लाभ क्या होगा? उल्टे, मंदिरों के धोखे में पड़ कर ये लोग ब्राह्मणों और उनकी पोथियों की दासता में और अधिक पड़ेंगे। ऊँची जाति के राजनीतिक उच्चाकांक्षा वाले पुरुषों को जरूर यह 'स्वल्पदान-महाकल्याण' मालूम होगा। असली मंदिर-प्रवेश है आर्थिक क्षेत्र में उन्हें अधिकार देना। धनार्जन के उनके सारे रास्ते बंद हैं।

मिठाई, दूध और पान की दूकानें क्या वे खोल सकते हैं? उनकी तो बात ही अलग रही, बजाज और पंसारी की दूकानें भी खोल कर क्या वे बिना दिवाला निकाले रहेंगे? आर्थिक उन्नति में उनको पद-पद पर रुकावट है। मंदिर-प्रवेश से तो हजार गुणा अच्छा होता कि अछूतोद्धार के हामी महापुरुष, ऊँची जाति वालों को मुर्गी के अंडे को खाने पर राजी करते और मुर्गियों को पालने का काम आर्थिक दासता में पड़ी इन जातियों को देते। यदि एक करोड़ भी ऐसे हिंदू तैयार हो जाते और हर एक आदमी दो अंडे रोज भी खाता, तो आठ करोड़ अंडों के लिए प्रति मास एक करोड़ रुपए की आमदनी तो इन्हें जरूर होती। आर्थिक दशा सुधर जाने

दीजिए, और फिर देखिए, पुरोहित जी पूँछ हिलाते हुए मंगतू चमार को बाबू जी कहने के लिए तैयार होते हैं या नहीं!

दरअसल अब तक जितने उद्योग इस संबंध में हुए और हो रहे हैं, वे फटे का रफू करना मात्र हैं। परंतु आवश्यकता है, आमूल परिवर्तन की। हमें ऊँचे स्वर से घोषित कर देना चाहिए :

1. जाति, वर्ण तथा किसी भी भेदभाव-सूचक रूढ़ि या आज्ञा के हम घोर विरोधी हैं।

2. खानपान, शादी-ब्याह तुच्छ बातें हैं। हम पिछड़ी जातियों को आर्थिक तथा विद्या के क्षेत्र में बढ़ने में हर तरह की मदद देंगे।

3. जो कोई भी स्त्री या पुरुष भारतीय संस्कृति को आदर की दृष्टि से देखता है, वह हिंदू है।

हिंदू शब्द को धर्म या मजहब के लिए प्रयुक्त करना भयंकर भूल है, और जो हिंदू संस्कृति को मानता है, उससे ऊँच-नीच का भाव रखना जातीय आत्महत्या है।

4. ब्राह्मण, शास्त्र, ईश्वर और परमेश्वर हमारे बनाए हैं। उनको यह हर्गिज अधिकार नहीं कि वे हमारी उन्नति के मार्ग में बाधक हों।

सूर्यकांत त्रिपाठी 'निराला'

1896-1961

छायावाद के प्रमुख स्तंभ, एक स्वाभिमानी व्यक्तित्व और सामाजिक विद्रोही। बंगाल के मेदिनीपुर जिले के महिषादल गाँव में जन्म। प्रारंभिक शिक्षा बांग्ला में हुई। बाद में हिंदी, संस्कृत और अंग्रेजी का ज्ञान प्राप्त किया। युवावस्था में ही पत्नी की मृत्यु। जवान बेटी की भी मृत्यु। 'समन्वय' पत्र में काम करते हुए विवेकानंद के विचारों के संपर्क में आए। 'मतवाला' में उनका रचनात्मक व्यक्तित्व निखरा। दलितों के साथ एकात्म थे। 'राम की शक्ति पूजा', 'तोड़ती पत्थर' और 'कुकुरमत्ता' से विशेष प्रसिद्धि मिली। अभाव और वेदना में भी जीवन के लिए गहरा संघर्ष किया। 'कुल्ली भाट' ओर 'बिल्लेसुर बकरिहा' प्रसिद्ध गद्य रचनाएँ हैं। समीक्षा भी लिखीं। निराला विक्षिप्तता के बावजूद हमेशा जीवन प्राण से भरे हुए थे।

मुसलमान और हिंदू कवियों में विचार-साम्य

सभ्यता के आदि-काल से लेकर आज तक जितनी बड़ी-बड़ी बातें साहित्य के पृष्ठों में लिखी हुई मिलती हैं, उनके बाह्य रूपों में साम्य रहने पर भी वे एक ही सत्य का प्रकाश देती हैं। आज तक मानवीय सभ्यता जहाँ कहीं एक-दूसरी सभ्यता से टक्कर लेती आई है, वहाँ उसके बाह्य रूपों में ही वैषम्य रहा है; वेश-भूषणों, आचार-व्यवहारों तथा उच्चारण और भाषाओं का ही बहिरंग भेद रहा है। उन सभ्यताओं के विकसित रूप देखिए, तो एक ही सत्य की अटल अपार महिमा वहाँ मिलती है। थोड़ी देर के लिए, उदाहरणार्थ, हम मुसलमानों को ले सकते हैं। मुसलमानों से हिंदुओं की लड़ाई शताब्दियों तक होती रही। आज भी यदि भारतवर्ष के स्वतंत्र होने में कहीं किसी को अड़चन मिलती है, तो वह हिंदू-मुसलमानों का वैषम्य ही कहा जाता है। जगह-जगह, मौके-बेमौके, आज भी दोनों एक-दूसरे की जान ले लेने को तैयार हो जाते हैं। बहुत कम हिंदू और बहुत कम मुसलमान ऐसे होंगे, जो इनमें से एक-दूसरे के उत्कर्ष का पूरा-पूरा पता रखते हों। मुसलमानों के आक्रमण के समय से लेकर

आज तक दोनों जातियों में जो घृणा के भाव चले आ रहे हैं, वे दोनों जातियों की अस्थि-मज्जा में कुछ इस तरह से मिल गए हैं कि सुप्त रहते हुए भी वे जाग्रत् ही रहते हैं। हिंदू लोग, आचारों को प्रधानता देते हुए, खुदापरस्त मुसलमानों को म्लेच्छ आदि नामों से विभूषित करते हैं। उसी तरह मुसलमान भी हिंदुओं को मूर्तिपूजक देखकर उन्हें बुतपरस्त, काफिर आदि घृणासूचक शब्दों से याद करते हैं। सदियों से यह व्यवहार कुछ ऐसा चला आ रहा है कि दोनों के विचारों में जहाँ साम्य है वहाँ तक पहुँचकर दोनों में मैत्री-स्थापना की कोई चेष्टा ही नहीं की गई। जिन हिंदुओं को 'आचार : प्रथमो धर्मः' सिखलाया जाता है, और यह इसलिए कि आचारों से चित्तशुद्धि होने पर ज्ञान या सत्य की प्रतिष्ठा मन में हो सकेगी, वे हिंदू आचारों में इस बुरी तरह बँध जाते हैं कि वे आचार ही उनकी आध्यात्मिक उन्नति के अंतिम लक्ष्य-से बने रहते हैं, यद्यपि 'अघोरान्नापरो मन्त्रः' का वे प्रतिदिन पाठ किया करते हैं। इधर मुसलमानों को बुत ही से खुदा का पाठ मिला; पर वे बुत को घृणा ही करते गए; केवल काव्य में ही रह गया—

परस्तिश की याँ तक कि ऐ बुत, तुझे—
नजर में सभों की खुदा कर चले।

किंतु बुतों के प्रति के भाव उनके नहीं रह गए, यद्यपि बुत-रूपी अपने बीबी-बच्चों को सभी मुसलमान प्यार करते हैं।

आज, अब, विज्ञान के युग में, जिस तरह पश्चिम की रोशनी से अपने गृह का अंधकार दूर करने के लिए राष्ट्रवादी हिंदू प्रयत्नशील हैं, उसी तरह मुसलमान भी। परंतु स्वार्थ एक अजीब सत्ता है। यहाँ प्राणों का भरा हुआ आनंद बिल्कुल ही नहीं, सिर्फ एक अभाव की आग भड़कती है। देश दीन है, दुःखी है, परतंत्र है, स्वाधिकार रहित है, इस तरह की अभाववाली जितनी भी बातें होंगी, वे जिस तरह प्राणहीन हैं, उनकी पूर्ति के लिए लड़ाइयाँ, उद्योग आदि भी इसी तरह प्राणहीन। कारण, स्वार्थ ही दोनों का मूल है। यदि ब्रिटेन के वीर सिंह हैं और भारत के दीन कृषक मेष, तो विचार की दृष्टि में, दार्शनिक की भाषा में, दोनों मनुष्यता से गिरे हुए हैं, और आधुनिक विकासवाद के अनुसार सिंह और मेष में कौन-सी सृष्टि अधिक उच्च है, यह बतलाना भी जरा टेढ़ी खीर है। मतलब यह कि जिस विज्ञान के बल पर पश्चिम सिंह बन सकता है, वह जिस तरह मनुष्यता की हद से गिरा हुआ होता है, उसी तरह हिंदुओं का ज्ञान-मूल रहित आचारवाद, जिमने सदियों से उन्हें गुलाम बना रखा है, और मुसलमानों की खुदापरस्ती भी, जो बुतों से घिरी हुई रहकर भी उनकी सत्ता से घृणा करे।

हिंदू और मुसलमान, दोनों जातियाँ ऊँची भूमि पर एक ही बात कहती हैं। इस लेख में हम यही दिखलाने की चेष्टा करेंगे। साथ ही हमारा यह भी विश्वास है कि जब तक हिंदू और मुसलमान इस भूमि पर चढ़कर मैत्री की आवाज नहीं

लगाएँगे, तब तक वह स्वार्थजन्य मैत्री स्वार्थ में धक्का न लगने तक की ही मैत्री रहेगी—वैसी ही मैत्री, जैसी ब्रिटिश-सिंह और भारत-गऊ की हो सकती है।

न था कुछ तो खुदा था, कुछ न होता तो खुदा होता;
डुबोया मुझको होने ने, न होता मैं तो क्या होता।

—गालिब

जब कुछ नहीं था, तब खुदा था। यदि कुछ न होता, तो खुदा होता। मुझे होने ने (भव ने संसार ने, 'हूँ' इस भाव ने) डुबा दिया। मैं न होता, तो क्या (अच्छा) होता!

महाकवि गालिब के ये भाव हर्फ-हर्फ वेदांत से मिलते हैं। जब कुछ नहीं था, तब खुदा था, यही वेदांत की तथा हिंदू आस्तिक और नास्तिक दर्शन की बुनियाद है। जहाँ ईश्वर की सत्ता है, वहाँ संसार नहीं। इसी पर गोस्वामीजी लिखते हैं—'जिहि जाने जग जाय हेराई।'

यहाँ दोनों के भाव एक ही हैं। 'होने' ने या 'भव' ने गालिब को डुबा दिया है अर्थात् दुनिया के ज्ञान ने उन्हें ससीम कर दिया है, संसार में डाल रखा है, जिसके लिए वह कहते हैं, यह न होता तो क्या ही अच्छा होता! तब केवल खुदा का ही अस्तित्व रहता, जिसके लिए कहा है—None else exists and thou art that.

कबीर भी कहते हैं, जहाँ ज्ञान रहता है, वहाँ मोह नहीं रहता—

सूर-परकास तहँ रैन कहँ पाइए
रैन-परकास नहिं सूर भासै;
होय अज्ञान तहँ ज्ञान कहँ पाइए
होय जहँ ज्ञान अज्ञान नासै।
काम बलवान तहँ प्रेम कहँ पाइए,
होय जहँ प्रेम तहँ काम नाहीं;
कहत कब्बीर यह सत्य सुविचार है
समझ तू, सोच तू, मनहिं माहीं।

आज तक मनुष्यों के मनों ने जितनी ऊँची उड़ानें भरी हैं, वे सब यहीं आकर ठहरती हैं। अन्यथा लक्ष्यभ्रष्ट हो गई हैं। सांसारिक जितने भी चमत्कार हैं, उन सब पर प्रभुता करने वाली यही भूमि है, और संसार में जितने भी भेद हैं, उन सब में साम्य स्थापित करने वाली भी यही भूमि है। बिना यहाँ आए हुए भेद का ज्ञान कदापि दूर नहीं हो सकता। यही हिंदुओं की अद्वैत-भूमि है। और, चूँकि यहाँ भेदभाव नहीं रह जाता, इसीलिए इसे अद्वैत कहा भी है। नजीर कहते हैं—

तनहा न उसे अपने दिले तंग में पहचान;
हर बाग में, हर दश्त में, हर संग में पहचान।
बेरंग में, बारंग में, नैरंग में पहचान;

मंजिल में, मुकामात में, फरसंग में पहचान।
नित रूम में, औ हिंदू में, औ जंग में पहचान;
हर राह में, हर साथ में, हर संग में पहचान।

× × ×

हर आन में, हर बात में, हर ढंग में पहचान;
आशिक है, तो दिलबर को हर रंग में पहचान।

यहाँ दुनिया की लावण्यमयी श्री भी है और वहाँ उस प्यारे की खोज भी। यह यहाँ विशिष्टाद्वैतवाद कहलाता है यानी दुनिया भी है और खुदा भी। या यों कहिए कि वह खुदा ही दुनिया के अनेक रूपों में विराजमान है। गोस्वामी तुलसीदासजी की एक उक्ति इसी अर्थ पर बहुत ही सुंदर हुई है–

अव्यक्तमेकमनादि तरु त्वच चारि निगमागम भने;
षट कन्ध, शाखा पंचविंश, अनेक पर्ण, सुमन घने।
फल युगल विधि कटु मधुर बेलि अकेलि जिहि आश्रित रहे;
पल्लवित, फूलित, नवल नित संसार-विटप नमामि हे।

यहाँ राम को ही उन्होंने वेद के मुख से संसार-विटप कहकर सम्बोधित किया है, जिसकी तारीफ में संसार की कोई वस्तु छोड़ी भी नहीं, जैसे तमाम संसार में राम ही का रूप रहा हो। एक जगह महाकवि गालिब कहते हैं–

तेरे सर्वे कामत से एक कद्दे आदम,
कयामत के फितने को कम देखते हैं।

यहाँ महाकवि गालिब कयामत को एक आदमी-भर लंबी बतलाते हैं, यानि कयामत उतनी ही बड़ी है, जितना लंबा एक आदमी। यह प्रलय की सर्वोत्तम व्याख्या है। हर एक आदमी में प्रलय की नाशकारी कुल शक्तियाँ हैं, और वह चाहे, तो उन्हें प्रत्यक्ष कर सकता है। हर मनुष्य सौर ब्रह्मांड से मिला हुआ भी उससे अलग है। संसार का अस्तित्व उसके पास सिर्फ इसलिए है कि वह अपने अस्तित्व पर विश्वास रखता है। जब मनुष्य सो जाता है, उस समय वह अपना अस्तित्व बहुत-कुछ भूल जाता है। यही कारण है कि सुप्ति-काल में संसार का ज्ञान नहीं रहता। संसार के सिर पर जो कयामत क्रीड़ा कर रही है, उसको प्रत्यक्ष करने वाला वही है और उसका शरीर भी कयामत के कानून के अंदर है। इसलिए कयामत को एक ही आदमी के कद के बराबर कहा, और यह केवल साहित्यिक उपमा ही नहीं, किंतु दार्शनिक महान् सत्य हो गया है।

बिल्कुल यही भाव सूरदासजी के हैं, जहाँ उन्होंने बालक कृष्ण की वर्णना की है–'प्रभु पौढ़े पालने पलोटत' आदि-आदि। यहाँ भी श्रीकृष्ण के हिलने-डुलने से जो क्रिया होती है, वह प्रलय ही है–'विडरि चले घन प्रलय जानि कै'; कारण, किसी भी चेतन के हिलने से सौर-ब्रह्मांड हिलता-डोलता है, यह सूरदासजी के कहने का

मतलब है। श्रीकृष्ण की चेतन-क्रिया में संसार डोल रहा है, कहीं-कहीं प्रलय हो रहा है, दिग्दन्ती बड़े धैर्य से धरा-भार को धारण कर रहे हैं। यहाँ भी एक ही की चेतन-क्रिया से संसार में कयामत आ रही है, प्रलय मचा हुआ है, और इसे समझने वाले सूरदासजी 'सकट पगु पेलत'—धीरे-धीरे चल रहे हैं। गालिब और सूरदासजी की उक्तियाँ बिल्कुल मिल जाती हैं। कोई विरोध नहीं दीख पड़ता। वहाँ भी एक ही कद के बराबर कयामत की नाप होती है, और यहाँ भी एक कृष्ण की चेतन-क्रिया से आफत उठी हुई है। दोनों महाकवि इस सत्योक्ति में पूर्णतया सहमत हैं।

कुछ जुल्म नहीं, कुछ जोर नहीं,
कुछ दाद नहीं, फरियाद नहीं;
कुछ कैद नहीं, कुछ बंद नहीं,
कुछ जब्र नहीं, आजाद नहीं।
शागिर्द नहीं, उस्ताद नहीं,
वीरान नहीं, आबाद नहीं;
हैं जितनी बातें दुनिया की,
सब भूल गए, कुछ याद नहीं।
हर आन हँसी, हर आन खुशी,
हर वक्त अमीरी है बाबा;
जब आशिक़ मस्त फकीर हुए,
फिर क्या दिलगीरी है बाबा।
जिस सिम्त नजर कर देखे हैं,
उस दिलबर की फुलवारी है;
कहिं सब्जी की हरियाली है,
कहिं फूलों की गुलकारी है।
दिन-रात मगन खुश बैठे हैं,
और आस उसी की भारी है;
बस, आप ही वह दातारी हैं,
और आप ही वह भंडारी हैं।
हर आन हँसी, हर आन खुशी,
हर वक्त अमीरी है बाबा;
जब आशिक मस्त फकीर हुए,
फिर क्या दिलगीरी है बाबा।
हम चाकर जिसके हुस्न के हैं,
वह दिलबर सबसे आला है,
उसने ही हमको जी बख्शा

उसने ही हमको पाला है।
दिल अपना भोला-भाला है,
औ' इश्क बड़ा मतवाला है;
क्या कहिए और नजीर आगे
अब कौन समझने वाला है।
हर आन हँसी, हर आन खुशी,
हर वक्त अमीरी है बाबा;
जब आशिक मस्त फकीर हुए,
तब क्या दिलगीरी है बाबा।

—नजीर

कविवर नजीर यहाँ फकीरी का हाल बयान कर रहे हैं। यह वह फकीरी है, जब तमाम दुनिया में अपना इष्ट-ही-इष्ट नजर आता है। संसार की हर वस्तु में उसी का रंग चढ़ा दीख पड़ता है। प्रह्लाद के चरित्र-लेखक दिखलाते हैं कि शेर आता है, तो उससे भी प्रह्लाद 'हरि आए' कहकर लिपट जाते हैं। नरसीजी भूत देखते हैं, तो 'आए मेरे लंबकनाथ' कहकर गाने और प्रेमविह्वल होकर नाचने लगते हैं। एक सिद्ध श्वान पर बैठा हुआ भोजन कर रहा था, और कभी-कभी अपना अन्न उस कुत्ते को भी खिला दिया करता था। दूर से कुछ लोगों ने यह तमाशा देखा। उसके पास गए। कहने लगे, "तुम कुत्ते की जूठन खाते हो, कैसे आदमी हो?" वह सिद्ध बड़ी देर तक चुप रहा। तब भी इन लोगों ने अपना व्याख्यान बंद नहीं किया। तब चिढ़कर वह सिद्ध कहता है—

विष्णूपरिस्थितो विष्णुः विष्णुं खादति विष्णवेः
कथं हससि रे विष्णो सर्व विष्णुमयं जगत्।

सूरदासजी इन्हीं भावों पर कहते हैं—

जित देखो तित श्याममयी है;
श्याम कुंज, वन, यमुना श्यामा,
श्याम गगन-घन-घटा छई है।
श्रुति को अच्छर श्याम देखियत,
दीप-शिखा पर श्यामतई है;
मैं बौरी को लोगन ही की
श्याम पुतरिया बदल गई है।
इंद्र-धनुष को रंग श्याम है,
मृग-मद श्याम, काम विजयी है;
नीलकंठ को कंठ श्याम है,
मनो श्यामता बेलि बई है।

कवि के भाव-नेत्र चारों तरफ श्याम को ही प्रत्यक्ष करते हैं। तमाम संसार में वह एक ही श्याम-छवि रमी हुई है। रामायण में गोस्वामी तुलसीदासजी इस भाव की सुंदर व्याख्या-सी कर देते हैं। जिस कारण से यह इष्ट-मूर्ति भक्त को चारों ओर दिखलाई पड़ती है, उस कारण की जड़ चित्त में है, जहाँ इष्ट की छाप पड़ जाने पर फिर और कोई रूप नहीं दीख पड़ता, दूसरे रूपों की सत्ता छिप जाती है :

चित्रकूट चित चारु, तुलसी सुभग सनेह बन;
सिय-रघुबीर-बिहारु, सींचत माली नयन-जल।

मृत्यु की नश्वरता को दिखलाते हुए कविवर नजीर कहते हैं–

"जब चलते-चलते रस्ते में
यह गौन तेरी ढल जावेगी;
यक बधिया तेरी मिट्टी पर
फिर घास न चरने पावेगी।
यह खेप जो तूने लादी है,
सब हिस्सों में बट जावेगी;
धी, पूत, जमाई, बेटा क्या,
बनजारन पास न आवेगी
सब ठाट पड़ा रह जावेगा
जब लाद चलेगा बंजारा;
क्या जी पर बोझ उठाता है
इन गोनों भारी-भारी के
जब मौत का डेरा आन पड़ा,
तब दोनों हैं व्यापारी के।
क्या साज जड़ाऊ जर-जेवर,
क्या गोटे थान किनारी के;
क्या घोड़े, जीन सुनहरी के,
क्या हाथी लाल अमारी के।
सब ठाट पड़ा रह जावेगा
जब लाद चलेगा बंजारा।
मगरूर न हो तलवारों पर,
मत भूल भरोसे ढालों के;
सब पट्टा तोड़ के भागेंगे
मुँह देख अजल के भालों के।
क्या डिब्बे मोती-हीरों के,
क्या ढेर खजाने मालों के;

क्या बकचे ताश मुशज्जर के,
क्या तख्ते शाल-दुशालों के।
सब ठाट पड़ा रह जावेगा,
जब लाद चलेगा बंजारा।

नश्वर संसार का जो चित्र यहाँ विवेक को जाग्रत करने के लिए नजीर साहब ने खींचा है, उसका प्रभाव हिंदू कवियों पर पहले ही से बहुत ज्यादा रहा। नश्वरता पर प्रायः यहाँ के सभी कवियों ने कविताएँ लिखी हैं। भगवान् शंकराचार्य आदि धर्म-प्रचारकों से लेकर आधुनिक कवियों तक में यह भाव यहाँ परिपुष्ट ही मिलता है—

कस्त्वं कोऽहं कुत आयातः
का मे जननी को मे तातः।
इति परिभावय सर्वमसारं
विश्वं त्यक्त्वा स्वप्न-विचारम्।
पुनरपि जननं पुनरपि मरणं
पुनरपि जननीं-जठरे-शयनम्;
इह संसारे खुल दुस्तारे
कृपया पारे पाहि मुरारे।
पुनरपि रजनी पुनरपि दिवसः
पुनरपि पक्षः पुनरपि मासः।
पुनरप्ययनं पुनरपि वर्ष
तदपि न मुंचयत्याशामर्षम्

—श्री शंकराचार्य

चढ़कर मेरे जीवन रथ पर,
प्रलय चल रहा अपने पथ पर
मैंने निज दुर्बल पद-बल पर
उससे हारी होड़ लगायी।

—श्री जयशंकर 'प्रसाद'

लक्ष अलक्षित चरण तुम्हारे चिह्न निरंतर,
छोड़ रहे हैं जग के विक्षत वक्षःस्थल पर;
शत-शत फेनोच्छ्वसितस्फीत फूत्कार भयंकर,
घुमा रहे नित घनाकार जगती का अंबर,
मृत्यु तुम्हारा गरल-दंत, कंचुक कल्पांतर,
अखिल विश्व ही विवर,
वक्र-कुंडल दिङ्-मंडल!
अये दुर्जेय विश्वजित्!

नवाते शत सुरवर नरनाथ,
तुम्हारे इंद्रासन-तल माथ।
घूमते शत-शत भाग्य अनाथ
सतत रथ के चक्रों के साथ।
तुम नृशंस नृप-से जगती पर चढ़ अनियंत्रित,
उत्पीड़ित संसृति को करते हो पदमर्दित;
नग्न नगर कर भग्न भवन, प्रतिमाएँ खंडित,
हर लेते हो विभव, कला-कौशल चिरसंचित;
आधि-व्याधि बहुवृष्टि पात उत्पात अमंगल,
वह्नि, बाढ़ भूकंप, तुम्हारे विपुल सैन्यदल;
अये निरंकुश पदाघात-से वसुधा टलमल,
हिल-हिल उठता है प्रतिफलपद-दलित धरातल!

—श्री सुमित्रानंदन पंत

नश्वरता को प्रत्यक्ष करा देने पर जरा देर के लिए मन में वैराग्य का उदय होता है। फिर वह वैराग्य यदि स्थायी हो, तो मनुष्य संसार की नश्वर वस्तुओं से प्रेम करना छोड़कर एक ऐसी ज्ञान-स्थिति प्राप्त करता है, जिससे उसे यथार्थ शांति मिलती है। जिस तरह हिंदुओं में वैराग्य की यह शिक्षा मिलती है, उसी तरह मुसलमानों में भी। सूफीवाद में ज्ञान, वैराग्य और मादकता, तीनों की प्रधानता है। मुसलमानों के दर्शन में तो नहीं; हाँ, कुरान के साथ अद्वैतवाद की सूक्तियाँ जरूर मिल जाती हैं। पर कविता में और सूफियाने ढंग की कविता में यहाँ के बड़े-बड़े दर्शन-शास्त्र का तो बिल्कुल जोड़ मिल जाता है। खान-पान और रहन-सहन का भेद रहने पर भी जिस विकास की ओर मुसलमान सभ्यता गई है, वह यहाँ से कोई पृथक् सत्ता नहीं। कुरान का असल तत्त्व जो 'ला इलाह इल्लिल्लाह' है, वह 'एकमेवाद्वितीयम्' का अक्षर-अक्षर अनुवाद है। हम यह नहीं कहते कि कुरान की उक्ति अनुवाद के रूप में आई है; क्योंकि हमें मालूम है, ईश्वर को प्रत्यक्ष करने वाले महापुरुष एक ही सत्य का प्रचार करते हैं। और, जिस तरह हिंदुओं के महापुरुषों ने सत्य से ओतप्रोत एक ही ज्ञानमय कोष का तत्त्व हासिल किया, उसी तरह मुहम्मद ने भी तपस्या द्वारा 'अवाङ्मनसोऽगोचरम्' सत्य का साक्षात्कार किया। सिंधु और बिंदु की उक्ति से ब्रह्म और जीव की जो बातें भारतीय साहित्य में मिलती हैं, वही मुसलमान कवियों की कविता में, दरिया और कतरे के रूप से आई हैं।

तुमहिं मिलत नहिं होय भय, यथा सिन्धुगत नीर।

—तुलसीदास

इशतरे-कतरा है दरिया में फना हो जाना।

—गालिब

यक कतरए-मै जब से साकी ने पिलाया है;
उस रोज से हर कतरा दरिया नजर आता है।

—गालिब

खुदनुमाई पर की गई वह गुफ्तगू याद आती है, जो अपनी बाँदी के साथ शायद बेगम नूरजहाँ ने की थी जब उसका चीनी आईना बाँदी के हाथ से गिरकर फूट गया था, और एकाएक महर्षि वाल्मीकि की तरह बाँदी के मुँह से यह शेर का एक टुकड़ा निकल पड़ा था—

अज कजा आईनए-चीनी शिकश्त।
खूब शुद सामाने खुदबीनी शिकश्त।

यह मेहरुन्निसा का उत्तर था। तमाम हिंदोस्तान की सम्राज्ञी के हृदय में भी वैराग्य की यह भावना प्रबल थी,—वह शिक्षा जो गोस्वामी तुलसीदास-जैसे महापुरुष ही दे सकते हैं—

सेवहिं लखन सीयरघुवीरहिं,
जिमि अविवेकी पुरुष शरीरहिं।

एक तरफ श्रीरामचन्द्रजी की सेवा लक्ष्मण और सीताजी धर्मभावना से प्रेरित होकर करते हैं, जैसे अपने परम इष्ट की सेवा की जाए, दूसरी तरफ महाकवि शिक्षा से भरी हुई उसकी उपमा में कहते हैं, जैसे अविवेकी पुरुष अपने शरीर की सेवा करते हैं—उसे किसी क्षण के लिए भी नश्वर नहीं समझते। यहाँ शरीर-ज्ञान में बँधे हुए मनुष्य सदा ही नश्वरता के ग्रास में पड़े रहते हैं, यह भावना भी उद्दीप्त होती है, और आलंकारिक व्यंजना श्रीरामचन्द्र की तल्लीन सेवा का बोध भी अच्छी तरह करा देती है—एक ढेले में दो पक्षियों का शिकार हो गया है।

तुम मेरे पास होते हो गोया,
जब कोई दूसरा नहीं होता।

—गालिब

यह बहुत ऊँचे दर्जे का प्यार है। सच्चा प्यार भी यही है। लोग इसका अर्थ यह भले ही करें कि निर्जन रहने पर ही प्रिय की याद आती है—दिल के आईने में उसकी सूरत दीख पड़ती है; पर इसका मतलब वह नहीं। यह सांसारिक प्रेम नहीं, यह ईश्वर-प्रेम है। जब मन बिल्कुल निस्संग हो जाता है, किसी भी दूसरे से लगावट नहीं रहती, तभी उस मन में ईश्वर का ध्यान आता है, वह भगवत्-संग प्राप्त करता है, वह मित्र-जिसके लिए कहा जाता है, "रामप्राण के जीवन जी के"—मिलता है, साथ रहता है; इसी क्षण को इष्टप्राप्ति का समय कहते हैं, और इसी अवस्था में वह मिलता भी है। कविवर मैथिलीशरण कहते हैं—

प्रभो, तुम्हें हम कब पाते हैं,
जब इस जनाकीर्ण जगंती में एकाकी रह जाते हैं।'

जौक के एक शेर में परलोक, यहाँ तक कि अर्थ लगाने पर हिंदुओं के पितृलोक, देवलोक, प्रेतलोक आदि की सिद्धि भी हो जाती है–

अब तो घबरा के यह कहते हैं कि मर जाएँगे;
मर के भी चैन न पाया तो किधर जाएँगे।

–जौक

मृत्यु के बाद चैन न पाने की उक्ति परोक्ष रीति से उसी प्रेतयोनि को सिद्ध कर रही है, जहाँ जीवों को शांति नहीं मिलती, एक प्रकार की जलन, क्षोभ, अशांति तथा चंचलता बनी रहती है। इसके अर्थ से प्रेतलोक की सिद्धि कोई भले ही न करे, पर इतना तो जाहिर ही है कि मृत्यु के बाद अशांति की चिंता कवि को लगी हुई है। वह इस पर भी विश्वास करता है। दूसरे, महाकवि गालिब को भी जौक का यह शेर पसंद आता है। इसके मानी ये हैं कि इस तत्त्व पर वह भी विश्वास करते हैं। बहिश्त और दोजख तो मुसलमानों के शास्त्र मानते ही हैं, जहाँ हिंदुओं का बिल्कुल साम्य है। वह बेचैनी ही हालत, जो मृत्यु के बाद होती है, और उस मृत्यु के बाद जिसे आत्महत्या कहते हैं–'मर जाएँगे' के अर्थ से असमय मृत्यु या आत्महत्या का ही भाव व्यंजित है–बहुत-कुछ उसी अवस्था की वर्णना है, जो प्रेतयोनि में होती है। यहाँ हिंदू और मुसलमान मृत्यु के बाद के एक ही विचार रखते हुए दीख पड़ते हैं। यों तो प्रेत या जिन्न मुसलमानों के यहाँ भी कम नहीं–

जिन्नों ने वहीं अपना मैखाना बना डाला।

और, रात बारह बजे शहर-भर की मिठाई खरीद लेने वाले लखनऊ के जिन्न अब भी देहात में काफी मशहूर हैं, वे आजकल की व्याख्या के अनुसार मुँह ढककर आने वाले छज्जे पर बैठने वालियों के यार और आशिक भले ही हों, अथवा चाहे लखनऊ की प्राचीन व्याख्या के अनुसार 12 लाख साफ करने के बाद रईसों के शोहदा-खाते में नाम लिखानेवाले हों। हिंदी में तो

भूत-पिशाच निकट नहिं आवे;
महावीर जब नाम सुनावे।

से लेकर

सावर-मंत्र-जाल जिन सिरजा, पितर, गंधर्व;
बंदौ किन्नर रजनिचर, कृपा करहु अब सर्व।

तक, पता नहीं इस परलोकवाद की कितनी चर्चा हुई है, और समाज में इस पर कितना दृढ़ विश्वास है; जबकि ज्ञान की जननी गीता स्वयं कहती है–'पतन्ति पितरोह्येषां लुप्तपिण्डोदक क्रियाः' और केशवदास का प्रेत होना तमाम साहित्यिकों के दिमाग में भरा ही हुआ है, उधर गोस्वामी तुलसीदासजी की जीवनी से 'बसै तहाँ इक प्रेत पुरानो' जबकि अभी तक नहीं निकाला गया; और उन्हें भगवान् श्रीरामचन्द्र से मिलने का पता भी बताता है प्रेत!

जहाँ में हाली किसी का अपने सिवा भरोसा न कीजिएगा;
य' भेद है अपनी जिन्दगी का कि इसका चर्चा न कीजिएगा।

हाली साहब जिस तरह यहाँ हर एक को अपनी ही सत्ता पर जोर देने के लिए कहते हैं, और इसे ही वह दुनिया में कामयाब होने की कुंजी समझते हैं, उसी तरह यहाँ के हिंदुओं की भी शिक्षा है। 'नायमात्मा बलहीनेन लभ्यः, न मेधया न च बहुना श्रुतेन' में सबसे कठिन कार्य आत्म-प्राप्ति के लिए जिस तरह मनुष्य को अभ्यंतर-बल प्राप्त करने के उपदेश दिए गए हैं, उसी तरह अन्य सफलताओं के लिए भी। यथार्थ बल अपने ही भीतर से प्राप्त होता है, जिससे कुल सिद्धियाँ हासिल होती हैं, यही यहाँ की शिक्षा है। इस प्रकार मन को प्रसन्न करने के लिए ही कहा है—

मन के हारे हारिए, मन के जीते जीत;
परमब्रह्म को पाइए, मन ही की परतीत।

यहाँ के साहित्य में अपनी ही आत्मा पर विश्वास रखने के केवल उपदेश ही नहीं, किंतु जीवनियाँ भी अनेक लिखी हुई हैं। इस कोटि में स्त्री और पुरुष, दोनों को बराबर जगह मिली है। पार्वती तपस्या में दृढ़निष्ठ हैं। वह महादेव को पतिरूप से प्राप्त करना चाहती हैं। उनकी तपस्या की परीक्षा करने, उनके मनोबल को तोलने के इरादे से ऋषि उनसे कहते हैं, तुम क्यों व्यर्थ ही शिव जैसे एक पागल के पीछे पड़ी हो? इससे तो अच्छा है कि विष्णु की कामना करो। वह सुंदर हैं, और सब तरह से महादेव से श्रेष्ठ हैं। यह सुनकर पार्वती का उत्तर नम्र होकर भी दृढ़ होता है। वह अपनी प्रतिज्ञा पर अटल रहती हैं। कहती हैं—

सत्य-सत्य शिव अशिव-घर, विष्णु सकल-गुण-धाम;
जाको मन रम जाहि सँग, ताहि ताहि सन काम।

उद्धव को अपने ज्ञान का गर्व है। श्रीकृष्ण उनका यह अहंकार तोड़ना चाहते हैं। साथ ही, एक्क दूसरे मन का बल भी उन्हें दिखाना चाहते हैं। इस विचार से वह उद्धव को गोपियों के पास अखिल व्यापक निरंजन ब्रह्म का उपदेश करने के लिए भेजते हैं। उद्धव गोपियों के बीच में व्यापक ब्रह्म की कथा सुनाते हैं, और गोपियाँ बार-बार उनसे श्रीकृष्ण का कुशल तथा अन्यान्य संवाद पूछती हैं, बार-बार उद्धव को उनके विषय से अलग कर देती हैं पर वह भी अपने ज्ञान-हठ पर अड़े रहते हैं। वह भी बार-बार वैराग्य की वाणी के प्रभाव से उनका प्रेमजन्य मोह दूर कर देना चाहते हैं। पर गोपियों का प्रेम शरीर-प्रेम नहीं था। उसमें कृष्ण की चेतन सत्ता थी, जिससे उनके हृदय का मोहान्धकार दूर हो चुका था। वे प्रेम ही की वाणी में जो उत्तर देती हैं, उसका फिर प्रत्युत्तर उन्हें उद्धव से नहीं मिलता—

ऊधो, मन न होहिं दस-बीस।
एक रह्यो सो गयो स्याम सँग,
काह करब अज, ईस?

और 'राधे-दृग-सलील-प्रवाह में सुनौ हौ ऊधौ, रावरे समेत ज्ञान-गाथा बहि जवैगो' आदि सुनकर प्रेम के प्रभाव से उद्धव मौन ही रह जाते हैं। यह यहाँ का मानसिक बल है, अपना अटल विश्वास, जिससे अपने सम्पूर्ण कार्य सार्थक हो जाते हैं। यही अंग्रेजों का Concentration power (एकाग्रता शक्ति) है। The real I is real He. अर्थात् यथार्थ मैं और यथार्थ वह (ईश्वर) एक ही है, अतः अपने पर यथार्थ विश्वास और उस पर अकृत्रिम विश्वास एक ही है।

जन्म कोटि शत रगर हमारी;
बरौं शम्भु, न तु रहौं कुमारी।

यह अपनी शक्ति पर विश्वास है, और

नट-मरकट इव सबहिं नचावत;
राम खगेस वेद अस गावत।

यह ईश्वर पर किया गया विश्वास है। यहाँ ईश ही शक्ति सफल-काम है।

हिंदू और मुसलमानों के सामाजिक आचार-व्यवहार और वेष-भूषण आदि निस्संदेह एक-दूसरे से नहीं मिलते; परंतु यह कोई बहुत बड़ा भेद नहीं। कारण, मनुष्य की जाँच उसकी मनुष्यता और उसके उत्कर्ष से होती है, और वहाँ ये दोनों जातियाँ एक ही पथ की पथिक तथा एक ही लक्ष्य पर पहुँची हुई जान पड़ती हैं। हिंदू सभ्यता बहुत पुरानी है और मुसलमान-सभ्यता हिंदुओं के मुकाबले बहुत आधुनिक। यह तो हम दावे के साथ कहेंगे कि जहाँ भी सभ्यता ने अपने उत्कर्ष के प्रति संसार को आकृष्ट करना चाहा है, जहाँ कहीं उसकी सुप्त अपार शक्ति जाग्रत हुई है, वहीं, किसी-न-किसी रूप में, प्रत्यक्ष या प्रकृति की अपर शक्तियों की तरह परोक्ष रीति से, हिंदू-सभ्यता के बीज संचालित हो गए हैं। आज संसार में जितने भी धार्मिक विचार अपना आधिपत्य जमाए हुए हैं, वे सब हिंदुओं के किए हुए विचारों के अनुवाद से-प्रतीत होते हैं। हमारा विचार है कि यह हिंदुओं की ही मानसिक दुर्बलता है, जिसके कारण वे हर तरह से पराधीन हो रहे हैं। यदि वे अपने-आपको पहचानें, तो उनके भीतर के भेदभाव तो दूर हों ही, किंतु संसार में एक अद्‌भुत साम्य का प्रचार भी हो, जिसकी अब तक संसार के लोग प्रतीक्षा कर रहे हैं। जहाँ प्रतिद्वंद्विता के भाव प्रबल हैं, वहाँ मानवीय शक्ति भी नहीं, पशुशक्ति काम करती है, चाहे कितने ही बड़े-बड़े शब्दों तथा वाक्यों की आवृत्ति वहाँ की जाए। मानवीय प्राथमिक शक्ति का विकास ही कार्य की शक्ति है। धर्म के अनुकूल चलकर शक्ति को विकसित करना। यही शास्त्रीय शिक्षा है। पर आज इसके प्रमाण बहुत ही कम रह गए हैं। पाशविक वृत्तियों की प्रबलता मानवीय वृत्ति को, जिसे प्रवृत्ति कहते हैं, दबाए हुए है। युग-धर्म ही कुछ ऐसा बन रहा है कि प्रवृत्तिमूलक बातें अत्यंत रुचिकर मालूम देती हैं यद्यपि उनसे पतन के सिवा एक इंच भी उत्थान की गुंजाइश नहीं है। यही कारण है कि समाज के विवेक की तुला टूट गई है। बड़े-से-बड़े और छोटे-से-छोटे, सब मनुष्य,

सब संप्रदाय अंधानुसरण को ही सनातन-धर्म या अपना सच्चा मजहब समझ रहे हैं। उधर विज्ञान के प्रकाश ने वहाँ के मनुष्यों के हृदय से यह विश्वास ही दूर कर दिया है कि ईसा को भजोगे, तो डूबते वक्त पानी में आप ही जमीन बन जाएगी। वहाँ नास्तिकता का राज्य है, यहाँ अंधानुकरण का। संसार की अशांति इस तरह कब दूर हो सकती है? मोटर, रेल, तार, जहाज, मशीनगन, ऐरोप्लेन, टारपेडो, मेन ऑफ् वार और तीस मील की चाँदमारी करने वाली तोपें, बम, तरह-तरह की विषैली बारूदें हजारहा मशीनें, ये सब अभाव ही की आग भड़काने वाले हैं; इनसे कुछ मनुष्यता की प्राप्ति नहीं होती। यूरोप में जो दो-चार मनीषी मनुष्यता के तत्त्व को समझकर उसका प्रचार तथा प्रसार करते हैं, उन्हें वहाँ के गवर्नमेंट से तिरस्कार ही मिलता रहता है। प्रभुता स्वयं अनिष्टकर है, इसलिए विभूतिपाद के आचार्यगण मनुष्यता के दायरे से सदा हीं निकाले हुए रहे हैं। मनुष्यता किसी कीमत से नहीं मिलती। वह तो एक प्रकार की शिक्षा है, जिस पर अभ्यास दृढ़ हो जाने पर मनुष्य, मनुष्य कहलाता है। भारत की राष्ट्रोन्नति के लिए जो अनेक प्रकार की चर्चाएँ सुनने में आती हैं, उनसे प्रतीत होता है कि यहाँ लोगों की आँखों में यूरोप का ही चश्मा लगा हुआ होता है, और वे बेचारे झूठ बोलकर जिंदगी-की-जिंदगी पार कर देखने वाले भारतवर्ष के वकील-लीडर यह क्या जानें कि यहाँ की शिक्षा किस रंग की चिड़िया थी? भारतवर्ष में जो सबसे बड़ी दुर्बलता है, वह शिक्षा की है। हिंदुओं और मुसलमानों में विरोध के भाव दूर करने के लिए चाहिए कि दोनों को दोनों के उत्कर्ष का पूर्ण रीति से ज्ञान कराया जाए। परस्पर के सामाजिक व्यवहारों में दोनों शरीक हों, दोनों एक-दूसरे की सभ्यता को पढ़ें और सीखें। फिर जिस तरह भाषा में मुसलमानों के चिह्न रह गए हैं, और उन्हें अपना कहते हुए अब किसी भी हिंदू को संकोच नहीं होता, उसी तरह मुसलमानों को भी आगे चलकर एक ही ज्ञान से प्रसूत समझकर अपने ही शरीर का एक अंग कहते हुए हिंदुओं को संकोच न होगा। इसके बिना, दृढ़ बंधुत्व के बिना, दोनों की गुलामी के पाश कट नहीं सकते, खासकर ऐसे समय जबकि फूट डालना शासन का प्रधान सूत्र है।

हिंदुओं की जो मानसिक स्थिति पहले थी, वह मुलसमानों के आक्रमण-काल तक नहीं थी। पंच-देवताओं की उपासना में पड़े हुए हिंदू द्वैतवादी हो रहे थे। यों तो भारतवर्ष की धार्मिक स्थिति भगवान् बुद्ध से पहले ही बिगड़ गई थी। बुद्ध के आने के बाद कुछ सुधरी, और यही कारण है कि बुद्ध-काल में कला के विस्तार के साथ-ही-साथ भारत की शासन-शृंखला भी सुदृढ़ हो गई थी। भगवान् शंकर के आविर्भाव के पश्चात् भी भारतवर्ष की कुछ अच्छी अवस्था थी। पर देश सब तरह से मानसिक दुर्बल हो रहा था। वह शंकराचार्य द्वारा प्रचारित अद्वैतवाद की धारणा करने में समर्थ नहीं रहा। उसे एक ऐसे धर्म की जरूरत पड़ी, जो सरस हो, और गृहस्थों के सामने त्याग का महान् आदर्श न रख उन्हें कोई प्रेम तथा पूजा का मार्ग

बतलाए। मनुष्यों के मन के अनुकूल धर्म का भी उद्भव हो जाता है। भगवान रामानुज ने वैष्णव धर्म का प्रचार किया। इसमें ईश्वर और संसार, दोनों रहे। अद्वैत की सूक्ष्म छान-बीन नहीं रही। किंतु रस से भरा हुआ एक दूसरा ही प्रेम-धर्म लोगों के सामने आया। चूँकि साधारण मनुष्य जन्म से ही मूर्तिप्रेमी हुआ करता है, और संसार के अस्तित्व पर विश्वास रखता है, इसलिए यह विशिष्टाद्वैतवाद उस समय के लोगों को बहुत पसंद आया। भारतवर्ष में आज भी अधिकांश मनुष्य इसी सम्प्रदाय की शाखा-प्रशाखाओं में शामिल हैं। परंतु मूर्ति स्वयं ससीम होती है, इसलिए उसके उपासक भी, ससीम होने के कारण, भाव तथा क्रिया की भूमि में छोटे ही होते गए। महाभारत के समय से लेकर कई बार महापुरुषों ने भारतवर्ष को गिरने से रोकने की चेष्टाएँ कीं; पर स्वाभाविक गति में कोई रुकावट हो नहीं सकती। जिस हद तक इस देश को गिरकर पहुँचना था, उस अवश्यम्भावी परिणाम को कौन रोकता? वह गिरता ही गया। उधर दीन-इस्लाम की नई रोशनी अद्वैतवाद से भरी हुई फैली। उसका वह नवीन वेग कोई भी देश नहीं रोक सका। भारत भी जिस मानसिक अवस्था को प्राप्त था, उसके लिए हारना स्वाभाविक ही था। वह हारा। किसी भी बृहत् तथा व्यापक वस्तु या धर्म से कोई भी ससीम वस्तु या धर्म हार जाता है। ससीम ही रहने के कारंण भारत की शक्ति भी खण्डशः हो रही थी। मुसलमानों की संगठित तलवारों की चोट से भारत का स्वाधीन दंभ चूर-चूर हो गया।

हिंदुओं के साथ मुसलमानों का यह प्रथम संबंध हुआ जेता और विजित के भावों से। वे शासन भी करने लगे। उस समय के संगठित मुट्ठी-भर मुसलमान किस तरह आतंक की तरह तमाम भारतवर्ष में फैल गए, यह पढ़कर आश्चर्य होता है। उनकी दक्षता, उनकी कार्यपटुता के प्रभाव से राजपूत शक्ति ने भी उनका आधिपत्य स्वीकार कर लिया। जहाँ देखिए, जिस प्रांत में देखिए, मुसलमानों का ही शासनाधिकार हो गया। पठानों के बाद मुगल आए। ऐयाशी में पड़कर पठान दुर्बल हुए, और उस दिन तक यह प्रचार किया जाता था कि एक मुसलमान 50 हिंदुओं के लिए काफी है। और, यह सब हिंदुओं की ही कमजोरी है। इस समय कुछ को छोड़कर प्रायः सभी हिंदू क्षुद्रतम सीमा में बँधे हुए हैं। यही कारण है कि देश शताब्दियों के लिए पिछड़ा हुआ नजर आ रहा है। मुसलमान भी अब वे मुसलमान नहीं रहे। एक प्रकार की कट्टरता मूर्खता से मिली हुई रह गई है। इन दोनों जातियों के सुधार के लिए मनुष्यता की शिक्षा आवश्यक है, जिससे एक-दूसरे के प्रति प्रेम तथा आदर-भाव धारण करें। तब तक यूरोप का वर्तमान धर्म अवश्य ही नष्ट होगा। वहाँ विज्ञान की चर्चा से जिस नास्तिकता का उदय हुआ है, उससे सुफल के ही होने की संभावना है। चरम नास्तिकता और चरम आस्तिकता एक ही बात है। शून्य को चाहे कुछ नहीं कह लीजिए या सबकुछ। वह पूर्ण भी है और कुछ भी नहीं, यह आस्तिकवाद और नास्तिकवाद का रहस्य है। यही कपिल, बुद्ध और नास्तिक दर्शन कहते हैं और यही·

वेदांत, गीता और पातंजल आदि आस्तिक दर्शन। यही सबसे ऊँची भूमि है। यहीं हिंदू और मुसलमान परस्पर मिलते हैं। यूरोप के भौतिक विज्ञानवाद को और एक सीढ़ी चढ़ना है, बस। सब फैसला वही प्रकृति कर देगी, जिसने इतना सब चमत्कार पैदा किया है। फिर ये सब 'यथा पूर्वमकल्पयत्' ही रहेंगे, अन्यथा मनुष्य की जीवन-प्रगति रुकेगी। मशीन के पहिये जितना तेज चलते हैं, आदमी की चाल उतनी ही द्रुत बंद होती है। इस पर बहुत-कुछ लिखा-पढ़ी हो चुकी है, और होती जा रही है। यही कारण है कि महात्माजी का चर्खावाद यहाँ की अपेक्षा यूरोप के किसानों को अधिक पसंद आया है, और वे अपने जीवन को अन्नवस्त्रोत्पादन के पश्चात् शुभचिंतन में लगाने का प्रयत्न भी कर रहे हैं। जब-तब अनेक प्रकार के वितंडावाद भारतवर्ष में चक्कर काट रहे हैं, तब तक यदि हिंदू और मुसलमान अपनी-अपनी यथार्थ प्राचीन शिक्षा को प्राप्त कर दबाने या दबने वाले अपर भावों को त्यागकर आपस में मैत्री स्थापित करके एक-दूसरे के उत्कर्ष को समझने की चेष्टा करें, तो दोनों के लिए उन्नति का रुका हुआ रास्ता निस्संदेह खुल जाएगा।

—1929

वर्तमान हिंदू-समाज

आजकल हिंदू-जाति के जीवन में जिस तरह की गंदगी भर गई है उसको देखते सुधारकों का यह कहना अनेक स्थलों में सत्य है कि समाज की प्राचीन नालियों से होकर वह गंदगी बह नहीं सकती; उन नालियों के मुँह भर गए हैं; सदियों का कूड़ा उनमें जम गया है, और उस समय की वे नालियाँ अब किसी तरह भी काम की नहीं रह गईं, वर्तमान सभ्य संसार का सामाजिक प्रवाह जैसा है, हमें भी उसी तरह की नई-नई नालियाँ काटकर तैयार करनी चाहिए, नहीं तो अपर देशों का मुकाबला नहीं कर सकेंगे। जो प्राचीन विचारों के विद्वान् हैं, और सुधारक भी, वे कहते हैं, नहीं, उन्हीं पुरानी नालियों को साफ कर लेने से हमारा सामाजिक जीवन पूर्ववत् स्वच्छ तथा सुखमय हो जाएगा, और हम अपनी ही मौलिकता के सहारे सभ्य संसार के सामने अपनी विशेषता रख सकेंगे, जो हमारी अपनी चीज है, और सभ्य संसार को भी जिसके विकसित रूप से कुछ शिक्षा मिल सकेगी। कुछ लोग वर्णाश्रम-धर्म-विभाग आदि की इस समय कुछ भी आवश्यकता नहीं मानते; कुछ लोग उसी को पूर्ववत् कायम रखना हिंदू-समाज के लिए हितकर समझते हैं। इस तरह के विचारों के घात-प्रतिघातों का ही यह फल है कि नई सभ्यता के अनुकूल बंगाल में राजा मोहन राय जैसे समाज सुधारक को सामाजिक स्वतंत्रता तथा उदारता के विचार से

ब्राह्म-समाज की स्थापना करनी पड़ी। इधर पश्चिमोत्तर प्रांतों में स्वामी दयानंद जी ने आर्य समाज की स्थापना की। इन सामाजिक सुधारों को देखते हुए और-और जातियों के लोग भी अपने-अपने फिरके में सुधार तथा उन्नयन करने लगे। बढ़ई लोगों ने अपने को कोकाश-पांचाल-ब्राह्मण सिद्ध किया, कायस्थों ने ब्राह्मण और क्षत्रिय दोनों, किंबहुना अहीर, लोध, कलवार आदि ने भी अपनी संगति के अनुकूल क्षत्रिय आदि की उपाधि धारण की। राज्य अंगरेजों का है, किसी के प्रति इस पदवी-ग्रहण के कारण उच्च जातियों के लिए विरोध करने का अधिकार नहीं रह गया।

ये पदवियाँ भी सरकार की नहीं, अतः उसके भी हस्तक्षेप का कोई काम नहीं। पुनश्च इन पदवियों को ग्रहण करने वाले एक-एक बुनियाद पर ही ऐसा करते हैं, जिसके कारण उनमें भी कुछ आत्मबल है। समाज के पुराने ब्राह्मण-क्षत्रिय इन नए ब्राह्मण-क्षत्रियों की दिल्लगी तो खूब उड़ाते हैं, कहीं-कहीं मूर्खतावश इनके प्रतिकूल आचरण भी कर बैठते हैं, पर कुछ बना-बिगाड़ नहीं पाते। अभिप्राय यह कि एक ओर ब्राह्म-समाज जैसी सब मनुष्यों को समान मानने वाली संस्था भी यहाँ है, और नवीन ब्राह्मण-क्षत्रिय भी प्रतिदिन किसी-न-किसी साँचे से ढलते जा रहे हैं, आर्य-समाज जैसी वेद-वाद की संस्था भी है, और जाति-पाँति-तोड़क-मंडल भी यहाँ संगठित हो रहा है। सनातन-धर्म का तो कहना ही क्या? गृहस्थों की अनेक छूत-अछूत जातियों की तरह तपश्चारियों की भी अगणित कोटियाँ हैं। इस सामाजिक परिस्थिति के भीतर जो तूफान उठ रहा है, उसमें दिग्यन्त्र से दिशाओं का निर्णय भले ही हो, पर विक्षुब्ध तरंगों से सुधार का पोत आगे नहीं बढ़ने पाता। यों तो व्यक्तिगत स्वतंत्रता ही है, जिसके जी में जो बात उठती और बैठ जाती है, वह वही कर डालता है, किंतु इसके अलावा भी यहाँ एक बात प्रत्यक्ष दीख पड़ती है। हर जाति दूसरी जातियों से पृथक है, अपने सुधार के लिए वह अपने ही को उत्तरदायी समझती और अपने ही समाज के सुधारक का कहना मान सकती है। कहीं-कहीं समाज ही के लोगों ने किसी विशेष परिस्थिति में पड़कर अपनी सामाजिक व्यवस्था का उल्लंघन किया है। जैसे ब्राह्मण-कन्या का वैश्य वर के साथ विवाह होना। अवश्य वहाँ कन्या योग्य थी, उसके योग्य वर ही मिला। कहीं-कहीं, और प्रायः ब्राह्मणों की साधारण श्रेणियों में, विवाह न होने के कारण एक-से-एक सामाजिक उल्लंघन देखने को मिलते हैं। वे इतर-से-इतर जाति की कन्याओं से विवाह कर लेते हैं। अवश्य इसके पश्चात् ब्राह्मणों में उनका खान-पान नहीं रह जाता। पर ऐसे उल्लंघन अपढ़ अशिक्षितों में भी होने लगे हैं। रखेलियाँ रखना तो आजकल की बहुत साधारण बात हो गई है। सारांश यह कि सनातन-धर्म या कोई धर्म नाम-मात्र के लिए रह गया है। उसका पालन कहीं भी नहीं होता। सनातन धर्म का अर्थ यही है कि आचार-संबंधी थोड़ी-सी कवायद रह गई है। वह भी विदेश के लिए उतनी दृढ़ नहीं।

देश के नवीन समाजों ने, जैसे ब्राह्म-समाज तथा आर्य-समाज, बहुत बड़ी उदारता

दिखलाई है। इन दोनों समाजों के भीतर बहुत बड़े-बड़े नर-रत्न पैदा हुए। आज भी अज्ञान के अंधकार में डूबा हुआ हिंदू-समाज विदेश-यात्रा का विरोध करता है। उन दिनों, जब अंग्रेजी-शिक्षा का पहला दौरदौरा था, विलायत से लौटते हुए लोगों के लिए हिंदू-समाज में कहीं भी जगह न थी, शिक्षित लोग इस हृदय-हीनता के कारण ईसाई हो जाते थे, अंत तक, विलासिता के बढ़ने के साथ-ही-साथ बंगाल में अंग्रेजी-शिक्षित कालेजों के लड़के धड़ाधड़ ईसाई होने लगे, ब्राह्म-समाज ने ही इनकी रक्षा की। इधर सनातन-धर्म के खोखलेपन का आर्यसमाज ने दिग्दर्शन कराना शुरू किया। अवश्य आर्यसमाज की बहुत-सी बातों में कट्टरता ही प्रबल थी; पर वह जैसे यहाँ के लोगों की प्रकृति के अनुकूल हो। उससे भी लोगों के उत्थान में काफी मदद मिली। यहाँ के संगठन के लिए तो आर्यसमाज को ही एकमात्र श्रेय प्राप्त है। उसी ने यहाँ के लोगों को हिलाया-झुलाया, और अब एक प्रकार से उठाकर खड़ा कर दिया है। हिंदुओं के सबसे अधिक महत्त्व के ग्रंथ वेदों को आधार माना, और इस तरह अनेकानेक वाद-विवादों से हटाकर उन्हें एक ही मार्ग पर लाकर खड़ा कर दिया। वेदों की चर्चा होने लगी, और दो-चार अच्छे वैदिक विद्वान् भी पीछे तैयार कर दिए।

रामकृष्ण-मिशन इसी तरह की, कुछ पीछे से प्रतिष्ठित, एक ऐसी ही संस्था है, जिसके नायक स्वामी विवेकानंदजी हैं। श्रीरामकृष्ण देव एक अद्‌भुत महापुरुष अवतार कोटि के, स्वामी दयानंदजी के समकालीन हो गए हैं। उनके शिष्यों में प्रमुख स्वामी विवेकानंदजी ने अमेरिका से लौटकर इस मिशन की स्थापना की। स्वामी विवेकानंदजी की विचार-शृंखला यहाँ सब धर्मों, सब संप्रदायों के अनुकूल है। वह अद्वैतवादी थे। पर उनकी द्वैत, विशिष्टाद्वैत, द्वैताद्वैत, शुद्धाद्वैत, सब विभागों में गति थी। वह तत्त्वदर्शी महापुरुष थे। यद्यपि ऊँची-ऊँची बातों को छोड़कर, ज्ञान-भूमि को त्यागकर, साधारण सुधार की भूमि में वह बहुत कम आए हैं, फिर भी वर्तमान समाज के प्रति उनकी क्या धारणा थी, यह बहुत कुछ उनकी थोड़ी-सी उक्तियों से जाहिर हो जाता है। मदरास की परिया आदि जातियों के प्रति उनकी अपार संवेदना प्रकट होती है। वह वेदांत के ज्ञान-धर्म में सब जातियों को समान अधिकार देते हैं। उनके अनेक पाश्चात्य शिष्य भी हैं। रामकृष्ण-मिशन में, श्रीरामकृष्ण की जन्म-तिथि के उत्सव के समय, सब जातियों को एक ही पंक्ति में बैठकर प्रसाद पाने के लिए आमंत्रित करते हैं, और बंगाल में यहीं पहले-पहल सब वर्णों के लोगों ने (कट्टर सनातनी होते हुए भी) एक ही पंक्ति में बैठकर प्रसाद पाया। वहाँ अब तक यह प्रथा जारी है। पर किसी पर दबाव कुछ नहीं। लोग, न जाने क्यों, यह सब जाति-पाँति का झमेला वहाँ नहीं रखते। पहले यह प्रथा केवल जगन्नाथजी की पुरी में थी, जो अब तक चली आ रही है। स्वामीजी तमाम हिंदू-जाति के लिए कहते हैं—We are Vendantists. यहाँ बहुत बड़ा भाव छिपा हुआ है—बहुत बड़ा सुधार इस उक्ति में है। यहाँ जाति-पाँति का कोई भेद नहीं, सब लोग परस्पर ज्ञान-संबद्ध हो जाते हैं, और सुधार की जो

मुख्य बात है, वह भी आ गई है। यहाँ वर्णभेद नहीं। कारण, सभी 'अमृतस्य पुत्राः' हैं। जो दूसरे सांसारिक मुनष्य हैं, वे अपने सम-विचार, सम-आचार, सम-शिक्षा, सम-धर्मवालों से संबंध करेंगे ही। पर ज्ञान-मार्ग के यात्री विरक्त साधु का दिया हुआ उपदेश इससे अच्छा और क्या होगा? वह एक ही श्रुति-वाक्य के द्वारा सब भारतवासियों की रूह का पता दे रहा है, और इस तरह परस्पर दृढ़ संबंध होने की सूचना। महापुरुष केवल इंगित करते हैं, उसके अनुसार कार्य करना, साधारण जनों का फर्ज है। आज 'जाति-पाँति-तोड़क-मंडल' को स्थूल रूप से भी जाति-पाँति की आवश्यकता नहीं दीख पड़ती। सन्तरामजी की पुरअसर बातें निष्पक्ष पाठकों के हृदय में पूरी सहानुभूति पैदा कर रही हैं। अन्त्यजों की शिक्षा-दीक्षा तथा अधिकारों की वृद्धि भी क्रमशः होती जा रही है। महात्माजी ने भी अन्त्यजों के लिए बहुत कुछ कहा है। स्वामी विवेकानंदजी ने बड़े जोरदार शब्दों में कहा है—"ऐ भारत के उच्च वर्णवालो, तुम्हें देखता हूँ तो जान पड़ता है, चित्रशाला में तस्वीरें देख रहा हूँ। तुम लोग छायामूर्तियों की तरह विलीन हो जाओ, अपने उत्तराधिकारियों को (शूद्रों को) अपनी तमाम विभूतियाँ दे दो, नया भारत जग पड़े।"

भारतवर्ष में अधिकारियों-उच्च वर्णवालों का उन्माद द्वापर से ही बढ़ रहा है। भगवान श्रीकृष्ण के धर्मराज्यसंस्थापन में यहाँ दीख पड़ता है कि उन्होंने दृप्त क्षत्रियों की शक्ति का नाश करा दिया। अपार परिश्रम के पश्चात धर्मराज्य या शांति की स्थापना की। गीता में सब धर्मों का समन्वय किया। वाद-विवाद की जड़ काट दी, जिससे उत्तेजना के कारण आसुर भावों के बढ़ने तथा फैलने की शंका न रह गई। पर कुछ काल बाद फिर ब्राह्मणों के मस्तिष्क में स्पर्धा ने प्रचंड रूप धारण किया। भगवान् बुद्ध आए। अब की ब्राह्मणों के शास्त्र-शस्त्र भी उड़ा दिए गए। वैदिक सभ्यता ही न रह गई। उन्होंने अपनी तपस्या से प्राप्त ज्ञान की ज्योति फैलायी। शिक्षा का माध्यम रहा उसी समय की प्रचलित भाषा। साधारण जनों को यह बात बहुत पसंद आई। कुछ काल के लिए फिर भारत में सुख-शांति का साम्राज्य हुआ। पर इसके बाद ही आचारवान् ब्राह्मणों ने फिर सिर उठाया। भगवान् शंकर ने बौद्धों को परास्त कर वेदों का उद्धार किया। बौद्धों के शून्यवाद का 'सच्चिदानंद' के 'अस्ति, भाति, प्रिय' द्वारा खंडन किया। बुद्ध के विशाल हृदय के कारण जो अधिकारियों का भेद न रह गया था, वह शंकर के समय घोर अधिकार-भेद को लेकर खड़ा हुआ। अधिकारियों का भेद न रखने से बौद्ध-धर्म शीघ्र ही नष्ट हो गया, सब वर्णों तथा उभय लिंगों के एकत्र वास के कारण आचरण शुद्ध नहीं रह सके। इधर ब्राह्मणों में आचार-निष्ठा थी। वे आस्तिक थे पर हृदयहीन थे, जैसा कि मस्तिष्क और हृदय में कुछ वैषम्य रहता है। ब्राह्मणों के आचारवान् होने के कारण भगवान् शंकर ने उन्हें ही सर्वोत्तम अधिकारी चुना। यही कारण है कि आज नए सुधारक, जिन्हें शूद्रों का पक्ष लेना होता है, शंकर पर शूद्र-विरोध का लांछन लगाते हैं। पर शंकर किसी के विरोधी

और किसी के मददगार नहीं थे। उन्होंने मार्जन को देखकर अधिकारियों का निर्वाचन किया है। शंकर की दृष्टि केवल चमक पर थी, और वह धर्म की रक्षा अधिकारियों में ही समझते थे। इसलिए उनके नियम बड़े कठोर हुए। वैदिक ज्ञान की मर्यादा तथा महत्त्व को स्थिर रखने के लिए शूद्रों के प्रति उनके अनुशासन बड़े कठोर हैं। यही कारण है कि शूद्र उन्हें अपना शत्रु समझते हैं। कुछ हो, शंकर का महान् मस्तिष्क-धर्म भी अधिक काल तक यहाँ स्थायी नहीं रह सका। उनका आदर्श इतना ऊँचा था कि उस समय की क्रमशः क्षीण होती हुई प्रतिभा उस उज्ज्वलता को धारण नहीं कर सकी। शंकर का आगमन जैसे वैदांतिक प्रतिष्ठा के लिए ही हुआ हो, जैसे ज्ञानकांड की स्थापना तथा बौद्धों के उच्छेद के लिए ही वह आए हों। शंकर के बाद भारत को शीघ्र ही एक ऐसे धर्म की आवश्यकता पड़ी, जिसमें हृदय-जन्य सुख तथा अनुभूतियों का आधिक्य हो। फिर रामानुज आए। इनके बाद अब तक हृदय-धर्म का ही प्राबल्य रहा। वैष्णव-धर्म के अंतर्गत भी जाति-पाँति का भेद नहीं रहा। अनेक उपाख्यान तथा कथा-कहानियाँ इस जातिवैषम्य को धर्म से मिटाने के लिए रची तथा प्रचारित की गईं। "आचांडालाप्रतिहतरयो यस्य प्रेम-प्रवाहः" उन भगवान् मर्यादा-पुरुषोत्तम श्रीरामंद्र का तमाम साधना-जीवन अन्त्यजों, भीलों, मनुष्यों, अशिक्षितों, निशाचरों के बीच में व्यतीत होता है।

जिहिं लखि लखनहु ते अधिक, भेंट महामुनिराव।
सो सीतापति-भजन को, प्रगट प्रताप प्रभाव।

—तुलसीदास

इस तरह की सहस्र-सहस्र उक्तियाँ प्रचारित हुईं, जिनसे अन्त्यजों के प्रति प्रगाढ़ स्नेह का परिचय मिलता है—"प्रभु तरुतर कपि डार पर, तिहि किय आपु समान" अन्त्यजों को साम्यभाव देने के भी उल्लेख मिलते हैं। 'वैष्णव-धर्म' इसका स्वच्छसलिला मंदाकिनी बन गई। यही कारण है कि भारतवर्ष के अधिकांश लोग इस तरफ आकर्षित हुए। समाज में यह घृणाजन्य बर्ताव तो रहा; पर गुरु के यहाँ ब्राह्मण-चांडाल एक ही थे। महाप्रभु श्रीचैतन्यदेव का वैष्णव-धर्म उदारता का प्रशांत महासागर है। कबीर के पास जातिभेद न था। रैदास की शिष्या रानी भी थी। सदन कसाई का नाम आज भी प्रातःकाल उठकर बड़े-बड़े ब्राह्मण बड़े चाव से जपते हैं। अधिक क्या, प्रत्येक समाज से उतने ही बड़े महापुरुष निकले हैं, जितने बड़े ब्राह्मण-समाज में हो सकते हैं। जो आत्मिक उत्कर्ष मंडन मिश्र ने वेदाध्ययन से प्राप्त किया था, वही उत्कर्ष व्याध मांस बेचकर प्राप्त करता है। पर यूरोप में किसी जूते गाँठने वाले अपढ़ की मर्यादा ऐसी नहीं कि वह लॉर्ड-खानदान के साथ बराबरी का व्यवहार करे। यहाँ की सामाजिक प्रणाली दूसरी ही थी।

वैष्णव-धर्म की उदारता के साथ ही भारतवर्ष में दुर्बलता खूब फैली। हृदयधर्म के कारण यहाँ के लोग सुखों की कल्पना में भूल गए। चारित्रिक पतन हुआ। अनेक

देव-देवियों की उपासनाएँ फैल गईं। साधारण कोटि के लोगों में विचारों की उच्चता न रही। वे उपन्यासों के पाठकों की तरह पुराणों के उपाख्यानों में आ पड़े। ज्ञान का विस्तार सीमा में बँध गया। अपढ़ रैदास भी जब ईश्वर प्राप्त करने लगा, और नाम की महत्ता का प्रचार हुआ, तब बस फिर क्या, माला जपना मुख्य और अध्ययन गौण हो गया। संसार की असारता तो भारतवर्ष में आज भी प्रबल है। फल यह हुआ कि द्विजाति भी विद्या से रहित, दुर्गुणों से भरे-पूरे होने लगे। इधर विश्वास भी रहा कि एक ही डुबकी गंगा में लगावेंगे, जन्म-जन्मांतर के पातक-पुंज को डुबा देंगे, और फिर ब्रह्म की ही तरह चमकते हुए निकलेंगे। ''तब कृपया चेत् स्रोतःस्नातः पुनरपि जठरे सोऽपि न जातः'' का पाठ बढ़ चला, या ''एरे दगादार, मेरे पातक अपार, तोहिं गंगा की कछार में पछारि छार करिहौं।'' पुराणों के उपाख्यानों का भीतरी रहस्य लोग भूल गए, उन्हें इतिहास के रूप में पढ़ने लगे। उन्हीं पर उनका विश्वास हो गया, जैसा कि अशिक्षितों का अंधविश्वास होता है। चारित्रिक पतन के कारण समाज में शिथिलता आई, और हेकड़ी, हठ, अभिमान, अहंकार आदि ने सिर उठाया, स्वामिजनों का सेवकों तथा शूद्रों पर अनुचित दबाव पड़ने लगा। यह भारतवर्ष की अशिक्षा का काल है, और एक प्रकार महाराज विक्रमादित्य के समय से ही शुरू होता है, जिस समय संस्कृत फूली-फली कही जाती है। अगर यह बात न होती, तो ग्रीक तथा रोमन सभ्यता के साथ-साथ भारतवर्ष की आधिभौतिक सभ्यता का विकास ही दीख पड़ता। इधर के ये इतने धार्मिक विप्लव भारतवर्ष की अशिक्षा के कारण ही हुए जान पड़ते हैं। मुमकिन है, चूँकि ग्रीस पहले सौंदर्य का उपासक था, उसकी सौंदर्य की देवी वेनस ही उपासना की अधिष्ठात्री थीं, इसलिए भारत को इसमें आसुरी भाव मिले हों, और उसने इस तरह की शिक्षा से नफरत की हो। पर, जान पड़ता है, ग्रीस के सौंदर्य के उपवन की उन अप्सराओं से भारत को संग्रहण के योग्य चन्द्रगुप्त की हेलेन के अतिरिक्त और कुछ नहीं मिला। यहाँ कुछ उसने भले ही सीखा हो, या चन्द्रगुप्त की तरह किसी-किसी ने सेना-निवेश या व्यूह-रचना आदि सामरिक नियम कायदे सीखे हों; भारत ने रोम की राजनीति, दृढ़ व्यवस्था, मार्गों की सरलता-बड़ी-बड़ी प्रशस्त सड़कें बनवाना भी नहीं सीखा। यह शायद इसलिए कि इसे रामराज्य की प्रजा होने का गर्व था।

अभिप्राय यह कि पश्चिम के उत्कर्ष के दिनों में उससे साम्य तथा मैत्री की स्थापना भारतवर्ष ने नहीं की। किसी प्रकार का भौतिक संबंध, जिससे एक जाति अपर जाति से आदान-प्रदान करती है, राज्य की व्यवस्था बदलती तथा अनेक प्रकार के उत्कर्ष करती है, नहीं स्थापित किया। यह सब अज्ञान, पारस्परिक विरोध तथा व्यर्थ का स्वाभिमान ही जान पड़ता है। दूसरे मनुष्य को मनुष्य न समझना, यह वृत्ति बहुत पीछे मुसलमानों के शासनकाल में भी भारतवर्ष के लोगों की थी, और अब तक 98 फीसदी लोगों की यही धारणा बनी हुई है। चन्द्रगुप्त उच्च वर्णों का नहीं

समझा जाता था, अतएव हेलेन का विवाह बहुत बड़ा जातीय महत्त्व नहीं रखता तथा बापा रावल का गजनी की शाहजादी से विवाह करना प्रेम के पतन का ही परिचायक हुआ है। कारण शाहजादी के लड़के का उन्होंने कोई हिंदू नाम नहीं रखा। उसका नाम शायद खुमान रखा गया था। भीम से हिडिम्बा का विवाह भी यही परिणाम सूचित करता है। वह कोई सिंह नहीं हुआ, हिडिम्बा का पुत्र होने के कारण वह घटोत्कच ही रहा। विवाह तो वह है, जिससे पुत्र पिता के गुण-धर्म का अधिकार प्राप्त करता है। ये सब भारत के सामाजिक पतन के ही चिह्न हैं, जिनके परिणाम की चिंता नहीं की गई। आज भी कितने ही तअल्लुकदारों की यवनी नर्तकियों के पुत्र हिंदू पिता के कलंक-स्वरूप जी रहे हैं। दूसरी जातियों के प्रति यह नफरत ही भारत के पतन की धात्री है। हम देखते हैं, मुहम्मद गोरी पंजाब पार कर आया; पर कई बार के विजयी महाराज पृथ्वीराज संयुक्ता के साथ विलास-वाटिका में विहार कर रहे हैं। उन्हें जरा भी चिंता नहीं, कुछ भी खबर नहीं कि शत्रु-सैन्य की कितनी संख्या है। दूसरे देशों में गुप्तचर नहीं घूमते, वहाँ की राज-व्यवस्था की कोई खबर नहीं आती। म्लेच्छों से आर्यगण भला क्या सीखते? उनके पास सीखने लायक था ही क्या? भारत के सामाजिक पतन का इससे बड़ा उदाहरण और क्या होगा? जब शत्रु घर में घेर लेता था, तब यहाँ के वीर तलवार उठाते थे। रहते संसार में थे; पर उससे लापरवाह रहकर ही जीना चाहते थे। ये कुल बातें अशिक्षा तथा अव्यवस्था की सूचक हैं। इस औद्धत्य के जमाने में यहाँ की शूद्र-शक्ति किस तरह प्रपीड़ित थी, यह सहज ही अनुमान किया जा सकता है।

मुसलमानी शासन-काल से ही यहाँ की शूद्र-शक्ति का अभ्युत्थान होता है। प्रकृति ने स्वयं ही शूद्रों के लिए क्षेत्र तैयार कर दिया। मुसलमानों के समय में हिंदू होने के कारण शूद्रों के साथ भी कोई रियायत नहीं होती थी। पर भिन्न शासन के कारण उच्च जातियों का वह रोब उन पर नहीं रह गया, बल्कि मुसलमानों से मोर्चा लेने के लिए एक बार फिर सब लोग छोटे-छोटे फिरकों में संगठित हो गए। यह एक प्रकार की धार्मिक लड़ाई होती रही। नीच जातियों के प्रति उच्च जातियों का कुछ स्नेह-बंधन रहा; परंतु फिर भी जो लोग हिंदू-अंग से छूटकर मुसलमान हो गए, उनमें अधिकांश पीड़ित होने के कारण ही हुए। हिंदुओं की सामाजिक व्यवस्था पूर्ववत् दृश्य मात्र रहने पर भी, ज्ञान से संबंध छूट जाने के कारण, वैसी सुदृढ़ नहीं रह सकी। यौवन के बाद के वार्धक्य की तरह उसकी तमाम हृष्ट-पुष्ट मांसपेशियाँ झूल पड़ीं, तनी हुई नसें ढीली पड़ गईं, जीवन मृत्यु की बाट जोहने लगा। इसके पश्चात् अंग्रेजी राज्य की स्थापना होने पर अखिल जातियों की उन्नति का द्वार ही खुल गया। राजा की दृष्टि में, कानून की निगाह में ब्राह्मण और चांडाल का भेद नहीं रहा। सबके लिए समान अधिकारों की राह खुल गई। इसमें अंग्रेजों का जो कुछ भी अभिप्राय हो, भारत की हिंदू-मुसलमानों की अनेक जातियों पर शासन जमाए

रखने के लिए इससे बेहतर तथा सर्वमान्य और कोई उपाय अंग्रेजों के पास नहीं था। इससे उच्च जातियों की हानि हुई, और शूद्र-जातियों को लाभ पहुँचा। वे अपनी बिगड़ी हालत के सुधार में लगे। उच्च जातियाँ क्रमशः गिरती ही गईं। उनके वे अधिकार नहीं रह गए, जो क्षत्रिय शासन-काल में थे। अदालत में एक शूद्र और ब्राह्मण की समान हैसियत रह गई। राजदृष्टि के अलावा बहिर्देशों में भी ब्राह्मण की कोई महत्ता नहीं रह गई। सब जगह गुणों का आदर होने लगा। इधर अशिक्षा के कारण ब्राह्मणों की स्थिति बिल्कुल खराब हो गई। वे कलकत्ते में जमादारी और बंबई में भैयागीरी करने लगे। फेरी करना, कपड़े से लेकर जूते तक की दूकान करना, मिठाई-पूड़ियाँ बेचना अधिक क्या, हल जोतना भी आरंभ कर दिया; पर पराधीनता के कारण जनेऊ पर उनका पूर्ववत् ही अधिकार रहा। इधर दूसरी-दूसरी जातियाँ उन्नति करने लगीं। अभिप्राय यह कि प्रकृति ने ही साम्य की स्थापना कर दी, सब जातियों के एक ही कार्य तथा एक ही अधिकार कर दिए। भारत के लिए अंग्रेजी राज्य का यही महत्त्व है कि तमाम शक्तियों का साम्य हो गया। इस समय जितने दुराचरण हो रहे हैं, वे अब वैषम्य में साम्य की स्थापना के लिए हो रहे हैं, जैसे प्रकाश के लिए अंधकार हुआ हो। कुछ काल पश्चात् यह उपद्रव भी न रह जाएगा। शूद्र-शक्तियों से यथार्थ भारतीयता की किरणें फूटेंगी। वे ही भविष्य के ब्राह्मण, क्षत्रिय और वैश्य हैं, और ब्राह्मण-क्षत्रिय आदि दृप्त जातियाँ शूद्र। खुदाई सजा ऐसी ही होती है। चिरकाल तक लड़कर ब्राह्मण-क्षत्रिय पस्त हो गए हैं। वे अब प्रकृति की गोद में विश्राम करना चाहते हैं। वे अब मुग्ध हैं, सोना चाहते हैं। उनका कार्य अब वे जातियाँ करेंगी, जो अब तक सेवा करती आई हैं। स्वामी विवेकानंद के कथनानुसार उनमें सेवा करते-करते अपार धैर्य और अविचल श्रद्धा के भाव भर गए हैं। भारत तभी तक पराधीन है, जब तक वे नहीं जागतीं। उनका कर्म के क्षेत्र में उतरना भारत का स्वाधीन होना है।

"न निवसेत् शूद्रराज्ये"* मनु का यह कहना बहुत बड़ा अर्थ-गौरव रखता है। शूद्रों के राज्य में रहने से ब्राह्मण-मेधा नष्ट हो जाती है। पर अब यवन और गौरांगों के 800 वर्षों के शासन के बाद भी हिंदोस्तान में ब्राह्मण और क्षत्रिय हैं, जो लोग ऐसा कहते हैं, वे झूठ तो बोलते ही हैं, ब्राह्मण और क्षत्रिय का अर्थ भी नहीं समझते। इस समय भारत में न ब्राह्मण हैं, न क्षत्रिय, न वैश्य; न अपने ढंग की शिक्षा है, न अपने हाथ में राज्य-प्रबंध, न अपना स्वाधीन व्यवसाय। प्रोफेसर अंग्रेज, मान्य शिक्षा पश्चिमी; शासन अंग्रेजी, शासक अंग्रेज; व्यवसायी अपर देश वाले वैश्य, व्यवसाय की बागडोर, माँग, दर का घटाव-बढ़ाव उनके हाथों। ऐसी परिस्थिति में चाहे काशी के पूर्वकाल के वैश्य 'स' महाशय संस्कृत पढ़ लेने के कारण ब्राह्मण की परिभाषा

---

* मालूम नहीं, शूद्र-राज्य या मलेच्छ-राज्य।

संस्कृतज्ञ करें, और हर भाषा के पंडित को हर जाति का ब्राह्मण मानें या कलकत्ते के करोड़पति विदेशी मालों के दल्लाल 'डागा' जी वैश्य-शिरोमणि अपने कों समझ लें, या सूबेदार मेजर जट्टासिंह अपने को आदर्श क्षत्रिय साबित करें, हैं सब शूद्र ही। म्लेच्छ-प्रभाव में रहकर कभी कोई पूर्वोक्त त्रिवर्ण में से किसी का अधिकार प्राप्त नहीं कर सकता। एक और बात यह भी है कि कोई राष्ट्र तब तक स्वाधीन नहीं हो सकता, जब तक उसके ये तीनों वर्ण—ब्राह्मण, क्षत्रिय, वैश्य जग न गए हों—उसकी मेधा पुष्ट, शासन स्वाधीन सुदृढ़ और वाणिज्य स्वायत्त तथा प्रबल न हो। गुलाम के मानी गुलाम, बाहरी और भीतरी परिस्थितियों का दास।

गुलाम जाति का उत्थान भी गुलामी से होता है। यहाँ ब्राह्मण होंगे, क्षत्रिय, वैश्य होंगे, उसके उत्थान की जरूरत क्या है? वह तो उठा हुआ है ही। उठने की जहाँ कहीं आवश्यकता हुई है, वहीं मोह या दास्य का अंधकार रहा है। वहीं स्वतंत्रता के आलोक की आवश्यकता हुई है—उठाने के लिए। और, उस प्रभात में उठीं भी वे ही जातियाँ, जो रात के पहले से सोयी हुई थीं, जिनकी नींद एक चोट खूब लग चुकी है। अतः अब जिस जागरण की आशा से पूर्वाकाश अरुण हो रहा है, उसमें सबसे पहले तो वे ही जातियाँ जागेंगी, जो पहले की सोई हुई—शूद्र, अन्त्यज जातियाँ हैं। इस समय जो उनके जागने के लक्षण हैं, वही आशाप्रद हैं, और जो ब्राह्मण-क्षत्रियों में दीख पड़ते हैं, वे जागने के लक्षण नहीं, वह पीनक है—स्वप्न के प्रलाप हैं। विरासत में पहले के गुण अब शूद्र और अन्त्यज ही अपनाएँगे। यहाँ की सभ्यता के ग्रहण करने का क्षेत्र वहीं तैयार है। ब्राह्मण और क्षत्रियों में उस पूर्व-सभ्यता का ध्वंसावशेष ही रह गया है। उनकी आँखों का वह पूर्व-स्वप्न अब शूद्रों तथा अन्त्यजों के शरीरों में भारतीयता की मूर्तियों की तरह प्रत्यक्ष होगा।

वर्तमान सामाजिक परिस्थिति पूर्ण मात्रा में उदार न होने पर भी विवाह आदि में जो उल्लंघन कहीं-कहीं देखने को मिलते हैं, वे भविष्य के ही शुभ चिह्न प्रकट कर रहे हैं। संसार की प्रगति से भारत की घनिष्ठता जितनी ही बढ़ेगी, स्वतंत्रता का ब्राह्म रूप जितना ही विकसित होगा, असवर्ण विवाह का प्रचलन भी उतना ही होता जाएगा। देश के कल्याणकामी यदि इन अनेक गौण बातों पर ध्यान न दें, एक शिक्षा के विस्तार के लिए प्रबंध करें, इतर जातियों में शिक्षा का प्रसार हो, तो असवर्ण विवाह की प्रथा भी जोरों से चल पड़े। अभी तो अशिक्षित लोग भी पूर्वकाल के ब्राह्मण-कुमारों से अपनी लड़की का विवाह नहीं कर सकते। अपने-अपने फिरके का सबको ख्याल है। वर्ण-समीकरण की इस स्थिति का ज्ञान विद्या के द्वारा ही यहाँ के लोगों को हो सकता है। इसके साथ-ही-साथ नवीन भारत का रूप संगठित होता जाएगा, और यही समाज की सबसे मजबूत शृंखला होगी। यही साम्य पश्चात् वर्ण-वैषम्य से—ब्राह्मण, क्षत्रिय, वैश्य के रूपों में पुनः संगठित होगा।

—1930

अपने को 'इंडियन' कहते हुए संकुचित नहीं होते, उसी तरह एक व्यापक जातीय शब्द, भारतवासियों के परिचय के तौर पर, गढ़ना जरूरी है। फिर धीरे-धीरे उसका प्रचार और उपयोग किया जाए। भारती या भारतीय भी एक शब्द हो सकता है।

हमारे सामाजिक सुधार दायरे के अंदर कभी नहीं हो सकते, क्योंकि दायरे को पार करना ही प्रकृति की स्वाभाविक क्रिया है। पहले के लोग, हमारा मतलब वैदिक काल से है, दायरे में कभी नहीं रहे। इसीलिए उनकी जातीयता भी मनुष्य के भीतर से पूर्णत्व है। पूर्ण मनुष्य किसी देश में नहीं बाँधा जा सकता। उसकी अनुभूति जिस तरह पूर्ण है, उसके आचरण भी उसी तरह स्वतंत्र, पर उच्छृंखल, और दूसरों को कष्टप्रद नहीं। पहले के मनुष्य यथार्थ विश्वात्मा थे, सच्चे विश्व-नागरिक। वे सब जातियों में मिल सकते थे, और सब जातियों को मिला सकते थे। सबको संस्कृत, शुद्ध रूप देते थे। उनका विरोध घेरे से था। घेरे के ही अनेक गुण और रूप अनार्य तथा आसुर भावों के निर्णायक हैं, इन्हीं से उनका विरोध था। विरोचन से भी कहा गया था, तुम वही हो, पर उसने इसका दुरुपयोग किया। उसने शरीर को यथार्थ सत्ता समझ लिया और भोग-विलास करने लगा। इससे वह और उसके अनुयायी असुर, राक्षस और दैत्य कहलाए। इंद्र बुद्धिमान था। बार-बार शंकाएँ लेकर गया। उसे आत्मा का ज्ञान हुआ।

अस्तु, विरोचन की तरह, पत्थर की मूर्ति को ही साक्षात् देवता समझने वाले हिंदुओं में, दिव्यता के पर्दे में, वही महान् आसुरी भाव छिपा हुआ है। "मूर्तिपूजाऽधमाधमा" यहीं की उक्ति है, अंत तक विवाह हो जाने के पश्चात् नवयुवतियों की तरह, पूजकों का मूर्तिपूजन-रूपी गुड़ियों का खेल छूट जाता है, उन्हें उनके हृदय से सजीव प्रियतम आकर मिलते हैं। इसी तरह प्राचीन हिंदू-भाव की गुड़ियों का खेल राष्ट्र के मनुष्यों के प्रिय सम्मेलन में आज नहीं, तो एक दिन अवश्य छूट जाएगा, और संकीर्णता की ये अनेक हदें, जो कभी विशालता की रक्षा के लिए की गई थीं, अपर आवश्यक विशालता के विचार से फिर तोड़ दी जाएँगी; नहीं तो इस देश के हिंदू, मुसलमान, क्रिस्तान, जैन, पारसी, सिक्ख आदि का कभी भी कल्याण नहीं हो सकता। देश में पहले की तरह बड़े-बड़े पुरुषों का आना बंद नहीं है। बंद है साधारण मनुष्यों की सुशिक्षा का द्वार, जिसके कारण लोग अपने बृहत रूप को नहीं पहचान सकते, और वर्तमान वैदेशिक दुर्गुणों से प्रभावित हो अनेक भागों में बटते हुए, एक-दूसरे को दबाने के प्रयत्न करते हुए क्रमशः क्षुद्र से क्षुद्रतर होते जा रहे हैं, जिससे 'divide and rule' (फूट डालकर शासन करो) की ही नींव मजबूत हो रही है। शासन-भाव को इतने ही बड़े संगठनात्मक जातीय शब्द से उत्तर देना है।

—1930

राजनीति के लिए सामाजिक योग्यता

भारत की जातीय राजनीति ने रुख बदल दिया है। इसे यहाँ की राजनीतिक अदूरदर्शिता भी कह सकते हैं। यहाँ के एक नेता ने अपर नेताओं का समर्थन करते हुए लिखा है कि उनकी राजनीतिक चालें बड़ी गहरी थीं। नाकामयाबी अख्तियार से बाहर की बात है। हम इसे केवल मन को समझा लेना समझते हैं। यह कोई तथ्यपूर्ण बात न हुई। अपनी गोटों को सुरक्षित न देखकर, उनके पिट जाने की बात न सोचकर एक उत्तरदायी चाल बढ़ा देना कोई राजनीतिज्ञता न हुई—यह गलती ही है।

इस राजनीतिक गलती का कारण हुआ उसकी सामाजिक दुर्बलता। घर में एक-दूसरे से अलग रहकर सभास्थल में मेल की गलेबाजी में कितनी जान है, यह देश में रहने वाले विरोधी दल से छिपा नहीं है! बल्कि शासन के प्रारंभ से हमारा जातीय विच्छेद ही हमारी कमजोरी का कारण रहा, और हम कल तक इसके सुधार के लिए न लगे। यह कारण आज भी हमारे सामने उसी रूप में है, और इसी का सुधार हमारा सब प्रकार का सुधार है।

हम बहुत पहले से कह रहे हैं, समाज का आमूल परिवर्तन जरूरी है। प्रकृति ने सदियों की पराधीनता से दबाकर भारत की जातीय उच्चता को नष्ट कर दिया है। अब सब एक ही जाति के हैं—शूद्र। वैश्य-शक्ति, राज-शक्ति और ब्राह्मण-शक्ति, तीनों यूरोप को गईं। हम इस बात को न समझकर, ब्राह्मण बनकर, भारतीय संस्कृति के एक-छत्र सम्राट होकर भाइयों पर खोखली भारतीयता का रोब गाँठते रहे। अब उस भारतीयता से कैसा फल पैदा हुआ, वह सामने है, चखिए।

जो ब्राह्मण और क्षत्रिय अपनी वर्णोच्चता का ढोंग भी नहीं छोड़ सकते, अपने ही घर के अन्त्यजों को अधिकार नहीं दे सकते, भारतीयता के अँधेरे में प्रकाश देखने के आदी हैं, वे बिना दिए हुए कुछ पाने का विचार कैसे रखते हैं? उनकी सामाजिक नीचता 'समाज'-शब्द को, उन्नतिशीलता के अर्थ को कैसे पुष्ट कर सकती है? हमारी राजनीतिक दुर्बलता यहीं पर है। यहीं से हमें समाज-जातीय समाज-भारतीय समाज की नींव डालनी है। उसी की मजबूती हमारे राष्ट्र की दृढ़ता है।

पहले हमारे नेताओं के केवल आर्थिक और राजनीतिक लक्ष्य थे, जिनका सहयोग समाज के साथ न था। जो समाज पुराना, हारा हुआ है, वह कितनी भी प्राचीन विभूतियों से युक्त हो, वह नवीन युग के लिए मृत है। उसी से पहले हमें लड़ना था। लड़कर परास्त करना था। परास्त कर नए समाज को सजीव और बहुजनों वाला बनाना था। तब हम राष्ट्र का पहला सोपान तय करते। इसी समाज से राष्ट्र को बल मिलता। यही समाज राष्ट्र का समाज है।

जो लोग यह तर्क उपस्थित करते हैं कि इस तरह भ्रष्टाचार पैदा होगा, वे

मूर्ख हैं, फिर कहिए, हम फिर कहते हैं, वे मूर्ख हैं। अगर आप नहीं जानते, तो विश्वास कीजिए, वे मूर्ख हैं। जो मनुष्य देश के सभी मनुष्यों को अपने बराबर समझता है, वह अगर भ्रष्टाचार फैलाता है, तो मनुष्य की उच्चता का, सदाचार का कोई प्रमाण नहीं।

धर्म के लिए भी कोई डर नहीं। हम लिख चुके हैं, बहुत बार अपने पाठकों से नम्र प्रार्थना कर चुके हैं कि जड़-विज्ञान आज ज्ञान के जितने ऊँचे सोपान पर स्थित है, उससे बराबरी करने, उसे परास्त करने में केवल आपका वेदांत-ज्ञान ही समर्थ है। आप किसी स्थिति में रहकर वेदांत के उपासक रह सकते हैं। वह मूर्ति-प्रेम नहीं, जिसे किसी महमूद की तलवार तोड़ सकती है, आपको दुःखा सकती है। आपका प्रेम अविनश्वर है, यही आपको छोटों के पास ले जाकर उन्हें उठाने में शक्ति दे सकता है, यही व्यावहारिक वेदांत है; यही भारत का सबसे बड़ा अस्त्र है। वीरो, छोटों को अपने बराबर कर लेने से बड़ा धर्म और कौन-सा है? जो बड़ा है, वही दूसरे को विद्या देकर, धन देकर, सहानुभूति देकर अपने बराबर कर सकता है। जो स्वयं छोटा है, वह क्या करेगा?

भारत की विशाल राष्ट्रीयता यहीं है। यहाँ हिंदू-मुसलमान वाला सवाल नहीं। ऐसे मनुष्य को कोई हिंदू या मुसलमान, धर्म-विशेष में कैद रहने वाला मनुष्य, नहीं हज़्म कर सकता। आप ही सोचिए, ऐसे भाव को कोई 'पन' क्या अपने में मिला सकता है? आप समझें, सब 'पन' इसी भाव के आश्रय में हैं या नहीं।

इसलिए तोड़कर फेंक दीजिए जनेऊ, जिसकी आज कोई उपयोगिता नहीं, जो बड़प्पन का भ्रम पैदा करता है, और समस्वर से कहिए कि आप उतनी ही मर्यादा रखते हैं, जितनी आपका नीच-से-नीच पड़ोसी, चमार या भंगी रखता है। तभी आप महामनुष्य हैं। उसी क्षण आप ज्ञान-कांड के अधिकारी हैं। एक समाज आपको च्युत करेगा, तो आपको दूसरा समाज मिलेगा। उसी समाज से आप साबित कर सकेंगे, आप समाज से नहीं बढ़े, समाज आपसे बढ़ा है।

यहीं से राष्ट्र की वृद्धि है, शक्ति है, उत्थान है, गति है। सब सुधार, सारी शिक्षा, कुल वैमनस्य का प्रतिरोध यहीं है। आज का सच्चा भारतीय यही है।

मित्रवर, देश को ऐसे ही महापुरुषों, ऐसी की महाशक्तियों की आवश्यकता है। यही लोग राजनीति की जड़ सुदृढ़ कर सकते हैं; त्याग, तपस्या, तथा अध्यवसाय द्वारा देश के मूर्खों को शिक्षा दे सकते हैं, समाज को राजनीति के लिए उपयुक्त बना सकते हैं, और सब भ्रम है, सारी बहस मिथ्या है, सारी स्कीम इंद्रजाल है, सारा व्यक्तित्व दूसरों को गुलाम बनाने का बोझ है।

—1933

महात्माजी और हरिजन

महात्माजी ने अनशन करने की आदत अपनी माता से सीखी है। अनशन संसार के इतिहास में कोई नई चीज नहीं है। इसके पूर्व भी लोगों ने अनशन किया है—भारत में ही नहीं अन्य देशों में भी। ठीक 21 दिन का अनशन किया था, डनियल ने, जबकि इसराइल के बालकों पर घोर अत्याचार हो रहा था। सेंटपाल ने भी 13 दिन की भूख-हड़ताल की थी। महात्मा बुद्ध ने तो 47 दिन तक अन्न-जल ग्रहण नहीं किया था। मोहम्मद और मूसा ने दैवी प्रकाश की प्रतीक्षा में बड़े लंबे उपवास किए थे। मारटिन लूथर जब बाइबिल का अनुवाद कर रहा था, तो निरंतर कई दिनों तक भूखा रहा था। गत दूसरी सदी में पालीकार्प नामक महाशय भी खूब उपवास किया करते थे। वर्तमान युग में उपवास करते हुए हमारे देश के दो वीर हमसे बिछुड़ चुके हैं। उन दोनों वीरों के नाम से कौन परिचित नहीं है! साधु फुंगी और भाई दास को कौन नहीं जानता! आज देश के कर्णधार महात्मा गाँधी ने भी इस बुढ़ापे में 21 दिन का उपवास कर डाला! इसके पूर्व भी महात्माजी ने ऐसे ही कई व्रत किए हैं।

महात्माजी ने अपने गले में फाँसी की रस्सी डाल ली थी, परंतु हमारे देश के धन्य भाग्य कि प्रकृति ने उनकी रक्षा की। महात्माजी भारत के लिए एक दैवी प्रसाद हैं। हमने अभी तक महात्माजी को नहीं पहचाना—हमने अभी तक उस दैवी प्रसाद से पूर्ण लाभ उठाने की चेष्टा नहीं की। महात्माजी ने अपने प्राणों की बाजी लगा दी थी—हरिजन-समस्या को जल्दी-से-जल्दी सुलझाने के लिए, हमें यह जताने के लिए कि यदि हम अब भी न चेतेंगे, तो दैव की देन हमारे हाथों से छिन जाएगी। क्या पता कि हमारी उपेक्षा-दृष्टि देखकर महात्माजी दूसरे उपवास की घोषणा न कर देंगे! यदि हमें चाहते हैं कि महात्माजी जीवित रहें—हमारे लिए, हमारे देश के लिए, तो हमें हरिजनों को गले लगाना होगा, उन्हें अपनाना होगा, नीच-ऊँच का भेद सर्वथा मिटाना होगा। यदि हम अब भी अपने भाइयों को घृणा की दृष्टि से देखेंगे, यदि हम अब भी उनका तिरस्कार करेंगे, यदि हम अब भी अपने ही ऐसे हाड़-चाम वाले मनुष्यों को अछूत समझेंगे, उन्हें दुर-दुराएँगे, तो वह समय दूर नहीं, जब संसार की सारी शक्तियाँ हमसे रूठ जाएँगी, तथा हमारा ऐसा पतन होगा कि हम उठाए न उठेंगे। संसार हमारी अवस्था पर हँसेगा, हमारी मूर्खता पर हमारा उपहास करेगा।

क्या हम चाहते हैं कि हमारे देश से यह सहस्रों वर्ष का सामाजिक कोढ़ दूर न हो? क्या हम चाहते हैं कि संसार हमारी मूर्खता तथा अनिष्टकारी सनातनी नीति पर सैदव हमारी खिल्ली उड़ाता रहे? (क्या हम चाहते हैं कि हमारे हठवाद से चिढ़कर महात्माजी हमसे सदा के लिए) विमुख हो जाएँ? यदि नहीं, तो हमें इस अछूतपन

के कलंक को धोना पड़ेगा। जो अपने हैं, उन्हें अपना समझ अपनाना होगा। जिन्हें निकृष्ट समझते रहे हैं, उन्हें उत्कृष्ट समझ हृदय से लगाना होगा। जिस दिन हम अपने करोड़ों भाइयों को आजन्म दासता से मुक्त कर देंगे, महात्माजी अपनी तपस्या सफल समझेंगे, हमें आशीर्वाद देंगे। संसार एक तपस्वी की तपस्या का अकस्मात तथा जादू-भरा परिणाम देखकर चकित रह जाएगा।

हर्ष की बात है कि महात्माजी ने अपना 21 दिन का उपवास समाप्त कर दिया। लेकिन इससे हिंदू-समाज को चुप नहीं रह जाना चाहिए, वरन् और भी उत्साह के साथ हरिजन की ओर बढ़ना चाहिए।

—1933

सनातन धर्म और अछूत

इस समय जबकि अछूतोद्धार के प्रयत्न में महात्मा गाँधी देश-भ्रमण कर रहे हैं, 'सनातनधर्म-महासभा' एक अखिल भारतवर्षीय विशेषण नाम के सामने लगाकर शहर-शहर में इस कार्य के विरोध में प्रोपागेंडा कर रही है। 'दैवोऽपि दुर्बल-घातकः' यह उक्ति बड़ी सफलता से हिंदुओं पर लगाई जा सकती है। कुछ लोग, जो देश के मान्य मनुष्यों की संस्था में नहीं, जिन्हें न शास्त्रों के विशद उद्देश्यों का पता है, न देश के व्यापक हितों का विचार, केवल अपनी स्वार्थसिद्धि जिनका मूल-मंत्र है, कुछ संस्कृत पढ़ लेने पर भी जिनके कार्यों में, शब्दों में, अर्थज्ञान में, संस्कृति कहीं छू नहीं गई, जो धर्म के नाम पर भ्रमार्थ करते फिरते हैं, इस विरोध के लिए तत्पर हुए हैं।

देशवासियों से हमारा नम्र निवेदन है, जो लोग राष्ट्र के महत्त्व को मानते हैं, जिन्हें मानुष्यमात्र के एक ही ईश्वर पर विश्वास है, जो अपने मनुष्यत्व का एक उत्तरदायित्व समझते हैं, ऐसे मनुष्य हर शहर में हैं; उनका कार्य होना चाहिए कि इस सामयिक प्रवाह को बल दें, इससे सहानुभूति ही नहीं—इसकी सिद्धि के लिए जहाँ तक हो, मदद करें, और अपने अबोध भाइयों की, पंडित कहलाने वाले शास्त्रज्ञान रहित मनुष्यों के पंजों से सनातनधर्म की रक्षा करें। हम कहते हैं, सनातनधर्म संकीर्ण नहीं, व्यापक है, उसके अंदर सब समा सकते हैं। जो धर्म व्यक्ति-विशेष या जाति-विशेष की सुविधा के लिए है, वह धर्म नहीं। स्वार्थी पंडित जो अर्थ कर-करके लोगों को जाति-भावना में संकीर्ण करते रहते हैं, वे अर्थ नहीं, अनर्थ हैं। इन हरकतों से अपढ़ों को बचाना चाहिए। बहुत सीधी बात है, यदि कोई मनुष्य संस्कृत, शुद्ध उन्नत और श्रेष्ठ धर्म के ग्रहण का अधिकारी नहीं हो सकता, तो वह मनुष्य भी न होता। और,

जबकि वह मनुष्य होकर पैदा हुआ है, तब उसके उतने ही अधिकार हैं, जितने किसी मनुष्य के हो सकते हैं। पुनः वर्तमान समय में जिस सत्ता के अधीन तमाम देश बाहरी दृष्टि से हैं, उसमें रहकर स्मृति के अनुसार वह ब्राह्मण, क्षत्रिय या द्विजातियों का देश नहीं रह सकता, संस्पर्शदोषों के कारण उसकी सभी जातियाँ शूद्र हो गई हैं।

देश में नवीन युग, नवीन विचार, समभाव, समधर्म, एकाधिकार लाने और प्राप्त करने के लिए देश के समझदार युवकों तथा उदार मनुष्यों को, जहाँ तक हो सके, तैयार होकर इस अछूतोद्धार के सच्चे मार्ग पर आ जाना चाहिए। हमारी बहुत बड़ी सामाजिक दुर्बलता इस कार्य से दूर होगी। किसी भी विरोधी शक्ति को इसके मुकाबले में ठहरने न देना चाहिए।

—1933

हिंदू-विधवाओं पर अनधिकार-चर्चा

बनारस में एक 'सनातनधर्म-महामंडल' नाम की संस्था है। यह स्वयं तो अपने को बहुत समझती है, पर बनारस में ही इसकी बहुत बड़ी कद्र है, ऐसा नहीं जान पड़ता। जहाँ और-और संस्थावाले अपने ढाई चावलों की खिचड़ी अलग पकाकर अपने अस्तित्व का प्रमाण रखते हैं, वहीं यह भी अपने डेढ़ चावल एक चूल्हे पर चढ़ाए हुए हैं। विधवाओं के अधिकार-विषय का विरोध करते हुए स्वल्पस्थल इस 'महामंडल' ने कहा है कि विधवाओं को अधिकार देना हिंदू-शास्त्र के विरुद्ध है। सांसारिक सुख विधवाओं के लिए नहीं है, उन्हें संन्यासियों का जीवन बिताना चाहिए। इस महामंडल के महामनीषियों की ऐसी सहृदय राय हम मानने के लिए तैयार हैं। विधवाओं को किसी अधिकार की भी जरूरत नहीं, वे अवश्य संन्यासियों का आदर्श रखें, यदि महामंडल के ही संन्यासियों या संन्यासियों की तरह रहने वालों की भाँति विधवाओं को रहने के लिए पक्की कोठी, खाने के लिए उत्तमोत्तम भोजन, आराम करने के लिए लंबी कुर्सियाँ, वार्तालाप, भ्रमण और मिलने-जुलने के लिए ऐसी ही स्वतंत्रता प्राप्त हो जाए। चाहिए तो, एक बैंक भी हो, और कुछ अनुयायी भी।

हिंदू अबला

संस्कृत और हिंदी-साहित्य में स्त्रियों को अबला कहने की प्रथा बहुत दिनों से चली आ रही है। किंतु भारत के आदिम इतिहास से लेकर अब तक लाखों स्त्रियों ने अपने इस नाम की निरर्थकता सिद्ध कर दी है। आजकल के उन्नति के युग में तो उन्हें अबला कहना एक वितंडा-मात्र है। यूरोप की स्त्रियों की सार्वजनीन उन्नति और प्रबलता को देखते हुए, घोंघा पंडितों के अतिरिक्त, कौन ऐसा होगा, जो उन्हें अबला कह सके? वे विमानों द्वारा आकाश में निर्भय विचरती, समुद्र में निर्द्वन्द्व होकर तैरती और सड़कों पर बड़े वेग से मोटर दौड़ाती हैं। अपूर्व बल-कौशल और असि-संचालन में दक्ष होती हैं। शिक्षा तथा दीक्षा में वे आधुनिक पोंगा-पंडितों और दढ़ियल मुल्लाओं से हजारगुना अधिक शिक्षित और दीक्षित होती हैं। तब फिर उन्हें अबला कहना प्रथम श्रेणी की मूर्खता नहीं, तो क्या है? हाँ, मुल्लाओं और पंडितों की कृपा से पद-दलित हिंदोस्तानी नारी अवश्य अबला कही जा सकती है! उसके सब अधिकारों को इन्हीं दोनों जंतु-विशेषों ने राहु के समान अपना सर्वग्रासी मुँह खोलकर हड़प लिया। शास्त्रों की दुहाई दे-देकर हमारे 'पंडज्जियों' ने उनकी शिक्षा और दीक्षा का कचूमर बहुत पहले ही निकाल डाला है, कुलटात्व का दोषारोपण करके उनकी स्वतंत्रता का नाश कर दिया है। और फिर उस पर तुर्रा यह कि मिताक्षरा आदि सत्यानाशी टीकाओं द्वारा उनके खाने-पीने की सामग्री पर भी छापा मारने की योजना की है। मृत्यु के समय ब्राह्मणों को दान तथा संकल्प करने की तो इन पेटुओं ने शास्त्रीय व्यवस्था करवा दी, किंतु जिस आदमी के दान और संकल्प से इनका पेट भरता है, उसकी स्त्री और पुत्री का, पति और पिता की मृत्यु के बाद, उसकी संपत्ति में कोई अधिकार होने की बात ये स्वार्थी साफ हजम कर गए हैं। इसीलिए 'सर्वाधिक पर-रक्षित' होने के कारण हिंदुस्तानी स्त्री नितांत 'अबला' है। उसकी दशा अत्यंत करुण है। उसका जीवन सागर की उत्ताल तरंगों पर तैरने वाले तिनके के समान अनिश्चित और दयनीय है। वह पशुओं से भी नीचा जीवन व्यतीत करती है।

उसका संसार में पदार्पण होते ही—हिंदुओं के विश्वास के अनुसार—पृथ्वी कई अंगुल नीचे धँस जाती है। फूटी थाली को बजाकर दुनिया में उसका स्वागत किया जाता है। जन्म से लेकर बाल्य-काल तक वह प्रकृति और माता की कृपा से जीवित रहने पाती है। पिता और अन्य पुरुष-संबंधियों की आँखों में तो वह काँटे की तरह चुभा करती है। बीमारी और वेदना में वह विरले ही पुरुषों की सहानुभूति पाती है।

किसी प्रकार बाल्य-काल की इन विपत्तियों से छुटकारा पाकर जब वह 8 से 9 वर्ष की होती है, तो 'अष्टवर्षा भवेद् गौरी नववर्षा न रोहिणी; दशवर्षा भवेत् कन्या तत ऊर्ध्व रजस्वला' की दुहाई मचाने वाले मूर्ख ब्राह्मण भिक्षान्न-जीवियों की आँखों

में वह आमदनी का एक साधन जँचने लगती है। यजमानों के मुफ्त के माल से नाज भरने की कुठलियों के समान बढ़े हुए तोंद वाले पुरोहितजी और उलटे उस्तरे से मालिक की हजामत करने वाले धूर्तराज हज्जाम के हाथ में उनके विवाह का प्रबंध सौंप दिया जाता है। 70 वर्ष के मरियल बूढ़े वर को नारदीय वानर-रूप में उपस्थित करके, रात के 2 या 3 बजे के राक्षसी मुहूर्त्त में, जब दुनिया सोती है, और बारात ऊँघती है, सत्यनारायण की कथा के श्लोकों द्वारा और 'गणानां त्वा गणपति हवामहे' की ध्वनि के साथ, वही नापितराज तथा वही भूसुर पुरोहितजी, यहाँ टका धरवाकर और वहाँ पैसा रखवाकर, वर्तमान हिंदू-धर्म की उस अपवित्र विवाह-वेदी पर—जिस पर लाखों मासूम बच्चियों के शैशव और सौभाग्य का बलिदान किया जा चुका है, जो करोड़ों हिंदू-विधवाओं के नारकीय दुःखों से परिपूर्ण जीवन की प्रथम सीढ़ी और असंख्य कामुक बुड्ढों के विलास-मंदिर की देहली है—उस अबोध बालिका का निर्दय बलिदान कर देते हैं। बाहर द्वार पर बजती हुई कर्ण-कर्कश नफीरी की अप्रिय आवाज निस्तब्ध रात्रि के घनीभूत अंधकार के अवगुंठन को चीरकर हिंदू-गृहस्थ की चहारदीवारी के अंदर होने वाले इस नारकीय अत्याचार की—जिसे हमारे हृदय-हीन पंडित विवाह के नाम से पुकारते हैं—इस गुप्त पापाचार की घोषणा-सी करती है। प्रातःकाल होता है, और रक्तवर्ण वस्त्रों से आच्छादित वर-वधू को देखकर घराती और बराती अत्यंत प्रसन्न होकर आशीर्वाद देते हैं। वे नहीं देखते कि इन रक्तमय वस्त्रों के नीचे हिंदू-धर्म का भयानक अत्याचार छिपा हुआ है। वे नहीं जानते कि उन लाल वस्त्रों का वह रक्त हिंदू-अबला के बलिदान का रक्त है। कालीमाई के भक्तों के समान, निर्दोष और निरीह बकरे के रक्त की तरह, हिंदू-अबला के इस बलि-रक्त को देखकर नृशंस हिंदू-समाज हर्षित होता है। बेजबान और बेबस हिंदू-कन्या बुड्ढे ऊँट के गले मढ़ जाती है, और समाज आशा करता है कि वह कुछ न कहे, वह इस अत्याचार को, पुरुषों की इस अन्याय-लीला को चुपचाप सह ले। उससे आशा की जाती है कि वह आजन्म बुड्ढे की मृत्यु के बाद भी-उसी खुर्राट की, जिसने उसके जीवन को मिट्टी में मिला दिया, जिसने उसके सारे सुख-स्वप्नों, सारी आशाओं, सारे हौसलों पर हरताल पोत दी, जो उसका सबसे बड़ा शत्रु और मनुष्य-रूप में उस पर पैशाचिक अत्याचार करने वाला है, याद में सतीत्वपूर्ण जीवन व्यतीत करे! आँखों के अंधे पंडितों द्वारा बनाए हुए मनमाने शास्त्रों की दुहाई दे-देकर नृशंस हिंदू-समाज नारी-हृदय की भभकती हुई विरोधाग्नि को बुझाना चाहता है। वह विधवाओं की आँखों में पहले स्वयं उँगलियाँ ठूँसकर फिर उनकी स्वाभाविक अश्रुधारा को भी रोकना चाहता है। हिंदू-नारी की निस्सहाय और निर्बल अवस्था का इससे अधिक करुण चित्र क्या हो सकता है? जन्म से लेकर वैधव्य तक अत्याचार किए जाने पर भी उसे जी-भरकर रोने तक का मौका नहीं दिया जाता। वैधव्य की दशा में—उस दशा में, जब हिंदू-गृहस्थों के सामाजिक जीवन में उसका कोई स्थान नहीं रह जाता, जब वह किसी भी सामाजिक

तथा वैयक्तिक कार्य में भाग नहीं ले सकती, जब हिंदू-समाज उसे मृतवत् समझ लेता है—यदि कहीं उसने पुनर्विवाह करने की इच्छा की, तो सारे हिंदू-शास्त्रों और ब्राह्मणों, बिरादरियों तथा संबंधियों की संगठित शक्ति उस मृतप्राय नारी की नन्हीं-सी जान की गाहक हो उठती है। आह! बेचारी हिंदू-अबला! उस पर किए गए शास्त्रीय अत्याचारों का यहीं अंत नहीं होता। 'पंडज्जी' की मिताक्षरा वैधव्य में भी उस पर प्रहार करती है। उस मृतप्राय और असहाय अवस्था में भी हिंदू-शास्त्र उस पर कायरतापूर्ण हमला करता है, हिंदू-समाज उसका रक्त चूसना चाहता है। पति की मृत्यु के बाद पति की संपत्ति पर उसका कोई अधिकार नहीं होता। उसे केवल आजीविका-मात्र मिल सकती है। पिता की मृत्यु के बाद, यदि उसके कोई पुत्र न हुआ, तो उसकी विधवा तथा निरपत्य पुत्री उसकी संपत्ति की उत्तराधिकारिणी नहीं हो सकती। दूध में पड़ी मक्खी की तरह वह पिता के घर से भी—जहाँ पति की मृत्यु के बाद, उसकी संपत्ति से वंचित होने के कारण, उसे प्रेमपूर्ण प्रश्रय मिला था—चार कोस दूर के संबंधियों द्वारा निकाल बाहर की जा सकती है। पति और पिता की लाखों की संपत्ति में से उसे मुट्ठी-भर चावल भी नहीं मिल सकते। कानून-'पंडज्जी' की मिताक्षरा की व्यवस्था पर निर्भर कानून-उसके विरुद्ध है, अतएव फटी धोती पहनकर दर-दर भीख माँगने के लिए वह बाध्य हो जाती है। हिंदू-शास्त्र की आज्ञा न होने के कारण वह पढ़-लिख भी नहीं सकती, जिससे वह अपना पेट तो भर सके। बस, चकलाखाना या ठीकरा, ये ही दो जीविका के साधन उसके लिए खुले हैं।

भला ठिकाना है कुछ इस अत्याचार का! भिखमंगों के इस भयानक अत्याचार के कारण ही हिंदू-नारी अबला है।

क्या हिंदू-समाज के नौजवान और सदियों से इन शास्त्रीय अत्याचारों को चुपचाप सहन करने वाली हिंदू-नारियों की वर्तमान शिक्षिता पुत्रियाँ, धर्म के नाम पर होने वाले इस भयंकर पापाचार के विरुद्ध आंदोलन न करेंगी? क्या चारों ओर क्रांति की आग भड़कने पर भी वर्तमान हिंदू-धर्म की इन अत्याचारपूर्ण रूढ़ियों का नाश न होगा? क्या संसार-भर की अबलाओं के सबला हो जाने पर भी हमारी हिंदू बहनें अबला ही रहेंगी?

भारतीय नारी की वर्तमान जागृति, मातृ-शक्ति की दुर्गा-मूर्ति, बहन की रण-विजयिनी शक्ति इन प्रश्नों का पर्याप्त उत्तर देगी।

—1930

सारदा बिल का विरोध

सारदा-विवाह-बिल का इधर जोरों से विरोध किया गया। मुसलमान भाइयों की एक पहले हड़ताल हो चुकी थी। पर अब कर्मणा विरोध भी जारी हो गया है। इसमें पुराने विचारों के पंडित अग्रणी हैं। अभी थोड़े दिन हुए कानपुर में भी पंडितों की एक सभा हुई थी, और 8 वर्ष की बालिका के विवाह से बैकुंठ में अकुंठित गति प्राप्त करने वाले पंडितों ने खूब खुलकर शास्त्रार्थ किया और सिद्ध भी कर डाला कि बिना 8 साल की लड़की का विवाह किए हिंदू-धर्म की रक्षा हो नहीं सकती। इधर देश की जैसी परिस्थिति है, इससे शायद विधवा-विवाह की ही तरह इस बिल का परिणाम होगा, और हमारा ख्याल है, बड़ी-बड़ी बातों के लिए दबाव कभी कारगर नहीं होता, उससे विपरीत फल की ही प्राप्ति होती है। लोग जिस तरह रूढ़ियों के गुलाम हैं, उन्हें स्वभाव के अनुकूल न चलने देने से उनकी आत्मा एक बड़े-से बोझ के नीचे दब जाती है, जिससे उनकी साँस रुक जाती और उन्हें हृदय की यंत्रणा मिलती है। वे अपने पूर्व-संस्कारों की प्रदक्षिणा करते हुए ही सुखी रहते हैं। उन्हें उन्हीं संस्कारों के भीतर से संस्कारों के बाहर ले जाना है। अवश्य आशुफल की आशा रखने वाले इतने स्थिरचित्त नहीं होते। हम अनेक बार लिख चुके हैं कि देश के दारिद्र्य तथा निर्बलता का प्रधान कारण बाल-विवाह ही है, नवीन संस्कृति की नींव मजबूत करने के लिए आवश्यक है कि यह कुप्रथा समाज से शीघ्र दूर कर दी जाए। पर नहीं, मूर्ख जनता पर पंडित और मुल्लाओं का जैसा प्रभाव है, ये धर्म के ठेकेदार कभी देश की मूर्ख-मंडली को सँभलकर अपनी दशा पर विचार करने नहीं देंगे। इधर हमारे एक पंडित लक्ष्मणजी शास्त्री द्रविड़ ने भी लड़के के विवाह से इस कानून को भंग किया है. और सनातन धर्म की धुरी के सामने आए हैं। गाँवों में इस समय बड़े जोरों से विवाह हो रहे हैं। जिन्हें तीन साल बाद की कन्या का विवाह करने पर रोहिणी-दान का फल प्राप्त होता, वे गौरी के पिता से भी प्रगति में आगे हो रहे हैं। मारवाड़ियों ने तो पूरे पाँच साल तक के लिए छुट्टी कर ली है। यह तमाशा देखकर देश की मानसिक दयनीय स्थिति पर दुःख होता है। समाज के अंग से यह पंडित-पाप जब तक दूर न होगा, तब तक समाज की शिशुता से यौवन की ज्योति नहीं निकल सकती। लोग इसी तरह पुस्तकों के पन्नों में स्वतंत्रता और धर्म की तलाश करते फिरेंगे, मनुष्य के विचारों और प्रकृति में नहीं।

—1930

रामप्रसाद बिस्मिल

1897-1927

क्रांतिकारी आंदोलन में सक्रिय हिस्सा लेने वाले मातृभूमि के शहीद। हिंदुस्तान सोशलिस्ट रिपब्लिकन आर्मी के सदस्य। काकोरी ट्रेन डकैती के मामले में गिरफ्तार किए गए और फ्राँसी की सजा मिली। उनका यह क्रांतिकारी गीत काफी प्रसिद्ध है—'सरफरोशी की तमन्ना अब हमारे दिल में है; देखना है जोर कितना बाजुए-कातिल में है।'

आत्मकथा

बहे बहरे फ़ना में जल्द यारब लाश 'बिस्मिल' की।
कि भूखी मछलियाँ हैं किंतु जौहरे शमशीर कातिल की।।
समझकर फूँकना इसको जरा ऐ दागे नाकामी।
बहुत से घर भी हैं आबाद इस उजड़े हुए दिल से।।

ग्याहर वर्ष पर्यंत यथाशक्ति प्राणपण से चेष्टा करने पर भी हम अपने उद्देश्य में कहाँ तक सफल हुए? क्या लाभ हुआ? इसका विचार करने से कुछ अधिक प्रयोजन सिद्ध न होगा, क्योंकि हमने लाभ-हानि अथवा जय-पराजय के विचार से क्रांतिकारी दल में योग नहीं दिया था। हमने जो कुछ किया, वह अपना कर्त्तव्य समझ कर किया। कर्त्तव्य-निर्णय में हमने कहाँ तक बुद्धिमत्ता से काम लिया, इसका विवेचन करना उचित जान पड़ता है। राजनैतिक दृष्टि से हमारे कार्यों का इतना ही मूल्य है कि कतिपय होनहार नवयुवकों के जीवन को कष्टमय बनाकर नीरस कर दिया, और उन्हीं में से कुछ ने व्यर्थ में जानें गँवाईं। कुछ धन भी खर्च किया। हिंदू-शास्त्र के अनुसार किसी अकाल मृत्यु नहीं होती, जिसका जिस विधि से जो काल होता है, वह उसी विधि की समय पर ही प्राण त्याग करता है। केवल निमित्त मात्र कारण उपस्थित हो जाते हैं। लाखों भारतवासी महामारी, हैजा, ताऊन इत्यादि अनेक प्रकार के रोगों में मर जाते हैं। करोड़ों दुर्भिक्ष में अन्न बिना प्राण त्यागते हैं, तो उसका

उत्तरदायित्व किस पर है? रह गया धन का व्यय, सो इतना धन तो भले आदमियों के विवाहोत्सवों में व्यय हो जाता है। गण्यमान व्यक्तियों की तो केवल विलासिता की सामग्री का मासिक व्यय इतना होगा, जितना कि हमने एक षड्यंत्र के निर्माण में व्यय किया। हम लोगों को डाकू बता कर फाँसी और काले पानी की सजाएँ दी गई हैं। किन्तु हम समझते हैं कि वकील और डॉक्टर हमसे कहीं बड़े डाकू हैं। वकील डॉक्टर दिन दहाड़े बड़े-बड़े तालुकेदारों की जायदादें लूट कर खा गए। वकीलों के चाटे हुए अवध के ताल्लुकेदारों को ढूँढ़े रास्ता भी नहीं दिखाई देता, और वकीलों की ऊँची अट्टालिकाएँ उन पर खिलखिला कर हँस रही हैं! इसी प्रकार लखनऊ में डॉक्टरों के भी ऊँचे-ऊँचे महल बन गए। किंतु राज्य में दिन के डाकुओं की प्रतिष्ठा है। अन्यथा रात के साधारण डाकुओं में और दिन के इन डाकुओं (वकीलों तथा डॉक्टरों) में कोई भेद नहीं। दोनों अपने-अपने मतलब के लिए बुद्धि की कुशलता से प्रजा का धन लूटते हैं।

ऐतिहासिक दृष्टि से हम लोगों के कार्य का बहुत बड़ा मूल्य है। जिस प्रकार भी हो, यह तो मानना ही पड़ेगा कि इस गिरी हुई अवस्था में भी, भारतवासी युवकों के हृदय में स्वाधीन होने के भाव विराजमान हैं। वे स्वतंत्र होने की यथाशक्ति चेष्टा भी करते हैं। यदि परिस्थितियाँ अनुकूल होतीं तो यही इनेगिने नवयुवक अपने प्रयत्नों से संसार को चकित कर देते। उस समय भारतवासियों को भी फ्रांसीसियों की भाँति कहने का सौभाग्य प्राप्त होता जो कि उस जाति के नवयुवकों ने फ्रांसीसी प्रजातंत्र की स्थापना करते हुए कहा था : (The monument so raised, may serve as a lesson to the oppressors and an instance to the oppressed.) 'स्वाधीनता का जो स्मारक निर्माण किया गया है वह अत्याचारियों के लिए शिक्षा का कार्य करे और अत्याचार पीड़ितों के लिए उदाहरण बने।'

गाजी मुस्तफा कमालपाशा जिस समय तुर्की से भागे थे उस समय केवल इक्कीस युवक आपके साथ थे। कोई साजो-सामान न था, मौत का वारंट पीछे-पीछे घूम रहा था। पर समय ने ऐसा पलटा खाया कि उसी कमाल ने अपने कमाल से संसार को आश्चर्यान्वित कर दिया। वही कातिल कमालपाशा टर्की का भाग्य निर्माता बन गया। महामना लेनिन को एक दिन शराब के पीपों में छिपकर भागना पड़ा था, नहीं तो मृत्यु में कुछ देर न थी। वही महात्मा लेनिन रूस के भाग्य-विधाता बने। श्री शिवाजी डाकू और लुटेरे समझे जाते थे, पर समय आया जब कि हिंदू जाति ने उन्हें अपना शिरमौर बना, गौ, ब्राह्मण-रक्षक छत्रपति शिवाजी बना दिया! भारत सरकार को भी अपने स्वार्थ के लिए छत्रपति के स्मारक निर्माण कराने पड़े। क्लाइव एक उद्दंड विद्यार्थी था, जो अपने जीवन से निराश हो चुका था। समय के फेर ने उसी उद्दंड विद्यार्थी को अंग्रेज जाति का राज्य-स्थापनकर्त्ता लार्ड क्लाइव बना दिया। श्री सनयात सेन चीन के अराजकवादी पलातक (भागे हुए) थे। समय ने ही उसी पलातक को चीनी

प्रजातंत्र का सभापति बना दिया। सफलता ही मनुष्य के भाग्य का निर्माण करती है। असफल होने पर उसी को बर्बर, डाकू, अराजक, राजद्रोही तथा हत्यारे के नामों से विभूषित किया जाता है। सफलता उन्हीं सब नामों को बदल कर दयालु, प्रजापालक, न्यायकारी, प्रजातंत्रवादी तथा महात्मा बना देती है!

भारतवर्ष के इतिहास में हमारे प्रयत्नों का उल्लेख करना ही पड़ेगा, किंतु इसमें भी कोई संदेह नहीं है कि भारतवर्ष की राजनीतिक, धार्मिक तथा सामाजिक, किसी प्रकार की परिस्थिति का समय क्रांतिकारी आंदोलन के पक्ष में नहीं है। इसका कारण यही है कि भारतवासियों में शिक्षा का अभाव है, वे साधारण से साधारण सामाजिक उन्नति करने में भी असमर्थ हैं। फिर राजनैतिक क्रांति की बात कौन कहे? राजनैतिक क्रांति के लिए सर्वप्रथम क्रांतिकारियों का संगठन ऐसा होना चाहिए कि अनेक विघ्न तथा बाधाओं के उपस्थित होने पर भी संगठन में किसी प्रकार त्रुटि न आए। सब कार्य यथावत् चलते रहें। कार्यकर्त्ता इतने योग्य तथा पर्याप्त संख्या में होने चाहिए कि एक की अनुपस्थिति में दूसरा स्थान-पूर्ति के लिए सदा उद्यत रहे। भारतवर्ष में कई बार कितने ही षड्यंत्रों का भंडा फूट गया और सब किया-कराया काम चौपट हो गया। जब क्रांतिकारी दलों की यह अवस्था है तो फिर क्रांति के लिए उद्योग कौन करे? देशवासी इतने शिक्षित हों कि वे वर्तमान सरकार की नीति को समझ कर अपने हानि-लाभ को जानने में समर्थ हो सकें। वे यह भी पूर्णतया समझते हों कि वर्तमान सरकार को हटाना आवश्यक है या नहीं। साथ ही साथ उनमें अपनी बुद्धि भी होनी चाहिए कि किस रीति से सरकार को हटाया जा सकता है। क्रांतिकारी दल क्या है? वह क्या करना चाहता है? क्यों करना चाहता है? इन सारी बातों को जनता की पूर्ण सहानुभूति हो, तब कहीं क्रांतिकारी दल को देश में पैर रखने का स्थान मिल सकता है। यह तो क्रांतिकारी दल की स्थापना की प्रारंभिक बातें हैं। रह गई क्रांति, सो वह तो बहुत दूर की बात है।

क्रांति का नाम ही बड़ा भयंकर है। प्रत्येक प्रकार की क्रांति विपक्षियों को भयभीत कर देती है। जहाँ पर रात्रि होती है तो दिन का आगमन जान निशिचरों को दुःख होता है। ठंडे जलवायु में रहने वाले पशु-पक्षी गरमी के आने पर उस देश को भी त्याग देते हैं। फिर राजनीतिक क्रांति तो बड़ी भयावनी होती है। मनुष्य अभ्यासों का समूह है। अभ्यासों के अनुसार ही उसकी प्रकृति भी बन जाती है। उसके विपरीत जिस समय कोई बाधा उपस्थित होती है, तो उनको भय प्रतीत होता है। इसके अतिरिक्त प्रत्येक सरकार के सहायक अमीर और जमींदार होते हैं। वे लोग कभी नहीं चाहते कि उनके ऐशो-आराम में किसी प्रकार की बाधा पड़े। इसलिए वे हमेशा क्रांतिकारी आंदोलन को नष्ट करने का प्रयत्न करते हैं। यदि किसी प्रकार दूसरे देशों की सहायता लेकर समय पाकर क्रांतिकारी दल क्रांति के उद्योग में सफल हो जाए, देश में क्रांति हो जाए, तो भी योग्य नेता न होने से अराजकता फैल कर व्यर्थ की

नर-हत्या होती है, और उस प्रयत्न में अनेकों सुयोग्य वीरों तथा विद्वानों का नाश हो जाता है। इसका ज्वलंत उदाहरण सन् 1857 ई. का गदर है। यदि फ्रांस तथा अमेरिका की भाँति क्रांति द्वारा राजतंत्र को पलट कर प्रजातंत्र स्थापित भी कर लिया जाए तो बड़े-बड़े धनी पुरुष अपने धन-बल से सब प्रकारों के अधिकारों को दबा बैठते हैं। कार्यकारिणी समितियों में बड़े-बड़े अधिकार धनियों को प्राप्त हो जाते हैं। देश के शासन में धनियों का मत ही उच्च आदर पाता है। धन-बल से देश के समाचार पत्रों, कल-कारखानों तथा खानों पर उनका ही अधिकार हो जाता है। मजबूरन जनता की अधिक संख्या धनियों का समर्थन करने को बाध्य हो जाती है। जो दिमाग वाले होते हैं, वे भी समय पाकर बुद्धिबल से जनता की खरी कमाई से प्राप्त किए अधिकारों को हड़प कर बैठते हैं स्वार्थ के वशीभूत होकर वे श्रमजीवियों तथा कृषकों को उन्नति का अवसर नहीं देते। अंत में ये लोग भी धनियों के पक्षपाती होकर राजतंत्र के स्थान में धनिकतंत्र की ही स्थापना करते हैं। रूसी क्रांति के पश्चात् यही हुआ था। रूस के क्रांतिकारी इस बात को पहले से ही जानते थे। अतएव उन्होंने राज्य-सत्ता के विरुद्ध युद्ध करके राजतंत्र की समाप्ति की। इसके बाद जैसे ही धनी तथा बुद्धि जीवियों ने रोड़ा अटकाना चाहा कि उसी समय उनसे भी युद्ध करके उन्होंने वास्तविक प्रजातंत्र की स्थापना की।

अब विचारने की बात यह है कि भारतवर्ष में क्रांतिकारी आंदोलन के समर्थक कौन-कौन से साधन मौजूद हैं? गत पृष्ठों में मैंने अपने अनुभवों का उल्लेख करके दिखला दिया है कि समिति के सदस्यों की उदर-पूर्ति तक के लिए कितना कष्ट उठाना पड़ा। प्राणपण से चेष्टा करने पर भी असहयोग आंदोलन के पश्चात् कुछ थोड़े से ही गिने-चुने युवक युक्त-प्रांत में ऐसे मिल सके, जो क्रांतिकारी आंदोलन का समर्थन करके सहायता देने को उद्यत हुए। इन गिने-चुने व्यक्तियों में भी हार्दिक सहानुभूति रखने वाले, अपनी जान पर खेल जाने वाले कितने थे, उसका कहना ही क्या है! कैसी बड़ी-बड़ी आशाएँ बँधा कर इन व्यक्तियों को क्रांतिकारी समिति का सदस्य बनाया गया था, और इस अवस्था में, जब कि असहयोगियों ने सरकार की ओर से घृणा उत्पन्न कराने में कोई कसर न छोड़ी थी, खुले रूप में राज्यद्रोही बातों का पूर्ण प्रचार किया गया था। इस पर भी बोलशेविक सहायता की आशाएँ बँधा-बँधा कर तथा क्रांतिकारियों के ऊँचे-ऊँचे आदर्शों तथा बलिदानों का उदाहरण दे-देकर प्रोत्साहन दिया जाता था। नवयुवकों के हृदय में क्रांतिकारियों के प्रति बड़ा प्रेम तथा श्रद्धा होती है। उनकी अस्त्र-शस्त्र रखने की स्वाभाविक इच्छा तथा रिवाल्वर या पिस्तौल से प्राकृतिक प्रेम उन्हें क्रांतिकारी दल से सहानुभूति उत्पन्न करा देता है। मैंने अपने क्रांतिकारी जीवन में एक भी युवक ऐसा न देखा, जो एक रिवाल्वर या पिस्तौल अपने पास रखने की इच्छा न रखता हो। जिस समय उन्हें रिवाल्वर के दर्शन होते हैं, वे समझते हैं कि इष्टदेव के दर्शन प्राप्त हुए, आधा जीवन सफल हो गया! उसी समय

से वे समझते हैं कि क्रांतिकारी दल के पास इस प्रकार के सहस्रों अस्त्र होंगे, तभी तो इतनी बड़ी सरकार से युद्ध करने का प्रयत्न कर रहे हैं! सोचते हैं कि धन की भी कोई कमी न होगी! अब क्या, अब समिति के व्यय से देश-भ्रमण का अवसर भी प्राप्त होगा, बड़े-बड़े त्यागी महात्माओं के दर्शन होंगे, सरकारी गुप्तचर विभाग का भी हाल मालूम हो सकेगा, सरकार द्वारा जब्त किताबें कुछ तो पहले ही पढ़ा दी जाती हैं, रही सही की भी आशा रहती है कि बड़ा उच्च साहित्य देखने को मिलेगा, जो यों कभी प्राप्त नहीं हो सकता। साथ ही साथ खयाल होता है कि क्रांतिकारियों ने देश के राजा-महाराजाओं को तो अपने पक्ष में कर ही लिया होगा। अब क्या, थोड़े दिन की ही कसर है, लौट दिया सरकार का राज्य! बम बनाना सीख ही जाएँगे। अमर बूटी प्राप्त हो जाएगी, इत्यादि। परंतु जैसे ही एक युवक क्रांतिकारी दल का सदस्य बनकर हार्दिक प्रेम से समिति के कार्यों में योग देता है, थोड़े दिनों में ही उसे विशेष सदस्य होने के अधिकार प्राप्त होते हैं, वह ऐक्टिव (कार्यशील) मेंबर बनता है, उसे संस्था का कुछ असली भेद मालूम होता है, तब समझ में आता है कि कैसे भीषण कार्य में उसने हाथ डाला है। फिर तो वही दशा हो जाती है, जो 'नकटा पंथ' के सदस्यों की थी। जब चारों ओर से असफलता तथा अविश्वास की घटाएँ दिखाई देती हैं, तब यही विचार होता है कि ऐसे दुर्गम पथ में ये परिणाम तो होते ही हैं। दूसरे देश के क्रांतिकारियों के मार्ग में भी ऐसी ही बाधाएँ उपस्थिति हुई होंगी। वीर वही कहलाता है, जो अपने लक्ष्य को नहीं छोड़ता, इसी प्रकार की बातों से मन को शांत किया जाता है।

भारत के जनसाधारण की तो कोई बात ही नहीं। अधिकांश शिक्षित समुदाय भी यह नहीं जानता कि क्रांतिकारी दल क्या चीज है, फिर उनसे सहानुभूति कौन रखे? बिना देशवासियों की सहानुभूति के अथवा बिना जनता की आवाज के सरकार भी किसी बात की कुछ चिंता नहीं करती। दो-चार पढ़े-लिखे एक दो अंग्रेजी अखबार में दबे हुए शब्दों में यदि दो-एक लेख लिख दें, तो वे अरण्य रोदन के समान निष्फल सिद्ध होते हैं। उनकी ध्वनि व्यर्थ में ही आकाश में विलीन हो जाती है। तमाम बातों को देखकर अब तो मैं इस निर्णय पर पहुँचा हूँ कि अच्छा हुआ जो मैं गिरफ्तार हो गया, और भागा नहीं। भागने की मुझे सुविधाएँ थीं। गिरफ्तारी से पहले ही मुझे अपनी गिरफ्तारी का पूरा पता चल गया था। गिरफ्तारी के पूर्व भी यदि इच्छा करता तो पुलिस वालों को मेरी हवा भी न मिलती, किंतु मुझे तो अपनी शक्ति की परीक्षा करनी थी। गिरफ्तारी के बाद सड़क पर आध घंटे तक बिना किसी बंधन के घूमता रहा। पुलिस वाले शांतिपूर्वक बैठे हुए थे। जब पुलिस कोतवाली में पहुँचा, दोपहर के समय पुलिस कोतवाली के दफ्तर में बिना किसी बंधन के खुला हुआ बैठा था। केवल एक सिपाही निगरानी के लिए पास बैठा हुआ था, जो रात भर का जागा था। सब पुलिस अफसर भी रात भर के जगे हुए थे, क्योंकि गिरफ्तारियों में लगे

रहे थे। सब आराम करने चले गए थे। निगरानी वाला सिपाही भी घोर निद्रा में सो गया! दफ्तर में केवल एक मुंशी लिखा-पढ़ी कर रहे थे। यह भी श्रीयुत रोशनसिंह अभियुक्त के फूफीजात भाई थे। यदि मैं चाहता तो धीरे से उठकर चल देता। पर मैंने विचारा कि मुंशी जी महाशय बुरे फँसेंगे। मैंने मुंशी जी को बुलाकर कहा कि यदि भावी आपत्ति के लिए तैयार हों तो मैं जाऊँ। वे मुझे पहले से जानते थे। पैरों पड़ गए कि गिरफ्तार हो जाऊँगा, बाल-बच्चे भूखों मर जाएँगे। मुझे दया आ गई। एक घंटे बाद श्री अशफ़ाकउल्ला खाँ के मकान की तलाशी लेकर पुलिस वाले लौटे। श्री अशफ़ाकउल्ला खाँ के भाई की कारतूसी बंदूक और कारतूसों की भरी हुई पेटी लाकर उन्हीं मुंशी जी के पास रख दी गई, और मैं पास ही कुर्सी पर खुला हुआ बैठा था। केवल एक सिपाही खाली हाथ पास में खड़ा था। इच्छा हुई कि बंदूक उठाकर कारतूसों की पेटी गले में डाल लूँ, फिर कौन सामने आता है! पर फिर सोचा कि मुंशी जी पर आपत्ति आएगी, विश्वासघात करना ठीक नहीं। उसी समय खुफिया पुलिस के डिप्टी सुपरिण्टेंडेंट सामने छत पर आए। उन्होंने देखा कि मेरे एक ओर कारतूस तथा बंदूक पड़ी है, दूसरी ओर श्रीयुत प्रेमकृष्ण का माउजर पिस्तौल तथा कारतूस रखे हैं, क्योंकि सब चीजें मुंशी जी के पास आकर जमा होती थीं और मैं बिना किसी बंधन के बीच में खुला हुआ बैठा हूँ। डि.सु. को तुरंत संदेह हुआ, उन्होंने बंदूक तथा पिस्तौल को वहाँ से हटवा कर मालखाने में बंद करवाया। निश्चय किया कि अब भाग चलूँ। पाखाने के बहाने से बाहर निकाला गया। एक सिपाही कोतवाली से बाहर दूसरे स्थान में शौच के निमित्त लिवा गया। दूसरे सिपाहियों ने उससे बहुत कुछ कहा कि रस्सी डाल लो। उसने कहा मुझे विश्वास है यह भागेंगे नहीं। पाखाना नितांत निर्जन स्थान में था। मुझे पाखाने भेजकर वह सिपाही खड़े होकर सामने कुश्ती देखने लगा। मैंने दीवार पर पैर रखा और चढ़कर देखा कि सिपाही महोदय कुश्ती देखने में मस्त हैं! हाथ बढ़ाते ही दीवार के ऊपर और एक क्षण में बाहर हो जाता, फिर मुझे कौन पाता? किंतु तुरंत विचार आया कि जिस सिपाही ने विश्वास करके तुम्हें इतनी स्वतंत्रता दी, उसके साथ विश्वासघात करके भाग कर उसको जेल में डालोगे? क्या यह अच्छा होगा? उसके बाल-बच्चे क्या कहेंगे? इस भाव ने हृदय पर एक ठोकर लगाई। एक ठंडी साँस भरी, दीवार से उतर कर बाहर आया, सिपाही महोदय को साथ लेकर कोतवाली की हवालात में आकर बंद हो गया।

लखनऊ जेल में काकोरी के अभियुक्तों को बड़ी भारी आजादी थी। राय साहब पं. चंपालाल जेलर की कृपा से हम कभी भी न समझ सके कि जेल में हैं या किसी रिश्तेदार के यहाँ मेहमानी कर रहे हैं। जैसे माता-पिता से छोटे-छोटे लड़के बात-बात पर बिगड़ जाते हैं, यही हमारा हाल था। हम लोग जेल वालों से बात-बात पर ऐंठ जाते। पं. चंपालाल जी का ऐसा हृदय था कि वे हम लोगों से अपनी संतान से भी अधिक प्रेम करते थे। हम में से किसी को जरा-सा कष्ट होता था, तो उन्हें बड़ा

दुख होता था। हमारे तनकि से कष्ट को भी वह स्वयं न देख सकते थे। और हम लोग ही क्यों, उनके जेल में किसी कैदी या सिपाही, जमादार या मुंशी–किसी को भी कोई कष्ट नहीं। सब बड़े प्रसन्न रहते हैं। इसके अतिरिक्त मेरी दिनचर्या तथा नियमों का पालन देखकर पहरे के सिपाही अपने गुरु से भी अधिक मेरा सम्मान करते थे। मैं यथा नियम जाड़े, गर्मी तथा बरसात में प्रातःकाल तीन बजे से उठकर संध्यादि से निवृत्त हो नित्य हवन भी करता था। प्रत्येक पहरे का सिपाही देवता के समान मेरा पूजन करता था। यदि किसी के बाल-बच्चे को कष्ट होता था, तो वह हवन की भभूत ले जाता था! कोई जंत्र माँगता था। उनके विश्वास के कारण उन्हें आराम भी होता था तथा उनकी श्रद्धा और भी बढ़ जाती थी। परिणामस्वरूप जेल से निकल जाने का पूरा प्रबंध कर लिया। जिस समय चाहता चुपचाप निकल जाता। एक रात्रि को तैयार होकर उठ खड़ा हुआ। बैरक के नम्बरदार तो मेरे सहारे पहरा देते थे। जब जी में आता सोते, जब इच्छा होती बैठ जाते, क्योंकि वे जानते थे कि यदि सिपाही या जमादार सुपरिन्टेंडेंट जेल के सामने पेश करना चाहेंगे, तो मैं बचा लूँगा। सिपाही तो कोई चिंता ही न करते थे। चारों ओर शांति थी। केवल इतना प्रयत्न करना था कि लोहे की कटी हुई सलाखों को उठाकर बाहर हो जाऊँ। चार महीने पहले से लोहे की सलाखें काट ली थीं। काटकर उन्हें ऐसे ढंग से जमा दी थीं कि सलाखें धोई गईं, रंगत लगवाई गई, तीसरे दिन झाड़ी जातीं, आठवें दिन हथोड़े से ठोंकी जातीं और जेल के अधिकारी नित्य प्रति सायंकाल घूमकर सब ओर दृष्टि डाल जाते थे, पर किसी को कोई पता न चला! जैसे ही मैं जेल से भागने का विचार कर के उठा था, ध्यान आया कि जिन पं. चंपालाल की कृपा से सब प्रकार के आनंद भोगने की स्वतंत्रता जेल में प्राप्त हुई, उनके बुढ़ापे में, जब कि थोड़ा-सा समय ही उनकी पेंशन के लिए बाकी है, क्या उन्हीं के साथ विश्वासघात करके निकल भागूँ? सोचा, जीवन भर किसी के साथ विश्वासघात न किया, अब भी विश्वासघात न करूँगा। उस समय मुझे यह भली-भाँति मालूम हो चुका था कि मुझे फाँसी की सजा होगी, पर उपरोक्त बात सोचकर भागना स्थगित ही कर दिया। ये सब बातें चाहे प्रलाप ही क्यों न मालूम हों, किंतु सब अक्षरशः सत्य हैं, सबके प्रमाण विद्यमान हैं।

मैं इस समय इस परिणाम पर पहुँचा हूँ कि यदि हम लोगों ने प्राणपण से जनता को शिक्षित बनाने में पूर्ण प्रयत्न किया होता, तो हमारा उद्योग क्रांतिकारी आंदोलन से कहीं अधिक लाभदायक होता, जिसका परिणाम स्थायी होता। अति उत्तम होगा यदि भारत की भावी संतान तथा नवयुवक-वृंद क्रांतिकारी संगठन करने की अपेक्षा जनता की प्रवृत्ति को देश सेवा की ओर लगाने का प्रयत्न करें, और श्रमजीवी तथा कृषकों का संगठन करके उनको जमींदारों तथा रईसों के अत्याचारों से बचाएँ। भारतवर्ष के रईस तथा जमींदार सरकार के पक्षपाती हैं। मध्य श्रेणी के लोग किसी

न किसी प्रकार इन्हीं तीनों के आश्रित हैं। कोई तो नौकर-पेशा हैं और जो कोई व्यवसाय भी करते हैं, उन्हें भी इन्हीं के मुँह की ओर ताकना पड़ता है। रह गए श्रमजीवी तथा कृषक-सो उनको उदर-पूर्ति के उद्योग से ही समय नहीं मिलता, जो धर्म, समाज तथा राजनीति की ओर कुछ ध्यान दे सकें। मद्यपानादि दुर्व्यसनों के कारण उनका आचरण भी ठीक नहीं रह सकता। व्यभिचार, संतान-वृद्धि, अल्पायु में मृत्यु तथा अनेक प्रकार के रोगों से जीवन-भर उनकी मुक्ति नहीं हो सकती। कृषकों में उद्योग का तो नाम भी नहीं पाया जाता। यदि एक किसान को जमींदार की मजदूरी करने या हल चलाने की नौकरी करने पर ग्राम में आज से बीस वर्ष पूर्व दो आने रोज या चार रुपए मासिक मिलते थे, तो आज भी वही वेतन बँधा चला आ रहा है! बीस वर्ष पूर्व वह अकेला था, अब उसकी स्त्री तथा चार संतान भी हैं। पर उसी वेतन में उसे निर्वाह करना पड़ता है। उसे उसी पर संतोष करना पड़ता है। सारे दिन जेठ की लू तथा धूप में गन्ने के खेत में पानी देते-देते उसको रतौंधी आने लगती है। अँधेरा होते ही आँख से दिखाई नहीं देता, पर उसके बदले में आधा सेर सड़े हुए शीरे का शरबत या आधा सेर चना तथा छह पैसे रोज मजदूरी मिलती है, जिसमें ही उसे अपने परिवार का पेट पालना पड़ता है।

जिसके हृदय में भारतवर्ष की सेवा के भाव उपस्थित हों, या जो भारतभूमि को स्वतंत्र देखने या स्वाधीनता बनाने की इच्छा रखता हो, उसे उचित है कि ग्रामीण संगठन करके कृषकों की दशा सुधारकर, उनके हृदय से भाग्य-निर्भरता को हटाकर उद्योगी बनने की शिक्षा दे। कल, कारखाने, रेलवे, जहाज तथा खानों में जहाँ कहीं श्रमजीवी हों, उनकी दशा को सुधारने के लिए श्रमजीवियों के संघ की स्थापना की जाए, ताकि उनको अपनी अवस्था का ज्ञान हो सके और कारखानों के मालिक मनमाने अत्याचार न कर सकें और अछूतों को, जिनकी संख्या इस देश में लगभग छः करोड़ है, पर्याप्त शिक्षा प्राप्त कराने का प्रबंध हो, तथा उनको सामाजिक अधिकारों में समानता हो। जिस देश में छह करोड़ मनुष्य अछूत समझे जाते हों, उस देशवासियों को स्वाधीन बनने का अधिकार ही क्या है? इसी के साथ ही साथ स्त्रियों की दशा भी इतनी सुधारी जाए कि वे अपने आप को मनुष्य जाति का अंग समझने लगें। वे पैर की जूती तथा घर की गुड़िया न समझी जाएँ। इतने कार्य हो जाने के बाद जब भारत की जनता का अधिकांश शिक्षित हो जाएगा, वे अपनी भलाई-बुराई समझने के योग्य हो जाएँगे, उस समय प्रत्येक आंदोलन, जिसका शिक्षित जनता समर्थन करेगी, अवश्य सफल होगा। संसार की बड़ी से बड़ी शक्ति भी उसके दबाने में समर्थ न हो सकेगी। रूस में जब तक किसान संगठन नहीं हुआ, रूस सरकार की ओर से देश-सेवकों पर मनमाने अत्याचार होते रहे। जिस समय से 'केथोराइन' ने ग्रामीण-संगठन का कार्य अपने हाथ में लिया, स्थान-स्थान पर कृषक-सुधारक संघों की स्थापना की, घूम-घूम कर रूस के युवक तथा युवतियों ने जारशाही के विरुद्ध प्रचार आरंभ किया।

फिर किसानों को अपनी वास्तविक अवस्था का ज्ञान होने लगा। वे अपने मित्र तथा शत्रु को समझने लगे, उसी समय से जारशाही की नींव हिलने लगी। श्रमजीवियों के संघ भी स्थापित हुए। रूस में हड़तालों का आरंभ हुआ। उसी समय से जनता की प्रवृत्ति को देखकर मदांधों के नेत्र खुल गए।

भारतवर्ष में सबसे बड़ी कमी यही है कि इस देश के युवकों में शहरी जीवन व्यतीत करने की बान पड़ गई है। युवक-वृंद साफ-सुथरे कपड़े पहनने, पक्की सड़कों पर चलने, मीठा, खट्टा तथा चटपटा भोजन करने, विदेशी सामग्री से सुसज्जित बाजारों में घूमने, मेज-कुर्सी पर बैठने तथा विलासिता में फँसे रहने के आदी हो गए हैं। ग्रामीण-जीवन को वे नितांत नीरस तथा शुष्क समझते हैं। उनकी समझ में ग्रामों में अर्धसभ्य या जंगली लोग निवास करते हैं। यदि कभी किसी अंग्रेजी स्कूल या कॉलेज में पढ़ने वाला विद्यार्थी किसी कार्यवश अपने किसी संबंधी के यहाँ ग्राम में पहुँच जाता है, तो उसे वहाँ दो-चार दिन काटना बड़ा कठिन हो जाता है। वे या तो कोई उपन्यास साथ ले जाते हैं, जिसे अलग बैठे पढ़ा करते हैं, या पड़े-पड़े सोया करते हैं! किसी ग्रामवासी से बातचीत करने से उनका दिमाग थक जाता है, या उनसे बातचीत करना वे अपनी शान के खिलाफ समझते हैं। ग्रामवासी जमींदार या रईस जो अपने लड़कों को अंग्रेजी पढ़ाते हैं, उनकी भी यही इच्छा रहती है कि जिस प्रकार हो सके उनके लड़के कोई सरकारी नौकरी पा जाएँ। ग्रामीण बालक जिस समय शहर में पहुँचकर शहरी शान को देखते हैं, इतनी बुरी तरह से उन पर फैशन का भूत सवार हो जाता है कि उनके मुकाबले फैशन बनाने की चिंता किसी को भी नहीं! थोड़े दिनों में उनके आचरण पर भी इसका प्रभाव पड़ता है और वे स्कूल के गंदे लड़कों के हाथ में पड़ कर बड़ी बुरी-बुरी कुटेवों के घर बन जाते हैं। उनसे जीवन पर्यन्त अपना ही सुधार नहीं हो पाता, फिर वे ग्रामवासियों का सुधार क्या खाक कर सकेंगे?

असहयोग आंदोलन में कार्यकर्त्ताओं की इतनी अधिक संख्या होने पर भी सबके सब शहर के प्लेटफार्मों पर लेक्चरबाजी करना ही अपना कर्त्तव्य समझते थे। ऐसे बहुत थोड़े कार्यकर्त्ता थे, जिन्होंने ग्रामों में कुछ कार्य किया। उनमें भी अधिकतर ऐसे थे, जो केवल हुल्लड़ कराने में ही देशोद्धार समझते थे! परिणाम यह हुआ कि आंदोलन में थोड़ी-सी शिथिलता आते ही सब कार्य अस्त-व्यस्त हो गया। इसी कारण महामना देशबन्धु चितरंजनदास ने अंतिम समय में ग्राम-संगठन ही अपने जीवन का ध्येय बनाया था। मेरे विचार से ग्राम-संगठन की सबसे सुगम रीति यही हो सकती है कि युवकों में शहरी जीवन छोड़कर ग्रामीण-जीवन से प्रीति उत्पन्न हो। जो युवक मिडिल, एंट्रेन्स, एफ.ए., बी.ए. पास करने में हजारों रुपए नष्ट करके दस, पंद्रह, बीस या तीस रुपए की नौकरी के लिए ठोकरें खाते फिरते हैं, उन्हें नौकरी का आसरा छोड़कर कोई उद्योग जैसे—बढ़ईगीरी, लुहारगीरी, दर्जी का काम, धोबी का काम, जूते बनाना, कपड़ा बुनना, मकान बनाना, राजगीरी इत्यादि सीख लेना चाहिए। यदि जरा

साफ-सुथरे रहना हो तो वैद्यक सीखें। किसी बड़े ग्राम या कस्बे में जाकर काम शुरू करें। उपरोक्त कामों में से कोई काम भी ऐसा नहीं है, जिसमें चार या पाँच घंटा मेहनत करके तीस रुपए मासिक की आय न हो जाए। ग्राम में तीस रुपए मासिक शहर के साठ रुपए से अधिक हैं, क्योंकि ग्राम में लकड़ी या कंडों का मूल्य बहुत कम होता है और यदि किसी जमींदार की कृपा हो गई और एक सूखा हुआ वृक्ष कटवा दिया तो छह महीने के लिए ईंधन की छुट्टी हो गई। शुद्ध घी, दूध सस्ते दामों में मिल जाता है और स्वयं एक या दो गाय या भैंस पाल ली, तब तो आम के आम गुठलियों के दाम ही मिल गए। चारा सस्ता मिलता है। घी दूध बाल बच्चे खाते हैं। कंडों का ईंधन होता है और यदि किसी की कृपा हो गई तो फसल पर एक या दो भुस की गाड़ी बिना मूल्य ही मिल जाती है। अधिकतर कामकाजियों को गाँव में चारा, लकड़ी के लिए पैसा खर्च नहीं करना पड़ता। हजारों अच्छे-अच्छे ग्राम हैं, जिनमें वैद्य, दर्जी, धोबी निवास ही नहीं करते। उन ग्रामों के लोगों को दस, बीस कोस दूर दौड़ना पड़ता है। वे इतने दुःखी होते हैं कि जिसका अनुमान करना कठिन है। विवाह आदि अवसरों पर यथासमय कपड़े नहीं मिलते। काष्टादिक औषधियाँ बड़े-बड़े कस्बों में नहीं मिलतीं। यदि मामूली अत्तार बन कर ही कस्बे में बैठ जाए, और दो-चार किताबें देखकर ही औषधि दिया करे तो भी तीस-चालीस रुपए मासिक की आय तो कहीं गई ही नहीं। इस प्रकार उदर-निर्वाह तथा परिचय हो जाता है। परिचय ही नहीं, जिसका एक समय जरूरत पर काम निकल गया, वह आभारी हो जाता है। उसकी आँख नीची रहती है। आवश्यकता पड़ने पर वह तुरंत सहायक होता है। ग्राम में कौन ऐसा पुरुष है जिसका लुहार, बढ़ई, धोबी, दर्जी, कुम्हार या वैद्य से काम नहीं पड़ता? मेरा पूर्ण अनुभव है कि इन लोगों की भले-भले ग्रामवासी खुशामद करते रहते हैं।

रोजाना काम पड़ते रहने से और संबंध होने से यदि थोड़ी-सी चेष्टा की जाए और ग्रामवासियों को थोड़ा-सा उपदेश देकर उनकी दशा सुधारने का प्रयत्न किया जाए तो बड़ी जल्दी काम बने। अल्प समय में ही वे सच्चे स्वदेश भक्त खद्दरधारी बन जाएँ। यदि उनमें एक-दो शिक्षित हों तो उत्साहित करके उनके पास एक समाचार-पत्र मँगाने का प्रबंध कर दिया जाए। देश की दशा का भी उन्हें कुछ ज्ञान होता रहे। इसी तरह सरल-सरल पुस्तकों की कथाएँ सुनाकर उनमें से कुप्रथाओं को भी छुड़ाया जा सकता है। कभी-कभी स्वयं रामायण या भागवत की कथा भी सुनाया करें। यदि नियमित रूप से भागवत की कथा कहें तो पर्याप्त धन भी चढ़ावे में आ सकता है, जिससे एक पुस्तकालय स्थापित कर दें। कथा कहने से अवसर पर बीच-बीच में चाहे कितनी राजनीति का समावेश कर जाए, कोई खुफिया पुलिस का रिपोर्टर नहीं बैठा जो रिपोर्ट करे। वैसे यदि कोई खद्दरधारी ग्राम में उपदेश करना चाहे तो तुरंत ही जमींदार पुलिस में खबर कर दे और यदि कस्बे के वैद्य, लड़के पढ़ाने वाले

अथवा कथा कहने वाले पंडित कोई बात कहें तो सब चुपचाप सुनकर उस पर अमल करने की कोशिश करते हैं और उन्हें कोई पूछता भी नहीं। इसी प्रकार अनेक सुविधाएँ मिल सकती हैं, जिनके सहारे ग्रामीणों की सामाजिक दशा सुधारी जा सकती है। रात्रि-पाठशालाएँ खोलकर उन्हें तथा उनके बच्चों को शिक्षा देने का भी प्रबंध किया जाए। जितने युवक उच्च शिक्षा प्राप्त करके व्यर्थ में धन व्यय करने की इच्छा रखते हैं, उनको उचित है कि अधिक से अधिक अंग्रेजी के दसवें दर्जे तक की योग्यता प्राप्त करके किसी कला-कौशल के सीखने का प्रयत्न करें और उस कला-कौशल द्वारा ही अपना जीवन निर्वाह करें।

जो धनी मानी स्वदेश-सेवार्थ बड़े-बड़े विद्यालयों तथा पाठशालाओं की स्थापना करते हैं, उनको उचित है कि विद्यापीठों के साथ-साथ उद्योगपीठ, शिल्पविद्यालय तथा कलाकौशल भवनों की स्थापना भी करें। इन विद्यालयों के विद्यार्थियों को नेतागीरी के लोभ से बचाया जाए। विद्यार्थियों का जीवन सादा हो और विचार उच्च हों। इन्हीं विद्यालयों में एक-एक उपदेशक विभाग भी हो, जिसमें विद्यार्थी प्रचार करने का ढंग सीख सकें। जिन युवकों के हृदय में स्वदेश सेवा के भाव हों, उनको कष्ट सहन करने की आदत डालकर सुसंगठित रूप से ऐसा कार्य करना चाहिए, जिसका परिणाम स्थायी हो। केथोराइन ने इसी प्रकार कार्य किया था। उदर-पूर्ति के निमित्त केथोराइन के अनुयायी ग्रामों में जाकर कपड़े सीते या जूते बनाते और रात्रि के समय किसानों को उपदेश देते थे। जिस समय से मैंने केथोराइन की जीवनी (The Grand mother of the Russean Revolution) का अंग्रेजी भाषा में अध्ययन किया, मुझ पर उसका बहुत प्रभाव हुआ। मैंने तुरंत उसकी जीवनी 'केथोराइन' नाम से हिंदी में प्रकाशित कराई। मैं भी उसी प्रकार काम करना चाहता था, पर बीच में ही क्रांतिकारी दल में फँस गया। मेरा तो अब यह दृढ़ निश्चय हो गया है कि अभी पचास वर्ष तक क्रांतिकारी दल को भारतवर्ष में सफलता नहीं हो सकती, क्योंकि यहाँ की स्थिति उसके उपयुक्त नहीं। अतएव क्रांतिकारी दल का संगठन करके व्यर्थ में नवयुवकों के जीवन को नष्ट करना और शक्ति का दुरुपयोग करना बड़ी भारी भूल है। इससे लाभ के स्थान में हानि की संभावना बहुत अधिक है। नवयुवकों को मेरा अंतिम संदेश यही है कि वे रिवाल्वर या पिस्तौल को अपने पास रखने की इच्छा को त्याग कर सच्चे देश सेवक बनें। पूर्ण स्वाधीनता उनका ध्येय हो और वे वास्तविक साम्यवादी बनने का प्रयत्न करते रहें। फल की इच्छा छोड़कर सच्चे प्रेम से कार्य करें, परमात्मा सदैव उनका भला ही करेगा।

यदि देश हित मरना पड़े मुझ को सहस्रों बार भी,
तो भी न मैं इस कष्ट को निज ध्यान में लाऊँ कभी।
हे ईश भारतवर्ष में शत बार मेरा जन्म हो,
कारण सदा ही मृत्यु का देशोपकारक कर्म हो।

अंतिम समय की बातें

आज 16 दिसंबर, 1927 ई. को निम्नलिखित पंक्तियों का उल्लेख कर रहा हूँ, जबकि 19 दिसंबर, 1927 ई. सोमवार को 6.30 बजे प्रातःकाल इस शरीर को फाँसी पर लटका देने की तिथि निश्चित हो चुकी है। अतएव नियत समय पर इह-लीला संवरण करनी ही होगी। यह सर्वशक्तिमान प्रभु की लीला है। सब कार्य उसकी इच्छानुसार ही होते हैं। यह परम पिता परमात्मा के नियमों का परिणाम है कि किस प्रकार किस को शरीर त्यागना होता है। मृत्यु के सकल उपक्रम निमित्त मात्र हैं। जब तक कर्म क्षय नहीं होता, आत्मा को जन्म-मरण के बंधन में पड़ना ही होता है, यह शास्त्रों का निश्चय है। यद्यपि यह बात वह परब्रह्म ही जानता है कि किन कर्मों के परिणामस्वरूप कौन-सा शरीर इस आत्मा को ग्रहण करना होगा, किंतु अपने लिए यह मेरा दृढ़ निश्चय है कि मैं उत्तम शरीर धारण कर नवीन शक्तियों सहित अति शीघ्र ही पुनः भारतवर्ष में ही किसी निकटवर्ती संबंधी या इष्ट मित्र के गृह में जन्म ग्रहण करूँगा।

सत्यभक्त

1899-1988

सामाजिक रूढ़ियों और धार्मिक पाखंडों के विरोधी तथा प्रगतिशील चिंतधारा की ओर झुकाव। शाहपुर, सागर में जैनी परिवार में जन्म। संस्कृत और अंग्रेजी का विस्तृत ज्ञान। 1919 में बनारस के एक विद्यालय में धर्म का अध्यापन। जातिवाद के विरोध में काम किया तथा क्रांतिकारियों को मदद दी। जैन धर्म में घुसी बुराइयों से असंतोष। 1934 में 'सत्य समाज' की स्थापना तथा क्रांतिकारी झुकाव से धीरे-धीरे धार्मिकता की ओर प्रस्थान कर गए।

विविध आंदोलन

इंदौर में विजातीय-विवाह का आंदोलन ही गनीमत था, पर बंबई में इतना भय नहीं था। साथ ही 'जैन-जगत' पत्र हाथ में था, इसलिए प्रबल आंदोलक बन गया। सुधार के विरोध में जो भी आए, उन सब पर टूट पड़ता। लेखनी द्वारा आक्रमण करने में दया-माया का कुछ काम न था। हाँ, सभ्यता का ख्याल रखता था।

यथास्थितिवादी दल की नीति समाज को भड़काने की रहती थी। विजातीय-विवाह से समाज नहीं भड़कता तो विधवा-विवाह से सही—इसी नाम से समाज को भड़काने लगते। कुछ दिन तक मुझे रजस्वला स्त्री को मंदिर में ले जाने वाला कहा गया। ऐसी बातों का यह परिणाम होता था कि उन पर भी मैं लंबे-लंबे शास्त्रीय विवेचनापूर्ण लेख या लेखमालाएँ लिख मारता था।

एक दिन सुधारक कहलाना भी कुछ निंदाजनक समझा जाता था पर विजातीय विवाह आंदोलन की सफलता से तथा जैन-जगत् के आंदोलनों से वह बात न रही। सुधारक और यथास्थितिपालक दल बराबरी पर आ गए, इसलिए यह सोचा गया कि किसी तरह दोनों दलों में सुलह कर ली जाए। इसलिए सेठ हुकुमचंदजी के यहाँ इंदौर में एक सुलह मीटिंग की योजना की गई। सुधारक लोग इसके लिए बहुत कुछ झुकने को तैयार थे पर इतने पर भी यथास्थितिपालक पंडित लोग राजी न हुए।

उन्हें कुछ लोगों के, खास कर मेरा नाम महासभा में शामिल करने में बड़ी आपत्ति थी।

यह अच्छा ही हुआ क्योंकि मैं ऐसे समझौतों से कोई लाभ नहीं देखता था, कम से कम वह मेरे जीवन के कार्यक्रम के विरुद्ध था। विजातीय विवाह का आंदोलन कर सकते हो पर अमुक-अमुक आंदोलन नहीं कर सकते, इस प्रकार की शर्तों पर यह समझौता खड़ा होने वाला था। मैं इस समझौते पर दो-चार महीने से अधिक नहीं टिक सकता था। मेरे जीवन के कार्यक्रम में तो एक के बाद एक आंदोलन थे और वे सिर्फ आंदोलन ही न थे, अवसर पड़ने पर मैं उन्हें कार्यपरिणत करना-कराना चाहता था, इसलिए यह समझौता निश्चित ही टूट जाता। यथास्थितिपालक पंडितों ने अगर यह समझौता स्वीकार कर लिया होता और जब कल विधवा विवाह आदि का आंदोलन खड़ा होता तो विरोधी पंडित फिर उछल-कूद कर सुधारकों को अलग करते। पंडितों और सेठों को रिझाने का मार्ग सुधारकों का नहीं होना चाहिए। मैं इस विषय में अपनी एक ही दृढ़ नीति रखता था कि जनता के सामने अपनी सचाई युक्ति आदि से प्रकट करना, साबित करना, इस प्रकार जनता को स्तब्ध करके थोड़े-बहुत आदमियों को लेकर उस सुधार को कार्यपरिणत करना। इसके बाद अगर जनता का प्रक्षोभ हो तो शहीद होने की अपनी तैयारी बताना, डटे रहना, अपनी सचाई का प्रचार करते रहना। इस ढंग से धीरे-धीरे सुधार रिवाज बनता है, जनता झुकती है। बाद में बाकी रहे-सहे झुकते हैं। इतना आंदोलन तुम कर सकते हो और इतना नहीं करते, इन बातों के समझौते में शक्ति बर्बाद करने की कोई जरूरत नहीं है। धीरे-धीरे किस तरह आंदोलन करना है यह हम स्वयं निर्णय करेंगे। हम जनता की नाड़ी अपने हाथ से देखेंगे, जनता के दलालों के हाथों नहीं।

यही थी मेरी नीति, इसी नीति पर मैं चला, चल रहा हूँ। कदाचित् भविष्य में भी चलूँगा। यह तो सुधार आंदोलन के सौभाग्य की बात थी कि इंदौर की सुलह मीटिंग असफल रही, समझौता न हुआ। अगर सफल हुआ होता तो सुधार आंदोलन के कुछ वर्ष खासकर मेरे जीवन के कुछ वर्ष सुधार की दृष्टि से व्यर्थ गए होते।

मेरे ख्याल से समझौता लेन-देन की चीज है परंतु जहाँ सत्यासत्य का निर्णय करना है, रोगी की चिकित्सा करना है वहाँ सत्य ही सब से अधिक प्रबल है।

आंदोलन जोर से चल रहा था, यथास्थितिपालक दल टिक नहीं रहा था। इसका मुख्य कारण यह था कि उनने श्रीगणेश बुरा किया था। विजातीय विवाह आंदोलन का विरोध किया उनने जैन शास्त्रों के आधार से, पर विजातीय विवाह के समर्थन का साहित्य जैन शास्त्रों में जितना भरा पड़ा है उतना शायद ही कहीं हो। बात यह है कि म. महावीर ने जैन धर्म की स्थापना जिन-जिन बातों के लिए की थी उनमें जाति-पांति के बंधन तोड़ना भी मुख्य था। इसलिए जैन शास्त्रों में असवर्ण विवाह आर्यम्लेच्छ विवाहों के उदाहरण भरे पड़े हैं। अब उनका विरोध शास्त्र के आधार

से करना समाज की आँखों में धूल झोंकना था।

सामाजिक दृष्टि से अगर विरोध किया होता तो भी स्थितिपालकों को सफलता न मिलती, क्योंकि कई अल्पसंख्यक जातियों को इसकी बहुत जरूरत थी, फिर भी इतनी असफलता न मिलती। सामाजिक दृष्टि से तो दोनों पक्ष में कुछ न कुछ कहने की गुंजाइश थी, पर शास्त्रों की दृष्टि से तो विजातीय विवाह के विरोध का पक्ष बिलकुल कमजोर था। यथास्थितिपालक पंडितों से प्रारंभ में जो यह भूल हो गई सो फिर नहीं सुधरी। और इस क्षेत्र में उन्हें जो मुँह की खाना पड़ी, उसने इनकी प्रामाणिकता को ऐसा धक्का लगाया कि आगे की बातों की घोषणाओं का भी इनके मुँह से कुछ मूल्य न रहा। यथास्थितिपालकों की इस परिस्थिति से मुझे काफी बल मिला। मेरे पक्ष की प्रबलता मेरी योग्यता की प्रबलता भी मानी जाने लगी। मुझे इससे काफी आत्म-विश्वास भी मिला। आप इसे घमंड भी कह सकते हैं क्योंकि इससे मुझे विरोधी विद्वानों के न तो पांडित्य पर श्रद्धा रही, न उनकी प्रामाणिकता पर।

मुनिवेषियों से भिड़ंत

जब यथास्थितिपालक दल टिक न सका तब विरोधी विद्वानों ने जैन मुनियों का सहारा लिया। दिगंबर जैन समाज में मुनियों के विषय में अटूट श्रद्धा थी, क्योंकि उस समय दिगंबर जैन मुनि कोई थे ही नहीं और शास्त्रों में मुनियों का जो वर्णन मिलता है वह अत्यंत श्रद्धोत्पादक है। कुछ समय पहले एक मुनि अनंतकीर्ति हुए थे जो कि भक्तों की गलती से आग में जल मरे थे। तब से जनता की मुनिभक्ति इस जमाने के मुनियों के लिए भी स्थित हो गई। इस भक्ति का उपयोग कुछ लोगों ने कर लेना चाहा और वे मुनि बन गए। इनमें प्रायः सभी अनपढ़ थे इसलिए उनको अपना महत्त्व बनाए रखने के लिए कुछ पंडितों की जरूरत थी। इधर पंडित यह चाहते थे कि अपनी बात का अगर इन मुनियों से समर्थन करा लिया जाए तो जनता को अपनी तरफ अच्छी तरह खींचा जा सकेगा और सुधारकों को दबाया जा सकेगा।

जहाँ तक राजनीति का संबंध है, पंडितों की यह चाल उनके रक्षण के लिए काफी अच्छी थी। पंडितों और मुनियों दोनों के अपने-अपने स्वार्थ थे इसलिए दोनों मिल गए। मुनियों ने पंडितों के विचारों का समर्थन किया, पंडितों ने मुनियों को परम वीतराग सर्वज्ञ आदि कहना शुरू किया। पर इसका भयंकर परिणाम यह हुआ कि घोर से घोर दुराचारी मुनि-वेषियों का समर्थन भी पंडितों को करना पड़ा, इसलिए अंत में सब की लुटिया डूब गई।

पर यह एक पीछे की बात थी। पहले तो जब सुधारकों के सामने लड़ने के लिए मुनि लोग खड़े दिखाई दिए, तब सुधारक भी किंकर्तव्यविमूढ़ हो गए। सुधारक पत्र भी मुनिवेषियों के विषय में मौन धारण किए रहे। सचमुच सुधारकों के सामने एक समस्या ही खड़ी हो गई। मुनिवेषियों को छेड़ना भौंरमछों के छत्ते में हाथ डालना था।

पर इस तरह चुप कब तक रहा जाता, अंत में जैन-जगत् ने इस मोर्चे पर डटने की तैयारी की। मुनि अशिक्षित थे शिथिलाचारी भी थे इसलिए एक-दो सज्जन दबी जवान से कुछ कहते तो थे ही, खासकर ऐसी आवाज पं. गणेश प्रसादजी वर्णी ने निकाली थी, पर इसका कुछ परिणाम नहीं हो सकता था, इसके लिए व्यवस्थित रीति से आंदोलन करने की जरूरत थी। उस समय जैन-जगत् ही यह काम कर सकता था और उसी ने किया।

'मुनिधर्म की रक्षा करो' इस शीर्षक से मैंने एक लेख लिखा जो 1 मार्च, 1928 के जैन-जगत् में अग्रलेख के रूप में निकला। उसमें जैन शास्त्रों की दृष्टि से मुनिवेष की निरर्थकता, मुनिपद का महत्त्व और इन मुनियों के शिथिलाचार की तरफ संकेत था। साथ ही यह भी बताया था कि अयोग्य मुनियों की पुराने समय में कैसी छीछालेदर होती थी।

इस लेख के निकलते ही चारों तरफ से गालियों की बौछार आने लगी। सुधारक कहलाने वालों ने भी विरोध किया और मिलने पर लाल-पीली आँखें दिखलाईं। पर मैं दबा नहीं, बल्कि लेखनी को और तेज किया। हाँ, इस बात का पूरा खयाल रखा कि कोई झूठी बात न निकल जाए। साथ ही अपनी बातें शास्त्र के अनुसार लिखीं।

इस चर्चा में कोई-कोई आक्षेप और उनके उत्तर बड़े दिलचस्प होते थे। जब बहुत से लोगों ने समाचार-पत्रों में चिट्ठी-पत्री में या मिलने पर मुनिनिंदक कहकर मुझे खूब गालियाँ दीं तब मैंने लिखा—

गालियों का स्वागत करने का अवसर मनुष्य को दो तरह से मिलता है। जब वह लड़के की ससुराल में जाता है, तब समधिनें गाली गाया करती हैं या वह सुधारक बनता है तब यथास्थितिपालक लोग गाली गाया करते हैं—ये दोनों ही अवसर बड़े सौभाग्य से मिलते हैं। पहले अवसर की तो हमें आशा नहीं है, इसलिए दोनों का हर्ष हम एक ही अवसर पर मना लेते हैं।

यह थी मेरी बेशर्मी, जिसके बल पर मैं गालियों का तथा निंदा आदि का सामना किया करता था। उस समय मैं हर एक आक्षेप का उत्तर दिया करता था। इस प्रकार के उत्तरों का संग्रह किया जाए तो एक दिलचस्प पुस्तक बन सकती है। मुनिवेषियो के दोषों की आलोचना भी ऐसी ही दिलचस्पी से विनोदपूर्ण तथा तर्कपूर्ण भाषा मे किया करता था। मुनिवेषियों को इससे बहुत परेशानी उठानी पड़ती थी और इसके लिए उनको और उनके अनुयायियों को एक से एक बढ़कर छल से काम लेना पड़ता था।

ज्यों ही जैन जगत में उनके विषय में ऐसी कोई बात प्रकाशित हुई जिसके प्रकट होने से जनता पर मुनियों का प्रभाव कम हो जाएगा त्यों ही उस कार्य के या रीति को बंद किया जाता और फिर कहा जाता—कोई देख ले, यह बात नहीं है, जैन-जगत झूठ लिखता है। फिर जैन जगत् लिखता कि हमारा लिखना कहाँ तक

सत्य था और फिर किस छल से यह बात बंद की गई। पर छल से ही क्यों न हो सुधार किया, इसके लिए धन्यवाद देता।

प्रारंभ में ही इस आलोचना आदि का परिणाम यह हुआ कि सम्मेदशिखर से जब मुनिसंघ लौटा तब उत्तर भारत के लोगों ने न तो उन्हें आहार दिया, न संघ का साथ दिया। इसके लिए विरोधी विद्वानों को पर्चे बाँटने पड़े, लेख लिखने पड़े, लोगों की अंधश्रद्धा को उत्तेजित करना पड़ा।

जनसाधारण में अंधश्रद्धा तो होती ही है, इसलिए मुनिवेषियों ने उसका लाभ तो उठाया और वे आज भी उठा रहे हैं पर एक बार मोती का पानी उतरा सो उतरा। मुनिवेष लेने वालों में न तो कोई त्यागी था न आत्मार्थी न समाजसेवी, इन सब के कोई न कोई ऐहिक स्वार्थ थे। इसलिए फिर इन्हीं लोगों में आपस में लड़ाइयाँ होने लगीं, कइयों के दुराचार इतने बढ़ गए कि बदबू से घोर से घोर अंधश्रद्धालु भी नाक-मुँह सिकोड़ने लगे। यथास्थितिपालकों को तब भी इनका समर्थन करना पड़ता था, इन पंडितों के समर्थन से दुराचारियों की खूब बन आई पर कब तक चलती? आखिर मुनि[illegible] आदि का ऐसा भंडाफोड़ हुआ, उनके अर्थसंग्रह तथा अन्य दुराचारों का ऐसा नग्न रूप समाज के सामने आया कि जैन [illegible] के और मेरे उग्र-विरोधियों ने भी कहा कि जैन जगत् को अपने व्यर्थ दोष देते हैं वास्तव में वह ठीक है। लिखता है।

मुनिवेषियों की पूजा अब भी होती है, उनके ठाठबाट अब भी छोटे-मोटे राजाओं सरीखे हैं, पर न तो वह श्रद्धा रही है न वह प्रामाणिकता। सुधारक कहलाने वाले तो जाने दीजिए पर यथास्थिति-पालकों के प्रमुखपत्र भी किसी न किसी मुनिवेषी का विरोध किया करते हैं। मुनिवेशियों की निंदा से ही अब कोई मुनिनिंदक या मिथ्यादृष्टि नहीं कहलाता। पर इससे भी बड़ी बात जो हुई वह यह कि उनके वचनों की प्रामाणिकता नष्ट हो गई है। मुनि के शब्दों का विरोध करना आगम विरोध है, ऐसी मान्यता अब नहीं रही है। लोगों ने समझ लिया है कि मुनियों का ज्ञान से या विचार से कोई संबंध नहीं है।

अब किसी सुधार आंदोलन के विरोध में मुनिवेषियों का उपयोग निरर्थक है। अथवा इतना ही उपयोग है जितना साधारण आदमी का होता है।

यथास्थितिपालकों ने सुधारकों का विरोध करने के लिए मुनिवेषियों का जो उपयोग किया उससे कुछ समय के लिए सुधार आंदोलन को धक्का अवश्य लगा, उससे कुछ समय और शक्ति बर्बाद भी हुई पर इससे सुधारकों की अपेक्षा यथास्थितिपालकों का अधिक नुकसान हुआ, अंत में सब के पाप का फल समाज को भोगना पड़ा। अगर मुनिवेषियों की ओट न ली जाती और स्वर्गीय पं. गोपालदासजी के समय में पंडितों की जो मनोवृत्ति थी वही रहती तो कम से कम निम्नलिखित लाभ अवश्य हुए होते।

1. मुनिवेषियों में उच्छृंखलता दुराचार आदि का इतना प्रवेश न हुआ होता जितना हो गया।

2. मुनिवेषियों का उपयोग समाज हितकारी अनेक कामों में हुआ होता।

3. समाज में अंधश्रद्धा न बढ़ी होती और उसके पीछे-पीछे लाखों रुपयों का जो नाश हुआ वह बहुत कम हुआ होता।

4. मुनि संस्था व्यवस्थित और संगठित बनी होती और उसमें शिक्षा का प्रचार हुआ होता।

5. विद्वानों में विचारकता और उनके जीवन की उपयोगिता अधिक रही होती।

6. दुराचार के शिकार होकर या लोगों की विवेकहीन भक्ति के शिकार होकर जिन मुनिवेषियों को मर जाना पड़ा उन्हें न मरना पड़ा होता।

7. जैनेतर जगत् पर जो बुरी छाप पड़ी वह न पड़ी होती, न साम्प्रदायिक द्वेष इतना बढ़ा होता।

8. बहुत सी नई दलबंदियाँ खड़ी न हुई होतीं।

और भी ऐसी ही कुछ बातें कही जा सकती हैं।

खैर, इसके सिवाय और क्या कहा जाए कि जो होना था सो हुआ। समाज की बहुत-सा हानि करके यह मुनिवेषिकांड भी खत्म हुआ।

विधवा विवाह का आंदोलन

जैन पंडितों में और उनके संसर्ग से जैन मुनियों में यह बीमारी आ गई थी कि जब वे विजातीय-विवाह आदि की चर्चा में नहीं जीत पाते थे तब सुधारकों को विधवा-विवाह का पक्षपाती कहने लगते थे। इस विषय में सुधारकों की पाँच श्रेणियाँ थीं।

1. एक तो वे जो विजातीय-विवाह आदि के समर्थक थे पर विधवा-विवाह के विरोधी थे।

2. विधवा-विवाह के समर्थक थे पर समाज में अपना स्थान बनाए रखने के लिए उसका विरोध करते थे।

3. बातचीत में विधवा-विवाह का समर्थन करते थे पर जनता के सामने किसी बहाने से निकल भागते थे या दबी जबान में विरोध करते थे।

4. विधवा-विवाह का प्रचार नहीं करते थे पर कोई उनसे पूछे तो बराबर समर्थन करते थे।

5. विधवा-विवाह के प्रचारक थे।

पंडित लोग पहली तीन श्रेणी के लोगों को बारबार छेड़ते थे और समाज में

उनको विधवा-विवाह के पक्षपाती के रूप में घोषित करते थे। शीतल प्रसादजी उक्त पाँच श्रेणियों में से दूसरी श्रेणी के थे। उन्हें इस बात में अधिक से अधिक सताया जाता था। सभाओं में उनसे विधवा-विवाह के विरोध में बुलवाया जाता था। पंडित लोग समझते थे कि एक समाज-सेवक व्यक्ति को बार-बार अपने दिल को चोट पहुँचाने को विवश करने में हमारी जीत होती है। ब्रह्मचारी जी में भी एक तरह की कमजोरी थी, इस तरह वे अपनी इज्जत बचाने में ही कल्याण समझते थे।

एक बार उनने मुझ से कहा था—मेरे विचार विधवा-विवाह के समर्थक हैं लेकिन मुझमें इतनी हिम्मत नहीं है कि मैं उन्हें जीते जी प्रकट कर सकूँ पर जब मरने लगूँगा तब लिख अवश्य जाऊँगा।

पंडितों को अगर विधवा-विवाह का प्रचार ही रोकना होता, सुधारकों को गिराने का भाव न होता, तो वे ब्रह्मचारी जी सरीखे लोगों से कभी छेड़खानी न करते, इस तरह उन्हें अपने पक्ष-समर्थन में विशेष लाभ होता। पर ऐसा मालूम होता है कि पंडितों को विधवा-विवाह के विरोध की उतनी चिंता नहीं थी जितनी सुधारकों को गिराकर अपना स्थान समाज में ऊँचा बनाए रखने की चिंता थी। इसी भाव के आवेश में उनने ब्र. शीतल प्रसादजी को इतना तंग किया कि उन्हें अपने विचार प्रकट कर देने पड़े।

प्रकट तो कर दिए पर इस बात को लेकर अगर विजातीय-विवाह आंदोलन की तरह उग्र आंदोलन न मचाया जाए तो बदनामी के सिवाय और कुछ भी हाथ आनेवाला नहीं है, इस बात को सब समझते थे।

विधवा विवाह का आंदोलन इसके पहले भी चल चुका था। स्व. श्री दयाचंदजी गोयलीय ने कुछ समय तक यह आंदोलन खूब चलाया था, श्री नाथूरामजी प्रेमी, श्री सूरजभानुजी वकील आदि ने भी जोर लगाया था, इतना होने पर भी वह आंदोलन ठंडा पड़ चुका था। विधवा-विवाह का समर्थक होना तब भी लज्जा की बात समझी जाती थी।

बात यह है कि विधवा-विवाह के विषय में धर्मशास्त्र की दृष्टि से विचार न हुआ था या बहुत कम हुआ था और उसके समर्थन में भाषा भी पंडिताऊ नहीं थी। साधारणतः समर्थन का रुख यह होता था कि 'विधवा-विवाह धर्मविरुद्ध भले ही हो पर वह समय की आवश्यकता है इसलिए उसका प्रचार होना चाहिए।'

समाज की परिस्थिति जैसी है, वह धर्म से न सही पर धर्म के नाम से जैसी चिपटी है, उसे देखते हुए किसी रूढ़िविरुद्ध बात का धर्मविरुद्ध कहते हुए भी प्रचार करना एक टाँग से दौड़ना है। विधवा-विवाह के समर्थन में मेरी नीति कुछ जुदा थी। मैं उसे धर्मानुमोदित ही नहीं, जैनधर्म का आवश्यक अंग सिद्ध करना चाहता था। मेरी नीति का तो किसी को पता न था या बहुत कम को था पर मैं उसका समर्थक हूँ, यह बात बहुतों को मालूम थी। पर मेरी परिस्थिति कठिन थी। विजातीय विवाह

के आंदोलन के कारण मैं एक जगह से निकाला गया था। अब विधवा-विवाह के आंदोलन के कारण भगाया जाऊँ अथवा न भगाया जाऊँ तो जिन संस्थाओं में काम करता हूँ उनको समाज के कोप का शिकार बनाऊँ, दो में से किसी एक के लिए भी मेरी तैयारी न थी। उधर ब्र. शीतल प्रसादजी पर चारों तरफ से बौछारें पड़ रही थीं अगर उस समय विधवा-विवाह के समर्थन में आंदोलन नहीं चलाया जाता तो ब्र. जी एक विकट संकट में पड़ जाते, इस बात को कोई सुधारक न चाहता था पर किया क्या जाए।...

मेरी इच्छा खुद ही किसी ढंग से दो-तीन वर्ष बाद विधवा-विवाह का आंदोलन उठाने की थी। मुनिवेषियों के साथ भिड़ना शुरू ही किया था। इस मोर्चे को ठिकाने लगाने के बाद विधवा-विवाह का आंदोलन उठाने की इच्छा थी। एक साथ दोनों आंदोलन चलाने में काम का बोझ तो बढ़ता ही था, साथ ही एक साथ सामाजिक विक्षोभ भी इतना बढ़ता था कि उसका सामना करना कठिन था।

पर परिस्थिति कुछ भी हो, अवसर आंदोलन खड़ा करने का आ गया था। इसी समय बैरिस्टर चंपतराय जी ने विधवा-विवाह के प्रश्न पर चर्चा करने के लिए 31 प्रश्न भेजे। वे मैंने जैन-जगत में छपा दिए और लिखा कि विधवा-विवाह के विषय में जैन जगत् की नीति मध्यस्थ सरीखी रहेगी, वह दोनों पक्षों के लेख छापेगा।

पर इसके बाद भी गाड़ी अड़ी रही। किसी भी पक्ष का लेख नहीं आया। विरोधी लोग अच्छे ढंग से उन प्रश्नों का उत्तर देने को तैयार न थे और समर्थकों में भी शास्त्रीय दृष्टि से कोई लिखने वाला न था। मुझे तो दोनों पक्षों के लेखों की जरूरत थी। जैन जगत् की मध्यस्थता या अपनी मध्यस्थता बतलानी थी।

इसके लिए मुझे ही सब स्वाँग करने पड़े। विधवा-विवाह के विरोध में एक छोटा लेख 'एक धर्मप्रेम' के नाम से मैंने लिखा। इसके बाद बारी आई विधवा विवाह के समर्थन के लेख की। वह मुझे लिखना था, पर लिखूँ किस नाम से? एकाध सज्जन ने कहा कि आप मेरे नाम का उपयोग कर सकते हैं पर मैं यह जानता था कि एकाध लेख लिखने से काम न चलेगा, यह तो वर्षों का रगड़ा है इसलिए कब तक दूसरों के नाम से लिखूँगा।

दूसरी बात यह कि इस आंदोलन के चलाने में जो वर्षों तक पंडिताई का प्रदर्शन होने वाला था उसका श्रेय दूसरे को कैसे देता? इतनी उदारता तो शायद आज भी दिखानी पड़े तो आगा-पीछा सोचना पड़ेगा, फिर उस समय की तो बात ही क्या है।

अंत में मैंने 'सव्यसाची' नाम रखकर विधवा-विवाह के समर्थन में लेख लिखना शुरू किया। इस नाम के रखने में मूल कारण पंडिताई का घमंड था। विजातीय-विवाह के आंदोलन में मुझे जो सफलता मिली थी उसके कारणों में थोड़े-बहुत अंशों में पंडिताई भी थी। पर उससे ज्यादा थी श्रमशीलता और सब से ज्यादा था शास्त्रों में विजातीय-विवाह

का समर्थन। इसलिए विजातीय-विवाह की सफलता में मुझे घमंड करने का पर्याप्त करण न था पर घमंड आ गया जरूर, इसलिए जब विधवा-विवाह के प्रकरण में पंडितों का सामना करने का अवसर आया तब मैंने अपना नाम सव्यसाची रखा।...

किसी समय जो मुझमें दीनता थी, उसी से मुझमें यह उन्माद या अहंकार आ गया था। और जैसे लोगों से भिड़ना था उनकी मनोवृत्ति भी इसी तरह की थी इसलिए भी इस क्षुद्रता को उत्तेजन मिला।

खैर, इस तरह सव्यसाची बनकर विधवा-विवाह का खूब समर्थन किया। एक बार कल्याणी देवी के नाम से अपने लेखों का विरोध भी किया, फिर बहन कल्याणी के लेख का सव्यसाची के नाम से उत्तर दिया। इस प्रकार नाटक के पात्र की तरह नाना रूप धर कर विधवा-विवाह प्रचार का खेल खेलना पड़ा।

इस चर्चा में जैन धर्म के अनेक सिद्धांतों की काफी चर्चा हुई और विधवा विवाह सम्यकत्व के अनुकूल, अणुव्रत का अंग, सदाचार-पोषक और अनेक तरह से समाज के लिए हितकारी सिद्ध किया गया। यह सब चर्चा श्री जौहरीमलजी सर्राफ दिल्ली ने पुस्तकाकार भी छपाई, करीब 300 पृष्ठों में यह चर्चा निकली।

दो-तीन वर्ष तक मुझे विधवा विवाह पर काफी लिखना पड़ा और जब विरोधियों में कोई विरोध करने के लिए आगे आने वाला न रहा तभी मैंने भी यह चर्चा ढीली की। ब्रह्मचारी शीतल प्रसादजी को जब कोई चैलेंज देता था तब वह मेरे पास आ जाता था और फिर वह सब चर्चा मैं निपटता था। इस चर्चा का काफी अच्छा परिणाम हुआ, अब विधवा विवाह के समर्थन में किसी को लज्जा न रही, न धर्मविरोध का डर रहा।

इन आंदोलनों के सिवाय सन् 1931 तक और भी विशेष आंदोलन हुए। दिगंबर जैन-समाज में जो मान्यताएँ थीं उनमें काफी सुधार किया गया। प्रवृत्ति, निवृत्ति, लोकाचार का स्थान, आचार शास्त्र में परिवर्तन, स्त्री-मुक्ति, दिगंबरत्व, शास्त्रों में आई हुई वैज्ञानिक मान्यताओं की आलोचना आदि को लेकर अनेक लेख लिखे—जगह जगह चर्चा भी की, पुराने भक्तों का घृणापात्र भी बना, पर दृढ़ता और अहंकार का ऐसा मिश्रण हो गया था कि निंदा आदि से डरकर पीछे हटने में मौत से भी अधिक कष्ट मालूम होता था। बंबई आने पर चार-पाँच वर्ष में काफी आंदोलन किया, निर्भयता और भी बढ़ गई और ऐसा अनुभव करने लगा कि मैं अब निःप्रतिद्वंद हूँ। अब लिखने का क्षेत्र काफी फैल गया। हर विषय पर निर्भयता और निःसंकोच भाव से कलम चलाने लगा। लिखने के लिए नई-नई बातें ढूँढ़ना या लेखन में इतना परिवर्तन करना कि उसमें कुछ नवीनता रहे, यह प्रयत्न तो सदा से था। फिर भी कभी-कभी यह खयाल आने लगा कि अब तो सब आंदोलन समाप्त हो गए, कुछ अंशों में वे कार्यपरिणत भी हो रहे हैं उनको उत्तेजन देने के सिवाय कुछ नया आंदोलन और चाहिए। कुछ ऐसा मालूम होता है कि नए-नए आंदोलन खड़े करने का व्यसन हो गया था। सो

मैं इसके लिए नया विषय ढूँढ़ने लगा या यों कहना चाहिए कि अभी मैं अपने ध्येय के मार्ग में ही था इसलिए आगे बढ़ने की कोशिश करने लगा।

आंदोलनों के विषय में मेरी एक अलग नीति थी। कुछ पुराने सुधारक मेरी इस नीति की आलोचना किया करते थे और उपदेश भी दिया करते थे कि लिखते जाओ, कहते जाओ, पर उत्तर-प्रत्युत्तर खंडन-मंडन के झगड़े में न पड़ो। मेरे खयाल से यह नीति ठीक नहीं है क्योंकि अपनी बात बोलने पर जब विरोधी उसका खंडन करते हैं और हम उनके विरोध का उत्तर नहीं देते तो समाज के ऊपर हमारे विचारों की सच्चाई की छाप नहीं रह जाती। विरोधी लोग यह घोषणा करने लगते हैं कि उन्हें तो जो मन में आया सो बकना है, सत्यासत्य का निर्णय थोड़े ही करना है। दूसरी बात यह है कि जब तक उत्तर-प्रत्युत्तर के लिए हमारी तैयारी नहीं होती तब तक हम किसी विषय में सर्वांगीण विचार नहीं कर पाते। अपनी-अपनी हाँकने की चिंता में उचित-अनुचित का विचार कम रह पाता है। यही कारण है कि पुराने सुधारकों ने बहुत-कुछ लिखकर भी अपने विचारों की छाप जैसी चाहिए वैसी नहीं डाल पाई, पुराने पंडितों के दिल पर अपनी छाप न मार पाई।

मेरी नीति हर एक बात पर अंत तक उत्तर-प्रत्युत्तर करने की रही है। इससे समाज के ऊपर तथा विरोधी बंधुओं के ऊपर तो छाप बैठती ही थी साथ ही सर्वांगीण विचार करने का काफी अवसर भी मिलता था और उसकी चिंता रहती थी।

जिस बात का मैं समर्थन करना चाहता, उसका खंडन-मंडन मैं अपने आप ही कर डालता था। अपने विचारों का विरोधी बनकर पहले मैं खूब आलोचना करता था और हर एक आलोचना का उत्तर देता था। अगर मुझे यह मालूम पड़े कि मैं इस तर्क का या इस विचार का उत्तर नहीं दे पाता हूँ तो ऐसा तर्क या विचार छोड़ देता था। यह सब विचार विचारों को प्रकट करने के पहले ही कर लेता था। इससे बात खूब साफ और यथा-साध्य अकाट्य होती थी। उसकी मजबूती से विचारों का मूल्य भी अधिक बढ़ता था।

कुछ भाइयों का कहना था कि यों विरोधियों का उत्तर कहाँ तक दिया जाएगा। वे तो कुछ न कुछ बकते ही रहेंगे, हमें तो बहुत-सा काम करना है। ऐसी चर्चाओं में उलझकर रह जाएँगे तो कैसे चलेगा?

मेरा अनुभव इससे उल्टा था, साथ ही विचार से भी यह बात ठीक न मालूम होती थी। अनुभव तो मुझे यह हुआ कि उग्र से उग्र विरोधी भी, जहाँ तक मैं स्मरण करता हूँ, मुझे कोई ऐसा न मिला जो उत्तर-प्रत्युत्तर में (लिखने में) तीन बार से अधिक टिका हो। तीसरी बार में प्रायः सभी चुप हुए। इस प्रकार असीम चर्चा का अवसर नहीं आया।

विचार यह है कि अगर हमारे पक्ष में सचाई है तो विरोधी को दो-तीन बार की चर्चा के बाद मौन रहना पड़ेगा, अथवा उसे ऐसा निरर्गल प्रलापी या टालबाज

बनना पड़ेगा कि जो उस चर्चा को पढ़ेगा वही उसकी कमजोरी को समझ लेगा। जब अपनी बात इतनी साफ सिद्ध हो जाए कि विरोधी के समर्थन न करने पर भी साधारण जनता पर अपने विचारों की छाप लग जाए (भले ही वह माने या न माने) तो वहाँ चर्चा छोड़ी जा सकती है। विरोधी दुनिया को सरलता से धोखा दे सकता है पर अपने को ऐसी सरलता से धोखा नहीं दे सकता। इसलिए अपने युक्तियुक्त उत्तरों का असर विरोधी पर पड़ता ही है और उसकी छाया किसी न किसी रूप में चारों तरफ फैलती है। इस प्रकार किसी एक चर्चा में जबर्दस्त प्रतिद्वंदियों का उत्तर देकर आगे बढ़ना ठीक होता है। विजातीय-विवाह विधवा-विवाह जैनधर्म का मर्म, आदि आंदोलनों में मैंने इसी नीति से काम लिया। अपनी बात कहना, विरोधियों को उस पर सब विचार करने देना, उनके वक्तव्य की उपेक्षा न करना, तत्त्वनिर्णय और तत्त्वप्रचार दोनों दृष्टियों से उपयोगी है।

हाँ, एक बात अवश्य है कि चर्चा के पीछे जहाँ कोई विधायक कार्यक्रम हो वहाँ कुछ समय की चर्चा के बाद और एक निःपक्ष विचारक को विचार की काफी सामग्री देने के बाद विधायक कार्यक्रम को अमल में लाने की कोशिश भी करना चाहिए। क्योंकि बहुत सी बातें ऐसी होती हैं कि जब तक उन्हें कार्यपरिणत न करो तब तक विरोध बना ही रहता है। विजातीय-विवाह एवं विधवा-विवाह के आंदोलन इसी ढंग के थे। इसलिए बाद में उन्हें क्रियात्मक रूप देने का प्रयत्न भी हुआ। फिर भी हर हालत में दूसरों को चर्चा का अवसर देना और उनकी बात पर उपेक्षा न करना आवश्यक है।

हाँ, किसी विषय में गंभीर चर्चा हो जाने के बाद कुछ विरोधी लोग पिष्टपेषण आदि निरर्थक चर्चा करते रहते हैं, उनकी उपेक्षा की जा सकती है पर कोई नई युक्ति आए उसकी उपेक्षा न करना चाहिए।

आज देश में ऐसे भी व्यक्ति हैं जो अपने अनुभव की दुहाई देकर तथा विरोधी के वक्तव्यों की पूरी उपेक्षा करके अपनी बात दुनिया के सामने रखते हैं उसमें वे कुछ न कुछ सफल भी होते हैं फिर भी मेरी नीति वही है जो ऊपर लिख आया हूँ।

अनुभव ही दुहाई या दूसरे मत की उपेक्षा के विषय में मेरे ये विचार रहे हैं—

1. अनुभव की दुहाई वहाँ असरकारक होती है जहाँ मनुष्य अपने अनेक विचारों को कार्यपरिणत कर चुका होता है और उनकी सफलता की छाप दुनिया पर बैठी होती है।

2. ऐसे लोग भी जब भीतर की आवाज आदि की दुहाई देकर बात कहते हैं और विचार का पूरा अवसर नहीं देते तब उनसे पहाड़ सरीखी भूलें हो जाया करती हैं। वे अपनी भूलों को स्वीकार करके दुनिया पर अपनी नम्रता तो लाद सकते हैं पर भूलों के दुष्परिणाम को नहीं रोक सकते।

3. जहाँ अधिक तर्क-वितर्क का अवसर न हो, तुरंत ही कुछ न कुछ कर्तव्य करना हो, जैसे युद्ध के मोर्चे पर, वहाँ सिर्फ अनुभव आदि से काम चल जाता है, गुप्त रहस्य में भी यही बात है।

4. जिन बातों पर अनेक पहलुओं से गंभीरतापूर्वक विचार किया जा चुका है उन्हीं को जब कोई फिर-फिर लाता है उसमें कोई नई बात नहीं होती तब उपेक्षा करनी पड़ती है।

मतलब यह कि विरोधी और मध्यस्थों को बोलने के लिए कम से कम अवसर देना, कुछ समय बाद विचारों को कार्यपरिणत करने की कोशिश करना, आंदोलन के विषय में मेरी नीति थी।

आंदोलन करने के जितने साधन मेरे पास थे उन सबका उपयोग मैं करता था। चर्चा व्याख्यान आदि की अपेक्षा लेखन ही सबसे बड़ा साधन था। पर लेखन के ढंग नाना थे। कविता, कहानियाँ, ऐतिहासिक, अर्द्ध-ऐतिहासिक घटनाओं का अपने रंग से चित्रण, संवाद, टिप्पणियाँ, लेख आदि जितने ढंग से लिखकर मौलिकता लाई जा सकती थी मैं लाने की कोशिश करता था। बीच में मैंने 'धर्मरहस्यम्' नाम का एक संस्कृत पद्यमय ग्रंथ लिखना शुरू किया जिसमें गौतम और श्रेणिक के संवाद के रूप में जाति-पाँति, वर्णव्यवस्था आदि पर काफी चर्चा थी। चर्चा कुछ दिलचस्प भी थी और गंभीर तथा मौलिक भी थी, फिर भी उसके दो तीन सौ श्लोक बनाकर ही रह गया, क्योंकि गौतम के मुँह से भविष्य कहलाया गया था पर बाद में भविष्य कहलाना मुझे ठीक न मालूम हुआ, क्योंकि ऐसे अलौकिक ज्ञानों की अंधश्रद्धापूर्ण मान्यता गौणरूप में भी प्रगट करना मुझे अरुचिकर हो गया था। दूसरी बात यह कि आंदोलन का क्षेत्र बढ़ जाने से उस संकुचित चर्चा के विषय में लिखने से जी ऊब गया था।...

जैन शास्त्रों में शास्त्र की परिभाषा कुछ भी लिखी हो पर जनसाधारण का इस विषय में इतना पतन हो गया है (उसमें विद्वानों का भी समावेश किया जा सकता है) कि शास्त्र की परिभाषा उनकी नजर में यही रह गई है कि जो ग्रंथ संस्कृत या प्राकृत भाषा में बना हो, जिसमें जिनेंद्र को नमस्कार किया गया हो और बनानेवाला मर गया हो वह शास्त्र। मैंने धर्मरहस्यम् बनाकर शास्त्र की दो शर्तें तो पूरी कर ही दी थीं, रह गई थी तीसरी शर्त मरने की, सो सोचता था अपनी मौत से या इन आंदोलनों से पैदा होनेवाले विक्षोभ से मारे जाने के कारण मरना तो है ही, बस मर जाने पर तीसरी शर्त भी पूरी हो जाएगी। इस प्रकार पिछले हजार वर्ष में जो विकृत शास्त्र बन गए हैं संस्कृत में जो जाली ग्रंथ रचना हुई है उसकी प्रामाणिकता की कलई खुल जाएगी। शास्त्र से शास्त्र लड़ाकर युक्ति-तर्क के लिए मैदान साफ कर दिया जाएगा।

जैनधर्म में परीक्षकता पर इतना जोर दिया गया है कि दिगंबर जैन समाज

में शास्त्रों की ऐसी परिभाषा बन जाना आश्चर्य की बात है। यह परिभाषा यद्यपि लिखी नहीं गई, पर व्यवहार में मानी अवश्य गई। इसलिए जब धर्मरहस्यम् निकला तब बड़ी घबराहट फैली, इस अनर्थ (?) को रोकने के लिए बड़े-बड़े अनुरोध पत्र और धमकी के पत्र आने लगे। सेठ ताराचंदजी पर जोर डाला गया कि वे इस अनर्थ को रुकवाएँ। पर न तो ताराचंदजी के विचार मुझ से भिन्न रह गए थे, न मेरी प्रकृति ऐसी थी कि इस प्रकार दबाव में आकर धर्मरहस्य लिखना रोक दूँ। इसलिए कई महीने तक मैं लिखता रहा और विरोधी बंधु भी कलिकाल आदि की दुहाई देकर और धर्मनाश (?) अनिवार्य समझकर चुप बैठ गए।

इन आंदोलनों ने मुझे विचारक बनने, उत्तर-प्रत्युत्तर करने, धमकी में न आने आदि की बहुत बातें सिखाईं, हिम्मत भी बढ़ी, समाज का मनोवैज्ञानिक अनुभव भी हुआ, लेखनी का वशीकरण भी कुछ हो गया।

मेरे जीवन की कली आखिर थी ही कितनी सी, इसलिए उसका फूल भी छोटा सा बना, पर उसको खिलने का बहुत सा श्रेय इन आंदोलनों को दिया जा सकता है।

—1940, आत्मकथा

जयप्रकाश नारायण

1902-1979

प्रखर स्वाधीनता संग्रामी, समाजवादी आंदोलन के लोकप्रिय नेता और आजादी के बाद लोकतंत्र के मुखर प्रवक्ता। पटना में आरंभिक शिक्षा के बाद ऊँची शिक्षा के लिए सात साल अमेरिका में। इस दौरान मार्क्स के विचारों से प्रभावित हुए। स्वदेश वापसी के बाद राष्ट्रीय आंदोलन की मुख्य धारा ने उन्हें आकर्षित किया। वे महात्मा गाँधी से मिले और उन्होंने कांग्रेस के लिए काम करना शुरू किया। 1934 में कुछ वामपंथियों के साथ उन्होंने कांग्रेस के भीतर ही 'कांग्रेस समाजवादी दल' की स्थापना की। 1942 में दिवाली की रात जेल की सत्रह फीट ऊँची दीवार फाँद कर बाहर निकल आने के कारण राष्ट्रीय नायक जैसी लोकप्रियता। अपने उग्र और तेजस्वी भाषणों से जनता के दिलों में जगह बना ली। 1948 में कांग्रेस से बाहर आ गए। राजनीति से संन्यास लेकर भूदान और सर्वोदय आंदोलन में शामिल हो गए, ताकि गाँधी के सपने पूरे हों। नेहरू के उत्तराधिकारी होकर भी सत्ता से हमेशा उदासीन थे। 1972 से लेकर 1975 तक गुजरात और बिहार आंदोलन के मुख्य प्रेरक थे। उन्होंने संपूर्ण क्रांति का नारा दिया। 1975 में गिरफ्तार तथा आपातकाल लागू। आजादी की दूसरी लड़ाई कहे जाने वाले इस आंदोलन में जयप्रकाश नारायण प्राणधारा की तरह थे।

संपूर्ण क्रांति के विभिन्न पहलू

मैं इस आंदोलन को संपूर्ण क्रांति के रूप में देखता हूँ। समाज में आमूलाग्र परिवर्तन हो; सामाजिक, आर्थिक, राजनैतिक, सांस्कृतिक, शैक्षणिक, नैतिक परिवर्तन। एक नया समाज इसमें से निकले, जो समाज आज के समाज से बिल्कुल भिन्न हो, उसमें कम-से-कम बुराइयाँ हों। हम ऐसा भारत चाहते हैं, जिसमें सब सुखी हों और अमीर-गरीब का जो आकाश-पाताल का भेद है वह न रहे। जो शोषण है वह न रहे, या कम-से-कम हो। समाज की बुराइयाँ दूर हों, इन्साफ हो। जो आर्थिक परिवर्तन हो उसका फल यह हो कि जो सबसे नीचे के लोग हैं, जो सबसे गरीब हैं, चाहे

वे खेतिहर मजदूर हों, भूमिहीन हों—मुसलमान, हरिजन, आदिवासी, ये जो सबसे नीचे हैं, इनको पहले उठाना चाहिए। 27 वर्षों में जो कुछ हुआ वह उल्टा हुआ। गरीबी बढ़ती गई और अमीरी भी, और दोनों का फर्क भी बढ़ता गया। भूमि-सुधार के कानून भी पास हुए, परंतु भूमिहीनता बढ़ती ही गई, घटी नहीं। पहले जितने परसेंटेज में भूमिहीन थे उससे आज अधिक हैं।

यह क्रांति जो आरंभ हुई है, अगर सफल होती है तो यह सब उसमें से निकलेगा। समाज की बुराइयाँ, छुआछूत, जात-पाँत के झगड़े, सांप्रदायिक झगड़े, सब समाप्त होने चाहिए। हम सब हिंदुस्तानी हैं, हम इंसान हैं, यह विचार फैलना चाहिए। सबके दिल में इसकी जगह होनी चाहिए। हमारे कार्य में, हमारे जीवन में यह प्रत्यक्ष होना चाहिए, केवल जुबान पर नहीं, जैसा आज हो रहा है। और इसी तरह चूँकि इसमें छात्र हैं मैंने इनसे अक्सर कहा है कि, हिंदू-समाज में, मुस्लिम-समाज में भी शायद किसी रूप में हो, जो यह तिलक-दहेज की प्रथा है, अगर यह आंदोलन सफल हुआ तो यह चलना भी बंद होगा। इस तरह मैं दूर तक देखता हूँ, जो सर्वोदय की मंजिल है, जो समाजवाद की मंजिल है—सब एक तरह की बात करते हैं, तरीके, रास्ते अलग-अलग हैं और हो सकते हैं—मैं इस आंदोलन को वहाँ ले जाना चाहता हूँ। यह क्रांति है मित्रो, संपूर्ण क्रांति है।

यह जो क्रांति है उसके उद्देश्य तभी पूरे होंगे, जब समाज में संपूर्ण क्रांति होगी। संपूर्ण क्रांति का मतलब है कि समाज का परिवर्तन हो। समाज की कुरीतियों का भी परिवर्तन हो, तिलक-दहेज की प्रथा भी खत्म हो।

ये बैठे हैं आप लोग यहाँ, वे कहेंगे, हमको बेटी की भी शादी करनी है। लड़के वाला तिलक माँगता है। अगर अपने बेटों के लिए तिलक नहीं लेंगे तो हम कहाँ से देंगे? तो आपके लड़के बैल नहीं हैं, घोड़े नहीं हैं, जो बाजार में आपको बेचना है। यह अत्यंत निंदनीय है। वह भारतीय संस्कृति हमारे यहाँ थी, जिसमें सीता ने वरमाल पहनाई थी रामचंद्र को, स्वयंबर इस देश में होता था, लड़की अपना वर स्वयं जहाँ चुनती थी, वहाँ आज लड़के के पिता के पास लड़की वाले लोग जाते हैं। तो लड़के के पिता कहते हैं कि जरा लड़के को समझा लीजिए, मैं तो राजी हूँ। और लड़के महाराज के पास गए तो वे यह नहीं पूछते हैं कि लड़की कैसी है, कहाँ तक पढ़ी है। कहते हैं कि साहब, हमको तो 'फारेन' भेज दीजिए, विदेश भेज दीजिए यात्रा में, हमको एम्बेसडर गाड़ी दे दीजिए। अब इन लड़कों से पूछो, अभागों से, कि मोटर साइकिल से शादी करोगे कि एम्बेसडर से? तुमको बीबी चुननी है कि साइकिल चुननी है बेवकूफो! इतना पतन हुआ है समाज का कि कुछ ठिकाना नहीं। क्या बिहार के रहने वाले हो, पूछा जाएगा तुमसे, 'तुम अपनी शादी में तिलक लोगे?' कहो कि नहीं लेंगे! मैं तो आगे जाकर कहूँगा कि जाति-पाँति का भेद मिटाओ। विजातीय ब्याह करो। सजातीय हो, गोत्र हो, यह हो, वह हो—नाना प्रकार का ढकोसला रख

लिया है, जो हिंदू-समाज में कभी था नहीं।

संपूर्ण क्रांति का यह सामाजिक पहलू पहले हमारे यहाँ रह चुका है। हमारे देश में जब अंगेंजी राज्य अपना कदम जमा रहा था उस समय यह प्रथा नहीं थी। उस समय के अंग्रेजों के लेफ्टिनेंट गवर्नर आदि ने चिट्ठियाँ लिखी हैं ईस्ट इंडिया कंपनी को, जिनमें लिखा है कि यहाँ तो कोई दहेज की प्रथा नहीं, कोई डावरी सिस्टम नहीं। इसका मतलब यह कि बीमारी हाल में पैदा हुई है। गुलामी के साथ-साथ ये बीमारियाँ पैदा हुईं। जब हमारे समाज में जीवन था, शक्ति थी, तब हम दूसरों को हजम कर सकते थे। आक्रमणकारियों को, आक्रमणकारियों की संस्कृतियों को हजम कर लेते थे। आत्मसात करके भारतीय बना लेते थे उनको। सौ बरस के बाद पता नहीं चलता था कि किधर से आए हैं। भारतीय हो गए। उनकी संस्कृति हमने ले ली। जो अच्छा था वह ले लिया, जो बुरा था वह छोड़ दिया। ऐसा नहीं कि हमारी संस्कृति में उस समय सब अच्छा ही था, कुछ बुरा भी था।

तो संपूर्ण क्रांति में सारे समाज का परिवर्तन होगा। ऊँच-नीच का भेद मिटना चाहिए। जो हरिजन है वह भी इंसान है। जिसकी सृष्टि हम हैं, उसी भगवान ने उनकी सृष्टि की है। हम ऊँचे हैं, वह अस्पृश्य हैं? वह नीचा है? उसको पाखाना साफ करने को कहेंगे? तानाशाही हो अगर इन हरिजनों की, तो क्या नियम बनाएँगे ये लोग? ये ब्राह्मण, क्षत्रिय, भूमिहार, कायस्थ, लाला, बनिया सब लोग हमारे पाखाने साफ करें, ऐसा कहेंगे न, उनका राज होगा तो? चूँकि आपका राज है, उनको दबा के रख दिया है। वे दलित, शोषित हैं। न समाज में उनकी इज्जत है, न कद्र है।

'चातुर्वण्यं मया सृष्टं गुणकर्मविभागशः'—यह भगवान ने कहा था। चातुवर्ण की सृष्टि हमने की गुण, कर्म का विभाग देख करके। पंडितजी, पंडित बने हुए हैं तथा गुण और कर्म उनके चमार के हैं, और फिर भी पूज्य होना चाहेंगे। चांडाल के गुण हैं, पर होना चाहेंगे वही। एक नंबर के दुराचारी, व्यभिचारी पंडित—सबको नहीं कह रहा हूँ—कितने ऐसे मिलेंगे आपको अन्यायी, लोभी। लेकिन ब्राह्मण-कुल में पैदा हुआ इसलिए 'गोड़ लागी बाबाजी, गोड़ लागी पंडितजी!' चरण-स्पर्श होगा। तो कौन-सा गुण, कर्म ब्राह्मण का है उनमें?

आज मैं देख रहा हूँ, बिहार में संघर्ष के चलते नारी-शक्ति पैदा हो रही है। आप सोचिएगा। ये सारे सुधार क्या क्रांति नहीं? हम चाहते हैं कि हमारा जीवन बदल जाए, फिर बिहार उस जगह पहुंच जाए, जिस जगह सम्राट् अशोक के जमाने में था।

यह संघर्ष मिनिस्ट्री के इस्तीफे के लिए और विधानसभा के विघटन के लिए नहीं है, यह तो संपूर्ण क्रांति के लिए संघर्ष है। संपूर्ण क्रांति सारे जीवन की क्रांति है। उस तरह हमें कदम बढ़ाना है।

समाज बदलना है मित्रो। समाज के एक अंग को बदल दीजिए और बाकी

का ज्यों का त्यों सड़ा-गला समाज लेकर फिर आगे बढ़ें ऐसा होने वाला नहीं है। वह अंग भी सड़ जाएगा। इसलिए सारे समाज के कलेवर को बदलना है, उसकी आत्मा को बदलना है।

इन विचारों पर अमल करना आसान नहीं होगा। अमल करने के लिए बलिदान करना होगा, कष्ट सहना होगा, गोली और लाठियों का सामना करना होगा, जेलों को भरना होगा, जमीनों की कुर्कियाँ होंगी, यह सब होगा। यह क्रांति है मित्रो, और संपूर्ण क्रांति है। विधानसभा का विघटन तो एक मंजिल है, जो रास्ते में है। दूर जाना है, दूर जाना है। जवाहर लाल नेहरू के शब्दों में—अभी न जाने कितने मीलों इस देश की जनता को जाना है उस स्वराज्य को प्राप्त करने के लिए, जिसके लिए देश के हजारों-लाखों जवानों ने कुर्बानियाँ की हैं, जिसके लिए सरदार भगतसिंह, इनके साथी, बंगाल के सारे क्रांतिकारी साथी, महाराष्ट्र के साथी, देशभर के क्रांतिकारी साथी गोली के निशाना बने, या तो फाँसियों पर लटकाए गए, जिस स्वराज्य के लिए देश की लाखों-लाख जनता बार-बार जेलों को भरती रही है।

इस बात को ध्यान में रखना है कि यह संघर्ष केवल सीमित उद्देश्यों के लिए नहीं हो रहा है। उसके उद्देश्य तो बहुत दूरगामी हैं : भारतीय लोकतंत्र को 'रीयल' याने वास्तवकि तथा सुदृढ़ बनाना, जनता का सच्चा राज कायम करना, समाज से अन्याय, शोषण आदि का अंत करना, एक नैतिक, सांस्कृतिक तथा शैक्षणिक क्रांति करना तथा नया बिहार बनाना और अंततोगत्वा नया भारत बनाना है। मित्रो, जैसा प्रारंभ में कह चुका हूँ, यह संपूर्ण क्रांति है—टोटल रिवोल्यूशन है। और इसके आप अगुआ हैं। यह बड़ा कठिन है, परंतु आपकी सफलता निश्चित है, क्योंकि यह युगधर्म की पुकार है।

हमारा आंदोलन संपूर्ण क्रांति के लिए है, जिसमें व्यवस्था भी बदलेगी और व्यक्ति भी, और मैं मानता हूँ कि इनमें कोई आगे-पीछे नहीं, साथ-साथ होगा। व्यक्ति समूह के लिए जिए और समूह व्यक्ति के लिए, यह एक दिन में नहीं होगा, कोई भी क्रांति एक दिन में नहीं होती है। इसलिए हमारी क्रांति आरोहण की एक प्रक्रिया होगी। पश्चिमी लोकतंत्र के कठघरे से निकलकर कुछ नया सोचें।

उस दिन जब मैं अस्पताल आया था तो एक भाई, जो देहात के थे, मुझसे कहने लगे कि आपने हमको कहा था कि शांति रखो, शांति रखो। तो हमने शांति रखी। अब हम लोग क्या करें? यदि ये लोग अपनी बंदूकें रख देते तो हम इनके साथ निपट लेते। हम निहत्थे और वे भी निहत्थे। देखते कि क्या होता है उस लड़ाई में। या हमको वे बंदूक दे देते तो दस को मारकर हम मरते। 'खून का बदला खून से लेंगे' यह भी सुना हमने। इस बारे में मैं आपसे कहना चाहता हूँ कि ठीक है, कुछ हिंसा हो सकती है। आज सी.आर.पी. और बी.एस.एफ. मिलाकर शायद एक लाख बिहार में हैं, बिहार सैनिक पुलिस को छोड़ करके। उसके बाद दानापुर में आर्मी

है बैठी हुई। हिंसा की लड़ाई हो तो कौन जीतेगा आप बता दीजिए? आपके पास कितनी बंदूकें मिलेंगी, कितनी लाठियाँ मिलेंगी? और कितनी पिस्तौल और कितने बम मिलेंगे? अक्ल से काम लीजिए। बुद्धि से काम लीजिए। 'खून का बदला खून से लेंगे!' क्या बदला लीजिएगा? किससे लीजिएगा?

आप कहिएगा, यह शांति-शांति की बात गाँधी वालों का खब्त है। मित्रो, गाँधी वालों का खब्त नहीं है। यह युद्ध-नीति है आपकी। जनता की युद्धनीति है, स्ट्रेटजी है। इसके बगैर आपकी सफलता होगी नहीं। आप जहाँ एक हिंसा करोगे वहाँ वे सौ हिंसा करने के लिए तैयार हैं। तो आप दिमाग से वह बात निकाल दो।

लोकतंत्र की लड़ाई है। सच्चा लोकतंत्र हम स्थापित करें। लोकतंत्र लाठी से कैसे स्थापित होगा? शांति के बिना? जो यह समझते हैं कि गाँधी वालों का यह खब्त है, जयप्रकाश नारायण का खब्त है, मैं उनसे यह पूछना चाहता हूँ कि चुनाव हो पटना सिटी में और चुनाव में लाठी चले तो क्या वह लोकतांत्रिक चुनाव हुआ? क्या उससे लोकतंत्र स्थापित होगा? अक्ल की बात है न? अगर लोकतंत्र को कायम रखना है, मजबूत रखना है तो वह शांति के बगैर नहीं हो सकता है। शांति और लोकतंत्र एक सिक्के के दो पहलू हैं। एक-दूसरे के बगैर नहीं जी सकते हैं, यह आप ध्यान में रखो। बड़ी-बड़ी क्रांतियाँ दुनिया में हुई हैं। इन क्रांतियों का इतिहास क्या बतलाता है? जहाँ हिंसा से क्रांति हुई है नारा यही है कि 'जनता का यह राज है, किसान और मजदूर का यह राज है'। असल में किसका है? उसका है, जिसके हाथों में बंदूक है। मैं कई बार पहले कह गया हूँ कि माओ का एक वाक्य अक्षरशः सत्य है, सौ फीसदी सही है कि 'सत्ता बंदूक की नली से निकलती है!' लेकिन मित्रो, आज चीन की जनता के हाथों में, किसानों के हाथों में बंदूक नहीं, चीन के मजदूरों के हाथों में बंदूकें नहीं, चीन के विद्यार्थियों के हाथों में बंदूकें नहीं हैं। तो राज जनता का कैसा? सत्ता किसकी फिर? जिसके हाथों में बंदूक, यानी किसके हाथों में? माओ के हाथों में, पीपुल्स लिबरेशन आर्मी के हाथों में। तो जनता के 'नाम पर' होगी क्रांति, जनता के 'नाम पर', किंतु जनता की छाती पर बैठकर राज करेंगे डिक्टेटर लोग। जनता का राज हरगिज नहीं होगा।

अगर कभी जनता का राज बन सकता है, कोई भी संभावना उसकी है तो तभी, जब शांति रहेगी। लोकतंत्र रहेगा तभी। ऐसे तो विद्वान् लोग कहते हैं कि यह सपना है, जनता 'का' सही राज होगा नहीं, जनता 'के लिए' हो सकता है। 'गवर्नमेंट बाय द पीपुल' तो नहीं होगा। अब्राहम लिंकन की परिभाषा के अनुसार जनता राज करे स्वयं, यह नहीं होगा। मैं कहता हूँ होगा, और संभव होगा शांति रहेगी, लोकतंत्र रहेगा तभी। दूसरी किसी राजनीतिक व्यवस्था में जनता का राज नहीं होगा, जनता के नाम पर राज करने वाले होंगे। जनता की छाती पर बैठकर दाल दलने वाले लोग होंगे। इसलिए शांति यह गाँधी वालों का खब्त नहीं है, नया भारत बनाना है न?

तो क्या चाहते हैं कि अशांति के नाम पर, हिंसा के नाम पर, गाँव-गाँव में डकैतियाँ, चोरियाँ हों? सिविलवार हो भारत में? गृहयुद्ध हो? यही होगा न! हिंसा का रास्ता खुलेगा, आपस में लड़ेंगे, मर जाएँगे, जो भारत का इतिहास बराबर रहा है : 'खून का बदला खून से लेंगे', 'हमारे हाथ में बंदूक होती तो दस को मारकर मरते', यह कहने में बहादुरी की बातें हैं। बुद्धि नहीं जाती है आगे।

हिंसा में मेरा विश्वास नहीं है और इसलिए मेरा विश्वास नहीं है क्योंकि मैं लोकतंत्र को मानता हूँ। मैं जनता को मानता हूँ। मैं नहीं चाहता हूँ कि जिनके हाथ में बंदूक है वह जनता की छाती पर बैठकर जनता के नाम पर हुकूमत करें। तीन दिनों की बिहार-बंद की सफलता ने यह सिद्ध कर दिया है कि जनशक्ति ही वास्तविक शक्ति होती है। हिंसा का रास्ता वे ही अपनाते हैं, जिन्हें जनता पर विश्वास नहीं होता या उस पर आस्था नहीं होती। या जिन्हें जनता का विश्वास प्राप्त नहीं होता। जनशक्ति हो तो हिंसा अनावश्यक होती है और हानिकारक होती है एवं जनशक्ति के अभाव में हिंसा बोझ और क्रूर होती है। बिहार-बंद की इतनी व्यापक सफलता हिंसा से असंभव थी।

हमें अपना राज्य नहीं चाहिए। हमें सामान्य जनता का राज्य चाहिए। इसलिए हिंसा का मार्ग तो हमारे लिए सर्वथा त्याज्य है। इसलिए शांतिमय तरीकों के द्वारा परिवर्तन के अतिरिक्त और कोई रास्ता नहीं है। उसके सिवा जनता का राज्य असंभव है। आज की परिस्थिति को देखकर दिल में आग धधकती है, लेकिन हिंसा के रास्ते कोई काम सधता नहीं है।

जहाँ कानून निष्फल होता है, वहाँ अहिंसा से ही आगे बढ़ना होगा। हिंसा से कुछ नहीं होता। मैंने हिंसक आंदोलन भी किया है। उसकी सभी विद्या और दर्शन मैं जानता हूँ, लेकिन सोच-समझकर मैंने हिंसा का मार्ग छोड़ा है। हिंसा सामान्य मनुष्य की शक्ति नहीं है। बंदूक की नली में से सत्ता निकलती है। माओ को जानना चाहिए और वे जरूर जानते होंगे कि किसानों और मजदूरों के पास बंदूकें नहीं होतीं। और विद्यार्थियों के पास भी बंदूकें नहीं होतीं। आज तो बंदूक तीर-धनुष के समान हो गई है। माओ के पास ऐटम और हाइड्रोजन बम हैं। बड़े-बड़े बमवर्षक हवाई जहाज हैं, मिसाइल्स हैं, जब कि किसान और मजदूरों के हाथ में ये सब हथियार आ सकेंगे? हिंसक तरीके अपनाने पर तो, जिनके हाथ में शस्त्रास्त्र होंगे उन्हीं का राज्य होगा, चाहे वह समाजवाद हो, साम्यवाद हो या और कोई वाद हो।

मैं देश में कोई ऐसी संगठित शक्ति शक्तिशाली नहीं देखता हूँ, जो हिंसा की शक्तियों का संग्रह करके हिसंक क्रांति, रक्त-क्रांति को सफल बना सके। आज हिंसा से अराजकता फैलेगी। अगर असंतोष को शांतिमय संघर्ष का रास्ता नहीं दिया गया तो छिटपुट हिंसा फैलेगी और उसमें से कोई भी शासक हो, इंदिराजी हों, और कोई हो, सेना हो सकती है, वह कहेगी—'अब तो देश बिगड़ रहा है, देश मिट जाएगा।

देश में आग लगी हुई है, तानाशाही के सिवा रास्ता नहीं है। देश के बुद्धिजीवी लोग कह रहे हैं, लोकतंत्र से कुछ होने-जाने वाला नहीं है। तानाशाही चाहिए, डिक्टेटरशिप चाहिए।' तो इसमें से तानाशाही निकलेगी। संकट के समय ऐसा कोई एक निकलकर आएगा, कोई हो, सेना के बल पर कहेगा कि हम इस देश में लोकतंत्र को चलने नहीं देंगे, लोकतंत्र असफल हो गया। तो हम नहीं चाहते हैं कि वह हो। मैं तो सोलह आना इसके विरुद्ध हूँ। तो क्या करना होगा? इसके लिए भी आवश्यक है कि जनता के असंतोष को, दुःख-दर्द को, उसके कष्ट को, रोष को, क्रोध को, सबको एक दिशा दी जाए, शांतिमय क्रांति की दिशा दी जाए।

मैं अपनी बात कहूँ तो हिंसक क्रांति के लिए मुझे कोई नैतिक आपत्ति नहीं। मुझे यदि कोई आपत्ति है तो वह व्यावहारिक है। पहली बात तो यह कि हिंसक क्रांति के परिणाम जल्दी आते हैं, यह एक बड़ा भारी भ्रम है। कोई यह कहे कि रक्त-क्रांति अहिंसक क्रांति से ज्यादा जल्द होती है, तो दुनिया की क्रांतियों का इतिहास देखने से ऐसा लगता नहीं। दुनिया की कोई भी हिंसक क्रांति थोड़े वर्षों में नहीं हुई है और आज तक अपने मूल उद्देश्य तक नहीं पहुँच सकी है। क्रांतिकारी जमात के हाथ में सत्ता आ जाए, यह कोई क्रांति की सफलता नहीं। इससे क्रांति का उद्देश्य पूरा नहीं होता। इस 'असफलता' का क्या अर्थ होता है? उसका अर्थ इतना ही होता है कि पुरानी समाज-व्यवस्था को ध्वस्त किया जा चुका, लेकिन ध्वंस ही किसी क्रांति का लक्ष्य नहीं हो सकता। उसका लक्ष्य तो हमेशा एक नई समाज-व्यवस्था का निर्माण करना होता है। लेकिन हिंसक क्रांति के सफल होने के बाद क्रांतिकारियों को यह नई व्यवस्था लाने में कितने वर्ष लगते हैं? उक्त सफलता के बाद उनका पहला काम हमेशा यह देखा गया है कि अपनी सत्ता के लिए वे खूनी संघर्ष में पिल पड़ते हैं। अपने सपनों का समाज–यदि वे सपने आपसी रक्तपात में बह न गए हों–बनाने में कितना समय लगता है?

बल्कि अनुभव तो यह है कि रक्त-क्रांति से जो नया समाज बनता है, वह उस समाज से बहुत भिन्न बनता है, जिसकी कल्पना क्रांतिकारियों ने पहले की होती है। जिन उद्देश्यों को लेकर रक्त-क्रांति होती है, वे उद्देश्य तो पूरे होते नहीं, बल्कि उसके विपरीत परिणाम आते हैं। क्रांति के पहले जैसे समाज की रचना क्रांतिकारी सोचते थे, करना चाहते थे, क्रांति के बाद वैसी रचना नहीं हो पाई।

इतिहास में क्या ऐसी भी हिंसक क्रांति हुई है, जो अपने अभीष्ट आदर्शों को प्राप्त करने में सफल हुई हो? जरा फ्रांस की क्रांति पर तथा उसके समानता, स्वतंत्रता और बंधुता के आदर्शों पर विचार करें। फ्रांस की क्रांति को हुए लगभग दो सौ वर्ष बीत चुके, लेकिन समानता, स्वतंत्रता और बंधुता के उसके मूल उद्देश्य क्या सिद्ध हुए हैं? रूस की क्रांति को लगभग 55 वर्ष हुए। लेकिन क्या वहाँ मजदूरों के हाथ में सत्ता आई है? लेनिन का प्रथम सूत्र था : सर्वसत्ता सोवियतों (पंचायतों) में लेकिन

आज वहाँ तरुण यहाँ की तरह मुक्तभाव से बोलचाल नहीं सकते। इसीलिए उनको गुप्त रूप से बुलेटिन निकालनी पड़ती है। क्रांति को 'सफल' हुए 55 वर्ष बीत गए, फिर भी यह स्थिति है।

क्रांति का लक्ष्य है, हर व्यक्ति को आवश्यकताभर मिलेगा और हर व्यक्ति शक्ति भर समाज को देगा। रूस और चीन में जो हिंसक क्रांतियाँ हुईं, उनका भी लक्ष्य यही था। इसके बदले वहाँ तो अभी भी 'काम बराबर दाम' का पूँजीवादी सिद्धांत ही कायम है। आज भी उन लोगों के सामने यह एक बड़ा सवाल है कि किस तरह जनता को नए मूल्यों में प्रशिक्षित करें, किस तरह समाज में ऐसा मानस-परिवर्तन लाएँ, ताकि जिन आदर्शों को सामने रखकर क्रांति हुई थी, वे आदर्श व्यवहार में लाए जा सकें। मैं नहीं कह सकता कि रूस वाले भला इस आदर्श तक पहुँच सकेंगे।

इस तरह, दुनिया भर की हिंसक क्रांतियों का इतिहास देखेंगे तो पता चलेगा कि पुराने समाज को तोड़ने में हिसंक क्रांति लंबे अर्से के बाद सफल होती है और उसके बाद नए समाज के निर्माण में भी बहुत समय लगता है तथा निर्माण धीरे-धीरे ही हो पाता है। दूसरी तरफ अहिंसक क्रांति में पुराने समाज को बदलने और नए समाज को गढ़ने का काम साथ-साथ होता रहता है। अहिंसक प्रक्रिया में यह गुण है कि परिवर्तन और नवनिर्माण दोनों साथ-साथ चल सकते हैं। इन सब बातों को देखते हुए मैं इस निर्णय पर पहुँचा हूँ कि भारत में अगर कभी रक्त-क्रांति होगी तो ज्यादा विलंब से होगी। और अहिंसक क्रांति उससे कहीं जल्दी होगी और वह हो रही है।

दूसरी बात समझने की है कि यह निश्चित नहीं है कि हिंसक क्रांतिकारी आंदोलन हमेशा सामाजिक क्रांति की तरफ ही हमें ले जाएगा। उसमें से प्रतिक्रिया भी पैदा हो सकती है और अंत में वह एक फासिस्ट तानाशाही का रूप ले सकती है। अथवा अंततः उसमें से अराजकता, व्यापक दुःख-कष्ट, राष्ट्रीय विघटन एवं गुलामी के परिणाम भी पैदा हो सकते हैं। जो लोग हिंसा का प्रचार करते हैं, उन्हें इन संभावनाओं पर विचार करना चाहिए।

तीसरी बात यह है कि सत्ता हमेशा ही क्रांति करने वालों में से ऐसे मुट्ठीभर लोगों द्वारा हड़प ली जाती है, जो सबसे ज्यादा निर्भय होते हैं। ऐसा होना अनिवार्य ही है।

चौथी और बुनियादी बात यह है कि क्रांतियाँ क्रांतिकारियों की बिल्कुल मर्जी पर ही नहीं हुआ करतीं। क्रांति की सफलता के लिए सामाजिक एवं ऐतिहासिक परिस्थितियाँ परिपक्व होनी चाहिए। इसमें पूरी शताब्दी लग सकती है, जैसा कि इतिहास में अक्सर हम देखते हैं। स्वराज्य के बाद भारत में हिंसा में आस्था रखने वाले लोगों ने विनोबा से पहले काम शुरू किया है। वे तेलंगाना के रक्तपात के समय से ही क्रांति करने का प्रयास कर रहे हैं। लेकिन इन 22-23 वर्षों में वे कहाँ तक आगे

बढ़े हैं? तेलंगाना में हिसंक क्रांति सफल हुई? बंगाल में हुई?

जब तक समाज भीतर से तैयार नहीं होता, तब तक क्रांति नहीं होती। यह क्रांति-शास्त्र का एक स्वयंसिद्ध सिद्धांत है। पुराना समाज अंदर से जर्जर हो जाता है, तब परिस्थिति परिपक्व होती है और क्रांति होती है। समस्याएँ एक सीमा के बाहर बढ़ जाती हैं तो घातक बन जाती हैं। कार्ल मार्क्स ने कहा था कि क्वान्टिटी चेंजेस इनटू क्वालिटी–समस्या का अतिरेक परिस्थिति में गुणात्मक परिवर्तन कर देता है! भ्रष्टाचार अति अधिक हो जाने पर क्वालिटेटिव चेंज–गुणात्मक परिवर्तन आ जाता है। वैसा न हो तो समाज टिक नहीं सकता, खत्म हो जाएगा, मिट जाएगा।

क्रांति को कोई क्रांतिकारी नेता पैदा नहीं करता। क्रांति को न लेनिन ने किया, न माओ ने किया, न गाँधी ने। क्रांति का परिस्थिति में से निर्माण होता है। क्रांतिकारी नेता की पहचान यह है कि वह परिस्थिति की नब्ज को पहचान लेता है। बोल्शेविक पार्टी की सभा लेनिनग्राड में होती थी। लेनिन ने कहा, '6 नवंबर को क्रांति होती है तो वह समय से पहले होगी और 8 नवंबर को होती है तो समय के बाद होगी। इसलिए हमको 7 तारीख को ही क्रांति करनी होगी।' इस बात के लिए उन्होंने दलीलें पेश कीं। उसमें एक बात यह कही कि हमारी क्रांति के लिए जार के सिपाहियों ने भी अपना वोट दिया है। किसी ने पूछा, वह कैसे? लेनिन ने कहा, 'सैनिकों ने अपने पैरों से वोट दिया है। देखिए न, मोर्चे पर से आए दिन हजारों सैनिक अपनी बंदूकें लेकर भाग रहे हैं।'

अब गाँधी के जमाने में नॉन वायलेंट मीन्स से स्वराज्य की प्राप्ति का उद्देश्य कांग्रेस का नहीं बन सका, तो आज मेरी क्या बिसात है कि मैं अहिंसा के नाम पर कुछ करना चाहूँ। तो मैं शांतिमय उपायों की बात करता हूँ। मैं तो अहिंसकों की बात नहीं करता, शांति की बात करता हूँ। शांतिमय तरीकों से जनता अपने दुःख के खिलाफ, अपनी मुसीबतों के खिलाफ, अपने शोषण, अन्याय के खिलाफ, जुल्म के खिलाफ, अगर संघर्ष न कर सके और उसको मार्ग नहीं मिलता है तो वहाँ छिटपुट हिंसा फैलेगी।

मिलीटेंसी आप सब लोग समझते हो। एक तो अहिंसा की मिलीटेंसी है, जिसमें हमारे ऊपर लाठियाँ भी बरस रही हैं और फिर भी हाथ नहीं उठता है। जैसे उत्तर प्रदेश में कानपुर वालों ने नारा शुरू किया–"हमला चाहे जैसा होगा, हाथ हमारा नहीं उठेगा।" लगानबंदी कर दी हमने। कुर्कियाँ हो रही हैं, मकान जब्त हो रहे हैं, जमीन जब्त हो रही है और फिर भी हम डटे हुए हैं। दमन की चक्की चाहे जैसी भी चल रही हो, फिर भी अहिंसा के रास्ते से हम डिग नहीं रहे हैं। यह अहिंसा की मिलीटेंसी है। और दूसरी मिलीटेंसी है कि रायफल लेकर लड़ो।

स्वराज्य में लड़ाई लड़ी हमने बगैर गन के, बगैर बंदूक के। वहाँ पावर कहीं से आई थी भाई? तो पावर आई थी त्याग से, बलिदान से और कुर्बानियों से। कल

गाली दे दी किसी को, किसी का कुर्ता फाड़ दिया। यह सब फूहड़पन, ह्वलगेरिटी है। यह कोई मिलीटेंसी नहीं है। इसमें न हिंसा की शक्ति है और न अहिंसा की शक्ति। हम तो एक नैतिक क्रांति चाहते हैं।

हमें इतना समझ लेना चाहिए कि यदि अहिंसा को हिंसा पर विजय पानी है तो उसे तीव्र गति से काम करना होगा। अन्यथा घटना-चक्र आगे बढ़ता जाएगा और हिंसा की बाढ़ में अहिंसा डूब जाएगी। लोगों की समस्याएँ यदि अहिंसा के द्वारा जल्दी हल नहीं होंगी तो अहिंसक कार्यकर्ताओं के लिए इतिहास की गति रुकने वाली नहीं है। वर्तमान समाज-रचना अपने सारे लोभ-लालच, स्वार्थ, मानव-विमुखता, अन्याय, शोषण और विषमता के साथ उन्मूलित होनी ही चाहिए। यदि अहिंसा उसे शीघ्र नहीं बदलेगी तो हिंसा कदम बढ़ाएगी। यह दूसरी बात है कि हिंसा कोई भी समस्या हल नहीं कर सकती और हिंसा के मार्ग से एक तरह के अन्याय, शोषण, लोभ और स्वार्थ की जगह दूसरे तरह के अन्याय, शोषण, लोभ और स्वार्थ ले लेंगे। पर लोगों के ध्यान में जब तक यह बात आएगी तब तक समय चूक गया होगा और अंधकार की शक्तियों ने अपना आसन जमा लिया होगा।

इसलिए यह काम पूरी शक्ति के साथ सातत्यपूर्वक और तीव्रता से हो, यह अत्यंत जरूरी है। इसके लिए हमें अपना संपूर्ण जीवन इसमें लगा देना है। मैं तो किसी दूसरी चीज की कल्पना भी नहीं कर सकता, जो हमारी निष्ठा और पुरुषार्थ के लिए इसकी अपेक्षा अधिक उपयोगी हो। क्रांति-सेना की रीढ़ ऐसे लोगों से ही बन सकती है, जिन्होंने क्रांति-वेदी पर अपना जीवन समर्पण कर दिया है। फुरसत से काम करने से नहीं चलेगा। इसमें तो जीवन-दान ही देना होगा।

संपूर्ण क्रांति कोई एक वर्ष में तो नहीं होती है, और उसके लिए 50 वर्ष भी नहीं चाहिए। मैंने बार-बार कहा है कि सामान्य परिस्थिति में जो काम 100-50 वर्ष में हो सकता है वह क्रांतिकारी परिस्थिति में 5 वर्ष में हो जाएगा। इसलिए मैं कहना चाहता हूँ कि हम लोगों को समय को पहचानना चाहिए। इसलिए इस मौके पर अगर पुरानी चर्चा और दलीलें करते रहेंगे और उसी में चक्कर काटते रहेंगे तो छोटे-मोटे जो काम पहले करते रहे, वे ही करते रह जाएँगे। संपूर्ण क्रांति अकेले बिहार में नहीं हो सकती है। सारे देश में लहर दौड़ेगी तो होगी। उसका जितना हिस्सा हम बिहार में कर सकते हैं वह करेंगे।

ये वामपंथी पार्टियों के लोग, जिनकी सहानुभूति है इस संघर्ष के साथ; वे चाहते हैं कि हुकूमत बनेगी तो क्या-क्या होगा, सारा कार्यक्रम लिख दिया जाए। मैंने उनसे कहा कि भाई, आज तक कोई ऐसी क्रांति नहीं हुई है, जो किसी किताब के मुताबिक हुई हो, चाहे वह मार्क्स की किताब हो, लेनिन की किताब हो कि माओ की किताब हो या किसी और की किताब हो। हर क्रांति अपनी किताब स्वयं लिखती है। तो बिहार की यह क्रांति भी, जो भारत में फैलेगी, अपनी किताब तैयार कर

रही है। यह नकल नहीं करेगी किसी की। कहाँ हैं आज हम? आप सब वामपंथी लोग मिलकर क्या कर सके हैं? 27 वर्ष में क्या किया है? भूल जाओ इन सब बातों को। यह जन-आंदोलन है और जैसे-जैसे आंदोलन बढ़ेगा वैसे-वैसे रास्ता खुलेगा। नया-नया प्रोग्राम बनेगा। मैं कौन होता हूँ कह देने वाला कि 5 वर्ष के बाद यह होगा, हुकूमत बनेगी तो उसका यह प्रोग्राम रहेगा; यह प्रोग्राम बनेगा? जनता अपना प्रोग्राम बनाएगी।

आज हम एक बहुत बुनियादी क्रांति की देहली पर आ पहुँचे हैं। समानता स्वतंत्रता, बंधुता, बिरादरी, राज्यविहीन समाज, हरएक को आवश्यकतानुसार मिले और हरएक अपनी क्षमता भर समाज को दे—ये सब ध्येय अब सिद्ध हों, प्रत्यक्ष व्यवहार में उनका अमल हो—ऐसी आज के युग की माँग है। गाँधीजी एक बात बार-बार कहते थे। वे कहते थे, दूसरी क्रांतियाँ इकहरी हैं, वे मात्र समाज के बाहरी ढाँचे में ही परिवर्तन लाती हैं, जब कि मेरी क्रांति दुहरी क्रांति होगी, मानवीय क्रांति होगी, जो मनुष्य के मानस में शुरू होगी और अंत में समाज के बाहरी ढाँचे में परिवर्तन लाएगी। यह आध्यात्मिक क्रांति होगी।

इस देश का आध्यात्मिक उत्तराधिकार भी आज ऐसी एक अभिनव क्रांति के लिए आह्वान कर रहा है।

इस आह्वान को कौन सुनेगा? कौन आगे कदम बढ़ाएगा? इस देश का अध्यात्म बूढ़ों की वस्तु नहीं, जवानों की वस्तु रही है। जब हृषीकेश ने जीवन के कुरुक्षेत्र में अपूर्व अध्यात्म का पांचजन्य फूँका था, तब वे वृद्ध नहीं, युवा थे। और वे थे सारथी भारत की उत्कृष्ट तरुणाई के रथ के। जब अपनी प्रिया की गोद में नवजात राहुल को सोया छोड़कर सिद्धार्थ अपनीं अद्वितीय सांस्कृतिक क्रांति के पथ पर चल पड़े थे, तब वह वृद्ध नहीं, युवा थे। अद्वैत के अन्यतम शोधक शंकर ने जब अपनी दिग्विजय-यात्रा की थी, तब वे वृद्ध नहीं, युवा थे। विवेकानंद ने शिकागो के रंगमंच पर जब वेदांत के सार्वभौम धर्म का उद्घोष किया था, तब वे वृद्ध नहीं, युवा थे। गाँधी ने दक्षिण अफ्रीका में रंगभेद के दावानल में कूद कर जब अध्यात्म का आग्नेय प्रयोग किया था, तब वे वृद्ध नहीं, युवा थे। नहीं मित्रो! अध्यात्म बुढ़ापे की बुढ़भस नहीं, तरुणाई की उत्तुंगतम उड़ान है।

इसलिए जिस अभिनव क्रांति की ओर मैंने इंगित किया है, उसके सैनिक और सेनापति तरुण ही हो सकते हैं। इस सांस्कृतिक क्रांति के बिना भारत एवं भारतीयता का बचना दुष्कर प्रतीत हो रहा है।

—1974

राममनोहर लोहिया

1910-1968

विख्यात समाजवादी चिंतक और जुझारू राजनैतिक व्यक्तित्व। उत्तर प्रदेश के फैजाबाद में जन्म। बर्लिन विश्वविद्यालय से डॉक्टरेट की उपाधि। गाँधीजी के संपर्क में आए और स्वाधीनता आंदोलन में हिस्सा लिया। 1934 में जयप्रकाश नारायण आदि के साथ 'कांग्रेस समाजवादी दल' का गठन। कई बार जेल गए। 1942 के आंदोलन में प्रेरणादायक भूमिका निभाई। गाँधीजी के निकट, पर नेहरू के विरोधी। आजाद भारत में 'समाजवादी दल' का गठन और हिंदी सहित सभी भारतीय भाषाओं तथा पिछड़ों के प्रश्न पर लगातार संघर्ष। समाज, राजनीति और संस्कृति के विभिन्न विषयों पर मौलिक सोच। एक प्रभावशाली वक्ता।

राम, कृष्ण और शिव : मर्यादित, उन्मुक्त और असीमित व्यक्तित्व

इस विषय पर आप में से कई सोच सकते हैं, तो, शायद, कुछ खयाल कर सकते हैं कि धर्म पर और हिंदू धर्म पर बातें होंगी। ऐसा नहीं।

राम और कृष्ण और शिव हिंदुस्तान की उन तीन चीजों में हैं—मैं उनको आदमी कहूँ या देवता, इसके तो खास मतलब नहीं होंगे—जिनका असर हिंदुस्तान के दिमाग पर ऐतिहासिक लोगों से भी ज्यादा है। गौतम बुद्ध या अशोक ऐतिहासिक लोग थे। लेकिन उनके काम के किस्से इतने ज्यादा और इतने विस्तार में आपको नहीं मालूम हैं, जितने कि राम और कृष्ण और शिव के किस्से। कोई आदमी वास्तव में हुआ या नहीं, यह इतना बड़ा सवाल नहीं है, जितना यह कि उस आदमी के काम किस हद तक, कितने लोगों को मालूम हैं, और उनका असर है दिमाग पर। राम और कृष्ण तो इतिहास के लोग माने जाते हैं; हों या न हों; यह दूसरे दर्जे का सवाल है। मान लें थोड़ी देर के लिए कि वे सिर्फ उपन्यास के लोग हैं। शिव तो केवल

एक किंवदंती के रूप में प्रचलित हैं। यह सही है कि कुछ लोगों ने कोशिश की है कि शिव को भी कोई समय और शरीर और जगह दी जाए। कुछ लोगों ने कोशिश की है यह साबित करने की कि वे उत्तराखंड के एक इंजीनियर थे जो गंगा को ले आए थे हिंदुस्तान के मैदानों में।

यह छोटे-छोटे सवाल हैं कि राम और कृष्ण और शिव सचमुच इस दुनिया में कभी हुए या नहीं। असली सवाल तो यह है कि इनकी जिंदगी के किस्सों के छोटे-छोटे पहलू को भी 5, 10, 20, 50 हजार आदमी नहीं बल्कि हिंदुस्तान के करोड़ों लोग जानते हैं। यह हिंदुस्तान के इतिहास के किसी और आदमी के बारे में नहीं कहा जा सकता। मैं तो समझता हूँ, गौतम बुद्ध का नाम भी हिंदुस्तान में शायद 25 सैकड़ा से ज्यादा लोगों को मालूम नहीं होगा। उनके किस्से जानने वाले तो मुश्किल से हजार में 1-2 मिल जाएँ तो मिल जाएँ। लेकिन राम और कृष्ण और शिव के नाम और उनके किस्से तो सबको मालूम हैं। दिमाग पर असर—असर सिर्फ इसलिए नहीं है कि उनके साथ धर्म जुड़ा हुआ है। असर इसलिए है कि वे लोगों के दिमाग में एक मिसाल की तरह आ जाते हैं, और जिंदगी के हरेक पहलू और हरेक काम-काज के सिलसिले में वे मिसालें आँखों के सामने या दिमाग की आँखों के सामने खड़ी हो जाती हैं। तब, चाहे जान-बूझ कर, और चाहे अनजान में, आदमी उन मिसालों के मुताबिक खुद भी अपने कदम उठाने लग जाता है। अगर मिसाल सोच-समझ कर दिमाग के सामने आए तो उसका इतना असर नहीं पड़ता, जितना बिना सोचे दिमाग में आ जाए। बिना सोचे कोई मिसाल दिमाग में आ जाए, सिर्फ यही नहीं कि वह मिसाल हो, बल्कि छोटे-छोटे किस्से भी याद हैं जैसे कि राम ने परशुराम को क्या कहा और किस वक्त कब कितना कहा—यह एक-एक किस्सा मालूम है। या जब शूर्पणखा आई थी तो राम और लक्ष्मण और शूर्पणखा में क्या-क्या बातचीत हुई, या जब भरत आए राम को वापस ले जाने के लिए तब उनकी आपस में क्या-क्या बातें हुईं—इन सबकी एक-एक तफसील, इसने यह कहा, और उसने वह कहा, मालूम है। इसी तरह से कृष्ण और अर्जुन की बातचीत और इसी तरह से शिव के किस्से हिंदुस्तानी के दिमाग की सतह पर खुदे हुए रहते हैं। एक तो हुआ किस्सों का मालूम होना, दूसरे, किस्सों का दिमाग की सतह पर खुद जाना, तो फिर, वह हमेशा मिसाल की तरह दिमाग की आँखों के सामने रहते हैं, और किसी भी काम पर उनका असर पड़ा करता है।

यों, हरेक देश का अपना इतिहास होता है। इतिहास की घटनाएँ हैं, राजनीतिक, साहित्यिक, और दूसरी। इतिहास की घटनाओं की एक लंबी जंजीर होती है और उनको लेकर कोई सभ्यता और संस्कृति बना करती है। उनका दिमाग पर असर रहता है। लेकिन इससे अलग, एक और जंजीर, और वह किस्से-कहानियों वाली, हितोपदेश और 'पंचतंत्र' वाली। मैं समझता हूँ, आप में से भी करीब-करीब सभी

को मालूम होगा कि किस तरह गंगदत्त नाम के मेढक ने प्रियदर्शन नाम के साँप को एक राजदूत के जरिए कहलाया था कि—किस्से बड़े सुहावने और नाम बड़े सुहावने हुआ करते हैं; मेढक का नाम गंगदत्त और साँप का नाम प्रियदर्शन! वे दूत भेजते हैं और दूत से बातचीत हुआ करती है—देखो, गंगदत्त इतना बेवकूफ नहीं है कि अब फिर से कुएँ में आए, क्योंकि भूखे लोगों का कोई धर्म नहीं हुआ करता है। 'हितोपदेश' और 'पंचतंत्र' के इन किस्सों से करोड़ों बच्चों के दिमाग पर कुछ चीजें खुद जाया करती हैं और उसी पर नीतिशास्त्र बना करता है।

मैं जिनका जिक्र आज कर रहा हूँ, वे ऐसे किस्से नहीं हैं। उनके साथ नीतिशास्त्र सीधे नहीं जुड़ा हुआ है। ज्यादा से ज्यादा आप यह कह सकते हो कि किसी भी देश की हँसी और सपने ऐसी महान् किंवदंतियों में खुदे रहते हैं। हँसी और सपने, इन दो से और कोई चीज बड़ी दुनिया में हुआ नहीं करती है। जब कोई राष्ट्र हँसा करता है तो वह खुश होता है, उसका दिल चौड़ा होता है। और जब कोई राष्ट्र सपने देखता है, तो वह अपने आदर्शों में रंग भर कर किस्से बना लिया करता है।

राम, कृष्ण और शिव ये कोई एक दिन के बनाए हुए नहीं हैं। इनको आपने बनाया। उन्होंने आपको नहीं बनाया। आमतौर से तो आप यही सुना करते हो कि राम और कृष्ण और शिव ने हिंदुस्तान या हिंदुस्तानियों को बनाया। किसी हद तक शायद यह बात सही भी हो, लेकिन ज्यादा सही यह बात है कि करोड़ों हिंदुस्तानियों ने, युगयुगांतर के अंतर में, हजारों बरस में, राम, कृष्ण और शिव को बनाया। उनमें अपनी हँसी और सपने के रंग भरे और तब राम और कृष्ण और शिव जैसी चीजें सामने हैं।

राम और कृष्ण तो विष्णु के रूप हैं, शिव महेश के। मोटी तौर से लोग यह समझ लिया करते हैं कि राम और कृष्ण तो रक्षा या अच्छी चीजों की हिफाजत के प्रतीक हैं, और शिव विनाश या बुरी चीजों के नाश के प्रतीक हैं। मुझे ऐसे अर्थ में नहीं पड़ना है। कुछ और हैं जिन्हें मजा आता है हरेक किस्से में अर्थ ढूँढ़ने में। मैं अर्थ नहीं ढूँढ़ूँगा। मुमकिन है सारा भाषण बेमतलब हो, और जितना बेमतलब होगा उतना ही मैं उसे अच्छा समझूँगा, क्योंकि हँसी और सपने तो बेमतलब हुआ करते हैं। फिर भी, असर उनका कितना पड़ता है? छाती चौड़ी होती है। अगर कोई कौम अपनी छाती मौके-मौके पर ऐसी किंवदंतियों को याद करके चौड़ी कर लेती हो तो फिर उससे बढ़ कर क्या हो सकता है? कोई यह न सोचे कि इस विषय से मैं कोई अर्थ निकालना चाहता हूँ—राजनीतिक अर्थ या दार्शनिक अर्थ या और कोई समाज के गठन का अर्थ। जहाँ तक बन पड़े, पिछले हजारों बरसों में जो हमारे देश के पुरखों और हमारी कौम ने इन तीनों किंवदंतियों में अपनी बात डाली हैं, उसको सामने लाने की कोशिश करूँगा।

राम की सबसे बड़ी महिमा उनके उस नाम से मालूम होती है, जिसमें कि

उन्हें मर्यादा पुरुषोत्तम कह कर पुकारा जाता है। जो मन में आया सो नहीं कर सकते। राम की ताकत बँधी हुई है, उसका दायरा खिंचा हुआ है। राम की ताकत पर कुछ नीति की या शास्त्र की या धर्म की या व्यवहार की या, अगर आप आज की दुनिया का एक शब्द ढूँढ़ें तो, विधान की मर्यादा है। जिस तरह से किसी भी कानून की जगह, जैसे विधानसभा या लोकसभा पर विधान रोक लगा दिया करता है, उसी तरह से राम के कामों पर रोक लगी हुई है। वह रोक क्यों लगी हुई है और किस तरह की है, इस सवाल में अभी आप मत पड़िए। लेकिन इतना कह देना काफी होगा कि पुराने दकियानूसी लोग भी, जो राम और कृष्ण को विष्णु का अवतार मानते हैं, राम को सिर्फ 8 कलाओं का अवतार मानते हैं और कृष्ण को 16 कलाओं का अवतार। कृष्ण संपूर्ण और राम अपूर्ण! अपूर्ण शब्द सही नहीं होगा, लेकिन अपना मतलब बताने के लिए मैं इस शब्द का इस्तेमाल किए लेता हूँ। ऐसे मामलों में, कोई अपूर्ण और संपूर्ण नहीं हुआ करता, लेकिन जाहिर है, जब एक में 8 कलाएँ होंगी और दूसरे में 16 कलाएँ होंगी, तो उससे कुछ नतीजे तो निकल ही आया करेंगे।

'भागवत' में एक बड़ा दिलचस्प किस्सा है। सीता खोई थी तब राम को दुःख हुआ था। दुःख जरा ज्यादा हुआ। किसी हद तक मैं समझ भी सकता हूँ, गो कि लक्ष्मण भी वहाँ पर था और देख रहा था। इसलिए राम का पेड़ों से बात करना और रोना वगैरह कुछ ज्यादा समझ में नहीं आता। अकेले अगर राम रो लेते, तो बात दूसरी थी, लेकिन लक्ष्मण के देखते हुए, पेड़ से बात करना और रोना वगैरह, जरा ज्यादा आगे बढ़ गई बात। कौन जाने, शायद वाल्मीकि और तुलसीदास को यही पसंद रहा हो। लेकिन याद रखना चाहिए कि वाल्मीकि और तुलसीदास में भी फर्क है। वाल्मीकि की सीता और तुलसी की सीता, दोनों में बिल्कुल दो अलग-अलग दुनिया का फर्क है। अगर कोई इस पर भी एक किताब लिखना शुरू करे कि सीता हिंदुस्तान में 3-4 हजार बरस के दौरान में किस तरह बदली, तो वह बहुत ही दिलचस्प किताब होगी। अभी तक ऐसी किताबें लिखी नहीं जा रही हैं लेकिन लिखी जानी चाहिए। खैर, राम रोये, पेड़ों से बोले, दुःखी हुए, और उस वक्त चंद्रमा हँसा था। जाने क्यों चंद्रमा को ऐसी चीजों में दिलचस्पी रहा करती है कि वह हँसा करता है, ऐसा लोग कहते हैं। वह खूब हँसा। कहा, देखो तो सही, पागल कैसे रो रहा है?

राम विष्णु के अवतार तो थे ही, चाहे 8 ही कला वाले। विष्णु को बात याद थी। न जाने कितने बरसों के बाद कुछ लोग कहते हैं, लाखों बरसों के बाद, हजारों बरसों के बाद, लेकिन मेरी समझ में, शायद, हजार दो हजार बरस के बाद—जब कृष्ण के रूप में वे आए, तो फिर एक दिन, हजारों गोपियों के बीच में कृष्ण ने भी अपनी लीला रचाई। वे 16,000 थीं या 12,000 थीं, इसका मुझे ठीक अंदाज

नहीं। एक-एक गोपी के अलग-अलग से, कृष्ण सामने आए और बार-बार चंद्रमा की तरफ देख कर ताना मारा, बोलो, अब हँसो। जो चंद्रमा राम को देख कर हँसा था जब राम रोये थे, उसी चंद्रमा को उँगली दिखा कर कृष्ण ने ताना मारा कि अब जरा हँसो, देखो तो सही। 16 कला और 8 कला का यह फर्क रहा।

राम ने मनुष्य की तरह प्रेम किया। मैं इस समय इस बहस में बिल्कुल नहीं पड़ना चाहता कि सचमुच कृष्ण ने ऐसा प्रेम किया या नहीं किया। यह बिल्कुल फिजूल बात है। मैं शुरू में ही कह चुका हूँ कि ऐसी कहानियों का असर ढूँढ़ा जाता है, यह देख कर नहीं कि वे सच्ची हैं या झूठी, लेकिन यह देख कर कि उनमें कितना सच भरा हुआ है, और दिमाग पर उनका कितना असर पड़ता है। यह सही है कि कृष्ण ने प्रेम किया, और ऐसा प्रेम किया कि बिल्कुल बेरोये रह गए, और तब चंद्रमा को ताना मारा। राम रोये तो चंद्रमा ने विष्णु को ताना मारा; कृष्ण 16,000 गोपियों के बीच में बाँसुरी बजाते रहे, तो चंद्रमा को विष्णु ने ताना मारा। ये किस्से मशहूर हैं। इसी से आप और नतीजे निकालिए।

कृष्ण झूठ बोलते हैं; चोरी करते हैं; धोखा देते हैं; और जितने भी अन्याय के, अधर्म के काम हो सकते हैं, वे सब करते हैं। जो कृष्ण के सच्चे भक्त होंगे, मेरी बात का बिल्कुल भी बुरा न मानेंगे। मुमकिन है कि एकाध नकली भक्त गुस्सा कर जाए। एक बार जेल में मेरा साथ पड़ा था मथुरा के एक बहुत बड़े चौबे जी के साथ, और मथुरा तो फिर मथुरा ही है। जितना ही हम उनको चिढ़ाना चाहें, वे खुद अपने आप कह दें कि हाँ, वह तो माखनचोर था कोई क्या करे ऐसे आदमी को? हम कहें कृष्ण चोर था; वह कहें, हाँ वह तो माखनचोर था। हम कहें कृष्ण धोखेबाज था; तो वे जरूर कृष्ण का कोई न कोई किस्सा धोखे का सुना दें। जो कृष्ण के सच्चे उपासक हैं, उनको तो मजा मिलता है कृष्ण की झूठ, दगा और धोखेबाजी और लंपटपन को याद करके। सो क्यों? 16 कला हैं। मर्यादा नहीं, सीमा नहीं, विधान नहीं है, यह ऐसी लोकसभा है जिसके ऊपर विधान की कोई रुकावट नहीं है, मन में आए सो करे।

धर्म की विजय के लिए अधर्म से अधर्म करने को तैयार रहने का प्रतीक कृष्ण है। मैं यही तो किस्से नहीं बतलाऊँगा, पर आप खुद याद कर सकते हो कि कब सूरज को छुपा दिया जब कि वह सचमुच नहीं छुपा था; कब एक जुमले के आधे हिस्से को जरा जोर से बोल कर और दूसरे हिस्से को धीमे बोल कर कृष्ण झूठ बोल गए। इस तरह की चालबाजियाँ तो कृष्ण हमेशा ही किया करते थे। कृष्ण 16 कलाओं का अवतार, किसी चीज की मर्यादा नहीं। राम मर्यादित अवतार, ताकत के ऊपर सीमा जिसे वे उलाँघ नहीं सकते थे। कृष्ण बिना मर्यादा का अवतार। लेकिन इसके यह मानी नहीं कि जो कोई झूठ बोले और धोखा करे वही कृष्ण हो सकता है। अपने किसी लाभ के लिए नहीं, अपने किसी राग के लिए नहीं। राग शब्द बहुत

अच्छा शब्द है हिंदुस्तान का। मन के अंदर राग हुआ करते हैं, राग चाहे लोभ के हों, चाहे क्रोध के हों, चाहे ईर्ष्या के हों, राग होते हैं। यह सब, वीतराग, भय, क्रोध जिसकी चर्चा हमारे कई ग्रंथों में मिलती है; भय, क्रोध, राग से परे। धोखा झूठ, बदमाशी और लंपटपन कृष्ण का, एक ऐसे आदमी का था, जिसे अपना कोई फायदा नहीं ढूँढ़ना था, जिसे कोई लोभ नहीं था, जिसे ईर्ष्या नहीं थी, जिसे किसी के साथ जलन नहीं थी, जिसे अपना कोई बढ़ावा नहीं करना था। यह चीज मुमकिन है या नहीं, इस सवाल को आप छोड़ दीजिए। असल चीज है, दिमाग पर असर कि यह संभव है या नहीं। हम लोग इसे संभव मानते भी हैं, और मैं खुद समझता हूँ कि अगर पूरा नहीं तो अधूरा, किसी, न किसी रूप में यह चीज संभव है।

कभी-कभी आज के जमाने में भी, राम और कृष्ण की तस्वीरें, हिंदुस्तान के बड़े लोगों को समझते हुए, आपकी आँखों के सामने नाचा करती होंगी। न नाचती हों तो अब आगे से नाचेंगी। एक बार मेरे दोस्त ने कहा था, गाँधीजी के मरने पर, कि साबरमती या काठियावाड़ की नदियों का बालक जमुना के किनारे जलाया गया, और जमुना का बालक काठियावाड़ की नदियों के किनारे जलाया गया था। फासला दोनों में हजारों बरस का है। काठियावाड़ की नदियों का बालक और जमुना नदी का बालक, दोनों में, शायद, इतना संबंध न दीख पाता होगा, मुझे भी नहीं दिखता था कुछ अरसे पहले तक, क्योंकि गाँधीजी ने खुद राम को याद किया और हमेशा याद किया। जब कभी गाँधीजी ने किसी नाम को लिया, तो राम का लिया। कृष्ण का नाम भी ले सकते थे। और शिव का नाम भी ले सकते थे वे। लेकिन नहीं। उन्हें एक मर्यादित तस्वीर हिंदुस्तान के सामने रखनी थी, एक ऐसी ताकत जो अपने ऊपर नीति, धर्म या व्यवहार की रुकावटों को रखे—मर्यादा पुरुषोत्तम का प्रतीक।

मैंने भी सोचा था, बहुत अरसे तक, कि शायद गाँधीजी के तरीके कुछ मर्यादा के अंदर रह कर ही हुए। ज्यादातर यह बात सही भी है लेकिन पूरी सही भी नहीं है। और यह असर दिमाग पर तब पड़ता है, जब आप गाँधीजी के लेखों और भाषणों को एक साथ पढ़ें। अंग्रेजों और जर्मनियों की लड़ाई के दौरान में हर हफ्ते 'हरिजन' में उनके लेख या भाष्य छपा करते थे। हर हफ्ते उनकी जो बोली निकलती थी, उसमें इतनी ताकत और इतना माधुर्य होता कि मुझ जैसे आदमी को भी समझ में नहीं आता था कि बोली शायद, बदल रही है हर हफ्ते। बोली तो खैर हमेशा बदला करती है, लेकिन उसकी बुनियादें भी बदल गईं, ऐसा लगता था कृष्ण अपनी बोली की बुनियाद बदल दिया करते थे; राम नहीं बदलते थे। कुछ महीने पहले का किस्सा है कि एकाएक मैंने, लड़ाई के दिनों में गाँधीजी ने जो कुछ लिखा था हर हफ्ते लगातार, उसमें से 6 महीनों की बातें एक साथ जब मैंने पढ़ीं, तब पता चला कि किस तरह बोली बदल जाती थी। जिस चीज को आज अहिंसा कहा, उसी को दो-तीन महीने

बाद हिंसा कह डाला, और उसका उलट जिसे हिंसा कहा, उसे अहिंसा कह डाला। वक्ती तौर पर अपने संगठन के नीति-नियमों के मुताबिक जाने के लिए और अपने आदमियों को मदद पहुँचाने के लिए बुनियादी सिद्धांतों के बारे में भी बदलाव करने के लिए वे तैयार रहते थे। यह किया उन्होंने लेकिन ज्यादा नहीं किया।

मैं यह नहीं कहना चाहूँगा कि गाँधीजी ने कृष्ण का काम बहुत ज्यादा किया, लेकिन काफी किया। इससे कहीं यह न समझना कि गाँधी जी मेरी नजरों में गिर गए, कृष्ण मेरी नजरों में कहाँ गिर गए? ये तो ऐसी चीजें हैं जिनका सिर्फ सामना करना पड़ता है। गिरने-गिराने का तो कोई सवाल है नहीं। लेकिन यह कि आदमी को अपनी कसौटियाँ हमेशा पैनी और साफ रखनी चाहिए कि जिससे पता चल सके कि जिस किसी चीज को उसने आदर्श बनाया है या जिन सिद्धांतों को अपनाया है, उन्हें वह सचमुच लागू किया करता है या नहीं। जैसे, साधनों की शुचिता या जिस तरह के मकसद हों उसी तरह के तरीके हों, इस सिद्धांत को गाँधीजी ने न सिर्फ अपनाया बल्कि बार-बार दुहराया। शायद इसी को उन्होंने अपनी जिंदगी का सबसे बड़ा मकसद समझा कि अगर मकसद अच्छे बनाने हैं तो तरीके भी अच्छे बनाने पड़ेंगे। लेकिन आपको याद होगा कि किस तरह बिहार के भूकम्प को अछूत-प्रथा का नतीजा बता कर उन्होंने एक अच्छा मकसद हासिल करना चाहा था कि हिंदुस्तान से अछूत-प्रथा खत्म हो। बहुत बढ़िया मकसद था, इसमें कोई शक नहीं। उन दिनों जब रवींद्रनाथ ठाकुर और महात्मा गाँधी में बहस हुई थी, तो मुझे एकाएक लगा कि रवींद्रनाथ ठाकुर क्यों यह तीन-पाँच कर रहे हैं। आखिर गाँधीजी कितना बड़ा मकसद हालिस कर रहे हैं। जाति-प्रथा मिटाना, हरिजन और अछूत-प्रथा मिटाना, इससे बड़ा और क्या मकसद हो सकता है। लेकिन उस मकसद को हासिल करने के लिए कितना बड़ा झूठ बोल गए कि बिहार का भूकंप हुआ इसलिए कि हिंदुस्तानी लोग आपस में अछूत-प्रथा चलाते हैं। भला भूकंप और तारे और आसमान, पानी और सूरज वगैरह को भी इससे क्या पड़ा है कि हिंदुस्तान में अछूत प्रथा चलती है या नहीं।

मैं, इस समय, बुनियादी तौर से राम और कृष्ण के बीच के इस फर्क को सामने रखना चाहता हूँ कि एक तो मर्यादा पुरुषोत्तम है एक की ताकतों के ऊपर रोक है, और दूसरा बिना रोक का, स्वयंभू है। यह सही है कि वह राग से परे है, राग से परे रह कर कुछ कर सकता है और उसके लिए नियम और उपनियम नहीं।

शिव एक निराली अदा वाला है। दुनिया भर में ऐसी कोई किंवदंती नहीं जिसकी न लंबाई है, न चौड़ाई है और न मोटाई। एक फ्रांसीसी लेखक ने शिव के बारे में एक बार कहा था कि वह तो 'नान डाइमेंशनल मिथ' है, (अंग्रेजी शब्द हैं, फ्रांसीसी नहीं यानी ऐसी किंवदंती जिसकी कोई सीमा नहीं है, जिसकी कोई हदें नहीं हैं—न लंबाई, न चौड़ाई, न मोटाई।) किंवदंतियाँ दुनिया में और जगह भी हैं, खास तौर

से पुराने मुल्कों में, जैसे ग्रीस आदि में बहुत हैं। कहाँ नहीं हैं? बिना किंवदंतियों के कोई देश रहा ही नहीं, और जितने पुराने देश हैं उनमें किंवदंतियाँ ज्यादा हैं। मैंने शुरू में कहा था कि एक तरफ 'हितोपदेश' और 'पंचतंत्र' की गंगदत्त और प्रियदर्शन जैसी बच्चों की कहानियाँ हैं, तो दूसरी तरफ, हजारों बरस के काम के नतीजे के स्वरूप कुछ लोगों में कौम की हँसी और सपने भरे हुए हैं, ऐसी किंवदंतियाँ हैं।

शिव ही एक ऐसी किंवदंती है जिसका न आगा है न पीछा। यहाँ तक कि वह किस्सा मशहूर है कि जब ब्रह्मा और विष्णु आपस में लड़ गए—ये देवी-देवता खूब लड़ा करते हैं, कभी-कभी आपस में—तो शिव ने उनसे कहा लड़ो मत। जाओ, तुममें से एक मेरे सिर का पता लगाए और दूसरा मेरे पैर का पता लगाए और फिर लौट कर आ कर मुझसे कहो! जो पहले पता लगा लेगा, उसकी जीत हो जाएगी। दोनों पता लगाने निकले। शायद अब तक पता लगा रहे हों! जो ऐसे किस्से कहानियाँ गढ़ा करते हैं, उनके लिए वक्त का कोई मतलब नहीं रहता। उसके लिए 1 मिनट के मानी एक करोड़ बरस। कोई हिसाब और गणित वगैरह का सवाल नहीं उठता उनके सामने। खैर, किस्सा यह है कि बहुत अरसे के बाद, न जाने कितने लाखों बरस के बाद ब्रह्मा और विष्णु दोनों लौट कर आए और शिव से बोले कि भई, पता तो नहीं लगा। तब उन्होंने कहा कि फिर क्यों लड़ते हो? फिजूल है।

यह असीमित किंवदंती है। इसके बारे में, बार-बार मेरे दिमाग में एक खयाल उठ आता है कि दुनिया में जितने भी लोग हैं, चाहे ऐतिहासिक और चाहे किंवदंती के, उन सबके कर्मों को समझने के लिए कर्म और फल, कारण और फल देखना पड़ता है। उनके जीवन में ऐसी घटनाएँ हैं कि जिन्हें एकाएक नहीं समझा जा सकता। वे अजीब-सी मालूम पड़ती हैं। उन घटनाओं को समझने के लिए पहले का कारण ढूँढ़ना पड़ता है और बाद का फल ढूँढ़ना पड़ता है। तब जा करके वे सही मालूम पड़ती हैं। आप भी अपनी आपस की घटनाओं को सोच लेना। आपके आपस में रिश्ते होंगे। न जाने कितनी बातें होती होंगी। बड़े लोगों के रिश्ते होते होंगे—बड़े लोगों से मतलब यह नहीं कि आप छोटे लोग हैं, बड़े लोगों के मानी सिर्फ यह हैं कि जिनका नाम हो जाया करता है, और कोई मतलब नहीं है, चाहे वे बदमाश ही लोग क्यों न हों, और आमतौर से, बदमाश लोगों का ही नाम हुआ करता है। खैर, बड़े लोग हों, छोटे लोग हों, कोई हों, उनके आपसी रिश्ते होते हैं। उन आपसी रिश्तों के प्रकाश की एक श्रृंखला होती है—एक कड़ी के बाद एक कड़ी, एक कड़ी के बाद एक कड़ी। अगर कोई चाहे कि उनमें से किसी एक ही कड़ी को पकड़ कर पता लगाएँ कि आदमी अच्छा है या बुरा, तो गलती कर जाएगा, क्योंकि उस कड़ी के पहले वाली कड़ी कारण के रूप में है और उसके बाद वाली कड़ी फल के रूप में है। क्यों किया? कई बार ऐसे काम मालूम होते हैं जो बजाते खुद बुरे हैं, गंदे हैं, या झूठे हैं। उदाहरण, मैंने कृष्ण के लिए कहा। वह सबके लिए है। लेकिन वह

काम क्यों हुआ, उसका कारण क्या था और उसको करने के बाद परिणाम क्या निकला, वह सब देखना पड़ता है। कारण और परिणाम देखना, हर आदमी और हर किस्से और सीमित किंवदंती को समझने के लिए जरूरी होता है।

शिव ही एक ऐसी किंवदंती है जिसका हरेक काम, बजाते खुद, अपने औचित्य को अपने-आप में रखता है। कोई भी काम आप शिव का ढूँढ़ लो, वह उचित काम होगा। उसके लिए पहले की कोई कड़ी नहीं ढूँढ़नी पड़ेगी और न बाद की कोई कड़ी। क्योंकि शिव ने ऐसा किया, उसका क्या नतीजा निकला, यह सब देखने की कोई ज़रूरत नहीं होगी। औरों के लिए इसकी जरूरत पड़ जाएगी। राम के लिए जरूरत पड़ेगी, कृष्ण के लिए जरूरत पड़ेगी, दुनिया में हरेक आदमी के लिए इसकी जरूरत पड़ेगी, और जो दुनिया भर के किस्से हैं उनके लिए जरूरत पड़ेगी। क्यों उसने ऐसा किया? पहले की बात याद करनी होगी कि क्या बातें हुईं, क्या कारण था, किस लिए उसका यह काम हुआ और फिर उसके क्या नतीजे निकले। हमेशा दूसरे लोगों के बारे में कर्म और फल की एक पूरी कड़ी बँधती है। लेकिन मुझे तो, ढूँढ़ने पर भी, शिव का ऐसा कोई काम नहीं मालूम पड़ा कि मैं कह सकूँ कि उन्होंने क्यों ऐसा किया; ढूँढ़ो, उसका क्या कारण था; ढूँढ़ो, बाद में उसका क्या परिणाम निकला। यह चीज बहुत बड़ी है।

आज की दुनिया में प्रायः सभी लोग अपने मौजूदा तरीके को, गंदे कामों को उचित बताते हैं, यह कह कर कि आगे चल कर उसके परिणाम अच्छे निकलेंगे। वे एक कड़ी बाँधते हैं। आज चाहे वे गंदे काम हों, लेकिन हमेशा उसकी कड़ी जोड़ेंगे कि भविष्य में कुछ ऐसे नतीजे उसके निकलेंगे कि वह काम अच्छे हो जाएँगे। कारण और फल की ऐसी शृंखला खुद अपने दिमाग में बाँधते हैं, और दुनिया के दिमाग में बाँधते हैं कि किसी भी काम के लिए कोई कसौटी नहीं बना सकती मानवता। आखिर कसौटियाँ होनी चाहिए। काम अच्छा है या बुरा, इसका कैसे पता लगाएँगे। कोई कसौटी होनी ही चाहिए। अगर एक के बाद एक कड़ी बाँध देते हो तो फिर कोई कसौटी नहीं रह जाती। फिर तो मनमानी होने लग जाती है, क्योंकि जितनी लंबी जंजीर हो जाएगी, उतना ही ज्यादा मौका मिलेगा लोगों को अपनी मनमानी बात उसके अंदर रखने का। ऐसा दर्शन बनाओ, ऐसा सिद्धांत बनाओ कि जिसमें मौजूदा घटनाओं को जोड़ दिया जाए किसी बड़ी, दूर भविष्य की घटना से, तो फिर, मौजूदा घटनाओं में कितना ही गंदापन रहे, लेकिन उस दूर के भविष्य की घटना, जो होने वाली है, जिसके बारे में कोई कसौटी बन नहीं सकती कि वह होगी या नहीं होगी, इसके बारे में बहुत हद तक आदमी को मान कर चलना पड़ता है कि वह शायद होगी, उसको लेकर मौजूदा घटनाओं का औचित्य या अनौचित्य ढूँढ़ा जाता है। और यह हमेशा हुआ है। मैं यहाँ मौजूदा दुनिया के किस्से तो बताऊँगा नहीं, लेकिन इतना आपसे कह दूँ कि प्रायः, यह जरा अति बोली है, लेकिन प्रायः हरेक

राजनीति की, समाज की, अर्थशास्त्र की घटना ऐसी ही है कि जिसका औचित्य या तो कोई पुरानी बड़ी या कोई आगे आने वाली किसी जंजीर के साथ बाँधा जाता है।

यहाँ मैं सिर्फ कृष्ण का ही किस्सा बता देता हूँ कि अश्वत्थामा के बारे में धीमे बोलना या जोर से बोलने के औचित्य और अनौचित्य को, कौरव-पांडव की लड़ाई से बहुत पुराना किस्सा, बहुत आगे आने वाली घटना के साथ जोड़ दिया जाता है। यह खुद बुरा काम है, मान कर चलना पड़ता है। लेकिन उस बुरे काम का औचित्य साबित हो जाता है पुराने कारण से और भविष्य में आने वाले परिणाम से। आप शिव का ऐसा कोई किस्सा नहीं पाओगे। शिव का हरेक किस्सा अपने-आप उचित है। उसी के अंदर सब कारण और सब फल भरे हुए हैं, जिससे मालूम पड़ता है कि वह सही है, ठीक है, उसमें कोई गलती हो नहीं सकती।

मुझे शिव के किस्से यहाँ नहीं सुनाने हैं। मशहूर तो बहुत हैं। शायद, पार्वती को अपने कंधे पर लादे फिरने वाला किस्सा, इतनी तफसील में कि पार्वती के शरीर का कौन-सा अंग कहाँ गिरा और कौन-सा मंदिर कहाँ बना, सबको मालूम है। गौतम बुद्ध और अशोक के बारे में या अकबर के बारे में ऐसे किस्से नहीं मशहूर हैं। शिव के वे सब किस्से बहुत मशहूर हैं और अच्छी तरह से लोगों को मालूम हैं। अगर नहीं मालूम हों तो जरा ये किस्से सुन लिया करो, अभी आपकी दादी जिंदा होगी तो उससे। दादी जिंदा न हो तो नानी जिंदा होगी, कोई न कोई होगी, और अगर वह भी न हो, तो अपनी बीबी से सुन लिया करो।

शिव का कोई भी किस्सा अपने आप उचित है। ऐसा लगता है कि जैसे किसी आदमी की जिंदगी में चाहे हजारों घटनाएँ हुई हों और उनमें से एक-एक घटना खुद एक जिंदगी है। उसके लिए पहले की दूसरी घटना और आगे की दूसरी घटना की कोई जरूरत नहीं रहती। शिव बिना सीमा की किंवदंती है और बहुत से मामलों में छाती को बहुत चौड़ा करने वाली, और उसके साथ-साथ आदमी को एक उँगली की तरह रास्ता दिखाने वाली कि जहाँ तक बन पड़े, तुम अपने हरेक काम को बिना पहले के कारण और बिना आगे के परिणाम को देखे हुए भी उचित बनाओ।

हो सकता है, राम और कृष्ण और शिव, इन तीनों को लेकर कइयों के दिमाग में अलगाव की बातें भी उठती हों। मैं आपके सामने अभी एक विचार रख रहा हूँ। जरूरी नहीं है कि इसको आप मान ही लें। हरेक चीज को मान लेने से ही दिमाग नहीं बढ़ा करता। उसकी सुनना, उसको समझने की कोशिश करना और फिर उसको छोड़ देने से भी कई दफे, दिमाग आगे बढ़ा करता है। मैं खुद भी इस बात को पूरी तरह से अपनाता हूँ सो नहीं। एकाएक एक बार मैंने जब 1951-52 के आम चुनावों के नतीजे पर सोचना शुरू किया तो मेरे दिमाग में एक अजीब-सी बात आई। आपको याद होगा कि 1951-52 में हिंदुस्तान में आम चुनावों में एक इलाका ऐसा था कि जहाँ कम्युनिस्ट जीते थे; दूसरा इलाका ऐसा था जहाँ सोशलिस्ट जीते थे;

तीसरा इलाका ऐसा था जहाँ धर्म के नाम पर कोई न कोई संस्था जीती थी। यों, सब जगह कांग्रेस जीती थी और सरकार उसी की रही। मैं इस वक्त सबसे बड़ी पार्टी की बात नहीं कर रहा हूँ–नम्बर दो पार्टी की बात कह रहा हूँ। सारे देश में नम्बर एक पार्टी तो कांग्रेस पार्टी रही लेकिन हिंदुस्तान के इलाके कुछ ऐसे साफ-से थे जहाँ पर ये तीनों पार्टियाँ जीतीं, अलग-अलग, यानी कहीं पर कम्युनिस्ट नंबर दो पर रहे, कहीं पर सोशलिस्ट नम्बर दो पर रहे और कहीं पर ये जनसंघ, रामराज्य परिषद् वगैरह मिल-मिला कर इन सबको तो एक ही समझना चाहिए–नम्बर दो रहे। मैं यह नहीं कहता कि जो कुछ मैं कह रहा हूँ वह सही है। मुमकिन है, इसके ऊपर अगर हिंदुस्तान के कॉलेज और विश्वविद्यालय जरा दिमाग कुछ चौड़ा करके देखते–कुछ तफरीही दिमाग से क्योंकि तफरीह में भी कई चीजें की जाती हैं, चाहे वे सही निकलें, न निकलें–तो हिंदुस्तान के नक्शे के तीन हिस्से बनाते। एक नक्शा वह, जहाँ राम सबसे ज्यादा चला हुआ है, दूसरा वह, जहाँ कृष्ण सबसे ज्यादा चला हुआ है, तीसरा वह, जहाँ शिव सबसे ज्यादा चला हुआ है। मैं जब राम, कृष्ण और शिव कहता हूँ, तो जाहिर है, उनकी बीबियों को शामिल कर लेता हूँ। उनके नौकरों को भी शामिल कर लेना चाहिए, क्योंकि ऐसे भी इलाके हैं जहाँ हनुमान चलता है जिसके साफ मानी हैं कि यहाँ राम चलता है; ऐसे इलाके हैं जहाँ काली और दुर्गा चलती हैं, इसके साफ मानी हैं कि वहाँ शिव चलता है। हिंदुस्तान के इलाके हैं जहाँ पर इन तीनों ने अपना-अपना दिमागी साम्राज्य बना रखा है। दिमागी साम्राज्य भी रहा करता है, विचारों का, किंवदंतियों का।

मोटी तौर पर शिव का इलाका वह इलाका था जहाँ कम्युनिस्ट नंबर दो हुए थे, मोटे तौर पर। उसी तरह, कृष्ण का इलाका वह था जहाँ संघ और रामराज्य परिषद् वाले नंबर दो हुए थे। मोटे तौर पर राम का इलाका वह था जहाँ सोशलिस्ट नंबर दो हुए थे। मैं मानता हूँ कि मैं खुद चाहूँ तो इस विचार को एक मिनट में तोड़ सकता हूँ, क्योंकि ऐसे बहुत से इलाके मिलेंगे जो जरा दुविधा के रहते हैं। किसी बड़े खयाल को तोड़ने के लिए छोटे-छोटे अपवाद निकाल देना कौन बड़ी बात है। खैर, मोटे तौर पर मुझे ऐसा लगता है कि हिंदुस्तान की किंवदंतियों के इन तीन साम्राज्यों के मुताबिक ही हिंदुस्तान की जनता ने अपनी विरोधी शक्तियों को चुनने की कोशिश की। आप कह सकते हैं कि अभी तो तुमने शिव की बड़ी तारीफ की थी। तुम्हारा यह शिव कैसा निकला। जहाँ पर शिव की किंवदंती का साम्राज्य है, वहाँ तो कम्युनिस्ट जीत गए। तो, फिर, मुझे यह भी कहना पड़ता है कि जरूरी नहीं है कि इन किंवदंतियों के अच्छे ही असर पड़ते हैं; सब तरह के असर पड़ सकते हैं।

शिव अगर नीलकंठ हैं और दुनिया के लिए अकेले जहर को अपने गले में बाँध सकते हैं, तो उसके साथ-साथ धतूरा खाने और पीने वाले भी हैं। शिव की

दोनों तस्वीरें साथ-साथ जुड़ी हुई हैं। मान लो, थोड़ी देर के लिए, वे धतूरा न भी खाते रहे हों। फिर से मैं बता दूँ कि ये सवाल सच्चाई और झुठाई के नहीं हैं। यह तो सिर्फ किसी आदमी के दिमाग का एक नक्शा है। हिंदुस्तान में करोड़ों लोग समझते हैं कि शिव धतूरा पीते हैं, शिव की पलटन में लूले-लँगड़े हैं, उसमें तो जानवर भी हैं, भूत-प्रेत भी हैं, और सब तरह की बातें जुड़ी हुई हैं। लूले-लँगड़े, भूखे के मानी क्या हुए? गरीबों का आदमी।

शिव का वह किस्सा भी आपको याद होगा कि शिव ने सती को मना किया था कि देखो, तुम अपने बाप के यहाँ मत जाओ, क्योंकि उसने तुमको बुलाया नहीं। बहुत बढ़िया किस्सा है यह। शिव ने कहा था कि जहाँ पर विरोध हो गया हो वहाँ पर बिना बुलाए मत आओ, उसमें कल्याण नहीं हुआ करता है। पर फिर भी सती गई। यह सही है कि उसके बाद शिव ने अपना, वक्ती तौर पर—जैसा मैंने कहा, वह काम खुद अपने-आप में उचित है—बहुत जबरदस्त गुस्सा दिखाया था। और उसकी पलटन कैसी थी! धगद्धगद्धज्जलल्लाट पट्टपा के किशोर चंद्र शेखरे... शिव की जो तस्वीरें अक्सर आँख के सामने आती हैं वह किस तरह की हैं। जटा में चंद्रमा है, लेकिन लपटें ज्वाला की निकल रही हैं, धगद्धगद हो रहा है। सब तरह की, एक बिना सीमा की किंवदंती सामने खड़ी हो जाती है—शक्ति की, फैलाव की, सब तरह के लोगों को साथ समेटने की।

इसी तरह जाहिर है कृष्ण और राम की किंवदंतियों के भी दूसरे स्वरूप हैं। राम चाहे जितने ही मर्यादा पुरुषोत्तम रहे हों, लेकिन, अगर उनके किस्से का मामला बैलगाड़ी की पुरानी लीक तक ही फँस कर रह जाए तो फिर उनके उपासक कभी आगे बढ़ नहीं सकते। वे लकीर में बँधे रह जाएँगे। यह सही है कि राम के उपासक शायद, बहुत बुरा काम नहीं करेंगे, क्योंकि बुराई करने में भी वे मर्यादा से बँधे हैं अगर अच्छाई करने में मर्यादा से बँधे हुए हैं तो। वे दोनों तरफ बँधे हुए हैं। शिव या कृष्ण में इस तरह बंधन का कोई मामला नहीं है। कृष्ण में तो किसी भी नीति के बंधन का मामला नहीं है। और शिव में हर एक घटना खुद इतने महत्त्व की हो जाती है कि अपनी सम्पूर्ण शक्ति उसमें लगा कर, उस वक्त भी पूरी हद तक पहुँच सकते हैं या उससे बाहर, और उसके बाद, जैसा कि दक्षिण वालों में तो यह कहीं ज्यादा मालूम होगा, उत्तर वालों के मुकाबले में। तांडव की भी कोई बुनियाद होती है : एक गाढ़ निद्रा—एकाएक आँखें खुलीं, लीला देखी, लीला के साथ-साथ आँखें इधर-उधर मटकायीं, और देखकर फिर आँखें बंद हो गईं। फिर, मुमकिन है, एक दूसरी सतह पर आँखें बंद हुईं और एक लीला हुई और चली गई, आँखें खुलीं और बंद हुईं।

इससे एक तामस भी जुड़ा हुआ है। शांति सतोगुण का प्रतीक है। लेकिन अगर शांति कहीं बिगड़ना शुरू हो जाए तो फिर वह तमाम का रूप ले लिया करती

है। चुप बैठो, कुछ करो मत, धगद्धगद होता रहे, धतूरा या धतूरे प्रतीक की कोई न कोई चीज चलती रहे। और हमारे देश में अकर्मण्यता का तो बहुत जबरदस्त दार्शनिक आधार है, कर्म नहीं करने का। यह सही है कि अलग-अलग मौकों पर हिंदुस्तान का असली कर्म-सिद्धांत यही है कि जहाँ तक बन पड़े अपने-आप को कर्म की फाँस से रिहा करो। यह सही है कि जो पुराने संचित कर्म हैं, उनसे तो छूट सकते नहीं; उनको तो भुगतना पड़ेगा, वे तो और नए कर्मों में आएँगे ही, लेकिन, कोशिश यह करो कि नए कर्म न आएँ। हिंदुस्तान की सभ्यता का यह मूलभूत आधार कभी नहीं भूलना चाहिए, कि नए काम मत करो, पुराने कामों को भुगतना ही पड़ेगा और जब कामों की शृंखला टूट जाएगी तभी मोक्ष मिलेगा। और शिव जैसी किंवदंती, और इस तरह के विचार के मिल जाने के बाद, कई बार तामस भी आ जाया करता है—उसके साथ-साथ एकाएक कोई विस्फोट हो जाया करता है यानी जिसके आगे और पीछे कुछ है नहीं, नतीजा निकले या न निकले, क्योंकि जहाँ हर एक कर्म अपने औचित्य को अपने-आप में रखता है और न आगे है न पीछे है, वहाँ, अगर किंवदंती कहीं बिगड़ गई तो यह संभावना हो जाया करती है कि विस्फोट हो जाए। उसका आगे है न पीछे है और न ही कोई तात्पर्य है। फिर, जब किंवदंतियाँ बिगड़ती हैं, तो वे, चाहे राम का इलाका हो, चाहे कृष्ण का इलाका हो, चाहे शिव का इलाका हो, बिगड़ती ही चली जाती हैं।

मैं समझता हूँ, किसी हद तक, मैंने इन तीन किंवदंतियों के स्वरूप आपके सामने रखे—बड़े स्वरूप। इनके किस्से किसी भी काम के लिए मनोहर हैं और छाती को चौड़ा करने वाले हैं। जरूरी नहीं है कि कोई उन किस्सों को माने। झूठे हैं तो इससे मुझे क्या मतलब? किस्से तो हैं न! हम उपन्यास पढ़ते हैं कि नहीं पढ़ते। 'हितोपदेश' ओर 'पंचतंत्र' के गंगदत्त और प्रियदर्शन को याद रखते हैं। ये किस्से ऐसे हैं जिन्हें हर एक कौम, अपनी हँसी और अपने सपने को, दिमाग की सतह पर, जो बहुत बुनियादी और गहरी सतह है, उस पर खोद कर रखा करती है। इन किस्सों के बारे में सावधान होकर रहना चाहिए।

वह नीलकंठ शिव, जिसके हर एक काम का औचित्य उसके अंदर बना हुआ है। वह मर्यादा पुरुषोत्तम राम और वह योगीश्वर कृष्ण जो लीला करके चंद्रमा को ताना मारा करता है। ये सब किसी भी आदमी के दिल को बड़ा करने वाले किस्से हैं। पुराने देश ने इस बात का भी कुछ थोड़ा-बहुत इंतजाम किया कि ये किंवदंतियाँ आपस में न टकराएँ। अगर वे कहीं टकराती हैं, शायद मुमकिन है भी, तो बोलचाल में, कहीं लोगों में गरम बोलचाल हो गई हो आपस में। ज्यादा से ज्यादा, मारपीट इस हद तक हुई होगी कि लोगों ने मूर्तियाँ तोड़ी हों। मूर्तियाँ तो आज भी टूटती हैं और पहले के जमाने में टूटी होंगी। इसमें आदमी को बहुत ज्यादा सोच-विचार नहीं करना चाहिए। यह सब तो लीला की तरह चलता रहता है, आँखें खोलो और

बंद करो। कहीं पर मूर्ति टूट गई या बन गई, यह सब तो चला करता है। खैर। ये इंतजाम किए गए हैं कि तीनों आपस में टकराएँ नहीं।

और सिर्फ जमुना और सरयू में ही एका करने की कोशिश नहीं की गई। जब तुलसीदास गए जमुना के किनारे, तो उन्होंने अपना सिर नवाने से इनकार किया, यह जानते हुए कि सब एक ही माया है। लेकिन उन्होंने कहा कि भई हाथ में धनुष-बाण लो, अपनी मुरली अलग रखो तब मैं अपना सिर नवाऊँगा। तो फिर, मुरली अलग हुई, धनुष-बाण हाथ में आया, जमुना और सरयू एक हो गईं। और, हमारे यहाँ के जो गाने-बजाने वाले लोग हैं, उनसे बढ़ कर इन मामलों में कोई और नहीं हो सकते, जो राम को हमेशा जमुना के तट पर होली खिलवा कर छोड़ दिया करते हैं। जमुना के तट पर राम होली खेलें! तो अब कहो कि यह कौन-सी बात है। सरयू के तट पर कृष्ण जा कर कौन-सी अपनी रासलीला रचाएँ। ये सब चीजें हमारे लेखक कर दिया करते हैं, और लेखक कोई मामूली आदमी थोड़े ही होते है; पर हर लेखक नहीं। बड़ा लेखक बहुत बड़ा आदमी होता है। वह राम को भेज देता है जमुना-किनारे और कृष्ण को भेज देता है सरयू-किनारे। फिर यह क्यों न संभव हो कि हिंदुस्तानी लोग भी ऐसी किंवदंती को अपनी आँखों के सामने लाएँ कि जिसमें शिव अपनी जटा में सिर्फ चंद्रमा ही नहीं मुरली वाले कृष्ण को लिए हो, और मर्यादा पुरुषोत्तम राम के साथ तांडव कर रहा हो। लाने को ऐसी तस्वीरें लोग अपनी आँखों में ला ही सकते हैं; शायद आ जाए हिंदुस्तान में।

मेरा बिल्कुल यह मतलब नहीं था कि कोई उपदेश करूँ। उपदेश मैं कर भी क्या सकता हूँ। उपदेश करना बेवकूफी होगी। इसका सिर्फ एक मकसद था कि इन तीन किंवदंतियों के कुछ पहलुओं को आपके सामने लाना कि जिसमें कुछ किस्से-कहानियों को याद करके आपकी तबियत कुछ खुश हो, आप कुछ हँसें और कुछ सपने देखें।

छह महीने तक मरी हुई पार्वती को अपने कंधों पर लाद कर ले चलना, यह भी एक अनोखा प्रेम है। लड़ाई के मैदान में दुनिया के शायद सबसे बड़े दर्शन को गीत के रूप में कह देना, यह भी एक अनोखा दर्शन है। यों हिंदुस्तान में एक अजीब खूबी पाई गई है कि अपने दर्शन को उसने गीत के रूप में कहा। और कौमों ने भी इसकी कोशिश की, लेकिन, जिस किसी सबब से हो, उतनी सफलता नहीं मिली। उसी तरह से राम ने भी अपनी ताकत को मर्यादा के अंदर रख कर अपना काम किया। जब रावण मर रहा था तो राम ने लक्ष्मण को रावण से राजनीति सीखने के लिए कहा कि जाओ, सीख कर आओ। पहले नहीं भेजा था। हर एक चीज का अपना वक्त होता है। कई लोग कहते हैं कि राम बड़ा चतुर था। हो सकता है वह चतुर रहा हो। लक्ष्मण और परशुराम के संवाद में अक्सर ऐसा मालूम होता है कि जैसे बड़े भाई मजे में उकसा रहे हों छोटे भाई को, कि तुम ताना मारो, मैं तो हूँ

ही, अगर मामला बिगड़ेगा तो बचा ही लूँगा, तुम जरा मामला बढ़ाते रहो। उसी तरह से, शूर्पणखा के मामले में, मालूम पड़ता है कि बड़े भाई साहब छोटे भाई को अगर उकसा नहीं रहे हैं तो कम से कम मजा तो जरूर ले रहे हैं। आप देखते होंगे कि जिंदगी में भी, जब कभी किसी दल के 2-3 लोग होते हैं तो वे आपस में चाहे पहले बातचीत हुई हो या न हुई हो, एक ऐसा इंतजाम-सा कर लिया करते हैं कि एक तो दुश्मन को जरा शांत करेगा और अपने आदमी को जरा डाँटेगा-डूँटेगा तब दूसरा जरा गुस्से में बोलेगा, और फिर दोनों मिल कर उसके ऊपर हावी हो जाएँगे। खैर। राम ने लक्ष्मण को कभी भी रावण के पास लड़ाई के दौरान में नहीं भेजा। जब रावण मर रहा था, तब भेजा। लक्ष्मण लौट कर आया, बोला–रावण तो कुछ बोलने को ही तैयार नहीं। तब राम ने उससे पूछा–तुमने किया क्या था? लक्ष्मण ने कहा, मैं वहाँ गया और मैंने रावण से कहा कि मुझे तुम राजनीतिशास्त्र बताओ। तब राम ने पूछा–तुम कहाँ खड़े हुए थे। लक्ष्मण ने कहा–कि रावण लेटा पड़ा था, मर रहा था और मैं उसके सिर की बगल में खड़ा हुआ। तो राम बोले–इस तरह से सीखा करते हो, जाओ, पैर के पास खड़े रहो, फिर सवाल पूछो और तब जवाब माँगो! लक्ष्मण फिर गया, पैर के पास खड़ा रहा तो उसे जवाब मिला, ऐसे बढ़िया-बढ़िया किस्से हैं।

छोटा-सा किस्सा है कि दुश्मन है, बहुत बड़ी लड़ाई लड़ी गई और जब दुश्मन मर गया तब उसके पास अपना आदमी जाता है; मर गया तब। पहले नहीं। मुमकिन है, मेरे किस्से को मेरे ही खिलाफ कुछ लोग इस्तेमाल कर दें और कहें कि तुम इस किस्से को बता रहे हो, तुम्हें जाना चाहिए, लेकिन रावण मरे तब लक्ष्मण जाता है, मरने के पहले नहीं। और जा कर सिरहाने नहीं खड़ा होना चाहिए, पैताने खड़ा होना चाहिए। जब बैठो कहीं मेज पर तो देख कर बैठो कि बगल वाले को कोई तकलीफ तो नहीं हो रही है। कहीं अपनी जगह से तो ज्यादा नहीं ले रहे हो, वगैरह-वगैरह। खैर। यहाँ मुझे सिर्फ इतना ही बताना है कि इन किस्सों की एक-एक तफसील में एक-एक संवाद में, एक-एक बात में मजा भरा है। जरूरी नहीं है कि इन किस्सों को आप सही समझें। जरूरी नहीं है कि आप उनको धर्म मानें। उनको आप सिर्फ उपन्यास की तरह लें, एक ऐसा उपन्यास जो दस-बीस-पचास हजार आदमियों तक नहीं, बल्कि जो करोड़ों लोगों तक पाँच हजार बरसों से चला आया है, और पता नहीं, कब तक चला जाता रहेगा।

–1955

सात क्रांतियाँ

बीसवीं सदी के दो गुण हैं। एक तो यह दुनिया का शायद सबसे बेरहम युग है, बिल्कुल निर्दयी, और दूसरे, अन्याय के खिलाफ जितना यह युग लड़ रहा है, उतना शायद पहले वाला और कोई नहीं लड़ा। एक तरफ निर्दयता में यह सदी बहुत बढ़ी हुई है, तो दूसरी तरफ, न्याय की इच्छा में भी।

निर्दयता के नमूने मुझे ज्यादा नहीं देने हैं। खाली एक तो यह कि आजादी की जो लड़ाइयाँ हुई हैं, उनमें साम्राज्यशाही देशों ने गुलाम देशों का, कितनों का खून बहाया है? करोड़ों की तायदाद में, जैसे कांगो। कांगो में, पिछले 70-80 बरस में, कोई 60 लाख आदमी किसी न किसी रूप में मार डाले गए हैं। इसी तरह साम्राज्यशाही ने और दूसरे तत्त्वों ने भी शोषण इतना जबरदस्त किया है कि चाहे हिंदुस्तान जैसे देश में तोप-बंदूक से ज्यादा जानें न ली हों, लेकिन जैसे अकाल-एक ही अकाल में, युद्ध के जमाने में बंगाल में, कुछ कहते हैं 40 लाख, कुछ कहते हैं 60 लाख आदमी मरे। जर्मनी में हिटलर दल ने 50 लाख यहूदियों को जैसे कोई पदार्थ हो, वस्तु हो, वैसे खतम किया। इसमें कोई शक नहीं होना चाहिए कि यह एक बहुत बेरहम सदी है।

अन्याय के खिलाफ लड़ाई लड़ने में, मैं शुरू में केवल गिनाए देता हूँ कि किन-किन चीजों के खिलाफ आज इनसान दुनिया के करीब-करीब हर हिस्से में लड़ रहा है, करीब-करीब एक साथ। पहले तो ऐसा होता था कि किसी एक देश में न्याय की भावना जगती थी तो और दूसरे देशों में वह दबी हुई रहती थी। अब की बार ऐसा नहीं है। सभी देशों में न्याय की भावना करीब-करीब एक साथ उमड़ी हुई है, कहीं किसी बारे में कम कहीं किसी बारे में ज्यादा। और एक फर्क यह भी है कि अन्याय कई किस्म का होता है, और सब किस्मों के साथ लड़ना पहले कभी नहीं हुआ है। किसी एक प्रकार के अन्याय के विरोध में लड़ाई तो पहले भी मनुष्य ने की है, लेकिन अबकी बार सभी प्रकार, जो मनुष्य सोच सकता है या हैं, उनके खिलाफ एक साथ, कभी इस अन्याय के खिलाफ कभी उस अन्याय के खिलाफ, एक ही देश में कई अन्यायों के खिलाफ लड़ रहा है।

सबसे पहले गरीबी और अमीरी के फर्क से जो अन्याय निकलते हैं उनको लें। यह जड़ वाला अन्याय है। गरीबी-अमीरी, कुछ पुराने जमाने को छोड़ दें, हमेशा ही रही है और कुछ रूपों में कभी-कभी किन्हीं देशों में गरीबों का अमीरों के खिलाफ उठना भी हुआ है। लेकिन अबकी बार गरीबी-अमीरी की लड़ाई में बराबरी की भावना बहुत जोरों के साथ आई है। मैं मानता हूँ कि यों आदमी में बराबरी की कोई प्राकृतिक भावना है; पूरी न हो, थोड़ी-बहुत हो। कुछ लोग न मानें या इनकार करें, तो छोटी-मोटी

बातों का तो सीधा-सा जवाब हो जाता है। मिसाल के लिए, लोग कह दिया करते हैं कि पाँचों उँगलियाँ क्या बराबर हैं या कि नदियों को कभी देखने जाओ तो पता चले कि कृष्णा नदी एक सेकंड में 1 करोड़ 10 लाख घनफीट पानी बहा देती है और गरमी के दिनों में वह सिर्फ 500 घन फीट पानी बहाती है। इस तरह के बहुत से उदाहरण लोग दे दिया करते हैं कि इतनी असमता है और असमता प्रकृति का नियम है, न कि समता। इस पर मैं बहुत-बहुत छोटी-सी बात कहे देता हूँ कि प्रकृति का नियम जो भी हो, मनुष्य का नियम होना चाहिए समता। मैं जानता हूँ कि आदमी में दूसरी विपरीत भावनाएँ भी मौजूद हैं। मिसाल के लिए, लोग चाहते हैं कि समाज का, राज का ऐसा संगठन हो जिसमें हर एक आदमी की जगह निश्चित हो ताकि उसके उतार-चढ़ाव की जोखम न हो। यह बात लोगों को काफी पसंद आती है, क्योंकि करीब-करीब हर आदमी किसी न किसी के ऊपर होता ही है। जैसे, हिंदुस्तान के समाज में बहुत दबे हुए लोगों को भी प्रसन्नता इस बात की रहती है कि उनके नीचे भी तो कोई न कोई है। समाज का गठन सीढ़ी के हिसाब से बन आता है, ऊँच-नीच की सीढ़ी, और ऊँच-नीच की खाली एक सीढ़ी तो नहीं होती, हजारों, लाखों सीढ़ियाँ होती हैं। हिंदुस्तान जैसे समाज में तो 10 लाख सीढ़ियाँ होंगी, पैसे की आमदनी के हिसाब से भी और समाज में सम्मान के हिसाब से भी। मान लो कोई आदमी 9 लाखवीं सीढ़ी पर बैठा हुआ है, तो वह इस बात से इतना नहीं घबराता कि उसके ऊपर इतने लोग बैठे हुए हैं; वह इसी बात से खुश है कि चलो हमारे नीचे भी एक लाख तो हैं ही। बड़े लोगों को, जो समाज का गठन करते हैं, उसे चलाते हैं, उसका नियंत्रण करते हैं, तो उन्हें बड़ी प्रसन्नता हो जाती है। उनके अंदर अफसरों में भी—कोई कम बड़े अफसर, कोई ज्यादा बड़े अफसर, एक बहुत जबरदस्त प्रसन्नता रहती है। अकबर न सही, मानसिंह है, तो मानसिंह को खुशी इस बात की रहती है कि उसकी अपनी एक जगह है। इसी तरह से, जो समाज बहुत गरीब बन जाता है उसमें बराबरी की भूख इतनी जल्दी नहीं लगती है, क्योंकि उसकी इच्छा और उद्देश्य, प्रायः केवल पेट भरने का हो जाता है या पेट भरने से थोड़ा ज्यादा हो जाता है। इसीलिए हिंदुस्तान जैसे देश में साधारण जनता यानी गरीब आदमी क्रांति को इतना नहीं समझेगा, जितना कि राहत वाली राजनीति को। वह बराबरी को इतना नहीं समझेगा, जितना कि बख़सीस को। उसको अगर थोड़ा-बहुत पैसा मिलता रहे, जितने की उसको आकांक्षा है, तो वह इसे ज्यादा पसंद करेगा, चाहे वह पैसा और समाज में उसका स्थान बहुत नीचे दर्जे का हो, लेकिन कुछ मिला तो सही। जहाँ आदमी बहुत भूखा, बहुत नंगा है, बहुत दबा और गिरा हुआ है, वहाँ वह थोड़ी-बहुत छोटी-मोटी राहत की चीजों से प्रसन्न हो जाया करता है और उसको बराबरी की इच्छा कोई ऐसे सपने के जगत की, काल्पनिक चीज मालूम होती है कि उसके लिए वह कुछ बहुत चिंता या सोच-विचार करने को तैयार नहीं होता। ऐसा देखा गया है, लेकिन यह खाली तुलनात्मक या

सापेक्ष बात कह रहा हूँ। ऐसा न समझना कि हमेशा के लिए एक भूखे और बहुत गरीब देश का गरीब आदमी क्रांति के बजाय राहत की राजनीति को, बराबरी के बजाय बख़सीस वाली नीति को पसंद करेगा। अगर ऐसा हो तो संसार में बदलाव कभी आ ही नहीं सकता। समय बीतते-बीतते ठोकर खाते-खाते दूसरी बातें भी दिमाग में आने लगती हैं।

पैसे के मामले में कितनी जबरदस्त अंतर्राष्ट्रीय और राष्ट्रीय गैर-बराबरी है उसकी मोटी-मोटी बातें एक धागे में पिरो कर अगर अपने दिमाग में रखें तो अच्छा। अमरीका का औसत आदमी 14 हजार रुपए हर साल पैदा करता है, उसकी उत्पत्ति है, आय है, और हिंदुस्तान का 4 सौ रुपए। जहाँ तक दाम के सबब से फर्क होता है, उसका हमने हिसाब लगा लिया कि वह दुगुना-तिगुना होगा। तो 4 सौ और 14 हजार का फर्क नहीं, तो 12 सौ और 14 हजार का फर्क है। जो प्रभु देश हैं और जो दबे हुए देश हैं उनमें आमदनी का जबरदस्त फर्क है। उसी तरह से दिमागी फर्क भी इतना जबरदस्त है कि यूरोप का साधारण से साधारण आदमी संसार की जो जरूरी चीजें हैं उनके बारे में हमारे जैसे देश के पढ़े से पढ़े आदमी से अच्छा होता है, क्योंकि उसको अभ्यास है, वह समाज में फलता-फूलता है, उस वातारण की चीजों को वह सूँघ-सा लेता है, उसके साथ वह जीता-पनपता है। और हमारे यहाँ के अधिक से अधिक पढ़े-लिखे लोग भी मामूली से मामूली काम भी नहीं कर पाते। मिसाल के लिए, रेलगाड़ी की समय सूची देखना। नहीं देख पाते, तो उसमें उनका दोष नहीं है। असल में समाज का वातावरण कुछ ऐसा है कि यूरोप के या सम्पन्न देशों के लोग उठना-बैठना, खाना-पीना, मुँह खोल करके खाना, खाते-खाते चिप-चिप करना, मन में आए वहाँ थूक देना जैसी मामूली चीजों का ध्यान रखते हैं। उसके साथ-साथ दिमाग को खोलने वाला सवाल भी जुड़ा हुआ है कि दिमाग कितना खुला रहता है। कितनी बुद्धि और कितना अभ्यास उसके अंदर से पनपते हैं या निखरते हैं।

ऐसी ही दाम की गैर-बराबरी, खेतिहर दाम और कारखानों की चीजों के दाम, अधिकारों की गैर-बराबरी, प्रभुदेश और जो दबे देश हैं, उनमें पाते हैं। आमतौर से कालेजों में इतना कारण बताया जाता है कि प्रभुदेशों के आदमी मेहनत ज्यादा करते हैं या बुद्धिमान ज्यादा हैं या वहाँ के प्राकृतिक साधन बहुत अच्छे हैं। अब प्राकृतिक साधन वाली बात तो खतम हो चुकी है लेकिन पहले किसी जमाने में रहा करती थी। जैसे कपड़े-लत्ते के बारे में कि क्यों इंगलिस्तान में कपड़े-लत्ते ज्यादा अच्छे बनते हैं और हिंदुस्तान में क्यों नहीं अच्छे बन पाते। हिंदुस्तान में कपड़े के घरेलू उद्योग-धंधों को कानूनी ढंग से खतम किया गया था। इसके पीछे कोई दूसरा कारण नहीं था लेकिन बहुत अरसे तक यह पढ़ाया गया कि लंकाशायर में हवा में कुछ नमी रहती है इस कारण से वहाँ कपड़ा अच्छा बुना जाता है। मैं समझता हूँ, यह 50-100 बरस तक पढ़ाया गया और शायद अब भी पढ़ाया जाता हो। अब तो कोई बेशरम मास्टर

होगा और कोई बहुत ही बेहूदा किताब होगी तो उसमें यह लिखा हुआ हो। लेकिन ऐसी बातें उसी रूप में न सही, दूसरे रूप में हैं।

इस संबंध में मैं एक सिद्धांत की बात बता दूँ। अंतर्राष्ट्रीय श्रम-विभाजन का सिद्धांत है अंतर्राष्ट्रीय व्यापार के लिए। वह चला आ रहा है। अभी तक वह किसी न किसी रूप में आधार है। किसी एक देश में अलग-अलग आदमियों को अलग-अलग धंधा करने दिया जाता है, और इसलिए कि वे करते हैं, इसलिए पैदावार बढ़ जाती है। एक ही आदमी सब काम करे तो वह इतना नहीं पैदा कर सकता। इसलिए एक ही काम के कई हिस्से बना दिए जाते हैं और एक-एक हिस्से को अलग-अलग लोग करने लगें तो वह चीज ज्यादा पैदा होगी। जिस तरह देश के अंदर श्रम-विभाजन होता है, उसी तरह से संसार में श्रम-विभाजन होता है; कहीं किसी देश की आबोहवा अच्छी है, और प्राकृतिक साधन अच्छे हैं, जैसे लोहा और कोयला अगर एक-दूसरे के नजदीक हों। या, वहाँ के कुछ कारणों से, मैं दिमाग की बात इस वक्त नहीं कह रहा हूँ; पढ़ाई-लिखाई के कारण कुछ अच्छाई आ गई हो। एडमस्मिथ के जमाने से यह सिद्धांत चला आ रहा है। वह एक अंग्रेज अर्थशास्त्री था। आज के युग में वह सबसे पहला और सबसे बड़ा माना जाता है। उन्होंने बताया कि जिस तरह से एक देश के अंदर मजदूरी का विभाजन करके पैदावार को बढ़ाया जाता है; उसी तरह से संसार के पैमाने पर श्रम का विभाजन करके पैदावार को बढ़ाया जाता है। कोई देश किसी काम को अच्छा कर सकता है, और कोई देश किसी दूसरे काम को, और जब दोनों में विनिमय होता है, तब दोनों को फायदा होता है।

इस सिद्धांत को सबसे पहले जर्मनी वालों ने तोड़ा, क्योंकि वे अंग्रेजों के मुकाबले में बड़े पिछड़े हुए थे। 1840 के आस-पास उन्होंने कहा, यह तो बिलकुल गलत बात है और उन्होंने राष्ट्रीयता के आधार पर एक सिद्धांत बनाया, लेकिन वह बहुत आगे बढ़ नहीं पाया क्योंकि उसको वे मानवीय रूप नहीं दे पाए। किसी भी जर्मन अर्थशास्त्री ने यह नहीं लिखा कि हम इस सिद्धांत को काटते हैं। उन्होंने यही कहा कि इस सिद्धांत में कमी है, क्योंकि यह राष्ट्र विकसित राष्ट्रों को फायदा पहुँचाने वाला है, अल्प विकसित या कम या बिल्कुल अविकसित राष्ट्रों के लिए यह नुकसानदेह है इसलिए इस सिद्धांत को नहीं मानना चाहिए। अंग्रेजों का मामला तो कोई 100, 125 या 150 बरस चला मशीन का, विज्ञान का. पैदावार का, राज का। फिर जब ये खुद पिछड़ने लगे, तब इनके अंदर से एक आदमी निकला। उसने इस अंतर्राष्ट्रीय व्यापार का एक सिद्धांत बनाया। उसका नाम है कीन्स, और उसने कहा कि यह सिद्धांत कम पड़ता है। असल में इसके आधार में एक जबरदस्त तबदीली होनी चाहिए कि संसार के लिए अंतर्राष्ट्रीय व्यापार तभी लाभदायक होता है जब हरएक देश में सम्पूर्ण रोजगारी हो यानी बेरोजगारी न हो। इंगलिस्तान में लाखों आदमी बेरोजगार रहने लग गए और उसी के आधार पर उसने साबित करके बताया कि जिस देश

में बेरोजगारी होती है, उस देश का माल जब विनिमय में जाता है तो देश को नुकसान होता है इसलिए सम्पूर्ण रोजगार होना चाहिए।

दुनिया में कीन्स का बहुत जबरदस्त नाम है। उसे इतना ज्यादा सोचने की जरूरत नहीं थी। आखिर फर्क कितना पड़ेगा? मान लो अमरीका का एक मजदूर एक घंटे में 20 गज कपड़ा बुनता है, या एक घंटे में 2 सेर अनाज पैदा करता है या 3 सेर-शायद ज्यादा ही तो इंगलिस्तान वाला उससे बहुत कम नहीं पैदा करता। ज्यादा से ज्यादा फर्क होगा तो आधे या तीन-चौथाई का फर्क होगा। इससे ज्यादा फर्क नहीं है। लेकिन हमारे यहाँ का मजदूर पूरे एक दिन में एक या डेढ़ या 2 गज कपड़ा बुनता है। अब मशीन आ गई है तो 3 गज हो गया होगा। अब सिर्फ यह कह देना कि बेरोजगारी किसी देश में न हो, काफी नहीं है। उसके साथ-साथ यह भी कहना चाहिए कि हर देश में रोजगारी ऐसी हो कि मेहनत की पैदावार करीब करीब बराबर हो। तब दो या अधिक देशों के व्यापार से सबको फायदा होगा। वरना संसार में आज जितना भी व्यापार हो रहा है, उसमें जबरदस्त लूट है। लिखा जरूर जाता है कि 10 अरब रुपए का माल हिंदुस्तान आया और 10 अरब रुपए का माल हिंदुस्तान से बाहर गया, तो हर विद्यार्थी ऐसा समझता है, मास्टर समझता है, हर एक सोचने वाला समझता है कि हाँ, यह तो बराबर का व्यापार हो गया। वास्तव में उस 10 अरब रुपए के माल को पैदा करने के लिए अगर मान लो इंगलिस्तान या जर्मनी या अमरीका ने 10 करोड़ या 10 अरब घंटे काम किया है तो हिंदुस्तानी ने 10 अरब घंटे या 15 अरब घंटे काम किया है। चाहे अंतर्राष्ट्रीय व्यापार की राशि बराबर हो, लेकिन वास्तव में एक घंटे की मेहनत का विनिमय होता है 10 घंटे की मेहनत से और मेहनत भी ज्यादा होती है। जो लोग कहते हैं कि हिंदुस्तान या चीन या लंका या दक्षिण अमरीका के पेरू-चिली जैसे देशों का आदमी कम मेहनत करता है तो यह बिलकुल गलत बात है। मेहनत तो हमारे यहाँ ज्यादा होती है। जैसे रिक्शा वाले जैसी मेहनत कौन गोरा करेगा। हाँ, उस मेहनत का प्रकार अलग है। गोरे की मेहनत समय से होती है, उसमें एक सिलसिला आ गया है और वह टूट नहीं जाता। जो अपने लोग हैं उनकी मेहनत तो कभी-कभी करके तेज हो जाएगी तो कभी धीमी भी पड़ जाएगी, कभी ज्यादा तार टूटने का, या मशीन टूटने का काम हो जाएगा जबकि गोरे के काम में एक सिलसिला चलता रहेगा। यह फर्क जरूर है।

इस बात को कि यहाँ के लोग मेहनत ज्यादा करते हैं, एकांगी रूप में नहीं समझना चाहिए। हमारे लोग मेहनत जरूर ज्यादा करते हैं लेकिन वहाँ के लोगों की मेहनत ज्यादा सिलसिलेवार है और यह मत समझ लेना कि दिमाग भी उनका ज्यादा तेज है। कुछ तात्कालिक संस्कारों के कारण उनका दिमाग इस वक्त तेज है, हमेशा के लिए नहीं। और जहाँ तक सच-झूठ का सवाल है, वास्तव में, समाज का संगठन ही कुछ बनता जा रहा है कि गोरे को सच बोलना ही पड़ता है या सच्चा होना ही

पड़ता है। वह जबरदस्ती, झक मार कर सच्चा होता है। मिसाल के लिए, हिंदुस्तान में अगर दो आदमी काम करने वाले हैं, तो उनकी निगरानी करने वाले 2 या 3 या 4 होते हैं। एक दफे मैंने खुद अपनी आँखों से देखा था कि एक काम करने वाले पर 6 निगरानी करने वाले थे। ऐसा देश तो जहन्नुम में जा करके ही रहेगा। दो पर दो निगरानी वाले होते हैं यह तो एक स्वाभाविक बात है। वे दो जो काम करने वाले हैं मेहनत कम नहीं करते। कहा जा सकता है कि निगरानी करने वाले की जरूरत पड़ती है। मैं पहले ही कह चुका हूँ कि यहाँ का गरीब आदमी भी बड़ा विचित्र-सा हो गया है। उसको बराबरी की इतनी भूख नहीं है जितनी बखशीश की, इसलिए वह थोड़ा-बहुत कामचोर हो कर ही रहेगा। अमरीका या रूस का मजदूर कैसे काम चलाता है? बहुत से धंधों में, चलने वाली निवार या चलने वाली पटड़ी हो गई है। वह बिजली से या और किसी ताकत से अपने-आप चलती रहती है। किसी मोटर गाड़ी के कारखाने में मान लो कोई मजदूर है, तो हिसाब लगा कर देख लिया गया है कि औसत मेहनत के हिसाब से एक पुरजा 8 सेंकड में लगाया जा सकता है तो वह निवार उसके सामने कुल 8 सेंकड रुकेगी, उससे ज्यादा नहीं। उतने में उसे वह पुरजा कस देना होगा और नहीं कस पाया तो निवार आगे बढ़ जाएगी। इसलिए वहाँ पर कोई निगरानी करने की जरूरत ही नहीं है। वह सच्चा है या झूठा इसका पता तो मशीन खुद लगा देती है। आज गोरे संसार की जो सभ्यता है, उसमें सच और झूठ की परख की कोई निगरानी करने वाला, नियंत्रण करने वाला व्यक्ति नहीं, बल्कि मशीन खुद कर लिया करती है। काम पूरा नहीं हुआ तो सफाई देने पर भी कोई सुनता नहीं क्योंकि गोरे देशों में वह नहीं चल पाती। वह क्या सफाई देगा, सिवाय इसके कि उस वक्त एकाएक दिमाग खराब हो गया था। और कुछ सफाई वह दे नहीं सकता।

मैंने बताया था कि केवल रोजगारी कह देने से काम नहीं चलेगा, रोजगारी ऐसी हो कि पैदावार करीब-करीब बराबर हो। यह मानवीय सिद्धांत है। हिंदुस्तान जैसे गिरे हुए देश के आदमी के द्वारा यह सिद्धांत निकले वह एक अलग बात है, लेकिन इसका रूप मानवीय है। जैसे एडम स्मिथ का श्रम-विभाजन का रूप मानवीय था, चाहे वक्ती तौर पर वह इंगलिस्तान को मदद देता हो, चाहे कीन्स का सिद्धांत कि संपूर्ण रोजगारी के आधार पर ही अंतर्राष्ट्रीय श्रम-विभाजन सबके लिए फायदेमंद हो सकता है, वह मानवीय था लेकिन अंग्रेजों को फायदा देता था; इसी तरह से यह सिद्धांत कि अंतर्राष्ट्रीय व्यापार तभी सबसे लिए लाभदायक होगा जब हर एक देश में मजदूरी की पैदावार करीब-करीब बराबर हो, न कि रुपए-पैसे के हिसाब से, बल्कि कितने घंटे की मजदूरी किस देश की हुई। आजकल इस बात की बहुत ज्यादा चर्चा हो रही है कि हमारे यहाँ के घरेलू उद्योग-धंधे जैसे बनारसी साड़ी या दरी या कालीन या हाथ-करघे के बढ़िया-बढ़िया कपड़े, गोरे लोग खरीद रहे हैं और हमारा

व्यापार खूब बढ़ सकता है। मैं 10 बरस पहले ही कह चुका था कि अब जो संसार बनने वाला है, उसमें शायद यही होगा कि यूरोप के लोग तो बड़ी-बड़ी मशीनों की चीजें हमको बेचेंगे जिसमें एक घंटे की मेहनत से उतना पैदा होगा जितना यहाँ 10 घंटे की मेहनत से हाथ-करघे से खूबसूरत या बेलबूटे वाली चीजें पैदा करेंगे। लोग बड़े खुश हो रहे हैं कि हमारा व्यापार बढ़ रहा है लेकिन क्या खाक-पत्थर बढ़ रहा है। यह तो 10 घंटे की मेहनत का या 15 घंटे की मेहनत का विनिमय एक घंटे की मेहनत से हो रहा है।

यह कुछ थोड़ा-बहुत अंतर्राष्ट्रीय गैर-बराबरी के बारे में हुआ। और राष्ट्रीय गैर-बराबरी के बारे में तो कुछ कहने की जरूरत नहीं है। एक तरफ 8 आने रोज मिलते हैं खेत मजूर को और दूसरी तरफ 5 हजार, 6 हजार रुपए एक दिन के श्री बिड़ला को, उनके पूरे खानदान को तो एक लाख के करीब या शायद और ज्यादा मिलते हों, क्योंकि मैं बहुत हिचक कर कम बता कर कहता हूँ। हो सकता है, 2 लाख, 4 लाख, 5 लाख हों। आजकल की दुनिया में कुछ पता नहीं चल पाता। आखिर इतना जबरदस्त दान ये कहाँ से दे देते हैं। अभी कह दिया, हम टैक्नोलोजी और इंजीनियरी का कॉलेज खोल देंगे 2 करोड़ के खर्चे से, तो कहीं 4 करोड़ के खर्चे से।

उसी तरह से, मैंने हिसाब लगाया कि प्रधान मंत्री साहब के ऊपर एक दिन का 25-30 हजार रुपए का खर्चा होता है। चाहे उनकी आमदनी न हो, लेकिन खर्चा कर देते हैं, और आज के समाज में और युग में एक बड़ी अच्छी बात यह हो रही है कि राजनीति में लगे हुए लोगों को आमदनी करने की जरूरत नहीं रहती। राज के ऊपर उनका इतना कब्जा रहता है कि वे खर्चा कर सकते हैं। कुछ लोग आमदनी करके खर्चा करते हैं और कुछ लोग बिना आमदनी के, लेकिन हालत दोनों की एक-सी होती है। आठ आना एक तरफ खेत मजदूर का एक दिन का, और दूसरी तरफ 25 हजार रुपया, यह है हिंदुस्तान में गैर-बराबरी के झूले की पेंग। इतनी जबदस्त गैर-बराबरी, आठ आना एक तरफ और 25 हजार दूसरी तरफ, यह कभी नहीं हुई। गैर-बराबरी के झूले की ऐसी पेंग संसार में कभी और कहीं नहीं हुई।

गैर-बराबरी का दूसरा अंग भी है। खाली बड़े और छोटों की गैर-बराबरी नहीं है; मामूली स्तर के भी जो लोग हैं, बहुत मामूली नहीं, साधारण स्थिति वाले उनमें भी बहुत गैर-बराबरी है। मिसाल के लिए मास्टर, एक तरफ प्राथमिक शिक्षक और दूसरी तरफ विश्वविद्यालय का जो सबसे बड़ा शिक्षक होता है। रूस, अमरीका जैसे देशों में प्राथमिक शिक्षक और विश्वविद्यालय के शिक्षक की आमदनी की गैर-बराबरी ज्यादा से ज्यादा होगी तो 3 गुना, समझो 70 रुपया रोज और 200 रुपया रोज। अपने देश में 2 रुपया रोज तो है प्राथमिक शिक्षक को और जो विश्वविद्यालय का उपकुलपति है उसकी आमदनी और उस पर खर्चा 200 रुपया रोज है। दोनों को जोड़ करके लेता हूँ, क्योंकि अब सिर्फ अपने देश में ही नहीं अपने देश में कुछ

ज्यादा—सारे संसार में नौकरी के अलावा भत्ता और दूसरा खर्चा मिलता है। आमदनी-कर को बचाने के लिए पूँजीवादी देशों में आमदनी-कर के नियम में यह लिख दिया गया है कि अपने व्यापार को बढ़ाने के लिए रुपया खर्च कर सकते हो, जैसे होटलों में, रेस्तराँ वगैरह में खाने-पिलाने में। इस पर आमदनी-कर नहीं लगता। आमदनी-कर कानून में दान पर तो खैर छूट है ही। ऐसे खर्चे के, जिन्हें अपना व्यापार बढ़ाने के लिए उचित खर्चा कहा जाता है, बहुत खराब नतीजे होते हैं। आज के युग में ऐयाशी बहुत बढ़ गई है क्योंकि जो आदमी पैसा कमाता है और आमदनी-कर में बहुत पैसा निकल जाया करता है तो वह सोचता है कि बजाय इसके कि सब पैसा आमदनी-कर में दे दो, चलो, अब खूब उड़ाओ, खर्च करो, खाने-पीने में, भेंट देने में सब पैसा बड़े पैमाने पर खर्च होता है। कलकत्ता, बंबई जैसे शहरों में जो लोग बड़ी-बड़ी होटलों में खाने-वाने जाते हैं तो एक-एक खाने में हजार-हजार, दो-दो हजार और चार-चार हजार रुपया खर्च कर देते हैं। यह समझना गलत है कि वे अपने पास से खर्च करते हैं, कंपनी का वह पैसा है। क्योंकि आमदनी-कर में सरकार के पास वह पैसा चला ही जाता था, इसलिए उसको वहाँ खर्च कर देते हैं। विश्वविद्यालय के उपकुलपति को तो खर्च की ऐसी कोई छूट नहीं मिलती है। क्योंकि वह किसी कंपनी का तो आदमी नहीं है, लेकिन फिर भी बंगला, मोटर, चपरासी, बगीचा वगैरह तो मिल जाता है। तो, 200 रुपया रोज का कम से कम रखिए, तो कितना फर्क हो गया? गोरे देशों में 3 गुना फर्क है, प्राथमिक शिक्षा और उपकुलपति या कॉलेज के बड़े अध्यापक में और अपने देश में 100 गुना है।

यहाँ यह मौका नहीं कि मैं इस बात का विश्लेषण करूँ कि रूस में और पूँजीवादी अमरीका में जो बिल्कुल एकदम से एक-दूसरे के खिलाफ हैं, वास्तव में, जहाँ तक साधारण तौर से 90 सैकड़ा या 95 सैकड़ा जनता का सवाल है, उनकी आमदनी की गैर-बराबरी के मामले में रूस और अमरीका दोनों समान हैं। कई दफे अमरीकी लोग जब वे मेरी बात सुनते हैं तो मुझसे बिगड़ जाते हैं, कहते हैं, तुम जानते नहीं हो, हमारे यहाँ समानता ज्यादा है। रूस में असमानता ज्यादा है। लेकिन ज्यादा ध्यान से अगर इसको देखें, तो रूस में बहुत-सी चीजें मुफ्त मिल जाया करती हैं। जैसे दवाई। साधारण दवाई रूस में मुफ्त मिलती है। एक हद तक पढ़ाई-लिखाई तो खैर अमरीका में भी मुफ्त है; बाद में जो करके खर्चा वहाँ पड़ता है, लेकिन उसमें कुछ कम पड़ता है, रूस में जो चीजें मुफ्त में मिल जाती हैं, उनको भी अगर गिन लो, तो फिर मैं कहूँगा कि रूस और अमरीका में साधारण जनता की, मतलब 99 सैकड़ा की गैरबराबरी करीब-करीब एक जैसी है। इसके ऊपर बहुत विचार करना चाहिए कि क्या बात है कि ये गोरे क्यों ऐसी हालत पर पहुँच गए। वहाँ तो कोई समाज के गठन या कानून का सवाल नहीं है। इसका विश्लेषण मैं यहाँ नहीं करूँगा पर खाली एक बात बता दूँ कि जिस तरह से पुराना हिंदुस्तान, 3-4 हजार या 2 हजार

बरस पहले का, आध्यात्मिक बराबरी की तरफ झुका और उस दिशा में उसने बहुत कुछ हासिल किया, उसी तरह आधुनिक यूरोप, सामाजिक और आर्थिक बराबरी की तरफ झुका और उसने बहुत कुछ हासिल किया है। मनुष्य ने अपनी तमाम सभ्यता में सामाजिक और आर्थिक बराबरी के मामले में कभी भी उतना नहीं हासिल किया जितना यूरोप वालों ने हासिल किया है। इसलिए जो लोग कई दफे यूरोप की निंदा करने लग जाते हैं या उनकी इधर-उधर की चीजों को लेकर हँसी उड़ाने लग जाते हैं, उनको यह नहीं भूल जाना चाहिए कि मनुष्य के सामाजिक और आर्थिक स्तर को जितना यूरोप ने पहचाना है, उतना दुनिया के और किसी देश ने नहीं पहचाना। साधारण से साधारण आदमी को उसने इज्जत दी है। वहाँ की साधारण से साधारण औरत देखने में, कपड़े-लत्ते में किसी रानी से कम नहीं है। अगर बहुत नजदीक जा कर उसका कपड़ा छुओ तो शायद कपड़े में फर्क मालूम हो जाएगा वरना देखने में पता नहीं चलेगा कि कौन तो भंगिन है, कौन रानी है। कई दफे तो अगर भंगिन तेज हुई, अच्छा श्रृंगार करना जानती है, तो वही रानी मालूम हो और रानी का पता कुछ और लग जाए।

गैर-बराबरी के मामले में सब जगह युद्ध चल रहा है, अहिंसक या हिंसक, जो भी कहो। हड़तालें वगैरह इस युग में कुछ कम हो रही हैं। इसका एक कारण यह है कि रूस ने इस गैरबराबरी के एक अंग को मिटा कर दुनिया के समाने कम से कम बराबरी का चित्र रखा जो प्रतीक बन गया है। 1930 तक हड़तालें ज्यादा होती थीं। आपस में झगड़े भी ज्यादा होते थे। सभाएँ जुलसू वगैरह भी ज्यादा होते थे। इधर ये सब कुछ कम होने लगे हैं क्योंकि कुछ विश्वास की कमी हुई है। कुछ रूस की हरकतें कम हुई हैं, जैसे स्टालिन वाली। स्टालिन ही खाली क्यों, मैं तो यह कहूँगा कि शुरू से ही लेनिन के जमाने से ही, ऐसा सिद्धांत रहा है कि उसमें कुछ खराबी थी कि जिससे संसार के गरीब लोगों का विश्वास और कम हुआ है। लेकिन वास्तव में, सबसे बड़ी बात यह हो गई है कि संसार के दबे हुए और गरीब लोगों के एक अंश को रूस ने ऐसा बना डाला है कि जो समझता है कि अपने देश के अंदर की लड़ाई दो नंबर की है और असली लड़ाई तो जो गरीबों का मंदिर बन चुका है उसमें और जो पूँजीपतियों के मंदिर हैं उनके बीच है। अगर इन दोनों की लड़ाई में गरीबों का मंदिर जीत गया तो हमारी जीत तो अवश्यंभ'वी हो जाएगी। यह तर्क आप पकड़ लेना। जैसे चाहे मजाक में ही सही, अपने कुछ ऐसे साथी हैं जिनसे मैं कहता हूँ कि तुम तो बड़े आलसी और निकम्मे हो, तो वे कह दिया करते हैं कि अब आप ऐसा कहते हैं, लेकिन जब सारे हिंदुस्तान में समाजवाद आए, तो क्या हमारे गाँव में नहीं आएगा। तो, एक तरह का विश्वास घुसा हुआ है। वे सोचते हैं कि भरसक काम कर रहे हैं, बहुत ज्यादा अब जी तोड़ने की क्या जरूरत पड़ी हुई है। मैं समझता हूँ, चाहे मुँह पर न लाते हों, दिमाग में यह बात बहुतों के है

कि समाजवाद जब आएगा तब आएगा इसलिए थोड़ा-बहुत जो औसत परिश्रम है वह उसके लिए कर लो लेकिन और ज्यादा परिश्रम करने की क्या जरूरत पड़ी है। यह तो बड़ा घातक तर्क है, क्योंकि सब अगर इसी तरह से सोचने लग जाएँ, तब तो सारे हिंदुस्तान में कभी समाजवाद आएगा ही नहीं।

उसी तरह से, कम्युनिस्टों की जीत के बाद, रूस और चीन की जीत के बाद, हर देश में गरीब लोगों के अंदर एक काफी बड़ा वर्ग हो गया है जो समझता है, हमारे अपने देश में समाजवाद आ जाएगा, गैर-बराबरी मिट जाएगी उस दिन जब रूस की और अमरीका की, पूँजीवाद की और समाजवाद की लड़ाई खतम होगी और समाजवाद जीत जाएगा। जब सारे संसार में जीतेगा, तो हमारे यहाँ जीत ही जाएगा। इसलिए कुछ ढीलापन आया है। एक जमाना था, जब कहीं सुन लेते थे कि मजदूरों की हड़ताल हुई, तो जानने की जरूरत नहीं होती थी कि वह किसलिए हड़ताल हुई, कहाँ हुई, कैसे हुई। अब मैं अपने जमाने की बात कहता हूँ। कुछ थोड़ा-सा वक्त मेरे अपने जमाने में भी आया था कि कहीं कोई भी हड़ताल हो, उससे उमंग आ जाती थी। पता लगता था, हाँ, आगे बढ़ रहे हैं, दुनिया बदल रही है। अब वह चीज नहीं रह गई क्योंकि मजदूर खुद बहुत जगहों पर सुद्ध मजदूरी का संगठन बना रहा है। उसको क्रांति में इतनी दिलचस्पी नहीं रह गई है। उसको दिलचस्पी है सुखी जीवन बिताने में, खास तौर से गोरे देशों के मजदूर की। मैं बार-बार इस बात को नहीं कहना चाहता कि गोरे देश का मजदूर अपने देश के कई बड़े लोगों से काफी अच्छा है। लट्टू बनाने वाली मजदूरनी जो 90 रुपया रोज कमाती है, वह अपने यहाँ के किसी भी उपकुलपति से, या कलक्टर से या लोकसभा के सदस्य से अच्छी है। या झाड़ू देने वाला भंगी, जो 40 रुपया रोज कमाता है, अपने यहाँ के बहुत-से बड़े-बड़े वकीलों और डॉक्टरों से अच्छा है। वहाँ समाज कुछ विचित्र-सा बन गया है। जो लोग वहाँ कभी गए हैं या कभी जाएँगे वे चकित हो जाएँगे कि कैसा समाज है। उसकी चमक, उसका रहन-सहन, पैसे के मामले में उसकी उदारता, खर्च करने की शक्ति और चारों तरफ का एक खुला, मुट्ठी बँधी हुई नहीं, खुली हुई मुट्ठी वाला वातावरण बन गया।

एक मानी में देखो तो यह आंदोलन कमजोर-सा है, लेकिन दूसरे अर्थ में अंतर्राष्ट्रीय और राष्ट्रीय गैर-बराबरी और गरीबी के खिलाफ लड़ाई अब कुछ ज्यादा सचेत होकर आ रही है। और यह अभी इतनी नहीं है, तो अगर हमारे जैसे लोगों की बातें बच गईं संगठित होती गईं एक जगह आती गईं, तो हम अनुमान कर सकते हैं कि अगले, 10 या 5 बरस में यह गरीब-अमीर की लड़ाई सचमुच एक अच्छा-सा रूप ले लेगी। ऐसा भी हो सकता है कि हथियार वाला मामला अगर बिगड़ता चला गया, तो रूस और अमरीका को खुद झक मार कर कुछ थोड़ा-बहुत सोचना पड़ेगा। कुछ तबदीलियाँ आएँगी।

असल में, और बहुत-सी लड़ाइयाँ इसके साथ जुड़ी हुई हैं। प्रभुदेश और गुलाम देश की बात मैंने पहले की थी। वह लड़ाई तो बिल्कुल साफ चल ही रही है। आजकल अल्जीरिया का ज्यादा जिक्र आता है। अल्जीरिया यानी अलजजीरा; उर्दू में द्वीप को जजीरा कहते हैं। यह देश पानी से चारों तरफ घिरा हुआ है, इसलिए इसका नाम अलजजीरा रख दिया। बिगड़ते-बिगड़ते यूरोपीयों के मुँह में यह अलजीरिया हो गया। यह तो खैर, प्रसंगवश है। इसका खास उससे संबंध नहीं है। खाली इतना-सा संबंध है कि भाषा के मामले में जो लोग बहुत ज्यादा यूरोपी लोगों की नकल किया करते हैं, उन्हें जानना चाहिए कि न जाने ऐसे कितने शब्द यूरोपी भाषाओं में अपनी भाषाओं के गए हैं और ऐसा मत समझना कि अपनी भाषाएँ निर्धन हैं। लेना-देना तो चलता रहता है। जैसे, आजकल मानसून शब्द का बहुत इस्तेमाल किया जाता है। यह मानसून शब्द असल में मौसम शब्द ही है। खैर। अलजीरिया में जो लड़ाई चल रही है या जो कीनिया में हुई या जो अभी और देशों में भी हो रही है, दक्षिण अफ्रीका वगैरह में, तो उस पर से मुझे कुछ ज्यादा बताने की जरूरत नहीं कि प्रभुदेशों के खिलाफ, जहाँ कहीं अभी भी राजनीतिक गुलामी है, लड़ाई बड़े जोरों से चल रही है। इस वक्त भी इसमें न जाने कितनों की जानें इस वक्त भी जा रही होंगी, लोग मर रहे होंगे गिरफ्तार हो रहे होंगे, कत्ल हो रहे होंगे, और तरह-तरह की तकलीफें उठा रहे होंगे।

मुझे इस संबंध में एक बात कह देनी है कि किसी भी देश का नए सिरे से गुलाम होना अब संभव नहीं दिखाई पड़ता। इसके यह मानी नहीं है कि निश्चिंत हो जाना चाहिए। लेकिन एक विद्यार्थी की हैसियत से यह बात साफ मालूम पड़ती है और उसका कारण यह है कि गोरे देशों के अंदर दो महान् का, रूस और अमरीका, झगड़ा इतना जबरदस्त है कि कोई भी एक देश अपने प्रतिद्वंद्वी को अपनी रियासत बढ़ाने नहीं देगा। इसका नतीजा यह होता है कि जब कभी कोई गरीब या कमजोर देश लुढ़कने लगता है, गिरने-सा लगता है, उसके घुटने कुछ कमजोर होने लगते हैं तो रूस या अमरीका इतनी जोर से थप्पड़ मार कर कहता है कि खड़े रहो कमबख्त, गिरने नहीं देंगे हम तुमको। इस सदी के पहले जितनी भी सदियाँ हुई हैं, उनमें अंतर्राष्ट्रीय संबंध में ताकतवर देशों ने हमेशा कोशिश की है कि उनका प्रभुत्व दूसरे देशों पर बढ़े। यह एक माना हुआ सत्य था कि अगर तुम्हारी ताकत है तो तुम्हारा साम्राज्य बढ़ भी सकता है। सिद्धांत वगैरह की बात छोड़ दो, इस वक्त मैं सिद्धांत की चर्चा नहीं कर रहा हूँ कि मनुष्य ऊँचा उठ गया है कि लोगों को गुलामी से इतनी नफरत हो गई है कि वे किसी देश को गुलाम नहीं बनने देते हैं। हो सकता है, किसी हद तक यह भावना भी काम करती हो लेकिन वस्तुस्थिति ऐसी हो रही है कि रूस और अमरीका दोनों इतने महान् शक्ति वाले और करीब-करीब बराबर की शक्ति वाले देश हो गए हैं कि कोई भी अपने प्रतिद्वंद्वी की ताकत को बढ़ने नहीं देना चाहता

है और, इसीलिए जब कभी कोई कमजोर देश गिरने लगता है तो उसको जबरदस्ती खड़ा करके रखा जाता है। यह विदेशी मदद वगैरह आखिर है क्या? यही सब चीजें तो हैं।

गोरे लोग मेरी बात से इनकार करेंगे। वे कहेंगे, नहीं, हम तो मदद दानवृत्ति से कर रहे हैं या दान नहीं कहेंगे, यह कहेंगे, भाईवृत्ति से कर रहे हैं, हम अपने गरीब भाई को उठा रहे हैं। लेकिन यह बात बिल्कुल थोथी है, क्योंकि जहाँ कहीं उनकी राष्ट्रीय आमदनी का, और जो कोई वे विदेशी मदद कर रहे हैं, औसत निकाला जाए तो वह सैकड़ा, चौथाई सैकड़ा, एक सैकड़ा, निकलता है। उसमें कोई भाईचारे की बात नहीं है। कई दफे मुझे परेशान किया गया, तो मैंने कहा, मैं नहीं चाहता कि मदद करो, बल्कि मैं चाहता हूँ आप लोग मदद मत करो। अगर आप समझते हो कि भाई हो, सारा संसार एक दूसरे का भाई है तब फिर दूसरे ढंग से मदद करो। तब फिर मदद करने के मतलब होंगे कि अपने पड़ोसी को भी आप अपने जैसा बनाओ, उतना ही समृद्ध, उतना ही शक्तिशाली, और यह टुटपूँजिया मदद तो खाली इसलिए है कि जिसमें कोई देश गिरे नहीं, टूटे नहीं, लुढ़के नहीं और प्रतिद्वंद्वी के कब्जे में न चला जाए। आज जो कुछ भी विदेशी मदद है, वह इसी आधार पर चल रही है। फिर भी, इतना तो तय है कि कोई भी देश भविष्य में अब परतंत्र होता नहीं दिखता और पिछले 10-15 बरस में कोई भी देश गिरा नहीं, खतम नहीं हुआ है, टूटा नहीं है, किसी के कब्जे में नहीं गया है। जो देश दूसरों के कब्जे में थे वे अलबत्ता निकल रहे हैं, स्वतंत्र हो रहे हैं। कम से कम राजकीय माने में स्वतंत्र हो रहे हैं।

अभी जो और नाइंसाफियाँ हैं उन सबको कम से कम गिन तो लिया जाए। इसी के साथ-साथ एक और नाइंसाफी है, ऊँची जाति और छोटी जाति की। यों, जाति का मामला केवल हिंदुस्तान में है। लेकिन जाति में जो बीज हैं, तत्त्व हैं वे किसी न किसी रूप में संसार के हर देश में मौजूद हैं। मेरा ऐसा विचार है कि मनुष्य का इतिहास जहाँ और कई किसम की पेंगें लेता रहा है, वहाँ वर्ग और जाति की दो धुरियों के बीच में, या दो कोनों के बीच में झूला झूलता रहा है। पेंग लेता रहा है। वर्ग है ढीली जाति और जात है जकड़ा हुआ वर्ग। किसान, मजदूर, खेत-मजदूर जैसे वर्ग आर्थिक स्थितियों, आर्थिक बराबरी-गैरबराबरी और आर्थिक लेन-देन, दाँव-पेंच, कम-ज्यादा, कश्मकश, पैदावार, मशीन वगैरह, इस प्रकार से बनते हैं। ये तो हैं ढीले-ढाले, पर एकदम ढीले नहीं। एकदम ढीले हों तो फिर जाति बनने की गुंजाइश न रहे। इनमें कुछ कड़ापन रहता ही है, इस माने में कि जिस यूरोप में इतनी ज्यादा अय्याशी, इतनी ज्यादा अमीरी आई है, उस यूरोप में भी मजदूरों की तनख्वाहें तो बहुत बढ़ी हैं। मजदूर उस हैसियत पर पहुँचे हैं जैसे हिंदुस्तान जैसे देश के या किसी पुरातन देश के नवाब वगैरह रहते थे। यह सब हुआ, लेकिन अनुपात में, मतलब,

मजदूर का क्या हिस्सा होगा और क्या हिस्सा मालिक का। इस अनुपात में उतना फर्क नहीं हुआ। मजदूर की मजदूरी बढ़ी है, उसकी स्थिति अच्छी हुई है लेकिन जो राष्ट्रीय पैदावार का बँटवारा करने में मजदूर का और साहब वर्ग का अनुपात होता है उसमें इतना अधिक परिवर्तन नहीं हुआ। ढीली जाति या वर्ग बाकी सारे संसार में है।

हिंदुस्तान में कभी ये वर्ग थे या क्या था? इस बहस की यहाँ जरूरत नहीं है कि जाति की शुरुआत कैसे हुई? इसके बारे में पचासों विचार हैं। कोई भी विचार पक्का वैज्ञानिक कहा जा सकता है, ऐसा नहीं है लेकिन मैंने देखा है कि जो अधपढ़े लोग होते हैं, और हमारे बीच में बहुत ज्यादा हैं, वे जात के इतिहास के बारे में बड़े पंडित होकर बोलने लग जाते हैं कि जाति इस तरह से बनी। ऐसे लोगों पर हँस लेना ही काफी है। उनको पढ़ना जरूर, कोई बात शायद लग जाए, लेकिन समझ लेना चाहिए कि यह अधकचरा विद्वान् है और अधकचरी बात के ऊपर बहुत निश्चित बनता जा रहा है। खैर, जैसे भी बनी, जाति बनी है। जाति जम जाती है और उसमें अनुपात भी करीब-करीब स्थिर हो जाता है, निश्चितता आ जाती है। यहाँ तक कि तायदाद भी निश्चित हो जाती है, बहाव रुक-सा जाता है, एक चीज जकड़ जाती है।

ऐसी निश्चितता की हालत मनुष्य के लिए बड़ी संतोषजनक होती है। अपने देश में इतनी जल्दी से और इतने राज्य बदलते रहे हैं कि कई दफे मनुष्य ने बिल्कुल अपनी हिम्मत हार कर फैसला किया है कि कोई चीज खराब, गंदी या ओछे दरजे की भी हो लेकिन निश्चित तो हो जाए, कम से कम जान-माल की हिफाजत तो रहे। जान-माल की हिफाजत चाहे जिस पैमाने की हिफाजत हो, खराब हिफाजत हो, वह रहे। जाति वाला मामला अपने देश के लिए ज्यादा महत्त्व का है, लेकिन सारे संसार के लिए भी इस माने में महत्त्व का है कि वर्ग इतना ढीला कभी नहीं हो पाता कि जिससे जाति के बीज हमेशा के लिए खतम हो जाएँ। इसका मतलब यह हुआ कि वर्ग भी खतम होना चाहिए। रूस इत्यादि देशों में जो कुछ कार्यवाही हो रही है, मुझे इसमें खतरा लगता है कि वर्ग का खात्मा होने के बजाय कुछ आसार ऐसे दिखते हैं कि वर्ग के अनुपात साधारण लोगों और मजदूरों के हित में होते हुए निश्चित होते जा रहे हैं। यह सही है कि आमदनी में जो निश्चितता हो रही है वह साधारण लोगों के पक्ष में है, लेकिन निश्चितता हो रही है। अगर निश्चितता हो गई और पूरी बराबरी के आधार पर नहीं, फर्क फिर भी रहा, चाहे दस गुने का, पंद्रह गुने का या बीस गुने का रहे, तो फिर उसमें जाति का बीज आ जाता है और फिर वह न जाने कहाँ-कहाँ ले जाएगा।

कभी-कभी रूस से ऐसी खबरें पढ़ने को मिलती हैं कि जो लड़के-लड़कियाँ विश्वविद्यालय में पढ़ लेते हैं, उनकी हाथ से काम करने की इच्छा नहीं होती, उनकी कुछ तबीयत भी बदलने लग जाती है; या यह कि रूस में एक ही मकान आदमी

रख सकता है, दो नहीं, लेकिन वह शनीचर-इतवार वाला, तफरीह वाला छोटा-सा मकान भी रख सकता है पर उसे भाड़े पर नहीं दे सकता। अभी वहाँ एक कानून बनाना पड़ा है कि जो अपने मकान को, अपनी मोटर को भाड़े पर उठा देंगे, उन्हें सात बरस की सजा होगी। तो इसका मतलब, यह चीज कुछ होने लग गई है। जो भी हो, ऊँची और छोटी जाति के प्रश्न का मैंने यहाँ विश्लेषण किया। मुझे ऐसा लगता है कि इस मामले में जो देश सबसे ज्यादा पतित है, मतलब अपना देश, वही इस मामले को आज अच्छी तरह समझते हुए जाति के बिल्कुल, आमूल खातमे की तरफ बढ़े तो अच्छा। वह किस्सा मशहूर है कि चाणक्य ने मट्ठा पिलाया दूब को, उसी तरह से अगर जाति को मट्ठा पिला दिया गया तो संभवतः हम लोग कोई ऐसी कार्यवाही निकाल पाएँगे कि जिससे जाति और वर्ग दोनों का खात्मा हो जाए।

मैं यह तो नहीं कहता कि कोई ऐसा संसार बन पाएगा जिसमें पूर्ण बराबरी हो जाएगी। यह तो स्वप्न है; इच्छा, संकल्प और सपना। लेकिन इसको हासिल करना है। हो सकता है तीन सौ, दो सौ बरस के बाद यह सचमुच हर एक दिशा में संभव भी हो जाए लेकिन इतना जरूर है कि एक दिशा में हम देख रहे हैं कि आज संभव है। एक अच्छे घर में कम कमाने वाले को और ज्यादा कमाने वाले को बराबर की रोटी मिलती है, और घर बुरा हुआ तो उसकी औरत तो ज्यादा कमाने वाले की रोटी ज्यादा चुपड़ेगी और कम कमाने वाले की कम चुपड़ेगी। ऐसी चीजों के ऊपर बहस चलाओ। सभाओं में यह सब कहा करो। मैं अब पूरे देश की बात नहीं कह रहा हूँ, अपने परिवार की, जो 5 आदमी 7 आदमी का परिवार है, मान लो, एक पति-पत्नी हैं, उनका 7 बरस का बच्चा है। वह तो नहीं कमाता लेकिन उस 7 बरस के बच्चे को खिलाने-पिलाने में बराबरी दिखाते हैं बल्कि ज्यादा अच्छा ही खिलाते हैं। उसी तरह से मान लो एक भतीजा है और उसके माँ-बाप कम कमाते हैं या हैं नहीं, वह परिवार का हिस्सा है, तो जो भली औरत होगी अपने बच्चों को, भतीजे को, वह एक ही ढंग का खाना खिलाएगी। इसी ढंग का मैं कह रहा हूँ; तायदाद में नहीं। कहीं बराबरी का मतलब यह नहीं समझ लेना कि एक को 10 रोटी मिली तो दूसरे को भी 10 रोटी मिलेगी। वह तो अपने पेट के ऊपर निर्भर करेगा। वह बात आज की इस गैरबराबरी की दुनिया में भी मनुष्य के स्वभाव में आ गई है और अगर परिवार के खाने में आ गई है तो कम से कम खाने के मामले में संसार के परिवार में क्यों नहीं आ सकती है। इसीलिए बार-बार मैं कहता हूँ कि जहाँ कहीं चाहे इंजीनरी के जरिए एक भरे-पूरे समाज की संभावना बन गई है। भरे-पूरे समाज की जहाँ कहीं संभावना है वहाँ इस 5-7 आदमी के परिवार की स्थिति कम से कम खाने के मामले में सारे संसार पर लागू हो सकती है।

यह केवल सपना नहीं है, यह निश्चित तार्किक संभावना पर आधारित है। आज भी अमरीका चाहे तो पानी की तरह दूध दे सकता है। और रूस वाले जब

कहते हैं तो सही ही कहते हैं कि 15-20 बरस में रोटी भी वैसी हो सकती है। शायद मकान का भी मामला 20-30-40 बरस में ऐसा हो सकता है।

और जो लड़ाइयाँ चल रही हैं, एक वह नर-नारी वाली, उस पर मैं ज्यादा कुछ नहीं कहूँगा। खाली इतना बता दूँ कि आधार है वह एक माने में। जैसे मैंने गरीब-अमीर की गैरबराबरी को बाकी सब नाइंसाफियों का आधार बताया है, उसी तरह से यह नर-नारी की गैरबराबरी भी उतना ही घर कर गई है जितना कि गरीब-अमीर वाली। जिस तरह से गरीब आदमी गैरबराबरी को समझने की इच्छा प्रबल नहीं रखता, उसको बख़्सीस चाहिए, बराबरी नहीं चाहिए, उसी तरह से औरत को भी गहना चाहिए, बराबरी नहीं। मैं सब औरतों के लिए यह नहीं कह रहा हूँ। साधारण तौर से ऐसा ही है और हिंदुस्तान की औरत के लिए तो ज्यादातर लागू होता ही है। यूरोप और अमरीका की औरत चाहे गहना इतना नहीं पसंद करती हो लेकिन गहने का और भी जो तत्सम रूप हो, उसको पसंद करती है। समाज में पिछले 2-4-5 हजार बरस में ऐसी स्थितियाँ पैदा हो गई हैं कि जिससे उन लोगों को जिन्हें इन्कलाब करना है उन लोगों के दिमाग इतने बिगाड़ दिए गए हैं कि कई दफे तो दिल बैठ-सा जाता है। लेकिन जैसे चीन के मर्द-औरतों के कपड़े-लत्ते से कई दफे बताना मुशकिल हो जाता है कि कौन मर्द है, कौन औरत है। यह कोई हँसी-मजाक मत समझना। मर्द-औरत अलग-अलग हैं, इस पर बहस करने की क्या जरूरत है। उसका कोई सुबूत देने की जरूरत नहीं, लेकिन उस अलगाव को इतना ज्यादा दिखाना, कम से कम दिन में दिखाना, सुबह जब काम करने का वक्त होता है तब, या कॉलेज में, दफ्तर में, या खेत में तो यह कोई बहुत ज्यादा सभ्यता नहीं है। इसलिए, जब कभी मैं हिंदुस्तान की नई-नई मेम साहबों को देखता हूँ कि सुबह 10 बजे से लेकर 6 बजे तक उनका आधा-चौथाई वही श्रृंगार होता है जो कि रात को 8 बजे के बाद होना चाहिए, तो मैं सोचता हूँ कि देखो बिचारी समझ नहीं पा रही है। यूरोप में यह नहीं होता है। यूरोप और अमरीका में 10 बजे से लेकर 7 बजे तक का जो श्रृंगार है, वह एक दूसरे ढंग का है। वह तो करते हैं थोड़ा-बहुत। बहुत से देशों में तो अब ज्यादा पाउडर लगाना कुछ कम हो रहा है। खैर, उस पर मैं जयादा तर्क नहीं करूँगा। वे लगाती हैं थोड़ा-बहुत तो। लेकिन वह स्वाभाविक, थोड़ा-सा होता है और बाकी वक्त, जिसमें उनको नाचना, गाना, खाना-पीना, होता है, उस वक्त उनका श्रृंगार बढ़ जाता है। लेकिन अपने यहाँ तो हर वक्त एक जैसा। स्कूल में, कालेज में पढ़ने आएँगी तो कोई-कोई नई-नई मेम साहबें ऐसी हैं कि बिचारा लड़का पढ़े या उनकी तरफ देखे। ऐसी स्थितियाँ संसार भर में जो पहले रही हैं अब भी हैं और नर-नारी के मामले में बड़ा बिगाड़ पैदा कर रही हैं। मैं तो इस संबंध में इतना ही कह सकता हूँ कि कम से कम काम के वक्त जितना कम अलगाव दिखाया जाए, उतना अच्छा।

इसके अलावा, औरतों की जो स्वाभाविक गैरबराबरी है उसको दूर करने का उपाय है कि उनको कुछ ज्यादा मौका दिया जाए। यह ज्यादा मौके वाला सिद्धांत औरों के ऊपर भी लागू है—औरत, शूद्र, हरिजन, आदिवासी और मुसलमान या ईसाई जैसे धार्मिक अल्पसंख्यकों में जो छोटी जातियाँ हैं विशेष अवसर दिए बिना ये ऊँचे उठ नहीं सकते। यह सृष्टि रहेगी तब तक थोड़ा-बहुत देना पड़ेगा क्योंकि शरीर संगठन के मामले में मर्द के मुकाबले में औरत कमजोर है और मालूम होता है कि कुदरती तौर पर कमजोर है। इसलिए उसे कुछ स्वाभाविक तौर पर ज्यादा स्थान देना ही पड़ेगा।

आप लोगों को शायद मालूम हो कि कुछ छोटी-मोटी लड़ाइयाँ भी चल रही हैं, छोटी-मोटी यों दिखने में हैं। एक आदमी है जो अकेला एक लड़ाई चला रहा है कि वह अपने बाप का नाम नहीं बताएगा। वह कहता है, मैं क्या जानूँ कि कौन मेरा बाप था, आखिर मेरी माँ कहती है उसी को तो मान लेना पड़ता है, इसलिए मैं शर्तिया नहीं बता सकता कि कौन मेरा बाप था। यह बात हर एक आदमी पर लागू है। शर्तिया कौन कह सकता है कि कौन बाप था। लेकिन माँ तो हम शर्तिया जानते हैं कि कौन है। पासपोर्ट वगैरह या वोटर सूची आदि में बाप के नाम की जरूरत पड़ती है तो वह कहता है, मैं खाली अपनी माँ का नाम बताऊँगा, बाप का नहीं बताऊँगा। इस पर सरकार से बड़ी जबरदस्त लड़ाई चल रही है। उच्च न्यायालय तक यह मुकदमा गया पर वहाँ वह फेल हो गया है। जज लोग भी तो बड़े नासमझ होते हैं। वे जानते ही नहीं कि समाज कैसा बना हुआ है। अभी तक ऐसे समाज हैं जहाँ पर माँ की तरफ से सारा काम-काज चलता है। इस वक्त अपने देश में कुछ परिवर्तन हो रहा है। केरल, यहाँ तक कि तमिलनाडु, आंध्र ये जितने भी इलाके हैं, उनमें माँ की सत्ता थी, बाप की नहीं, क्योंकि बाप तो कमबख्त हमेशा ही जगह ले लेगा चाहे उसको कुछ हो या न हो। मुझे एक प्रोफेसर ने बताया कि इस माँ प्रभुसत्ता वाली प्रथा में तीन लोग होते हैं जो बच्चे के बड़े होते हैं—माँ, मामा और बाप। बाप की असल में कोई हैसियत नहीं, उसकी सम्पत्ति नहीं। बच्चे को वह कुछ इधर-उधर कह भी सकता है। जहाँ घर में रहता है, वहाँ मालकिन है माँ और माँ का इंतजाम करने वाला उसका भाई, मामा, लेकिन फिर भी बाप है, इसलिए स्वाभाविक तौर से बच्चा अपने बाप से डरता है या प्रेम करता है या कहना मानता है इसलिए ये तीन लोग हैं। एक प्रोफेसर ने हमको बताया कि श्री कृष्ण मेनन जैसे लोग इतना क्यों चालाक हैं, क्यों इतनी कूटनीति चला सकते हैं, एक देश को दूसरे देश के साथ भिड़ा सकते हैं और अपना काम निकाल लेते हैं, हालाँकि अब पता चलता है कि काम निकालना एक हद तक ही होता है और इस तरह की कूटनीति बड़ी खतरनाक होती है। जो हो, ये लोग उस सामाजिक वातावरण में से निकले हैं जहाँ माँ की सत्ता है, मातृ-समाज है, माँ की प्रभुता वाला समाज है। इसलिए बच्चे को तो तीन

मालिकों को खुश करना पड़ता है और जो दूसरे प्रदेश हैं, मतलब उत्तर वाले हैं, इनको खाली अपने बाप को खुश करना रहता है इसलिए ये बिलकुल सीधे बन जाते हैं। जहाँ बच्चे को तीनों को खुश करना रहता है तो वह एक बरस की उमर से दाँव-पेंच सीखना शुरू कर देता है। खैर, इन सब बातों में कहाँ कितना तत्त्व होता है, आप लोग खुद निकाल लेना। ऐसी जितनी भी बातें होती हैं उनको सोलह आना सच्चा मत समझ लेना। यह जितना शास्त्र है, विद्या है, इन सबको जानना जरूरी होता है लेकिन सोलह आने सच मान कर इसी सिद्धांत को मान लोगे तो कहीं गलती खा जाओगे।

नर-नारी के मामले में मैंने कुछ बातें बताईं। तात्पर्य यही होता है कि नर और नारी की गैर-बराबरी को खत्म किए बिना, मेरी समझ में, दूसरी भी गैरबराबरी खतम करना असंभव है और यह गैरबराबरी खतम तभी होगी जब कि नारी को, शायद हमेशा के लिए, संगठन के मामले में ज्यादा मौका, विशेष अवसर दिया जाए। हरिजन और आदिवासी के लिए तो मैं ऐसा जमाना देखता हूँ, 30-40 बरस के बाद, जबकि विशेष अवसर देकर उनको ऊँचा उठा देने के बाद उसे खतम कर देना पड़ेगा। लेकिन, विशेष अवसर का मतलब भी समझ लेना चाहिए क्योंकि कुछ लोग कहते हैं विशेष अवसर तो कांग्रेस भी देती है। कांग्रेस कहाँ विशेष अवसर देती है? उसने भी सिर्फ कागज पर लिख रखा है कि हरिजन को 18 सैकड़ा मौका देंगे और असल में देते हैं आधा या एक सैकड़ा। जब उनसे पूछा जाता है, तो कहते हैं, हम क्या करें, हमें योग्य लोग नहीं मिले। यह 18 सैकड़ा भी केवल हरिजन के लिए रखा है और आदिवासी के लिए 5 सैकड़ा और बाकी पिछड़ी जातियों के बारे में तो कांग्रेस लिखती भी नहीं है सोशलिस्ट पार्टी इन सबके लिए 60 सैकड़ा चाहती है और यह तर्क भी देती है कि चाहे ये लायक हैं या नालायक, जैसे भी हों, उनको ऊँची जगह पर बैठाओ, क्योंकि जब ये जगहों पर बैठेंगे, मौका पाएँगे तो इनके दिमाग के दरवाजे खुलेंगे। इधर 3-4 हजार बरस से इनके दिमाग के दरवाजे बंद हो गए क्योंकि उनको ऊँची जगहों पर बैठने का मौका नहीं रहता। और सब पार्टियों का मकसद है पहले योग्यता फिर अवसर। समाजवादी दल कहता है पहले अवसर, फिर योग्यता। वास्तव में, समाजवादी दल कहता है अवसर दो और उसके साथ-साथ योग्यता हासिल करो। साथ-साथ का यह मतलब नहीं निकाल लेना कि अगर योग्यता न हो तो अवसर दिया ही न जाए; अवसर तो मिलना ही चाहिए। हरिजन, आदिवासी आदि के लिए 30-40 या 50-60 बरस बाद विशेष अवसर की बात खतम हो जाएगी लेकिन औरत के लिए, मुझे ऐसा लगता है, सार्वजनिक संगठन के मामले में हमेशा ही कुछ न कुछ विशेष अवसर देना ही पड़ेगा, क्योंकि वह कुदरती तौर पर बिचारी कुछ मामलों में कमजोर पड़ती है। वैसे, हमको तो आज के हिंदुस्तानी की हालत देख करके सचमुच ही लगता है कि हम कहाँ क्या बातें सोच रहे हैं। सात-सात, आठ-आठ बरस की

बच्चियाँ जब वह कान छिदा करके आती हैं, नाक छिदाना तो आजकल थोड़ा कम हो रहा है, तब मैं उनसे कहता हूँ, तो जवाब देती हैं, वाह, बाली नहीं पहनूँगी। बाली तुम बिना कान छिदाए भी पहन सकती हो। और जब मैं कहीं यह पूछ लेता हूँ कि तुम्हारे भाई का कान क्यों नहीं छिदा, तो जवाब देती हैं, ओह वह तो लड़का है, मैं तो लड़की हूँ। यह सात-आठ बरस की लड़कियों का एक सीधा-सा जवाब होता है और उनकी यह एक लालसा होती है कि उनके कान छेदे जाएँ। खैर, इन सब पर मैं यही कह सकता हूँ कि यह सब वक्ती चीज है। तुलसी की रामायण में तो यह भी है कि राम महाराज भी पैंजनिया पहन करके नाचते थे। यह तो एक जमाना होता है, एक युग होता है। आज कौन भला आदमी अपने लड़के को पैंजनी पहना कर नचवाएगा। उसी तरह से कौन भला आदमी अपनी बच्ची को भी पैंजनी पहनाएगा। यह सब तो बदलता जा रहा है लेकिन गहने वगैरह के मामले में एक तर्क आप लोग जरूर याद रखना। जब औरत बहुत ज्यादा मचले तो उससे कह देना, देखो, आखिर गहने की किसको जरूरत पड़ती है? जो बदसूरत हो उसको। जो खूबसूरत है उसको गहने की क्या जरूरत।

यह तो एक मिसाल थी। असल में सब चीज दृष्टि पर निर्भर करती है और दृष्टि अगर ठीक हो जाए तो सब बुराइयाँ और अच्छाइयाँ साफ दिखाई देने लगती हैं। जैसे परिवार नियोजन की बात लीजिए। सरकार जो कर रही है उसके खिलाफ तो बगावत कर देनी चाहिए। एक तरफ तो सरकार परिवार नियोजन की बात करती है कि बच्चे कम पैदा करो और दूसरी तरफ जो शादी नहीं करते उन पर टैक्स ज्यादा लगाती है। इस तरह के कानूनों में बड़ी असंगति चल रही है। खैर।

अब रंग की बात। आर्थिक, राजकीय, शृंगार शास्त्र या सौंदर्य शास्त्र या नसल शास्त्र—हर दृष्टि से यह लड़ाई चल रही है। बहुत लोगों के दिमागों में यह खयाल घुसा हुआ है कि जो रंग का साफ है वह दिमाग का भी तेज है। जो रंग के काले हैं उनके दिमाग में भी कुछ न कुछ हीनता रहती है। संयुक्त अमरीका में अभी हाल तक—पता नहीं अभी कुछ परिवर्तन हुआ हो—काले लोग हमेशा शिकार बनते थे, ऐसे व्यापारियों के जो उनको कोई मरहम बेचते थे कि इसे लगाओ, इससे तुम्हारा रंग साफ हो जाएगा। यहाँ पर भी मैं समझता हूँ, स्कूल-कॉलेजों के विद्यार्थियों की इच्छा रहती है कि गहरा रंग कुछ हलका हो जाए, तो जिंदगी ज्यादा मजे में चले। दिमाग में यही एक कीड़ा नहीं है, ऐसे हजारों कीड़े हैं और उन सबके प्रति सावधान तब रहा जा सकता है जब दृष्टि बराबरी वाली और सच्ची हो जाए, क्योंकि गोरे और काले में सचमुच सुंदरता या नसल के हिसाब से कोई फर्क है नहीं। इतिहास या नसलशास्त्र का विद्यार्थी तो साफ तौर पर इस बात को कहेगा कि कोई फर्क नहीं है। बहुत बड़ी-बड़ी सभ्यताएँ साँवले देशों की हुईं जैसे मिस्र और खुद अपना देश। ये बड़ी विराट् सभ्यताएँ हुईं। सभी साँवले हैं। हिंदुस्तान में तो कोई गोरा है

ही नहीं। यहाँ पर एक भ्रम फैला हुआ है। पंजाब का या हिमाचल प्रदेश का थोड़ा-बहुत ऐसा हिस्सा होगा जहाँ के लोगों को मामूली तौर पर गोरा कहा जा सकता है, लेकिन गोरा और साँवला जिस अर्थ में कहा जाता है उस अर्थ में हमारे यहाँ गोरा कोई है ही नहीं। गेहुआँ रंग अलबत्ता है लेकिन सब साँवले हैं—कोई है चाकलेटी, कोई कोयले वाला। इन रंगों से सुंदरता का कोई संबंध नहीं है, बुद्धि या दिमाग का संबंध है नहीं। केवल इस कारण से कि 300-400 बरसों से संसार पर गोरे लोगों का राज्य रहा है, यूरोप के गोरों का, इसलिए गोरे लोग ही आज सुंदर और बुद्धिमान समझे जाते हैं। हिंदुस्तान में जातिप्रथा की सबब से लोगों के मन में भ्रम घुस गया है कि ऊँची जाति वाला वह होता है जिसका रंग मुकाबलतन हलका और छोटा जाति का रंग मुकाबलतन गहरा। इन दोनों कारणों के संयोग से हिंदुस्तानी के दिमाग में इस गोरे और काले के मामले में इतना भ्रम है, इतनी जबरदस्त खराबी धँसी हुई है कि यूरोप या चीन या जापान वालों में नहीं है। ये लोग गोरे और काले के मामले में इतनी गैरबराबरी नहीं करते जितनी हमारे यहाँ है। हमारे यहाँ सुंदरता का मतलब है गोरी। कोई औरत भी दूसरी औरत के बारे में बोलेगी तो कहेगी कि वह बहुत खूबसूरत है क्योंकि वह गोरी है। इनसान का दिमाग इस बारे में भी बहुत खराब हो गया है। लेकिन इसके खिलाफ भी लड़ाई चल ही रही है।

अफ्रीका का मामला इधर बहुत-कुछ सुधरा है जो थोड़ी-बहुत राजकीय गुलामी है वह भी खतम हो जाएगी और दुनिया में अब कहीं रह न सकेगी। आर्थिक गैरबराबरी खतम करना अभी संदेहजनक है। उसकी लड़ाई गहरी करनी पड़ेगी और हथियार की गैरबराबरी और नाइंसाफी की लड़ाई अगर मजबूत हो गई और साथ-साथ मजबूत हुई, समय का व्यतिक्रम ज्यादा न रहा तो सहारा है। ऐसी हालत में संभावना है कि आर्थिक गैरबराबरी के मामले में भी, साँवला या काला भी, अंतर्राष्ट्रीय पैमाने पर कुछ अच्छा हो जाए। उसके साथ-साथ नसल वाली और सुंदरता वाली लड़ाई भी चल रही है। उसको चलाने वाले लोग उतने सचेत न हों, लेकिन वह अपने आप चल हरी है, क्योंकि जैसे-जैसे राजकीय ताकत बढ़ती है, वैसे-वैसे जिनके हाथ में राजकीय ताकत जाती है उनका स्वरूप, उनका रंग, रूप, रेखा इत्यादि की भी इज्जत बढ़ने लग जाती है। जिसके पास राज है, जिसके पास दौलत है उसका रंग, रूप, रेखा कवियों के लिए, लेखकों के लिए, शास्त्रियों के लिए अच्छे बन जाते हैं। हमेशा से संसार का यह नियम रहा है। अफ्रीका वालों की अब ताकत बढ़ रही हो तो उनके भी रूप-रंग की महिमा बढ़ेगी ही। यों, 300-400 बरस पहले भी, जो मनचले लोग होते थे, जैसे बहुत बड़ा वह चित्रकार गोगाँ था जो फ्रांस पर इतना नाराज हो गया कि उसने कहा कि इस गिरे हुए समाज में अब नहीं रहेंगे और कि हम तो अब इंडोनेशिया के पास वाले ताहिती और सामीहा द्वीप में रहेंगे। वह वहाँ रहा और उसने मोटे होंठ वाली हिंदेशियाई औरतों के चित्र बनाए। अभी तक कवियों ने पतले

होंठों की तारीफ की है; अब मोटे होंठों की तारीफ होने लग गई है और यह स्वाभाविक है कि पतले होंठों में रखा क्या है। मैं उन कवियों की बात दुहरा रहा हूँ। कहीं ऐसा न समझ जाना कि मैं कोई अपनी राय दे रहा हूँ।

हम पढ़ते थे तब बर्लिन में एक कवि था। कुछ लोग ऐसे होते हैं जो अपने समाज से बिछुड़ कर आगे आने वाले जमाने को देखने लग जाते हैं। उस कवि की एक कविता बड़ी मशहूर हो गई थी कि बर्लिन में उनके होंठ पतले हैं, ट्रिपीली में उनके होंठ मोटे हैं; पेरिस में उनका रंग गोरा है और काहिरा में उनका रंग काला है; लंदन में उनकी नाक लंबी और नुकीली है और नैनीताल में चपटी है लेकिन बाकी सब तो एक ही है।

मैं अब उसमें कुछ जोड़ना चाहता हूँ। जो लोग समझते हैं कि नुकीली नाक ज्यादा खूबसूरत होती है या साँवला रंग कम खूबसूरत होता है गोरे रंग के बजाय तो वे गलती करते हैं क्योंकि वे सौंदर्यशास्त्र के बारे में कुछ जानते नहीं और वैसे भी यह शास्त्र भी कुछ ठीक हो रहा है। मैं समझता हूँ जल्दी ही यह लड़ाई तो जीती जाएगी इसमें शक ही नहीं है। फ्लोरिडा में या लंदन में सुंदरता की रानी चुनी जाती है। पिछले 40-50 बरस से यह मजाक चल रहा है। अभी तक गोरी ही चुनी गई है। मैंने 6-7 बरस पहले ही कह दिया था कि 20-25 बरस में काली चुनी जाएगी। जापानी तो दूसरे नंबर पर चुन ही ली गई है और हिंदुस्तान की भी चुन ली गई है तो साँवली भी हो गई। अब मैं कोयले वाली का वह रूप बतलाना चाहता हूँ। मेरी राय में, जो नीग्रो औरतें मैंने देखी हैं उनके शरीर के गठन को देख कर उन्हें दुनिया में कहीं भी किन्हीं भी खूबसूरत औरतों की पंक्ति में खड़ा किया जा सकता है। असल में हमारे दिमाग में नाक, कान और आँख के बारे में पहले से ही भ्रांत धारणाएँ बन गई हैं। इन धारणाओं को खतम करके सचमुच सुंदरता की दृष्टि से देखना चाहिए। आदमी आँखों से नहीं देखता, दिल से देखता है। दिमाग जो आँखों को दिखलाता है वह आँखें देखती हैं इसलिए दिमाग में सुंदरता के बारे में भी जाले बन गए हैं। नदी में नहाते हुए डुबकी लगा कर आँखें खोल कर देखना भी तो देखना है; लेकिन माध्यम बदल गया; पृथ्वी पर हवा के माध्यम से देखते हैं और पानी के अंदर पानी के माध्यम से। आँखें वही हैं लेकिन पानी के माध्यम से देखने पर चीजों का रूप बदल जाता है। माध्यम क्या है और दिमाग में क्या है, इन बातों का असर पड़ता है। इन दोनों को मिला कर ही आँखें देखती हैं। आँखों को बहुत महत्त्व नहीं देना चाहिए। कई लोगों को यह बात जँचेगी नहीं। लेकिन इसी बात में नहीं, हर एक मामले में, दिमाग में, दिमाग में जो धारणाएँ बनी हुई हैं, जो जाले बिछे हुए हैं, उन सबको साफ करके देखने पर दूसरी दृष्टि मिलेगी और दूसरी सृष्टि दिखाई पड़ेगी।

सात क्रांतियों के बारे में और भी चीजें रह गई हैं। वैसे, हथियार वाली बात तो हो ही गई मगर एक चीज रह गई सो जोड़े देता हूँ कि अणुबम के ही खिलाफ

नहीं, बल्कि तलवार-पिस्तौल जैसे छोटे हथियारों के खिलाफ भी वृत्ति बनाना है। वह वृत्ति तब तक नहीं बन सकती जब तक हथियार के मुकाबले में सत्याग्रह का यंत्र नहीं पकड़ा जाता। धीरे-धीरे लोग इस बात को सीख रहे हैं और यह इतिहास का एक व्यंग्य है या समझो एक जबरदस्त शिक्षा है कि जिस गाँधी के ऊपर यूरोप वाले और खास तौर से अंग्रेज लोग हँसा करते थे, उसी गाँधी की नकल आज लंदन की सड़कों पर हो रही है, अल्डर मास और न जाने कितनी ही जगहों पर। अंग्रेज लोग जो कानून तोड़ने का काम, सड़क पर बैठने का काम कर रहे हैं, पुलिस कहती है आगे बढ़ो, वे नहीं बढ़ते। इस सबका नाम उन्होंने दिया है 'आपरेशन गाँधी'—अंग्रेज हैं इसलिए अंग्रेजी नाम ही दिया है—यानी गाँधी की क्रिया। अणुबम के खिलाफ वे अपनी लड़ाई चला रहे हैं। यह फैल रही है। शर्तिया तो मैं नहीं कह सकता, लेकिन अगर मानव समाज में हर मनुष्य की सत्याग्रह की आदत बन जाए तो मैं समझता हूँ, वही दुनिया को बचाएगी। असल में कमजोर सत्य के मुकाबले में शक्तिशाली झूठ अच्छा तो मैं नहीं कहूँगा क्योंकि वह दूसरे सिरे पर चला जाना होगा और भूल हो जाएगी, हालाँकि मुँह से यही निकलने वाला था कि कमजोर सत्य के मुकाबले में शक्तिशाली झूठ अच्छा। कई दफे जब अपने ऊपर और साथियों पर झुझलाहट हो जाती है तो गुस्से में यही मुँह से निकलता है। कमजोर सत्य सचमुच ही बहुत गंदा होता है। वह झूठ के ही समान होता है। कमजोर सच और शक्तिशाली झूठ दोनों में मैं फर्क नहीं करना चाहूँगा। खास तौर से पिछले 25-30 बरस के सार्वजनिक जीवन का जो अनुभव रहा, उसमें यही बात निकलती है।

सच को कैसे मजबूत बनाया जाए? परंपरागत तरीका हथियार वाला रहा है लेकिन जैसे ही हथियार के सहारे सच को मजबूत बनाया जाता है, वह झूठ बन जाता है, उसका स्वरूप बदल जाता है। इसलिए कोई ऐसा अस्त्र ढूँढ़ना चाहिए जो सच को मजबूत बनाए लेकिन उसे झूठ का रूप न दे, और मेरी समझ में वह केवल सत्याग्रह है। इसमें एक और शब्द इस्तेमाल करता हूँ—तर्क। तर्क को ताकत मिलती है। कमजोर सच असल में तर्क है। यह सारा जनतंत्र, गणराज्य, आपस में बहस, जनता की ताकत ये सब आधारित किस पर हैं? उस पर जिसे यूरोपी लोग रेजाँ कहते हैं। मैंने जानबूझ कर 'रेजाँ' कहा, वैसे मुँह से 'रीजन' निकलने वाला था। फिर मैं भी वही गलती कर जाता कि विश्व का अंग्रेजीकरण कर देता। मैं हिंदी के लेखकों से निवेदन करना चाहता हूँ कि हिंदी लिखते वक्त अंग्रेजी शब्दों का प्रयोग कर देना सचमुच बहुत खराब चीज है। एक तो पढ़ने वाले हैं वे समझ नहीं पाते और, मान लो, समझ भी लें तो बेमतलब चीज होती है। अगर हम अंग्रेजों के गुलाम न हो कर, फ्रांस के गुलाम हुए होते तो 'रीजन' न लिख कर 'रेजाँ' लिखते। लोग कह दिया करते हैं कि जो मजा 'रीजन' में आता है वह 'तर्क' में नहीं आता। जो हो, असल में आधुनिक समाज तर्क पर आधारित है। लेकन केवल तर्क कमजोर

रह जाता है। केवल तर्क अच्छा भी हो और उसमें आप जीत भी जाओ तो जो शक्तिशाली है वह और अपने अणुबम, तलवार या पिस्तौल के बल पर तर्क को खतम कर देता है। इसलिए तर्क को कोई ऐसी ताकत मिलनी चाहिए जो पशुबल न हो, हिंसा न हो, लेकिन एक हिंसक के मुकाबले में उस तर्क को खड़ा कर सके और वह वही ताकत है कि हम तुमको मारेंगे भी नहीं मगर तुम्हारी बात मानेंगे भी नहीं। इसके अलावा और कोई ताकत है नहीं। ऐसा तर्क हो जाए कि जो मनुष्य को न सिर्फ अपने विरोधी के मुकाबले में खड़ा करके बहस कराए, बहस में उसको खतम करे और बहस में खतम होने के बाद वह विरोधी अगर डंडे और अणुबम पर उतर आए तब उससे कहे कि अच्छा करो जो तुमको करना है, हम तो तुम्हारी बात मानेंगे नहीं। असल में उसकी बात कब चल जाती है? जब आदमी डंडा या अणुबम देखता है तो डर कर भाग जाता है या झुक जाता है। इसी झुक जाने के कारण पशुबल जीत जाया करता है। लेकिन अगर तर्क झुके नहीं, मुकाबला कर जाए प्रतिद्वंद्वी का, उसकी मारे नहीं मगर उसको बात माने नहीं, आज्ञाकारी न हो, सिविलनाफरमानी करे। असल में सत्याग्रह शब्द का ही पहले हमने बहुत इस्तेमाल किया लेकिन 5-7 बरस तक पहले लोग कहा करते थे कि तुम्हें क्या हक है इसका नाम लेने का, तुम लोग तो दुराग्रही हो। इसलिए हमने उसे छोड़ दिया था, यही सोच कर कि कौन इस बहस में पड़े लेकिन अब मामला कुछ साफ हो रहा है और सत्याग्रह शब्द का इस्तेमाल किया जा सकता है। यह सही है कि सत्याग्रह में कई तरह की मिलावट रहेगी। न जाने उसमें कितनी जलन, कितनी ईर्ष्या और कितना द्वेष रहेगा, न जाने कितने ही लोग उसे गद्दी हासिल करने के लिए करेंगे, न जाने कितने ही लोग उसे विधानसभा और लोकसभा की मेंबरी हासिल करने के लिए करेंगे। लोग कहते भी हैं कि इसे तुम सत्याग्रह क्यों कहते हो क्योंकि इसके पीछे तो यह भावना है, तो हम यही कहते हैं कि हमने सब देख रखा है, महात्मा गाँधी का जमाना भी देख रखा है और आज जो मंत्री-फंत्री हैं, उनके साथ भी जेल में रह चुके हैं और जानते हैं कि वे कैसे सत्याग्रही थे, क्योंकि हमारे सामने ये लोग अखबार ला कर रखते थे और पूछते थे कि इस खबर का क्या मतलब है। पहले तो हम मतलब समझाते थे फिर हम समझ गए कि उनका मतलब यह है कि जेल से छूटते हैं या नहीं, यह बताओ। यह सब मिश्रित जमाना था। मैं नाम नहीं लेना चाहता, आज बहुत—बहुत बड़े मंत्री हैं, बरेली जेल में हमारे साथ थे। वे समझते थे कि हम दुनिया ज्यादा समझते हैं, हिटलर की और अंग्रेजों की दुनिया देखी है इसलिए पूछते थे कि वायसराय यह बोला तो इसे गाँधीजी मानेंगे या नहीं और मानेंगे तो क्या नतीजा निकलेगा। हम समझ गए थे कि ये सब क्यों पूछ रहे हैं। बेईमानी नहीं होती थी इसलिए हम सब पढ़ते थे और इतना ही कह देते कि अभी छूटने के कोई आसार नहीं हैं। खैर।

अब आखरी सवाल रह जाता है दखल वाला कि जीवन के ऐसे कुछ दायरे होने चाहिए कि जिनमें राज्य का, सरकार का, संगठन का, गिरोह का, दखल न हो। जिस तरह हमारी जमीन की बेदखलियाँ हो जाती हैं उसी तरह सरकार और राजनीतिक पार्टियाँ हमारे जीवन में बेदखली कर डालती हैं। कभी-कभी सोशलिस्ट पार्टी के लोगों के मन में भी आ जाया करता है कि वे व्यक्तियों के जीवन में बेदखलियाँ शुरू कर दें। मान लो आदमी सार्वजनकि पैसा खा लेता है तो उसमें दखल देना समझ में आता है। लेकिन मान लो कोई आदमी है मिसाल देने में झंझट खड़ी हो जाती है, कई लोग तिलमिला उठेंगे, पुरानी धारणाएँ हैं इस कारण। वह मिसाल न लेकर, हम दूसरी मिसाल लेंगे। जैसे, जब यह निश्चित हो जाए कि कोई आदमी मरने ही वाला है, एक नहीं कई डॉक्टर इस नतीजे पर पहुँचे जाते हैं, तो क्या उस आदमी को यह अधिकार होना चाहिए कि वह कोई ऐसी सूई लगवा कर खतम हो जाए और डॉक्टर का ऐसी सूई देना उचित है क्या। विशेष रूप में ऐसी बीमारी में जिसमें महीनों ही नहीं बरसों रगड़ा लगता है, जिसमें बीमार ही नहीं उसके घर वाले भी तबाह होते हैं। ऐसी चीज को दया-हत्या बोलते हैं। दया-हत्या का ऐसा दायरा है जिस पर सोच-विचार करना चाहिए। मैं अपनी कोई आखरी राय नहीं दे सकता। लेकिन आत्महत्या के बारे में तो मेरी बिल्कुल पक्की राय है कि हर मर्द-औरत को हक होना चाहिए कि वह अपनी जान ले ले। इसमें दूसरे को दखल देने का क्या हक है। लेकिन कई देशों में इसके खिलाफ कानून बने हुए हैं। अगर आत्महत्या करने में कोई सफल हो जाए तब तो ठीक है, और अगर असफल हो जाए तो ऐसा सिलसिला चलता है कि क्या कहने। बहुत कम ऐसे बेवकूफ जज होंगे जो दो-चार महीने की सजा दे दें।

इस मिसाल के अलावा और भी हैं जैसे घर में कैसे रहें, शादी-विवाह के मामले—इन सबको लेकर राजनीतिक पार्टियों और सरकार को दखल नहीं देना चाहिए। किस राजनीतिक पार्टी में कोई रहे, सरकार के नौकर भी, इसमें भी दखल नहीं होना चाहिए। ये कुछ बातें मैंने सिर्फ गिना दी हैं। असल में इन्हें उदाहरणस्वरूप ही लेना। इनके पीछे तर्क या सिद्धांत यह है कि राज्य या राजनीतिक पार्टी को व्यक्ति के जीवन में दखल देने का अधिकार नहीं होना चाहिए। हर एक व्यक्ति को एक हद तक अपने जीवन को अपने मन के मुताबिक चलाने का अधिकार होना चाहिए। हो सकता है कि वह उस अधिकार का दुरुपयोग करे। लेकिन जब उस अधिकार को मान लेते हैं और दुरुपयोग होता है तो क्या कर सकते हैं, सिर्फ अपना मुँह मटका के रह जाओ और क्या किया जा सकता है। उस पर ज्यादा चर्चा भी नहीं करनी चाहिए। समाज का गठन वैसा बन जाएगा तो उस पर चर्चा भी बहुत नहीं होगी। यूरोप के देशों में इन सब चीजों पर लोग चर्चा भी नहीं करते और कहीं करते भी हैं तो सैद्धांतिक रूप में कर-करा लिया करते हैं। रूस और अमरीका का मुकाबला

करें तो, मुकाबलतन, ऐसा नहीं कि रूस को मैं कोई प्रमाणपत्र दे रहा हूँ, रूस अच्छा है। अमरीका और फ्रांस भी इस दखल वाले मामले में अच्छे हैं।

मोटी तौर पर से ये हैं सातों क्रांतियाँ। सातों क्रांतियाँ संसार में एक साथ चल रही हैं। अपने देश में भी उनको एक साथ चलाने की कोशिश करना चाहिए। जितने लोगों को जो भी क्रांति पकड़ में आई हो उसके पीछे पड़ जाना चाहिए और बढ़ना चाहिए। बढ़ाते-बढ़ाते शायद ऐसा संयोग हो जाए कि आज का इनसान सब नाइंसाफियों के खिलाफ लड़ता-जूझता ऐसे समाज और ऐसी दुनिया को बना पाए कि जिसमें आंतरिक शांति और बाहरी या भौतिक भरा-पूरा समाज बन पाए।

गाँधीजी ने 1942 में कुछ-कुछ इशारा किया था। हमने तो उनसे कहा था कि वह असंभव है, आप मत कीजिए। उन्होंने कहा था कि जब आखरी इनकलाब या क्रांति करते हो और अंग्रेज जब पकड़ कर जेल में ले जाने लगें तो मत जाओ मुकाबला करो और अगर जेल में पहुँच ही जाओ तो जेल के कानून मत मानो और उपवास कर लो और अपनी बात को तेज बनाने के लिए उन्होंने यहाँ तक कहा था कि जेल की दीवार से अपना सर टकरा-टकरा कर मर जाओ। लेकिन वह इनसान है कहाँ आज। वैसा इनसान जब बन जाएगा जो कि दास के समन्वय को न करने के लिए आत्म-हत्या करता है तब तो फिर शायद आत्महत्या की जरूरत ही नहीं रह जाएगी। आत्महत्या कब होती है? इन मामलों में आत्महत्या कौन करता है? आत्महत्या करते हैं भूख के मामले में और मर्द-औरत के मामले में। इन दो के अलावा एक बहुत कम तीसरा कारण है संबंधियों और दोस्तों में मनमुटाव वाला। इनके अलावा, राजकीय कारणों से आत्महत्या करने वालों में जापान में तो सौ-पचास आदमी रहे हैं और एक आंध्र में भी। आंध्र प्रदेश के लोग हमारी समझ में नहीं आते और आज के आंध्र आदमी को समझना तो और भी नामुमकिन हो गया है। हमने बहुत कोशिश की। लोग हमसे कहते हैं कि तुम इतने निराश न बनो क्योंकि तेलुगू कम्युनिस्ट भी तो हैं जो स्थिर रहते हैं। लेकिन हमारी आंध्र पार्टी में जो एम.एल.ए. चुना जाता है उसके बारे में हम संशक हो जाते हैं कि यह कौन है और क्या करना चाहता है। जब तक एम.एल.ए. बनना है तब तक तो सोशलिस्ट है और जब चुन गए तो न जाने उसको क्या-क्या चीजें दिखाई पड़ने लग जाती हैं। हो सकता है, समाजवादी दल में ही ऐसे लोग आए हों। खैर, यह तो आज की बात हुई लेकिन मध्यकालीन आंध्र में लड़ाई में हार जाने के बाद लोग आत्महत्या कर लिया करते थे। जापानी लोग हाराकीरी करते हैं तो गला या सिर काट लेते हैं। एक विद्वान् ने हमको बतलाया कि गला काट लेना आसान है लेकिन अपने चाकू से अपने पेट को काट डालना बड़ा मुशकिल है। आंध्र में ऐसी ही 100-150 पत्थर की मूर्तियाँ मिली हैं जिनमें आत्महत्या के लिए पेट काटने का तरीका है। खैर। आज भूख, औरत-मर्द और मनमुटाव इन तीनों कारणों से आत्महत्या होती है। कर्त्तव्य वाली आत्महत्या तो हमसे भी शायद न हो।

बली तर्क यानी सत्याग्रह। इस पर हम और भी लिख चुके हैं। तिलमिलाने वाला उदाहरण मैं एक ही यहाँ दूँगा। राजनारायण के गुरु जी से हमारी बहुत अच्छी दोस्ती शुरू हो गई थी और उसके अच्छे नतीजे निकल सकते थे लेकिन वह खत्म हो गई, क्योंकि हमने कहीं लिख दिया था कि आज हिंदुस्तान में एक मर्द और औरत शादी करके जो सात-आठ बच्चे पैदा करते हैं उनके बनिस्बत मैं उनको पसंद करूँगा जो बिना शादी किए हुए एक भी नहीं या एक ही पैदा करते हैं। या, लड़की यानी उसके माँ-बाप दहेज देकर, जिसे समाज कहेगा अच्छी-खासी शादी की, उसको मैं ज्यादा खराब समझूँगा बनिस्बत एक ऐसी लड़की के जो कि दहेज दिए बिना दुनिया में आत्मसम्मान के साथ चलती है और फिर ऐसे कुछ प्रसंग हो जाते हैं कि समाज कहे कि यह कहाँ की छिनाल आई। मर्द छिनालों की तो हिंदुस्तान में निंदा नहीं होती लेकिन औरत छिनालों की निंदा हो जाती है। संसार में सभी जगह थोड़ा-बहुत ऐसा है। यह वृत्ति भी छूट जानी चाहिए। और खास तौर से राजनीति में जो औरतें आएँगी वह तो थोड़ी-बहुत तेजस्वी होंगी, घर की गुड़िया तो नहीं होगी। घर की गुड़िया क्यों समाजवादी दल, कांग्रेस दल या कम्युनिस्ट दल में आएँगी। जब वह तेजस्वी होंगी तो जो परंपराग्रस्त संस्कार हैं उनसे टकराव हो ही जाएगा। मैं जानता हूँ कि समाजवादी दल में भी ऐसे कुछ लोग हैं जो नाक-भौं सिकोड़ते हैं। आज के हिंदुस्तान में किसी औरत की निंदा तो करनी ही नहीं चाहिए। केवल जहाँ तक विचार का संबंध है उसमें भी, मैं समझता हूँ, बहुत सँभल कर उसके बारे में कुछ बोलना चाहिए।

—1962

शंभुनाथ

जन्म 21 मई, 1948 में देवघर में और शिक्षा कोलकाता में। हिंदी विभाग, कलकत्ता विश्वविद्यालय में 1979 से प्राध्यापन।

आलोचना पुस्तकें : साहित्य और जनसंघर्ष (1980), तीसरा यथार्थ (1984) मिथक और आधुनिक कविता (1985), प्रेमचंद का पुनर्मूल्यांकन (1988), रामचंद्र शुक्ल और बौद्धिक उपनिवेशवाद की चुनौती (1988), दूसरे नवजागरण की ओर (1993), धर्म का दुखांत (2000), संस्कृति की उत्तरकथा (2000), दुस्समय में साहित्य (2002), हिंदी नवजागरण और संस्कृति (2004)।

संपादन : मिथक और भाषा (1980), भारतेन्दु और भारतीय नवजागरण (1986), राष्ट्रीय मुक्ति आंदोलन और प्रसाद (1989), जातिवाद और रंगभेद (1990), गणेश शंकर विद्यार्थी और हिंदी पत्रकारिता (1991), राहुल सांकृत्यायन : अंतर्विरोधों में लय (1993), हिंदी नवजागरण : बंगीय विरासत (दो खंडों में, 1993) आधुनिकता की पुनर्व्याख्या (2001) इत्यादि।